中共杭州市萧山区委、萧山区人民政府大型资料性刊物

杭州市萧山区人民政府地方志办公室 编

朝霞映满天

（吴云飞摄）

2009年2月8日，中共中央政治局常委、全国人大常委会委员长吴邦国（左二）视察中国重汽集团杭州发动机有限公司　（吕耀明摄）

2009年4月25日，全国政协副主席、科技部部长万钢（左）出席万向纯电动汽车·锂电池生产基地奠基仪式，并试乘万向电动大巴（傅宇飞摄）

2009年9月11日，2009APEC中小企业峰会在萧山开幕，美国前总统克林顿在纽约通过视频网络致辞演讲　（高宇摄）

2009年6月11日，第十五届中国国际化纤会议在萧山开幕　（吕耀明摄）

2009年5月4日，首届萧山公益青春婚典在湘湖举行　（丁力摄）

2009年4月8日，区政府十四届九次常务会议首次通过“中国萧山”政府网站视频直播　　　　（傅展学摄）

2009年3月6日，萧山区党政代表团赴沪考察中国商用飞机有限责任公司　　（傅展学摄）

2009年3月12日，萧山区党政代表团在上海市杨浦区创智天地参观　　（吕耀明摄）

2009年8月23日，大江东新城开发建设誓师大会召开　　（傅展学摄）

2009年5月25日，吉奥汽车萧山制造基地启动暨吉奥·星旺微型客车下线仪式 （吕耀明摄）

2009年12月19日，浙江新农都现代农产品物流中心举行奠基开工仪式（吕耀明摄）

2009年4月26日，首届萧山购物节开幕　　（傅展学摄）

广大市民踊跃认购消费券　　（傅展学摄）

2009年9月23日，杭州市（萧山区）纪念胡锦涛同志传化党建批示十周年暨非公有制企业党建工作座谈会举行 （童铭摄）

跨湖桥遗址博物馆内景 （傅宇飞摄）

2009年9月28日，跨湖桥遗址博物馆开馆 （吕耀明摄）

2009年9月30日，首届萧山国际旅游节暨2009中国国际（萧山）钱江观潮节开幕　　（傅展学摄）

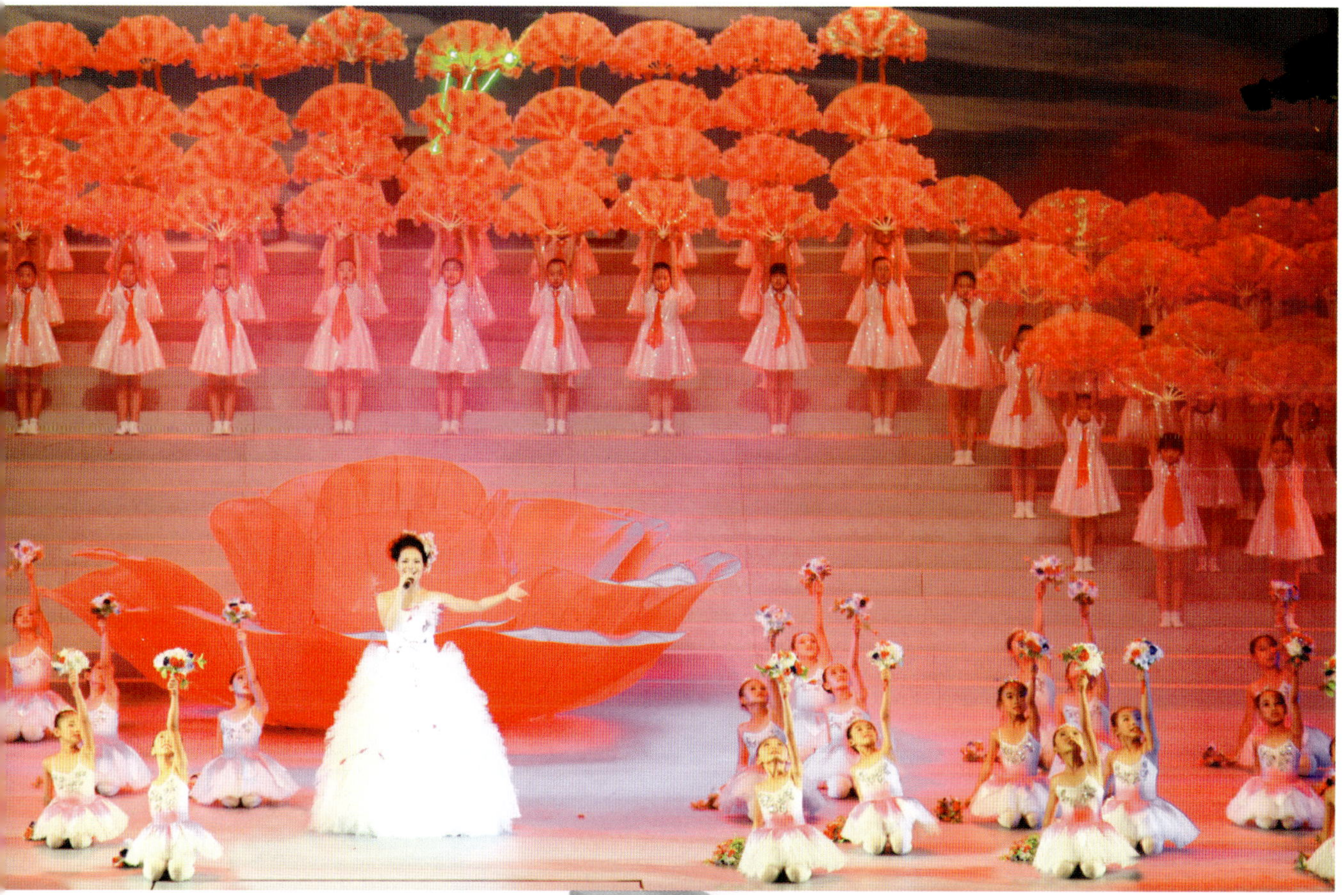

2009年9月28日，为庆祝中华人民共和国成立60周年，萧山区举行“祖国颂”大型组歌舞蹈史诗晚会　（傅展学摄）

2009年5月7—9日，全国技巧、啦啦操锦标赛暨技巧青少年锦标赛在萧山举行　　　　（丁力摄）

2009年2月8日，400名冬泳健将击浪湘湖闹元宵　　（傅展学摄）

萧山便览

人口	全区2009年末户籍总人口1209935人
	全区总户数376651户
	男性596692人
	女性613243人
	登记发证外来人口1039317人
	人口出生率8.62‰
	人口死亡率5.99‰
	人口自然增长率2.63‰
一般气象条件	降雨量1500.5毫米
	日最大降雨量111.2毫米
	平均气温17.7 摄氏度
	日照时数1859.9小时
经济指标	全区生产总值（现价）1037.07亿元
	人均生产总值（现价）85986元
	全区财政总收入 137.08亿元
	农村居民人均纯收入14390元
	城镇居民人均可支配收入 29229元
	规模以上工业企业2419家
	社会消费品零售总额 237.69亿元
	全社会固定资产投资完成额 399.72亿元
交通运输	全区公路通车里程2245.15千米
	机动车保有量38.25万辆
通信	全区固定电话用户 88.6万户
	移动电话用户 146.55万户
环境	年末园林绿地面积 2183公顷
	公共绿地面积392公顷
	建成区绿化覆盖率39.3%
	生活垃圾无害化处理率95%
社会事业	全年全区总用电量 1377300万千瓦时
	城乡居民生活用电82705万千瓦时
	全年供水总量 22256.6万吨
	城乡居民生活用水 8751.69万吨
	参加城镇企业养老保险的人数53.25万人
	参加农村社会养老保险的人数57424人

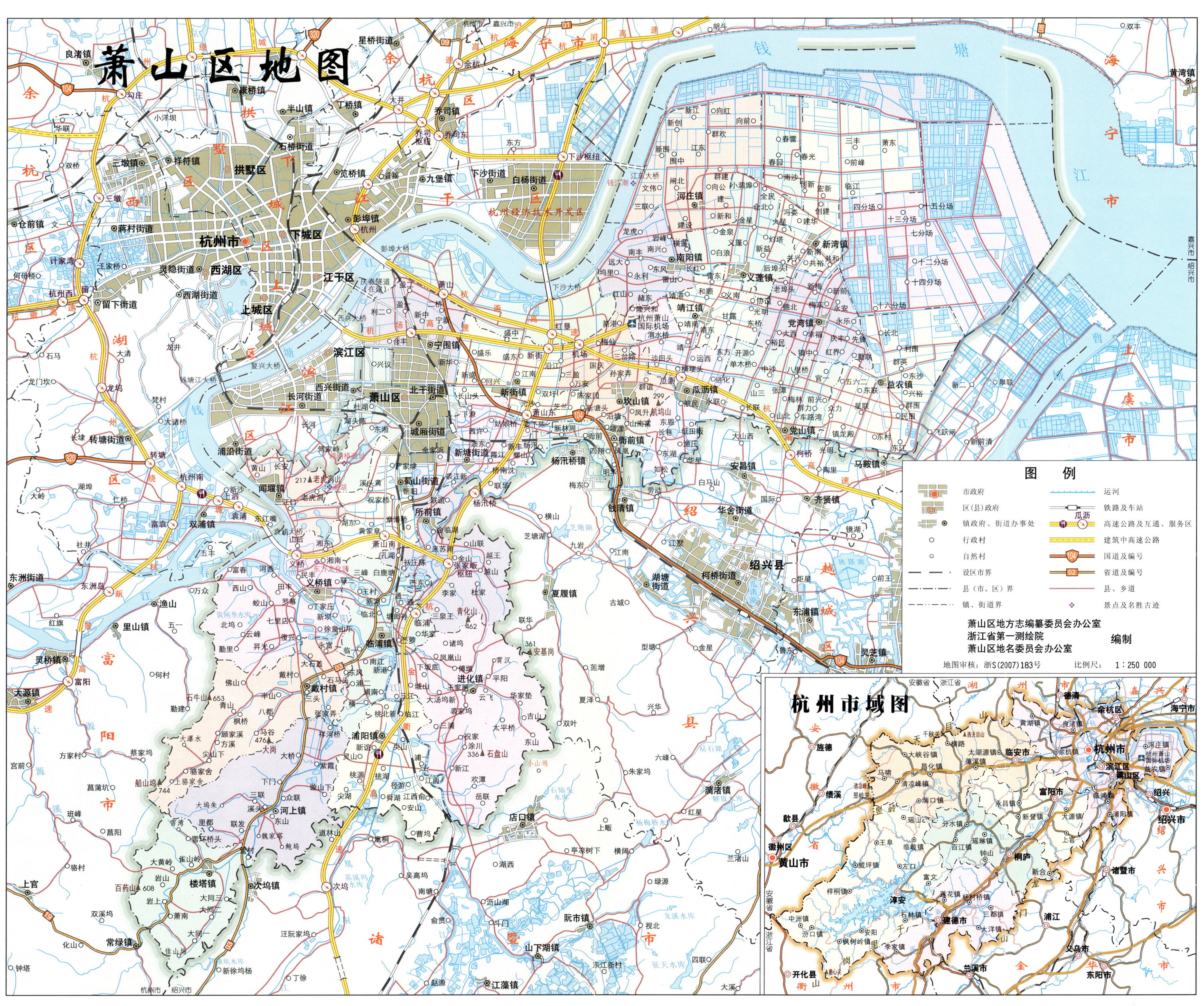
萧山区地图
图 例
市政府
区(县)政府
镇政府、街道办事处
行政村
自然村
设区市界
县(市、区)界
镇、街道界
运河
铁路及车站
高速公路及互通、服务区
建筑中高速公路
国道及编号
省道及编号
县、乡道
景点及名胜古迹
萧山区地方志编纂委员会办公室
浙江省第一测绘院
萧山区地名委员会办公室
编制
地图审核：浙S(2007)183号
比例尺： 1:250 000
杭州市域图

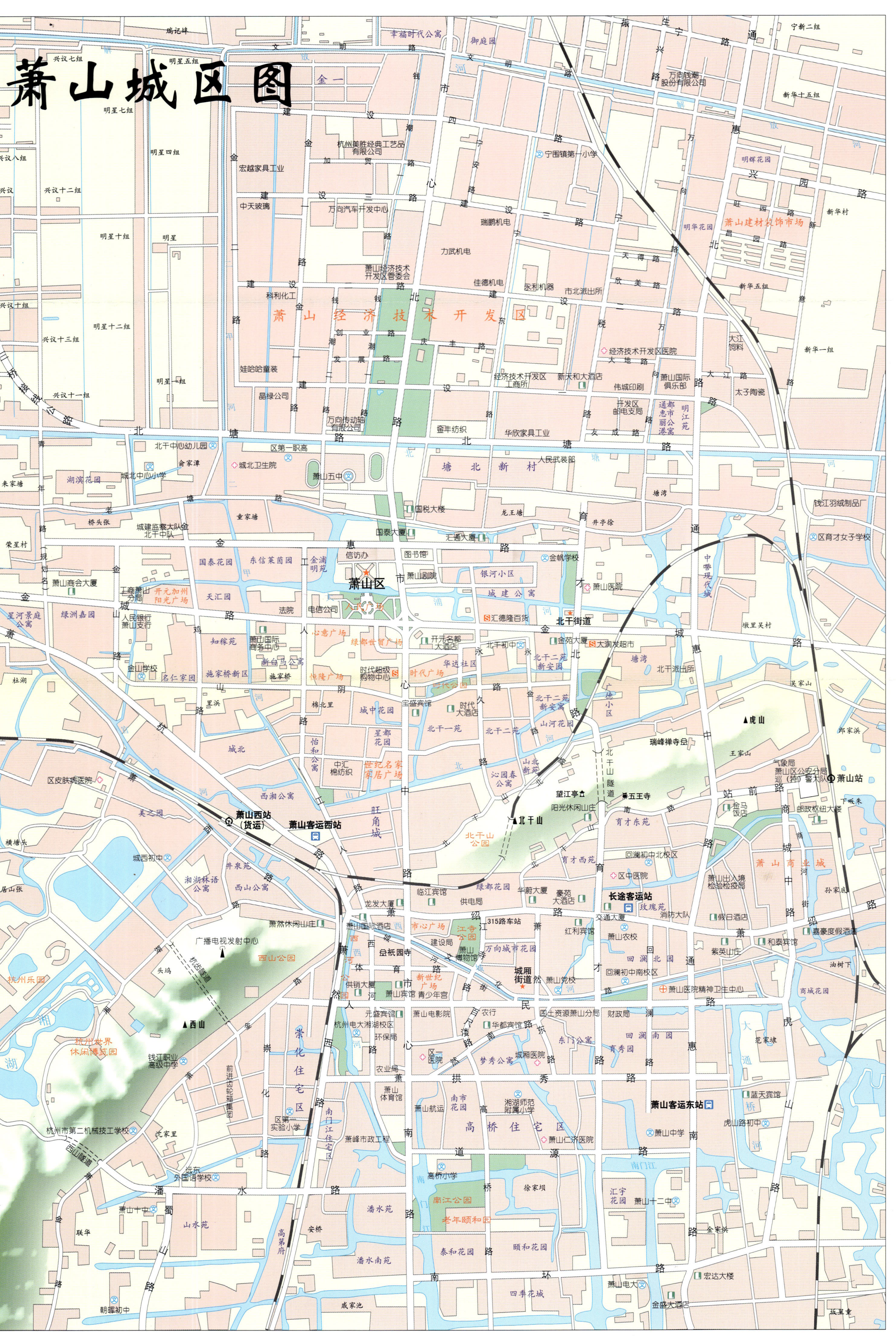
萧山城区图
萧山区
萧山经济技术开发区
萧山站
萧山西站（货运）
萧山客运西站
长途客运站
萧山客运东站
北干街道
城厢街道
北干山
西山
虎山
萧山商业城
萧山建材装饰市场
塘北新村
崇化住宅区
高桥住宅区
南门江住宅区
北干山公园
西山公园
江寺公园
南江公园
杭州乐园
湘湖
杭州世界休闲博览园
市心广场
新世纪广场
时代广场
心意广场
绿都世贸广场
开元加州阳光广场
世纪名家家居广场
萧山五中
萧山中学
萧山十中
萧山医院
区中医院
萧山宾馆
萧山剧院
图书馆
北干山隧道
杭齿隧道
西山隧道
广播电视发射中心

杭州市萧山区地方志编纂委员会

《萧山年鉴》编辑部

《萧山年鉴》编辑部
地址：杭州市萧山区政府行政中心综合楼
电话：0571－82898715
网址：http://www.xssz.xs.zj.cn

编 辑 说 明

一、《萧山年鉴》是中共杭州市萧山区委、区人民政府主办的大型资料性工具书。本年鉴翔实、系统地记载了萧山区2009年经济、政治、文化和社会发展等方面的实情，旨在为广大读者认识萧山、了解萧山提供全面、准确、权威的年度信息。

二、本年鉴为第25部《萧山年鉴》。全书采用分类编辑，卷首设“特载”、“专记”、“大事记”、“总述”，卷末设“先进名录”、“重要文件辑录”、“重要文件目录选编”、“调研报告”、“索引”，主体部分由类目、分目、条目三级组成。全书共设类目43个、分目279个、条目1850条。在保持框架结构基本稳定的基础上，本卷年鉴对新兴事物进行了类目、分目调整，并继续增加动态条目数量，以增加有效信息量。

三、本年鉴所用数据，除“特载”外，均以《萧山统计年鉴(2009)》为准。如统计年鉴中数据空缺或不尽准确，则采用撰稿单位提供并经核实后的数据；产值、利润等数据，除注明现价者外，均为1990年不变价。

四、“先进名录”收录范围：萧山区级以上劳动模范，省级以上先进集体和个人，国家部级以上的单项工作先进单位和个人，其余获奖情况则随文记载。

五、为形象反映本区三个文明建设的新成就，多方面地积累资料，增加信息量，本年鉴继续收录有代表性的资料照片和部分单位的彩页。彩页的部分文字说明和照片的时间下限放宽至定稿时。

六、本年鉴的文字原稿由区级机关各部门、各镇街及其他相关单位提供(文后署作者名)，并经供稿单位领导审核，由区人民政府地方志办公室《萧山年鉴》编辑部编纂成书。

七、本年鉴采用双重检索。书前设目录，书后设索引。索引采用分析索引方法，按条目首字笔画数多少排列。

《萧山年鉴》编辑部

2010年10月

目　录

重点企业和集团

农　业

国内贸易

对外经济贸易

开发区

旅　游

交　通

城市建设

城市管理

房地产业·建筑业

国土资源管理·环境保护

银行·保险·证券·期货

社会服务业

经济管理

中共萧山区委

中共杭州市萧山区纪律检查委员会

萧山区人民代表大会

萧山区人民政府

政协萧山区委员会

民主党派·群众团体

人事·劳动和社会保障

外事·侨务·涉台工作

政 法

军　事

教　育

科技·信息化

文化·体育·文博·档案

新　闻

卫　生

人口和计划生育

社　会

镇·街道

人 物

先进名录

重要文件辑录

重要文件目录选编

调研报告

索 引

特　　载

深化改革开放　努力转危为机
为实现萧山科学发展率先发展跨越发展而奋斗（摘要）

——2009年7月16日在中共杭州市萧山区委十三届七次全体（扩大）会议上的报告

市委常委、区委书记　洪航勇

洪航勇

中共萧山区委十三届七次全体（扩大）会议的主要任务是：以科学发展观为统领，认真贯彻落实党的十七届三中全会、省委十二届五次全会精神，简要回顾上半年全区经济社会发展情况，研究部署当前和今后一个时期深化改革开放工作，审议通过《中共杭州市萧山区委关于继续深化改革开放，推动科学发展率先发展跨越发展的决定》，进一步动员全区上下继续解放思想，坚持与时俱进，深化改革开放，努力转危为机，为实现萧山科学发展、率先发展、跨越发展而奋斗。

一、统一思想认识，认清深化改革开放的重大意义

2008年12月，萧山召开纪念改革开放30周年大会，对党的十一届三中全会以来萧山改革开放的伟大历程、辉煌成就和主要经验进行了全面系统的总结，强调要在新的历史起点上坚定不移地推进改革开放，实现新的历史突破。改革开放30年来，在中央和省委、市委的正确领导下，我们走出了一条由农业大县到经济大市，由经济大市到都市强区，具有萧山特色的区域经济社会持续快速健康发展的路子。纵观萧山改革开放30年的发展历程，每一个阶段的跨越提升，都离不开改革开放的推动。正是坚持了改革创新，积极破除体制机制障碍，才为创新发展不断注入强劲持久的动力；正是坚持了扩大开放，拓展对外开放的广度和深度，才为持续发展不断开辟广阔的空间。实践充分证明，只有始终坚持和不断深化改革开放，才能解放和发展生产力，才能形成和保持体制机制上的优势，推动经济社会又好又快发展，这是萧山发展的生命所在、潜力所在和希望所在。

2008年以来，面对国际金融危机的严峻挑战和深刻变化的国际国内宏观环境，全区上下始终坚持以科学发展观为统领，坚持深化改革不动摇，坚持创新提升不动摇，积极发挥政府“有形之手”的作用，及时果断地采取了树信心、促转型、减负担、破瓶颈、送温暖、强民生、促和谐等一系列政策措施，保持了全区经济社会的平稳发展。特别是2009年以来，全区上下以开展深入学习实践科学发展观活动为契机，积极应对国际金融危机，牢牢把握科学发展的主动权，一手抓经济转型升级，一手抓城市化建设，克难攻坚、真抓实干，开拓进取、创业创新，经济社会呈现出较好的发展态势。上半年全区实现生产总值461.61亿元，增长5%；财政总收入80.18亿元，其中地方财政收入40.57亿元，分别增长7.4%和2.4%；城镇居民人均可支配收入17616元，农村居民人均现金收入11197元，分别增长11.3%和10.5%。

当前，萧山正处在人均GDP超过1万美元发展阶段的崭新起点，处在“加快城市化、带动新发展”的关键时期，处在积极应对国际金融危机冲击、推进经济转型升级的攻坚阶段，处在构建社会主义和谐社会、建设生活品质之区的重要时期。在这重要历史阶段，我们既要看到改革开放推动下奠定的扎实基础，始终坚定发展信心，更要看到前进道路上所面临的困难和挑战。在经济发展方面，增长速度放缓、效益回落较大，特别是工业经济增长速度低于先进地区；外向型经济形势严峻，降幅大于全国、全省平均水平，且仍未见底；新产品占工业经济比例不高，产业结构不尽合理。在城市化推进方面，城乡规划建设水平有待提高，城中村改造和基础设施建设进度不快，同时城乡环境容量压力较大。这些困难和挑战，在很大程度上是由外部环境变化引发伴生的，也有许多是在自身发展中长期积累的，但根本上来说都有深刻的体制机制根源。我们要跨过金融危机这道坎，冲过转型升级这道关，打赢城市化这场仗，必须通过深化改革开放，再创体制机制新优势。我们必须站在全局和战略的高度，坚持以解放思想为先导，进一步统一对深化改革开放重要性的认识，切实增强紧迫感、使命感和责任感，更加坚定不移地推进改革开放。

*深化改革开放是深入贯彻落实科学发展观的重大举措。*党的十七大将贯彻落实科学发展观与坚持改革开放有机融为一体，为在新的发展阶段深化改革开放指明了方向。深入贯彻落实科学发展观，关键是要形成有利于贯彻落实科学发展观的体制和机制，其重要途径就是进一步深化改革开放。我们要深入学习实践科学发展观，用发展和改革的方法解决前进中的问题，通过改革消除不利于科学发展的体制障碍，通过改革创建有利于科学发展的体制机制，通过扩大开放加强国际国内交流与合作，以改革的新突破、开放的新局面促进经济社会又好又快发展。

*深化改革开放是率先走出危机、加快经济转型升级的现实需要。*面对国际金融危机的冲击，我们不仅要贯彻落实好中央“保增长、扩内需、调结构”的重大决策，贯彻落实好省委“继续解放思想、深化改革开放、再创体制优势、推动科学发展”的重大部署，贯彻落实好市委“主攻工业、决战工业、稳定工业”的决策部署，更要充分利用金融危机的倒逼机制深化改革开放，着力解决经济转型升级中的突出问题和深层次矛盾，通过推进新一轮改革开放化解金融危机的冲击，加快建立现代产业体系，真正把经济发展建立在提高质量、优化结构、增加效益、降低消耗、保护环境的基础之上，做到好字当头、好中求快、又好又快，为率先转危为机、实现跨越发展打下坚实的基础。

*深化改革开放是统筹城乡发展、加快推进城市化进程的必然要求。*萧山要巩固提升“领头雁、排头兵、先行者”地位，只有紧紧抓住城市化这一龙头，才能更好地统筹城乡发展、带动经济社会全面发展。城市化是萧山发展中的“短板”，也是相对比较“新”的一个实践领域，尤其需要探索、创新。我们要通过深化改革开放，着力解决城市化发展相对滞后的问题，充分挖掘“加快城市化、带动新发展”的潜力，增创强劲的动力源泉，增强城市综合竞争力，形成更具活力、更加开放的体制机制环境，接长我们发展的“短板”，从而实现全面协调可持续发展。

*深化改革开放是构建和谐社会、提高人民群众生活品质的根本动力。*深化改革开放的目的就是进一步解放和发展社会生产力，从而更好地满足人民群众的物质文化需求。我们要把构建社会主义和谐社会的要求落实到深化改革开放的实践中去，坚持经济发展与社会进步结合，政治体制改革与经济体制改革结合，开放包容与自主创新结合，时代精神与传统文化结合，把深化改革开放的成果体现在提高人民群众生活品质上，体现在满足人民群众物质文化需求上，体现在人的全面发展上，力争早日实现共建共享生活品质之区、率先建成全面小康社会的目标。

二、继续解放思想，把握深化改革开放的总体要求

胡锦涛总书记在纪念党的十一届三中全会召开30周年大会上强调指出，全党一定要坚持改革开放的正确方向，坚持不懈地把改革创新精神贯彻到治国理政各个环节，继续推进经济体制、政治体制、文化体制、社会体制的改革创新，加快重要领域和关键环节改革步伐，坚决破除一切妨碍科学发展的思想观念和体制机制弊端，坚持对外开放基本国策，拓展对外开放的广度和深度，着力构建充满活力、富有效率、更加开放、有利于科学发展的体制机制。我们一定要认真学习贯彻胡锦涛总书记重要讲话精神，形成改革开放的新共识，把握改革开放的新要求，以继往开来的勇气和敢闯敢试的锐气，全面争创萧山改革开放新优势。

我们站在新的历史起点上，继续解放思想、深化改革开放，集中力量解决与科学发展观要求不适应、不符合的实际问题。当前我们面临的最大的实际，就是要积极应对国际金融危机，努力转危为机；就是要加快经济转型升级，加快城市化进程。2009年3月，区委组织全区领导干部到上海市杨浦区学习考察，大家在对杨浦发展的理念、举措、成就感到钦佩的同时，更加深刻地认识到，无论是经济转型升级，还是加快城市化进程，都必须继续解放思想，坚持与时俱进，深化改革开放，从而实现更高层次的科学发展、率先发展、跨越发展。

当前和今后一个时期，萧山深化改革开放的总体要求是：**高举中国特色社会主义伟大旗帜，坚持以邓小平理论和“三个代表”重要思想为指导，全面贯彻落实科学发展观，继续坚持以解放思想为先导，以改革开放为动力，以加快经济转型升级和推进城市化进程为主攻方向，统筹推进经济、政治、文化、社会重点领域和关键环节的改革，力争在完善社会主义市场经济体制方面取得新突破，在对内对外开放的广度和深度上得到新拓展，努力构建充满活力、富有效率、更加开放、有利于科学发展的体制机制，为应对国际金融危机、保持经济平稳较快增长增添动力，为实现萧山科学发展、率先发展、跨越发展提供强有力的体制机制保障。**

在具体的工作中，我们要正确把握和始终坚持以下原则：

——坚持解放思想。始终坚持解放思想，实事求是，敢为人先，反骄破满，坚决转变一切不适应、不符合科学发展观的思想观念，坚决破除一切影响创业创新的体制弊端，以思想大解放推动萧山科学发展新跨越。

——坚持市场取向。始终坚持“三个有利于”标准不动摇，不断突破传统理论和惯性思维的束缚，不断完善社会主义市场经济体制，更大程度地发挥市场在资源配置中的基础性作用，率先建立起比较完善的科学发展体制机制。

——坚持创业创新。始终坚持尊重群众首创精神，充分调动方方面面的积极性、主动性和创造性，充分激发全社会的创造活力，集中民智民力，鼓励全民创业，推动全面创新，以群众创业创新的实践推动改革开放的不断深化。

——坚持以人为本。始终坚持把实现好、维护好、发展好人民群众的根本利益作为深化改革开放的出发点和落脚点，切实转变政府职能，加大力度保障和改善民生，加强社会管理，繁荣文化事业，完善公共服务体系，真正让广大人民群众共享改革发展成果。

——坚持统筹兼顾。始终坚持全面推进与重点突破相结合、着力当前与着眼长远相结合，深入推进重点领域和关键环节的改革，统筹城乡发展、区域发展、经济社会发展、人与自然和谐发展、对内对外开放。

——坚持稳中求进。始终坚持发展是第一要务，稳定是第一责任的理念，正确处理好改革与发展的稳定关系，切实提高改革开放决策的科学性和改革开放措施的协调性，努力在深化改革中维护社会稳定，在创业创新中促进社会和谐。

——坚持党的领导。始终坚持以改革创新精神全面加强和改进党的建设，充分发挥党委总揽全局、协调各方的领导核心作用，不断增强各级党组织的凝聚力、战斗力、创造力。

三、突出重点领域，明确深化改革开放的主要内容

深化改革开放是一项长期、复杂的系统工程，涉及经济、政治、文化、社会各个领域。当前，要按照科学发展观的要求，抓住关键、突出重点，加快推进以下十个方面的改革。

1.深化产业转型升级机制改革。产业转型升级是萧山率先转危为机、实现跨越发展的关键举措，是改革的重中之重。在产业培育上，抓紧编制实施萧山十大产业升级培育规划，制定完善全区产业发展战略规划，全面构建“3＋1”现代产业体系，加快形成产业联动互进、健康发展的体制机制，推动萧山经济率先走出危机和可持续发展。工业是萧山经济发展的主导力量，要大力发展高新技术产业、适度发展新型重化工业、提升发展传统优势工业，建立新兴产业培育引导机制，再造萧山工业科学发展新优势。要加快现代物流、总部经济、服务外包、电子商务等现代服务业发展，努力提高萧山服务业发展的比重和水平。要围绕“五大农业”发展战略，加快农业经营体制机制创新，大力推动现代农业发展。要加快制定萧山文化创意产业发展规划，强化政策扶持，加快园区建设，力争把文化创意产业打造成为萧山的新兴产业。在力量依靠上，把自主创新作为推进产业转型升级的主要动力，着力健全促进自主创新的体制机制，加快构建企业主体、市场导向、产学研结合的区域创新体系。企业是推进产业转型升级的主体，要大力引导、支持企业加快建立健全现代企业制度，鼓励企业加强机制创新、管理创新、品牌创新、市场创新和技术创新，积极培育一批具有国际竞争力的大企业、大集团，发展一批具有竞争优势的“专精特新优”中小企业。在对企业的政策扶持导向上要由以扶持做大为主向做强、做优为主转变，大力培植行业龙头企业。在资源利用上，加快推进用地制度改革，实行用地指标向重大平台集中、向重点项目集中、向亩产效益高的项目集中，探索与完善存量建设用地的退出机制和追加投入机制，落实节约集约用地考核制度，进一步提高土地资源利用效益。建设生态文明是产业转型升级的必然要求，要严格环境准入制度，加大污染控制和整治力度，积极探索实施环境容量有偿使用制度和排污权交易制度，建立落后生产能力退出补偿机制和区域生态经济补偿机制，全面改善环境质量，促进经济社会可持续发展。

2.深化完善行政区域扩权体制改革。行政区域扩权是增强发展活力、强化发展责任、推进发展转型的重大举措。要积极落实和争取扩权强区改革，充分发挥省、市下放经济管理审批权的效用，进一步增强萧山社会管理和公共服务的职能。积极探索实施扩权强镇，赋予中心镇部分县级经济社会管理权限，进一步激发组团中心镇活力。在坚持萧山行政区划、财政体制、管理权限“三个不变”的前提下，进一步创新大江东新城的工作机制、管理模式和协调方式。坚持“四统四分”和“办事不出城、资金自求平衡”的要求，按照开发建设权与行政管理权相一致、人事权与办事权相一致、建设主体权责利相一致的原则，正确处理建设规划线与行政区划线、新城与街道、开发规模与建设速度、改革创新与社会稳定的关系，积极稳妥地推进撤镇建街和行政区划调整，创新行政管理体制，创新干部人事管理体制，创新财政管理体制，形成“一城一街(或一城多街)、以城带街”的委托管理新模式，授予“三城一区”区、县(市)级经济社会审批和办事服务权限，争取设立规划、国土、工商、环保等部门市级分局，实行单独结算的财政管理体制和“自行筹资、自行建设、自行经营、自行还贷”的运作模式。按照“规模大、服务优、环境美、建筑好、竞争力强”的要求和“四高”方针，进一步研究创新湘湖新城、钱江世纪城等新城的管理体制、开发建设运行机制和资金筹措机制，不断加快新城开发建设步伐。

3.深化城乡统筹发展体制改革。统筹城乡协调发展是推进城市化的主线和关键。要坚持城市化带动与新农村建设联动互进，建立健全“以城带乡、以工促农”的长效机制，推进城乡规划一体化管理，统筹城乡道路、供电、供水、公交等公共基础设施建设，形成城乡区域协调发展新格局。完善城市规划建设的体制机制，进一步明确城市功能区定位，强化规划引领发展的主导地位，健全“12881”工程推进机制，不断完善城市基础配套设施，全面提升交通、生活、消费等综合服务功能。创新城市管理的体制机制，推进城市精细化管理，加快推进城区失管房整治和老小区改造、城区道路架空线入地改造，全面提升城市品位。完善新农村建设机制，整合各类支农要素，加快农村金融体制改革，积极稳妥推进农村金融创新工作，完善农业贷款担保体系。健全统分结合的双层经营体制和土地流转机制，加快推进农村土地、山林承包经营权流转，提高农业规模化水平。按照“一街一统筹、一村一方案”的思路，建立完善城中村改造的运作机制，加快城中村改造步伐。探索开展农村宅基地制度改革,加快农村住房改造建设步伐,切实提高转制社区建设和管理水平。创新征地补偿和被征地农民安置机制,落实全区统一的房屋拆迁安置政策。建立健全村级集体经济可持续发展机制,完善村级组织运行经费保障机制,探索建立多种模式的农村集体经济发展用地制度和筹资机制,加快村级集体资产股份制改造。深化“村企共建新农村”活动和新农村建设示范创建机制,完善经济相对薄弱镇、村“造血帮扶”工作机制,推动南部区域可持续发展。

4.深化投融资体制改革。要完善国有资产管理体制,创新国有资产运营模式。搭建多元化投融资平台,加快组建城市建设资产经营有限公司,做大交通发展有限公司、杭州奥体博览中心萧山建设投资有限公司、地铁投资开发有限公司、城市建设发展有限公司,做强各新城、组团中心镇投融资主体,鼓励有条件的镇街组建投融资公司。拓宽多元化融资渠道,健全基础设施、公共配套设施的建设经营机制,采取BOT、BT、TOT等多种方式,鼓励引导外资、民资和各类社会资本投资城市开发建设管理,全面推进重大基础设施工程建设。加大金融创新力度,积极开展村镇银行、科技银行试点,争取扩大小额贷款公司试点,发展中小企业债权基金,规范发展政策性担保机构,探索再担保制度改革和企业股权质押、无形资产抵押、金融仓储等贷款抵质押方式。健全完善企业上市扶持激励机制,加大企业上市力度,努力增加上市公司数量,增强上市公司融资能力。深化政银企协作机制,支持在萧金融机构深化改革,确保信贷总量平稳增长,切实缓解企业融资难问题。

5.深化基本公共服务均等化体制改革。提供更加完备、均等的基本公共服务是实现公民基本权利的重要保障。要进一步完善促进就业长效机制,完善公共就业服务、公共培训体系和就业援助制度,着力解决失地农民、高校毕业生的就业问题,促进城乡劳动力平等充分就业。完善收入分配调节政策,规范公务员津补贴,推进义务教育学校教师绩效工资和事业单位津补贴改革,逐步提高职工最低工资标准,形成科学合理的工资增长机制。完善社会养老、医疗、失业、工伤和生育保险制度,继续扩大社会保险覆盖面。完善城乡最低生活保障制度,建立低保标准与经济发展、物价水平相适应的调整机制,落实低收入农户“一户一策一干部”帮扶机制,全面推进“低收入农户奔小康工程”。加快建立和完善以廉租住房制度、经济适用住房制度和住房公积金制度为主要内容的城镇住房保障体系。建立义务教育均衡发展机制,完善教育保障机制和困难学生资助制度,促进优质教育资源向农村和边远地区流动,逐步消除城乡教育差别。深化医疗卫生体制改革,完善三级医疗服务体系,优化区域卫生资源配置,增强公立医疗机构公益性质,不断提高新型农村合作医疗受益覆盖面,促进公共卫生服务均等化,加快构建完善人人享有的基本医疗卫生服务体系。

6.深化文化体制改革。要以建设社会主义核心价值体系为关键,大力发展社会主义先进文化,进一步弘扬“奔竞不息、勇立潮头”的萧山精神,着力推进文化体制改革,促进文化大发展大繁荣。完善文化产业扶持政策,培育扶持文化企业、文化专业市场和文化产业集聚区,鼓励民营资本和社会力量投资文化产业领域,发展一批具有较强实力和竞争力的文化企业。完善公共文化服务体系,深入实施“十大金色文化工程”,扎实推进品牌文化建设,不断满足人民群众日益增长的精神文化需求,全面提升市民思想道德素质和城乡文明程度。深入实施“种文化工程”,加快公共文化服务均等化进程,大力推动优质文化资源向基层、向农村倾斜,构建全区公共图书服务连锁体系,加快城乡共享的文体设施网络建设。创新文化管理体制,不断深化市场综合执法改革,促进文化事业健康繁荣发展。

7.深化社会管理体制改革。深化社会管理体制改革,有利于形成良好的社会秩序,促进社会公平公正,维护社会和谐稳定。要加强基层社会管理,完善基层群众自治制度,加强城乡社区建设,建立与社会转型相适应的社区管理与公共服务体系。探索建立城乡统一的户籍登记制度,推进外来人员居住证制度改革,构建流动人口服务管理新机制。加大对重点人员和高危人群的管控力度,加强对新社会组织和“虚拟社会”的管理。健全社会矛盾纠纷调处化解机制,构建完善人民调解、行政调解和司法调解“三位一体”的调处网络,落实信访工作各项制度,畅通利益诉求渠道,健全社会稳定预警机制,积极预防和妥善处置各类群体性事件,及时化解人民内部矛盾。加强全民法制教育,加快社会治安防控体系建设,健全综合治理基层规范化建设推进机制,加快实施电子监控系统网络全覆盖工程,依法严厉打击各类违法犯罪行为,维护社会和谐稳定,不断提升“平安萧山”、“法治萧山”创建水平。加强公共安全管理,健全安全生产监管体制,强化产品质量特别是食品药品质量安全监管,增强防灾减灾能力,完善公共安全应急管理体制,保障人民群众生命财产安全。

8.深化行政管理体制改革。深化行政管理体制改革、建立科学高效的行政管理体制,是推进科学发展、率先发展、跨越发展的有力保障。要进一步转变政府职能,推进政府机构改革,理顺交叉重复职能,健全部门间协调配合机制,不断提高行政效能。深化公共财政体制改革,调整和优化财政支出结构,规范财政转移支付制度,完善镇街财政体制,创新财政专项资金审批管理方式,加强党政机关会议费、公务接待费、水电费等公用经费的管理,推广政府向社会购买服务制度,鼓励和支持人民团体、社会组织参与提供公共服务。深化行政审批制度改革,推进新一轮行政审批制度改革,依法规范审批事项、审批环节和行政事业性收费,探索和完善进入区办事服务中心集中审批的有效形式,积极推行“并联”审批、网上审批和投资项目审批代办制,健全镇街办事服务中心和招投标中心运行机制,不断提高服务效率,切实减轻企业负担。

9.深化对内对外开放机制改革。深化对内对外开放是萧山拓市场、扩投资、促转型、保增长的重大举措。要坚持内外兼修,积极构筑新的开放格局,加快形成有利于统筹国际国内市场、融合国际国内资源的体制机制。建立健全招商引资工作机制，坚持招商引资“一把手”工程不动摇，充分发挥园区、镇街、企业三大引资主体作用，瞄准先进制造业、现代服务业、高新技术产业和空港产业等新领域，积极开展楼宇招商、地块招商、驻点招商、产业招商、中介招商、网络招商，力争在引进世界500强和国有大中型企业大项目上取得新突破。创新外贸增长方式，优化对外贸易结构，鼓励出口企业加强自主创新和品牌建设，扩大高新技术产品出口，提高出口产品附加值，实现对外贸易从数量扩张向质量提升转变。加大外贸市场开拓力度，积极组织企业参加境内外展销，推广电子商务、工贸结合等市场成功运作模式。加大外贸政策扶持力度，加快出口退税速度，改善出口企业融资担保条件，加大出口信用保险补贴，减轻出口企业地方税费负担。加快建设空港保税物流中心(B型)，争取设立杭州空港综合保税区。坚持“走出去”与“引进来”相统一，建立与上海、香港等区域合作机制，支持企业在研发、生产、销售等方面开展国际化经营，鼓励发展境内外资源合作开发、工程承包和劳务合作。

10.深化干部人事制度改革。深化干部人事制度改革，是建设高素质的干部队伍，培养造就大批优秀人才的治本之策。要探索体现科学发展观要求的干部综合考核评价办法，推进干部工作的民主化、科学化和制度化。坚持正确的用人导向，健全干部选拔任用科学机制，加大竞争性选拔干部的工作力度，提高选人用人公信度。健全人才工作制度，大力实施人才强区战略，全面构建人才培养、引进、评价、使用、流动、激励和保障政策体系。加大高端人才引进培养力度，强化区域人才竞争优势，用足用好人才开发专项资金，逐步完善有突出贡献人才住房申购机制，加快实施人才安居工程，进一步鼓励海外留学人员来萧创业，加大留学人员创业园等人才创业创新平台建设力度，全面实施企业经营管理者“333培训工程”，加快形成与萧山经济社会发展相适应的、科学合理的人才结构。完善知识、技术、管理等生产要素参与分配的实现形式，健全以能力和业绩为导向的人才评价机制，疏通各类人才流动渠道，不断壮大企业经营管理人才、高技能人才和农村实用人才等各类人才队伍，为萧山改革发展提供强大智力支撑。

四、加强党的建设，为深化改革开放提供坚强保障

深化改革开放，努力转危为机，关键在各级领导班子和干部队伍。要坚持以科学发展观为统领，突出加强党的执政能力建设和先进性建设这条主线，全面加强党的思想、组织、作风、制度和反腐倡廉建设，切实加强和改善党对改革开放的领导，为推动萧山科学发展、率先发展、跨越发展奠定坚实的思想基础、政治基础和组织基础。

1.加强深化改革开放的组织领导。改革开放是一项事关方方面面、涉及深层利益调整的宏大工程，必须加强和改进党的领导，形成党委领导、政府抓总、部门协同、上下联动的工作新格局。各级党委、政府要成立主要领导亲自挂帅的领导协调机构，经常研究部署重大改革任务，及时协调解决改革开放中有关重大问题。要研究落实改革创新的激励措施，健全完善目标考核体系，加强推进改革开放的人力财力保障。发展和改革部门要研究制订年度改革实施方案，加强对综合性改革的统筹协调。区级有关部门要结合职能制订专项改革方案，具体组织实施。要不断推进中国共产党领导的多党合作制度，充分发挥统一战线凝心聚力的独特优势；充分发挥人大、政协、各人民团体和各界人士的作用，凝聚社会各方面的力量，不断开创萧山深化改革开放的新局面。

2.营造深化改革开放的良好环境。大力营造有利于解放思想和创业创新的社会环境，是深化改革开放的重要前提。要积极营造良好的舆论环境，加大对深化改革、扩大开放的宣传力度，凝聚深化改革开放新共识，形成深化改革开放新合力，倡导全社会理解深化改革开放、支持深化改革开放、参与深化改革开放，形成全社会鼓励创新、允许探索、善待挫折、包容失败的宽松环境，从而更好地调动和保护广大干部群众改革创新的积极性，切实增强深化改革开放的自觉性和坚定性。要加快营造良好的制度环境，正确处理改革创新和依法推进的关系，努力把加快体制机制创新的决策部署制度化、规范化，使改革创新工作真正有章可循。

3.以改革创新精神加强党的建设。要加强思想政治建设，以思想解放激发创造力，继续开展深入学习实践科学发展观活动，提高领导干部的科学理论素养，着力转变不适应、不符合科学发展观要求的思想观念，切实解决影响和制约科学发展的突出问题，真正把科学发展观贯彻落实到经济社会发展的各个方面。要加强领导班子建设，改善各级领导班子结构，切实增强领导科学发展的能力，提升科学决策、民主决策、依法决策的水平。要加强基层组织建设，继续推进农村基层组织“领头雁”工程建设，不断深化非公企业党建“优势品牌”，全面加强社区党建工作，进一步构建城乡统筹的基层党建新格局，巩固党的执政基础。要加强干部队伍建设，坚持理论培训和实践锻炼相结合，推进新一轮大规模培训干部工作，进一步提升干部队伍的整体素质。要加强党建领域的改革创新，高度重视、积极推进党内民主建设，以党建改革振奋党员干部的精神。要加强党风廉政建设，坚持标本兼治、综合治理、惩防并举、注重预防的方针，深入推进富有萧山特色的惩治和预防腐败体系建设，加大对党风廉政建设责任制落实情况的考核力度，进一步深化作风建设和效能建设，以清正廉洁的良好形象和反腐倡廉的实际成果为深化改革开放提供坚强保障。

同志们，在新的历史起点上深化改革开放，事关全区发展大局，是一项长期、复杂、艰巨的任务。我们要在党的十七大精神和科学发展观的指引下，以强烈的事业心和责任感，继续解放思想，坚持与时俱进，深化改革开放，努力转危为机，为实现萧山科学发展、率先发展、跨越发展，为共建共享生活品质之区、率先建成全面小康社会作出新的更大的贡献！

政府工作报告(摘要)

——2009年2月11日在杭州市萧山区第十四届人民代表大会第三次会议上

杭州市萧山区代区长　盛阅春

盛阅春

一、2008年政府工作回顾

2008年,全年实现生产总值986.5亿元,比上年增长10.5%(可比价),人均生产总值1.2万美元,其中第三产业增加值313.5亿元,增长15.8%(可比价)。财政总收入126.8亿元,其中地方财政收入63.18亿元,分别增长13.6%和17.3%。规模以上工业销售产值3196.82亿元,增长13.5%。全社会固定资产投资346.92亿元,增长13.1%。社会消费品零售总额203.5亿元,增长19.3%。自营出口额67.29亿美元,增长22.4%。万元生产总值综合能耗下降4.5%以上,主要污染物化学需氧量削减3.7%,二氧化硫排放量削减3.7%。城镇居民人均可支配收入26452元,农村居民人均纯收入12987元,分别增长11.0%和10.7%。人口自然增长率2.25‰。城镇登记失业率3.32%。

一是经济实力不断增强。农业基础更加扎实。实现农业总产值63.88亿元,增长8.3%,其中花木、水产等特色产业实现产值54.3亿元,增长8.7%,农产品加工销售值200亿元,出口交货值78亿元。粮食生产继续保持稳定,外建农业基地达14.5万公顷,新增省级骨干农业龙头企业2家。政策性农业保险试点扩面工作进展顺利,五类支农贷款11.85亿元。农业总部大楼前期征迁工作有序开展。休闲观光农业发展规划通过评审。省级农业高科技示范园区加快建设。农资供应保障有力。成功创建全国平安农机示范区。防汛防台抗旱、动植物防疫、森林防火等工作扎实开展。水利“两整治一保障”工程进展顺利,农村桥梁改造、水库除险加固和小型农田水利工程有序推进。工业发展继续领先。新增销售产值超亿元企业43家,入围全国大企业集团竞争力500强13家,全国民营企业500强28家,全国制造业500强9家。重化工业销售产值增幅高于轻工业增幅5.2个百分点。完成高新企业销售产值365亿元,增长28.1%,新产品产值率达14.1%。9项国家标准、6项行业标准获准发布,新认定高新技术企业70家,新增中国驰名商标21件,国家级标准化专业技术委员会5个,省级以上企业技术中心8家,其中国家级2家。申请专利2472件,授权1136件,分别增长86.6%和22.2%,其中发明授权专利61件。清华长三角生物工程研发中心落户萧山。百强企业、优势成长型企业与苗子型企业梯队建设不断强化。建筑业实力继续增强,参与建设奥运会“水立方”等一批标志性项目,党湾镇被授予“中国建筑名镇”称号。第三产业发展加速。第三产业占生产总值比重达31.8%,增幅高出第二产业5.6个百分点。有4家企业入围全国服务业500强。实现市场成交额551亿元,增长14.1%,其中四大“百亿市场”实现成交额432.7亿元。商贸“双十”工程有序推进,三江农副产品配送中心和新农都物流中心建设进展顺利。新区商业中心初具雏形。成功举办首届商贸“品质奖”评选。完成再生资源回收整治,实现农资连锁与日用消费品超市行政村全覆盖。全年接待游客840.3万人次,实现旅游总收入86亿元、营业收入14.6亿元。旅游“1010”工程全面推进。第四届中国国际动漫节、观潮节、杨梅节、三江美食节成功举办。开展“品质萧山·咏十景”评选。成功创建省旅游经济强区,成为“2008中国最佳旅游品牌目的地”。现代物流、电子商务、文化创意、总部经济等加快发展。

二是发展环境不断优化。积极落实要素保障。争取各类用地指标1110公顷,出让工业用地426.6公顷,新湾等4

个镇土地规划修编和“四类”项目修改试点获省政府批准，拓展用地空间4657.7公顷，垦造耕地226.7公顷，复垦建设用地46.8公顷，盘活存量土地137.8公顷，建设标准厂房133.3万平方米，经营性土地收储376公顷、出让153.6公顷。金融机构本外币贷款总额比上年增加199.27亿元。新增政策性担保公司3家、上市企业2家。电网总投资6亿元，新增变电容量48万千伏安。着力改善生态环境。规模以上工业企业万元产值能耗下降17.3%。推进节能降耗改造项目建设，淘汰高能耗设备，扩大集中供热，67家企业通过清洁生产验收。启动“811”环境保护新三年行动萧绍区域（萧山片）印染化工行业污染整治项目。基本完成东片大型污水处理厂和城市污水处理厂一期提标改造工程，3个污泥无害化处理工程投入运行。基本实现城区、东片地区11个镇和2个园区的污水主干管网全覆盖，南片泵站及配套管线建设有序推进。城区污水截污纳管率达87%。完成82家非热电企业脱硫改造，12家热电企业脱硫改造全面开展。严格环保准入，实施重点污染源在线监测监控，实行排污费扩面征收。完成污染源普查工作。生态区建设有序推进，创建生态村42个，市级以上生态镇（街）13个，其中省级3个。殡葬改革深入推进，生态墓地覆盖率达100%。不断优化创业环境。设立1亿元创业投资引导基金，已有创业投资企业8家。积极扶持高校毕业生自主创业，留学人员创业园成为国家级杭州留学人员创业园分园，新增博士后工作站3家。

*三是城市化水平不断提高。*五大新城开局良好。萧山经济技术开发区（江东新城）实际到位外资2.56亿美元，增长21.4%，实到市外内资15.11亿元，增长70%，实现财政收入22.12亿元，增长19.6%，成为国家生态化工业示范区，青年莲花轿车、美国喜瑞太阳能电池等一批大项目落户，市北、桥南52万平方米安置小区竣工，安置拆迁户1380户。临江新城实现工业总产值100.43亿元，工业性投入28.84亿元，完成拆迁348户，搬迁企业5家，安置房二期建成、三期开工，基础设施建设日趋完善，绿化总面积超过120万平方米，纳智捷汽车、东方电气等重大项目成功落户。钱江世纪城完成控制性详规调整方案评审，拆迁农户1291户，搬迁企业67家，“33811”工程顺利推进，积极配合庆春路过江隧道和“两中心”等重大项目建设。湘湖新城旅游概念性规划编制完成，景区配套设施不断完善，成为国家4A级景区，少儿公园、极地海洋公园顺利开园。机场二期征迁工作完成，空港经济区概念性规划通过评审，建立空港经济区管理委员会。规划工作继续加强。完成铁路萧山站综合交通枢纽概念规划等12项规划编制工作，进一步深化完善中心城区和三组团近期建设规划、村庄布点规划和新农村建设规划。基础设施建设力度不断加大。完成道路建设投资34.4亿元，新增道路118.1千米。建设一路西伸、钱江九桥东接线一期等10项工程建成通车，西入城口整治等27项工程有序推进。开展杭州湾出海码头、西山道口综合改造、机场公路改造等技术前期工作。地铁1号线、2号线开工建设。实现与杭州主城区公交一体化，基本实现“村村通公交”。建成道路两侧生态带35.25千米。江东应急供水二期及延伸工程贯通。自来水进村入户率达98%。管输天然气落户萧山并完成市场整合。城市管理逐步完善。“最清洁城乡”工程成效明显，城区环境卫生全天保洁覆盖率达100%，城区和集镇生活垃圾无害化处理达100%。建成城区建筑垃圾消纳场，新建镇级垃圾压缩中转站12座。着力查处“六乱”，破解“六难”，犬类管理、城区夜排档整治、停车管理工作进一步加强。推行城区道路两侧“牛皮癣”清除市场化运作，开展户外广告专项清理工作。被评为浙江省和谐社区建设先进区。城市有机更新步伐加快。城区新增绿化面积43万平方米，绿化覆盖率达39.1%。完成萧绍路等13条道路架空线“上改下”。实施崇化等14个小区背街小巷整治，城中村改造试点工作稳步推进。组团建设有序开展。出台组团中心镇考核办法，组团建设三年行动计划有效推进，各中心镇相继启动建设一批重大项目。新农村建设深入推进。城市示范村多层公寓竣工49万平方米，新创建农村示范村7个、农村整治村40个，其中市级以上全面小康建设示范村7个。新农村建设竞赛和示范活动不断深化，新命名优胜村30个。“村企共建”活动深入开展，到位资金5744万元。积极开展土地股份制试点，土地承包经营权流转1.9万公顷。新成立股份经济联合社42家，农民专业合作社累计达136家。开展“一事一议”筹资筹劳试点，村级民主管理进一步深化。低收入农户奔小康工程全面启动。

*四是社会事业不断发展。*社会保障体系日趋完善。统筹城乡就业，创建充分就业社区59个。劳动用工管理力度加大，最低劳动工资标准提高到每月960元，劳动合同签订率达到96%以上。少年儿童纳入城镇居民基本医疗保险，实现了养老和医疗保险全覆盖。扩大社会保险覆盖面，净增职工养老保险6.48万人、医疗保险5.73万人、失业保险4.2万人、工伤保险11.4万人。完善社会救助体系，城乡低保标准分别提高到350元和240元。发放低保救助金3972万元、物价补贴1550余万元、老年人生活补助金4701万元，五保集中供养率达94.5%。开展慈善救助和帮困结对，提高退役军人家属优待金，重点优抚对象保障日趋完善。落实农村困难群众住房救助396户。区残疾人康复中心主体工程结顶。教育发展水平再上台阶。开展“教育品牌建设年”活动，深化素质教育。全面实施免费义务教育，免除杂费、课本费、作业本费7300余万元，助学奖学5000余人，资助和奖励金额633万元。注重教育均衡发展，加快农村教育布局调整，加大农村学校资金和师资扶持力度，继续实施百名优秀教师支教活动。九中新校舍落成，新塘小学扩建和汇宇小学、银河小学新建工程进展顺利。整合职教资源，优化专业设置。成功创建首批全国社区教育示范区。文体事业繁荣发展。开展纪念改革开放30周年系列活动，举办区第七届文化艺术节，农村“种文化”工程成效明显。承办全国女排联赛、中国业余篮球公开赛和第三届“海峡杯”男子篮球邀请赛

等赛事。文化市场"网格化"监管体系日益完善。开展第三次全国文物普查工作，2个项目被列入国家级非物质文化遗产保护名录，楼塔镇被命名为"中国民间文化艺术之乡"。史志资政作用不断显现，《萧山市志》完成初稿。跨湖桥遗址公园(博物馆)和数字图书馆建设进展顺利，档案新馆主体工程完工，体育中心改造二期工程完成，新建120个健身点、80个灯光篮球场和30个乒乓球室，完成农村有线电视网络改造。卫生计生工作稳步推进。区直属医院改扩建和14家社区卫生服务中心迁建进展顺利，社区卫生服务站规范化建设逐步推开。创建市卫生强镇街10个，开展社区卫生运行体制改革试点。积极做好问题奶粉安全事故救治工作，有效控制手足口病等传染病疫情。"健康萧山"建设顺利推进。无偿献血、红十字援助工作继续保持良好态势。在全省率先实施农村独生子女家庭养老保险优惠政策。流动人口计生服务管理率达90%以上。全年出生人口9729人，计划生育率98.6%，人口出生率8.12‰，出生人口性别比104.89。十件实事顺利完成。五项社保新政策有序推进，完成农村居民养老保险参保3.09万人。湘湖二期修建性详规完成编制和评审，土地收储工作有序推进。建成保障性住房8.38万平方米。育才路北伸竣工通车，永久路拓宽及新开北干山隧道、金鸡路北伸开工建设，通惠路道口改造前期工作有序开展，工人路铁路道口结合西山道口改造一并实施，城区新建和改造港湾式公交停靠站47个，劲松小学、回澜小学地下车库建设有序推进。依法管理"四小车"工作初见成效。完成南片五大溪流单边堤长32千米的整治，以及官河等7条城区河道和61千米的农村河道整治。帮扶农村低保家庭实现就业862人，完成农民素质培训4.6万人，实现农村劳动力转移就业2.99万人。新接管4个街道31个行政村生活垃圾清运工作，实现城区纳管全覆盖。完成东门等5家农贸市场改造提升，新建农村连锁超市531家，放心店71家。社会福利中心开工。

五是改革开放不断深化。各项改革稳步推进。优化配置机构编制资源，加强事业单位改革和管理。实施新一轮行政审批制度改革，各镇街建立招投标中心，积极推进镇街办事服务中心建设，推行投资项目审批代办制。创新城市建设投融资机制，组建交通发展有限公司。推进避灾场所建设，防空防灾一体化进程加快，区民防局挂牌。加快金融创新，成立小额贷款公司1家。创新拆违控违体制，成立区督察违法建设办公室。各项价格监管和干预措施成效明显，CPI指数低于全市0.6个百分点。区级机关公车改革基本完成。加强统计基础建设，提高源头数据质量，开展第二次全国经济普查。开放型经济提升发展。实际利用外资6.58亿美元，增长19.9%，外贸进出口总额95.34亿美元，增长19.7%。新核准境外投资企业(机构)8家，总投资3084万美元，完成境外工程承包营业额9952万美元。外资、外贸、外经均居全省区(县、市)首位。萧山国际创业中心注册企业34家，到位资金7489万美元。积极推进山海协作工程。实际到位内资43.54亿元。

六是民主法制建设不断加强。深化"平安萧山"创建。完成全区411个行政村和139个社区换届选举。有力遏制各类刑事案件发案势头，加强流动人口管理和服务，打击各类违法犯罪活动，治安秩序良好。实现奥运期间"零进京、零非访、零滋事"，未发生一起涉奥涉恐案(事)件。信访总量继续下降，信访工作责任制进一步落实，一批热点、难点问题得到有效解决。深入开展"五五"普法宣传，构建大调解格局，不断加强法律援助和法律服务工作。民族宗教领域保持和谐稳定的良好局面。安全生产隐患排查治理深入推进，企业安全标准化达标工作扎实开展。事故起数、死亡人数实现"负增长"，消防安全实现"零死亡"。全面开展37座矿山整治关停工作。食品安全监管机制不断完善，"十小"行业整顿与规范工作启动，食品安全专项整治扎实开展，药品安全实时监管服务信息系统建设全面推进。强化政府自身建设。主动接受人大及其常委会的法律监督，自觉接受政协的民主监督。认真办理人大代表议案建议和政协提案，办结人大代表议案80件、建议255件和政协提案311件，A类率分别为33.1%和31.5%。加大政府信息公开力度，深化机关效能和廉政建设。加强领导干部经济责任审计，完善内部审计制度。区办事服务中心审批服务事项按时办结率99.98%，区招投标中心完成交易额123.67亿元。加强应急管理体制机制建设。战胜罕见的雨雪冰冻灾害，积极开展对汶川大地震灾区的援助和援建工作，全力配合做好"11·15"地铁工地塌方事故的各项救援抢险工作。

深入开展双拥活动，加强国防教育和国防后备力量建设。积极支持工会、共青团、妇联、科协、文联、老龄委、关工委开展工作，外事、侨务、台湾事务等工作取得新成绩。

二、2009年总体要求和主要目标

根据区委十三届六次全会精神，2009年政府工作的指导思想是：高举中国特色社会主义伟大旗帜，以邓小平理论和"三个代表"重要思想为指导，全面践行科学发展观，深入贯彻党的十七大及十七届三中全会精神，继续解放思想，扩大改革开放，抢抓发展机遇，以保持经济持续平稳、较快发展为首要任务，以城市化为带动，坚持自主创新，促进结构调整，加快城乡统筹，推进城市有机更新，不断改善民生，构建社会和谐，为打造生活品质之区、率先建成全面小康社会奠定坚实基础。

综合考虑各种因素，2009年经济社会发展主要预期目标为：以2008年实绩为基数，地区生产总值增长10%以上；第三产业增加值增长13%以上；地方财政收入力争增长8%；规模以上工业销售产值增长14%；农业总产值增长8%；全社会固定资产投资增长15%以上；社会消费品零售总额增长14%；自营出口额增长12%；万元GDP综合能耗下降4%以上；主要污染物化学需氧量削减3.5%以上，二氧化硫排放量削减4%以上；城镇居民人均可支配收入增长9%，农村居民人均纯收入增长9%；人口自然增长率控制在

3‰以内;城镇登记失业率控制在4%以内。

2009年是中华人民共和国成立60周年,也是萧山迎挑战、抢机遇、促发展的关键之年,面对严峻复杂的形势,要实现上述目标,任重而道远。在具体工作中,我们要牢牢把握以下五个方面:

*一是坚定发展信心,提升形势判断力。*必须清醒地看到,2009年,国际国内经济形势的不确定因素仍然很多,全球金融危机仍未见底,对实体经济的影响和冲击还在加深,经济下行风险仍然存在,有效遏制经济下滑已经成为当前和今后一个时期的主要任务,这就需要我们切实增强忧患意识、危机意识。但我们更应该清醒地看到经济发展的基本面和长期趋势没有改变,重要战略机遇仍然存在,民营经济灵活的机制、雄厚的产业基础、较强的抗风险能力,以及改革大潮中历练出的优秀企业家队伍,让我们看到了产业转型升级和企业低成本扩张的机遇,看到了人才引进和资金引入的机遇。只要我们能在逆境中挖掘和培育有利因素,坚定必胜信心,保持昂扬的进取精神,着力保增长、扩内需、调结构,就一定能转"危"为"机",确保萧山经济平稳、较快地发展。

*二是坚持"抱团取暖",提升经济增长力。*充分发挥政府"有形之手"的作用,继续落实萧山已经出台的一系列经济发展政策,加大对企业的扶持力度,深化"送温暖"活动。加强政银企合作,加大金融对经济发展的支持力度,运作好政府5亿元应急资金。充分发挥企业主体作用,利用增值税转型改革,以及部分产品提高出口退税率等有利因素,加强企业技术中心和研发中心建设,全面提高自主创新能力,强化企业管理,实现新一轮跨越式发展。加快产业转型升级,在做优一产、做强二产的同时,将现代服务业作为萧山经济发展新蓝海,加快构筑现代产业体系。

*三是加快城市化进程,提升城乡统筹力。*以城市化为带动,坚持"一化带四化",实现萧山科学发展新跨越。加大政府性投入,有效带动社会投资,把加大投入作为保增长的根本途径。实施大项目带动战略,加快市区对接、重大基础设施、产业、民生和生态环境等项目建设。完善城镇规划体系,加快城市有机更新,努力实现民本、依法、长效、品质的城市管理目标。加快五大新城和13个城市综合体建设,促进产业集聚,强化产业支撑。深入推进组团建设,不断增强组团中心镇的综合实力和集聚、辐射能力。完善以城带乡长效机制,促进城市基础设施和公共服务向农村延伸,深化农村综合改革,推进新农村建设。

*四是破解要素制约,提升持续发展力。*继续加大破解要素制约的力度,创新方式,为发展提供保障。不断优化土地指标配置,鼓励节约集约用地。做好小额贷款公司试点工作。大力实施人才强区战略,加强知识产权保护与发展,深入实施标准化战略,推进品牌强区建设。转变招商引资模式,提高项目质量,进一步增强招商引资的有效性和科学性。加大节能减排力度,加快推进生态创建工作,积极推行清洁生产,发展循环经济。

*五是关注民生需求,提升社会保障力。*保障和改善民生是发展的根本目的,不管遇到多大的困难,必须更加注重发展成果的普惠性,压缩行政支出,严格控制会议、接待、差旅等一般性开支,将有限的财力用于促发展和保民生。努力保持价格的基本稳定,扩大就业,提高低收入家庭的就业率,加快建立覆盖城乡的社会保障和救助体系。把更多的公共资源用于发展文化、教育、医疗卫生等社会事业和改善人民生活。深化"平安萧山"建设,切实维护社会稳定,不断促进社会和谐。

三、2009年政府主要工作

围绕全年政府工作的指导思想和预期目标,2009年主要抓好以下十方面工作:

(一)提升"三农"工作水平,加快新农村建设

1. 优化发展农业经济。继续深化"五大农业"建设,不断优化农业特色产业,大力发展现代农业。重视粮食安全,完善粮食功能区块建设。研究出台总部农业和农业产业化扶持政策,开建农业总部大楼。新增亿元农业企业2家、市级以上农业龙头企业5家,努力实现农产品加工销售值和出口交货值均增长10%的目标。争创省级以上名牌农产品和著名商标5只。完善休闲观光农业发展规划,积极培育省市级休闲农业示范点。加强农业科技自主创新体系建设,深入推进"万村联网工程"。加大金融支农力度,加快政策性农业保险扩面工作。重视垦区农业基础设施配套。进一步推进省农业高科技示范园区和现代农业综合开发区建设。加强水利基础设施建设,启动强塘固房工程,完成南片五大溪流16千米和农村河道40千米整治,加强防汛防台抗旱工作和气象事业建设。切实抓好动植物防疫、森林防火工作。推进钱塘江海防基干林建设。积极创建全省农机化示范区。强化抗灾物资和农资的储备与供应。

2. 全面强化农村管理。优化完善新农村建设长效机制,深入开展新农村竞赛活动和示范村创建,推进富裕、清洁、和谐新农村建设。以连片整治为重点,完成村庄整治30个以上,逐步建立村庄保洁等长效机制。筹集共建资金3000万元以上,实现"村企共建"行政村和转制社区全覆盖。继续深化土地承包经营权流转,新增土地流转面积666.7公顷。制订林地流转管理办法。加强农村民主管理,加快村级集体资产股份制改革,新增股份经济联合社20家。继续扩大"一事一议"筹资筹劳试点范围。扶持农村新型合作经济发展,争创示范性合作社30家。加快区级生态陵园建设,完成坟墓治理任务,巩固和扩大殡葬改革成果。

3. 不断提高农民生活水平。继续提高农民"四金"拥有率。完成农民素质培训4万人,实现转移就业9600人。继续实施8%村级经济发展用地政策,用好村级留用地,努力提高欠发达村帮扶成效。健全完善农村债务管理制度,全面执行减轻农民负担政策,加强涉农收费监督和管理,保护农民权益。

（二）加强自主创新，优化工业结构

1. 坚持“三位一体”方针。加快35平方千米汽车产业园区和杭州萧山生态石化园区规划建设，推进汽车整车项目建设，制定汽车产业发展政策。加快新产品开发，充分利用信息技术带动制造业优化升级，大力发展电子信息、新材料、新能源等高新技术产业。继续培育高新技术企业，力争新增高新技术企业25家、省级科技型中小企业10家。市级以上高新企业的销售产值达450亿元，利税72亿元，均增长25%。积极推进传统产业高新化，采用信息化、差别化等手段，提升纺织印染、服装羽绒等传统产业。

2. 着力培育自主创新能力。实施发展平台、支柱产业、主导产品等升级行动。加大技改投入，推进“双百”技改工程。大力实施品牌战略，积极争创中国驰名商标。继续深化“四大科技行动”，加强科技中介机构建设，构建大型科研仪器协作公用平台。推进产学研合作，力争培育省级高新技术研发中心2家，市级研发中心4家，引进10家国内外知名科研院所共建科研基地。充分发挥政府创业投资引导基金作用，加强“孵化器”建设。组织实施“十大专利项目产业化”工程，提高专利申请和授权的数量及质量。实施标准化战略，帮助企业成立国家级标准化专业技术委员会。完成科普惠农兴村“三个一”工程建设，提高全民科学素质。

3. 提高企业管理水平。大力推进百强企业、优势成长型企业和苗子型企业三级梯队建设。充分发挥行业协会作用。积极创建各级管理创新示范企业，全面推广管理创新成果。推动镇街区域特色产业的提升发展。

（三）加快发展服务业，推进产业转型

1. 提升发展传统商贸业。加快推进三江农副产品配送中心、新农都物流中心等十大工程建设，深入实施“最清洁市场”和“创星创绿”工程。拓展农村消费品市场，扩大消费渠道和范围，积极培育汽车销售等行业。实施商贸品牌战略，积极引进国内外知名商贸流通企业。鼓励农资、成品油、药品、再生资源等现代连锁流通体系发展，规范提升镇、村连锁超市标准，推进“放心粮油示范店”向农村拓展延伸。

2. 大力发展休闲旅游业。全力推进旅游“1010”工程。创新动漫节、观潮节等节庆活动的形式和内容。加快发展疗休养、运动休闲等特色潜力行业，重点推进会展旅游。全面整合旅游资源，挖掘人文景观，重点推出精品旅游线路，提高旅游行业整体素质。利用世博会、休博会等载体，强化城市营销和网络营销。大力拓展台湾市场，全力打造长三角休闲旅游目的地。

3. 积极发展新兴服务业。支持影视剧制作、动漫制作等文化创意产业发展。发挥国际创业中心的平台作用，大力发展服务外包。按照“五个一批”的方针，发展楼宇经济，大力培育亿元楼和千万元楼。引导总部经济、电子商务等新型商业模式发展。大力发展会展、金融、物流、信息中介等生产性服务业和法律服务等知识密集型服务业。支持、引导房地产业健康稳定发展。发挥优势，促进建筑业快速发展。

（四）不断完善城市功能，加快城市化进程

1. 优化完善规划布局。坚持规划引领，推进阳光规划，加强各类规划衔接，完善规划体系，依托规划实现城市建设和土地利用的联动效应。按照中心城区、新城和组团、建制镇、中心村4个层面推进整体城乡规划，加快构筑开放式、生态型、现代化的江南新城新格局。尽快完成全区综合交通规划，深化交通枢纽区块控制性详规。编制各单元控制性详细规划，逐步实现控规全覆盖。修编城市管理规划，编制地铁2号线与站点无缝衔接的综合体建设规划，以及户外广告、亮灯、环卫等专项城市管理规划。

2. 强化中心城区城市有机更新。加大城中村改造力度，编制城中村改造整体推进方案，争取每个街道至少有一个村开展改造。实施北塘河、姚江河、罗婆桥等河道整治。加快地铁上盖物业及周边区域的开发和铁路货场整合工作。实施城区亮灯工程。加快中心商业街等特色街区建设，推动新区商贸发展。全面落实“两级政府，三级管理”城市管理考核体制。优化调整公交线路，加大公交站场建设力度，加强交通管理，方便市民出行。整合扩大停车资源，新增停车泊位1000个，缓解城区停车难。完成数字城管一期建设。规范城区建设工地环境管理。继续开展“六乱”整治，扎实推进“最清洁城乡”工程。实施城区公厕环卫设施升级达标改造。加强小区物业管理。强化社区建设力度，努力创建全国和谐社区，建设示范城区。加快天然气供气管网的建设，提高覆盖率。坚决加大防违控违拆违力度，完成历史违建拆除任务25.3万平方米，严格控制新违法建设的出现。

3. 推进五大新城和三组团发展。加快萧山经济技术开发区先进制造业、高新技术产业、现代服务业三业并举的步伐，全面建设三个“十大重点项目”和10万平方米创业大厦，创新招商模式，重抓招大引强，加快市北（高新）科技园综合体和“五横八纵”道路等基础设施建设。编制完成江东新城概念性规划，全面完成江东二期征迁。支持江东市本级区块建设。加大临江新城招商力度，发展汽车、装备制造、生态石化等新型工业，力争完成工业总产值130亿元、工业性投入25亿元，进一步优化规划，加大新城建设力度，完成农一和农二场范围内危旧房屋的拆迁。加快钱江世纪城安置小区、基础设施和社会投资项目区块的征迁进程，培育总部经济，打造高端商务区，全力推进“两中心”建设。完善湘湖新城旅游概念性规划，编制完成控制性规划，加大土地收储力度，征用农用地206.7公顷、林地253.3公顷，推进越王城遗址公园、水漾山庄等十大项目建设，完善景区服务功能，提升湘湖品牌形象。加快空港新城安置区块和空港经济区配套基础设施建设，尽快推进空港经济区启动区块的开发，制定空港经济发展扶持政策，强化招商引资。申报建立出口监管仓库和进口保税仓库。加快三组团建设，突出组团中心镇主体地位，加快推进重大基础设施建设，切实增强中心镇的示范、集聚、辐射功能，带动组团区域内其他镇协调发展。加快萧山中国水博览园等13个城市综合体建设。

4. 全面展开基础设施建设。围绕“接轨大杭州、畅通主城区、打通三组团、服务五新城、构建主骨架、提升新品质”的目标，实施道路交通建设三年行动计划，努力构建“对外交通高速化、区内公路快速化、城区道路网络化、城乡交通一体化”的综合交通体系。建成四季大道、梅林大道北伸、红十五线三期等工程。加快推进西山道口综合改造、永久路拓宽及新开北干山隧道、新城路北伸二期、机场公路改建、建设四路东伸一期、03省道东复线北伸、八柯线拓宽改造、江东大桥东接线等工程建设和育才路南伸前期工作。加大南片地区基础设施建设力度，建成义桥大桥及南岸互通、杭金衢高速浦阳互通，推进义桥大桥南北接线、浦阳江大桥及接线建设，开展临浦快速路前期研究，加快污水泵站和管网建设，实现浦阳江以北区块污水并网。建成主要公路两侧生态带37.92千米。实施864千米村级公路养护管理。重视备用水源应急管理，强化供水保障，全面启动江东水厂一期工程建设。投资6.5亿元加快电网建设，新增35千伏及以上的变电容量100万千伏安以上，新建35千伏及以上输电线路100千米。

（五）强化要素保障，突破发展瓶颈

1. 加强环境整治。加强节能减排工作，严格实行问责制和“一票否决”制，切实加强日常监管监察，继续强化节能降耗目标责任制，推进循环经济和清洁生产。大力实施节能改造项目，加快淘汰企业自备锅炉和高能耗生产设备，加大“低小散”产业的淘汰力度。全面完成12家热电企业脱硫改造，继续实施东片大型污水处理厂一期深度提标改造。实现市级以上生态镇创建全覆盖，力争通过省级生态区创建技术核查。

2. 缓解土地要素制约。完善土地利用规划，拓展用地空间。继续推进土地整理、建设用地复垦和低丘缓坡改造工作，盘活存量土地，加大闲置土地处置力度。做好经营性土地的收储和出让。优化用地结构，推进集约节约用地。

3. 强化金融保障。创新基础设施投融资体制，发挥城市发展投融资平台作用，利用BOT等多种形式进行融资。力争新增上市企业1家以上，做好小额贷款公司试点工作。维护良好的金融环境和投资环境，有效保障企业资金链正常运转。

4. 创新人才培养机制。加大高层次人才、紧缺人才的培养和引进力度，加快博士后工作站和留学人员创业园建设，完善留学人员创业服务平台。实施人才培养工程，加强职业技能培训。完善高校毕业生创业资助政策，探索建立缓解人才住房困难的机制和政策措施。

（六）坚持量质并举，发展开放型经济

1. 提升引资质量。大力开展存量招商、楼宇招商，强化上海、北京等地驻点招商，扩大招商网络，保持引资规模稳定增长。推进选商引资，力争引进世界500强企业和跨国大公司3家以上，总投资3000万美元以上的大项目10个以上，现代服务业和高新技术项目20个以上，力争在引进服务外包和空港经济项目上有新突破。全年实际利用外资7.7亿美元。

2. 提高开放水平。积极发展服务贸易，稳步发展加工贸易，扩大高新技术产品出口。鼓励企业开拓新兴市场，推动企业发展电子商务，建立国际营销网络，设立境外贸易公司、研发机构。扩大境外投资，新办境外企业，开展国际承包工程业务，参与国际竞争，加快培育萧山的跨国公司和国际知名品牌。

3. 加强区域协调。配合做好钱江通道等基础设施的建设，加快与周边地区基础设施的对接。注重利用自身的资源和产业优势，构筑区域产业链。积极参与“山海协作”，促进区域协调发展。

（七）加大政府投入，加强社会事业建设

1. 提高教育发展水平。进一步提升教育软实力，深化品牌学校、品牌教师和品牌项目建设。完成汇宇小学和银河小学建设，迁建湘湖小学、城南初中，推动各类学校创强上等和标准化建设。加大对农村教育的倾斜力度，实施“高均衡发展行动计划”，推进教育均衡优质发展。深入实施职业教育“六大行动计划”，创建市级学前教育强区。继续妥善解决外来务工人员子女入学问题，健全帮困助学机制。

2. 大力发展文体事业。深化文化体制改革，推动文化产业发展。跨湖桥遗址公园（博物馆）建成开放。推进镇街综合性重点文体设施建设和省市东海文化明珠、体育强镇、文化村及小康体育特色村创建。实施文化信息资源共享工程和电影“2131”工程，办好大型文化活动，承办1—2项全国性文体赛事。力争5个项目列入第三批省非物质文化遗产代表名录。加强文化市场监管，加大“黑网吧”整治力度，重视广播电视安全播出，全面推进有线电视数字化。建成档案新馆。充分发挥史志资政的优势和作用。

3. 加强卫生计生服务。巩固扩大市卫生强镇街创建成果。加快区直属医院改造。进一步完善公共卫生服务体系，深化社区卫生服务运行机制改革。完成第二轮参加新农合人员体检。深化爱国卫生工作，建设“健康萧山”。提高疾病防控和应急能力，加强卫生监督，规范医疗市场行为，继续做好无偿献血和红十字会工作。加强计生基层基础建设，推进计划生育技术服务机构规范化、标准化建设，实施“新农村新家庭计划”，努力提高出生人口素质，规范计划生育村（居）民自治。完善计生利益导向政策，强化流动人口计生综合服务管理。全区人口出生率控制在9‰以内，计划生育率97%以上，出生人口性别比保持在正常范围内。做好第六次全国人口普查各项准备工作。切实保障妇女和未成年人合法权益。

（八）构建社会保障网络，努力建设和谐社会

1. 深入推进城乡统筹就业。制定城乡统筹就业再就业政策，继续开展充分就业社区创建活动。全面实行农村劳动力就业登记制度，帮助农村劳动力实现转移就业。高度重视大学生就业问题，推广未就业毕业生见习训练工作，引导鼓励毕业生面向基层就业，继续面向高校毕业生招聘农村（社区）工作人员。健全劳动争议基层调解组织，加大劳动保障

监察力度，强化劳动争议处理，构建和谐劳动关系，促进全面充分就业。

2. 提高社会保障水平。全面实施《萧山区基本养老保障办法》和《萧山区基本医疗保障办法》，进一步扩大社会保险覆盖面。加快发展老龄事业，实现全区农村(社区)“星光老年之家”和农村老年服务网络全覆盖。完善住房保障体系，积极探索多种安置方式，推进广德三期和新塘地块安置房项目建设，积极筹建蜀山地块二期和牛脚湾等安置房项目，缓解中低收入家庭住房困难问题。重视残疾人事业，建成区残疾人康复中心。

3. 完善社会救助体系。进一步提高城乡居民最低生活保障待遇，加强和完善农村五保、城镇“三无”对象集中供养工作。完成全区85处避灾场所建设，做好自然灾害救助。落实优抚安置政策，提高对优抚群体的服务保障水平。加强慈善事业建设。

4. 全力维护社会稳定。严厉打击各类违法犯罪，突出打黑除恶，加大治黄、查赌、禁毒力度，推动流动人口专业化管理，进一步完善全区治安防控体系，严管严治重点地区和公共复杂场所。高度关注因企业经营不善引发的各类不安定因素，严厉打击经济违法行为，保持物价稳定，维护市场秩序。健全和完善信访问题预防机制、领导包案调处机制、越级上访稳控机制，切实把信访问题解决在基层。深化普法宣传和社区矫正，积极开展司法援助和人民调解工作。团结引导宗教人士和信教群众在建设和谐社会中发挥积极作用，维护宗教领域稳定。坚决遏制重特大和较大事故，减少死亡事故，确保安全生产四大领域指标不突破市下达的控制指标，实现全区各类事故起数、死亡人数和直接经济损失三项指标“负增长”。高度重视食品安全工作，积极推进食品安全示范区创建，完成食品安全专项整治任务。继续开展“十小”行业整治。巩固药品“两网一规范”省级示范区创建成果，争创国家级示范区。加强国防建设，深化双拥共建。进一步做好民族、外事、侨务和对台工作。

(九)关注民生福祉，办好十件实事

1. 实施城区失管房改善三年行动计划，当年完成失管房改善25%以上。

2. 实施区第四人民医院迁建工程，全面推进18个镇街社区卫生服务中心改扩迁建和310个规范化社区卫生服务站建设。

3. 完成西门等3家区属国有农贸市场改造，启动全区镇街农贸市场的改造提升工作。

4. 完成省“811”环境保护新三年行动萧绍区域(萧山片)印染化工行业污染整治，建成并投运临浦、新塘、所前、义桥四个泵站及配套管线。

5. 扩大基本养老保险覆盖面，确保全年净增各类养老保险参保人员6万人。

6. 完成西入城口和环城北路一期等15条地铁2号线替代道路建设。

7. 开建人才大厦，建成人力资源市场。

8. 加快王有史地块和三组团保障性住房建设，基本解决低保两倍以下的低收入家庭住房困难问题。

9. 实施低收入农户奔小康工程，帮扶低收入农户劳动力就业1000人以上，实现低收入农户家庭人均收入4000元以上。

10. 全面完成通惠路等11条道路架空线“上改下”整治。

(十)加强政府自身建设，进一步转变政府职能

1. 建设服务型政府。强化政府工作目标责任制，健全行政绩效评价与考核体系，推进政府工作项目化、目标化、责任化、考核化，提升政府执行能力。进一步增强政府各部门的全局观念，切实履行部门职责，提高办事效率。更加注重履行社会管理和公共服务职能，深化行政管理体制改革，强化机构编制管理。深入推进新一轮行政审批制度改革，提升区办事服务中心功能，加强镇街办事服务中心建设，完善镇街招投标中心建设。全面推进投资项目审批代办制。进一步加强防灾减灾工作，提高全社会预防和应对突发公共事件的能力，最大限度地保障人民生命财产安全。切实加强数据质量管理，做好第二次全国经济普查工作。

2. 建设法治型政府。严格执行人大及其常委会的决议、决定，积极支持政协履行职能，高度重视和认真办理人大代表建议和政协提案，进一步完善“二次答复”工作，不断提高办理工作水平。认真听取各民主党派、工商联、无党派人士的意见，充分发挥工青妇等人民团体的作用。健全科学民主决策制度，推行“开放式”决策，加强重大事项决策前调研，完善公众参与、专家论证和政府集体决策相结合的决策机制。规范行政执法行为，健全规范性文件备案审查制度和定期清理制度，全面推行政府信息公开。深化完善行政执法责任制，建立健全行政执法考评和责任追究制度，落实预防和化解行政争议解决机制，加强行政复议工作。

3. 建设廉洁型政府。认真落实党风廉政建设责任制，不断完善具有萧山特色的惩治和预防腐败体系，全力打造“廉洁萧山”。加大专项治理力度，重点解决土地征用、房屋拆迁等群众反映强烈的问题。强化监察和审计机关监督职能，严格落实行政问责制，加强政务督察。坚持厉行节约，减少行政开支，降低行政成本。严肃查处各类违法违纪案件，深入治理商业贿赂。加强培训、管理和监督，完善考核体系和奖惩机制，努力建设一支高素质的公务员队伍。

专　　记

民生工程

2009年《政府工作报告》提出，要关注民生福祉，办好十件实事。

十件实事之一：实施城区失管房改善三年行动计划，是年完成失管房改善25%以上。

为解决失管房普遍存在的管理体制不顺、基础配套设施陈旧、公用设施无人管理、人户分离等问题，2009年区委、区政府启动失管房和老小区环境综合整治工程。八大社区被列入整治计划，其中北干街道城北新村、城厢街道育才西苑和原建材总厂家属区块被列入改造试点。到年底，完成城北新村一期、育才西苑、富丽花园、怡景公寓、永达小区、永久公寓等10个小区共计105幢房屋的改造整治，占三年行动计划总体目标的32.4%，同时完成原建材厂家属区18幢房屋的综合整治，改善了这些老小区的居住环境。

十件实事之二：实施区第四人民医院迁建工程，全面推进18个镇街社区卫生服务中心改扩迁建和310个规范化社区卫生服务站建设。

2009年，萧山着力健全以区级医院为龙头、卫生服务中心为骨干、社区卫生服务站为基础的医疗服务网络，努力构筑"城市15分钟、农村20分钟"医疗服务圈。总投资7.2亿元的区第四人民医院迁建工程开工建设。工程共分两期，其中一期建筑面积9.6万平方米，将于2012年6月投入使用。18家镇街社区卫生服务中心改扩迁建工程稳步推进，进化、党湾、新街等镇社区卫生服务中心建成并投入使用。社区服务站建设顺利，到年底，196个社区卫生服务站达到规范化要求，在建84个，占总数的90.32%，2010年6月底前310个社区卫生服务站将全部建设完成。

十件实事之三：完成西门等3家区属国有农贸市场改造，启动全区镇街农贸市场的改造提升工作。

根据"高标准规划建设、高强度落实推进、高效能监督管理"的原则，围绕"建立环境舒适、购物方便、安全卫生、管理规范的消费环境"的总目标，按照"改造一批、提升一批、取缔一批"的思路，2009年，西门、坎山、闻堰3家区属国有农贸市场改造完成并投入运营；镇街（管委会、场）农贸市场改造提升工作全面启动，56家镇街（管委会、场）级农贸市场除取缔3家、实施改造5家外，其余48家全部列入改造提升计划，开展方案设计、完善等工作。

十件实事之四：完成省"811"环境保护新三年行动萧绍区域（萧山片）印染化工行业污染整治，建成并投运临浦、新塘、所前、义桥四个泵站及配套管线。

2009年，萧山切实加强环境保护工作。省"811"环境保护新三年行动萧绍区域（萧山片）印染化工行业污染整治通过省级验收；二氧化硫和COD（化学需氧量）两项主要污染物排放分别削减5.26%和12%；全年空气质量优良天数达到293天，比上年增加41天；河道水质明显改善，萧绍边界重点监控断面消除劣Ⅴ类水体；83家重点印染化工企业落实督察人员，进行全面整治。南片截污纳管一期工程建成泵站2座，开工建设泵站3座，埋设管线12千米。全区累计建成区级污水干管440千米，区级污水泵站49座，镇级污水管网193千米，镇级污水泵站13座。

十件实事之五：扩大基本养老保险覆盖面，确保全年净增各类养老保险参保人员6万人。

2009年，萧山全面贯彻实施《萧山区基本养老保障办法》和《萧山区基本医疗保障办法》，妥善处理特殊时期企业职工参保停保关系，社会保险覆盖面进一步扩大。全年净增各类养老保险参保人员69279人，完成全年目标的115.5%，其中净增企业职工养老保险45117人，净增农村居

2009年11月19日，萧山区接受省级"811"验收　　（钟淮摄）

民养老保险6496人，净增征地农转非人员养老保险16703人，参加各类养老保险的总人数达到73.7万人。

十件实事之六：完成西入城口和环城北路一期等15条地铁2号线替代道路建设。

为减轻地铁建设期间对城区交通带来的巨大影响，缓解城区交通“两难”问题，2009年，区委、区政府积极推进地铁2号线替代道路建设工程。到年底，体育路西伸、萧棉路（二棉路）西伸、工人路北伸、金鸡路北伸、南环路西伸二期、外环南路三期、外环南路四期、崇化路南伸、萧然西路南伸二期、拱秀路东伸、金家桥路东伸等15个项目全部建成通车。总投资达9200万元的西入城口整治工程于4月25日正式完成并通车，使萧山城区和滨江区实现了“无缝对接”。

十件实事之七：开建人才大厦，建成人力资源市场。

为推动“人才强区”建设，2009年底，萧山人才大厦开工建设。人才大厦设计楼高8层，建筑总面积22208平方米，计划投资8595万元，拥有1800平方米的交流大厅，1000平方米的信息张贴区域和1630平方米的各类培训教室。建成后的人才大厦将集人才交流、人才信息、人才服务、考试培训等多种功能于一体，为人才供需双方搭建起良好的交流平台。区人力资源市场综合楼基本建成，完成内部装修。

十件实事之八：加快王有史地块和三组团保障性住房建设，基本解决低保两倍以下的低收入家庭住房困难问题。

2009年，萧山着力构建多层次保障性住房建设体系，帮助解决低保两倍以下的低收入家庭住房困难问题。按照“一中心、三组团”的建设规划，保障性住房开建项目包括新塘街道王有史一期项目和瓜沥、义蓬、临浦三组团项目，项目总用地面积为15公顷，其中经济适用住房、廉租住房共2354套。到年底，项目全部开建，其中王有史地块、瓜沥组团项目已有11.43万平方米房屋完成结顶。

2009年，为781户廉租户发放廉租住房租金补贴，审核2009年度申请廉租住房租金补贴1300余户，城镇居民人均收入低于城镇低保标准两倍的住房困难家庭实现“应保尽保”。

十件实事之九：实施低收入农户奔小康工程，帮扶低收入农户劳动力就业1000人以上，实现低收入农户家庭人均收入4000元以上。

2009年，萧山将2008年度人均收入在4000元以下的农户列入低收入农户帮扶对象。一年来，大力实施低保补助、教育资助、医疗救助、产业扶持等政策，开展党员干部结对帮扶活动，走访低收入农户累计达1.8万余人次，扶持资金、物资超过850万元；确定219个自主创业项目和10个组织带动项目，上报市级低收入农户发展项目共7个，为768户低收入农户争取到29.1万元市财政补助资金；发放来料加工费92.43万元；培训低收入农户2125人，帮助1175个低收入农户家庭劳动力实现转移就业。2009年，低收入农户家庭人均收入4239元，增长14%，高于农民人均纯收入增长幅度。

十件实事之十：全面完成通惠路等11条道路架空线“上改下”整治。

为改善城市面貌，提升城市环境，2009年，萧山开展城市道路架空线“上改下”专项整治工程，在各建设单位、管线单位和有关街道、社区的共同努力下，通惠路、人民路、体育路、金惠路等11条道路“上改下”整治工程任务如期完成，架空线缆和道路两侧电线杆从人们视线中消失。

（孙玉霞　高海忠）

国内媒体报道萧山

【中央主流媒体宣传】 2009年，区委宣传部以“政企联手应对金融危机”、“转型升级、跨越发展”等为主题，组织新华社、《人民日报》、中央电视台等中央主流媒体记者到萧山采访报道。《人民日报》以半个版面的篇幅刊发题为《浙江萧山面对前所未有的经济压力，帮扶企业坚持不裁员——留住员工，留住明天》的长篇通讯，“新华网浙江频道”头条、《新华每日电讯》刊发长篇通讯《政府帮扶：出手须又快又重——专访杭州市委常委、萧山区委书记洪航勇》、《“弄潮”英雄的“另类”危机应对法——萧山发展模式解读》，中央电视台《新闻联播》头条播发《浙江企业“危”中寻“机”谋转型》这一长达3分多钟的新闻。据统计，一年来，中央主流媒体共刊播萧山稿件250余篇（条）。

【省级主要媒体宣传】 2009年，区委宣传部围绕萧山经济建设、百姓民生、社会事业等重点亮点工作，《浙江日报》、《今日浙江》、《共产党员》、浙江电视台、浙江人民广播电台及上海《文汇报》等省级媒体对萧山进行多角度宣传。《150天的和谐对话》、《萧山金融创新激活民资》、《萧山“美德档案馆”传播新风》等新闻报道在《浙江日报》头版头条刊发。据统计，一年来，省级媒体共刊播萧山稿件1800篇（条）。

【市级各大媒体宣传】 2009年，区委宣传部加强与市级各大媒体的联系，主动邀请《杭州日报》、杭州人民广播电台、杭州电视台、《都市快报》、《每日商报》等市级媒体记者，深入基层、企业，对话党政部门领导，特别是充分发挥《杭州日报》萧山记者站的作用，全方位、高密度地报道萧山。如《萧山专门组团北上“取经”加快城市化》、《萧山“引智借脑”助推企业应对危机创业创新》、《旅游和会展齐头并进 萧山旅游发展站上新起跑线》等报道，引起社会广泛关注。据统计，一年来，市级媒体共刊播萧山稿件1300篇（条）。

（许宝良）

附：

浙江萧山面对前所未有的经济压力，帮扶企业坚持不裁员
——留住员工，留住明天

突如其来的金融危机，让杭州道远化纤集团短短半年时间里损失20多亿元——一个原本生机勃勃的企业，随时面临倒闭的危险！作为董事长的裘德道，能不满腹忧愁？“不瞒你们说，多少次，我都想从阳台上跳下去。”

不过，裘德道最终没有从阳台上跳下去！用他自己的话说："是政府、员工支撑我渡过了难关！"

"开会就提就业"

订单流失、开工不足、效益锐减……突如其来的全球性金融危机，对处于改革前沿的浙江经济，冲击前所未有。惊慌失措中的部分企业，把裁员作为应对困境的手段。

"这种情况，绝不允许在萧山出现！解决就业才是从根本上保民生。"萧山区委书记洪航勇说自己"开会就提就业"。他算了一笔账：在萧山的务工人员，每月最低能有1500元工资，一年就是1.8万元；而拿救助金，一年最多4000元。"作为政府，一是鼓励企业担负社会责任，尽量不要裁员；更重要的是，各部门都要切实帮助企业渡过难关。"

萧山区委、区政府的援手在危机中凸显力量：2008年8月以来，萧山区委、区政府召开专题会议、百强企业座谈会、政银企座谈会等已经20余次，与企业家一起分析形势，商讨对策；针对企业面临的资金周转艰难等具体问题，政府及时介入，用必要的行政手段解除经济之困。

"前阶段，在企业普遍遇到资金困难时，区委、区政府出面，主动与银行协商，并出台对金融机构经济贡献考核奖励办法，促使银行不收贷，不惜贷。正是这样的主动介入，帮助企业度过了最艰难的时刻。"萧山区区长盛阅春说。

一系列扶助措施开始实施——

送服务。广大干部纷纷深入企业，调查座谈，出谋划策。去年10月以来，萧山区委、区政府为企业排解700多个难题。

减负担。调整城镇土地征税标准，暂停征收152项行政事业性收费等，下调城镇职工养老保险企业缴纳比例2个百分点，仅企业社会保险费一项就减征1.36亿元。

破瓶颈。为企业解决资金紧张问题，萧山区政府设立5亿元政府应急专项资金，解决辖区内重点企业短期资金周转困难。

送人才。出台苗子企业3年培训工程，制定企业管理者队伍培训3年规划，为区域内企业发展输送人才……

这些措施起到什么作用？此后，萧山经济的发展给出了最好的答案。

"绝不抛弃一名员工"

这是一个寒冷的冬天。

临近年关，往年正是加班加点热火朝天的时候，今年的浙江万向集团，生产车间冷清了许多。

位于萧山的万向集团是国内汽车配套行业的龙头企业。2008年，全球汽车行业遭受沉重打击，一些巨头企业运营艰难，甚至濒临倒闭，直接殃及万向集团。从2008年10月开始，万向的订单从每月50亿减少到35亿，而欧元、日元、英镑汇率的不断下滑，又使订单效益不断缩水。

"无论如何，我们不裁员、不减薪！只要企业还在运转，就绝不抛弃一名员工。常说要尊重员工、善待员工，一遇困难就裁员，这不是一个负责的企业家该做的！"万向集团董事局主席鲁冠球坚定地说。

不能一遇困难就裁员，这个理念已经渗透至万向集团的上上下下。万向钱潮股份有限公司人事部经理殷民这样诠释这一理念："工业企业人多，失业造成的社会压力大；员工进了企业，要培养三五年才能成材，一裁员，不是白白流失了？今后再招，成本只会更高。尽管目前企业遇到一些困难，但万向保证所有职工待遇不变。从今年全年来看，员工收入还比去年提高20%多呢。"

"眼下国家经济遇到困难，这就需要更多的企业家负起社会责任。把万向这22000名员工稳定下来，就是对国家最大的贡献。每个企业都分担一点，员工稳住了，人心安定了，就不会给社会增加负担。现在是冬天，我们留住了员工，也就留住了春意盎然的明天！"鲁冠球的话颇有诗意。

员工与企业共患难

春节临近，杭州市的萧山航民集团生产车间依然忙碌。

来自河南南阳市的李发仓对现在的工作很知足："一个月工资2000多元，住宿免费，我们在这里很安心。"面对金融危机，航民的员工们显得信心十足。印染车间工人周仲丽说："困难是暂时的，我们相信老板！"

为什么？周仲丽说："这里养老保障从来不少，每年给我们加工资，加班时还领夜餐费。公司对我们这么好，有困难时我们理应支持！"

员工不放弃，还源于企业有拴心留人的高招。"晴耕雨读。现在正是培训员工的难得机会，现在是车间没声音，教室坐满人。"殷民说。公司的1520名员工基本来自农村，现在订单不足，员工余暇时间多了，万向借机抓培训，提高员工素质，为将来恢复生产贮备技术力量。

道远化纤集团的裘德道，对于"万众同心其利断金"的好处，更有深切的体会。公司管理层主动提出不拿年终奖，很多普通职工也发短信给他："老板，我们支持你，只要企业能周转过去，我们不要奖金！"

裘德道以前出差坐专机，现在则挑普通打折机票；不再住高级宾馆，连别墅也卖了。他说："有这么好的队伍，再大的困难我也能挺住！"由于公司上下齐心谋发展，现在，道远化纤集团已经稳住阵脚，走出了最艰难的时期，并喊出了"三年再造一个新道远"的口号。

政府全力帮扶稳定企业、企业主动承担社会责任、员工努力与企业共渡难关，三方合力，带来了什么样的效果？

最新统计表明：萧山的经济已经止跌回升：财税增长从最低的增长12%，回升到增长17.4%。更重要的是，几个月前笼罩在人们心头的阴霾不见了：企业家信心重新聚拢，工业投入逐月回升，包括纳智捷、吉利在内的三大汽车公司等一批大项目在寒风中纷纷上马……这，为将来萧山经济的再次腾飞奠定了坚实的基础。

（王慧敏　顾春　原载2009年2月8日《人民日报》第五版）

大 事 记

2009年度萧山区大事记

1月

5日　萧山区经济和社会发展促进会在北京成立。

8日　省委常委、市委书记王国平到萧山调研城市基础设施建设工程，并实地踏看四季大道建设工程、西入城口建设工程、03省道东复线北伸工程、机场路疏解道路建设工程。

9日　中共萧山区委十三届六次全体（扩大）会议召开。

同日，中国建设银行浙江省分行与萧山区政府签署经济发展战略合作协议，明确省建行将在未来三年（2009年至2011年）内，向萧山提供新增总额为160亿元的贷款，全面支持萧山经济发展。

同日，渤海银行杭州萧山支行开业。

10日　杭州萧山法律服务产业发展中心揭牌成立。

12日　区旅游“1010”工程之杭州生态园二期扩建项目天乐湖景区开园。

15日　省委常委、市委书记王国平调研大江东区域规划建设工作，实地踏看萧山机场路改造工程和江东大桥东接线（江东大道）、钱江通道南接线（钱江大道）规划道路现场。

21日　机场二期征迁工作总结表彰大会在萧山剧院举行。

31日　国家信访局副局长王石奇到萧山调研，并参观龙达集团。

2月

6日　市委副书记、市长蔡奇率调研组到萧山调研汽车产业发展情况，并到吉瑞汽车有限公司、青年莲花轿车项目、青年商用车及零部件制造基地、纳智捷项目建设工地实地了解情况。

8日　中共中央政治局常委、全国人大常委会委员长吴邦国视察中国重汽集团杭州发动机有限公司、达利（中国）有限公司。

10—13日　政协第十二届杭州市萧山区委员会第三次会议召开。

11—14日　杭州市萧山区第十四届人民代表大会第三次会议召开。

19日　区政府十四届四次全体（扩大）会议召开，区政府与政府组成部门及相关单位签订《2009年度政府工作目标责任书》。

3月

3日　省人大常委会副主任冯明率检查组对萧山执行《浙江省促进中小企业发展条例》情况进行检查。

6日　萧山区党政代表团赴上海考察中国商用飞机有限责任公司。

7日　第六届浙江萧山花木节暨第四届中国（沪浙）园林绿化产业交易会在浙江（中国）花木城开幕。

9日　深入学习实践科学发展观活动动员大会召开。

12—14日　全区领导干部读书会举行，与会人员赴余杭、上海杨浦区考察学习。

19日　全区交通道路“12881”等工程建设誓师大会召开。

20日　世界500强企业卡特彼勒在浙江的独家代理商——利星行机械（杭州）有限公司在萧山经济技术开发区正式开业。

同日，萧山博物馆开馆。

同日，省政协副主席王永昌率领省政协“保增长、抓转型、重民生、促稳定”专项民主监督调研组到萧山调研。

同日，省人大常委会副主任、省总工会主席刘奇率专项调研组到萧山调研“服务企业服务基层”工作。

21日　第三届萧山茶艺节开幕。

31日　副省长茅临生到萧山调研浙东引水萧山枢纽工程建设情况，并实地察看浙东引水萧山枢纽工程场址。

4月

1日　中华全国总工会副主席、书记处书记陈荣书一行到萧山就工会系统应对金融危机、企业民主管理等进行调研。

2日　中央扩大内需、促进经济增长政策落实监督检查工作领导小组到萧山进行监督检查。

3日　首届中国·杭州萧山三清茶文化节暨杭州云石生态旅游项目启动仪式举行。

8日　绍兴市党政代表团到萧山考察，并参观中国重汽集团杭州发动机有限公司和达利（中国）有限公司。

同日，区政府召开第九次常务会议，并首次通过“中国萧山”政府网站视频直播。

同日，中组部人才工作局局长徐家新、省委组织部副部长姚志文一行到万向集团调研人才工作。

11日　市委副书记、市长蔡奇一行到萧山调研光伏产业，并实地察看位于闻堰镇的杭州太能硅业有限公司。

同日，全国文化信息资源共享工程培训基地落户萧山图书馆。文化部副部长周和平和省文化厅厅长杨建新为培训基地揭牌。

13日　省发改委主任厉志海到萧山调研经济工作，实地察看江东工业园区、临江工业园区及区内的吉奥汽车、青年莲花汽车、东方电气等企业和江东大桥及连接线、钱江大道。

17—19日　2009中国·杭州(钱江世纪城)商务文化节举行。

25日　全国政协副主席、科技部部长万钢到萧山视察万向集团并出席万向纯电动汽车·锂电池生产基地奠基暨杭州市节能与新能源汽车示范推广试点启动仪式。

4月26日—5月5日　首届萧山购物节举行，并在开幕式上举行1000万元社会消费券发售仪式。

4月28日—5月3日　第五届中国国际动漫节在杭州(萧山)休博园举行。全国人大常委会副委员长、民盟中央主席蒋树声宣布开幕。

30日　纪念萧山解放60周年大会举行。

5月

4日　首届萧山公益青春婚典在湘湖举行。

6日　最高人民检察院检察长曹建明到萧山，就基层检察院建设工作进行调研。

7—8日　第六届中国城市森林论坛在萧山举行，中共中央政治局委员、全国政协副主席、关注森林活动组委会主任王刚出席开幕式并讲话。

7—9日　全国技巧、啦啦操锦标赛暨技巧青少年锦标赛在萧山举行。

10日　水利部部长陈雷到萧山视察中国水利博物馆工程建设情况。

12日　省委常委、市委书记、市人大常委会主任王国平一行到萧山调研，踏看杭州珍诚医药有限公司、德意控股集团有限公司、潮峰钢构集团有限公司，并听取萧山经济运行基本情况汇报。

21日　中国兵器工业集团与杭州市政府在萧山举行军民结合产业合作对接会。中国兵器工业集团将18亿元巨资投向临江工业园区。

同日，首届萧山健康文化节开幕。

23日　杭州桃花源度假村项目开工、浦阳镇桃北新村开村仪式举行。

24日　海关总署加工贸易司司长张皖生、杭州海关关长徐道文一行到萧山调研杭州保税物流中心(B型)移址工作暨杭州萧山综合保税区规划情况。

25日　吉奥汽车萧山制造基地正式启动，第一辆萧山本土制造的成品车下线。

25—29日　全国20个城市对台工作研讨会第22次年会在萧山举行。

同日，杭州市大学生创业园(萧山)揭牌。

31日　市委副书记、市长蔡奇一行到萧山闻家堰堤塘检查防汛工作。

6月

1日　甲型H1N1流感防控工作会议召开。

6日　湖北省咸宁市党政代表团到萧山考察，并参观东方文化园和湘湖景区。

10日　江苏省苏州市党政代表团到萧山考察，并参观传化物流基地。

同日，江苏省常州市武进区党政考察团到萧山考察，并参观钱江世纪城展厅、宁围镇城镇建设、开发区环境和湖滨花园小区。

同日，省人大常委会副主任王永明率检查组，到萧山检查《农业法》及相关法律法规贯彻实施情况，并实地检查益农镇农技服务中心和土地整理项目。

11—12日　第十五届中国国际化纤会议在萧山举行。

同日，副省长茅临生一行到萧山调研农业和新农村工作，并到浦阳镇桃北新村等地调研。

15日　临江工业园区十二大工业项目开竣工仪式举行。

17日　国家人口和计划生育委员会副主任江帆一行到萧山调研人口计生工作，并实地察看区人口和计划生育服务中心。

18—27日　第十一届萧山杜家杨梅节举行。

19日　萧山举行产业环境推介会暨项目签约仪式，全方位推介萧山投资环境，77个项目集中签约。

20日　浙江省青年企业家协会与萧山经济技术开发区管委会签订创业创新基地战略合作框架协议。

24日　市委副书记、市长蔡奇到萧山调研太阳能光伏产业发展现状，并走访绿华能源科技(杭州)有限公司等企业。

25日　全省党员干部现代远程教育工作现场会在萧山召开。

同日，区旅游协会会员大会召开，并成立旅游饭店、旅行社、景区景点、经济型酒店、疗休养五个专业协会。

7月

6日　山东省沂水县党政考察团到萧山考察，并参观中国重汽集团杭州发动机有限公司、经济技术开发区展示厅、城市规划展示厅。

9日　国家税务总局局长肖捷到萧山考察，并参观萧山国税局办税服务厅。

14日　全省司法行政系统领导干部专题培训班在萧山

开班。

16日　中共萧山区委十三届七次全体（扩大）会议召开。

21日　临安市党政考察团到萧山考察现代农业，并参观杭州大庄地板有限公司、浙江（中国）花木城、浙江省农业高科技示范园。

23日　由省、市、区三级共建的位于杭州市南郊监狱的省法纪教育基地二期工程建成并举行启用仪式。

29日　区政府第十四届十二次常务会议召开，讨论审议《杭州市萧山区综合交通规划纲要（2008—2020）》（报批稿）。会议通过“中国萧山”政府网和人民广场大屏幕同步直播。

8月

1—3日　中国旅游景区发展论坛暨中国旅游协会景区分会理事会议在萧山举行。

5日　市领导蔡奇、沈坚到萧山调研太阳能光伏产业发展情况，并参观浙江舒奇蒙光伏科技有限公司。

同日，福建省尤溪县党政考察团到萧山考察工业经济，并实地参观万向集团、传化集团、达利（中国）有限公司、萧山经济技术开发区。

6日　中共杭州市委十届常委会第75次会议在萧山召开，专题研究讨论大江东新城规划建设有关问题，会议原则通过了《杭州市大江东新城发展战略规划》、《杭州大江东新城概念性规划》。

10日　萧山“第五媒体”——《萧山手机报》正式开通。

11日　省委常委、省公安厅厅长王辉忠，市委常委、市公安局局长柯良栋到萧山调研道路交通整治工作。

17日　区领导盛阅春、许岳荣、朱云夫率领区级有关部门和各镇街负责人，就城市化建设、现代服务业发展赴青岛市学习考察。

18日　省委副书记夏宝龙到萧山调研现代渔业基地建设情况，先后察看海天养殖有限公司、大洋水产养殖有限公司、跃腾水产食品有限公司和金达龚老汉特种水产有限公司。

19日　区畜牧兽医局挂牌成立。

20日　省安监局局长徐林到中国重汽杭州发动机有限公司调研安全生产情况。

23日　大江东新城开发建设誓师大会召开，大江东新城开发建设正式启动。

25日　中共中央政治局委员、上海市委书记俞正声，上海市委副书记、市长韩正率上海党政代表团来萧山考察万向集团，了解万向新能源产业生产发展情况。

同日，中国致公党杭州市萧山支部举行成立大会。

同日，萧山赴台招商团在台湾新竹举行首场投资恳谈会，副区长方毅代表区政府与新竹工业会签署战略合作协议。

26日　第二届中国（萧山）七夕文化节在坎山镇开幕。

同日，全区首个镇街机关党工委在党山镇成立。

同日，河庄街道挂牌成立。

27日　省环保厅厅长徐震一行到萧山调研环保产业发展工作，实地走访煤炭科学院杭州环境保护研究所和杭州国泰环保科技公司，并听取萧山环保产业发展情况汇报。

28日　浙江亚太机电股份有限公司在深圳证券交易所上市，发行A股2400万股，募集资金4.5亿元。

31日　萧山环境说明暨旅游推介会在台北市举行，区政府与台湾工商建研会、台北市工业会、旅游品保协会和台北市旅行商业同业公会签署友好合作框架协议。

同日，新湾、靖江、临江和前进4个街道挂牌。

9月

2日　区农贸市场行业协会成立。

6—8日　第三届全国药店博览会在萧山举行。

同日，萧山举行投资环境推介会，向参加2009中国企业500强发布会暨中国大企业高峰会的代表宣传推介萧山投资环境。

9日　国内规模最大的民营快递公司申通快递华东分拨中心在萧山落成。

11—12日　2009APEC中小企业峰会在休博园举行，来自亚太地区21个成员国的APEC企业家代表、海内外商界精英就中小企业发展问题进行深入探讨。

11—13日　第二届网货交易会在休博园举行。

19日　举行2009“萧山一日游”线路启动仪式。

23日　市委和区委举行纪念胡锦涛同志对传化集团建立党组织批示10周年暨非公企业党建工作座谈会，重温胡锦涛同志批示精神，进一步研究和加强非公企业党建工作，全面推进党的基层组织建设。

25日　萧山商务和旅游环境说明暨黄金地块推介会在上海举行。

28日　举行“祖国颂”萧山区庆祝中华人民共和国成立60周年活动。

同日，萧山跨湖桥遗址博物馆开馆。

29日　2009中国·杭州（闻堰）第三届三江美食节开幕。

同日，下孙文化村开园。

30日　首届萧山国际旅游节暨2009中国国际（萧山）钱江观潮节开幕。

同日，举行迎国庆道路通车典礼，市政“四桥八路”、交通“一路一桥一互通”开通。

10月

5日　市委副书记、市长蔡奇一行到萧山检查观潮节安全管理工作。

10日　萧山杭州湾出海码头工程方案专家咨询会召开。

12日　法属波利尼西亚帕埃阿市政府代表团访问萧山，双方举行友好交流座谈会。

14—16日　萧山党政代表团赴深圳举行萧山区商务环境说明暨旅游推介会，并考察第106届广交会。

17日　中央党校省部级干部2009秋季班考察团到萧山考察，并参观传化集团、萧山农村合作银行。

19日　第四届老年文化体育艺术周暨第二十二届老年人体育运动会开幕。

同日，2009品牌文化艺术团展示暨“美德力量”秋收行活动启动。

同日，“华东会客厅·天堂新地标”2009萧山旅游发展高峰论坛举行。

20日　华东、华南、东北、西北19县(市、区)人大工作研讨会第33次会议在萧山举行。

同日，区政府与浙江海洋学院共建“浙江海洋学院萧山校区”签约仪式举行。

25日　杭台汽车产业合作发展洽谈会暨临江项目签约仪式在萧山举行。

10月26日—12月28日　区第八届文化艺术节举行。

28日　杭州奥体博览城重要组成部分——国际博览中心在萧山动工，十届市委常委会在萧山召开第83次会议，专题研究杭州奥体博览城规划建设有关问题。

30日　全国首个农业总部大楼，萧山总部农业的标志性建筑——萧山农业发展大厦正式开工建设。同时，萧山区名特优农产品展销会开幕。

同日，萧山农产品产销对接会暨合作项目签约仪式举行，共有25个项目签约，总签约金额11亿元。

11月

1日　全国政协副主席张梅颖就萧山野生动物养殖、保护和开发情况进行调研，并考察萧山珍禽养殖有限公司和杭州利湘农林科技有限公司。

2日　湖州市长兴县党政考察团到萧山考察现代农业发展情况，并参观杭州大庄实业集团有限公司、杭州蓝海生态农业有限公司和浙江(中国)花木城。

5日　中国机械工业集团有限公司总经理徐建一行到萧山考察万向集团和萧山经济技术开发区。

7日　民建中央主席、全国人大常委会副委员长陈昌智到萧山视察，并实地察看了浙江江南涤化有限公司。

9日　在浙江省参加两岸农渔水利合作交流会的台湾代表团到萧山考察，并参观省农业高科技示范园区。

12日　中央党史研究室副主任章百家一行到萧山调研，并就党史工作举行座谈会。

12—13日　萧山党政代表团前往大连考察招商，并考察大连万达集团、逸盛大化石化有限公司。

18日　省发改委副主任姚作汀一行到萧山调研，实地踏看湘湖应急备用水源工程项目并听取萧山经济社会发展和农业农村工作情况汇报。

20日　萧山召开铁路建设工作专题会议，要求全力以赴抓好铁路“三线两站一隧道”工程建设。

22日　新疆和田市党政代表团到萧山考察城市建设和旅游开发等情况。

24日　全市中小学校学习实践活动推进会在萧山举行。

25日　省委常委、常务副省长陈敏尔一行到萧山调研大江东新城开发建设情况，实地察看杭州海鲸光电科技有限公司、浙江东南金属薄板有限公司、东风裕隆(杭州)汽车有限公司。

26日　文化部副部长陈小光一行到萧山，考察跨湖桥遗址博物馆和湘湖景区。

12月

3—6日　第十五届中国羽绒制品及服装服饰博览会暨首届萧山国际羽绒节举行。

7日　省委副秘书长、党史研究室主任舒国增一行到萧山调研大江东新城规划建设情况，并实地考察空港新城、杭州海琼光电科技有限公司、东风裕隆(杭州)汽车有限公司。

9日　萧山区“数字城管”试运行。

14日　江干区党政代表团到萧山考察经济建设工作，并参观达利(中国)有限公司、中国重汽集团杭州发动机有限公司。

17日　省委常委、市委书记王国平到萧山瓜沥镇实地考察高速公路综合整治工作。

18—20日　第八届中国国际(萧山)汽车展举行。

19日　浙江新农都现代农产品物流中心在萧山举行奠基开工仪式。

23日　湘湖二期湖山社区征迁工作动员会召开。

24—25日　共青团萧山区第二十次代表大会召开。

28日　萧山新组建的10个名校教育集团正式授牌成立。

(王　炜)

总 述

历史沿革

2001年跨湖桥遗址考古发现，约8000年前新石器时代早期，萧山已有人类活动。

春秋至战国初年，现境属越国；战国中期，楚威王（公元前339年至公元前329年）灭越，遂为楚地。

秦始皇二十六年（公元前221年），置会稽郡，现境属之。

西汉初至元始二年（2年）间，始建县，名余暨，属会稽郡。

新王莽始建国元年（9年），改县名为余衍。

东汉建武年间（25—56年），复名余暨，郡属未变。永建四年（129年），会稽郡分设为吴郡、会稽两郡，余暨属会稽郡。

三国吴黄武年间（222—229年），改县名为永兴，郡属未变。

西晋，属会稽郡。东晋太宁二年（324年），改会稽郡为会稽国，永兴属会稽国。

南朝宋永初二年（421年），会稽国复为郡，至南朝终，永兴均属郡。

隋开皇九年（589年），废永兴县建制，并入会稽县。唐仪凤二年（677年）复设永兴县，属越州。

唐天宝元年（742年），改县名永兴为萧山，越州亦改称会稽郡。乾元元年（758年），会稽郡复称越州。中和三年（883年），改越州为义胜军。乾宁三年（896年），又改名为镇东军。或郡、或州、或军，萧山均为其属县。

五代时，萧山属吴越国镇东军。

北宋太平兴国三年（978年），吴越国除，镇东军复名越州。南宋绍兴元年（1131年），改越州为绍兴府。萧山均为其属县。

元至元十三年（1276年），改绍兴府为绍兴路，萧山属该路。

元至正二十六年（1366年），绍兴路废，复名绍兴府，萧山属该府。

明，萧山隶属未变。

清承明制，萧山仍隶属绍兴府。咸丰十一年（1861年），太平军占领萧山，改县名为莦珊。同治二年（1863年），太平军撤离县境，复名萧山。

中华民国成立，废府，实行省、县两级制。民国3年（1914年），省下设道，萧山属会稽道。16年（1927年）废道，复行省、县两级制。24年（1935年）6月，省下设行政督察区，萧山属绍兴行政督察区。25年（1936年）4月，改名为第三行政督察区，萧山隶属未变。36年（1947年）6月，萧山改为省直辖县。

1949年5月5日，萧山解放，为省直属县。6月，划归绍兴专区。中华人民共和国成立后，隶属未变。1952年1月，绍兴专区撤销，萧山由省直属。1957年8月，划归宁波专区。1959年1月，改属杭州市。

1988年1月1日，萧山撤县设市，始称萧山市（县级），仍属杭州市。

2001年3月25日，萧山撤市设区，称萧山区，隶属杭州市。

（区志办）

地域·气象

【地理位置】 萧山位于浙江省北部，钱塘江南岸，为杭州市属区，与西湖区、江干区和海宁市隔江相望。地理坐标为东经120°4′22″—120°43′46″，北纬29°50′54″—30°23′47″。总面积1420平方千米，其中耕地面积52593.33公顷。全境东西宽约57.2千米，南北长约59.4千米。四周边界：东邻绍兴县，南接诸暨市，西连富阳市，西北界滨江区，北濒钱塘江。浙赣铁路和萧甬铁路、104国道和03省道分别在境内会合。沪杭甬高速公路、杭金衢高速公路穿越境内。萧绍运河东西横贯并沟通钱塘江、曹娥江等。

【地貌】 萧山地处浙东低山丘陵区北部、浙北平原区南部。地势南高北低，自西南向东北倾斜，中部略呈低洼。地貌分区特征较为明显：南部为低山丘陵地区，间有小块河谷平原；中部和北部为平原，中部间有丘陵。全区平原约占66%，山地占17%，水面占17%。

平原约909平方千米，按成因可分陆相沉积平原和海相沉积平原两类，以海相沉积平原为主。（1）海湾堆积平原。主要位于中部，地形平坦，局部稍有起伏，为4.2—6.2米。占平原面积的1/3。（2）三角湾堆积平原。位于北部，主要是由杭州湾潮流带入的泥沙堆积而成，表面平坦，高程5—6.3米。占平原面积的2/3弱。（3）河谷平原。散布于南部低山丘陵地区，面积甚少，仅58平方千米。

山地约259平方千米，有低山、高丘、低丘、陆屿等，海拔最高744米，最低10米。山体基本呈西南至东北方向展布，为龙门山、会稽山、天目山的分支和余脉，分别从西南部、南部、西北部入境。（1）低山。分布于萧山与诸暨、富阳接壤的地区，主要山峰高程500米以上，少数达700米。占山地面积的15%。（2）高丘。零星分布于西南与东南部，高程300—500米。占山地面积的30%。（3）低丘。断续分布于南部，高程50—300米，地形破碎。占山地面积的35%。

(4)陆屿。零星散布于海湾堆积平原和早期围垦成陆的三角湾堆积平原上,共有大小不等50余个,高程10—257米。占山地面积的20%。

河流。按地形和流向,可分为三个自成一体又互有联系的小水系,统属钱塘江水系。钱塘江自富阳长岭头附近进入本区,境内全为感潮河段。潮位最高纪录为9.58米,最低2.31米。含沙量平均5‰;含盐度平均2‰左右,最高达11.3‰。(1)南部水系。处于南部、西南部低山丘陵与河谷平原地区,系以浦阳江为干流呈树枝状展布的河网系统。主要河流有浦阳江、永兴河、凌溪、凰桐江、径游江等。(2)中部水系。西江塘以东、北海塘以南中部平原地区呈网状展布的河流湖泊水系,为萧绍平原水系的组成部分,主要河流有进化溪、西小江、萧绍运河、南门江、湘湖、白马湖等。(3)北部水系。为北海塘以北的南沙地区和围垦区人工河网系统,呈格子状展布。主要河流有北塘河、前解放河、后解放河、先锋河、七甲直河、五堡河、长山直河、九号坝直河、大治河、永丰直河、方迁溇河、生产湾、三官埠直湾等。

【气象特征】 萧山位于北亚热带季风气候区南缘。总的气候特征为:冬夏长、春秋短,四季分明;光照充足,雨量充沛,温暖湿润;冷空气易进难出,灾害性天气较多;光、温、水的地域差异明显。年平均气温为16.3℃。年平均地面温度为18.3℃。年平均降雨量1438.9毫米。年平均日照时数1870.5小时。年平均无霜期248天。风向随季节转换,11月到次年2月,西北偏北风最多,2月起东北偏北和西北偏北风渐盛,3—6月和8月以偏东风为主,7月多西南风,9—10月多西北风。灾害性天气主要是:寒潮、低温、暴雨、台风、冰雹和飑等。

(区志办)

【本区气候概况】 2009年萧山区总的气候特点是:气候偏暖,降雨量接近常年略偏多,光照适宜。年平均气温继续偏高,除11月受强冷空气影响气温偏低外,其余各月气温均偏高,全年最高气温≥35℃高温日数32天,极端最高气温40.3℃。年降水量正常略偏多,年内无暴雨洪涝灾害出现,安全度汛。年内冬春之际出现罕见连阴雨,2月下旬至3月上旬持续阴雨21天。初夏梅汛期不典型,梅雨量93.4毫米,比常年(245.9毫米)偏少六成多。夏季强对流天气频发,夏秋季台风活动较为频繁,但正面直接影响较少。

【四季变化】 气温 2009年年平均气温17.7℃,分别较常年、上年偏高1.4℃和0.3℃。四季气温均偏暖,年日平均>0℃正积温6439.3℃,年日平均>10℃积温5871.8℃。

夏季极端最高气温40.3℃,出现于7月20日。高温日数偏多,共出现38天,较常年多13天,高温最早出现于5月10日,结束于8月27日。是年最长高温持续期为7月8—22日,持续15天,白天最高气温在36.0℃—40.3℃间。

冬季极端最低气温零下5.5℃,出现于1月24日。年冰冻日数21天,比常年偏少11.4天。年内终霜结束于1月31日,较常年提早61天,初霜出现于11月20日,较常年推迟2天,无霜期336天,较常年长107天。春季≥10℃的回暖初日出现于3月16日,较常年提前15天。

各季气温变化主要情况为:

隆冬(1—2月):1月平均气温4.2℃,2月平均气温9℃,其中12日极端高温29℃,为1954年以来历史最高。

春季(3—5月):季平均气温17.1℃,分别较常年偏高1.9℃和较上年偏低0.5℃。3月16日开始连续5天日平均气温稳定在10℃以上,是气候上回暖入春的标志。

夏季(6—8月):季平均气温28.1℃,分别较常年、上年偏高1.3℃和0.6℃。8月前期以连阴雨天气为主,后期多云,午后有雷阵雨,天气炎热;月底受北方冷空气南下影响,气温降低,天气比较凉爽。

秋季(9—11月):季平均气温18.8℃,较常年偏高1.1℃,较上年偏低0.6℃。其中9月前期以晴好天气为主,后期受高空槽和冷空气共同影响,雨多晴少,气温较前期明显下降。10月以秋高气爽的"小阳春"天气为主,热量充足,有利于秋季作物的成熟,月内无冰冻天气出现。10月9日入秋,≤20℃初日出现于10月11日,比常年推迟16天。11月天气变化较大,上旬以晴好天气为主,8日起遇罕见连阴雨(雪)天气。主要降温过程出现在:1—3日,过程降温幅度为7.6℃;8—13日,过程降温幅度为15.6℃;15—19日,过程降温幅度为6.3℃。

初冬(12月):月平均气温6.6℃,较常年偏高0.2℃,较上年低1.1℃。12月上中旬天气阶段性明显,8—16日出现低温连阴雨天气;下旬为晴雨相间的天气。27日受较强冷空气影响,出现降雪天气。

降水 年总降水量1500.5毫米,较常年多61.6毫米,较上年多55.4毫米。年雨日149天,较常年少7.2天,较上年少1天。

2月出现罕见的低温连阴雨天气,初夏梅雨不典型,以过程性降雨为主,梅雨量93.4毫米,比常年(245.9毫米)偏少62%。盛夏以晴热少雨天气为主。秋季台风活动带来降水偏少。全年暴雨日2个,分别出现于夏季的7月24日和8月10日,日降水分别为111.2毫米和68.5毫米。年内最长持续降水出现于2月15日—3月7日,达21天,持续阴雨天数居历史首位(第二位为1955年的3月19日至4月2日,持续15天)。冬季降雪日7天,较常年偏少2天,初雪期为1月7日,终雪期12月27日,过程最大积雪深度5厘米,出现于12月27日。

各季降水主要情况为:

隆冬(1—2月):1月降水38.8毫米,较常年偏少36.1毫米;2月降水211.5毫米,较常年偏多126.1毫米。

春季(3—5月):季雨量320毫米,分别较常年、上年少85.9毫米和2.2毫米。3月天气回春后以阶段性降雨过程为主;4月天气晴暖,以过程性降水为主,晴雨相间,温光适宜;5月基本以晴好天气为主,日照足。是年春季晴雨相间,以过程性降水为主,无持续长时间的阴雨,有利于春耕春种。

夏季(6—8月):季雨量494.5毫米,分别较常年、上年偏少36.6毫米和178.4毫米。7月主要降水过程为:1日受强对流天气影响,过程雨量44.5毫米;24日受江淮雨带东移南压影响,过程雨量111.2毫米;27—30日,受江淮雨带影响,过程雨量59.3毫米。8月降水前期以连阴雨天气为主,后期多午后雷阵雨,主要雨日为5—11日,过程雨量111.4毫米;14—16日,过程雨量32.2毫米。8月受台风"莫拉克"影响,时段为7—10日,全区平均面雨量116.6毫米,城区91.7毫米。降水主要影响时间为9—10日,其中9日21时至10日3时,自南而北出现集中降水期,蜀山街道9日22—23时1小时降水31.4毫米。

秋季(9—11月):季雨量364.3毫米,分别较常年、上年偏少71.7毫米和98.3毫米。9月最大日降水30.8毫米,出现于22日。10月上中旬分别受高空槽东移和弱冷空气影响,分别有两次降雨过程。具体为1—2日,雨量14.4毫米;12—13日,雨量13.9毫米。11月雨日16天,较常年偏多7.4天。月内最大日降水48.2毫米,出现于9日。初雪日出现在19日,20日出现雨夹雪。

初冬(12月):月降雨量71.4毫米,分别较常年、上年偏多22.4毫米和48.0毫米。雨雪日11天,分别比常年、上年偏多2.5天、6.0天,其中雪日一天,出现在27日。最大日降雨量39毫米,出现在15日。27日受较强冷空气影响,出现降雪过程,观测积雪深度3厘米,过程最大积雪深度5厘米。

日照、大风和大雾　年日照时数1859.9小时,分别较常年、上年偏少10.6小时和偏多64.1小时。年大风天数1天,较常年少3.6天。年大雾天数11天,较常年少24天。年雷暴日32天,较常年少6天。

【主要气候灾害】 强对流天气及其影响　2009年,萧山多次遭遇强对流天气,因短时雷雨、大风致灾,其中以6月5日、7月24日、11月9日影响最为明显。

6月5日18—19时,境内东北部出现短时雷雨大风,部分地区出现冰雹。据中尺度自动站资料显示,益农一小时雨量达22.2毫米,东北部普遍出现6—8级大风,外二十工段短时风力达到12级。

7月24日5—14时,全区普遍出现大到暴雨,局部大暴雨,仅7—10时3小时内城区降水量达92.3毫米。短时暴雨大风造成城区及部分乡镇街道路面出现大面积积水,交通事故较多。部分线路停电,工厂停工。

11月9日在冷空气渗透作用下,出现大雾、短时暴雨、雷雨大风和强雷电等多种灾害性天气并发的罕见天气现象,全区5个站出现7—8级大风。9日14时30分左右起到10日中午,萧山区普降大到暴雨。9日8时至10日12时,全区面雨量68.1毫米,其中中部、东部降水量57—97毫米,最大为坎山97.4毫米;南部30—94毫米,最大为临浦94.1毫米。根据萧山区历史气象资料分析,雷暴、暴雨及雷雨大风在春夏季节可能同时出现,而在深秋时节出现对流如此旺盛的天气现象为萧山有历史记录以来首次。

台风及其影响　8月7—10日,萧山受"莫拉克"台风影响,全区平均面雨量116.6毫米,有20个测站降水量超过100毫米。戴村方溪村226.3毫米为全区最大降水量;义桥勤里村202.3毫米,城区91.7毫米。降水主要影响时间为9—10日,其中9日21时至10日3时,自南而北出现集中降水期,蜀山街道9日22—23时1小时降水达31.4毫米。短时集中降水,给南部造成了局地内涝与山洪暴发。7—10日,全区各地出现5—9级东北风,其中外二十工段最大风力23.7m/s(9级,出现在9日23时20分),城区最大风力18.9m/s(8级,出现在10日0时28分)。

连阴雨(雪)及其影响　是年有两次长时间连续阴雨(雪)天气过程,主要出现在2月中旬到3月上旬,及11月上中旬。

2月15日—3月7日累计雨日21天。根据萧山自动气象站网监测,此次连阴雨天气过程全区平均面雨量225.0毫米,地区分布不均,最大出现在临浦,为290.0毫米,最小出现在东江围垦,为114.6毫米。

11月8—21日,受冷空气和西南暖湿气流共同影响,出现罕见的连阴雨(雪)天气,过程雨量200.6毫米。其中,19日出现初雪,比常年平均(12月25日)提早36天,比历史最早记录(1987年11月28日)提早9天。连阴雨和初雪天气使晚稻收割延后,冬种进度大大慢于上年,冬种较往年推迟10天左右。

2009年1—12月萧山区平均气温、雨雪量、雨雪日和日照统计

要素	年＼月	1	2	3	4	5	6	7	8	9	10	11	12	年
气温(℃)	2008	3.6	3.9	12.7	17.0	23.0	24.4	29.9	28.2	25.3	20.2	12.8	7.7	17.4
	2009	4.2	9.4	11.0	17.4	22.8	26.7	29.4	28.2	25.2	20.5	10.7	6.6	17.7
	常年	4.1	5.5	9.4	15.6	20.7	24.4	28.4	27.7	23.1	17.9	12.0	6.4	16.3
雨雪量(毫米)	2008	98.0	62.6	46.1	97.9	178.2	365.3	148.8	158.8	68.3	83.4	114.3	23.4	1445.1
	2009	38.8	211.5	111.7	132.4	75.9	94.8	237.5	162.2	122.7	28.5	213.1	71.4	1500.5
	常年	74.9	85.4	135.8	126.4	143.7	224.3	146.5	160.3	141.0	89.6	62.0	49.0	1438.9

续表

要素	年\月	1	2	3	4	5	6	7	8	9	10	11	12	年
雨雪日（天）	2008	17	7	9	14	9	19	17	16	14	12	11	5	150
	2009	11	17	16	11	10	16	10	15	11	5	16	11	149
	常年	12.7	12.5	16.9	15.8	14.8	15.8	13.1	13.7	13.1	10.7	8.6	8.5	156.2
日照（小时）	2008	64.2	148.0	163.5	121.3	225.6	82.9	250.9	192.8	132.8	130.7	130.9	152.2	1795.8
	2009	135.3	71.3	110.6	194.3	220.1	181.7	219.8	152.5	131.6	208.6	90.2	143.9	1859.9
	常年	113.5	106.5	116.7	148.0	169.0	153.4	231.5	227.4	159.5	155.5	144.9	144.6	1870.5

注：常年值按1971—2000年30年资料统计。

2009年度萧山区重要天气现象资料

气象概况	年度	2009	2008	常年值（平均/极值）
气温（℃）	年极端最高气温	40.3	38.3	42.2
	年极端最低气温	−5.5	−4.4	−15.0
	日平均>0℃正积温	6439.3	6379.4	—
	日平均气温>10℃积温	5871.8	6007.5	5066.7
	日最高≥35℃高温天数	32	38	18.9
	日最低≤0℃冰冻天数	21	33	32.4
秋季低温	23℃初日	9月21日	9月26日	9月13日
	20℃初日	10月11日	10月5日	9月25日
稳定通过10℃	初日	3月16日	3月9日	3月31日
	终日	11月13日	11月19日	11月18日

气象概况	年度	2009	2008	常年值（平均/极值）
霜	终霜日	1月31日	3月5日	4月2日
	初霜日	11月20日	11月20日	11月18日
	无霜期（天）	336	259	229
降水	雪日（天）	2	19	9.0
	最大积雪深度（厘米）	3	27	26.0
	暴雨天数	2	2	2.9
	最大日雨量（毫米）	111.2	76.8	183.7
梅雨	入梅	6月20日	6月8日	6月9日
	出梅	7月8日	7月4日	7月6日
	梅雨量（毫米）	93.4	413.0	245.9
灾害天气	雷暴天数	32	33	38.3
	大雾天数	11	11	35.0
	大风天数	1	2	4.6

注：常年值按1971—2000年30年资料统计。

（谢国军）

国民经济和社会发展概略

【概况】 2009年萧山区部分镇、街道进行了调整，调整后为17个镇、11个街道。全区411个行政村，151个社区。区域面积1420平方千米。2009年全区人口出生率8.62‰，比上年提高0.50个千分点；人口死亡率5.99‰，提高0.12个千分点；人口自然增长率2.63‰，提高0.38个千分点。年末全区总户数37.67万户，户籍总人口1209935人，比上年末增加7686人。其中：男性596692人，增加3157人；女性613243人，增加4529人。总人口中非农人口440946人，增加40017人；农业人口768989人，减少32331人。城厢、北干、蜀山、新塘4个街道总人口273155人，其中非农人口213967人。全区一个月以上的暂住人口约83万人。

2009年全区实现生产总值(GDP)1037.07亿元，现价比上年增长4.9%。其中第一产业增加值43.41亿元，第二产业增加值637.70亿元，第三产业增加值355.97亿元，可比价分别增长6.2%、6.7%和15.4%；三次产业增加值结构比重达到4.3∶63.8∶35.6。实现人均生产总值(GDP)85986元，按当年平均汇率计算达到1.26万美元。

全年财政总收入137.08亿元，增长8.1%；地方财政收入69.53亿元，增长10.0%；财政总支出65.07亿元，增长7.6%。

【经济】

农业经济　全区实现农业总产值69.06亿元，比上年增长8.1%。其中：农业产值39.06亿元，增长10.4%；林业产值0.92亿元，增长11.7%；畜牧业产值19.63亿元，增长4.5%；渔业产值7.03亿元，增长8.3%。

特色产业　畜牧、水产、蔬菜、花木和茶果五大特色产业产值59.23亿元，占农业总产值的比重为85.8%，比上年提高0.5个百分点。

农业生产 全年粮食种植面积50071公顷，粮食总产量265544吨，分别比上年减少0.3%和2.6%；棉花产量524吨，减少10.9%；络麻产量52吨，减少62.3%；油菜籽产量11003吨，增长2.9%；蔬菜种植面积29762公顷，增长0.4%；花卉苗木种植面积17780公顷，增长0.7%；水果总产量14663吨，增长4.5%。粮经作物比由上年的46.6∶53.4调整为46.4∶53.6。

林牧渔业生产 全年完成绿化造林面积169公顷，公益林13339公顷，森林覆盖率22.2%；全民义务植树127.83万株；生猪饲养量205.66万头，年末生猪存栏79.77万头，分别比上年增长7.5%和4.8%；全年猪、牛、羊、兔、禽等肉类总产量107735吨，增长8.5%；牛奶总产量6980吨，增长2.9%；水产品总产量47555吨，增长4.5%；特种水产产值占渔业产值比重为77.3%。

农业基础设施 全年投工292.34万工，完成土石方615万立方米；加固加高堤防7.29千米；有效灌溉面积5.3万公顷，有效灌溉率保持100%。

工业经济 全年实现工业总产值3732.90亿元，比上年增长4.3%；工业销售产值3696.61亿元，增长4.9%；工业产品销售率99.0%。其中：规模以上工业企业实现产值3435.89亿元，增长5.7%；工业销售产值3403.31亿元，增长6.4%；工业产品销售率99.0%。

五大主导行业 规模以上工业企业中：566家纺织企业实现产值588.11亿元，占全区规模以上工业企业总量(以下简称“总量”)的17.1%；57家化学纤维制造企业实现产值504.19亿元，占总量的14.7%；134家交通运输设备制造企业实现产值609.41亿元，占总量的17.7%；128家化学原料及化学制品制造企业实现产值359.99亿元，占总量的10.5%；163家金属制品制造企业实现产值194.70亿元，占总量的5.7%。

经济效益 全年实现工业增加值595.28亿元，比上年增长5.8%(可比价)。规模以上工业企业实现利润154.0亿元，利税总额220.45亿元，分别增长27.9%和19.7%；工业劳动生产率151183元/人，提高16626元/人；工业销售利润率4.50%，提升0.82个百分点；流动资金周转天数188天，增加21天。

科技创新 企业技术中心累计289家，其中国家级5家、省级41家、市级69家；累计认定市级以上高新技术企业185家；规模以上工业新产品实现产值556.71亿元，新产品产值率16.2%。高新技术企业累计185家，其中国家级40家、省级110家。

企业规模 全区规模以上工业企业2419家，其总产值占全部工业总产值比重达到92.1%，比上年提高1.3个百分点。工业销售产值超亿元企业548家，超5亿元企业85家，超10亿元企业38家。上市公司累计19家。

企业荣誉 28家企业入围全国民企500强，14家企业进入中国大企业集团竞争力500强，11家企业被列为全省工业行业龙头骨干企业。

品牌优势 2009年末，萧山区有市级以上名牌产品172个，其中中国世界名牌1个，中国名牌22个、省级76个、市级73个。市级以上著(驰)名商标180只。

建筑业 年末拥有资质建筑企业306家，全年实现建筑业总产值697.22亿元；实现建筑业增加值40.98亿元，比上年增长15.8%(可比价)；各类房屋建筑施工面积6991.86万平方米；各类房屋建筑竣工面积2823.40万平方米。

固定资产投资 全年完成全社会固定资产投资399.72亿元，比上年增长15.2%。其中限额以上投资额376.96亿元，增长18.4%；限额以下投资额22.76亿元，下降19.9%。全年完成限额以上工业投资183.35亿元，增长12.0%；房地产投资61.30亿元，下降4.6%。

国内贸易 2009年底，全区拥有连锁经营企业20家，连锁商场门店1427家，实现销售额60.45亿元。全年实现社会消费品零售额237.69亿元，比上年增长15.4%。其中批发零售贸易业217.03亿元，增长15.8%；住宿餐饮业20.27亿元，增长11.4%；其他行业0.39亿元，增长11.8%。全社会消费品零售总额中非国有经济231.92亿元，增长17.0%，比重为97.6%。

市场建设 2009年末全区拥有各类专业市场147个，其中商品市场146个。星级市场47个，其中四星级市场5个、三星级市场11个、二星级市场24个。全年市场成交额582亿元，增长5.8%，拥有亿元以上市场22个。

对外贸易 全年实现进出口总值829827万美元，比上年下降13.0%。其中，进口总额268162万美元，下降4.4%；出口总额561665万美元，下降16.5%；实现贸易顺差293503万美元。全年一般贸易出口464292万美元，下降13.5%；加工贸易出口96940万美元，下降28.3%。

出口贸易方式 以一般贸易出口为主。全区一般贸易出口464292万美元，比上年下降13.5%，占出口总额的82.66%，比重比上年增加2.9个百分点。加工贸易出口96940万美元，比上年下降28.3%，占出口总额的17.26%，比重比上年下降3个百分点。其中，来料加工6172万美元，下降21.2%；进料加工90768万美元，下降28.7%。

出口商品结构 出口商品结构以传统产品为主。按出口比重排列，前六大类商品分别为：纺织品(占27.40%)、机电产品(占25.87%)、服装(占16.25%)、羽绒及其制品(占8.80%)、家具(占7.46%)、化工产品(占5.89%)。前六大类商品占出口总额比重达91.67%。传统的纺织品、服装、羽绒及其制品出口比重有所增加，分别比上年增长0.5、1.3和0.6个百分点；机电产品、家具、化工产品出口比重分别比上年减少0.9、0.8和1.5个百分点。高新技术产品出口比重从上年的2.95%下降到2.64%。

出口市场格局 发达国家和地区占据主导地位，欧美市场出口比重仍高达54.97%。其中，美国市场比重占

27.16%，与上年基本持平；欧洲市场比重从上年的28.90%下降到27.81%。美国、德国、英国、意大利、日本、荷兰、中国香港、加拿大、越南、韩国分居出口市场的前十位。

出口企业情况　2009年全区新增外贸流通公司107家、生产型内资企业256家。全区累计有外贸进出口经营权企业3321家。其中，外贸流通公司645家，生产型内资企业1667家，外商投资企业1009家。全年外贸公司出口126592万美元，下降12.9%，占全区出口总额的22.54%；生产型内资企业出口182716万美元，下降14.9%，占全区出口总额的32.53%；外商投资企业出口252357万美元，下降19.9%，占44.93%。2009年有海关出口业绩（按海关编码统计）的企业1562家，比上年增加132家。其中出口额1000万美元以上的151家，2000万美元以上的50家，5000万美元以上的15家，1亿美元以上的3家。

招商引资　2009年全区新批外商投资企业95家，增资54家，投资总额186488.61万美元，合同利用外资111582.64万美元，实际利用外资77300万美元，投资总额、合同利用外资与实际利用外资分别比上年增长20.5%、12.9%和17.5%，分别完成杭州市及萧山区区委、区政府下达的2009年利用外资目标任务的101.4%和100.4%。新批外商投资企业中，中外合资企业28家，总投资81590.85万美元，合同利用外资37483.17万美元，分别占新批总数的29.5%、49.4%和37.4%；外商独资企业67家，总投资83464.12万美元，合同利用外资62846.97万美元，分别占新批总数的70.5%、50.6%和62.6%。截至2009年底，全区累计批准外商投资企业1716家，总投资148.94亿美元，注册资本91.60亿美元，合同利用外资73.46亿美元，实际利用外资39.36亿美元。历年总投资1000万美元以上的项目366家，投资总额102.37亿美元，合同利用外资44.87亿美元，分别占总数的21.3%、68.7%和61.1%。年底，全区共有725家外商投资企业投入生产，投产率42.2%；2009年实现销售收入530.6亿元，税金总额23亿元，利润总额35.8亿元。

市场价格　全区居民消费价格总水平下降1.4%，食品类、衣着等八大类商品及服务仅医疗保健及个人用品上涨0.9%，其余均下跌，跌幅最大的为居住类，下降5.5%。商品零售价格下降1.3%，农业生产资料价格下降3.5%。

旅游业　2009年，成功举办观潮节和杨梅节，全年接待国内外游客1083万人次，其中海外游客36.12万人次；实现旅游总收入108亿元，其中营业收入17.55亿元。旅行社接待26.77万人次，营业收入2.14亿元；旅游景点接待816.51万人次，营业收入2.17亿元；涉外宾馆饭店共接待185.90万人次，营业收入11.10亿元，客房平均出租率57.22%。以一湖（湘湖）三园（休博园、风情园、东方文化园）建设为重点的旅游“双十”工程建设进度加快，旅游发展水平全面提升。

房地产业　全年完成房地产开发投资额61.30亿元，比上年下降4.6%；商品房施工面积682.18万平方米，增长4.0%；竣工面积105.44万平方米，下降30.1%；销售面积165.69万平方米，增长79.2%。其中住宅施工面积、竣工面积和销售面积分别为493.61万平方米、80.64万平方米和150.48万平方米，分别增长10.2%、下降26.8%和增长103.9%。

交通运输业　2009年末，全区公路通车里程2245.15千米，其中高速公路74.15千米；水运航道里程796.83千米。全年各种运输方式完成货物运输总量10961万吨，客运总量14199万人次。至年末，全区汽车保有量38.25万辆。

邮电通信　年末固定电话用户88.6万户，移动电话用户146.55万户，电话主线普及率（含移动电话和小灵通）193.86线/百人；年末登记注册的因特网用户22.95万户，其中宽带用户21.08万户。

金融保险业　至2009年末，国内各大国有银行、股份制银行、商业银行、合作银行等在萧山设立25家支行，年末全区金融机构各项存款余额（本外币）1908.01亿元，贷款余额1633.22亿元，居民储蓄存款余额703.59亿元。全区有财险公司22家，寿险公司11家。

【社会事业】

科学技术　2009年末有各类技术人员66429人，高、中、初三级职称人员构成比例为1∶5.9∶16.6。全年申请专利4135件、授权专利1755件；全年实施科技项目296项，其中国家级11项、省级27项；荣获省级科技成果奖3项，获市级科技成果奖8项。

教育　2009年底全区80所小学在校生101939人，小学适龄人口入学率、巩固率继续保持100%；43所初中在校生50524人，初中入学率和巩固率继续保持100%；10所普通高中在校生22381人，4所中等专业学校、职业高中在校生13314人，初中毕业生升入高中段比例为98.51%；萧山电大在校生8923人，高等教育自学考试报考人数49878人；全社会力量举办的各类学校35所，在校生24686人；残疾儿童入学率继续保持100%；全区有杭州市现代化标志性教育强镇12个、浙江省教育强镇22个。

文体　2009年文艺作品获得国家级奖项12个、省级22个；艺术表演团体演出107场次，观众32.1万人次；年末公共图书馆藏书100.66万册、流通192.92万册；全国首个文化信息资源共享工程培训基地落户萧山；累计有20个镇获得市级以上东海文化明珠镇，其中省级11个；中小学体育达标率100%；获得杭州市级运动会奖牌221枚，省级以上19枚，其中有3枚国家级金牌；全年举办全区性项目比赛1000余次；广播电台平均每日播出时间18小时，电视台平均每周播出时间129.5小时，广播和电视人口覆盖率为100%；62个电影放映机构全年放映电影7027场，观众286万人次。

卫生　2009年末，全区有各类医疗机构824家，其中医院24家、卫生院50家；各类医疗机构有病床4446张；卫生技术人员6931人，其中医生2793人。

社会保障　全年净增企业职工养老保险参保人员 4.51 万人，至年末全区参加城镇企业养老保险的总人数达到 53.25 万人；全年净增工伤和生育保险参保人员 2.16 万人，至年末全区参加工伤保险和生育保险的总人数达到 38.12 万人；医疗保险的覆盖面进一步扩大，全年净增 4.19 万人，累计 41.96 万人；全社会保险覆盖率 62.8%。城乡低保标准分别提高到 400 元和 300 元。全年发放低保救助金 5037 万元、老年人生活补助金 4200 万元。五保对象集中供养率达到 94.7%。

【人民生活】

居民收支　根据抽样调查，2009 年城镇居民人均可支配收入 29229 元，人均生活消费支出 17169 元，恩格尔系数 0.392。全年农村居民人均纯收入 14390 元，人均生活消费支出 11200 元，恩格尔系数 0.319。年末全区城乡居民储蓄存款余额（本外币）703.59 亿元，城乡居民人均存款余额 58338 元。

储蓄与耐用消费品　百户居民耐用消费品继续增加，其中汽车拥有量为：城镇 36 辆，农村 19 辆。

住房面积　城镇居民人均住房面积 33.83 平方米，农村居民人均住房面积 75.09 平方米。

就业　全年举办各类就业培训班 600 期，参加人数 3.62 万人；年末城镇登记失业率 3.36%；全区拥有职业介绍机构 42 个，全年安置就业人数 2.61 万人；年末 2647 人获失业救济金，共计发放 2317.64 万元。

【城市建设与环境保护】

城市设施　2009 年末，城区实有道路总长 250.20 千米，总面积 580.48 万平方米；自来水供水管道总长度 1423.90 千米，全区日供水能力 95 万吨。全区农村变压线路 5511 千米；变压器容量累计 987 万千伏安。

公用事业　全区自来水供水总量 22256.6 万吨，其中居民生活用水 8751.69 万吨。全年用电量 137.73 亿千瓦时，增长 6.7%，其中居民生活用电 8.27 亿千瓦时，增长 8.9%。全区家庭液化气用户数 8.67 万户，天然气家庭用户数 6.02 万户，全社会气化率 100%。实现城市公交一体化，已开通 118 条公交线路，总长度 5115.50 千米；公交营运车辆 1168 辆，客运量 13900 万人次；全区出租车 778 辆。

城市绿化　至 2009 年末，建成区园林绿地面积 2183 公顷，其中公共绿地面积 392 公顷，建成区绿化覆盖率 39.3%。

生态环境　2009 年主要污染物化学需氧量比上年削减 12%，二氧化硫排放量削减 5.26%，全年空气优良天数 293 天，基本消除劣Ⅴ类水体。

（汤金星）

人口

至 2009 年底，全区有常住人口 376651 户、1209935 人，其中：男性 596692 人，女性 613243 人；农业户口 768989 人，非农户口 440946 人。未落户常住萧山户口 39 人。全年出生申报 10391 人，死亡 7227 人。从省内迁入萧山 2810 人，从省外迁入萧山 4641 人；从萧山迁往省内 1556 人，从萧山迁往省外 1285 人。全区登记发证外来人口 1039317 人。全年受理审批各类户口迁移申请材料 7449 件，开具准迁证 6995 张，其中农迁农 1869 张、农转非 1202 张、居迁居 3756 张、其他 168 张；受理二代身份证制作 61658 张，临时身份证 7182 张；审核制发人才居住证 46 份；接待各类户籍档案、口卡查询 2410 人次，受理归正人员登记 1260 人。

办理公民各类出国（境）申请 60795 件，其中出国 9852 件、出境 50943 件；受理外国人各类签证、居留许可以及台湾居民各类签注、证件 1380 件。常住萧山境外人员 970 人，三资企业 1299 家，全年发生涉外案事件 129 起，处理 95 人。

（何奕奇）

2009 年 4 月 3 日，区公安分局出入境管理科开通自助办理港澳通行证

（李志平摄）

工业经济

综述

2009年,虽然受到国际金融危机的影响,萧山区工业经济总量仍保持平稳增长。全区完成工业总产值3732.90亿元,比上年增长4.3%;完成工业销售产值3696.61亿元,增长4.9%;工业产品销售率99.0%,比上年提高0.6个百分点。全区规模以上工业企业发展态势良好,年末全区规模以上工业企业2419家,比上年增加269家;全年实现产值3435.89亿元,增长5.7%;工业销售产值3403.31亿元,增长6.4%。规模以上工业企业总产值及销售产值占全部工业总产值及销售产值的比重分别为92.04%和92.07%,分别比上年提高1.29和1.31个百分点。全区工业企业销售产值超亿元企业548家,比上年增加22家;超五亿元企业85家,与上年持平;超十亿元企业38家,比上年减少3家。

工业经济增长质量明显提高。2009年,全区完成工业增加值595.28亿元,增长5.8%(可比价)。规模以上工业企业完成利润154.00亿元,利税总额220.45亿元,分别比上年增长27.9%和19.7%;工业劳动生产率151183元/人,提高16626元/人;工业销售利润率4.50%,提高0.82个百分点;流动资金周转天数188天,增加21天。

民营经济

【概况】 2009年末,全区有民营企业13643家,比上年末增加463家。完成主营业务收入2937.43亿元;完成利润137.11亿元,比上年增长5.70%;实缴税金109.21亿元,增长2.36%。年末,固定资产原值875.62亿元,所有者权益887.74亿元,固定资产实际投资79.06亿元,其中技术改造27.99亿元。民营工业企业职工总数62.79万人。

【28家企业入围全国民营企业500强】 2009年8月19日,全国工商联正式公布"2008年度全国上规模民营企业调研"排序结果,萧山区有28家企业入围全国民营企业500强行列,入围数与2007年度持平,占全国的5.6%、浙江省的15.14%(全省185家)、杭州市的34.57%(全市81家)。按行业分布,纺织、化纤业8家,建筑业7家,制造业5家,房地产业3家,化工、物流业3家,服务业1家,印染业1家。

2009年萧山区入围全国民企500强的企业

序号	企 业 名 称	全国位次
1	浙江恒逸集团有限公司	28
2	浙江荣盛控股集团有限公司	47
3	传化集团有限公司	64
4	浙江翔盛集团有限公司	158
5	绿都控股集团有限公司	169
6	浙江国泰建设集团有限公司	174
7	浙江华成控股集团有限公司	181
8	浙江金帝集团有限公司	185
9	兴惠化纤集团有限公司	205
10	杭州道远化纤集团有限公司	209
11	胜达集团有限公司	211
12	中球冠集团有限公司	223
13	开氏集团有限公司	231
14	龙达集团有限公司	252
15	浙江航民实业集团有限公司	283
16	恒元建设控股集团有限公司	291
17	浙江东南网架集团有限公司	304
18	浙江宝盛建设集团有限公司	333
19	浙江中强建工集团有限公司	339
20	汇宇控股集团	368
21	浙江红剑集团有限公司	373
22	富丽达集团控股有限公司	383
23	浙江华瑞集团有限公司	405
24	浙江杭萧钢构股份有限公司	407
25	开元旅业集团有限公司	410
26	浙江江南涤化有限公司	412
27	浙江三弘集团有限公司	422
28	高运控股集团有限公司	423

【优势成长型工业企业逆境中成长】 2009年，受国际金融危机影响，大部分优势成长型企业销售产值和利润的增幅有所下降，共评选出符合条件的优势成长型工业企业93家，比2008年减少7家。是年，优势成长型工业企业共实现销售产值143.14亿元，比上年增长3%，增幅高于百强企业4.2个百分点；主营业务税金及附加完成3.13亿元，比上年下降5.38%，降幅低于百强企业1.08个百分点；利润总额7.48亿元，比上年下降1.48%，降幅低于百强企业1.12个百分点。

2009年萧山区优势成长型工业企业主要经济指标

单位：万元

序号	单位名称	工业销售产值	主营业务税金及附加	利润总额
1	杭州达美塑胶有限公司	25822	1129	1963
2	杭州最红包装有限公司	12954	311	660
3	泰华医药化工(杭州)有限公司	12370	9	-2503
4	浙江富达工程建设有限公司	10336	448	522
5	杭州科曼萨杰牌建设机械有限公司	4642	-120	38
6	浙江三元纺织有限公司	18520	22	45
7	杭州肯莱特传动工业有限公司	7000	81	609
8	杭州东亚织造有限公司	4500	64	75
9	浙江新鑫钢结构有限公司	15426	176	700
10	杭州鑫福纺织有限公司	31371	110	1524
11	杭州萧山欢达纺织有限公司	4689	57	-209
12	杭州新丽纤维制品有限公司	11365	349	588
13	杭州瑞丰汉艺纺织品有限公司	10840	42	310
14	杭州新龙化工有限公司	6448	377	646
15	杭州亚佳宝化工轻纺有限公司	5002	171	42
16	杭州银河线缆有限公司	24519	331	1229
17	杭州萧山大东南包装塑料有限公司	5196	20	164
18	杭州永泰纺织有限公司	13143	420	801
19	杭州前进锻造有限公司	15820	5	983
20	浙江中欣纺织科技有限公司	26000	342	570
21	杭州杰牌传动科技有限公司	16444	619	1897
22	杭州尚维服装有限公司	25548	2409	12286
23	杭州和泰机电工业有限公司	21268	884	2730
24	浙江裕源纺织有限公司	33011	-199	563
25	杭州桥南实业有限公司	25520	313	18
26	浙江圣奥家具制造有限公司	44337	616	2686
27	杭州东南纺织有限公司	25388	21	-300
28	杭州正强万向节有限公司	13248	246	1974
29	杭州南峰非织造布有限公司	13308	160	895
30	杭州欣美成套电器制造有限公司	27716	1035	1696
31	杭州萧山江南印铁制罐有限公司	17158	346	915
32	杭州萧山江盛铸锻有限公司	15688	247	-47
33	浙江文华服饰有限公司	8260	-53	328
34	杭州隆泰服饰有限公司	6119	236	103
35	杭州卓艺卫浴设备有限公司	14393	662	1151
36	杭州桑莱特卫浴有限公司	22431	980	1705
37	杭州永宁尔纺织有限公司	30957	158	3060
38	杭州中德传动设备有限公司	11237	12	586
39	杭州惠邦纺织有限公司	16074	179	509
40	杭州金蟒纺织有限公司	22216	971	1055
41	杭州厚利达制衣有限公司	6536	285	497
42	杭州泰利针织制品有限公司	5024	82	30
43	杭州萧山潘氏纺织有限公司	10066	38	360
44	杭州金晨家私有限公司	11200	323	285
45	浙江蓝天鹤舞控股有限公司	28087	759	1211
46	杭州白浪助剂有限公司	10248	166	584
47	杭州正大纺织有限公司	27251	681	781
48	杭州华芝纺织有限公司	8052	228	588
49	爱克斯精密钢球(杭州)有限公司	8468	422	80
50	杭州可悦卫生用品有限公司	17029	554	682
51	杭州盛威实业有限公司	4017	148	138
52	杭州世马纱线有限公司	9058	258	3
53	杭州新晨颜料有限公司	15926	309	911
54	杭州震宇金属家具有限公司	13529	21	1641
55	杭州金鹭家私制造有限公司	6565	275	330
56	杭州富强丝绸有限公司	9653	196	219
57	杭州宏欣纺织有限公司	29895	419	1154
58	杭州重型钢管有限公司	37063	166	18
59	浙江皇冠王车业有限责任公司	10003	111	30
60	杭州美高华颐化工有限公司	7280	520	1385
61	博琚(杭州)花园家具有限公司	4178	5	388

续表

续表

序号	单位名称	工业销售产值	主营业务税金及附加	利润总额
62	浙江奕弘控股集团有限公司	55078	671	1958
63	杭州业新钢结构有限公司	6149	202	264
64	杭州萧山城建钢管有限公司	15635	122	236
65	浙江亿邦钢构制造有限公司	3629	98	22
66	浙江富丽达化工有限公司	34627	987	856
67	明电舍(杭州)电气系统有限公司	7869	574	1969
68	杭州博远实业有限公司	11369	29	663
69	杭州吉达汽车配件有限公司	10483	286	529
70	浙江中誉汽车有限公司	20698	30	605
71	杭州赛可绣品服饰有限公司	9730	124	221
72	杭州旗锐工具有限公司	9300	81	1049
73	浙江国泰密封材料股份有限公司	54504	3809	2754
74	杭州佳菱机械制造有限公司	5762	399	132
75	浙江萧山固陵汽配有限公司	5098	110	58
76	杭州华凌钢结构高强螺栓有限公司	4053	100	104
77	杭州东岱珠宝饰品有限公司	9021	1	39
78	杭州浙东钢管制品有限公司	15138	129	51
79	杭州伊利康卫浴有限公司	8900	389	676
80	杭州爱龙金属制品有限公司	5464	336	259
81	浙江华成钢结构工程有限公司	4600	185	44
82	杭州伟德仕服装有限公司	2373	32	89
83	杭州映山花颜料化工有限公司	10029	217	147
84	爱立信乐荣技术(杭州)有限公司	36186	434	623
85	杭州东灵塑胶有限公司	16020	35	117
86	杭州福莱蒽特精细化工有限公司	25441	623	3299
87	杭州萧山华利金属网家具有限公司	12800	135	650
88	杭州永利百合实业有限公司	25844	471	1878
89	杭州银格旅游用品有限公司	15492	34	892
90	杭州海利机械	6809	72	140
91	杭州保登电子科技有限公司	6945	16	194
92	杭州允典服饰有限公司	7997	169	186
93	杭州城盛布业有限公司	12980	200	243
合计		1431435	31252	74829

【苗子型工业企业发展保持良好】 2009年,萧山区苗子型工业企业共实现销售产值42.26亿元,比上年增长5.5%;主营业务税金及附加完成1.47亿元,增长3.6%;利润总额2.71亿元,增长20.39%。在金融危机冲击下,苗子型企业仍表现出较好的成长型和抗风险能力,各项经济指标远好于百强工业企业,其中,有5家苗子型企业入选2009年度优势成长型工业企业。

2009年萧山区苗子型工业企业主要经济指标

单位:万元

序号	单位名称	工业销售产值	税金	利润总额
1	杭州华艺文具有限公司	3220	119	32
2	杭州萧山金锤铁制品有限公司	6090	115	5
3	杭州萧山建虹混凝土外加剂有限责任公司	3488	164	463
4	杭州荣达冲压件有限公司	1305	19	40
5	杭州天宇油泵油嘴有限公司	3551	453	578
6	杭州明声电子器材有限公司	0	0	0
7	蓝达(杭州)办公设备有限公司	3050	173	722
8	杭州萧山新力机械有限公司	1070	45	22
9	杭州亿达五金有限公司	834	25	−90
10	杭州卓艺卫浴设备有限公司	14393	662	1151
11	杭州伊利康卫浴有限公司	8900	389	676
12	浙江重峰制衣有限公司	4109	180	312
13	杭州萧山顺和金属软管有限公司	8913	389	677
14	杭州金蝶电机制造有限公司	5006	219	381
15	杭州萧山轴承精锻厂	5027	147	130
16	杭州荣利标准件有限公司	4835	147	233
17	杭州杭刃工具有限公司	6773	326	238
18	浙江三元电子科技有限公司	3735	−6	602
19	浙江万丰企业集团制药有限公司	1301	116	305
20	杭州威驰绣艺有限公司	3899	27	78
21	不二家(杭州)食品有限公司	6030	488	1522
22	展旺(杭州)食品有限公司	1566	47	100
23	杭州萧山华联通讯器材厂	1165	38	−22
24	杭州名士机械有限公司	2416	131	216
25	杭州一帆塑胶制品有限公司	2381	31	88
26	杭州萧山顺丰包装纸业有限公司	5292	149	135
27	杭州泰能塑料机械厂	2487	41	75
28	杭州帮得利实业有限公司	6010	82	96
29	杭州嘉诚机械有限公司	4504	199	108

续表

序号	单位名称	工业销售产值	税金	利润总额
30	杭州康斯达卫浴有限公司	5361	193	478
31	杭州万豪家私有限公司	5138	133	200
32	杭州易维特电器有限公司	2147	87	—36
33	杭州合大铸造有限公司	2961	131	43
34	杭州天蓝环保设备有限公司	1756	59	153
35	杭州萧山数达机械有限公司	1183	67	77
36	杭州萧山信义塑胶制品有限公司	6584	183	461
37	杭州杰达仪表五金有限公司	2203	62	56
38	杭州永恒纺织机械有限公司	4893	158	306
39	杭州运城制版有限公司	6038	737	2268
40	杭州白浪助剂有限公司	10248	166	584
41	杭州池阳电子有限公司	4477	10	161
42	浙江天创光电有限公司	1328	54	23
43	杭州布莱迪强磁有限公司	3738	2	2
44	杭州科雷机电工业有限公司	4855	44	705
45	杭州华雁数码电子有限公司	3442	169	104
46	杭州赛峰电子机械制造有限公司	3245	111	30
47	杭州萧山美特轻工机械有限公司	3449	170	79
48	浙江钱富冷挤机械有限公司	3003	181	520
49	浙江国盛钢结构有限公司	10170	178	430
50	杭州诚洁环保有限公司	7330	168	412
51	杭州宏升塑胶有限公司	2531	43	26
52	杭州康发机械有限公司	2914	22	466
53	浙江第二锻压机床厂	2752	97	27
54	杭州旭东制线有限公司	0	0	0
55	杭州吉达汽车配件有限公司	10483	286	529
56	浙江叁益人防工程设备有限公司	8135	127	392
57	杭州萧山丰业化纤织造厂	9385	165	50
58	杭州速博雷尔传动机械有限公司	3017	67	354
59	杭州日安电器有限公司	1659	107	161
60	杭州可淋普卫浴设备有限公司	2983	125	91
61	杭州浙工工具有限公司	1925	110	52
62	杭州冷拉型钢有限公司	18020	379	834
63	杭州中兴化工装备有限公司	4513	182	204
64	杭州萧山中亚汽配有限公司	4490	197	715
65	杭州奇联纺织机械有限公司	933	47	30
66	杭州双利机械有限公司	6100	209	163

续表

序号	单位名称	工业销售产值	税金	利润总额
67	浙江佳为环境科技有限公司	3414	83	226
68	杭州胜港电器有限公司	2850	82	232
69	杭州萧山天一不锈钢设备厂	1373	51	19
70	杭州萧山兴发机械有限公司	3000	66	34
71	杭州云杰塑胶制品有限公司	880	32	8
72	杭州康新轴承制造有限公司	1461	70	8
73	杭州好克光电仪器有限公司	2562	224	650
74	杭州宏祥纺织有限公司	2546	64	152
75	杭州正元齿轮制造有限公司	1804	47	63
76	杭州迪宝彩印包装有限公司	3005	91	52
77	杭州富隆电子机械有限公司	1943	103	26
78	杭州心悦化妆品有限公司	5924	398	314
79	杭州杰电电子有限公司	2664	532	2
80	杭州光大机械有限公司	3025	164	74
81	忠佑电子(杭州)有限公司	3496	146	241
82	杭州振兴工业泵制造有限公司	3223	225	211
83	杭州飞驰压力机械有限公司	4018	121	18
84	杭州华宏机械工具有限公司	4019	134	38
85	杭州龙发机械有限公司	20262	219	2119
86	杭州大天数控机床有限公司	3700	104	220
87	浙江萧山固陵汽配有限公司	5098	110	58
88	浙江索美智能表开发有限公司	761	54	36
89	杭州樱太电器有限公司	4450	77	163
90	杭州南峰非织造布有限公司	13308	160	895
91	杭州飞尔达精密模具有限公司	2882	67	164
92	杭州正涛绣品有限公司	2844	46	16
93	浙江红苹果电子有限公司	2000	222	54
94	杭州东盛五金电器有限公司	1926	71	21
95	杭州星丰实业有限公司	5781	229	463
96	杭州恒力轴承有限公司	1933	63	26
97	杭州萧山神龙机械厂	2159	81	76
98	杭州依依五金有限公司	3586	67	208
99	浙江飞翔纺织机械有限公司	4417	330	136
100	杭州兴海铸造有限公司	1538	45	5
合计		422591	14719	27051

注:杭州明声电子器材有限公司、杭州旭东制线有限公司2009年停产。

【全区“拓市场、扩投资、促消费、保增长”经验交流会】 2009年5月11日召开，全区百强工业企业主要负责人参加，10家企业代表和4个主要经济部门作典型发言。会议提出，在金融危机影响下，全区要通过加快改革、政策扶持、创新模式、政府采购、争创品牌、多方协作、举办节庆、家电下乡、加强管理、强化服务十项举措开拓市场，为萧山率先走出危机，实现转危为机、跨越发展奠定坚实基础。

【深化“送温暖”活动】 2009年，针对全球金融危机给萧山工业经济带来的巨大冲击，全区各级、各部门按照“主攻工业、决战工业、稳定工业”的要求，围绕信心、政策、信息、资金、项目、技术、人才、对策、服务、平安十个方面的内容，深入开展为企业“十送温暖”活动。同时，建立“送温暖”长效机制。启动领导干部服务企业“七个一”专项行动，即开展一次调查，组织一次研讨，制订一个计划，提供一批信息，解读一批政策，推广一批典型，解决一批难题。

【多措并举拓市场】 2009年，全区把拓展市场、争取订单、扩大销售作为应对金融危机的关键来抓。启动第二阶段4950万元的消费券发售；举办首届萧山购物节，有力拉动了本地消费，10天时间116家企业实现销售额10.13亿元；争取到广交会400多个展位，比2008年多近一倍，两期成交额实现1.7亿美元。

【强化企业发展资金保障】 2009年，为强化企业发展资金保障，出台《杭州市萧山区人民政府办公室关于印发萧山区百强工业企业主办银行管理办法的通知》（萧政办发〔2009〕112号），进一步加强银企合作，健全信贷风险防范机制，维护重点工业企业资金链正常周转；设立6亿元中小企业集合债权基金，同时建立区中小企业集合债权基金的运作、遴选、评价机制，发行2批共2亿元债权基金，受惠企业67家；出台《杭州市萧山区人民政府关于进一步完善扶持中小企业担保公司发展的意见》（萧政发〔2009〕76号），每年安排1000万元用于建立中小企业信用担保专项资金。

【制定九大产业升级培育规划】 2009年，围绕萧山产业发展实际，结合萧山区十大产业振兴培育规划编制工作会议精神，出台《杭州市萧山区人民政府办公室关于印发萧山区九大产业升级培育规划的通知》（萧政办发〔2009〕248号），包括化纤纺织、装备制造、电子信息、汽车及零部件、新能源、钢结构、化工、羽绒和物流九大产业，分别提出了产业优化升级的目标、方向和路径，确定了近年项目驱动、政策促动、创新拉动的规划目标。

【新兴产业发展势头良好】 2009年，全区新能源、生物医药等产业培育取得明显成效，新兴产业发展势头较好。万向纯电动汽车·锂电池生产基地在万向三号工业园奠基，2010年计划生产1000辆电动汽车；太阳能硅业6N太阳能单晶/多晶硅项目，12月底开始小批量生产，该项目采用新的物理生产技术，可将硅生产成本降至每千克10美元，低于一般生产工艺每千克40美元的生产成本，项目一旦实施成功，将在高纯度多晶硅材料领域取得革命性突破。

【开展“三个十大”评选活动】 2009年，根据《区委办公室区政府办公室关于印发〈2009年度萧山区十大工业转型升级示范企业十大工业技改（投资）示范项目十大工业管理创新示范企业评选办法〉的通知》（萧委办〔2009〕88号）文件精神，开展“三个十大示范”的评选活动。获奖企业（项目）分别得到区政府20万元资金的奖励，名单如下。

2009年度萧山区十大工业转型升级示范企业

万向集团公司
亚太机电集团有限公司
和合科技集团有限公司
浙江佳力科技股份有限公司
浙江华欣控股集团有限公司
杭州福莱特塑料开发有限公司
浙江建杰控股集团有限公司
百合花集团有限公司
杭州银河线缆有限公司
浙江悍马实业集团有限公司

2009年度萧山区十大工业技改（投资）示范项目

浙江恒逸高新材料有限公司	年产9.9万吨差别化纤维项目
杭州三隆新材料有限公司	年产2万吨聚四亚甲基醚二醇生产线
开氏集团有限公司	年产13.3万吨免染彩色丝功能化纤维项目
浙江美丝邦化纤有限公司	年产2.3万吨差别化全消光锦纶6－FDY纺丝项目
杭州兴南齿轮制造有限公司	年产800台（套）风力发电增速箱技改项目
浙江东华纤维制造有限公司	年产6万吨功能性、差别化聚酯直纺短纤维技改项目
杭州恩斯克万达电动转向系统有限公司	年产40万套汽车线控转向系统及相关电动助力转向系统项目
浙江胜达彩色预印有限公司	年产9500万平方米彩色预印纸箱技改项目
浙江东南网架股份有限公司	年产10万吨重型钢结构用大口径直缝焊管生产线技改项目
浙江三元纺织有限公司	年产400万米高档服装面料技改项目

2009年度萧山区十大工业管理创新示范企业

传化集团有限公司
荣盛控股集团
富丽达集团控股有限公司
杭州前进齿轮箱集团股份有限公司
德意控股集团有限公司
圣山集团有限公司
浙江华东钢业集团有限公司
浙江天翔控股集团有限公司
浙江爱迪尔包装集团有限公司
杭州永翔纺织有限公司

【盘活存量资产】 2009年，根据《杭州市萧山区人民政府关于进一步推进工业企业盘活存量资产工作的意见》(萧政发〔2008〕38号)文件精神，全区广大工业企业坚持以适度增量激活存量，充分利用存量资产推动工业投入和招商引资工作。

是年，全区完成工业标准厂房建设143.4万平方米，盘活存量土地137.8万平方米(137.8公顷)，分别完成全年目标任务的143.4%和137.8%。衙前镇、萧山经济技术开发区、宁围镇、闻堰镇被评为全区工业企业盘活存量资产考核先进单位；新塘街道、新街镇、临浦镇、戴村镇、靖江街道、临江工业园区、蜀山街道、坎山镇、瓜沥镇、义桥镇、北干街道、所前镇、浦阳镇、南阳街道、河上镇、楼塔镇、河庄街道、进化镇、义蓬街道、城厢街道、新湾街道、益农镇、党湾镇、党山镇被评为考核达标单位，分别得到区政府25万元和20万元的奖励。

2009年度萧山区工业企业盘活存量资产情况

单　位	盘活存量土地(公顷)	新建标准厂房(万平方米)	项目投入资金(万元)
城厢街道	—	1.2814	858
北干街道	—	4.6534	13000
蜀山街道	1.1	4.0444	11500
新塘街道	5.7	4.4688	16400
楼塔镇	1.3	2.1274	5700
河上镇	2.8	4.1988	16210
戴村镇	1.8	2.7132	4960
浦阳镇	3.3	3.8616	10500
进化镇	3.3	3.2733	8300
临浦镇	6.8	4.2722	18818
义桥镇	7.2	5.0476	13300
所前镇	2.7	4.4836	4200
衙前镇	19.0	17.2322	32292
闻堰镇	5.0	4.5867	9050
宁围镇	4.3	6.1014	19700
新街镇	2.8	4.2041	902
坎山镇	4.1	4.0691	8400
瓜沥镇	5.3	4.0899	12550
党山镇	3.0	4.2000	7600
益农镇	2.9	3.0188	5080
靖江街道	4.7	4.2560	11780
南阳街道	4.9	4.1286	10200
义蓬街道	3.6	4.9151	16300
河庄街道	2.7	4.6489	21060
党湾镇	3.1	3.6627	59258
新湾街道	3.0	3.1676	16960
红山农场	—	—	—
萧山经济技术开发区	18.4	18.4504	36326
临江工业园区	15.0	8.2535	68398
湘湖旅游度假区	—	—	—
前进街道	—	—	—
其他	—	—	—
合计	137.8	143.411	459602

技术改造和技术创新

【概况】 2009年，全区完成限额以上工业投资183.3亿元，比上年增长12%；完成技术改造168亿元，增长12.8%。实施省、市、区三级重点项目178个，计划总投资242.3亿元，累计完成投资额137.2亿元。从工业投资项目内容看，纺织行业比重为24.29%，比上年下降5.49个百分点；机械汽配行业比重为31.45%，比上年提高7.92个百分点；化工行业比重为11.54%，比上年下降4.03个百分点；钢结构网架及材料行业比重为7.10%，比上年提高0.45个百分点；电子行业比重为2.87%，比上年下降0.28个百分点。

是年，全区工业技术改造引进设备项目30个，引进设备项目实际用汇1.33亿美元。同时，积极争取上级部门对萧山工业经济发展的支持，全年得到国家及省、市技改资助(贴息)项目50个，享受金额8743万元。

【加大技改扶持力度】 2009年，为鼓励企业加大技改投入，加快工业转型升级步伐，出台《杭州市萧山区人民政府关于进一步加大工业技术改造扶持力度的通知》(萧政发〔2009〕39号)，规定从2009年起对重点工业投资(技改)项目加大财政资助力度，扶持力度比上年加大近1倍，最高可享受设备投资额6%的财政资助。

【企业技术中心建设取得新成绩】 2009年，全区新增省级企业技术中心10家、市级企业技术中心14家，新增省级研发中心3家、市级研发中心6家，新增市级科研院所1家。全区国家级、省级、市级企业技术中心考核评价率为100%。全区企业技术中心累计287家，其中国家级5家、省级41家、市级68家、区级173家。

萧山区省级企业技术中心(2009年新增，共10家)

浙江国泰建设集团有限公司企业技术中心

杰牌控股集团有限公司企业技术中心

浙江蓝天鹤舞控股有限公司企业技术中心
浙江华东钢业集团有限公司企业技术中心
杭州天海水产食品有限公司企业技术中心
杭州灯塔涂料玻璃有限公司企业技术中心
汉帛(中国)有限公司企业技术中心
杭州永磁集团有限公司企业技术中心
浙江华欣新材料股份有限公司企业技术中心
杭州炬日电器有限公司企业技术中心

萧山区市级企业技术中心(2009年新增,共14家)

浙江万向精工企业技术中心
万向钱潮股份有限公司企业技术中心
杭州力源发电设备有限公司企业技术中心
杭州萧山大兴机械铸造有限公司企业技术中心
浙江北极品水产有限公司企业技术中心
杭州宗兴齿轮有限公司企业技术中心
浙江中力特种玻璃有限公司企业技术中心
浙江航民科尔纺织有限公司企业技术中心
浙江盛达铁塔有限公司企业技术中心
杭州杭化播磨造纸化学品有限公司企业技术中心
杭州桑莱特卫浴有限公司企业技术中心
杭州萧山江盛铸锻有限公司企业技术中心
杭州双利机械有限公司企业技术中心
杭州天峰纺织机械有限公司企业技术中心

【40家企业通过高新技术企业认定】 2009年,根据国家新的《高新技术企业认定管理办法》,全区共有40家企业通过认定。

【新产品新技术不断涌现】 2009年,全区列入省应对技术贸易壁垒技术攻关项目1项,列入省重点技术创新项目3项,列入市技术创新项目35项。授权专利1755件,其中发明专利66件。省级新产品立项318项,通过鉴定100项,分别比上年增长93%和75.4%。全区新产品产值率16.2%,比上年提高2.1个百分点。

2009年度萧山区列入浙江省应对技术贸易壁垒技术攻关项目计划

序号	承担单位	项目名称
1	杭州银河线缆有限公司	稀土替代消除铝镁合金线有毒物质的技术研发与产业化

2009年度萧山区列入浙江省重点技术创新项目计划

序号	承担单位	项目名称
1	杭州依维柯汽车变速器有限公司	H525.6A双离合器自动变速器(DCT)开发
2	杭州国泰环保科技股份有限公司	湿污泥脱水干化技术
3	浙江华东轻钢建材有限公司	钢板彩色涂层机组涂料固化炉及废气焚烧系统工艺创新

2009年度萧山区列入杭州市技术创新项目计划

序号	承担单位	项目名称
1	杭州之江有机硅化工有限公司	纳米高性能聚氨酯密封胶
2	浙江传化股份有限公司 杭州传化精细化工有限公司	练染同浴去油剂
3	杭州祥博电气有限公司	电力半导体器件用SB型水冷散热器
4	杭州前进风电齿轮箱有限公司	FZ2000风电增速齿轮箱
5	浙江华东轻钢建材有限公司	钢板彩色涂层机组涂料固化炉及废气焚烧系统工艺创新
6	浙江国泰密封材料股份有限公司	6030改性四氟板垫
7	杭州依维柯汽车变速器有限公司	H525.6A双离合器自动变速器(DCT)开发
8	杭州大路实业有限公司	高速卫生纸机成套技术和设备
9	浙江佳力科技股份有限公司	中开式串联输油泵
10	杭州天峰纺织机械有限公司	TF2005S型双宫丝自动缫丝机
11	华润雪花啤酒(浙江)股份有限公司	提高啤酒还原力的研究应用
12	浙江吉华集团有限公司	芳烃三氧化硫磺化微反应器新型合成技术
13	杭州永磁集团有限公司	超高矫顽力、高磁能积SmCo30H磁体
14	杭州传化涂料有限公司	水性除甲醛木器漆
15	杭州三隆新材料有限公司	年产2万吨聚四亚甲级醚二醇产业化
16	杭州百事盛印染设备厂	定型机废气余热回用净化装置
17	杭州国泰环保科技股份有限公司	湿污泥脱水干化技术
18	达利(中国)有限公司 浙江理工大学	天然植物甲醛消除剂研制及其在真丝织物上的应用
19	杭州肯莱特传动工业有限公司	新型高性能超长型切边齿形变速带
20	荣盛石化股份有限公司 浙江理工大学	双异毛型有色涤纶长丝的产业化
21	杭州三鹰化工有限公司	环保型无溶剂彩色防滑路标涂料
22	杭州杨氏实业有限公司	YM7803多功能转椅托盘
23	杭州宗兴齿轮有限公司	951装载机主减速器齿轮副
24	杭州振兴工业泵制造有限公司	三氯氢硅原料气压缩机
25	杭州萧山江盛铸锻有限公司	风电齿轮用钢18CrNiMo7－6(VD)

续表

序号	承担单位	项目名称
26	杭州科雷机电工业有限公司	数字化直接制版机——紫激光型
27	杭州汇林食品集团有限公司	山茶油的低温冷榨新工艺开发
28	浙江正凯化纤有限公司	节能降耗多功能纺丝牵伸设备技术开发
29	杭州君良科技有限公司	流量仪表检定控制系统开发
30	浙江盛达铁塔有限公司	370米世界第一输电高塔特大节点加工
31	浙江北极品水产有限公司	出口虾类高端产品创新开发及安全控制技术集成
32	浙江德意厨具有限公司	家用燃烧器
33	浙江传化华洋化工有限公司	高性能塑料荧光增白剂
34	杭州江宁丝绸制衣有限公司	基于CAD的三维系列样板规格优化设计
35	浙江万利纺织机械有限公司	WL450－L型特宽幅剑杆织机

2009年度萧山区列入浙江省重点高新技术产品开发项目

序号	承担单位	项目名称
1	杭州银河线缆有限公司	自动化用高性能铝合金焊丝
2	浙江万达汽车方向机有限公司	5N300转向管柱
3	浙江亚太机电股份有限公司	汽车电子驻车制动器

2009年度萧山区取得浙江省省级新产品证书名单

序号	企业名称	产品(技术)名称
1	浙江亚太机电股份有限公司	A501轿车前后盘式制动器总成
2	浙江亚太机电股份有限公司	S161型轿车离合器主缸、工作缸总成
3	浙江亚太机电股份有限公司	N300型汽车前盘制动器总成
4	浙江亚太机电股份有限公司	LC－1型轿车后制动器总成
5	浙江亚太机电股份有限公司	CH7111BR真空助力器带制动主缸总成
6	浙江亚太机电股份有限公司	C24型汽车防抱死制动系统ABS
7	浙江亚太机电股份有限公司	A108型轿车后制动器总成
8	浙江亚太机电股份有限公司	A1型轿车离合器主缸总成

续表

序号	企业名称	产品(技术)名称
9	杭州肯莱特传动工业有限公司	石油工业专用高效节能型传动带
10	杭州翔盛高强纤维材料股份有限公司	高强度防割包覆纱
11	杭州翔盛高强纤维材料股份有限公司	用于口腔护理的新型高强高模聚乙烯纤维
12	杭州新金龟机械有限公司	QM01－1000型精密气动台式压力机
13	浙江萧山金龟机械有限公司	JC04－2.8型组合式高性能精密台式压力机
14	杭州萧山精密模具标准件厂	JM－NJC高精度粘结磁模具模架
15	浙江国泰密封材料股份有限公司	PEK－PTFE组合唇形密封环
16	浙江国泰密封材料股份有限公司	多晶硅还原炉用大直径垫片
17	浙江国泰密封材料股份有限公司	低预紧力金属-非金属复合垫片
18	浙江万达汽车方向机有限公司	D21重型车动力转向器
19	浙江万达汽车方向机有限公司	P15吸能型转型管柱
20	浙江万达汽车方向机有限公司	N350转向管柱
21	浙江万达汽车方向机有限公司	371动力转向器
22	浙江万达汽车方向机有限公司	B13可调吸能型转向管柱
23	杭州福恩纺织有限公司	羊绒竹纤维面料
24	杭州福恩纺织有限公司	金属牛仔面料
25	杭州福恩纺织有限公司	新型毛竹涤面料
26	杭州吉利宝纺织有限公司	差别化涤纶与粘胶混纺19.7tex纱线
27	杭州吉利宝纺织有限公司	珍珠粘胶纤维14.8tex纱线
28	浙江亚太机电股份有限公司	CV8型汽车真空助力器带制动主缸总成
29	浙江亚太机电股份有限公司	F3型轿车后制动器总成
30	浙江亚太机电股份有限公司	FC01型汽车后盘式制动器总成
31	浙江亚太机电股份有限公司	FC01型汽车前盘式制动器总成
32	浙江亚太机电股份有限公司	JX1041型汽车防抱死制动系统ABS
33	浙江亚太机电股份有限公司	HFC6688(HFC6685)型汽车后鼓式制动器总成
34	浙江亚太机电股份有限公司	J1轿车驻车制动器总成

续表

序号	企业名称	产品(技术)名称
35	浙江亚太机电股份有限公司	V08型汽车后制动器总成
36	浙江正凯集团有限公司	隐形格子面料
37	浙江正凯集团有限公司	织女纺
38	杭州杭化播磨造纸化学品有限公司	两性表面施胶剂
39	杭州杭化播磨造纸化学品有限公司	高性能低氯含量湿强剂
40	杭州杭化播磨造纸化学品有限公司	多元改性纸用PAM干增强剂
41	浙江传化股份有限公司	高含固量改性硅油整理剂
42	杭州传化精细化工有限公司	环保高效修色剂
43	杭州恒天面粉集团有限公司	春卷皮专用粉
44	杭州恒天面粉集团有限公司	营养强化小麦粉
45	杭州恒天面粉集团有限公司	拉面专用粉
46	杭州传化涂料有限公司	氟碳改性弹性外墙乳胶漆
47	浙江佳为环境科技有限公司	高压微雾加湿器
48	浙江佳为环境科技有限公司	全热交换机
49	浙江佳为环境科技有限公司	双向流新风换气系统
50	杭州银河线缆有限公司	通用型电缆屏蔽编织用铝镁合金线
51	杭州双利机械有限公司	KD10－20手摇挎式千斤顶
52	杭州双利机械有限公司	QL380t大吨位螺旋千斤顶
53	杭州双利机械有限公司	QLH20强力螺旋拉紧器
54	杭州双利机械有限公司	QLH32强力螺旋拉紧器
55	杭州双利机械有限公司	QL20t螺旋千斤顶
56	杭州永磁集团有限公司	超高矫力、高磁能积SmCo30H磁体
57	杭州永磁集团有限公司	高矫力高稳定性铝镍钴永磁体
58	杭州萧山江盛铸锻有限公司	石油化工加氢产品压力容器用钢2.25Cr－1Mo
59	杭州萧山江盛铸锻有限公司	石油化工抗氢致开裂压力容器用钢16Mn(R－HIC)
60	杭州正强万向节有限公司	ZK6800型万向节总成

续表

序号	企业名称	产品(技术)名称
61	杭州正强万向节有限公司	CS03型万向节总成
62	杭州正强万向节有限公司	3405MB－030型万向节总成
63	杭州正强万向节有限公司	UJ253522型万向节总成
64	浙江捷丰新型建筑材料有限公司	环保节能保温页岩砖
65	杭州天峰纺织机械有限公司	高效免穿集绪器
66	杭州宏宇纺织有限公司	梦丽舒纱
67	杭州宏宇纺织有限公司	赛丽舒纱
68	杭州萧山天成机械有限公司	玻璃纤维初捻机
69	杭州萧山天成机械有限公司	多分拉自动换筒直接纱拉丝机
70	杭州飞祥电子线缆实业有限公司	高性能铝镁硅合金架空绞线
71	杭州依维柯汽车变速器有限公司	H314.5系列汽车变速器总成
72	杭州兆丰汽车零部件制造有限公司	非驱动轮的轮毂单元总成
73	杭州兆丰汽车零部件制造有限公司	特殊传动的轮毂单元总成
74	杭州兆丰汽车零部件制造有限公司	一种重型卡车的中桥单元总成
75	杭州兆丰汽车零部件制造有限公司	主动式轮速传感器的汽车轮毂单元总成
76	浙江万利纺织机械有限公司	WL450－BQ型玻纤剑杆织机
77	浙江万利纺织机械有限公司	WL450－S型多经轴混织剑杆织机
78	浙江万利纺织机械有限公司	WL600－K型高速宽幅全电子剑杆织机
79	杭州大庄地板有限公司	原竹展开地板技术
80	杭州振兴工业泵制造有限公司	S1J系列浆泵
81	杭州振兴工业泵制造有限公司	氢气压缩机
82	杭州银河线缆有限公司	自动化用高性能铝合金焊丝
83	杭州正强万向节有限公司	ZQZX型十字轴万向节总成
84	杭州正强万向节有限公司	ZQCX型十字轴万向节总成
85	杭州正强万向节有限公司	2818.00型十字轴万向节总成
86	杭州肯莱特传动工业有限公司	双面传动切边式齿形变速带

续表

序号	企业名称	产品(技术)名称
87	杭州肯莱特传动工业有限公司	高性能高速平带
88	浙江远翅塑料有限公司	CV11 前后保险杠总成
89	浙江远翅塑料有限公司	CM5 顶置空调蒸发器
90	浙江远翅塑料有限公司	CV7 仪表板总成
91	浙江胜达祥伟化工有限公司	永固黄 SD－3RP(PY183)
92	浙江胜达祥伟化工有限公司	永固黄 SD－FGL(PY97)
93	杭州灯塔涂料玻璃有限公司	BBO4 玻璃自干漆系列
94	杭州灯塔涂料玻璃有限公司	UV 纸品装饰涂料
95	杭州萧山江盛铸锻有限公司	风电齿轮用钢 18CrNiMo7－6(VD)
96	杭州民生陶瓷有限公司	高性能轻质泡沫玻化陶瓷
97	富丽达集团控股有限公司	高支高密锦棉弹力面料
98	富丽达集团控股有限公司	细条彩棉面料
99	杭州前进齿轮箱集团有限公司	HC7S－85 汽车变速器
100	杭州前进齿轮箱集团有限公司	HCT1100 船用齿轮箱

【推进企业信息化工作】 2009 年，全区新增浙江盛达铁塔有限公司、浙江电联设备工程有限公司、达利(中国)有限公司、杭州永利百合实业有限公司 4 家市级工业企业信息化应用示范企业；新增杭州金迪家私装饰有限公司、杭州炬日家具工业有限公司、杭州泰欣实业有限公司、浙江三元纺织有限公司、电联工程技术有限公司、浙江正凯集团有限公司 6 家市级工业企业信息化应用试点企业；新增市级工业企业信息化应用项目 17 项。

2009 年度萧山区列入浙江省企业信息化专项

序号	承担单位	项目名称
1	杭州吉华江东化工有限公司	染料制造自动化 SUPCONJX－300XP 集散控制系统(DCS 系统)建设

2009 年度萧山区列入杭州市工业企业信息化应用项目(备案)

序号	承担单位	项目名称
1	达利(中国)有限公司	印染中心信息化系统
2	浙江杭萧钢构股份有限公司	集团管控模式下的企业人力资源管理和企业资产管理
3	浙江汇丽印染整理有限公司	印染车间数字信息化自动控制系统
4	浙江汇丽印染整理有限公司	生产数据在线采集系统
5	杭州汇林食品集团有限公司	企业 ERP 系统——用友通财务管理系统实施项目
6	浙江吉华集团有限公司	动态可重构企业资源综合管理信息化应用项目(ERP)
7	杭州吉华江东化工有限公司	乙酸循环利用自动化控制应用项目
8	杭州杰牌传动科技有限公司	传动科技 ERP 实施项目
9	杭州金恒服饰有限公司	金恒服饰供应链管理系统
10	杭州乐荣电线电器有限公司	企业资源计划 ERP 系统及加密软件
11	雷诺德传动机械(杭州)有限公司	雷诺德综合信息化管理项目
12	杭州前进齿轮箱集团股份有限公司	杭齿集团数字化产品研发平台
13	杭州翔盛纺织有限公司	杭州翔盛纺织有限公司 ERP 系统
14	浙江亚太机电股份有限公司	智能化工程数据管理系统(第一期)
15	杭州永翔纺织有限公司	永翔纺织温湿度数据自动化采集系统
16	杭州之江开关股份有限公司	支持企业间协同的低压电器行业数字化设计平台
17	传化集团有限公司	传化集团统一物流信息系统开发平台建设

强工业企业培育

【概况】 2009 年，全区工业企业全面实施做强做大战略，合力应对国际金融危机挑战，推进全区工业经济又好又快发展。年末，通过对规模以上工业企业的营业收入、利润总额、所有者权益、企业入库税费、工业企业销售产值、工业企业增加值、综合能耗降低率、技术开发占销售收入比例、新产品产值率、职工社会保险参保率 10 项指标的综合考核评定，万向集团等 100 家企业被区委、区政府授予“百强企业”荣誉称号。是年，百强工业企业完成工业销售产值 2363.96 亿元，比上年增长 7.1％。

【在工业兴市大会上获得多项荣誉】 在杭州市委、市政府召开的全市工业兴市大会上，2009 年度萧山工业经济发展荣获多项荣誉。萧山区政府获 2009 年度全市工业经济目标责任制考核二等奖。万向集团公司和其总裁鲁伟鼎、传化集团有限公司和其董事长徐冠巨分别被评为杭州市 2009 年度工业兴市功勋企业及优秀经营者。浙江恒逸集团有限公司和其董事长邱建林、浙江荣盛控股集团有限公司和其董事长李水荣分别被评为杭州市2009年度十大突出贡献工业企业及优秀经营者。万向集团公司、浙江恒逸集团有限公司、浙江荣盛控股集团有限公司、浙江协和薄钢科技有限公司、杭州前进齿轮箱集团股份有限公司被评为2009年主营业务收入新上规模奖励企业。浙江申新包装实业有限公司被评为杭州市2009年度优秀骨干企业。萧山区河庄镇纸箱包装功能区、萧山区瓜沥镇五金机械功能区、萧山区党山镇化纤厨卫功能区、萧山区河庄镇化纤织造功能区、萧山临江工业园区、萧山区浦阳镇机电功能区被评为2009年度杭州市特色城镇工业功能区(省级经济开发区)综合考评先进单位。萧山区义桥镇化纤功能区、萧山区坎山镇化纤功能区被评为2009年度杭州市特色城镇工业功能区(省级经济开发区)综合考评单项先进单位。萧山区宁围镇人民政府、萧山区瓜沥镇人民政府、萧山区衙前镇人民政府、萧山区益农镇人民政府被评为2009年度杭州市综合经济效益考核前十名工业强镇(乡、街道)。浙江金迪控股集团有限公司与浙江大学合作的"新型功能装饰建筑材料的开发"项目被评为杭州市科技创新十佳产学研合作科技成果转化项目。浙江东南网架股份有限公司的"大跨度弦支穹顶结构关键技术研究"项目被评为杭州市优秀新产品新技术奖一等奖。萧山区人民政府、杭州前进齿轮箱集团股份有限公司、万向集团公司、三元控股集团有限公司、胜达集团有限公司、杭州青云控股集团有限公司被评为2009年杭州市工业投资与技术改造工业先进单位。浙江航民股份有限公司总经理朱建庆、开元旅业集团有限公司董事长陈妙林、高运控股集团董事长李金洋、杭州宏峰纺织集团有限公司董事长李泽洪、浙江振亚控股集团有限公司总裁沈国锋、浙江宏扬控股集团有限公司总经理单继江当选为杭州市第七届优秀企业家。

【表彰奖励发展上规模和突出贡献企业】 根据《中共萧山区委萧山区人民政府关于进一步加快总部经济发展的若干意见(试行)》(萧委〔2007〕35号)和《区委办公室区政府办公室印发〈关于进一步推进工业大企业大集团发展的若干政策(试行)〉的通知》(萧委办〔2007〕85号),区委、区政府对2009年营业收入首次超500亿元的万向集团公司奖励250万元;对工业销售产值首次超50亿元的富丽达集团控股有限公司奖励25万元;对工业销售产值首次超30亿元的浙江东南网架集团有限公司、中国重汽集团杭州发动机有限公司分别奖励15万元。

区委、区政府对2009年度在萧山区年实缴税费首次超2亿元的杭州宏胜饮料集团有限公司奖励200万元;首次超1.5亿元的杭州前进齿轮箱集团股份有限公司奖励150万元;首次超1亿元的汉帛(中国)有限公司、杭州萧山国际机场有限公司分别奖励100万元;首次超5000万元的浙江杭萧钢构股份有限公司、浙江汉欣家具工业有限公司、浙江庆丰纺织印染有限公司、通用电气能源(杭州)有限公司、浙江中纺控股集团有限公司、高运控股集团有限公司、达利(中国)有限公司、杭州世外桃源房地产开发有限公司、和合科技集团有限公司、浙江万丰企业集团公司、浙江西子置业有限公司、浙江华越家具工业有限公司、杭州顺发包装有限公司分别奖励50万元;首次超3000万元的浙江锦润房地产开发有限公司、浙江盛达铁塔有限公司、浙江圣奥家具制造有限公司、杭州伟成印刷有限公司、杭州宏顺家具工业有限公司、杭州世外桃源旅游有限公司、杭州尚维服装有限公司、杭州市萧山公共交通有限公司分别奖励30万元。

【对发展上新台阶工业企业送匾庆贺】 2009年,万向集团营业收入首次超500亿元,富丽达集团控股有限公司工业销售产值首次超50亿元,圣山集团有限公司、浙江美邦实业集团、浙江振亚控股集团有限公司、杭州万洲金属制品有限公司和浙江华浙控股集团有限公司工业销售产值首次超10亿元。区委、区政府对这些发展上新台阶的工业企业上门送匾庆贺,激励企业加快转型升级,继续保持良好的发展势头,为萧山经济社会又好又快发展作出更大贡献。截至2009年底,全区销售产值超10亿元的企业38家,其中50亿元到100亿元之间的有7家,超过100亿元的有4家。

【强工业企业入选系列榜单】 2009年,万向集团公司、浙江恒逸集团有限公司、浙江荣盛控股集团有限公司、传化集团有限公司4家企业入选中国企业500强名单;传化集团有限公司、浙江华欣控股集团有限公司等14家企业入选中国大企业集团竞争力500强名单;万向集团公司、浙江恒逸集团有限公司等18家企业入选中国最大1000强大企业集团名单;中国重汽集团杭州发动机有限公司、亚太机电集团有限公司等11家企业被评为浙江省工业行业龙头骨干企业。

萧山区入选2009年度中国大企业集团竞争力500强企业名单(共14家)

传化集团有限公司
浙江华欣控股集团有限公司
万向集团公司
浙江恒逸集团有限公司
杭州前进齿轮箱集团股份有限公司
浙江华东钢业集团有限公司
亚太机电集团有限公司
浙江荣盛控股集团有限公司
浙江翔盛集团有限公司
浙江中誉(控股)集团有限公司
胜达集团有限公司
三元控股集团有限公司
杭州钱江电气集团股份有限公司
富丽达集团控股有限公司

萧山区入选2009年度中国最大1000强大企业集团企业名单(共18家)

万向集团公司
浙江恒逸集团有限公司
浙江荣盛控股集团有限公司

传化集团有限公司
浙江翔盛集团有限公司
浙江国泰建设集团有限公司
杭州道远化纤集团有限公司
胜达集团有限公司
中球冠集团有限公司
龙达集团有限公司
开氏集团有限公司
浙江航民实业集团有限公司
恒元建设控股集团有限公司
浙江东南网架集团有限公司
浙江红剑集团有限公司
富丽达控股集团有限公司
浙江中强建工集团有限公司
兴惠化纤集团有限公司

入选浙江省工业行业龙头骨干企业名单(共11家)

中国重汽集团杭州发动机有限公司
万向集团公司
亚太机电集团有限公司
杭州前进齿轮箱集团股份有限公司
浙江传化股份有限公司
浙江百合化工控股集团有限公司
浙江恒逸集团有限公司
浙江华欣控股集团有限公司
达利(中国)有限公司
胜达集团有限公司
浙江东南网架集团有限公司

品牌培育

【概况】 2009年,全区广大工业企业把推进品牌经济作为提升企业形象、增强产品竞争力的重要内容,积极创建和申报各级名牌、商标。全区品牌培育取得良好成效。

【新增8件中国驰名商标】 2009年,杭州红山化纤有限公司"红化"等8件商标被认定为中国驰名商标,杭州银河线缆有限公司"银宇+图"等8件商标被认定为浙江省著名商标,浙江富丽达纤维有限公司"包装用纺织品袋"等23件商标被认定为杭州市著名商标,杭州美人紫农业开发有限公司"美人紫"等40件商标被认定为萧山区著名商标。

【13只产品被认定为浙江省名牌产品】 2009年,杭州永磁集团有限公司的铝镍钴永磁合金等13只产品被认定为浙江省名牌产品,杭州恒达环保实业有限公司的污水处理设备等15只产品通过省名牌产品认定委员会复评,杭州好克光电仪器有限公司的"内窥镜及配套手术设备"等31只产品被认定为杭州市名牌产品,杭州汇利纺织有限公司的"桑梅牌涤棉纱"等22只产品被认定为萧山区名牌产品。

【表彰品牌培育优秀企业】 2009年,区委、区政府对被认定为中国驰名商标的杭州红山化纤有限公司"红化"等8件商标,分别给予50万元奖励;对被认定为浙江省著名商标的杭州银河线缆有限公司"银宇+图"等8件商标、被认定为浙江省名牌产品的杭州永磁集团有限公司的铝镍钴永磁合金等13只产品,分别给予5万元奖励。

2009年度萧山区获得中国驰名商标的企业及商标名称

序号	企 业 名 称	注册商标名称
1	杭州红山化纤有限公司	红化
2	富丽达集团控股有限公司	富丽达
3	杭州金迪家私装饰有限公司	金迪
4	浙江跃腾水产食品有限公司	跃腾及图形
5	浙江华欣新材料股份有限公司	蓝纺及图形
6	浙江爱迪尔包装集团公司	爱迪尔+图
7	杭州大庄地板有限公司	大庄
8	杭州钱江电气集团有限公司	钱潮

2009年度萧山区获得浙江省著名商标的企业及商标名称

序号	企 业 名 称	商标名称
1	杭州银河线缆有限公司	银宇+图
2	杭州工具量具有限公司	HGL
3	杭州雪峰链条有限公司	雪峰及图形
4	浙江航民科尔纺织有限公司	科尔+图形
5	浙江美邦实业集团有限公司	美丝邦+图形
6	大自然控股集团有限公司	自然伊格
7	杭州宏峰纺织集团有限公司	宏峰及图形
8	浙江跃腾水产食品有限公司	跃腾及图形

2009年度萧山区获得杭州市著名商标的企业及商标名称

序号	企 业 名 称	商标名称
1	浙江富丽达纤维有限公司	富丽达+图
2	兴惠化纤集团有限公司	图形
3	浙江宏扬控股集团有限公司	宏纺+图
4	大自然控股集团有限公司	图形
5	杭州顺源轮胎制造有限公司	欧泰+图形

续表

序号	企 业 名 称	商标名称
6	杭州珠宝首饰工业有限公司	图形
7	杭州华莺纺织有限公司	杨鹰＋图
8	杭州飞祥电子线缆实业有限公司	飞祥＋图
9	杭州新世纪万向节有限公司	818
10	浙江中企实业有限公司	中企＋图
11	浙江蓝贝车业有限公司	蓝贝＋图
12	杭州红妍颜料化工有限公司	红妍＋图
13	浙江乔森电器有限公司	乔森＋图
14	杭州萧山阳光涂料有限公司	天堂阳光
15	杭州镱朗实业有限公司	YILANG＋图
16	浙江恒达实业集团有限公司	图形
17	杭州三鹰化工有限公司	三鹰图＋AGL
18	杭州新晨颜料有限公司	STAR－UP＋图
19	浙江凯旋门澳门豆捞控股集团有限公司	豆捞
20	浙江凯旋门澳门豆捞控股集团有限公司	图形
21	浙江华瑞集团有限公司	华瑞
22	杭州天海水产食品有限公司	拼音＋图形
23	杭州萧山跃腾水产养殖有限公司	跃腾＋图

2009年度萧山区获得浙江省名牌产品称号的企业及产品名称

序号	企 业 名 称	产 品 名 称
1	杭州恒达环保实业有限公司	污水处理设备
2	浙江圣奥家具制造有限公司	办公家具
3	浙江爱迪尔包装集团有限公司	环保型真空镀铝纸
4	杭州科利化工有限公司	氯化聚乙烯
5	杭州和合玻璃工业有限公司	钢化玻璃、居室镜
6	杭州金弘三鸟羽绒制品有限公司	羽绒制品
7	杭州金迪家私装饰有限公司	整体浴室家具

续表

序号	企 业 名 称	产 品 名 称
8	浙江国泰密封材料股份有限公司	密封材料、密封制品
9	荣盛石化股份有限公司	涤纶长丝
10	杭州华隆羽绒制品有限公司	羽绒制品
11	浙江蓝天鹤舞控股有限公司	制式服装
12	杭州发达齿轮箱集团有限公司	船用齿轮箱
13	杭州萧山美艺花边有限公司	萧山花边
14	富可达控股股份有限公司	皮革服装
15	杭州减速机厂	减速机
16	杭州永磁集团有限公司	铝镍钴永磁合金
17	浙江万达汽车方向机有限公司	转向系统产品
18	柳桥集团有限公司	羽绒制品
19	杭州双利机械有限公司	千斤顶
20	浙江中力控股集团有限公司	建筑玻璃
21	杭州工具量具有限公司	数显量具
22	杭州炬日电器有限公司	家具
23	浙江跃腾水产食品有限公司	速冻鱼、虾系列产品
24	浙江北极品水产有限公司	速冻虾产品系列
25	浙江吉天农业开发有限公司	南美白对虾
26	浙江华瑞集团有限公司	物流服务
27	浙江双马国际货运有限公司	物流服务
28	中球冠集团有限公司	油品销售

2009年度萧山区获得杭州市名牌产品称号的企业及产品名称

序号	企 业 名 称	产 品 名 称
1	杭州好克光电仪器有限公司	内窥镜及配套手术设备
2	浙江中力控股集团有限公司	建筑外窗
3	浙江中力控股集团有限公司	建筑玻璃
4	杭州康利达卫浴有限公司	淋浴房

续表

序号	企业名称	产品名称
5	杭州宏福锦纶有限公司	锦纶6切片
6	松冈机电(中国)有限公司	全自动麻将机
7	浙江金洋纺织有限公司	DTY涤纶低弹丝
8	迪安派登洋服(杭州)有限公司	西服、西裤
9	杭州新晨颜料有限公司	有机颜料
10	浙江赤龙水泥有限公司	水泥
11	杭州雪峰链条有限公司	防滑链
12	杭州帝凯工业布有限公司	浸胶帘子布
13	胜达集团有限公司	瓦楞纸箱
14	浙江汇丽印染整理有限公司	印染面料
15	杭州泰欣实业有限公司	HANGTAI牌彩色涂层钢带
16	开氏集团有限公司	涤纶长丝
17	杭州赛尔美服饰有限公司	羽绒童装
18	杭州宏峰集团有限公司	纺织面料
19	杭州肯莱特传动工业有限公司	传动带
20	东南铝业有限公司	铝箔
21	杭州永翔纺织有限公司	气流纺纱5S－32S
22	杭州九龙厨具制造有限公司	不锈钢系列厨具产品
23	杭州可悦卫生用品有限公司	卫生巾
24	杭州传化涂料有限公司	涂料
25	圣山集团有限公司	伞面布、箱包布
26	杭州启明星生物营养有限公司	膨化大豆饲料
27	浙江传化生物技术有限公司	花卉种苗
28	杭州一正农业开发有限公司	益正牌新鲜蔬菜
29	杭州云峰食品有限公司	炒货系列
30	杭州萧山跃腾水产养殖有限公司	南美白对虾、虾塘鳖、稚鳖、罗非鱼、种苗

续表

序号	企业名称	产品名称
31	浙江华瑞集团有限公司	物流服务

企业管理

【概况】 2009年，全区广大工业企业加强企业管理，通过管理创新，提升应对国际金融危机的能力，出现一批管理创新示范企业和管理创新成果，全区工业经济运行质量进一步提升。

【组织全国管理咨询师职业考试培训】 2009年，区经发局联合浙江省管理协会，组织全国管理咨询师职业考试培训班，帮助工业企业各阶层管理人员系统学习现代化企业管理知识。培训班为期1个月，41位来自百强企业的企业中高层管理人员参加培训，其中12人通过全国管理咨询师联考，获得全国管理咨询师证书。

【杭州长江洗染有限公司获评浙江省精细化管理示范企业】 2009年，为全面推进浙江省企业实施精细化管理，引导和鼓励企业以改善管理提效率、增效益、强实力，省经济和信息化委员会根据综合考评，对全省11家精细化管理实施比较深入、特色鲜明、效果显著的示范企业予以通报表彰，萧山区的杭州长江洗染有限公司名列其中。

【24家企业被评为杭州市管理创新示范企业】 2009年，按照企业自愿申报原则，全区有29家企业提交材料，申报2009年度工业企业管理创新示范企业。其中，浙江万达方向机有限公司、和合科技集团有限公司等24家企业被评为杭州市管理创新示范企业。

【4项成果被评为国家级管理创新成果】 2009年，全区广大工业企业在积极推进管理创新的过程中，注重总结经验，提炼创新成果，并积极向上申报。浙江传化物流基地有限公司的“信息化为核心的公路港物流平台”等4项成果被评为国家级管理创新成果，万向钱潮股份有限公司的“基于价值流的工厂制造流程优化”等21项成果被评为浙江省级管理创新成果。

2009年度萧山区列入国家级管理创新成果

	序号	企业名称	成果名称
一等奖	1	浙江传化物流基地有限公司	信息化为核心的公路港物流平台
二等奖	2	万向钱潮股份有限公司	基于价值流的工厂制造流程优化
	3	浙江东南网架股份有限公司	以打造世界级钢结构为目标的持续技术创新
	4	浙江荣盛控股集团有限公司	基于打造高效供应链的供应商信用管理

2009 年度萧山区列入浙江省省级管理创新成果

	序号	企业名称	成果名称
一等奖	1	万向钱潮股份有限公司	基于价值流的工厂制造流程优化
	2	浙江传化物流基地有限公司	信息化为核心的公路港物流平台
	3	浙江东南网架股份有限公司	以打造世界级钢结构为目标的持续技术创新
二等奖	4	浙江荣盛控股集团有限公司	基于打造高效供应链的供应商信用管理
	5	柳桥集团有限公司	羽绒行业原毛检验的精细化管理
	6	杭齿集团	离开型机械零部件制造企业基于价值链的全面风险控制
	7	杭州长江洗染有限公司	动线工程实现传统产业生产流程管理现代化
	8	浙江爱迪尔包装集团有限公司	民营企业社会责任的确定和履行
三等奖	9	杭州汇林食品集团有限公司	基于协同商务模式的企业信息化管理的实施
	10	杭州江宁丝绸制衣有限公司	基于 CAD 的三维系列样板规格优化设计
	11	杭州之江有机硅有限公司	基于产学研合作的企业人才培养创新体系的构建
	12	杭州福恩纺织有限公司	“4R+E”营销管理模式的形成与运用
	13	杭州永翔纺织有限公司	现代化纺纱厂条形码管理系统应用建设
	14	浙江华东钢业集团有限公司	发展党建优势促进民营企业和谐发展
	15	科尔集团有限公司	科尔精细化管理模式
	16	杭州伟峰电子有限公司	基于客户导向的生产管理新模式构建
	17	浙江最红控股集团有限公司	“M”效应理论解决企业发展瓶颈的实践研究
	18	杭州泰欣实业有限公司	基于动态控制的可重构信息化集成管理系统
	19	浙江蓝天鹤舞控股有限公司	整合营销传播载体，推进企业营销机制创新
	20	浙江红剑集团有限公司	组织创新是企业有效管理的必由之路
	21	杭州振亚纺织有限公司	管理心理学在纺织企业人力资源管理中的运用

纺织印染工业

【概况】 2009 年，全区纺织印染行业规模以上工业企业完成销售产值 1085.7 亿元，占全区规模以上工业企业销售产值的 31.89%。

【举办中国国际化纤会议】 2009 年 6 月 9—12 日，第十五届中国国际化纤会议在萧山召开。中国纺织工业协会、中国化纤协会、国家发改委、工信部等相关行业和部门负责人，萧山区相关领导出席会议，来自美国、日本、韩国、德国、英国、瑞士、巴西等 30 多个国家和地区的化纤业界专家、学者和企业家，以及国内外代表共 360 多人参加会议。会议以“金融危机与化纤产业——挑战与展望”为主题，分设一个综合性发展论坛和创新与升级、可持续发展、化纤与纺织品三个专题论坛。区纺织协会会长邱建林作《积极应对金融危机 实现可持续发展——萧山纺织化纤产业发展与应对策略》的报告。国内外与会人员共谋应对世界金融危机良策，探讨产业结构调整升级与可持续发展大计，寻求合作与共赢。

【萧山化纤纺织产业基地被省政府确定为全省现代产业集群示范区】 为着力推进浙江省块状经济向现代产业集群转型升级，增强工业综合实力和国际竞争力，2009 年，浙江省工业转型升级领导小组办公室从全省范围内选择 20 家产业规模大、提升空间广、带动能力强、示范意义好的块状经济作为转型升级示范区试点单位，通过制订工作标准、完善实施方案、深化指导服务，着力把握好块状经济转型升级的共性要素和个性特色，探索不同行业、阶段和类型的块状经济转型升级的路径，为全省块状经济转型升级起到示范引领作用。萧山化纤纺织产业基地被列入浙江省块状经济向现代产业集群转型升级示范区试点名单。

化学工业

【概况】 2009 年，全区精细化工行业规模以上工业企业完成销售产值 361.2 亿元，占全区规模以上工业企业销售产值的 10.61%。

【杭州“四化”迁建临江化工生态园区】 2009 年，杭州油脂化工有限公司、杭州电化集团有限公司、杭州龙山化工有限公司、杭州庆丰农化有限公司四家化工企业迁建临江化工生态园区，总投资 38 亿元，项目投产后，可形成氯碱、聚乙烯、纯碱、硫酸、合成氨、硬脂酸、除草剂、杀虫剂等化工产品近 200 万吨/年的产能。

机械汽配工业

【概况】 2009 年，全区机械汽配行业规模以上工业企业完成销售产值 907.7 亿元，占全区规模以上工业企业销售产值的 26.67%。

【首辆萧山造本土汽车下线】 2009 年 5 月 25 日，吉奥汽车萧山制造基地正式启动，第一辆萧山本土制造的成品车——吉奥微型客车下线，标志着萧山汽车产业从此迈入整车制造新时代。吉奥集团是一家生产皮卡、SUV 和微型面包车及汽车零部件的民营企业，被国家发改委和商务部定为首批“国家整车出口基地”企业。2007 年 6 月，吉奥微车项目落户萧山经济技术开发区，项目建设一期用地 48.3 公顷，总投资 20 亿元；同年 12 月，位于江东工业园区的吉奥汽车萧山制造基地开工奠基。截至2009年底，吉奥汽车萧山制造基地已建成冲压、焊装、涂装、总装四大工艺生产车间和试车跑道、发动机厂、研发中心等设施，总面积近22万平方米；具备25万辆产能，是吉奥集团四大生产基地中产能最大的一个，并进入批量生产阶段。该基地下线的首款微车"星旺"由吉奥历时3年研发，基于全新底盘做了整车设计，"突头加宽体"的形象和布局是对传统"平头"微型面包车的彻底改革。

【出台政策促进汽车产业发展】 2009年10月27日，出台《杭州市萧山区人民政府关于印发萧山区进一步促进汽车产业发展若干政策（试行）的通知》（萧政发〔2009〕140号），确定了对汽车整车制造业的首辆下线奖、达产奖、配套奖，对总成及重要零部件制造业的批量达产奖、与整车配套奖、零配件互配奖；对首台（套）重大创新项目、技术攻关项目的扶持政策；对年销售规模首次进入全国同行业前五位的汽车、汽车零部件及配件产品（以国家专业性行业协会排序为准）的奖励政策；并明确每年专门列支200万元，用于资助汽车产业公共服务项目。

钢结构网架工业

【概况】 2009年，全区钢结构网架行业规模以上工业企业完成销售产值191.2亿元，占全区规模以上工业企业销售产值的5.62%。

【萧山23项钢结构工程获省建筑钢结构金刚奖】 2009年12月28日，经浙江省钢结构行业协会评选，全省有45项工程获2009年度"浙江省建筑钢结构金刚奖"，其中萧山钢结构企业获得23项，占51.1%。23个获奖项目中，浙江东南网架股份有限公司承建的中国民航博物馆钢结构工程、济南奥林匹克体育中心游泳馆钢结构工程等4个项目，浙江大地钢结构有限公司承建的宁钢五丰塘焦化厂圆形料场网架、信雅达广场二期等4个项目，潮峰钢构集团有限公司承建的曹娥江大闸枢纽8#标、泉州海峡体育中心体育馆工程，杭州恒达钢结构实业有限公司承建的STX（大连）重工有限公司9#平分段工厂、重庆南山植物园展览温室项目，杭州华东钢结构制造有限公司承建的江南山修船基地分段装焊车间、贵州黔东电厂干煤棚网架工程，浙江天生钢结构有限公司承建的振石集团东方特钢股份有限公司1800不锈钢轧钢厂房、江西洪都钢厂四期钢结构厂房，浙江国盛钢结构有限公司承建的江干区文体中心二期工程主体育场钢结构工程等共17个项目获推荐申报"中国建筑钢结构金奖"。

【杭州恒达钢结构实业有限公司力拓国际市场】 2009年，该公司先后承接了安哥拉某钢结构办公楼、澳大利亚工业园区厂房、巴基斯坦某公司管廊以及位于埃塞俄比亚首都亚的斯亚贝巴市的非盟会议中心钢结构工程、位于北美洲特立尼达和多巴哥的某钢结构工程及其后续工程。其中非盟会议中心是近年来中国政府对非实施的最大援助项目之一，建成后将成为非洲地区53个国家的会议场所。

羽绒服装工业

【概况】 2009年，全区羽绒服装行业规模以上工业企业完成销售产值177.9亿元，占全区规模以上工业企业销售产值的5.23%。

【承办羽博会暨首届萧山羽绒节】 2009年12月3—6日，由中国羽绒工业协会与萧山区政府联合主办的第十五届中国羽绒制品及服装服饰博览会暨首届萧山国际羽绒节在萧山休博园会展中心举行。展会面积10000平方米，全国56家著名品牌企业以及来自全国各地500多家大型商场、宾馆酒店等的采购商参会。全国羽绒行业所有的中国名牌产品如萧山的"北天鹅"、"迪欧达"、"飞利弘"以及区外的"波司登"、"艾莱依"、"雅鹿"等知名品牌悉数到会。萧山区羽绒产业24家骨干企业组团参展，参展面积占展览总面积的一半。4天展会现场订货成交额近1亿元，场内销售额300万元。会上，萧山再次蝉联"中国羽绒之都"称号，新塘街道获"中国羽绒之乡"称号，多名企业家和多家企业分别获全国羽绒行业功勋企业家和功勋企业奖。本届羽博会是中国羽绒业举办的规模最大的羽绒及家纺类专业博览会。

【积极应对瑞典TV－4关于"活拔绒"报道】 2009年2月，瑞典TV－4Kalla Fakta播放了"活拔绒"电视节目，宣称90%的受访供货商承认生产或销售"活拔绒"，并推测羽绒制品中"50%—80%的羽绒来自活拔"。节目播放后公布了"承认"生产或销售"活拔绒"的企业名单，名单中16家为中国企业，浙江三弘集团也在其中。欧洲民众因活拔绒存在虐待动物的事实，开始抵制羽绒制品，造成部分羽绒制品退货现象。

为了维护中国羽绒行业出口大国的形象，稳定在欧洲的市场份额，中国羽绒工业协会发起签订《非活禽产品信誉保证书》活动。3月13日，在萧山举行的中国羽绒行业大会上，来自全国的61家企业签订了《非活禽产品信誉保证书》，表示拒绝生产、加工和销售"活拔绒"及其制品，确保羽绒制品绿色、环保和生态。在签订《非活禽产品信誉保证书》的企业中，萧山区的羽绒企业占20%，包括浙江三弘国际羽绒制品有限公司、杭州火炬羽绒制品有限公司等13家企业。

电气信息工业

【概况】 2009年，全区电气信息工业完成总产值61.50亿元，比上年增长0.4%。

【杭申集团有限公司进军智能电网】 2009年，该公司对HSW1框架断路器配用互感器进行改进，研发了断路器手机通信模块、智能式电动机保护器等37个项目，其中HSM1z－800智能型塑料外壳式断路器获浙江省机械工业科学技术三等奖、杭州市新产品新技术奖及萧山区科技进步奖，被杭州市发改委列入高技术产品产业化项目。

【浙江永翔电缆集团有限公司投产气保焊丝】 2009年，该公司投资50万元，购置能完成盘元测试、成品测试、熔敷金属性能测试等功能的先进焊丝检测设备；投资126.9万元，新增8/400、6/560拉丝机设备线及前处理剥壳酸洗设备各一条，用以投产气保焊丝（焊丝以能自动焊接、效率高、节省能源、环保等受到焊接行业的大力推广，中国已成为世界焊丝的供应基地）。公司以其可靠的产品质量、合理的价位和优质的服务，与天生钢构、东南网架等多家客户建立了稳定的供货关系。

节能降耗

【概况】 2009年，全区着力推进节能降耗工作，加强对节能降耗的目标管理和对用能大户的监督管理，出台《杭州市萧山区人民政府办公室关于印发2009年度全区节能降耗目标责任制考核办法的通知》（萧政办发〔2009〕134号），节能降耗工作取得较好成效。是年，全区万元GDP综合能耗比上年下降5.11%，规模以上企业万元工业增加值能耗下降5.12%。全区全年工业用电117.96亿度，比上年增加6.55亿度，增幅5.88%。

【投资节能改造项目】 2009年，全区实施重点节能改造项目109个，总投资3.85亿元。这些项目完成后，年可节电1.1亿度，节约标煤11.4万吨，为企业增加效益2.3亿元。华润雪花啤酒（浙江）股份有限公司等11家企业被评为2009年度杭州市节能先进企业，萧山区区级机关事务管理局被评为2009年度杭州市节能先进集体，临江工业园区、河庄街道、楼塔镇被评为2009年度萧山区节能降耗优秀单位，党山镇、新街镇、河上镇、宁围镇、所前镇、蜀山街道被评为2009年度萧山区节能降耗良好单位，杭州前进齿轮箱集团股份有限公司、杭州联发电化有限公司等20家企业被评为2009年度萧山区节能降耗工作先进企业，萧山经济发展局的施剑中、华润雪花啤酒（浙江）股份有限公司的吴柏华等16人被评为2009年度杭州市节能先进个人。

【推进企业清洁生产】 2009年，全区工业系统结合节能减排工作的开展，按照《关于公布2009年度浙江省强制性清洁生产审核重点企业名单的通知》（浙环发〔2009〕36号）文件要求，结合市、区两级2009年清洁生产审核计划，扎实推进清洁生产工作。年末，杭州永翔纺织有限公司、萧山发电厂等73家自主清洁生产企业通过审核。

【开展电平衡测试工作】 2009年，全区工业系统进一步加强企业单位节电目标管理，全面推进电平衡测试工作。经单位申报，组织专家和有关部门审核验收，杭州顺源轮胎制造有限公司、杭州萧山之湘印染有限公司等28家企业完成电能平衡测试并通过验收，成为电平衡测试合格单位。

【开展资源综合利用工作】 2009年，根据全区印染企业数量众多、用水量大、废水排放量多的情况，在印染废水领域开展资源综合利用工作，完成印染废水处理后循环再利用工序。经浙江省经济和信息化委员会认定，该道工序用于印染企业年可节水3000万吨，可创收6000万元。

【推广集中供热】 2009年，萧山区继续加快推进热电联产、集中供热，实施了由萧山经济技术开发区热电有限公司经北塘河管线向华润雪花啤酒（浙江）股份有限公司和新街镇有关企业供热的工程，扩大了由萧山智兴热电厂向靖江街道内相关企业供热的范围，使全区推广集中供热的工作取得新进展。

【淘汰落后产能】 2009年，萧山区进一步加大对集中供热区域企业自备锅炉、S7变压器等落后产能的淘汰力度。淘汰华润雪花啤酒（浙江）股份有限公司、杭州富强丝绸有限公司等10家企业自备锅炉208.5吨，淘汰万向集团公司、杭州前进齿轮箱集团股份有限公司等16家企业高能耗S7变压器51台，计49510kVA。另外，淘汰杭州浦阳江水泥有限公司等4家企业落后水泥磨机197万吨年产能，实现杭州萧山上董砖瓦厂、杭州连新建材有限公司两家黏土砖瓦窑一关一转。

（王云平）

2009年度萧山区强建筑企业主要经济指标

单位：万元

序号	企业名称	主管部门	施工产值	企业入库税费	企业利润总额	建筑业增加值	企业所有者权益	工程结算收入	企业资金利润率(%)
1	浙江华成控股集团有限公司	新塘街道	547162	1905	18245	45078	78061	548271	17.50
2	浙江中强建工集团有限公司	义桥镇	547571	644	6361	113508	82180	389960	24.20
3	浙江宝盛建设集团有限公司	党湾镇	488028	1968	10471	54641	68961	494036	21.00
4	恒元建设控股集团有限公司	北干街道	470156	1490	9400	96097	39000	500000	24.00
5	浙江国泰建设集团有限公司	北干街道	456929	1607	7800	93730	45000	418100	25.80
6	浙江圣大建设集团有限公司	新街镇	138000	670	8527	37351	41713	178104	22.12
7	浙江天华建设集团有限公司	闻堰镇	281872	1006	5670	32317	36116	183230	18.62
8	杭州永翔建设集团有限公司	临浦镇	130468	1201	4010	28852	15373	123191	11.78

2009年度萧山区强房地产企业主要经济指标

单位:万元

序号	企业名称	主管部门	销售收入	企业利润总额	企业所有者权益	企业入库税费	企业增加值	社会保险参保率(%)
1	绿都控股集团有限公司	北干街道	391599	109375	157799	8729	169772	100
2	浙江金帝集团有限公司	北干街道	222575	55814	223052	3463	129824	99
3	汇宇控股集团	城厢街道	273926	22882	74235	6179	32872	90
4	众安集团有限公司	临浦镇	32248	5420	65083	8211	3612	90
5	杭州泰和房地产开发有限公司	城厢街道	26823	6699	25280	3852	8889	100
6	杭州明华置业有限公司	宁围镇	38959	8200	14586	1129	10753	100

2009年度萧山区百强工业企业主要经济指标

单位:万元

序号	企业名称	主管部门	营业收入	利润总额	企业入库税费	工业企业增加值	所有者权益	新产品产值率(%)	综合能耗降低率(%)	技术开发占销售收入比例(%)
1	万向集团公司	宁围镇	5148040	222605	47223	673491	824339	23.10	−6.78	0.48
2	浙江恒逸集团有限公司	衙前镇	2607402	124620	10937	223910	482496	29.47	26.66	1.58
3	浙江荣盛控股集团有限公司	益农镇	1928387	129318	8695	257260	418664	14.19	12.03	0.37
4	传化集团有限公司	宁围镇	1149299	77245	30114	30102	574380	20.77	64.13	2.18
5	富丽达集团控股有限公司	临江工业园区	494305	60627	19791	101764	188089	70.47	29.03	1.44
6	浙江航民实业集团有限公司	瓜沥镇	487907	32355	21886	85967	194767	3.74	4.02	0.34
7	胜达集团有限公司	河上镇	636618	36063	7979	125519	269362	17.84	8.94	1.32
8	杭州宏胜饮料集团有限公司	萧山经济技术开发区	164185	71554	23187	99577	112211	12.68	18.35	0.29
9	浙江东南网架集团有限公司	衙前镇	569470	8449	7665	81282	158065	39.00	−39.21	1.58
10	杭州前进齿轮箱集团股份有限公司	城厢街道	255664	12511	16550	51630	113744	23.44	23.07	5.06
11	龙达集团有限公司	新街镇	710991	16406	1144	92158	164890	8.26	7.47	0
12	兴惠化纤集团有限公司	衙前镇	333993	20978	10381	55021	140319	16.00	−5.68	2.43
13	华润雪花啤酒(浙江)股份有限公司	新街镇	105051	8561	25474	49165	30089	16.88	30.84	3.01
14	杭州道远化纤集团有限公司	新街镇	569414	19654	882	82736	129893	0	6.30	0
15	浙江翔盛集团有限公司	党山镇	607439	12260	3802	67927	79370	18.94	16.17	1.99
16	中国重汽集团杭州发动机有限公司	萧山经济技术开发区	297444	14481	2403	34153	200884	71.88	44.25	3.00
17	开氏集团有限公司	衙前镇	480249	14546	8744	53781	66884	5.06	1.58	0.16

续表

序号	企 业 名 称	主管部门	营业收入	利润总额	企业入库税费	工业企业增加值	所有者权益	新产品产值率（%）	综合能耗降低率（%）	技术开发占销售收入比例（%）
18	浙江杭萧钢构股份有限公司	新街镇	306429	14550	9885	40556	80743	66.46	10.58	0
19	三元控股集团有限公司	党湾镇	249612	6813	11738	40610	86216	28.63	7.59	0
20	汉帛(中国)有限公司	萧山经济技术开发区	93182	7485	12415	81667	73625	0	38.63	0
21	亚太机电集团有限公司	蜀山街道	168722	9253	8290	39845	90842	68.49	14.99	5.00
22	杭州钱江电气集团股份有限公司	坎山镇	168499	10792	8716	16166	73038	56.90	38.68	3.92
23	浙江华欣控股集团有限公司	河庄街道	283022	22448	2515	55209	54991	26.30	11.58	1.92
24	浙江红剑集团有限公司	红山农场	391621	3423	3956	57895	55534	0	12.94	0.20
25	浙江中誉(控股)集团有限公司	新街镇	244273	8309	1076	73948	105342	0	69.37	0.15
26	达利(中国)有限公司	萧山经济技术开发区	83390	5050	6607	35992	81927	65.00	22.08	4.05
27	柳桥集团有限公司	北干街道	153094	9033	8875	17383	65010	20.54	—5.82	0.02
28	和合科技集团有限公司	党山镇	112798	9489	5973	24594	88146	56.24	—9.83	1.60
29	浙江吉华集团有限公司	红山农场	150797	15023	4880	15616	63438	30.00	—2.79	3.85
30	高运控股集团有限公司	新塘街道	334757	13952	6641	2422	58961	0	—21.07	0
31	浙江百合化工控股集团	河庄街道	144960	7805	4937	26168	47213	46.36	13.62	4.24
32	浙江中新电力发展集团有限公司	供电局	80716	4924	12466	13089	20401	0	53.62	0
33	圣山集团有限公司	南阳街道	144046	6105	4617	27309	29481	39.82	—12.57	3.26
34	大自然控股集团有限公司	益农镇	102620	6787	1663	17085	93249	37.21	8.06	3.60
35	浙江协和薄钢科技有限公司	红山农场	200885	17933	2443	25880	35867	0	20.96	0
36	杭州友佳精密机械有限公司	萧山经济技术开发区	70263	10254	4439	22443	22934	82.40	—1.07	3.47
37	通用电气能源(杭州)有限公司	萧山经济技术开发区	55734	3343	6672	23898	58806	0	31.43	0
38	明盛控股集团	义蓬街道	94893	9223	1113	13906	74910	31.60	21.58	3.27
39	浙江恒达实业集团有限公司	新街镇	202577	6731	2664	15382	64060	6.88	—62.92	1.06
40	浙江宏扬控股集团有限公司	党山镇	145710	6378	2315	16056	41717	62.73	9.36	4.35
41	浙江正凯集团有限公司	靖江街道	129737	6284	1706	17090	54877	36.04	24.61	2.96
42	浙江华东钢业集团有限公司	戴村镇	183317	5644	2452	32096	28213	21.73	5.32	2.00
43	浙江盛达铁塔有限公司	萧山经济技术开发区	121103	5550	3595	27645	29945	36.90	33.85	0.18
44	浙江三弘集团有限公司	临浦镇	154922	4334	3086	31186	47108	9.31	27.92	0
45	浙江联达化纤有限公司	南阳街道	197093	6505	1498	25865	24470	19.78	23.24	1.88

续表

序号	企业名称	主管部门	营业收入	利润总额	企业入库税费	工业企业增加值	所有者权益	新产品产值率(%)	综合能耗降低率(%)	技术开发占销售收入比例(%)
46	德意控股集团有限公司	靖江街道	120440	5183	4255	9498	31916	55.55	8.66	2.05
47	杭州福莱特塑料开发有限公司	南阳街道	109200	5697	2100	15129	34065	59.61	20.87	11.70
48	浙江永翔电缆集团有限公司	临浦镇	131615	5457	2490	17690	62549	4.41	27.76	1.81
49	杭申集团有限公司	红山农场	115857	1600	3780	10416	62835	7.51	−13.92	1.97
50	浙江宏发集团有限公司	靖江街道	120984	3243	2116	11384	57192	57.69	3.55	0
51	浙江建杰控股集团有限公司	党山镇	163067	5684	934	28212	40858	0	17.64	2.06
52	浙江庆丰纺织印染有限公司	萧山经济技术开发区	65695	1088	6814	17669	31776	0	3.43	0
53	科尔集团有限公司	新塘街道	85705	5960	2167	20221	58727	12.07	4.06	0
54	浙江振亚控股集团有限公司	党山镇	101565	7657	858	19219	42892	61.93	−10.41	1.47
55	浙江悍马实业集团有限公司	临浦镇	77014	7630	1175	25048	47310	19.03	13.50	2.03
56	杭州青云控股集团有限公司	衙前镇	116254	1051	1376	9488	55479	22.35	88.59	2.99
57	浙江汉欣家具工业有限公司	萧山经济技术开发区	53132	1168	7957	7626	21534	0	12.24	0
58	电联工程技术有限公司	萧山经济技术开发区	55427	8528	2470	12069	35444	44.97	−35.09	3.38
59	浙江中纺控股集团有限公司	南阳街道	43496	985	6646	11177	23503	0	14.71	2.16
60	浙江圣奥家具制造有限公司	萧山经济技术开发区	44394	2686	3478	10803	31571	48.73	21.81	1.32
61	浙江江南涤化有限公司	新街镇	182831	1602	1206	28151	37987	0	−3.02	0
62	潮峰钢构集团有限公司	萧山经济技术开发区	123780	1062	2709	32824	23577	0	39.73	0.05
63	浙江国泰密封材料股份有限公司	浦阳镇	54036	2754	1974	14498	31113	69.52	−0.47	5.00
64	浙江帝凯控股集团有限公司	河庄街道	79263	957	3652	19351	26515	100.00	−36.84	0
65	杭州之江有机硅化工有限公司	蜀山街道	41385	6080	2727	11113	14384	99.93	18.20	3.10
66	浙江万达集团公司	闻堰镇	63493	771	4969	10725	24158	7.42	29.58	0.41
67	浙江美邦实业集团有限公司	坎山镇	109309	3796	680	20160	37150	21.92	−9.44	1.49
68	杭州兴日钢板材有限公司	衙前镇	197433	5266	694	19019	23175	0	3.53	0
69	杭州永盛集团有限公司	靖江街道	123678	4817	1822	17079	32869	5.63	8.09	0.10
70	杰牌控股集团有限公司	靖江街道	34614	3727	2063	6178	26100	63.70	17.11	4.33
71	杭州中泰实业有限公司	义桥镇	36955	4301	2778	9597	13972	45.63	19.22	2.77
72	杭州顺发包装有限公司	萧山经济技术开发区	15520	9920	5050	13161	11918	0	13.84	0
73	浙江申新包装实业有限公司	新街镇	86070	7895	601	17356	41637	18.86	−17.33	0.15

续表

序号	企业名称	主管部门	营业收入	利润总额	企业入库税费	工业企业增加值	所有者权益	新产品产值率(%)	综合能耗降低率(%)	技术开发占销售收入比例(%)
74	杭州发达齿轮箱集团有限公司	临浦镇	41686	3028	1748	6885	24531	54.55	23.28	4.01
75	杭州力源发电设备有限公司	瓜沥镇	24699	3802	2972	7717	4900	100.00	80.10	3.21
76	杭州宏峰纺织集团有限公司	衙前镇	63229	1216	2239	19603	23305	40.96	2.81	1.11
77	杭州萧山华益塑料有限公司	所前镇	112588	3337	465	22312	22153	24.75	—1.48	1.49
78	浙江爱迪尔包装集团有限公司	党山镇	20435	2958	3074	10565	26000	42.85	—2.49	1.79
79	浙江兆丰机电股份有限公司	萧山经济技术开发区	25008	5704	1951	8366	11619	73.73	25.63	4.10
80	浙江佳力科技股份有限公司	瓜沥镇	33530	4782	817	9853	29092	92.04	9.82	4.71
81	浙江金鹭集团有限公司	北干街道	83756	9958	1090	2616	23213	15.22	23.46	2.06
82	浙江天翔控股集团有限公司	新塘街道	116307	3184	408	17862	22098	31.11	12.67	0
83	浙江鑫福控股集团有限公司	新塘街道	101074	8730	381	6214	29355	36.33	5.70	0
84	东南铝业(中国)有限公司	萧山经济技术开发区	97788	2760	500	27897	14228	12.68	13.00	3.20
85	杭州江宁丝绸制衣有限公司	宁围镇	43188	2120	860	11710	25446	61.00	1.76	5.39
86	杭州雅马哈乐器有限公司	瓜沥镇	48475	2741	3508	11772	41087	0	—52.81	0
87	浙江智兴集团有限公司	靖江街道	50129	4970	1307	9817	34432	9.52	19.30	2.02
88	杭州伟成印刷有限公司	萧山经济技术开发区	23597	5999	3330	8936	16992	0	15.42	2.24
89	杭州乐荣电线电器有限公司	萧山经济技术开发区	42259	323	3411	9052	26324	0	—36.60	5.79
90	浙江华浙控股集团有限公司	义桥镇	100687	7273	533	12351	52016	0	—150.12	0
91	杭州益邦氨纶有限公司	萧山经济技术开发区	50039	1658	2005	13714	56755	0	—154.60	0
92	浙江奕弘控股集团有限公司	河上镇	115952	4087	549	6701	20786	31.99	10.07	0
93	杭州和泰机电工业有限公司	宁围镇	21271	2730	2046	5091	6903	44.01	21.61	3.63
94	浙江最红控股集团有限公司	河上镇	92752	4639	656	13886	22848	15.41	8.75	0.96
95	杭州银河线缆有限公司	浦阳镇	24471	1229	558	8736	19032	96.75	40.80	4.13
96	浙江金迪控股集团有限公司	党山镇	22471	1228	1237	4961	13807	77.76	38.90	4.20
97	浙江远翅控股集团有限公司	新街镇	50299	3394	522	9572	17126	41.81	24.08	2.41
98	杭州恒远化纤有限公司	衙前镇	49493	3610	425	5826	23560	21.80	36.23	2.52
99	杭州飞祥电子线缆实业有限公司	浦阳镇	38101	2246	346	10788	15957	61.57	25.49	4.15
100	浙江益南化纤集团有限公司	衙前镇	78690	3993	1291	13239	30669	0	25.35	0

（汤金星）

重点企业和集团

万向集团公司

【概况】 2009年，万向集团从容应对金融危机，全年实现营业收入514.8亿元，实现利税57.27亿元，顺利完成1999年提出的“奋斗十年添个零”目标，即到2009年实现日创利1000万元，员工最高年收入1000万元。

【温家宝总理十六字提炼万向精神】 2009年3月9日，全国“两会”期间，温家宝总理参加浙江代表团讨论，听了鲁冠球代表的发言，深有感触地说，万向的成长主要表现出“艰苦创业、大胆创新、克难攻坚、勇往直前”的精神，有了这样的精神，你就能够克服当前金融危机带来的影响，继续把万向企业办好，这也叫万向精神。总理同时指出：“我以为这不仅是万向精神，恐怕也是浙江精神。”

【新能源建设获得新进展】 2009年3月23日，美国伊利诺伊州政府专门就万向在美国伊利诺伊州洛克福德市投资建设太阳能项目召开新闻发布会，宣布以免费土地、资助资金、补贴税收、政府采购产品等多项优惠政策，支持万向在当地发展新能源产业。9月4日，万向与新生代能源公司签署建设40兆瓦太阳能基地协议，建设美国中西部最大的太阳能基地，为伊利诺伊州减少石油和原子能源的使用作贡献。

【万向纯电动汽车·锂电池生产基地奠基】 2009年4月25日，万向纯电动汽车·锂电池生产基地在万向三号工业园奠基。11月15日，万向纯电动汽车·锂电池生产基地比计划提前1个月实现试生产。

2009年4月25日，万向纯电动汽车·锂电池生产基地奠基（万向集团提供）

【确立第五个“奋斗10年添个零”目标】 2009年7月8日，万向创立40周年庆祝会正式确立未来“将‘奋斗10年添个零’进行下去”的目标，即到2019年实现企业日创利润、员工最高年收入双双达到1亿元。此前，万向已完成4个“奋斗十年添个零”任务。

【“顺发恒业”和“琥珀能源”分别在深圳、香港上市】 2009年6月5日，“顺发恒业”(000631)正式在深圳证券交易所上市交易，首日涨12.55倍。7月10日，“琥珀能源”(00090)在香港联合交易所主板挂牌上市，首日涨63%，成为2009年超额认购最劲、首日升幅最大，以及每手赚钱最多的新股。

【万向技术连续10年评价列全国十强】 2009年10月16日，科技部、国资委、中华全国总工会命名万向集团等企业为国家创新型企业；集团技术中心连续10年列国家认定企业技术中心综合评价前十位（全国仅万向和海尔2家10年连续前10位），被国家发改委、科技部、财政部、海关总署和国家税务总局五部委联合授予“国家认定企业技术中心成就奖”，列全国第六位。

【成功收购美国Vista－Pro公司】 2009年10月18日，万向收购美国Vista－Pro公司。Vista－Pro在美国有1个工厂、22个分销中心，在墨西哥有3个工厂、5个分销中心，主要产品为汽车加热器和汽车水箱，分别占全美维修市场的60%和40%，均为全美第一大供应商。

【万向大陈岛风力发电项目并网发电成功】 2009年11月27日，万向大陈岛风力发电项目第一台风机成功并网发电，随后，该项目的一期工程34台风机也陆续并网发电。大陈岛作为全国海岛新能源开发示范岛，自此结束了54年的柴油发电历史，并不断地将可再生的清洁能源输往岛外。

【万向120万吨硝酸钾(钠)首期30万吨项目奠基】 2009年12月2日，万向投资建设的120万吨硝酸钾(钠)首期30万吨项目奠基暨5万吨工业试验项目投产仪式，在新疆鄯善县举行。该项目建成投产后将成为世界最大规模的钠硝石生产基地，并按循环经济的思路，利用生产硝酸钾、硝酸钠，开发氮、磷、钾为主元素的专业肥、复合肥、复混肥等。

浙江恒逸集团有限公司

【概况】 2009年,恒逸集团面对全球金融危机对实体经济影响的进一步扩大,紧紧围绕"降成本、提管理、强队伍、重文化"十二字方针,切实强化以预算管理为主线的各项内部管理工作,企业呈现逆势而上的良好发展势头,经营业绩创历史新高。是年,恒逸集团实现工业销售收入260.74亿元、利润12.46亿元。

【稳步实施组织变革】 2009年2月3日,恒逸集团召开总经理办公扩大会议,为深入推进执行力提升工程、更好地适应发展战略方向和应对市场竞争,决定在借鉴2008年度成功整合营销采购中心的基础上稳步实施组织变革,先后于3月上旬和6月下旬完成科技系统和综合管理系统组织变革工作,并对财务系统和人力资源系统作了相应的变革。

【全力推进融资战略】 2009年,根据资本市场现状和企业实际发展要求,恒逸集团全力推进融资战略,加快发债、引资和上市"三步走"进程,于3月26日成功首发5亿元信托融资债券,7月上旬开始启动借壳上市工作,12月24日与鼎辉投资成功签约,完成战略投资合作伙伴引进工作,进一步完善治理结构,增强企业信誉和品牌,为进入资本市场铺平道路。

【科学执行投资决策】 2009年,鉴于外部宏观环境进一步改善,恒逸集团努力把握发展机遇,科学执行投资决策,持续改进项目计划,在大连投资的PTA项目全面投产,上海恒逸聚酯纤维公司短纤生产线顺利开车,位于临江工业园区的恒逸高新材料项目实现当年建设当年投产,为进一步巩固与提升公司主业在同行中的竞争地位提供了强有力的支撑。

【健全完善内部管理】 2009年,恒逸集团以资本支出和库存指标控制为重点,通过制度与流程的双重约束,进一步优化、固化流程,细化基于目标管理的绩效考核体系,在持续优化ERP系统配置方案、提高成本数据准确性的同时,实现高新材料项目自主上线,成功地推行了合同及资金OA电子审批制度,逐步建立了一套健全、合理、有效的内部控制体系。

【持续提升品牌文化】 2009年,恒逸集团以总部大楼搬迁和建企35周年为契机,加大企业形象推广力度,启动企业文化系统整合项目,持续提升企业品牌,丰富文化内涵。成功举办"祝福恒逸·共享未来"晚会和"感恩恒逸"——首批忠诚员工北京大连旅游休养等系列活动,在公司内外产生了强烈反响。

【切实履行社会责任】 2009年,恒逸集团积极参与奖学助学、春风行动和无偿献血等社会公益活动,并持续运作浙江大学恒逸基金、东华大学恒逸奖助学金和萧山恒逸"爱心工程"三大千万元奖学助学平台,进一步提升社会公众形象。

浙江荣盛控股集团有限公司

【概况】 2009年,荣盛集团实现销售收入192.8亿元,比上年增长13%;实现利润12.93亿元。企业规模在全国500强企业中排名第320位,在全国民营企业中排名第42位,在浙江省百强企业中排名第21位,在杭州市和萧山区的百强企业中分别排第6位和第3位,同时继续位居全国化纤行业竞争力前10位。

【推进企业技术创新】 2009年,荣盛集团围绕"节能、提速、缩编"目标,广泛开展技术创新活动。一是从天津工业大学招收了两名博士后,确定两项科研课题;二是各部门员工纷纷开展岗位创新活动,踊跃参与集团科协举办的科技创新论文和外部单位组织的科技创新评比活动。是年,集团本部完成各类技改项目48项,完成省科技厅重大项目——"荣翔聚酯节能及水循环项目"等多项创新项目的申报,省重大项目——"荣盛聚酯节能增效项目"等通过有关方面的验收。

【优化企业内部管理】 2009年,荣盛集团着力优化企业内部管理。一是在充分调研的基础上制定10项新制度,修订7项制度,集团有关工作流程得到进一步的理顺和优化;二是根据实际情况分别对绩效考核细则和岗位考核细则进行修订,形成32个新版考核细则,集团考核细则的可操作性更强;三是对OA系统进行升级,启动无纸化传真系统,并在充分的交流沟通中不断完善相应模块,集团的ERP系统在优化流程过程中的作用更加明显;四是继续发挥集团党委、团委、工会、妇联、人武、科协等组织在管理中的优势,通过各项活动的开展,在丰富员工业余生活的同时,加强企业凝聚力,提高广大员工思想素质和业务能力。

【加强员工关注度】 2009年,荣盛集团积极贯彻落实"员工是企业的最大财富"这一理念,从工作、生活等各方面加强对员工的关注度。4月,出台《师徒结对管理实施细则》,促成791对师徒结对;8月,在集团成立20周年庆典晚会上,为当选的"十佳员工"、"金牌员工"和"银牌员工"授奖;9月,出台《员工技术等级评定实施方案》,为本部67%的员工评定了技术等级。同时,荣盛集团为123户远路员工解决了住宿问题,为91位困难员工提供了困难补助,并进一步完善了《员工特殊福利实施细则》和员工工伤赔付流程。

【强化企业品牌形象】 2009年,荣盛集团将企业文化与企业品牌有机融合,进一步加强品牌形象的打造。3月,集团被认定为"省级文明单位";5月,被萧山区委外宣办确立为"对外形象基地";10月,集团被授予"2009中国纺织十大品牌文化"称号。

传化集团有限公司

【概况】 2009年,传化集团实现工业与服务业总收入114.9亿元、利润7.7亿元,上缴税金5.68亿元,初步形成了化工、物流、农业、科技城、投资五大事业平台,进一步奠定了传化集团新20年发展的重要基础。集团在中国企业500强排序中位列第379位,在中国民营企业500强排序中位列第64位,在中国品牌500强排序中位列第93位,在中国大企业集团竞争力500强排序中上升至第10位。

【不减员 不减薪】 2009年3月18日,传化集团与浙江其他118家企业一起,在省总工会联合省劳动和社会保障厅等7家单位发起的"共同约定行动"活动上签约,承诺在经济危机中不减员，不减薪，与广大职工同舟共济，共克时艰。同时，集团在原有的任职资格管理平台的基础上，继续深化任职资格体系建设，正式启动员工职业发展“双通道”，并强化相应的分配保障，实现了员工与企业共同发展。

【成都传化物流基地开业】 2009年5月20日，“传化公路港物流”西部连锁复制的首个战略性项目——成都传化物流基地正式开业，标志着“传化公路港物流”模式在东部浙江成功运营之后在西部正式落地开花，并实现了“从诞生到升级”的里程碑式跨越，也标志着中国西部现代物流枢纽运营的全面启动。

【公益事业】 2009年8月，一场罕见的水灾肆虐台湾，传化集团获悉省慈善总会组织向台湾同胞捐赠的消息后，第一时间捐赠了100万元。此外，为了回馈传化物流萧山基地所在的宁围镇二桥村，传化物流向二桥村捐赠100万元用于公共基础设施和公共服务建设。

【纪念胡锦涛传化党建批示十周年座谈会召开】 2009年9月23日，杭州市委组织部专门召开了“纪念胡锦涛同志传化党建批示十周年暨非公有制企业党建工作座谈会”。会议由市委副书记王金财主持，省委常委、市委书记、市人大常委会主任王国平到会并讲话。杭州市各区、县（市）委组织部部长、非公有制企业代表，萧山区各镇街党（工）委书记、党委建制非公企业党组织负责人参加会议，传化集团党委、祐康集团党委、富春江通信集团党委负责人分别作交流发言。1999年8月28日，胡锦涛同志就传化党建工作作出重要批示：“要注意总结此类经验，研究共性问题，这不仅对浙江有现实意义，对全国也有积极作用。”胡锦涛同志的重要批示掀起了浙江乃至全国民营企业的党建高潮。

【传化股份检测中心获得CNAS认可资质】 2009年11月11日，中国合格评定国家认可委员会（CNAS）正式向传化股份检测中心下发认可资质证书，自此，传化股份检测中心具备了向纺织印染企业等客户提供具有CNAS标识的检测报告的资质。CNAS评审认证机构是中国唯一的也是最权威的实验室评审认证机构，是国际实验室认可合作组织和亚太实验室认可组织正式成员，获得CNAS认证的企业实验室，将享有国际互认的权利。

【创新活动全面开展】 2009年，传化集团围绕机制创新、技术创新、降本增效等领域全方位开展创新活动。一是通过营销机制的创新，激发销售队伍的热情，保障了企业在严峻的行业形势下依然顺利完成全年目标；二是通过技术创新有效推动了新产品研发和企业节能降耗；三是通过以“小核算体系建设”为抓手的降本增效活动，使核算本身得到更加精细化的管理，增强了每个员工、每个岗位、每个部门的绩效意识。

【组织队伍建设和企业文化建设】 2009年，传化集团创新性地开展为期近3个月的“打造优秀的管理者和优秀的管理团队”活动，通过上司、同事、下属之间的坦诚交流，广泛听取意见，深入剖析自我，找出自己的优势与不足，促进自我的提升，并以此为基础促进工作的完善和团队能力的提升。

富丽达集团控股有限公司

【概况】 2009年，富丽达集团实现利润6.06亿元，上缴国家税金1.97亿元。入围2009年度中国大企业集团竞争力500强，中国最大1000强大企业集团和2008年度全国民营企业500强企业。集团位列萧山区百强企业第5位。

【“达丰牛仔”面料抢滩国内市场】 2003年富丽达集团与香港（大丰集团）狮丰纺织有限公司共同创办了浙江达丰纺织有限公司，主要生产牛仔面料，营销区域一直以欧美市场为主。2009年，公司在营销策略上一反常规模式，从独销欧美市场变为兼顾中国市场，生产的达丰牛仔面料，凭借设备、管理、开发、营销优势，稳稳占据了国内外市场；在产品研发上，抓住牛仔面料多元化发展的趋势，把绿色环保面料作为开发重点，提高了达丰牛仔面料的综合竞争力。是年，公司全年加工及生产牛仔布面料1085万米，销售1058万米，完成工业总产值1.57亿元，销售产值1.55亿元。

传化股份检测中心获得CNAS认可资质，图为工程师正在对产品进行Pt－Co色度分析（传化集团提供）

【热心公益事业】 2009年，富丽达集团响应号召，动员全体员工参加无偿献血活动，230多人加入自愿者行列，179人参与无偿献血，献血总量49900毫升；向第九次“春风行动”一次性捐助20万元；同时做好一年一度结对扶贫特困优秀大学生的助学金发放工作，使31名寒门学子继续得到爱心资助。

【开展文体活动】 2009年，富丽达集团开展了庆“五一”、“五四”系列活动，内容涉及拔河、跳绳、飞镖、乒乓球等10个比赛项目，参加人数500多人；组织员工参加区第三届民企运动会，获得团体总分第一名；举办第八届员工操作技能比赛，参赛人数

1562人，涵盖63个参赛工种、97个比赛单元，该届操作比赛活动被区科普工作领导小组评为科普优秀活动项目二等奖。

浙江航民实业集团

【概述】 2009年，航民集团按照“调结构、促升级、控风险、稳经营、求发展”的总体工作要求，积极应对严峻形势挑战，经济总量稳定增长，赢利能力大幅提升。集团全年完成工业总产值51.04亿元，比上年增长1.1%；销售收入48.79亿元，增长6.3%；实现利润3.24亿元，增长43.6%；净上缴国家税收2.16亿元，增长15.7%。

【转型升级取得新成效】 2009年，围绕传统产业改造提升、新兴产业做优做强的目标，航民集团加快结构调整，推进产业转型升级。一是传统产业通过技术改造、节能减排和产品结构优化，进一步做优做强，取得良好的经济效益和社会效益；二是新兴产业的产值和利润贡献度逐步提升，航民百泰首饰的产值已经超过集团产值的1/3，第三产业实现利润占集团利润10%以上。

【热电企业利用印染废水进行锅炉烟气脱硫】 2009年，航民集团下属三家热电厂投资6000多万元，全面实施燃煤锅炉烟气脱硫工程。通过创造性地采用印染碱性废水脱硫工艺，节省了脱硫剂和水电能耗，降低了污水处理成本，达到“以废治废，变废为宝”的目的，且运行费用比其他热电企业脱硫工艺大大降低。该项目得到环保部有关专家的高度赞许。

【航民海运公司正式开业运营】 2009年9月23日，航民集团总部举行了浙江航民海运有限公司开业典礼暨航民富春号轮船启航仪式，这是航民集团转型升级，实施印染、热电、煤炭、海运一体化战略的重要环节。“富春轮”是杭州航区最大的海轮。在“富春轮”起航后，航民“富华轮”也在国庆前起航。航民海运的运力规模为载重量4万吨。

【参加第四届中日节能环保综合论坛】 2009年11月8日，航民股份作为中国纺织工业协会的唯一企业代表，参加由国家发改委、商务部和日本经济产业省、日中经济协会共同主办的第四届中日节能环保综合论坛，并与纺织工业协会、九州电力株式会社、绿章(北京)新能源技术有限公司签订中国纺织行业印染工厂节能改造模式合作协议。

【举办集团创业30周年庆祝活动】 2009年，航民集团以庆祝大会、答谢酒会、燃放焰火、文艺晚会等形式举办了创业30周年庆祝活动。中国扶贫基金会会长段应碧、中央政策研究室原副主任肖万钧和省市区有关领导出席庆祝大会，并高度评价了航民30年的发展历程和发展模式。

浙江东南网架集团有限公司

【概况】 2009年，东南网架集团拥有员工5000余人，主业已形成钢结构网架产品46万吨的年生产规模，实现销售收入约69亿元，比2008年增长17%。集团连续四次入围中国民营企业500强，首次入围中国制造企业500强，被浙江省人民政府认定为浙江省146家工业行业龙头骨干企业之一。

【市场开拓取得新突破】 2009年，东南网架集团准确判断国际金融危机对钢结构行业的深度影响，紧紧抓住国家投资4万亿元拉动内需的巨大商机，抢占金融危机下的钢结构市场“制高点”，承接了上海虹桥交通枢纽中心、厦门西站、大连国际会议中心等国家、省、市重点工程。承揽的工程体现了三大特点：一是高铁份额大，铁路项目的订单占承揽订单总额的22%；二是大型高端项目多；三是工程大多时间紧，难度大，要求高。

【产能进一步提高】 2009年，东南网架集团积极改革生产发展方式，把重点由依靠增加硬件投入转变为以优化资源配置、提高生产效率为主，充分挖掘现有车间、场地和设备潜力，不断完善各厂区的产品加工定位和工艺布局，全面调整生产班制，实行三班或多班作业，做到“时间、劳力、设备”三用足，使产能得到极大提高。

载货量2.2万吨的航民“富春轮” （航民集团提供）

【承建的多项工程竣工】 2009年，由东南网架集团承建的世界最高佛塔——高148米的陕西法门寺合十舍利塔落成；面积10000平方米、重量超过1000吨的海峡国际会展中心屋面钢结构整体提升一次到位；在上海虹桥交通枢纽中心的三大项目即地铁西站、磁悬浮虹桥站、京沪高铁虹桥站累计近6万吨钢结构全部顺利完工。

【大口径直缝焊管生产线投产】 2009年，东南网架集团投资近亿元的大口径直缝焊管生产线投入生产。该项目是公司“十一五”重点建设项目，产品大口径直缝焊管不仅拥有优良的受力性能，而且还具有较好的经济性，与高层、超高层及其他重型钢结构配套，既可以做钢柱，也可以做水平受力构件，还可应用于输油管道等，市场前景广阔。

东南网架集团承建的世界最高佛塔——陕西法门寺合十舍利塔

（东南网架集团提供）

【产学研合作取得新进展】 2009年，东南网架集团成功协办在山东泰安召开的浙江大学《空间结构》杂志创办15周年大型学术研讨会。会议有效提升了集团在全国空间结构学术界的地位，进一步密切了与浙江大学的产学研合作关系。是年，集团分别与浙江工业大学、浙江树人大学达成战略合作协议，技术后盾得到了进一步增强。

【东南网架获多个奖项】 2009年，东南网架承建的国家游泳中心"水立方"获詹天佑大奖；研发的《多面体空间钢架结构制作关键技术》获浙江省科技进步二等奖、杭州市科技进步一等奖。东南网架共获得2008年度中国建筑钢结构优质工程"钢结构金奖"6项、"浙江省建筑钢结构金刚奖"3项。

【开发的3项工法成为省级工法】 2009年，浙江东南网架股份有限公司编制申报的《大直径厚壁焊接钢管制作工法》、《复杂日字型、目字型构件制造工法》、《大跨度大面积空间网格结构整体提升工法》3项工法通过专家评审，成为浙江省省级工法。

【文化建设取得新突破】 2009年，东南网架集团围绕"创新、务实、拼搏、发展"的企业精神，开展了"四个建设"：一是"和谐型企业"建设，通过组织党团员和技术骨干到无锡、诸暨等地旅游以及组织员工参加区、镇运动会、歌唱比赛等活动，进一步丰富员工的业余生活；二是"廉洁型企业"建设，通过制定实施廉洁自律制度和修正完善科室、车间的岗位考核办法，明确各部门职责，改善工作作风，提高工作效率；三是"节约型企业"建设，通过《东南网架报》、《东南网架》杂志、企业宣传栏等宣传载体，弘扬勤俭节约的传统美德，实施了一系列措施节约各项费用，控制成本，培养员工节约意识；四是"学习型企业"建设，提高员工素质。

杭州前进齿轮箱集团股份有限公司

【概况】 2009年，杭齿集团实现销售收入21.58亿元、利润1.25亿元、出口创汇2749万美元；实缴税费超1.5亿元，位列萧山区纳税第四位，获"2009年度萧山区突出贡献奖"。连续三年入围中国机械工业100强企业和中国大企业集团竞争力500强。

【研制成功具有世界先进水平的新型船用齿轮箱】 2009年10月，杭齿技术人员根据国外客户订货要求，成功研制了一种专配可调螺旋桨、具有世界先进水平的大型船用齿轮箱。这种产品属船舶动力推进系统的传动装置，可广泛应用于交通运输、远洋捕捞等船舶，不仅具备减速、离合、承受螺旋桨推力的功能，而且具备辅助功率输出和辅助功率输入的功能，能够满足法国BV船级社对船舶"无人机舱"的要求。该产品首次在齿轮箱上同时实现PTO/PTI的功能，可使螺旋桨获得最佳推进效率，实现船舶前进与后退的自动化控制。同时，该产品填补了国内空白，杭齿集团已向国家知识产权总局申请发明专利。

【获"齿轮行业技术创新进步奖"】 11月23—25日，2009年度中国齿轮专业协会年会暨第五届会员大会在江苏苏州召开，杭州前进齿轮箱集团股份有限公司作为副会长单位应邀参加。会上，公司被中国齿轮专业协会授予"齿轮行业技术创新进步奖"。

【"浙江省纸基摩擦材料中间试验基地"更名】 9月初，浙江省科学技术厅下发浙科发〔2009〕182号文件，同意"浙江省纸基摩擦材料中间试验基地"更名为"浙江省齿轮传动与摩擦材料研究重点实验室"，依托单位为杭州前进齿轮箱集团股份有限公司。浙江省纸基摩擦材料中间试验基地始建于1996年10月，1998年10月通过浙江省科学技术委员会验收，自创建以来，已取得多项科研成果和发明专利，开发的高附加值产品广泛应用于汽车变速器、工程机械变速箱、农业机械变速箱、船艇齿轮箱等领域。杭齿集团为了进一步发挥其在国内齿轮传动技术和摩擦材料领域的领先优势，在省中试基地的基础上，组建"浙江省齿轮传动与摩擦材料研究重点实验室"，通过重点实验室的建设，加大对科研和设备的投入，开展齿轮传动装置和摩擦材料前沿技术研究、关键性技术研究，促进基础研究成果的转化和科研成果的产业化，参与国家和行业技术标准的研究制定，以期在材料科学和齿轮传动技术方面获得更大的科研成果。

华润雪花啤酒（浙江）股份有限公司

【概况】 2009年，华润雪花啤酒（浙江）股份有限公司生产啤酒53.46万千升，比上年增长6.05%，再次实现历史性突破。

【根据市场对产品进行整合包装】 2009年5月，金标纯生瓶型更换为CRB统一瓶型，拉开了中高档产品瓶型全面整合的序幕;9月,雪花晶尊纯生在全省上市,该产品借助包装差异化,定位高端人群,标志着雪花向超高档细分拓展。11月,公司对夜场产品全面按全国统一推广产品进行整合,雪花清爽小瓶(330mL×20)新品上市。

【通过测量管理体系AA级认证】 2009年,华润雪花(浙江)公司通过中启计量体系认证中心有关专家组的审核,获得中启计量体系认证中心"测量管理体系AA级认证证书"。该认证的通过,将对企业加强质量管理、降低消耗、提高社会经济效益起到重要作用。

【实现用热并网】 2009年,华润雪花(浙江)公司接入杭州萧山经济技术开发区热电有限公司蒸汽管道,接受集中供热。原拥有规模为6000千瓦(2台750千瓦背压机组和1台1500千瓦、1台3000千瓦抽凝机组)的自备余热电厂已经关停。

【开展中华人民共和国成立60周年暨建厂30周年系列庆祝活动】 2009年,华润雪花(浙江)公司庆祝活动以"歌唱祖国 倾情雪花"为主题,组织了"我与祖国的故事"征文比赛、卡拉OK选拔赛、书法、摄影及专题图片展、乒乓球赛、羽毛球赛、篮球赛、大型联欢会等。

浙江翔盛集团有限公司

【概况】 2009年,翔盛集团公司完成工业产值53.8亿元,实现销售收入60.74亿元、利润12260万元。分别被授予省、市、区百强企业,全国制造业企业500强,全国民营企业500强。

【面对危机积极调整产业结构】 受全球金融危机影响,翔盛集团公司积极调整产业结构,加快转型升级。在2008年淘汰织机的基础上,2009年继续淘汰落后的切片纺、色母料生产线,稳保36万吨聚酯生产线,并对其中的18万吨进行技术改造,改变了传统生产长丝的低附加值局面,形成了差别化全消光生产能力,提升了产品档次和产品的附加值;同时重点扶持聚乙烯纤维生产线,积极发展粘胶短纤维。

【注重内部管理】 2009年,翔盛集团公司狠抓内部管理,认真做好产品质量、环境保护和安全生产等管理工作,顺利通过ISO9001:2008质量管理体系、ISO14000:2004环境质量管理体系和28001—2001职工安全健康管理体系的认证。

【技术创新取得新成绩】 2009年,翔盛集团公司大力开展科技创新活动,进一步加大自主开发和自主创新力度。全年完成新产品开发项目6个,其中"防切割包覆纱"、"用于口腔护理的牙线"2个新产品通过省级新产品专家论证。下属企业杭州翔盛高强纤维材料股份有限公司通过"高新技术企业"的认定,"超高分子量聚乙烯纤维的研发及产业化"项目被列为萧山区科研重点项目。公司拥有核心知识产权21项,设有市级技术中心。

【加快基地拓展】 2009年,翔盛集团公司位于江苏省宿迁地区的第四个生产基地——江苏翔盛粘胶纤维股份有限公司,一期年产7万吨粘胶短纤维项目于9月底投产。

中国重汽集团杭州发动机有限公司

【概况】 2009年,中国重汽集团杭州发动机有限公司实现产销发动机67800多台,比上年增长11%以上;实现销售收入29.74亿元,增长24.06%;实现利润1.45亿元,增长477.29%。

【吴邦国委员长到公司调研】 2009年2月8日,中共中央政治局常委、全国人大常委会委员长吴邦国到中国重汽集团杭州发动机有限公司实地考察,就金融危机影响下企业发展情况进行调研,并向广大干部职工致以新春祝福,勉励企业坚定信心、做好工作。

【实现"月产过万台"梦想】 2009年3月31日24时,中国重汽集团杭州发动机有限公司顺利实现3月份计划生产10000台目标,实际完成10857台。几代杭发人的"月产过万台"梦想终于成为事实,树立了企业发展史上又一个新的里程碑。

【两项作业技术分获"先进操作法"】 2009年,在杭州市职工庆"五一"暨"双十双百"颁奖晚会上,中国重汽集团杭州发动机有限公司铸造厂谢德荣的"变频无芯感应电炉炉衬捣筑方法"、王帅诗的"斯太尔缸体水套芯冷芯盒制芯法"2项作业技术分别被杭州市总工会、杭州市科技局、杭州市劳动和社会保障局授予以职工名字命名的杭州市"先进操作法"。

【设立全员自主改善年度奖励基金】 2009年,为大力营造全员自主改善氛围,遵循"凡是为企业建言献策的,就应该表

2009年2月8日,全国人大常委会委员长吴邦国(前排左二)参观中国重汽集团杭发公司车间 (杭发公司提供)

扬；凡是在工作中取得成效的，就应该奖励”的激励原则，中国重汽集团杭州发动机有限公司从8月1日起设立首期30万元全员自主改善年度奖励基金，对各部门以及广大员工在自主改善工作中取得的成绩进行奖励。

杭州钱江电气集团股份有限公司

【概况】 2009年，杭州钱江电气集团完成变压器产量1193.9357万kVA，产值145711万元，销售收入168489万元。继2004年首次进入行业十强后，连续五年位列全国变压器行业十强企业排行榜；连续四届入围全国大企业集团竞争力500强；入围2009年杭州市百强企业；集团四家子公司成为萧山区2009年度纳税大户。

【研发新产品提升竞争力】 2009年，钱江电气自主研发的SZ11－20000/35电力变压器等6个系列的新产品，分别通过省级新产品鉴定，其中DH15－M－5～160/10系列非晶合金单相电力变压器、SC10－20000/35干式电力变压器两个新产品，性能达到国内同类产品领先水平。公司申报的SFZ－125MVA/330kV超高压节能电力变压器开发项目，经省经贸委备案确认为省级新产品开发项目。

【优化产品设计实现节材降本】 2009年，钱江电气技术研发中心下属四个设计室根据原材料成本的变化，利用电磁优化软件，不断优化产品设计方案，节材降本效果显著。如经过优化设计的SSZ11－50000/110产品，与2007年相比，单台节约成本近6万元；钱江电气特种变压器设计室重点开发的低压铝箔、高压铜线系列的干式变压器，已完成800－1250kVA四个规格图纸，成本可下降8%左右，已投入批量生产。

【开拓国际市场】 2009年，钱江电气通过荷兰壳牌(Shell)35kV及以下等级配变资质审核，首次拿到420kV电力变压器订单(2010年3—4月交付)，首次拿到印度尼西亚、秘鲁市场订单，干式变压器首次进入坦桑尼亚电力公司，首次出口塞内加尔，欧式箱式变压器首次出口越南。箱式变压器、非晶合金等产品在国内多省中标。截至2009年12月20日，钱江电气变压器产品在印尼等国家和地区共获得销售订单金额折合人民币14143万元。

【日立钱电(杭州)变压器有限公司成立】 2009年10月8日，钱江电气与日本日立制作所日立产机公司共同投资组建的日立钱电(杭州)变压器有限公司成立。新公司将凭借日立产机先进的非晶合金变压器制造技术、先进的生产管理经验以及钱江电气已有的营销网络、营销管理经验、地处长三角的区域优势，为国家智能电网、节能电网作出新的贡献。

【北京潞电钱江变压器有限公司投产】 2009年10月22日，北京潞电钱江变压器有限公司投产仪式在北京通州潞电钱江厂区举行，厂房建筑面积7000平方米，投产后将形成变压器年产量150万kVA生产能力，产品定位是生产新型节能、环保的非晶合金高端产品，它的投产将更好地服务于北京及华北、东北地区的电力用户。

【出台创新成果奖励制度】 2009年7月，钱江电气出台一项面向全体员工的创新成果奖励制度，涉及设计、工艺、质检及生产一线员工的产品设计创新、工艺改进、各类专利及其他类别。可计算经济效益的项目，根据年节约或创值净利润分五个等级奖励，奖励额为该净利润的6%—20%不等；难以计算经济效益的项目，根据其解决问题的重要性、应用范围、进步水平，用评分方法决定奖励等级。

【加强员工队伍建设】 2009年1月，钱江电气与上海GFT咨询公司达成咨询协议，对各分(子)公司54名管理人员进行每月一次的培训；3月，与沈阳变压器研究所变压器技术培训学校合作，对绝缘、绕线、铁心、器身、总装、试验、油箱加工等工种共430余人进行为时两个月的系统培训和考核，统一操作标准、操作方法、评价手段；5月，邀请浙江公信认证公司专家对公司50余名内审员进行质量管理体系ISO9001:2008转版培训，提高企业的质量管理水平；6月，邀请杭州理得企业管理咨询公司专家进行6S现场管理推进实务讲座，旨在优化人文环境，消除浪费，实现企业利润最大化。

亚太机电集团有限公司

【概况】 2009年，亚太集团完成产值16.2亿元，比上年增长37.6%；实现销售收入15.6亿元，增长36.5%。

【亚太股份在深交所上市】 2009年8月28日，亚太集团核心控股企业亚太股份在深圳证券交易所上市，发行A股2400万股，证券简称“亚太股份”，证券代码为“002284”。公司募集的4.5亿元资金，用于年产260万套汽车盘式制动器项目，年产10万套汽车前后模块项目，年产120万套汽车鼓

2009年8月28日，亚太股份在深交所上市 (亚太集团提供)

式制动器项目，年产30万台汽车制动主缸、轮缸和离合器主缸、工作缸项目以及真空助力器项目。上市首日，亚太股份开盘报25.63元，收盘25.90元。

【申报汽车电子驻车制动器系统(EPB)项目】 2009年2月，浙江亚太机电股份有限公司博士后科研工作站向国家发改委申报了汽车电子驻车制动器系统(EPB)项目。该项目若通过，标志着亚太集团将填补国内汽车电子驻车制动器产业化的空白。

【汽车液压防抱死制动系统项目获科技进步一等奖】 2009年6月，全国工商联科技进步奖揭晓，浙江亚太机电股份有限公司作为杭州市唯一一家入围企业，其参评的汽车液压防抱死制动系统项目获科技进步一等奖。

【亚太集团列入工业行业龙头骨干企业】 2009年7月，浙江省人民政府办公厅公布一批浙江省工业行业龙头骨干企业名单，涉及汽车行业12家企业，亚太集团名列其中。

【开展"产品质量年"主题活动】 2009年10月21日，亚太集团要求各部室、全体员工共同开展主题为"夯实基础、苦练内功、提升品质、拓展市场"的产品质量年活动，旨在强化劳动纪律、现场5S管理、工艺纪律管理等基础工作，增强公司为中高档轿车稳定配套的能力。

【产品检测中心通过国家级实验室验收】 2009年12月，亚太集团的产品检测中心成功通过国家级实验室CNAS(中国合格评定国家认可委员会)的验收。

浙江红剑集团有限公司

【概况】 2009年，红剑集团完成工业销售产值38.24亿元，上缴国家税费5912万元，创利润3423万元。

【"红化"牌商标被认定为"中国驰名商标"】 2009年，红剑集团的"红化"牌商标被认定为"中国驰名商标"。

【红剑立明再亮萧山】 2009年，萧山市政园林管理处经过长时间的考察研究和招标测试，最后选中红剑集团下属的红剑立明科技有限公司的LED隧道照明灯。更换的新灯统一采用80瓦LED光源，总功率为3680瓦。换上LED灯后，能耗不到原来的1/3，节能效果显著，照明效果却更好，80瓦LED节能灯的亮度相当于400瓦的传统照明。这是公司LED节能灯在萧山继红山大道照明工程后又一成功推广。

【湖州红剑实现真正运营】 湖州红剑聚合物有限公司的"不饱和聚酯树脂"项目是红剑集团实施"走出去，探转型"战略的一项重大举措。该项目于2008年在湖州安吉投资兴建，经过一年半筹建，2009年实现真正运营。

【调整管理结构】 2009年，红剑集团在遵循"系统管理、专业管理、有效管理"的原则下，抓紧组织结构的调整步伐，一是打破生产管理中的常规，把原杭州红山化纤有限公司的纺丝车间纳入杭州红剑聚酯纤维有限公司统一管理，基本解决了聚酯、化纤生产不稳定中的工作责任不清、管理不明的现象；二是将长期由行政划分负责的集团资产保险纳入子公司财务主管，财务中心监管，在理顺管理关系的同时，提高了资产的理赔速度和理赔质量。

【进一步提高管理制度执行力】 2009年，红剑集团修订、完善了《采购管理制度》、《薪酬福利管理制度》、《出差及费用报销管理制度》和《办公系统行文要求》等制度，对集团各级人员开展为期4个月的宣传贯彻与培训，提高了全体员工对集团的制度、流程、职能分配、组织机构的认识，使制度的执行效率与实施的质量得到明显改观。

达利(中国)有限公司

【概述】 2009年，受全球金融危机影响，达利(中国)全年销售收入83390万元，比上年下降9.57%；销售产值8.58亿元，下降3.36%；由于达利(中国)应对危机措施得当，实现利润5050万元，增长26.2%。

【达利女装学院成立】 2009年1月14日，达利(中国)与杭州职业技术学院合作成立达利女装学院。达利(中国)将根据达利文化和发展的需求为该院学生设计课程、安排老师，通过定向培养方式，择优录取学生进入公司工作。作为达利(中国)优秀基层员工技能培训的教育基地，该院将成为为达利(中国)输送基层技术及管理人员的重要渠道。

【吴邦国委员长视察达利(中国)】 2009年2月8日，中共中央政治局常委、全国人大常委会委员长吴邦国到达利(中国)视察调研。吴邦国对达利(中国)的发展给予充分肯定，并鼓励达利(中国)在金融危机的背景下，积极开拓市场、降低成本、提升管理、渡过难关。

【达利集团31周年庆首次在内地举行】 2009年5月31日，达利集团31周年庆在萧山举行，这是集团首次在内地举办周年庆活动，市、区有关领导表示祝贺。

【费建明当选"2009中国经济产业振兴年度人物"】 2009年12月6日，由新华社《经济参考报》和商务部中国国际经济技术交流中心联合主办的"2009中国经济发展论坛暨经济人物系列推选活动"在北京人民大会堂召开。达利(中国)董事长、总裁费建明获"2009中国经济产业振兴年度人物"称号。

【达利(中国)获评"全国纺织行业实施卓越绩效模式先进企业"】 2009年12月22日，达利(中国)被中国纺织工业协会评为"全国纺织行业实施卓越绩效模式先进企业"，这是纺织行业首次开展此类评选活动，达利(中国)和同属达利集团的达利丝绸(浙江)成为丝绸行业中仅有的2家获此荣誉的企业。

【积极向国内市场转型】 2009年12月26日，达利(中国)首届四次职工代表大会召开。会上，总裁费建明宣读了《达利(中国)2010—2012年三年发展规划》，确定了"强科技 创品牌 聚人才 绩效翻番 成果共享"的17字策略，预计到2012年，企业内外销将各占半壁江山。这个以外贸为主的老牌企业正式迈出向国内市场转型的步伐。

(王云平)

农　　业

综述

2009年，全区实现农业总产值69.06亿元，比上年增长8.1%，其中蔬菜、花卉苗木、水产、畜牧、茶果等特色产业实现产值59.23亿元，占农业总产值的85.8%。实现农产品加工销售产值220亿元，增长12%；出口交货值67.1亿元。粮食生产保持稳定，复种面积50071公顷，总产265544吨。

新农村建设有力推进。城乡一体化步伐加快，全区新增各类农村整治村50个、农村示范村9个，5个镇街实现村庄整治全覆盖。新农村建设竞赛活动深入开展，新增优胜村30个。新农村建设示范村创建进展顺利，浦阳镇桃北新村通过全国农村首个国家康居示范工程验收，并被纳入杭州市"风情小镇"创建对象。农村道路交通进一步改善，村村通公交成果得到巩固，主要公路两侧综合整治推进顺利。农村水利建设成效明显，完成44条(段)、68.2千米的河道疏浚，实施楼塔溪、进化溪二期、径游江一期单边总长33.46千米溪流整治，完成9座山塘水库除险加固、30座农村桥梁改造，西水东引配套工程进展顺利，全区水利建设获浙江省第十五届水利"大禹杯"金奖。用地保障进一步强化，实施土地开发整理352.5公顷，新增耕地282.5公顷，盘活存量土地135.4公顷。拆违控违力度不断加大，新拆除违法建筑12.1万平方米，累计51.6万平方米。省"811"环境保护新三年行动萧绍区域(萧山片)印染化工行业污染整治通过省政府验收，南片截污纳管一期工程扎实推进。生态墓地覆盖率100%；全区新增省级生态镇2个，市级生态镇(街)实现全覆盖。"最清洁城乡"工程深入开展，农村改水、改厕力度加大，生活垃圾"户投、村收、镇运、区处"体系建立健全，38个村完成新农村电气化改造。2009年萧山区被评为全省新农村建设优胜县区，获全市新农村建设考核综合奖，并连续四年列全市新农村考核第一名。

农民生活品质进一步提高。是年，全区农民人均纯收入14390元，比上年增长10.8%，连续五年保持两位数增长，12年来增幅首次超过城镇居民可支配收入增幅。低收入农户人均纯收入4239元，比上年增长14%。农村社会保障体系不断完善，全区农村居民新增各类养老保险参保人员2.6万人，其中农村居民养老保险6496人；新型农村合作医疗人均筹资提高到360元，全区参合人员80.92万人，参合率97.01%。对农村弱势群体的救助力度加大，农村低保标准提高到300元，农村五保对象集中供养率为94.7%。"农村星光老年之家"实现行政村全覆盖，建成村级社区服务中心150家，完成300户农村困难群众住房救助。深入开展"低收入农户奔小康工程"，共有9423名党员干部与9278户人均收入在4000元以下的低收入农户结对；推进城乡统筹就业，优化农民就业创业环境，新完成农民素质培训4.12万人次，帮助农村劳动力实现转移就业1.62万人。农村各项社会事业稳步推进。城乡教育事业均衡发展进一步深化，教育资助范围扩大，农村师资结构和办学规模调优调强。农村医疗卫生事业得到加强，新建镇街社区卫生服务中心3家和规范化社区卫生服务站196家，农村卫生技术人员素质有所提高，第二轮农民体检、补检工作进展顺利。推进农村文化体育事业建设，大力实施"种文化"工程、"万场文化活动下基层"活动，开展农村数字电影"2131"工程，新建达标乡镇综合文化站3个、小康体育村8个、健身点33个，新建或改造广播室474个。

农村改革进一步深化。大力推进土地经营权流转，实施土地规模经营设施用地政策，全区新增农村土地经营权流转面积1113.3公顷，累计20780公顷，组建镇街土地流转服务中心24家。村级集体资产股份制改革稳步推进，新增股份经济联合社44家，累计212家。完成农村"一事一议"筹资筹劳试点28个，总筹资额380万元。鼓励农民专业合作社联合兼并，规范运作，新增区星级合作社10家、市级规范化合作社4家、省级示范性合作社2家。"村企共建新农村"活动向纵深开展，全区共有936家企业、个人和480个村(社)结对，到位资金3526万元。村级集体经济实力不断增强，2009年共安排村级经济发展用地指标16公顷，58个欠发达村可分配收入均达30万元以上。新化解农户集资款1059.79万元，化解率100%。建立村级组织运转经费保障机制，对2009年可支配收入不足50万元的11个镇街的23个村，由区、镇两级财政补足运转经费306.24万元。

农村基层组织建设稳步推进。开展"万名党员进课堂"培训工程和"村干部素质提升工程"，实现村党组织书记和村委会主任报酬财政拨付全覆盖，对离任村主要干部实行生活补助。实施农村工作指导员制度。落实"事前听证制、每月例会制、财务联签制、会计代理制、财务审计监督制"等十大民主管理形式，实施村干部问责惩戒和辞职制度，不断完善村务公开、财务审计和民主管理，完成集体经济审计210个村，全区村务公开率99%。民主法制和平安建设不断深入，成立全国首个农村"和事佬协会"。农村精神文明建设得到加强，美德档案体系建立健全。"平安萧山"创建成效明显，涉农信访得到较好调处，农村和谐稳定局面得到巩固。

农业产业结构

【农业产值结构状况】 2009年，萧山区继续优化农业产业结构，发展效益农业。农业总产值69.06亿元，比上年增长8.1%。其中：农业（种植业）产值39.06亿元，增长10.4%；林业产值0.92亿元，增长11.7%；畜牧业产值19.63亿元，增长4.5%；渔业产值7.03亿元，增长8.3%。在农业总产值中，畜牧、水产、蔬菜、花卉苗木和茶果林特五大主导产业产值59.23亿元，占农业总产值的85.8%。

2009年萧山区农业产值（现价）构成

单位：万元

项　目	2009年	占总产值（%）	2008年	占总产值（%）	为上年（%）
合计	690588	100.00	638787	100.00	108.1
农业	390552	56.55	353643	55.36	110.4
林业	9181	1.33	8218	1.29	111.7
畜牧业	196285	28.42	187822	29.40	104.5
渔业	70275	10.18	64875	10.16	108.3
农林牧渔服务业	24295	3.52	24229	3.79	100.3

【农村劳动力结构状况】 2009年，全区工业化、城市化步伐加快，农村劳动力继续向第二、三产业转移。全区农村男女劳动力为63.74万人，比上年减少2.34万人，减少3.5%。

2009年萧山区农村劳动力结构

单位：万人

	2009年	2008年	为上年（%）
农村劳动力	65.44	63.74	102.7
1.农业	10.35	10.91	94.9
2.林业	0.64	0.63	101.6
3.畜牧业	0.85	0.83	102.4
4.渔业	0.86	0.87	98.9
5.工业	30.60	29.35	104.3
6.建筑业	6.24	5.97	104.5
7.交通运输、仓储及邮电通信业	2.80	2.76	101.4
8.信息传输、计算机服务和软件业	0.44	0.31	141.9
9.批发零售贸易业	3.67	3.37	108.9
10.住宿和餐饮业	1.39	1.29	107.8
11.其他	7.60	7.45	102.0

现代农业

【概况】 2009年，萧山区农业产业化工作围绕发展“五大农业”（总部农业、强队农业、精品农业、休闲农业、服务农业）、加快农业现代化、推进农业经济转型升级这个主题，积极应对金融危机，着力稳定粮食生产，取得良好成效。

【总部农业稳步推进】 自2008年农业发展大厦项目经区政府同意后，2009年10月30日正式动工建设。农业发展大厦明确业主51家企业，总认建楼层数60层，第一期认建款每层300万元，总额1.8亿元于5月底全部到位。大厦匡算总投资6亿元左右，建筑面积13.5万平方米，其中地上11万平方米、地下2.5万平方米。其他各项工作按计划有序推进，力争到2011年建成这个农业商务大平台。一期占地33.3公顷的新农都农产品市场物流平台于12月19日动工建设。省农业高科技园区二期创新中心科技平台建设工程正在启动中。0.67万公顷浙江（萧山）现代农业创新园区规划正在抓紧制定中。

【强队农业建设步伐加快】 2009年，萧山区以提升壮大农业龙头企业为重点，鼓励农业企业加大技改投入力度和强强联合、强弱兼并，着力培育更多销售亿元以上农业企业。是年新增市级农业龙头企业26家，累计市级以上农业龙头企业105家，其中省级骨干农业龙头企业10家；新增亿元以上企业2家，累计26家；农业企业集团新增1家（浙江大庄实业集团有限公司），累计8家；杭州恒天面粉集团被列入市大企业建设行列。全力推进现代农业示范企业建设，经三年创建，累计建成现代农业示范企业17家。2009年，全区农业企业技改总投资5亿多元，如杭州江滨水产有限公司总投资1500万元的水产熟制品加工技改项目，杭州天海水产食品有限公司总投资1380万元、年加工2500吨水产品的超低温液氮生产线技改项目等，均已完成投产。总投资2.0亿元左右的30多家新办农业企业，到2009年底70%以上已投资到位并投产，如浙江水祥水产有限公司总投资1100多万元，年可加工黑鱼3600吨，已正常投产，预计年产值7000多万元。全区外建基地15万公顷，外设农产品销售窗口226家，外办农业企业37家，总投资6.1亿元。

【精品农业稳定发展】 2009年，优势产业稳步发展。蔬菜生产增产增值。全区蔬菜种植面积29762公顷，比上年增0.35%；实现产值14.9亿元，比上年增13.42%。花木产业增幅较大。全区花木面积继续稳定在1万公顷，效益明显增加，实现产值15.4亿元，比上年增13.42%，销售产值13.5亿元，增12.5%。畜牧产业集聚度高。全区生猪存栏79.77万头，比上年增4.8%；出栏商品猪125.89万头，增9.2%；家禽饲养量290.5万只。生猪规模场养殖占全区总量的97.5%。畜牧业总产值19.63亿元，比上年增4.5%。水产养殖喜中有忧。全区水产养殖面积1.06万公顷，其中名特优水产品占83.5%。南美白对虾养殖面积6834公顷，规模化、设施化发展较快，但病害发生严重。2009年水产业总产值7.03亿元，比上年增8.3%。林特茶果提质增效。是年新增茶果面积133.3公顷，杨梅、葡萄、蜜梨增产增值，青梅、桃减产提质，茶叶稳产增值。茶果、林特产值2.27亿元，比上年增6.6%。

农业品牌进一步增加。积极发展无公害农产品，新申报无公害基地28家，面积3622.5公顷。到2009年底，全区有效使用省级无公害基地证书135家，总面积14008.6公顷，有效使用绿色食品标志企业40家，产品135只，继续名列全省第一。2009年，杭州大庄地板集团有限公司的"大庄"、浙江跃腾水产食品有限公司的"跃腾"获中国驰名商标。全区农产品已拥有中国名牌1只、中国驰名商标8只；新增省名牌3只，累计省名牌13只、省著名商标11只；新增市名牌1只，累计市名牌24只；新增市著名商标2只，累计市著名商标23只。在省农博会上，华泉豆制品获全省十佳市民最喜爱的品牌农产品之一。

【休闲农业规范推进】 在2008年对吉天休闲农业、新梅休闲农业园等6个休闲观光农业园区（点）给予解决用地指标2.7公顷的基础上，2009年又对钱江有机农庄等7个园区（点）安排2.1公顷土地指标。2009年31家对外开放的休闲观光农业园区（点）接待游客163万多人次，实现营业收入26092万元。新命名区级休闲观光农业园区（点）10家，累计区级以上休闲观光农业园区（点）31家，其中市级以上12家。2009年休闲观光农业企业中新增省级农家乐特色点1家、省级乡村旅游四星级点1家，列入市"双十佳"培育单位2家。5—9月，在全市最美乡村旅游点评选活动中，萧山湘野农庄等4个园区（点）被评为"最美乡村旅游点"。

【服务农业扎实有效】 2009年，一是加强农业科技创新体系建设，新技术、新设施推广成效显著。实施种子种苗工程，引进示范及繁育名特优新农作物新品种75只，建立试验示范基地900公顷。重点开展良种虾苗课题攻关，南美白对虾良种虾苗淡化培育和养殖关键技术有新的突破，2个良种虾苗示范基地进一步巩固、扩大。中华鳖（日本品系）被国家水产良种审定委员会认定为水产新品种推广，完成国家级中华鳖良种场建设，并于9月挂牌。继续推广适用技术，全年推广单季晚稻"五改"（改选生育期相对较长的品种，播栽季节改为适期早播短龄早栽，改适当密植为少本稀植，施肥方法改为增施有机肥重视穗肥，水分管理改为浅湿灌溉）技术、"免耕直播"技术、花木基质栽培、葡萄限根栽培等技术62项，推广水稻病虫综合防治面积2.1万公顷，在4个规模场继续开展生猪无污染健康养殖技术试点。创建研发中心（技术中心）进展顺利。如天海水产、恒天面粉筹建博士后工作站推进顺利；大庄地板创建国家级竹板应用研发中心用地已落实；杭州天福生物科技有限公司、杭州天海水产食品有限公司科技研发（技术）中心创建成省级科技研发（技术）中心，杭州萧山锦科园艺场、浙江北极品水产有限公司科技研发（技术）中心创建成市级科技研发（技术）中心，杭州蓝海生态农业开发有限公司研发中心3家研发中心被认定为区级研发中心，从而使萧山区农业企业研发中心（技术中心）总量达到36个，其中省级以上12个。南阳街道、戴村镇创建成区第二批科技示范镇，南阳街道南阳村等10个村创建成区第二批科技示范村。

二是政策性农业保险扩面工作顺利展开。建立区政策性农业保险协调小组，出台完善政策性农业保险的补充意见。是年政策性保险水稻、大棚蔬菜扩面，林木、奶牛新增，累计有7个参加省共保体、1个参加互助合作保险。全年全区投保的能繁母猪89780头，比上年增加12450头，保费5386800元；水稻种植面积2255.3公顷，比上年增加598公顷，保费685328元；大棚蔬菜面积243.1公顷，比上年增加50.6公顷，保费756232.2元；新增奶牛投保1456头，保费349440元；竹木113.3公顷，保费8120元。其中水稻、大棚蔬菜、能繁母猪已决理赔款3980981元，未决赔款266000元。

三是信贷支农力度加大。截至2009年12月底，农村合作银行和农业发展银行萧山支行五类支农贷款余额17.63亿元，比2008年底增加4.37亿元，增长32.96%，高于总贷款余额增长幅度。基本执行贷款利率按基准利率上浮不超过10%的规定（其中惠农担保公司担保的贷款按基准利率执行）。

四是农贷担保瓶颈得到进一步破解。到2009年底，惠农担保公司、花木产业担保公司、农发担保公司3家担保公司共有股东86个，注册资金12194万元（其中2009年增资3278万元），全年累计担保总额61935万元，期末担保余额38870万元，有效缓解了农业企业担保难问题。

五是农民专业合作社建设加快。年末全区有农民专业合作社190家，比上年末增加54家，区星级专业合作社40家，其中省级示范性合作社5家、市级规范化合作社15家。

新农村建设

【概况】 2009年，萧山区继续推进城乡统筹发展，按照"以工促农、以城带乡"的思路，扎实开展"富裕清洁和谐"的社会主义新农村建设，以"村企共建新农村"活动和新农村建设竞赛活动为载体，健全新农村建设工作机制，促进农村经济社会实现全面、协调、可持续发展。

【新农村建设多方推动】 2009年，萧山区充分发挥区新农村建设领导小组办公室的综合协调作用，动员各级、各部门全力支持新农村建设。区委、区政府出台《中共萧山区委萧山区人民政府关于2009年富裕清洁和谐社会主义新农村建设的若干意见》（萧委〔2008〕35号），明确新农村建设的目标任务和工作措施，并从各个方面加大对新农村建设的政策扶持。2009年财政预算内资金用于"三农"的支出33亿元，比上年增长5.68%。新农村建设"党委领导、政府主导、农民主体、部门配合、社会参与"的工作格局进一步巩固。

【"村企共建新农村"活动】 根据市委、市政府对"联乡结村"工作的部署要求，充分利用萧山民营经济比较发达的优势，以"设施建设型、农民保障型、社会福利型、社区管理型、兴文助教型、资金合作型、基地带动型、存量盘活型、劳力安置型、困难帮扶型"这十大共建形式为主，继续深入实施"村企共建新农村"活动，进一步动员广大工商企业和其他社会力量参与、支持新农村建设。2009 年，为加大活动开展力度，区委、区政府专门下发《区委办公室区政府办公室关于进一步动员工商企业及社会力量参与新农村建设的意见》（萧委办〔2008〕101 号），加强对各级、各部门和社会各界的宣传发动；在全区农村工作会议上，对过去一年在"村企共建新农村"活动中有突出贡献的 11 位企业家进行嘉奖；把村级覆盖面 100% 和共建资金 3000 万元两项目标任务分解到各镇街，并把目标任务完成情况纳入对镇街的百分考核；同时对活动中捐助公益事业的给予税收优惠。在区委、区政府的组织发动下，各镇街都建立了由党政一把手负总责的工作体系，制定了联片、联村、联厂干部责任制。到年底，全区共有 936 家企业与 480 个村（社）结对，到位资金 3526 万元，实施项目 477 个。活动中新建及修建道路 32 千米，建设村级公园 12 个、村级活动室 26 个，新建篮球场、健身场等文体设施 39 处；用于农民社会福利、农民社会保障和困难群众帮扶的资金 532 万元，给近 7000 名农村老年人和困难群众发放生活补助，帮助 1200 多名农民购买养老保险和新型合作医疗。此外，一些企业还积极承担村庄保洁、社会治安、绿化养护等日常管理和维护费用。

【新农村建设示范村和优胜村创建】 按照"经济水平高、生活质量高、农民素质高、社区标准高、村民风尚高、管理效能高"的要求，继续在全区开展新农村建设竞赛活动，2009 年，全区评选出优胜村 30 个。同时，为打造新农村建设的精品亮点村，继续在衙前镇凤凰村、浦阳镇桃北新村、宁围镇新华村、河庄街道建一村、进化镇涂川村等五个村级班子较强、基础条件扎实、发展前景较好、自身特色明显的村深入开展新农村建设示范村创建，按照三年行动计划，与五个创建村签订《2009 年度新农村建设示范村创建目标责任书》，并建立区农办新农村示范村联系制度，加大指导和考核力度。到年底，创建活动都取得了较好成效，五个创建村彰显出别样的风貌。衙前镇凤凰村以建设"富裕凤凰、红色凤凰、生态凤凰、文明凤凰"为目标，基本形成"三园二区"的新格局，村民生活、养老、医疗三大保障不断提升；浦阳镇桃北新村以建设"诗画桃源，人居佳境"为目标，实行村企共建、联合开发，将休闲度假旅游与新农村建设相融合，走出了一条"旅游项目带动人居工程，人居工程反哺旅游项目"的创新之路，新建的农居示范点还被列入省地节能环保型国家住宅示范工程；宁围镇新华村围绕建设"浙江第一村，城市新农村"的目标，确立了"一街、三区、四改、五配套、二接轨"的总体规划，村级就业创业及村民居住环境不断改善，村民各项保障措施不断提升；河庄街道建一村以"传承沙地文化，打造休闲建一，争做中国典范"为目标，请浙江大学旅游研究院量身定制了概念性规划，确立了"四区五园"的格局，精品农业园区等成效明显；进化镇涂川村则以打造"古色涂川、魅力新村"为目标，对村里的多幢百年老房进行了复古，村级生态公园也初具雏形。

农村经营管理

【概况】 2009 年，全区农村经营管理工作围绕"富裕清洁和谐"的新农村建设总目标，根据区委、区政府提出的考核目标任务，结合市农办有关工作，狠抓落实，进一步深化村级集体资产股份制改革，规范村级财务管理行为，强化村级财务管理与监督，促进村级集体经济的发展。

【集体经济稳步运行】 2009 年，全区实现村级可分配收入 87970 万元，比 2008 年增加 6922 万元，增长 8.54%；村均实现收入 183.27 万元。村级可分配收入中，经营收入 16832 万元，发包及上缴收入 30806 万元，投资收益 3931 万元，补助收入 16108 万元，其他收入 20293 万元，分别占总收入的 19.13%、35.02%、4.47%、18.31% 和 23.07%。当年可分配收入 30 万元以下的村 36 个，占总村数的 7.50%；100 万元以上的村 287 个，占总村数的 59.79%，其中 500 万元以上村 28 个，占总村数的 5.83%。

收入增长的主要来源有四个：一是村级经营收入增长。2009 年村级经营收入 16832 万元，比上年增长 7.33%。二是村级发包收入增长。各类发包上缴收入 30806 万元，比上年增长 3.25%。其中大田承包上缴 11650 万元，集体资产租赁收入 12542 万元，分别比上年增长 −0.07% 和 26.80%。三是各级补助收入大幅度增长。村级各项补助收入 16108 万元，比上年增长 5.99%，其中财政补助 13070 万元，增长 22.54%，新增村企结对资金 1307 万元。四是其他收入增长，为 20293 万元，比上年增长 22.60%。

2009 年，480 个村实现收益 36389 万元。其中收大于支的村有 348 个，比上年减少 6 个，实现收益 40504 万元，村均收益 116.39 万元；当年收支平衡村 1 个；收不抵支村 131 个，比上年增加 8 个，赤字 4115 万元，村均 31.41 万元。

480 个村实现可支配总收入 193378 万元，村均 402.87 万元。可支配收入总额比上年增长 48.62%，主要原因是当年土地补偿费的增长。2009 年土地补偿费 78231 万元，比上年增长 170.91%。当年可支配收入在 30 万元以下村 4 个，比上年增加 2 个；当年可支配收入在 100 万元以上的村 391 个，占总村数的 81.46%，比上年增加 26 个，其中 500 万元以上村 107 个，增加 43 个。

全区村级集体总资产 99.35 亿元，比上年增加 18.14 亿元，增长 22.34%；村均集体资产 2070 万元。所有者权益 68.43 亿元，比上年增加 9.91 亿元，增长 16.93%。村经济联合资产负债 30.92 亿元，增长 36.21%。

全区村级用于农业发展的各类支出 11789 万元，比上年增长0.12%。主要用于路渠沟维修、农业机械购置维修、农电线路和低产田改造等。

全区480个村经济联合社共投入41587万元用于农村公益事业，其中购建公益性财产支出13888万元，用于农村福利事业直接支出27699万元。

【股份制改革稳妥推进】 2009年，全区新成立股份经济联合社44个，量化集体资产1.51亿元，设立股东8.26万人。累计完成股份制改革村社212家，产生股东41.31万人，量化资产18.52亿元。共落实区级财政补助132万元，镇街相应配套。212个股份经济联合社当年收益24940万元，可分配收益27274万元，其中各项提留21418万元，用于社员分配5856万元，占可分配收益的21.47%。是年有63个股份经济联合社实现分红，按股分配总额5474万元，惠及股东93386人，人均分红586元。与2008年相比，按股分配总额增加1373万元，分配人口增加1132人，人均分红增加167元。

【审计监督扎实开展】 根据浙江省"万村审计"和杭州市"千村审计"及三年一轮审的要求，2009年，萧山区重点围绕村级财务收支审计、村干部经济责任审计与离任审计、土地征用补偿费和村级项目建设资金以及信访反映突出问题的专项审计等，全面开展农村集体经济审计工作。全区配备审计人员137人，已领取审计资格证书134人，已领取行政执法证3人。2009年区、镇两级共审计211个村，占总村数的43.96%，超额完成年初审计目标。在已审的211个村中，实施财务收支审计的有187件，占88.63%；开展村干部离任审计8件、信访审计8件、其他事项专项审计8件，各占3.79%。审计中，采用区直接审计、镇街农经干部审计和专职会计交叉审计的方法，促进了整体工作进度。共审查承包合同6270份，审核凭证6662本，审核账簿658本，查出存在问题730个，提出整改意见763条。审计涉及资金总额331469万元，村均1570万元。审计查出违纪违规资金2万元，已清退。

【村级财务管理不断规范】 以规范化运行、专业化操作、信息化管理、民主化监督为主要目标的村级财务规范化建设继续深入推进。

村会计代理制工作作用明显。2009年，28个镇街农村会计服务中心共退回各类票据1522笔，总金额3625万元。其中因手续不规范退回1143笔、3035万元，因支出不合理退回150笔、144万元，因票据不正规退回147笔、225万元，其他原因退回82笔、221万元。退回票据中，已处理1160笔、3203万元，其中已补办手续的1138笔、3182万元，已退款的22笔、21万元；未处理362笔、422万元，其中在出纳抵现317笔、331万元。全区共有9个镇街的75个村涉及会计档案办理移交手续，移交档案5058卷。

村级工程建设项目管理进一步规范。2009年，全区有314个村新开工工程建设项目，占总村数的65.42%。新开工项目635个，总金额42349万元，其中实行公开招投标571个，项目资金40861万元，招投标率89.92%。新开工5万元以上项目571个，项目资金总额41490万元，其中由资质单位承建的486个，项目资金37707万元，资质单位承建率85.11%。是年竣工项目534个，项目资金28691万元，其中使用行业正规发票结算的项目437个，金额22563万元；使用正规材料发票结算的项目93个，资金5702万元。

承包租赁合同管理加强。2009年，全区共有11522个集体资产租赁发包项目，总额36476万元，涉及424个村经济合作社。其中1595个项目通过招投标，总额11649万元。签订合同或协议10833份，金额35555万元，签订率94.02%。上交服务中心备案10512份，总额34271万元，备案率91.23%。村级集体资产租赁发包合同签订率、服务中心备案率都有较大提高。已上缴承包款的项目9878个，总额30677万元。受理土地承包及流转纠纷25起，其中土地承包纠纷9起，土地流转纠纷16起，24起已调处完毕，1起通过仲裁裁决。

【村级土地流转2万余公顷】 2009年，全区村级土地流转总面积21001.7公顷，涉及流出土地承包经营权的农户233070户，签订流转合同270678份。流出土地中，13316.4公顷流转入57102户农户经营，650.5公顷流转入54家专业合作社经营，1487.9公顷流转入61家企业经营，5546.9公顷流转入6789个其他主体经营。按流转时间划分，1年以下面积260公顷，1—5年的10079.9公顷，5—10年的2686.4公顷，10—20年的5508.9公顷，20年以上的2466.5公顷。从流转的形式看，转包方式流转13316.4公顷，转让方式流转78.3公顷，互换方式流转13.5公顷，出租方式流转1982.6公顷，股份合作方式流转372.1公顷，其他形式流转5238.8公顷。在流转土地中，土地规模经营的面积16273.9公顷，占77.49%。

【农经队伍日益壮大】 2009年，全区有27个镇街建立了经管站，农经人员总数44人，比上年增加5人，其中行政编制11人、事业编制33人。有职称的人员34人，占77.27%，其中中级以上职称22人、初级职称12人；从文化程度看，大学以上文化程度的8人，大专文化程度的25人，中专及高中11人。

全区村财会人员总数797人，比上年增加64人，其中28个镇街农村会计服务中心配备专职会计100人，已领取会计证95人，已领取电算化合格证94人，具备双证的94人。全区480个村共配备村组级财会人员697人，平均每村1.45人，其中已领会计证的财会人员412人，占59.11%。

2009年，区、镇两级共举办村财会人员培训班107期，1860人次参加，平均每人2.34次。

农民素质培训

2009年，区政府办公室出台《杭州市萧山区人民政府办公室关于下达2009年度农民素质培训工程任务分解的通知》(萧政办发〔2009〕44 号),计划全年培训农民 40120 人,其中:农民专业技能培训 6400 人,农民转移就业培训 7800 人(培训农村富余劳动力 5700 人,征地农转非人员 2100 人,农村实用人才 2500 人),务工农民技能培训 20600 人,农村后备劳动力培训 820 人,"一户一岗"培训 2000 人。培训任务分解到各镇街及区劳动保障、教育、农业、妇联等 10 个部门。区财政落实农民培训专项资金,全区共投入 880 余万元用于农民素质培训(其中征地农民培训 300 万元)。实施"一户一岗"培训,实行免费考证政策,大力加强基地建设,并对培训基地开展"五个一"建设活动。至年底,全区培训农民 43470 人,其中:农民专业技能培训 7615 人,农民转移就业培训 9139 人,务工农民技能培训 21150 人,农村后备劳动力培训 881 人,农村实用人才培训 2556 人,低收入农户 2125 人;培训后发放证书 28449 本,培训后转移就业 9776 人。新选拔认定农村实用人才 8934 人,全区农村实用人才入库数 22554 人,其中:生产能手 6879 人,经营能人 8376 人,能工巧匠 3189 人,乡村科技人员 1964 人,村干部 2146 人。

区内外扶贫

2009 年是实施新一轮经济欠发达村三年帮扶工作的最后一年。至年底,全区共到位帮扶资金 2195 万元,其中区财政专项资金 1000 万元,结对帮扶的百强企业到位资金 446 万元,区级部门到位资金 720 万元,用电补助资金 29 万元。共实施各类项目 179 个,其中经济发展项目 23 个、基础设施项目 122 个、其他项目 34 个。

继续实施区外帮扶工作。多次组织人员赴市"联乡结村"联系乡淳安县屏门乡进行工作对接,考察当地农业、农村、农民情况,探讨发展思路,落实帮扶项目。是年,萧山帮扶集团到位资金 236 万元,帮助屏门乡实施市级帮扶结对项目 19 个,总投资 1748 万元,其中经济发展项目 12 个、基础设施项目 4 个、科教文卫项目 3 个。

根据省政府要求,全省开始新一轮帮扶暨实施"低收入农户奔小康"工程。在区内扶贫方面,萧山区将 2008 年度人均收入在 4000 元以下的 9278 户农户列入低收入农户,并建立健全各类工作机制,发动社会力量,努力营造全社会关心和支持低收入农户生产生活的良好氛围。至年底,全区低收入农户享受了低保补助、教育资助、医疗救助、产业扶持、干部结对帮扶等扶持政策,低收入农户家庭人均收入实现 4239 元,比上年增收 14%。在区外结对扶贫方面,萧山区宁围、新街、临浦、瓜沥、闻堰、党山、衙前、南阳、坎山、靖江等 10 个镇街分别与衢州常山县的天马镇、新昌乡、大桥头乡等 10 个乡镇共 40 个村开展结对帮扶。年底到位帮扶资金 200 万元,共实施食用菌基地、生鸡养殖、道路建设等项目 39 个,发展特色产业基地 293.3 公顷,带动低收入农户 1411 户。

对口支援四川南充市嘉陵区及重庆市涪陵区,到位资金 45 万元,帮助嘉陵区大通镇的两个村发展大棚蔬菜及大棚滴灌设施 21 个,新建产业路 9 千米,扶持肉兔养殖等,并在龙桥乡新建卫生院业务用房 800 平方米。

(诸国锋)

种植业

【概况】 2009 年,全区种植业产值 390552 万元,比上年增 10.44%;占农业总产值的 56.55%,上升 1.19 个百分点。种植业产值中,除粮食、棉花、麻类的产值比上年下降外,其余均增加,其中粮食作物产值 49231 万元,比上年减少 530 万元,占种植业产值的 12.61%,原因是粮食播种面积、总产量均比上年有所下降;经济作物产值 341321 万元,比上年增加 37439 万元,占种植业产值的 87.39%。经济作物产值中花卉园艺、蔬菜所占比例较高,分别占种植业产值的 39.43%和 38.15%。

2009 年萧山区农业总产值(现行价)

单位:万元

项目		2008 年		2009 年		2009 年比 2008 年	
		产值	占比(%)	产值	占比(%)	增加	增长(%)
总产值合计		638787	100.00	690588	100.00	51801	8.11
一、种植业		353643	55.36	390552	56.55	36909	10.44
1. 粮食作物		49761	14.07	49231	12.61	−530	−1.07
2. 经济作物		303882	85.93	341321	87.39	37439	12.32
其中	油料	4330	1.22	4760	1.22	430	9.93
	棉花	741	0.21	660	0.17	−81	−10.93
	麻类	24	0.01	9	0	−15	−62.50
	甘蔗	10225	2.89	11457	2.93	1232	12.05
	蔬菜	133329	37.70	149007	38.15	15678	11.76
	茶桑果	18699	5.29	20514	5.25	1815	9.71
	花卉园艺	135758	38.39	153980	39.43	18222	13.42
	其他	776	0.22	934	0.24	158	20.36
二、林业		8218	1.29	9181	1.33	963	11.72
三、畜牧业		187822	29.40	196285	28.42	8463	4.51
四、渔业		64875	10.16	70275	10.18	5400	8.32
五、农业服务业		24229	3.79	24295	3.52	66	0.27

注:所占比例中,种植、林、畜牧、渔、农业服务业指占总产值的比例,种植业各项指占种植业的比例。

2009年萧山区农业总产值、增加值(现行价)

单位:万元

项　　目	合计	种植业	林业	畜牧业	渔业	服务业
一、总产值	690588	390552	9181	196285	70275	24295
二、中间消耗值	256488	108804	5455	97876	28163	16190
(一)物质消耗	185548	91934	2035	75746	15833	—
1. 用种量	18810	18283	—	527	—	—
2. 饲料	55820	26	—	50665	5129	—
3. 肥料	40160	39858	302	—	—	—
4. 燃料	5184	3778	200	240	966	—
5. 农药	4088	3848	240	—	—	—
6. 电	20562	18239	172	1071	1080	—
7. 农膜	2393	2393	—	—	—	—
8. 小农具	219	119	61	21	18	—
9. 其他	38312	5390	1060	23222	8640	—
(二)劳务支出	70940	16870	3420	22130	12330	16190
三、增加值	434100	281748	3726	98409	42112	8105
(一)固定资产折旧	21185	13703	202	3421	3381	478
(二)劳动者报酬	419068	272025	3581	95982	39714	7766
(三)生产补贴	6153	3980	57	994	983	139

全区农作物播种面积107733公顷,比上年减0.18%,其中粮食作物播种面积50071公顷,减0.34%;经济作物播种面积57662公顷,减0.03%。粮经作物比由上年的46.6∶53.4调整为46.4∶53.6。全区粮食作物总产量265544吨,比上年减2.58%,其中:春粮48540吨,增0.72%,占全区粮食总产量的18.28%,比重略升;水稻169870吨,减4.84%,占全区粮食总产量的63.97%,比重略降。圆满完成杭州市下达的粮食播种面积5万公顷、总产26万吨的生产任务。

全区粮食作物实现产值49231万元,比上年减1.07%,包括谷物产值38919万元,其中水稻产值29329万元、小麦产值7486万元、玉米产值2021万元;豆类产值9316万元,其中大豆产值8111万元、蚕豌豆产值687万元;薯类产值996万元,其中番薯产值898万元、马铃薯产值98万元。

在粮食生产中,粮食作物的非粮化利用占一定比重,全区鲜食粮食作物播种面积11113.34公顷,比上年减17.06%;占粮食作物播种面积的22.20%,下降4.47个百分点。其中鲜食大豆8960公顷,鲜食玉米1686.67公顷,鲜食蚕豌豆466.67公顷;平均每公顷鲜食产量7875千克,总产87590吨。

是年,全区共有454户种粮大户签订粮食订单合同,比上年增加57户;粮食订单数16586吨,增加3992吨,其中早稻谷368吨、晚稻谷16218吨;实际入库16586吨,其中早稻谷328吨、晚稻谷16258吨。

2009年萧山区粮食作物面积、产量

单位:面积为公顷,单产为千克,总产为吨

项　　目	2008年	2009年	2009年比2008年		占产量的比重(%)	
			增加	增长(%)	2008年	2009年
农作物播种面积	107922	107733	−189	−0.18	—	—
粮食播种面积 每公顷产量 总产	50240 5425 272564	50071 5303 265544	−169 −122 −7020	−0.34 −2.25 −2.58	100.00	100.00
1. 春粮面积 每公顷产量 总产	10336 4663 48193	10430 4593 48540	94 −70 347	0.91 −1.50 0.72	17.68	18.28
(1)小麦面积 每公顷产量 总产	9149 4842 44305	9407 4748 44665	258 −94 360	2.82 −1.94 0.81	91.93	93.23
(2)大麦面积 每公顷产量 总产	211 3422 721	111 3252 361	−100 −170 −360	−47.39 −4.97 −49.93	1.50	0.75
2. 早稻面积 每公顷产量 总产	93 6075 565	62 6016 373	−31 −59 −192	−33.33 −0.97 −33.98	0.21	0.14
3. 晚稻面积 每公顷产量 总产	23045 7722 177951	22457 7548 169497	−588 −174 −8454	−2.55 −2.25 −4.75	65.29	63.83
4. 大豆面积 每公顷产量 总产	13194 2413 31837	13254 2233 29602	60 −180 −2235	0.45 −7.46 −7.02	11.68	11.15
5. 玉米面积 每公顷产量 总产	2282 3450 7873	2353 4707 11075	71 1257 3202	3.11 36.43 40.67	2.89	4.17
6. 其他面积 每公顷产量 总产	1290 4764 6145	1515 4678 7087	225 −86 942	17.44 −1.81 15.33	2.25	2.67

在经济作物中,蔬菜生产表现为“四增”,即播种面积、单产、总产和总产值均增加。全年蔬菜播种面积29762公顷,比上年增0.35%;每公顷产量38513千克,增1.09%;总产1146211吨,增1.44%,其中出口蔬菜加工原料57.83万吨,占总产量的50.45%;实现蔬菜产值149007万元,占全区农业总产值的21.58%,增11.76%。

2009年萧山区经济作物面积、产量

单位:面积为公顷,单产为千克,总产为吨

项目	2008年	2009年	2009年比2008年	
			增加	增长(%)
经济作物播种面积	57682	57662	−20	−0.03
1.棉花面积	400	361	−39	−9.75
每公顷产量	1468	1452	−16	−1.09
总产	588	524	−64	−10.88
2.麻类面积	19	7	−12	−63.16
每公顷产量	7260	7429	169	2.33
总产	138	52	−86	−62.32
3.油菜面积	4568	4724	156	3.42
每公顷产量	2340	2329	−11	−0.47
总产	10695	11003	308	2.88
4.花生面积	865	908	43	4.97
每公顷产量	2650	3107	457	17.25
总产	2292	2821	529	23.08
5.蔬菜播种面积	29658	29762	104	0.35
每公顷产量	38098	38513	415	1.09
总产	1129910	1146211	16301	1.44
6.果用瓜面积	2387	2300	−87	−3.64
每公顷产量	46474	48292	1818	3.91
总产	110934	111077	143	0.13
7.甘蔗面积	1440	1424	−16	−1.11
每公顷产量	59174	64364	5190	8.77
总产	85210	91654	6444	7.56
8.花卉苗木面积	17655	17780	125	0.71
9.绿肥面积	282	211	−71	−25.18
10.其他面积	408	185	−223	−54.66

全区花卉苗木复种面积17780公顷,比上年增0.71%;实现产值153980万元,增13.42%,占全区农业总产值的22.30%,上升1.25个百分点,继续居五大特色产业第二位。全区花卉苗木实现销售收入13.5亿元,比上年增加1.5亿元,增12.50%。全区生产观赏绿化苗木10亿株,生产盆栽植物1500万盆,生产鲜切花250万支。全区有300多个村、500多家企业、3万多农户、6万多人从事花卉苗木的生产、经营、销售、园林工程及与之相关的服务,产品销往全国31个省、市、自治区,并出口美国、韩国、日本、德国以及中国香港等国家和地区。全区具有园林施工资质的企业60余家,其中国家一级资质8家、二级资质23家,园林绿化施工资格全国领先。2009年全区园林公司承接园林绿化工程25亿元,比2005年翻了一番。以新街的浙江(中国)花木城为龙头,全区花卉苗木市场交易额超过11亿元,市场内汇集了全国16个省(市)的花木企业,摊位总数1500多个。

2009年萧山区茶桑果面积、产量与产值

单位:面积为公顷,产量为吨,产值为万元

项目			2008年	2009年	2009年比2008年	
					增加	增长(%)
一、茶园面积			1310	1295	−15	−1.15
茶叶产量			863	885	22	2.55
其中	春茶		698	751	53	7.59
	夏茶		25	23	−2	−8.00
	秋茶		140	111	−29	−20.71
茶叶产值			2762	2921	159	5.76
二、桑园面积			104	98	−6	−5.77
蚕茧产量			11	8	−3	−27.27
蚕茧产值			22	23	1	4.55
三、果园面积			2476	2540	64	2.58
水果产量			14031	14663	632	4.50
其中	杨梅	面积	728	731	3	0.41
		产量	1626	1645	19	1.17
	青梅	面积	684	684	0	0
		产量	1022	150	−872	−85.32
	柑橘	面积	30	33	3	10.00
		产量	398	437	39	9.80
	桃	面积	249	221	−28	−11.24
		产量	2698	2584	−114	−4.23
	梨	面积	249	254	5	2.01
		产量	1974	2615	641	32.47
	葡萄	面积	60	78	18	30.00
		产量	1118	1137	19	1.70
	柿子	面积	75	78	3	4.00
		产量	1508	1384	−124	−8.22
水果产值			4013	5368	1355	33.77

注:水果产量、产值中不包括果用瓜,青梅一栏为区农业局统计数。

【继续实施各类种植补贴】 国家油菜良种补贴:油菜良种补贴实行普惠制,凡境内种植油菜的农户均可享受良种补贴,补贴标准为每公顷150元;种植面积不足0.033公顷(0.5亩)的农户,以0.033公顷计算。2009年,全区有60880户农户的5918.98公顷符合国家油菜良种补贴要求,共下拨国家油菜良种补贴资金888064元。

省油菜大户补贴:凡种植油菜0.33公顷以上(含0.33

公顷)的农户，在实行油菜良种补贴的同时，再按油菜实种面积，给予每公顷600元的直接补贴。2009年，全区有936户油菜种植大户的818.57公顷符合补贴要求，全区共下拨油菜大户补贴490990元。

冬种作物示范方补贴：对南片稻区连片2公顷以上、其他地区连片3.33公顷以上的冬种示范方给予每公顷750元的补贴；对南片稻区新增连片1.33公顷以上的蔬菜基地给予每公顷900元的补贴；对粮食生产功能区内的绿肥示范方给予每公顷600元的种子补贴；对组织供应的马铃薯脱毒种薯给予每千克0.5元的种子补贴。2009年，全区有114个计921.03公顷冬种作物示范方、6个计18.61公顷“北菜南移”新增基地、4个计97.5公顷粮食生产功能区绿肥示范方、8万千克马铃薯种薯符合补贴条件，全区共下拨补贴资金806027元。

国家农作物良种补贴：补贴对象为境内直接从事相关农作物种植的农户(组织)，品种为符合区农业局发布的《关于推介发布2009年农业主导品种和主推技术的通知》(萧农产〔2009〕45号)的品种及已在萧山大面积推广种植的审定品种、示范应用的新品种，补贴标准按实种面积，对晚稻、棉花每公顷补贴225元，小麦、早稻、玉米每公顷补贴150元，要求连片种植0.033公顷(0.5亩)以上。2009年，全区有35个镇街和单位的135349户农户种植的26571.52公顷农作物符合国家农作物良种补贴要求，共下拨国家农作物良种补贴5343891元。

稻麦种植大户补贴及省水稻良种补贴：补贴对象为境内直接从事粮食生产的种粮大户和公司以及经区级以上农业部门认定、经营服务规范、在区工商行政管理部门登记的粮食生产专业合作社社员。补贴标准：全年累计种植稻麦面积1.33公顷以上，每公顷直接补贴450元，对其中没有弃耕抛荒、没有冬闲田的农户和组织，区财政再每公顷配套补贴300元，对复种指数小于200%的田块，区财政不进行配套补贴；对符合区农业局《关于推荐发布2009年农业主导品种和主推技术的通知》中规定的水稻主导品种，落实省财政每公顷150元的良种补贴。2009年，全区有523户稻麦种植大户、14家粮食生产专业合作社，共3007户、5023.38公顷符合规模种粮补贴要求，其中3050.28公顷水稻符合省级水稻良种补贴要求，全区共下拨规模种粮补贴3619460元，省水稻良种补贴458000元。

粮油生产机械化作业环节补贴：对符合2009年省粮油生产机械化作业环节补贴政策的，给予每公顷600元补贴。由杭州广通植保防治服务专业合作社为4927户农户种植的2642.67公顷水稻实施的全季病虫统防统治服务和由区农机监督管理总站组织实施的1069.02公顷水稻机械化插秧及162.53公顷油菜机械化收割服务面积，计3874.22公顷服务面积符合2009年省水稻和生产机械化作业环节补贴政策。同时为推进粮油生产机械化，对油菜机播机收、水稻机插的农机服务组织和农机大户，共1069公顷面积给予每公顷600元补贴。全区共下拨补贴资金2966000元。

农资综合直补：农资综合直补政策是政府对化肥、柴油等农资增支导致生产成本增加而给予补贴的一项支农政策。2009年，为提高种粮农民积极性，促进粮食生产和农民增收，根据省财政厅和市财政局的文件精神，萧山区核定全区粮农农资综合直补资金为2674.7万元，按46831.73公顷粮食播种面积补贴到各镇、街道和有关单位，再通过“一折通”的形式发放到户。

【建立粮食生产功能区38个】 2009年，全区有戴村镇南三村毛村畈、河上镇大西畈等9个66.67公顷(千亩)杭州市级粮食生产功能区，共806.07公顷，农户4434户。新增益农镇东江村、新湾街道宏新村等11个区级粮食生产功能区，面积806.73公顷，农户4029户。同时，各主产粮食的镇在建设好市、区两级功能区的基础上，各配套建设一个20公顷以上的镇级粮食生产功能区，共18个，面积560公顷。全区已有各级粮食生产功能区38个。全区20个市、区级两级粮食生产功能区已投入建设资金1402.61万元。18个镇级功能区投入资金785.8万元，9个市级功能区落实配套资金180万元，11个区级功能区落实扶持资金110万元，18个镇级功能区择优扶持10个，落实扶持资金80万元。

【表彰区优秀种粮大户】 2008年全区种植稻麦1.33公顷以上的种粮大户和粮食专业合作社有529户(家)，经营面积3386.67公顷，全年播种粮食3166.67公顷，年提供商品粮1.72万吨，对稳定全区粮食生产作出了积极的贡献，在推广应用先进适用技术、开展粮油作物产业化服务等方面发挥了积极作用，涌现出一批经营规模大、生产水平高，技术含量足、产品质量好，示范作用强、社会贡献大的种粮大户。楼塔镇大同三村章楼祥等18户种粮大户被评选为“2008年度杭州市萧山区优秀规模种粮农户”，他们共承包经营耕地220.5公顷，全年种植粮食337.37公顷，总产粮食2406.1吨，提供商品粮1366.2吨，实现粮食产值433.8万元，种粮收益160.2万元。杭州萧丰粮油专业合作社、杭州梅东粮油专业合作社被评选为“2008年度杭州市萧山区优秀规模种粮组织”，总经营耕地84公顷，全年种植粮食167.07公顷，总产粮食1136.4吨，提供商品粮942吨，实现粮食产值234.9万元，种粮收益90.08万元。2009年1月，区农业局对评选出的优秀规模种粮农户每户奖励2000元、优秀规模种粮组织每个组织奖励5000元。

【开展粮田高产示范竞赛】 2009年，全区农业系统开展粮食高产创建活动，其中党山镇的小麦高产示范和新湾镇的鲜食大豆高产示范列入农业部高产创建县项目，于5月通过农业部和省农业厅组织的现场验收。全区共有26个粮田高产示范方、48块晚稻高产攻关田参加粮田高产示范竞赛。26个粮田高产示范方面积406.43公顷、平均每公顷产量9036千克，48块高产攻关田面积7.06公顷、平均每公顷产量9808.5千克，分别比对照增14.76%和22.97%，对促进先进适用技术推广、完善粮油作物高产高效栽培技术和提高粮食单产起到了明显的示范效果。全区共评出“粮食生产示范工程(高产示范方)”一等奖6个、二等奖10个、三等奖10个,“粮食生产示范工程(高产攻关田)”一等奖10个、二等奖15个、三等奖23个。

【完成中低产田改造项目14个】 列入2008年度杭州市级中低产田改造的6个项目,实施面积384.4公顷,实际投入各种资金1149.5万元,于2009年6月中旬通过了杭州市验收;粮食生产功能区中低产田改造配套项目2个,改造面积77公顷,投入资金180万元;粮食生产功能区水利配套项目7个,改造面积198公顷,投入资金242.2万元。杭州市财政安排445万元,其中6个市级中低产田改造项目安排补助资金262万元,2个粮食生产功能区中低产田改造配套项目安排补助资金60万元,7个粮食生产功能区水利配套项目安排补助资金123万元。区级按照《杭州市中低产田改造项目和资金管理办法》和《杭州市粮食生产功能区建设实施办法》,确定项目补助资金。8个单位的292.07公顷面积列入2008年度区级低产田改造示范工程项目。新湾镇、益农镇等6个单位的287.33公顷面积列入2009年度杭州市级低产田改造示范工程项目,计划投入资金1000.6万元;党湾镇等4个单位的329.87公顷列入2009年度区级低产田改造示范工程项目。

【实施蔬菜产业提升项目】 2009年,根据省农业厅要求,实施浙江现代农业提升项目——萧山区高效设施与加工蔬菜基地建设项目。分别由浙江吉天农业开发有限公司、杭州农垦蔬菜专业合作社、浙江银河食品有限公司和区农业技术推广中心实施。建立高效设施蔬菜核心基地2个,面积23.33公顷;建立出口蔬菜示范基地186.67公顷;新品种、新技术面上辐射基地1520公顷。通过核心基地建设,搭建(改建)大棚与配套设施,引进优良设备,应用先进技术,实行科学管理,使核心基地平均每公顷产量11.34万千克,产值22.58万元,分别增6.3%和7.3%;辐射区设施蔬菜平均每公顷产量7.8万千克,产值9.06万元;核心区农户每公顷增收2.09万元,辐射区农户每公顷增收0.74万元以上;带动新发展蔬菜标准化生产面积3733.33公顷,促进了周边的义蓬、新湾、党湾、河庄等围垦地区设施蔬菜发展和新技术的应用。通过项目实施,使杀虫灯、防虫网、性诱剂诱捕器等无公害蔬菜生产技术得到推广使用,农药使用量下降15%以上,减少了农药对蔬菜产品和环境的污染;核心基地均采用滴灌设施,实行肥水同灌,水资源利用率大幅提高,肥料减少使用30%以上。

【列入市级叶菜生产功能区5家】 为提高蔬菜生产水平和应急能力,保障市场叶菜的有效供给,杭州市确定2009—2011年实施杭州市叶菜生产功能区建设项目,首期建设叶菜生产功能区333.33公顷,其中保障型功能区300公顷、应急型功能区33.33公顷。保障型功能区要发挥蔬菜生产4—5月的“春淡”和7—9月的“秋淡”季节保障城市叶菜供应的功能;应急型功能区主要应对大雪、台风、连阴雨、洪涝等灾害性天气,在市场叶菜价格超高位运行时发挥恢复叶菜供应、平抑市场价格的功能。萧山有5家单位被列入杭州市叶菜生产功能区,分别为杭州舒兰农业发展有限公司18.67公顷为应急型功能区,益农三围村28公顷、临浦苎萝村26.67公顷、杭州吉天农业发展有限公司6.67公顷、杭州平氏蔬菜专业合作社6.67公顷为保障型功能区。功能区新增钢管大棚8公顷、微滴灌35公顷、性引诱剂20公顷、防虫网8公顷,提供优质安全蔬菜6478吨,创造效益1138.35万元。

【蔬菜协会做好服务工作】 2009年,为加快稻区蔬菜生产的发展,区蔬菜产业协会召集有关蔬菜加工企业与南片的镇街负责人和种植大户进行座谈,牵线搭桥鼓励东片加工企业到南片建立种植基地。组织部分会员到台湾、广州东升农业公司、杭州市农科院等考察蔬菜生产发展情况。协会参与举办了3月下旬的春季农作物生产技术培训会、6月中旬的“北菜南移”工程实施现场培训会、12月下旬的白雪春2号萝卜新品种推广现场会。同时,组织会员参加了杭州市组织的“设施蔬菜生产集成技术培训班”。协会出面修订了大型萝卜、胡瓜、甘蓝、小西瓜4个杭州市级生产技术标准和辣椒区级生产技术标准,印发了2个蔬菜种植模式图。协助5家企业列入杭州市质量管理追溯试点,8家企业建立杭州市无公害农产品示范基地检测室。

【完善测报网络】 2009年,全区共落实测报点13个,其中粮油作物病虫测报点7个、农田鼠情测报点1个、蔬菜作物病虫测报点5个,同时设立水稻、蔬菜病虫观察圃各2个,形成较为完整的农作物病虫测报观察网络。修订完善《粮油作物病虫测报调查规范》和《蔬菜作物病虫测报调查规范》,加强对测报调查人员的技术培训,规范开展测报调查工作,提高测报准确率,及时提供病虫发生与防治信息,全年发布病虫情报20期、《萧山农林》6期。开展国家二期植保工程项目“浙江省杭州市萧山区农业有害生物预警与防控区域站”建设前期准备工作,重点是建设用地审批、仪器设备购置报批、实验仓库工具用房设计等。建立长期定位的土壤肥力监测点10个、蔬菜地环境监测点2个;建立粮油作物苗情点10个、蔬菜作物苗情点5个、农情调查点240户;建立农户田间管理档案200户,开展肥料、农药施用情况调查。

【晚稻统防统治受欢迎】 2009年,萧山区加大对统防统治工作的投入,按照省财政40%、区财政配套60%的要求,继续对水稻病虫统防统治给予每公顷600元的补贴,全年补贴资金158.56万元。由杭州广通植保防治服务专业合作社组建30支防治作业服务队,为全区20个镇街的4927户农户、2642.67公顷水稻开展统防统治服务。统防统治提高了植保技术到位率,降低了防治成本,减轻了农药对环境的污染。平均每公顷增收节本2868.6元。7月28—30日,全国农作物病虫专业化防治经验交流会在萧山召开,会议代表参观了戴村示范现场和杭州广通植保防治服务专业合作社,中央及省市区电视台、广播、报纸等多家新闻媒体进行了宣传报道。

【统一灭鼠3万公顷】 2009年，据区农业局病虫测报站瓜沥、戴村2个农村鼠情点2月测定，农田平均鼠密度为5.71%，农户室内平均鼠密度为4.34%，分别超过防治指标的0.9倍、0.45倍，对农业生产安全和人民身体健康构成较大威胁。3月上中旬，以镇、街道、农场为单位开展灭鼠，重点抓好农舍、农田、公共场所，特别是粮食仓库、江河堤岸、下水道、垃圾场、畜牧场、果园、城郊接合部等特殊生态环境农田鼠害严重的地方，做到"三集中"(集中时间、集中人力、集中财力)、"五统一"(统一指挥、统一培训、统一供药、统一配制毒饵、统一检查)和"五不漏"(乡不漏村、村不漏户、户不漏室、地不漏丘、田不漏块)。灭鼠药物为高效安全的抗凝血杀鼠剂溴敌隆，推广应用了"竹筒毒饵站"灭鼠技术。全区统一灭鼠面积3万公顷，农户灭鼠20万户；农田及农户室内鼠密度分别控制在3%和2%以下。

【测土配方施肥项目正式启动】 2009年，萧山区被列入农业部测土施肥项目县(区)，正式实施测土配方施肥项目。落实农业部测土配方施肥面积17000公顷，其中粮油作物9600公顷、蔬菜等经济作物7400公顷；项目实施总增产11194.3吨，节省化肥(折纯)694.0吨，增收节本2697.54万元。采集土样861个，分析9471项次；建立耕地地力定位监测点10个，建立农户肥料施用情况调查点200户；在单季晚稻、大豆等作物上落实"3414"肥料小区试验11个；设立测土配方施肥与农户习惯施肥大区对比试验9组；在单季晚稻上建立作物专用肥、控释肥等新型肥料示范区5个，开展单季晚稻硼锌肥应用小区大区试验3组；示范推广水稻、蔬菜专用肥品种6个、1893吨，应用面积4713公顷。

【茶事活动内容丰富】 2009年3月18日，在所前镇山里王村举办第二届"湘湖"龙井茶手工炒制技术大赛，来自戴村、闻堰、蜀山、进化、所前5个镇街和区林场的36名炒茶选手参赛，所前镇山里王村的王裕明等10位参赛者获2009年"湘湖"龙井茶手工炒制"十大能手"称号。3月21日，由区农业局、区旅游局、所前镇主办，杭州生态园承办的第三届杭州萧山茶艺节在所前镇杭州生态园举行。4月3日，"首届萧山三清茶文化节"在戴村镇三清茶文化园举办，中国国际茶文化促进会、中国农科院茶叶研究所、浙江省茶叶产业流通协会等单位的领导和前国家主席李先念夫人林佳楣等参加。杭州萧山云石农业综合发展公司参加了"上海国际茶文化节"，赵氏茶叶专业合作社参加了"浙江省农博会"、"全国优质农产品博览会"与"杭州市优质农产品推介会"；所前选手夏水兰、王小岳参加了省农业厅举办的"绿剑杯"龙井茶手工炒制大赛，夏水兰获优秀奖；老虎洞茶场李永龙在"杭州市第二届农村青年炒茶大赛"上被授予"十大炒茶能手"称号。

【全区有绿色食品(茶)认证企业6家】 采取新增茶树病虫测报点、设立标准化模式图实施示范基地、举办秋季"湘湖"龙井茶机制技术培训班、举办专题科普讲座、媒体宣传等措施，强化茶叶生产技术推广，促进了以茶叶无公害化、清洁化生产技术为基础的质量安全管理体系建设，2009年，全区已有6家企业获得绿色食品(有机茶)认证。在杭州市茶叶例行监测和市、区质监部门组织的抽查中，萧山茶叶企业被抽检的6个样品，经检测各项指标全部合格。4月22日，在2009(中国)浙江绿茶大会上，杭州鸿牌茶叶有限公司被授予"龙井茶地理标志证明商标使用准用证"。

【获省级"初制茶厂优化改造先进县(区)"称号】 以"茶厂标准化、加工规范化、产品优质化"为目标，通过制订改造计划、推广改造技术，使全区初制茶厂的整体面貌、加工条件、生产管理和周边环境发生了根本性变化，2009年8月，萧山区被省农业厅授予"初制茶厂优化改造先进县(区)"称号。是年，建成了九清农业开发有限公司茶厂、湖山林果场茶厂2家省级示范茶厂，全区已有19家茶叶企业以茶厂改造为基础通过QS认证。积极推广龙井茶机制技术，全区龙井茶机总量1000余台，解决了加工劳力缺乏问题，提高了加工效率。

【开展果树产业提升项目建设】 根据省农业厅、财政厅《关于下达2009年现代农业生产发展资金水果产业提升项目建设计划的通知》文件精神，2009年，杭州天佑农业科技有限公司、杭州市萧山区农业技术推广中心等单位组织实施了"杭州市萧山区高效设施与精品观赏水果基地建设"。项目建核心基地2个，面积53.33公顷，总投资746.95万元。新建连栋钢管大棚13.33公顷，肥水同灌微灌80.67公顷，建冷库2座计602立方米，购置冷藏车1辆和检测仪器，建设精品果园，开展新品种、新技术示范推广，无公害技术培训等。

【举办第六届花木节】 2009年3月7日，在新街浙江(中国)花木城举办第六届浙江萧山花木节暨第四届中国(沪浙)园林绿化产业交易会。此次花木节首次升级为"国字号"——中国园林绿化产业交易会，秉承"区域联动、采购交易、供需对接、设计引导"的办展理念，在为期2天的花木节上共设展位292个，来自全国16个省(市、自治区)和新西兰、美国、荷兰、法国等国家的185家企业参展，参观人数5万余人次；邀请100家施工企业、100个花木经纪人、100家设计单位、100位园林专家和房地产商，开展长三角及周边部分城市花木经纪人与参展商、园林施工企业的对接活动；举办了"中国园林绿化设计高峰论坛"；新增萧山花木产品推介、网上花木展、家庭园艺展等活动，达成销售意向3.5亿元。此届花木节呈现辐射范围更加广阔、供需对接更加深入、参展形式更加灵活、同期活动更加丰富四大特点。

【花木销售总量增长】 2008年下半年开始，受国际金融危机和房地产萧条的影响，萧山花木产业特别是花木销售受到很大的冲击，第四季度出现近15年来首次负增长。2009年第二季度开始，全区的花木生产、销售明显回暖，种植面积连续5年稳定在1万公顷左右，销售收入13.5亿元，比上年增加1.5亿元。规模化程度不断提高，产品结构不断优化，设施栽培和新技术应用发展较快，产业档次明显提升。全区已形成从种苗研发、苗木生产到市场流通，从园林设计、工程施工到绿化养护的完整产业链，成为全国最大的花木集散中心，综合经济指标名列全国前茅。伴随着产业化程度的不断提高，花木信息中介、苗木收购、运输物流等服务行业逐渐形成，还产生了专门从事苗木扦插、嫁接、种植、起苗、装运等的专业队伍，产业分工越来越细化。面对不断变化的市场需求，萧山花木在坚持以花灌木为主导产品的基础上，积极引进新优品种，优化苗木品种结构，成功实现红叶石楠、金森女贞、金叶六道木、花叶络石、小丑火棘等新品种的规模化生产，年产新品种花灌木工程苗1.5亿株。通过设施栽培大力提高生产力水平。全区有花木设施栽培面积467公顷，其中大棚160万平方米。全区已建成容器育苗基地267公顷，形成营养钵工程苗1.5亿株、穴盘基质种苗3亿株的年生产能力。喷灌、滴灌在绿化苗木生产上的应用逐步推广。先后制订了桧柏、龙柏、瓜子黄杨、红花檵木、桂花、花叶络石、小丑火棘、蝴蝶兰等花木品种的生产技术标准。

畜牧业

【概况】 2009年8月19日，区畜牧兽医局挂牌成立，隶属区农业局，为副处级单位。有事业编制人员28人，下辖办公室、畜牧管理科、防疫科和检疫监督科四个科室。

2009年，全区实现畜牧业总产值196285万元，比上年增4.51%，占全区农业总产值的28.42%。其中：牲畜产值160526万元，增4.71%；家禽产值20273万元，增1.06%；畜禽产品及其他动物产值15486万元，增7.10%。牲畜产值中，生猪产值159251万元、牛产值186万元和羊产值1089万元；家禽产值中，鸡产值7383万元、鸭产值12286万元和鹅产值604万元。畜牧业总产值中扣除中间消耗值97876元，其中物质消耗75746万元，劳务支出22130万元；畜牧业增加值98409万元，其中劳动者报酬95982万元。

2009年萧山区畜牧业生产情况

项目	计量单位	2008年	2009年	2009年比2008年	
				增加	增长(%)
一、生猪全年饲养	万头	191.40	205.66	14.26	7.45
其中：年末存栏	万头	76.15	79.77	3.62	4.75
存栏中母猪	万头	8.85	9.07	0.22	2.49
出栏肉猪	万头	115.25	125.89	10.64	9.23
二、牛全年饲养	头	2316	2110	−206	−8.89
其中：年末存栏	头	2167	2015	−152	−7.01
存栏中乳牛	头	2011	1705	−306	−15.22
年内出栏	头	149	316	167	112.08
三、羊全年饲养	万只	4.59	4.86	0.27	5.88
其中：年末存栏	万只	1.49	1.75	0.26	17.45
年内出栏	万只	3.10	3.11	0.01	0.32
四、兔全年饲养	万只	9.40	6.47	−2.93	−31.17
其中：年末存栏	万只	2.41	1.65	−0.76	−31.54
年内出栏	万只	6.99	4.82	−2.17	−31.04

续表

项目	计量单位	2008年	2009年	2009年比2008年	
				增加	增长(%)
五、家禽全年饲养	万只	1677.33	1699.51	22.18	1.32
其中：年末存栏	万只	395.18	405.90	10.72	2.71
年内出栏	万只	1282.15	1293.61	11.46	0.89
六、年末养蜂数	箱	31307	31369	62	0.20
蜂蜜产量	吨	1545	1607	62	4.01
蜂皇浆产量	千克	118897	119800	903	0.76
七、肉类产量	吨	99284	107735	8451	8.51
牛奶产量	吨	6782	6980	198	2.92
禽蛋产量	吨	3928	3947	19	0.48

【实施畜禽规模化养殖】 生猪养殖规模化程度高。2009年，全区年出栏100头以上养殖户（场）601家，占总养殖户的8.27%；总出栏生猪124.13万头，占全区出栏数的98.60%。其中100—499头399户，出栏6.45万头；500—2999头149户，出栏12.00万头；3000—9999头22户，出栏9.22万头；10000—49999头26户，出栏54.43万头；50000头以上5户，出栏42.02万头。有规模奶牛场3家，存栏乳牛1705头，其中年末存栏500头以上2家。年出栏30只以上养羊场40家，其中出栏1000只以上2家。有年存栏200只的长毛兔养殖户1户；年出栏1000只以上的獭兔养殖场5家，其中1万只以上1家。年末存栏蛋鸡500只以上的养殖家（户）9家，其中2000只以上4家；年出栏肉鸡2000只以上70家，其中出栏5万只以上3家。年末存栏蛋鸭500只以上87家，其中2000只以上30家，1万只以上2家；年出栏肉鸭2000只以上331家，其中1万只以上225家，5万只以上17家，10万只以上1家。年末有蜂群60箱以上的养蜂户97户，其中120箱以上87户。

【开展畜牧兽医队伍和执业兽医调查】 2009年，区农业局对全区26个镇街及411个行政村（社区）开展基层动物防疫队伍情况调查，重点调查镇、村两级动物防疫队伍的组织体系建设，人员年龄结构、文化程度，待遇、报酬和编制，工作经费落实等情况。26个镇街共配备畜牧兽医人员63人，411个行政村（社区）共配备防疫人员329人。对全区兽医队伍及报考执业兽医人员开展摸底调查。全区26个镇街、44家规模场（养殖小区）及24家诊疗单位和兽药经销店共94个机构，有兽医人员228人，其中符合执业兽医条件的79人。

【加强镇街兽医站基础设施建设】 为完善基层动物防疫体系，提高镇街兽医站动物疫病预防与控制能力，根据《关于下达动物防疫体系建设项目2008年新增中央预算内投资计划的通知》（浙发改农经〔2008〕885号）文件精神，临浦、戴村、义桥、进化、瓜沥、党湾、河庄、南阳、新塘、蜀山等10个镇街兽医站被列入2008年度新增投资计划乡镇兽医站基础设施建设项目的建设任务。项目总投资90万元，其中中央投资30万元、地方投资60万元。由省、区统一招标购置动物防检仪器设备，按照"专人保管、专用标识、专用场地、专门台账”的要求，落实各类物资管理，召开现场会，对全区畜牧兽医人员就哈逊轮式喷雾器、无线智能识读器、数控高压灭菌锅等新设备的操作方法和使用要领进行培训。

【完成动物卫生监督管理数据库建设】 2009年，区农业部门对75家兽药经营企业、60家畜禽养殖场、29家动物屠宰场、13家种畜禽养殖场、12家无害化处理场所、6家动物诊疗机构、4家畜禽产品经营单位、4家饲料添加剂生产企业、3家动物及动物产品集中交易单位、2家兽药生产企业、1家畜禽产品加工企业的管理对象、培训、人员、案件执法、行政许可、证章、检疫管理等各项内容建立数据库。

【签订动物防疫和畜产品安全责任书】 2009年初，区农业部门把免疫任务分解到各镇街及有关职能单位，与各单位签订动物防疫和畜产品安全工作责任书，明确动物防疫的工作目标、工作重点和保障措施，并继续将动物防疫工作列入对镇街的综合目标考核。全区共签订目标责任书439份，与1341个养殖场(户)建立联场带户责任制，39个无害化处理设施落实了责任人。

【提高免疫密度确保免疫质量】 2009年，区农业部门集中抓好春秋季集中免疫。根据国务院、省、市统一部署，组织949名防疫人员和1359名工作人员分三个阶段开展了家禽、生猪、牛、羊、犬等畜禽的高致病性禽流感、口蹄疫、猪瘟、蓝耳病、狂犬病等重大动物疫病的免疫注射。春秋防疫中共免疫高致病性禽流感疫苗407.58万只(不含特禽)，免疫生猪口蹄疫疫苗、猪瘟疫苗184.51万头和171.12万头，免疫牛口蹄疫疫苗4402头、羊口蹄疫疫苗31490只、犬42623只。开展了高温季节消毒灭源和秋防加固战行动。督促规模养殖场户由春秋季免疫向程序免疫、常年免疫过渡，农村散户以春秋季免疫和常年免疫相结合。重大动物疫病进一步由集中免疫向常年免疫、程序免疫过渡，累计免疫家禽高致病性禽流感疫苗557.53万mL、生猪口蹄疫疫苗814.87万mL、牛羊Ⅰ-O双价口蹄疫疫苗8.6万mL。免疫高致病性猪蓝耳病疫苗81.2万mL，免疫猪瘟等疫苗1294.53万头份，免疫狂犬病疫苗8.86万只份，做好犬管中心集中免疫工作，累计免疫各类犬1800余只。

为确保免疫质量，实行免疫效果评估，进一步扩大监测范围，加大免疫抗体监测密度和频度，采用定向抽样、送样，突击抽样和全面普查相结合的方式，先后出动280人次，抽检各类样本，接受省、市、季度飞行监测4次。共抽检各类血清样本6696份次、奶牛“两病”检测2289头，禽流感re-5/re-4、口蹄疫、猪瘟和新城疫抗体合格率分别为85.30%/84.82%、60.99%、62.53%和90.00%。对屠宰场建立外来生猪定期检测制度，对免疫抗体低下的调入地向省申请发出禁调通知。同时，加强实验室生物安全管理，开展环境消毒和废弃物规范处理。按照“预防为主，防控结合”的原则，开展了动物防疫示范镇(村)建设和首次动物防疫示范场建设，完成了26个市、区级示范镇、村、场的建设任务，新建8个共950立方米无害化处理池。开展无针头注射的应用。

【完善免疫制度建设】 2009年，区农业系统继续抓好生产档案管理，对存栏生猪500头以上、家禽2000只以上、牛100头以上、羊300只以上的养殖户建立统一的《萧山区畜禽养殖安全生产档案》，做好疫苗领用及免疫、病死动物处理等台账记录工作。继续开展58家养殖场动物防疫信息报送工作。及时提交动物疫情防疫月报表、重大动物疫病免疫报表、免疫标识制度实施进展报表、疫苗订购及免疫进展报表、月度免疫监测报表、农业部网络报表等。加强免疫追溯管理，分级建立了各类疫苗台账，除37家规模猪场允许直接领用疫苗外，其他养殖场户一律按属地管理原则由镇街、农场统一领用。落实专人负责疫苗管理，定期对镇街的疫苗领用情况进行监督和通报，应用信息系统软件对各地疫苗领用情况进行有效管理。建立疫苗瓶回收制度，要求规模猪场口蹄疫疫苗使用后疫苗瓶回收率在80%以上。建立免疫程序备案登记制度，对存栏5000头以上的规模养殖户开展免疫程序备案制度，安排技术人员对各场程序进行分析，结合生产实际和检测情况，提出程序调整建议和方案。

奶牛“两病”监测 (陈阳摄)

【应对甲型H1N1流感】 2009年，针对墨西哥、美国等多个国家和地区爆发的猪流感(后更名为“甲型H1N1流感”)疫情，萧山区全面启动甲型H1N1流感监测，对养殖场、定点屠宰场和交易市场，开展动物疫病临床监测，建立每日一报制度，强化动物疫情信息报送制度。完善应急预案，成立技术专家组，完成应急物资准备。在《萧山日报》、“萧山网”、“萧山农网”等媒体上开展甲型H1N1流感防控知识的科普宣传。同时，各镇街、养殖场加大监控力度，做好不明原因猪呼吸道疾病监测和筛查，抓好病死动物的无害化处理，做到“不屠宰、不食用、不出售、不转运”的“四不准”。加强消毒灭源工作，特别是散养猪舍做好定期消毒。区流行病学调查工作队对种猪场、规模猪场、散养户、定点屠宰场，集中开展了甲型 H1N1 流感的监测和流行病学调查，组织村级动物防疫员、疫情测报员加强生猪疫情巡查，密切关注猪群健康状况，及时掌握甲型 H1N1 流感发展动态，排除隐患。

【做好奶牛疫病监控】 2009 年，全区农业部门建立了奶牛户口簿制度、奶牛“两病”（布鲁氏菌病和结核病）健康证制度，督促奶牛场做好防疫工作及规范化生产。针对 2 月湖北、上海的奶牛 A 型口蹄疫疫情，召开专题会议，及时部署落实，发放告知书，免费供应消毒液 26.4 万 mL。完成全区湘湖、富伦、所前、南阳 4 个奶牛场采样和送样工作，派出 16 人次对 4 家奶牛场进行排查和开展监测采集工作，共抽取奶牛血样 85 份。5 月中旬起，组织 83 人次对 4 家奶牛场进行“两病”监测，确保牛奶质量安全。

【实行生猪良种补贴】 依照省财政厅、农业厅有关国家生猪良种补贴项目实施文件精神和《浙江省生猪良种补贴项目种猪场、种公猪和供精单位确认办法》要求，根据有关镇街畜牧兽医站调查统计、现场检查，供精单位的证明、公示核实和 2007 年能繁母猪档案，确定 2007 年实施人工授精技术的能繁母猪养殖户 57 户、母猪 3267 头。按每头能繁母猪配种使用 2 份精液、每份精液 10 元的标准，共补贴 65340 元。对 2008 年实施人工授精的能繁母猪给予补贴，补贴标准为每头能繁母猪配种使用 2 份精液、每份精液 10 元。能繁母猪 70450 头，43 个供精单位共获补贴资金 140.9 万元。

【发展生态畜牧业】 推广人工湿地、生物饲料添加剂和发酵床养殖技术，发展清洁化健康养殖。组织实施畜禽养殖排泄物治理工程和示范项目，在粪污无害化处理的基础上，生产生物有机肥，利用农作物秸秆，合理利用资源。2009 年全年完成省级任务 33 个，猪粪处理 1 家；市级污染治理 9 家，猪粪处理 3 家，生态示范场 2 家，农业废弃物综合利用 1 家；区级 8 家。利用围垦秸秆养羊，在山区发展种草养鹅业。配合养殖企业推进各类环保工程技术和设施建设。实施标准化生猪、食草动物养殖示范基地建设。新建龙翔生猪、兴荣生猪、湘湖奶牛和鑫绿羊业 4 个省级生猪、奶牛、湖羊养殖基地。建立杭州市级商品猪基地 23 家。在家禽上以志伟家禽、海亮种禽场和六强公司蛋鸡场来带动蛋禽的发展，以汇丰源种鹅场带动种草养鹅的发展。

【养猪协会继续开展行业服务】 2009 年，区养猪行业协会继续承办规模猪场生猪互助合作保险，猪场和区财政各承担 50%，有 33 个规模猪场参加投保，收取投保费 30 万元，区财政政策性配套资金落实 30 万元。为促使猪场做好防疫消毒工作，发放消毒威、奥赛得等消毒药品计 18.81 万元。举办培训班 12 期，参加听课 477 人次。组织会员 84 人次，赴上海、河南、台湾考察学习。协会的畜牧服务部开展门诊咨询、兽医药械和自我免疫保护等技术服务。编印《萧山养猪业》5 期 1075 份。向猪场和个人会员赠送报纸杂志 243 份。向区政府反映“生猪市场信息”等情况，引起区政府的关注。完成杭州市农业局下达的“2009 年杭州农业社会化服务项目”和杭州市农业局发展基金会的“瘦肉型猪标准养殖示范区建设”项目。修订的《无公害瘦肉型猪养殖技术规程》通过专家验收。

水产业

【概况】 2009 年，全区水产养殖面积 10580.6 公顷，比上年增 1.08%。其中：池塘、湖泊、河沟、水库等养殖面积 3895 公顷，增 1.80%，产量 19420 吨，增 10.56%；稻田养殖面积 6685.6 公顷，增 0.66%，产量 28135 吨，增 0.77%。工厂化养殖面积 391551 立方米，增 286%；产量 980 吨。淡水养殖产量 46860 吨，增 4.5%。淡水捕捞产量 810 吨，同上年，主要为鱼类。全区渔业总产值 70275 万元，占全区农业总产值的 10.18%，比上年上升 0.02 个百分点；产值比上年增 8.32%。实现渔业增加值 42112 万元。

2009 年萧山区淡水养殖情况

项目	养殖水域						稻田养殖
	合计	池塘	湖泊	河沟	水库	其他	
养殖面积（公顷）	3895	1604	42	1430	69	750	6685.6
总产量（吨）	19420	12030	50	3322	83	3935	28135
每公顷产量（千克）	4985.9	7500	1190.5	2323.1	1202.9	5246.7	4208.3

全区渔业用船 2412 艘，比上年增加 7 艘；总吨位 1252 吨，增加 9 吨；总机械动力 2045 千瓦，增加 116 千瓦。全区有渔业户 2156 户，比上年减少 160 户；渔业人口 14170 人，减少 152 人，其中传统渔民 4830 人，同上年。

全区有水产品加工企业 9 家，同上年；年加工能力 88300 吨，增 2.32%。全区有水产品冷库 26 座，增 4 座；日冻结能力 602 吨，一次冷藏能力 26570 吨，每日制冰能力 370 吨。全区年加工水产品 25744 吨，增 7.03%，其中淡水产品 23994 吨，海水产品 1750 吨；冷冻 24316 吨；南美白对虾 20200 吨。出口水产品 6854 吨，增 72.17%，其中淡水产品 5354 吨、海水产品 1500 吨；出口创汇 3850.27 万美元，增 15.08%，主要出口欧盟、美国、日本、韩国、俄罗斯等。

全区水产业基本形成布局区域化、品种多元化、生产产业化的格局，逐步优化完善了以南美白对虾为主导，中华鳖、黑鱼、河蟹、珍珠和常规鱼等多品种齐头并进的水产养殖结构。

【常规鱼养殖面积 1761.67 公顷】 2009 年，全区 10580.6 公顷水产养殖面积中，常规鱼养殖面积 1761.67 公顷，比上年增加 117.14 公顷，占水产养殖面积的 16.65%。区农业局统计，共生产四大家鱼14530吨，其中青鱼1340吨、草鱼3300吨、鲢鱼5360吨、鳙鱼4530吨。全区生产淡水鱼苗2.81亿尾，比上年增41.92%，其中罗非鱼鱼苗300万尾；生产淡水鱼种5460吨，增41.45%；共投放鱼种总量2945吨，增82.01%。

【名特优水产养殖面积占总面积的83.35%】 2009年，全区名特优水产品养殖面积8818.93公顷，占全区水产养殖面积的83.35%，比上年减0.04%；名特优水产品产量38220吨，占全区淡水养殖总产量的80.37%，减4.77%。

鳖养殖面积增加。全区有温室养殖面积18.4万平方米，生态池塘养殖面积384公顷，比上年增30.29%；分别产稚鳖600万只，产商品鳖3744吨，增30%。全区有乌龟养殖面积22.07公顷，产量166吨，生产稚龟10万只。

虾类和蚌珠面积稳定。全区虾类养殖面积6935.33公顷，比上年增1.02%；总产虾24930吨，减12.51%。其中罗氏沼虾养殖面积78.13公顷，减17.50%，产沼虾300吨，减14.29%；青虾养殖面积23.2公顷，减72.21%，产青虾30吨，减50.00%。蚌珠养殖面积846.8公顷，增2.51%；产珍珠6吨，增9.09%。

河蟹、乌鳢(黑鱼)养殖面积减少。河蟹养殖面积239.73公顷，比上年减29.23%；产蟹210吨，减30.92%。黑鱼养殖面积269.67公顷，减8.73%；产黑鱼8270吨，增16.48%。

其他名特优水产养殖143.4公顷，比上年减29.13%；产量1060吨，减21.54%，其中黄颡鱼8.4公顷、32吨，罗非鱼13.33公顷、200吨，鲫鱼26.4公顷、205吨，鳗17.47公顷、210吨，还有小龙虾1公顷，观赏鱼面积18.13公顷、产观赏鱼150万条。

2009年萧山区名特优水产养殖情况

单位：面积为公顷，总产为吨

项目	2008年	2009年	2009年比2008年	
			增加	增长(%)
虾类面积	6865.13	6935.33	70.20	1.02
总产	28495.0	24930.0	−3565.0	−12.51
河蟹面积	338.73	239.73	−99.00	−29.23
总产	304.0	210.0	−94.0	−30.92
鳖面积	294.73	384.00	89.27	30.29
总产	2880.0	3744.0	864.0	30.00
乌鳢面积	295.47	269.67	−25.80	−8.73
总产	7100.0	8270.0	1170.0	16.48
蚌珠面积	826.07	846.80	20.73	2.51
总产	5.5	6.0	0.5	9.09
其他面积	202.34	143.40	−58.94	−29.13
总产	1351.0	1060.0	−291.0	−21.54
全区名特优水产面积	8822.47	8818.93	−3.54	−0.04
总产	40135.5	38220.0	−1915.5	−4.77

注：根据区农业局统计。

【南美白对虾成为第一大养殖品种】 由于萧山具有独特的围垦资源优势，生产的南美白对虾具有质量好、规格大、符合出口标准的特点。自1999年试养并获成功后，开始大面积发展，全区已形成种苗淡化、养殖生产、饲料供应、产品加工、产品出口的产业链，南美白对虾在全区水产养殖中取得了养殖面积、产量水平、经济效益等多个第一的成绩。2009年全区南美白对虾养殖面积6834公顷，比上年增加147公顷，占全区总养殖面积的64.59%，占虾类养殖面积的98.54%，成为全区第一大养殖品种；产量24600吨，减产3485吨，减产原因是病害暴发，使产量大幅下降；市场销售价格维持在较好的价位，平均每千克24元左右，产值5.9亿元，减12.20%。全区南美白对虾养殖基本上是三成赢利，七成亏损或保本。浙江跃腾水产食品有限公司承担的南美白对虾生物选育产业化项目，被列入国家生物育种高技术产业化专项计划。

【全国水产养殖池塘标准化改造现场会在萧山召开】 2009年7月1日，由农业部渔业局组织的全国水产养殖池塘标准化改造现场会在萧山举行，来自国家、省、市渔业部门代表100多人参加会议。这是在萧山召开的第一次全国性的水产现场会议。会议期间，代表们参观了萧山海天水产养殖有限公司、杭州大洋水产养殖有限公司、萧山跃腾水产养殖有限公司3家单位集中连片的高标准池塘建设和水产养殖、种植、观光、休闲等为一体的生态型水产养殖池塘建设。农业部渔业局局长李建华肯定了萧山的池塘改造效果好、标准高，是全国的示范样板。

【全区第一个国家级中华鳖良种场挂牌】 2009年3月21日，受农业部渔业局委托，全国水产原种和良种审定委员会组织有关专家，对萧山金达龚老汉特种水产有限公司申报的中华鳖良种场进行现场验收，专家组听取了工作汇报，察看了基础设施及亲鳖、后备亲鳖，查阅了相关资料，询问了相关问题。经过讨论，专家组一致同意通过验收，该中华鳖良种场被批准为国家级中华鳖良种场，4月27日正式授牌。这是全区第一个农业国家级良种场，也是杭州市首个龟鳖类国家级良种场。金达龚老汉特种水产有限公司1997年从日本福冈引进鳖种2168只，从长崎引进鳖种5万只。坚持良种选育，已选育到F3代，其形态、性状和生产性能比引进群体有明显提高。保存有中华鳖(日本品系)亲本和后备亲本10万余只，年产良种鳖苗500万只、成品鳖50余万只，销售到10多个省市的270多个场(户)。

【两种养殖鳖获"中国名鳖"称号】 2009年，中国渔业协会龟鳖产业分会公布全国8家生态甲鱼养殖企业的产品获"中国名鳖"称号，其中有杭州萧山天福生物科技有限公司的"天海园"牌产品和杭州萧山跃腾水产养殖有限公司的"跃腾"牌产品。

【建成一批标准化水产养殖池塘】 2009年，全区改造标准化水产养殖池塘749.73公顷，通过标准化养殖池塘的改造，养殖场生产布局更为合理，池塘形状规则，水、电、路、渔业机械、管理房、仓库等配套齐全，养殖基地道路畅通，养殖池塘周边绿花配套等，对规范化养殖生产起到良好的示范和带动作用。萧山海天水产养殖有限公司通过高标准池塘建设，其中40.3公顷甲鱼养殖塘平均每公顷增产555千克，产值增5.55万元，纯收入增3.3万元。

【建成一批水产养殖示范园区(基地)】 2009年，萧山被农业部授予南美白对虾病害预防示范区和南美白对虾加工业示范基地，建成国家级良种场1个、省级良种场3个、省级水产高效养殖示范基地6个、省级无公害标准化养殖推广示范基地5个、杭州市级都市农业示范园区9个等，进一步带动了水产主导产业的发展。

【加强水产病害测报工作】 2009年，全区水产业加强养殖病害的防范工作，安排落实了鳖、河蟹、黑鱼、南美白对虾等12个病害测报点及其病害测报工作。鳖，重点抓好越冬后的病防工作；河蟹，重点抓好纤毛虫病、烂肢病等病害的预防工作；黑鱼，主要做好杂交品种的种苗引进与养殖试验工作；南美白对虾，重点从"水质、苗种、饵料"三个基本要素入手，做好良种引进、水质调控、饲料投喂等方面工作。

【休闲渔业稳定发展】 以垂钓为主的休闲渔庄稳步发展，2009年全区有休闲渔业经营主体39家，比上年增加2家；从业人员530人，增加94人；总投资12770万元，增加3000万元，其中涉渔设施投资9700万元，增加3000万元；陆域面积103公顷，增加5公顷；池塘170公顷，增加6公顷；有休闲渔船9艘，同上年；有人文景观景点15个，增加2个。休闲渔业总产出5700万元，增加100万元；税后利润1700万元，增加50万元；共接待游客32万人次，增加2万人次。

【渔业灾害损失13720万元】 2009年，全区渔业灾害损失13720万元，比上年增加8849万元，其中水产品损失13120万元，损毁渔业设施600万元；受灾养殖面积3815公顷，其中台风、洪涝损毁池塘1600公顷，病害1900公顷，污染315公顷；水产品损失6900吨，其中因养殖病害损失3000吨、6000万元，病害损失3500吨、7000万元，污染损失400吨、120万元。

【水产品检测合格率100%】 发放《水产养殖日志》给各养殖生产单位，特别是无公害基地单位，做好苗种、饲料、药物等投入品记录和产品销售记录。通过培训班，推广无公害标准水产养殖技术操作规程，做好水产品质量安全管理、产品检测等工作，重点抓好饲料、药物等的投入品管理，养殖人员的技术培训和产品质量安全管理培训，产地环境检查，生产档案记录与生产管理制度建设等。2009年接受农业部、省、市等抽样检测177批次，检测合格率100%。

林业

【概况】 2009年，全区林业产值9181万元，比上年增11.72%；占全区农业总产值的1.33%，比上年下降0.04个百分点。林业总产值中扣除中间消耗值5455万元(其中物质消耗2035万元，劳务支出3420万元)，林业增加值为3726万元(其中劳动者报酬3581万元)。林业产值中有林产品产值6759万元，竹木采伐产值1328万元；全年采伐木材4027立方米、毛竹135万株、杂竹400吨。生产笋干(鲜笋折)1560吨、板栗600吨、竹壳3600吨、毛料3600吨、银杏(白果)10吨。全区完成人工造林54公顷，迹地更新12公顷，育苗15公顷。

根据森林资源二类调查，全区林业用地面积27843.67公顷，占全区总面积的19.61%，其中国有722.67公顷、集体所有27121公顷。在林业用地中，有林地(乔木林+竹林)24993.27公顷，占林业用地面积的89.76%；疏林地73.13公顷，灌木林地1702.2公顷(包括灌木经济林1422.73公顷)，未成林地2.13公顷，苗圃地29.87公顷，无立木林地758.67公顷(包括采伐迹地5.87公顷、火烧迹地9.27公顷)，宜林地283.47公顷(包括宜林荒山147.87公顷)，辅助生产林地0.93公顷。全区有经济树种面积2808公顷，占林业用地面积的10.08%。竹林中有毛竹林6680.13公顷，立竹量1947.04万株，平均每公顷2914株。全区森林覆盖率22.2%，林木绿化率21.93%，林地绿化率95.88%。全区有生态公益林20446.67公顷，占林业用地面积的73.43%，其中国家级667.4公顷，省级12877.87公顷，其他6901.4公顷，实施补偿的国家级和省级重点生态公益林13338.93公顷。全区森林面积26416公顷，占林业用地面积的94.87%，森林蓄积733463立方米，其中乔木林17363.47公顷(纯林4291.93公顷、混交林13071.54公顷)，竹林7629.8公顷，灌木经济林1422.73公顷。全区活立木蓄积量796685

养鳖基地　　(程湘虹摄)

立方米，其中乔木林蓄积733463立方米，占活立木蓄积量92.06%；疏林蓄积103立方米，散生木蓄积14484立方米，“四旁”树蓄积48635立方米。森林面积中有防护林17956.8公顷，蓄积566799立方米；特用林2849.53公顷，蓄积75183立方米；用材林2282.6公顷，蓄积89393立方米；经济林3327.07公顷，蓄积2088立方米。活立木蓄积量中国有34685立方米，集体146455立方米，股份合作1441立方米和个人614104立方米。

【开展古树名木普查】 2009年，萧山区开展全区第三次古树名木普查，共普查、建档古树名木564株，其中名木1株，罗汉松，树龄88年，在衙前农村小学校即沈玄庐（又名沈定一）故居内，为沈玄庐从俄国带回；古树563株，其中一级古树61株、二级古树99株、三级古树403株。古树群两处，一处在楼塔镇岩岭山村，由樟树、枫香、朴树和苦槠4个树种组成，计18株；另一处在河上镇众利村，由樟树、苦槠和三角槭3个树种组成，计14株。树龄在500年（含）以上的有61株（其中树龄在1000年以上的1株，为戴村镇半山村的银杏），300—499年的99株，100—299年的403株，分属20科、21属、21个树种。主要分布在南部低山丘陵地区和中部平原水网地带，其中最大的树是闻堰镇三江口村的樟树，其胸围710厘米，树高37米，冠幅41.1米×39.7米，覆盖面积0.13公顷多，早在清光绪三十三年（1907）二月设立石碑“永禁樟树，敏置公界”，并保存至今。每株树都有图片，均建立了纸质和电子档案，发文公布，进行挂牌，并提出针对性的保护措施。

2009年萧山区古树名木分镇种类统计表

单位：棵

单位	小计	樟树	银杏	枫香	朴树	三角槭	苦槠	槐树	桂花	南方红豆杉	枫杨	马尾松	紫玉兰	柘树	无患子	女贞	罗汉松	柳杉	榔榆	臭椿	丝棉木	胡颓子
楼塔镇	99	41	12	26	4	5	5	2	—	3	1	—	—	—	—	—	—	—	—	—	—	—
河上镇	45	32	7	1	—	2	2	—	—	—	—	1	—	—	—	—	—	—	—	—	—	—
戴村镇	20	13	3	—	2	2	—	—	—	—	—	—	—	—	—	—	—	—	—	—	—	—
临浦镇	20	15	2	—	1	—	—	2	—	—	—	—	—	—	—	—	—	—	—	—	—	—
义桥镇	43	39	—	—	1	—	—	—	2	—	—	—	—	—	—	—	—	1	—	—	—	—
浦阳镇	20	16	2	2	—	—	—	—	—	—	—	—	—	—	—	—	—	—	—	—	—	—
进化镇	186	148	9	12	6	4	1	1	2	—	—	1	1	—	1	—	—	—	—	—	—	—
所前镇	35	24	9	2	—	—	—	—	—	—	—	—	—	—	—	—	—	—	—	—	—	—
闻堰镇	12	12	—	—	—	—	—	—	—	—	—	—	—	—	—	—	—	—	—	—	—	—
衙前镇	1	—	—	—	—	—	—	—	—	—	—	—	—	—	—	—	1	—	—	—	—	—
坎山镇	3	3	—	—	—	—	—	—	—	—	—	—	—	—	—	—	—	—	—	—	—	—
瓜沥镇	9	7	—	—	2	—	—	—	—	—	—	—	—	—	—	—	—	—	—	—	—	—
南阳街道	8	7	—	—	—	—	—	—	1	—	—	—	—	—	—	—	—	—	—	—	—	—
蜀山街道	4	3	—	—	—	—	—	1	—	—	—	—	—	—	—	—	—	—	—	—	—	—
新塘街道	2	—	2	—	—	—	—	—	—	—	—	—	—	—	—	—	—	—	—	—	—	—
区林场	8	—	6	—	2	—	—	—	—	—	—	—	—	—	—	—	—	—	—	—	—	—
城厢街道	18	14	2	—	—	—	—	—	—	—	—	—	—	—	—	1	—	—	1	—	—	—
湘湖旅游度假区	31	23	—	—	3	—	—	1	—	—	—	—	—	1	—	—	—	—	—	1	1	1
合计	564	397	54	43	21	13	8	7	5	3	1	2	1	1	1	1	1	1	1	1	1	1

【加强春季绿化造林】 2009年3月10日，区四套班子领导与300多名干部群众到南环路城区义务植树点植树，共种植银杏、香樟、栾树、海棠、慈孝竹等苗木2500多棵。3月17日，区绿化委员会、林业局、围垦指挥部等部门组织近100人，到围垦外四工段，结合沿海防护林工程建设进行义务植树，共种下水杉、冬青、银杏、杨树、夹竹桃等树种1000余株。在春季绿化造林期间，结合妇联组织的“绿化庭院、美化家园”绿色行动，进行义务植树活动。2月27日，靖江镇甘露村举行“绿化庭院、美化家园”绿色行动启动仪式，以每户农户一株柿子树一株橘子树的标准，共种下1300余株，以果树代绿树。3月11日，义桥镇组织镇、村人员在富春江、钱塘江交汇区开展以“保护母亲河”为主题的义务植树活动。全

区“四旁”植树102.5万株。

【做好沿海防护林建设】 根据省、市有关文件精神，做好沿海防护林工程规划，《萧山区沿海防护林体系建设工程总体规划》和《萧山区沿海防护林基干林带建设工程专项规划》于2008年11月25日通过了由浙江大学、浙江林学院、省林业厅、省林科院、省林业生态工程管理中心、省森林资源监测中心、市林水技术推广中心专家组成的专家组评审。2009年，区政府以萧政发〔2009〕4号文件批复两个《规划》，成立领导小组，下发《杭州市萧山区人民政府办公室关于开展海防基干林带建设工程的实施意见》(萧政办发〔2009〕37号)和《杭州市萧山区人民政府办公室关于印发〈萧山区沿海防护林基干林带建设工程实施办法〉(试行)的通知》(萧政办发〔2009〕77号)。将计划任务和资金(中央资金30万元和地方配套资金8万元，共38万元)下拨到建设单位。2009年共完成重点防护林204.53公顷，其中平原林带林网30公顷、山地有林地改造141.53公顷、新建基干林带24公顷、基干林带修复9公顷。

【落实兴林富民示范工程】 2009年，萧山区成立了工程项目领导小组，并按照《浙江省兴林富民示范村镇验收办法》的要求，确定两个生产发展、农民富裕、生态良好的兴林富民示范村——所前镇越山村和坎山镇三盈村，建成高效生态林业基地300公顷。在实施中，建立和完善两个高效基地的规划和建设，积极发展相关产业，带动林业经济进一步发展；设立显著的兴林富民指示牌，使产品能按照标准化生产，栽培设施化等先进技术覆盖率95%，林农培训率均为80%以上。通过兴林富民示范村建设和实施，所前镇越山村和坎山镇三盈村人均收入分别达到14690元和15200元，年度人均林业收入增8%以上。

【新增园林绿化村18个】 2009年，各地充分利用春季绿化造林季节，加强村庄绿化工作，并将村庄绿化作为提高农村人居环境质量，促进新农村、城乡一体化建设的重要举措。全区确定2009年度创省“绿化示范村”4个、市“园林绿化村”2个、区“绿化示范村”12个。闻堰镇黄山村、益农镇众力村、党湾镇梅东村、义蓬街道金星村被命名为2009年度浙江省“绿化示范村”。是年底，全区已创建10个“浙江省绿化示范村”、37个“杭州市园林绿化村”、27个“萧山区绿化示范村”。

【新增16家花园式单位】 2009年，区绿化委员会对申报2008年度“花园式单位”的19家单位进行审核，确认临浦镇中心幼儿园、进化镇第二幼儿园、杭州萧山古籍印务有限公司(义桥)、义桥镇中心幼儿园、朝晖小学、第二中等职业学校、北干幼儿园、市北小学(北干)、阳光学校(宁围)、新街镇长山幼儿园、第三高级中学、坎山镇三盈小学、瓜沥镇小太阳幼儿园、瓜沥镇运东小机灵幼儿园、党湾镇梅西幼儿园和河庄镇建设村村委大院16家单位为2008年度“花园式单位”。至此，全区有“花园式单位”325家。

【油茶良种苗木繁育基地落户萧山】 2009年3月7日，区林业局与中国林业科学研究院油茶良种育苗合作项目的签约仪式在金马饭店举行。油茶良种苗木繁育基地正式落户萧山，计划在田丰园艺场建立油茶良种苗木繁育基地33.33公顷，批量生产油茶良种优质壮苗3000万株。是年，建立采穗圃1个，面积7公顷，穗条产量100万条；建立繁殖圃1个，面积13公顷，产油茶苗900万株。

【第六届中国城市森林论坛】 2009年5月7—8日在萧山举行，中共中央政治局委员、全国政协副主席、关注森林活动组委会主任王刚出席，全国政协人口资源环境委员会主任、关注森林活动组委会副主任张维庆，全国绿化委员会副主任、国家林业局局长、关注森林活动组委会副主任贾治邦，全国政协人口资源环境委员会副主任江泽慧，全国政协副秘书长林智敏，国家林业局总工程师卓榕生，经济日报社社长徐如俊，以及省、市、区有关领导出席开幕式。同时，杭州、威海、宝鸡、无锡4个城市被授予“国家森林城市”称号。

农业科技

【概况】 2009年，区农业技术推广中心有事业编制人员35人，下辖农业科、林业科、水产科和农业信息中心；区农业行政综合执法大队有事业编制人员34人；区畜牧兽医局有事业编制人员28人；区种子管理站有事业编制人员8人。区农业局有事业编制人员105人，其中技术人员97人，占92.38%。在技术人员中，有高级职称30人，占技术人员总数的30.93%；中级职称36人，占技术人员总数的37.11%。其中聘任首席农技专家10名，农技指导员32名。

全区镇、街道有农技推广服务组织26个，有农业技术人员78人，其中责任农技员64名。全区配有农技员的村411个，村不脱产农民技术员759人，同上年。全区有农业科技示范场30家，农业科技示范户790户。

【开展春耕备耕调查】 2009年2月9—20日，区农业局组织25名农技人员，分5个组开展春耕备耕生产调查。调查内容主要涉及五个方面，即推动农业转型升级的新举措，农业设施化、标准化、科技化、信息化方面的新思路，各地出台农业扶持新政策，农业经营方式新趋势和春耕备耕物资准备新情况，最终形成1.16万余字的调研报告，分送省、市农业、林业、渔业部门和区四套班子领导。

是年，区农业局由局领导带队，分8个调研组，走村入户，就优化发展主导产业、农林事业场改革、粮食功能区建设、标准农田地力培肥、农产品质量监管、林地流转、农技推广体系建设和农民专业合作社发展8个课题开展调研活动，形成调研报告，并结集成书。

【第一次农业污染源普查总结表彰会】 2009年12月17日举行。自2007年11月开展第一次农业污染源普查以来，全区共普查(补查)了32家单位，即26个镇街和6家区级单位(8个农场)，填报表格4029套(张)。全区共有种植业农户244891户，共普查种植业典型农户1695户；普查畜禽养殖专业户(场、小区)775户(家)，其中生猪养殖专业户(场、小区)698户，奶牛场4家，蛋鸡养殖专业户(场)7户(家)，肉鸡养殖专业户(场)70户(家);水产养殖专业户(场)1527户(家)。完成技术和工作2个总报告及种植业、畜牧业、水产业3个子报告,并整理成报告汇编,分送省、市、区普查办,区四套班子领导,涉农单位、各普查单位。河庄街道等6家单位被评为区第一次农业污染源普查工作先进集体,金建国等35人被评为区第一次农业污染源普查工作先进个人,并受到表彰和奖励。

【确定农林建设项目343个】 农林建设项目主要涉及农产品基地建设、种子种苗工程建设、农业科技创新、农业信息化体系建设、农产品质量监测体系、农业基础设施建设、生态林建设和农村生活污水治理等种植业、畜牧业、水产业和林业四大产业,在坚持公开、公平、公正原则下,2009年,全区共有300余家单位和个人的343个项目得到农业产业化的资金扶持,其中种植业45个、畜牧业51个、水产业59个、林业142个和农产品基地建设46个,下拨农业产业化资金1400万元。加上农业信息化、农业标准化、良种基地、病虫害测报、肥药试验、森林资源保护、农业科技创新和高产竞赛等建设项目,区级共下拨各类扶持资金3100余万元。

【申报市级以上农林项目21个】 2009年,区农业部门共协助或组织申报杭州萧山志伟家禽有限公司、杭州德兴蜂业有限公司等的生猪标准化规模养殖场(小区)建设、大长种猪扩繁场建设、萧山浆蜂品种资源场建设等10个中央投资储备建设项目;组织申报区农技推广中心的加甜型鲜食糯玉米及配套栽培技术研究与推广、萧山区产地准出规范化建设、萧山区农业信息服务平台建设、萧山区农田质量长期定位监测点建设等4个省级项目,及杭州长达养殖有限公司、萧山梅西八字桥酱菜厂等4家企业的省级农业产业化贴息资金项目,还有杭州鑫绿羊业有限公司的萧山鑫绿生态羊业基地建设、杭州蓝海生态农业有限公司的蓝海高效生态设施农业示范园区、杭州大洋水产养殖有限公司的南美白对虾设施化高效养殖示范园区3个省级现代农业生产发展资金项目。共争取中央、省、市资金4250余万元。

【科普讲师团受青睐】 2009年,区科普讲师团成员中有20人是区农业局科技人员,涉及粮油、蔬菜、林特、水产、畜牧、花木等,其中13人具有高级职称,7人是区首席农技推广专家,共推出科普讲座栏目38个,如"饮茶与健康"、"观赏鱼养殖"、"家庭室内抗污染花木种植"、"晚稻超高产栽培技术"、"单季晚稻病虫害绿色防控技术"、"南美白对虾健康养殖技术"、"重大动物疫病防控技术"等,很受镇街和社区欢迎。

【农业科技创新项目立项67项】 2009年,区农业局修改完善了《区农业科技创新项目管理办法》,并严格按照《管理办法》执行项目管理。全区106位责任农技人员共申报项目90个,根据质量优先、控制数量、侧重基层的原则,最终立项67个,其中首席农技推广专家10个、农技指导员26个、镇街责任农技员31个;重点项目11个,其中首席专家2个、农技指导员5个、镇街责任农技员4个;一般项目56个。邀请省、市相关专家21人次参与创新项目的立项和验收工作。同时,对27个项目进行表彰奖励,其中一等奖3个、二等奖6个、三等奖18个。

【完成培训6201人次】 根据省、市和区下达的2009年度农民素质培训工作任务,区农业局制订了2009年度实用技术培训计划表。全年完成农民素质培训6201人次,其中农村实用人才培训2049人、农村富余劳动力培训530人、农业适用技术培训3622人。组织参加市级责任农技员及继续教育培训35人次。

【开展科技入户和科技下乡活动】 2009年,区农业局开展科技入户活动,有51名科技人员联系89个基地(或大户),为基地农户提供技术保障。开展科技下乡和科普宣传活动。3月17日,由区农业局、科技局、科协、供销联社联合组织的第13次春季农技下乡活动在新湾镇举行,18日在进化镇,19日在新塘街道。免费发送各类科技资料、书籍91种、4.5万份(册),现场接待农民咨询15470人次。5月组织10名科技人员参加了区第23届科普宣传周在楼塔、衙前镇举办的送科技下乡活动,现场接待农民咨询215人次。

【加强农业标准化工作】 2009年,萧山区完成23项农业标准规范新制(修)订工作。全年新建各级农业标准示范园区14个,其中省级农业标准化示范园区3个、市级农业标准化示范园区4个、区级农业标准化示范园区7个;农产品标准模式图示范基地8个。做好10张农产品标准模式图的编制和2005年以来28张模式图汇编出书工作。

【创建都市农业示范园区5个】 通过抓好杭州市都市农业示范园区项目的建设,促进产业带建设。2009年,列入创建杭州市都市示范园区5个,分别为临浦镇苎萝村的萧山苎萝设施蔬菜示范园区,旨在促进北菜南移工程,加快南片地区蔬菜业发展;萧山金达龚老汉特种水产有限公司的萧山中华鳖(日本品系)苗种繁育及生态养殖示范园区,旨在提高优质种苗及高效养殖;杭州蓝海生态农业有限公司的杭州蓝海苗木示范园区,旨在引进新品种及应用容器育苗和设施化;杭州萧山云石农业综合发展公司的萧山戴村云石三清茶示范园区,旨在推动全区茶叶品质的提升;杭州一正农业开发有限公司的萧山围垦生态农业示范园区,旨在通过水果、蔬菜、水产养殖有机结合,循环利用,促进生态农业的发展。至2009年底,5个示范园区全部通过验收,被命名为杭州市都市农业示范园区。

【组织无公害农产品认证】 2009年新申报无公害农产品产地31家(其中畜牧6家),新申报面积3614.33公顷,扩项6家、420.6公顷(其中畜牧1家),复评换证无公害农产品产地5家,复评换证率89%;共报送42家、80只无公害农产品的无公害一体化认证材料。至年底,全区有效使用省级无公害基地证书单位134家、12728.6公顷,有170只产品许可有效使用国家无公害标志。新认证绿色食品企业5家、产品8只,全区许可有效使用绿色食品标志企业达32家,产品总数107只。

【加强农产品检测】 建立农产品质量安全追溯管理,建立动态监测体系，2009年，萧山区投入资金100万元，对21个镇街、2个农场、19个生产主体、3家检测单位进行农产品质量安全监测体系建设，配置52套检测设备。进行农产品质量安全管理信息系统的软件开发，录入农产品质量安全管理信息。组织开展粮油、蔬菜、茶叶、水果、水产品、畜产品等六大类食用农产品质量安全例行检测634批次，平均合格率99.53%，其中粮油14批次、茶叶9批次、畜产品167批次、水产品177批次，合格率均为100%；蔬菜230批次，合格率99.13%；水果37批次，合格率97.30%。接受了农业部、省、市有关部门的临时飞行检测。

【农民信箱注册人员52411人】 2009年，"浙江农民信箱"全年注册人员52411人，启用数51090人，其中涉农企业、专业合作社、种养大户、营销人员等4种人员共6748人，占总注册人员的12.88%。全区年发送个人短信与邮箱信件500万次。"联系人员找信箱，买卖发送用信箱，查阅资料看信箱"，农民信箱使用普及到全区所有农村与社区。通过农民信箱发送买卖信息26020条、公共信息6032条、农技资料225条、"三农"典型资料1588条，农产品摊位由原500多家压缩到130余家；网上农博会设置有效展位41家，展出产品219个。从6月开始开展"每日一助"服务活动，全年发布"每日一助"有效信息55条，带动农产品销售190万元，农户增收60万元。是年，有312个行政村(社区)新注册用户名和域名，至此，全区共有451个行政村(社区)注册用户名和域名，其中省级规范网站58个，发布信息21973条。

【农网发布信息12443条】 2009年，区农业局对萧山农业信息网进行改版，完善了《萧山农网信息维护审核管理办法》，全年农网发布各类信息12443条，平均每天发布34条，做到天天有新信息。发布苗木、苗禽、蔬菜批发市场价格行情信息1050条，每周更新。发布审核各类文件、通知等政务信息1286条，实现政务信息公开。网站点击次数累计59万人次。全年在"浙江农业信息网"中发送农业工作动态、信息服务动态、农产品加工、农产品流通信息373条。在"杭州农业信息网"本地快讯、新农村建设栏目发布信息567条，被评为2009年度杭州农业信息网信息维护先进集体一等奖。

【创新信息服务方式】 2009年，全区农业科技从信息化建设向信息化应用转变，首次推广应用了"杭州大庄地板公司ERP项目"、"GPS猪场管理信息系统建设项目"、"中华鳖GAP管理体系信息化示范基地项目"等10个信息技术应用项目，项目实施后，网上农产品成交额实现5000万元，为农业企业节约企业运行成本150万元，增收200余万元。与萧山广播电台联合，开辟农技人员"空中课堂"节目，通过广播把先进实用的农技知识、农村政策、产业导向传播给农民，全年有52位农技专家在"空中课堂"栏目中授课，反响较好。建立农技专家视频交互系统，扩大农技专家的服务范围，提高服务效率。

【开展种质资源调查】 为摸清全区农作物种质资源情况，2009年，区农业局成立农作物种质资源普查工作领导小组，制订普查工作实施方案，明确农作物种质资源普查工作分工，召开农作物种质资源普查工作会议，对普查员进行培训。年内完成农作物种质资源普查材料26份。

【做好粮食救灾种子储备】 2009年，区农业局收购入库大小麦种子8万千克、大豆种子0.5万千克、晚稻种子17.5万千克。做好救灾种子的质量检验工作，收购前进行田间检验和水分检测，入库后定期对储备种子进行检测，共检验456次、33个批次。加强对救灾种子储备仓库的管理，确保种子质量安全。

【实施种子种苗工程】 为加强种植业新品种的引进示范与推广，继续开展种子种苗工程的实施，2009年突出了新品种引进与示范、地方品种提纯复壮、种质资源保护。以区农作物引种中心为重点，全区申报粮食、蔬菜等种子种苗工程22项，建立试验示范基地面积624.4公顷，落实重点项目2个。申报立项了茶果、花木等种子种苗工程30个。

开展良种猪、家禽和浆蜂繁育体系建设。全区认定新欣、杜洛克、吉盛等3家省级原种和一级种猪场为良种猪精液对外供精单位，浦阳农科所猪场等45家单位和35个农村养猪户为自供精单位(户)，共确认380头公猪为7.54万头母猪开展授精工作，共使用精液30.16万份，受孕母猪7.54万头，产仔79.17万头，形成一条以规模养殖场为纽带的生猪良种繁育体系。全区共有各类种畜禽场75家，其中省级原种猪场2家、省一级种猪场7家、省一级种蜂场1家、祖代种禽场3家、父母代种禽场2家、区级孵化场60家。萧山鸡、媒头鸭、浙东白鹅和浙江意蜂等4个品种资源列入了浙江省畜禽遗传资源保护名录。实施畜禽种子种苗工程项目11项。全区畜禽种业产值2亿元。

开展长江品系四大家鱼的良种场建设，中华鳖日本品系省级及国家级良种场建设，南美白对虾良种虾苗淡化培育示范基地建设等，使全区的育苗、育种能力增强，良种生产量和覆盖率提高。实施畜禽种子种苗工程项目13项。全年生产南美白对虾淡化苗80多亿尾，繁育中华鳖日本品系种苗800余万只，生产长江品系优质四大家鱼苗1.5亿尾以上。建成国家级中华鳖日本品系良种场1家、省级中华鳖日本品系良种场3家，"中华鳖日本品系"被认定为国家级水产新品种。

【实施晚稻超高产行动计划】 2009年，全区农业系统实施晚稻超高产行动计划，开展晚稻超高产品种示范推广。全区21个镇街示范"以甬优8号等杂交晚粳品种配套强化栽培技术为主体"的晚稻超高产栽培面积357.27公顷，平均每公顷产量9130.5千克、每公顷产值20630.55元、每公顷纯收益9248.1元，比对照品种秀水09产量增14.47%，产值增14.22%，收益增27.63%。建立示范方23个，面积194.07公顷，平均每公顷产量9357.15千克，其中党湾镇梅东村13.73公顷甬优8号超高产栽培示范方，平均每公顷产量9789千克；益农镇三围村赵张根0.083公顷甬优8号高产攻关田平均每公顷产量10530千克。

【实施农业生态技术示范工程】 为切实降低化肥、农药的施用，减轻农业面源污染，保护和改善农业生态环境，提高生态农业技术水平，继续开展以“调整优化种植模式，改进植保土肥技术、科学合理施用肥药”为主的“农业生态技术示范工程”建设，2009年，萧山区建立农业生态技术示范点9个，实施面积669.2公顷，其中以蔬菜生产为主的示范点4个，实施面积393.33公顷；以粮食生产为主的示范点5个，实施面积275.87公顷。

【实施土壤培肥工程】 抓好农作物秸秆还田技术应用。2009年，全区各类农作物秸秆还田面积36733.33公顷。全区农作物秸秆总生产量65.5万吨，秸秆还田量51.2万吨，还田率78.17%；其他用途11.6万吨，占总量的17.71%；废弃量2.7万吨，占4.12%。

抓好绿肥示范。为减少冬季抛荒，切实抓好绿肥的恢复种植工作，全区种植蚕豌豆、紫云英、黑麦草等各种绿肥面积3453.33公顷。建立各类示范方12个，面积120公顷，其中区级冬绿肥(紫云英)示范方4个，面积80公顷。

抓好有机肥的示范推广。为提高土壤肥力、培肥地力，开展商品有机肥的示范推广工作。全区全年畜禽粪便排泄物总量57.8万吨，有商品有机肥生产企业11家，年生产能力13.9万吨，2009年生产各种商品有机(无机)肥5万吨。全区示范推广各种商品有机(无机)肥1.5万吨，其中商品有机肥应用0.5万吨。

【实施“北菜南移”工程】 2009年，继续组织实施“北菜南移”工程，发展以设施栽培为主的时鲜蔬菜和以莲藕、茭白为主的水生蔬菜生产，扩大以鲜食大豆、日本茄子、矮刀豆等为主的蔬菜加工出口。在南片稻区7个镇街建立13个蔬菜示范基地，实施面积193.03公顷，比上年增39.50%；蔬菜复种面积490.8公顷，增28.41%；基地每公顷产量86304千克、每公顷产值178703.4元、每公顷净利105913.95元，分别增25.85%、160.59%和138.95%。其中3个设施蔬菜示范点，实施面积57.43公顷，复种面积225公顷，每公顷产量169515千克、每公顷产值341972.1元、每公顷净利206972.1元。“北菜南移”工程带动了南片稻区蔬菜生产的发展，全年南片稻区蔬菜播种面积4000公顷，总产16万吨，平均每公顷产量39735千克，每公顷产值56250元。

【实施农作物重大病虫无害化治理工程】 2009年，区农业部门在新湾街道宏波村建立省级水稻重大病虫综合防治(农药减量控害)示范区，实施面积78公顷，核心示范方33.33公顷；在戴村镇南三村、党山镇车路湾村、党湾镇梅东村、义桥镇丁家庄村、义蓬街道春光村建立市、区级综合防治示范区5个，示范面积361.33公顷。全区推广应用晚稻重大病虫综合防治技术面积1.7万公顷。在河庄街道杭州新创蔬菜专业合作社建成省级蔬菜病虫绿色防控示范区66.67公顷，核心示范区20公顷；在义蓬街道杭州新源蔬菜专业合作社、杭州佳惠农业开发有限公司生产基地建成2个市级蔬菜病虫绿色防控示范区，示范区面积126.67公顷；在杭州萧山舒兰农业有限公司、杭州晓阳农业开发有限公司、戴村杭州平氏蔬菜专业合作社、所前杭州传芳蔬菜专业合作社建成4个区级蔬菜病虫绿色防控示范区，示范区面积313.33公顷。全区推广蔬菜病虫绿色防控技术面积1万公顷。

【抓好肥药双控技术】 2009年，全区农业系统继续开展“肥药双控技术”示范推广，全区实施面积10133.33公顷，其中晚稻推广6066.67公顷，蔬菜推广4066.66公顷。建立不同作物“肥药双控技术”示范方6个，其中在戴村镇、新湾街道、党山镇建立3个以晚稻为主的“肥药双控”集成技术示范方，在河庄街道新创村、杭州新源蔬菜合作社、杭州平氏蔬菜专业合作社建立3个以蔬菜为主的“肥药双控”集成技术示范方。对3个水稻“肥药双控技术”示范方典型调查：示范区单季晚稻平均每公顷施氮(折纯、下同)283.5千克，比对照区减少施氮48千克，节约成本208.5元；平均用药成本1258.8元，比对照区减少130.35元，平均用药6.06次，比对照区减少2.68次，施药工本费728.25元，比对照区减少1238.25元；合计节本增效1577.1元。对3个蔬菜“肥药双控技术”示范方典型田块调查：示范区平均每公顷施氮277.5千克，比对照区减少施氮52.5千克，节约成本228元；平均用药6次，比对照区减少2.25次，施药工本费1350元，比对照区节约506.25元，平均用药成本993.75元，比对照区节省834.45元；合计节本增效1568.7元。

【推广应用茶果新技术】 2009年，通过推广龙井茶机制技术，新增茶树病虫测报点，设立标准化模式图实施示范基地，举办龙井茶机制技术培训班和讲座，加强茶叶生产技术的推广，促进茶叶无公害化、清洁化生产技术的应用。全面推广梨、葡萄疏果套袋技术和杨梅疏枝控冠技术，葡萄设施栽培技术，青梅、杨梅、蜜梨、葡萄等标准化栽培技术。组织召开“杨梅安全优质高效技术”和“设施葡萄无公害栽培技术”培训班2期，90余人次参加培训。

【推广畜禽养殖新技术】 2009年，全区畜牧业推广应用以人工授精为主推技术的生猪良种技术；提高规模猪场先进设施、生产工艺的投入和应用水平；推广人工湿地、生物饲料添加剂和发酵床养殖技术，普及发展循环型清洁化健康养殖技术。实施标准化生猪、食草动物养殖示范，制订肉羊、野鸭、灰雁、鸡孵化技术规程等市、区地方标准，编制了肉鸽、肉鸭养殖模式图。开展生猪口蹄疫、猪瘟等重大动物疫病防治技术的试验研究。举办无针头操作技能、采样技能和操作演示，春秋季重大动物疫病防控，甲型流感防控，镇街防疫设施操作，生猪饲养技术等培训班7期，培训600余人次。

【推广应用水产养殖新模式】 2009年，推广应用钢丝网大棚一年两茬养殖技术，中华鳖日本品系良种繁育与健康养殖技术，杂交黑鱼的开发与颗粒饲料应用技术，虾鳖、虾鱼、虾鳅生态混养技术等。钢丝网设施大棚一年两茬养殖技术，全年推广面积16.67公顷，每公顷产量超1.5万千克，产值超37.5万元，利润超15万元，其养殖产量是普通池塘的2倍以上，养殖产值和经济效益是普通池塘的3倍以上。

【开展“三沼”综合利用】 畜禽养殖场污染治理遵循“资源化”、“减量化”、“无害化”的“三化”原则，因地制宜地推广“三沼”(沼气、沼液、沼渣)综合利用模式。沼气用来供暖，沼液、沼渣用作农作物肥料。2009年，全区45家小规模畜牧场利用沼气技术处理污水，共建池容量6750立方米，年处理污水35.22万吨。实行干湿分离，利用厌氧技术对污水进行分离，农牧结合实现“零排放”，使养殖场和周边环境得到有效改善。是年，新增中小型沼气用户6户计750立方米，年产沼气5.16万立方米，年处理污水3.9万立方米。有大型沼气工程3处，新建沼气池7900立方米，年产沼气43.31万立方米，年处理污水28.84万立方米。全区累计新建沼气池8650立方米，年产沼气48.47万立方米，年处理污水32.74万立方米。新建2处纯沼气发电，装机200千瓦，其中文兴养殖场80千瓦、康盛养殖场120千瓦。

【开展清洁能源村建设】 萧山区列入杭州市清洁可再生能源示范工程的有坎山镇建盈村等10个村，后又选择10个基础良好、经济实力较强的村上报。组织实施后，共安装太阳能1605台、3322.8平方米，年可节约标煤598吨，增收节支33万余元。安装节能灶380多只。各村积极开展太阳能杀虫灯和路灯、污水处理等应用。在全区范围推广清洁能源，鼓励农户安装太阳能热水器，使用电、煤气等清洁能源，减少薪柴、煤等的使用。2009年，全区农村新安装太阳能热水器0.92万台，累计安装太阳能5.17万台、10.33万平方米，年可节约标煤1.86万吨，全区清洁能源利用率89.8%。开展农村生活污水处理，2009年列入“1250”工程的有15个村，总投资2461.62万元。建设污水处理池8949立方米，年可处理污水111万吨，受益农户1930户。

【区农技基金会立项29个】 2009年，区农技基金会围绕萧山农业主导产业和资源特色，针对产业发展瓶颈与技术难点，在坚持“五新”(新品种引进，新技术推广，新成果应用，新产品开发，新农民培训)的基础上，注重把粮经结合、种养结合、林渔结合、粮饲牧结合、林经养结合等新农作模式及配套技术的示范推广作为选项重点，在基层申报的42个项目中择优落实29个项目作为2009年度区农技基金会的扶持项目，其中水产生态养殖8个，新品种新技术引进应用9个，粮经结合、林地复合利用、生态农业12个。通过一年实施，取得明显成效，如杭州广通植保防治服务专业合作社的统防统治项目，30支防治作业服务队，为全区20个镇街的4927户农户、2642.67公顷水稻开展统防统治服务，覆盖全区20个市、区级粮食功能区，为农户增收节本758万元。区农技基金会与政府部门合作三大项目规划5个，列入省、市农技基金会扶持项目9个(其中有2个是省、市共列项目)，实际实施项目41个。共安排扶持资金232万元。是年，接收民间捐资20万元，基金总额1100万元，可用资金增至132万元。

【实施三大重点项目】 从2009年开始，实施“三大重点项目三年扶持规划”，即建立南美白对虾优质苗种基地6个，每个基地提供优质虾苗2亿尾以上，每年建2个，每个扶持20万元，3年120万元；扩大试种超级稻，以区农科所为主，在不同区域试种超级稻，要求在优良品种选择和种植技术上有新的突破，每年安排扶持资金10万元，3年30万元；建立花卉苗木优良种质资源库2个，品种在500个以上，其中优良品种在200个以上，每个基地每年扶持25万元，3年扶持150万元。经一年实施，取得阶段性成效。其中南美白对虾优质苗种基地项目，由萧山农发水产养殖有限公司和浙江跃腾水产食品有限公司实施，在海南建立南美白对虾优质苗种基地，各个基地各提供优质虾苗2.2亿多尾。超级稻试种项目，在全区21个镇街示范以“甬优8号等杂交晚粳品种配套强化栽培技术”为主体的晚稻超高产栽培357.27公顷，引进试种晚稻超高产品种17只，对48块攻关块7.06公顷调查，每公顷平均产量9808.5千克，比对照品种秀水09增产1154.4千克，产值增2569.05元，纯收益增2002.35元，其中最高达10530千克。花卉苗木种质资源库建设项目，2个实施单位已建种质资源库近2万平方米，引进和采集花卉苗木优良品种近500个。

【实施万亩虾塘套养甲鱼项目】 2009年，由区农技推广中心承担的“萧山区万亩南美白对虾塘套养甲鱼(鳖)等生态养殖技术示范推广”项目，在杭州跃腾水产有限公司实施虾鳖混养试验示范，一种模式是以中华鳖为主进行鳖虾混养，不投喂对虾饲料，结果33.33公顷养殖池塘无一出现虾病，对虾每公顷产量1500千克，中华鳖养殖成活率提高10%，且无病害，但对虾规格较小，不易捕捞；另一种模式以南美白对虾为主进行虾鳖混养，投喂虾饲料，当每公顷投放1500只左右鳖时，虾发病率明显低于不混养的池塘，虾产量为4500—8250千克，且中华鳖生长速度快、肉质好，平均每只重1千克左右。在杭州大洋水产有限公司实施的虾鳅混养试验示范，核心区块4公顷，总产南美白对虾24110千克，每公顷产量6027千克，产值129600元；总产泥鳅3617千克，每公顷产量904.5千克，产值18075元；实现总产值59.07万元，实现总利润15.22万元。实施虾与鳖、鳅等套养混养模式，能改善水质，减少各类病因的诱发，降低养殖风险；能针对不同品种交错的活动空间，提高单位面积利用率，提高经济效益。

农业行政执法

【概况】 2009年，继续开展行政审批职能清理和调整工作，对涉及区农业局的47项行政许可进行分门别类的梳理，做好行政许可、非行政许可、行政监管、行政处罚、行政强制、行政确认、行政征收等行政权力的清理工作。进一步规范区办事中心农业窗口行政许可项目受理工作，2009年受理各类办件260件，办结250件，其中畜牧类101件、林业类139件、水产类6件、农业类4件，按时办结率和办件正确率均100%，群众当场评议满意率100%，年度考核分100.38分，2月、5月、9月、11月和12月先后5次被评为红旗窗口，年终被评为年度红旗窗口。窗口对野生动物驯养繁殖、野生动物经营利用、林木种子生产和经营利用等林业行政许可证的上报均实行网上申报，多个项目集中一起现场踏勘。为方便群众办证，区农业局在局大门口设立“动植物检疫服务处”，将动物、植物、森林植物检疫签证和收费的职能集中在动植物检疫处，实行统一管理，完善了相关制度和办事程序，通过座谈会、个别交流、反馈意见和每月通报考核情况等形式加强对窗口的日常管理，同时把签证过程中涉及的业务问题及时与各执法中队衔接，使签证做到规范、有效、便民，全年共签发动植物检疫证3.6万多份。

是年，区农业行政执法大队实施农业行政执法检查736次，受理投诉案件150起，回复处理150起，案件查处76起，罚没金额160225元。

按照二执法机制要求，对可能涉嫌刑事犯罪的案件，及时移送公安机关追究刑事责任。全年办理移交司法机关案件2起。同时将查处的行政处罚案件决定书及相关法规，上传检察院网站，接受监督。做好向法院申请强制执行工作，对杭州韵庭日用品有限公司生产、经营假农药一案，经依法立案调查取证后，于2008年10月27日依法作出行政处罚决定。此后，因该公司不履行行政处罚决定，2009年5月向区法院提交强制执行申请书，10月强制执行程序顺利完结。受理12316投诉举报电话，全年受理各类投诉举报电话53个，与执法中队衔接后，将办理结果及时反馈给举报人。

【加强农业法制宣传】 2009年，区农业部门充分利用局域网络资源，加强网上普法宣传。在继续做好更新新法的基础上，新开辟权力阳光栏目，做好权力阳光公开工作。送法下乡2次、绿色证书培训3次，对重要法律、重点对象进行重点宣传，培训涉农人员200多名。编印发放《中华人民共和国行政诉讼法》和《中华人民共和国行政复议法》、《中华人民共和国种子法》、《中华人民共和国食品安全法》(下简称《食品安全法》)等宣传资料10834份(册)。全年开展法制宣传培训54次，培训1397人次，发送资料6977份。组织执法人员7人参加省行政执法证换证培训，11人参加省农业厅农业执法培训，8人申报省农业厅农业执法证，5人领取农业综合执法证。邀请区法院开展法制培训，提高执法人员的法律知识。

【开展食用农产品专项整治行动】 根据省农业厅要求和《杭州市萧山区人民政府办公室关于萧山区打击违法添加非食用物质和滥用食品添加剂专项整治的实施意见》(萧政办发〔2008〕214号)，开展打击食用农产品中违法添加非食用物质和滥用食品添加剂专项整治行动。采取专项整治与常规检查相结合的办法，加大对农资市场执法检查的力度和频率，不间断地对全区各农资批发零售经营点(店)进行巡回执法检查，先后对农药、兽药和饲料生产经营单位、奶牛养殖场、其他畜禽养殖场(户)进行全面检查，2009年，组织各类检查66次，检查企业110家，抽检产品158批次，送有关检测单位进行检测，未发现在食用农产品中添加非食用物质和滥用食品添加剂的违法行为。

【开展农产品质量安全整治】 2009年，区农业部门根据农业部、省农业厅和市农业局的统一部署，制订蔬菜、茶果、生鲜乳、饲料、兽药及畜产品、水产品、“三品”(无公害农产品、绿色食品、有机农产品)、农资打假8个分项整治实施方案，组织开展1158家生产主体的调查和自查自纠工作。通过整治，确保生鲜乳中三聚氰胺抽检合格率100%，蔬菜、生猪、水产品等主要农产品药物残留监测平均合格率96%以上，其中“三品”监测平均合格率98%以上，饲料产品监测平均合格率提高2个百分点。建立农产品质量安全追溯管理、动态监测体系，投入资金100万元，对21个镇街、2个农场、19个生产主体、3家检测单位进行农产品质量安全监测体系建设，配置检测设备52套。进行农产品质量安全管理信息系统的软件开发，录入农产品质量安全管理信息。组织开展粮油、蔬菜、茶叶、水果、水产品、畜产品等六大类食用农产品质量安全例行检测634批次，平均合格率99.53%，并接受农业部，省、市有关部门临时飞行检测，结果全部合格。

【开展农资执法检查】 2009年，区农业部门为加强对重点地区、重点领域、重点品种的市场整顿和案件查处力度，开展了“绿剑1号、2号、4号”集中执法行动、卫生杀虫剂专项整治行动等。对部分肥料、卫生杀虫剂生产厂家进行检查和抽样。参加杭州市明察暗访交叉执法行动，建德市执法大队对萧山4家农资公司和3家无公害生产基地进行了检查，检查结果合格。对全区部分农资经营店进行检查，主要检查经营主体、标签标识、所进货品、经营台账等，检查发现，老标签更改商品名、扩大防治对象等问题依然存在。抽检农资样品45批次，经检测有9个批次的农资产品不合格。发现违法线索13起，立案16起，结案16起，罚没款8万多元。

【加强种子质量监管】 2009年，区农业部门为种子经营户免费进行种子质量检验，共检验种子234次、25个批次，对经检验质量不达标的，及时告知经营户，消除种子质量事故隐患，种子质量投诉和纠纷事件明显减少。对种子经营单位(户)进行市场检查28次，对7家种子店和1家公司经营的主要农作物种子进行检查，共抽查10个品种、10个批次、35个样品，合格率85%。

【开展畜牧业执法检查】 2009年，区农业部门受理兽药、饲料、病死畜禽经营等畜牧业投诉、纠纷13起。采取明察与暗访相结合，以日常检查、抽样检测、专项执法活动和突击行动为主，加大案件查处力度，全年立案35起，结案35起，没收假劣兽药、饲料2941.2千克，无害化处理生猪15头计450千克，没收动物产品3072.8千克，罚没款190130.65元。开展非食用物质和滥用食品添加剂专项整治、养殖环节病死畜禽专项整治、“绿剑”春季行动、兽用精神药品专项检查、假兽用生物制品排查、假兽药专项检查、生猪和反刍动物瘦肉精专项整治、蜂用兽药专项检查、“绿剑”秋季行动等专项执法检查行动，共出动执法人员368人次，检查兽药和饲料生产经营单位、动物诊疗单位、养殖场等监管单位244家次，重点检查兽药、饲料等投入品的生产、经营和使用、免疫、消毒、无害化处理和养殖档案建立等情况，未发现在食用畜产品中添加非食用物质和滥用食品添加剂、假兽用生物制品等违法行为。为迎接欧盟对出口水产品加工及养殖基地卫生安全状况的检查，先后5次，对1家水产药物经营店、1家水产饲料生产企业的生产、进货、销售台账、标识标签等进行检查指导。为全面推进小农资整治和规范，修改和完善兽药经销台账、饲料经销台账、兽药饲料管理制度和质量承诺制度，抓好5家兽药、饲料经营样板和示范店建设，印发《萧山区小农资质量安全整治和规范告知书》70多份，统一制作上墙制度210块、价格标签7000张，全区80%以上的兽药、饲料经营店达到整治和规范要求。

【加强动物防疫检疫】 2009年，区农业部门重点加强家禽交易市场、动物产品批发市场、农贸市场的动物防疫监督检查。完善区动物及动物产品报检报验中心，建设区动物卫生监督所钱江、围垦分所和10个乡镇共12个报检点。根据省、市通报，及时通知镇、街及定点屠宰场，禁止从疫病风险及安全隐患地区调入生猪、家禽等动物和动物产品，并对区外调运动物实行备案和报验制度，共备案、报验区外调入生猪1799批、18.1万头，动物产品7708.45吨。开展动物检疫员身份登记和清理，经省畜牧兽医局批准，官方兽医制度实施前过渡期动物检疫签证人员为57名。动物检疫证、章和收费票据实行专人管理，统一领取、发放、登记和收缴，全年发放检疫证明4895本。对全区29个生猪定点屠宰场设专职检疫员检疫。全年产地检疫生猪73.17万头、家禽864.3万只、苗禽1982.2万羽、羽绒产品21386吨；屠宰检疫生猪60.81万头，检出病死猪184头，废弃病变组织及内脏6788千克。对检疫不合格的动物产品作无害化处理。

【加强畜产品安全监管】 2009年，区农业部门编印《畜产品质量安全手册》1000本。部署"瘦肉精"专项整治及畜产品安全工作，发放"瘦肉精"快速检测试纸2700条。开展畜产品安全追溯试点，在上年试点的4个规模猪场、2个屠宰场、1个镇8个村的10个散养户基础上，新增加1个规模猪场，散养户扩大到10个镇街17个村的19个养猪户，开展畜产品质量安全可追溯试点工作，使畜产品质量的安全信息从流通环节到养殖环节进行倒查，通过养殖环节、产地检疫、流通监管实行畜产品质量安全可追溯。组织开展兽药、饲料生产经营单位监督检查，检查兽药、饲料生产经营和使用单位115家次，抽取兽药17个批次，猪、禽、水产、蛋白饲料样品78个批次，对其中4个批次的兽药不合格产品进行立案查处。分别于1月、4月、9月、12月开展4次瘦肉精专项整治，对存栏生猪100头以上的养殖场(户)进行拉网式抽检，抽检养猪场(户)726个，生猪尿样1963个批次，结果全部阴性。结合重点区域、重点对象，采取定期抽检与突击抽检相结合，检查畜禽养殖场(户)85家次，抽取生鲜牛奶、猪肉、羊肉、禽肉等畜产品样品33个批次，生猪尿样共620个批次，开展畜产品药物残留的监督抽样检测。现场快速检测瘦肉精残留93个批次、莱克多巴胺17批次，全部合格。对10家屠宰场待宰生猪的尿样瘦肉精监督抽检，全部阴性。在为期3个月的养殖环节病死猪专项整治活动中，落实镇街监管人员51名、村级监管人员351名、无害化处理人员177名；规模猪场落实专职兽医46名、无害化处理人员41名，发放宣传资料2008份、畜禽安全生产明白纸1159份，签订畜产品质量安全承诺书882份，处理病死猪2864头、34105.50千克，家禽483只、953.8千克和动物产品5620千克。

【渔业安全生产零事故】 2009年，区农业部门举办鳗苗捕捞和钱塘江捕捞渔民安全培训，受训人员291人，受训率100%。在钱塘江沿线设安全生产禁示牌39块，严禁在危险地段、恶劣天气捕捞。在闻堰、义桥、南阳等渔民相对集中区域悬挂横幅8条，发放宣传资料180份。建立渔船安全管理数据库，从渔船检验、登记，到捕捞许可，以及船员考试发证，均纳入数据化管理。全年出动渔业安全生产和防潮安全检查46次、204人次，其中开展专项联合执法行动11次，劝阻抢潮渔等非法捕捞人员43人次，销毁网具45张。实现全年渔业安全生产零事故和零死亡。

【加强渔业资源保护】 2009年，区农业部门筛选优质鱼苗，开展渔业资源增殖放流，1月在钱塘江萧山段放流鱼苗万尾，3月与湘湖旅游度假区管理委员会联合，在湘湖放流鱼苗11.6万尾。做好严禁电力捕鱼的宣传。以日常检查与专项整治相结合，出动检查39次、135人次，查获电捕案件28起。10月15日，出动30余名执法人员，在新湾街道梅林湾大桥下一举查获柴油机电捕鱼船7艘，端掉电力捕鱼聚集点。10月26—27日，出动10余名执法人员，在钱塘江三堡等水域查获电力捕鱼船6艘。

【处置渔业污染事故45起】 2009年全年发生渔业污染事故45起，受污面积266.67公顷，全部结案，为养殖户挽回经济损失60余万元。

【水产品质量安全执法】 在加强水产品质量安全日常监管的基础上，重点开展专项整治行动。2009年开展执法行动18次，检查养殖场208家，重点检查生产记录和是否使用孔雀石绿、硝基呋喃等违禁药物，向各养殖户出具《现场执法检查记录表》，对62家未能提供日常养殖记录或记录不完整者，发出《责令改正通知书》。规范水产苗种场的生产经营行为，对15家水产种苗场进行普查和督促检查，对发现问题的苗种场提出整改意见。开展水产品及投入品药残检测，共承担农业部、省、市等抽样177批次，检测合格率100%。编印《水产品质量安全手册》，使养殖户了解、规范养殖行为，达到科学养殖、生态健康养殖，确保水产品质量安全。全区未出现有关水产品质量安全的违法案件。

【森林消防队伍和制度建设】 组建森林消防队伍，配备专业灭火设备，提高森林消防扑救能力。在2005年组建武警萧山中队森林消防队，2008年建立楼塔森林消防队、戴村中球冠森林消防队、浦阳金利浦森林消防队的基础上，2009年新建河上森林消防队、进化森林消防队、闻堰森林消防队、蜀山森林消防队、萧山登峰森林消防队5支森林消防队伍，每支森林消防队均配备齐全的消防设施与装备，人员不少于30人。

为落实《萧山区森林火灾应急预案》，区森林消防指挥部建立了森林消防物资储备库，配备阻燃服20套（含帽子、防扎鞋、手套）、钢片灭火拍200把、铁锹100把、干粉灭火弹50箱、油锯2台、全钢砍刀100把、锂电池充电电筒20只等扑火物资和装备；及时更新、补充扑火装备；并建立严格的森林消防物资储备库管理制度。

【全区未发生较大森林火灾】 区森林消防办坚持24小时值班制，加强对各地森林火情的实时监控，与各森林消防责任单位、公安110、武警森林消防队等保持信息联通，一接到火情信息，第一时间迅速传达，及时掌握火情发展动态。2009年成功扑灭了进化镇太平桥村大岩山森林火灾。通过宣传车、预警短信、电视滚动字幕、防火通告、简报、科技下乡等开展森林消防宣传活动，并召开了2场现场培训会。清明期间，对全区20个森林消防责任单位开展实地防火督察。各地强化责任，严管火源，健全队伍，兴建和巩固生物防火林带工程建设，完成生物防火林带18.5千米。全年发生森林火情20起、火灾1起，森林火灾受害率0.03‰，控制在0.8‰以下，未发生较大的森林火灾。

【加强林地林木采伐管理】 2009年，针对南部生态旅游项目的推进，有关林地、林木权属纠纷的上访、投诉等事件明显增多，区林业部门开展调查，并会同当地政府做好调解工作；对立项的林地征占用项目，严把审核关，并提前做好执法服务与指导工作。依法办理林地征占用项目8个、面积35.87公顷，临时征占用林地项目12个、面积9.29公顷，征收森林植被恢复费1051.81万元。重点加强对林地流转与林权变更登记的监督与指导，在完成戴村镇林地流转试点工作的基础上，出台《萧山区森林、林木和林地流转管理办法》和《萧山区林地流转合同》范本。配合省林勘院完成《林地保护利用规划》编制工作。搭建林权抵押平台。开展全区矿山企业的综合整治工作，对矿山企业临时使用林地全面实行网上审批，妥善处理保护与利用的关系。对滥挖乱占林地案件，坚持原则，依法查处，重点打击偷盗滥伐行为，配合河上、戴村派出所查处了2起影响较大的滥伐林木刑事案件，有效遏制了偷盗滥伐林木现象的滋长，群众凭证采伐意识增强。全区采伐木材4027立方米、毛竹137万根，均未突破采伐指标。

【加强野生动物管理】 2009年4月18日，区林业局、湘湖旅游度假区管理委员会在湘湖城山广场举办以"关注鸟类、保护自然"为主题的全区第12个野生动物保护宣传月暨第28个"爱鸟周"活动，现场发放2000余份宣传资料，参观群众5000余人。全年办理野生动物驯养繁殖和经营利用许可证单位11家，依法征收野生动物资源保护管理费2.98万元。根据省市统一部署，开展以打击破坏鸟类为重点的"春雷一号"专项行动，对城区农贸市场经营野生动物摊点进行专项治理，查处21起非法猎捕、无证经营野生动物案件。拯救重点保护动物4只、一般保护动物19只。

【加强森林检疫】 2009年，区林业部门按省厅部署，及时制订松材线虫病拔点工作方案，召开松材线虫病拔点工作专题动员会和推进会，与南片8镇1街道签订了拔点工作责任状，下达松材线虫病生化防治计划，对进化镇尚保存较好的14棵古松树采取吊针注药方法进行保护性处理；在除治区块堆放"饵木"200堆；在湘湖、西山、东方文化园景区进行药剂喷雾，面积300公顷，挂诱捕器50只，以遏止松材线虫病传播媒介松褐天牛的繁衍，降低虫口密度。建立近百名村级松材线虫病野外监测员队伍，组建起区、镇、村三级监测网络，开展春秋两季松材线虫病监测，掌握疫情动态，有序开展松材线虫病拔点工作。完成三沿五区178.47公顷林相改造及病死松树的清理，开展对二期192公顷松阔混交林的林相改造和主要公路沿线有零星死松分布的山林460公顷的清理工作。建立完整的从山场除治、运输到病木处理的全程监管机制，达到安全除治、安全利用。加强对日常调运森林的检疫、森检木运证的登记管理和对外调松木的复检，累计复检松木及其制品2719立方米，实施调运检疫木材21.78万立方米、苗木3.6亿株，征收森林植物检疫费155.02万元。

【开展林地流转】 2009年，萧山区制订《萧山区集体林权制度改革实施方案》，以浦阳镇为试点，启动全区林权证正本数据的导入和外业现场勘界工作。为完善流转制度，规范流转行为，区政府成立了区深化集体林权制度改革领导小组，出台《杭州市萧山区森林、林木和林地流转管理办法》和土地流转的奖励政策，安排400万元用于推进农村土地、林地承包经营权流转和规模经营的奖励。戴村镇中球冠集团投资15亿元的杭州云石生态休闲旅游度假区建设工程，已流转的100公顷林地，农户自愿与企业签订林地流转合同；进化镇杭州建长湾农业有限公司投资1500多万元开发观光林业，已完成与3个村的林地签约，租50年林地经营权；浙江登峰集团在浦阳镇投资开发桃花源度假村，与农户签订70年的林地流转协议，以每公顷5250元按70年计36.75万元，每年以6%固定返利；所前镇的杭州杜家农庄有限公司，流转集体山林40公顷，村集体每年租金20万元。全区流转林地面积1000公顷，通过林地流转，实现了农户得实惠、村集体增收入、经营者获利的"三赢"局面。

农业所、校、场

【概况】 2009年，归区农（林）业局管辖的所、校、场有7家，分别为区农业科学研究所、浙江省萧山棉麻研究所、区农业技术学校、区良种场、区林场、区种畜场和区棉花原种场，其中2所1校系全民事业单位，棉麻所属省农科院院外研究所，由区农业局负责行政管理；4家农场为自收自支的事业单位。

【萧山区农科所】 2009年，增挂"区农作物引种科研中心"牌子，主要从事粮油、蔬菜的品种引进、试验、示范和推广等科研工作，是全区粮油、蔬菜新品种的科研示范窗口。年末有土地0.87公顷。在职职工17人中,科技人员7人,其中具有中级职称6人。该所作为"区农作物引种科研中心"的主要承担单位,向区棉花原种场(义蓬街道)租用耕地13公顷。2009年引入粮油、蔬菜新品种80多个,其中瓜类、茄果类10个,粮油类70多个。实施各类科研项目30多项,争取项目经费72.77万元。与省农科院蔬菜研究所、浙江大学农学院和杭州市农科院蔬菜研究所建立了合作关系。随着新品种推广速度加快,许多传统品种的种质资源已濒临灭绝,为此,对全区的地方种质资源进行了抢救性保护,已收集本地种质资源260余份,安排专人开展种质资源保护工作。改造种子检验室、农产品质量检测室、土壤检测室3个实验室,添置近10万元实验仪器。

【浙江省萧山棉麻研究所】 2009年末有耕地3.8公顷。在职职工46人,科技人员30人,其中5人具有高级职称,13人具有中级职称;引进博士2名,有1位在读博士、3位在读硕士。2009年,落实在研项目30项,新增8项,"浙江省主要盆花抗逆、高效转基因育种研究及新品种创制"被列入省科技重大项目,4个项目通过验收,1项通过成果鉴定,1项获省农科院科技成果三等奖;申请3项发明专利并获受理,"观赏凤梨专用肥"的发明专利权成功转让给企业;全年项目合同经费258.1万元,实到经费206.1万元。在各类杂志上发表论文29篇,主编的《江南家庭养花》即将出版。科技人员积极参加学术交流,科研氛围增强,与台湾大学生命科学院植物研究所签订合作协议。制订科研管理方案,调动科技人员积极性,进一步提高了科研创新能力。聘请2名客座研究员,选派多名科技人员到省农科院学习深造。开展科技服务,到青田、余姚、临安、嘉兴、嘉善、温岭、浦江和区内所前等地,送科技下乡,解决花农的技术难题,接受花农到所学习8人次,2名特派员分别被评为省优秀特派员和全国优秀特派员。自筹60万元添置实验室仪器设备,完成种质资源圃的设施配套,收集各类花卉种质资源近千份。提供各类种苗5万株,生产花叶络石组培苗25万株。

【萧山区农业技术学校】 2009年底有教职工29人,其中教师26人,内有高级职称8人、中级职称12人。学校搬迁新址后,投资新建、装修了300多平方米的服装培训车间,添置了价值21.3万元的电脑CAD晒图设备,72台电动平车、锁眼机和套缝机等一整套设备。新建1500平方米工棚的园林水生无土栽培基地。2009年,招收全日制中专、职高5个班,256人;毕业全日制中专、职高4个班,149人,其中72名毕业生参加高职考试,上线59人,列全区职高类学校第三位;在校有金融与财会、服装设计与制作、园林设计与管理3个专业12个班,651名学生。全年招收高等远程专、本科512人,在读学生1081名。全年完成各类农民素质培训48期、2535人次,其中农村实用人才培训36期、1812人,农业专业技能培训8期、602人,农村富余劳动力培训4期、121人,其他培训72人。被评为杭州市"十佳"农民素质培训示范基地。7位教师参加省、市、区各学科竞赛,获省二等奖1项,市三等奖1项,区二等奖3项、三等奖1项、优胜奖1项;10位学生参加省、市、区各类学科竞赛,获省三等奖1项,市三等奖2项,区二等奖1项、三等奖5项、团体三等奖2项。1名教师被评为区教坛新秀。

【4家农场】 始建于20世纪60年代,原主要从事全区农林牧业种子种苗的繁育,为萧山农业的发展作出了很大贡献,但随着市场经济的发展,农场逐渐处于守势,加上资源贫乏分散,经济负担重等因素,在激烈的市场竞争中,逐渐退出历史舞台,农场收入基本上靠房屋及资源资产的租金。2009年,4家农场共有职工526人,其中在职职工152人,退休374人。在职职工中仅14人上岗维持日常工作,其余均内养自谋职业。拥有土地66.67公顷,林地353.53公顷;账面共有资产3897.2万元(不包括土地等资源性资产),负债3951.7万元,所有者权益-54.5万元。

(程湘虹)

农机

【概况】 2009年,区农机水利局围绕创建全省农机化示范区的总体目标,创新监管思路,加大推广力度,拓宽培训领域,提高工作效能,着力推进全区农机化装备、作业、科技、服务与安全水平,农业生产中耕整、排灌、植保、收获、农副产品初加工和农村运输基本上实现了机械化,水稻机械化育插秧、大豆机械化播种、油菜机械化收获等农机主推新技术逐步应用与普及。

农机装备水平。全区拥有农机总值7.01亿元,总动力75.45万千瓦,其中耕作机械3578台、48066千瓦,种植机械89台、758千瓦,排灌机械17259台、83250千瓦,植保机械2662台、3604千瓦,收获机械26893台、45515千瓦,农副产品加工机械3015台、30138千瓦,畜禽养殖机械5041台、5808千瓦,渔业机械29776台、72384千瓦,林果业机械162台、162千瓦,茶叶机械985台、5691千瓦,食用菌机械37台、794千瓦,运输机械10932台、264611千瓦,农田基本建设机械928台、55372千瓦等。

农机作业水平。完成机耕面积5.6万公顷;完成机播面积0.1万公顷;完成机电灌溉7.8万公顷;完成机械植保面积9.0万公顷;完成机械收获面积3.2万公顷,其中机收水稻2.2万公顷、大小麦0.8万公顷、油菜266.7公顷;完成农机运输作业量14541.8万吨千米,农机跨区作业面积1.0万公顷。

农机安全水平。全年发生农机事故31起,其中涉案死亡事故12起,死亡12人(死亡责任事故9起,死亡9人),直接经济损失8.47万元,无农田作业和较大农机事故发生,农机事故控制在杭州市下达的指标以内。

农机科技水平。全区有农机科技人员80余人,其中工程师以上职称20余人。落实省、市农机化重点项目3个,区级农机化项目32个。在美人紫葡萄园等两家单位引进、应用的智能化控制技术，在国际、国内都处于领先地位，代表了现代设施农业的发展方向。

农机服务水平。全区有农机化服务组织46个，其中农机专业合作社（农机作业服务公司）21个，农机户13625个（其中专业户8437个），农机维修网点197个，农机修理人员268人，乡村农机从业人员18889人。2009年农机经营总收入5.64亿元，基本形成以市场化为导向、政府宏观调控的农机化服务体系。

【全省农机化示范区创建开局良好】 省农业厅于2009年10月下文，确定萧山区为全省农机化示范区建设单位，创建5年为期，创建的初步目标任务已基本完成。同时，确定7个拟创建示范镇街（党湾镇、新湾街道、河庄街道、闻堰镇、河上镇、义桥镇、临浦镇）和38个拟创建示范村，各创建镇街都下发文件，成立领导小组，制订创建方案，稳步推进。

【农机化综合水平稳步提升】 2009年，全区用于促进农机化发展的各级补助资金1580万元，其中区财政投入630多万元。通过农机购置补贴政策，共新增各类补贴农机3064台，受益农户2250户。通过政策扶持、技术指导、示范推广，共完成机械化插秧面积1069公顷，比上年增加近667公顷；完成油菜收割面积162.5公顷，完成大豆机直播面积33.3公顷。通过农机化项目实施和基地示范带动，全区新增节水灌溉面积150.7公顷、农产品冷藏库6600立方米、微耕机等农业机械设施840台。

【农机安全监管成效明显】 在2008年认定为全国“平安农机示范区”的基础上，2009年，区农机水利局进一步健全和完善“平安农机”长效管理机制。一是落实农机安全生产责任制。及时与各镇街、每位新机手签订安全生产目标管理责任书，并实现了将农机安全生产列入区政府对各镇街的考核内容，强化镇街领导对农机安全生产工作的重视。二是加强农机安全源头管理。强化拖拉机检验、驾驶员考核、农机维修网点管理、农机年度检验、农机安全培训教育等工作。全区2009年应检联合收割机185台，实检170台，年检率92%；应检拖拉机3929台，已检3602台，延期报废195台，年检率92%。三是开展农机安全专项整治。通过区农机警务室这个执法平台，先后组织开展农机安全整治、拖拉机交通安全集中整治等四项专项整治行动，共检查拖拉机1180台次，查处违法驾驶人592人次。四是巩固平安农机建设。在河上镇进一步开展“省级平安农机示范镇”和5个“市级平安农机示范村”创建工作，并通过省平安农机认定小组验收，提高了广大农机驾驶员的安全生产意识，确保了全区无较大农机安全事故发生。

（李鉴方）

水利

【概况】 2009年，区农机水利部门坚持水利“两整治一保障”（农村河道综合整治、溪流整治和水利安全保障）的总体思路，动工实施了以河道综合整治、溪流整治、茅山闸改建等工程为重点的全区“八大水利”工程项目的建设。是年，全区共动工建设各类水利工程建设项目99处，完成土石方556万立方米，累计投入区级财政资金3.26亿元。

【全区水利综合规划】 2009年，区农机水利部门完成全区水利综合规划的编制与评审，并经区政府常务会议审议实施。《杭州市萧山区水利综合规划》包括沿江一线防台防洪排涝及景观、水资源保护、水资源配置、河道整治、溪流整治等专项规划。这是中华人民共和国成立以来萧山区首个综合性水利规划，也是全省首个县区级水利综合规划。

【“两整治一保障”工程】 以“两整治一保障”工程为重点，通过开展水利调研月、水利工程建设效能督察月、示范化工地建设试点等新举措和新实践，强规范、重质量、促进度、保安全，确保了工程建设项目的推进。

农村河道整治。2009年，区农机水利局统筹实施全区35条（段）、62.44千米的农村河道整治和79条（段）、130.54千米的河道疏浚建设任务。至年底，共完成农村河道综合整治建设任务62.44千米，疏浚河道130.54千米。

溪流整治工程。立足于溪流“整治一条、通畅一条、美化一条、综合效益显现一条”的建设目标，规划实施径游江、进化溪、楼塔溪二期单边长33.5千米的整治建设任务，年底如期完成。

单项重点工程。着力于单项重点工程防洪抗灾标准的逐年提高，相继动工实施了月亮湾标准塘、一工段闸除险加固、茅山闸改建等10处单项重点水利工程项目的建设。年底，月亮湾标准塘工程、一工段闸除险、仓前水文站管理房等工程项目如期完工并通过了验收。同时，区农机水利局还重点对萧围东线1.78万亩治江围涂工程三、四号区块415.1公顷（6227亩）垦造耕地项目实施了土地整理。

西水东引工程。按照“边通水、边配套、边完善、边发挥效益”的建设要求，继续抓好西水东引工程大治河闸站及西小江沿线5座节制闸等配套工程项目的建设。是年，大治河闸站配套工程于10月进场动工建设，闸站管理房、老站外江闸处置及西小江沿线5座节制闸等配套项目已全部完工并通过验收，进一步提高了西水东引工程的引排水能力，基本保障了萧山区中东片工农业生产、生活和环境用水需求。

统筹完成全区30座农村桥梁的改造、9座万方以上水库（山塘）的除险加固建设任务，部署开展以“百村万亩”为载体的冬春农田水利建设。

【防汛防台抗旱】 2009年，萧山区防汛防台抗旱特点为：

梅季不典型。6月20日入梅，7月8日出梅，梅期18天，比历史平均短9天；其间以过程性降水为主，雨量分布不均，累计平均降雨量93.4毫米，比常年（245.9毫米）偏少约六成，仅6月30日夜里出现一次全区性大到暴雨天气过程。

台风次数少但影响严重。8月7—9日，萧山区受“莫拉克”台风影响，过程性降水125.7毫米，最大风力9级，此次台风正与钱塘江农历大潮相遇，对萧山区工农业生产和人民生活影响严重。截至10日16时，全区转移人员19078人；农作物受灾面积11015.4公顷，水产养殖受灾面积2762.3公顷；倒塌房屋110间，损毁水利设施200处，造成直接经济损失1.68亿元。全区投入抢险人员3572人，投入抢险编织袋19490只、土工布13136平方米、石料54500立方米、木材30立方米。

全面开展全区防汛大检查。2月4日，向各镇政府（街道办事处）、区防指成员单位下发《关于开展二○○九年汛前大检查的通知》。从2月下旬到3月上旬，按照全区各镇、街自查，水管单位普查，区防办、区农水局抽查"三部曲"的要求，对全区范围内的江河、堤塘、涵闸、水库和在建水利工程设施进行全面彻底的防汛大检查。参加防汛大检查人员458人，检查江河堤塘328千米、山塘水库140座、涵闸241座、机埠216座、在建水利工程29处，基本涵盖了全区所有水利工程设施。此次检查，基本摸清了全区防汛抗旱工作的底子，查出各类主要险工2处。

未雨绸缪落实各项非工程措施。4月15日入汛前，全区各镇、街道、重点水管单位的防汛指挥机构全部调整组建到位；还建立防汛抢险队伍41支，人员1576人，为做好防汛抢险工作提供组织保证。重点抓好防汛抢险物资的储备。按照省防指防汛物资储备定额要求，进一步健全完善防汛物资种类。按照区、镇、村三级结合、点面配合的储备体系，在2008年投入180余万元防汛物资储备的基础上，2009年又投入152万元，用于防汛物资品种更新、结构改善和数量增加。在主汛期来临前，全区共储备防汛编织袋21万只、草包12万只、土工布8000平方米、水泵20台、铁锹1400把、木材237立方米、钢材36吨、抢险冲锋舟4艘及大量抢险石方等防汛物资，为做好防汛抗灾工作提供了物资准备。健全完善各类防洪预案。区政府在入汛前制订下发了全区防汛防台预案、全区防旱抗旱预案；明确落实了全区29处在建重点水利工程项目安全度汛措施，编制上报在建工程安全度汛预案，组建抢险应急小分队，储备了必需的防汛抢险物资；各镇、街道防洪预案和南片相关镇的5条小流域避洪预案也在原有基础上进行了完善。加强水利工程管理。一是层层落实水利工程管理人员，对全区江河、堤塘、水库、涵闸、机埠、水文站等各类水利工程，按照分级管理原则，落实专兼职管理人员，并落实防汛值班制度，恢复了昼夜值班。二是落实水利工程管理责任制。全区140座万方以上水库（山塘）的责任人和管理人员均在入汛前落实，并在《萧山日报》上公示；落实"二江一河"（钱塘江、浦阳江、永兴河）标准塘管理养护和水库安全巡查补助资金，确保全区堤塘、水库的安全巡查和维修养护工作的开展。三是对部分水利工程管理人员进行业务培训。分别于4月17日、28日，5月6日，举办了水文测报人员、水库巡查管理责任人、堤防管理责任人培训班，进一步提升他们的责任意识、危机意识和安全意识，提高水利工程管理人员的业务素质。四是根据全区遥测站点越来越多的现状，健全完善符合萧山区特点的遥测维护制度，确保水文遥测信息的传输畅通。

开展萧山区防汛抢险演练。5月25日下午，区防汛防旱指挥部联合市防指组织开展了萧山区历史上规模最大、科目最多的防汛抢险演练。此次演练以梅汛期浦阳江流域发生大洪水为背景，突出"预警及时、响应迅速、援救有效、保障有力"这一主题，设置了巡堤查险、管涌抢险、漫顶抢险、物资调运、人员转移、水上救护6个演练课目，是对全区防汛应急组织、决策指挥、实战抢险等能力的一次全面检阅。

深化防汛防台信息化建设。是年，全区投入150万元资金，对重点水库、重点堤塘、涵闸和重点河道进行视频监控，使领导在防汛防台指挥调度工作中，能及时掌握现场情况，及时采取措施；在2008年投入100万元的基础上，2009年又投入100万元新增9个水文遥测站，更新8个站点，建造13处水测管理房等基础设施，在防汛防台工作中，随时掌握全区水雨情状况。同时配套建立了镇（街）防汛远程会商系统，率先在全省实现省、市、区、镇四级防汛工作的远程会商。在基层防汛防台工作中，重点对镇村两级及重要企事业单位的防汛责任体系、基础资料、日常工作和应急流程等实行电脑化管理，逐步实现防汛防台网上办公，形成防汛防台综合信息管理系统。

加强基层防汛防台体系建设。为进一步提高萧山区基层防汛防台应急处置和抢险救灾能力，按照"典型示范，试点引领"的工作要求，在河上镇开展试点建设、积累经验的基础上，及时召开全区基层防汛防台体系建设现场会，动员、部署全区各镇街立足基层，扎实推进全区基层防汛防台体系的建设。至8月底，全区22个镇、4个街道、523个村（社区）、183家企业和学校完成基层防汛防台体系建设任务。全区建立、健全镇村两级防汛指挥部（小组）736个，落实各类责任人员4030人，设立镇村两级避灾安置点637处，登记在册需转移人员5900人、危房2403户，发放人员转移"明白卡"2403份。明确落实预警人员577人。建立区、镇两级防汛抢险队伍41支、1576人，村（社区）、企事业单位防汛抢险队伍705支、10575人。区级防汛抢险储备物资投入500余万元，镇村两级分别储备防汛抢险物资总值598万元。配套建立防汛会商系统，充实镇防办的办事力量和设备配置，实现镇村两级防汛组织体系和制度的统一上墙，预案延伸到各村（社区）、部分企事业单位和学校，有效提升了全区基层防汛防台防灾抗灾能力和保障水平。

全力以赴抓好防灾抗灾工作。萧山区2月下旬起气候异常，持续降雨，2月21—28日，持续普降大到暴雨。据全区31个遥测站点统计，面雨量173.4毫米，其中钟岭站最大降雨量210.5毫米。河道水位普遍上涨，南门江水位4.70米，头蓬水位4.37米，益农水位4.20米，方千溇水位4.66米，均高出正常水位0.20米以上。针对持续降雨，区防办向全区各镇街、防指成员单位和水管单位下发《关于切实做好近期防汛工作的通知》，要求全区各镇街和有关单位加强值班管理，确保汛情畅通，各山塘水库、地质灾害易发点等巡防管理责任人员迅速到岗到位，加密巡查次数，发现异常，迅速处置，全力以赴确保安全度汛。

进入7至9月，虽然省、市、区气象部门仅发布了8号台风防御警报，但对萧山区影响严重；高温天数跟历史同期基本持平。为此，全区各级、各部门一手抓抗旱，一手抓防台。在夏季抗旱工作中，一方面及时调度各电力排灌站、沿江涵闸，坚持大潮汛开闸引潮、小潮汛开机提水，控制旱情发展。另一方面，全力做好各项安全防台抗台的准备工作，特别是在8号台风“莫拉克”防预过程中，区委、区政府领导高度重视，召开防台抗台紧急动员会议，全面动员，周密部署。如在省防指启动第8号强台风“莫拉克”Ⅱ应急响应后，区防指办针对第8号强台风影响范围广、雨量大、移动缓慢，又正值农历大潮汛，极有可能出现风、暴、潮“三碰头”的严峻形势，立足于提前防、主动防、及早防，及时启动防台Ⅳ级应急响应预案。区农水局兵分四组，突出重点，对全区水利工程设施和钱塘江水域安全进行了地毯式排查。对全区各类在建水利工程、钱塘江围垦一线大堤、沿江各排涝闸、南片山塘水库、溪流堰坝等水利工程设施，实地检查巡防各项安全防台措施，严格督促要求各巡防责任人迅速到岗到位，强化工程巡查值班和监测管理。区防指对各重点水域管理单位、各排灌闸站和有关镇村进行统一调度，督促及时开机开闸，配套做好全区山塘水库、内河河网的预排预泄，提高水库、河道调蓄能力。8号台风影响期间，共开闸预排水3522.24万立方米。

【水利工程管理】 2009年，萧山区水利工程管理主要体现在“五个强化”。一是强化工程设施的管养，实施示范化闸站试点建设，确保工程效益的正常发挥。二是强化工程设施巡查，做到水事违法、违章行为第一时间发现、第一时间制止、第一时间查处。全年调查处理涉水违法、违章行为92起，发出停止违法行为通知书38份、责令改正违法行为通知书13份，依法行政审批涉水项目90项，立案查处3件。同时，进一步健全和完善全区水政执法队伍，实现水政执法人员向镇、村两级的延伸。三是强化河道保洁，以“最清洁城乡工程暨农村河道百日清洁”，“攻坚五十天、改善水环境”等一系列活动为抓手，进一步加大河道清洁、保洁督察力度，使全区农村河道水环境状况得到改善。全区落实河道保洁人员760人，配备船只275只、拖拉机126辆。在农村河道百日清洁大行动期间，共清除箔桩5766个、网斗200多个，清除河道水草、漂浮物、垃圾3.28万吨。四是强化河道配水调水。配合新“811”环境整治工程，进一步优化配水调水方案，加大调配水力度，真正实现了河道配水调水工作的制度化、常态化和日常化。至年底，全区调配水19.81亿立方米，其中引水11.16亿立方米、排水8.65亿立方米。五是强化水土保持与水资源的有效监管，配套实施全区企业取水实时监控系统建设，强化水资源费的依法征收，加强水土保持的源头监控和日常督察。

水域安全有保障。围绕“不发生一起群死群伤事件、不发生一起责任事故”的工作目标，以不放松、不厌烦、不畏难、不出事的“四不”为要求，狠抓“三个到位”。一是宣传到位。钱塘江水域安全管理责任月（5月1日—10月31日）期间，坚持每天在《萧山日报》、萧山电视台、萧山广播电台、萧山农水网等媒体公布潮水预报预警信息，并通过开展巡防喊潮人员培训宣传、发放公开信、维修更新沿江宣传牌等措施，提高全区广大市民群众的安全防潮意识和能力。全年新刷宣传标语250条，更新宣传牌44块，印发“涌潮危险，关爱生命”为主题的致全区中小学生及家长的公开信19.5万份。二是职责到位。在年初签订钱塘江水域安全管理责任书的基础上，进一步整合巡防喊潮队伍，明确沿江各责任单位的职责和任务，完善管理网络和体系，强化考核与监督管理，真正做到了水域安全管理工作有人管、管得住、管得牢。三是巡防到位。始终突出“重点地段、重点部位、重点时段、重点人员”，进一步强化潮前潮后1小时的一线巡防督察管理，确保巡防喊潮人员的到时、到点、到位。同时，会同有关部门适时开展抢潮捕鱼专项整治等行动，强化观潮节、国庆节等节庆期间的巡防管理，确保全区境内钱塘江水域安全管理平安无事故。

（汪建华）

农业区划

【概况】 2009年，萧山区农业区划办充分发挥农业区划机构的职能和多学科、跨部门、综合性的优势，开展萧山区农业功能区和农业用地规划编制工作、农业资源调查和农业资源动态监测工作、农业资源信息数据库建设工作，完成国家级地面样方粮食作物监测工作以及农业功能区与农业资源优化配置等研究课题。

【完成国家级地面样方监测】 萧山区是全国100个国家级地面样方监测网点县（区）之一。2009年，农业区划办规范操作，准确定位，在样方监测点用数码相机对晚稻生长情况进行定位监测，第二天把实地监测的图片、有关数据及时上传到国家区划办遥感中心数据库。做到不漏报、不延误、不出错，圆满完成全年地面样方监测任务。

【农业资源动态监测】 萧山区是浙江省农业资源动态监测的10个试点区（县）之一。农业区划办按时调查农业资源动态情况，收集监测数据，分析汇总报省区划办。2009年，省区划办对原动态监测的数据库系统软件作了更新调整，并在萧山区首先试点应用。根据省区划办要求，该办组织人员，将2005年至2008年全区动态监测的7个镇街、24个村、129个农户的大量调查数据全部录入数据库。

【为农业功能区和农业用地规划编制开展调查】 2009年9月18日，召开全区镇、街道农办主任会议，落实全区大面积农田分布状况、各类种植作物分布情况、名特优新农产品分布情况等调查任务，为进一步保护耕地资源、全面完成农业功能区和农业用地规划编制打好基础。

【萧山现代农业创新园区规划编制】 2009年11月初，农业区划办积极配合区农办，用3个星期时间，做好萧山现代农业创新园区的规划编制。到12月底，初步完成萧山区现代农业创新园区规划方案（征求意见稿）的编写和现代农业创新园区现状图、规划图的编制工作。

【完成农业功能与农业资源优化配置课题研究】 农业功能与农业资源优化配置研究，是农业区划办列入省区划办的一项重要调研课题，也是萧山区农业功能分区规划的前期工作。2009年，在摸清全区农业现状的基础上，通过综合分析，初步明确了规划的指导思想，理清了六大功能分区的发展思路，明确了每个农业功能区中农业资源如何优化配置的具体构思，同时也分析了实施萧山农业功能分区规划过程中的相关配套政策和保障措施。该课题的完成为下一步制定全区农业功能分区规划打下了基础。

【《浙江省农业自然资源综合管理条例》实施调研和修改工作】 根据浙江省农业区划办浙农区〔2009〕2号文件关于《浙江省农业自然资源综合管理条例》贯彻实施情况和征求修改意见的通知精神，并按杭州市区划办的要求，萧山区农业区划办从2009年4月起对贯彻实施《条例》情况作了深入的调研，将调研情况以及修改意见和建议，于5月23日在省区划办召开的《条例》专题修改讨论会上作了汇报，为省人大修改完善《条例》提供参考。

【对《休闲观光农业发展规划》实施情况进行跟踪和服务】 2008年11月26日，区政府印发了《杭州市萧山区人民政府办公室关于印发杭州市萧山区休闲观光农业发展规划的通知》（萧政办发〔2008〕201号）。2009年上半年，对《规划》实施情况开展跟踪调查和后续服务工作。调查发现，各级政府对实施《规划》非常重视，作为发展现代农业、建设社会主义新农村的重要工作来抓，发展势头较好。全区新列入规划的52个休闲农业项目，基本完成6家，正在建设26家，未动工20家，已动工建设的项目占全区计划项目的62%。

【完善萧山区农业资源信息数据库软件】 农业资源信息数据库是省区划办下达萧山区的课题任务。萧山区农业区划办与省农科院合作，开发了新的数据库软件。至2009年底，信息数据库系统的格式和各功能模块基本完成，并储存了萧山区大量的农业资源调查、农业动态监测、各类农业规划等一系列数据、图件、资料。数据库建成后，将对全区的农业资源综合开发利用和管理起到重要作用，有利于各级政府部门查询有关资料，在编制规划、项目申报过程中实现信息共享。

【完成萧山区休闲观光农业网站软件开发】 建立萧山区休闲观光农业网站，是区政府已经发文要求实施的萧山区休闲观光农业发展规划中的一项具体工作任务。2009年下半年，农业区划办在完善农业资源数据库软件的基础上，增加了萧山区休闲观光农业网站软件开发。8月，萧山休闲观光农业网站（www. xsxny. com）正式开通，在全国属于领先。

（高佳青）

城乡一体化建设

【概况】 2009年是萧山区开展城乡一体化建设的第七年。根据区委十三届六次全会精神和《政府工作报告》，着重开展五个方面工作：加快推进城中村改造，进一步制定和完善拆迁安置政策，村庄综合整治得到扩面提质，村庄长效保洁注重督察检查，抓好农村住房改造建设工作的政策制定。萧山区从2003年起连续七年获杭州市村庄整治建设优胜奖。

【城中村改造】 2009年，城中村改造工作继续按照“统一规划、合理布局、因地制宜、有序推进、综合开发、配套建设”的要求推进。一是确立三年目标，出台《杭州市萧山区人民政府办公室关于下达〈杭州市萧山区2009—2011年“城中村”启动改造计划〉的通知》（萧政办发〔2009〕137号），三年中计划改造17个村（社区）。二是建立城中村改造领导小组，区长盛阅春担任组长，区人大、政府、政协分管领导担任副组长，21个区级有关部门和街道为成员单位。三是出台有关政策，相继出台《区委办公室区政府办公室关于加快城中村改造的实施意见》（萧委办〔2009〕62号）、《关于要求加强城中村改造范围内建设规划控制的请示》（萧政办抄〔2009〕132号）、《关于要求明确城中村改造中有关政策的请示》（萧政办抄〔2009〕142号）、《城中村改造工作领导小组成员单位工作职责》（萧城改〔2009〕1号）、《关于建立城中村改造工作联席会议制度的通知》（萧城改〔2009〕2号）、《杭州市萧山区人民政府办公室关于印发〈萧山区城中村改造安置房建设资金筹措办法（试行）〉的通知》（萧政办发〔2009〕229号）、《关于我

农村示范村：浦阳镇桃北新村　（于卓伟摄）

区城中村改造安置房项目实行代建制有关问题的请示》(区政府公文处理告知单编号:20090996)。四是筹建融资平台,为解决城中村改造资金问题,按"一街一统筹"的模式筹建成立两个融资平台,即杭州萧山城中村改造投资发展有限公司和萧山区城厢旧城改造投资有限公司。五是完善布点规划,完成绕城范围内城市示范村(城中村)布点规划及萧山城区四街道村庄布点规划。

是年,区委、区政府主要领导先后五次对城中村改造工作进行专题研究和调研,推进城中村改造工作,其中6月26日,区委、区政府在北干街道召开城中村改造工作现场会,区委、区政府主要领导出席。至年末,北干街道荣庄村完成签约腾房工作,并基本拆除旧房,等待建设安置房。城厢街道按照"一街一统筹"的原则,启动东湘、杜湖、湖头陈、仙家里四个社区的城中村改造,首先开展对东湘、湖头陈社区的评估。新塘街道借助育才路南伸等项目带动,实施姚江岸和王有史二社区整体改造,完成评估工作,并开始签约。蜀山街道湖山村按湘湖二期保护、开发要求进行整体搬迁改造,已结束评估,正在签约中。

【拆迁安置】 城市化进程的加快使萧山区拆迁项目点多、面广、量大,全区安置房总立项面积674.20万平方米。截至2009年底,开工建设325万平方米,竣工147.15万平方米,其中2009年开工建设131.89万平方米,竣工27.06万平方米。依照农民多层公寓安置政策,从严、从细审核安置资料,把好安置关,截至2009年底,全区已安置5152户,安置面积112.5万平方米。

是年,围绕重点工程推进,对拆迁范围大、任务重的区块,主要是机场拆迁,北干街道荣庄村、蜀山街道湘湖二期及地铁二号线拆迁,新塘街道姚江岸和王有史二社区拆迁等,继续派出专门工作人员,定点配合拆迁主体,提前介入安置工作,帮助制定好政策文本,对拆迁组工作人员进行政策培训,对拆迁户进行政策解释,对拆迁安置的安置资料进行初审。区政府相继出台《关于集体土地房屋拆迁补偿政策调整》(区长办公会议纪要〔2009〕3号)、《杭州市萧山区人民政府办公室关于鼓励农户入住高层住宅的意见》(萧政办发〔2009〕92号)、《杭州市萧山区人民政府办公室关于印发〈萧山区城市示范村住宅安置价格调整意见〉的通知》(萧政办发〔2009〕94号);《城市示范村住宅建设安置实施意见》经区长办公会议讨论后提交常委会讨论。一年中,将安置户资料统一录入"安置资料查询系统",共计1117户,涉及安置人口4396人,面积219229平方米。做好拆迁安置户的来信、来电和来访工作,累计接待各类安置上访30余起,接待群众300余人。

【村庄综合整治建设】 村庄整治建设扩面提质并重,每季度组织村庄整治建设工作业务培训会和季度例会各一次。根据市委、市政府要求,把"杭甬和杭州绕城高速萧山段村庄整治"纳入到区村庄整治建设的常规工作中,突出村庄整治的"高速整治"主题。2009年,有59个村通过区、市、省级村庄整治和示范村验收,其中50个农村整治村(含13个高速公路沿线整治村),9个农村示范村(包括6个市级农村示范村)。截至2009年底,全区411个行政村和69个转制社区完成300个村庄整治建设任务,直接受益人口68万人,占全区农村人口的70%以上。300个整治村中,有46个通过区、市、省的农村示范村验收,其中39个村被市委、市政府命名为"全面小康建设示范村",21个村被省委、省政府命名为"全面小康建设示范村"。党山镇、衙前镇、靖江街道、河庄街道和浦阳镇的村庄整治整镇推进项目通过杭州市的考核验收。

是年,全区硬化村内道路1020.9千米,新增通村公路357千米,新增(改造)自来水使用人口38.2万人,新增河道建设长度370千米,新增绿化面积242万平方米,新增和改造公共厕所1708座,新增和改造垃圾箱(房)18243只,新增路灯22835盏,消除露天粪坑、新增农户卫生厕所33637只,消除裸露墙近80万平方米,全区所有行政村垃圾实行集中收集,近200个行政村生活污水集中收集处理,生活污水处理农户5万户。

【村庄长效保洁】 2009年,全面实施"最清洁城乡"工程村庄长效保洁工作,按照"综合整治、设施完善、管理长效、建管并举"的要求,对全区411个行政村和69个转制社区开展村庄长效保洁管理。建立组织,完善《杭州市萧山区人民政府办公室关于印发萧山区实施"最清洁城乡"工程村庄长效保洁管理办法的通知》(萧政办发〔2008〕102号)和配套管理制度,强化区督、镇管、村(社区)实施的三级联动机制,把该项工作纳入年度目标责任制考核,加强督察,使村庄长效保洁责任机制、投入机制、长效机制、激励机制得到运作。全年区级财政投入1052万元补助资金,各镇街按区级补助额度进行1∶1配套,进一步推动了最清洁城乡和富裕清洁和谐新农村建设,全区村庄(社区)基本实现路平灯明、水清塘净、村洁景美。

【农村住房改造建设】 农村住房改造建设是省、市党委、政府落实"保增长、保民生、保稳定"的重大决策。2009年9月,区委、区政府将农村住房改造建设作为新工作任务落实到区城乡一体办后,城乡一体办与杭州市建委的城中村改造办公室、村镇改造处等上级相关部门进行业务对接,与区级有关部门进行工作衔接,收集有关资料,开展农村住房改造建设基础数据调查,召开不同层面的农村住房改造建设专题会、座谈会。12月24日,区委、区政府召开全区农村住房改造建设工作大会,区四套班子主要领导均出席会议。

是年,区政府建立由区长盛阅春任组长、区四套班子分管领导任副组长、23个区级有关部门为成员的农村住房改造建设工作领导小组;确立全区农村住房改造建设工作的总体目标:从2009年起到2012年完成改造农村住房确保性任务2万户,指导性任务2万户,共4万户,宅基地整理复垦266.7公顷,拆除农村旧房60万平方米;并相继出台有关政策。

(于卓伟)

国内贸易

综述

2009年，萧山商贸工作围绕"拓市场、扩投资、促消费、保增长"的总体要求，以打造"品质商贸"、建设"商贸强区"为目标，以"重点项目建设年"、"农贸市场改造年"、"商贸经济转型年"活动为抓手，实施"五项行动"（十大项目行动、十件实事行动、市场改造行动、刺激消费行动、商贸转型行动），落实"五大举措"，加快了商贸经济转型升级的步伐。

商贸流通

【概况】 2009年，全区实现第三产业增加值348.76亿元，比上年增长15.0%，占全区GDP比重33.4%。全区实现社会消费品零售总额237.69亿元，比上年增长15.40%；实现市场成交额582亿元，增长5.6%。

【商贸重点项目建设进展顺利】 2009年，萧山商贸工作继续推进重点项目建设。其中，浙江三江农副产品配送中心、杭州银隆世贸中心建成开业；省、市、区三级重点项目——浙江新农都现代农产品物流中心开工奠基；萧山粮食物流中心项目基本完成征地拆迁；浙江纺织采购博览城二期工程在建设中；中心商业街项目完成拆迁；党山卫浴产业基地配套市场等其他项目前期工作有序推进。

【建成"1+10"大商贸管理体系】 2009年，为有效破解商贸行业管理难的问题，区贸易局大力推进"1+10"大商贸行业管理体系建设，即组建一个商贸（粮食）综合监察大队和十大商贸行业协会。年底，萧山区商贸（粮食）综合监察大队正式挂牌成立，商场超市、餐饮、茶楼、足浴、粮油、再生资源回收、自行车配件、汽车销售、农贸市场、商业城促进会等十大商贸行业协会先后完成组建，"1+10"大商贸行业管理体系建成并投入运作。

【市场整治深入推进】 2009年，区贸易局以全区农贸市场改造提升为契机，深入实施"最清洁市场"工程和以"一月一检查，一季一登报，一年一总评"为主要内容的"最佳最差"农贸市场评比。通过建立、健全农贸市场长效管理机制，加大对辖区市场的监督检查力度，推进硬件改造与软件管理的同步提升，有效改善了全区农贸市场环境"脏乱差"问题。全区新创四星级市场1家、三星级市场3家、二星级市场1家，创建市级绿色市场2家、区级绿色市场7家。至年底，全区有各类星级市场47家（其中四星级市场5家、三星级市场11家）、杭州市绿色市场19家。其中，市北和育才农贸市场通过国家级绿色市场复检。

【"两下乡"、"两换新"活动全面实施】 根据商务部和省、市有关政策文件精神，萧山区全面实施以"汽车、摩托车下乡"、"家电下乡"和"汽车以旧换新"、"家电以旧换新"为重点的消费刺激政策，繁荣活跃市场，促进消费增长。2009年，全区销售家电下乡和以旧换新产品27196台，销售金额8367.8万元，补贴资金530万元；销售各类下乡和以旧换新汽车6656辆，销售金额16311.74万元，补贴资金1556.9万元。

【大型商场相继开业】 2009年12月19日，浙江省单体规模最大的百货商场——汇德隆·银隆百货建成开业。商场由浙江汇德隆实业集团有限公司与港商共同投资建设，经营商务部批准的CEPA港澳免税商品，总投资5亿元人民币，营业面积5.5万平方米，集购物、餐饮、休闲等功能于一体。是年，天虹百货、皇龙二轻国际购物中心、汇德隆家电广场等一大批大型商场也先后开业。

【首届萧山购物节】 于2009年4月26日—5月5日举行，以"快乐消费、品质生活"为主题，以"亿元促销，千万让利，幸运大奖，尽在首届萧山购物节"为宣传口号，围绕"时尚精品、快乐购物、风味美食、健康休闲"四大主题消费板块，同步推出汽车展、服饰节、数码节、婚庆节、护肤节、家电节等55项主题活动和打折、降价、买减、买送、返现、抽奖、团购等一系列强势促销措施。在此带动下，全区消费潜力得到有效释放。10天时间，参加购物节的116个商家创下10.13亿元的销售新纪录，同比增幅为19.6%，部分商家销售额增长三成以上。其中，以百货、超市为主的"时尚精品"板块销售额同比增长53.4%。

【药博会和网交会开创商贸会展新模式】 2009年9月6—8日、9月11—13日，第三届全国药店博览会和第二届网货交易会在萧山举行。两大会展活动围绕"安全有序、热情周到"的总目标，依托电子商务平台，实现了传统会展与网络新经济的结合，取得了突出的成效。其中，药博会3天，累计达成订单1402笔，订单金额1680万元；第二届网货交易会，3天时间实现成交额2.24亿元，总人流量超过15万人次。两大会展活动拉动直接消费5443.75万元。

【第八届中国国际（萧山）汽车展】 2009年12月18—20日在萧山新世纪市场园区举行。车展以"汽车提升生活品质"为主题，共有开幕式、汽车展示、中国汽车市场政策与营销创新研讨会、文艺表演和车模秀、"和诚奥迪杯"摄影比赛、"小记者看车展"征文比赛等九大主题活动，设进口车、国产车、货车、二手车、汽车装饰用品五大展示区，总面积约4万平方米，展示各类汽车4000余辆，参展车辆和展区面积均创历届之最。展会期间，共接待观众6万多人次，销售和预定各类汽车1516辆，成交2.13亿元。此外，还先后举办春季和秋季媒体汽车展。2009年三大车展累计销售(预定)各类汽车3187辆，销售金额4.71亿元。

"三绿工程"

【概况】 2009年，区"三绿办"("三绿"即提倡绿色消费，培育绿色市场，开辟绿色通道)牵头实施，在区级有关部门和各镇街的共同努力、密切配合下，按照年初制定的各项工作目标和要求，围绕建设"生活品质之区"这一主线，发挥监管职能，坚持做到目标明确、依法行政、多措并举、落实责任、科学管理、创新机制，保持食品安全工作平稳有序推进，全区市场消费环境不断改善，上市食品质量稳步提高，各项工作取得新的进展。

【完善组织领导】 2009年，为推进萧山区"三绿工程"建设，充实调整了区"三绿工程"领导小组及办公室成员，加强对该项工作的组织领导。年初，组织召开全区"三绿工程"工作会议，安排部署工作任务，区政府与全区各镇街、区级有关职能部门签订了《2009年"三绿工程"目标管理责任书》，进一步明确职责，落实责任。

【保障市场供应】 2009年，按照区政府提出的"保安全、保质量、保供应、保价格、保信息"的要求，区"三绿办"重点加大对猪肉、蔬菜、粮油等重要民生商品的储备和调控，有序安排商品的储备和供应量，有效应对各个时期商品需求波动。建立市场运行测报、应急商品企业联系等制度，在区内主要商场、超市设立行情监测点，编制《商贸信息册》，全面了解重要商品市场动向，适时调整市场供应，全力维护供求、价格稳定。制定《萧山区生活必需品供应应急预案》，提高应对突发事件的能力，加强对应急商品重点联系企业的指导和企业间的协调，及时掌握企业库存和销售情况，要求适当增加应急救灾商品商业储备。

【实施生猪定点屠宰规划】 制定《杭州市萧山区生猪屠宰行业发展规划(2008—2010年)》。根据实际情况，对生猪屠宰场地布局和建设标准提出明确要求，稳步推进屠宰场整合工作。2009年，保留原有的萧山肉类加工有限公司，承担城区和宁围、新街、衙前等区域的猪肉供应任务。新建临浦肉类加工公司，承担临浦、所前、义桥、浦阳、进化等区域的猪肉供应任务。新建红垦肉类加工公司，承担开发区、临江、义蓬、党湾等区域的猪肉供应任务。

【提升屠宰管理工作水平】 推进生猪屠宰、羊屠宰工作，认真检疫，严格检验，确保上市肉品质量。2009年全年生猪屠宰量625143头，城区农贸市场、超市、餐饮单位、集体食堂销售和使用的肉品100%来自定点屠宰企业，农村定点屠宰率98.43%。瘦肉精抽检15544批次、34703头，未检出阳性批次。开展专项整治活动，严厉打击私屠滥宰和生产加工、销售注水肉及病死、病害(牛、羊)肉等违法犯罪行为。无害化处理病害猪及产品1360.76头。生猪执法检查27次，执法376次，检查经营户1205户。11月12日，区农业局、贸易局、质监分局、工商分局和衙前镇政府一起，依法查处非法加工病害猪窝点一处，查获病害猪肉1217.8千克、猪皮640张。

【食品安全监管】 一是抓源头。加大对绿色蔬菜和生猪、水产养殖等农产品基地的培育和扶持，通过推广现代化养殖技术，培育农产品知名品牌，从源头上把握粮食、食品安全。二是抓流通。加强行业联合整治，先后开展"小菜场"整治、"二豆"(豆芽菜、豆制品)整治、生猪定点屠宰行业整治等一系列专项整治行动。全年开展食品安全专项整治检查38次，共出动执法人员412人(次)，检查食品企业1906户(次)，未发生一起食品安全事故。同时，加大商品流通网络建设。全区累计建立农村连锁超市752家，规范提升130家"放心粮油示范店"。三是抓准入。在城区主要农贸市场全面实施《萧山区流通领域农产品质量追溯制度》，破解源头追溯难问题，推进食品安全检测体系建设。全区已建立食品安全监测室(点)47家，基本形成以市场检测室重点把关、工商流动检测为补充、各镇街检测为基础的"三位一体"食品安全检测网络体系。2009年实施蔬菜农残检测15.4万批次，平均合格率98.2%。

【绿色市场创建】 2009年，继续深入推进绿色市场创建工作，世纪联华萧山南环路店、江苏时代超市有限公司萧山时代超级购物中心新创建成为杭州市级绿色市场，育才和市北农贸市场通过国家级绿色市场复评。截至年底，全区有市级绿色市场19家、国家级绿色市场2家。在此基础上，萧山区创新开展区级绿色市场创建，制订下发《萧山区绿色农贸市场标准》和创建工作实施意见，组织业务培训，实施硬件改造，完善管理台账，经区农业、质监、工商、卫生等部门联合检查验收，衙前消费品综合市场、闻堰综合市场等7家农贸市场被新认定为区级绿色市场。

粮食流通与管理

【概况】 2009年，全区粮食工作深入贯彻国务院《粮食流通管理条例》和《浙江省实施〈粮食流通管理条例〉办法》，围绕全年工作目标任务，突出粮食安全重点，加强粮食市场管理，依法维护粮食流通秩序，保持了全区粮食生产稳定、市场供求平衡，确保了区域粮食安全。

【萧山粮食物流中心项目有序推进】 萧山粮食物流中心项目是省重点工程和区政府重大投资项目，区委、区政府高度重视项目推进进度，成立了由常务副区长任组长，分管副区长任副组长，发改、国土、建设、交通、财政等职能部门和所前镇政府主要领导为组员的项目建设领导小组，加强组织领导。同时，区粮食局作为项目实施主体，于2009年4月9日成立以局长任组长、分管副局长任副组长的项目推进工作领导小组，抽调精兵强将实施现场办公。通过努力，16.7公顷土地指标一次性得到解决，完成农保地调整、农转用审批。至年底，已投入前期资金7000万元，农户签约率95%，进入方案设计招投标和办理供地手续阶段，为项目的奠基开工打下基础。

【完成全区粮食订单任务】 2009年，全区共有447户种粮大户与区粮食购销公司签订粮食订单合同，共签订粮食订单16586吨，分别比上年增长13%和32%。全年收购各类粮食23107吨，全面完成订单收购任务。

【落实区级储备轮换计划】 根据粮食储备要求，按照年初制定的区级储备粮油轮换计划，2009年全年共轮出储备粮油23268吨，轮入25768吨，确保区级储备粮油足额、到位。同时，提前一年落实省政府下达的新增1.25万吨区级储备粮食规模。至年底，区级储备粮食总量5.25万吨(其中成品粮4000吨)，食用油490吨。

【推进储备粮油管理】 以全国粮食清仓查库工作为契机，深入开展"仓储管理年"、"制度建设年"等活动，制定《粮食仓储规范管理工作流程》，加大仓储工作监管和科学保粮力度，推进管理规范化。以开展"星级粮库"等创建为载体，积极创造良好储粮环境。2009年，市东粮库创建省级三星级粮库，新开河粮库等争创市三星级粮库。同时积极开展粮食仓储"一符四无"(账实相符，无害虫、无变质、无鼠雀、无事故)鉴定，确保账账、账实相符，储粮环境达标。根据全国统一部署，自3月开始粮食清仓查库工作，从企业自查到市级普查到省级复查再到审计部门审查，由于基础扎实、分工明确、责任落实、工作细致、结果准确、资料完整，得到了省、市两级检查组的充分肯定和好评。

【加强粮食流通管理】 发挥浙江东南粮食市场"蓄水池"和"洼地"作用，通过引进粮食主产区新客户、新品牌入市，培育市场做大做强。2009年全年粮食市场现货成交粮油47.26万吨，实现市场成交金额15.3亿元，基本保持较高成交势头。同时，通过市场交易平台，完成区级储备粮招标采购和竞价销售粮食3.86万吨，比上年增加1.41万吨，增幅57%。加强区域产销合作，除在安徽望江建立粮食产销基地外，新开辟江西婺源、浮梁等地的粮食产销基地，建立866.7公顷早籼稻基地，签订的3000吨早籼谷产销协议全面得到履约，有力保障了区内储备粮源的长期稳定。落实"放心粮油"长效管理机制，以日常检查和专项检查相结合，对130家"放心粮油示范店"进行了全面检查，提高放心粮油安全程度，维护消费者合法权益，进一步推动"放心粮油"工程建设。

市场

【概况】 至2009年底，全区经工商部门登记的商品交易市场共145家。其中，消费品市场122家，生产资料市场16家，生产要素市场7家。全区市场建筑面积211万平方米，商位总数27260个，从业人员54280人。全区有各类农贸市场177家(其中有证市场66家)。其中，区属国有农贸市场14家，占7.9%；镇街(管委会)级农贸市场56家，占31.6%；村(社区)和企业主办农贸市场107家，占60.5%。

2009年，全区实现市场成交额582亿元，比上年增长5.6%。其中列入萧山区重点培育的四大"百亿市场"(萧山商业城、浙江(中国)纺织采购博览城、杭州萧山新世纪市场园区、浙江萧然钢材物流中心)实现成交额487.5亿元，占全区市场总成交额的83.8%。至年底，全区有亿元以上市场22家，其中10亿元以上7家。

【专业市场影响力扩大】 2009年，区贸易系统加快推进专业市场品牌建设，积极引进名优品牌进入市场，设置总经销、总代理，培育和扶持市场经营户自创品牌，打响知名度。同时，加大市场的整治力度，集中开展专项整治行动，通过硬件改造、软件提升等整治工作，全面提升市场的竞争力、影响力和辐射力。是年，萧山商业城和浙江世纪汽车市场分别获得由中国商业联合会授予的"全国十大综合商品交易市场第一名"和"全国十大机动车交易市场"称号。

【农贸市场改造加速推进】 2009年，区委、区政府把完成西门3家区属国有农贸市场改造、启动镇街级农贸市场改造提升工作列为政府为民办的十件实事之一。区贸易局作为牵头部门，以打造"环境舒适、购物方便、安全卫生、管理规范"的消费环境为总目标，按照"改造一批、提升一批、取缔一批"的思路，加速推进农贸市场改造提升工程。至年底，西门、闻堰、坎山3家区属国有农贸市场完成改造，14家区属国有农贸市场改造提升工作全面完成；全区56家镇街农贸市场改造提升工作全面启动，其中完成改造8家，取缔3家，其余45家已进入工程施工或方案完善阶段；村(社区)级农贸市场部分启动改造。

【新农都物流中心项目建设正式启动】 2009年12月19日，省、市、区三级重点项目——浙江新农都现代农产品物流中心奠基开工。项目规划用地100公顷，总投资50亿元。其中，首期开发项目占地33.3公顷，建筑面积50万平方米，投资15亿元，预计于2011年底完工。建成后，年交易量将达到300万吨，交易额将超过130亿元。"新农都"项目是区委、区政府引进的重点商贸流通项目，也是列入区贸易局商贸"双十"工程的重点培育项目。是年，项目取得突破性进展，先后完成土地"农转用"审批、征地拆迁等大量前期工作，确保了项目的顺利实施。

【新世纪市场园区交易额首超百亿元】 2009年，新世纪市场园区实现成交额108亿元，比上年增长30%，首次突破百亿元大关。这是继萧山商业城、中国纺织采购博览城之后，萧山区成功培育和打造的第三个"百亿市场"。

(沈小锋 潘灵敏)

烟草专卖

【概况】 2009年，萧山区烟草专卖局(分公司)在业务经营上，完成销量75522箱，比上年增长5%；销售额192812万元，增长13.4%；平均单箱销售额2.55万元，增长8.1%；实现毛利47899万元，增长6.6%。在专卖管理上，出动检查1680次，检查零售户27771户次，查获违法案件570起，查获违法卷烟3.7万条，案值567万元。其中，查处国标假烟网络大案4起，22名涉案人员被依法追究刑事责任。

【经济运行稳中有升】 2009年，行业税价改革对卷烟销售经营冲击较大，萧山烟草及时采取应对措施，确定新的市场导向，促进销售结构进一步优化，实现了"税利保增长、销售上结构"。一是加强工商互动。两次邀请省内外10余家烟草工业企业代表座谈，交流情况、沟通信息。二是重点培育骨干品牌，确定利群、黄鹤楼、芙蓉王、玉溪、软珍品云烟为重点培育对象。骨干品牌全年销售量48243箱，比上年增长13.52%，占公司总销量的63.9%，份额比上年提高近5个百分点；产生毛利41914万元，比上年增长9.5%，占总毛利的87.5%，份额比上年提高2.3个百分点。其中，骨干品牌南京(增长69%)、红河(增长57%)销量增幅超过50%。全国重点品牌(20+10)1—3类烟销售41365箱，比上年增长17.8%；一类烟销售17787箱，增长24.7%，增幅列杭州地区七县市(区)第一；低档烟销售6810箱。

【专卖打假成效明显】 2009年全年查获违法卷烟3.7万条，其中假烟23045.6条、标值297.13万元，真品烟14004条、案值265.7万元。成功破获"4·10"、"4·30"两起运销假烟网络案。其中，"4·10"销假网络案查获假冒卷烟11680条，实物案值121.6万元，查获涉案车辆6辆，6名涉案人员被判刑；"4·30"网络案查获假冒卷烟14084.6条，标值163.39万元，查获涉案车辆7辆，7名涉案人员被判刑。

创新专卖管理工作，建立大案要案查处机制、协作办案机制以及萧山烟草打假成果展厅、烟草消费维权监督站。截至2009年12月31日，烟草消费维权监督站受理各类投诉75件，解决75件，结案率100%，为消费者挽回经济损失3.9万元，其中提供案源、由稽查大队实施行政罚款2.12万元，运用调解方式结案6件，消费者因受欺诈行为得到加倍赔偿5件，赔偿金额2.1万元；接待消费者来访、咨询545人次，收到感谢信12封。

【行业管理体系建设】 2009年，萧山烟草专卖局(分公司)创新"1+6"管理模式，探索"6+6"管理路径，得到国家局领导的肯定；开展"岗位在我书中"、"岗位在我心中"、"岗位在我行中"、"岗位在我掌中"四大主题月活动；6月12日承办了杭州地区烟草系统管理体系建设现场会，11月10日，全国烟草系统管理体系建设现场会分会场选址萧山烟草；编纂《高效的六有管理》企业管理书籍公开发行。萧山烟草在企业管理方面的创新得到《东方烟草报》等多家媒体关注。

【"春和"特色服务】 2009年，萧山烟草确立"四全四和"的"春和"特色服务理念。四全：干部职工全员参与、全身心投入、贯穿全过程、面向社会全方位；四和：批零和风细雨、工商和谐共生、员工和衷共济、社会和睦共荣。在服务批零上，制定5项措施，分别是：差异性培训服务，全年开展客户培训3080户；积分增值服务，制定《萧山烟草零售客户积分管理办法》，对其进行配合度、赢利度等5个度的评价；"春和""一部一特色"服务，以4个市场部为单位，形成覆盖全体客户类型的服务网络；终端信息化服务，共有933户零售商实行网上订货，占总数的14.7%；零售终端服务，对147家零售客户进行"四统一"建设。在服务工业企业上，首创工商联合室，与工业企业共育品牌、共同营销、共享信息、共通情感，使工业代表更好地融入萧山烟草之家。在服务员工上，采取"信仰式、校园式、家园式、军营式"四种企业模式，对员工进行心灵管理、成长管理、情感管理和行为管理。在服务社会上，开展助老、助孤、助残、助困、助学"五助"活动。

【文化管理构建】 2009年，萧山烟草"春和"文化管理以"找文化、建文化、兴文化"三个步骤为经线，以体系建设"职责、程序、标准、痕迹、考核、改进"六个环节为纬线，以"四全四和"特色服务建设为传播介质，通过制订企业文化年度计划、开展文化管理专题研究、搭建文化评价体系，探索企业文化管理的新路径。并通过"五个一"实现文化落地安家，即一座"春和"企业文化园、一本文化手册、一套员工岗位格言、一首《相约春天》员工之歌、一系列文化活动。其中，萧山烟草"春和"企业文化园全年接待国家局副局长李克明等行业内外各界人士逾千人。

【队伍素质建设】 2009年，萧山烟草专卖局(分公司)着力构建军营式、家园式、校园式、信仰式"四位一体"的企业模式，并策划了读书活动、健康档案、百家讲坛、零距离服务等系列活动，实践四种模式。读书活动方面，建立员工培训档案，健全培训机制，丰富培训内容，创新培训形式，在政务事务、人劳纪检、业务经营、专卖内管、财会税务等方面组织培训56次，2432人次参加，累计学时536个。健康档案方面，举办健康讲座，建立员工健康档案。百家讲坛活动先后邀请了一批著名专家和学者为员工讲授哲学、文学、礼仪学等相关知识。同时，以人力资源信息化为抓手，建立、健全人事档案制度，完善考核办法。2009年，萧山烟草参加行业全区(杭州地区)先进评选活动，稽查大队大队长李海鹰被杭州市烟草专卖局授予十佳"品质"员工，打假成果展被市局评为十佳"品质"经典案例，"春和"特色服务被市局授予十佳"品质"特色服务，摄影作品《历史的天空》被市局评为十佳"品质"感动瞬间。

【参与社会公益】 2009年，萧山烟草专卖局(分公司)与区慈善总会联合，将区委、区政府"突出贡献奖"一次性奖励用于开展助老、助孤、助残、助困、助学"春和五助"活动，社会评价较好。其中：助老，即关怀辖区内所有百岁老人；助学，即资助辖区内百位贫困大学生完成学业。此外，响应区委、区政府号召，开展春风捐赠行动及"一户一村一小组"结对帮扶活动，举办"春和·五助"慈善捐助仪式，开办萧山烟草打假成果展、烟草消费维权监督站，受到区委、区政府领导的批示嘉奖。

（陈　慧）

商业城

【概况】 2009年，萧山商业城以“转型提升年”和“深化管理年”为载体，16大市场实现商品成交额231亿元，比上年增长9.1%。

【统计数据全面真实】 2009年是商业城作为镇街级独立统计单位任务最重的一年，也是创造性开展统计工作、取得成效较为明显的一年。国家“第二次经济普查”期间，办公室抽调人员，从上年10月开始，连续奋战6个月，完成了3万多张调查表的数据录入和审核修改工作。建立萧山商业城普查数据库，为全区现代商贸业发展提供了决策依据。“经普”结束后，作为统计搜集汇总、分析跟踪管理的100多家限上限下样本单位，做到了销售、能源、投资账目网上直报，形成了月报、季度、年定报工作分析制度，重点目标月度跟踪分析，重点阶段重点统计、重点分析，做到大局清、情况明，全面准确反映商业城总体发展情况，受到区、市、省级统计部门的表彰。

【宣传《食品安全法》】 《食品安全法》于2009年2月颁布，6月实施。4月初，商业城工商所结合实际需要，为新法的实施做好准备。对内，要求每位干部及时从网上下载《食品安全法》全文进行自学，并先后三次召开学习培训会，集中学习《食品安全法》的主要内容、食品流通许可证的审批流程等，还要求干部勤练技能以适应新法对执法人员的要求。对外，一方面结合日常检查，营造新法实施氛围，除适时利用横幅标语开展普法宣传外，还要求干部在检查食品市场时将宣传新法作为“必授课”进行一对一授课，对照《食品安全法》及时指出食品经营者的不足之处；另一方面，开展集中培训，组织辖区涉及食品经营的理事单位和经营大户共40余人进行《食品安全法》培训，围绕《食品安全法》体现的从“卫生”到“安全”理念巨变的几大亮点，对食品许可制度、食品安全标准等进行重点讲述和解读，提高经营户的食品安全意识和知识。

【推进食品经营“一票通”】 自商业城各食品批发市场被列为杭州市工商局推行食品经营“一票通”制度首批试点单位以来，商业城工商所统筹安排，采取人性化、多元化、常态化手段力促工作“三到位”。截至2009年底，辖区三大食品批发市场500余家食品批发户已基本接受并使用统一票据。

【巩固商品质量监管】 一是发挥检测功效，监控商品质量。截至2009年12月20日，检测箱共检测各类食品1404个批次，监督3家经营户对165千克不合格食品做自行下柜销毁处理。全年抽检产品78个批次，发现不合格产品并立案查处3起。二是加强专项整治。节日市场专项整治期间，共办结案件74起，其中一般程序29起、食品安全案件37起。除开展常规的节日专项整治外，还开展了茶叶、添加剂、酒类、儿童食品、保健食品、电动车等专项检查15次。

【实现“扩内需、促消费”目标】 2009年，为进一步拉动消费，管委会在首届萧山购物节期间，组织了商业城“超值欢乐购”系列主题活动。4月26日特卖会首日开场仅一小时，就吸引了上万人次，商业城展示的各类特色商品还吸引了外籍人士。城内各市场系列主题活动同时展开，拉动了商业城全城销售量。“超值欢乐购”头三天合计商品成交额1.5亿元，同比增长7%。

【多措并举育品牌】 一是鼓励企业自主创牌，引导企业走“品牌”发展之路，增强核心竞争力。在商业城工商所的大力提倡和积极指导下，2009年新增133只注册商标，累计拥有264只，累计数比上年增加一倍多。二是重拳出击保护品牌。善于利用保护名优产品联合会平台，联合企业打假护优，在过去酒类、饮料等的打假经验基础上，将打假领域延伸到气动工具、日用品、建材等商品，在帮助国内企业维护商标权益的基础上，突破地域限制，帮助国际知名品牌如宝洁、日本SMC等商标主维护自身权益，日本企业专程送匾感谢。全年办理侵权案件24件，罚没款27.8万元。三是积累商标资产发展培育单位。整合知名商号的培育和区著名商标的创建，盛利化工、宝丽机电、波磊实业3只商号被成功培育成萧山区知名商号，“波磊”商标还被评为杭州市著名商标。

【初步建成商业城网上虚拟市场】 2009年，管委会与区电信公司合作，历时一年时间，上门走访经营户千余户，投入大量的人力、物力和精力，开通运行了有形市场与无形市场结合、互补的网上商业城。网上商业城共有注册经营户200多家，收集品牌产品、优势产品信息13000余条。

【探索规范网络交易行为】 2009年，商业城工商所有计划地开展互联网专项检查。共浏览涉及商业城辖区经营户的网页300余个，挖掘到涉嫌网络虚假宣传线索29条，并全部开展了实地检查，对其中6家经查实虚假宣传事实较为严重的经营户进行立案查处，对其他虚假宣传情节较轻微的5家经营户当场责令改正，并进行批评教育。此外，还介入商业城网上商城交易平台的监管，与网站举办方沟通联系，立足工商监管服务职能，对网站的建设提升提出合理化、专业化建议，共商网站发展方向。

【创建法律服务平台】 2009年，商业城管委会通过对全体会员（杭州市萧山区区域经济合作发展促进会）的法律服务问卷调查，发现许多会员都曾碰到过股权、债权、知识产权、劳动关系、商业合同、贸易纠纷等方面的法律问题，有的会员通过法律途径较好地解决纠纷，维护了自己的合法权益；有的通过第三人调解，并没有取得满意的结果；有的甚至放弃了应有权利的维护。为此，经与管委会理事单位之一的浙江王建军律师事务所商定，共同搭建了会员法律服务平台，向全体会员普及法律知识，倡导合法经营，鼓励会员运用法律武器，依法维权；向全体会员发放“法律服务联系卡”，会员均可享受免费法律咨询和优惠的法律服务收费。

【兴办担保公司】 萧山区区域经济合作发展促进会二次会员大会(4月10日召开)后,部分会员提议组建金融担保机构,以应对金融危机对中小企业发展的影响,扶助会员渡过难关,解决会员企业及关联企业经营中的融资难题。为此,该会历时8个月筹建金融担保公司,经区经发局批准,担保公司于2009年底正式挂牌,开展对外业务。

【推进责任区监管】 2009年,为适应基层监管模式的转型,强化执行力,一方面,理顺关系,整合资源,将原先划归经济检查中队的消保线、12315消费维权划归巡查中队,以适应责任区监管与小食杂店整治结合的需要,提高责任区干部本不擅长的消费调处能力;另一方面,加强培训,规范运作,提高系统应用能力,通过一年的培训和应用,基本达到了计划制订规范化、任务落实明细化、工作实际清晰化。2009年,责任区巡查1458户次,经营户1337户;轻微违规实施告诫598户,回访企业63家,回查户口530户。

【完善保障网络】 管委会建立了总值班室、消防队、消控中心、公安警务室和市场五部门24小时巡逻执勤体系,打造一张确保商业城全天候消防安全、治安安全的保障网络。2009年3月9日晚8时许,商业城消控中心通过设备监控发现服装市场8—1—70号营业房火情,在总值班室的调度下,消防队、警务室、市场立即组织人员排险,第一时间消除了火情。在保障食品安全方面,通过市场、工商联动,全年备案商品3万余只,检测食品1000余批次,食品合格率99.7%。

【实施专项整治】 2009年,商业城管委会组织各类安全检查10余次,有重点、有针对性地破解一些难题。7月、8月,组织开展为期两个月的夏季消防安全专项整治活动,重点对各市场经营户在店内做饭、烧菜和使用其他大功率电器等进行整治。各市场先后组织检查149次,下发整改通知书342份,查处使用明火、大功率电器、占道经营和私拉乱接电线等情况1400余处,均要求其现场整改和限期整改。对不听劝阻的"钉子户",管委会联合区消防大队和卫生防疫部门进行了联合执法,各市场的消防安全形势得到好转。

【加强硬件改造】 2009年,管委会组织实施副食品市场一楼喷淋和烟感系统改造,服装市场住宅与市场防火分隔、疏散楼梯改造以及系统的消防基础设施增补和维护,三项总计投入资金120多万元。至此,管委会直属五大市场一、二层营业房区域全部完成改造。

【实施畅通工程】 2009年,为确保商业城内的畅通有序,管委会着重做好四项工作。一是实施停车空间资源整合。一方面投资200万元建设生态停车场,可停放各类车辆175辆。另一方面,对城内停车位进行挖潜。扩建4号停车场,新增停车位16个;进行商河路停车位划线,新增停车位12个;进行建材市场东北角停车位划线,新增停车位12个。二是实施多部门联合整治。组织包括公安、城管、工商、运政等多部门在内的车辆联合治理6次,重点加强对各类营运车的执法监督,基本保证了城内主要道路畅通。三是实施文明停车宣传。制订详细工作方案,利用收费杠杆调节,引导经营户将自备车停放到指定停车场、停车位,并给予办理优惠的包月停车证,鼓励经营户将黄金地段停车位让给消费者停放车辆。四是实施车辆专项整治。集中力量,用两个月时间组织实施车辆秩序专项整治活动,发放宣传资料2600余份,纠正违章停车1600余车次,处理违章车475辆,现场劝导车辆2560余辆次,确保商业城畅通、有序。

【实施"最清洁市场"】 2009年,管委会一方面补充、修订了《商业城市场管理员日常管理工作细则》、《2009年清洁工日常岗位考核细则补充条款》等一系列管理制度,使"最清洁市场"创建工作的监督、考核体系更趋完善;另一方面调整市场保洁时间,增加中午保洁时间,下午保洁工作延长到5点半,同时对管委会总值班的时间也做了相应调整,使市场保洁和秩序维护工作做到了无空隙,市场整齐整洁的长效管理进一步落实。

【基本实现办公自动化和信息化】 2009年,管委会加快推进办公自动化和管理信息化建设,管委会网上办公系统投入运作,市场管理软件功能进一步完善。至年底,基本实现管委会办公自动化和无纸化目标,进一步降低了办公成本。市场管理软件于12月投入使用,各市场加快经营户信息登录工作,实现了财务管理和市场管理的信息化。

【抓好媒体宣传】 2009年,共在人民网、《中国消费者报》、《法制日报》、《中国纺织报》、《市场信息报》等中央级媒体发表各类稿件37篇,其中头题6个;在《浙江市场导报》、《浙江工人日报》、《浙江法制报》、《浙江科技报》、《浙江民营经济》、《浙江道路交通管理》、《农村信息报》、《杭州日报》、《义乌商报》、《每日商报》、《新农村商报》、《萧山日报》、浙江人民广播电台、萧山人民广播电台和萧山电视台等媒体发稿400余篇,其中头题21个,增进了社会各界对萧山商业城管理工作的了解。

(吴春友)

萧山区供销联社

【概况】 2009年,全区供销系统实现销售35.53亿元,比上年增长15%;利润5381万元,增长33%;综合经济效益7938万元,增长19%;社会贡献额2.02亿元,增长27%;上缴国家税费6388万元,增长45%。综合实力和发展活力不断增强,为农服务作用不断体现,品牌影响力不断拓展,创造了业中备受瞩目的"萧山供销模式"。区联社代表县级社在全国总社加强县级社建设工作会议上作了典型经验介绍,并作为全国总社的改革发展样板和起草《关于加快供销合作社改革发展的若干意见》的附件之一上报国务院。

【领办农民专业合作社】 2009年,区供销社系统新办农民专业合作社10家,年底共有41家合作社,其中28家合作社被评为省、市、区级规范化(示范性)合作社,4家列入全国总社"千社千品"富农工程合作社。19家合作社申请注册了商标,11只产品获得绿色、有机、无公害产品认证,万家丰舒兰蔬果合作社成为区内首家通过国家GAP(Good Agricultural Practices,良好农业规范)二级认证的合作社。41家合作社全年生产销售各类农产品4亿多元,比上年增长12%,带动当地农业产值5亿元。

【开设全区最大的名特优农产品超市】 2009年5月10日,浙江万禾农产品有限公司成立暨浙江万禾名特优农产品专卖中心开业典礼举行。浙江万禾农产品有限公司由萧山区供销社、仙居县供销社联合发起,安吉、淳安、临海、缙云、松阳、常山、开化、磐安、定海、上虞、余杭等县(市、区)供销社以资本或产品为纽带联合经营,是一家全省性地方名特优农产品连锁经营企业,开创了供销社系统"合作社要合作,联合社要联合"的先河。其开设的全区最大的名特优农产品超市,汇聚了萧山本地和全省各地5000余种名特优农产品,都来自绿色无公害农产品生产基地,由当地供销社领办的农民专业合作社以配送的方式直供,经过QS(Quality Safety,质量安全)、HACCP("Hazard Analysis Critical Control Point"的英文缩写,鉴别、评价和控制对食品安全至关重要的危害的一种体系)等食品安全质量体系严格认证,被称为永不落幕的"农博会"。

【推进农村现代流通服务连锁网络建设】 2009年,区供销系统进一步推进医药、农资、石油、农产品、再生资源、日用消费品、烟花爆竹等七大连锁网络体系建设,350家农资连锁店通过了杭州市现代农资连锁网络建设考核,走在杭州市乃至全省的前列;发展农村药品连锁网点82家,建立终端配送网络6000余家,强化了药品供应保障体系建设;发展废旧物资回收连锁网点43家,促进在线收废、再生资源协会和二手货交易市场、再生资源回收体系、废钢加工利用体系"一网一会三平台"的新发展。

【钱江蔬菜公司国家农发办项目通过验收】 2009年,钱江蔬菜公司6000吨绿色酱腌菜加工扩建国家级项目通过总社、省社检查和区级验收,推动了钱江公司依托合作社与农民,建立紧密型利益联结机制,通过基地化建设、标准化规范,引导农民发展集约化、规模化生产,探索贴牌生产、组合营销、品牌经营的发展模式,并通过参展参销和评名评优,拓展国内外市场,提升农产品竞争力,促进富民强社、助农增收。钱江蔬菜公司全年加工销售各类农产品12790吨。

【科技兴农出成果】 2009年,巩固与市农科院的科技合作,万农粮食合作社的冬闲田开发扩大了养殖规模,"明珠"牌生态米上市;临浦苎萝蔬菜合作社、义盛盛红蔬菜合作社的大棚蔬菜新品种试种推广成效显著;江东农机服务合作社开发了具有自主知识产权的实用型掘苗机,获得国家实用新型专利证书,制订《掘苗机田间作业技术规程》,成为杭州首家制定市级标准的合作社。

【举办农民素质技能培训班】 2009年,萧山区供销联社组织各类农民素质技能培训班31期(其中农产品经纪人培训班3期),培训农民1600人,投入农民素质培训经费260余万元。

【防汛抢险物资储备充足】 2009年,区供销系统完善防汛抢险应急预案,成立防汛抢险指挥部,组建防汛抢险突击队和民兵小分队,开展防汛抢险演练,做好人员、物资、车辆保障准备,按时、足额储备了23类防汛救灾物资,详细制定物资管理条例和24小时值班制度,并落实了防汛救灾物资储备中心项目立项、规划选址的报批工作。

【万丰集团再次跻身中国服务业500强】 2009年9月5—7日,由中国企业联合会、中国企业家协会主办,浙江省人民政府协办,杭州市人民政府承办的"2009中国企业500强发布暨中国大企业高峰会"在杭州召开,浙江万丰企业集团公司以年营业额27.4976亿元跻身中国服务业企业500强,位列第323位和综合性内外商贸及批发与零售业第16位。这是继2008年之后,万丰集团第二次跻身中国服务业500强。

【拓展信息化连锁经营】 2009年,系统所属企业万丰石油公司在实施全球眼和IC卡的同时,完成ERP(Enterprise Resource Planning,企业资源计划)升级改造项目并正式投入使用,加油站"一站式"服务全面启动。萧山医药公司的信息化项目通过区级验收,6000多家终端和总部全部联网,信息化运营。萧山农资公司50家连锁网点初步实现了电脑联网运营,并通过区级考核验收。萧山鞋城开通电子商务——网上商城(萧山网购),两家凯豪大酒店(杭州凯豪大酒店、建德半岛凯豪大酒店)网络订房推动了业务和品牌提升,经贸学校、万禾农产品公司、半岛山庄等单位新建门户网站,萧山医药、万丰医药、回收公司、九州公司、集嘉公司、汇利公司、萧山弹簧公司、万丰制药公司等一批企业的电子商务取得成效。

【萧山医药公司总部大楼落成】 2009年1月31日,萧山医药公司新大楼搬迁完毕,前后耗时两年,总投资4500万元,建筑面积近2万平方米。3月18日,萧山首届药品交易会开幕式和萧山医药公司总部大楼落成典礼举行。

【杭州凯豪大酒店获评四星级旅游饭店】 2009年7月,根据浙江省旅游局饭店星级评定委员会《关于同意杭州凯豪大酒店为四星级旅游饭店的批复》,杭州凯豪大酒店正式获评四星级旅游饭店。

【萧山经贸学校高考创佳绩】 2009年,区供销社所属的萧山经济贸易学校有188人参加高考,其中139人上线,上线率73.9%,位列萧山区20多所职校的第四位。

(单月海)

对外经济贸易

综述

2009年，受国际金融危机的影响，萧山区开放型经济发展面临严峻挑战。全区上下按照区委、区政府的部署，围绕全年工作目标，克服困难，坚定信心，创新举措，拓市场，扩投资，促转型，保增长，全力推动开放型经济持续稳定发展，全区对外经贸和国内经济合作工作仍取得较好成效。

对外贸易

【概况】 2009年，萧山外贸企业以"拓市场、调结构、促出口、保增长"为重点，迎难而上，负重拼搏，经受住了国际金融危机的严峻考验，在各种不利因素叠加的逆境中实现了外贸出口企稳回升，降幅从单月最低下降48.18%，逐月收窄回升，12月单月出口增长10.73%，在连续下滑13个月后首次实现正增长，并创2009年单月出口新高。全区出口降幅与全国基本一致，总体好于全市水平。全年进出口总额829827万美元，比上年下降12.96%。其中出口561665万美元，下降16.53%；进口268162万美元，下降4.39%。

2009年萧山区对外贸易概况

单位：万美元

类别＼指标	总值	比上年增长(%)
1.进出口总值	829827	−12.96
2.出口总值	561665	−16.53
其中：外贸公司	126592	−12.87
生产企业	182716	−14.91
外商投资企业	252357	−19.35
3.进口总值	268162	−4.39
其中：外贸公司	35695	−3.37
生产企业	161514	−2.33
外商投资企业	70953	−9.23
4.一般贸易出口	464292	−13.49
5.加工贸易出口	96940	−28.27
其中：来料加工	6172	−21.17
进料加工	90768	−28.70

注：进出口数据为海关提供。

2009年萧山区各系统、镇街自营出口情况

单位：万美元

系统＼指标	累计值	比上年增长(%)
全区合计	561665.09	−16.53
一、萧山经济技术开发区	150124.27	−16.59
二、临江工业园区	10448.88	−16.19
三、其他	35195.00	−16.51
四、镇街系统	365896.97	−16.52
1.楼塔镇	1930.63	−14.29
2.河上镇	1588.01	−11.81
3.戴村镇	3966.87	−3.34
4.浦阳镇	9808.94	−27.88
5.进化镇	3562.33	−19.36
6.临浦镇	13882.75	−19.22
7.所前镇	6212.12	−19.02
8.义桥镇	11021.85	−26.15
9.闻堰镇	9031.82	−15.79
10.宁围镇	21158.34	−22.96
11.新街镇	13883.99	−17.81
12.衙前镇	25747.31	−18.20
13.坎山镇	7850.16	14.18
14.瓜沥镇	19529.63	−17.05
15.党山镇	24982.33	−26.31
16.益农镇	2273.97	−16.37
17.党湾镇	9191.03	−14.05
18.靖江镇	17567.31	8.01
19.南阳镇	17526.13	−30.30
20.河庄镇	10471.96	−18.65
21.义蓬镇	7849.22	−12.57

续表

指标 系统	累计值	比上年增长(%)
22. 新湾镇	9324.02	−22.52
23. 城厢街道	9264.32	−49.28
24. 新塘街道	58297.45	−1.42
25. 北干街道	45169.25	−11.12
26. 蜀山街道	4805.23	6.27

注:2008 年基数因企业搬迁有所调整。

【进出口企稳回升态势明显】 2009 年,全区出口呈现"前低后高"趋势。2 月单月出口同比下降 48.18%,4、5、6 三个月单月出口同比降幅都在 20%以上,1—5 月全区累计出口降幅 23.87%,之后降幅逐步收窄,12 月当月出口同比增长 10.73%,连续 13 个月负增长后首次转为正增长,并创当年单月出口新高。全年出口降幅比 1—5 月收窄了 7.34 个百分点。同时,全年进口值呈逐月上升的态势。1 月全区进口同比下降 43.77%,2—7 月单月同比增幅均为负值,但 8、9、10、12 四个月均为正增长。1—6 月全区进口同比下降 24.6%,1—12 月进口同比下降 4.39%,降幅比上半年收窄 20.21 个百分点。

2009 年萧山区进出口分月进度情况

单位:万美元

月份	2009 年			2008 年			比上年同期增长(%)		
	进出口	出口	进口	进出口	出口	进口	进出口	出口	进口
1月	67966	54831	13135	86916	63555	23361	−21.80	−13.73	−43.77
2月	39113	23338	15775	64194	45038	19156	−39.07	−48.18	−17.65
3月	63262	45382	17880	78921	53414	25507	−19.84	−15.04	−29.90
4月	65373	45652	19721	86635	58133	28502	−24.54	−21.47	−30.81
5月	63868	41798	22070	80313	57027	23286	−20.48	−26.70	−5.22
6月	66700	44301	22399	83711	55820	27891	−20.32	−20.64	−19.69
7月	75959	51547	24412	88913	61786	27127	−14.57	−16.57	−10.01
8月	75064	49711	25353	86314	63909	22405	−13.03	−22.22	13.16
9月	81835	51785	30050	83255	59962	23293	−1.71	−13.64	29.01
10月	89890	50535	39355	76706	54461	22245	17.19	−7.21	76.92
11月	53397	46613	6784	66472	49070	17402	−19.67	−5.01	−61.02
12月	87400	56172	31228	71027	50730	20297	23.05	10.73	53.86
全年	829827	561665	268162	953377	672905	280472	−12.96	−16.53	−4.39

【出口结构调整优化】 2009 年,萧山外贸出口仍以传统产品为主,但出口商品结构不断优化,纺织品为全区第一大出口商品。

2009 年萧山区出口产品分类情况

单位:万美元

品名	出口额	增幅(%)	比重(%)
1. 纺织品	153889.74	−14.97	27.40
2. 机电产品	145294.00	−19.25	25.87
3. 服装	91273.25	−9.31	16.25
4. 羽绒及其制品	49432.44	−10.30	8.80
5. 家具	41904.25	−24.94	7.46
6. 化工产品	33075.32	−33.13	5.89
7. 高新技术产品	14825.20	−25.44	2.64

【出口市场趋于多元】 2009 年,萧山对发达国家和地区出口仍然占据主导地位,欧美市场比重高达 55%。随着新兴市场开拓力度加大,出口市场结构更为分散。东盟等新兴市场出口继续增长,出口越南 10537.5 万美元,增长 10.87%,出口马来西亚、柬埔寨、缅甸等国家增幅均在 20%以上;出口巴西 8819 万美元,增长 3.6%;出口墨西哥 7922 万美元,增长 2.2%。但主要出口市场出口额继续下滑,全年出口北美洲 164272.22 万美元,下降 16.95%,占出口比重 29.25%;出口欧洲 156183 万美元,下降 19.69%,占出口比重 27.81%。

2009 年萧山区出口市场排序

单位:万美元

排序	国家(地区)	出口额	增幅(%)	份额(%)
1	美国	152529.60	−16.51	27.16
2	德国	31469.23	−4.61	5.60
3	英国	21868.54	−8.32	3.89
4	意大利	18879.86	−20.49	3.36
5	日本	18115.97	−24.01	3.23
6	荷兰	16039.94	−9.12	2.86
7	中国香港	13552.45	−17.43	2.41
8	加拿大	11742.62	−22.22	2.09
9	越南	10537.50	10.87	1.88
10	韩国	10090.61	−18.36	1.80

【出口企业继续增加】 2009年，全区新增外贸流通公司107家、生产型内资企业256家。拥有外贸进出口经营权企业累计3321家，其中外贸流通公司645家，生产型内资企业1667家，外商投资企业1009家。全年外贸公司出口126592万美元，下降12.87%，占全区出口总额的22.54%；生产型内资企业出口182716万美元，下降14.91%，占全区出口总额的32.53%；外商投资企业出口252357万美元，下降19.35%，占全区出口总额的44.93%。2009年有海关出口业绩（按海关编码统计）的企业1562家，比上年增加132家。其中出口额在1000万美元以上的151家，2000万美元以上的50家，5000万美元以上的15家，1亿美元以上的3家。

2009年萧山区出口前60位企业排序

单位：万美元

序号	企业名称	出口额	增幅(%)
1	柳桥集团	13209.38	−16.6
	浙江柳桥羽毛有限公司	3609.02	−60.6
	浙江恒迪寝具有限公司	3691.13	−5.8
	杭州柳桥进出口有限公司	3582.70	72.5
	浙江柳桥家纺有限公司	1131.98	98.1
	杭州柳桥制衣有限公司	189.18	94.5
	浙江新柳家纺有限公司	1005.37	—
2	汉帛(中国)有限公司	12522.14	−20.5
3	万向进出口有限公司	11081.96	−33.8
4	达利(中国)有限公司	9157.82	−11.5
5	浙江杭萧钢构股份有限公司	8215.87	3.7
6	浙江庆丰纺织印染有限公司	7913.00	−11.3
7	浙江恒逸集团	7782.79	−8.1
	浙江恒逸化学纤维股份有限公司	7742.13	−7.2
	杭州恒逸对外贸易有限公司	40.66	−68.5
8	浙江汉欣家具工业有限公司	7601.53	−36.5
9	和合科技集团有限公司	7169.82	−20.3
	杭州合美休闲用品有限公司	5029.30	−26.0
	浙江耀华进出口有限公司	2140.52	−2.6
10	帝凯集团	6349.10	−32.5
	杭州帝凯工业布有限公司	6072.01	−30.1
	杭州帝凯化工有限公司	277.09	−61.3
11	杭州市萧山进出口贸易有限公司	6307.59	−14.3
12	浙江三弘集团	5816.02	−28.7
	杭州大泓家纺有限公司	2548.36	−31.5
	杭州三弘进出口有限公司	2718.16	−13.1
	浙江三弘国际羽毛有限公司	13.98	−85.7
	杭州三弘服饰有限公司	436.55	−51.2
	杭州三弘装饰布有限公司	98.97	−68.8
13	杭州吉华进出口有限公司	5790.94	−34.8
14	浙江金弘控股集团	5664.00	1.7
	杭州金弘三鸟羽绒制品有限公司	5533.49	5.9
	杭州太平洋进出口有限公司	130.51	−11.1
15	浙江舒奇蒙光伏科技有限公司	5346.88	−24.0
16	杭州明成制衣有限公司	4819.17	−17.6
17	三元控股集团	4621.97	−15.7
	杭州集美印染有限公司	1252.57	−32.4
	杭州天瑞印染有限公司	630.79	−36.4
	杭州三锦纺织品开发有限公司	571.19	−36.2
	杭州天虹贸易有限公司	289.27	487.9
	浙江三元天虹纺织有限公司	903.86	42.0
	杭州欣元印染有限公司	199.92	17.0
	杭州世摩贸易有限公司	327.77	−28.9
	杭州三印染整有限公司	4.96	−85.7
	杭州华仑印染有限公司	402.19	89.0
	杭州天宇印染有限公司	7.51	−62.1
	浙江三元电子科技有限公司	31.94	17.0
18	通用电气亚洲水电设备有限公司	4141.72	−11.7
19	杭州萧然进出口有限公司	4085.16	−12.2
20	浙江百合化工控股集团	3740.96	−20.9
	杭州百合化工有限公司	981.90	−51.7
	杭州百合进出口有限公司	2759.06	2.31

续表

序号	企业名称	出口额	增幅(%)
21	杭州宏峰纺织集团	3677.08	-22.6
	杭州宏峰纺织有限公司	1751.02	-13.9
	杭州宏海纺织有限公司	1926.06	-27.3
22	浙江华越家具工业有限公司	3489.74	-36.9
23	杭州力武机电有限公司	3357.75	-22.6
24	浙江万翔寝具制品有限公司	3286.99	51.8
25	富丽达集团	2936.30	5.3
	浙江富丽达纤维有限公司	1440.65	136.0
	富丽达集团杭州进出口有限公司	652.24	-25.6
	浙江达丰纺织有限公司	832.48	-31.7
	富丽达集团控股有限公司	10.93	-86.7
26	杭州翔盛进出口有限公司	2834.80	-67.5
27	杭州兆丰汽车零部件制造有限公司	2788.10	116.0
28	恩希爱(杭州)化工有限公司	2782.20	-20.6
29	杭州宇隆羽绒制品有限公司	2664.61	-3.96
30	杭州中丽化纤有限公司	2630.00	-1.88
31	杭州新艺服装有限公司	2599.83	0.72
32	浙江健盛集团股份有限公司	2584.84	8585.5
33	杭州中泰实业有限公司	2579.62	-22.1
34	杭州科利化工有限公司	2573.09	-0.13
35	杭州博瑞进出口有限公司	2513.62	-31.4
36	杭州百艺纺织制衣有限公司	2420.06	19.4
37	杭州三星羽绒制品有限公司	2382.96	-25.7
38	杭州东岱珠宝饰品有限公司	2356.62	-5.67
39	杭州德润进出口有限公司	2344.40	-6.28
40	杭州泛亚休闲用品有限公司	2328.96	-36.4
41	德利服饰(杭州)有限公司	2320.59	-31.0
42	杭州宏顺家具工业有限公司	2317.18	-25.6
43	杭州炬日集团	2305.21	-30.1
	杭州炬日电器有限公司	1160.68	-49.2
	杭州炬日家具工业有限公司	1144.53	12.9

续表

序号	企业名称	出口额	增幅(%)
44	萧山国际经济技术合作有限公司	2202.63	-30.9
45	杭州祥润制衣有限公司	2181.69	-8.67
46	博雷控制系统(浙江)有限公司	2151.81	-36.5
47	杭州金荣进出口有限公司	2088.06	-15.0
48	杭州永盛集团	2081.59	-25.8
	萧山永盛对外贸易有限公司	789.38	-44.4
	杭州汇维仕永盛染整有限公司	91.01	118.7
	杭州汇维仕永盛化纤有限公司	189.50	25.6
	杭州永盛纺织有限公司	758.67	-21.1
	杭州永盛海—差别化纤维织物有限公司	16.66	79.6
	杭州先临科技有限公司	236.37	6.35
49	杭州前进齿轮箱集团有限公司	2062.21	13.4
50	杭州萧山胜利羽绒有限公司	2008.93	3.42
51	杭州恒丰进出口有限公司	1982.56	-22.5
52	杭州港汇进出口有限公司	1977.51	-24.1
53	杭州金顺进出口有限公司	1952.49	-9.9
54	浙江飞鸿羽绒制品有限公司	1940.08	167.2
55	杭州萧山钱鸿交通器材有限公司	1915.50	-16.1
56	杭州萧山凤凰实业有限公司	1887.18	-25.4
57	杭州武德家具有限公司	1828.27	-22.7
58	浙江爱信慧国机电有限公司	1818.83	-1.2
59	杭州乐荣电线电器有限公司	1792.23	-8.9
60	杭州康利羽绒制品有限公司	1791.53	-9.7

【萧山6家企业的品牌获“浙江出口名牌”称号】 2009年1月，省商务厅公布150个新认定的“浙江出口名牌”以及50个自动转为“浙江出口名牌”的原国家级出口名牌。其中，萧山企业有6个品牌榜上有名，占杭州市总数的1/3。分别是：万向集团的“钱潮QC”，浙江中服北天鹅服饰股份有限公司的“北天鹅”，富可达控股股份有限公司的“富可达”，和合科技集团有限公司的“和合”，浙江恒逸集团有限公司的“恒逸”，杭州前进齿轮箱集团有限公司的“前进”。“浙江出口名牌”名录划分为机电电子、纺织服装、轻工工艺、冶金建材、化工医药、农副产品及其他等七个类别，有效期为三年，列入名录的品牌及所属企业可享受省、市出口品牌扶持政策。

【举办国际化经营企业总裁高级研修班】 2009年,为帮助企业积极应对金融危机影响,提高企业家素质,增强抗风险能力,区外经贸局联合淘课网举办国际化经营企业总裁高级研修班。2月21日,该研修班在萧山国际创业中心开班,全区近50家外贸企业的负责人参加了课程培训。研修班历时3个月,课程内容涉及团队管理和人才激励、风险控制和管理、企业投资机会分析、困难时期经营战略等,旨在进一步提高企业的管理能力和核心竞争力,帮助企业渡过难关。

【提出拓展市场六项举措】 2009年5月4日,区外经贸局召集30多位参展春季广交会第三期的企业老总在广州召开座谈会,共同交流分析出口企业经营情况和面临的困难形势,就如何拓市场、抢订单、保增长进行了探讨,并对政府与企业如何共同应对金融危机提出了建议与要求。区外经贸局就进一步加大市场开拓力度提出六项举措,主要是:传统展会拓市场,电子商务拓市场,“走出去”拓市场,调整结构拓市场,工贸结合拓市场,移动商务拓市场。

【萧山138家出口企业许下诚信自律诺言】 2009年9月3日,全区138家出口企业向浙江省出入境检验检疫协会许下承诺:确保产品质量,坚持诚信经营,坚决杜绝假冒伪劣产品出国门。此次萧山区出口企业诚信自律宣言签约仪式,由浙江省出入境检验检疫协会和萧山出入境检验检疫局联合举办,是浙江检验检疫系统“质量和安全年”活动的重要内容之一。签署诚信自律宣言的企业,需要在自觉遵纪守法、杜绝失信行为、坚持质量提升服务、维护知识产权等九个方面遵守约定。企业作出诚信承诺,将有助于企业进一步提升质量标准,切实加强行业自律。同时,出入境检验检疫部门将加大对企业的服务力度,帮助企业解决质量管理、生产安全、现场管理等方面遇到的问题。

【区委、区政府出台外贸扶持新政策】 2009年9月,为贯彻落实《国务院办公厅保持对外贸易稳定增长的意见》精神,确保全区外贸稳定健康发展,出台《区委办公室区政府办公室关于调整完善促进外贸结构调整转变外贸增长方式若干政策意见的通知》(萧委办〔2009〕86号)。《通知》主要包括鼓励企业积极开拓国际市场、防范贸易风险、利用电子商务、减轻外贸企业负担、提高国际化水平、稳定外贸出口等八部分。

【178家企业参展第106届广交会】 2009年,萧山区有178家企业参展第106届广交会。秋季广交会分三期举行,第一期参展产品为电子及家电类、机械类、五金类、建材类等,第二期参展产品为餐厨用具、日用陶瓷等,第三期参展产品为裘革皮羽绒及制品、服装饰物及配件等。萧山企业在这三期中分别拥有148个、41个和226个展位,一期参展企业的收获好于二期和三期参展企业。

【进口商品结构】 2009年,全区进口商品以涤纶聚酯化纤原料、初级形状的塑料和机电产品为主,三者占进口总值的69.20%。其中涤纶聚酯纤维原料进口121941.99万美元,增长2.80%,占进口总值的45.47%;初级形状的塑料进口32039.04万美元,增长2.45%,占进口总值的11.95%;机电产品进口31599万美元,下降40.0%,占进口总值的11.78%。大宗商品(进口额大于1000万美元)进口增幅较大的依次为未锻造的铝及铝材(增长773.8%)、纸浆(增长529.55%)、未锻造的铜及铜材(增长513.55%)、合成橡胶(增长137.3%)。高新技术产品进口5725.66万美元,较上年下降56.9%,占进口总额的2.14%。

2009年萧山区进口商品前10位排序

单位:万美元

序号	商品名称	进口额	增幅(%)	份额(%)
1	对苯二甲酸	62875.18	23.19	23.45
2	乙二醇	59066.81	−12.60	22.03
3	初级形状的塑料	32039.04	2.45	11.95
4	纸浆	15421.87	529.55	5.75
5	纺织纱线、织物及制品	11999.54	−8.89	4.47
6	纺织机械及零件	8565.34	−51.66	3.19
7	己内酰胺	7971.55	1.33	2.97
8	未锻造的铜及铜材	3782.88	513.55	1.41
9	钢材	2796.79	22.96	1.04
10	金属加工机床	2740.56	−49.48	1.02

【全区进口市场分布】 2009年,亚洲仍是萧山主要的进口地区,全年进口208436万美元,增长1.84%,占进口总额的77.73%。其次是欧洲和拉丁美洲,分别占进口总额的11.50%和5.47%。按国家和地区排列,前10位分别是中国台湾、韩国、日本、泰国、德国、巴西、美国、印度尼西亚、瑞典、加拿大,其中中国台湾、韩国、日本占进口总额的比重分别为25.07%、13.90%和10.42%。进口前10位中,增长最快的为巴西,增长493.59%。

2009年萧山区进口市场前10位排序

单位:万美元

序号	国家(地区)	进口额	增幅(%)	份额(%)
1	中国台湾	67235.39	13.96	25.07
2	韩　国	37263.59	−11.36	13.90
3	日　本	27930.04	−4.70	10.42
4	泰　国	14120.46	37.15	5.27
5	德　国	11176.13	−44.90	4.17
6	巴　西	10481.07	493.59	3.91
7	美　国	8431.61	−53.09	3.14
8	印度尼西亚	4738.83	67.15	1.77
9	瑞　典	4419.72	−12.16	1.65
10	加拿大	4080.28	−43.75	1.52

【进口贸易方式】 2009年,萧山的进口贸易方式仍以一般贸易为主,全年一般贸易进口219246万美元,增长6.52%,占进口总额的81.76%;加工贸易进口43027万美元,下降17.14%,占进口总额的16.04%,其中进料加工贸易41378万美元,下降16.30%,来料加工贸易1649万美元,下降34.40%;外商投资企业作为投资进口的设备物品为4050万美元,下降68.7%,占进口总额的1.51%;其他方式进口占进口总额的0.69%。

【进口企业情况】 2009年,全区有海关进口业绩的企业705家。其中进口额在1000万美元以上的企业54家,2000万美元以上的30家,1亿美元以上的5家。进口额前五位的是杭州龙达差别化聚酯有限公司(23098.67万美元)、杭州翔盛进出口有限公司(15278.89万美元)、浙江恒逸化学纤维股份有限公司(13413.91万美元)、浙江富丽达纤维有限公司(12878.36万美元)和杭州翔盛纺织有限公司(10665.02万美元),5家企业进口额占全区总额的28.09%。

2009年萧山区进口前30位企业排序

单位:万美元

序号	企业名称	进口额	增幅(%)
1	浙江恒逸集团	28394.47	-4.1
	浙江恒逸聚合物有限公司	9904.75	-38.7
	浙江恒逸集团有限公司	5075.81	15.9
	浙江恒逸化学纤维股份有限公司	13413.91	47.7
2	浙江翔盛集团	25943.91	22.9
	杭州翔盛纺织有限公司	10665.02	-17.6
	杭州翔盛进出口有限公司	15278.89	86.9
3	杭州龙达差别化聚酯有限公司	23098.67	1.2
4	浙江富丽达纤维有限公司	12878.36	571.1
5	浙江荣盛集团	11763.00	-39.3
	浙江荣翔化纤有限公司	5973.36	-47.8
	荣盛化纤集团有限公司	4783.43	-15.7
	浙江荣盛控股集团有限公司	1006.21	-55.5
6	红剑集团	11275.13	-25.0
	杭州红剑聚酯纤维有限公司	7562.28	-29.8
	杭州红山化纤有限公司	3712.85	-13.0
7	杭州华成聚合纤有限公司	6793.55	79.7
8	杭州宏福锦纶有限公司	4903.11	78.2

续表

序号	企业名称	进口额	增幅(%)
9	杭州天元涤纶有限公司	4447.36	22.9
10	杭州四海化纤有限公司	4326.08	106.7
11	浙江联达化纤有限公司	4324.01	31.4
12	开氏集团有限公司	4217.51	-23.1
13	浙江美丝邦化纤有限公司	3969.19	85.4
14	浙江建杰控股集团有限公司	3794.43	282.2
	杭州建杰进出口有限公司	729.06	—
	杭州建杰纺织有限公司	3065.37	208.8
15	杭州永盛集团	3052.74	16.3
	萧山永盛对外贸易有限公司	2353.28	2.7
	杭州永盛集团有限公司	600.04	—
	杭州汇维仕永盛化纤有限公司	67.03	-70.2
	杭州永盛纺织有限公司	6.77	—
	杭州先临科技有限公司	25.62	-76.6
16	浙江庆丰纺织印染有限公司	3043.47	0.25
17	杭州科利化工有限公司	2959.07	-19.1
18	浙江蕾丝进出口有限公司	2941.31	-41.0
19	浙江中誉(控股)集团有限公司	2930.44	152.4
20	浙江嘉悦石化有限公司	2310.72	17.5
21	萧山雅马哈乐器有限公司	2216.79	-20.9
22	采埃孚传动技术(杭州)有限公司	2140.99	-42.6
23	浙江正凯进出口有限公司	2028.93	374.0
24	万向进出口有限公司	1886.63	-51.1
25	爱立信乐荣技术(杭州)有限公司	1883.07	-49.5
26	杭州友佳精密机械有限公司	1881.86	2.9
27	浙江杨歧进出口有限公司	1869.29	—
28	恩希爱(杭州)化工有限公司	1842.51	20.9
29	杭州中丽化纤有限公司	1747.07	53.1
30	浙江东南金属薄板有限公司	1733.25	299.6

利用外资

【概况】 2009年,是萧山区招商引资面临最大困难的一年,也是利用外资取得最好成绩的一年。面对全球金融危机、国际投资趋缓的困难形势，萧山区始终坚持招商引资一号工程不动摇，构筑大平台，营造大氛围，实施大招商，迎难而上，全区利用外资逆势奋进，创历史最好成绩。全年合同利用外资11.16亿美元，实际利用外资7.73亿美元，分别完成全年目标任务的101.4%、100.4%，分别比上年增长9.6%、17.5%。利用外资总量连续第四年位居全省区（县、市）第一。

2009年萧山区利用外资概况

分　类	合　计	其中：新批	其中：增资
一、当年批准（万美元）			
1.企业家数	149	95	54
2.总投资	186488.61	165054.97	28156.58
3.注册资本	142710.45	125616.41	25233.14
4.合同利用外资	111582.64	100330.14	17554.45
二、年累计批准（亿美元）			
1.企业家数	1716	—	—
2.总投资	148.94	—	—
3.注册资本	91.60	—	—
其中：外方	65.81	—	—
4.合同利用外资	73.46	—	—
三、实际利用外资（亿美元）			
历年累计	39.36	—	—
其中：当年	7.73		
四、生产经营情况（万元人民币）			
开业投产企业数	725	—	—
销售收入	5306135	—	—
税金总额	229068	—	—
利润总额	358320	—	—

【"一港四区"主平台作用明显】 2009年，萧山经济技术开发区、临江工业园区、钱江世纪城·宁围镇、湘湖旅游度假区"四区"共完成合同利用外资77285.90万美元，实际利用外资43235.26万美元，分别比上年增长25.1%和24.4%，分别占全区总量的69.3%和55.9%。其中，钱江世纪城·宁围镇合同利用外资与实际利用外资分别比上年增长64.0%和53.0%。区外经贸局发挥国际创业中心等平台作用，实际利用外资近1亿美元。

2009年萧山区各部门利用外资占全区比重情况

单位：万美元

部　门	合同外资		实际利用外资	
	完成数	占全区比重(%)	完成数	占全区比重(%)
全区合计	111582.64	100.0	77301.13	100.0
一、"一港四区"有关部门合计	77285.90	69.3	43235.26	55.9
1.萧山经济技术开发区	44182.76	39.6	30007.61	38.8
2.临江工业园区	16478.82	14.8	7361.14	9.5
3.钱江世纪城·宁围镇	13484.32	12.1	4666.51	6.0
4.湘湖旅游度假区	3140.00	2.8	1200.00	1.6
二、镇街合计	48836.96	43.8	27156.28	35.1
三、其他	6040.22	5.4	12300.00	15.9

注：该表合计数不包括当年减资的数据。

【镇街利用外资比上年有所增长】 2009年，各镇街共完成合同外资48836.96万美元，实际利用外资27156.28万美元，分别比上年增长35.7%和31.2%，分别占全区总数的43.8%和35.1%。其中有16个镇街实现合同外资和实际利用外资双增长，居合同外资绝对值前五位的镇街依次是：蜀山街道、瓜沥镇、新塘街道、新街镇、闻堰镇，合同外资增幅前五位的镇街依次是：蜀山街道、新街镇、城厢街道、新塘街道、党山镇；实际利用外资绝对值前五位的镇街依次是：闻堰镇、瓜沥镇、新街镇、新塘街道、北干街道，居实际利用外资增幅前五位的镇街依次是：新街镇、城厢街道、益农镇、蜀山街道、所前镇。

2009年萧山区各系统、镇街合同外资完成情况

单位：万美元

系统和镇街	计划目标	实际完成数			完成计划(%)	比上年增长(%)
		新批企业家数	总投资	合同外资		
全区合计	110000	95	186488.61	111582.64	101.4	9.6
一、萧山经济技术开发区	44000	27	81917.95	44182.76	100.4	7.5
二、临江工业园区	10400	5	14581.86	16478.82	158.5	65.4
三、钱江世纪城·宁围镇	8800	8	22904.32	13484.32	153.2	64.0
四、湘湖旅游度假区	2750	1	800.00	3140.00	114.2	25.6
五、其他	5230	8	8123.00	6040.22	115.5	50.4
六、镇街	38820	46	66891.71	48836.96	125.8	35.7

续表

系统和镇街	计划目标	实际完成数			完成计划(%)	比上年增长(%)
		新批企业家数	总投资	合同外资		
1.楼塔镇	600	1	200.00	700.00	116.7	8.6
2.河上镇	580	1	850.00	614.50	105.9	11.7
3.戴村镇	800	—	—	800.00	100.0	−1.9
4.临浦镇	1650	1	2574.16	1758.10	106.6	12.1
5.浦阳镇	1120	—	—	1200.00	107.1	−21.6
6.进化镇	2200	1	3480.00	2250.00	102.3	−51.4
7.所前镇	1800	3	3411.42	2600.14	144.5	28.5
8.义桥镇	2180	1	2200.00	2200.00	100.9	−12.5
9.闻堰镇	2420	—	5468.00	2750.00	113.6	−13.0
10.新街镇	2810	4	3438.70	2838.70	101.0	79.9
11.衙前镇	1610	4	4420.00	1938.00	120.4	30.9
12.瓜沥镇	2920	6	2858.00	3733.70	127.9	27.9
13.坎山镇	1370	3	2133.06	1421.75	103.8	10.0
14.党山镇	1490	1	3543.38	1987.93	133.4	45.4
15.益农镇	1400	2	2000.00	1412.00	100.9	2.3
16.义蓬镇	1150	—	—	1250.00	108.7	9.6
17.靖江镇	1300	2	1045.70	1431.38	110.1	16.2
18.南阳镇	2230	3	3883.15	2513.34	112.7	11.1
19.河庄镇	830	2	1700.00	1217.50	146.7	43.2
20.党湾镇	2230	2	2700.00	2300.00	103.1	−19.7
21.新湾镇	1320	2	3300.00	1400.00	106.1	16.7
22.城厢街道	220	—	600.00	362.00	164.5	72.4
23.北干街道	1320	2	43.27	1443.72	109.4	−28.0
24.蜀山街道	870	2	9490.87	5025.43	577.6	531.9
25.新塘街道	2400	3	7552.00	3688.77	153.7	52.0

注:该表合计数不包括当年减资的数据。

2009年萧山区各系统、镇街实际利用外资完成情况

单位:万美元

系统和镇街	计划目标	实际完成数	完成计划(%)	比上年增长(%)
全区合计	77000	77301.13	100.4	17.5
一、萧山经济技术开发区	29800	30007.61	100.7	17.3
二、临江工业园区	5800	7361.14	126.9	43.1
三、钱江世纪城·宁围镇	4000	4666.51	116.7	53.0
四、湘湖旅游度假区	1200	1200.00	100.0	22.5
五、其他	12200	12300.00	100.8	10.6
六、镇街	24000	27156.28	113.2	31.2
1.楼塔镇	280	280.42	100.2	14.7
2.河上镇	400	418.81	104.7	30.9
3.戴村镇	280	279.60	100.0	6.3
4.临浦镇	700	716.54	102.4	19.1
5.浦阳镇	840	790.00	94.0	8.3
6.进化镇	1500	1539.16	102.6	14.3
7.所前镇	970	1081.48	111.5	38.7
8.义桥镇	860	867.68	100.9	1.9
9.闻堰镇	2900	3750.00	129.3	20.6
10.新街镇	1600	2076.29	129.8	92.0
11.衙前镇	950	950.06	100.0	12.3
12.瓜沥镇	2500	2670.70	106.8	2.7
13.坎山镇	900	1061.38	117.9	22.3
14.党山镇	540	574.97	106.5	36.8
15.益农镇	820	986.00	120.2	50.5
16.义蓬镇	600	887.97	148.0	−45.2
17.靖江镇	870	780.00	89.7	14.7
18.南阳镇	630	659.86	104.7	18.8
19.河庄镇	560	595.80	106.4	21.4
20.党湾镇	800	1035.00	129.4	34.9
21.新湾镇	600	619.99	103.3	−48.3
22.城厢街道	230	362.00	157.4	81.0
23.北干街道	1400	1851.25	132.2	−12.0
24.蜀山街道	270	300.00	111.1	47.2
25.新塘街道	2000	2021.32	101.1	4.2

注:该表合计数不包括当年减资的数据。

【外资质量有所提升】 一是外资项目规模大、产业优。2009年,围绕先进制造业、高新技术产业、现代服务业、空港产业、文化创意产业,推进重大项目的引资跨越。全区新批合同外资3000万美元以上项目6个、合同外资2000万美元以上项目17个、合同外资1000万美元以上项目35个,单项合同外资平均值1175万美元。引进项目主要涉及光伏、LED、电子信息等高新技术产业。引进ABB、日立产机、美国GE等世界500强项目3个,其中ABB、日立产机均为首次在浙江省投资。二是引资结构明显优化。全区引进现代服务业项目39个,合同外资30582万美元,分别占全区新批项目总数和合同外资总额的41.1%、30.5%,所占比重分别比上年提升6个和4.5个百分点。三是服务外包成为亮点。发挥萧山国际创业中心的平台作用,加大服务外包产业招商力度,引进并集聚了一批ITO、BPO、CIO服务外包企业。全区服务外包企业累计40多家。萧山国际创业中心被列为省、市服务外包示范园区。

2009年萧山区外资来源分国家(地区)投资大项目情况

单位:万美元

序号	国家(地区)	项目数	占全区大项目(%)	投资总额	占全区大项目(%)	合同外资	占全区大项目(%)
1	中国香港	23	48.9	95176.62	64.0	53787.98	60.5
2	美国	10	21.3	23558.85	15.8	15525.74	17.5
3	日本	3	6.4	5453.79	3.7	2532.48	2.8
4	维尔京	2	4.3	6500.00	4.4	6000.00	6.8
5	中国台湾	1	2.1	4980.00	3.4	2250.00	2.5
6	新西兰	2	4.3	3000.00	2.0	2000.00	2.2
7	英国	1	2.1	1800.00	1.2	1600.00	1.8
8	法国	1	2.1	3000.00	2.0	1500.00	1.7
9	塞舌尔	2	4.3	2560.00	1.7	1392.00	1.6
10	韩国	1	2.1	1500.00	1.0	1300.00	1.5
11	印尼	1	2.1	1200.00	0.8	1000.00	1.1
合计		47	100.0	148729.26	100.0	88888.2	100.0

注:大项目指总投资1000万美元以上的项目。

【民外合作的外资项目个数减少、质量提高】 2009年,受全球金融危机影响,萧山民外合作的外资项目个数比上年明显减少。全年全区新批民外合作外资项目25个,占全区同期外资总量的26.3%,比上年减少10.7%。其中总投资1000万美元以上民外合作外资项目17个,比上年减少3.6%。同时,项目质量有所提高,如:杭州钱电电气成套设备有限公司和株式会社日立产机系统及日立(中国)有限公司(世界500强)合作的非晶合金变压器项目,总投资1053.79万美元,合同外资342.48万美元,落户坎山镇;浙江西尼电梯有限公司与西尼电梯(日本)株式会社有限公司合作的电梯项目,总投资2900万美元,合同外资1440万美元,落户萧山经济技术开发区;浙江协和薄钢科技有限公司和香港汇利德科技贸易投资有限公司合作的汽车薄板研发项目,总投资4450万美元,合同外资4000万美元,落户钱江世纪城·宁围镇。这些项目不仅投资额较大,而且科技含量普遍较高。

【香港继续稳居到萧投资的各国家(地区)之首】 在近几年"稳固港台、深拓日韩、强攻欧美"引资战略的引导下,萧山引资来源日趋优化。从外资来源看,2009年有23个国家和地区到萧山投资,香港地区继续稳居各国家(地区)到萧投资之首,美国继续居第二位。

2009年萧山区外资按合同外资来源的国家(地区)排序

单位:万美元

序号	国家(地区)	合同外资	占总数(%)
1	中国香港	64620.27	57.9
2	美国	18094.62	16.2
3	维尔京	7792.00	7.0
4	日本	5051.58	4.5
5	中国台湾	2478.78	2.2
6	塞舌尔	2172.00	2.0
7	新西兰	2000.00	1.8
8	英国	1616.29	1.5
9	韩国	1525.60	1.4
10	法国	1500.00	1.3
11	其他	4731.50	4.2

2009年萧山区外商直接投资分行业情况

单位:万美元

产业(行业)	项目数	占新批总数(%)	总投资	占新批总数(%)	合同外资	占新批总数(%)
新批项目合计	95	100.0	165054.97	100.0	100330.14	100.0
第一产业	1	1.0	850.00	0.5	416.50	0.4
第二产业	55	57.9	117667.48	71.3	69331.70	69.1
第三产业	39	41.1	46537.49	28.2	30581.94	30.5
其中:批发业	11	11.6	1397.27	0.9	977.27	1.0
软件业	6	6.3	4522.90	2.7	4400.90	4.4
专业服务业	19	20.0	36215.86	21.9	23382.31	23.3
餐饮与住宿业	3	3.2	4401.46	2.7	1821.46	1.8

【进一步营造招商工作氛围】 2009年,区委、区政府坚持招商引资第一要务不松懈,强化招商引资,造浓招商氛围,形成引资合力。一是提供政策支持。先后出台《杭州市萧山区人民政府办公室关于印发萧山区驻点招商考核管理办法(试行)的通知》(萧政办发〔2009〕145号)、《杭州市萧山区人民政府办公室关于印发扶持萧山国际创业中心内高新创业企业发展若干意见的通知》(萧政办发〔2009〕154号)等政策措施,为有效应对金融危机、扩投资、保增长奠定基础。二是完善考核激励。制订、完善全区招商引资考核办法,根据招商环境和基础的不同,对园区、镇街分三组考核;对重点平台打破常规、绩效挂钩、全员考核,进一步提高各方面的积极性。三是上下合力抓招商。区主要领导亲自参与重大项目洽谈。各园区、镇街自加压力,争创一流。区外经贸局主动出击,加大招商力度,先后组织中国企业500强对接招商活动,上海、深圳萧山商务环境推介会,并赴台湾、爱尔兰举办招商会等,活动之多创历年之最。在6月19日举行的"萧山区产业环境推介会暨项目签约仪式"上,签约外资项目34个,总投资7.48亿美元,合同外资3.76亿美元。

【运用七大招商方式】 2009年,区政府建立1亿元的创业引导基金,专门出台《杭州市萧山区人民政府关于印发萧山区创业投资引导基金管理办法(试行)的通知》(萧政发〔2009〕86号),以资本引资本的办法,加大招商引资力度,扶持发展高科技产业,并运用了七大招商方式。一是实施驻点招商。出台《萧山区驻点招商考核管理办法(试行)》,成立北京、上海、深圳三个招商联络处。各园区派驻招商人员12人,当年港商合同外资7000万美元的模具等一批项目落户萧山。二是深化楼宇招商。全区引进楼宇招商项目14个,合同外资9981万美元。萧山国际创业中心累计引进高新创业项目55个,合同外资15588万美元,实到外资9299万美元。三是推进地块招商。全区引进地块招商项目6个,总投资23991万美元,合同利用外资13608万美元。四是突出产业招商。拓宽引资领域,全区累计引进新能源产业外资项目10个,合同外资2.3亿美元。五是推进股权招商。合同外资1.22亿美元的重汽集团杭发公司并购项目落户萧山,是近年来杭州市最大的股权招商项目之一,并实现当年洽谈报批、当年出资到位。六是实施借力招商。先后与中美总商会、英国东部经济发展署、EK等国际知名中介机构签订招商合作协议。通过借力招商,引进了ABB等世界500强企业。七是利润转投资。根据国家政策,鼓励企业通过利润转投资的方式,增加投资。全区共办理利润转投资项目14个,实际利用外资4000万美元。

【萧山赴京沪上门招商】 2009年2月,区外经贸局等部门分赴北京、上海等地开展招商活动,拜访世界500强企业、跨国公司总部和著名科技园区,了解投资意向,获取项目信息,推动交流合作。2月20日,副区长方毅率区级有关部门负责人前往上海市张江高科技园区考察交流,双方就高新产业发展、高新企业孵化培育与创新环境建设等进行了讨论,并就张江高科技园区与萧山区今后的深化合作和联动发展提出许多建设性思路。在上海招商活动期间,方毅一行还拜访芬兰、瑞典和丹麦科创园,以及欧尚上海总部,就加强双方合作进行洽谈交流。

2月17—20日,区外经贸局招商小分队赴京先后拜访安德利兹公司、美国信息产业机构北京办事处、中国航天科工集团公司、北京中关村科技担保有限公司、联通中国总部。由于萧山经济基础雄厚,配套设施完善,投资环境优越,商务成本比上海和杭州主城区要低很多,不少世界500强企业、跨国公司总部对到萧山投资的提议表示出浓厚兴趣。

【10家台资企业落户临江】 2009年10月25日,杭台汽车产业合作发展洽谈会暨临江项目签约仪式在萧山举行。台湾电机电子工业同业公会(简称台湾电电公会)与临江工业园区签订合作框架备忘录,10家台湾汽车零部件企业与临江签订落户仪式。至此,萧山汽车产业发展向前迈出了一大步。此次与临江签约的10家台湾汽车零部件企业均为裕隆集团的配套企业,在9月下旬组团对临江工业园区展开了全面细致的考察和接洽,并最终与临江在相关合作事宜上达成共识。这10家企业主要从事汽车大型钣金件、汽车座椅、车用内外饰件以及散热器等汽车零部件的生产,项目总投资约1.25亿美元,建成投产后,其产值总量可达3亿美元左右。台湾电电公会拥有会员厂商3800余家,其产业包含电子通信、家电、汽车电子、网络服务等各个门类,在与临江签订的合作框架备忘录中明确规定,今后,双方将在产业交流、人才培训、建立资讯互通机制等方面进行广泛合作;就汽车、电子及两岸电机电子产业发展等进行市场拓展;并适时组织两岸考察团进行经贸文化交流等互访活动。

【萧山与三大机构建立友好合作关系】 2009年9月25日,在上海举行的萧山区(上海)商务和旅游环境说明暨黄金地块推介会上,区长盛阅春代表萧山区政府分别与英国东北经济发展署、美国中美总商会、上海张江高科技园区签订友好合作协议。双方将分别在高新技术产业、现代服务业、文化创意产业等领域加强项目、人才、管理等方面的合作和交流,实现共赢发展。

【举办外商投资企业最新政策讲座】 2009年7月30日,区外经贸局举办萧山外商投资企业最新政策讲座,145家外资企业的250余人参加讲座。萧山国税局、外经贸局、外汇管理局及海关办事处的有关负责人分别就对外支付相关税收政策、外贸最新政策、进出口外汇管理制度及加工贸易和海关减免税政策等进行了宣讲,还进行了操作指导和咨询解答。

对外投资与经济合作

【概况】 2009年,萧山经审批和核准的境外投资企业11家、增资企业1家,合计中方境外投资总额5674.88万美元,比上年增长84%。境外投资规模比上年明显扩大,平均单个中方投资额515.8万美元，其中中方投资额在800万美元以上的项目有5个。是年，全区完成境外承包工程和境外劳务合作营业额2亿多美元，年底在外劳务人数550人。

【境外资源开发项目实现零的突破】 2009年，浙江华远矿业投资有限公司在缅甸设立华缅矿业有限公司项目，获浙江省商务厅核准。该项目境外投资总额200万美元，计划对缅甸曼德勒省的哥巴尼矿区进行勘测、开采加工。这是萧山区首个经省商务厅核准的境外矿产资源开发性项目。

【境外加工生产型项目逐渐增多】 2009年，全区新核准的11家境外企业中，有3家企业属于境外加工生产型。萧山太阳机械有限公司和杭州太阳机电有限公司合资在香港投资10亿日元，组建太阳世界发展有限公司，利用香港人才、信息、低税、贸易等优势，设计、生产市场上最为先进的指静脉识别技术ATM机。杭州福莱特塑料开发有限公司利用其关联企业——浙江舒奇蒙光伏科技有限公司的产品和技术，一期出资980万美元，通过借道香港，经卢森堡再到意大利投资光伏电站，该项目设想带动关联企业光伏电池组件出口1000多万美元。杭州大泓家纺有限公司投资270万美元，在加拿大设立加工贸易企业，从事家纺产品的加工生产批发贸易，扩大国内公司的出口。

【海外并购成为对外投资新方式】 国际金融危机引发了世界经济格局的深刻调整，境外投资并购优质企业、资产的机会增多，投资成本降低，交易条件改善，海外并购成为当年对外投资新方式。2009年，萧山企业抓住机遇，通过海外并购方式开展境外投资，以获取国外核心技术、关键原料和境外营销网络。杭州绿可环保科技有限公司为掌握世界上先进的木塑材料生产技术及配方、品牌和营销网络，投资86万美元收购了新加坡绿可科技私人有限公司全部股权。浙江富丽达纤维有限公司为确保生产所需的进口高品质溶解浆供给，逐步控制目标公司，首期出资1000万美元投资参股加拿大的NEUCEL特种纤维素有限公司。从事高档化纤产品生产的浙江益南化纤集团有限公司，趁韩国化纤企业受金融危机拖累之际，投资980万美元，通过在香港设立控股公司，再与韩国一家株式会社投资合作，确保新产品原料的进口供应，并享受韩国公司研发中心的研发成果。万向集团美国公司在美国收购了Vista－Pro公司，该公司是汽车加热器和汽车水箱的全美第一大供应商。

【金马集团借道在俄投资建设林浆一体化项目】 金马控股集团有限公司出资在黑龙江设立投资控股公司，再合资，通过黑龙江兴邦国际资源投资股份有限公司，在俄罗斯后贝加尔边疆区投资建设林浆一体化项目，总投资近30亿元人民币，项目建设内容为年采伐木材160万立方米、加工成材80万立方米和年产本色硫酸盐木浆板20.4万吨。2009年2月，该项目获得国家发改委核准；4月30日，取得国家开发银行1亿元的短期贷款；6月，金马控股集团徐建初以黑龙江兴邦国际资源投资股份有限公司董事长名义参加俄罗斯“中俄经济贸易投资促进会”，受到国家主席胡锦涛的接见，项目也得到两国领导的重视。12月2日，该项目的“俄罗斯木材采伐加工项目备案”获得商务部核准。

【对外承包工程企业举步维艰】 2009年，全球性金融危机不可避免地影响到萧山区建筑钢结构企业的对外承包工程，已经走出国门的企业被迫放弃在谈或终止已开工的境外工程项目。2007年，杭萧钢构股份有限公司与中国国际基金有限公司签订的《安哥拉安居家园建设工程产品销售合同》、《安哥拉安居家园建设工程施工合同》，由于金融危机等因素，于2009年6月终止履行，在安哥拉的劳务人员全部返回。潮峰钢构集团有限公司2008年承建的迪拜赛马场和迪拜赛马场停车场两个境外钢结构工程，由于迪拜泡沫破灭，项目工程缩减，是年下半年也终止合同。

服务外包

【概况】 2009年，萧山区根据市服务外包综合考核实施办法的要求，以促进产业结构调整、转型和升级，促进地方经济发展为宗旨，在服务外包的招引和管理方面开展了一系列工作，初步拟订了萧山国际服务外包发展规划，出台若干鼓励措施，并取得一定的成绩。当年，全区服务外包企业入库数为41家，服务外包合同金额3717.92万美元，合同执行金额3807.46万美元，离岸合同金额3261.32万美元，离岸合同执行金额3377.80万美元，分别完成市下达目标任务的106.2%、112%、101.9%和211.1%。

【出台鼓励发展服务外包产业发展措施】 2009年6月，出台

2009年9月25日，区长盛阅春代表区政府与英国东北经济发展署、美国中美总商会、上海张江高科技园区签订友好合作协议　（区外经贸局提供）

《杭州市萧山区人民政府办公室关于印发萧山区鼓励服务外包产业发展实施意见(试行)的通知》(萧政办发〔2009〕136号),区财政每年安排2000万元服务外包产业发展专项资金,对具有国际离岸业务承接能力的服务外包企业和具有服务外包人才培训从业资格的服务外包培训机构予以资金和场地等优惠扶持;每年另安排1000万元资金,用于扶持国际创业中心建设和入驻企业发展。

【萧山国际创业中心被认定为省、市国际服务外包示范园区】 2009年10月,萧山国际创业中心被杭州市外经贸局列为市第二批服务外包示范园区;12月,又被浙江省商务厅认定为浙江省首批(26个)国际服务外包示范园区。近年来,萧山区高度重视服务外包产业,充分发挥国际创业中心的平台作用,加大服务外包产业招商力度,逐步引进并集聚了一批ITO、BPO、CIO服务外包企业。已引进的服务外包企业主要有:信核数据、索玛集科、汉力微电子、联矽微电子、泰崴科技等软件外包企业,中国绿线、卡当网络、娱匠网络科技、千程信息等服务流程外包企业,英凡医药、安德科技、纽龙生物科技等医药服务外包企业。同时,萧山国际创业中心累计引进高新技术项目55个,总投资20449万美元,注册资本19899万美元,合同外资15588万美元,实到外资9299万美元。

【举行服务外包投资环境推介会】 2009年5月26日,萧山举行服务外包投资环境推介会,良好的区域环境和优越的发展环境,吸引了不少外国客商。包括美国外包管理协会主席杰瑞·迪伦特在内的欧美等国际外包考察团一行40余人,考察了萧山国际创业中心,参观了信核数据和先临科技等企业。区长盛阅春介绍了萧山的经济社会发展情况和服务外包产业情况,已经落户萧山的唐桥科技(杭州)有限公司总裁杨金玉向与会者作了推介发言。

【举办服务外包讲座】 2009年3月18日上午,区外经贸局在国际创业中心举办服务外包讲座,各镇街、园区以及创业中心企业相关负责人参加。此次讲座邀请著名服务外包经济学家、国内服务经济学主要学术带头人郑吉昌教授讲课,郑吉昌从服务外包概念与模式、全球服务外包的现状与趋势、中国服务业发展定向、中国承接服务外包的政策等方面介绍了国际国内服务外包的有关情况,使与会人员进一步了解了服务外包产业的特点及服务外包的相关知识。

国内经济合作

【概况】 2009年,萧山区引进市外内资项目310个,协议资金总额1040260万元,实际到位资金456107万元,分别完成区全年目标任务的133.5%和118.5%。东方电气、建元隧道、力龙液压、九州通、新农都等一批大项目先后落户萧山。

【区政府国内经济合作办公室调整到区外经贸局挂牌】 2009年10月,为整合机构、共享资源、提升效率,区政府下发《杭州市萧山区人民政府关于调整区政府国内经济合作办公室机构设置的通知》(萧政发〔2009〕123号)。《通知》明确,经杭州市机构编制委员会批准,区政府国内经济合作办公室由区经济发展局挂牌调整为区外经贸局挂牌。9月16日,区编委下发《关于调整区政府国内经济合作办公室机构设置的通知》(萧编〔2009〕57号),区外经贸局增设经济协作科,并核增行政编制1名,核增中层领导职数1名。

【内资项目产业结构】 2009年全区引进的310个内资项目中,一产项目2个,协议资金17960万元,到位资金2960万元,分别占协议和到位资金总额的1.7%、0.6%;二产项目150个,协议资金583570万元,到位资金235141万元,分别占协议和到位资金总额的56.1%、51.6%;三产项目158个,协议资金438730万元,到位资金218006万元,分别占协议和到位资金总额的42.2%、47.8%。

【内资所有制性质及来源】 2009年,全区引进内资项目的资金所有制结构为:非国有资本协议资金822609万元,到位资金244814万元,分别占协议和到位资金总额的79.1%、53.7%;国有资本协议资金217651万元,到位资金211293万元,分别占协议和到位资金总额的20.9%、46.3%。引进的省内资金主要来自温州、绍兴、宁波等地,协议资金总额484992万元,到位资金总额298311万元,分别占全区协议和到位资金总额的46.6%、65.4%,其中来源省直投资的协议资金42651万元,到位资金102394万元;引进的省外资金主要来自上海、福建、广东、江苏等地,协议资金555268万元,到位资金157796万元,分别占协议和到位资金总额的53.4%、34.6%。

2009年萧山区各系统、镇街市外协议内资完成情况

单位:万元

单位	协议资金		
	考核目标	完成数	完成率(%)
楼塔镇	12900	16000	124.0
河上镇	14400	41960	291.4
戴村镇	14400	15005	104.2
浦阳镇	14400	15000	104.2
进化镇	14400	39350	273.3
临浦镇	17400	17420	100.1
义桥镇	15400	48748	316.5
所前镇	14400	18100	125.7
衙前镇	15400	20572	133.6
闻堰镇	15400	23000	149.4
新街镇	15400	16650	108.1
坎山镇	14400	15000	104.2
瓜沥镇	17500	23160	132.3
党山镇	15400	20160	130.9

续表

单　　位	协议资金		
	考核目标	完成数	完成率(%)
益农镇	15400	17061	110.8
靖江镇	14400	15920	110.6
南阳镇	15400	18900	122.7
义蓬镇	16200	17280	106.7
河庄镇	14400	23850	165.6
党湾镇	14400	20464	142.1
新湾镇	14400	34510	239.7
城厢街道	9100	10350	113.7
北干街道	11400	14118	123.8
蜀山街道	9800	9880	100.8
新塘街道	14400	18421	127.9
萧山经济技术开发区	100500	149121	148.4
钱江世纪城·宁围镇	54300	125700	231.5
临江工业园区	44700	164480	368.0
湘湖旅游度假区	31000	31000	100.0
其他	188000	39080	20.8
合计	779000	1040260	133.5

2009 年萧山区各系统、镇街实到市外内资完成情况

单位:万元

单　　位	协议资金		
	考核目标	完成数	完成率(%)
楼塔镇	4700	4700	100.0
河上镇	7400	7960	107.6
戴村镇	7100	7110	100.1
浦阳镇	7100	7108	100.1
进化镇	7400	7450	100.7
临浦镇	12500	12540	100.3
义桥镇	9800	28678	292.6
所前镇	7400	7850	106.1
衙前镇	9800	9810	100.1
闻堰镇	9400	10199	108.5
新街镇	9400	10785	114.7
坎山镇	7400	7600	102.7
瓜沥镇	12500	12820	102.6
党山镇	9400	10086	107.3
益农镇	9400	10203	108.5
靖江镇	8300	8337	100.4
南阳镇	9400	9476	100.8
义蓬镇	10400	11784	113.3
河庄镇	7100	7278	102.5
党湾镇	7400	7413	100.2
新湾镇	7400	7994	108.0
城厢街道	3300	3345	101.4
北干街道	6600	7440	112.7
蜀山街道	4900	42211	861.4
新塘街道	8300	8541	102.9
萧山经济技术开发区	68300	88504	129.6
钱江世纪城·宁围镇	30600	33136	108.3
临江工业园区	28000	28759	102.7
湘湖旅游度假区	19500	19530	100.2
其他	34800	17460	50.2
合计	385000	456107	118.5

【完善四项制度加快项目推进】 2009 年,区外经贸局为加快推进内资项目,完善了四项制度:一是领导联系人制度,由局领导班子成员组成项目推进领导小组,分片负责重点项目推进,特别重大项目则由区领导直接牵头协调;二是项目联络员制度,通过电话联络、邮件往来、实地走访等形式,动态掌握项目进展情况;三是联席会议制度,定期组织召开由各责任单位分管招商引资负责人参加的联席会议,交流项目进展情况,及时研究项目推进中出现的新情况、新问题,探讨有关解决办法;四是月报考评制度,每月发布各责任单位招商引资工作目标完成情况,年底进行考核评优,确保各项目扎实推进。

【招商方式不断创新】 2009 年,区外经贸局不断创新招商方式。一是实施驻点招商。设立北京、上海和深圳三个招商点,主要平台派员驻点。二是开展敲门招商。全区各主要平台开发区、临江工业园区和镇街根据所获信息,及时跟踪,上门走访,推进项目,先后 30 多次赴上海、深圳、北京、西安、哈尔滨、洛阳、沈阳等地拜访有关企业。三是推进节会招商。通过举办一系列的节庆、会展活动,推进招商促成果。是年,共有中国移动浙江萧山 TD 产业园、九州通现代医药仓储分拣配送中心等 11 个项目在上海、北京、杭州等地招商洽谈会上签约,项目总投资 87.2 亿元,引进资金 82.07 亿元。四是启动楼宇招商。针对泰富广场、心意广场等 10 余家楼宇进行重点招商,是年引进楼宇招商市外项目 88 个,引进市外资金 7.09 亿元。

【招大项目有新进展】 2009 年,总投资 36 亿元的青年汽车及发动机项目、总投资 18 亿元的东方电气风电(新能源)华东制造基地、一期投资10亿元的浙江移动TD产业园项目、杭州萧山国际机场二期扩建项目、杭州建元隧道发展项目等按计划如期实施。总投资不少于100亿元的杭州临江中国石化生态石化城项目已进行规划编制工作。总投资20亿元的高压大流量工程机械用液压件项目(三一集团关联公司投资)、总投资18亿元的军民结合产业机械装备基地项目(中国兵器工业集团及下属公司投资)、总投资15亿元的新型节能环保电池生产基地项目、总投资6亿元的光电器件研发生产项目已顺利签约并逐步推进。专业市场杭州义桥钢材城已吸引30余家外省市企业入户。

【区域合作不断加强】 一是积极与上海接轨,加大与友好结对区的学习交流力度,组织有关部门和企业赴上海、江苏开展各类对接活动。二是加快都市经济圈合作,开展萧山、绍兴、诸暨三地产业合作调研,充分发挥块状经济的集聚优势,实现产业的优化升级和梯度转移。在《杭州市萧山区综合交通规划纲要(2008—2020)》修编过程中,积极与结点县(市)进行规划层面的对接,为下一步的细节洽谈和方案实施打下基础。三是加强山海协作、资源与产业合作。2009年,萧山区对衢州市资源与产业合作签约项目21个,总到位资金5.50亿元,完成年度计划的128.68%,项目涉及新材料、机电、酒店等行业。四是推动中西部产业合作。坚持"走出去"和"引进来"相结合,组织企业参加成都西博会等活动,拓展萧山企业对外发展空间。

【举行投资环境推介会】 2009年9月6日,萧山区举行投资环境推介会,向参加"2009中国企业500强发布暨中国大企业高峰会"的代表宣传、推介萧山的投资环境,加强与500强企业的交流与合作。市委常委、区委书记洪航勇在致辞中说,萧山具有广阔的发展空间、巨大的发展潜力,形成了以国家级萧山经济技术开发区,省级临江工业园区、湘湖旅游度假区以及空港经济区、钱江世纪城为主体的对外开发格局;2009年,萧山加快了大江东新城的开发建设,努力打造杭州的"浦东",再造一个"新杭州",再造一个"杭州工业";萧山凭借着良好的投资环境和完善的发展平台,已经吸引了来自40多个国家和地区的1651家外商投资企业落户,累计总投资达136亿美元,合同外资66亿美元,实际利用外资35亿美元;在经济全球化的今天,萧山将以更加积极的姿态、更加优越的环境、更加高效的服务,鼓励外来投资,优先发展先进装备制造业、高新技术产业、新能源产业、现代服务业和空港产业,走国际化发展的道路,全面提升对外开放水平。

(汪柏焕)

海关

【概况】 2009年,杭州海关萧山办事处全年监管进出口货物48.54万吨,比上年增长64.6%;审批加工贸易合同备案金额6.95亿美元,增长64.4%;征收关税和进口环节税合计9.64亿元,增长39.6%;为企业办理减免税设备金额1.55亿美元,减免"两税"(关税、进口环节税)1.56亿元。

【提供优质通关服务】 2009年,该办主动结合萧山经济发展的重点和热点问题,发挥海关在促进外贸尤其是推动加工贸易发展、扩大外资利用、促进保税物流发展等方面的积极作用。一是营造良好通关环境。2009年,通过整合作业流程、优化通关作业模式、加班加点验放货物等措施,通关速度明显加快,通关效率明显提高。如该办对区域通关和转关运输中遇到的问题,采取"第一时间汇报,及时向职能处反映,加强与有关关、检联系沟通,跟踪货物通关动态"等有力措施,受到企业普遍欢迎。二是A类企业培育取得突破。2009年,该办辖区内A类企业从53家增加到139家,新增86家,增长1.6倍,更多符合条件的当地企业进入可以享受通关优惠和便利的行列。在此基础上,辖区区域通关企业由2008年的20家增加至44家,比上年增长1.2倍,占辖区A类企业总数的31.6%。三是进一步深化关企合作。2009年,该办与浙江恒逸集团有限公司等20多家当地重点企业签订《合作备忘录》,向签约企业提供政策咨询和个性化服务,编发《政策速递》,按季度将最新的政策咨询送到企业,全年共送政策、上门服务30余次。

【支持萧山经济发展】 2009年,海关萧山办事处全力支持萧山经济发展。一是全面落实海关总署和杭州海关支持扩大内需、促进经济平稳增长的各项措施,深入实施"双千企业解忧"等五大工程,及时解决企业困难。如商务部关于对部分国家的进口锦纶6切片实施临时反倾销措施的公告出台后,及时组织人员开展调研,撰写《国家对进口锦纶6切片实施临时反倾销措施对萧山相关企业及行业的影响分析与对策建议》,报区委、区政府主要领导参阅。二是深入辖区龙头企业走访调查,听取企业在金融危机影响下面临的困难和问题,有针对性地做好服务工作,对非该办事权内的问题,及时向杭州海关提出请示21次,调研走访企业30家,解决各类问题40余个,培训企业350余家。三是全力支持保税物流发展,围绕杭州保税物流中心(B型)项目移址以及空港综合保税区规划,做好保税物流中心的海关业务介绍和监管设施的论证、规划等指导工作,指导空港管委会做好B型保税物流中心总评规划和海关办公楼、业务辅助设施的设计建设等前期工作。同时,积极推动辖区保税仓库的审批设立和运行工作,设立的4家公共保税仓库满足了地方外贸发展需求。四是加强进出口统计分析监测预警,针对辖区经济发展中的热点、难点问题,贴近萧山区优势产业和商品,进行专题性、前瞻性、导向性的调研分析,为扩大进出口贸易、优化产业结构、转变经济增长方式服务,为地方政府科学决策提供服务。

【综合治税成效显著】 2009年,该办采取一系列措施,强化实际监管,切实做好综合治税工作,全年征收"两税"和实征入库均创该办税收历史新高,超额完成税收任务。整体价格水平保持在1.0以上,归类差异率为0,税收入库率100%。税收征管工作得到海关总署审计组与综合治税督导检查组的充分肯定。

一是健全查验长效机制。通过数据风险分析,总结和完善查验方法,创新核查手段,加强核查力度,建立内外勤联系反馈机制,提升后续监管质量,确保进出口货物实际监管到位。全年进口货运环节查获 46 票,查获率 26.29%;出口查验率 10.06%,查获率 6.25%。二是严密保税监管,促进加工贸易稳步健康发展。引导税源企业开展"手册一体化"管理模式,进一步加强对联网监管企业的实际监管,加大对企业实际库存盘查的频度和力度,加强对边角料、副产品和放弃货物的监管力度,针对性开展实地下厂核查;进一步加强对加工贸易单耗的管理,加强对企业申报单耗的审核力度。全年在残次品认定和单损耗核定中共补征入库税款 258 万元。三是形成统筹协调、齐抓共管的综合治税工作责任制。从办事处主任第一责任人到各科科长,按照职责分工,负责抓好落实,通关监管、加工贸易、减免税等部门紧密协作,形成合力。在做好税源分析的基础上,将年度税收任务切块分解落实到各科、各税源、各阶段。四是狠抓税收征管质量,确保应收尽收。充分利用风险管理系统、关税内控管理系统和统计风险分析,加强对一般贸易项下进口、非一级价格参数管理的大宗商品的价格及归类审核,防止因海关价格资料滞后带来的低保价格风险和因归类错误导致的税收流失,全年通过审价、归类补征"两税"879 万元。

【队伍建设】 2009 年,海关萧山办事处加强队伍建设。一是以抓素质、制度、服务、作风促进效能建设。结合迎审自查,对现有规章制度、岗位操作规范进行补充完善,建立办事处常用制度汇编;结合"双千企业排忧"工程,开展重点企业、重点乡镇走访调研以及个性化帮扶。二是促进学习型队伍建设,培养一批业务骨干。通过各类渠道、采取多种形式和措施加强队伍学习,如积极选派人员参加总署、总关的课题组、工作组,成立归类技术小组等研究小组,共享工作经验和信息,提高队伍综合素质。例如,通关岗位立足岗位搞调研,全年补征"两税"900 多万元,比上年增长 50%。该办部分业务骨干已经在各自岗位成为专家型人才。三是探索建立科学、合理、有效、操作性强的绩效管理考核办法。制发《关员综合能力提高评估表》,从主、客观两个方面,记录关员学习培训、知识更新、调研思考、学以致用以及工作落实等情况,客观评价关员一段时期内综合能力的提高。

(倪柏华)

出入境检验检疫

【概述】 2009 年,萧山出入境检验检疫局完成出入境货物检验检疫 8.75 万批,货值 24.82 亿美元,与上年相比,批次减少 0.92%,货值减少 6.64%。其中,出境货物检验检疫 8.53 万批、21.37 亿美元,与上年相比,批次减少 0.64%,货值减少 6.64%;入境货物检验检疫 2193 批、3.45 亿美元,与上年相比,批次减少 10.53%,货值减少 6.63%,主要为机电产品、化工品和金属及其制品。检出不合格货物 364 批,货值 5567 万美元,其中出境不合格 260 批、636 万美元,入境不合格 104 批、4932 万美元。进境集装箱检验检疫中,累计截获各类有害生物及禁止进境物 31 批次,比上年增长 55%,对 1 家进境木质包装未如实申报企业实施行政处罚。签发货物检验检疫证书 10397 份,比上年增长 15.91%;签发各类原产地证书 47518 份,签证金额 13.23 亿美元,比上年批次增长 0.11%,签证金额减少 16.14%。

【新一届党组成立】 2009 年 3 月 30 日,浙江检验检疫局发文任命刘忠华为萧山检验检疫局党组书记,朱荣为党组成员、纪检组长、副局长(正处级),梅明华为党组成员。萧山检验检疫局新一届党组成立。

【实现业务全覆盖】 2009 年,萧山局全面接收杭州局移交的进出口化矿包装、动植物产品、卫生食品和纺织原料产品业务,由此完成了真正意义上的职能全覆盖。这使辖区内 2000 多家进出口企业办理产品检验检疫手续实现"办事不过江",彻底解决了十年以来未能解决的外向型经济发展的一个"瓶颈",有助于辖区内企业减少办事环节、降低经营成本、节省工作时间、提高工作效率。

【实验楼扩建计划及协检员经费获批准】 为解决业务全面覆盖后人力资源不足以及办公用房紧张的问题,萧山局多次向区政府反映检验检疫发展遇到的困难,争取协检员编制,充实检验检疫队伍,同时要求对现有实验楼进行加层和维修,改善办公环境。2009 年 10 月,萧山区政府批示同意综合实验楼扩建计划,予以 1200 万元经费支持;并同意萧山局增加协检员 10 名,给予人均 6 万元/年的经费支持。至 12 月,10 名协检员经招聘全部到位。

【检科分院及包装检测实验室获批准】 为解决地方经济快速增长及萧山局综合业务开展与实验室单一商品检测不相适应的状况,提升萧山局发展所急需的实验室的技术支撑作用,2009 年 5 月,萧山局向省局上报了设立浙江省检验检疫科学技术研究院萧山分院的请示。11 月,省局批复同意设立浙江省检验检疫科学技术研究院萧山分院,机构性质为事业单位。同时,为适应地方经济发展,满足检验监管模式的转变和检测任务的需求,萧山局向省局上报了建立浙江出入境检验检疫局包装检测实验室的请示,11 月获省局批复同意。

【成立杭州萧山通惠卫生处理公司】 萧山局全面接收检验检疫各项业务后,由于种种原因,卫生处理和检疫除害需要外部力量实施,不仅成本居高不下,且进出口货物在口岸有滞留现象。为此,成立萧山局机关服务中心下属"杭州萧山通惠卫生处理有限公司",并于 2009 年 10 月 19 日正式营业,实现了萧山辖区内进出境货物处理本地化。

【开展"质量和安全年"活动】 2009 年,根据省局统一部署,结合萧山实际,萧山检验检疫局成立"质量和安全年"活动领导小组,制订《萧山检验检疫局"质量和安全年"活动实施方案》和《萧山检验检疫局"质量和安全年"重要活动和重点措施》,计 27 项活动内容、40 项具体措施,并通过编发"质量和安全年"活动简报(全年 18 期),加强宣传力度。对出口玩具生产企业全面建立"企业分类管理+产品质量源头管理+抽查检验+日常监管"的检验监管模式;利用国家相关专业实验室的检测能力，对进口机床、加工中心等设备进行安全、卫生、环保项目的检测，及时发现89批进口设备中存在的安全隐患；加强进出口纺织品理化检测和质量安全检验监管工作，重点抓好出口童装质量安全工作；实行不合格产品跟踪追查制度，规范不合格产品处理方式，确保不合格产品不出口；建立、完善敏感出口产品生产企业检验监管动态档案；按照"四查四建四落实"的要求，全面开展以"六类食品"（出口茶叶、水产品、面米制品、腌渍菜、小食品以及进口食品等）、"七类企业"（生产工艺中添加物不清、有违规违纪记录、设施设备陈旧、多次被国外通报、源头管理不善、有产品出口至敏感国家或地区、进口食品经营单位等）、"四种区域"（进出口产品杂、进出口食品分布集中、问题比较多、部门协作矛盾突出等）和正反"四个方面"（所辖产品企业意见大或评价好、检验依据缺或比较杂、国外通报多或监管手段有创新、业务生疏或特别精通等正反两方面的检验检疫个人和机构）为重点的进出口食品安全整治和质量安全大排查行动。

【推进"服务提升年"活动】 2009年，萧山检验检疫局抓好"服务提升年"工作，并将其作为全局的六件大事之一，制订《萧山检验检疫局落实"服务提升年"活动实施方案》，出台10项活动内容、28条具体措施，明确各职能部门的具体职责，同时向区政府报送并请其转发萧山局"服务提升年"活动具体措施，使萧山区有关部门、镇街及企业及时了解"服务提升年"的一系列政策。共扶持一类企业20家、二类企业54家，新增12家优良企业对其实施绿色通道制度，对62家企业开通直通放行，帮助杭州宏顺服装有限公司通过总局免验考核，使萧山辖区内免验企业数量位居全省第一。发挥检验检疫优势，为企业提供信息咨询、技术服务，全年举办各类培训班15期，受训1200人次左右。用足用好国家政策，对部分出口产品减免检验检疫费。全年累计为萧山区出口企业减免各类检验检疫费用255万元。受惠商品检验检疫批次2.5万批，货值2亿美元，受惠企业500多家。签发的各类优惠原产地证书为萧山出口产品减免关税4420万美元。

【应对甲型H1N1流感疫情】 2009年4月25日墨西哥、美国等国家发生甲型H1N1流感疫情后，萧山局制定九条应对措施，确保各项工作落实到位，力保口岸安全和人民群众身体健康。对来自甲型H1N1流感疫区的入境集装箱及货物，严格遵守总局相关规定，认真做好相应的卫生处理工作。同时，加大进境集装箱检疫查验力度，截获水平较历年同期有较大提高。

【加强业务流程管理】 2009年，制订《萧山检验检疫局出入境检验检疫流程周期管理办法（试行）》，强化对检验检疫业务流程的管理，缩短签证周期，提高办事效率。实施"5+2"、"白+黑"、24小时预约通关制度，保证企业进出口货物在紧急状况下正常通关。工作人员午间、晚间及周末加班制度化、常态化，避免因工作人员不足造成企业业务办理速度下降。

【做好输埃产品的监装工作】 根据国家质检总局要求，自2009年5月1日起，对出口埃及等国产品实施装运前检验。为不耽误企业出口船期，萧山局检验检疫人员经常放弃休息时间，及时检验、监装、出证，累计加班160余人次。为此，企业专门送来锦旗及感谢信。

【支持地方口岸对外开发】 2009年，为支持和配合杭州B型保税区项目建设，履行检验检疫职能，萧山局积极参与B型保税物流中心项目的调研规划，对规划方案和科研报告进行反复研究，提出11条意见和建议，引起评审专家组和规划设计部门的高度重视，并在方案规划进一步改进中加以采纳和引用，使萧山局在B保项目建设中实现了深度介入。

【技术检测能力不断提升】 2009年，局纺织品成分检测实验室完工并通过省局验收，正式对外开验。1个科研项目被推荐为总局科研项目，1个科研项目获浙江省科技厅立项，2个科研项目获省局立项。"羽绒填充料重量与环境中相对温湿度的相关性研究"获省局"科技兴检"奖，并被省局推荐为总局"科技兴检"奖。萧山局自主开发的检验检疫业务管理系统大大提高了检验监管的工作效率。

萧山检验检疫局人员仔细查验来自甲型H1N1流感疫区的集装箱

（萧山出入境检验检疫局提供，摄于5月22日）

【质量管理体系建立运行】 2009年，为确保质量体系的有效建立和运行，萧山局成立了推行"三位一体"综合行政管理体系领导小组和工作班子，建立健全质量体系的组织架构。分别制定了萧山局质量手册和31个程序文件，为质量体系的顺利运行做好准备。9月1日，萧山检验检疫局质量管理体系正式运行；11月，萧山局质量管理体系通过省局内审组的审核，体系运行的有效性获得内审组的肯定。

（韩小红）

开 发 区

萧山经济技术开发区

【概况】 2009年，萧山经济技术开发区(杭州江东新城)深入实施“招大引强年”、“项目推进年”、“优质服务年”活动，积极化解金融危机深度影响，保持经济社会平稳发展，圆满完成市、区下达和年初制定的各项目标任务。

招商引资再创佳绩。坚持招商引资“一把手”工程，先进制造业、高新技术产业和现代服务业“三业并举”、主动出击，全年完成合同外资4.418亿美元，实际到位外资3亿美元；完成市外协议内资14.91亿元，市外到位内资8.85亿元，均占全区40%左右，发挥了招商引资主战场作用，获全区招商引资工作一等奖。

经济发展成效突出。全年完成技工贸总收入593亿元(其中工业总产值434亿元、三产服务业营业收入159亿元)、规模以上工业销售产值416.3亿元、工业利润27.4亿元(以上不含街道)。工业总产值占全区1/9；三产服务业营业收入比上年增长37.8%；实现财政总收入30.13亿元，增长36.2%。中国重汽集团杭州发动机有限公司销售产值突破30亿元，杭州宏胜饮料集团有限公司等8家企业销售产值超10亿元，杭州钱鸿实业集团有限公司等20家企业销售产值超5亿元。18家工业企业和8家服务业企业入围全区百强。11家企业入围萧山区外贸出口30强，其中，汉帛(中国)有限公司等4家企业位列前十。

开发建设步伐加快。认真贯彻市、区关于加快大江东建设的精神，成立江东开发建设指挥部，主要领导和分管领导坐镇江东、一线作战。加强与义蓬、河庄、新湾三大街道的对接融合，有效推进征地拆迁等各项工作。编制完成江东新城概念性规划，在此基础上，开展分区规划编制并完成初稿，产业配套服务区块城市设计方案完成中间稿。全年完成江东基础设施建设和征迁投入7.1亿元，江东五路西伸、临鸿路、纵一路、纵五路、青六路北伸工程建成通车，7.3万平方米入口景观绿化改造工程、12千米道路架空线“上改下”工程全面完工。基本完成江东2150户农户和120家企业拆迁，4.7万平方米安置小区和1290户联建房全面开建。完成启动区块和河庄街道8个村共1153.3公顷土地流转。初步完成1333.3公顷农保外调方案和4个村85.3公顷土地整理，江东工业园区节约集约利用土地评价通过省级验收。市北区块建设一路、建设二路、明星路延伸段和桥南二号路、六号路、七号路、垦六路延伸段建成通车，市北、桥南两大安置小区建设有序推进，钱江、红垦两大经济适用房基本竣工。全年共完成供地审批44宗，挂牌成交27宗，有效保证开发建设。市北西部区块完成土地流转和清苗交地，开发区节约集约利用土地评价通过国土资源部验收。

强化管理提升环境。国家生态工业示范园区创建列入浙江省首家评审通过单位。实施项目环评联审，污染物排放总量完成年度削减计划，并通过省市环境整治验收。新通过清洁生产企业5家，万元GDP综合能耗比上年下降8.9%。拆除违章建筑1.4万平方米，完成区政府任务的249%，被评为全市高速公路沿线综合整治工作先进集体、全区“最清洁城乡”工程优胜单位。召开30余次重点企业座谈会和行业分析会，开展销售产值亿元以上骨干企业“六评六比”，即：1.评强，比谁的贡献大；2.评大，比谁的销售量大；3.评优，比谁的技术进步快、创新能力强；4.评快，比谁的发展速度快；5.评进位，比谁的进位快；6.评产品出口，比谁的出口交货值大、增长快。深入基层送政策、送服务、树信心、解难题。推进“人才强企”战略，10月17日举办首次开发区人力资源招聘会。

2009年11月25日，浙江省委常委、常务副省长陈敏尔(右二)视察江东新城杭州海鲸光电科技有限公司 (高解明摄)

突出防范维护稳定。社会保险和就业再就业分别完成区下达指标的175%和140%，红垦社区创建省级充分就业社区。创建“劳动管理诚信企业”13家，为164家企业申请稳定就业资金3300万元。推进计划生育、社区服务、文化教育、卫生防疫、慈善救助等社会事业。加强安全生产管理，实现“三项指标”（事故起数、死亡人数、直接经济损失）负增长和工伤事故“零死亡”，获区安全生产管理、消防安全管理、道路交通安全达标三个先进集体。强化综合治理，来信、来访办结率100%。及时调处劳资纠纷，劳动关系整体平稳，刑事和治安案件比上年下降40%，社会保持和谐稳定。

【财政收入首次突破30亿元】 2009年实现财政总收入30.13亿元，增幅列全区首位，比上年增长36.2%，占全区总量由上年的1/6跃升为1/5。75家企业上缴税收超1000万元，22家企业入围全区工业纳税百强。

【引进世界500强企业——瑞士ABB公司】 2009年，瑞士ABB公司在开发区投资设立杭州盈控自动化有限公司，成为开发区引进的第10家世界500强企业。全年新批外资项目24个，其中总投资1000万美元以上项目16个，占全区1000万美元以上项目总数的1/3。

【“三业并举”招引重大项目】 2009年，开发区引进总投资2.5亿美元的重汽杭汽发股权并购项目、总投资10亿元的东南铝业项目、总投资4000万美元的美国ATK电梯项目、总投资2900万美元的日本西尼电梯项目等一批重大先进制造业项目。引进总投资5亿元的口服内窥镜项目、总投资4990万美元的科都电气项目、一期总投资10亿元的浙江移动TD产业园项目、总投资3.5亿元的硅谷上方能源和春迪光伏等20个高新技术项目。引进娃哈哈集团营销中心项目、总投资3600万美元的香港德的集团四星级酒店及大型商贸综合体项目、总投资5亿元的大宋集团总部、总投资1.2亿元的海裕橡胶物流等15个现代服务业项目。

【江东国家级新能源基地获科技部批准】 根据《关于认定2009年度国家高新技术产业化基地和现代服务业产业化基地的通知》（国科发高〔2009〕695号），2009年，科技部正式认定杭州江东国家新能源高新技术产业化基地，这一国家级荣誉对开发区（江东新城）做大新能源产业和转型升级具有重大意义。同时，开发区加快平台建设，先进装备业国家新型工业化产业示范基地创建上报至工信部，杭州湾信息港完成建筑设计方案及一期10万平方米开工准备。中国化纤网、珍诚医药网、雅库城市网等十大电子网络发展迅速，珍诚医药网成为全国率先获批并投入运营的B2B（Business to Business，企业对企业的营销关系）互联网药品交易平台，并承办全国第三届药品博览会。

【江东新城（江东工业园区）拓区挂牌】 2009年，根据市、区关于大江东区域“撤镇建街、以城带街”、加快一体化发展的部署和《中共萧山区委、萧山区人民政府关于加快大江东新城开发建设的若干意见》（萧委〔2009〕20号）文件精神，江东工业园区（江东新城）规划面积扩大为148平方千米，行政区划涵盖义蓬、河庄、新湾三大街道，萧山经济技术开发区与江东新城（江东工业园区）党工委、管委会实行“一套班子、两块牌子”管理。

【战略主导产业加快集聚】 2009年5月25日，吉奥首辆“星旺”微型客车下线，实现开发区整车制造“零突破”。新能源产业已集聚了通用电气能源、喜瑞太阳能、绿华能源等项目，总投资34.27亿元，其中总投资3.2亿元的海鲸光电及LED等一批新能源项目相继投产。骨干企业辐射带动作用增强，汽车整车及关键零部件、先进数控装备、新能源三大重点战略产业迅速崛起。

【项目建设加快推进】 2009年，开发区完成固定资产投资40.3亿元，比上年增长25.2%。工业性投入势头强劲，全年完成35.2亿元，比上年增长21.4%。对66个重点项目实行委领导联系、局室包干、上墙公示和强力推进的措施。谷易计算机等31个项目开工建设，德国采埃孚传动技术等30个项目竣工投产，青年莲花汽车、依维柯变速箱、雷迪森五星级酒店等项目全力推进。

【科技创新实力增强】 2009年，出台《促进开发区经济又好又快发展的实施意见》（萧开管发〔2009〕62号），加大对科技型、税源型企业的政策扶持，全年财政奖励补助资金3768万元（不含“一厂一策”）。实现高新技术产品销售收入117.1亿元，比上年增长12%；规模以上工业新产品产值51亿元，增长22.6%。7个项目获国家科技创新基金列项，1个项目获国家级星火项目，1个项目获国家级重点新产品项目。新认定国家级高新技术企业10家（占全区1/4）、省级科技型企业2家、先进技术企业1家。新增国家出口免检产品1只、省级名牌产品2只、省级知名商号（著名商标）2只、省市

吉奥汽车总装线 （高解明摄）

级技术(研发)中心8家。

【产业升级加快转型】 2009年,开发区产业结构加快调整,纺织服装、机械电子等传统产业不断提升,产业高端、高新化趋势明显。现代服务业发展迅猛,4家企业营业收入超10亿元,9家超5亿元,27家超1亿元。编制完成江东新能源基地和装备制造业基地产业规划,与中科院合作研究开发区整体产业升级战略,促进企业与大专院校合作成立LED等产学研创新平台。市北东部区块概念性规划及城市设计通过专家评审,控制性详规启动编制。市北西部区块控制性详规经市政府专题会议审查同意,完成最终成果稿。"退二进三"(即把城区的第二产业搬迁出来,发展商业、服务业等第三产业)取得实质性突破,收购华信纺织等6个地块。

(毛佳瑜)

萧山农业对外综合开发区

【概况】 2009年,萧山农业对外综合开发办以创建"绿色、生态、科技、和谐"园区为目标,围绕实现园区平稳较快发展这个中心,加大结构调整、产业发展、设施建设、生态保护等各项服务工作力度,较好地完成了全年各项目标任务。

【构建高科技生态农业新格局】 2009年,园区实现农业总产值3.27亿元,完成目标任务的107.2%,比上年增长11.60%。(一)提升农业基础,由传统农业向设施农业转变。1. 设施园艺。园区有蔬菜基地366.7公顷,已建成连栋温室13300平方米(落地面积计算,以下同)、标准钢结构大棚266700平方米,防虫网、遮阳网使用面积累计233300平方米。2. 设施养殖。是年,水产养殖面积789.3公顷,其中南美白对虾养殖面积711.1公顷,甲鱼养殖面积68.5公顷。新建成标准化甲鱼养殖温室134000平方米、南美白对虾温室养殖室27000平方米、外塘生态养殖池66.7公顷。畜牧养殖呈良好态势,园区有畜牧养殖基地57.3公顷,建成标准化猪舍95000平方米,出栏商品猪70000余头,繁育养殖梅花鹿200多只。园区成为杭州市主要"菜篮子"基地之一、国家活畜储备基地。(二)提升种养业水平,养殖模式由传统型向创新型转变。是年,园区共申报12个新项目,其中农发水产大棚养殖对虾示范,实现一年两茬、高产高效,每公顷产量15037.5千克,每公顷产值近43.95万元,每公顷利润21.75万元。海天水产开展全日光温室孵化雌鳖示范、鳖虾混养技术研究,每公顷产值近150万元,每公顷利润45万元。飞波水产实行鮰鱼与对虾混养,每公顷产值超19.5万元,每公顷利润10.5万元。(三)提升管理服务水平,由单一型服务向多元化服务转变。1. 加强项目、技术的服务与管理。是年,办公室协助园区的农业企业向各级政府部门申报项目40多只,争取项目资金200多万元。举办种养殖培训班7期,邀请专家作专题讲座。2. 开展农技推广、动植物防疫、农产品营销"三位一体"的公共服务工作,深化"农民信箱"工程,全年利用"农民信箱"平台发送信息110余条;帮助企业新建营销点,是年新建蔬菜直销点3家、甲鱼营销点2家,海天水产至2009年底在全国各地开设营销专柜20多家。

【推进基础设施建设】 2009年,农业对外综合开发办投资250余万元,配套和完善基础设施,推动农业生态环境建设。(一)加强基础设施的建设与管护。新建机耕路3条计3890米、U形排水沟2300米、河道砌石护岸1条计1612米;完成抢险项目20个,填挖土方1300余立方米,砌石150米,抛塘渣850立方米;更换绝缘电力线路4000余米,安装终端电表30只;维修保养配电房12处,铺设防水屋面1500平方米。对辖区内36座垃圾房的垃圾全部实行集体清运;54只红外线电子实时报警系统装置和8只全球眼实时监控系统确保了国有资产的安全与园区生产生活的稳定。(二)开展绿化造林工程。新营林面积12.8公顷,种植各类树木1.98万株。至2009年底,园区有各类树木23万余株。(三)落实安全生产责任制。把安全生产摆上议事日程,由班子成员带队专题检查安全生产4次,发出安全隐患整改通知书36份,责任到人,做到"谁主管、谁签字、谁负责",确保全年无安全责任事故发生。此外,还完成了钱塘江沿线观潮安全工作。

(张新星)

2009年9月23日,津巴布韦—中国友好协会代表团考察萧山农业开发区

(丁振华摄)

萧山临江工业园区

【概况】 2009年,临江工业园区(临江新城)沉着应对严峻的宏观经济形势,开展"建设攻坚年"、"投入攻坚年"、"招商攻坚年"、"征迁攻坚年"和"素质提升年"等"五个年"活动,实现了开发建设、招商引资、经济建设和社会事业建设稳步发展,被浙江日报社评为十大"浙江省最具投资价值工

业园区”。

是年，临江完成工业总产值131.3亿元，比上年增长30.5%；完成规模以上库内工业销售产值103.8亿元，增长29.9%；完成工业增加值21.5亿元，增长50.0%；完成工业利润7.2亿元，增长280%；完成全社会固定资产投资44.4亿元，增长39.9%；完成工业性投入36亿元，增长26.7%，占萧山区工业性投入总量的1/5。全年合同利用外资16478.82万美元，为区下达目标任务的158.5%；实际利用外资7361.14万美元，为区下达目标任务的126.9%；协议利用市外内资16.448亿元，为区下达目标任务的368.0%；实到市外内资2.8759亿元，为区下达目标任务的102.7%，均超额完成区下达的指标任务。

【工业经济难中快增】 2009年宏观经济形势不容乐观，但临江工业经济第一季度就率先实现“正增长”，全年增幅超过10%的企业有31家。一是坚持目标引领。园区在年初就对全年目标任务和一季度指导性计划进行了分解落实，做到目标早明确、任务早落实。注重逐个项目、逐个企业、逐个指标、逐月逐季进行对照，以目标引领发展。二是营造浓厚氛围。采取“提信心、强保障、送温暖、拓市场、扩投资、保增长”等一系列措施增强企业的发展信心，并开展“项目推进月”、“工业经济服务月”、“半年目标竞赛月”等工业经济“三个月”活动，“区管领导干部带队下企业”活动和“比、学、赶、帮、超”活动，提高企业发展积极性。三是狠抓重点企业。富丽达集团工业销售产值首超50亿元，继续发挥领跑作用。有26家企业销售超过1亿元，园区梯队建设得到有力推进。四是注重创新发展。富丽达集团“富丽达”品牌获评国家驰名商标，诚洁环保被认定为省级高新技术企业，吉华江东研发中心成功申报为杭州市高新技术研发中心，汇丽公司的“汇福”牌印染面料被评为市级名牌产品和区级著名商标，协诚纺织被认定为区级知名商号，园区全年完成新产品产值37.77亿元，比上年增长31.28%。

临江湿地 （临江工业园区提供）

【招商引资成效明显】 2009年，临江工业园区招商引资成效明显。一是引进一批重大项目。坚持“产业化招商和大项目带动并举、管委会招商和以民引外并举、内资项目和外资项目并举、长远项目和近期项目并举”的原则，继东风裕隆汽车和东方电气新能源设备项目后，又成功引进东风汽车公司41000辆大客车项目、行业龙头三一重工投资20亿元的高压大流量液压件项目、杭齿集团投资10亿元的齿轮传动装置项目、浙江品森科技总投资20亿元的新能源项目和吉利汽车全球研发中心等重大产业项目。8月31日，总投资20亿元的杭州力龙液压有限公司正式成立，达产后其液压元件年销售将达50亿元。二是举办系列招商活动。落实人员，分派上海、深圳和北京进行“驻点招商”，拓展招商网络，并成功举办杭台汽车产业合作发展洽谈会，与10家台资企业签订合作协议；举办中国兵器工业集团军民结合产业发展对接会，合作共建“军民结合产业基地”，与总投资18亿元的两家军工企业签约。另有8只项目在全区产业环境推介会暨项目集中签约仪式上签约。三是强化产业招商。全面启动汽车整车及零部件、机械装备、新材料、新能源、航空器材等新兴产业基地建设，引进带动力强、影响力大的重大产业项目。四是启动协作招商。和台湾电机电子工业同业公会、欣汉国际股份有限公司等签订战略合作协议，加强与台湾地区招商和产业推介活动的合作。“台湾工业园”正式获批，全年组织多个批次的台湾企业代表团、投资者到临江考察。至2009年底，园区有50个项目建成投产，41个项目在建，32个项目正在筹建中。

【项目投入逆势推进】 2009年，临江工业园区深化“领导班子成员牵头联系项目制度”，经常性走访企业，送信息、送服务、送政策、送信心，打好“感情牌、服务牌、监管牌、保障牌”，提高推进成效。定期或不定期召开项目推进专题会，听取领导联系、走访、服务项目情况，推动项目投入取得阶段性成效。对排定的项目明确年度目标任务，要求抓住时间节点，实行跟踪服务，确保有序推进。对项目推进中遇到的一些问题和困难，落实园区相关部门单位帮助解决，并向上级部门寻求支持。推动有存量土地的企业扩大投入，盘活存量；督促投入紧迫性差、进展缓慢的项目加快进度；鼓励投入积极性高、投资强度大的项目提高投入强度。6月15日举行十二大工业项目开竣工仪式，六大工业项目开工、六大工业项目竣工。9月23日，副省长龚正到临江工业园区专题调研汽车产业发展，并考察东风裕隆汽车生产项目。园区全年办理土地农转用（农用地性质转为建设用地性质）手续71项，完成供地项目51个，领取土地使用证54本，受理各类建设项目报批手续506项，审批各类企业前后配套、出入口、围墙及园区管线、随路绿化带建设等杂类事项82项。全年争取土地指标近200公顷，实施建设用地复耕3.5公顷，此项建设用地复垦工程被省政府评为“浙江省十佳示范工程”，为萧山区唯一获奖单位。加强和各金融机构的战略合作，加大协调对接力度。2009年，园区共有投入超3亿元项目1个，超2亿元项目3个，超1亿元项目3个。

【基础设施建设】 启动新一轮基础设施“999”工程，即9条道路、9项公建设施和9个环境提升项目，全年累计投入10亿多元，2009年为建园以来建设资金投入最多的一年。拉大道路框架，全年新增道路14.7千米，累计建成道路约20条，总长近50千米。完善公建配套，临江商贸城基本建成，安置房四期、科技文化中心、四星级酒店等公建设施正在加快建设，即将启动临江幼儿园、小学、卫生医疗服务中心、公交车站等配套公建。优化园区环境，围绕“清淤、截污、护岸、绿化、亮化”要求，遵循生态性、自然性、亲水性原则，完成河道整治10千米；围绕“密、厚、绿、美”和“几何感”、“层次感”、“色泽感”的要求，全年新增绿化123万平方米，绿化总面积超过240万平方米；电力线路“上改下”基本完成。完善管网设施，新建各类管网91千米，总长近350千米；F泵站进水管、出水管、临江泵站DN1600等管线建设完成。加强企业配套，加强企业“前三通”、“后配套”工作，并推行“一站式”、“保姆式”服务，实行全程代理制，做优服务环境。

【新城建设全面启动】 2009年，临江新城建设全面启动。一是明确功能定位。发展定位从“建园区”向“造新城”转变，努力建设都市型、科技型、生态型、低碳型、宜居型的花园式海港新城和产业高地。二是提升规划水平。根据《杭州市大江东新城发展战略规划》和《杭州市大江东新城概念性规划》，对临江新城的规划范围、面积、定位、布局等进行了明确。邀请国内外知名规划设计单位参与临江新城发展战略规划研究，开展临江新城概念规划编制，同时对临江新城分区规划和各个专项规划进行委托修编。三是实施区划调整。增挂“临江新城管委会”牌子，按照“两块牌子、一套班子”的原则进行机构运作。增设临江街道，拟订园区和街道的工作职能，“合署办公、精简效能”的运作机制快速建立，“以城带街、城街合一”的体制正式运行。四是强化队伍建设。区纪委、监察局派驻(出)临江工业园区(临江新城)纪工委、监察分局于11月正式成立并正常运作，监督体系不断完善。

【拆迁拆违有序推进】 2009年，临江工业园区实施第四期农场居民房屋拆迁，共完成签约111户。建成安置房共三期累计14.3万平方米，安置房四期4.5万平方米正在建设。坚持“按项目供地”的原则，完成滨江区块20公顷土地及临化变移交工作，完成农一场、农二场范围内近166.7公顷土地的征迁工作，各种补偿款均已到位。根据全区拆违控违的总体部署开展“百日拆违行动”，共发现并拆除违章建筑26处，面积2957.78平方米。

【统筹兼顾得到落实】 重抓安全生产。完善安全生产组织、机构，对安全队伍进行业务培训，并对企业实施定期、不定期的日常检查和专项检查，将安全事故发生率降到最低程度。重抓综合治理。坚持“防治结合、以防为主”的方针，全年刑事案件与治安案件发案率分别较上年下降3.85%和45.5%。2009年度园区被评为区级“综治工作先进集体”，临江警务站被区公安分局评为“金牌警务室”。重抓民生事业。就业再就业完成率和新农村合作医疗保险参保率均完成区下达指标；开展扶贫帮困，抓好残疾人生活保障，实施“春风行动”，完善公交网络，为群众办实事。重抓社区管理。组建社区党总支、公共服务工作站、老龄办、老年人协会、老年人学校和腰鼓队，新设藏书500册以上的社区图书室，举办社区首届邻居节活动，打造平安社区、生态社区、人文社区，2009年被评为“区三星级文明社区”。重抓劳资管理。完成劳动年审企业71家，企业职工养老保险参保7289人，劳动合同签订率98%以上，均完成区下达指标；5家企业被评为杭州市级“社会责任建设优秀单位”。受理各种投诉155件、建筑工地劳资纠纷35起，调解工伤事故赔偿26件。重抓环境整治。加强环境治理，提升产品工艺，推进节能减排，有7个项目申报区级重点节能项目，直接产生经济效益2000多万元，园区被评为2009年度区级节能降耗优秀单位。同时实施最清洁城乡工程，抓好日常保洁工作。

(曹丹丹)

杭州空港经济区

【概况】 2009年，空港新城围绕打造“活力空港、魅力新城”的总体目标，坚持“高起点规划、高强度投入、高标准建设、高效能管理”的四高方针，把握大江东新城开发建设的历史性机遇，创新体制机制，全力推进由“建区”向“造城”的转型，较好地完成了全年各项目标任务。

【机构筹建】 杭州空港经济区于2008年3月经杭州市人民政府正式批准成立。2009年8月，经省编委批准，空港经济区管委会机构升格为萧山区副区级，并增挂空港新城的牌子，下设党政办、建设局、招商局、经发局、社发局5个正处级机构。

【启动规划编制工作】 2009年是空港新城的“规划基础年”，管委会全面启动各项规划编制工作，奠定了新城发展新格局。一是提升规划理念。按照市委、市政府关于大江东新城开发建设的总体方针和从“建区”向“造城”转型的要求，立足大局，放眼长远，完成了《空港新城发展战略研究》、《空港新城概念规划》、《空港新城产业发展规划》等一批指导性规划的编制工作，进一步明确了空港新城的总体定位、发展战略、空间布局和主要举措。二是健全规划体系。在总体规划的基础上，完成或启动《空港新城分区规划》、《高新产业和物流园区控制性详细规划》、《沿江区块概念性规划》、《空港新城路网规划》、《综合保税区规划》、《保税物流中心修建性详细规划》和城市景观、给排水、电力等专项规划的编制工作，逐步形成了以总体规划(概念规划)—分区规划—专项规划为核心的规划体系。三是加强规划衔接。为提高规划的科学性、针对性和可操作性，在规划编制过程中，按照《大江东区域发展战略规划》、《大江东新城概念规划》等规划的要求，加强与《城镇总体规划》、《土地利用规划》以及《机场建设规划》等相关规划的衔接，并与机场公司、靖江街道、南阳街道反复研究、反复论证，既保证了空港新城各项规划的高起点、高标准，又实现了规划的可操作、可落地。

【开辟征地拆迁新模式】 2009年，空港新城管委会和靖江、南阳、瓜沥、坎山等有关镇街一起，坚持在政策中求惠民、在服务中求理解、在稳定中求进度、在和谐中求共赢，完成房屋拆迁(处理)6100余户，开辟了“和谐征迁”新模式。一是完成机场二期征迁。1月完成3100户农户、205家企业的机场二期拆迁工作，并在4月完成交地，比项目合同交地时间提前近9个月，创浙江省征迁规模最大、速度最快又最为平稳的征迁记录。二是完成机场一期噪声区处理。机场噪声区处理是一个世界性的难题，为尊重农户意愿，降低政策风险，采取了“拆、搬、降、补”四种方式，让农户做“拆迁”和“降噪”的选择题，并用6个月时间，平稳快速完成1672户民房、205家企业共1.23万平方米的机场一期噪声区的处理工作，破解了这个困扰萧山已久的历史遗留问题。三是完成保税物流中心项目征迁。从4月底开始，和靖江、南阳街道一起，用5个月时间，完成822户农户、68家企业的保税物流中心项目拆迁工作，为项目按时报批、按时建设奠定了基础。四是完成义南横河改线项目征迁。和义蓬、南阳街道一起，承担189户的机场二期建设配套工程——义南横河改线项目的前期征迁工作，支持了机场的建设发展。空港新城的征迁工作探索了新形势下征迁、发展和稳定的新模式，受到省政府主要领导和新华社等中央媒体的高度评价，并被作为经验在全省、全国推广。

【启动杭州保税物流中心(B型)建设】 2008年底，杭州市委、市政府决定将位于下沙的杭州保税物流中心(B型)(以下简称B保)易址至空港新城。空港新城管委会按照申报要求，用1个月时间完成了保税物流中心项目可行性研究和修建性详细规划编制工作，于2009年6月底正式向省、市政府和杭州海关提出将杭州保税物流中心易址至杭州空港经济区的请示。12月1日，海关总署等国家四部委正式批复同意建设保税物流中心，浙江省首家空港型保税物流中心成立。10月19日，保税物流中心项目被列为省重点项目。在项目申报的同时，管委会还开展了项目建设的各项前期工作，并完成可行性研究、土地预审、项目选址等几十项工作，为项目全面开工奠定基础。按照“建设B保、谋划综保”的思路，在先行申报建设B保并成功封关运营后，管委会又着手谋划综合保税区的申报和建设。至年底，综合保税区的规划编制工作已经完成。

【创新发展理念和工作机制】 2009年，市委、市政府作出加快大江东新城开发建设的决策部署，并在发展的体制机制上提出了系统的改革意见。作为大江东新城的重要组成部分，管委会在实践中探索，在探索中实践，逐步建立了与新城开发相适应的发展理念和工作机制。一是推动理念创新，坚持以理念创新带动机制创新、工作创新。如在城市经营上，确立了“卖理念、卖规划、卖设计、卖品牌”的理念；在建设标准上，确立了“国际一流、国内领先”的理念；在环境建设上，确立了“环境立城、生态优先”的理念；在开发速度上，确立了“好中求快、快上加快”的理念等。二是探索以城带街。8月，空港经济区管委会机构升格为副区级，并增挂空港新城的牌子。按照市委、市政府关于“四统四分”的要求，探索“以城带街”新机制，创造性地提出了“四个统筹、四个不变”的工作设想，在规划、招商、建设、经济管理等方面提出工作方案，调动了新城和街道的两个积极性，确保在“大调整”中实现“大稳定”。三是促进多方合作。推动成立了萧山区——机场公司联席会议制度、空港新城——机场公司规划协调机制、B保项目建设协调小组等，使新城开发建设的关系不断理顺，合力不断加强，实现“规划共绘、设施共建、产业共兴、市场共拓、环境共保、利益共享”。

【支持街道发展】 2009年，杭州空港经济区积极支持街道发展。一是统一共谋发展的共识。“以城带街”的新城管理体制明确后，新城和街道通过召开工作务虚会、规划对接会、招商协调会，赴下沙新城等地进行专题考察等形式，使广大干部认识到开发建设新城的必要性和紧迫性，进一步统一了合力兴城、共建共享的思想共识。靖江街道和南阳街道在谋划2010年工作时，分别提出了“依托空港平台，发展物流产业”和“接轨大江东、融入新空港、建设新南阳”的工作方针。二是探索融合发展的机制。随着空港新城开发建设的深入，新城和街道融合发展的机制逐步形成。管委会在规划编制、道路建设、招商引资等重大事项决策前充分征求街道意见，并充分考虑街道实际情况；街道也及时调整发展思路，自觉按照空港新城的产业定位、规划布局谋划发展，努力融入新空港。

(施安丽)

旅　　游

综述

2009年，萧山区以举办第五届中国国际动漫节为契机，以萧山首届国际旅游节为亮点，以推进旅游"1010"工程为核心，克服金融危机带来的不利影响，旅游业实现率先回暖，各项经济指标再创新高。全区接待国内外游客1083.1万人次，比上年增长28.89%，其中接待境外游客36.12万人次，比上年增长3.2%；实现旅游总收入108亿元，比上年增长25.58%，其中营业收入17.55亿元，比上年增长21.03%；全区27家宾馆饭店平均客房出租率57.22%，比上年下降2个百分点。

旅游规划建设

【概况】 2009年，"1010"工程(建设十大旅游景区和十家高星级酒店)推进顺利。18个项目开工建设，5个建成开放。已投入资金约62.7亿元，其中十大景区已投入43.5亿元，十家高星级酒店已投入19.2亿元。

【相关规划编制完成】 2009年，特色潜力行业发展规划和疗休养发展规划基本完成，进入评审阶段；沿江发展旅游概念性规划进入公开征集方案阶段；进化镇、坎山镇和瓜沥镇编制完成旅游规划；休博园综合体及东方文化园综合体实施性规划方案基本出炉。随着各个旅游规划和报告的完成，萧山区已逐步形成近期和中远期、总体和局部相结合的旅游规划体系，进一步明确了萧山旅游的发展方向。

【旅游项目有序推进】 2009年，跨湖桥遗址公园博物馆新馆建设完成，10月1日正式对外营业；国际博览中心10月28日正式动工；中国水博物馆主体结顶，内部装修全面展开；大岩山度假酒店主体结顶，内部装修全面展开；东方文化园水疗中心土建完成。此外，桃花源度假村的拆迁工作和景点建设有序推进；云石旅游度假区狮山区块道路建设完成，狮山度假村动工建设，三清园总体规划和仙女湖规划已出台。

旅游促销

【市场促销】 2009年，区旅游部门在旅游促销内容和形式上，坚持创新是营销的核心，不断进行新的探索和尝试，旅游促销取得新的突破和新成果。一是"走出去"宣传推介。组团参加南京旅交会并在南京召开萧山旅游专场推介会；在上海召开"萧山之旅"推介会；组团赴匈牙利、土耳其、阿联酋等地进行考察和促销；组织赴台湾、上海、深圳等地的旅游促销活动。同时，积极参加省市旅游部门组织的全国旅交会、全省旅交会，北京、广州、大连等各大城市巡回促销活动以及赴台湾、日本、韩国进行境外促销。二是"请进来"展示形象。邀请京、沪、杭三地会展公司到萧山考察，并召开"华东会客厅"萧山会展旅游推介会；邀请万里行旅游联盟长三角地区近200家旅行社在萧山召开"萧山之旅"推介会；利用动漫节召开的契机，举行"走进动漫·萧山之旅"大型广场推介活动；主要面向长三角客源市场发放2000万元旅游消费券，有效撬动了金融危机形势下市场对萧山旅游的认识和信心。三是"全方位"打造品牌。开展高密度宣传攻势，在《浙江日报》、《杭州日报》、《南京日报》、《上海旅游报》等省内外媒体进行专版宣传超过15次。《杭州日报》、《萧山日报》头版报道萧山旅游超过82次。同时，依托大杭州的资源优势，在央视四套和"新闻频道"播出的杭州旅游形象宣传片中展示萧山，进一步提升萧山城市形象和旅游形象。

【向区外派送旅游消费券】 3月1日—10月31日，为配合杭州市"同游杭州，共享品质——2009杭州好客年"系列活动，萧山区推出"千万大派送，萧山邀您游"旅游券发行活动。3月1日—5月31日为第一阶段，通过媒体、邮局投放、旅游推介促销会等方式，向区外市场(主要是长三角地区和部分远程市场散客)发放价值2000万元的萧山旅游消费券，共计40万套，其中向上海市场投放6万套。

6月1日—10月31日为第二阶段，杭州市旅委增发价值1.5亿元的杭州旅游消费券。消费券均为单张面值10元，5张组成一套，共计50元。活动期间，外地游客在萧山景区景点、三星级以上饭店使用旅游消费券，按实付金额，每满40元抵10元，并同时享受企业原有针对散客的优惠待遇。截至10月31日，共回收旅游消费券28.4万余张，直接消费总额近1500万元。

【"华东会客厅"品牌日益响亮】 萧山充分利用优越的地理区位、强劲的依托辐射、雄厚的经济基础、完善的设备设施，全面打造"华东会客厅"品牌，取得了明显成效。据不完全统计，2009年全区成功接待各类会议超过一万个，其中全球性、全国性会议近千个。初步完成了萧山区扶持会展业发展的相关政策，下一步还将以设立专项奖励资金的方式，对在萧山区举办规模较大、效益较好、有发展潜力的节展活动进行资金奖励，鼓励举办者"招大展"、"办大节"。同时将加大对节展公司和节展设施的扶持力度，促使有实力的节展公司脱颖而出，不断发展壮大。

旅游管理

【概况】 2009年，以全面打造萧山“品质旅游”为目标，不断创新管理，规范服务，树立形象，提升全区旅游行业的整体档次。

【提高行业管理水平】 2009年，为更好地服务企业、服务行业，在政府和企业之间发挥桥梁作用，在严峻的经济形势下实现抱团取暖，整合优化资源，经过精心筹备成立了旅游饭店、旅行社、景区景点、经济型酒店、疗休养五个专业协会。同时，在全区旅游企业中积极开展“树旅游服务品牌、展行业队伍风采”主题活动，组织各类培训活动和技能比赛，从而提升企业管理水平和从业人员的整体素质。1月14日召开全区旅游行业安全生产工作会议，在全区旅游系统大力开展“全国安全生产月活动”，组织开展全区水上旅游项目安全培训暨水上旅游项目安全演练活动、全区旅游企业保安人员培训班等一系列安全生产月活动，全面增强旅游企业安全生产意识，全年没有出现一起重大旅游安全事故，实现了萧山区平安旅游的目标。

【提升行业整体素质】 2009年，杭州凯豪大酒店、航民宾馆被省旅游局评定为四星饭店，中誉酒店被市旅委评定为二星饭店，第一世界大酒店创五星已报省旅游局待考评，新时代大酒店被省局评定为五星级餐馆。萧山宾馆通过四星复评，邮电宾馆、阳光山庄通过三星复评，紫英山庄通过二星复评。是年，开元旅业集团被世界酒店联盟授予“五洲钻石奖”——世界酒店·十大魅力品牌酒店集团，杭州凯豪大酒店被省绿色饭店评定委员会评为“浙江省绿色饭店”；杭州开元名都大酒店被市旅委评为“杭州市2008年度十佳星级饭店”，金马饭店、索菲特度假酒店、宝盛宾馆、太虚湖假日酒店被市旅委评为杭州市优秀星级饭店；杭州开元旅游公司再次被国家旅游局评为“全国百强国内旅行社”，湘湖旅行社被省旅游局评为浙江省50强旅行社；2009年度旅游商品评选中，萧山区南宋官窑获得杭州市优秀旅游纪念品评选金奖；东方文化园被市政府评为杭州市休闲基地；杭州湘野休闲农庄被省旅游局和省农办评为浙江省四星级农家乐经营点。

旅游企业

【概况】 2009年，旅游企业规模进一步扩大，企业管理水平和服务质量进一步提高。

【全区有星级宾馆饭店23家】 至2009年底，全区拥有23家星级宾馆饭店，其中五星级3家、四星级6家、三星级9家。

【旅游中介机构】 2009年，旅行社队伍继续壮大，新增君佳旅行社、潇湘旅行社、兴旺旅行社、捷佳旅行社、晨洁旅行社。至年底，全区拥有30家旅行社，多家票务中心以及旅游车队。

【旅游服务推荐单位】 2009年，全区拥有45家旅游服务推荐单位。除原有的杭州信诚旅游用品有限公司、杭州紫香食品集团有限公司、杭州汇林食品有限公司等30家旅游服务推荐单位，新增了杭州萧山南宋官窑艺术馆、杭州萧山石牛山农业开发有限公司（三清寨休闲农庄）、杭州永屹农业开发有限公司（鱼乐园）、杭州沙地农业休闲观光有限公司（秋琴农庄）、杭州万众生态农庄有限公司、杭州萧然酒店有限公司、杭州速安居酒店管理有限公司、杭州绿都假日酒店有限公司、杭州萧山北干锦州商务酒店、杭州萧山新塘华田商务酒店、杭州萧山新塘家乡园度假酒店、杭州趣园大酒店有限公司、杭州萧山城厢琥珀假日酒店、杭州萧山靖江宾馆、杭州友邦酒店有限公司等15家旅游服务推荐单位。

旅游节庆活动

【概况】 2009年，区旅游局开拓思路，强化优势，立足创新，承办国际动漫节，举办首届萧山旅游节等众多大型节庆活动，借势、借事，扩大宣传，实现了以节造势、吸引人气、扩大影响的目的。

【第五届中国国际动漫节】 由国家广电总局、浙江省政府主办的中国国际动漫节，是一场档次高、规模大、参与性广，并且具有广泛影响力的动漫盛宴。2009年4月28日—5月3日，第五届中国国际动漫节共接待游客78万人次，322家中外企业参展，累计成交65.3亿元，为历届动漫节之最。“五一”小黄金周在动漫节带动下，全区接待游客83万人次，同

2009中国国际（萧山）钱江观潮节演出 （吴军摄）

比增长13.7%；实现旅游总收入7.08亿元，增长18%；营业收入4584.58万元，增长12.34%，再创萧山旅游新高。

【首届萧山国际旅游节暨2009中国国际(萧山)钱江观潮节】 为期一个月(9月15日—10月15日)的首届萧山国际旅游节暨2009中国国际(萧山)钱江观潮节接待国内外游客186.5万人次，实现旅游总收入13.4亿元。旅游节推出了包括开幕式大型文艺晚会、国际冲浪挑战赛、首届休闲嘉年华、萧山旅游发展高峰论坛、中国首届移动商务高峰论坛等在内的八大系列活动，涵盖旅游、体育、经贸等各方面。两节安全、热烈、创新、实效，展示了萧山形象。

【第十一届萧山杜家杨梅节】 杜家杨梅节是萧山区传统的大型旅游节庆活动，融生态观光与休闲体验为一体，是全区特色旅游的重要组成部分，同时也是充分发挥萧山生态优势的节庆活动。2009年，第十一届萧山杜家杨梅节于6月18—27日举行，“杜家杨梅——中国红·走近世博”的大型文艺演出吸引了5000多人的参与。本届杨梅节主动接轨世博，向上海世博会伸出了“杨梅枝”，打出了“走近世博”的口号，用来自民间的“杨梅红”诠释以人为本的上海世博精神。

(陈晓禄　许翡佳)

湘湖保护与开发

【概况】 2009年，湘湖旅游度假区管委会围绕“十大目标任务”，突出二期征迁与项目建设两大重点，推进湘湖保护与开发的各项工作。度假区实现服务业增加值2.8亿元，完成固定资产投资7.5亿元，累计接待游客逾310万人次，实现旅游总收入1.55亿元，门票收入3700万元，其中海洋馆占到3200万元。

【推进湘湖二期建设】 2009年，湘管委把土地征用和民房拆迁作为确保主攻二期决胜的突破口，全面推进以征迁为重点的二期工程建设。以《二期征迁工作目标责任书》签订为新起点，一是加快房屋拆迁。闻堰区块拆迁提前进入拆房阶段，安置房开始施工，蜀山区块完成签约。完成民房拆迁签约391户，完成厂矿企业拆迁76家。6家省属单位搬迁5家已签协议，并与浙江海洋学院签订区、院合作办学协议，一期用地18公顷完成报批。二是加快土地征用收储。完成各类土地征用收储442.73公顷，同时完成一村一社区转制调查，确定转制计划。三是加快基础设施建设前期工作。湘湖二期越王路延伸、湖山路开工；完成杨堤初步设计；六条高压线改移确定分步实施方案。石岩山山体宕面完成爆破清渣，进入覆绿施工。老虎洞景区企业拆迁协议签订完成。

【丰富景区功能】 2009年，湘管委以亮点工程为支撑，完善湘湖景区旅游服务功能配套，全面提升景区形象。加快“一址一庄”建设，完成越王城遗址保护工程中的环境工程建设，城山登山游步道4.2千米已建成开放，水漾湖国宾馆项目明确投资主体，开始方案设计。荷花庄工程完工开放。加快下孙文化村、湘湖婚庆园等一批展示湘湖文化的配套工程建设，丰富湘湖文化内涵，完善湘湖旅游功能，并于国庆节前建成开放。启动区北岸山脚线林相改造基本完成。登山游步道工程(城山至象山段)完工。北岸线监控音箱安装工程完工，二堤绿化改造进入施工阶段。一期范围迁坟平坟全面完成，共计完成1.4万穴坟墓的迁移和平毁。

【活动提升湘湖品牌形象】 2009年，湘管会树立国家4A级旅游景区形象，做到内抓管理、外树品牌，进一步提升景区的知名度和美誉度。景区活动不断推陈出新，先后主办、承办动漫节分会场、萧山人游湘湖月、首届湘湖捕鱼节、第二届城山庙会、第三届冬泳比赛、“德意”青春婚典、环湖毅行、第二届湘湖露营大会等十余项旅游活动，游客数量比上年同期增长26%。以4A景区标准要求，落实各项管理责任制，与经营管理公司、少儿公园签订目标管理责任书，确保景区安全有序。进一步加强景区综合治理、安全生产、森林消防安全、食品安全、游乐设备安全、水上安全等措施，没有发生一起重大安全事故，旅游安全总体保持平稳运行。以杭州极地海洋公园创4A为契机，以推出“湘湖一日游”为品牌，利用省内外主流媒体宣传湘湖，打响湘湖旅游目的地品牌。积极参加旅交会、洽谈会、展销会，与上海、杭州等大型旅游组织合作，已与省内外407家旅行社建立长期业务关系。

(马建祥)

极地海洋公园海豚表演　(区旅游局提供)

交　通

综述

2009年，萧山区“12881”（一桥两隧八纵八横一环线）交通道路建设三年行动计划拉开序幕。在经济形势急剧变化和宏观调控政策重大转折面前，萧山交通抓住机遇，迎接挑战。根据“大江东”发展规划和萧山经济转型升级的重大部署，以“接轨大杭州、打通三组团、服务五新城、构建主骨架、提升新品质”为目标，开展了“三年百亿”交通道路建设大会战。全年目标任务圆满完成，特别是“12881”交通道路建设取得成就，完成出租车增量及经营年限核定，完成公共交通优化调整，高速公路环境综合整治有突破，同时，物流业、机动车维修业和驾驶员培训业等道路运输三产得到发展。

工程建设

【超前谋划“三年百亿”】 2009年，区交通局超前谋划“三年百亿”大会战。确立18个项目，总投资299亿元。其中，市级实施3个，区级实施15个。力争三年建成13个项目，完成投资150亿元，新建、改建公路130千米，成为“12881”工程的重要组成部分。制订相应的保障措施。

【项目技术前期工作全面开展】 2009年，相继完成九堡大桥南接线、江东大道、机场公路等初步设计；完成临浦快速通道、建设四路二期、河庄大道南伸项目建议书和工程可行性报告；03省道改扩建工程开始编制工程可行性报告。至此，所有列入“12881”计划的项目技术前期工作都已展开。出海码头、大江东航道可行性研究也相继开展。

【项目报批取得成效】 2009年，8个项目列入省重点工程申报计划。其中，江东大道、03省道北伸和九堡大桥南接线3个工程正式获批；机场公路、河庄大道南伸、城区至临浦快速通道和建设四路二期4个项目进入省发改委审批程序，获项目建议书批复。通过申报省重点工程，解决用地指标151.3公顷，获省交通厅建设补助金3.6亿元，这在萧山交通建设史上是突破性的。

【推进前期征迁】 截至2009年底，建设四路东伸一期等6个项目征迁完毕，机场公路、八柯线等5个项目接近扫尾，城区至临浦快速通道、九堡大桥南接线等3个项目启动征迁。

【在建工程首战告捷】 2009年，10个项目开工建设。其中，时代大道五一节前建成通车，渔浦大桥、浦阳互通、八柯线党山段3个项目国庆节前建成通车，江东大道一期、梅林大道北伸和红十五线三期3个项目路基工程全线贯通。全年新改建道路40.362千米，完成建设投资31.8亿元，超额完成年初制订的30亿元投资计划，占“三年百亿”工程总投资的21.2%。此外，水上交通项目、镇级项目建设也得到较快推进。

公路

【概况】 2009年，全区新增公路15.284千米，公路通车里程2245.15千米（不含市政道路）。区交通局辖养公路里程819.258千米，其中国道20.604千米、省道49.761千米、县乡道730.165千米、专用公路18.728千米，同时还承担着1354.375千米村级公路的路政管理。

【高速整治取得突破】 2009年，区交通局牵头，对境内75.03千米高速公路进行综合整治。整治内容13项，完成了全线违章建筑拆除、田间临时棚舍整治、废品收购站点整治、坟墓整治和广告牌整治，基本完成土地流转和企业环境等项目整治。因成绩突出，被杭州市政府授予“突出贡献奖”。

【公路养护整洁畅通】 2009年，萧山完成路面大中修工程33项，总里程66.14千米，总投资5685万元。计划改修建桥梁16座，基本完成13座。结合“最清洁城乡”活动，加强公路巡查养护，做好国、省道和县乡道主干线的路面清扫工作，保障了春运、动漫节等重大节日道路整洁畅通。同时，加强了村级公路管理和指导工作。

【路政管理得到加强】 2009年，公路部门以治理超限运输为突破口，逐步优化公路整体环境。拆除和制止违章建筑13起，拆除摊棚2起、围墙20起，清理路上堆积物239处，拆除非公路标牌211块。检测超限车辆16000余辆，查处违章车辆1600余辆，公路违法、违章行为得到有效遏制。

【公路生态不断优化】 2009年，公路部门以打造“五型公路”（品质、平安、生态、服务、阳光）为载体，推进公路生态带建设。累计完成塘湄线32.42千米、红十五线29.15千米、青六线7.45千米、梅林大道4.15千米公路两侧生态带。全年绿化种（补）植乔木、灌木20000余株，绿化面积233.9公顷。

水路

【概况】 2009年，萧山区有在册船舶763艘，当年新增沿海船舶3艘。货运量、货物周转量、港口货物吞吐量分别比上年增长5.43%、72.15%和减少2.92%。费改税后，征收航政规费654.82万元、港政规费300.41万元，分别为市局计划的119.06%和150.21%。

全区境内内河航道通航总里程801.52千米(不含钱塘江杭州湾)。其中4级航道2条,长42.85千米;6级航道2条,长37.64千米;7级航道6条,长81.4千米;8级航道12条,长91.22千米;9级航道68条,长548.41千米。水路运输事业保持稳定发展势头。

2009年萧山区水路货运量

项　目	计量单位	数　额
货运量	万吨	695.75
货物周转量	万吨/千米	337783.88

2009年萧山区船舶运力分布

项　目	合　计	机　动　船				驳船
		客船	客货船	货船	拖船	
数量(艘)	763	73	—	538	16	136
内　河	756	73	—	531	16	136
载重量(吨)	230119	1085客位	—	217015	—	13104
内　河	117053	1085客位	—	103949	—	13104
功率(千瓦)	85517.7	1960	—	81785.36	1772.34	—
内　河	64512.7	1960	—	60780.36	1772.34	—

【深化港航管理】 2009年,涉航联合审批机制、加快推进规划港区前期、加强廉政建设与队伍建设是港航工作重点。涉航联合审批工作中,对24个项目进行联合审查,既严格审查职能又简化许可程序,实现部门信息共享和达到一次性告知的目的,同时真正做到信息公开、服务为民,受到相对人高度肯定。廉政建设和队伍建设通过丰富载体得以全面推进。规划港区推进工作受客观因素制约推进缓慢,但进一步加强与规划作业区所在的乡镇部门沟通,帮助沿河企业分析各种运输方式优劣,引导其投资建设货主专用码头。此外,规划作业区项目前期协调和项目报批取得突破。继续完善、延伸内河钱江三堡船闸管理协调机制,改变站点过多、相对封闭、各自为政的现状。解决船舶多次停靠、重复检查、资源浪费现象。

【稳定航区安全】 杭甬运河的开通在带来传统运输方式变迁的同时,不可避免地造成管理对象更趋复杂化,加之航道本身客观要素的制约和沿河村民对航道的保护意识不高,给运河安全管理带来诸多挑战。港航部门开展各类教育、整治活动,维护正常通航秩序,包括对进出新坝闸通航秩序及船舶适航、船员适任情况进行专项整治,加大过闸船舶锚泊设备检查力度,提高船舶在浦阳江候闸锚泊安全系数,同时督促、指导船闸部门做好候闸船舶秩序管理;对擅自设置的渔网、渔簖等碍航物实施强制清除,对不符合要求的过河线缆逐一排查,与杭甬运河建设处沟通后督促业主及时整改。2009年,新坝船闸累计运营347天,共4531小时,平均每天通过船舶181艘次,累计进闸船舶31402艘次,出闸船舶31567艘次。在边施工边通航、船闸未全天候运行情况下,完成1254万吨通过量。杭甬运河试通航全年辖区发生上报事故1起、小事故21起(含上年补报4起),沉船4艘,死亡2人,直接经济损失334066元,指标控制在考核范围内。

【落实依法行政】 2009年,港航部门开展市"依法行政示范单位"创建,并通过市政府法制办考核验收。共实施行政处罚240起,其中一般程序159起(海事148起,运政3起、港政3起、航政5起),简易程序81起,共处罚款251500元,无复议诉讼案件。

【推进航道规划】 2009年,大江东规划和钱江通道"平改高"调整后,原先规划的江东作业区处于大江东新城核心区块,与钱江通道平行布设的航围线部分航段因钱江通道改为高架结构,实施难度相当大。港航部门通过现场踏勘、走访农水等部门,提出构建萧山环形骨干航道网的航道规划调整思路,即在原杭甬运河和航围线航道基础上,航围线在海运作业区沿海塘延伸北上,西接抢险河,并于下沙大桥附近选择合适位置建设船闸,沟通钱塘江。此方案如得以实施,萧山内河与京杭运河二通道近距离对接,到江东、临江工业园区的水路运距比绕道杭甬运河缩短近100千米,将大大降低运输成本,提升萧山水运保障能力,逐步形成规划作业区和沿河产业带相结合的港口发展模式,远期还可以向南连接曹娥江,成为杭甬运河二通道。该规划已开始编制,争取列入大江东总体规划。

【服务重点工程】 随着城市化进程的加快和地方政府大面积改造危桥的实施,特别是地铁施工期间替代道路建设及高铁建设,2009年航区涉水施工项目繁多,维护任务较重。是年,对浦阳江义桥二桥和北塘河工人路桥、金鸡路桥、新街桥、杭甬客运专线等13座桥梁进行施工水域交通维护,并为北塘河上4条管线铺设及2起桥梁检测做好相应保障和水域管控工作,保证施工和船舶航行安全。此外,因杭甬运河工程进入收尾阶段,航道标大量土方需外运浦阳江,新坝所加强现场管理与协调,处理好营运船舶和施工船舶矛盾,确保施工船舶随到随走,支持了工程建设。

客货运输

【概况】 2009年,国家实行燃油税费改革,道路运输管理部门把工作重心转移到行业管理上来。通过公交优化调整、出租车增量、出租车经营年限核定,推进客运基础设施建设,推进运输市场整治以及大物流和小件快运的培育。

【社会客货运量】

2009年萧山区公路客货运量

项　目	计量单位	数　额
客运量	万人次	14838.9
旅客周转量	万人/千米	144708.4
货运量	万吨	5203
货物周转量	万吨/千米	103160

【出租汽车深化改革】 2009年，新增出租车100辆，其中30辆无障碍出租车，目的是解决行动不便的老年、残疾人群的打的难问题。对原行政审批的出租车经营期限进行了核定。同时，建成出租车综合服务区，成立出租车行业协会和行业工会，开通专用车道及叫车服务电话，提升服务质量。

【公交网络优化调整】 2009年，新开6条涉杭线路、3条大站快速线、4条二级线路以及11条农村接驳线，进一步增加了公交线网密度。优化调整城区9条公交线路走向，延长9条线路运行时间。此外，开展了建设公共自行车系统各项前期筹备工作。

【推进场站建设】 2009年，义桥、衙前2个农村公交站建成，400个农村公交候车亭建成使用。完成城区18个候车亭改建，完成金山公交站、区政府北大门临时大型公交停车场建设和杭州南站(萧山站)公交、出租车配套建设。宁围和红垦农场公交首末站已着手前期准备。对全区公交站点进行清理和规范，谋划公交停靠站改建工作三年行动计划，为全面开展公交候车亭建设打好基础。

【合力推进征费工作】 2009年，面对城市道路通行费征收工作的争议，区政府、交通运管、公安交警等部门依据相关政策法规，加大宣传力度，做好解释工作，艰难而又坚定地推进征收管理工作。通过政府协调、各部门全力配合，全年统缴费征收突破1亿元。

【确定公共自行车方案】 2009年，区政府成立公共自行车领导小组，由交通局牵头，城管执法、公安交警、城建市政等相关部门配合实施。开展项目可行性、租赁点设置以及车型颜色、亭棚式样的调查。完成网点筛选、分布设置、意见征询等前期工作。确定首期设20个借车点，投放1000辆自行车。

【保障春运工作】 2009年12月，杭州火车东站搬迁至萧山火车站，春运客流量大，组织难度大，保障任务重。区政府成立春运领导小组，统一指挥协调。交通、公安等成员单位围绕目标任务，按照抓配套、抓监管、抓服务、抓安全的总体思路，较好地完成了各项保障任务。其间共发送旅客1692.3万人次，同比增长27.5%。客流量创历史之最，安全形势总体平稳。

【货运管理不断强化】 2009年，出台《杭州市萧山区人民政府办公室关于印发萧山区加快现代物流业发展的若干意见(试行)的通知》(萧政办发〔2009〕142号)和《杭州市萧山区人民政府办公室关于印发萧山区物流业升级培育规划的通知》(萧政办发〔2009〕193号)，引导培育现代物流企业，传化物流基地成为省内五个重点扶持的物流基地之一。进一步推进小件快运网络化工作，加快农村公交站货运功能开发，延伸小件快运城乡网络布局。狠抓危险化学品运输与工程混凝土运输管理工作。强化对危险品运输企业的监管力度，整理、规范全区危险货物运输车辆的台账资料。做好货运行业管理工作，规范货运市场准入、退出机制，严把车辆检测、审验关，全年审批物流企业65家、道路货物运输服务业企业20家，并对名存实亡的企业清理注销。大物流和小件快运发展势头良好，基本形成覆盖城乡、优势互补、多元化协作的现代物流服务体系。

【维修驾培日趋规范】 2009年，萧山区全面实施维修企业配件质保追溯制度，全区一、二类维修企业库存配件贴标率81%。完善电子签证和维修数据的上传查验系统，健全汽车抢修急修网络平台，统一启用"85451919"标志车。

驾驶员培训行业"双挂"(教练车和教练员挂靠在驾校)清理方面，坚持行业引导与市场监管并重，广泛宣传、贯彻双挂清理政策，做好资质审核检查，两度开展行业专项整治活动，引导、督促驾培机构实行员工化管理。全区13所驾培机构员工化管理实现91.2%。建立并启用专业模拟教学培训中心，投入使用42台模拟培训设备，继续全面实施教练员IC卡记分管理系统、机动车理论无纸化考试系统、多媒体教学系统及学时记录监控系统。

组织举办从业资格培训班24期，培训1000余人。组织推荐15名技能选手参加市局组织的职业技能选拔赛，获得优异成绩。组织参加"3·15"消费者权益日现场咨询活动，免费为市民诊断车辆故障。

2009年12月5日，出租车司机代表自发向区交通局送锦旗 (唐宇船摄)

交通执法与服务

【概况】 2009年，全区有大型汽车2万余辆、小型汽车17万余辆、摩托车23万余辆。客运企业4家，线路209条，客运车辆1203辆。其中，班车线路69条，车辆110辆；公交线路140条，车辆1038辆；旅游车辆55辆。出租汽车企业19家，车辆778辆。货运企业600家，车辆22634辆。其中，危险品运输企业15家，商品混凝土道路运输企业18家，物流企业396家，个体货运经营户10659户。汽车维修企业216家(一、二类),汽车4S店20家,快修及连锁企业30家,机动车配件经营户123家,三类专项维修户630余家,摩托车修理户490余家。驾培机构13家,教练车546辆,其中,一级驾校4家,二级驾校9家。道路运输从业资格证培训学校3家,机动车综合性能检测机构1家。基本形成集经营、服务于一体的道路运输行业综合服务体系。

【行政执法有力度】 2009年,坚持依法行政,创新工作机制,做好出租车增量、经营年限核定的法制保障。规范交通执法行为,积极推行权力阳光和电子政务。深入开展交通法制政策研究和普法教育。全年行政许可3044件,行政处罚4576件。

【安全生产形势稳定】 2009年,全系统各类上报事故5起,死亡5人,直接经济损失253万余元。其中道路交通上报事故4起,死亡3人,直接经济损失225万余元;水上交通上报事故1起,死亡2人,直接经济损失28万余元。由于狠抓制度建设、教育培训、预防演练、科技投入,强化安全意识、监督检查、隐患排查、落实整改,各项指标控制在考核范围内,安全生产继续保持良好态势。特别是工程建设、内部安保实现"零事故",保证了行业稳定健康发展。

(唐宇船)

地铁建设

【概况】 2009年,区地铁办围绕"地铁建设有序推进,物业开发顺利启动"的目标,强化责任意识和安全意识,重点抓好学习实践活动、征地拆迁工作、地铁公司组建、物业开发工作、线网规划、下属公司工作、单位内部建设等七项工作。实现了萧山地铁事业的有序稳定发展,为推动萧山区城市化进程作出了应有的贡献。

【地铁1号线湘湖站、场征迁工作完成】 地铁1号线全长58千米,在东端分成Y型临平和下沙支线。1号线萧山段长1.8千米,设一站(湘湖站)和一个停车场,该项目征地35.3公顷,其中项目用地22.6公顷,拆复建项目用地12.7公顷,预算建设资金20.4亿元。2009年,新增加的黄公岙7户人家拆迁完毕;风情大道7家店面于10月20日全部拆除。征迁工作完成后,工程进入主体施工阶段。湘湖站盾构机从2009年9月14日始发,往北掘进。

【地铁2号线征迁工作推进】 地铁2号线一期全长48千米,设24个站和2个车辆基地。2号线萧山段北起庆春路过江隧道,经钱江世纪城核心区块,沿市心路南下到蜀山街道章潘桥村,全长16.07千米,设12个站和1个车辆基地,预算投资69.9亿元,共涉及5个行政区域,项目用地68.3公顷。地铁2号线征地手续获得批复,征迁工作稳步推进,站点陆续开工建设。2009年,建设一路站、建设三路站、人民广场站、振宁路站等4个站点进入施工阶段,其他站点逐步推进拆迁征地工作,除个别站点因交通组织需要2010年开工外,其余站点是年都已基本具备开工条件。

【杭州萧山地铁投资开发有限公司注册成立】 在公司成立之前,区地铁办组建地铁物业开发小组,编制《1号线、2号线萧山段地铁物业规划方案讨论稿》和《杭州地铁萧山段重要站点物业开发模式探讨》。2009年8月28日,杭州萧山地铁投资开发有限公司正式注册成立,与区地铁办合署办公,实行两块牌子、一套班子。公司成立后,落实开展五项主要工作:人民路站替代道路项目立项,完成前期手续办理;朝阳村站和蜀山车辆基地的城市设计方案于12月17日通过评审;人民路站的城市设计和建筑概念设计方案召开标前会议;向区委、区政府提交《萧山区地铁物业前期开发的初步设想》,并经区委、区政府确认,地铁站点周边共68.1公顷土地由地铁公司作为做地主体进行前期开发;起草相关地铁站点上盖物业合作开发框架协议,计划对合作开发的项目成立项目公司进行运作。

【地铁线网规划优化完善】 在推进地铁一期工程的同时,区地铁办也在谋划地铁线网二期工程及2020年、2050年中长期规划。2009年,多次邀请发改、建设(规划)、国土、财政等部门和区人大、政协代表,听取各方对地铁线网规划的意见和建议,在此基础上形成线网规划意见,并由区政府上报杭州市政府。

【下属城发公司、城交公司开展各项业务】 2009年,城发公司秉承"现代城市·潜心经营"的经营理念,力争将公司打造为城区"退二进三"土地资源整合经营、政府性投资项目代建和城市公共资源特许经营领域的中坚力量,各项工作进展顺利。城交公司加大铁路货场整合工作力度,推进03省道安置房工程,不断拓展业务范围。

(吴向眉)

地铁湘湖站盾构机顺利掘进 (唐宇船摄)

城市建设

综述

2009年萧山区共开展33项规划的新编、续编和修编工作。至年底，萧山区综合交通规划等6项规划通过区政府审批，机场路城市经济带概念性规划等6项规划完成评审并报批，北塘河两侧景观规划研究等3项规划进行评审后完善。全年受理审批审核事项4495项，核发选址意见书1064份、建设用地规划许可证644份、建设工程规划许可证363份。城镇框架进一步拉大，全区新增建成区面积17.39平方千米，总计建成城镇面积117.36平方千米。其中城区建成区面积新增6.35平方千米，总计60.78平方千米。

全年新建城区道路10.3千米，城区道路总长250.2千米。重点保障15条地铁替代道路建设，其中西入城口整治、金鸡路北伸等12个项目全面完工，其余3项进入扫尾阶段。基本完成姚江河、罗婆桥横河整治，整治长度3.8千米；全年新增各类城市绿地面积253万平方米。城区建成区绿地面积累计21.83平方千米，绿地率达到35.92%，人均公共绿地面积15.07平方米。

是年，区建设局不断优化办事流程，经过整合，优化房产交易登记、规划管理、村镇建设、建筑业管理等办事流程30余个，缩减办事承诺时限100多个工作日。全年走访企业和基层社区100多次，解决实际问题和落实帮扶措施38项。全年受理信访事项686件、1031人次，办结率100%，按时办结60件建议、提案、来信。全面加强信息化建设，开展规划信息、建筑信用信息、透明住房信息与杭州本级的联网和数据链接工作。在市、区两级电子政务大厅中实时显示房产预售证办理流程，促进了权力运行的阳光化。

建设规划

【概况】 2009年，随着区建设局规划分局和三个管理所工作职责的逐步理顺，规划编制和规划管理工作得到很大加强，规划体系进一步深化完善，规划执行进一步科学规范，规划信息成果进一步有效利用。以《城乡规划法》的实施为依据，充分发挥规划职能部门的统筹协调作用，对全区27个编制主体的56项规划编制工作在经费和进度上进行统一的计划安排，当年完成编制23项。区建设局积极指导镇街开展集镇总体规划和村庄布点规划、村庄建设规划的修编和完善工作，义桥镇控规、瓜沥镇新区控规、戴村镇旅游规划等规划基本完成编制。

【深化“阳光规划”】 2009年，区建设局继续开展敏感项目的规划公示及交通影响评价工作，对同和公寓等38个项目进行公示，对新农都等8个建设项目进行交通影响评价，增进了规划与公众的互动；针对房地产项目变更规划、调整容积率的情况，按照上级行业管理部门的要求，开展对萧山区房地产开发中违规问题的专项治理工作，研究制定《萧山区经营性用地容积率规划管理规定》，以公开透明的方式，较好地维护了房地产市场的公开公平；进一步促进依法行政，制定实施城乡规划行政许可听证制度，完善了重大规划审批事项的集体决策、建设方案总平面设计方案公告、规划验收等制度，规划管理不断规范。

【测绘成果】 2009年，完成1∶500数字化地形图272平方千米，累计覆盖面积1090平方千米；完成地下管线普查500千米，累计测绘管线长度1800千米。在此基础上，积极推行信息成果的使用和共享，全年累计提供电子地形图2.6万幅；进一步整合信息资源，统一数据管理，加快实施全区测绘成果管理系统与规划信息系统开发，积极为建设“数字萧山”构建基础平台，并实现规划信息与杭州市局的联网。

【《萧山区街道社区图册》出版发行】 该图册为浙江省首次公开出版发行的街道社区图册，编制工作历时两年，涵盖萧山区城厢、北干、新塘、蜀山4个街道122个社区，详细介绍了社区管理、服务、教育、文化、卫生、环境等相关信息，为科学管理城市、经营城市，构建“和谐社区”、“品质社区”提供了翔实的地情资料。

市政建设

【概况】 2009年，区建设局坚持以城市化带动新发展的战略主题，实施和完成了城区道路、河道、保障性住房、拆迁安置房等多个项目建设以及失管房改善和老小区整治、架空线上改下等环境改造工程，城市路网结构不断优化，居住环境日益改善。

加快推进“12881”工程的各项技术前期和开工准备工作，育才路南伸、新城路北伸二期、建设四路沟通等项目先后开工建设，3条快速通道分别开展工程可行性评审，其中通城大道进入前期征迁准备，彩虹大道旺角城段进入施工图设计阶段。实施完成杭齿隧道、高桥小学门前段等5项支路改造和育才路与金城路等2个交叉口改造项目，年底配合杭州南站搬迁实施完成通惠路等“二路三口”改造项目。

外环南路三期——晨晖大桥 （区建设局提供）

【道路工程不断提高科技含量】 2009年，本着"高起点设计，高标准建设"的原则，道路工程建设不断运用先进工艺，革新技术，努力打造精品，体现特色。外环南路三期跨越南门江建双肋钢管拱桥（晨晖大桥），中跨达80米，为萧山城区单跨跨径最大桥梁，形态优美；工人路北伸高架桥首次采用全封闭隔音顶棚，最大限度地减少了对学校正常教学、生活的影响。

【加快推进保障性住房建设】 重点实施王有史地块一期和瓜沥、义蓬、临浦组团保障性住房工程建设，其中王有史地块一期和瓜沥组团项目的房屋近90%基本结顶，其他项目正在全面施工建设之中；2008年结转的政府"总部经济"政策奖励用房和广宁小区四组团两个项目顺利竣工。积极推进市政拆迁安置房建设，顺利完成广德三期和广悦一期两个拆迁安置房结转项目，共建成安置房724套，为城市房屋拆迁安置提供了保障。同时，2009年新安排的牛脚湾地块项目完成前期工作，开始实施拆迁。

工人路北伸项目于2009年9月30日建成通车 （区建设局提供）

【着力推进城区失管房改善整治】 2009年，区建设局作为牵头单位，开始实施城区失管房改善和老小区环境综合整治工程，按照区政府要求，当年需完成目标总量的25%。经过区建设局的积极协调和街道等实施主体的努力，区建设局首先实施完成城北新村一期试点工程，城厢和北干街道分别于年底完成育才西苑、永达小区等10个小区共计101幢房屋的改造整治，完成总量的31.2%。

环境建设

【概况】 2009年，区建设部门主要开展姚江河等3个新建项目和大通河等5个上年结转项目的建设、整治工作。至年底，姚江河、罗婆桥横河整治基本完成，整治长度3.8千米；北塘河整治项目于年底前实现开工建设；大通河、大浦河整治等结转项目全面完成。至年底累计完成城区河道整治37.2千米。全面完成人民路、通惠路等11条道路管道埋设、下线和拔杆工作，整治总长23.66千米。

深化提升市政设施养护管理，以保障设施安全完好、消除安全隐患为目标，及时做好路面、行道、窨井、路灯等市政设施的维护、修理、改造和更换工作，开展城区桥梁的专题检测，打造清、净、洁、美的城市环境。坚持以科学养管、精品景观理念推进园林绿化养管工作，通过丰富植株品种、提升修剪技艺、营造园林景观、举办花卉展览等一系列举措，努力美化城市环境，提升城市品位。

【河道整治凸显生态理念】 2009年，区建设部门注重河道水环境的生态治理，通过采用生态混凝土空心砌块的护岸，破解河道硬化、白化导致"呼吸"不畅的生态问题；利用水生植物净化水体环境，改善水质、丰富景观。北塘河综合整治工程与同济大学环境工程院合作，利用同济大学"水污染控制与资源化利用"国家重点实验室的先进仪器设备，成立北塘河水污染处理专门课题，研究有效控制北塘河的点源、面源和生活污染的可行对策，课题经建设部批准立项。

公用事业

【天然气工程快速推进】 至2009年底，天然气气化区域由城区普及到宁围镇等13个镇和江东、临江工业园，覆盖率达60%以上。天然气管道和用户安装进展顺利，新增管网长度171千米，累计246千米；安装民用用户29200户，累计60150户，全区管道燃气累计通气168个小区；全年天然气供气总量5300万立方米，液化石油气供气总量4.5万吨。继续配合做好全省“十小”行业整治工作，完成全区80%液化气供应站点的整改任务。

【节约用水工作】 2009年，加强节约用水宣传，积极开展萧山区全面实施节约用水管理的准备工作，起草《杭州市萧山区节约用水管理实施细则》，并递交上报区政府讨论实施。

（王凯尔）

供水·排水

【概况】 2009年，萧山水务集团总资产达到36.86亿元，比成立之初增加6.86亿元，增长22.87%。全年完成制水量2.5789亿立方米，供水量2.5018亿立方米，售水量2.1913亿立方米，分别比上年增长1.77%、2.27%和3.31%。自来水费综合回收率99.7%，产销差率12.41%，比上年下降0.9个百分点。管网水综合合格率99.94%，高于国家标准95%的要求。

全年处理排放污水1.5799亿吨，降解COD 10.7万吨，处置污泥26.25万吨，分别比上年增长0.8%、-2.73%、9.9%；污水处理合格率达到90%以上；收缴污水处理费2.79亿元，比上年增长19.2%。

【东部区域供水工程取得突破性进展】 2009年，水厂取水头部2公顷土地用地性质获省政府批准调整，厂区剩余14.93公顷土地指标得到落实，前后三期共33.47公顷土地指标全部落实。3月，举行水厂一期工程全线开工启动仪式。厂区部分招标工作全部结束，各项建设全面铺开，三个清水池的主体施工基本完成，配套出厂管线河庄大道DN2000管完成95%，原水管线三个标段所有技术前期和招标工作完成，并推进3千米。

作为三水厂与江东水厂的联络管线八柯线随路工程党山段全部完工；瓜沥段完成总工程量的80%；坎山段施工单位进场，与道路施工单位同步施工。

【楼塔大同山区供水应急工程完工】 由萧山水务集团实施的楼塔镇大同片黄海标高25米以上村应急接水工程，于5月进场施工。工程通过水泵加压模式，将南片水厂优质自来水注入原有高位贮水池，补充用水量的不足。整个应急工程输水管线沿楼佳线道路铺设，全线设5处管道泵加压，全长20千米，建设资金400多万元。工程于7月通水，当地6000多名群众从此告别靠天吃水。

【供水管网逐步完善】 2009年，03省道北伸DN1600供水管线、市心路DN1200替代供水管线、红十五线三期DN1200供水随路管线、红十五线至市本级区块梅林大道DN1400等专项供水工程按预定计划推进。配合全区“12881”交通道路建设展开的供水管线建设工程，配合地铁建设的管道迁建工程，以及钱江世纪城、临江工业园区、江东工业园区、滨江区等多条道路建设的供水管线工程，都根据道路情况逐步推进。

【农村供水管理体制基本理顺】 2009年，为实现供水“同城同网同质同服务”目标，萧山水务集团制订了城乡供水一体化管理三步走的工作计划。在上年顺利实现第一、第二步工作目标的基础上，建立了水务集团—供水公司—营业所—水管站的四级管理体系，与8个镇街签订《水管站管理体制一体化移交备忘录》，对非直属水管站进行直接管理，将纳入集团管理的所有水管站调整为21个。除个别镇村的小水厂外，水务集团已基本实现对全区农村供水的一体化管理。同时，为理顺内部管理关系，重新调整全区营业服务机构，新设江东营业所，合并南片营业所和临浦自来水公司，与原有3个营业所一起分片管理水管站。推进城区周边经济实力较强的行政村和以浦阳桃北新村为代表的新农村一户一表建设工作，为全面实施农村一户一表改造提供经验。

【临江污水处理厂技改成效突出】 在“新811”减排行动中，萧山水务集团对临江污水处理厂（原东片大型污水处理厂）进行技术改造，成立减排工作小组，长期进驻现场开展工作，多次邀请省内外知名专家学者参与研究。技改项目于2009年4月24日通过区政府组织的专家论证，并向全国公开招标征集设计方案，6月开始正式实施，9月完成技改，成功地将临江污水处理厂出水COD指标降至100mg/L，各项检测数据均合格，协助区政府完成了上级下达的减排指标，获得杭州市环保局专项补助资金600万元。

【南片截污纳管建设稳步实施】 南片截污工程既是萧山区污水“三片收集，三点处理”中的最后一片，又是区政府为民办实事工程。一期工程包括5个子项目，管线总长34千米，

2009年1月20日，副区长蒋金梁和水务集团董事长韩国华一起启动企业形象标志

（水务集团提供）

2009 年 10 月 12 日，法属波利尼西亚访问团参观第三水厂 （水务集团提供）

总投资 3.3 亿元。至 2009 年末，一期工程累计完成总工程量的 70%。临浦截污工程泵站部分完成建设并通过验收，管线部分临浦段建成，所前段基本完成。新塘截污工程泵站基本完成泵室施工，附房基本结顶。随路管线随 03 省道东复线道路工程同步实施，已铺设约 5.8 千米。闻堰截污工程管线完成 2.8 千米。所前截污工程泵站实施重力流泵室和附房施工，压力流泵房进行维护桩施工，管线累计完成 2.5 千米。义桥污水收集工程基本完成泵室施工，部分附房已经结顶。南片截污二期工程包括河上、进化、楼塔、浦阳、戴村 5 个镇的 7 个泵站，位置均已确定，正在办理土地性质调整手续和进行可行性方案评审。

【东片截污纳管工程继续推进】 2009 年，为四化企业（杭州电化集团、杭州龙山化工、杭州油脂化工、杭州庆丰农化）配套的临江 F 泵站及出水管线工程，为江东本级配套的江东本级中心泵站及出水管工程，以及江东工业园区及以南区块污水应急延伸工程、八柯线随路污水管工程等陆续开建。管线总长 23 千米，泵站 3 座，总概算投资约 1.3 亿元，已完成投资约 6000 万元。其中：临江 F 泵站及出水管线工程泵站已完成 50%施工，配套管网提前完成建设；江东本级中心泵站及其出水管工程泵站因建设用地问题暂缓建设，配套管线基本建成；河庄截污工程管线部分竣工待用，泵站部分基本建成，正进行设备和附属设施安装调试。八柯线污水管工程 6 月初进场，已全部完成。

【污水专项规划不断完善】 2009 年，萧山区委托浙江省城乡规划设计院对全区排水规划进行修编，完成规划初稿，新的规划方案将结合四厂收购、园区建设和城区拓展对管网进行布局和调整，为工程建设开展作出规划指导。

【污水收费更加透明】 2009 年 4 月，为加快信息传递速度，增强信息透明度，强化对并网企业污水监测数据和收费标准执行情况的监督，出台《排水监测数据和污水收费情况即时上（内）网公布制度》，对并网企业水量抄见情况、并网企业水质监测情况、并网企业污水处理费核算情况等即时公布，接受各方监督。

【供排水监察力度不断加强】 为确保供排水管网运行安全，萧山水务集团加大管网巡查力度，2009 年查处偷盗水事件 22 起，各类违章用水 100 余起，查实并纠正不同性质用水及调整比例水价共 48 户，挽回直接经济损失 300 余万元。处理 25 起涉嫌破坏污水设施的违法违规事件，获得赔偿 6.5 万元；对超标排放的 7 家企业实施经济处罚 20 余万元，超标排放状况改善明显。

【科技强企活动卓有成效】 2009 年，萧山水务集团推出“科技强企”活动，注重内部挖潜。各子公司和部门确定了多个技术攻关项目，有效提高了设备运行效率，节约生产成本约 800 万元。

【安全生产管理出效益】 通过举办“百日消防安全大宣传”、“安全生产月”、“施工质量 100 天”等活动，全面推行安全生产精细化管理，全年未发生一起安全生产责任事故。萧山水务集团连续两年被区政府评为区安全生产先进集体，并被授予 2009 年度综合安全工作先进集体。

【社会认知度不断提升】 2009 年，组织社会各界人士参观水厂和污水厂 30 多次，约 400 人次。积极参与区长公开电话进社区服务活动、“湘湖行”义务劳动活动、“优良服务月”活动，上门开展各类服务活动，为民延伸服务力度进一步加大，向社会各界展示了萧山水务集团良好的精神风貌，社会认知度不断提升。是年，供水公司青年志愿服务队被团区委、区志愿者工作指导中心评为萧山区先进志愿服务工作集体，萧山水务集团妇联被区妇联评为萧山区“巾帼建功”活动先进集体，城厢营业所被市政府纠风办授予“杭州市人民满意基层站所”称号，污水公司团总支被团市委、市环保局、市志愿者工作指导中心授予杭州市“绿色文明号”。

（朱浙华）

供电

【概况】 2009 年，萧山区全社会用电量 1377299.9 万千瓦时，比上年增长 6.68%；供电量 133.27 亿千瓦时，增长 6.53%；售电量 127.93 亿千瓦时，增长 7.18%；线损率 4.01%，下降 0.58 个百分点；综合电压合格率城网 99.918%，农网 99.909%；供电可靠率城区 99.9548%、农村 99.7183%；电费回收率达到 100%。

2009 年萧山区行业用电量增长情况

行 业 名 称	是年累计（万千瓦时）	比重（%）	比上年（%）
全社会用电总计	1377299.9	100.00	6.68

续表

行业名称	是年累计（万千瓦时）	比重（%）	比上年（%）
A. 全行业用电合计	1294594.6	94.00	6.54
第一产业	14241.3	1.10	-8.10
第二产业	1191870.9	92.07	6.18
第三产业	88482.4	6.83	14.78
B. 城乡居民生活用电合计	82705.4	6.00	8.87
城镇居民	24304.3	29.39	4.76
乡村居民	58401.1	70.61	10.68
全行业用电分类	1294594.6	94.00	6.54
一、农、林、牧、渔业	14241.3	1.10	-8.10
二、工业合计	1179636.9	91.12	5.88
1. 轻工业	826589.3	70.07	7.55
2. 重工业	353047.6	29.93	2.17
三、建筑业	12234.0	0.95	44.77
四、交通运输、仓储和邮政业	10089.2	0.78	5.43
五、信息传输、计算机服务和软件业	6517.2	0.50	75.74
六、商业、住宿和餐饮业	29178.4	2.25	18.54
七、金融、房地产、商务及居民服务业	12697.3	0.98	5.36
八、公共事业及管理组织	30000.3	2.32	10.51

【电网概况】 2009年，萧山境内有变电所80座（含涌潮变、闸堰变），总变电容量1057.55万千伏安。属萧山供电局管辖的变电所78座，共有主变压器142台/802.55万千伏安，当年新增主变压器8台/116万千伏安。其中220千伏变电所10座，新增2座；110千伏变电所35座，新增2座；35千伏变电所33座（正式变电所17座，临时变电所16座）。

2009年萧山供电局管辖变电所数量情况统计

电压等级	变电所总数（座）	新增变电所（座）	新增主变容量（万千伏安）	新增主变台数（台）
220千伏	10	2	96	4
110千伏	35	2	20	4
35千伏	17	0	0	0
35千伏临时变	16	0	0	0
合计	78	4	116	8

是年，萧山境内有10千伏配电变压器15085台/504.5547万千伏安，当年净增489台/28.3587万千伏安，其中：公用变压器5415台，容量126.4626万千伏安；专用变压器9670台，容量378.0921万千伏安。有10千伏开闭所189座，当年净增18座。有110千伏及35千伏送电线路112条/910.284千米，当年净增7条/17.701千米，其中：110千伏线路57条/430.923千米（不包括归口杭州市电力局管理的电缆线路），当年净增4条/61.683千米；35千伏线路55条/479.361千米（其中电缆线路10条/62.933千米）；10千伏配电线路797条/5032.152千米（其中电缆线路143条/1191.237千米），当年净增52条/397.818千米；380伏低压线路11583千米，当年净增1308千米。

【人力资源】 截至2009年底，萧山供电局有职工624人，其中管理人员99人、专业技术人员25人、技能人才127人、一线生产人员497人；高级职称18人，中级职称96人，初级职称264人；具有大学专科及以上学历的447人，占全局总数的71.63%。

是年，完成新招收的37名农网配电营业工为期100天的培训和初级工鉴定工作，鉴定合格率100%；完成110名农网配电营业工的中级工培训，其中44人通过鉴定；组织各类培训199期次，参培人员5369人次；参加各类学历教育210人，完成与华北电力大学合作举办的硕士研究生课程进修班项目的签约，共录用55人，并开展7次课程培训；与浙大合作的人才培养项目签约并实施，涉及局中层、管理人员、班组长三个层面，培训200余人次。

【电网建设与发展】 萧山电网以500千伏电网为骨干、220千伏电网为主体、110千伏及以下电网覆盖全区城乡。2009年，电网建设政策支持取得实质性突破，促成政府分级签订了《2009年萧山区电网建设前期工作责任书》、出台了《关于进一步加快萧山区电网建设的若干意见》等一系列政策文件。

是年，萧山境内完成220千伏基建投资4.76824亿元；完成110千伏及以下电网固定资产投资4.8756亿元，其中110千伏主网基建工程1.65亿元，技改投资工程3862万元，10千伏城网投资1.269亿元，0.4千伏新农村电网投资6933万元，小型基建投资7142万元，零星购置1629万元。全年新建并投入运行荣庄、红垦2座220千伏变电所，新建建湾、定山2座110千伏变电所，扩建110千伏先锋II期输变电工程；新建110千伏建湾、定山及220千伏荣庄变、红垦变的110千伏部分送出共4条输电线路工程，新建220千伏红垦35千伏送出宁赭宁山改接线路输电线路工程；完成2个变电所土地征用工作。

《萧山城市配电网"十二五"规划》通过国网公司审查，《萧山电网2030年目标网架规划》、《萧山城区配电网规划》和钱江世纪城、湘湖等电力专项规划通过政府评审，1000千伏线路路径取得政府初步同意，500千伏萧浦变所址落地、可行性研究报告通过国网评审，110千伏来苏变电所等6个项目通过省发改委核准，第一次把电网建设项目纳入区政府投资项目计划。

【境内新投入系统运行的电网建设项目】 2009年，萧山地区新投入系统运行的两级电力建设项目：

一、220千伏变电所工程

（一）220千伏荣庄输变电工程

位于北干街道荣庄村俞家潭的湘湖印染有限公司废弃厂房内，工程总概算 22697.8 万元，其中 220 千伏荣庄变电所工程 15385.2 万元，涌潮至荣庄变双回路 220 千伏工程 6786.8 万元。该期建设 220 千伏荣庄—涌潮双回输电线路，线路全长 12.5 千米，新建杆塔 51 基。安装 2 台 240 兆伏安主变压器，主变压器选用国产风冷三相三圈降压结构有载调压变压器。

12 月 14 日，220 千伏荣庄变电所 1#、2# 主变建成投运。

(二)220 千伏红垦输变电工程

位于萧山区钱江农场，I、II 期工程总概算 21858.9 万元，其中 220 千伏线路工程 8411 万元，220 千伏红垦变电所工程 12104.6 万元。是年，建设 220 千伏红垦变至 500 千伏涌潮变 220 千伏进线二回，线路全长 2×15.1 千米。

I、II 期安装 2 台 240 兆伏安主变压器，主变压器选用三相三圈降压结构有载调压风冷变压器。

12 月 23 日，220 千伏红垦变电所 1#、2# 主变建成投运。

二、110 千伏变电所工程

(一)110 千伏建湾输变电工程

为提高新湾镇的供电能力，建造 110 千伏建湾输变电工程。变电所所址位于萧山区新湾镇初级中学北面约 500 米处，变电站设单层综合楼一幢，总建筑面积 458 平方米。

建湾输变电工程总概算 2786.6 万元，其中变电所工程概算 2116.3 万元，110 千伏线路工程概算 550.9 万元。新建 110 千伏进线 2 回，长度约 5.2 千米；新建主变压器 1 台，选用国产三相双圈自冷式有载调压变压器。6 月 18 日变电所正式投入系统运行。

(二)110 千伏定山输变电工程

为提高萧山区闻堰镇南部及湘湖农场区块的供电能力，建造 110 千伏定山输变电工程。变电所所址位于萧山区闻堰镇亚太机电集团厂区内，设综合楼一幢。

工程总概算 3633.3 万元，其中变电所工程 2829.4 万元，110 千伏线路工程 715 万元。新建 110 千伏进线 1 回，长度约 2.99 千米；新建主变压器 1 台，选用三相双圈自冷式有载调压变压器。7 月 8 日变电所投入系统运行。

(三)110 千伏先锋变电所 II 期扩建工程

位于萧山区红垦农场，一期工程于 2008 年投入运行。2009 年建设 II 期输变电工程，工程总概算 2075 万元，其中变电所概算 1176 万元，110 千伏线路工程概算 599 万元，10 千伏配套送出工程概算 300 万元。扩建 50 兆伏安主变压器 1 台、10 千伏出线 12 回，110 千伏电气主接线完善为内桥接线，10 千伏完善为单母三分段接线。12 月 10 日投入运行。

三、技改、大修工程

全年完成技改工程项目 62 项，投入资金 3717.18 万元。完成大修工程项目 319 项，投入资金 5627.06 万元。

110 千伏靖江变电所改造工程

110 千伏靖江变电所第 I 期工程于 1985 年 7 月投产，第 II 期工程 1989 年投产，已逾 20 余年，设备陈旧缺陷多，开关设备操作困难，运行、维护工作量大，2009 年，对该变电所进行总体改造。

改造工程投资概算 1726 万元，除 35 千伏开关柜内断路器不更换外，其余的控制楼及开关室等全部拆除，新建控制楼、10 千伏开关室、电容器室、接地变室及 35 千伏开关室。更换两台三相三绕组油浸自冷有载调压变压器，容量 50 兆伏安；35 千伏为中置金属铠装移开式开关柜，10 千伏采用单母线分段，出线为 20 回。6 月 9 日，I 期投入运行；10 月 16 日，II 期投入运行。

【经营管理】 2009 年，应对经营形势变化，萧山供电局强化财务内控管理，启用企业财务内控系统平台，出台《萧山供电局增值税转型实施细则》，完成了主网资产清查和用户资产移交工作，完成了 110 千伏及以下电网投资主体变更后的筹资任务。推行厉行勤俭、增收节支措施，着力开展“三节约”活动，确立 10 项研究课题，搜集合理化建议 50 余条，累计节约可见成本 1000 余万元；提高降损增效水平，利用电能量现场管理系统对电度表实施监控，开展反窃电专项活动和特大用户、商业等用户的专项营业普查活动，查获违约、窃电 108 户，挽回经济损失 40 余万元；确保电费管理效率，开展大用户电费分次结算工作，加大电费稽查力度，启动电费预警程序，实现年度电费结零目标；加大增供扩销力度，累计受理业扩申请 16120 户，通电户 15967 户，通电率 99.05%，并完成航民自供区的改造接入工作。

生产组织体系进一步理顺，初步完成生产单位机构模式调整，完善信息中心各项工作，组建物流中心，促进全局物资集约化管理；制订 220 千伏无人值班工作推进计划，实现了省公司 PSMS 系统的 13 个模块平稳过渡，完成输变电设备状态评估工作。

加强内部规范管理，191 项管理标准、152 项工作标准和 521 项技术标准得到应用执行，“三标一体”(质量、环境、职业健康安全一体化的管理体系)和标准化工作取得阶段性成果，4 月底通过第三方认证和标准化 3A 确认审核；创一流同业对标工作规范了数据上报流程，加强了对标分析和指标动态管理，综合排名保持全省前十，并通过“创一流”企业国网复评。

【安全生产】 坚持把安全工作放在首位，安全生产“无违章年”、“防误操作管理年”、隐患排查治理工作成效明显，季节性安全大检查发现的问题得到整改，深入开展“农配网安全生产月”，先后完成剩余电流保护器和外挂线路、交叉跨越、不同电源情况以及老旧小区危旧电力设施的专项排查和相关整改工作。安全保障机制进一步健全，系统梳理安全生产规章制度，明确多种经营与主业单位业务、安全上的职责界限，成立稽查中心以强化和规范安全稽查管理，建立健全同进同出、同责同罚机制，规范作业现场“站班会”制度，强化反事故措施的落实。反违章工作得到全面强化，深刻吸取事故教训，采取安全生产违章“零容忍”行动等手段，加大现场安全稽查和对各类违章行为的查处力度，及时采取有效措施消除了薄弱环节;电力设施保护进一步加强管理,联合区公安分局成立了"萧山电力治安整治队",并认真开展工作、有效发挥作用。安全教育手段进一步创新,以"安全学习周"、"安全生产月"和新安全法规宣传贯彻培训为契机,采取授课、发动青工制作多媒体课件、人人过关业务培训等形式,有效提升干部职工的安全管理认知水平。

【营销工作】 受宏观经济复苏及天气高温炎热等因素的多重影响,2009年,萧山电网负荷增长迅猛,萧山供电局及早落实迎峰度夏工作计划,优化电力调度,落实错避峰措施,及时分析正常运行及重大基建、技改、大修和城乡电网改造项目对电网运行的影响,编制《萧山电网月度风险评估报告》和《萧山电网现状分析报告》等专项分析报告,及时开展电网"N—1"故障供电可靠性隐患排查、重要断面超限、区域性的有序用电方案及事故拉电预案,完善快速反应机制,确保电力有序供应。

加快农配网建设步伐,10千伏配电线路超载情况明显好转,最高负荷时仅1条线路出现短时超载,其余线路均处于限额以下的安全运行;夏季农村电网低电压情况明显减少,农村用电状况大幅改善;组织开展"配电网运行月"活动,制定《萧山供电局配电网设备巡视规范》、《萧山供电局配电网故障处理办法》等规范,推行状态检修制度,有效地控制了重复性故障的发生,确保电网的安全稳定运行。

狠抓线损管理,综合线损率4.01%,已连续15年稳步下降;电费风险防范管理和需求管理进一步深化,开展大用户电费分次结算工作,拓展缴费渠道,开发多媒体自助缴费系统;完成新营销系统的顺利上线工作,超额完成计量表计检定任务,妥善处理和规范电卡表工作。严格负控终端安装运行维护工作流程,进一步加强终端考核制度。

【科技与信息化】 2009年,区供电局将科技新手段应用于实际,配合实施国网公司农电"SG186"系统工程战略,开发应用"农电信息管理系统",试点应用农村低压远程自动抄表终端,研究开发多媒体自助缴费系统,首台多媒体自动缴费机正式上岗,实现24小时自助缴费,新电能表校验台通过杭州市供电局计量中心的台体测试;创新项目成果显著,"农电综合信息精细化管理的实施与成效"获全国电力行业企业管理创新成果一等奖,"电费回收集中代收付系统的实现"等三个项目分别获省公司科技成果二、三等奖;QC活动蓬勃开展,共有82项成果参加发布评审,创下历史新高,计量中心度量衡QC小组、95598特服班QC小组获得"全国优秀质量管理小组"称号。

【优质服务】 2009年,"萧山电力春风行动"深入开展,扩大了VIP客户服务数,开展夏冬两季的VIP用户走访活动,认真做好"四化加一"(即四个化工厂和一个热电厂)、中国重汽、恒逸集团等重点工程和重要负荷发展的协调服务工作;应急保电能力进一步增强,完成电力迎峰度夏和有序用电各项任务,完善26项应急预案,先后组织消防疏散演习和迎峰度夏、国庆保供电应急演练,完成国庆60周年等社会重大节日和活动的保供电任务;进一步推广居民峰谷电能表,实现跨区域用电业务受理,同时通过优化施工方案、提高检修效率、拓展带电作业等手段进一步提升了供电可靠性,95598人工坐席接通率和话务质量进一步提升。

(孙娜华)

萧山发电厂

【概况】 截至2009年12月31日,萧山发电厂安全生产日达3548天,创历史新高,实现4个百日安全无事故,完成发电量14.6550亿千瓦时,其中煤机13.9173亿千瓦时,利用小时5353小时;燃机7377.93万千瓦时,利用小时92小时;煤机供电煤耗361g/kW·h;综合厂用电率9.60%;营业收入79085.52万元;实现利润5715万元。

【安全生产节能减排】 2009年,萧山发电厂层层落实安全责任制,进一步规范安全管理流程和管理行为,不断提高设备管理水平和检修维护水平,规范运行管理、加强燃煤管理,完成大小修和各项技改项目,提高了设备的健康水平,在全球经济危机持续影响和天然气气量严重不足的情况下,保证了4台机组安全稳定运行,实现全年无事故。

在节能降耗方面,针对脱硫系统脱硫率较低的问题,进行了重点关注、认真分析,加大管理力度,梳理设备隐患,加强设备检修维护质量等工作,及时消除设备缺陷,努力减轻环境污染,全年脱硫系统投运率99.58%,脱硫效率95.43%,既减少了硫排放又保证了脱硫电费的收入。

【企业自身发展】 2009年,萧山发电厂天然气机组全面竣工,标志着萧山发电厂进入百万大厂的行列,为萧山经济社会又好又快发展提供了充足的电力保障。燃煤机组的供热改造工作取得实质性进展,供热管网路的可行性报告和供热改造项目的《环境影响报告》分别得到萧山区发改局和环保局批准,工程12月30日正式开工。《扩建三期工程的设想》提交浙能集团相关领导和有关部门。

【经营管理成绩显著】 2009年是萧山发电厂经营极为困难和多变的一年,主要是经济滑坡电量需求萎缩,导致机组负荷率下降;电价下调和煤炭价格上涨,导致利润受到双向挤压;天然气气量不足,导致燃机无法正常发电,企业的生产经营面临巨大的困难。发电厂坚决采取多项经营管理决策,加大机组节能降耗、设备改造力度,强化管理挖潜增效,积极推进检修市场的相关业务,同时积极争取天然气电量替发政策,争取了较大的补贴收入,从而增加了营业收入,全年完成利润5715万元。根据燃机运行情况,发电厂积极与德国西门子公司开展了关于燃机长期维护合同(LTMP)的谈判工作,在历时一年的艰苦谈判、沟通后,最终在年底与西门子公司完成长期维护合同的谈判,减少合同价款1亿多元人民币。

(徐　蝶)

城市管理

城管执法

【概况】 2009年是城管执法系统又一个五年规划的开局之年，局系统紧紧围绕区委、区政府加快城市化、带动新发展的战略目标，开展"严管重罚、四治并举、堵疏结合"等工作，完成区政府考核的14项目标任务，行政执法工作在杭州市城管执法局考核中以98.54分列考核单位B组第二名。

【制订"分步走"三年行动计划】 2009年，围绕局系统"奋战三年，接轨杭州，跨越发展"的奋斗目标，制订比较符合萧山正在加快城乡一体化步伐实际的"分步走"三年接轨行动计划。一是分年度，制订年度目标。2008年洁化基准分为90分，2009—2011年洁化度分别提高2个、1.5个、1.5个百分点以上；2008年序化基准分为90分，2009—2011年序化度分别提高2个、1.5个、1.5个百分点以上。二是分区域，分中心城区、组团(新城)、一般镇。三是分类别，对中心城区4个街道城市化管理区域内的78条道路、11个窗口，按一、二、三类进行保洁、保序。"分步走"的目标是实现中心城区接轨杭州主城区，中心城区带动组团(新城)，组团(新城)辐射周边镇街，进而提升全区的城市管理水平。

【修编城市管理规划】 针对萧山区城市管理等规划实施期届满，而环卫等专项规划不全的实际，2009年，在科学评估的基础上，对《萧山区城市管理规划》、《萧山区城区户外广告设置规划》、《萧山区环境卫生专项规划》、《萧山区城区亮灯工程专项规划》作了新一轮编制，并确立了以"融入大杭州、建设新萧山、引领新发展"为城市管理总目标，坚持萧山城市管理的基本原则，聚焦"生态城管、开放城管、创新城管、智慧城管、效能城管"五位一体的目标定位，为全区的城市管理提供方向。

【明确城市管理职责】 按照城市管理"属地管理，重心下移，以块为主，条块结合，块抓条保"的原则，不断优化"两级政府，三级管理，四级服务"的大城管格局。2009年，区政府专门下发《关于开展萧山区2009年度镇街城市管理工作目标考核的通知》(萧城委〔2009〕3号)、《杭州市萧山区人民政府办公室关于调整萧山区城市管理委员会成员和建立萧山数字城管工作领导小组的通知》(萧政办发〔2009〕80号)和《杭州市萧山区人民政府办公室关于印发〈杭州市萧山区城市管理相关部门和单位工作职责〉的通知》(萧政办发〔2009〕224号)，进一步加强对城管工作的领导，开创城市管理齐抓共管的新局面。

【搭建城市管理平台】 投资487万元，完成一期"数字城管"建设，搭建大杭州框架下萧山区信息化城市管理新模式，2009年12月9日正式在北干街道试运行。一期管辖范围东至通惠路，南至南环路，西至风情大道、湘湖路，北至北塘河，面积约33平方千米，共划分单元网格1621个，网格平均面积21498平方米，涉及99个社区，共普查部件309610个，涉及成员单位30多个。"数字城管"特色明显，在建设风格上，实现了平战结合，与人防办的021工程充分结合；在建设机制上，引入BT投资模式；在建设内容上，共享公安分局、建设局(规划分局)的固定视频和基础地理数据。此外，还建设了移动视频。在功能上除了实现本区域的GIS服务，由独立的监督指挥中心对本区域的案卷进行单独受理、派遣、考核外，还具有统计、呼叫、记忆、在线监测、应急等衍生功能。区"数字城管"监督指挥中心为确保城市管理第一时间发现、第一时间处置、第一时间解决"三个第一"和城市应急提供了较好的工作条件。从前期试运行情况看，问题解决率为71.48%。"数字城管"在市城管办的考核中获得优胜。

【提高监管绩效】 2009年，区城管执法局检查道路8832条(次)，发现问题1050个；检查城市家具、环卫设施设备1315处，发现问题497个；检查社区、行政村354个，发现问题488个；检查城区"牛皮癣"950余次，发现问题1145个，对城区各标段扣分229.1分；检查道路"亮化"118条，发现问题214个；检查道路"绿化"2053条(次)，发现问题575处，修补面积4650平方米；检查城区河道450条(次)，发现问题150个。问题及时整改率99.1%。在市城管办的考核中，获得数字城管、道路保洁、市区城市河道管理三项优胜，其中环卫作业标准化管理以93.5分高居同组榜首。

【严格依法办案】 2009年，区城管执法局办理各类案件17157件，简易案件15165件，一般案件1992件，罚款11580330元。全年案件执结率99%。其中，市容环卫类3006件，罚款616360元；市政公用类2925件，罚款164590元；环境保护类30件，罚款117000元；规划类77件，罚款9921322元；绿化类59件，罚款41298元；工商类5483件，罚款235810元；公安类5577件，罚款483950元。

【规范行政许可】 2009年，区城管执法局办理行政许可项目2881件，其中户外广告82件、门幅标语540件、店面招牌1679件、基建占道133件、公益占道228件、经营性占道38件、道路挖掘181件。中心城区宠物犬年审、年检率为90.3%。

【加快执法覆盖】 2009年，新街、义桥、戴村执法中队组建完成。同时，各中队积极争创星级执法中队，至年底，有一星级中队8个，二星级中队1个。2009年新招录执法队员19名。

【破解"六难"成效明显】 按照建设民本城管的要求，每年都在充分调研的基础上，从市民关注的众多热难点问题中，重点选取若干个方面，作为提升生活品质的突破口、执法为民的主抓手。2009年着力破解"六个难"。一是破解城区卫生清洁难，开展以中心城区公厕改造为重点的环卫设施升级达标工作，重点在便民如厕、功能实用、通风清洁、管理规范上下工夫，完成中心城区萧然西路公厕、安桥绿点公厕、文化宫公厕等8座公厕升级达标工作。加强城区道路清扫保洁，保洁覆盖率为95%以上，机扫率为51.41%。继续扩大环卫保洁市场化作业比重，市场化作业率为30.95%，比上年提高14个百分点。巩固完善全区居民生活垃圾集中收集处理机制，生活垃圾无害化处理率在95%以上，全年处理生活垃圾564806吨。不断完善中心城区"牛皮癣"清理市场化作业机制，保洁质量明显提升。二是破解摊点疏导难，加大对流动摊贩的执法管理力度，坚持在"堵疏结合"上下工夫。育才路市场、南门早市、九华桥、开发区建设一路等一批疏导经营场所运行情况良好。其中，开发区将流动摊点管理等多项服务予以外包，并坚持管理经营权与日常监督权、行政处罚权三权分离，取得较好的社会效益、公司及摊主的经济效益、区域环境效益。三是破解街面序化难，重点在出店经营、占道经营、违法停车执法管理上下工夫。加强巡查力度，对中心城区主要道路、窗口地段、重点地段加强管控，实施"定人、定岗、定时、定责"的"四定"岗位责任制，确保街面畅通有序。四是破解广告规范难，重点取缔中心城区非法经营广告，共发现问题315处，整改315处，整改率100%。集中力量参与全区开展的高速公路沿线广告整治，确保在规定时间内拆除499块非法广告牌。五是破解城区停车难，建立萧山区公共停车场设置和使用管理领导小组，出台《萧山主城区停车设施专项规划》、《萧山区停车场设置和使用管理办法》、《萧山区新建项目停车泊位配置比例标准》、《萧山区停车场(点)收费实施办法》。联合交警、城发公司、街道、教育局、商业城管委会等部门，整合挖潜，加大停车泊位建设力度，全年新增停车泊位1538个。加大对行道违停查处力度，共处理违停案件5452件，罚款432000元；对有5次以上违停行为而尚未接受处理的，依法采取强制措施。六是破解工地管理难，加强中心城区建设项目环境管理，重点在工地围护、出入清洁、降尘降噪上下工夫。加强早、中、晚错时巡查力度，24小时全天候动态管理，严控污水流溢，严防车辆带泥行使。共查处工地乱象案件22件，罚款105000元。

【拆违控违势头强劲】 按照区政府历史违建逐年减少、新违建坚决拆除的拆违控违工作目标，2009年全年共拆除国有土地违法建设375户，出动执法队员3094人次，拆除面积31588平方米。立案查处国有土地违法建设案81件，查处面积141178.4平方米，罚款9625362元。配合镇街、开发区、工业园区、农场拆除集体土地违法建设1299户，出动执法队员8972人次，拆除面积228692平方米。

【提升社会形象】 2009年，区城管执法局认真办理区政府下达的35件建议提案，面商率100%，满意率94%。对领导批示件、社会舆情反映情况，第一时间作出研究部署，并抓好落实反馈。对行风评议提出的12条意见建议和2008年"创满"反馈的35条社会评价意见，进行专题研究，逐一分解，落实整改。组织"公述民评"、"城管开放日"，以及问情、问计、问需、问绩"四问"活动，自觉接受社会监督。在"四项规划"的修编过程中，邀请区人大代表、政协委员、市民代表现场参与规划评审，尊重广大市民的参与、知情、监督、选择"四权"。局信访受理中心全年受理信访2995件，办结率100%，满意率98.6%，被区政府纠风办评为区级人民满意基层站所。继续深入开展城管执法宣传进社区、企业、学校"三进"活动。继续巩固城管报、城管网、城管专题电视栏目、城管宣传栏(窗)等宣传阵地。继续开展"两代表一委员"、行风监督员、服务监管对象"走进城管一日行"等活动。

(王建欢)

环境卫生管理

【概况】 2009年，萧山区环境卫生管理处(以下简称区环卫处)有在编事业职工150人，退休(职)142人，非在编职工(临时工)1128人。全处拥有垃圾压缩车、道路清扫车、洒水车、吸粪车、三卡等各类环卫作业特种车辆180余辆。管理公厕233座、果壳箱1661只、垃圾收集房739间、垃圾中转站6座、红垦泵站临时粪便处理场1座、顺坝垃圾填埋场1座(已封场，污水渗滤液处理仍正常进行)、围垦外六工段垃圾处理场1座、建筑垃圾消纳场1座。全处共承担道路清扫保洁面积558.9123万平方米，城区道路以人工清扫保洁为主，机扫作业为辅，城区道路实行18—20小时作业制。

【垃圾处置情况】 2009年，围垦外六工段垃圾处理场共处置生活垃圾179347吨，日平均处置垃圾491吨。焚烧发电厂处理环卫处清运垃圾154168.02吨(以焚烧发电厂计量计数)，日平均清运垃圾422.4吨。建筑垃圾消纳场倾倒消纳建筑垃圾15096.5吨。全年清运处理化粪池1946只，量达11606吨，日均处理32吨，其中清理失管房化粪池132只，量达769吨。

【提升日常保障水平】 按照杭州市环卫行业标准化管理考核要求，抓好城区道路、人行道、绿化带的日常保洁工作，做好城区街道91个社区、31个行政村的生活垃圾收集清运工作，城区生活垃圾做到日产日清日处理。2006年至2009年连续四年获得杭州市"环卫行业标准化管理"考核优胜单位。

【提高环卫设施设备档次】 2009年，区环卫处制订《城区公厕提升改造三年行动计划》，对产权、日常作业管理和维修养护已纳入环卫处负责的66座城区公厕逐步实施改造，力争到2011年底，主城区公厕星级率达到80%以上。是年，完成8座城区公厕的提升改造，完成新区新建公厕2座。此外，全年共维修中转站设备388座(次)、公厕900座(次)、垃圾房1212间(次)、果壳箱1999只(次)、各类环卫作业车辆共16333辆(次)。

(郎霞云)

消防管理

【概况】 2009年，区消防大队接警出动1789起，发生火灾

229起，无人员伤亡，经济损失137.64万元，与上年相比，火灾起数下降5.37%，直接经济损失增长15.72%。

【消防安全监督】 为改善城市消防安全环境，2009年开展"三合一"(生产、仓库、住宿合用)场所综合整治、重大火灾隐患政府挂牌、公众聚集场所易燃可燃装修材料专项整治、"利剑"集中专项行动、市场整治工作、中小学校舍检查等专项行动。对375处建筑工程进行消防审核，对262处建筑工程进行消防验收；监督检查单位1184家，办理处罚案件181起，处罚金额73.26万元。

【消防安全宣传】 2009年，区公安分局充分发挥新闻媒体作用，大力开展"六进"(进学校、进社区、进企业、进场所、进农村、进家庭)宣传工作。秉承"社会消防培训是消防监督重要组成部分和后台基础"的工作理念，进一步加大对四类人员(消防安全责任人、管理人、专兼职消防员、消控室操作员)和公众聚集场所从业人员的培训力度，扩大社会消防培训的覆盖面，取得显著的社会效益。全区培训各类人员7671人，其中消防安全管理岗位和特殊岗位人员2176人，从业人员5495人，为一线执法单位提供了后台支持。

交通管理

【概况】 2009年，全区发生一般以上事故771起，比上年下降7.55%；死亡243人，比上年下降4.71%，绝对数减少12人；受伤782人，比上年下降7.24%；经济损失234.81万元，比上年下降5.89%。区公安分局依托自主研发的交通事故流转分析平台，深化信息应用，分析辖区交通实际，明确了交通违法行为整治的重点时段、重点区域、重点人群。灵活安排勤务，科学部署警力，先后开展蓝盾、百日攻坚等全区范围的统一行动30余次，开展"零点行动"10余次，共查处各类交通违法行为414505起，比上年增长34.12%，其中重点违法327559起，增长28.84%。查处酒后驾驶257起、醉酒驾驶41起。同时，购置5台6F测速仪全部配发到农村执勤中队，在农村主干道路实施24小时监测执法，专门针对超速导致恶性事故的突出问题。针对"四小车"整治重点工作，成立"四小车"整治办公室，通过完善并依托常态管理、集中处理、政策执行等三项工作机制，联合城管、运管、治安等部门开展集中整治54次，查扣"四小车"4547辆，集中报废解体650余辆。做好政策法规的说明解释，开展"一对一"说服教育3000余人次，遏制了"四小车"主"思想返潮"现象。分局通过大队自主研发的"交警责任区交管信息系统"，强化农村地区机动车及驾驶人源头管理，对客运车、危险化学品运输车、学校接送车、工程运输车等重点车辆及驾驶人实施"户籍化"管理，纳管重点基层单位1800家、重点车辆6518辆、重点驾驶员8619人，分别比上年增加67.1%、23.2%和28.7%。2009年，涉及重点车辆的事故死亡人数比上年下降29.16%。

【完善交通设施】 2009年，区公安分局依托责任区，建立道路隐患滚动排查、二级治理机制，共排查黑点黑段市级1处、区级8处、镇街级47处，全部按期整治完毕。道路隐患点段整治效果明显，例如楼塔镇经过隐患点段治理，事故死亡人数同比下降5人。通过积极主动与辖区党委、政府汇报沟通，至年底，镇街共计招收78人、购置8辆车充实到交通管理工作中，实现了镇街道路交通"有人管事、有钱办事、有章议事"的良好局面。

【交通安全宣传】 2009年，区公安分局以责任区为平台，抓住重点深入开展"五进"(进学校、进农村、进社区、进企业、进家庭)交通安全宣传，发放警示卡25万份、公开信60万份，制作专题宣传板250余套进行镇街巡回宣传。举办酒后驾驶专项整治启动仪式等主题宣传活动，借助报纸、电视和网络等各类媒体发布信息，邀请人大代表、政协委员、市民代表体验交通整治，以此争取社会理解，引导舆论导向，营造良好氛围。

【缓解城区"两难"】 2009年以来，针对萧山区机动车保有量不断攀升、城区道路资源不足、地铁二号线等施工相继铺开、交通供需矛盾等加剧"两难"(行车难、停车难)问题，分局明确管理重点，加强警力部署，减少施工对道路通行的不利影响，积极缓解交通"两难"问题。组织对辖区主干道路和集镇道路，特别是商场、集市、学校周边等容易发生拥堵的重点路口进行排摸，新增高峰岗30余处，严格落实高峰岗定点警力的同时，加强日常巡查力度，及时消除堵点，确保道路通行有序。针对施工路段交通"两难"的突出问题，积极落实"一工地、一方案、一预案"管理制度，有针对性地部署警力、落实管理措施，尽量减少施工对道路通行的影响。同时，利用现场巡查执法和相机拍照取证非现场执法相结合的方式，查处违法停车37196辆，减少对通行的影响。还联合浙江大学交通分院对城区及周边道路状况进行交通影响评估，及时形成书面材料向区委、区政府进行专题汇报，出台《杭州市萧山区人民政府办公室关于印发〈萧山区城区畅通工程2009年行动计划〉的通知》(萧政办发〔2009〕181号)。针对萧山交通科技相对落后的状况，分局树立"向科技要效益"的管理理念，积极推进交通监控指挥中心升级改造工程，在城区范围内建设绿波协控等智能交通系统，并率先在时代大道试行绿波协控技术，进一步提高道路通行能力。

【车管便民服务】 2009年，结合萧山车辆、驾驶人管理现状，针对公安部提出的"十项便民措施"，区公安分局以责任区、服务站为平台，重点强化服务意识，有效提高了服务质量和水平。推出"一窗式"服务模式，有效整合驾驶证、车辆牌证和检验签证等办事窗口，提高办事效率；落实周六及延时服务，利用周六共检测车辆4700辆，延时验车服务600余小时；推行上门验车服务，共计上门检验摩托车3473辆，专业运输单位(如长运、公交公司等)车辆安全检查70余次、检验车辆2702辆；实行偏远地区群众的摩托车驾驶员培训、考试下乡服务，累计培训、考试摩托车驾驶员1831人。

(陈　曦)

房地产业·建筑业

综述

2009年萧山区有序开展保障性住房的配售工作，经过申请和初审、公示，有1358户纳入最后的审核流程，并向93户住房困难家庭提供了经济适用房，向45名各类人才提供了政府奖励用房。落实并完成300户农户的住房救助工作，累计救助对象536户。

房地产业

【概况】 2009年全区完成房地产开发投资额61.30亿元，比上年下降4.6%，批准预售商品房面积142.4万平方米，增长8.7%；竣工交付备案项目28个，累计建筑面积148.8万平方米，下降20%。全年新批房地产开发资质企业7家，年底累计有资质的房地产开发企业124家(含项目公司)；新批物业管理资质企业7家，累计67家；办理发放房屋所有权证、他项权证等各类权属证书95849份。继续做好白蚁防治和研究工作，全年开展新建房屋白蚁预防面积1000万平方米，非住宅装修预治工作稳步推进，新型白蚁监控装置逐步推广使用。

【房地产市场跌宕起伏】 2009年，房地产市场形势波动起伏较大，从年初的低迷到3月份的企稳回暖直至下半年的快速升温，促使商品房销售量大幅增长，存量二手房交易面积、成交套数、成交均价同比均大幅上升。据透明售房网统计，萧山区全年商品房销售13576套，面积174万平方米，年底普通住宅成交均价接近每平方米1万元。

【加强行业管理】 2009年，区建设局继续从促进市场健康稳定发展出发，牵头抓好萧山房地产25条新政的贯彻落实，会同公安分局制定实施《萧山区购房入户政策实施细则》，配合区政府赴上海、广州等一线城市开展房地产招商，加大力度扶持和协调企业资质升级，联合区新闻媒体举办房交会和最具增值潜力楼盘评选等活动，积极为产业发展创造政策环境、搭建政府平台。针对房地产市场的异常波动，进一步加强规范化管理，通过联合工商等部门开展房地产交易市场行为检查整顿，改进完善商品房网上销售备案系统，加大对中介企业经营行为的规范和监管力度等有效措施，确保房地产市场热而不乱，稳定有序。

建筑业

【概况】 2009年，全区建筑业企业积极拓展省外、境外业务，钢结构企业大力发展国际市场继续成为行业发展亮点。全区实现建筑业总产值697.22亿元，比上年增长20%，创历史新高。政府职能部门继续扶持和引导企业走资质升级、等级结构调整之路，全年新增一级资质企业17家，二级资质企业11家，累计二级以上资质企业173家，占建筑企业总数的53%。

大力开展专项整治和执法检查，以“一月一重点，一季一回头”为要求，对全区在建工程进行全覆盖专项整治和联合执法，坚决查处建设领域内的各类违法行为，不断提升建筑业企业的诚信度，激发荣誉感。继续推进墙材革新与建筑节能工作，全年新墙材产量7.78亿块标砖，占全区墙材总量的97.37%，城镇新墙材建筑应用比例达到82%。

【安全生产实现零死亡】 2009年，区建设局进一步加强建筑工程安全生产和文明施工管理，大力推进工地安全文明生产信息化、差异化、联动化管理，创造了全年安全生产零死亡的良好业绩，创省样板工地4个，市样板工地13个，市绿色工地9个，区标化工地32个。

江南摩卡住宅小区一角 (区建设局提供)

体育路西伸廊桥 （区建设局提供）

【工程创优创杯】 进一步加强工程质量监管力度，通过开展样板工程培育、质量监督抽查检测、优质工程评选等活动及检测数据实时传送、远程监控等措施，积极引导企业创优创杯，在建设部开展的全国建设工程质量监督执法检查中，受检的区外环南路三期工程获得较好评价，2009 年有 38 个工程项目获得省级以上优质工程荣誉。

【首获国家标准编制资格】 2009 年，区建设局作为全国唯一一家区级建设行政主管部门，获得编制《钢筋工国家职业标准》的资格。这次国家人力资源和社会保障部与住房和城乡建设部共同组织对建设行业八大国家职业标准进行修订，除萧山承担的钢筋工标准外，其余 7 项均由地市级部门牵头编制。萧山区在规定时间内，高质量完成编制工作，并通过住房和城乡建设部等部委的最终评审，2010 年将在全国出版发行。

（王凯尔）

住房公积金

【概况】 2009 年，萧山区建立住房公积金制度新开户单位 228 家，新增建制职工 12884 人，净增职工 3671 人，全区已有职工 97950 人建立住房公积金制度，正常缴存职工 69916 人，比上年增长 5.54%；全年归集住房公积金 7.80 亿元，历年累计归集 45.87 亿元；当年支取住房公积金 22601 人次、5.39 亿元，累计支取住房公积金 25.08 亿元。历年归集余额 20.79 亿元。发放住房公积金贷款 2284 户，发放金额 7.59 亿元，支持职工购房建筑面积 28.06 万平方米。历年累计已向 16731 户职工发放住房公积金贷款 33.84 亿元，住房公积金贷款余额 19.16 亿元，未结清贷款 9760 户，存贷比为 92.15%。住房公积金全年实现增值 3966.71 万元，提取城市廉租住房建设补充资金 3568.87 万元，累计提取 7884.17 万元。给予是年 6 月 1 日后放贷的 1874 户职工贴息 174.97 万元。

【惠民新政支持职工购房】 2009 年，为应对国际金融危机，萧山区适时调整住房公积金贷款政策，出台住房公积金贷款四大利民政策。一是将住房公积金贷款最高额度由 60 万元提高到 80 万元；二是降低贷款条件，从原正常缴存满 1 年调整为缴存 6 个月即可申请贷款；三是前次公积金贷款结清后即可再次申请贷款；四是对 6 月 1 日以后新发放的贷款给予至 2010 年 12 月 31 日间利息 30%的贴息补贴。

【加强公积金缴存制度建设】 2009 年，对确因企业下行、经济效益欠佳的企业实行降低缴存比例、延缓缴存时间的政策。分中心共为 123 家企业办理了减、缓住房公积金缴存手续。与此同时，对区内有条件缴存公积金而未开户的单位或未全员缴存的单位加强催建，扩大公积金覆盖面。

【推出多项便民举措】 2009 年，萧山区推出多项住房公积金惠民、便民服务举措。一是取消一手房住房公积金贷款人预交交易契税，从贷款时预交调整为由开发商在办理交房手续时代收。二是全面推出住房公积金还贷支取委托划转手续，还贷人授权委托后，分中心每年定期将委托人账户公积金自动划转至还贷账户，已有 1811 户贷款户签约委托分中心办理自动划转支取手续。三是规范房地产中介机构二手房公积金贷款代理行为，对相关代理二手房住房公积金贷款的中介进行资格审查备案，约束代理乱收费、高收费行为。

【深化公积金管理信息化工作】 萧山区为增强住房公积金管理工作的透明度，方便广大职工及时了解个人住房公积金账户缴存情况，于 2009 年 6 月推出免费手机短信服务，点对点的将信息传递给每位缴存职工，每月月底定期向职工免费发送公积金账户缴存情况，并不定期向职工发送住房公积金政策及管理等信息。同时，对住房公积金网站进行改版，新网站于 6 月 1 日正式开通。

【强化档案管理和风险管理工作】 2009 年，按照《档案法》和《省住房公积金档案工作目标管理考核标准》要求，对住房公积金管理相关档案进行收集、整理、分类、组卷、编目、编研，至是年底，整理归档文件 682 件、业务管理类档案 6469 卷、会计类档案 1703 卷。总计室藏档案 9009 卷(件)。

为加强住房公积金风险管理，确保资金、资产安全和完整，对内做好年度财产清查和财务清理工作，保证资产安全。对外加大对各委贷银行综合目标管理责任制考核力度，杜绝不良逾期贷款的发生，逾期率指标大幅降低，客户服务质量、资料交接等方面与考核前相比均有了明显改善。

（沈　强）

国土资源管理·环境保护

国土资源管理

【概况】 2009年，国土萧山分局全年上报各类用地指标1855.5公顷，办理建设用地供地项目618个，面积1373.3公顷。收储经营性土地473.3公顷，出让经营性土地177.9公顷，成交额122.6452亿元，比上年增长227%。成交工业用地253宗，总面积404.2公顷，金额14.71亿元，分别比上年增长17.13%、20.66%、17.95%。实施土地开发整理项目34个，面积352.5公顷，新增耕地282.5公顷，确保了耕地占补平衡。

【推进土地利用总体规划修编】 一是根据杭州市政府下达的新一轮土地利用总体规划的各项控制指标，结合萧山区土地利用趋向、未来产业结构特点和功能区块布局，做好新一轮土地利用总体规划修编工作。12月，区土地利用总体规划(2006—2020年)通过市级评审，上报省政府审批。

二是抓住国土资源部允许浙江省开展“四大类”(防灾救灾、社会公益、城镇村重要基础设施、污染企业搬迁)建设项目进行规划修改试点的机遇，对67个关乎社会民生的建设项目涉及基本农田进行规划调整，总面积1172.7公顷，涉及基本农田607.1公顷。

三是根据省政府12号文件要求，对义蓬等11个镇街涉及园地、林地、滩涂水面等非耕地的土地利用规划进行局部修改，总面积244.01公顷。其中9个镇街的非耕地规划修改方案获省政府批准，共调整非耕地面积140.1公顷。

四是抓好扩内需项目的土地保障工作，完成杭州萧山国际机场二期、新建杭州至宁波铁路客运专线(萧山段)、地铁二号线、浙东引水萧山枢纽工程、江东大桥东接线三期、杭甬运河穿越萧甬铁路和钱江通道南接线工程等7个省级以上重点项目的农用地转用和征地报批工作，总用地面积1171.5公顷。

是年，通过向上争取、内部挖潜、横向调剂等途径，筹措各类新增建设用地指标1855.5公顷，其中耕地1281.4公顷。

【加大土地开发整理力度】 2009年，区政府出台《杭州市萧山区人民政府办公室关于进一步鼓励开展土地开发整理复耕工作的意见》(萧政办发〔2009〕88号)，再次大幅度提高全区土地开发整理复耕项目的资金奖励补助标准。垦造耕地、低丘缓坡开发、建设用地复垦项目分别按新增耕地面积240000元/公顷、345000元/公顷、900000元/公顷的标准给予补助，进一步鼓励基层开展土地开发整理复耕工作。全年有26个土地开发整理项目完工，全部通过市级验收，新增耕地282.5公顷，超额完成年度目标任务。

【完善征地拆迁政策】 2009年，国土萧山分局对萧山区现行的征地补偿标准进行调整，并严格执行征地报批前的“告知、确认、听证”程序规定，保障农民的知情权。全年发出听证告知单1010份，签订征地协议926份，征地1895.1公顷，收取征地经济补偿费30.847亿元，确定征地农转非人员48158人。并针对征收集体土地房屋拆迁中存在的问题，进一步完善房屋拆迁补偿政策和标准，规范全区征收集体土地房屋拆迁程序。全年共核发拆迁许可证37本，调解60次，行政强制拆迁1起。

【严格执法管理】 2008年，在国土萧山分局的积极建议和协调下，出台《杭州市萧山区人民政府办公室关于建立土地违法综合防控和联合执法机制的意见》(萧政办发〔2008〕60号)，建立了以镇街为主体的联合防控土地执法新机制。当年，全区成立土地巡查执法中队28个，整合执法力量372名，聘任村级土地信息员543名，有效遏制了违法用地势头。2009年，违法用地率比上年下降14%，全区有关土地信访总量比上年下降16%。

【土地执法检查】 2009年，国土萧山分局严格土地执法检查，实行“天上看、地上查、网上管”多途径监管。对市级卫星遥感土地执法检查发现的229宗违法用地，全部查处到位。在全区范围内开展违法占用耕地行为专项整治行动，共查处违法占用耕地案件297宗。同时加大对典型违法案件的查处力度，先后对蜀山街道鲁公桥社区、顺坝围垦的杭州宏腾市政机械租赁有限公司等10余宗典型违法占地行为进行强制拆除，并在新闻媒体曝光。

5月27日，国土资源部检查工作组检查萧山区耕地保护和卫片执法检查工作情况，对萧山区实施的“新违建零增长、老违建争取用3—5年基本拆除”的工作目标表示充分肯定，认为此举是切实落实“保障科学发展，保护耕地红线”的具体体现。是年，全区拆除违法建筑51.6万平方米，基本实现“新违建零增长、老违建逐年减少”的目标。

【矿山整治】 2009年，国土萧山分局推进废弃矿山治理和地质灾害防治，试行矿产资源补偿费征收与储量消耗挂钩政策，较好解决了矿产资源补偿费足额征收问题。全区矿山从2008年的37家整合到18家。同时，启动和治理废弃矿山17个，投入资金1050万元；治理地质灾害隐患点25处，投入资金760万元。

【提高土地资源利用效率】 一是严格落实政策规定。2009年,国土萧山分局出台《关于切实推进节约集约利用土地的实施办法》、《节约集约利用土地工作考核与奖励办法》、《"365"节约集约用地实施方案》、《关于加快农转用项目批后供地工作的意见》等文件,进一步推进全区节约集约利用土地工作。

二是严格执行土地公开出让制度。执行土地出让招拍挂制度,对商业、旅游、娱乐和商品住宅等各类经营性用地,都以招标、拍卖或挂牌方式出让。每宗土地出让都在区招投标交易登记中心公开进行,并邀请公证、纪检、招管办工作人员对招拍挂现场实施全过程监督,坚决杜绝私下低价出让及工作人员玩忽职守、滥用职权、暗箱操作、徇私舞弊等行为,确保招拍挂出让工作更加公开、公平、公正,也保证了土地资产效益的最大化。同时,国土萧山分局还推出首期《读地手册》,对政府土地储备库中已经具备出让条件的经营性用地进行梳理汇总,并向社会各界公布最新资讯,加大拟出让经营性土地的宣传力度,使企业能及时了解和掌握全区土地市场信息,受到好评。是年,全区收储经营性土地473.3公顷;出让经营性土地51宗,面积177.9公顷,成交额122.6452亿元,创历史纪录。

三是严格项目批后监管。特别是对"转而未供"和"批而未用"的土地,进行逐宗排查、催批,进一步加大对闲置土地的处置力度,切实提高土地利用率和集约化程度。全年办理建设用地供地项目618个,面积1373.3公顷。同时,不断创新土地出让收缴工作方式,启动出让金欠缴滞纳金自动生成系统,启动有欠缴记录的单位不得参与土地出让竞买活动机制,启动出让金联合催缴程序等,进一步规范和严格出让金收缴行为。首次建立以监察局、审计局、财政局、国土萧山分局四部门联合发文催缴机制,进行上门催缴,取得实效,共收缴自2003年以来拖欠的土地出让金近30亿元,收缴率100%。

【助推经济发展】 2009年是国土萧山分局的"项目服务年"和"企业服务年",该局推出多项活动,尽力简化审批程序,方便企业和群众。开展重大建设项目服务活动,建立重大建设项目用地报批绿色通道,对省、市重大项目实行项目联络人制度,落实专人负责项目用地报批跟踪办理,切实加快建设项目的报批速度,确保省、市重大项目的顺利实施。开展商品房登记进社区服务,先后到潘水社区、北干一苑、北干二苑、湘湖人家、美之园小区等开展商品房土地使用权证上门办理服务。全年完成28个住宅小区的建设项目复核验收,面积118.98万平方米,办理城镇住房土地证12360本。

为加快工业用地的供应速度,国土萧山分局做到"一个前移",即挂牌出让的准备工作前移;"二个衔接",即做好与上报主体、国土所的衔接催报工作;"三个加快",即加快收件、加快办理、加快报批。是年,全区成交工业用地253宗,总面积404.2公顷,金额14.71亿元,分别较上年增长17.13%、20.66%、17.95%。

土地审批主要分为预审、签订征地协议、农转用报批、实施征地、供地(包括工业用地挂牌出让)、土地登记等环节,办事程序比较烦琐。是年,国土萧山分局推出六项举措,除了优化流程、下放权限、提前介入、全程服务外,还采取简化材料、缩短办理时间两项措施。土地审批时间由原先的37个工作日缩短到13个工作日;商品房发证从8个工作日缩短到6个工作日,交易房发证从10个工作日缩短到8个工作日。此外,涉及土地抵押贷款的,土地抵押注销登记由2日缩短为立等可取。全年共办理土地使用权登记2400宗,面积826.3公顷;查封登记58宗;土地抵押登记1027宗,面积1547.7公顷,融资额155.76亿元。

(曹开宇)

环境保护

【概况】 2009年,萧山区各项生态环保工作取得明显进展。完成新"811"污染整治工作任务,并于12月正式通过省级验收。生态区创建方面,省级生态镇增多,临浦镇、河上镇和党湾镇获得省级生态镇称号,新塘街道获得市级生态街道称号,瓜沥镇和坎山镇通过省级生态镇的技术核查;全区新增48个村(包括转制社区)为区级生态村;做好省级生态区技术核查的各项迎检准备工作;创建省级绿色社区4家,杭州市级绿色学校7所、绿色工地9家、绿色医院1家,萧山区级环境教育基地1家。污染物减排方面,完成12家热电企业的脱硫改造工程;实施146家非热电企业的烟气整治工程;完成东片大型污水处理厂深度提标改造工程;实施2009年度111.02千米镇级污水管网和13座镇级泵站的建设;继续开展印染、羽绒企业的中水回用;全年开征排污费企业2139家次,开征排污费2910万元(包括建筑施工噪声收费120万元),财政实际入库约3200万元(含2008年第四季度)。加强监管方面,全年出动环境监察人员11400多人次,检查企业5160多家次,查处环境违法行为236起,罚款815.95万元,责令停产17家。审批建设项目环评2868个;否决项目176个,切实控制了一批污染严重或与区域环境发展不相协调的建设项目。开展"绿剑"环保执法行动,集中力量、集中时间对违法排污开展严查深究重罚。进一步加强辐射安全监管,全区134家单位全部领证。通过实施严格的环境监管,省市两级工业污染源核查抽测达标率均在80%以上。全年无特别重大、重大及较大环境事故发生。

在全区经济社会各项事业保持快速发展的同时,环境质量得到有效改善。全年空气质量优良天数293天,占有效监测天数(359天)的81.61%,比上年增加41天。河道水质明显改善,萧绍边界重点监控断面水质已消除劣Ⅴ类,高锰酸盐指数、总磷等指标达Ⅳ类水标准。噪声质量等级为轻度污染,声环境质量总体比上年略有改善。

【水环境】 2009年地表水环境质量。全区江、河水系包括浦阳江、永兴河、东片沙地内河和西小江水系,共设置监测断面13个,监测点位15个。2009年地表水监测数据年均值,按照《地表水环境质量标准》(GB 3838—2002)24项指标评价，全区主要内河水质监测数据与功能区的要求有一定距离，主要为总氮、总磷、氨氮等少数指标影响达标。依照浙江生态省建设考核规定的12项指标评价，萧山区地表水符合Ⅲ类水体的为浦阳江出口、尖山、官村回笼桥和小砾山4个断面，符合Ⅳ类水体的为永兴江出口、来苏大沿和临浦3个断面，属于劣Ⅴ类水体的为官河萧山市出口、新街、头蓬、新围、瓜沥和前进6个断面，总体与2008年基本持平。

城区内河城考点位共设3个，分别为下湘湖桥、环西桥和南门桥。按景观用水5项指标监测考核（不含总氮、石油类等项目），下湘湖桥断面水质较好，达到Ⅳ类水质标准，其余2个监测断面水质均超Ⅴ类标准，主要超标项目为氨氮。

2009年对萧山第一、第二、第三水厂，南片水厂，闻堰水厂，许贤水厂4个集中式饮用水源水质开展29项指标的常规性监测。按年均值统计评价，各水厂水源水质因总氮指标超标，不能达到集中式生活饮用水源Ⅲ类水标准要求。按照浙江省目标责任制考核16项指标评价，4个水厂均达到Ⅲ类水标准要求，达标率100%。

饮用水源保护工作。贯彻《杭州市生活饮用水源保护条例》，制定《萧山区饮用水源环境保护规划》，执行《萧山区供水突发事件预案》，落实饮用水源一级保护区内的23个禁止措施和二级保护区内的8个禁止措施，确保全区饮用水源安全。建立三级监测制度，把好饮用水源上游水体水质和各水厂取水口水质的质量关。按照萧山区产业导向目录要求，禁止钱塘江上游的浦阳江、永兴河区域建设有水污染的工业项目，禁止在饮用水源保护范围内设置新的废水排放口。加大对排污企业的整治监督力度，关停3家造纸企业，水源保护区范围内的化工厂、电镀厂实现废水全回用。

【大气环境】 2009年城区大气环境质量。根据大气自动监测系统监测数据统计，2009年度城区空气质量总体上尚属清洁。全年城区空气质量属优良天数293天，较上年增加41天，占总有效运行359天的81.6%，轻微污染天数61天，轻度污染天数4天，中度污染天数1天，未出现重度污染。三项主要污染物浓度年日均值分别为：SO_2（二氧化硫）0.052mg/m^3、NO_2（二氧化氮）0.046mg/m^3、PM_{10}（可吸入颗粒物）0.106mg/m^3。影响大气环境质量的3项主要污染物中，PM_{10}所占的污染负荷最大，其污染物负荷系数占42.4%。四个季度城市空气质量状况均为良好水平，比较而言三季度好于一、二、四季度。

酸雨状况。2009年城区酸雨污染有加重趋势。从监测结果看，降水的pH值最低值4.01，年平均值5.16，酸雨率78.2%，比2008年提高33.6%。受季节影响，春、秋、冬三季污染程度重于夏季。

禁燃区和烟控区工作。为改善城区大气环境质量，同时也是节能减排的需要，2009年继续加大对面积为32.1平方千米“禁燃区”的整治工作，大力推进煤改油、煤改气、煤改电、集中供热和天然气工程。加强对已创建烟控区44.2平方千米的监督管理和复测工作，将烟控区创建范围扩大到117平方千米，严格整治该区域范围内烟囱冒黑烟单位。是年，全区12家热电企业共投入3.05亿元，完成脱硫除尘改造。对全区非热电企业4吨/小时(含)及150万大卡(含)以上燃煤炉窑实施脱硫除尘改造。

机动车尾气污染防治。2009年，萧山区汽车在用数为187272辆，比上年增长20.95%。机动车尾气管理办公室使用双怠速法检测、上路检测等多种途径严格检测机动车尾气排放。共检测机动车尾气103959辆次，达标率98.1%，比上年增长0.10%。

【声环境】 一、区域环境噪声。2009年城区内设69个区域环境噪声测点，从监测结果看，城区区域环境噪声为55.8分贝，较2008年上升0.3分贝，噪声质量评价等级为轻度污染。二、功能区噪声。城区6个功能区噪声测点，其昼间平均值为59.5分贝，比2008年下降2.1分贝；夜间平均值为52.9分贝，比2008年下降0.25分贝。三、道路交通噪声。城区48个道路交通噪声测点，其平均值为67.5分贝，比2008年回落0.2分贝。超过70分贝的路段较2008年有大幅度下降。是年，城区无重度、中度污染路段，轻度污染的路段长为310米，其中污染路段占总路段长的0.8%，其他路段交通噪声均未超标。四、噪声管理。加强与城管、公安、交通、文化、教育等部门的协调配合，不定期地进行联合执法检查。对建筑工地施工的审批，严格程序，严格把关，并提前进行网上及施工现场公示。在中、高考期间，开展绿色护考专项行动，确保考生有一个良好的学习考试环境。

【固体废物】 工业固体废物。2009年全区工业固体废物产生量186.43万吨，其中粉煤灰62.7万吨、脱硫石膏8.57万吨、炉渣65.19万吨。粉煤灰、脱硫石膏和炉渣全部销售作为制砖原料和其他建筑材料。其余工业固废绝大多数得到综合利用，全区工业固体废物综合利用量178.07万吨，利用率95.52%。

危险废物。萧山区实行危险废物集中代处置制度。工业危险废物主要委托杭州大地有限公司和杭州大地海洋环保有限公司处置，2009年处置危险废物757.76吨，处置费用超过347万元。处置范围包括废机油、乳化液、漆渣、电镀污泥、化工污泥等。另有少量危险废物由外地危险废物处置单位处置。医疗废物委托杭州大地维康医疗环保有限公司处置，全区26个镇街的115家医院、卫生院等医疗机构纳入集中处理范围。是年，收集医疗废物1027.698吨，大地维康对医疗垃圾全部进行焚烧处置，处置费用超过183.5万元。

【完成新“811”萧绍区域(萧山片)印染化工行业环境污染整治】 根据省政府关于实施“811”环境保护新三年行动方案的意见，为巩固前一轮整治成果，深化新三年整治行动，2009年初，区政府专门从各有关部门抽调业务骨干，成立新“811”整治指挥部，开展对印染化工行业的集中整治行动。加大截污纳管，推进环境基础设施建设；开展节能减排，实现主要污染物减排；强化专项整治，确保污染源达标排放；淘汰落后产能，优化产业结构；实施立体治污，提升生态环境质量；推进农村环境综合整治，改善农村环境质量；实施热电及非热电企业锅炉的脱硫改造，推进大气污染整治；加大环境执法力度，建立污染物长效机制。经过扎实工作和实施“百日攻坚”工程，环境质量明显改善，河道水质逐渐变清，未发生大面积的发黑发臭现象，大气环境质量明显改善，群众信访投诉有效减少。12月底，整治工作通过省整治办验收。

【信访和提议案处理】 2009年，区环保局受理各类信访2601件，其中区(市)长公开电话、市环保局局长公开电话、领导批示件等重要信访919件，日常举报1597件，来信来访85件。信访处结率和反馈率均为100%，满意率在95%以上。

主办人大建议9件、政协提案6件、来信1件，共计16件。除2件为基本满意外，其余均为满意。

【建设项目环境管理】 2009年，区环保局审批建设项目环评2868个，其中工业及公建项目审批2293个，总投资745.23亿元，环保投资12.87亿元；三产项目审批575个，总投资约2.58亿元，环保投资0.13亿元。组织建设项目环保“三同时”(环保设施和主体工程同时设计、同时施工、同时投入使用)验收174个，其中工业项目136个，房地产预验收项目38个。夜间建筑施工审批457家次。共否决选址不当或不符合产业发展导向的项目176个，其中工业项目109个，三产项目67个。

【第一次全国污染源普查成果开发利用】 2009年，区环保局积极开发利用普查成果，完成普查工作报告、技术报告以及技术报告的南阳工业分报告、印染行业和化工行业分报告，开发《成果应用图集》。开展《工业污染情况与产业结构调整》、《辐射污染源情况》两项课题研究，并完成相应论文，被《浙江省第一次全国污染源普查论文专集》录用论文3篇，杭州市污染源普查业务文集收录业务文章3篇。开展污染源普查动态更新调查的准备阶段工作，筛选并确定动态更新调查名单，为2010年的全面调查打好基础。

因工作突出，萧山区环保局被评为第一次全国污染源普查国家级先进集体。此外，萧山区另有2名国家级先进个人，1名省级先进个人，15名市级先进个人。

【污染源在线监测监控系统建设】 2009年，萧山区联网的污染源在线监测监控系统共有87套，涉及79家企业，其中废气20套、废水67套。

是年，做好在线监测工作，确保在线监测系统正常稳定运行。全区热电企业在下半年完成脱硫改造，从在线监测监控系统上能够非常明显地反映出脱硫改造后排放浓度的降低，为萧山区减排任务的完成提供了重要依据。一年中，在线监测工作接受了环保部、华东督察中心和省、市环保部门的多次检查，总体情况良好。

【环境法制建设】 2009年，区环保局对252项行政权力进行梳理，为“进一步构建权力阳光运行机制”工作的实施打好基础。下发《杭州市萧山区环境保护局行政处罚证据若干问题的规定》等文件，制作证据核对专用章发至案件调查部门投入使用，不断规范环境违法行政处罚案件的证据收集工作。出台《杭州市萧山区环境保护局重大决策程序暂行规定》、《杭州市萧山区环境保护局行政复议和行政诉讼案件应诉工作办法》，提高行政复议和行政应诉等意识。对220件环境违法案件依法作出行政处罚决定，申请并配合法院强制执行环境违法案18件。

【化学需氧量、二氧化硫减排情况】 2009年，全区工业废水排放量18033.18万吨，比上年增长8.14%；工业氨氮排放量1026.82吨，减少13.15%。工业废水排放主要集中在纺织印染、化学原料及化学品制造业、羽绒等行业，通过提高东片大型污水处理厂的出水标准、加大污水截污纳管率和印染、羽绒企业中水回用，以及印染企业用气流染缸替代传统染缸等措施，共削减COD排放量1175.635吨，年度削减率3.7%，完成年初预定的削减目标。

2009年全区规模以上工业企业煤炭消费量408.53万吨，比上年增长5.66%。工业煤炭消费和二氧化硫排放主要集中在热电、纺织印染等行业，通过杭州萧山经济技术开发区热电有限公司等10家热电企业新增脱硫设施、华润雪花啤酒(浙江)股份有限公司小火电关停、杭州萧山锦江绿色能源有限公司脱硫设施通过验收等措施，共削减二氧化硫减排量1306吨，年度削减率4.22%，完成年初预定的削减目标。

【环境监测】 2009年全年取得常规、污染源监测等手工监测分析数据51843个，编制各类监测报告5745份。向杭州市站上报北干空气自动监测站日报359份，发布空气质量周报51份；加强污染源监测，完成减排监测339厂次，上报监测报表12期；完成204家区控以上重点源的监督监测及在线比对监测；完成575家企业委托监测，244家企业“三同时”和限期治理验收监测，7个生态乡镇环境监测，80多起纠纷仲裁监测。

环境监测能力进一步拓展。开展了3年一次的计量认证复评审工作，经省质监局专家组评审认定，监测项目由原来的96项增加到143项。质量管理运行体系也有新的提高，环境监测技术人员业务水平不断提升。

【环保宣教】 2009年，区环保局围绕生态创建、污染减排和污染整治等各项中心工作，以“六·五”世界环境日为重点，开展系列宣教活动。一是制订2009年全区生态环保宣教工作思路；二是编写萧山区2008年度环境状况公报，并通过《萧山日报》专版刊登和网站公布等途径公开发布；三是创办《萧山环境》期刊，全年编印6期；四是举行“六·五”世界环境日广场活动；五是在萧山广播电视台开展生态环保宣传，并完成一期以反映新“811”整治和热电脱硫为主题的社会聚焦节目；六是在《浙江日报》、《杭州通讯》和《环境保护》等报刊上专版宣传报道萧山区生态环保工作；七是开展电影下乡活动；八是在《萧山日报》继续以《环保家园》专版形式宣传生态环保工作，全年完成14个版面的报道工作；九是在萧山人民广场400平方米的视频广告栏播放环保公益片；十是与区广电合作，在《天天看萧山》栏目中制作专题宣传片。

(钟　淮)

银行·保险·证券·期货

综述

2009年，萧山辖区金融机构紧密围绕区委、区政府工作重心，认真贯彻落实科学发展观和适度宽松的货币政策，以促进萧山经济尽快转型升级为己任，努力做好金融保障、创新和服务工作，取得明显成效。金融运行总体上继续保持平稳健康态势，存贷款增量均创历史新高，中小企业增量扩面效果明显，信贷资产质量继续保持较高水平，但维护区域金融稳定的难度日益加大。

银行类业务

【存款增长结构分化明显】 2009年，全辖存款持续增长，但增速比上年有所回落。年末，金融机构本外币存款余额1908.01亿元，比上年末增长27%，其中人民币存款余额1886.26亿元，比年初增加401.35亿元，增长27%，增速比上年回落3.2个百分点。从存款增长结构看，全年存款运行保持“储蓄增速趋缓、企业存款大幅增加、其他存款明显下降”态势，存款增长结构分化明显。

——储蓄存款增速趋缓。年末，金融机构储蓄存款余额699.62亿元，比年初增加146.6亿元，增长26.5%，增幅比上年回落10.3个百分点。储蓄存款活期化倾向不断加强，其中定期储蓄存款增加99.05亿元，比上年少增19.7亿元；活期储蓄存款增加47.55亿元，比上年多增17.57亿元。其原因，主要是进入2009年后楼市、股市持续回暖，黄金等保值品交易活跃，居民投资多元化，储蓄存款收益偏低促成储蓄分流；另一方面，通胀预期导致居民储蓄意愿降低，促使储蓄存款增速下滑。

——企业存款持续快增。年末，全辖企业本外币存款余额817.97亿元，比年初增加354.29亿元，比上年多增327.61亿元，占全部新增存款的88.3%，比上年提高80.6个百分点，是拉动全年存款增加的主要因素。全年企业存款呈现逐月上扬态势，企业流动性和支付能力保持较高水平。企业存款快增原因：一是银行贷款派生。一季度新增贷款159.16亿元，达到2008年全年增量的72.9%，巨幅信贷投入导致企业派生存款增多。二是企业赢利能力增强。2009年，全区经济运行呈现止跌回升、下半年恢复走高态势。随着生产经营的回暖，企业产销和赢利能力不断上升，导致企业存款增加，支付能力提高。三是政策调整因素。下半年，银监会调整票据融资项下保证金存款考核，保证金存款不计入存款业绩，并以活期计息。部分银行以存款质押方式开展票据业务，造成存款结构出现调整，原统计在其他存款下的存款移位到企业存款。据统计，7—12月企业存款增加251.92亿元，增幅44.5%。

——其他存款转为下降。年末以保证金存款为主的其他存款余额293.11亿元，比年初下降138.46亿元，而上年同期为增加160.15亿元，反差明显。在各项存款余额中的占比为15.5%，比上年下降13.6个百分点。主要原因是监管部门对票据真实贸易背景和合规性检查力度加大，加之票据承兑保证金存款计息方式调整，部分做存款回报的全额承兑票据出现下降，导致2009年票据业务大幅萎缩。年末票据承兑余额622.91亿元，增长4.4%，增速创2007年以来新低。全年累计承兑1408.02亿元，增长16.4%，增幅比上年下降近三成。另一方面，部分票据业务因保证方式调整移位于企业存款，也导致其他存款下降。

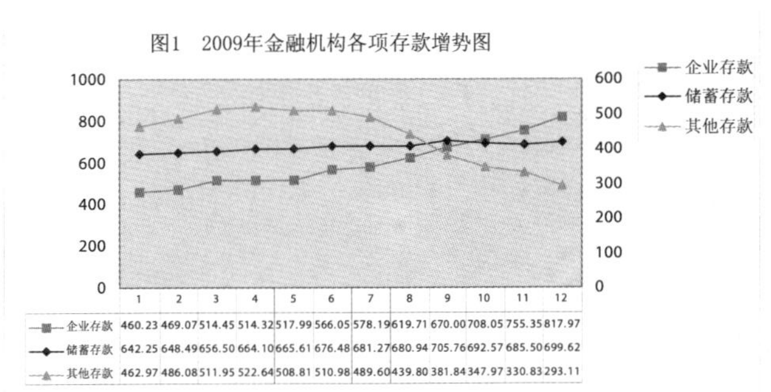

图1 2009年金融机构各项存款增势图

【信贷投放结构持续优化】 至2009年末，全辖金融机构本外币贷款余额1633.22亿元，比年初增加448.25亿元，增长37.8%，其中人民币贷款余额1590.9亿元，比年初增加421.75亿元，增长36.1%，比上年多增203.3亿元，为2008年增量的1.9倍，完成年度区政府全年信贷投放计划的172%。全年信贷投放主要有以下特点：

——中长期贷款大幅增加，重点项目资金得到有效满足。全年中长期贷款增加180.02亿元，比上年多增160.43亿元，占全部贷款增量的42.7%，比重比上年提高33.7个百分点。年末中长期贷款增速92%，超过全部贷款平均增速55.9个百分点，高出短期贷款增速66.1个百分点。重点投向以五大新城为主的政府性项目，全年政府性项目新增贷款91.75亿元。

——实体经济信贷投放平稳，投向结构进一步优化。

全年工业性贷款增加185.19亿元，比上年多增28.28亿元，占全部新增贷款的43.9%，占比下降27.9个百分点。工业领域中对中小成长型企业贷款支持力度明显增强，全年新增贷款近6成投向中小企业；"垒大户"现象有所缓和，全年区百强工业企业贷款新增46.5亿元，比上年少增14.1亿元。

——商贸流通、消费领域信贷投入增势明显。以"拓市场、扩投资、促消费"为工作重点，金融机构切实加大消费信贷产品宣传推广力度，对消费领域的信贷投入不断增加。1—12月新增消费贷款41.84亿元，比上年多增33.11亿元，在新增贷款中占比为9.9%，比上年提高近6个百分点。其中住房贷款和汽车消费贷款增幅分别为40.5%和43.6%，有效推动了住房、汽车两大消费热点的回暖、趋旺。另外，金融机构积极贯彻落实国家房地产信贷政策，全年建筑业贷款和房地产贷款增加33.53亿元，比上年多增25.96亿元，有力促进了全区城市化发展。

【外汇贷款快速增长】 2009年，全区外汇运行呈现存贷款大幅回升格局。年末，金融机构外汇存款余额3.18亿美元，比年初增加0.57亿美元，比上年少增0.23亿美元。全辖外汇贷款年末余额6.2亿美元，比年初增加3.88亿美元，其中进出口贸易融资比年初增加3.09亿美元，而2008年同期为减少1.54亿美元。外汇贷款大幅增长的主要原因是下半年以来全区出口企稳回升，辖内外汇银行及时开展贸易融资等外汇贷款业务，有效支持了企业外贸业务的恢复性增长。全年外汇指定银行结汇收入48.33亿美元，比上年下降10.48亿美元，售汇支出18.95亿美元，比上年下降8.72亿美元，全年实现结售汇顺差29.38亿美元，比上年下降1.76亿美元，与2009年全区外贸形势仍较严峻的状况相吻合。

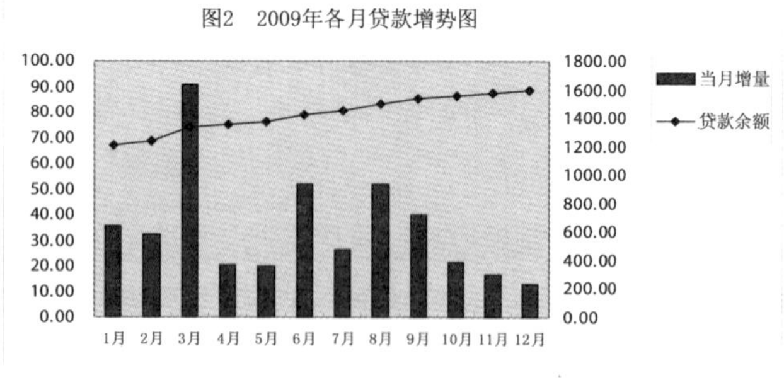

【金融运行四大亮点】 至2009年末，商业银行五级分类不良贷款余额14.65亿元，比年初增加0.19亿元，不良贷款率0.92%，比年初下降0.32个百分点，信贷资产质量继续保持优质水平。但由于金融危机的影响仍未消除，整体经济仍处于回升期，危机对部分企业的滞后影响将逐步显现，信贷潜在风险仍较严峻。

总体看，2009年全辖金融运行情况良好，存贷款增速、增量均保持了较高水平，金融稳定和金融服务工作有效保证了全区发展平台建设、重点技改项目、实体经济领域的资金需求，确保了企业资金链的正常运转，为全区经济尽快摆脱危机影响、率先实现企稳复苏和转型升级发挥了积极作用。全年金融运行呈现四大亮点。

一是中小企业贷款增量扩面取得实效。全区金融机构服务中小企业的经营定位进一步明确，已有8家银行设立了中小企业信贷服务部门，5家银行与担保公司新建立合作关系，银保合作面进一步扩大。年末止，全辖中小企业贷款余额924.42亿元，比上年末增加256.06亿元，增长38.3%，高出贷款平均增速2.2个百分点；新开拓中小企业客户1668家，比上年增加562家，增长51%。

二是金融稳定环境得到有效维护。面临年初严峻的经济形势，全区金融机构依托区委、区政府的领导，政、银、企合作进一步加深，积极稳妥做好两家风险企业的贷款重组和风险化解工作。两家风险企业的债务重组和贷款划转有序推进，相关担保企业生产经营和资金运转正常，金融风险得到有效屏蔽和隔离，金融稳定环境得到有效维护。

三是金融服务水平进一步提升。全区金融机构针对形势变化，加大信贷产品研发，创新运用银团贷款、金融仓储、中小企业债权基金、信贷+理财组合等形式，多方式、多渠道增加资金供应，有效满足了不同层次的资金需求。

四是减费让利成效明显。金融机构自觉落实减费让利政策，帮助企业共渡难关。在利率执行上，做到能不浮的尽量不浮，要上浮的尽量少上浮，企业财务成本较2008年大幅下降。据统计，全年执行基准利率及以下的贷款比重为46.7%，比上年上升17个百分点。2009年贷款加权平均利率5.45%，比基准利率仅提高0.14个百分点，各行利率水平继续在系统内保持低位。全年银行业利润增幅5.6%，比上年大幅回落19个百分点，低于贷款增速30.5个百分点。

【"双十佳"服务窗口评选】 2009年，为集中展示萧山区银行业的整体形象与风采，进一步促进各银行改善服务质量，提高服务效率，萧山区文明办、中国人民银行萧山支行、萧山日报社和杭州萧山网络传媒有限公司联合开展了萧山区银行业首届"双十佳"服务窗口("十佳公众最满意服务窗口"、"十佳优质服务窗口")评选活动，得到全区各家银行的积极响应。经过读者、网民、客户的公开投票和有关专家的评选评定，并征求主管部门意见，评选出21个银行窗口分别获"十佳公众最满意窗口"和"十佳优质服务窗口"的称号。

附：

"十佳公众最满意窗口"

中国工商银行杭州萧山支行临浦分理处

中国农业银行杭州萧山支行营业中心

中国银行杭州市萧山支行营业部储蓄专柜

中国建设银行杭州萧山通惠路支行

交通银行杭州萧山支行营业部

中信银行杭州萧山支行营业部

上海浦东发展银行杭州萧山支行营业部
招商银行杭州萧山支行营业部
浙商银行杭州萧山支行营业部
深圳发展银行杭州萧山支行储蓄窗口

“十佳优质服务窗口”

中国工商银行杭州金汇支行
中国农业银行杭州红山支行
中国银行杭州萧山开发区支行
中国建设银行杭州萧山新世纪广场支行
中信银行杭州江东支行
广东发展银行杭州萧山支行营业部
中国光大银行杭州萧山支行营业部
杭州银行萧山支行营业部
中国邮政储蓄银行杭州市萧山区支行营业部
中国农业发展银行杭州市萧山支行营业部
华夏银行杭州萧山支行营业部

2009年萧山金融机构个人消费信贷统计

单位:户、万元

贷款种类	年初余额	年末余额	年末户数	贷款方式				累计发放金额	累计发放户数
				保证	抵押	质押	信用		
一、个人消费贷款	1031519	1510161	48787	176208	1263981	51530	18443		
1.住房贷款	815018	1144873	36408	142369	990454	1521	10529		
其中:公积金贷款	148497	178385	9684	111558	66827	0	0		
个人住房装修贷款	7792	25207	1362	9567	6382	100	9158		
个人商用房贷款	87476	80664	2845	1471	79193	0	0		
2.汽车消费贷款	40611	58266	4974	29137	28914	0	215		
3.耐用消费品贷款	0	20	2	20	0	0	0		
4.旅游消费贷款	0	0	0	0	0	0	0		
5.教育助学贷款	1236	1137	1786	51	0	111	975		
其中:贴息助学贷款	929	1026	1783	51	0	0	975		
6.个人综合消费贷款	60040	78644	1497	811	54256	21831	1746		
7.其他贷款	114613	227222	4120	3820	190357	28067	4978		
二、个人经营性贷款	425819	564730	16976	334626	215091	11931	3083		
合计	1457338	2074892	65763	510834	1479071	63461	21526		
其中:质押贷款	57963	63579	512	0	0	0	0		
1.存单质押贷款	57957	63579	512	0	0	0	0		
2.摊位经营权质押贷款	0	0	0	0	0	0	0		
3.其他质押贷款	6	0	0	0	0	0	0		

注:1.“住房贷款”包括用住房公积金及商业银行自有信贷资金发放的个人购建房贷款、住房装修贷款及个人商用房贷款。
2.“贴息助学贷款”包括国家财政与地方财政贴息的助学贷款。
3.“质押贷款”仅指个人贷款中的质押贷款。

2009年萧山金融机构票据业务相关数据统计

单位:万元

项目 行别	承兑					贴现		
	承兑余额	比年初增减	累计承兑	保证金	存单质押	贴现余额	比年初增减	累计贴现
农发银行	5335	331	11901	3455	0	0		0
工商银行	208053	-262412	665210	45386	10167	102	102	477996
农业银行	503263	118758	1033357	125273	162232	0	-4047	88687
中国银行	562457	107145	1197702	297199	20810	59166	59166	153356
建设银行	916438	159074	2049589	400201	112000	12742	4942	15367
交通银行	374286	37242.18	840907	217878	16508	24160	10495	116749
中信银行	345100	77618	1027910	82437	172837	500	-8549	261997
浦发银行	315544	44865	738123	111737	105280	1505	-5045	31955
华夏银行	122330.52	-51129.98	275213.98	74553.9	19283.2	0	0	0
深发银行	347657	7821	662192	11798	281077	0	-9600	68253
招商银行	404358	-74606	891814	74111	223835	102393	-100865	717217
兴业银行	92938.58	10640.58	202313.54	1602.05	63036.58	8186	8186	115170
广发银行	281398.49	42491.8	553713.96	33310.48	207679.954	0	0	413525
光大银行	182523	-52105	473801	61912	52529	11689	4140	40992
民生银行	211461	-8983	447830.03	15341	127112	0	0	0
杭州银行	401224	24425	882731	125139	106833	529	-976	562017
合作银行	481254	-90031	1235585	251411	93202	94354	27785	370788
浙商银行	112433	-40729	271720	63156	49277	4592	-20268	135918
恒丰银行	135360	-18107	317258.3	12454	112174	0	0	0
渤海银行	137902.5	137902.5	180397.54	31324.3	70985.3	0	0	27590
上海银行	42196	42196	42196	7176	27272	25150	25150	25150
宁波银行	45628.41	45628.41	78776.75	5596.6	35602.28	0	0	5220
合计	6229140.5	258035.5	14080242.1	2052451.3	2069732.3	345068.0	-9384.0	3627946.3

2009年萧山金融机构人民币信贷收支情况

单位:亿元

栏目 来源项目名称	年末余额	比年初增减	增幅(%)	栏目 运用项目名称	年末余额	比年初增减	增幅(%)
一、各项存款	1886.26	401.35	27.03	一、各项贷款	1590.90	421.75	36.07
1.企业存款	715.89	331.56	86.27	1.短期贷款	1178.21	242.65	25.94
(1)活期存款	338.59	105.45	45.23	(1)工业贷款	454.97	77.51	20.54
(2)定期存款	377.30	226.11	149.55	(2)商业贷款	52.97	11.43	27.50
2.财政存款	33.14	28.44	605.73	(3)建筑业贷款	50.36	16.92	50.60
3.机关团体存款	37.65	8.64	29.78	(4)农业贷款	73.89	17.51	31.07
4.储蓄存款	699.62	146.60	26.51	(5)乡镇企业贷款	194.11	34.52	21.63
(1)活期储蓄	207.39	47.55	29.75	(6)三资企业贷款	48.57	4.52	10.27
(2)定期储蓄	492.22	99.05	25.19	(7)私营企业及个体贷款	65.30	7.80	13.56
5.农业存款	102.08	22.73	28.65	(8)其他短期贷款	238.04	72.44	43.74
6.信托存款				其中:个人短期消费贷款	28.33	9.35	49.27
7.委托存款	4.78	1.84	62.45	2.中长期贷款	377.51	180.02	91.16
8.其他存款	293.11	−138.47	−32.08	(1)基本建设贷款	122.63	45.91	59.85
二、金融债券				(2)技术改造贷款	5.99	3.82	176.04
三、应付及暂收款	23.40	−4.70	−16.73	(3)其他中长期贷款	248.89	130.29	109.85
其中:应付利息	10.78	−2.44	−18.47	其中:个人中长期消费贷款	92.03	32.49	54.56
四、同业往来(来源方)	0.13	0.09	236.46	3.信托贷款			
五、行内资金往来(来源方)				4.融资租赁			
六、各项准备	12.74	2.54	24.95	5.委托贷款			
其中:贷款损失准备	12.74	2.54	24.94	6.票据融资	34.51	−0.93	−2.63
七、所有者权益	70.74	16.29	29.92	其中:买断式贴现	34.51	−0.93	−2.63
其中:实收资本	7.14		0.00	7.各项垫款	0.68	0.02	3.35
八、其他	−127.69	−14.34	12.65	二、有价证券及投资	82.70	28.01	51.21
				三、应收及预付款	15.56	4.64	42.44
				其中:应收利息	1.88	0.73	63.92
				四、同业往来(运用方)			
				五、行内资金往来(运用方)	160.93	−54.36	−25.25
				六、金银占款			
				七、外汇占款	0.60	0.44	275.84
				八、固定资产	7.56	0.45	6.34
				九、库存现金	7.33	0.31	4.45
资金来源总计	1865.58	401.23	27.40	资金运用总计	1865.58	401.23	27.40

2009年萧山银行结汇(即期)情况

单位:万美元

项目	合计	银行自身	银行代客					
			小计	金融机构	中资机构	外资机构	居民个人	非居民个人
一、经常项目	438960	11	438949	25	327516	97639	13330	439
(一)货物贸易	423266	0	423266	0	325861	97403	2	0
(二)服务贸易	5788	0	5788	6	1628	200	3540	414
其中:银行卡	44	0	44	0	0	0	34	10
1.运输	131	0	131	0	121	10	0	0
2.旅游	2224	0	2224	0	226	0	1684	314
3.金融和保险服务	49	0	49	0	46	0	3	0
4.专有权利使用费和特许费	5	0	5	0	0	0	5	0
5.咨询服务	206	0	206	0	88	58	60	0
6.其他服务	3173	0	3173	6	1147	132	1788	100
(三)收益和经常转移	9906	11	9895	19	27	36	9788	25
1.职工报酬和赡家款	8101	0	8101	0	0	0	8100	1
2.投资收益	125	0	125	0	6	7	111	1
3.其他经常转移	1680	11	1669	19	21	29	1577	23
二、资本与金融项目	27712	0	27712	0	2898	24704	110	0
(一)资本账户	1486	0	1486	0	1381	105	0	0
(二)直接投资	25720	0	25720	0	1497	24120	103	0
其中:投资资本金	25690	0	25690	0	1492	24095	103	0
直接投资撤资	0	0	0	0	0	0	0	0
房地产	0	0	0	0	0	0	0	0
(三)证券投资	7	0	7	0	0	0	7	0
其中:对境外证券投资撤回	7	0	7	0	0	0	7	0
证券筹资	0	0	0	0	0	0	0	0
(四)其他投资	449	0	449	0	0	449	0	0
其中:跨境贷款	449	0	449	0	0	449	0	0
外债转贷款	0	0	0	0	0	0	0	0
(五)国内外汇贷款	20	0	20	0	20	0	0	0
(六)金融机构资本金外币转换	0	0	0	0	0	0	0	0
其中:资本金(营运资金)	0	0	0	0	0	0	0	0
代债务人结汇	0	0	0	0	0	0	0	0
(七)其他	30	0	30	0	0	30	0	0

2009 年萧山银行售汇(即期)情况

单位:万美元

项目	合计	银行自身	银行代客					
			小计	金融机构	中资机构	外资机构	居民个人	非居民个人
一、经常项目	154135	0	154135	0	115182	29451	9497	5
(一)货物贸易	133885	0	133885	0	113011	20874	0	0
(二)服务贸易	16066	0	16066	0	1754	5408	8899	5
其中:银行卡	55	0	55	0	3	2	46	4
1.运输	5118	0	5118	0	1055	4057	6	0
2.旅游	8160	0	8160	0	8	136	8012	4
3.金融和保险服务	37	0	37	0	6	20	11	0
4.专有权利使用费和特许费	36	0	36	0	21	15	0	0
5.咨询服务	482	0	482	0	112	107	263	0
6.其他服务	2233	0	2233	0	552	1073	607	1
(三)收益和经常转移	4184	0	4184	0	417	3169	598	0
1.职工报酬和赡家款	310	0	310	0	9	40	261	0
2.投资收益	3302	0	3302	0	184	3118	0	0
3.其他经常转移	572	0	572	0	224	11	337	0
二、资本与金融项目	28271	0	28271	183	10921	17131	36	0
(一)资本账户	51	0	51	0	0	51	0	0
(二)直接投资	8390	0	8390	0	728	7626	36	0
其中:投资资本金	1554	0	1554	0	728	790	36	0
直接投资撤资	6836	0	6836	0	0	6836	0	0
房地产	0	0	0	0	0	0	0	0
(三)证券投资	0	0	0	0	0	0	0	0
其中:对境外证券投资	0	0	0	0	0	0	0	0
证券投资撤出	0	0	0	0	0	0	0	0
(四)其他投资	9760	0	9760	0	2617	7143	0	0
其中:跨境贷款	9071	0	9071	0	1970	7101	0	0
外债转贷款	0	0	0	0	0	0	0	0
(五)国内外汇贷款	8955	0	8955	0	7576	1379	0	0
(六)金融机构资本金外币转换	183	0	183	183	0	0	0	0
其中:资本金(营运资金)	183	0	183	183	0	0	0	0
代债务人售汇	0	0	0	0	0	0	0	0
(七)其他	932	0	932	0	0	932	0	0

金融业管理

【总量保障】 2009年,人民银行萧山支行坚持立足萧山经济发展实际,切实强化窗口指导,在进一步贯彻2008年"增量、让利、维稳、提效"八字工作方针的基础上,通过召开行长联席会议、出台《关于进一步加强金融服务有效促进全区经济平稳健康发展的指导意见》和《关于2009年萧山区货币信贷工作的指导意见》(萧银〔2009〕7号)等,积极引导金融机构牢固树立发展意识和社会责任意识,科学贯彻货币政策,改进金融服务,加强银企合作,帮助企业渡过难关。到年末,全辖金融机构人民币存款余额1886.26亿元,贷款余额1590.9亿元,分别比上年末增长27%和36.1%,较好满足了地方经济和社会发展的信贷资金供应。

【加强政银企协调沟通】 2009年,面对经济金融运行中遇到的困难和问题,人民银行萧山支行努力发挥基层央行职能,积极做好政府、银行和企业之间的协调沟通,促进政银企取得共识、共渡难关。人行萧山支行除了定期邀请区四套班子领导和政府部门负责人参加行长联席会议、积极配合政府召开金融专题工作会议之外,还创建了百强工业企业主办行制度,进一步加深政银企之间的协调沟通,促进各方抱团取暖、共谋发展。同时,联合各金融机构发出《金融部门关于加强银企合作共同应对当前困难》的公开信,在《萧山日报》上承诺四项金融服务举措,表明了金融部门支持服务经济的决心。

【支持中小企业和"三农"发展】 2009年,人民银行萧山支行加强对金融支持中小企业和"三农"发展的信贷政策指导,引导金融机构加大投入,支持中小企业发展和社会主义新农村建设。积极实施中小企业增量、扩面工程,引导各银行按照中小企业贷款覆盖面增长20%的要求,培育和挖掘中小企业客户。加快中小企业融资产品创新,通过建立6亿元中小企业债权基金、加大个人创业贷款扶持力度、加大银行与担保公司的合作等,努力增加中小企业的资金供应。同时,积极开展"便农支付工程"建设,在全部镇街建立反假货币联络站,有效改善了农村地区的金融服务,切实支持了新农村建设。

【努力处置化解金融风险】 受金融危机影响,区内一些企业面临资金链断裂的风险。为此,人民银行萧山支行牵头成立区银行业应急处置协调小组,进一步加大沟通协调力度,有效处置和化解多起影响金融稳定的事件,维护了区域金融稳定。2009年,人行萧山支行重点做好了道远集团、中誉集团资产重组和贷款风险处置工作的相关协调。至年底,两家企业的债务重组和贷款划转有序推进,辖内金融运行保持平稳。同时,加强与财政、银行、企业的沟通配合,积极做好政府应急专项资金的审核管理。

【外汇管理】 2009年,国家外汇管理局萧山支局立足萧山实际,进一步推进外汇管理改革,提高外汇服务水平,加强外汇业务管理,切实支持外向型经济发展。

——提高外汇服务水平。积极探索外汇管理服务的方式,创新服务手段,全面推行出口网上核销无纸化,推进长三角地区异地进口付汇备案改革,为辖区企业和个人提供高质量的外汇服务。2009年,全辖出口企业申领出口核销单201744份,核销116443份,分别比上年减少3%和42%,出口核销率99.41%;进口付汇核销1.14万笔、34.11亿美元,分别减少36.70%和35.16%。同时,顺应外汇管理改革,支持辖内企业跨境资金运用和外商到萧投资,共办理外商投资企业外汇登记77家。全力以赴做好FDI系统的上线推广,提前完成辖区外商投资企业历史数据的采集、整理和导入工作,被省分局和杭州中心支行授予"2008年外商投资企业外汇年检专项劳动竞赛先进集体"称号。

——规范外汇流入流出管理。坚持日常核查和专项核查并举原则,拓展国际收支统计申报数据核查的广度和深度,共完成国际收支统计申报业务14.21万笔,比上年增加7%;金额86.76亿美元,比上年减少24.06%;申报率100%。进一步加强对"热钱"流入的动态监测,强化对预收货款、预付货款等重点业务的监管,防范非法资金通过贸易渠道违规流入或流出。积极配合省分局开展对深圳"11·15"和"12·28"两个专案中相关地下钱庄资金往来的企业人民币交易情况调查,对3家进出口企业违反外汇管理政策的行为进行查处,处罚金额37万元。

——规范外汇经营秩序。坚持对外汇指定银行非现场核查和现场检查联动,增强外汇指定银行外汇经营和执行外汇管理政策的严肃性,促进外汇经营秩序的有序规范。同时,对中信银行萧山支行进行个人外汇业务合规性检查,对中国银行萧山支行进行资本金结汇和代位监管情况检查,进一步规范了金融机构外汇业务。

【征信管理】 2009年,人民银行萧山支行进一步加强对企业信用信息基础数据库和个人信用信息基础数据库的管理,充分发挥其在征信管理中的作用。认真做好贷款卡年审和中小企业信用信息征集工作,年审贷款卡4736张,征集中小企业信用信息档案165份,更新中小企业信用信息1011家。同时,进一步加强对辖内统一企业信用等级评定工作的管理,积极开展征信宣传活动,进一步培育、增强企业与社会公众的信用意识。

【反洗钱】 2009年,人民银行萧山支行定期召开辖内银行业反洗钱工作联席会议,研究反洗钱工作面临的形势与工作目标,并对商业银行提出了指导意见和具体工作要求。认真做好可疑交易信息采集工作,对辖内金融机构上报的15笔重点可疑交易(涉及人民币233845.30万元、美元20万元),逐笔进行分析、排查,其中经初步调查、分析确认可疑的有两笔交易(涉及人民币22.72亿元),人行萧山支行形成初步调查分析报告,上报杭州中心支行。

【货币发行管理】 2009年,人民银行萧山支行认真做好货币调拨和现金供应、回笼工作,共投放现金132.84亿元,回笼现金 54.66 亿元，净投放现金 87.18 亿元；调出发行基金 1.62 亿元，调入 90.00 亿元。同时，继续做好人民币反假防伪工作，共收缴假人民币 11.31 万张(枚)，面额 157.65 万元。积极开展人民币反假宣传和培训，在全民普及反假货币知识活动中，共开展宣传咨询活动 30 次；到 12 所学校进行宣传，以落实中小学生教育计划；开展"百名收银员培训"活动，共办培训班 11 期，培训人员 202 人；开展"反假货币教育片下乡"活动，共放映《第五套人民币防伪指南》86 场次；宣传活动中发放宣传资料 15000 余份，接受群众咨询 3 万多人次。

【国库管理】 2009 年，国家金库萧山支库积极发挥国库在预算执行中的促进和监督作用，切实维护中央财政和地方财政的正当权益，严格按照要求办理退库、拨款业务。全年办理各类预算收入 444.18 万笔，金额 270.25 亿元；退库 16558 笔，金额 41.20 亿元；拨款 2597 笔，金额 199.51 亿元；向上级国库汇划分成收入、同城清算等资金 22408 笔，金额 287.22 亿元。办理业务总笔数比上年增长 9%。

(傅柏永)

银行与合作金融机构

【中国工商银行股份有限公司杭州萧山支行】 2009 年，该行基本实现预定的发展目标。存贷款余额实现"双百亿"，各项本外币存款余额 125.15 亿元，比年初新增 19.56 亿元；各项存款日均 118.7 亿元，比上年新增 16.19 亿元。其中储蓄存款余额 43.07 亿元，比年初新增 8.82 亿元，创历史最好成绩。本外币贷款余额 120.91 亿元，比上年增加 31.5 亿元，创历史新高，新增排名列省分行营业部第一。全年实现中间业务收入 9269 万元。资产质量继续保持良好水平，不良率为 0.19%。经营效益保持良好，全年实现拨备前利润 4.79 亿元，与上年基本持平，基本完成营业部的利润计划。针对严峻的防案形势，明确防案重点，强化内控管理措施，以"管理巩固年"为载体，开展各类风险排查活动，内控评价继续保持在一级支行行列。

2009 年，面对全球金融危机持续，经济预期下调，存贷款利差收入减少，市场竞争加剧，该行千方百计提高经营利润，提高核心竞争力。一是以经营效益为核心拓展资产业务和扩户工程。配备专门营销人员，支持基础设施建设，服务"三平台"、"三组团"、"空港"的重点制造业企业，提高优质存量客户的业务占比，全年新增贷款 31.5 亿元，创历史新高；加大市场开拓力度，落实中小成长型企业目标客户，全年法人信贷客户成功扩户 62.5 户(按标准折算)。二是以存款立行为发展思路，全行动员，争揽各项存款。通过旺季竞赛和对公存款专项竞赛，加强公私联动和网点调整，实现新增存款 19.56 亿元。同时调整存款结构，提高收益率。三是以加强管理为重点，实行内控管理，进一步落实各项风险防范措施。四是以创造和谐银行为目标，提高员工综合素质，凝聚员工向心力。

通过全面分析经营情况，积极寻找对策，提高经营效益。一是中间业务发展寻找新的突破口，在票据贴现业务利差减少、国际业务收入缩水的情况下，以大力发展个人金融业务和理财产品为突破点，通过竞赛考核和产品优化，使中间业务收入持续增长，比上年增加 375.62 万元；二是加大力度发展国内贸易融资业务，做好银承转化工作，国内贸易融资余额 18.03 亿元，占全部贷款的 14.91%，比上年增长 290%；三是根据贷款市场变化，顺势而为，提高贷款议价能力，控制贷款利率下浮；四是加强开口营销，销售法人理财产品约 46 亿元，完成率 230%，比上年增长 718.75%；五是合理安排财务费用支出，严格财务审批，控制成本上升，实现拨备前利润 4.79 亿元。

(苏　雯)

【中国农业银行股份有限公司杭州萧山支行】 主体业务快速增长。2009 年末，该行本外币各项存款余额 259.93 亿元，全年增量 50.41 亿元，比上年多增 3.58 亿元，总量和增量均列全省系统和区域四行第一。本外币各项贷款余额 186.56 亿元，增量 38.03 亿元，比上年多增 20.55 亿元。

中间业务有效拓展。实现中间业务收入 14553 万元，比上年增加 2429 万元；占经营收入的 16.28%，比上年提高 2.76 个百分点，业务结构和收入结构进一步优化。国际业务、贷记卡业务、投行业务、保险代理业务、网上银行等中间业务同步快速发展。

客户结构继续优化。一是系统性、垄断性客户拓展成效明显。与一大批优质客户建立良好的合作关系，占有较高的市场份额。二是政府类基础设施项目及公司客户份额快速提升。三是实体类公司客户营销取得新进展。全年新增营销大客户 34 家，新增中小企业客户 1078 户。四是个人客户拓展有新突破。以实施文明标准服务导入为契机，场内营销全面启动，年末个人星级以上客户增加 4940 户，其中三星级以上客户增加 925 户；与在萧的多家券商开展全面业务合作，第三方存管客户不断扩大，市场份额快速提升。

经营效益持续向好。在贷款利率大幅下调、赢利空间收窄、金融脱媒加剧的压力下，全行实现财务收入 8.94 亿元，成本收入比 16.52%，实现拨备前利润 6.91 亿元，经济利润 6.29 亿元，经济资本回报率 54.97%，资产利润率 2.08%。系统内效益大行、贡献大行地位得到进一步提升。

风险管理不断加强。全行始终把防控信贷风险和各类案件作为各项工作的重中之重，严守业务经营的生命线。一是突出抓好信用风险控制。深入开展对重点行业、重点企业和重点业务品种的风险排查，规范业务运作；全年清收不良贷款 5012 万元，不良贷款率 1.95%，比年初下降 1.08 个百分点。二是高频率开展监督检查。组织开展案件风险"百日大排查"、"五大领域"专项检查以及会计内控重要环节检查等，按季开展对网点的常规监管，加强对网点负责人、会计主管的履职考核。三是进一步加强案防工作。深入开展"我的岗位风险点在哪里”大讨论活动，深化员工行为分析，强化员工合规意识。加强以防盗、防抢劫、防诈骗为重点的安全保卫工作，定期开展预案演练，提高案防能力。全行未发生各类案件和重大违规违纪事项，连续10年被评为内控评价一类行。

（吴徐明）

【中国银行股份有限公司杭州市萧山支行】 主要经营业绩。负债业务：2009年底，各项人民币存款余额132.42亿元，比年初增加35.67亿元，其中公司存款新增23.24亿元，储蓄存款新增10.15亿元，金融机构存款新增0.73亿元；各项外汇存款余额10217万美元，比年初增加2403万美元，其中公司存款新增1230万美元，储蓄存款新增777万美元，金融机构存款新增396万美元。资产业务：各项人民币贷款余额104.45亿元，比年初增加40.61亿元，其中公司贷款新增26.43亿元，零售贷款新增6.49亿元，票据融资新增5.92亿元，贸易融资新增1.77亿元；各项外汇贷款余额28700万美元，比年初增加18999万美元，其中公司贷款新增3472万美元，贸易融资新增15527万美元。国际结算业务：叙做国际结算业务量22.63亿美元。实现中间业务净收入11440万元。实现净利润16429万元。该行在中行浙江省行直属支行绩效考核中排名第二。

负债业务方面，抓好以产品增存款的工作，一方面营销贸易融资组合产品，特别是抓住“汇利达”产品的营销良机；另一方面，营销承兑汇票业务，并大力叙做适合客户需求的卖方贴息等承兑汇票新业务。此外，充分利用员工的社会资源，积极争揽行政事业单位开户和存款，1—12月新增行政事业单位开户29个，29家单位存款时点新增9822.04万元。围绕“旺季抓存款、淡季抓客户”的营销策略，年初开展业余揽储，业务部门主动开展联动营销，客户经理全力争揽企业分红及奖金分配；二季度，财富管理中心以“兰廷叙”高端女性俱乐部为平台，不断拓展财富客户数量；四季度，深入开展“中银理财进机关”、“中银理财进企业”活动，进一步扩大“中银理财”的知名度和影响力。

2009年5月26日，中国银行高级研究员谭雅玲作外汇市场分析与趋势判断报告

（中国银行萧山支行提供）

资产业务方面，开年以来，公司授信部门一手抓新企业、新项目的授信叙做，一手抓优质企业授信份额的提升，加大对已有授信的行业龙头企业的支持。同时，努力拓展资产业务新领域，成功叙做中行浙江省分行内第一笔以中国银行为牵头行的银团贷款，并及时实现投放，中行浙江省分行为此专门发来贺信。该行以此为契机，又先后叙做两个银团贷款项目，开创了萧山金融业银团贷款业务的先河。票据贴现业务实现近年来零的突破，票据融资余额一度实现10亿元，提前并超额完成省行下达的全年任务。零售贷款方面，以零售贷款业务扩面为突破口，通过抓零贷从业人员的培训、零贷系统的普及，在所辖机构中除机场分理处外，全部开通零贷系统。针对萧山当地民营经济发达的特点，个人金融部广泛开展抵押循环类贷款的营销，在汽车按揭业务受制度约束、业务量下降的情况下，找到了业务发展新的增长点。

中间业务方面，呈现全面回升态势，净收入超额完成全年任务。2009年，面对不利因素，国际结算业务以深化服务为手段，发挥品牌、产品、海外行等综合竞争优势。首先，提升自身的服务内涵，在国际结算部门内组建服务小组，为客户提供“一对一”服务；加强与海外分行的联系，向从萧山区内“走出去”到海外拓展业务的客户提供专业化的服务方案；邀请资深汇率专家举办讲座，为企业提供汇率趋势分析，帮助企业应对汇率波动；在同业中首家实施全区范围的上门收单服务；开展“你结算、我送礼”积分有奖活动，吸引客户上门办理结算业务。其次，利用各类贸易融资中的各种产品组合，巩固和争揽国际结算客户，根据客户不同的业务特点和汇率情况，积极推荐“结汇通”、“汇利达”、“汇利通”、“融信达”等业务品种，在叙做业务的同时为客户创造价值，实现银企双赢。再次，积极向上争取业务授权，提高业务处理效率。6月，中行浙江省分行批复该行可自行办理50万美元（含）以下的进口开证及付汇业务，成为萧山金融机构中的第一家。第四，个金中间业务突出重点。上半年，根据萧山当地出国留学人员较多的实际，与省内著名的出国留学机构合作，在区内开办首家出国留学咨询服务平台，拓展个人结售汇市场；7月，开展产品营销周活动；8月，开展基金销售竞赛冲刺活动；9月，举办以“盛世中国60年，铭记祖国辉煌”为主题的庆祝中华人民共和国成立60周年黄金投资品鉴会。第五，公司中间业务狠抓新业务创收。在巩固原有中间业务产品的基础上，以新产品为手段，不断拓宽收费渠道，从年初开始就着手叙做银团贷款、同业存放、委托贷款、代理承兑汇票、黄金租赁等业务，填补了许多中间业务收入的历史空白，向萧山合作银行销售“中银集富”理财产品达10亿元，在全省名列前茅。

构建和谐家园，推动精神文明建设。深入开展与淳安县上江村（竹园村）的扶贫结对工作，2009年，继续为其解决部分农产品销售难的问题，全体员工再次捐款47640元，帮助该村进一步壮大集体经济实力、改善村庄面貌；行领导和中层正职与萧山区河上镇朱家村的低收入农户开展结对帮扶，全体党员捐款19100元。组织员工参加总行举办的纪念中华人民共和国成立60周年征文比赛并获三等奖；通过举办“共和国旗帜下感动中行”颁奖晚会，对服务中行20年的“忠诚员工”、实现国际业务重展雄风的“坚守责任”员工、爱岗敬业的女员工、优秀复退转业军人、平凡岗位上积极奉献的员工、模范职工家庭等进行表彰。

（沈高峰）

【中国建设银行股份有限公司杭州萧山支行】 2009年，该行存贷款规模再创历史新高。年末全行一般性存款余额173亿元，比年初新增33亿元，增幅为24%；贷款余额156亿元，比年初新增40亿元，增幅为34%；全年累计实现中间业务收入1.3亿元；实现账面利润5.1亿元，增幅近11%，人均创利提高到170万元。

抓结构调整，业务结构得到优化。继续扩大存款总量，进一步优化存款结构；拓展机构类存款与活期存款。大力发展政府贷款、房地产开发贷款、小企业贷款、住房按揭贷款业务。信贷结构努力向大型企业、中小企业、个人类贷款“三三制”的良性格局推进。截至12月末，支行新增优质小企业客户41户，小企业贷款余额比年初新增25亿元。战略业务较快发展。全年完成国际结算量11亿美元。黄金销售量快速增长，代理基金销售稳步提升。电子银行继续保持快速增长；信用卡客户增幅有明显提高。个人结算账户新增创历史新高，列系统杭州辖区首位。

抓渠道建设，提升销售能力。2009年，新设党山支行，迁址金城路支行、衙前支行，改造装修临浦、育才、宁围等网点，筹建财富中心，服务客户的能力进一步提升。推进网点二代转型，网点竞争力等级考核初见成效。加大自助设备投放，新增自助设备21台，提高电子渠道替代率。同时，两支客户经理队伍不断壮大。通过组建任务型团队，制订客户信息管理办法，推进每周营销汇报制，开展“保增长、创新路、促发展”、“我们与您同行”小企业客户拓展等专题营销活动，拓展客户群。

抓改革创新，优化经营管理机制。组建“利得盈”和“百易安”等任务型团队，完成小企业信贷工厂组建，对公司业务内设机构职能进行整合。推进国际业务的专注专营，建立国际业务服务区，促进国际业务服务质量和效率的提升。产品创新方面，继“利得盈”产品推广后，又在“百易安”、工程项目资金监理、国内保理等业务上实现零的突破。信托理财业务收入、交易资金托管业务、单位外币融资收入等方面在“破零”的基础上得到快速发展。

抓风险控制，保卫资产质量安全。成功处置公司类和个人类不良贷款4户，回收本金8700万元。

抓队伍建设，提升员工素质。实行公开竞聘制度；加大培训投入；对全行员工考核方式进行全面改革，推出柜员星级考核管理；全面推行现买单机制。同时，重视承担企业社会责任，积极开展“春风行动”扶贫济困献爱心、“一户一策一干部”结对帮扶工作、“双千结对”帮困扶贫、支援台湾南部地区台风“莫拉克”捐款等社会公益活动。

（王黎波）

【交通银行股份有限公司杭州萧山支行】 2009年末，该行人民币存款余额58.7371亿元，比年初新增12.9194亿元。其中，储蓄存款余额12.6598亿元，比年初新增2.7985亿元。人民币贷款余额58.4160亿元，比年初新增14.9825亿元。其中，个人贷款余额3.9102亿元，比年初新增1.8867亿元；展业通余额3.9966亿元，比年初新增2.3066万元。资产质量继续保持良好的发展态势。实现中间业务总收入2094万元，完成国际业务结算量4.2755亿美元。实现经营利润1.58亿元。

5月18日，小企业信贷服务中心萧山分中心成立，该行以此为契机，全面拓展零售信贷业务。一是以“展业通”品牌为抓手，探索小企业授信安排。通过“展业通”平台培育一批优质客户，全年为小企业授信43户，贷款余额近4亿元。二是以二手房按揭为突破口，实现个贷业务的快速发展。加强宣传，通过媒体广泛宣传小企业信贷政策；配备小企业信贷中心专职人员；支行行长带头营销，与有关房地产公司建立二手房按揭关系。通过努力，二手房按揭贷款、商铺按揭贷款、个人经营性贷款发放和“易贷通”发放在省分行本部名列前茅，萧山支行分别获浙江省分行本部房贷超越赛一等奖和零售信贷年度银奖。

落实转型要求，全力抓好个金业务。坚持以客户为中心，为个人客户提供全方位、量身定做的个性化金融服务，实施品牌战略，吸引客户群体，全面提升个金业务。一是开展个金业务持续营销活动，进一步推进双币信用卡、代发工资、保险销售、基金销售等个金业务的发展，促进个金业务的战略转型。二是开展形式多样的营销方式。三是开展个金销售特训营和世博黄金系列鉴赏会活动。个金销售特训营累计销售保费1111万元，销售基金2883万元，销售微缩黄金15套，中间业务收入居分行前三期个金销售特训营第一。世博黄金系列鉴赏会，当天销售黄金402件，金额937万元。

结构调整防控风险，积极应对金融危机。一是以贷后管理为契机，加强信贷基础管理。年末，顺利通过总、分行信贷基础管理达标考核。二是以贷后管理为契机，加强贷后监控工作。对萧山当地存量授信的化纤企业进行跟踪分析，针对绍兴等地区纺织行业风险暴露对萧山的负面影响，对存在担保链关系的企业予以重点监控；尤其对萧山有关企业的改组，专门成立工作小组，多次走访区委、区政府、人行等，对可能出现的风险予以高度关注;由行长或分管行长带队,下企业、访车间,做好贷后管理工作。三是加强持续风险排查,落实减退、加固工作。重点关注客户的对外融资、对外担保、实际控制人行踪等情况,主动及早采取风险防控措施。至年末,减退不动户和授信中止户 46 家,实际减退授信使用敞口 5.18 亿元,加固授信敞口 6.3 亿元。四是提高抵质押贷款占比,巩固担保结构。年末,抵质押贷款从年初的 8.43 亿元提高到 10.3 亿元,净增抵押物 1.88 亿元。

(徐关洪)

【中国农业发展银行杭州市萧山支行】 2009 年,该行实现实际账面利润 2968 万元,比上年末增加 470 万元,增长 18.82%;人均创利 152 万元。日均存款 35529 万元,人均 1822 万元;中间业务收入 33.39 万元,人均 1.71 万元;资产利润率 3.92%,收入成本率 7.95%,经营绩效考核位居全省农发行第一位。

抓防控,稳健经营资产业务。年末各项贷款余额 80300 万元,同比增加 2748 万元,增长 3.54%。全年累计发放贷款 72451 万元,比上年增加 3508 万元,增长 5.09%。支行所有贷款业务都处于正常形态,无不良贷款。一是做好主体业务,继续确保地方粮食安全。严格执行国家粮油宏观调控政策,及时、足额供应收购资金,确保政府粮食增储、轮换计划顺利完成。全年发放地方粮食储备贷款和收购贷款 11600 万元,比上年多投放 6818 万元;支持储备调入、收购粮食 9429 万千克。根据统一部署,做好粮食的清仓查库工作,对全区所有库点粮食进行全面检查,没有发现空库、缺粮现象。二是做好流动资金贷款营销维护工作,着力于稳定存量、适当增量。三是着力于项目贷款的营销。加大对政府及相关职能部门的宣传力度,把农发行所具有的政策优势宣传到位,取得地方政府的支持。四是夯实信贷管理基础。严格贷款准入条件,强化贷前尽职调查,完善贷款风险抵押担保措施,全面落实民营企业法人代表及主要股东个人为贷款承担无限连带责任的做法,防范企业道德风险。加强对贷款重要环节和风险点的排查处置,有针对性地防控贷款风险。

抓效益,大力开展负债业务。突出负债业务经营,把负债业务作为新的效益增长点,抓存款增效益。旬均存款余额 35679 万元,比上年增加 25302 万元,增幅为 243.83%。

抓创新,扎实推进中间业务。主要采取"贷款挂钩、以传统中间业务为基础、国际业务有所突破"的策略,将各项中间业务完成情况与贷款直接挂钩,以票据业务、财产保险业务、人寿保险业务作为中间业务发展的支撑点,营销国际业务,成效显著。全年完成中间业务 33.39 万元,其中保险代理业务手续费收入 23.6 万元,国际结算业务手续费及汇兑收益 1.5 万元,票据等手续费收入 8.3 万元。

(李　琦)

【浙江萧山农村合作银行】 2009 年末,该行各项存款余额 440.03 亿元,比年初增加 81.95 亿元,增长 22.89%;各项贷款余额 296.86 亿元,增加 64.77 亿元,增长 27.91%;完成国际结算 12.3 亿美元;代收代付业务量 908 万笔、156 亿元。至 2009 年底,全行资产总额 533.57 亿元,比年初增加 77.39 亿元,增长 16.96%;实现账面利润 8.52 亿元,虽受利率下调影响但仍增长 7.71%;所有者权益 36.5 亿元,增加 7.07 亿元,增长 24.02%。全行五级分类信贷资产不良率 0.9%,比年初下降 0.76 个百分点;资本充足率 11.83%,核心资本充足率 10.57%;资产减值准备充足率和一般准备充足率分别为 473%和 325%。

调整结构,存款根基稳固扎实。面对复杂多变的经济金融形势,全力组织基础性存款,26 家支行新增存款超过亿元。一是抓服务。开展文明服务建设年活动,共有 5 家支行分别被评为全国银行业或全省、全市农村合作系统文明服务示范单位。实施渠道建设计划,新布放 ATM22 台、POS 及信付通 227 台,网点布局趋向合理。启动营业网点视觉形象建设,标准手册、营销系统和样品网点初步成形。二是抓项目存款。发挥政银合作优势,落实首席客户经理制,抢夺开发区市北区块、钱江世纪城、大江东和机场二期、湘湖二期等重点建设项目拆迁赔偿存款,全年吸收拆迁赔偿存款 20 亿元。三是抓业务联动。对组合贷款、票据和贸易融资等综合授信业务,加大绩效考核力度,扩大市场营销团队,依靠资产业务拉动负债业务,发展基本结算账户,推动单位存款在增长中调整结构。虽然承兑保证金存款下降 14.38 亿元,但单位存款仍增加 27 亿元。

坚守阵地,信贷市场深度开拓。开展"金融支农推进年"活动,加大农业和中小企业信贷投放力度,巩固农村金融阵地。一是纵深拓展基础阵地。开展"走千家、访万户、共成长"活动,累计走访企业 7140 家、农户 46082 户,新建立 144 家农业龙头企业和 106 家专业合作社信息档案。实行单独考核,"五类农业贷款"14.13 亿元,增加 5.67 亿元。新创建

2009 年 8 月 22 日,国务院总理温家宝在浙江主持召开企业座谈会时接见萧山农村合作银行董事长丁云莲(萧山农村合作银行提供)

信用村60个、信用镇12个、信用联络站60家，全区已有信用村455个、信用镇26个、信用联络站455家，超额实现三年规划目标。小农业贷款78.35亿元，增加19.04亿元，占全部新增贷款的29.39%。二是着力培植中小企业。实施“五个一”工程，投放26.5亿元贷款开发1743户无贷户，增量23.6亿元培育3025家微小企业，新增9.3亿元扶持717家小企业，新增8.8亿元培植301家成长型企业，追加5.9亿元支持150家农业企业。继续实施小企业贷款扩面增量考核，全面运作“小企业贷款推广中心”，打造小企业贷款业务营销团队，年末法人小企业贷款1944户、52.5亿元，增加289户、13亿元。三是及时调整信贷政策。主要是严格实行台机限量授信，年末轻纺织造业贷款占比下降2.43个百分点。推动镇街担保公司运作，对反担保能力较强的优势成长型3A级企业，担保倍数最高放大到10倍。调整贷款结息方式，尝试贷款按月结息。同时，第三产业贷款稳健发展，年末余额29.18亿元，新增8.19元，占全部新增农村工商业贷款的16.57%。

应对竞争，业务创新亮点纷呈。一是贷款业务突出便利。围绕农村土地制度变革和农业市场化、农民市民化、农村城市化，推出青年创业贷款、丰收小额贷款卡、村级经济合作社经营性物业贷款等贷款新品种；完善5只小企业贷款产品，进一步简化贷款手续。二是国际业务逆势而上。推出“速汇通”、“速融通”、“速递通”等外汇产品，建立多币种、分地区的汇款路线，实现日元、英镑、澳元自营清算，加强外汇资本金、企业外债融资、外商投资企业清算等资本项下业务市场的营销。新增境外代理行167家，累计建立国外代理行472家；国际结算业务市场占有率上升2.98个百分点。三是中间业务提升影响。建立银行卡中心，发行借记卡11.7万张；实现刷卡消费28.3亿元，比上年增长181%。完成第三方存管银证转账业务2.7万笔、29亿元。开通“农信银——支付宝电子汇款业务”，自营华东三省一市银行汇票业务，扩大银行本票和大小额支付系统办理机构。独家代售全区社会消费券658万元。实现投资收益3.3亿元，增长76.7%。

防范风险，内部控制齐头并进。一是启动案件防控治理。实施案件防控治理“三年规划”，在“百日大排查”活动中，专项排查重点账户、企业存贷款账户100万元以上发生额，并将票据业务纳入后督范畴。同步开展借冒名贷款、贷款五级分类偏离度、票据风险、重点业务风险、财会大检查等，新设8个反洗钱工作站，规范收缴假币55万元。二是防范信用风险。在坚守审慎经营理念、控制大额贷款集中度和坚持“三查”(贷前调查、贷时审查、贷后检查)独立的同时，严把授信准入关，全年减少不符合条件的授信62户、4.63亿元；按月通报不良贷款，建立风险贷款档案；全年清收不良贷款85户、7156万元；明确呆账核销操作规程；规范人行征信系统查询和贷款卡使用；试行抵押房地产外包评估；试行贷款多级分类。三是持续推进基础建设。推进会计基础管理规范化，新创一级支行2家、二级支行7家。10家支行推行经济资本管理。加强计算机及网络安全管理，上线ATM管理系统，试运行后督风险预警系统和信贷风险预警系统。实施分类管理，内部风险等级作为年度授权主要依据。开展新一轮网点安防改造，加强保安服务监督。

以企业文化承载责任。出版发行《萧山农村信用合作社志》。冠名萧山区首届购物节暨文化下乡活动，资助“合作银行杯”萧山区农村数字电影巡回放映，落实53名中层正职以上干部参加全区低收入农户“一户一策一干部”结对帮扶活动，出资40万元支持青川信用联社灾后重建。

(周建国)

【中信银行股份有限公司杭州萧山支行】 2009年，该行全年实现税前利润27392万元，比上年增加438万元，人均创利258万元，继续保持了辖区股份制商业银行中赢利大户的地位。

负债业务稳步发展。在抓好原有存款大户、源头大户等的稳定和深度挖掘工作的同时，重视加强与区级财政、镇街财政等的联系沟通，寻求业务合作。年末，全行本外币各项存款余额1234316万元，比年初增加379143万元，增幅44.34%。

资产业务快速发展。大力拓展优质资产业务：一是成功营销安居房项目、土地储备中心项目等政府重点项目；二是通过开展优质目标客户营销竞赛活动，扩大优质资产客户面；三是加大信贷结构调整力度，做到突出重点、区别对待、有保有压。年末，各项贷款余额940503万元，比年初增加273423万元，增幅40.99%。风险资产余额955283万元，比年初增加207616万元，增长27.77%。2009年无新增不良贷款，不良贷款率继续保持零记录，贷款利息回收率100%。

中间业务和资本节约型业务健康发展。国际业务方面，一是进一步强化市场营销工作，推进国际业务客户群建设；二是拓宽服务渠道、丰富产品种类，提升国际业务服务的针对性和有效性；三是优化国际业务结构，以业务结构的调整获得业务发展新动力。年末，完成进出口收付汇量75462万美元，市场占比6.01%，比上年同期增长0.39个百分点；实现国际业务中间收入(手续费+邮电费+汇差)1003.14万元。投行业务方面，开发财务顾问客户70家，实现财务顾问收入1156万元，资金产品交易量7841万美元。全年实现中间业务净收入3279万元。全年票据累计贴现量192855万元，比上年增加148822万元，实现净贴现利息收入1217.05万元。此外，该行还加大对部分中间业务、资本节约型产品、服务的创新与应用，公司网银业务迅速发展，全年网银交易量577.61亿元；年金托管业务实现零的突破，首笔托管金额763036元。

零售业务稳步发展。年末，管理资产余额307884万元，比年初增加81885万元，其中理财产品保有量66890万元，增加17363万元。新增信用卡1456张；个人住房按揭贷款余额40199万元，比上年末增加11096万元；新增代发工资公司72户、代发工资人数15715人,代发工资总额191517万元,比上年末增加35867万元;新增个人网银证书用户6534人;新增贵宾客户388人。与此同时,进一步加强"中信理财"品牌建设,推动服务体系建设。

(王　节)

【上海浦东发展银行股份有限公司杭州萧山支行】 2009年末,该行本外币一般存款余额86.6亿元,新增8.32亿元,增幅10.63%,其中储蓄存款余额14.53亿元,新增6802万元,增幅4.91%。本外币贷款余额77.43亿元,新增15.6亿元,增幅5.23%,其中个人银行贷款9亿元,新增0.57亿元,增幅6.78%。年末风险资产余额81.74亿元;年末银行承兑汇票余额31.55亿元,比年初增加4.49亿元。后三类不良贷款余额2800万元,新增2800万元,不良贷款率0.36%,上升0.36个百分点。全年实现税前利润1.51亿元,由于利差缩小、拨备增加等因素,与2008年同口径比减少5280万元,但利润总量仍列杭州分行系统内第二位。

网点建设步伐进一步加快。2009年初,支行本级迁至新址,并在原址新设一家二级支行——市心支行。对下辖开发区支行进行整体改造和装修。持续深化运营内部管理,改进服务软环境,提高服务质量和效能,促进临柜服务水平提高。建立营业网点、自助银行、电话银行、网上银行、手机银行五位一体的立体化营销和服务渠道。全年新增网银客户1959户、手机银行客户213户,电子渠道交易占比明显增长。

开展"迎行庆、创佳绩"业务营销竞赛。2009年是支行成立14周年,出台《萧山支行2009年公司银行客户经理负债业绩激励试行办法》和《萧山支行2009年个人银行客户经理和理财经理激励约束补充办法(试行)》;开展"迎行庆、创佳绩"业务营销竞赛,对负债业务和国际业务进行重点营销。9月6日支行存款余额突破100亿元,达到106亿元,国际结算量也有明显回升。

拓展负债业务。一是量化各营销团队的经营指标,按照不同岗位,对主要经营指标进行逐项分解,对13项经营指标按月、按季通报考核。二是将存款客户进行分类,加大公关力度,加深银企感情,无贷户、大额储蓄等纯存款户存款总量稳步提升。三是抓好信贷企业联动,挖掘客户对支行的存款回报。通过举办网上银行、离岸业务等现金管理产品推介会,宣传推广公司网银等现金管理产品。四是抓好新客户的拓展工作,拓展公司银行有效客户。11月支行举办了中小企业客户答谢会,邀请经发局领导为企业家分析萧山工业经济形势,解析企业项目投资优惠政策,介绍浦发银行中小企业金融服务方案。全年新拓展公司银行有价值客户205.93户、网银交易户166户。

调整优化资产结构。2009年新增有敞口的信贷客户48户,新增贷款15.6亿元,新增贷款规模是2008年的4倍多。通过了解政府融资平台项目信息,跟踪项目进展情况,成功营销储备中心4亿元资产业务;加大对流通企业、"三农"、建筑业等领域的信贷投放,分别新增贷款7.1亿元、6亿元、8600万元;参与以开发普通住宅为主的房地产项目,发放项目贷款1亿元;扶持优质中小企业,授信余额32.55亿元。同时,根据区域经济结构调整和经济转型升级的实际,适时调整和优化信贷资产结构,压缩信贷企业16家,金额6794万元;退出16家,金额16540万元,确保了资产质量。

拓展中间业务。竞争风险低的信用证业务;抓住人民币升值的预期,积极向上争取外汇配套资金,突出抓好进口开证业务;继续倾斜信贷资源,优先扶持国际结算联动好的企业发展;做好特有市场需求的新兴中间业务,继续拓展低风险定向委托贷款和国内信用证等中间业务,办理国内信用证33041万元,委托贷款余额6100万元。创新金融产品,为萧山区一上市企业发行一款5000万元的信托产品。推进离在岸一体化营销,拓展离岸业务,全年实现离岸国际结算量10837万美元。探索国际贸易融资新产品,有针对性地营销远期结售汇、国际保理、离岸开证等新业务。

推进个人银行经营转型。坚持"公私联动、产品拉动、专业促动、全员推动"的个人银行业务发展策略,继续加大个银业务投入,加强营销推广,提升个金队伍的整体素质。年末,支行理财类资产余额2.91亿元,新增1.13亿元,增长64%。为打响"浦发卓信"和"轻松理财"两个品牌,先后举办"2009年投资理财策略"报告会,组织贵宾客户到医院体检,邀请贵宾客户参加保健养生讲座,召开代发客户联谊会,独家冠名第三届"萧山区新年音乐会",举办贵宾客户子女"明日精英轻松理财"夏令营,发动团员青年开展每月一次进社区、进校园送金融知识等活动。

抓风险经营,确保资产质量。全球金融危机发生后,针对区内部分企业资产缩水、效益大幅下降、资金链趋紧的形势,支行强化信贷管理,防范信用风险。认真分析客户发展前景以及现金流、资金链情况,特别重视了解业主有否涉足赌博、吸毒等不良行为,关注经营者个人品行;摸清企业投资房市、股市以及对外担保等基本情况,客观评价客户经营、效益和发展前景,审慎决策;强化贷时审查,规范送审流程。全年审查各项公金信贷业务4478笔,累计金额近230亿元,审查各项个金业务授信423笔。加强贷后管理。指定贷后检查企业完成率100%。重新修订贷审小组工作规程及信贷业务审查审批实施细则,出台《关于进一步明确放贷操作流程的通知》;明确支行固定资产贷款管理的流程。加强检查监督,全年开展各类内外部检查30余次,检查范围之广、频率之高创历年之最。

通过产品和理财经理两大品牌宣传,打造"私人金融顾问"品牌。一是加强媒体广告。继续与《萧山日报》、萧山广播电视台合作,办好每月一期的《理财资讯》专版、每周一期的《理财大讲堂》、《财富周刊》,继续投放《萧山日报》阅报栏广告。新增萧山理财网、长途公交车站候车厅等宣传平台。二是加强宣传。全年制作《理财快讯》15期,通过网点赠阅、电子邮件等方式传达支行产品信息;初步建立个人客户数据库，利用手机短信平台群发理财产品和促销活动信息5万余条。并在全辖4家网点配置液晶显示屏，制作发布产品信息。

（楼家茂）

【杭州银行股份有限公司萧山支行】 2009年，该行各项业务健康快速发展。(一)业务完成情况。截至年末，萧山支行(包括瓜沥、临浦、城厢支行)各项存款余额54.88亿元，比年初增加15亿元。其中，公司存款余额47.17亿元，比年初增加12.81亿元；储蓄存款余额7.68亿元，比年初增加2.1亿元。全年各项贷款余额77.83亿元，比年初增加33.39亿元。全年完成国际结算量3.21亿美元，完成票据贴现48.53亿元。销售理财产品9869万元，销售基金617.43万元。(二)赢利情况。支行全年各项业务收入23034万元，实现营业利润19160万元，人均创利187.8万元。(三)资产质量。截至12月末，支行不良贷款逾期率0.36%，贷款利息实收率100%。

整合机构，提高效率，完善管理。8月，根据总行组织体制改革方案，总行对萧山区域内的分支机构进行整合，赋予萧山支行对瓜沥、临浦、城厢支行的管辖职能。整合后，提高了对萧山支行后台服务和内部管理的要求。支行协调各支行现有人员，先后成立业务管理部、业务运营部，并整合设立支行办公室，逐步建立支行组织管理框架，为下一步推行整合方案打下基础。

开展各类排查自查，确保业务稳健发展。4—8月，进行“百日案件风险大排查”，排查中对每笔大额业务交易、账户开立、网银开通实行双人交叉、上门核实的方法进行逐一核对，对排查出的问题及时上报并提出解决方案，将案件风险控制在萌芽状态。7月，开展“综合业务自查”，针对支行的人民币账户管理、货币反假及管理、反洗钱业务、外汇业务进行自查。7—10月，对承兑汇票业务的内部控制情况以及银行承兑业务的合规性、贸易背景的真实性进行自查。通过对承兑汇票业务的检查和管理，自7月开始有计划地压缩银行承兑汇票。至年末，支行在存款持续增长的前提下，压缩银行承兑汇票2.54亿元，降低了存款的保证金占有率。通过各项风险排查工作的落实，支行在风险防范方面建立了以定期检查为主和不定期检查为辅的风险排查模式。

优化业务结构，促进各项业务发展。2009年，该行适时调整优化信贷结构，确定新的业务发展路线：以公司业务发展为基础，加强与政府部门或事业单位的合作力度，关注政府的基础设施项目和民生项目；鼓励客户经理挖掘潜在资源，根据地方政策和产业投向，加大发展中小企业的力度，与前景良好的小企业建立紧密的合作关系，培养忠实的优质客户；继续开展业务创新，推进“卓越计划”、“星火计划”，探索银团贷款；继续实施业务条线联动，充分发挥公司业务的资源优势，以点带面促进零售业务发展。在此路线的引领下，支行取得了业绩的回报。政府性项目方面，与区政府相关部门建立了良好的业务合作关系，形成双赢局面，为地方经济建设作出贡献；在总行的支持和指导下，以杭州银行萧山支行作为主办行，与深圳平安银行组成银团贷款，不仅成功地引入外地资金助推当地基础项目建设，而且为该行下一步开展银团贷款积累了实践经验。小企业业务方面，4月，区财政局、区经发局联合杭州银行萧山支行拟募集上亿元资金，至年底该债权基金已成功发行两期，受惠企业74家，并得到杭州市市长蔡奇的批示表扬；9月，成立小企业业务部，小企业业务由分散走向集中。零售业务方面，销售理财产品400多万元；营销6个社区、办理3个楼盘的按揭贷款和二手房业务；开通公积金贷款项目。票据贴现业务方面，票据中心工作人员从纯操作工作模式逐渐向“操作与营销相结合”的工作模式转变，主动关注市场整体利率变化，有效利用总行利率优势，及时与客户沟通联系，并组织企业客户举办银承票据沙龙，向客户传递票据信息，以各种方式增加票源。全年完成票据贴现48.53亿元。

履行社会责任，参与公益事业。该行长期资助家住城厢街道的袁某和家住坎山镇的汪某，帮助她们解决学习和生活上的难题。2009年度，该行领导与浦阳镇3户困难家庭结对；在第九次“春风行动”中，该行员工共捐款6000元。

（潘　露）

【华夏银行股份有限公司杭州萧山支行】 2009年综合经营计划完成情况：(一)效益类指标完成情况：拨备前利润7783万元；中间业务收入1270万元，中间业务收入占拨备前利润的16.32%；存款付息率1.53%左右。(二)规模类指标完成情况：一般性存款余额28.41亿元，对公存款余额24.86亿元，储蓄存款余额3.44亿元；纯贷款余额28.04亿元；国际结算量23384万美元。(三)客户类指标完成情况：新增对公有效结算户369户，新增个人贵宾客户141户，国际业务有效客户39户。(四)指导性计划指标完成情况：国际结算收入626.92万元，累计新增有效信用卡发卡量411张，个人贷款余额0.99亿元。

高度重视新客户的开发和营销。一是努力做好纯贷款客户的新开发和存量贷款的挖潜工作。紧盯市场需求，开展营销攻坚战。对被动退出的客户进行梳理，主动邀请分行联系行长帮助支行实地回访等方式，再找合作机会。积极配合总、分行中小企业信贷部相关人员开展专项调研活动，摸索发展中小企业信贷业务的方式和路径。二是切实抓好国际业务的营销攻坚工作。支行在争取新授信客户尽快用信的同时，做好存量客户的用信营销和挖潜工作，实现支行国际业务的良性发展。同时，通过汇总目标客户，制订营销方案，采取团队与单兵作战相结合的方式，充分调动一切资源开拓业务，推进国际业务快速发展。三是加大力度夯实个人业务基础。个人业务一直是该行的薄弱环节，2009年，主要采取三项措施，加强个人客户的开发工作。(一)通过完善代收代付平台，结合基本结算户的开发工作，做好代发工资等代收代付类业务，实现有效借记卡、储蓄存款、个人中间业务收入及其他相关业务的联动开展。(二)加大个贷营销力度，重点营销经营性贷款。继续开展营销个人业务的专项活动，同时积极参加分行组织的各项活动，如进义乌、金华营销信用卡，进杭州电子科技大学营销支付宝卡，进萧山国税局、区公安分局营销信用卡等专项活动。(三)积极开拓按揭贷款业务，对该行有开发贷款支持的房地产项目，主动给予配套按揭贷款支持；同时加强与中介公司合作，拓展二手房按揭贷款业务。

(陈宇峰)

【招商银行股份有限公司杭州萧山支行】 截至2009年末，招商银行萧山三家支行全折本外币自营存款595786万元，其中人民币自营存款593960万元，新增45302万元。人民币对公存款431927万元，新增23406万元；人民币储蓄存款162033万元，新增21896万元。全折本外币贷款619978万元，其中个贷126166万元，新增22052万元；中间业务收入1865万元。零售管理客户总资产239808万元，新增57623万元。资产质量继续保持优良，获分行年度“优秀合规守法团队”和“服务和技能双优先进”集体称号。

积极调整负债业务结构。一是随着银监会对保证金存款监管力度的加大，采取一系列措施，加大对活期结算存款的营销，通过增量实现结构调整，保证金存款比例较年初大幅下降；二是通过开门红竞赛、公私联动、产品带动等一系列措施扩大客户基础，同时大力推动第三方存管业务，通过管理客户总资产带动存款增长；三是以优质服务、“网点创赢”来吸引客户、留住客户，做大储蓄。

确保资产质量继续保持优良。多渠道开拓优质新客户，维护和挖潜老客户，确保贷款有效投放和资产质量优良。同时，加大对公中长期贷款占比，新增中小企业47户，中小企业贷款新增80227万元。发展多元化产品，做大个贷规模，特别是个人汽车贷款新增7365万元，名列分行前茅，并成为支行个贷新的增长点。

贴现总量继续保持同业领先，收益好于预期。通过前端积极营销，维护老客户、开拓新客户；后端提高效率、做好服务，同时严把贸易背景真实关，积极推动票据业务发展。全年累计票据贴现706583万元，继续列当地同业前茅。

多管齐下，大力发展中间业务。以扩大价值客户群为重点，以贸易融资为重要手段，加快国际业务的发展步伐，国际业务收益逆势增长。加快零售中间业务收入增长，积极推动基金、理财产品、保险、外汇和黄金业务的发展。借助分行开展的刷卡促销活动，推动借贷记卡的POS刷卡消费，增加POS回佣收入；进一步加大信用卡的发卡，增加信用卡刷卡手续费。

积极参加社会公益事业，参与分行组织的云南结对贫困县捐款捐物和扶贫帮困，参加萧山区“一对一农户扶贫帮困”活动和“春风行动”等。

(陈　杰)

【广东发展银行股份有限公司杭州萧山支行】 截至2009年末，该行各项存款余额284072万元，其中储蓄存款余额45762万元，年日均存款283613万元，比上年增加5156万元；全年累计发放贷款555608万元，其中累计发放个人贷款7643万元；年末各项贷款余额343553万元，比上年末增加81283万元，其中个贷余额14389万元；外币存款余额254万美元；国际贸易结算量和结售汇分别为23334.63万美元和16980.23万美元；中间业务收入798万元；办理贷记卡2725张；各类理财产品销售11874.5万元；开立第三方存管账户164户；全年实现账面利润9448万元。截至12月底，累计开发新授信客户30户，授信金额4.5亿元，位列同城支行第一。

为促进信贷业务全面发展，进一步优化了个金部的分工，增加个贷从业人员，以二手房按揭业务为突破口，通过各种途径，成功与多家房屋中介建立合作关系。第四季度，支行集中发放二手房按揭业务19笔，总金额1970万元。

面对金融风暴冲击下企业经营困难重重、资产预警的红灯不断亮起，该行在强调完善日常贷后检查工作的同时，每季召开企业动态排查会，每月召开风险排查会，先后两次组织大规模信贷业务自查，逐笔、逐户梳理授信客户重要信息，深入分析风险隐患，讨论并制定风险缓释措施，通过强化担保措施(如更换担保人，增加固定资产抵押、动产抵押等)、缩减授信额度等方式，争取将风险苗头扼杀在萌芽期。同时，适当安排客户走访，向公司主要经营者介绍同业“过冬”成功经验，共同应对风险。

(张晶金)

【深圳发展银行股份有限公司杭州萧山支行】 截至2009年末，该行各项存款余额39.2333亿元，比上年末增长11.51%，其中储蓄余额4.5993亿元，增长57.14%。各项贷款余额31.7977亿元，增长21.70%，其中个贷余额5.2377亿元，增长14.80%。完成考核利润8955万元。

2009年，针对国际、国内经济环境变化对公司业务发展带来的新形势、新要求，该行主动顺应从紧的货币政策和总、分行信贷结构调整的要求，积极拓展营销和发展思路，在合理利用负债业务平台的基础上，调整业务与客户结构，增加存款业务的营销力度，提高结算存款和纯存款比例。为确保优质客户的资金需求，提前规划流动资金贷款，引导客户办理各项公司业务，不断巩固优质信贷市场份额。同时，抢抓政策执行机遇，及时把握市场脉搏，为客户提供个性化的产品和服务，将优质项目贷款、小企业贷款、贸易融资及票据业务作为全年营销重点，快速推进营销进程。在获得总行中小企业模板试点的基础上，全面开展市场营销，努力优化资产结构，与一批市场前景广、发展潜力大的中小企业建立合作关系，培育忠诚客户的同时也促进了存贷业务稳步增长。

理财业务方面，定期调研，找出零售业务产品的卖点，结合支行的实际情况，通过广告宣传、短信发送等方式，让客户及时了解“聚汇宝”、“聚金宝”、“卓越计划”、“金票据”、“金抵利”等理财产品信息，做好各类产品的营销。

(傅丹蓉)

【中国民生银行股份有限公司杭州萧山支行】 2009年，该行围绕“打造特色银行和效益银行，建设民营企业的银行、小微企业的银行、高端客户的银行”的发展思路，结合萧山经济特点，积极推广“商贷通”业务，优化中小企业业务经营管理模式，完善大客户业务运营体制，发展特色业务，开拓创新，稳健经营，各项业务继续保持快速、协调、健康发展。(一)经营效益明显增长。2009年支行实现账面利润9272万元，考核利润7682万元，增幅均为20%以上，资产规模、存贷款与年初相比均大幅提升，资金实力明显增强。(二)资产质量继续保持领先。全部贷款无逾期、无重组、无欠息，按五级分类标准均为正常类，是萧山区资产质量最好的银行之一。(三)存贷款总量快速增长。截至12月末，一般性存款余额33.06亿元，比年初新增3.28亿元，增幅为11%；贷款余额44.39亿元，比年初新增14.58亿元，增幅为48%。

积极调整客户结构，推动资产负债业务快速发展。为配合国家4万亿元投资建设计划，加大力度支持政府类贷款，积极与萧山区政府及财政沟通，新增政府类授信20亿元，在全区各金融机构中名列前茅。同时争取分行信贷资金的大力支持，制订中小企业开拓规划，对全部客户经理进行梳理和业务培训，成立中小企业营销团队，有重点有条理地对中小企业项目进行调查与上报，审批和储备项目20个，总授信额度4亿元。推进民生银行品牌特色“商贷通”业务，针对小业主进行融资，全年新增“商贷通”业务量3亿元。着力维护优质存款客户，坚持存贷款并重的工作思路，调动客户经理积极性，努力开拓存款来源，存款稳定性大大提高。

以先进科技带动业务发展。大力配合总、分行做好网上银行特别是U宝的宣传，不仅加大对公网上银行的营销力度，而且推动个人网上银行的营销与开户工作，利用厅堂的网上银行服务机帮助客户下载软件，开通U宝，提高U宝的活动率。同时利用客户新开户及购买零售产品的机会，向其宣传和推荐使用该行的网上银行功能，提升客户对民生银行产品的持有量和忠诚度。率先开立首笔电子商业汇票，成为网银工作一大亮点。

继续做好理财、基金产品的销售与风险控制工作。履行健全、有效、独立、审慎的原则，严格按照监管部门法律法规及基金代销的各项规章制度办理业务，确保经营业务的稳健运行和投资人资金的安全。零售产品销售多样化，针对不同风险承受能力和不同风险认知态度的客户，提供相应的产品。此外，建设企业文化，热心公益事业，组织员工进行扶贫教育捐款，帮助山区失学儿童，积极参加“春风行动”，为困难家庭献爱心等。

(郭玉筱)

【兴业银行股份有限公司杭州萧山支行】 截至2009年末，该行实现人民币存款余额15.65亿元，人民币贷款余额20.75亿元。

积极应对宏观经济金融形势变化，强化前列意识，坚持业务发展与风险管理两手抓，深入实施业务发展模式与赢利模式的战略性转变。首先是抓好核心负债业务的增长，加大开拓新客户的力度，特别是拓展萧山区土地储备中心、钱江世纪城等一批优秀的政府性项目。其次是调整优化结构(包括客户结构和存款结构)，主动退出一批风险较大或者合作效益不好的项目，把萧山经济强镇作为营销重点，加快中小企业业务发展；增加结算性存款、行政事业性存款拓展力度，降低负债结构中保证金、质押存款的占比。同时重视中间业务的发展，全年累计实现中间业务收入415万元。

实施全面风险管理，坚持风险一票否决制，在资产和负债业务上审慎经营、质量优先。营销新客户时，以风险可控为前提，尽职调查，有针对性地开展营销；同时，继续强化对老客户的风险排查，加强贷后检查，把握信贷资金流向，做好票据贸易背景的真实性检查。全年未发生一笔贷款逾期，不良贷款余额为零。

(张红波)

【中国光大银行股份有限公司杭州萧山支行】 一、公司业务。截至2009年12月31日，该行对公存款时点32.9亿元，比上年末增加7.7亿元，增长30.5%；对公存款日均余额30.5亿元，比上年增加6.9亿元，增幅29.4%。对公时点及日均规模均列杭州分行各经营机构第一位。

进一步加深与重点优质企业的合作，万向集团等一批信用好、经营好、效益好的优质企业成为支行抢占市场份额、维持持续发展的重要基石，产品综合营销能力进一步加强。同时，积极营销授信业务新客户，进一步加大无贷户的营销拓展工作力度。3月31日，支行对公存款时点余额突破40亿元，达400837万元，创历史新高。

二、零售业务。储蓄存款业务方面，实施公私联动，项目营销团队、结算运营条线、零售条线切实发挥团队合作，实现零售业务批发做。支行储蓄存款时点余额4.79亿元，比上年末新增1.56亿元，增长48.3%；储蓄存款日均余额4.76亿元，比上年新增2.12亿元，增长80.5%。年内储蓄时点余额突破5亿元，最高时点为9月末的51864万元，创历史新高。个贷业务方面，依托优质按揭楼盘，结合小企业主贷款、综合消费贷款及经营性物业抵押贷款的营销，个贷业务增速迅猛，经营情况较好，提前5个月完成分行下达的全年个贷指标。信用卡业务方面，组织全行员工进行光大信用卡基础知识、总行信用卡进件要求、信用卡审批指引的多次培训，同时在支行信用卡初审上，做到严格把关，以提高审批通过率。基本上做到周周有进件，天天有发卡。在总行上半年开展的2009年度“数你最牛”信用卡发卡劳动竞赛中获新增客户——奋勇争先金牛奖。此外，支行2009年新增离行自助银行一个，离行穿墙式ATM机一台。在渠道建设上实现了零的突破。

三、中间业务。加大国际结算、短资融资券、第三方存管、代理保险、银关保、企业年金、现金管理、网上银行、代发工资等业务的拓展力度，中间业务实现较好收益。年内成功代理发行万向钱潮股份有限公司短期融资券7亿元，收付汇量突破2亿美元。

四、信贷风险防范。至2009年12月31日，各项贷款时点余额54.3亿元，比上年末新增13.8亿元，对公贷款日均余额41.4亿元，不良资产率连续七年为零。(一)通过每周召开全体员工、客户经理信贷业务例会、分析会等形式，及时传达国家宏观经济政策和总、分行有关会议精神，交换各种业务信息，反馈企业经营状况，保证了业务发展与风险防范的有机结合。(二)进一步完善信贷项目贷审会制度，对公、对私项目均做到贷审小组集体讨论，集体审批；新设信贷档案管理岗，由专人负责做好信贷档案的管理工作；做好银行承兑汇票业务贸易背景真实性的审查，保证发票收集的时效性。(三)进一步强化贷款"三查"制度，对已办业务逐笔进行回头看。切实做好企业回访及贷后调查工作，对现有授信企业做好风险预警分类，密切关注企业主业经营现状、企业关联经营状况、对外担保、资金流、各家银行贷款发放额占比结构等重要情况；合理调整信贷结构，切实防范和化解信贷风险。

五、阳光服务年。围绕"对外服务提升品牌、对内服务提高效率"的主题，加强全行客户服务意识。在工作重点上，以零售、运营条线为主，对照服务标准，做好自查和整改工作。通过努力，在服务环境、营业大厅秩序、员工优质服务、文明用语、客户礼仪等方面明显改善，服务水平整体提升。

(王　颖)

【浙商银行股份有限公司杭州萧山支行】 2009年，该行各项经营指标继续保持良好水平。年末，本外币存款余额50.9亿元，其中本外币对公存款余额45.06亿元，本外币储蓄存款5.84亿元；各项贷款余额38.7亿元，其中小企业贷款21.99亿元。中间业务收入293万元，其中国际业务收入115万元，完成国际业务结算量10234万元。方信人民币理财产品销售2096万元，涌金人民币理财产品销售2868万元，商卡发行3370张，个人网银有效数840户，企业网银有效数298户。全年实现经营利润7656万元，人均创利123万元。

以安全经营为中心。贯彻以安全为核心的各项工作指导思想，以"内控管理基础年"活动为契机，根据"理念—制度—培训—执行—检查—整改—奖惩—评价"的内控循环机制，严格内控管理，并开展"珍惜职业，远离违规"主题教育。通过管户客户经理轮换、全面贷后检查、内控自查扣分、应急和差错处罚、案防专项培训和检查制等多项措施，保障了安全经营。

以创新为动力。提出客户经理考核边际效应论，将营销工作高位切入与低位服务相结合，以"区别对待、有保有压、稳中求升"为信贷发展导向，遵循"发展相对优势行业，稳定授信客户存量"的客户结构调整策略，将各项业务推上新台阶。同时，率先在市场上推出项目承包人贷款，切实解决项目承包人融资难的问题。该行因独创客户经理轮换机制获浙商银行创新三等奖，项目承包人贷款在小企业经营方面获总行特别授权。

以拓展为方向。以"一体两翼"(即以公司业务为主体，小企业银行和投资银行业务为两翼)为市场向导和业务定位。一是通过对授信和非授信客户分类排队调查，对现有客户的行业特点、市场占比、赢利水平进行摸底和论证，将营销团队进行整合和分拆，布局萧山。二是加强业务联动，积极抢占市场。以"高位切入、多点强攻、信息归集、品牌助力"等多种营销策略的综合运用，积极拓展优质客户资源筹备，成功营销萧山国际机场二期扩建、城中村改造等市政重点工程。三是积极寻找存款增长点，加大对无贷户客户的营销考核力度，确保支行存款稳定增长。

企业文化再掀高潮。圆满完成"关爱下一代，同在蓝天下"浙商银行乒乓球队走进萧山民工子弟学校活动；员工自筹15万元援建的浙商银行杭州萧山支行开化第一小学建成；成功举办"浙商银行杯"萧山区环湘湖万人健步走活动、萧山区机关工会乒乓球比赛；该行篮球队获2009年度中国业余篮球俱乐部联赛亚军，并被授予中国业余篮球俱乐部联赛突出贡献奖。

(曹蔚芬)

【恒丰银行股份有限公司杭州萧山支行】 整体运营情况：截至2009年末，该行实现贷款余额25.49亿元，存款余额23.16亿元，个人储蓄存款余额3.76亿元，存贷比110%，全年国际结算量3348.37万美元。

主要工作措施：一是积极调整信贷结构。由于纺织行业景气度趋于下降，从年初起支行严格控制对纺织行业的信贷投入，同时提高客户准入的要求，使得该行业占比持续下降。二是快速适应审批权限。2009年7月28日，分行下达对萧山支行法人客户授信业务的转授权，支行重新制定了贷审委制度，并对贷审委组织架构进行调整，对审议流程和决议规则加以细化，使经营与管理进一步分离，决策更为科学。三是切实加强贷后检查。重点对以钢材为原材料的企业进行检查，摸清原材料市场波动对企业的影响程度，了解企业实际生产经营情况。此外对5家预警企业多次实地了解，并积极参与政府及人行组织的各项协调工作，跟踪落实经营状况及债务危机解决方案。并要求经营部门发现异常情况及时报告，力争将风险控制在初始状态。同时对风险预警企业强化监控，及时了解企业动态。四是大力拓展零售业务。年底，开发区自助银行网点竣工并试营业。五是着力开展内控建设。重新修订下发《恒丰银行杭州萧山支行会计风险防范实施细则》、《恒丰银行杭州萧山支行安全保卫工作管理办法》等9项规章制度。对员工的业务操作、劳动纪律、内务规范等严格检查监督，要求一切按规章制度执行；认真抓好安全保卫工作，对安防设施进行定期或不定期的维护，配合分行完成集控中心建设；加强对保安人员的教育管理，避免隐患由内部产生，确保了全行的安全经营。2009年底支行通过杭州市"平安示范金融单位"的考核验收。

(潘俊杰)

【中国邮政储蓄银行有限责任公司浙江省杭州市萧山区支

行】 2009年是邮政体制改革、银行独立运营的第二年，该行通过项目营销、重点营销，引进优质客户，改善业务结构，加大计划部门与非计划部门的考核力度，开展"新年新春劝储活动"、"激情百日、牛年加邮"劳动竞赛和"奋战一百天，全面完成2009年各项计划任务"、"奋战39天，打好年末信贷业务攻坚战"等活动，有效促进了三大主导业务快速发展。截至12月31日，储蓄余额35.5亿元，比上年末净增7.34亿元；公司存款余额27906.7万元，信贷发放额度累计结存49219.28万元，其中二手房按揭贷款业务快速发展，成为该行信贷业务发展的新亮点。

加大资源配置力度，延伸营销平台，健全服务功能，提升支行新形象。一是加强网点建设，做好金城路1038号新支行及骨干网点的筹备筹建工作，2009年7月29日正式搬迁对外营业；对党山和靖江客户中心进行装修。全区31个二级支行相继领取《营业执照》、《组织机构代码证》等证照，为规范经营打下良好基础。二是完善规章制度，加强培训教育，提高员工素质。制订《邮储银行萧山区支行机动车、机动车驾驶员管理办法》、《2009年度萧山区支行绩效工资考核办法(试行)》、《邮政储蓄银行杭州市萧山区支行营销体系建设实施方案(试行)》、《中国邮政储蓄银行萧山区支行反洗钱工作实施细则(试行)》、《萧山区支行办公场所、营业场所管理暂行办法》、《邮储银行萧山区支行金库管理条例》等制度；选送各级人员参加总行、省行、市行组织的经营管理知识培训；组织开展理财业务、安全、合规、礼仪等培训，提高员工业务知识和操作技能水平。三是加强领导，及时、合理调整内部机构设置。5月开展"双向选择，竞聘上岗"工作，部门岗位设置更加科学，并加强了稽查力量，窗口服务实现年轻化；为促进信贷业务发展，年初成立四个客户中心；根据支行发展情况，将综合业务部调整为个人业务部和公司业务部，为专项业务发展打下基础；根据上级行对邮政二类支行长划转要求，做好新湾、楼塔、瓜沥、站前路支行行长的划转工作，进一步充实支行管理队伍。四是转变作风，提高工作效率。7月对中层干部进行述职考评，10月启动机关效能建设年活动。五是强化宣传导向，提升社会形象。2009年，推出育才路近40只灯箱广告展现邮储银行品牌形象，以"强化窗口服务基础"为重点，对柜员服务、大堂经理服务、员工服务礼仪、保安保洁人员服务、营业网点服务环境、客户投诉处理、服务应急处理等进行统一规范，明确邮储银行营业网点的服务标准及营业网点服务质量管理和检查要求，并将规范服务纳入月度考核；落实窗口规范服务，抓好业务办理"零差错"质量，树立窗口优质服务形象。

总行与美国摩根大通银行紧密合作，研究设计了适合邮储银行定位与特色的"示范网点"销售模式。根据总行的统一安排与部署，省分行研究决定由萧山区支行营业部作为总行的试点单位之一，支行营业部认真做好全国"示范网点"创建工作，转变理念，以客户为中心，用"大堂制胜"的方式，采取客户交叉销售的模式，挖掘资源，提升业绩，使支行的经营发展有新的提高。

(戴丹萍)

【渤海银行股份有限公司杭州萧山支行】 渤海银行萧山支行成立于2008年12月，2009年1月9日正式对外营业。截至2009年末，支行存款余额14.21亿元，贷款余额20.22亿元，无不良贷款。

加大中小企业开拓力度。萧山区域是中小企业发展的热土，该行本着服务地方经济、支持中小企业发展的宗旨，紧密结合当地行业结构和企业特点，围绕核心企业，关注上下游供应链、产业链中的中小企业集群，制定中小企业贷款发展规划，积极开拓中小企业，为地方中小企业发展提供融资服务。

推进零售业务发展。公私联动，通过对公平台，挖掘个人金融中高端客户，最大限度发挥公司业务对零售业务的营销带动作用。同时借助品牌推广，加大零售产品宣传的覆盖面，通过萧山电视台、《萧山日报》等媒体，以及与娃哈哈集团等合作开展"爽歪歪快乐童年游园会"主题活动、"名品下乡"活动，冠名区青少年宫主办的"我与红领巾"征文比赛，赞助首届萧山国际旅游节暨2009中国国际(萧山)钱江观潮节开幕式等多种形式，将零售业务营销与品牌宣传推广有机结合，全面推进支行零售业务发展。

积极参与社会公益事业。支行中层以上干部与区内6户低收入农户家庭结对，定期慰问；发动全体员工捐款6000元，参与全区中小学生捐书活动。

(朱美萍)

【宁波银行股份有限公司杭州萧山支行】 2009年5月18日，宁波银行萧山支行正式开业。截至12月底，支行本外币各项存款余额11亿元，其中对公存款7.47亿元，小企业存款1.98亿元；全年实现各项贷款12.1亿元，营销白领通811个；实现国际业务结算量1508万美元，累计办理贴现36456万元，实现利息收入2514万元，中间业务收入78万元。

提高主营业务的综合贡献度。(一)个人存款。抓住重点项目拆迁赔偿款赔付时机，通过个人产品"金算盘"吸收储蓄存款；充分发挥全行员工资源优势，利用人缘、地缘、血缘吸收存款；以考核推动储蓄存款的增加。6月支行开展以"新支行、新起点、新业绩"为主题的存款业务竞赛活动，当月存款即增加2.4亿元。(二)对公存款。重点营销企业网银、公司理财产品和授信客户结算量；逐步提高有贷户综合贡献度，主要利用价格机制引导其提高存贷比例。(三)优化存款结构。一是努力提高重点存款客户的活期存款占比；二是通过发展票据业务，带来低息保证金存款；三是加大对负债金融产品的捆绑营销，10月向区某企业销售理财产品300万元；四是加强对各项存款成本的全面分析评价，分品种制定存款成本控制线，促进存款结构日趋合理。

促进资产业务的有效增长。(一)做大做强公司信贷业务。重点对机械五金、交运器材、建材、生物医药等行业中规模以上、主营突出、对外投资适中的客户开展调查筛选，确定各阶段目标客户;加大对政府类、城建类投资项目的贷款营销力度。2009 年发放公司贷款 8.76 亿元。同时,积极发展与小企业的关系,对经营情况良好、符合该行信贷条件的客户发放流动资金贷款。截至 12 月 31 日,零售公司部共发放信贷资金 1.7 亿元。(二)全面加快个人贷款业务发展。一是通过白领通战区图,将各镇街的目标客户细分,逐个攻破。二是通过区域定向营销和媒体宣传,扩大该行个人业务产品的市场销售和品牌影响力。经过半年的努力,以"白领通"、"贷易通"等为代表的、具有该行特色的产品在萧山站稳脚跟,主动上门的客户较前期大为增加,通过客户介绍的客户也在增加。三是充分发挥金融产品优势,通过大力营销"金算盘"等产品,推进客户与支行合作的深度。2009 年 12 月末储蓄存款 1.55 亿元,个人消费贷款 1.4 亿元。(三)以业务创新促发展。2009 年,由区政府牵头成立"和金仓储"公司并按担保公司管理,为企业提供标准仓单和动产第三方监管服务,宁波银行萧山支行成为该项目唯一定向指定银行,享受政府补贴;公司成立后,银行、发改局、经发局联合召开企业融资洽谈会重点推广。

大力推进扩户工程。(一)抓大不放小,扩户全面开花。经过调查筛选,为 63 家企业提供了 16.8 亿元的授信,这些企业中,有 6 家是上市公司,20 家是区百强企业,2 家是拟上市公司,1 家是国资控股企业,促进了公司信贷业务的增长。同时将零售公司业务作为特色经营品牌宣传的主要内容,全年法人信贷扩户 253 户,其中小企业扩户 191 户。(二)通过渠道建设,加强营销。"信息员、信息源"制度作为该行零售公司部拓展业务、把控风险的战略性举措,推出了"春耕计划",旨在寻找支行小企业信息联络员,挖掘小企业客户;在各镇街开发了一批优质客户,成功发放贷款 7000 余万元。2009 年,信息员网络初步构建,为持续营销优质客户创造了良好的客户渠道。(三)注重联动营销,提高客户贡献度。针对客户的特点和需求,设计金融服务方案,使新开户、电子银行等业务齐头并进。

挖掘增收潜力,拓宽收入渠道。(一)针对萧山外资客户较多的特点,该行以国际结算为龙头,积极拓展进出口项下的融资业务,以进口外汇业务带动出口外汇业务,逐步建立国际结算基本客户群体,截至 12 月末,实现国际业务结算量 1508 万美元。(二)在依法合规开展银行承兑汇票业务的同时,做大商业承兑汇票保贴业务,加大票据贴现业务的营销力度,2009 年票据贴现量 36456 万元,实现利息收入 384 万元。

加强团队和企业文化建设。(一)加快人员引进和团队组建。按照"以人为本、人才强行"的指导思想,通过多种途径引进各类人才,截至 12 月底有员工 55 人。(二)建立沟通融合机制。该行人员均来自其他银行或非银行单位,有着不同的文化背景,开业之初,不同文化,尤其是不同授信文化的冲突比较明显。为此,支行积极采取措施,一是建立健全会议制度,初步形成每周召开行长办公会议,每月召开行务会议,部门每周例会,零售公司、大众银行每日晨会的会议体系;二是通过谈心、家访等活动,增强内部沟通交流;三是实施师徒帮带活动,一批新从业的人员在资深员工的传帮下快速成长。(三)企业文化建设活动成效显著。通过开展各类竞赛,激发员工营销存款的积极性。除 6 月当月存款增加 2.4 亿元之外,第三季度开展以提高企业结算量、发放贷款、增加授信客户为主要内容的业务竞赛,存款较二季度增加 1.8 亿元,贷款增加 4.75 亿元;第四季度开展"我为支行作贡献"活动,新增日均存款 4000 万元。举办两期"小企业沙龙",吸引客户 60 余人次,该活动将作为支行品牌推广、业务拓展的长效机制。在总行 2009 年度企业文化建设先进评比中,该行被评为"十佳团队"。

(黄　颖)

2009 年 5 月 18 日,区委常委、常务副区长许岳荣(左)和宁波银行杭州分行行长贝瑜为宁波银行杭州萧山支行开业揭牌　　(宁波银行萧山支行提供)

【上海银行股份有限公司杭州萧山支行】 2009 年 6 月 29 日,上海银行杭州萧山支行正式开业。至年末,支行存款余额 14.5 亿元,其中公司存款余额 13.3 亿元,储蓄余额 1.2 亿元;一般性贷款余额 17.7 亿元,贴现余额 2.5 亿元,不良贷款余额为零。

把握发展重点,各项业务齐头并进。大力营销行政事业、储蓄存款等纯存款,改变单纯以票据业务拉动增长的传统发展模式,支行负债结构更趋合理。根据萧山实际,坚持立足中小、服务地方的市场定位,坚持好中选优、优中选精的投放原则,重点支持区域优势行业中的优质、龙头企业,与传化、绿都、富丽达等知名企业开展合作,并突出对中小企业实体经济的支持,年末对微、小企业投放的贷款余额 3 亿元。推进国际结算、财务顾问等收益型的中间业务和产品，并以发送业务短信、举办社区文艺晚会等多种营销方式，拓宽宣传渠道，营销银行业务。10月，支行与萧山总商会及三家分商会签订合作意向书，初步搭建起互通信息、互惠互利的业务合作平台。

推进制度建设，内控机制初步建立。按照业务经营、风险管理、日常运营全覆盖的要求，先后制定《支行岗位职责》、《信用审查委员会工作规则》、《管理部门综合考评》等30余个制度办法，基本建立起制度、考评体系。加强信贷“三查”，对企业的实际有形资产、融资情况特别是民间借贷等进行深入调查，并由分管行长牵头进行贷后回访检查，了解企业经营、财务、融资等情况的动态变化，切实防范授信风险。同时规范和加强各项内控基础管理工作，按月召开各部门安全、合规工作会议，积极开展企业账户年检、银企对账和案件风险“百日大排查”活动，确定兼职合规员，初步搭建起支行内控、合规管理的组织体系。

抓好团队建设，打造企业文化。多渠道、分层次地开展对员工的培训工作，建立每周二晚上的部门学习例会制度，组织涵盖企业文化、业务知识、营销技巧、安全保卫等内容的全员培训16次。开展“用心为您”服务年相关活动，努力打造支行优质文明服务品牌。围绕“点滴用心，相伴成长”的人文理念，加强企业文化建设。建立和完善基层党、团组织，精心制作形象邮册及贺年卡宣传支行形象，成立羽毛球俱乐部，举行全行重阳登高活动，组织员工观看爱国影片，组织员工参加演讲比赛、文艺会演等，营造积极向上的工作与创业氛围。

（斯　弘）

【汇丰银行(中国)有限公司杭州萧山金城路支行】 汇丰(中国)杭州萧山金城路支行于2009年3月5日成立，在下列范围内经营全部外汇业务和人民币业务：吸收公众存款；发放短期、中期和长期贷款；办理票据承兑与贴现；买卖政府债券、金融债券，买卖股票以外的其他外币有价证券；提供信用证服务及担保；办理国内外结算；买卖、代理买卖外汇；代理保险；从事同业拆借；从事银行卡业务；提供保管箱服务；提供资信调查和咨询服务；经中国银行业监督管理委员会批准的其他业务。

在对公业务方面，汇丰萧山金城路支行向企业客户提供全面的人民币和外币银行服务，以满足客户业务发展的各种需求。服务内容包括存款、贷款、保理、出口票据承兑与贴现、信用证及担保、外汇买卖、项目融资，银团贷款等。在个人金融服务方面，以提供卓越理财为主。同一客户号码下的所有账户月内日均总余额在人民币500000元或等值以上，可免费享受一对一的专属服务和一系列增值服务，以下则需支付人民币300元服务月费。一般个人账户月内日均总余额在人民币100000元或等值以上，可免收人民币150元服务月费，客户可以选择包括投资理财等在内的多种服务。

（倪晓茹）

保险

【概况】 截至2009年底，萧山有保险公司(营销服务部)33家，其中财产险公司(营销服务部)22家，寿险公司(营销服务部)11家。全年实现保费收入18.9亿元，其中财产险保费收入9.3亿元，人寿险保费收入9.6亿元。各类赔付给付12.3亿元。

22家财产险公司分别是：人保财险萧山支公司、太平洋财险萧山支公司、平安财险萧山支公司、渤海保险萧山支公司、永安财险萧山支公司、中华联合保险萧山支公司、都邦财险萧山支公司、大地财险萧山支公司、天安保险萧山支公司、阳光财险萧山支公司、太平财险萧山支公司、华泰财险萧山支公司、华安财险萧山支公司、永诚保险萧山支公司、民安保险(中国)萧山支公司、安邦财险萧山区营销服务部、大众保险萧山区第一营销服务部、国寿财险萧山支公司、中银保险萧山营销服务部、安诚财险萧山支公司、长安责任保险萧山营销服务部、安信农业保险萧山支公司。

11家寿险公司分别是：中国人寿萧山支公司、太平洋人寿萧山支公司、泰康人寿萧山支公司、平安人寿萧山支公司、太平人寿萧山区营销服务部、华泰人寿萧山营销服务部、光大永明人寿萧山营销服务部、新华人寿萧山区营销服务部、信诚人寿萧山营销服务部、人民健康保险萧山营销服务部、正德人寿萧山营销服务部。

【中国人民财产保险股份有限公司杭州市萧山支公司】 经过连续三年的业务高速发展，2009年，公司实现了三年翻一番的目标。继2008年实现浙江省系统同级支公司保费第一之后，业务规模再上台阶，成为全国人保财险系统首家保费规模突破三亿元的县级支公司。是年，实现签单保费32372万元，比上年增长22.23%，完成年度计划的110.86%；累计支付赔款16875万元，简单赔付率52.13%，利润3399万元。

公司内部改革有新突破。通过完善考核激励制度，实行“以业绩论英雄”的业务考核机制，整合内部管理流程，充分调动全体员工的积极性。一是强化内部绩效考核，引入团队管理模式，完善考核政策形成机制，为引进人才、促进团队建设、加快业务发展创造良好的政策环境，团队业务规模创新高。有24个展业团队，其中全年业务规模2000万元以上的4个，1000万元以上的8个。二是重组内设管理机构，将客户服务部分设，承保和理赔单独管理，把好入口出口关；组建独立调查人办公室，有针对性地对有疑点的案件进行跟踪调查，挤压理赔水分；对营销服务部进行归口管理，加强业务辅导、监控、统计的管理，化解发展中的经营风险；组建交叉互动部，负责与人保寿险、人保健康险的联系沟通协调工作，推进交叉销售工作。

保险业务有新发展。根据车险和非车险不同的业务特点，找准市场和产品结合点，加强针对性管理和指导。车险销售重点抓好渠道建设；非车险业务实行专业化团队管理；

大力推进政策性涉农保险，2009年度新开林木、奶牛保险两个险种，全年承保农村住房269585户、能繁母猪89780头、水稻2255.3公顷、蔬菜大棚2913.7公顷、林木113.3公顷、奶牛1456头，初步实现应保尽保，在承保、理赔各个环节基本得到政府和农户的认可，全年运行平稳。

客户服务有新优势。一是开展"全员服务365"活动，营造"领导为员工服务，本部为基层服务，二线为一线服务，全员为客户服务"的工作氛围；二是推行大堂经理值班制，大堂经理主要负责客户的接待、咨询及电话专线业务咨询工作；三是深入开展车险快捷服务承诺活动，对出险原因清楚、责任明确、未涉及第三者、本车定损金额在10000元以下的保险赔案，客户提交修车发票、事故证明等相关索赔单证后，三天内可以办结，并将承诺固化为基本的实务操作规范；四是发挥营业网点的优势，设立理赔服务分部，将小额赔款的理赔下放到瓜沥、临浦、义蓬等营业部，方便当地客户索赔；五是推广理赔流程控制系统，借助《杭州市分公司流程控制系统》进行全流程经营管控，大力推进理赔标准化建设，实现3G手机上线应用，强化关键环节管控，提升综合竞争力。

（徐建国）

【中国人寿保险股份有限公司杭州市萧山支公司】 2009年，公司实践转型优化，推进转变发展方式，围绕"调结构、增效益、防风险、稳增长"的经营方针，全年实现总保费收入4.7亿元，其中新单保费2.05亿元，市场份额52%，处同业领先地位。

是年，该公司通过大量市场调查分析，探索销售模式，使业务内涵价值得到提升。一是个险渠道保费结构更趋合理，全年个险渠道累计新单保费收入4890万元，其中5—9年期交保费1503万元，比上年增长87%；10年期交保费2293万元，增长45%。二是银保渠道通过不断提升银保销售人员的期交销售意愿和销售技能，通过驻点经营、企业信贷、多种形式的产说会等，全方位开拓期交业务，全年银保期交保费918万元。三是积极开拓短险新业务领域，如扩大了原计生系列保险业务领域，全年计生系列保险业务总量100万元，并组织开展多个大型短险业务项目的企划与洽谈。

柜面服务优化改善。一是有效推进了柜面标准化服务建设；二是强化零现金管理的运作；三是加大销售支持力度，完善保单各项后续服务；四是加强理赔时效管理，提升客户满意度。

同时，该公司十分重视和积极履行社会责任，参与"春风行动"对困难农户的帮助，有15位员工参与了低收入农户结对帮扶。

（董　蕾）

【中国太平洋财产保险股份有限公司杭州市萧山支公司】 2009年，公司实现保费收入10767万元，占萧山保险市场的11.94%，其中非车险业务占公司总业务的22%。全年处理案件14526件，累计支付赔款6325万元。

着力改进服务，提高市场竞争力。一是领导班子重新分工，主要负责人直接分管理赔，同时加强了理赔部的领导力量。二是分层次召开座谈会，广泛听取意见、建议，找出问题的主要症结所在，明确努力方向。三是分阶段、有重点地开展改进服务的活动。一季度开展"春风行动"，目标是改进服务态度，恢复客户对萧山太保的信任和好感；二季度开展"提速行动"，重点内容是细抠流转环节，加快结案周期，提高结案率；三季度开展"练功行动"，重点内容是按照岗位职责要求，苦练内功，努力提高业务素质，适应精细化管理的需要，适应新《保险法》实施的需要，适应维权意识日益提高的客户群的需要。

努力控制成本过度上升。一是节约费用成本，尽可能减少行政性开支；二是严格把好承保和理赔质量关，该赔的及时赔付；三是要求多个环节紧密衔接，努力缩短结案周期，提高结案率，缩减未决赔款额以降低综合赔付率。

加强队伍建设，增强公司凝聚力和队伍战斗力。首先，加强思想政治教育，包括爱司敬业教育、职业道德教育、效益观念和合规经营的教育。其次，致力于提高员工队伍的整体素质。一是提高业务能力，先后举办5次业务培训；二是提高服务意识，开展3次有关改进服务的活动，进行提高服务技能的培训；三是提高依法合规经营和遵章守制的意识，进行新《保险法》培训，健全规章制度，加强执行制度的力度，增强了员工执行制度的自觉性。再次，有意识地锻炼、培养年轻员工，在理赔和承保部门设立若干业务组，选聘一批业务组长，划小管理单位，使管理更直接、更明确、更有效，同时也为年轻员工搭建了一个锻炼成长的平台。此外，公司还成立了团支部和公司职工代表大会，改选了公司工会领导机构。

（陶红萍）

【中国太平洋人寿保险股份有限公司杭州市萧山支公司】 2009年，萧山支公司实现保费收入8243.85万元，居浙江分公司58家县级机构第二位；实现新保标准保费10631.64万元，居浙江分公司58家县级机构第五位。

调整业务结构。以效益为中心，大力发展以个险期缴和团体意外险为重点的核心业务。在2008年下半年试点的基础上，个险部成功实施传统团队与营销新团队之间的有机组合，营销人力从年初的132人快速发展到年末的358人；在不同的区域，召开不同层级的产说会、推荐会、创说会，对不同的客户实施差异化的产品策略，期缴业务快速发展，全年实现保费收入1786万元，比上年增长213%。在做好渠道经营的同时，公司鼓励员工积极开拓新市场，多做分散性业务；进行险种的组合和再开发，增强险种的广度与深度，以满足不同客户的需求。2009年公司完成意外险保费800余万元，继续领跑本地市场。

重抓服务品质。通过视频培训、集中培训的方式，增强柜面员工的服务意识，提升柜面员工的操作技能，优化公司柜面的服务流程，变更、给付一步到位，给付转账率100%。打造客户服务队伍，为新老客户送上全方位的服务，续期收费转账率95%以上。增强理赔力量，细化理赔流程，提高理赔时效，调查时间缩短至5.8天，结案时间缩短至4.9天，全年结案4500余件，赔付500余万元。

热心公益事业。参与区政府的“春风行动”，到临浦镇看望受助群众；响应区政府号召，党员干部主动与党湾镇贫困家庭结对子，进行“一对一”帮扶活动。配合总公司的感恩行动，在全公司开展“向林萍同志学习”的活动。开展“地球一小时”公益活动，在员工中积极倡导“低碳”生活理念。

（何　健）

【中国平安财产保险股份有限公司杭州市萧山支公司】 2009年，萧山平安整体完成保费收入9565万元，比上年增长44.57%；实现利润913万元，车险、财产险、意健险三大险种全面赢利。公司下设义蓬和滨江两个营销服务部，在萧山众多产险公司中保费规模位居前三位。

2009年，平安电话车险作为一种新兴的车险投保模式，继续体现其优势，全年实现业务量2600余万元。电话车险采用透明统一报价，萧山的车主只要拨打4008—000—000平安电销投保热线，将自己车辆的基本情况及投保需求告知对方，平安坐席人员便可及时报出价格。同时，萧山平安电销的服务人员还随身携带POS机，会在24小时内将保单送到指定地点，让车主方便刷卡付费。为方便广大车主进一步明了电话车险的理赔服务及手续，萧山平安电话车险陆续推出“电销增值服务”，包括代办年检、上门取资料、理赔咨询、免费救援等。

（赵　丹）

【渤海财产保险股份有限公司浙江分公司萧山支公司】 2009年，渤海保险萧山支公司保费收入1268万元，完成浙江分公司下达全年任务的126.8%，在浙江下属机构中达成率排名第一。渤海保险萧山支公司获2009年渤海全系统“十佳三级机构”称号。

公司以高标准、高质量、高水平和严要求，把为客户服务的理念落到实处，还鼓励每一位后线员工考出保险代理人资格证书，并针对查勘、核保、理赔等专业岗位开展一系列培训、竞赛等活动，力争培养出复合型人才，更好地为客户服务。

倡导和培育良好的合规文化，把合规文化建设作为公司文化建设的重要组成部分，深入开展合规宣传教育；开发有效的合规培训和教育项目，把合规培训作为日常培训的重要内容，定期组织合规培训工作。

同时，公司积极参加社会公益活动，为丽水畲族希望小学捐款，去楼塔镇慰问困难群众等，重视和履行社会责任。

（李雪松）

【泰康人寿保险股份有限公司浙江分公司萧山支公司】 泰康萧山营销服务部成立于2001年4月，2009年7月晋升为萧山支公司。2009年，实现新单保费810多万元，加上续期共计约3200万元。在册人力200人，月均新契约保费平台75万元，全年投保客户约1500多户。

是年，公司在萧山市场进行了大量的保险宣传普及讲座，范围遍及各镇街，以及社区、自然村，约万人次参加讲座，使很多老百姓接触并了解人寿保险带给家庭的保障和好处；同时对于有保险需求的，立即提供优质服务，使其拥有保障。

萧山支公司响应总公司“双超战略”（超保费、超增员），大力发展县域保险，结合萧山市场具体情况，继2007年在临浦开设网点后，又在义蓬等其他镇街积极开设网点，打造萧山市场上最受老百姓青睐的保险公司，提供专业、快捷的寿险理财服务。

（周红芹）

【永安财产保险股份有限公司杭州市萧山支公司】 2009年，公司保费收入2030万元，在萧山22家产险公司中排名第九。理赔结案3024件，理赔给付金额692万元，其中智兴集团财产险火灾单笔赔款150多万元，一次性给付完成。对于赔付率较高的险种，公司特事特办，责任到人，优化赔付过程，提高理赔时效。

（高煜钧）

证券

【概况】 截至2009年底，萧山有6家证券营业部，分别是：海通证券萧山营业部、中信金通证券萧山营业部、国信证券萧山营业部、财通证券萧山营业部、浙商证券萧山营业部、国盛证券萧山营业部。

【海通证券股份有限公司杭州文化路证券营业部】 2009年，在复杂多变的市场环境下，该营业部结合当地同业竞争的实际情况和监管环境，坚持“以客户为中心，提高服务层次，实施精细化管理”的目标，冷静应对，合规经营，取得了良好成绩。到年末实现股票、基金、权证交易量977.26亿元，市场占有率0.898%，实现利润7919.83万元。

营业部重点加强了四个方面的工作。（一）以规范促发展，着力抓好基础建设。加强对员工规范行为的管理，按照要求，统一着装、规范用语；加强客户回访工作力度，提高服务质量。（二）切实规范营销行为，加强营销团队建设。严格按照公司统一部署，做好原营销经理的规范清理和管理工作；积极开展营销团队试点工作。（三）加强合规与风险管理。以提升合规有效性为重点，深入推进合规管理制度建设，完成信息隔离墙系统的升级，加大反洗钱工作力度；继续强化对风险的事前、事中、事后全程控制，提高风险控制工作水平。（四）精心组织，认真做好创业板市场投资者适当性管理工作。成立创业板适当性管理工作领导小组，全面落实和推进创业板投资者教育各项工作。

（芦哲卿）

【中信金通证券有限责任公司杭州市心南路证券营业部】 中信金通证券杭州市心南路营业部是上交所首家异地县级市营业部，多次被评为浙江省“优秀营业部”。2009年各项业务指标在萧山区排名第一，杭州市排名第五，浙江省排名第十六。

2009年，营业部为落实公司精细化管理精神，同时也为满足客户层次化、个性化需求，特推出“客户分级分类服务”项目，为不同级别、不同类别的客户创造相应的新价值。在客户服务方面实现以下特色：1. 提供一流券商投研报告。每日第一时间发送母公司中信证券关于宏观经济、行业及上市公司的研究报告。2. 提供个性化、差异化服务。在客户分类的基础上力求满足客户的多样性需求。3. 强大的服务资讯推送。通过手机短信、电子邮件、交易平台等渠道向客户发送各类信息。4. 丰富的金融产品。除了常规的股票外，公司向客户推荐基金、信托及私募等产品。5. 金翼手机和金翼极速软件。6. 股民学校专题讲座。每周举行投资者教育“大学堂”，提高客户在投资、交易、理财、风险管理等方面的水平。

（陈夏葵）

【国信证券股份有限公司杭州萧然东路证券营业部】 2009年，营业部所属的浙江管理总部转型为国信证券杭州分公司，新的管理模式为营业部的发展带来新的契机。分公司组织了多次大型客户活动，6月在浙江省人民大会堂举办“中证——国信夏季金牛策略全国巡讲暨国信证券成立二十周年客户感恩系列杭州站活动之五”，10月举办“第三届中国股市民间高手浙江赛区选手交流会”，并在萧山图书馆召开多次投资策略报告会和投资者见面会，均获得投资者的好评。营业部每周三开设投资者教育课堂，3月被上海证券报社评为“上海证券报股民学校优秀授课点(2008)”。

（黄维佳）

【浙商证券有限责任公司杭州萧山恒隆广场证券营业部】 浙商证券有限责任公司杭州萧山恒隆广场证券营业部自2008年成立以来，竭诚为客户提供卓越的投资理财服务，启动星级客户关怀计划，传递理财资讯、邮寄理财刊物、定制金融产品等；打造VIP客户的交流平台，建立与市场名家面对面的沟通桥梁，为客户配备专属理财经理，不断提升客户价值。

该营业部拥有丰富的金融产品，交易品种齐全，为客户度身定制综合理财规划；在传统的交易产品基础上，大力发展超市、债券等多元化的交易品种；为机构投资者提供投资、融资、上市、并购重组等投资银行业务的多元化金融服务平台；提供包括大小非市值管理、定向理财、集合理财计划等综合资产管理产品；通过公司控股的浙商期货公司，积极开展IB业务，经营股指期货等期货产品。拥有自助委托、电话委托、网上委托、页面委托等多种现场和非现场的交易方式，满足客户的交易需求；具有功能齐全的网上交易系统，有方便快捷的手机炒股，有强大的网上咨询分析力量，有短信提示、电话咨询、电子邮件等咨询手段，使客户无论身处何时何地，都能享受其服务。

（方　海）

期货

【概况】 截至2009年底，萧山有4家期货营业部，分别是：新世纪期货萧山营业部、永安期货萧山营业部、南华期货萧山营业部、天马期货萧山营业部。

【浙江新世纪期货经纪有限公司萧山营业部】 2009年，在国际金融危机尚未消退的大背景下，全国期货行业迎难而上取得了大发展，浙江新世纪期货经纪有限公司萧山营业部也在经营业绩和保证金规模上取得了较好的业绩，较以往年份有显著提升。

2009年萧山营业部在经营上取得较好的突破，得益于经营策略的转变。该营业部总结了过去几年在经营和客户结构方面存在的问题，并尝试以开发企业客户为重点的经营策略，争取做到“真正走向企业”，同时坚持“为客户保值增值”的经营理念不放松。加强对萧山区域内与期货交易品种相关的现货企业的走访，通过拜访和送资料等形式，与一些企业建立起一定的联系，并从为企业保值增值的角度出发，真正了解企业在经营过程中的需求，与企业一起探讨“控制成本”、“锁定利润”等方面的办法，引导企业正确利用期货工具来规避和缓解面临的困难。在帮助企业解决问题的同时，营业部也在经营规模上取得了不小的进步。同时，2009年萧山营业部加强了对自然人客户的风险教育，尝试配备专门的研发人员，加强与公司总部研发部门、结算部门及风控部门的联系，在指导客户判断行情的同时，向客户灌输正确的期货投资理念，帮助客户养成科学理性投资期货的习惯。

在公司品牌的宣传上，萧山营业部加强了在萧山区域内的品牌宣传，通过公交车车体广告、媒体宣传、户外广告等形式加强广告投入，并取得了较好的效果。2009年底，根据业务发展的需要，萧山营业部扩大了营业场所面积，在原有场地的基础上，租用了新的区域，萧山营业部总营业面积已达到500平方米。

（李颖佶）

社会服务业

综述

社会服务业属第三产业，是国民经济十大行业之一，具体包括公共服务业、居民服务业、旅馆业、旅游业、租赁服务业、娱乐服务业、信息咨询业、计算机应用服务业以及其他社会服务业等九个种类，全面地为社会提供各种生产和生活服务。随着萧山城市化的加速推进和一系列加快经济转型、大力发展服务业鼓励政策的拉动，以及社会生产和生活效率的提高，社会服务业对拉动萧山经济增长、扩大就业、改善居民生活质量的积极作用越来越明显。

公证

【概况】 2009 年，共办理各类公证 8079 件，其中国内民事公证类 4829 件、经济类 1717 件、涉外公证类 1470 件、涉港澳台公证类 63 件，公证费收入超过 500 万元。是年，杭州明浩司法鉴定所在萧山设立分所，萧山有了第一家司法鉴定所，共办理法医临床鉴定 380 余件。

是年，涉及民生类公证占主流。自 7 月 1 日起开始实行继承类、强制执行类要素式公证书后，继承权公证的办理更为严格。共办理继承权公证 594 件，遗嘱 35 件，赠与合同 150 件，收养 34 件，抚养事实 28 件，夫妻财产约定（包括婚前财产约定及离婚协议公证）110 件。是年，房屋交易委托书公证 1089 件，房屋买卖公证 130 件，其中大部分为涉外或涉台、港。由于税务政策的变动，原占民事类公证较大比重的析产协议公证停止办理。

【服务经济社会建设】 2009 年，公证员积极参加新农村建设法律服务小分队，确定每名公证员负责一个片组，协助办理信访事项，参与普法节目《萧山法治》，开展普法活动。在金融危机的影响下，银行收紧银根，对贷款的要求比较严格。是年，银行赋予强制执行效力债权文书公证 270 件；办理第三人抵押承诺书公证 751 件；涉及为保护未成年人权益的法定监护人公证 126 件，保证书 137 件。加强与区招投标中心的合作，参与土地拍卖、挂牌等活动，共参加 92 场土地拍卖或挂牌公证。参加机场拆迁安置、新农村改造等抽号活动 146 场。全年共办理法人委托书 1065 件，寄信等证据保全类公证 237 件，办理其他各类经济合同 66 件，帮助困难企业减负达 16 万元。积极为三农服务，办理旧房处理协议书 103 件，农林牧副渔业承包 2 件。办理各类涉外公证 1470 件，涉台公证 33 件，涉港澳公证 28 件，主要涉及出生、婚姻状况、亲属关系等，文书使用目的以学习为主，使用地大多集中在加拿大、德国、澳大利亚等国家。

【完善公证内部制度】 2009 年，湘湖公证处在迁入商会大厦办公后，继续实行周六值班制，公证员和公证员助理实行每周大厅值班制，负责接待及咨询工作。建立党团活动室，规范办证和着装制度，要求公证人员统一着装，佩戴公证徽章。在大厅及休息区设宣传资料栏发放宣传资料，公证收费上墙明示，以便当事人及时全面地了解公证流程和公证收费。

律师

【概况】 2009 年，萧山区新成立臻尚、博方两家律师事务所，全区律师事务所总数达到 13 家，律师总数 113 名。全区律师事务所担任法律顾问 568 家，办理案件总量 4924 件，解答法律咨询和代写法律文书 5063 件，参与仲裁 102 件，业务收费 4500 万元，比上年增长 32.7%。律师参与公益活动 1771 人次。

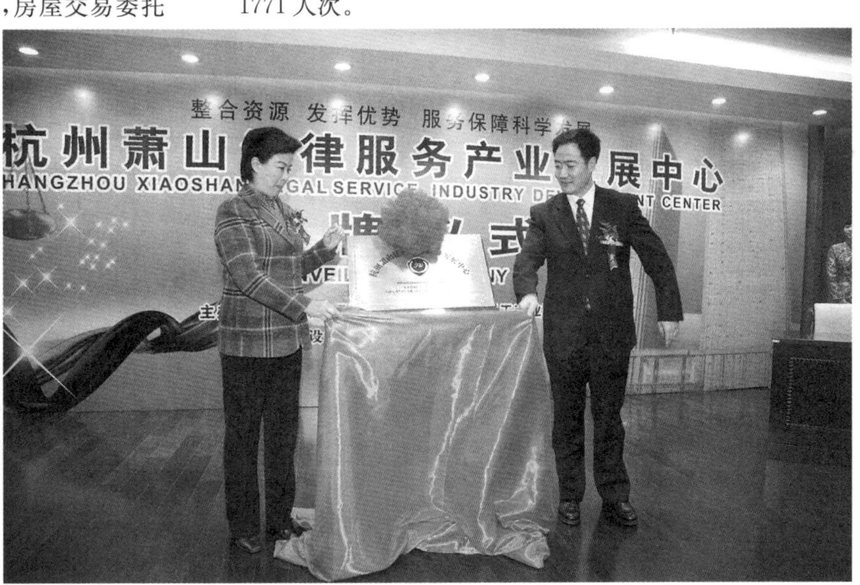

2009 年 1 月 10 日，杭州萧山法律服务产业发展中心揭牌 （萧善良摄）

【服务经济社会发展】 区司法局、区工商联以“杭州萧山法律服务产业发展中心”(以下简称“中心”)为平台,组织资深律师40余名,分批对126家民营企业进行上门“法律体检”活动。截至2009年底,“中心”发展会员企业148家;接受法律咨询558次;承接会员企业的各类案件78件;为会员企业草拟、修改合同34份;承办法律援助案件17件;举办各类培训17期,参加企业480余家,培训1000余人。广大律师以“中心”为平台,积极参与新农村建设,加入农村法律顾问团,在临浦试点“一村一法律顾问”制度并取得成功。区内律师事务所投入大量人力物力积极参与社区建设、法律援助、帮扶教育、法治宣传等公益事业。首次组织律师工作团在区“两会”期间为“两会”提供法律服务。区司法局联合各个律师事务所在区信访局设立律师接待处,实现律师接访常态化。

【行业建设蓬勃发展】 各律师事务所注重后备律师人才培养,基本形成老中青阶梯型的人才培养结构。大量招收高学历年轻人才,做好“传帮带”工作。业务培训气氛浓厚,各律师事务所制定学习培训计划,鼓励理论研究与探索。法君律师事务所2009年出版发行所刊《法君律师》。各律师事务所加强党建工作,建立“律师党员示范岗”4家,组织党员参与政治学习,做好“大学习大讨论”活动,有力促进行风建设,增强了组织的凝聚力、战斗力。2009年,进行萧山首批仲裁员审批及发证工作,有14位律师和法律工作人员成为仲裁员。2009年,为纪念律师制度恢复30周年,区司法局组织各律师事务所投稿,于年底出版律师文集《萧然法苑》。

(李子云)

中介

【概况】 2009年,萧山区经工商、人事、司法、民政等机构登记注册的各类中介服务业企业(机构)、个体工商户为1941家,比上年增加301家,增长18.4%,注册资本211631.6万元(不包括个体工商户资金数额),比上年净增42238.2万元,增长24.9%。其中个体户774家,占总数的39.9%;企业1167家,占总数的60.1%。

【房地产中介发展势头强劲】 2009年,政府出台的一系列刺激房地产市场的措施及时生效,市场松动,成交“回暖”,成交量和房价以惊人的速度双双“回归”上升通道。房地产业带动房地产中介迅猛发展,全区新增房地产中介企业27家,新增房地产个体工商户58家,分别增长30.3%和61.7%。

【首届“萧山区知名中介服务企业”评选活动】 2009年,由萧山区推进中介服务业发展领导小组牵头,本着组织推荐、企业(机构)自荐相结合的原则和公开公平择优的原则,设定评选条件,制订公正严谨的评选办法及工作步骤,加强宣传,鼓励社会公众积极参与,通过初选、复选和评议,最后选出20家区内知名品牌中介服务企业(机构)。

【政府出台扶持政策进一步优化环境】 2009年7月14日,萧山区委、区政府召开扶持服务业发展大会,出台《杭州市萧山区人民政府办公室关于印发萧山区加快中介服务业发展的若干政策(试行)的通知》(萧政办发〔2009〕148号),进一步优化中介服务业发展环境。一是放宽市场准入限制,对涉及前置审批、经营场所、组建集团公司的注册资本等都予以政策范围内的要求降低;二是设立500万元专项扶持资金,用于从业人员教育培训、对外合作与交流、信息化建设、品牌建设等;三是引导中介特色楼宇发展,对中介服务企业(机构)占入驻企业(机构)数量50%以上且中介服务企业(机构)合计营业面积达5000平方米以上的确定为中介服务业特色楼宇(主题楼宇),对该楼宇管理服务机构和入驻中介企业按平方给予物业管理费补贴;四是鼓励中介服务企业(机构)做大做强,对年实缴税收前10强的中介服务业表彰奖励,对获最高等级行业资质的中介服务(机构)给予现金重奖。

【中介服务业发展中心正式授牌成立】 2009年12月30日,区中介服务业发展中心在绿洲嘉园裙楼成立,副区长方毅到会并讲话,各镇街负责人和代表企业参加揭牌仪式。中心建筑面积8000平方米,分布在绿洲嘉园临街裙楼的2—4层。该中心的设立,致力于调整萧山中介服务的产业结构,提升中介服务的品牌;预计可容纳近50家大中型企业入驻。

2009年12月30日,萧山区中介服务业发展中心挂牌成立 (工商萧山分局提供)

拍卖·典当

【概况】 2009年,萧山拥有浙江萧然拍卖有限公司、浙江汇丰拍卖有限公司、杭州金瑞拍卖有限公司等3家拍卖企业,共计注册资金2000万元。拥有拍卖师9名,具有文物拍卖资格的企业1家——浙江萧然拍卖有限公司。萧山共有典当企业、个体工商户30家，其中企业4家。除原有注册资金500万元的杭州萧山钱江典当有限责任公司和注册资金2000万元的杭州金瑞典当有限责任公司外，2009年新注册2家典当企业，分别为注册资金600万元的衢州市立大典当有限责任公司萧山分公司和注册资金1200万元的杭州金坤典当有限责任公司。

【拍卖成交金额11495.196万元】 2009年，在萧山参与拍卖的企业共签订委托拍卖合同97份，比上年增加30份，增长44.8%；委托拍卖金额16114.106万元，比上年减少41.5%；签订拍卖成交确认书570份，是上年的7.9倍；拍卖成交金额11495.196万元，比上年下降35.9%。由于拍卖企业接受名家字画的拍卖委托和公务用车拍卖委托数量的大幅增长，拍卖委托合同数量和成交确认书猛增。

【政府建立拍卖备案电子台账】 2009年，工商萧山分局建立《拍卖备案明细表》的电子台账。该台账包括前期备案日期、拍卖单位、拍卖日期、后期备案日期、拍卖委托人、委托拍卖合同、拍卖公告、拍卖标的及数量、成交确认合同数、起拍金额、成交金额、是否现场监拍等内容，各项数据一目了然，便于查询分析，归纳总结，提高了工作效率。

【依据新规实施现场监拍】 2009年，根据新的《拍卖监督管理暂行办法》第六条规定，工商萧山分局对国有集体产权的公物、执法部门的罚没物资、有举报投诉的拍卖物品、标的特殊竞买人数较多的以及其他认为需要进行现场监管的拍卖活动，指定执法人员到拍卖现场，公布举报电话，宣布拍卖监督管理的有关事项，核对拍卖师资格证。

【规范国有集体产权交易程序】 2009年，为进一步加强对国有、集体产权出让公告的监督管理，根据《杭州市萧山区国有集体产权交易实施细则》规定，凡本区国有、区属集体企业整体或部分产权转让、政府性资产单项出租金额在30万元以上或一次出售总额在30万元以上的项目必须进入区招投标交易中心公开交易。自5月份起，工商萧山分局要求拍卖企业在对上述资产进行拍卖备案前，必须经区招投标管理办公室核准同意后，方可办理备案手续。

广告

【概况】 2009年，萧山有广告企业296家，其中广告公司171家、兼营企业91家、媒体3家(《萧山日报》、萧山广播电视台、萧山网络传媒)、其他形式31家。有广告从业人员1766人，年广告经营额32560万元。

【引导广告业诚信发展】 2009年，为倡导广告业诚信经营，提高广告业的服务质量和水平，促进广告业的健康发展，推荐4家广告经营单位参加浙江省、杭州市工商行政管理局组织的AAA、AA、A级广告信用单位评选。杭州萧山大地广告有限公司、浙江汇德隆实业集团有限公司广告中心被评为A级广告信用单位，杭州金久广告有限公司、杭州诚健霓虹灯广告装饰有限公司被评为AA级广告信用单位。至此，萧山区累计拥有AAA级浙江省广告信用单位4家，AA级广告信用单位12家，A级广告信用单位5家。

【市、区两级工商部门对媒体广告进行专项检查指导】 2009年8月20日，杭州市工商局、工商萧山分局执法人员到萧山日报社、萧山电视台开展广告专项检查。检查人员对8月份的《萧山日报》进行抽查，对其所刊广告存在的问题进行了点评：保健食品广告内容与广告审批备案内容不一致；以新闻报道形式发布广告；未经审批擅自发布医疗广告；公益广告发布内容少。结合现场点评，通报了浙江省工商局广告监测中心对全省媒体报纸的广告监测情况，并指出报社的广告虽然呈逐年规范态势，但《萧山日报》的广告监测信用指数排名不够理想，离《广告法》要求还有一定距离，报社在抓经济效益的同时要保证广告质量；根据行风监督员评议会议上提出的相关建议，指出群众对违法广告深恶痛绝，希望报社进一步加强广告自律行为。检查人员还对报社提出了发布"严禁酒后驾驶，倡导文明开车"等公益性广告的建议。在萧山电视台现场，检查人员抽查6只广告，仅一起医疗广告完全符合规定。检查人员指出，根据全省《2009年保健食品广告专项整治方案》，保健食品广告作为监管重点，媒体单位要全面清除虚假违法的保健食品广告，电视台作为党的喉舌，严把广告发布关是义不容辞的职责，对存在的问题要加强整改力度，该停播的停播。检查人员还根据近期群众反映和广告监测的情况，对电视台和电台播放的4起保健食品广告送达了停止发布的处理意见文书。

【完成萧山高速公路沿线广告整治牵头工作】 2009年，根据萧山区委、区政府工作部署，工商萧山分局承担了高速公路沿线广告牌的牵头整治任务。工商萧山分局对杭甬、杭金衢和绕城高速公路沿线两侧广告牌开展实地调查，并一一进行拍照保存，初步掌握高速公路沿线两侧广告牌的基本信息。随后召集相关镇、街、场及部队等单位通报前期工作，并向各单位提供各自辖区的广告牌明细，要求进一步开展广告牌的复核调查。同时通过媒体发布广告牌整治公告，联系权属人等，对广告牌的审批情况、权属关系等重要信息进行再次确认和梳理登记，建立了每块广告牌的书式和电子档案，掌握了广告牌整治的基本情况。此外，工商萧山分局成立了高速公路沿线广告牌整治工作领导小组，并抽调人员集中办公，明确各自职责和完成任务的时间节点。同时科学拟订全区广告牌整治实施方案和广告牌处置办法，指导督促沿线镇街依法开展整治工作。截至12月11日，全区列入整治的499块广告牌全部签约拆除，提前完成高速公路沿线广告牌整治任务。

【参加"创意杭州"广告设计大赛】 2009年，为弘扬杭州市文化创意产业，市工商局、市文明办、杭州日报社、市中介办联合举办"创意杭州"广告创意设计大赛。萧山区广告协会积极发动会员单位，鼓励其踊跃参加，展现萧山区广告创作水平。12月，萧山区广告协会获杭州市第一届"创意杭州"广告创意设计大赛组织奖。杭州众联广告有限公司选送的

"下岗再就业"公益广告:《换个插座,照样发光》（作者:张利明）

"规范公交秩序,扶持公交事业"作品获平面类公益作品三等奖。萧山日报社选送的《换个插座,照样发光》和杭州诚健霓虹灯广告装饰有限公司选送的《唉！无法忽视的真相》等3幅作品获平面类公益作品优秀奖。

【全年监测媒体广告8200条】 2009年,工商萧山分局对萧山广播电视台、《萧山日报》两家媒体的8200条广告进行监测,发现其中涉嫌违法广告95条,分别向萧山电视台、萧山日报社及相关职能部门发出监测通报11期,对萧山广播电视台广告部和萧山日报社发布违法广告行为进行了查处。通过广告监测,萧山区的违法媒介广告得到有效控制。

【审批户外广告167件】 2009年,工商萧山分局严格广告的审批关,确保广告内容的真实性和创意性,规范辖区内户外广告发布行为。全年审批户外广告167件。

【整治虚假违法广告专项行动】 2009年,萧山工商分局广告监管工作坚持把保健食品、药品、医疗、化妆品等群众关注的热点问题作为监管的重点,加强对大众媒体的管理;以高速公路沿线户外广告整治为契机加大户外广告监管力度,为推进萧山城市化建设,打造生活品质之区,营造良好市场环境而努力。全年查处广告违法案件26起,罚没款44.9万元,广告专项整治取得良好成效。

居民生活服务

【概况】 2009年,萧山区居民服务业整体平稳发展,分布合理,一些居民需求大的细化类别也进一步发展。到年底,全区拥有从事居民服务业的市场主体4405家,新增731家,涉及洗染、理发及美容保健、摄影扩印、汽车维修、清洁服务等17个行业类别。

【美容美发和保健业平稳发展】 2009年,美容美发保健业仍持续良性发展。全区从事该行业的市场主体1282家,比上年新增206家。该行业的发展不断走向成熟化、规范化。随着人民生活水平的逐年提高,人们更加关注自身的健康状况和养生保健,重视个人的全面发展,追求生活品质,享受生活的理念被越来越多的人接受。理发及美容保健服务不仅仅是传统观念中的理发店和美容院,还出现了更多具备商务、娱乐、保健功能的休闲会所和为个人形象设计提供特别服务的专业机构。随着消费需求的逐年旺盛,理发及美容保健服务业得到较快发展。而足浴作为保健行业中的重要行业,也在快速发展中逐渐步入品牌连锁经营。

【摄影扩印业市场主体注销多】 2009年,萧山区有摄影扩印经营主体149家,当年新增18家,注销吊销294家。随着电脑科技的发展,数码产品不断进入普通家庭,到传统照相馆去拍照、扩印方面的需求大为减少。相反,随着婚庆市场的不断扩大,婚纱摄影市场一路看好,成为摄影扩印行业中最重要的业务范围。

摄影扩印市场主体经营范围包括数码、胶卷摄影摄像,婚庆摄影摄像,人像艺术摄影,宣传片制作,胶卷、数码照片的冲洗、彩印,音像录制刻录,广告摄影摄像等直接业务活动,以及周边产品如摄影摄像器材、胶卷像架的销售,周边服务如新娘化妆、婚车装饰等。该行业特点是城区较为集中规范,档次较高;在各镇街网点布局相对合理。

人像艺术摄影业务也在不断增多。老百姓越来越注重自己的生活品质,希望能在年轻时或者特殊时刻记录自己的美好形象,留下美好的瞬间。不仅是年轻女孩子爱美,中老年人也都加入了这一行列。儿童摄影也从普通摄影中分离出来,有专业从事拍摄儿童的影楼,且这些影楼成长比较稳定,形成了一系列品牌店,如哈哈宝宝儿童摄影店、杭州萧山北干天使缘儿童摄影室、杭州萧山哈罗儿童摄影店、杭州萧山城厢贵族天使儿童摄影店等。

【汽车维修业发展快速】 2009年,萧山区有从事汽车、摩托车维修的市场主体725家,随着汽车消费市场的不断扩大,汽车维修正在成为一个巨大的潜在市场。除了规模大、技术好、服务优的4S店,越来越多本地的修理店也发展迅速,逐渐向专业化靠拢,在老百姓中口碑较好。

【家庭服务业发展良好】 从事家庭服务行业的种类有煤气、鲜花等商品代送、代买、代灌服务,家庭卫生清洁服务,室内民用水电安装,家庭绿化服务,服装清洗,物业管理,票务代理,学生托管,家政保姆等。2009年,家庭服务业总体发展平稳,由于其需求在城区比较突出,而且对服务提供者的要求也越来越高,家政保姆队伍逐渐向有组织、有培训的方向发展。清洁服务和其他居民服务业的发展是建设小康社会的必然趋势,随着人们观念的转变以及社会分工的细化,社区服务、家政服务纷纷走进了居民的家庭生活,越来越多的家庭愿意花钱买时间、花钱买清闲享受。社区服务和家政服务特别是清洁服务也是解决城镇失业、下岗女工或贫困地区妇女就业的重要途径。

（俞世明）

餐饮·足浴

【概况】 2009年,全区餐饮业零售额20.27亿元,比上年增长 12.74%，占整个社会消费品零售总额的 8.5%。足浴企业中，城区有 117 家，其中经营面积 2000 平方米以上的 2 家、1000—2000 平方米的 23 家、500—1000 平方米的 18 家、500 平方米以下的 74 家。

【餐饮企业走出萧山布局省外】 2009 年 11 月 8 日，上海华亭湖时代大酒店在上海松江新城开业，这是萧山区首家进军上海的纯餐饮企业。近年来，向省外开拓市场逐渐成为萧山餐饮企业发展的新思路，开元名都、澳门豆捞、哨兵实业等餐饮企业都相继走出萧山走向全国。

【区餐饮行业举办雕刻师技术比武】 2009 年 9 月 27 日，“2009 萧山区餐饮行业雕刻师技术比武”在蓝天宾馆举行。本次比武大赛按食品雕刻师高级工职业命题，分为理论知识和技能操作两部分，其中理论知识采用闭卷考试的方式进行，技能操作采用现场操作方式。经过激烈比赛，来自东奥餐饮管理有限公司的喻成清获得冠军，来自蓝天宾馆的吕苗江和宝盛宾馆的鲁永伟分别获得第二、三名。

【发挥区足浴保健行业协会的作用】 区足浴保健行业协会组建了“技术委员会和管理委员会”，全面开展行业提升活动，推动足浴保健业向规范化、科学化、健康化方向发展。至 2009 年底，全区足浴行业培训高级技工 120 人、中级技工 228 人、初级技工 1327 人。会员单位中，有 8 家企业先后被评为杭州市足浴名店，3 家企业被评为杭州市“示范店”，会员单位扬舟足浴技术总监韩玲芳获省首届足疗比武第一名，协会企业拥有浙江省职业技能考评员（足部按摩师）3 名、萧山区首席技师 1 名。在杭州足浴行业协会举办的“杭州十大足道大师”评选活动中，区足浴保健行业协会有 5 家会员企业的 12 名选手参评。经综合评定，扬舟足浴技术总监韩玲芳、美林“盛缘轩”高级按摩师黄晓威和萧山良子健康中心的刘卫卫获“十大足道大师”称号，陈荷芳等 4 名选手获优秀奖。

（潘灵敏　沈小锋）

殡葬服务

【概况】 2009 年，萧山区共有火化殡仪馆 1 家，经营性公墓 3 家（东郊公墓、慈福园、山南陵园），公益性公墓 38 家。

【强力推进殡葬改革】 2009 年，各镇街抓住清明节这一有利时机，再次掀起迁坟平坟新高潮。新塘、新街等镇街，主要领导现场坐镇指挥，组织专门的迁平坟工作班子，彻底整治长山范围内剩余坟墓，有力地推动了全区坟墓治理工作。共迁移、平毁、治理“三沿五区”及“六座山”范围内坟墓 60.4 万穴，平坟还林、还耕绿化面积近 113 公顷。

【重点抓好“一绕四线”高速公路沿线坟墓的整治工作】 根据市委、市政府统一部署，在省、市有关部门的指导支持下，对全区境内绕城、杭金衢、杭甬等 3 条高速公路沿线坟墓开展新一轮整治。截至 2009 年 9 月底，共计整治绕城、杭金衢两条高速公路沿线散坟 500 余座，出色完成了整治任务。

【公墓清理整顿和年检验审】 2009 年，为有效解决公墓建设管理中存在的问题，促进殡葬服务行业的健康发展，从上半年开始，着手进行公墓清理整顿工作的前期调研，分批分组到镇街进行调查摸底，并召开全区殡葬管理工作会议，就如何做好公墓清理整顿开展公墓年检验审工作进行专题部署，向 3 家经营性公墓下发《浙江省公墓年检登记表》及《浙江省公墓年检考核标准》，向各镇街下发《关于对公益性墓地、生态墓地、骨灰存放室实行年检验审制度的通知》，要求各公墓单位严格按照有关法律法规和文件规定，就本单位殡葬法律法规政策的执行情况、规划及基础设施建设情况、墓区绿化美化情况、内部管理制度建设情况等认真开展自查。为确保清理整顿公墓工作不走过场，成立了年检小组，对全区 3 家经营性公墓进行为期 3 天的年检验审督察，并通过杭州市民政局的检查。

【骨灰跟踪管理】 2009 年，全区火化遗体 8323 具，除个别遗体户籍错位外基本都进行了跟踪。同时对个别骨灰上山现象进行坚决查处，确保全区骨灰跟踪管理工作真正落到实处。

【严格考核机制】 2009 年，根据各镇街殡改工作“迁、平、进”情况，严格检查考核，按照殡改任务完成情况，对镇街实行以奖代补，兑现奖罚，对先进镇街和个人予以表彰和奖励，不断巩固殡改成果。

【做好民主评议行风工作】 按照省、市、区和上级民政部门的统一部署，2009 年，民政系统被省、市、区确定为民主评议行风 5 个涉农单位之一，重点是抓好规范殡葬事业单位殡葬服务收费共 3 个方面 10 项内容。为做好此项工作，从 5 月中旬开始，全区殡葬行业结合自身实际，深入开展了民主评议行风活动。通过殡葬行业干部职工共同努力，顺利完成宣传发动、检查整改、评议总结等三个阶段的各项工作，收到较好效果，达到了预期目的。

【殡仪服务质量提升】 区殡仪馆继续以服务为宗旨，注重外树形象，内强素质；注重社会效益，深化内部管理，努力提高服务质量。以民主评议行风为契机，不断完善科学、规范、高效的管理体系；实行政务事务公开，做到馆务、收费项目、服务项目、服务程序公开规范，增强了工作的透明度，自觉接受广大群众监督；收费标准始终按照物价部门核定的标准执行，按照政策要求对部分对象实行免收费用，不强买强卖、搭售丧葬用品等。2009 年，区殡仪馆继续实行零差错责任制。全年火化 8323 具遗体，遗体火化率继续保持 100%。

（杨富安）

经济管理

发展和改革

【概况】 2009年,是新世纪以来萧山区经济发展最为困难的一年。面对国际金融危机的巨大冲击和严峻复杂的经济形势,全区上下以学习实践科学发展观为动力,按照区十四届人大三次会议审议批准的国民经济和社会发展计划,全力以赴拓市场、扩投资、促消费、保增长,经济率先实现企稳回升向好,各项社会事业全面进步。区十四届人大三次会议确定的主要指标绝大部分完成或超额完成,自营出口和规模以上工业企业销售产值两项指标虽未能完成年初计划,但完成情况均好于全省、全市平均水平。全区实现地区生产总值(GDP)1037.07亿元,比上年增长4.9%,其中第三产业增加值355.97亿元,增长13.3%。农业总产值69.06亿元,增长8.1%;工业总产值3732.9亿元,增长4.3%;规模以上工业企业销售产值3403.31亿元,增长6.4%;地方财政收入69.53亿元,增长10.1%;全社会固定资产投资399.72亿元,增长15.2%;社会消费品零售总额237.69亿元,增长15.4%;自营出口56.17亿美元,下降16.5%;化学需氧量比上年削减12%;二氧化硫排放量比上年削减5.26%;农村居民人均纯收入14390元,增长10.8%;城镇居民可支配收入29229元,增长10.5%;城镇登记失业率3.36%;人口自然增长率2.63‰,低于5‰的控制目标。

【深入分析经济社会发展形势】 2009年,为准确分析经济社会发展形势,正确把握全年发展趋势,区发改局召开了三次经济形势分析会和两次社会形势分析会,完成形势分析报告,为正确判断形势、提出对策建议发挥了积极作用。其中《半年度经济形势分析报告》和《三季度经济形势分析报告》首次以区委办名义转发。此外,还加强了对投资、工业、服务业等领域的专题分析,形成一批高质量的分析报告。

【切实加强调查研究】 2009年,区发改局强化调查研究工作,完成了一批有分量的调研报告。全年完成课题16个,其中转化为政策6个,转化为工作方案等成果6个。年初,为有效应对金融危机,区发改局分片赴各镇街、企业调研,汇总形成《经济社会发展专题调研报告》。《关于推进我区企业并购重组的对策建议》为区政府出台《关于鼓励和引导企业并购重组的若干意见》提供了第一手资料;《萧山区企业投资项目审批制度改革试行方案》由区政府办公室转发;《关于加快制定我区产业振兴规划的建议》为制定产业振兴规划,实现产业转型升级奠定了基础;《关于构建金融仓储的调研及建议》、《我区建立小企业集合债权基金的调研分析报告》等一系列调研课题均为区委、区政府出台相应政策提供了有益的参考。《关于加快推进我区城市有机更新的思考》获得萧山区党政系统优秀调研报告一等奖;《关于加快南部区域发展的对策建议》和《大力推动企业上市,力促萧山经济加快发展》两个课题分别获得全区领导干部优秀理论文章一等奖和三等奖。区发改局被省发改委评为2009年度全省发展改革工作优秀单位,区发改局窗口被评为区办事中心红旗窗口。

【开展"十二五"规划思路研究】 2009年是"十二五"规划编制启动年,区发改局认真部署,及早谋划,制订工作方案,提出"十二五"规划编制工作的总体思路、基本原则、主要任务和总体进度安排建议,下发《全区"十二五"前期研究课题计划》和《发改局"十二五"前期研究课题计划》。完成"十二五"总体思路研究和体制改革、基本公共服务均等化、金融业等10个专项课题研究。此外,编制完成《萧山区新能源产业基地规划》,上报省发改委,力争使大江东地区成为省级新能源基地。制定《十大产业升级培育规划编制工作方案》,牵头制定电子信息和物流业两个升级培育规划。这些规划的编制,对于拉动经济增长、调整产业结构、转变发展方式具有重要推动作用,也为编制"十二五"规划打下了坚实的基础。

【加强重大项目管理和服务】 2009年,区发改局始终把抓重大项目作为工作的重中之重,全力以赴促进投资合理增长。一是政府投资项目有序推进。比往年提前3个月编制下达2009年度区政府投资项目计划(草案),通过计划早安排、领导早联系、问题早协调、进度早督促、项目早开工"五早"战术,使项目的开工率和推进速度明显提升,列入考核的180个政府重点项目开工率86.1%。关于2010年的项目安排,区发改局从9月份开始调研,进行系统的前期摸底,及时编制2010年政府投资计划草案,并在2009年内下达。二是项目审批管理规范高效。区发改局提出《萧山区企业投资项目审批制度改革试行方案》,通过减少审批事项、下放审批权限、优化审批流程等方式,将审批时间从原来的160天压缩到110天以内,优化了萧山的投资软环境。推进项目代建制,出台《萧山区政府投资项目代建制实施细则》。在项目管理方面,规范审批流程,把立项审批调整为按项目建议书、可行性研究报告、初步设计审批,对项目的可行性、建设规模、总投资等进行严格把关。起草《萧山区政府投资项目变更管理细则》,进一步强化政府投资项目管理。区发改局窗口全年办理各类备案、核准、审批项目2119个,比上年多277个,项目的办结率、满意率、正确率均为100%。三是项目稽查全面启动。政府投资项目稽查工作于2008年开始启动，2009年逐步进入动态化和常态化。起草《萧山区重大建设项目咨询、稽查专家管理暂行办法》，建立稽查专家库。2009年全区确定稽查项目9个，范围涵盖卫生、文化、科技等多个方面，使项目中后期管理得到进一步加强。

【105个项目列入省、市重点项目】 2009年，全区有42个项目列入省重点，63个项目列入市重点，项目数量均比上年增长100%，共获得土地指标316公顷。争取中央预算内投资项目方面，萧山区共争取到中央预算内投资项目15个，获得中央投资5606万元。

【全区投资工作会议】 2009年2月24日召开。区委副书记、区长盛阅春到会并讲话。区委常委张振丰、洪松法，区人大常委会副主任蒋建国，副区长方毅，区政协副主席汤金友等出席会议。会议由区委常委、常务副区长许岳荣主持。区长盛阅春充分肯定萧山区投资工作取得的成绩，他指出，在经济形势日益严峻、要素制约局面一直紧张的大背景下，萧山区固定资产投资和重大项目推进工作取得了令人瞩目的成绩，顺利完成了全年投资目标。2009年投资主要呈现三个特点：突出了基础设施和民生工程两大重点；体现了区域集聚和结构优化两项优点；加快了省市重大项目和"双百工程"的推进速度。这些成绩的取得，主要得益于萧山区建立项目推进工作制度，开展重大项目推进服务和督察等一系列活动，做到计划早安排、领导早联系、问题早协调、进度早督促、项目早竣工，并在政策、用地、资金、人员等方面给予全力保障。下一阶段要重点做好以下三项工作：一是落实责任、协力推进，按照政府投资项目推进工作责任书要求，分解任务、落实责任，排出具体时间节点，各部门要全力配合，提供优质高效服务；二是破解难题，缓解制约，通过向上争取，盘活存量，向内挖潜，创新方式等手段破解用地、资金等方面的制约；三是加强督察，严格管理，通过完善项目代建制，严把项目调整关，加强政府投资项目稽查等方式逐步完善政府项目管理制度。会议对2008年度萧山区重大项目推进工作先进集体和先进个人进行了表彰，区人民政府与各责任单位代表签订2009年政府投资项目推进工作责任书，区建设局、临江管委会、瓜沥镇的代表作典型发言，交流了投资及重大项目推进工作的经验。在会上，萧山区出台了《萧山区2009年政府投资项目推进计划》、《萧山区政府投资项目推进工作考核与奖励办法》等文件。

【召开两次全区服务业工作会议】 2009年7月14日，萧山区召开服务业发展大会，回顾总结萧山区服务业发展取得的成绩，部署下阶段工作任务。市委常委、区委书记洪航勇出席会议并讲话。区领导盛阅春、沈奔新、谭勤奋、许岳荣、方毅、叶永浩参加会议。会议指出，2008年，尽管面临国际金融危机的严峻形势，全区服务业呈现良好的发展态势，为保增长、调结构、促转型作出了重要贡献。进入2009年以来，全区服务业发展延续了良好势头，并且呈现出许多新的亮点，表现出经济贡献份额有新提高、投资力度有新增强、重大项目有新进展、行业发展有新特色、企业注册有新增长等5个特点。2009年萧山区服务业工作的主要目标是：服务业增加值按可比价增长13%以上，服务业增加值占GDP的比重提高2个百分点；服务业投资完成100亿元，实施投资1000万元以上的重大服务业项目100个。会上，区委副书记、区长盛阅春宣读关于表彰萧山区2008年度服务业发展先进单位和先进工作者的决定。区贸易局、钱江世纪城·宁围镇等镇街、部门和企业作典型发言。

11月6日，全区服务业工作汇报会在金马饭店召开。区委常委、常务副区长许岳荣听取汇报并讲话。区发改局、区贸易局、区旅游局、区建设局、区民政局、工商萧山分局和区财政局、区统计局、国土萧山分局的主要负责人参加会议。会议听取了区发改局局长洪关良就2009年前三季度萧山区服务业发展情况的通报和区发改局、区贸易局、区旅游局、区建设局、区民政局、工商萧山分局关于服务业八大行业三年行动计划执行情况和下一步工作计划的汇报。

【促进工业转型升级】 2009年，区发改局编制并发布2009年全区产业导向目录。当年共有4个项目列入省资源节约和环境保护中央预算内投资备选项目；各有1个项目列入节能技术改造财政奖励项目、国家高技术产业化项目，共获得中央预算内资金600万元；24个项目列入杭州市高技术产业化项目。传化生物产业基地、国际创业中心列入国家级产业基地扩展区。同时，做好内外资企业进口和采购国产设备免税服务工作，共申报11个项目，为企业免税近3亿元。

【推进信息化发展】 2009年，区发改局起草了扶持信息化应用和信息产业发展的实施意见。全年新增软件企业2家，软件产品15只。闻堰软件产业园取得省级软件基地、市级软件园和音视频软件产业园三块牌子。列入国家发改委首批"国家信息化试点"项目1个。列入国家级重大产业项目2个，省级4个，市级12个，累计获得项目补助资金866万元。2家企业入选省电子商务10强和市电子商务10强。牵头推进一大批农村信息化、社区信息化、社会领域信息化工程。

【推进农业农村发展】 2009年，区发改局成功申报16个国家、省、市级农口类项目，获得补助资金560多万元。做好钱江枢纽和湘湖应急备用水源工程等一批农业项目的指导和申报协调工作。协调推进沿海防护林体系建设、乡镇兽医站设施建设等一批涉农工程。为4家棉纺企业申报2009年进口棉花关税配额再分配申请，为9家企业申报2010年小麦、棉花进口关税配额。加强煤炭经营监督、管理和服务，合理布局煤场，做好煤炭调运、销售量统计和企业年检工作。

【推进区域协调发展】 2009年，区发改局在全力推进大江东新城、湘湖旅游度假区和钱江世纪城建设同时，积极为南部发展出谋划策，提交《关于加快南部区域发展的对策建议》。此后，区发改局编制完成《萧山区浦阳江生态经济区发展规划》，并拟定配套政策，得到区委、区政府领导以及全区干部特别是南片干部的高度评价。

【推进社会事业项目】 2009年，区发改局全力开展社会事业领域重点项目前期工作，就垃圾焚烧厂、杭师大湘湖学院等诸多项目的可行性、建设方式、规模、选址等反复调研对接，提出意见。联合有关部门开展17家社区卫生服务中心和310家卫生服务站项目检查，推进政府实事工程建设进度。做好中央投资项目的申报和管理工作，共有4个社会事业项目列入中央投资计划，获得资金260万元。

【积极培育上市企业】 受宏观经济形势影响，萧山区2009年上市工作压力很大，但仍然取得了良好成绩。松冈机电和亚太机电分别在澳大利亚和深圳上市，笑笑幼教集团于12月16日在澳大利亚证交所批准挂牌上市。先后批准12家企业列入全区拟上市企业，其中佳力科技、荣盛石化、杭齿集团、先临科技的材料已上报国家证监会。同时，加强对上市企业安全运行的监管。

【积极推进担保工作】 2009年，召开全区担保公司工作会议，修改完善中小企业担保公司政策和担保考核办法。全年新增政策性担保公司4家，新增注册资金1.79亿元，担保公司总数已有37家。新设立萧山金丰小额贷款公司、和金金融仓储公司。民泰银行和汇丰银行在萧山设立分支机构。

【召开创业投资工作座谈会】 为认真宣传贯彻《萧山区创业投资引导基金管理办法(试行)》，掌握萧山区创业投资企业发展现状，研究下一阶段创业投资引导基金工作，2009年7月28日，萧山区召开全区创业投资座谈会。12家创业投资企业、4家投资企业以及6家拟上市企业负责人参加座谈会，市发改委财金处处长王晚霞、调研员吕春泉应邀莅临指导，区发改局副局长、区创投办主任陈建新出席会议并讲话。区发改局对《萧山区创业投资引导基金管理办法(试行)》进行了政策解读。各家企业分别介绍了其前期投资和推进上市的进展情况。王晚霞介绍了市级创业投资引导基金设立以来的运作情况，并对萧山创业投资发展环境及引导基金进展情况予以充分肯定。

【着力破解改革难题】 2009年，区发改局起草《关于统筹协调全区体制改革工作的意见》等3个文件，形成统筹协调推进改革的工作机制，首次提出全区体制改革年度工作要点，建立了体制改革联席会议制度。综合配套改革试点工作起步，形成《大江东新城争取省级综合配套改革试点的初步思考》并上报省发改委。中心镇改革发展有序推进，开展中心镇发展建设项目调查和组团建设情况调研。开展医药卫生体制改革课题调研，形成《深化我区医药卫生体制改革的对策建议》。

【扎实推进在萧重点工程】 2009年，区重点办集中力量完成杭甬客专萧山段前期征迁工作，克服时间紧、任务重、难度大等困难，在短短9个月时间里，完成拆迁面积55万平方米，涉及农户381户、企业101家，创造了萧山征迁史之最。同时，做好杭长客专(越江隧道)、杭黄客专等铁路建设项目的前期优化工作，以及电力建设、杭州东站过渡到萧山站等项目的协调工作。做好天然气利用工程建设的协调服务，积极争取萧山天然气用气量，保障萧山天然气供应。

【推进电子政务建设】 2009年，信息中心成功举办一系列网上视频直播等活动，政府常务会议网络视频加户外大屏幕同步直播为全国首创。推进信息公开工作，进行权力阳光运行机制电子政务系统可行性方案研究，完成萧山区电子政务大厅建设方案。

【做好散装水泥管理工作】 2009年，区散装办积极完善散装水泥专项资金征收管理，进一步扩大农村散装水泥使用面，全年完成散装水泥发放量277.71万吨，水泥散装率64.25%，比上年提高3.91个百分点。

(徐汉军)

财政

【概况】 2009年，萧山财政地税部门按照“保增长、扩内需、调结构”的总体要求，认真落实各项宏观调控政策，积极推进财税管理创新，促进了区域经济和社会平稳协调发展。

【财政收入预算执行情况】 区十四届人大第三次会议批准的年度地方财政收入预算为682800万元。执行结果：完成地方财政收入695281万元，为预算的101.83%，增长10.05%(比上年实绩，下同)；完成上划中央财政收入675527万元，增长6.18%；地方财政和上划中央财政收入1370808万元，增长8.11%。剔除专项收入等不可比因素，经常性收入增长2.66%。

2009年萧山区地方财政收入决算

单位：万元

收入项目	2008年决算数	2009年调整预算数	2009年决算数	决算数为调整预算数的(%)	决算数为上年决算数的(%)
一、税收收入	609984	650500	659637	101.40	108.14
增值税(25%部分)	152950	167000	165806	99.29	108.41
营业税	178285	179000	201874	112.78	113.23
城市维护建设税	39475	41000	41092	100.22	104.10
企业所得税(40%部分)	79779	85000	74649	87.82	93.57
个人所得税(40%部分)	29778	32000	34687	108.40	116.49
其他小税种	93567	97500	87500	89.74	93.52
农业二税	36150	49000	54029	110.26	149.46
二、非税收入	21818	32300	35644	110.35	163.37
排污费收入	1820	2000	3635	181.75	199.73
教育费附加收入	15158	15000	16052	107.01	105.90
罚没收入	9929	21000	21728	103.47	218.83
国有资本经营收入	−5653	−7000	−6779	96.84	119.92
国有资源有偿使用收入	478	1300	974	74.92	203.77
其他收入	86		34		39.53
全区地方财政收入	631802	682800	695281	101.83	110.05

【财政支出预算执行情况】 区十四届人大第三次会议批准的地方财政支出预算为568000万元,其中区级393000万元,镇级175000万元(由于收入结构变化和公共财政支出的需要,11月23日,经区十四届人大常委会第二十二次会议批准,地方财政支出预算为568000万元,其中区级调整为403000万元,镇级调整为165000万元)。上年专款专项结转19672万元,调入资金7375万元,专项收入调减指标312万元,预计省和杭州市下达专款专项补助63332万元,地方政府债券23600万元,财政支出预算总指标为681667万元。执行结果:全年财政支出650678万元,为预算的95.45%,增长7.63%。其中:区级支出460110万元,为预算的93.69%,增长13.53%。剔除省市专款增加、开发区增收增支等因素,全区经常性支出增长1.07%,区级经常性支出增长3.91%。

2009年萧山区财政支出决算

单位:万元

收入项目	2008年决算数	2009年调整预算数	2009年决算数	决算数为调整预算数的(%)	决算数为上年决算数的(%)
一般公共服务	87381	82624	80854	97.86	92.53
国防	1469	1976	1746	88.36	118.86
公共安全	41490	41199	40008	97.11	96.43
教育	137219	164151	159813	97.36	116.47
科学技术	17147	20291	19312	95.18	112.63
文化体育与传媒	33526	13094	12393	94.65	36.97
社会保障和就业	59702	50463	48765	96.64	81.68
医疗卫生	36430	53344	50548	94.76	138.75
环境保护	7020	17057	10597	62.13	150.95
城乡社区事务	81986	91917	91483	99.53	111.58
农林水事务	46770	52102	48309	92.72	103.29
交通运输	11842	45598	38293	83.98	323.37
采掘电力信息等事务	32069	33551	32042	95.50	99.92
粮油物资储备管理等事务	1945	7360	6685	90.83	343.70
地震灾后恢复重建支出	5905	6318	6318	100.00	106.99
其他支出	2657	21946	3512	16.00	132.18
全区财政支出	604558	702991	650678	92.56	107.63

【财政预算平衡情况】 按现行财政体制计算,2009年全区可用资金为694552万元,比上年增长10.37%。其中区级502086万元,增长18.14%。全区财政可用资金来源:上年滚存结余24762万元,当年财政体制分成575483万元,调入资金7375万元,预计省、市财政下达专款专项补助63332万元,地方政府债券23600万元。财政可用资金与财政支出相抵,预计年末财政滚存结余43874万元。其中专款专项结转下年使用34337万元(区级),财政净结余9537万元(区级7639万元,镇级1898万元)。

【基金预算收支情况】 2009年完成基金预算收入1619780万元,增长148.14%,加上上年结余收入105990万元、省市补助收入10500万元,调出资金7375万元,全区基金总收入1728895万元。全年支出1097058万元,收支相抵,年末滚存结余631837万元(主要是土地出让金未结算收入)。

2009年萧山区基金收入决算

单位:万元

收入项目	2008年决算数	2009年计划数	2009年决算数	决算数为计划数的(%)	决算数为上年决算数的(%)
一、社保基金收入	153816	168000	173971	103.55	113.10
基本养老保险基金	98937	108200	105448	97.46	106.58
基本医疗保险基金	33068	36000	42839	119.00	129.55
失业保险基金	11734	12800	13461	105.16	114.72
工伤保险基金	6992	7600	8392	110.42	120.02
生育保险基金	2258	2500	2679	107.16	118.64
其他社会保险基金	827	900	1152	128.00	139.30
二、政府性基金收入	498958	419000	1445809	345.06	289.77
地方教育附加	14718	15000	15675	104.50	106.50
残疾人就业保障金	4427	5290	4527	85.58	102.26
国有土地使用权出让金	425261	340000	1354535	398.39	318.52
国有土地收益基金	9790	15000	28336	188.91	289.44
农业土地开发资金	3483	4500	3349	74.42	96.15
城镇公用事业附加	3224	4500	7389	164.20	229.19
地方水利建设基金	27698	25000	23941	95.76	86.44
散装水泥专项资金	335	250	303	121.20	90.45
墙体材料专项基金	818	700	529	75.57	64.67
彩票公益金	520	500	497	99.40	95.58
其他基金	8684	8260	6728	81.45	77.48
全区基金收入	652774	587000	1619780	275.94	248.14

2009年萧山区基金支出决算

单位:万元

支出项目	2008年决算数	2009年决算数	决算数为上年决算数的(%)
一、社保基金支出	154165	174776	113.37
基本养老保险基金	98937	105448	106.58
基本医疗保险基金	33068	42839	129.55
失业保险基金	12083	14266	118.07

续表

支出项目	2008年决算数	2009年决算数	决算数为上年决算数的(%)
工伤保险基金	6992	8392	120.02
生育保险基金	2258	2679	118.64
其他社会保险基金	827	1152	139.30
二、政府性基金支出	500929	922282	184.11
地方教育附加	14800	9967	67.34
残疾人就业保障金	9114	7303	80.13
国有土地使用权出让金	431891	838300	194.10
国有土地收益基金	1185	20000	1687.76
农业土地开发资金	2405	3758	156.26
城镇公用事业附加	3224	5776	179.16
地方水利建设基金	28089	29942	106.60
散装水泥专项资金	295	274	92.88
墙体材料专项基金	255	256	100.39
彩票公益金	1021	715	70.03
其他基金	8650	5991	69.26
全区基金支出	655094	1097058	167.47

【财政收入管理】 2009年,面对国际金融危机的严重影响,区财政局围绕财政收入"保五争八"的目标,采取一系列措施。一是争取支持,把握主动。面对年初收入负增长的不利局面,及时向区委、区人大、区政府有关领导汇报工作进展情况,每月定期向有关部门、镇街负责人和大企业集团通报收入形势,提高社会各界对萧山财政收入工作的关注度。二是加强分析,查漏补缺。密切关注经济形势变化和组织收入工作中出现的新情况、新问题,分析重点税种、重点行业、重点区域的收入变化,做好预案。三是落实举措,注重实效。在落实原有征管制度的基础上,完善对外地进萧建筑企业、教育劳务、歇业企业清算、股权投资和转让等行为的税收管理,完善非税收入征管模式。四是强化配合,形成合力。对内,完善科室和分局之间的收入协调机制;对外,加强与国税部门配合,运用增值税免抵调库手段,确保财政收入的稳定增长。在下半年形势好转的情况下,加强与镇街等利益相关部门的沟通协调,加大调控力度,实现了收入均衡有序入库。

【财政支出管理】 2009年,区财政局加强财政支出管理。一是创新体制机制。按照加快大江东新城开发建设的要求,拟订大江东新城财政体制的思路;调整完善城区4个街道的财政体制;明确区内企业搬迁及跨区域发展财政收入统计口径、利益分成办法。二是加强预算管理。落实各项财政节支措施,出台会议费、差旅费、招待费的管理办法;实行"两分离、一核定"的预算编制模式;全面实施义务教育教师绩效工资改革;出台《杭州市萧山区人民政府办公室关于印发〈萧山区城区街道办事处土地分成收入支出预算管理办法(试行)〉的通知》(萧政办发〔2009〕242号),明确土地分成收支预算编制、结算方式。三是加强资金管理。通过调整科室职能,实现财政资金的集中管理;清理整合规范财政专项资金,制定办法明确专项资金结余处理方式;出台《杭州市萧山区人民政府办公室关于印发萧山区区级财政专项资金管理办法的通知》(萧政办发〔2009〕236号),就专项资金的设立、使用等作了全面的规范;出台《萧山区土地收储成本审核管理办法》(萧财综〔2009〕211号),加强对土地出让金成本构成的审核和成本支付的监管,全年核减土地成本2214万元;加强建设项目资金管理,在保障工程推进的同时控制支出进度,整合调度资金,降低融资成本,全年节约财务费用2.00亿元;开展地方财政资金安全检查工作;对预算内外及专项资金、调度资金使用情况进行全面清理。四是加强财政监管。财政支出绩效评价工作有序推进,全年完成36个评价项目,涉及资金15.00亿元;政府性投资项目全过程监管不断加强,分别对前期拆迁补偿款支付、材料价格调差、人工价格风险控制等进行规范;全年审价累计核减资金22.70亿元,核减率13.7%。

【帮扶企业共度时艰】 完善政府应急专项资金运作方式,2009年累计使用65.00亿元,有效缓解了企业经营资金周转的困难;会同区经发局、杭州银行设立总额6.00亿元的中小企业债权基金,为区内中小工业企业开辟融资新渠道;分两阶段实施总额1.10亿元的消费资助,促进、扩大内需;落实企业基本养老保险费费率下降2.0%和企业社会保险费单位统筹部分减征一个月政策,减轻企业负担1.50亿元;失业保险基金用于扶持困难企业稳定就业的补贴1.50亿元;兑现各类财税优惠政策,全年落实企业技术开发费加计扣除金额3.00亿元;国产设备抵免企业所得税4400万元;国家级高新技术企业所得税优惠6000万元;全年对企业减免地方税费3.80亿元;兑现工业方面的扶持资金5.15亿元。

【支持经济转型升级】 2009年,区财政局优化完善工业企业技改政策,在产业导向不变的前提下,适当降低门槛,提高扶持标准,促进工业企业提高竞争力;完善中小企业担保公司运行风险补偿办法,为中小企业融资提供便利;出台扶持信息化应用和信息产业、楼宇经济、服务外包产业、现代物流业、企业分离发展服务业等政策,加快现代服务业发展;出台鼓励海外留学人员来萧山创业、大学生在萧山自主创业的政策,设立1.00亿元创业投资引导基金,进一步营造创业创新的良好氛围;调整完善外贸扶持政策,投入5000万元财政资金,促进外贸结构调整。

【民生工程建设】 2009年用于民生方面的支出达到48.02亿元,占全区财政支出的73.8%,剔除地方政府债券等不可比因素,当年新增财力的91.5%用于民生。一是推动教育强区、文化名区、卫生强区建设。教育方面,全年支出15.98亿元,增长16.47%,支持城乡教育基础设施建设、免费义务教育等事业的发展;文化方面,全年支出1.24亿元,其中当年新投入6432万元,完成了博物馆新馆、跨湖桥遗址博物馆、档案馆新馆的建设;医疗卫生方面,全年支出5.05亿元,推进了区一医院等改扩建工程,社区卫生服务中心、社区卫生服务站等医疗基础设施的建设。二是支持社会保障事业。全年通过财政安排的社会保障支出达到6.60亿元,认真落实农村居民养老保险等五项"社保新政",全面贯彻实施《萧山区基本养老保障办法》和《萧山区基本医疗保障办法》,进一步提高城镇和农村低保标准以及70周岁以上老年人生活补助发放标准,支持保障性住房建设,努力提高人民生活品质。三是保障重点公共基础设施建设。根据区委、区政府提出的"12881"三年城市交通建设行动计划投资要求和2009年区级财政建设项目,通过预算安排、市场化运作等多种方式,加强资金筹措,全年基本建设累计投入46.72亿元,为03省道东复线北伸等区内重点工程的顺利推进提供了财力支撑。

【国有资产监督管理】 完善管理运营体制。2009年,区委、区政府决定国资办机构单列,专司国有资产所有者代表职能;调整和完善杭州市萧山区国有资产经营总公司,增加公司注册资金至20亿元,主要负责区政府授权管理的经营性国有资产的产权运营,进一步完善了监管机构、营运主体、出资企业的三层架构,健全了以资本为纽带的国有资产产权管理体系,为统一管理国有资产、推动国有资产流动和优化重组提供了组织体制保障。年末,区属国有企业资产总额438.5亿元,比上年增长51.45%;净资产193.45亿元,增长22.67%;合并国有资产总量152.3亿元,增长21.46%;营业收入34.42亿元,增长11.32%。

加强国资产权管理。2009年,通过集中管理、登记、评估、公告、拍卖等程序,取得原公务用车拍卖收入905万元;对区级机关事务管理局管理的32处行政事业性单位经营用房进行集中拍租,拍得租金209.70万元;对原电大区块的拆迁也实行了公开操作。依法核准2009年资产评估项目11项,净资产评估价值46.60亿元,评估增值61.8%。

加大公用事业资源的整合力度,推进公共资源集约化发展,实现产业规模经营。对杭州萧山交通发展有限公司进行资产重组,注销杭州萧山交通国有资产经营中心,存量资产划转杭州萧山交通发展有限公司,批准其收购杭州萧山长途汽车运输有限公司,同时拟收购杭州萧山公路开发有限公司,使其成为注册资本金近10亿,集融资、建设、管理、经营于一体的交通建设投融资平台,为确保萧山区交通建设重大项目的顺利推进提供物质保证。强化资本运作,积极推进国有企业的上市工作。2009年度是杭齿集团开展上市准备工作的关键一年,为加快企业上市步伐,积极帮助企业协调与相关部门和上级部门的有关问题,完成了上市工作中的系列重大事项。先后召开四次股东大会和九次董事会,完成经营团队持股、公司章程变更、相关资产手续补办、职工身份置换、按上市公司要求制定9个工作规则、独立董事提名和董监事会成员调整、上市申请材料报送等重要事项,基本完成了杭齿集团上市的前期准备工作。

【会计队伍管理】 2009年,区财政局加强会计管理信息化建设,在整合会计管理工作信息的基础上,启用"萧山财政局会计网";做好会计从业资格和代理记账行政许可工作,全年办理会计从业资格证书3236本,审批代理记账机构2户;做好为会计人员办理注册、变更、调转手续工作,全年办理注册2304人次、变更634人次、调出185人次、调入287人次;做好各类会计考试的报名、考务工作,组织889人报名参加2009年全国注册会计师考试,10494人参加2010年会计从业资格考试,3812人参加2010年会计专业技术资格考试,3322人参加会计电算化考试;同时,认真组织职高、财会中专等学校的珠算等级鉴定,有163人参加珠算等级鉴定考试,发放等级证149本,会计队伍的整体素质进一步提高。

(吴水忠 陈晓宇)

地税

【地税税务登记】 2009年,萧山地税共登记纳税人66166户。其中国有企业513户,集体企业838户,股份合作企业151户,联营企业35户,有限责任公司3753户,股份有限公司197户,私营企业22167户,其他企业413户,港澳台商投资企业585户,外商投资企业640户,外国企业31户,个体纳税户36843户。

【推进企业分离发展服务业】 2009年,区财政、地税部门加快推进企业分离发展服务业工作。一是拟订并经区政府办公室下发《杭州市萧山区人民政府办公室转发区财政局关于支持企业分离发展服务业的若干政策的通知》(萧政办发〔2009〕198号),明确了扶持对象和涉及财政奖励、税收优惠、用地指标、水电气要素价格、行政审批等方面的19条扶持政策;二是成立领导小组,制定《萧山区财税分离发展服务业三年行动计划指导意见》和《萧山区财税推进企业分离发展服务业工作绩效评价办法》等文件,保证了分离工作顺利开展;三是分离工作取得实效,全年完成分离发展服务业企业47家,实现地方税费3200万元。

【税收法制建设与税收宣传】 2009年,区地税局严格依法审理税务案件,全年处理涉税案件11起,涉及税(费)款、滞纳金、罚款合计3014万元;开展行政权力事项清理,共清理142项;认真贯彻实施税收执法责任制"两个办法",推进执法责任制人机结合考核项目的运行。

创新税收宣传形式,局领导走进萧山网,就"服务保增长、政策促转型"主题与网友交流;编纂发行《萧山财税三十年》大型画册,并被省地税局评为2009年度税收宣传优秀项目;开展税收宣传进学校、进社区、进企业活动;在《萧山日报》对2008年度缴纳税费超500万元的企业进行表彰。

【征管改革与税源管理】 2009年,区地税局加强税收工作。一是加强重点税源监控。对622家被认定为县(市)级以上重点税源户的企业的税收、经营等情况全面纳入TRAS管理系统进行监控,其入库税款占全部税额的67.6%。二是加强行业税收和特殊经济行为税收管理。分别就外地进萧山建筑企业、教育劳务、歇业企业清算、股权投资和转让等有关税收问题进行了明确和规范；认真落实建筑业、化纤织造业行业税收管理办法。三是改革完善税收征管机制。税控收款机在营业税起征点以上的所有餐饮业纳税人中全面应用；出台下户派工管理办法，完善对税务工作人员的跟踪管理机制；个体参数定税法在18个小行业全部应用到位；顺利完成契税、耕地占用税划转地税征管工作。

【信息化建设】 2009年，区地税局完善了信息化建设的总体思路、目标和基本规划；落实经费，积极保障小型机等重大信息硬件设备的运行；全新的地税内外网站上线运行(www.xsds.gov.cn)；"税企通"信息交流平台开发完成并上线试运行；全面推广应用《税友2006》快捷查询管理软件；不动产建筑业税收项目管理软件完成试运行；自行开发并应用"my office"办公管理软件。

【各项规费征收】 2009年，区地税局加强社会保险费征收，全年入库17.39亿元，增长13.21%；认真做好企业工会经费、水利建设专项资金、残疾人就业保障金的征收工作，分别征收2385万元、2.78亿元和4406万元；制定《萧山区社会保险费未申报公告办法》和《萧山区社会保险费欠费公告办法》，加强对未申报、欠费行为的治理。

【税务稽查】 2009年，区地税局开展对大型超市、营利性医疗机构、教育劳务业、旅游业、建筑业、房地产业专项检查，全年检查394户，查补金额1.05亿元；会同公安、国税等部门加大打击制售假发票力度，行政拘留3人，刑事拘留3人，有力地维护了税收秩序。

【地税收入】 2009年共组织各项收入748068.89万元，增收29376.21万元，增长4.09%。其中税收收入500188.03万元，增收11921.91万元，增长2.44%；其他收入247880.86万元，增收17454.30万元，增长7.57%。

2009年萧山区地税收入分税种情况

单位:万元

项　　目	本年累计	上年同期	增减额	增减(%)
一、总计	748068.89	718692.68	29376.21	4.09
二、税收合计	500188.03	488266.12	11921.91	2.44
1.营业税	203219.13	179835.94	23383.19	13.00
2.企业所得税	81659.59	100942.2	−19282.61	−19.10
3.个人所得税	86717.61	74445.89	12271.72	16.48
4.城建税	41091.59	39474.6	1616.99	4.10
5.房产税	30705.89	32107.81	−1401.92	−4.37
6.印花税	10006.91	11483.97	−1477.06	−12.86
7.城镇土地使用税	29071.49	35415.58	−6344.09	−17.91
8.车船使用税	4671.88	4570.69	101.19	2.21
9.土地增值税	12042.58	8851.99	3190.59	36.04
10.资源税	1001.36	1137.45	−136.09	−11.96
三、其他收入	247880.86	230426.56	17454.30	7.57
其中:社保基金	173863.51	153570.85	20292.66	13.21

【税收特点】 2009年，萧山区税收情况较好。一是总量继续攀升，增幅低开高走。全年税收收入首次突破50亿元。受国际金融危机影响，1月出现30.3%的负增长，随着经济形势的逐步好转，收入增幅逐月回升，8月实现正增长，但全年2.44%的增幅比2008年依然下滑11.19个百分点。二是主要行业税收全面回升，制造业相对滞后。从二季度开始，房地产业、建筑业等主要行业全面回升，特别是建筑业、交通运输业、餐饮住宿、批发零售业从5月起实现正增长，但制造业全年税收收入下降10.02%。三是第三产业税收增长明显。实现税收收入28亿元，比上年增长22.84%，增幅提高9.9个百分点，占税收收入的比重达到55.98%，比上年提高4.43个百分点。

【税源分析】 (一)营业税基本保持平稳增长。入库203219万元，增收23383万元，增长13%。增收因素：一是房地产业。受适度宽松的货币政策和二手房交易优惠政策影响，房地产市场从二季度开始迅速回暖，全年入库营业税72184万元，增长30.12%。二是建筑业。一方面，萧山城市化进程加快，基建投资逐年加大，客观上为建筑业营业税增长提供了基础；另一方面，采取规范建筑业发票管理、实施建筑项目托管办发、强化外来施工企业税收征管等举措，进一步加强了建筑业营业税征管。全年入库50764万元，增长13.49%。

2009年萧山区营业税收入情况

单位:万元

项　　目	本年入库	上年同期	增减额	增减(%)
营业税	203219	179836	23383	13.00
其中:金融业	10557	9357	1200	12.82
交通运输、仓储及邮政业	26734	27086	−352	−1.30
建筑业	50764	44728	6036	13.49
房地产业	72184	55519	16665	30.12
信息传输、计算机服务和软件业	5089	6180	−1091	−17.65
住宿餐饮业	8956	9515	−559	−5.87
租赁和商务服务业	4767	3276	1491	45.51

(二)企业所得税继续负增长。入库81660万元,减收19282万元,下降19.10%。减收因素:一是制造业受金融危机影响较大,全区30个制造行业中,19个行业税收出现下降,特别是金属制品业、电气机械及器材制造业、化学原料及化学制品制造业、交通运输设备制造业下降幅度最大;二是政策因素,技术开发费加计扣除政策和高新技术企业所得税减按15%税率征收,分别减少企业所得税7000万元和6000万元。

2009年萧山区企业所得税收入情况

单位:万元

项目	本年入库	上年同期	增减额	增减(%)
企业所得税	81660	100942	−19282	−19.10
其中:制造业	24549	37624	−13075	−34.75
批发零售业	9103	9018	85	0.94
房地产业	28854	35386	−6532	−18.46
建筑业	9697	8381	1316	15.70

(三)个人所得税增长明显。入库86718万元,增收12272万元,增长16.48%。增收因素:出台《关于加强个人股权转让、企业股票投资所得税管理的通知》(萧地税政〔2009〕48号),加强对个人股权投资、转让和股息红利个人所得税控管,全年利息、股息、红利个人所得税入库27950万元,增收12872万元,增长85.37%;年所得12万元以上个人所得税自行纳税申报工作顺利完成,净补缴税款168万元。

2009年萧山区个人所得税收入情况

单位:万元

项目	本年入库	上年同期	增减额	增减(%)
个人所得税	86718	74446	12272	16.48
其中:工资薪金所得税	39928	40766	−838	−2.06
个体工商户生产、经营所得	9747	12188	−2441	−20.03
利息、股息、红利所得	27950	15078	12872	85.37
其中:个人转让财产所得	4382	2300	2082	90.52

【干部队伍建设】 2009年,区地税局加强干部队伍建设。一是加强教育培训。邀请区检察院副检察长作预防职务犯罪的讲座;组织干部279人分6批到看守所接受警示教育;组织新任中层干部到法制教育基地接受现场教育;邀请省级电台批评类节目著名主持人叶峰作遵纪教育讲座;参加"干部学习新干线",提高业务素质。二是完善制度。完善干部人事制度,加强中层队伍建设,通过竞岗,18名员工走上中层正副职岗位,对系统中层干部进行轮岗,轮岗面60%;完善廉政监督员交叉明察暗访制度,规范税企联系单的运作,开展财政科室主要负责人"公述民评"工作;制定《税务工作人员着装纪律》,进一步规范着装要求;更新、完善局机关、基层单位的干部去向牌,强化去向管理,严肃工作纪律。三是加强廉政建设。开展廉政文化示范点建设活动,设立廉政文化展示厅;在办公区域设立廉政文化景观;在走廊布置廉政书画作品;在局域网上设廉政文化网页,每天播出干部职工的廉政座右铭;以廉政建设为主题,统一基层办公电脑屏保和桌面,营造办公场所浓厚的廉政文化氛围。四是深化财税文化建设。邀请中央音乐学院副院长周海宏举办"音乐与人生"讲座,提高干部文化素养;对全体干部职工的业余爱好进行普查,成立11个兴趣小组;举办以"健体魄、悦心灵、强团队"为主题的环湘湖健身走活动、国庆60周年文艺会演和财税青年论坛,丰富干部职工的业余文化生活。

(吴水忠)

国税

【概况】 2009年,面对充满不确定因素的经济走势和前所未有严峻的税收形势,萧山国税局审时度势,统筹兼顾,在确保完成税收任务的同时,强化依法治税,优化纳税服务,全面提高税收征管质量和效率,努力构建和谐征纳关系,促进税收与经济的协调发展。

2009年,涉及国税需要登记的新办企业类2849户,办理税务登记变更4149户,办理税种登记5366条。

【完成收入目标任务】 2009年,全区组织税收收入83.266亿元,比上年增长10.23%,完成省局全年计划的100.2%,剔除免抵调库收入为61.766亿元,增长3.12%。各税种统计情况如下:

增值税:2009年组织入库668885万元,较2008年增加54047万元,增长8.79%。其中,免抵调库215000万元,增长37.48%,其中增值税申报456823万元,下降3.99%。

消费税:2009年组织入库14105万元,较2008年增加1105万元,增幅为8.50%。

企业所得税:2009年组织入库101724万元,较2008年增加14180万元,增长16.20%。其中,内资企业50431万元,下降6.40%;外资企业51293万元,增长52.37%。

个人所得税:2009年组织入库3077万元,较2008年减少4103万元,下降57.14%。

车辆购置税:2009年组织入库44875万元,较2008年增加12067万元,增幅为36.78%。

同时,萧山国税局积极采取多种措施,为国家的宏观调整政策取得良好效果提供税收保障,也为萧山经济和企业的发展提供良好的税收环境和政策支持。

2009年,全局办理出口免抵退税52.6亿元,比上年增长13.88%。

全年落实各类税收优惠政策共计办理减免税16.0亿元:民政福利企业退税14420万元;软件企业超税负退税

250 万元;资源综合利用企业免税和退税 12500 万元;高新技术企业所得税减免 5437 万元;各类农产品免税 5400 万元;落实国家结构性减税新政使纳税人实际受益 12.2 亿元,其中,落实增值税转型政策使企业受益 83437 万元,落实煤炭抵扣税率提高政策使企业受益 8932 万元,落实小规模纳税人征收率调低政策使纳税人受益 3700 万元,落实所得税税率调整政策使企业受益 16138 万元,落实利息税免征政策使纳税人受益 4103 万元,落实小排量汽车车购税税率减半政策使纳税人受益 5655 万元。

【提升征管效率】 2009 年,萧山国税局"创建标准化和个性化相结合的办税服务厅"、"办税大厅评星定级管理办法"、"大行业分类指标组合数量经济模型"、"出口企业征退税一体化管理"、"稽查队伍'屯兵于民'培训管理制度"等五个项目被确定为省局管理创新入库项目,其中"创建标准化和个性化相结合的办税服务厅"和"出口企业征退税一体化管理"两个项目被评为优秀项目,萧山国税局连续四年被省局授予集体三等功。

【优化纳税服务】 2009 年 7 月 9—10 日,全国税务系统纳税服务工作会议在萧山召开,会议期间,国家税务总局局长肖捷和总局其他领导及各省、市国税局局长共 100 多人考察了萧山国税局的纳税服务工作。8 月,参加全省国税系统纳税服务工作会议的省国税局班子领导、各市县局局长、省税务干部学校校长、省局内各单位负责人等近 200 人再次到萧山国税局观摩考察纳税服务工作。萧山国税局抓住两次会议的契机,全面落实总局、省市局的工作部署,对纳税服务工作进行全方位改造和调整,进一步完善办税服务厅的标准化建设,创新个性化纳税服务项目,有力地提升了纳税服务工作能力和水平。

【深化"四项工程"建设】 2009 年,萧山国税局深入实施国税党建、国税人才、国税文化、平安国税"四项工程"建设,各项工作取得新的成绩,被省局评为 2009 年度全省国税系统"四项工程"建设先进单位。

一是深入实施国税党建工程建设。充分发挥党、工、团、妇等组织作用,有效推进干部队伍的思想、组织和作风建设。除了积极开展主题教育、实践活动外,还成立围棋、桥牌、摄影等 8 个兴趣小组,通过开展健康有益的文体活动,形成群团互动、全员参与的浓厚党建氛围。2009 年,杭州市团校萧山区国家税务局分校作为全省第一家团校机关分校正式挂牌成立。

二是深入实施国税人才工程建设。进一步强化干部教育培训,大幅度提高干部队伍素质。结合近年来税收政策变化的状况和提高干部岗位履职能力的要求,分级、分类开展干部教育培训工作,推进立体式干部梯型队伍建设。对全体中层干部,每年举办一期公共管理高级研修班,2009 年,首次与清华大学合作,进一步提升干部培训的层次和水平;对全局股(组)长级干部,依托省局培训中心,每年举办一期业务培训班,对其税收业务知识进行更新和提升;对一般干部,建立全局业务例会制度,开展全员培训,举办税收业务知识竞赛,促进干部综合素质不断提升。此外,萧山国税局积极探索人才培养新方式,鼓励干部继续深造和交流学习,一名干部上挂总局工作,一名干部脱产进入中国人民大学深造。

三是深入实施国税文化工程建设。不断提炼国税文化内涵,打造国税文化特色。在文化建设领域,尝试引入特色旅游理念,用打造旅游景点和旅游品牌的形式对萧山国税局的文化进行全方位论述,打造推出了"税厅三全"、"税影视界"、"税迹凝辉"、"税稽五行"等富有萧山国税气息的萧山国税文化十景,使国税文化得到全面拓展、丰富和发展。

四是深入实施平安国税建设工程。进一步完善惩防体系,落实建立正本清源、抓本治源的长效管理机制。结合杭州市纪委"清风之旅"廉洁教育专线参观基地建设,积极做活廉政教育文章。深化宣教崇廉、制度保廉、督察固廉等十廉文化建设,并将之有机地统一于预防体系之中,切实做到关口前移,从源头治理上做出成效。积极推进权力阳光运行机制建设,完善风险防范内控机制。

(吴向波)

审计

【概况】 2009 年,区审计局完成审计项目 59 个,其中:财政预算执行审计 1 项,领导干部经济责任审计 12 项,固定资产投资审计 15 项,财政财务收支审计 16 项,专项资金审计调查 15 项。审计查出违规资金 9449 万元、损失浪费资金 54 万元,其中:上缴财政 6290 万元(含核减工程投资额 2450 万元),减少财政支出 2033 万元,归还原渠道资金 248 万元,调账处理金额 1198 万元;审计查处大要案一起,犯罪嫌疑人被公安部门依法逮捕。编报审计专题、综合报告和信息简报等 80 篇,被领导批示 20 篇,被各级录用 51 篇次。区审计局经杭州市审计局考核被评为特等奖,被省审计厅评为全省内审先进单位。

【本级预算执行情况审计】 2008 年度区本级预算执行审计过程中,延伸审计了区国有资产经营总公司,机关事业单位会计结算中心扶持、调度、农业产业化专户等财政专项资金账户的收支情况,以及地税城厢第一分局和临浦分局税费征管情况。审计以全部政府性资金为主线,对财政资金的收支使用管理情况进行审计,适时对财政预算、专项资金账户收支采取计算机辅助审计。

审计表明,2008 年全区完成财政总收入 126.80 亿元,比上年增长 13.64%,其中地方财政收入 63.18 亿元,完成收入预算的 100.13%,增长 17.25%;上划中央税收 63.62 亿元,增长 10.27%;地方财政收入占财政总收入的比重比上年上升 1.54 个百分点,为支出预算的执行和经济社会事业的发展提供了保障。

但审计也表明,受国际金融危机影响,萧山区出口受阻、投资回落、效益下降、增速放缓,经济结构的不合理性进一步显现；全年财政收入高开低走、增幅逐月回落，地方财政收入占财政总收入比重仍然较低，财政可用资金增长日趋缓慢；财政大额刚性开支不断增长，省、市级重点项目在萧山的延伸和相应的配套建设投资巨大，财政支付压力超出了支付能力，政府负债急剧增长，财政运行风险日益增大；预算的执行力、约束力和财政资金的使用效率有待提高，管理有待加强。为此，审计提出了相应的意见和建议。

2009年，完成对城厢、浦阳、义桥、坎山、河庄和党湾6个镇街2008年度财政决算审计，查出违规金额437.81万元、管理不规范金额10688.93万元。审计提出了加强预算管理、严控负债、规范重点工程管理、严格执行财政财务制度等意见建议。

【领导干部经济责任审计】 2009年，根据区政府下达的年度审计任务书，组织实施完成12个单位的18名领导干部任期经济责任审计。审计共查处违规金额2458.49万元、管理不规范金额11848.62万元，均为主管责任。在审计中，一是积极推进和探索书记、镇长"一体化"经济责任审计。对河上、戴村、浦阳、义桥、衙前、河庄等6个镇全部实施书记、镇长"一体化"审计。具体从"四个突出"入手，即突出对重大经济事项的审查，突出个体性内容的审计评价，突出结果信息的可适性，突出推进联合进点、联合反馈、联合督察"三联合"工作机制，探索满足和体现书记、镇长"一体化"经济责任审计特征的审计内容和评价方式。审计针对存在的发展中经济政策执行不到位，多数镇政府性资产管理较为薄弱，收入管理上部分镇收入资金挂账、滞留未缴，资金使用上消费性支出失控且多账列支，内部控制制度执行不尽有效，下属单位日常财务监督有待加强等问题，提出了处理意见与建议。二是强化任中审计，坚持离任交接与离任审计相结合。除区级机关事务局、物价局因人事变化，调整为离任审计外，任中审计比重达83%。审计中对部门存在的政府性土地、房屋、债权等资产管理不规范，收入或挂账、或坐支收入未缴财政专户、或未按资金性质实行专户存储，经费预算编制和列支不规范，下属自收自支事业单位管理问题较多、有待加强，部分单位政企、政事不分现象有所抬头等问题，提出了要求纠正与改进的意见。同时，积极配合组织人事调整，全年分两批完成了17位领导干部离任经济事项的交接，除对北干、宁围、新塘、闻堰、益农、信访、团区委、妇联等镇街及有关单位安排离任审计外，其余均以离任交接替代离任审计，从而较好地缓解了离任时间集中、任务重与审计力量不足的矛盾。

【工程建设项目审计】 2009年，区审计局完成工程决算审计项目11个，出具阶段性年度跟踪审计报告的跟踪审计项目4个，核减工程结算价款2450万元。一是工程决算审计讲程序、产实效。在审计过程中，注重核减工程价款，减少财政支出。强化现场查勘工作，准确核实工程量，保证了数据的准确完整，为账务审计的顺利进行和最终工程价款核定打下基础；注重项目管理方面的审计，较为关注土地征用、项目招投标、合同签订、投资计划执行、工程变更、监理履责等管理方面的问题。二是跟踪审计探方法、积经验。先后对新塘王有史地块保障性住房建设工程、对口支援青川县灾后恢复重建工程、第四人民医院迁建工程和新增中央投资主导性项目等4个项目进行跟踪审计。通过设置审计现场办公点、参加监理例会、送达审计与就地审计结合、联合有关部门共同督察等方法、手段，顺利完成这些项目的跟踪审计。出具阶段性年度跟踪审计报告3份，披露了资金管理与结算造价等问题15个方面共32项，提出审计意见建议15条；制发跟踪审计建议函1份，7条建议全部被建设单位采纳；结算提交即时审计，对完成一个单项工程的施工单位，要求及时编报工程结算书，做到结报一个，审计完成一个。

【行政事业单位审计】 2009年，区审计局主要对区安监局、档案局、招投标交易中心、城厢中心学校等单位进行了2008年度财政财务收支审计。审计中，注重对财政支出的审计，注重对存在问题的成因分析，特别是行政事业单位存在的将一些违规问题下移到下属公司、协会和食堂、工会等的实际情况，对这些账户和问题作了深层次的延伸和审计分析，并提出相应的意见建议。

同时，协助审计署南京特派办对萧山区的土地管理专项审计调查，尽心完成区政府交给审计部门的接待任务，得到特派办审计组的肯定。

【专项审计调查】 2009年，根据上级统一安排，区审计局及时组织开展金融危机对地方税收收入结构、政府负债、土地出让金、出口企业、中小企业的影响状况，以及全区教育费附加、学前教育管理情况等的专项审计调查。审计表明，面对发展过程中的严峻困难和挑战，区政府及相关部门及时研究对策，解决处理，收到了较好效果。其中区审计局上报的"应关注金融危机下出口收结汇办法对出口企业的影响"信息，市长蔡奇专门批示；反映中小企业融资难状况的综合报告，区委、区政府主要领导极为重视，通过组织协调，成立了交通银行浙江分行小企业信贷服务中心萧山分中心，将贷款审批权限以转授形式下移，使多数小企业"贷得快、久、好"，满足小企业"短、频、快"的融资要求；关于土地出让金欠缴问题，以专报形式报区委、区政府主要领导，引起区政府高度重视，采取有力措施，加大清欠力度，至8月20日已清欠28.24亿元，成效明显。

【内部审计】 2009年，内审工作进一步加强。一是在对上年度全区内审工作考核的基础上，加强整改情况的督察。2月，按照考核办法和评优程序，对镇街、部门上年度内审工作进行审核与重点抽查，评出3个镇、3个机关单位、3家企业为区级内审先进单位。5月，对查出违规金额较大的内审机构采取检查业务档案、调查了解等方式抽查整改落实情况，发现重点单位违规问题整改情况基本落实到位。内审整改情况报送区委、区政府主要领导后，得到充分肯定。二是继续组织开展全区镇街内审同步审计调查。为推进卫生院体制改革，审计局牵头、各镇街内审机构同步实施了对22所镇街公立卫生院2008年度财务收支及收费情况的审计调查。

发现财政资金补助比例偏低导致“以药养医”情况突出，财政资金对医疗设备的专项补助过于分散，13家卫生院不同程度存在消防安全隐患等问题。区政府及卫生等主管部门极为重视，研究决策，出台措施，逐项解决。三是树立典型，推进内审创新转型。年内分别举办镇街、机关部门、民营企业三大片组内审工作经验暨内审转型成果交流会；组织全区各镇街、区级机关有关部门内审机构负责人进行为期3天的内部管理领导干部任期经济责任审计知识培训活动，培训采取专题讲座与实地考察相结合，并进行现场交流。

【大要案审计】 2009年，区审计局在对镇街领导干部经济责任审计过程中，发现某镇园区公司原会计韩某存在挪用、侵占资金的经济犯罪嫌疑，移送公安部门。审计人员随后对韩某担任园区公司会计期间的资金进出进行了全面审计，查明韩某在2003—2007年间以银行资金进出不入账、入账支票与银行实际支出资金不一致、会计账面虚列工程成本和费用等手法，合计侵占园区公司资金130万元、挪用200余万元资金的事实，韩某被依法逮捕。

（朱仁良）

统计

【概况】 萧山区统计局和国家统计局萧山调查队系两个机构、一个党组，一套班子、合署办公的模式。内设统计局办公室、综合科、工业科（企调队）、农村科、能源科、法规科（统计执法稽查大队）、服务业调查队（普查中心）、城调住户科、调查队综合科和住户科等10个内部机构。局（队）承担综合统计、工业统计、农业统计、服务业统计、能源统计和城乡住户调查等19个专业统计，人口普查、农业普查、经济普查等重大国情国力调查，民情民意调查、投入产出调查以及区委、区政府交办的一系列专项调查，统计法制普法宣传与执法，全国百强县市测评、科技进步监测、妇女儿童事业发展监测以及现代化、城市化、信息化等一系列监测数据提供，萧山经济社会发展状况及预警预测分析，镇街、部门年度目标考核，区级百强企业考评、镇街科技目标责任制考核等工作任务。

【“五一”、“五会”活动】 2009年，为推进机关思想作风建设，区统计局开展了有创新特色的“五一”、“五会”系列活动。一是推荐读一本好书。通过阅读《没有任何借口》一书，强化局机关干部职工的责任意识，提高工作执行力。二是进行一次谈心交心。以局长与局机关全体干部谈、分管局长与分管科长谈、科长与科员谈等多种形式开展谈心交心，充分交流思想、融洽情感。三是开展一次献计献策活动。围绕主题教育活动要求和统计工作目标任务，在全区开展“我为提升统计地位献一计”活动，鼓励全区统计工作者积极向局党组献计献策，收到对策建议78条，对有价值且切实可行的意见建议，局党组予以采纳并给予奖励。四是举行一次演讲比赛。在全区统计系统举行“我为统计事业添光彩”演讲比赛，全区各镇街和有关单位的统计工作者踊跃参加。演讲比赛引起了社会的广泛关注，《萧山日报》和萧山电视台专门进行报道。五是进行一次走访调研。局党组走访了全区149个社区和百强企业，听取基层对统计工作的意见建议，争取各方面对统计工作的支持。同时，利用休息时间走访慰问机关干部和职工家庭，加强沟通，增进感情，促进工作。此外，还在机关内开展争做“会创新、会分析、会执法、会讲课、会协调”的“五会”统计干部活动，提高干部职工的综合能力。

【统计队伍建设】 2009年，区统计局在提升干部职工凝聚力、执行力方面做了大量工作。一是日常学习有所创新。在学习方式上，改过去单一的辅导式学习为互动式学习，由机关全体人员轮流担任主讲人，通过讲述心得、分析案例、提问解答等方式，增强学习的生动性、趣味性和有效性。在学习内容上，注重学习政治理论的同时，要求每位干部根据自己所从事的工作，就有关统计指标计算、统计调查开展、统计法律法规等内容向机关全体人员进行讲解。二是用人制度大胆尝试。在机关内开展中层干部竞争上岗和一般干部双向选择工作。为体现竞岗工作的公正、公平和公开，在职位设置上，将原有中层干部全部“重新洗牌”，并打破身份限制，允许混岗任职。三是队伍活力日渐增强。在抓好业务工作的同时，注重培养干部职工的综合协调能力，组织开展多种形式活动，如参加文艺会演、演讲比赛，走访慰问贫困户、开展支部活动等。

【统计工作制度建设】 2009年，区统计局加强统计工作制度建设。一是修订完善局队各项工作制度。形成《目标岗位责任制》为核心，《财务管理制度》、《考勤制度》、《数据管理发布制度》、《用车制度》等10余个工作制度体系。二是建立完善镇街（部门）统计工作责任制。建立三次产业统计人员工作责任制等，明确了统计负责人与三次产业统计人员的关系及分工。三是建立行政村（社区）走访制。由局领导分批带领局队干部走访全区411个行政村、151个社区开展调研，关注基层统计力量的配备和统计人员年龄、文化程度、收入等结构，旨在提升统计数据源头质量。四是健全机关理论学习制度。坚持每周一个晚上的机关理论学习，每季度开展理论学习测试。

【经济普查】 2009年，清查全区22125家法人单位、1877家产业活动单位和73526家个体户，取得了经济普查的阶段性成果。

【统计服务】 2009年，面对国际金融危机影响不断加深，针对经济社会发展中的热点、难点问题，区统计局不断加强对经济社会发展动态的跟踪分析和监测，密切关注经济发展动向，把握经济发展态势，为各级领导当好参谋。着重抓好统计分析，全年撰写统计分析49篇，得到各级领导批示20余篇，副省长茅临生、市委书记王国平和市长蔡奇均在报送的分析材料上作了批示。得到区委、区政府主要领导和分管领导批示18篇，另有多篇分析材料在《中国信息报》、《浙江统计》等报刊发表。在区“两会”期间，集中力量做好有关统计资料的编印发放工作，为人大代表和政协委员履行职责创造条件。

【统计质量】 2009年，数据质量有效控制。对主要经济指标数据的发布，实行专业人员初审、科长会审、分管副局长复审、局长终审签报的“四审”制度。坚持“专业联动、下管一级、总体控制”的数据质量评估认定制度，对主要统计数据进行质量评估，并严格执行先评估后上报制度。在金融危机背景下，更加强调对数据要有高度的前瞻性和敏感性，对个别单位上报的异常波动指标，及时查明原因进行调整，并向区委、区政府主要领导及上级统计部门汇报，得到各级领导高度肯定。

【统计管理】 为进一步规范发布和正确使用统计数据，2009年出台《区委办公室区政府办公室关于进一步规范镇街公布和使用统计数据的通知》(萧委办〔2009〕16号)，对全区统计数据的发布和使用作了明确规定，要求对未经统计部门正式评估认定的数据，不得对外公布使用。同时继续对全区各部门的统计报表严格实行审批备案制度。

【统计法制】 2009年，统计执法迎难而上。一是顶住压力查处统计违法行为。受金融危机影响，萧山区部分企业经济效益下降、开工不足，在各级各部门开展为企业“送温暖”、帮助困难企业“过冬”的形势下，统计执法面临着“不理解、不支持、不配合”的压力，区统计部门在全员执法过程中创新思路，推行人性化执法，对每一起案件都慎重处理，在程序公正、依法处理的前提下，对被处罚企业进行耐心细致的解释，做到以理服人、以情感人。全年开展企业统计巡查376家、执法检查55家，查处37家，对16家企业进行了罚款处理。二是切实加强统计法律法规宣传力度。借助《新统计法》修改和《统计违法违纪行为处分规定》出台的有利时机，进一步加大统计法律法规的宣传贯彻力度，在全区范围内对有关企业法定代表人、统计负责人、统计人员及镇街领导班子成员、部门主要领导、行政村(社区)主要负责人和统计人员进行统计函授普法，通过努力将《统计法》列入区人大法制讲座，在全区范围内掀起了学习宣传普及统计法律法规的高潮。

【统计调查】 2009年，统计调查亮点纷呈。一是中国加拿大社会调查试点工作圆满完成。在区委、区政府的大力支持和国家、省、市调查队的精心指导下，区统计局通过一年多努力，高质量地完成了机构建立、业务培训、记账户样本轮换、数据录入处理等工作，完成试点现场的各项调查任务，得到国家统计局工作组的好评。二是民情民意调查有突破。2009年区统计局集合城调队、办公室、综合科、工业科的力量，开展“‘两会’期间群众论民生”和“市民眼中的城市化”两项大型调查，形成4篇调查报告。与各有关部门合作开展多项民意调查，如萧山国税局委托开展的5000家企业对国税行风建设满意度调查、区供电局委托对全区10万户居民的电表卡意见调查，都顺利完成。三是城镇住户调查实现增点扩户。随着萧山区城镇居民的增加，原有100户城镇住户调查样本已不适应形势的发展，经区政府同意，把样本户范围从城区4个街道扩展到义蓬、瓜沥、临浦3个中心组团镇，样本量由原来的100户增加到200户，提高了调查数据的科学性、真实性和全面性。

【统计培训】 2009年，教育培训扎实推进。一是扩大培训范围。举办专题培训班45期，参加培训5687人次，创历史新高。培训内容涉及中国加拿大合作、劳动工资、批发零售贸易、村会计业务、继续教育、从业资格考试等，基本实现各专业全覆盖。二是丰富培训形式。在对三次产业统计员和统计负责人的培训中，改变以往单纯进行理论知识培训的做法，采取“走出去、请进来”的方法，先后组织前往青岛、厦门等统计基础工作扎实、队伍建设优秀、方法制度先进的地方考察学习，并邀请省市统计部门的有关专家授课，取得良好效果。三是提升培训层次。注重培训的针对性和实用性，努力提高培训层次，对镇街统计负责人培训主要以提升统计工作管理能力为主；对一、二、三产统计员培训以提升综合统计业务能力、协调能力为主；对企业统计人员、村(社区)统计人员培训采取“理论结合案例”的教学模式，通过在培训中穿插真实发生的统计案例，切实提高基层统计人员的素质和业务能力。

【统计基础】 2009年，统计基层基础不断夯实。区统计局一是强化完善镇街统计负责人制度。通过召开统计负责人会议、举办培训班、下发文件等形式，进一步加强与统计负责人的沟通联系，并对有关制度加以完善，使之真正成为区统计局与基层沟通的纽带。二是加强名录库管理和维护。对各镇街和部门的名录库管理维护人员进行专题业务培训，对一些未落实名录库维护工作的镇街专门上门辅导，帮助开展工作。针对名录库维护工作中出现的问题，召开名录库维护工作会议，推动了此项工作有效开展。此外，还与相关部门一起，对全区866家外商投资企业进行联合年检，有力促进了名录库维护工作。

【信息交流】 2009年，区统计局继续高质量、严要求完成全国部分沿海经济强县(市、区)、浙江省部分经济强县(市、区)、杭州都市经济圈、杭州地区县(市、区)等四套统计信息交流网络资料交流工作，并及时编印分析材料给区委、区政府领导及相关部门提供决策参考。

【统计公信度】 2009年，统计公信度得到增强。一是领导信任度和满意度不断增强。为应对全球金融危机，区委、区政府多次召开全区经济工作会议，区统计局在提供相关经济数据的基础上，前瞻性地对全区经济发展形势进行分析和预测，引起区领导高度重视。同时，区委、区政府领导多次在科技创新、城市化、文创产业、小康社会等方面作出批示，要求区统计局做好分析对比工作，查找与先进地区的差距。二是公众认可度和社会影响力不断提升。在加强自身建设的同时，注重统计工作的对外宣传，借助开展经济普查和走访调研宣传统计，还借助电视、报纸、网络等媒体，让社会公众对统计部门的工作有所了解，对统计数据如何产生有更为清晰的认识，进而为统计工作的顺利开展创造更加良好的社会氛围。

【统计创新】 一是自编程序提升效率。2009年，自行编制开发工业品价格审核打印程序，并在全市推广应用；开发编制第三产业分镇街、分行业、分部门增加值汇总程序，提高了工作效率。二是升级网站提升服务。对萧山统计网进行改版升级，设立自动投稿系统，方便各镇街、部门统计人员及时报送信息，并强化网络安全管理。三是率先推行贸易抽样单位网上直报，全区所有贸易抽样单位均实现网上直报，极大地节约了催报审核时间。四是建立部分专业分片管理制度。把全区各责任单位分为南片、中片、东片3个片区，分别指定片长，由各片长召开季度会议，对具体业务问题进行探讨，并及时向区统计局反馈，该制度的建立对推进统计业务、稳定统计队伍起到促进作用。

（汤金星）

工商

【概况】 2009年，全区办理内资企业开业登记3204家，新增注册资本（金）80.61亿元；累计有内资企业25888家、注册资本（金）932.39亿元，分别比上年增长8.40%和18.29%。办理外资企业及分支机构开业登记124家，新增投资总额10.41亿美元、注册资本6.89亿美元，其中外方认缴5.63亿美元；累计有外资企业及分支机构1280家，投资总额97.25亿美元、注册资本58.69亿美元、外方认缴额44.16亿美元。办理个体工商户开业登记7493户，累计有个体工商户47181户。办理动产抵押登记187件，为企业融资61.88亿元，备案格式合同221件，办理拍卖备案85件，拍卖成交额11463万元。登记商品交易市场4个，办理市场名称变更登记41个，累计有在册商品交易市场145个；市场年成交额582.06亿元，比上年增长5.54%。全年查办各类案件4806件，其中一般程序案件1418件、大要案件184起，罚没款552万元。

【帮助企业闯关脱困】 为帮助企业克服金融危机影响，文件《杭州市萧山区人民政府办公室转发工商萧山分局关于进一步发挥工商职能支持企业发展的若干意见的通知》（萧政办发〔2008〕207号）明确了19项帮扶措施。立足工商职能，通过股权出资登记、股权出质登记、动产抵押登记、公积金转增登记、净资产增资登记等，帮助中小企业融通资金71.01亿元，其中办理股权出资登记2家，出资金额6300万元；办理股权出质登记10家，融资63052万元；办理动产抵押登记187件，融资61.88亿元；通过指导，萧山中小企业担保公司为会员企业担保资金2.2亿元。同时，按照建立预警快报制度的要求，建立萧山区市场主体生存状况快报制度，并按季度发布内、外资和个体经济发展三大分析报告，为政府决策和社会公众提供信息服务；把好企业年检关口为企业健康“体检”，及时跟踪关注民营经济生存状况走势。落实省工商局特别时期特别助动的工作要求，积极开展行政指导1000余件，为21家到期未出资的企业办理延期出资，创设不作经济处罚的纠正违法违章新要求，这一人性化执法有效促进了企业自律规范。分局助动发展与落实新政工作多次得到区领导和上级工商部门的肯定，省工商局在萧山召开全省工商落实政策助动发展现场会，推广萧山做法与经验。

【大力扶持品牌建设】 2009年，工商萧山分局整合著名商标、知名商号、“守合同重信用”单位、诚信企业、星级市场等品牌资源，通过深化品牌指导站、品牌基地、企业信用管理基地、镇街品牌对接会、四级品牌培育库等相关举措，全面实施“大品牌”战略，提升企业软实力。全年新增国内注册商标1182件，累计拥有国内注册商标8740件，比上年增长15.64%；新增国际注册商标114件，累计有国际注册商标838件。新增中国驰名商标8件（其中行政认定3件）、浙江省著名商标8件、杭州市著名商标23件、萧山区著名商标40件，累计有中国驰名商标48件、浙江省著名商标83件、杭州市著名商标89件、萧山区著名商标53件。新增“守合同重信用”单位82家，其中AAA级11家、AA级34家、A级37家，全区累计有“守合同重信用”单位302家，其中国家级5家、AAA级34家、AA级82家、A级181家。新增省级知名商号27件、省级信用示范企业3家、区级知名商号151件。

【企业信用管理工作】 2009年3月27日，萧山区政府确定由工商萧山分局牵头实施企业信用信息系统项目建设。11月9日，区政府企业信用信息系统一期建设项目通过验收，实现了工商、质监、劳动和社会保障、地税、卫生、人民银行、法院、国税、环保等9个部门企业信息数据的联网。12月22日，萧山区企业信用信息系统二期项目实施方案通过专家评审，并完成立项审批，公安、海关等11个部门企业信息数据将纳入信用信息系统。同时，企业行业信用监管工作有序推进，进一步赋予企业信用资产，萧山行业信用监管工作在全省会议上作经验交流。

【营造创业创新环境】 2009年，全区发展各类市场主体10927家，累计74422家，较上年增长3.36%。工商萧山分局编撰《萧山创业指南》、《萧山区市场主体信息报告》、《萧山消费指南》，向企业和社会赠阅；承办以“后危机时代民企转型升级”为主题的第二届民企湘湖论坛和26期助动发展政策讲座；加强创业宣传，在萧山电视台开设《工商时空》栏目，与萧山网联合举办“局长网上对话”活动，提升企业创业创新意识。为方便创业，率先下延个人独资企业、普通合伙企业登记权限至工商所，基本建立起非公司制企业登记发照不出当地工商所的新机制。为了让更多的自然人成为市场主体，大力帮助农户以土地承包经营权作价出资设立农民专业合作社；鼓励大学生创业，落实事前指导、免除登记费用等政策，帮助大学生注册公司20家，并协助浙江建设职业技术学院筹建大学生创业园。牵头执行“萧山中介服务业三年发展规划”，出台《杭州市萧山区人民政府办公室关于印发萧山区加快中介服务业发展的若干政策（试行）的通知》（萧政办发〔2009〕148号）和《杭州市萧山区人民政府办公室关于印发〈杭州市萧山区中介服务业发展中心管理办法〉的通知》（萧政办发〔2009〕243 号），成立 8000 平方米的区中介服务业发展中心，促进中介服务业发展。全区新增中介服务企业 301 家，较上年增长 18.4%。

【服务政府项目建设】 2009 年，为服务大江东新城开发，工商萧山分局落实专人全程服务重大项目落户，对招商引资项目承诺“办事不出区”、“办照不过江”，并根据大江东新城行政区划调整及时做好 3700 家市场主体变更登记的配套服务工作；对政府招商引资项目落实登记预约和全程跟踪服务；配合空港建设，抽调骨干参与机场二期征地拆迁工作，主动与机场二期扩建工程指挥部做好接洽服务；靠前服务动漫节、购物节、药博会、网交会等大型会展活动，为展销会登记、广告审批等环节开辟绿色通道，在展会期间加强工商监管力量，提高工商巡查频率，现场设点受理消费咨询投诉，确保会展市场秩序的稳定有序；从机关和工商所抽调力量参与“四小车”、“黑网吧”、高速公路沿线综合整治等治理工作和湘湖二期以及有关镇街的征地拆迁工作。

【维护市场公平竞争秩序】 2009 年，针对金融危机特殊时期的特别监管，工商萧山分局坚持“攻大奸、戒小过”的执法理念，调整监管执法重心。突出维护市场公平竞争秩序，切实加大对垄断企业、公用行业限制竞争，商业贿赂，假冒伪劣，食品安全等扰乱市场经济秩序违法行为的查处力度，共查办案件 4806 件，其中大案 184 件，罚没款 552 万元。严厉打击非法传销，多次联合公安冲击非法传销场所，遣返涉传人员 200 余人次，立案调查“蝴蝶夫人”、“莱克撒斯”等传销案件。强化消费维权执法，加强对虚假广告、销售不合格产品、交易欺诈等行为的监管。加大对企业知识产权等合法权益的保护，发挥萧山区打假协作网和萧山保护名优产品联合会的纽带作用，配合企业打假维权。积极拓展监管新领域，扶持网络经济规范发展，为 20 家企业办理网站工商标识，查办网络违法经营案件 14 件，罚没款 16.8 万元，对网络虚假宣传行为的监管取得进展，在取证、调查等方面做了有益的探索；调研航空领域货运市场监管经验，为扶持空港新城发展提前谋划。

【创新基础性监管手段】 2009 年，工商萧山分局实行“大注册”行政审批模式。率先在全区行政机关中实行“大注册”审批模式，把企业注册登记、户外广告审批、展销会登记及食品流通许可证审批等行政许可事项，集中到区政府办事服务中心工商窗口，实行一站式受理、一审一核流程审批，实现了工商行政审批职能的大集中、高效化。进一步深化责任区监管，坚持以管理模式的创新实现管理重心的调整，通过上下互通、全员应用，全年应用基层管理系统制订年度计划 11 个，实施计划 2992 个，巡查经济户口逾 2 万户次，在稳步推进责任区监管的同时高效地掌控了基层一线的情况。其中，瓜沥工商所以现代通信手段，创新推出“3+3”监管法，以日常巡查、专项整治、重点稽查为主要监管手段，以短信提示、电话访问、网络自助为辅助，整合传统监管方法，探索对经济户口的高效能低成本监管服务。在 2008 年试点的基础上总结经验，推广行政指导，编发《行政指导优秀成果汇编》，并在全省工商会议上作介绍。

【提高热点难点问题破解实效】 2009 年，工商萧山分局大力拓展社会协作之路，着力履行牵头职责，努力促进热点难点问题的解决。针对群众反映强烈、日常监管困难的“黑网吧”问题，及时排查摸底、深入调查分析、积极汇报情况，引起区委、区政府主要领导高度重视，专门成立萧山区“黑网吧”整治工作领导小组，由区委组织协调、工商负责牵头，全面推进“黑网吧”整治工作，基本形成“政府领导、工商牵头、部门协作、属地管理、疏堵结合”的“黑网吧”社会化共管机制。全区共排查出“黑网吧”625 家，实施关停 403 家次，函告互联网运营商实施断网 210 家次，涉及线路 240 条，并在全区开展“无黑网吧”镇街建设活动。作为“一绕四线”高速公路沿线户外广告牌整治牵头单位，认真开展调研，科学拟订方案，指导督促沿线镇街依法开展整治工作。全区列入整治的 499 块广告牌全部签约拆除。在做好上述两项牵头整治工作的过程中，全力做好上访接待等维稳工作，确保整治工作顺利推进。

【保障流通领域食品安全】 2009 年，工商萧山分局以《食品安全法》出台为契机，积极开展全区食品经营户准入培训和年度轮训，以进一步增强食品经营户的守法意识和食品安全第一责任人意识。进一步深化流通领域商品质量的定量抽检和食品、食用农产品的定性检测，全年定量抽检 387 批次，合格率 93.5%，查处一批销售不合格商品的违法案件；定性检测 1.5 万批次，不合格 300 批次，责令退市和监督销毁不合格食品及食用农产品 2000 余千克；进一步

2009 年 3 月 11 日，中欧反不正当竞争和仿冒研讨会在萧山召开

（工商萧山分局提供）

完善工商检测中心、工商流动检测车、工商流动检测箱、市场检测室“四位一体”的快速定性检测体系，有效督促市场举办者履行食品安全管理责任。全面开展9763户在册小食杂店整治规范工作，完成整治的比例96%以上，落实签订食品安全责任书，建立台账登记、不合格食品自行下柜销毁和食品安全信息公示三项制度，建立健全不合格食品退市登记制度，食品市场、超市100%建立进货索证制度，镇、街和社区食杂店建立食品进货台账制度；在全区594户一级批发商、总经销等食品批发经营单位全面实行食品经销凭证“一票通”制度；推进“食品安全示范店”提质扩面工作，落实考核淘汰机制，全年新创建示范店55家，淘汰47家，新创建的示范店包括农村示范店35家、社区示范店8家、景区示范店1家、校园示范店1家、车站示范店3家、机场示范店2家、批发户示范店5家。首次在全区34家农贸市场开展食品安全管理水平等级评价工作。为提高食品安全应急处置能力，开展流通领域食品安全应急预案模拟演练，全市工商系统现场观摩。

【创新消费维权模式】 2009年，工商萧山分局以创新为路径，优化消费环境，提振消费信心，扩大内需。进一步丰富消费维权载体，策划“3·15”系列活动，联合企业开展“放心消费日”活动，首次引入企业形象展示和地方名优产品展销会；编撰《萧山消费指南》，发布萧山消费维权年度报告，推介萧山，引导消费；招募成立“消费体验志愿团”，组织消费体验、消费监督，提升消费信心，宣传科学理性的消费观；完善企业自行处理消费争议机制试点工作，定期开展消费维权约谈，巩固景区“先行赔付”消费保障制度，定期发布消费投诉“排行榜”，进一步完善消费投诉解决途径和消费纠纷的调解机制；在全省率先出台农资行业无障碍退货制度，加强农民权益保护，改善农资消费环境；建立全省首个烟草消费维权实体监督站，为消费维权增添技术力量。工商萧山分局12315举报申诉中心全年受理消费者投诉2565件，较上年下降17.3%，处理率100%，为消费者挽回直接经济损失81.7万元。

2009年3月10日，工商萧山分局联合萧山网开展以“消保维权扩内需”为主题的“局长对话网友”活动 （工商萧山分局提供）

【夯实基层基础】 2009年，工商萧山分局重点围绕基层基础建设这一立足点，以“以人为本、以制度管人管事”为目的，加强学习培训，开展科学练兵，组织“网上新干线”学习，提前完成全年学习计划；梳理《分局制度汇编》和《职位说明书》；完善一般干部轮岗交流和中层干部竞争上岗机制等，不断提高干部思想素质、业务能力和工作水平。分局行政执法工作在全区考评中名列第一，分局干部撰写的《长三角网络经济监管一体化研究》获全省工商系统优秀调研论文二等奖，两人获市局系统“办案能手”称号。以满意基层站所和星级工商所创建为抓手，投入资金改善基层办公环境，城厢、义盛两个工商所办公楼完成改造，湘湖、市郊两个工商所办公楼已分别立项、在建；开发区工商所通过省纪委、省纠风办、省监察厅联合组织的省满意基层站所复评，瓜沥所被省工商局认定为五星级工商所，临浦、义盛两个工商所被省局认定为四星级工商所，城厢所被省局认定为三星级工商所，系统50%以上工商所达到省级四星级以上标准。

（俞世明）

物价

【概况】 2009年，区物价局以“稳定物价、关注民生、服务经济、创新工作”为重点大力加强市场价格监测分析，积极开展价格监督检查活动，对保持市场价格的基本稳定、维护市场价格秩序起到了积极作用。2009年，全区居民消费价格指数为98.6%。其中，食品类99.7%，衣着类98.2%，家庭设备用品及维修99.8%，医疗保健和个人用品100.9%，交通和通信97.1%，娱乐教育文化用品及服务99.3%，居住类94.5%，烟酒及用品99.8%。

【商品价格监测】 2009年，区物价局加强商品价格监测工作。一是继续做好重要商品价格日常监测工作。对与群众日常生活关系密切的粮油肉禽蛋、农资、液化气等重要商品，认真做好日常监测工作，及时分析价格变动原因，按月报送商品价格监测分析材料。二是做好临时价格干预措施解除的后续工作。临时价格干预措施解除后，继续密切关注曾列入临时价格干预范围的商品价格变动情况，防止串通涨价、变相涨价、价格欺诈和哄抬价格等违法行为，努力维护正常的市场价格秩序。三是积极做好应急监测工作。除节假日增加监测品种、提高监测频率、加强市场价格监测外，在出现甲流疫情时，又根据上级要求，及时启动相关防控卫生用品的应急监测，做到随时掌握价格变动情况，为防控甲型流感提供服务。

【价费管理工作】 2009年，区物价局十分重视价费管理工作。一是调整燃油附加费标准。客运出租汽车油运价格联动点由4.80元/升调整为5.40元/升(93号汽油)，观察期由两个月缩短为15天，燃油费标准统一为每车次1元(取消原8千米以下0.5元的标准)。二是调整全区非居民用天然气销售价格。每立方米3.45元调整到每立方米3.55元。三是下发《关于调整公办幼儿园收费标准等问题的通知》，对公办幼儿园保育费标准及计费方式等四个方面内容作了调整，对控制五星级幼儿园评定数量和民办公助幼儿园收费标准等四个问题作了规定，并明确代管费、膳食费和在园老生收费等四个收费标准维持不变。新的收费办法从2009年新生入园时执行。四是修订机动车停放服务收费管理办法，于9月1日起正式实施。新办法调整了机动车停放服务收费的管理范围和相关的收费标准。五是调整和规范殡仪服务收费。8月1日起调整殡仪服务收费，明确特需服务项目，规定了对重点优抚对象等人群的免费政策。六是核定经济适用住房价格。经区政府同意，先后核定批复广宁四组团经济适用住房销售价格为每平方米建筑面积2800元，超过享受面积部分价格为每平方米建筑面积3800元，并规定实行明码标价销售，不得在标价之外收取任何未予标明的费用。七是调整闻堰水厂居民生活用水价格，居民生活用水价格调整为每立方米1.30元；非经营性用水价格调整为每立方米1.90元；经营性用水价格调整为每立方米2.00元；特种行业用水价格调整为每立方米3.00元。八是修改完善应对市场价格异常上涨应急预案。

【农本调查和成本监审】 2009年，区物价局先后开展农户存粮和购买农资调查、2009年萧山区农户种植意向调查、种粮补贴专项调查、油菜籽及粳稻成本调查等工作，及时上报相关数据和调查报告。同时开展城市供水价格和污水处理定期成本监审，为制定相关价格提供了成本依据；开展闻堰自来水厂成本监审，为水价调整做好基础性工作。

【加大价格监督检查力度】 2009年，区物价局加大价格监督检查力度。一是开展药品和医疗服务价格轮查工作。对全区34家医疗单位2007年至2008年期间的药品和医疗服务价格执行情况进行全面检查，查实了一些医疗单位存在的提高标准收费、扩大范围收费、自立项目收费等违法行为，为下一步整改提供依据。二是对教育乱收费行为进行查处。对2008年教育收费专项检查中查实的违法行为进行处理，其中42万余元跨学期收取的学费责令限期清退，97万余元违规多收的择校费予以没收。三是开展涉农、涉企收费专项检查。配合市局检查组对萧山区建设、环保、质监、国土、气象、工商、农业和招投标交易中心等单位的涉农、涉企收费执行情况进行重点检查，对部分单位存在的该免未免、该暂停项目继续收费以及重复收费等问题进行了纠正，确保企业"清费减负"措施落到实处。四是组织开展节日市场价格检查。在元旦、春节、"五一"期间，先后出动检查人员300多人次，对100多家商场超市、宾馆饭店、农贸市场、旅游景点等进行检查，维护市场价格秩序。五是开展相关监督检查活动。开展惠农政策落实情况专项检查，开展电力价格专项检查，开展药博会、网交会和观潮节期间市场价格的监督检查，开展对防控甲型流感相关商品价格的监管，开展对家电下乡、汽车下乡、摩托车下乡活动的价格检查，开展对教育培训消费券使用情况的价格检查等。

2009年立案查处各类价格违法案件32件，经济制裁总额140.69万元，其中没收非法所得97万元、退还消费者43.06万元、罚款0.63万元。

【落实企业减负措施】 2009年，区物价局进一步贯彻国家与省公布取消或暂停的收费项目及部分降低的收费标准，年底前又落实了杭州市政府关于再暂停征收和降低89项行政事业性收费政策的规定，萧山所涉及的收费项目376项，其中取消项目163项、暂停征收项目134项、降低收费标准79项，全区全年合计可减轻企业及群众负担约10876万元。同时，以确保企业减负措施落实到位为重点，开展收费验审工作，经过8个验审组对全区278家行政事业单位的全面验审，对少数执收单位未及时暂停征收等情况进行了严肃纠正。

【创新价格工作】 一是建立每月一次的民生商品价格信息公开制度。2009年3月26日在《萧山日报》、萧山价格信息网上首期公布民生商品价格监测信息，全年向社会公开300多种商品的价格信息，使消费者购物能货比三家，理性消费；同时也起到引导经营者合理制定价格的作用，如首期信息公布后，一些超市立即下调部分商品价格，其中大润发超市下调价格的商品达到公开价格商品的45.4%，平均下调6.2%。二是制订新的供热价格管理办法。出台新的《杭州市萧山区供热价格管理办法》，实行煤热价联动机制。新的热价管理办法设定基准煤价和对应的基准热价，当煤炭价格波动幅度超过5%时，就相应调整供热价格，使供热价格能够根据煤炭价格变动及时调整。三是以价格服务进杭甬客运专线为开端，开展"价格服务进重点工程"活动。分析梳理汇编萧山区重点企业收费政策资料，发放给相关重点企业；在萧山价格信息网上开辟《价格服务进重点工程》专栏，公开宣传和提供政策服务。特别是在杭甬客运专线重点工程服务中，调解了河道清淤费、政策处理预备费和水上交通秩序维护费，并落实专项电价政策，从而为工程减少支出近500万元。四是积极开拓价格服务新领域。以价格认证中心为依托，开展价格认证服务，在严格按规定做好刑案估价工作的同时，积极开拓法院民事及执行案件中的涉案物品、行政执法领域中的涉案物品以及银行抵押贷款资产等价格评估业务。2009年，完成刑事案件价格鉴定3811起，数量列全省各县市(区)第一，鉴定额1.4亿元；其他案件价格鉴定390起，鉴定总额11亿元。

(唐　颖)

质量技术监督

【概况】 2009年，质监萧山分局紧扣“质量和安全”这条主线，围绕区委、区政府中心工作，抓住人民群众关注的热点难点，紧贴企业需求开展质量技术监督工作，坚持以提升质量为目的，以保障安全为重点，以强化监督为手段，以服务企业为己任，明确责任，优化服务，助力企业转“危”为“机”、萧山经济转型升级。

【争取政府政策支持】 2009年，经区委、区政府同意并报市局、市编委同意，质监萧山分局增加10名事业编制人员。同时，积极争取政府政策支持。在食品监管中，在以往对酱腌菜行业补贴近千万元资金的基础上，2009年区政府对辖区内25家小菜籽油加工企业给予补贴，对领证及关停或转产的企业，共承诺补偿75万元，解决了小作坊取证与取缔难的问题。同时，利用萧山区作为杭州市区域监管模式试点区的契机，主动与政府沟通，将部分监管工作上升为政府的工作。在特种设备监管中，出台《杭州市萧山区人民政府办公室印发关于进一步加强特种设备安全工作实施意见的通知》(萧政办发〔2009〕176号)，明确“政府统一领导、部门协同监管、基层属地管理、企业主体负责、社会共同监督、法定强制检验”的六方责任，强调企业是特种设备安全工作的第一责任人，形成了对各方特别是企业的激励和约束，有效预防了特种设备安全事故的发生。

【创新监管模式】 2009年，以开展“质量和安全年”活动为主线，根据产品质量风险、社会关注程度和区域特点创新区域监管模式，开展分类监管工作。一是对许可和认证产品的监管突出监管有效性。将食品、生产许可证产品和3C产品等强制性管理的产品分为高风险、中风险、低风险三类进行监管，全年巡查企业755家(次)。二是对特种设备的监管突出监管重点性。按监控原因、设备类别对全区50家重点监控单位和179台重点监控设备进行划分监管。全年检查重点监控单位(设备)143家次，发现隐患152项，已整改146项，整改率96.1%。三是对区域性产品的监管突出监管针对性。为保障区域性产品质量，结合辖区实际，在区域性行业中重点选择电器(电线电缆和断路器)、电动自行车、木门、安全玻璃、食用植物油5类产品，通过调查摸底、普查建档、制定标准、分类管理的措施，摸清家底，规范企业，整顿了行业。

【创新服务方式】 一是开展“访企业、解难题、共携手、转危机”活动。重点对117家百强企业和优势成长型企业进行实地走访和问卷调查，收回有效调查问卷163份，发放总计101000元的标准消费券202份，针对所征求的意见和建议落实分解整改，帮助企业解决了能源计量促节能减排等48个亟须解决的实际问题，进一步落实了一批为企业服务的项目，攻克了一批质监工作中的薄弱环节，完善了一批服务企业的管理制度，全面推进了服务企业的各项工作。二是实施“五针对”服务。对大企业、大集团注重服务前瞻性，对优势成长型企业注重服务连续性，对新办企业注重服务主动性，对小规模企业注重服务基础性，对安全、健康要求较高的高危企业注重服务保障性，帮助企业共同应对金融危机。三是推行“五提”服务。通过“提神”、“提前”、“提速”、“提醒”和“提升”服务，进一步增强质监服务水平、服务质量和服务档次。5项行政许可收费停止收取，150余项行政事业性收费暂停收取或减免10%—30%，对涉农企业的经营服务费减免50%；部门、镇街、企业三方联动的工作机制基本完善，已对接26个镇街、200多家企业。

【助力经济转型升级】 2009年，继续大力推进标准化和名牌战略，以“政府推动、企业主动、各方联动、科技带动”为工作格局，充分发挥标准、名牌在技术支撑和引领产业发展中的基础作用，为企业自主创新能力的提高、产业结构的优化升级和萧山地方经济的发展贡献力量。一是标准化战略强势推进。帮促企业争创国家级专业标准化技术委员会(分委会、工作组)，全国滚动轴承标准化技术委员会滚针轴承分技术委员会获批筹建，全国羽绒及制品标准化技术委员会筹建完成。鼓励和帮助企业参加国标和行标制订，德意电气、和合科技、银河线缆等9家企业作为第一起草单位完成了10项国家标准制(修)订，杭州诚泰化工机械有限公司等2家企业完成2项行业标准的制(修)订。同时，完成21个市、区级农业标准规范制(修)订项目，3个省级农业标准化示范推广项目，4个市级都市农业示范区兼标准化示范园区，15个区级农业标准化示范园区和农产品标准模式图示范基地建设项目。完成顺源轮胎《高性能防弹安全内胎科级成果转化为标准，实现产业化》等5个省、市级块状产业质量提升项目，其中省级2个、市级3个，萧山花边成为全区第一个联盟标准。二是名牌战略扎实推进。对有效期内的100余只名牌产品进行跟踪检查，确保名牌产品的质量稳定。“双百产品名牌培育工程”继续推进，名牌产品对萧山经济的贡献率达到33.9%。2009年全区新增(复评)名牌产品81只，其中浙江名牌28只、杭州名牌31只、萧山名牌22只。选择门业块状产业中规模较大的金迪门业，成功申报省质量赶超项目。

【保障民生安全】 2009年，分局高度重视食品和特种设备“两个安全”，始终把食品、特种设备安全监管“不出事”作为质监工作的底线，着力在提高监管工作有效性和针对性上下工夫，为构建“平安萧山”履行好质监职责。一是食品监管工作有序推进。第一，牵头开展“十小”行业整规工作。按照“十小”整规工作“3个80%”的总体目标，出动执法人员7000余人次，检查小作坊、小食杂店、小餐饮等“十小”单位10000余家次，取缔各类无证经营点2300余家，查处违法行为170余起；完成食品小作坊整规任务。第二，开展打击违法添加非食用物质和滥用食品添加剂整治行动。结合日常巡查及市食品安全专项整治工作，加大对企业添加剂使用情况的检查，主要是涉及食品添加剂生产企业、酱腌菜企业、炒货企业和规模较小、条件较差、平时监管相对少的企业，共出动检查人员600余人次，检查企业436家，立案查处企业37

家，罚没款39万余元。第三，推动市场准入。明确申证要求和申证程序，帮助企业落实出厂检验人员，加强咨询服务工作，全年受理、上报企业新领证及换发证162家，对210家企业开展年审。组织全区食品及相关产品企业学习《食品安全法》，组织肉制品、饮用水、乳制品等重点行业参加集体培训，培训企业350多家次。举办《食品安全法》知识竞赛，收到来自全国各地参赛者答卷808份。同时，结合科普宣传周活动，专门就《食品安全法》向广大消费者进行宣传，发放宣传资料200余份。二是特种设备安全监察工作有力推进。第一，狠抓安全隐患排查整治工作。对已经掌握的超期未检和检验不合格的承压类、机电类等特种设备开展整治，落实隐患设备跟踪、督察、整改工作，检查企业495家，发出指令书312份，已整改290份，整改率92.9%。第二，紧抓以全面落实企业主体责任为主要内容的规范化管理。对《特种设备安全监察条例》进行集中宣传贯彻，要求企业主动落实安全责任、主动对员工进行教育及岗前培训、主动对不安全设施进行投资改造、主动排查事故隐患、主动对特种设备登记注册及报检，确保特种设备安全运行。第三，重抓特种设备网络监管。充分发挥信息化建设在质监事业发展中的便捷、快速、动态、有效的监管作用，一期投资98万元建设了"食品安全监管"、"特种设备安全监管"和"数字化移动执法软件"系统，并于10月底率先在全省实现特种设备安全信息监管网络镇街全覆盖。

【推动基础工作】 一是扎实开展计量监督工作。2009年，质监萧山分局以开展省级能源计量试点工作为抓手，对印染行业能源计量工作进行调研，走访12家能源计量工作较为突出的企业，完成30余家企业能源审计的现场检查工作。通过"典型引路、以点带面"，在区重点用能单位中开展争创能源计量示范企业活动，10家企业被评为节能降耗工作先进和能源计量先进企业，并获得一定的资金奖励。同时，强化民生计量工作，全年检查各类企业、加油站、农贸市场等256家，妥善处理了各类计量投诉和对认证认可咨询机构的投诉。二是有效开展行政执法工作。倡导权力阳光运行，以"科学执法、打治结合"为主题，以转变执法理念、创新执法机制为手段，创新"说理式"、"约谈式"和"数字化"的"两式一化法"，保障质量安全，提升产品质量。全年出动执法人员1067人次，检查生产销售单位693家，查处各类假冒伪劣产(商)品标值450余万元，查处违法案件492起，其中立案126起，万元以上案件42起、5万元以上大案11起，总计罚没款155万元，捣毁制假窝点21个，处理日常投诉97起，为消费者、企业挽回经济损失87.3万元。

【强化技术支撑】 根据"做精、做强、做优"的要求，围绕"扩大质量、稳定计量、增加总量"的总方针，着力完善全区检验检测体系，努力提高技术机构的科技研发能力。2009年完成产品质量检验4638批次、计量检定62633台件，分别比上年增长10.7%、23.1%。一是充分发挥国字号平台作用。2009年国家羽绒质检中心承担了国家四季度羽绒服监督任务25个检验批，抽查范围覆盖浙江、江西、湖北、湖南、四川、重庆、福建和广东。国家钢结构质检实验室完成土建施工，全年承担检验检测任务1500余批次，业务范围扩展到德国、印度、安哥拉、美国等国家，国内覆盖安徽、温岭、宁波、海盐等地区。二是顺利通过CNAS复评和扩项评审。顺利通过原来所有项目的复评和扩项评审以及国家羽绒中心审查认可/计量认证的到期复查和扩项评审的"三合一"评审，确认的检验项目118类(229项)，校准项目20项；国家羽绒中心的计量认证检验项目21类(60项)。三是不断提升科研能力。《液相色谱法测定食品中15种食品添加剂的解决方案研究》和《钢结构工程残余应力无损检测技术研究》两个项目列入2009年省局科研项目，同时完成《羽绒保暖耐久性检测方法研究》、《羽毛羽绒重金属含量分析与检测技术的研究》两项省质监系统科研项目及《羽绒选择性漂白技术研究》一项区级重点科研项目验收。

【深化文化建设】 2009年，质监部门深化了文化建设。一是大力开展宣传工作。进一步宣传质监工作的热点、重点和亮点，扩大萧山质监的知名度、美誉度和影响力。党务政务类发表信息17篇；在区级以上媒体发表文章73篇，其中包括在《监督与选择》、《中国质量报》等国家级媒体刊登专版2个、报道24篇；《萧山日报》"萧山质监"共刊载11期；萧山电视台新闻类播出有关萧山质监的报道16条次。局简报出刊14期，《萧山区"十小"行业质量安全整治与规范简报》出刊8期，特种设备隐患简报出刊2期。获得各级领导批示多次。二是稳步推进信息化工作。着力构建基础网络平台、质监业务信息集成平台、特种设备安全监管镇街平台、区域质量监管平台四大平台，实现部门与部门之间、分局与镇街之间、政府与群众之间的良性互动。全年更新网站信息11254条，回复网上咨询56条，质监业务信息集成系统(一期)成效显现，二期可行性研究报告上报区发改局。三是认真做好代码发证工作。办证窗口推行"首办负责制"、"限时办结制"、"服务承诺制"等制度，努力打造高效、优质、廉洁、便民的窗口形象。全年新办4397家、变更3108家、换证3399家、年检15464家、废置1738家、预赋码89家、补副本34家、电子口岸确认429家、特种设备登记190家。

(王　盛)

食品药品监督管理

【概况】 2009年，区食品药品监督管理局紧紧围绕食品药品安全这一中心，狠抓食品药品安全专项整治、药品安全信息化监管、药品经营企业信用体系建设、食品药品安全宣传等重点工作，基本实现了全区食品药品安全形势的平稳可控。

2009年，全局结合药品零售企业换证、GSP认证、药品生产企业专项检查、防治甲型H1N1流感药械突击检查等10多项活动，共出动执法人员4800余人次，巡查单位1624

家次，接受群众投诉举报、业务咨询174起，受理72起，调查72起，回复72起，反馈满意率100%。积极开展药品零售企业新开办受理、验收、变更、注销等工作，全年新增药品零售企业107家，注销药品零售企业27家；办理各类变更363家次，其中药品批发企业变更8家次；办理执业药师注册60人次，其中首次注册14人次，再注册、变更注册46人次；新增医疗器械生产企业4家、经营企业17家，注销9家，办理许可证换证5家，变更17家，全年行政许可工作无听证、复议或诉讼。全区有药品零售企业544家，其中单体店311家、连锁门店214家、OTC店19家；药品生产企业13家；药品批发企业13家；连锁总部7家，数量继续位居全市区县第一。

【推进食品安全专项整治】 2009年，萧山区紧紧围绕“四个一批”（创建一批、提升一批、规范一批、取缔一批）的整治目标，扎实推进食品安全专项整治工作，各有关职能部门共提升小餐饮375家，规范73家，取缔456家；提升拉面店16家，规范8家，取缔2家；确定10条街区和140家小餐饮单位作为“示范街”、“示范店”培育对象，有138家通过创建验收。对29家无证小作坊进行规范和取缔，其中14家已领证，15家关停；创建放心示范店55家，规范小食杂店235家，取缔无证经营368家。专项整治各项任务全面完成，萧山区获市政府通报表彰。

【组织开展酱腌菜联合整治】 按照区委常委、副区长蒋金梁关于“食品监管部门要加强监督管理力度，加大监督频次，对已发现的酱腌菜问题要严肃依法处理”的指示精神，区食安办于2009年7月组织各职能部门全面开展酱腌菜联合整治，召开专题会议部署工作，牵头组织农业、质监、工商、卫生、贸易等部门对区农产品批发市场开展联合执法，当场查封扣押一批过期定型包装酱腌菜产品，并对市场内相关产品进行监督抽样，萧山电视台进行了跟踪报道。通过专项整治，酱腌菜市场的质量管理水平进一步提高。

【抓好食品安全示范镇街创建】 2009年，区食安办积极推进并完成临浦镇、闻堰镇、河庄镇三个市级食品安全示范镇创建验收工作，为全区各镇街加强食品安全工作树立了标杆。一是组织试点镇街食品药品管理员和主要职能部门食品安全联络员，到首批食品安全示范镇淳安县威坪镇进行考察学习；二是根据市局文件要求，出台验收方案，并在食品安全联络员季度例会上进行部署；三是开展业务辅导，着重对考评标准、资料归档等进行创建指导。

【按时发布食品安全检测公告】 2009年，各职能部门完成抽样4173批次，超额完成全年计划任务；继续实行食品安全检测信息媒体公告制度，将食品安全监测信息在《萧山日报》、萧山政府网站和萧山食品药品监管局外网上统一公告，全年对外公告8期。

【开展监管机制专题调研】 根据国务院机构改革方案以及《食品安全法》的有关规定，2009年区食安办组织力量对全区食品消费环节及监管现状进行调研，走访区卫生、工商、贸易、建设等相关部门，到各镇街实地蹲点调查，并赴上海、宁波、台州等地考察学习，完成《关于加强对食品消费环节监管的建议》等调研文章。同时开展保健食品和化妆品监管情况调研并形成初步调研报告，整个调研工作获得省、市局的高度评价。

【加强药品生产流通监管】 根据省局《关于药品生产工艺和处方核查工作有关问题的通知》（浙食药监安〔2008〕27号）精神，2009年，区食品药品监管局及时制订实施方案，组织召开全区13家药品生产企业负责人和质量负责人专题会议进行动员部署，对涉及此次核查的5家药品生产企业的13个剂型共32个品种，采取企业自查、资料审查、现场核查及抽样送检的方式进行核查，企业全部通过初审。及时制定并下发《萧山区2009年药品零售企业（门店）换发〈药品经营许可证〉实施方案》（萧食药监〔2009〕10号），结合年度GSP复认证、跟踪检查等工作，组织召开全区药品经营企业换证暨GSP认证跟踪检查工作会议，统一部署，明确要求。全年开展许可证换证检查118家，合格换证117家，另有1家准备注销；开展药品零售企业GSP认证139家（其中复认证77家、跟踪检查36家、新开办认证26家），合格127家，限期整改8家，未通过认证4家。

【做好药博会跟踪检查工作】 2009年9月6—8日，第三届全国药店博览会在萧山举办。区食品药品监管局专门成立专项活动领导小组，相继制定出台药博会《药品监管工作方案》和《巡查工作实施方案》，采取联合办公、现场指导、集中宣传等办法，做到监管前移、服务周到。博览会期间，派出三个特别巡查小组，全程跟踪检查，并启用药品快检车投入现场监管。整个展会期间出动执法人员40人次，检查参展企业500余家次、参展产品20000余件，保证了展会的

食品安全专项整治督察 （金海光摄）

依法、顺利和安全。

【完善相对人户管档案管理】 2009年，区食品药品监管局先后制定出台《户管档案资料收集标准》、《全区相对人户管档案突击完善工作方案》和《户管档案突击完善工作考核办法》，组织开展管理相对人户管档案突击完善工作，明确工作内容与要求，并实施考核。业务科队对照要求，加班加点，深入到辖区每个管理相对人中收集纸质档案，并将有关数据录入电子档案系统，全区管理相对人户管档案及电子档案管理水平进一步提升。

【推行药品安全信用评价体系】 2009年，区食品药品监管局制订《萧山区药品经营企业信用体系建设管理办法（试行）》，明确信用体系的基本框架，统一信用标准，并同步开发配套软件。全面完成企业信用信息的征集工作，初步实现企业年度信用等级的自动评定和即时公布，达到信用信息公开性、实时性、客观性、数字化要求。11月30日，区人大城厢代表小组对该项目开展年度第二次定向督察，对建设工作给予高度评价。

【推进"小药店"整治工作】 为确保整治工作顺利完成，区食品药品监管局及时明确《2009年"小药店"药品质量安全整治与规范推进工作方案》，制定"小药店"整治与规范工作进度表，明确目标任务，开展整治与规范工作竞赛；积极参加镇街组织的"小药店"整治与规范工作动员，做好宣传和业务培训；把"小药店"整治与规范工作与日常监管稽查、与巩固和提升"两网一规范"建设、与96311举报投诉等相结合。全年验收达标1174家，达标率99.7%。

【规范行政许可办理】 2009年，区食品药品监管局积极做好省市局有关事权下放的衔接工作，配合权力阳光运行机制的建立，依法对各项行政许可事项进行梳理，结合全区实际，制订《萧山区〈医疗器械经营企业许可证〉申办工作流程》、《萧山区药品零售企业申办工作程序》等23项行政许可规范工作文件，从申办条件、办事流程方面进行规范。

【提升办案质量】 2009年，区食品药品监管局结合基层局监管工作实际，制定下发《一般程序行政处罚案件内部流程管理规定（试行）》（萧食药监〔2009〕28号）、《局行政处罚案卷质量评查办法（试行）》（萧食药监〔2009〕29号），公开办案流程，细化证据标准，特别对证据的采集和固定、执法文书的规范制作等方面作了进一步完善，促进了行政执法水平的进一步提升，并获全区2009年度行政执法机关案卷评比活动第一名，行政执法综合考评获区级第二名。

【加强药械不良反应监测工作】 2009年，区食品药品监管局一方面借举办专题会议、业务培训之际，及时对从业人员进行业务培训；另一方面积极利用文件、简报、网络、媒体等，积极向管理相对人、社会公众宣传有关知识，营造全社会理解、关心、支持这项工作的良好氛围。2009年上报药械不良反应报告380例，比上年增加19例。

【加大药械抽样力度】 2009年，区食品药品监管局以违法广告较多、购进渠道不规范、外观质量疑点多的药品作为抽样重点，充分发挥药品检测车的初筛作用。全年监督抽样药品122批次，发现不合格药品10批次，不合格率8.20%；监督抽样医疗器械3个品种5个批次，未发现不合格产品。另外，运用快检车对药品开展快检筛查510批次，发现可疑药品57批次。

【开展年度相对人法规业务培训】 2009年12月7—15日，区食品药品监管局组织年度教育培训活动。培训分9期，内容涉及药械不良反应监测、药械经营管理规范、医疗器械法律法规新动向等，同时对参训人员进行了统一测试并核发年度培训合格证。有1414人参加培训。

【抓好食品药品安全宣传】 一是结合活动抓宣传。区食品药品监管局组织参加"'3·15'消费者权益日宣传"、"科普宣传周"、"《食品安全法》宣传周"、"社区为民服务"等宣传活动。2009年出动宣传人员500余人次，接受咨询800余人，发放宣传资料7000余份。二是借助媒体抓宣传。2009年，编发《萧山食品药品监管》简报30期、《萧山食品安全信息》简报54期，撰写信息534篇，杭州市级以上录用395余篇，同时有10多篇论文和信息在《萧山日报》、《萧山信息》、萧山电视台、《萧山党政论坛》、《中国医药报》等媒体发表和报道。三是创新形式抓宣传。结合区科协组织的电影下乡活动，继续开展全区食品安全公益宣传活动，在全区30个镇（街、场）共200场电影放映前播放食品安全公益宣传片，指导农民了解和掌握食品安全基本知识。借助科协搭建的全区村（社区）科普宣传长廊，张贴食品药品安全宣传图片2250张。

药品快检车进驻"药博会"现场 （王国昌摄）

【优化制度建设】 结合实际工作需要，不断进行充实调整，区食品药品监管局制定出台《2009年度目标责任制考核办法》、《岗位职责和AB岗制度》、《药械监管工作纪律》、《一般程序行政处罚案件内部流程管理规定(试行)》、《行政处罚案卷评查办法(试行)》等制度,进一步促进了机关的规范化建设。

(张建宏)

安全生产监督管理

【概况】 2009年,全区各级党委、政府紧紧围绕"安全生产年"总体部署和任务要求,以开展"三项行动"、深化"三项工作"为载体,以建立安全生产长效机制为目标,狠抓安全生产各项工作落实,全区安全生产形势保持总体平稳。

2009年,杭州市下达给萧山区的各类事故死亡人数总控制指标264人,实际死亡261人,未突破控制指标;工矿企业、道路交通、水上交通、消防等领域死亡人数指标均控制在市下达的指标内;较大事故遏制成效显著,从2004年以来首次实现工矿企业无较大事故发生。

【安全生产事故基本情况统计】 2009年,全区发生各类事故1018起,死亡261人,受伤786人,直接经济损失660.3万元。与上年相比,事故次数减少69起,下降6.35%;死亡人数减少12人,下降4.4%;受伤人数减少66人,下降7.75%;直接经济损失减少145.3万元,下降18%。其中,工矿企业领域共发生各类事故16起,死亡16人,直接经济损失285.8万元,全年未发生一起较大事故;道路交通领域共发生各类事故771起,死亡243人,直接经济损失234.81万元;消防领域共发生各类火灾230起,无人员死亡和受伤,直接经济损失137.7万元;水上交通领域发生一起2人死亡事故。

【责任制进一步强化】 2009年,按照"条块结合,属地监管"和"横向到边,纵向到底"的责任原则,通过签订责任书、实施履职报告制度、加强责任落实情况督察等手段,进一步健全和完善目标责任考核体系。区长盛阅春代表区政府与31个镇街、场、管委会和42个职能主管部门签订责任书。出台《杭州市萧山区人民政府关于进一步明确安全生产责任规定的意见》(萧政发〔2009〕1号),明确了各级领导、政府职能部门、安全生产基层监管责任和生产经营单位安全生产主体责任。同时,对区政府与其签订责任书的73个单位实施履责报告制度,将企业责任制落实情况列入企业日常检查的重要内容,推动了责任制的落实。

【基层管理不断加强】 2009年,区安监部门将基层基础作为安全生产工作的立足点,着力于固本强基。通过开展规模以上企业安全标准化达标升级工作和安全生产示范创建活动,夯实企业基层管理基础。在闻堰镇、党湾镇先行开展规模以上企业达标试点,以新标准为参照,实现两镇辖区内规模以上企业年内全部通过达标升级验收。全区规模以上企业已有2061家通过标准化达标验收;机械制造企业有13家通过省级复评验收,其中国二级3家;矿山企业有7家市级达标,3家省级达标;危化品储存经销单位有21家市级达标;危化品生产企业省级达标率超过30%。安全生产示范创建工作取得初步成效。通过从管理制度、管理网络、生产条件、安全检查、教育培训、目标管理"六个深化"进行辅导、提高,全年有5个镇街和44家企业列入示范。

【"权力阳光工程"运行良好】 2009年,区安监部门按照进一步构建权力阳光运行机制的要求,对行政许可、行政监管、行政处罚等行政权及法律依据进行汇总梳理、编制流程、统一编码,特别是将危险化学品、矿山、烟花爆竹、"三同时"建设等安全生产行政许可正式纳入区政府办事服务中心,实现由"多头受理"审批向"一个窗口受理"审批的转变,真正实现安全生产行政审批"一门式"服务。

【培训宣传力度继续加大】 2009年,依托安全培训机构,强力推进生产经营单位主要负责人、分管安全负责人、安全员以及特种作业人员的教育培训工作,加强持证上岗管理和监督检查。全区培训各类企业负责人3572人、安全管理人员7352人、特种作业人员36372人,提高了企业负责人安全意识和职工自我防范能力。

加强与本土报纸、电视、广播等新闻媒体的合作,多次大版面、重笔墨地宣传报道安全生产,并建设好安全生产门户网站和安全生产快报"一刊一网"两大平台,进一步加大安全生产法律法规、方针政策和安全知识宣传力度。以第八个"全国安全生产月"为契机,围绕"关爱生命、安全发展"主题,推出33项区级活动,包括重点行业企业负责人座谈会、"安全伴我行"职工演讲比赛、出租车公益广告宣传、大型广场宣传咨询日活动等,进一步提高全民安全意识。

【隐患排查积极有效】 2009年,区安监部门继续把安全生产隐患排查治理工作作为"安全生产年"活动的一项重要内容,在促进隐患排查治理长效化上迈出新的步伐。先后开展危化、矿山、烟爆、消防、建设、特种设备等多个领域的专项隐患排查活动。全区有8762家企业开展隐患排查治理,排查出各类隐患25159条,已完成整改25035条,整改率99.5%。其中,列入区级挂牌督办的重大事故隐患整改单位12家,列入市级挂牌督办的2家,均按期完成整改,全部摘牌。

【应急处置能力有所加强】 2009年,通过区级、镇街(部门)、企业三级联动,提高将应急预案转为应急响应的应变能力。区安监局联合有关部门举办全区水上旅游项目安全演练、超市消防紧急疏散和灭火演练、汽车东站车辆消防应急演练、广大司乘人员处理突发险情演练等全区性活动。积极推动镇街、企业进一步完善应急救援预案,实行演练常规化,各镇街场、管委会、重点企业,基本实现一年一演练,整个应急救援体系建设不断完善。

(凌兰芳)

中共萧山区委

综述

2009年，中共萧山区委坚持以科学发展观为统领，面对国际金融危机的严重冲击，团结和带领全区广大干部群众，紧紧围绕发展主题，创新举措、克难攻坚，不畏艰难、狠抓落实，全区经济增长企稳回升、产业结构优化调整、城市化全面推进、文化事业繁荣进步、保障体系不断完善，社会保持和谐稳定，各项工作取得显著成效。

区委全会

【区委十三届六次全体（扩大）会议】 2009年1月9日召开。会议深入学习贯彻党的十七届三中全会、中央和全省经济工作会议、市委十届五次全会精神，回顾总结2008年工作，研究部署2009年工作任务，进一步动员全区广大党员干部群众以科学发展观为统领，以城市化为带动，克难攻坚，创业创新，在新的历史起点上实现萧山科学发展新跨越。市委常委、区委书记洪航勇代表区委常委会向全会作题为《坚持城市化带动实现萧山科学发展新跨越》的报告。会议审议通过了《关于加快城市化进程实现萧山科学发展新跨越的决定》。区委领导盛阅春、朱华、谭勤奋、许岳荣、蒋金梁、乐华、张振丰、裘超、洪松法、沃岳兴、施水祥、孙旭东、林以干、施迎利出席会议。

【区委十三届七次全体（扩大）会议】 2009年7月16日召开。会议以科学发展观为统领，认真贯彻落实党的十七届三中全会、省委十二届五次全会精神，简要回顾上半年全区经济社会发展情况，研究部署当前和今后一个时期深化改革开放工作，进一步动员全区上下继续解放思想，坚持与时俱进，深化改革开放，努力转危为机，为实现萧山科学发展、率先发展、跨越发展而奋斗。市委常委、区委书记洪航勇代表区委常委会向全会作题为《深化改革开放努力转危为机为实现萧山科学发展率先发展跨越发展而奋斗》的报告。会议审议通过了《中共杭州市萧山区委关于继续深化改革开放推动科学发展率先发展跨越发展的决定》。区委领导盛阅春、谭勤奋、许岳荣、蒋金梁、乐华、张振丰、裘超、洪松法、沃岳兴、施水祥、郎文荣、林以干出席会议。

区委常委会

2009年1月13日，区委常委会听取区委常委、区公安分局局长乐华就全省公安工作会议精神所作的传达及公安工作的情况汇报，原则同意2009年全区公安工作要点、2009年全区公安工作会议方案；听取并原则同意区政协办公室关于区政协十二届三次会议各类人员名单；听取并原则同意区委组织部关于区十四届人大三次会议各类名单；听取区委组织部就市第二批学习实践科学发展观活动准备工作会议精神所作的传达及萧山学习实践活动春节前准备工作安排的情况汇报；听取并原则同意区委政研室关于萧山区2008年度总结表彰大会建议方案的情况汇报；听取了副区长朱云夫就市委书记王国平在萧山调研基础设施建设时讲话精神所作的传达。

1月21日，区委常委会听取并原则同意区政府办公室关于《政府工作报告（送审稿）》起草情况的汇报；听取并原则同意区法院关于《杭州市萧山区人民法院工作报告（送审稿）》起草情况的汇报；听取并原则同意区检察院关于《杭州市萧山区人民检察院工作报告（送审稿）》起草情况的汇报；听取并原则同意区发改局《关于2008年全区国民经济和社会发展计划执行情况与2009年全区国民经济和社会发展计划（草案）的报告》起草情况的汇报；听取并原则同意区财政局《关于2008年全区和区级财政预算执行情况及2009年全区和区级财政预算草案的报告》起草情况的汇报；听取并原则同意区考评办关于2008年度镇街工作目标责任制考核的情况汇报；听取并同意区满意办关于2008年满意单位不满意单位评选情况的汇报；听取并原则同意区委宣传部关于2008年镇街场品牌文化工作的情况汇报。

2月9日，区委常委会听取并原则同意区委办公室关于《中共杭州市萧山区委常委会2009年工作要点（送审稿）》起草情况的汇报；听取区纪委就中央、省、市纪委全会精神所作的传达，听取并原则同意区纪委十三届四次全体（扩大）会议暨区政府廉政工作会议方案和工作报告（送审稿）的情况汇报；听取并原则同意区委常委、宣传部部长裘超关于2008年全区宣传思想工作情况和2009年全区宣传思想工作思路及2009年度全区宣传思想工作会议方案的情况汇报；听取并原则同意区委统战部关于2008年全区统战工作情况和2009年全区统战工作思路及2009年度全区统战工作会议方案的情况汇报；听取区委副书记、代区长盛阅春就市委、市政府主要领导调研及有关专题会议精神所作的传达。

2月27日，区委常委会听取区委政法委就全国、省、市政法工作会议精神所作的传达和全区政法综治、平安创建2008年工作情况汇报，听取并同意2009年工作思路及全区政法综治暨深化平安创建工作会议建议方案;听取并同意区信访局关于2008年信访工作情况、2009年信访工作思路、全区信访工作会议建议方案及《关于做好矛盾纠纷排查化解工作的意见》等的情况汇报;听取并原则同意区委宣传部关于《萧山区十大金色文化工程实施意见(送审稿)》及萧山区十大金色文化工程领导小组成员建议名单的情况汇报;听取并原则同意区委组织部关于2008年全区组织工作总结和2009年全区组织工作要点的情况汇报。

3月4日,区委常委会听取区委副书记、区长盛阅春就市委书记王国平在大江东新城规划布局专题会议、“河庄会议”、空港新城概念规划评审会等会议上的讲话精神所作的传达,听取区委政研室关于大江东新城规划布局及体制机制建议设想的情况汇报,要求全区各级各部门扎实做好各项工作,为实现在大江东地区“再造一个新杭州、再造一个新萧山”的宏伟目标作出应有的贡献;听取了区委组织部关于深入学习实践科学发展观活动的情况汇报,原则同意《中共杭州市萧山区委关于开展深入学习实践科学发展观活动的实施意见》等文稿,同意萧山区深入学习实践科学发展观活动动员大会方案;听取并原则同意区委宣传部关于举办2009年全区领导干部读书会建议方案的情况汇报。

3月17日,区委常委会听取区政府办公室、区交通局、区建设局关于萧山区交通道路建设的情况汇报,要求以区委、区政府名义下发关于组织开展交通道路“12881”工程建设三年大会战的实施意见,全面部署交通道路工程建设工作,并原则同意《萧山区交通道路项目考核办法(试行)》、萧山区交通道路“12881”等工程建设誓师大会暨机场公路改建等工程启动仪式方案;听取区人事局关于萧山区2009年招聘高校毕业生到村(社区)工作计划人数的情况汇报;听取区人事局关于2009年萧山区公开招聘事业单位工作人员计划的情况汇报;听取并原则同意区编办关于23项机构编制事项的情况汇报;听取区委党史研究室、区志办关于萧山区党史地方志工作的情况汇报;研究区委关于大江东地区开发建设向市委的汇报材料。

2009年3月27日,区委常委会听取机场二期征迁指挥部关于机场一期噪声遗留问题处置工作的情况汇报;听取并同意区纪委关于2009年萧山区反腐倡廉工作及惩防体系建设的组织领导和责任分工的情况汇报;听取并同意区纪委关于2009年萧山区惩治和预防腐败体系构建工作意见的情况汇报;听取并原则同意区纪委关于萧山区2009年进一步构建权力阳光运行机制实施方案及动员大会方案的情况汇报;听取区教育局关于2009年萧山区面向社会公开招聘中小学(幼儿园)教师的情况汇报;听取区委组织部关于组建杭州萧山地铁投资开发有限公司有关情况汇报,同意组建“杭州萧山地铁投资开发有限公司”,与萧山区地铁建设办公室合署办公。

4月9日,区委常委会听取区经发局关于工业经济工作会议方案及2008年度优势成长型工业企业认定和考核奖励的情况汇报;听取并原则同意区劳动保障局《关于进一步完善促进就业长效机制的实施意见(送审稿)》和《关于做好2009年稳定就业工作的意见(送审稿)》的情况汇报;听取了区编办关于杭州萧山临江工业园区、杭州江东工业园区和杭州空港经济区管理机构事项的情况汇报;听取并原则同意区财政局关于调整完善城区街道办事处财政体制结算办法建议的情况汇报。

4月30日,区委常委会听取并同意区民政局关于大江东新城区域行政区划调整实施方案(送审稿)的情况汇报。

5月15日,区委常委会听取区委副书记、区长盛阅春就省委十二届五次全体(扩大)会议精神所作的传达;听取区委副书记、区长盛阅春就5月12日市委书记王国平在萧山调研时的讲话精神所作的传达;听取并原则同意区委统战部关于《2009—2013年萧山区党外干部队伍建设规划(送审稿)》的情况汇报;听取了区卫生局关于萧山甲型H1N1流感防控工作的情况汇报。

7月1日,区委常委会听取了区人大常委会主任沈奔新就全省人大工作会议精神、区政协主席王珠瑛就全省政协工作会议精神所作的传达;听取了区委办公室关于区委十三届七次全体(扩大)会议报告(讨论稿)起草情况的汇报;听取了区人事局关于2009年卫生系统人员招考的情况汇报;听取了区委组织部关于党内先进公示情况的汇报。

7月30日,区委常委会听取区财政局(国资办)关于区国有资产经营总公司的情况汇报;听取并原则同意区城乡一体办关于筹建区城中村改造投资有限公司的情况汇报;听取并同意区工商联关于省第三届中国特色优秀社会主义事业建设者候选人的情况汇报;会议还就区委常委分工调整进行了研究。

8月14日,区委常委会听取区委副书记、区长盛阅春就市委十届六次全会精神所作的传达;听取并原则同意区委政研室《关于加快大江东新城开发建设的若干意见(送审稿)》起草情况的汇报,同意召开加快大江东新城开发建设誓师大会;听取并同意区纪委、监察局关于对机关事业单位工作人员交通违法行为进行抄告的情况汇报;听取并同意区总工会关于2009年省劳动模范候选人和模范集体候选单位的情况汇报。

9月18日,区委常委会听取市委党校萧山分校关于贯彻省、市党校工作会议精神的情况汇报;听取并同意区委常委、宣传部部长裘超关于“祖国颂”萧山区庆祝中华人民共和国成立60周年活动方案的情况汇报。

9月22日,区委常委会听取区委副书记、区长盛阅春就党的十七届四中全会精神所作的传达,并进行了认真的讨论;听取区政协就市委政协工作会议精神所作的传达及萧山区政协工作的情况汇报,原则同意《中共杭州市萧山区委关于进一步加强人民政协工作的意见》;听取区委组织部关于萧山区开展第三批深入学习实践科学发展观活动的情况汇报,原则同意《关于开展全区第三批深入学习实践科学发展观活动的实施意见》等文稿；听取并原则同意区委组织部《中共杭州市萧山区委关于按照构建城乡统筹的基层党建新格局要求全面推进农村基层组织建设的意见(送审稿)》等文稿的情况汇报。

10月30日，区委常委会听取区委副书记、区长盛阅春就省委十二届六次全体(扩大)会议精神所作的传达；听取区人事局关于录用人民警察、镇街专职人武干部事项及2010年萧山区公务员招考需求计划的情况汇报。

11月20日，区委常委会听取并同意区人事局关于萧山区2009年第二次事业单位公开招聘计划的情况汇报；听取并同意区人事局关于镇街1992年“撤扩并”前退休部门人员医保问题的情况汇报；听取并原则同意区残联《关于加快推进残疾人事业发展的实施意见(送审稿)》；听取并原则同意区纪委关于预防镇街职务违纪违法工作和2009年度党风廉政建设责任制落实情况检查考核工作的情况汇报；听取区委办公室关于区委十三届八次全会主题等建议情况的汇报。

11月30日，区委常委会听取副区长张爱莲关于杭州师范大学湘湖校区建设的情况汇报；听取并原则同意区委组织部关于萧山区第三批学习实践科学发展观活动的情况汇报；听取并原则同意区人大常委会主任沈奔新、区政协主席王珠瑛关于区十四届人大四次会议、区政协十二届四次会议建议日程的情况汇报；听取并原则同意团区委关于共青团杭州市萧山区第二十次代表大会筹备工作的情况汇报。

12月21日，区委常委会听取并原则同意区委办公室、区委政研室关于《加强党的建设推动科学发展加快建设富裕和谐的现代化萧山(送审稿)》、《中共杭州市萧山区委关于认真贯彻党的十七届四中全会精神加强和改进新形势下党的建设的实施意见(送审稿)》起草情况的汇报；听取并原则同意区城乡一体办关于加快农村住房改造建设的情况汇报；听取并原则同意区劳动保障局关于城乡居民社会养老保险实施办法和调整征地农转非人员养老保险缴费标准等事项的情况汇报；听取并原则同意区交通局《关于核定出租汽车经营权使用期限的实施意见(送审稿)》的情况汇报；听取并原则同意区人事局关于2009年军队转业干部分配计划的情况汇报。

（王　炜）

调查研究与政策制定

【概况】 2009年，区委政研室针对经济社会发展中的热点难点问题深入开展调查研究，认真研究和制订经济社会各项重大政策。全年直接完成各类重要调研报告、制订和修改完善重大政策意见30余个，为区委、区政府决策和出台政策发挥了参谋助手作用。

【组织开展全区性调研】 区委政研室对2009年度区委、区政府领导重点调研课题和部门重点调研课题进行初选，提交区委、区政府审定后，下发《关于开展“加快城市化、带动新发展”体制机制调研工作的通知》加以明确。对课题进展情况跟踪督促，并将区委、区政府领导重点调研课题成果整理汇编成册，为区委、区政府科学决策提供了重要依据。围绕区领导关注和批示的重点难点问题，牵头区级有关部门进行联合调研。继续组织开展全区党政系统优秀调研报告评选活动，评选出一批优秀调研文章，并编印《全区党政系统优秀调研报告汇编(2008年度)》。同时，继续编好《决策参考》等刊物和书籍，为区级有关部门和镇街交流工作经验和转化调研成果提供了平台。

【围绕全局开展调研】 2009年，区委政研室深入学习贯彻区委关于深化改革开放、城市化带动和经济转型升级三大战略，密切关注国际金融危机新动向，按照省委“保稳促调”和市委“主攻工业、决战工业、稳定工业”的方针，积极开展事关全区经济社会发展重大思路和课题的研究。到福建省晋江、石狮等地考察，到戴村镇、闻堰镇等镇调研，起草完成《2010年萧山区经济社会发展思路和工作重点建议》，提出2010年坚持转型升级、城市化带动、改革开放“三个不动摇”，深入开展项目攻坚年、新城建设年、环境创优年“三个年活动”，突出“建新城、攻转型、提质量、促增长、做环境、抓统筹、优民生、保稳定、增活力、强党建”等十个工作重点。

【围绕大江东开展调研】 2009年，区委政研室围绕区委提出加快大江东新城开发建设的重大战略决策，积极配合市委政研室，参与《杭州市大江东新城发展战略规划》的起草工作；深入开展大江东新城区域基本情况调研，先后提出行政区划调整的三种方案；牵头协调各有关部门，研究提出推进大江东新城体制机制创新的建议方案；开展对大江东区域内一些重大问题的重点调研，起草《关于大江东新城区域统一实行多层、高层公寓安置政策的调研情况汇报》和《关于大江东新城相关管理权限的调研情况汇报》的调研报告；开展大江东新城“十二五”规划前期思路调研，形成《大江东新城“十二五”经济社会发展思路研究课题方案》和《“十二五”时期大江东新城“三城一区”发展思路研究(提纲)》。

【围绕重点开展专题调研】 2009年，区委政研室开展应对金融危机重大课题调研，围绕“拓市场、扩投资、促消费、保增长”，分别与区贸易局、区外经贸局合作，完成《发挥专业市场优势 拓市场保增长》和《关于促进我区外贸出口健康稳定发展的对策建议》两个课题，并根据区委主要领导要求，起草完成《加快五个转型 推进五个升级 努力实现萧山经济转危为机跨越发展》材料。为贯彻落实市委、市政府“沿江开发、跨江发展”和打造与世界名城相媲美的生活品质之城重大战略和区委、区政府“加快城市化、实现新跨越”发展战略，加快湘湖新城开发建设，开展专题思路研究，形成《湘湖新城开发建设思路研究》。开展萧山区高校毕业生进农村工作调研，形成《萧山区高校毕业生到村工作的现状与对策建议》。研究把握国内外低碳经济发展趋势，撰写《关于萧山发展低碳经济的几点建议》。开展萧山区党校工作调研，形成《关于加强和改进党校工作的建议》。

【制订重要政策意见】 2009年，区委政研室为贯彻党的十七大精神，继续解放思想，大力推进经济结构战略性调整，加快城市化进程，构筑发展新平台，加强党的建设，分别起草《中共杭州市萧山区委关于加快城市化进程实现萧山科学发展新跨越的决定》、《中共杭州市萧山区委关于继续深化改革开放推动科学发展率先发展跨越发展的决定》、《中共杭州市萧山区委关于认真贯彻党的十七届四中全会精神加强和改进新形势下党的建设的实施意见》，并根据《杭州市大江东新城发展战略规划》和前期调研成果，起草《区委区政府关于加快大江东新城开发建设的若干意见》。

【参与经济社会发展前期调研和政策制订】 2009年，区委政研室与区城乡一体办共同拟写《萧山区农村住房改造建设工作情况》；修改完善团区委代拟的《萧山区未成年人校外活动场所建设情况调查》；参加区发改局牵头的《萧山区"十二五"金融业发展与创新研究》、《萧山区"十二五"改革思路研究》、《推进萧山基本公共服务均等化思路研究》等课题评审会，并提出相关意见建议；配合区委宣传部文创办、区财政局研究制定文创产业发展扶持政策。

【编印刊物资料】 2009年，区委政研室编发《决策参考》14期。收集整理区委、区政府制订出台的各类政策意见和区委、区政府领导重点调研课题，组织编印《萧山区若干政策汇编(2008年度)》、《萧山区委区政府领导重点调研课题(2008年度)》、《全区党政系统优秀调研报告汇编(2008年度)》。收集整理并编辑《2008年萧山区百强企业通讯录》。

（王　琦）

宣传工作

【概述】 2009年，全区宣传思想文化工作围绕区委全会目标要求和区委、区政府中心工作，把握城市化带动机遇，顺应社会发展和群众需求，全面启动十大金色文化工程建设，推动文化大区向文化名区跨越，推进宣传思想文化各项工作，为萧山转危为机、跨越发展提供了思想文化保证。

【十大金色文化工程】 从萧山经济社会发展全局出发，针对文化建设的实际情况，综合宣传文化战线重点、特色工作，制订出十大金色文化工程的意见和方案，于2009年2月底经区委常委会研究同意，由区委、区政府联合印发。十大工程内容涵盖理论、舆论、文化、文明、文创、教育、卫生、计生等多个方面，形成大文化大宣传齐头并进的新格局。

【落实全区领导干部专题读书会】 2009年3月12—14日，以"坚持城市化带动 实现科学发展新跨越"为学习主题，区委组织全体区管正职领导干部等160余人，对余杭区、上海市杨浦区城市化建设进行"走读"，现场听专家辅导讲座，就地开展集中交流。

【湘湖大讲堂理论宣教持续深入】 因地制宜地加强区委理论学习中心组工作，明确学习重点和要求，精心组织好每月一次的中心组集体学习。制定《2009年湘湖大讲堂工作要点》，对百场发展讲堂、千场创业讲堂、万场市民讲堂进行统一规划，干部群众全年参与54.2万人次。邀请陶小马、马诗经、董关鹏、夏斌等专家学者举办大型讲座7次。落实大讲堂季度通报制度，评出10个基层大讲堂工作优秀案例。

【组织开展十七届四中全会精神培训宣讲】 2009年，区委宣传部举办十七届四中全会精神宣讲骨干培训班，培训学员300多人，下发宣讲资料500多套；组建十七届四中全会精神宣讲团，定制宣讲菜单，开展宣讲70余场，推动十七届四中全会精神的学习贯彻。

【编发学习实践活动乡土教材】 2009年，区委宣传部总结萧山贯彻落实科学发展观中的先进典型和特色工作，编发《科学发展观在萧山》乡土辅导教材7万余本。宁围镇"红色文化进农家"入选全省马克思主义大众化100个典型案例，湘湖保护开发工程入选《科学发展在杭州典型事例选编》。

【组织开展干部理论文章评选】 2009年，区委宣传部开展2009年度全区领导干部优秀理论文章评选活动，有87位领导干部的文章参加评选，评选出获奖作品30篇，推动了干部理论学习成果的宣传推介、转化利用。推荐区委中心组2篇文章参加杭州市2009年度市管干部优秀理论文章评选并获奖。

【镇街品牌文化建设】 2009年，区委宣传部组织推出第二批14个品牌镇街的宣传报道。15个镇街拥有了镇歌，18个镇街编纂了与本镇街品牌文化相关的乡土教材，进一步扩大了品牌文化的知名度和影响力。鼓励村(社区)企事业单位开展品牌文化建设，全区已有50多个村(社区)企事业单位提炼出各自的品牌文化。

【建立基层文体队伍】 全区27个镇街场全部成立品牌文化艺术团，拥有村、社区、企事业单位各类文体俱乐部、特色文体队伍483支，成员近13.5万人。2009年，文体队伍组织演出活动590多场次，观众40万人次。

【群艺骨干培训】 加强基层文体人才队伍建设，在全国率先推出文体骨干、辅导员下派举措。2009年4月11日，在临浦镇召开文体辅导员下派现场会。认定区级文体骨干199名、镇级文体辅导员630名、村级文化带头人4800余名；举办区级文体骨干培训班1期，举办镇级文体辅导员培训班54期；探索建立"骨干培训带百姓"机制，通过群艺骨干的带动与辅导，不断壮大群众文体活动队伍。

【开展基层文体活动】 2009年，区委宣传部组织开展镇街品牌文化艺术团巡回演出27场。在艺术团、俱乐部的带动下，各种排舞、健身操、舞剑、腰鼓、太极拳、太极剑等群众性文体活动蓬勃开展。全区有近25万人经常性地参与群众文体活动，初步形成"琴棋书画、吹拉弹唱、拳术舞动、男女老少"的文体活动氛围。

【基层文体设施建设】 2009年，10个镇(场)顺利通过省级东海文化明珠复查，新创建省体育强镇2个。创建小康体育特色村省级8个、市级9个。全民健身工程积极推进，新建健身点120个、篮球场80个、乒乓球室60个，至年底全区建有健身点530个、乒乓球室664个、篮球场984个，为积极争创全国文化先进县(市、区)奠定基础。

【对外文化交流】 2009年，区委宣传部大力推动萧山文化"走出去"，向外展示萧山文化的独特魅力。与台北同乡会、台湾痴画会、两岸心连心协会建立友好往来关系，互赠书画；萧山美术书法协会5位中青年画家赴日本进行文化交流；8名工艺美术大师携作品赴韩国进行艺术交流，多件作品参展第十届中国工艺美术作品展、国际艺术精品博览会、第四届西泠印社印博会并获奖；举办萧山、慈溪、普陀三地美术书法交流展。

【图书馆建设】 至2009年底，萧山已建成镇级图书馆支馆10个、村级分馆171个。实施杭州地区公共图书馆"九馆一证通"工程，做到"通借通还，资源共享"，为读者提供"一证在手、借遍萧山"的便捷服务。图书馆全年接待读者165.4万人次，书刊流通190多万册次，发放有效借书卡3.5万张。

【建设购书网群】 2009年，以萧山新华书店为龙头，全力打造城、镇、村三级购书网群，已建成镇街图书门市6家，把购置的2辆厢式货车改造成新型"流动书店"，组织送书下乡150余次、45万余册。

【普及城乡阅读】 加快建立以城区阅报栏为主干、集镇阅报栏为扩展、村(社区)阅读小站为补充的城乡书报阅览网群。截至2009年底，建立阅报栏和农村阅读小站400多个，为群众提供便捷的阅读服务。

【加大文化遗产保护力度】 2009年，完成区第三次全国文物普查野外调查，共调查文物点2414处，新发现521处，13处文物点推荐为市级文物保护单位。新增钱塘江板盐、坎山七夕祭星乞巧、萧山萝卜干制作技艺、顾家溪手工造纸、河上龙灯胜会等5个省级和河上西山红石雕、绍兴莲花落、徐同泰土法制酱技艺、霉干菜制作技艺、传统线装书印制技艺等5个市级非物质文化遗产名录项目，其中钱塘江板盐、南宋官窑、坎山七夕祭星乞巧3个项目已申报国家级非物质文化遗产名录。

【三大博物馆建成开馆】 2009年3月20日，占地2公顷、建筑面积1万平方米、工程投资近1亿元的萧山区博物馆新馆建成开馆。占地5.53公顷、建筑面积约7000平方米、工程投资近1亿元的跨湖桥遗址博物馆于9月28日正式建成开馆，面向市民免费开放，年内共接待428个团队、6.7万人次。11月16日，萧山第一座民间博物馆湘湖吴越古文化博物馆开馆迎客。

【群众性精神文明创建工作指导】 2009年，加大对253家各级各类文明单位创建规划对象的指导力度，举办全区性文明创建工作培训班2期，提高基层创建工作水平。对照市文明镇村条件要求，走访市级文明村74个、市级文明镇17个，向市文明办提出复评工作建议。通过"看、听、访、谈"等方式，做好对149家区级文明单位和79个文化村(社区)的申报单位的检查验收工作。全区新增区级各类文明单位67家，其中文明村23家、文明社区12家、文明单位32家。

【美德档案体系的建设和运作】 在总结2008年试点经验的基础上，由两办转发美德档案体系建设工作意见，在全区全面推广实施。至2009年底，已有27个镇街场和37个部门单位建立美德档案馆，809个村、社区、企事业单位建立美德档案分馆；全区共收集美德档案3335件，报送到总馆1619件。在萧山广播电视台、《萧山日报》等媒体开辟"美德力量"专栏，每季度宣传20个美德典型；按季节分别筹划落实"美德力量"春风颂、夏令营、秋收行、冬暖情四季风活动，"美德萧山"建设形成氛围。

【开展萧山首届"美德标兵"评选】 2009年，注重群众参与，向社会公开征集"美德标兵"形象标识(logo)。通过广泛发动、层层推荐、市民投票、评委评审等环节，从各地各部门推荐的157名候选人中评选10位萧山区首届"美德标兵"。活动吸引48万人参与投票。

【深入推进全区"最清洁城乡"工程】 2009年，开展"公民义务劳动日"活动12次，深化落实季度竞赛，在坚持例会、督察、抄告反馈、问责、村庄长效保洁考核等有效制度的基础上，创新推出末位蹲点调研、先进典型现场会等制度化载体。组织指导有关部门和镇街开展市级"国内最清洁城市"示范点创建工作，新塘街道泰和社区、戴村镇上董村、河庄镇建设村成功创建市"国内最清洁城市"示范点和先进单位，北干街道金泰苑社区等4家单位成功创建市"最清洁单位"。

【组织开展"春泥计划"】 2009年，全面开展"春泥计划"，指导各镇街开展丰富多彩的培训类、文体类、社会实践类假期活动，加强对农村未成年人思想道德建设。注重典型带动，突出抓好88个重点村，评选出全区实施"春泥计划"优秀村11个。

【净化未成年人健康成长的社会文化环境】 2009年共排查出黑网吧617家，关停390家；检查网吧1602家次，立案查处违规经营网吧29家；检查出版物经营单位1145家次，取缔出版物经营游商摊点321家次，查缴非法出版物46208件。

【做好发展文创产业的基础性工作】 2009年，成立区文化创意产业发展领导小组和文化创意产业办公室，落实人员编制。组织相关人员赴北京、深圳、余杭等地学习考察，借鉴文创产业发达地区的发展经验；对全区各镇街、部门和重点文创企业进行调查摸底，掌握萧山区文创产业现状与潜力；起草《杭州市萧山区关于加快文化创意产业园区建设的若干意见》、《杭州市萧山区促进文化创意产业发展的若干政策》等政策意见，广泛征求意见。

【特色节庆经济繁荣】 进一步探索以地域特色文化和特色产业为支撑、以节庆为媒介的"特色节庆经济"新模式，大力发展产业性百姓节庆活动。至2009年底，全区已有14个镇街、7个部门单位推出18个特色节庆活动。在做强做大钱江观潮节、杜家杨梅节、萧山花木节、三江美食节、七夕文化节等已有节庆活动的同时，2009年首次推出中国·杭州萧山三清茶文化节、中国·杭州(钱江世纪城)商务文化节、萧山国际旅游节、中国·萧山国际羽绒节、萧山购物节、萧山健康文化节、进化大岩山桑果狂欢节等特色节庆活动。

【推动一批文创产业重点项目】 2009年，在调查摸底的基础上，确定萧山文化创意产业中心、珍诚医药网配套物流、古籍宣纸印装生产扩大项目等一批区文创产业重点项目，通过实地调研、召开专题座谈会、落实优惠政策、组织重点文创企业负责人参加产业投融资洽谈会等方式，推动项目实施。积极争取上级资金、政策扶持，全区有9个文创产业项目获得市文创产业专项扶持资金215万元。积极争取产业优惠政策，落实、延长浙江省文化创意产业实验区扶持政策。

【举办"祖国颂"萧山解放60周年纪念大会】 2009年4月30日，由区四套班子领导、参加萧山解放的老战士代表、南下干部代表、60年来对萧山革命和建设作出过重要贡献的代表人物、解放后萧山历任领导代表、区级机关及镇街主要领导、各民主党派和群众团体代表、驻萧部队代表、市民代表参加的萧山解放60周年纪念大会在萧山剧院举行，进一步激发全区人民的爱国、爱乡热情，增强抗击金融危机的信心。

【举办"祖国颂"萧山区庆祝中华人民共和国成立60周年大型组歌舞蹈史诗文艺晚会】 2009年9月28日，萧山区庆祝中华人民共和国成立60周年大型组歌舞蹈史诗文艺晚会在萧山剧院举办，800多位萧山草根演员通过歌声、舞蹈、诗朗诵等形式，歌颂家乡的美好，倾诉对祖国的热爱，为中华人民共和国成立60周年献上一台音乐盛典。

【开展"祖国颂"大型系列媒体宣传活动】 2009年，精心策划"萧山60年"系列成就报道，《萧山日报》重点制作了《吾国吾家·60年萧山记忆》大型特刊，推出"新闻直通车·追寻60年坐标上的萧山故事"等系列报道，萧山广播电视台推出大型系列报道"巨变中的记忆"等栏目，引导全区人民进一步解放思想，开拓进取，增强创业创新、建设家乡的决心和信心。

【开展"祖国颂"寻找老战士活动】 2009年5月，在萧山广播电视台推出大型系列报道"亲历解放"，以金萧支队老战士、南下干部和党的地下工作者为主要对象，用追忆和讲故事的方式，真实、客观、生动地再现了1949年萧山解放前后所发生的重要事件，大力弘扬优秀革命传统。

【举办区第八届文化艺术节】 坚持多元化、本土化、大众化三大特色，自2009年10月下旬起，历时2个多月，举办区第八届文化艺术节，成功举办吕薇个人演唱会、第三届"十大青年歌手"大奖赛、绍剧团优秀节目展演、第四届社区文艺会演、"莲花落"名家专场演唱会等深受广大群众喜爱的系列活动，真正办成"艺术的盛会、人民的节日"。

【组织开展2009镇街品牌文化艺术团巡演】 区委宣传部、区文广新局及各镇街联合，于2009年10月19日正式启动，开展为期近两个月的镇街品牌文化艺术团集中巡演活动，走遍全区每一个镇街，共演出27场，参演的演员近350人，观众5万余人次。在集中巡演的基础上，以"草根唱新曲，山花舞烂漫"为主题，于2009年11月17日在萧山电视台600平方米演播厅举办闭幕式，区四套班子主要领导、分管领导和全区镇街、部门党政主要领导和群众代表等300余人到现场观看演出。

【组织开展第四届"公民爱心日"活动】 以"情系困难儿童，快乐共同成长"为主题，组织、倡议省、市文明单位和社会各界人士，为困难儿童"捐献一本书、捐助一元钱、献上一份爱"，活动共募集到社会各界捐款798654.20元，书籍17950册。

【举办"欢乐网购在新城"大型网店集市活动】 2009年4月18—19日，由区网络文化协会主办、宁围镇·钱江世纪城承办的"欢乐网购在新城"大型网店集市活动，吸引了中国化纤信息网、中华名优土特产网等全国130多家电子商务平台及网店集中设展，两天时间吸引2万多网友参与网购，为全国首创，得到省委宣传部的肯定。

【重要会议精神宣传】 2009年，区委宣传部把宣传十七届三中、四中全会精神作为重要政治任务，准确、及时解读会议精神，及时报道全区上下学习贯彻中央全会精神的情况，推出《萧山60个新农村建设样板》等系列主题报道，营造学习贯彻中央全会精神的浓厚氛围。制定区十四届人大三次会议、政协区十二届三次会议宣传方案，着力在会议宣传、文艺宣传、环境宣传上下工夫，采用灵活、生动、多样化的报道方式，刊播稿件150余篇(条)，扩大"两会"的感召力和影响力。

【经济宣传】 2009年，区委宣传部大力宣传中央和省、市、区经济工作会议精神，强势报道中央和省市区委重大决策和工作重点，深入解读"保增长、保民生、保稳定"的各项举措，全力报道城市化建设、经济转型升级、"扩内需、促消费"、"主攻工业、决战工业、稳定工业"等中心工作，宣传各地各部门和广大企业应对挑战、克难攻坚的做法举措、成效经验、先进典型。

【重大活动宣传】 2009年，区委宣传部精心策划，做好中国国际动漫节、全国药店博览会、网货交易会、钱江观潮节、杜家杨梅节、三江美食节、国际羽绒节、戴村三清茶文化节、钱江世纪城商务文化节、湘湖二期征迁、冬季征兵等区内重大节庆及重点工程的宣传报道工作，营造积极的社会舆论氛围。以"坚持城市化带动，实现萧山科学发展新跨越"为主题，在《萧山日报》上开设"科学发展观在萧山"专题，突出活动动态报道。及时组织刊播评论员文章，共刊发各类活动信息1000余条，全力推动全区学习实践活动开展。

【社会民生宣传】 2009年，区委宣传部积极探索建立党政、市民、媒体"三位一体"的民主促民生工作机制，关注社会民生，做好"热线188"、"社会聚焦"、"记者视点"、"农家故事"、"社区传真"等专栏专题，仅"热线188"就播出民生新闻4000多条。充分发挥报纸、电视、广播、网络等媒体力量，积极稳妥地做好甲型H1N1流感等重大事件的新闻报道，正确引导舆论，疏导公众情绪，有力维护社会稳定。

【推出"萧轩平"署名评论员文章】 2009年，区委宣传部和萧山日报社、萧山广播电视台共同成立萧山区重点评论写作小组，配合区委、区政府的重大中心工作，围绕“推进城市化进程”、“克难攻坚、提振信心”、“大江东新城建设”等区内重大主题活动，发表以“萧轩平”署名的评论员文章41篇，强化舆论引导。

【改版调档做强宣传】 2009年，萧山广播电视台增加气象资讯、交通路况等实用信息，推出《天天看萧山》、《农村大视野》等新栏目；萧山日报社对报纸进行改版，强化时政报道和民生报道，增加信息量，突出新闻性和服务性。8月10日，萧山日报社和中国移动萧山分公司联合开通第五媒体——《萧山手机报》，开辟一条服务萧山人民、服务萧山经济社会发展的信息传递新渠道。

【服务区委常委网上民主恳谈活动】 2009年4月8日，区政府召开第九次常务会议，并首次通过萧山区政府网视频直播。区委宣传部为区委常委网上民主恳谈提供强大网络技术支持和有力宣传舆论引导，参与互动网民达60多万人次，网页总浏览量突破400多万，网上现场直播文字达到16万，网友意见建议及问题跟帖文字达到12万。

【形象放飞宣传萧山】 2009年，区委宣传部精心制作《萧山2008》大型画册、中英文版的《走进品质萧山》、《跨越八千年的方舟》DVD以及扑克牌、扇子等外宣品，利用各种机会分送，扩大影响。其中《跨越八千年的方舟》DVD被列入新闻出版总署“十一五”重点项目，并作为出版物上架销售。补充完善55个萧山对外形象基地，并对基地负责人进行专题培训，通过组织媒体团集中采访、组织区外代表参观考察、制作对外宣传品等形式，宣传报道基地特色亮点，提升基地形象。

【加强网络文化建设和管理】 2009年，区委宣传部出台《关于进一步加强我区网络文化建设和管理的实施意见》，明确萧山网络文化建设和管理的指导思想、方针原则、主要任务和职责分工，构建“区级—部门、镇街(场)—村(社区)、企事业单位”三级管理体制。牵头成立区网络文化协会，首批吸纳会员单位60余家，发挥互联网行业组织协调、服务、自律的功能，促进萧山网络文化企业健康发展。组织开展区第二届优秀网站评选，评出优秀网站、特色网站各10家。

【加强社会、网络舆情信息管理】 2009年，区委宣传部制定出台《2009年度萧山区社会舆情信息管理办法》，建立舆情信息骨干队伍，完善工作联系、信息收集、培训学习、考核激励等四项工作机制。有效引导网上舆论，及时发布正面信息，引导网民理性讨论。编印《网络舆情专报》158期，编发《社会舆情专报》43期。

(许宝良)

组织工作

【概况】 2009年，全区设党委288个(一级党委44个，其中镇党委17个；二级党委244个)，设党工委34个，设党组30个，设党总支部461个，设党支部3901个。

2009年全区党委(党工委)、党组变化情况如下。

全区新建党委(党工委)176个：

2009年萧山区新建党委(党工委)	所属党委
国有资产经营总公司党委	区委
靖江街道党工委	区委
南阳街道党工委	区委
河庄街道党工委	区委
义蓬街道党工委	区委
新湾街道党工委	区委
临江街道党工委	区委
前进街道党工委	区委
物产集团党委	区贸易局
镇机关党工委、大同一村党委、大黄岭村党委、楼家塔村党委	楼塔镇
镇机关党工委、众联村党委	河上镇
镇机关党工委、三头村党委、东风村党委、沈村村党委	戴村镇

续表

2009年新建党委(党工委)	所属党委
镇机关党工委、横一村党委、横二村党委、新联村党委、苎萝村党委、临北村党委、三峰村党委、大庄村党委、新河村党委、东麓池社区党委、蔡东藩社区党委、山阴街社区党委	临浦镇
镇机关党工委、江西俞村党委、安山村党委、径游村党委、谢家村党委、尖山村党委、临江村党委、桃北新村党委、桃源村党委、桃湖村党委	浦阳镇
镇机关党工委、平阳村党委、王家闸村党委、裘家坞村党委、城山村党委、欢潭村党委、岳联村党委、三浦村党委	进化镇
镇机关党工委、山联村党委、金山村党委、信谊村党委、东复村党委、来苏周村党委、金临湖村党委、城南村党委、联谊村党委、缪家村党委	所前镇
镇机关党工委、义桥村党委、罗幕村党委、罗峰社区党委	义桥镇
镇机关党工委、长安村党委、山河村党委、闻兴村党委、三江口村党委	闻堰镇
镇机关党工委、二桥村党委、丰东村党委、盈一村党委、盈二村党委、丰二村党委、丰北村党委、宁东社区党委	钱江世纪城·宁围镇
镇机关党工委、江南村党委、长山头村党委、盛中村党委、盛东村党委	新街镇
镇机关党工委	衙前镇
镇机关党工委、东恩村党委、明朗村党委、进化村党委、大义村党委、芭蕉砚社区党委、航坞社区党委、城中社区党委、塘头社区党委	瓜沥镇
镇机关党工委、工农村党委、民丰村党委、甘露亭村党委、三岔路村党委、新港村党委	坎山镇
镇机关党工委、长联村党委、单木桥村党委、中沙村党委、张潭村党委	党山镇
镇机关党工委、镇龙殿村党委、东联村党委、众力村党委	益农镇
镇机关党工委、幸福村党委、镇中村党委、曙光村党委	党湾镇
街道机关党委、陈公桥社区党委、东阳桥社区党委、回澜北苑社区党委、育才东苑社区党委、南门江社区党委、燕子河社区党委、太平弄社区党委、丁家庄社区党委、南市社区党委、万寿桥社区党委、俊良社区党委、潘水社区党委、美之园社区党委、潇湘社区党委、湖头陈社区党委、东湘社区党委、杜湖社区党委	城厢街道
街道机关党委	北干街道
街道机关党委、知章村党委、金西村党委、黄家章村党委	蜀山街道
街道机关党委、涝湖村党委、五联村党委、霞江村党委、姑娘桥村党委、塘里陈社区党委、商城社区党委、泰和社区党委	新塘街道
街道机关党委、靖港村党委、安澜桥社区党委	靖江街道
街道机关党委、南翔村党委、赭东村党委、永利村党委、远大村党委、红山村党委、横蓬村党委、岩峰村党委、南兴村党委、南丰村党委、龙虎村党委、街道教育党委	南阳街道
街道机关党委、建设村党委、新和村党委、闸北村党委、围中村党委、辅导学校党委	河庄街道
街道机关党委、蜜蜂村党委、义盛村党委、新益村党委、灯塔村党委、后埠头村党委、火星村党委、小泗埠村党委、金星村党委、仓北村党委	义蓬街道
街道机关党委、共建村党委、建华村党委	新湾街道
临江村党委	前进街道

建立中共杭州市萧山区地铁建设办公室党组；

撤销中共上海浦东发展银行杭州分行萧山支行党组。

2009年萧山区基层党组织情况

单位：个、人

项目	所辖基层党组织情况			党员数	新发展党员数
	党委	总支部	党支部		
合计	244	461	3901	80295	1973
楼塔镇	4	11	51	1444	20
河上镇	3	15	66	1638	78
戴村镇	6	21	107	2271	60
临浦镇	14	20	174	3236	41
浦阳镇	10	10	103	1851	50
进化镇	8	17	117	2484	53
所前镇	10	13	96	2067	53
义桥镇	5	22	129	2576	36
闻堰镇	8	4	71	1622	33
钱江世纪城·宁围镇	12	16	190	3965	102
新街镇	8	14	120	2592	43
衙前镇	8	7	91	1954	65
瓜沥镇	13	15	146	3629	103
坎山镇	7	16	111	2419	39
党山镇	7	16	109	2177	51
益农镇	6	17	93	1712	32
党湾镇	5	18	101	1763	43
城厢街道	24	11	206	6053	70
北干街道	3	15	95	3596	57
蜀山街道	6	18	127	2308	93
新塘街道	10	32	207	3004	34
靖江街道	3	17	83	1783	54
南阳街道	12	5	94	1962	42
河庄街道	6	16	76	1995	69
义蓬街道	12	18	139	2748	58
新湾街道	4	12	78	1430	25
临江街道	—	2	7	146	1
前进街道	1	2	11	245	3
发展和改革局	—	—	4	32	—

续表

项目	所辖基层党组织情况			党员数	新发展党员数
	党委	总支部	党支部		
经发局	3	2	51	1214	36
教育局	1	9	45	1111	126
财政局	—	—	11	302	3
劳动和社会保障局	—	—	3	110	1
民政局	—	—	9	131	2
公安分局	—	3	38	379	17
交通局	3	4	40	529	12
贸易局	1	1	31	406	13
建设局	—	2	27	394	17
国土资源局	—	—	1	40	—
农业局	—	—	7	130	4
农水局	—	2	14	157	2
文广新局	—	—	8	149	4
卫生局	3	4	54	1249	63
邮政局	—	—	12	99	8
电信局	—	1	13	181	—
工商萧山分局	1	—	27	360	17
农办	2	3	38	572	14
水务集团	—	3	20	297	21
进出口公司	—	—	2	49	—
供销联社	—	1	26	269	10
农村合作银行	—	—	35	469	17
围垦指挥部	—	—	7	56	—
办事中心	—	—	6	77	5
综合执法局	—	1	8	142	10
国资经营总公司	—	—	—	—	—
区直机关	6	19	197	4142	59
萧山经济技术开发区	5	6	129	2006	84
临江工业园区	3	—	31	451	18
湘湖旅游度假区	1	—	8	103	2
空港经济区	—	—	1	19	—

截至2009年底，全区党员总数80295人，比上年净增3704人。2009年全区发展党员1973人，其中女性党员690人，占34.97%。从区外转入4669人，转出本区外党员2407人。全区党员、农村党员、新发展党员结构情况分别见下表。

2009年萧山区党员结构状况表

	人数(人)	占总数(%)
合计	80295	100
其中：正式党员	77275	96.24
预备党员	3020	3.76
男性党员	62347	77.65
女性党员	17948	22.35
少数民族党员	140	0.17
35岁及以下	19962	24.86
文化程度：初中及以下	38478	47.92
高中、中专	17198	21.42
大专及以上	24619	30.66
入党时间：1949年9月以前	120	0.15
1949年10月—1966年4月	9049	11.27
1966年5月—1976年10月	10313	12.84
1976年11月—2002年10月	38803	48.33
2002年11月及以后	22010	27.41

2009年萧山区农村党员结构状况表

	人数(人)	占总数(%)
合计	33534	100
35岁及以下	6590	19.65
36岁至45岁	5103	15.22
46岁至54岁	5918	17.65
55岁至59岁	3850	11.48
60岁及以上	12073	36.00
文化程度：初中及以下	23586	70.33
高中、中专	5884	17.55
大专及以上	4064	12.12
入党时间：1949年9月及以前	5	0.02
1949年10月—1966年4月	5635	16.80
1966年5月—1976年10月	5815	17.34
1976年11月—2002年10月	15098	45.02
2002年11月及以后	6981	20.82

注：全区共有建制村党组织411个，其中党委125个，党总支278个，党支部8个。

2009年萧山区新发展党员结构状况表

	人数(人)	占总数(%)
合计	1973	100
其中：女性	690	34.97
35岁及以下	1168	59.20
文化程度：大专及以上	901	45.67
高中、中专	526	26.66
初中及以下	546	27.67

【洪航勇专题调研非公有制企业党建工作】 2009年2月18日上午，市委常委、区委书记洪航勇专题调研萧山区非公有制企业党建工作，现场考察永翔集团、三弘集团企业生产情况，并在三弘集团召开会议，听取临浦镇党委、三弘集团党委、永翔集团党委、华东钢业集团党委、胜达集团党委就应对金融危机、发挥党建优势、促进企业发展的工作情况汇报。洪航勇对进一步抓好企业党建工作提出了要求。区委常委、组织部部长施迎利陪同调研。

【全区非公有制企业“保增长、促转型”座谈会】 2009年2月24日下午在金马饭店召开，市委常委、区委书记洪航勇就如何发挥企业党组织和广大党员在“保增长、促转型”中的作用作了讲话，要求非公企业党组织和党员发挥“六个作用”：在宣讲形势树信心中发挥作用，在集智献策促转型中发挥作用，在带头创新破难题中发挥作用，在参与管理增效益中发挥作用，在激发活力聚人才中发挥作用，在抱团取暖强合力中发挥作用。

【开展学习实践科学发展观活动】 2009年3月9日下午，区委在萧山剧院召开全区学习实践科学发展观活动动员大会，全区学习实践活动正式启动。全区各级党组织和广大党员干部围绕“党员干部受教育、科学发展上水平、人民群众得实惠”的总要求，以“奔竞不息促转型、勇立潮头建新城、科学发展重民生”为实践载体，用一年时间，开展学习实践活动，整个活动至2010年3月基本结束，共分两批：2009年3月至9月为第二批，主要参加单位为区级机关各部门及下属各党组织，党山镇作为第三批的试点，也在这一时期参加活动；2009年9月至2010年3月为第三批，主要参加单位为各镇街及下属各党组织。在学习实践活动中，区委确定了61个体制机制创新课题，涉及产业升级、城乡统筹、改善民生、社会稳定、队伍建设等五个方面，形成正式体制机制文件64个，从而为保持萧山省内领跑、全国领先优势提供了体制机制保障。全区共有4520个党组织（含基层党委250个、党总支454个、党支部3816个——因2009年基层党组织设置调整，数据和概况不一致），80295名党员参加了活动。

【全区大范围调整基层党组织设置】 一是村级党组织设置调整。2009年5月14日，在衙前镇召开现场会，要求全区村党组织按照30人以上建总支、80人以上建党委的要求开展村级党组织设置调整工作。到年底，共有村党委125个、村党总支278个、村党支部8个，细分村属支部1178个。二是部分镇街同步开展社区党组织设置调整。在推进村级党组织设置调整的同时，部分镇街同步开展了社区党组织设置调整，到年底，全区共有社区党委37个、社区党总支65个、社区党支部49个。三是开展镇街机关党组织设置调整。11月8日，在新塘街道召开现场会，推进镇街机关党组织设置调整，要求各镇建立机关党工委，各街道建立机关党委。到12月底，26个镇街(临江街道、前进街道除外)机关党组织已全部调整到位。

【全省党员干部现代远程教育现场会】 2009年6月28日在萧山召开。与会人员实地考察了所前镇东复村、临浦镇三弘集团远程教育开展情况，并进行大会集中交流发言。副省长茅临生主持会议，省委常委、组织部部长斯鑫良到会讲话。

【开展党员干部现代远程教育"非公企业创业创新成长计划"试点】 2009年2月，"非公企业创业创新成长计划"试点工作向全区百强企业延伸，试点企业扩展到150家。试点工作中，区委组织部围绕企业转型升级、应对金融危机这个主题，落实"一网多头"，用网站把党政部门、非公企业、在杭高校等多家单位联在一起；尝试"一点多用"，进一步拓展远程教育服务功能；探索"一校多企"，使一家高校的资源为多家企业共享；推动"一企多校"，一个企业的个性化需求由多家高校来满足。据统计，试点企业共接受596名大专院校学生实习，接纳优秀学生240余名；发布156家企业需求和60个培训课件需求，达成13个校企合作项目；开展134次远程专题培训，受训人员15000余名。企业远教调研报告在省委组织部征文评比中获得一等奖；筹建的浙江省党员干部现代远程教育(企业版)正式上挂省级平台；研发的党员远教视频搜索引擎粗具规模，课件量达到5万个。

【开展非公有制企业党建工作研究】 1999年8月28日，胡锦涛总书记在新华社《国内动态清样》(第2756期)上对浙江传化集团非公有制企业党建工作作出重要批示，指出"要注意总结此类经验，研究共性问题。这不仅对浙江有现实意义，对全国也有积极作用"。为了认真贯彻胡锦涛同志重要批示精神，全面总结杭州市萧山区非公有制企业党建工作的创新和经验，把握非公有制企业党建工作的问题和发展趋势，探究新时期持续推进非公有制企业党建工作的对策，杭州市社会科学院与萧山区委组织部、萧山区委党史研究室联合成立课题组，在区委组织部对全区非公有制企业党建工作十年跟踪调查的基础上，集中4个月时间，对萧山区的非公有制企业党建工作进行了全面深入的调查研究。调研过程中，课题组共考察非公有制企业50家，召开各类座谈会20余次，专访企业主、企业党务工作者、企业党员、普通群众以及镇街组工干部160余人，发放调查问卷3000份，形成《杭州市萧山区非公有制企业党建工作创新性经验及发展对策》课题研究报告。此报告在2009年9月10日的中央党史研究室办公厅《党史研究内参》(第23期)上刊登，省委书记赵洪祝对此专门批示："锦涛同志10年前在《国内动态清样》上对反映浙江民企党建工作作了重要批示，10年来杭州市又进一步推进工作，取得许多新进展，中央党史办作了调研总结，要在此基础上继续加大工作力度，不断取得基础党建新成果。"

【加强基层组织建设】 2009年，制定下发《中共杭州市萧山区委关于按照构建城乡统筹的基层党建新格局要求全面推进农村基层组织建设的意见》(萧委〔2009〕24号)等"1+5"文件，全面加强农村基层组织建设。一是全面落实村干部报酬待遇。落实村党组织书记和村委会主任基本报酬的转移支付，确保收入不低于当地农村劳动力平均收入水平；加大对离任村干部的关心和爱护，按任职时间划分为5年至12年、12年至20年、20年以上三个档次，分别给予每月200、300、400元不等的生活补助；建立"区、镇街两级财政和个人分担"保费的基本养老保障机制，为现任村干部全员购买城镇(企业)职工养老保险，将全区2152名村干部全部纳入社会保障安全网。二是着力构建基层组织运转经费保障机制。首批确定25个集体经济力量较弱，年可支配收入不足50万元的欠发达村作为补助对象，由区镇两级财政按1∶1的比例对各村可支配收入不足50万元部分进行补足，共计下拨财政补助资金257.8万元。同时，拨付党委建制的社区党组织每年6万元，总支、支部建制的社区党组织每年4万元的党建活动经费。三是建立和完善村干部问责惩戒和辞职制度。结合第三批学习实践活动，利用"届中回头看"这一时机，对作风不够实、履职情况差、群众反映大的村干部，坚决按照有关规定作出调整和督促其主动辞职，2009年，全区对18名村(社区)干部进行了问责惩戒，有15名村(社区)干部(其中村委会班子成员9名)因工作原因主动辞职或被责令辞职；有4名村主要干部通过公开选拔的方式进入镇街和机关领导班子。

【纪念建党88周年活动】 2009年七一前后，全区各级党组织开展了形式多样的纪念庆祝活动，组织召开纪念建党88周年表彰大会，开展"时代先锋"主题宣传报道活动，看望、慰问一批中华人民共和国成立前入党的农村老党员，举办纪念中华人民共和国成立60周年暨萧山解放60周年知识竞赛和征文活动，开展机关党员为民服务实践活动和主题演讲比赛等多项活动。全区有99个先进基层党组织、7个先进纪检监察组织、194名优秀共产党员、35名优秀党务工作者以及非公企业党建工作四个"十佳"受到表彰。

【加强领导班子建设】 为进一步加强对领导班子和领导干部队伍的了解和日常监督管理，2009年3月中旬至4月上旬，区委组织部对26个镇街，就2006年换届以来领导班子运转及领导干部情况进行回访了解。累计有2769人参加民主测评和民主推荐，与652名镇街领导班子成员、调研员和部分中层干部、后备干部进行个别谈话。6—8月，区委组织部对全区74个区级机关单位407名领导干部进行部长约谈，达到了了解干部、关心干部、发现问题、改进工作的实际效果。全年调整区管领导干部249人，其中提拔区管正职领导干部39人，提拔区管副职领导干部106人，安置团职军转干部8人，副调研员晋升为调研员20人，办理退休31人。对3批150名干部进行常委会票决，对2批16名干部进行全委会票决。

【竞争性选拔干部】 2009年2月到4月上旬，推出萧山区人民政府地方志办公室副主任和萧山农业对外综合开发区管委会办公室副主任两个职位参加杭州市联合公选。5月中旬到6月中旬，组织开展公开选拔镇街专职团(工)委书记后备人选工作，从572名报名人员中选拔出15人，通过换届，悉数充实到镇街团(工)委书记岗位。8月下旬至9月中旬，首次采用“两轮推荐、两轮票决”的方式，选拔5名镇街党(工)委书记和5名镇长、街道办事处主任人选。10月份，对团区委书记、副书记岗位进行全额竞争上岗工作，产生1名团区委书记和2名副书记。11月，推出12个中层岗位，开展区级机关部分中层岗位跨部门公开竞岗工作。公开选拔和竞争上岗过程中，坚持“公开、平等、竞争、择优”的原则，在公选面试和竞岗演讲中，采用专职评委与群众评委相结合的大评委制度，考察过程坚持较大的差额比例以及量化考察的办法。

【做好干部培训和上挂下派工作】 2009年举办各类培训班次44期，受训5495人次。选派干部参加各类高层次培训。2009年，萧山区首次单独组团，选派16名领导干部赴美国加州大学进行为期一个月的短期培训。选派到杭州市委党校参加城区中青年干部培训班共计4期61人；参加领导干部进修班4期45人；参加市委党校正职培训班2期7人；参加市中青班学习2期4人；参加杭州市委党校其他培训班25人次。参加杭州市公共管理硕士英国班学成回国3人，新选派参加浙江省公共管理硕士美国班学习1人、杭州市公共管理硕士法国班1人。全年选派7名年轻干部到国家发改委、科技部、环保部等中直机关挂职。新抽调23名干部到空港管委会、地铁办和区铁办等重点工程挂职。组织实施旨在加强年轻干部培养锻炼的“新苗工程”，首批从教育和公安系统选拔10名80后年轻干部到基层一线挂职锻炼。选派25名干部担任区农村工作指导员，选派15名干部担任区投资项目审批代办员。全年接待外地来萧挂职干部5批10人次。

【牵头抓总做好人才工作】 全区实施人才工作项目25个，投入专项资金1400万元。制定出台《杭州市萧山区有突出贡献人才住房申购实施办法(试行)》，组织实施2009年度萧山区有突出贡献人才住房申购工作，全年共有46名专业技术人才、企业经营管理人才、高技能人才的住房问题得到解决。制定出台《关于进一步鼓励海外留学人员来萧创业的若干意见(试行)》，明确每年安排600万元资金专项扶持海外留学人员来萧创业。制定出台《关于鼓励和扶持大学生在萧自主创业的若干意见》，建立杭州市萧山区大学生创业园和创业园管理服务中心。正式实施“525高技能人才培训资助计划”，首次开展“萧山区首席技师”评选表彰活动和优秀农村实用人才评选活动。杭州信核数据科技有限公司任永坚博士被推荐选拔为国家“千人计划”人选。在“杭州市杰出人才”评选活动中，萧山有4人正式入选。新选聘243名高校毕业生到农村和社区任职，基本实现全区一村一社一高校毕业生的总体目标。

【加强干部监督】 做好干部任前公示工作，2009年对4批138名新提拔任用的区管领导干部和6名调任重要岗位的干部进行任前公示。强化领导干部兼职工作的管理，加强区管领导在社团、事业单位的兼职审批管理。严格把好出国(境)人员审批工作，加强区管领导干部因私出境证照的管理工作。全年审批因公出国(境)124批255人次、因私出国(境)区管领导干部43人次。抓好党员领导干部个人有关事项报告制度的落实。全年有119名副处级以上党员领导干部上报个人有关事项计192项。牵头抓好领导干部经济责任审计工作，全年完成区管领导干部经济责任审计21个，完成领导离任经济事项交接6个。

【做好干部档案管理】 区委组织部档案室加强对档案下放单位的指导与管理。2009年接待查阅档案900多人次，接收各类档案材料20000多份，接收大中专毕业生、军转干部、参照公务员管理人员档案285卷，并全部立卷上架，转递、下放档案260卷。整理审核公务员和参照公务员管理人员登记表3485份，对有错误信息的登记表进行修改登记。

(杨沥军　严颖颖)

老干部工作

【概况】 至2009年底，全区有离休干部278名(含异地安置15人)，其中省市垂直管理的12人，杭州市属地委托管理的42人，区属转制企业由老干部局直接管理的43人，萧山安置到外地的12人，当年减少18人。他们中有中共党员202人，其中抗日战争时期参加革命的51人、解放战争时期参加革命的227人；经批准享受“地专级”政治、生活待遇的4人，享受处(县)级政治、生活待遇的134人，一般离休干部140人。老干部局管辖的区级退休老领导27人，其中杭州安置到萧山1人。

【全区老干部工作会议】 2009年1月7日上午在萧山宾馆开元厅召开。出席会议的区“四套班子”主要领导有：洪航勇、盛阅春、王珠瑛、施迎利，参加会议的还有全区离休干部和区级实职退休的老领导和全区老干部工作者及各有关部门分管老干部工作的领导300余人。会议由区委常委、组织部部长施迎利主持。首先由施迎利宣读区委组织部、区委老干部局《关于表彰全区老干部工作先进集体和先进个人的决定》，然后授牌表彰2008年老干部工作先进集体9个、先进老干部个人18人、先进老干部工作者15人。表彰奖励后，市委常委、区委书记洪航勇讲话；老干部局局长徐潮玲回顾总结了2008年全区老干部工作，阐述了2009年老干部工作要点。

【全区离退休干部迎春团拜会】 2009年1月7日上午在萧山宾馆萧然厅举行。出席团拜会的有来自全区各条战线的近百位离退休干部代表。区委副书记、区长盛阅春在会上讲话，盛区长通报了2008年萧山经济社会发展所取得的成就和2009年萧山区经济社会发展的目标。最后盛阅春代表区"四套班子"领导向各位老领导表示衷心的感谢和崇高的敬意，并号召全区各级各部门要尊重老干部、关心老干部，把老干部工作提到重要的议事日程，只有在全社会形成一个尊老、敬老、爱老、助老的风尚，萧山的事业才能兴旺发达，萧山的社会才能和谐繁荣。

【区老干部理论读书会】 2009年5月25—27日在区老干部活动中心三楼会议室举行。参加读书会的有：享受县处级以上政治待遇的离休干部、离休干部党支部书记、担任过区级实职的离退休干部近150余人。本次理论读书会邀请副区长方毅通报《萧山旅游的现状与发展趋势》、区教育局局长蔡仁林通报《萧山教育的现状与发展远景》、萧山国税局局长徐勤玲报告《税收·社会·家庭》。

【解决解放战争时期参加革命工作老同志无固定收入配偶的医疗费统筹】 2009年，根据杭老干〔2008〕17号文件精神，老干部局会同组织部、人事局、财政局、劳动和社会保障局通过多次协商沟通，以萧老干〔2008〕9号文件确定标准，落实资金。在具体操作中，首先让这些老同志的配偶一视同仁地先享受，个别单位经费没有到位的通过财政协调，给以落实，有些确有困难的单位请区财政予以解决。到2009年春节前经费全部到位，46位老同志配偶的医疗费报销根据文件要求得到落实。

【2009年体检、疗休养】 2009年的体检于5月19—22日进行，有191人参加体检。在体检结束后，委托老干部活动中心保健站医生给每位老同志的体检情况进行分析、指导。还对异地安置在萧山的15位老同志给予免费体检。老干部疗休养6月10日开始，分两批在富阳新疆疗养院进行。

【春节、高温和生病住院慰问】 2009年春节期间，区委老干部局工作人员分4个工作小组对全区308名离休干部进行慰问，为每位老同志送去慰问金600元。暑期，局全体工作人员对2009年没有参加疗休养的244位老同志进行上门慰问。2009年，对生病、住院老同志的慰问427人次。

【组织老领导参加座谈会、疗休养、外出考察】 2009年，区委老干部局组织地专级和区级退休老领导参加"两会"、全区领导干部会议、座谈会、论谈会等共7次，参加区委宣传部的"十大金色文化工程"座谈会、萧山解放60周年纪念会以及开发区管委会、工商萧山分局、城厢街道、萧山医院、区公安分局"创建平安萧山"座谈会等各种活动10次。4月25日，组织区级老领导到江苏无锡进行为期5天的体检疗休养和参观考察；5月12日，组织直接管理和委托管理的64位老同志参观新建成的萧山博物馆和游览湘湖；10月18—24日组织区级老领导到湖南、江西考察。11月中旬又分两批组织全区离休干部到湘湖参观跨湖桥遗址博物馆。安排老干部参与萧山经济和社会发展的相关活动，让老领导们更多地了解和支持区委、区政府的工作。

【为离休干部发放购物消费券】 2009年3月中旬，杭州市老干部局召开关于为全市离休干部发放购物券响应政府号召拉动消费会议，会后萧山老干部局会同区贸易局研究落实方案。3月23日，召开在萧山的3家超市主要负责人会议，进行部署落实。3月27日，召开各主管单位领导参加的会议并发放购物券，并要求在3月底前把500元购物券发放到每个老同志手中。

【做好中华人民共和国成立60周年的慰问等相关工作】 2009年是中华人民共和国成立60周年的大庆之年，杭州市为老同志办了10件实事，萧山区委老干部局配合做好发放省、杭州市的有关纪念章、慰问品，以及解决货币化分房的遗留问题、医疗费报销等实事。同时，还为老同志发放特殊慰问金每人600元。

（孙汉良）

统一战线工作

【概况】 2009年，全区统战工作牢牢把握"凝心聚力、科学发展"主题，全面实施以"统一战线凝聚力工程"、"非公经济人士引导工程"、"党外代表人士后备力量培养工程"、"少数民族低收入群众增收帮扶工程"、"宗教界人士同心工程"、"海外联谊拓展工程"、"特色统战工程"和"统战干部形象工程"等为主要内容的统一战线"八大工程"，突出重点，务实创新，较好地开创了统战工作新局面。

【全区统战工作会议】 2009年3月2日召开。区委副书记谭勤奋讲话，区委常委、统战部部长沃岳兴作工作报告，会议由副区长张爱莲主持。会议提出要牢牢把握"凝心聚力，科学发展"主题，全面实施统战系统"八大工程"，以改革创新的精神实现统战工作新跨越。会议对浦阳镇等6个特色统战工程提名奖、闻堰镇等8个特色统战工程鼓励奖进行了表彰。

【学习实践科学发展观】 2009年，区委统战部以全区学习实践科学发展观活动为契机，开展"调研服务年"活动，组织各民主党派、区知联会组成联合调研组，形成《关于更好开发建设村级留用地的建议》等重点调研文章。开展"新农村共建"活动，组织各民主党派、区知联会在河上初中、党湾镇中村等8家基层单位建立新农村共建服务基地，在医疗卫生、经济帮扶、建筑设计、教育培训、群众文化等方面开展定期化、定点化、规范化的社会服务活动，促进城乡、区域协调发展。动员工商联会员企业和侨资企业积极参与村企共建活动，2009年，参与村企结对企业962家，落实共建项目407个，落实帮扶资金5320万元。

【推进多党合作事业】 2009年，区委统战部完善落实双月座谈会制度、对口联系制度、联谊交友制度和综合协调机制，加强党派与政府部门的联系互动。完善特约监督员制度、政情通报制度，组织召开各类情况通报会，较好地发挥了民主监督作用。支持和组织各民主党派、工商联及无党派人士，积极建言献策，全年提交提案160件、议案20件。加强党外干部队伍建设，全年推荐11名党外干部参加市中青班及社会主义学院培训，11名党外干部参加重点工程挂职锻炼，新提拔区管党外干部8名，其中区管正职3名。实施"党外代表人士后备力量培养工程"，编制并出台《萧山区2009—2013年党外干部培养规划》，推进党外后备干部队伍的梯队建设。做好区十二届政协委员届中调整工作，共充实调整委员35名。

【成立致公党杭州市萧山区支部】 2009年8月25日，中国致公党杭州市萧山支部举行成立大会，会议选举方军为主委。至此，萧山已成立7个民主党派组织。致公党杭州市委会主委、市政协副主席郁嘉玲，区委常委、统战部部长沃岳兴，民盟萧山区委会主委、区人大常委会副主任周红英，民进萧山区委会主委、区政协副主席汤金友，九三学社萧山区基层委主委、区政协副主席董华恩以及民建萧山区总支、农工党萧山区总支、区工商联、区知联会、区侨联负责人等出席成立大会。至2009年底，萧山有致公党成员11人。

【加强新的社会阶层人士统战工作】 2009年，区委统战部全面实施"非公经济人士引导工程"，发挥总商会培训中心的作用，成立长三角企业家培训基地，全年开展各类培训11班次，培训企业相关人员5000余人次，成功举办第三届全区民营企业运动会，组织非公经济人士参加"优秀社会主义事业建设者"、"浙商社会责任奖"等评优表彰活动，推进非公经济人士综合评价体系工作，促进非公经济人士健康成长。优化服务举措，支持非公企业走出去，反映企业困难诉求，优化企业发展环境，全年促成会员企业与6家银行合作，融资15亿元，为200余家企业开展"法律体检"，促进非公经济健康发展。鼓励非公企业承担社会责任，2009年，全区非公企业慈善捐款4983万元，建立慈善基金，总额1.13亿元。以自由择业知识分子为重点，继续健全新阶层人士统战工作联席会议制度，完善新阶层人士统战工作信息沟通、联谊联系、合作交流机制。开展调查研究，探索社区统战、楼宇统战工作新载体、新方法。完善党外知识分子联谊会建设，以《萧山知联》会刊和知联博客为平台，凝聚、培养一批党外知识分子中坚力量。动员新阶层人士参与扶贫帮困、捐资助学等社会公益事业，全年新增结对项目381个，开展技术、教育等帮扶活动80余次。

【落实民族政策】 2009年，区委统战部贯彻落实省委关于少数民族低收入群众增收帮扶政策精神，实施"少数民族增收帮扶工程"，落实结对帮扶资金15万元，慰问全区少数民族困难家庭148户，资助少数民族特困生36名。把民族工作深入社区做细做好，浦阳、城厢、北干等镇街民族工作进村、进社区试点工作初步形成品牌效应。加大对涉疆、涉藏少数民族人员的联络联系和动态关注，培育具有一定影响力的少数民族代表人士，落实定期走访联系制度，帮助解决实际困难。

【少数民族艺术团】 2009年8月5日在益农镇文化中心正式成立。区委副书记谭勤奋、市民宗局副局长吴国强，区委常委、宣传部部长裘超，区委常委、统战部部长沃岳兴为少数民族艺术团授牌。

【依法管理宗教事务】 2009年，在江东新城、钱江世纪城等建设中，区委统战部有效整合、合理布局宗教活动场所，引导信教群众支持配合征地拆迁工作。完成全区宗教活动场所登记证换发第一阶段工作任务，有序推进第二阶段换证工作。开展"和谐宗教活动场所"创建活动，首批34处宗教场所创建活动取得预期成效。加强场所安全监督管理，开展场所安全管理培训，2009年，实现宗教活动和宗教场所安全零事故。出台《萧山区宗教工作联席会议制度实施方案》，制定大型宗教活动工作预案，确保宗教领域的稳定。

【开展庆祝中华人民共和国成立60周年系列活动】 2009年，为庆祝中华人民共和国成立60周年，区委统战部开展以"风雨同舟60年，继往开来谱新篇"为主题的系列活动。相继举行统一战线庆祝中华人民共和国成立60周年文艺演出暨中秋茶话会、知识竞赛、征文活动、图片展，"情系民生"大型广场服务活动，萧山区第三届民营企业运动会，《天南地北萧山人》一书发行仪式，走访慰问统一战线各界人士等活动。

【开展特色统战工程】 区委统战部落实特色统战工程项目充实调整工作，2009年共对5个新申报项目、11个充实调整项目和28个深化项目进行立项。通过召开镇街特色统战工程汇报会、民主党派座谈会、部办公会议等，推进各项目落实，形成一批相对成熟的，有一定影响力的统战特色品牌。特色统战工程被评为2009年全省统战工作创新奖。

（沈宝根）

党校教育

【概况】 2009年，市委党校萧山区分校开展"打造红色讲坛，建设品牌党校"活动，发挥干部培训主阵地、主渠道作用。全年共举办计划内班44期，参训学员4100余人；计划外班34期，受训学员2400余人次。函授教学开设公共管理本科班和公共管理、农村干部大专班等8个班，注册学员775人。

【萧山区第二十期中青年后备干部（区情教育）培训班】 2009年7月8日在党校开班。培训班为期1个月，参加培训学员51人。培训的主要内容有：城市化发展理论、战略思维、领导能力、党性修养等。培训班邀请省、市委党校教授和有关部门负责人讲课，组织学员到镇街、区级机关部门进行调研，并与党校教师一起编写出版《萧山城市化路径研究》一书。

【新聘大学生村官培训班】 2009年9月9日在党校举行。培训班为期3天，240名大学生参加培训。培训的主要内容有：科学发展观理论、新农村建设、农村政策与法规、个人成长与心理健康教育等。培训班邀请优秀的村党支部书记讲解如何做好农村工作的体会。学员们还到两个新农村示范村进行实地考察和学习,并进行分组讨论和结业测试。

【萧山区大学生村官知识更新培训班】 2009年10月29日在党校举行。培训班为期2天,来自全区各行政村、社区的290名于2007年和2008年录用的大学生村官参加培训。培训的主要内容有:学习实践科学发展观、城乡规划与新农村建设、扎实做好新时期共青团工作、新时期农村信息化建设等。

【萧山区公务员初任培训班】 2009年11月2日在党校开班。培训班为期5天,137名初任公务员参加培训。培训的主要内容有:科学发展观理论学习、中国特色社会主义理想信念教育、扎实做好新时期共青团工作、廉政和警示教育、公务员心理讲座和职业道德建设、依法行政等。

【开展打造"红色讲坛"活动】 2009年,党校围绕新形势下如何传承党的红色历史,传播好党的红色理论,增强干部培训实效,开展打造"红色讲坛"活动,努力探索党校教育新途径。通过调研,分别在临浦、义桥、瓜沥、义蓬4个镇进行试点,挂牌成立"红色讲坛"教学点,开展区、镇两级党校的培训合作。同时在所前镇东复村、衙前镇凤凰村等10个村建立"红色讲坛"教科研基地。

【党校教师开展理论宣讲】 党校教师发挥宣传教育主力军作用,深入到各部门、镇街和企事业单位广泛宣传党的理论、方针、政策以及区委中心工作。2009年,党校教师到校外宣讲400多场次,开设50余个专题,听众35000多人次。

【科研成果】 2009年,党校完成立项课题9项,其中省社科联重点课题1项,省委党校邓研中心课题2项,市社科联的规划课题2项,市委党校系统课题4项。在各类理论文章评选中获奖9项,其中省委党校系统理论研讨会一等奖1项,市委党校系统理论研讨会一、二、三等奖各1项,市妇联论文评选一等奖1项,区论文评选一等奖3项、优秀奖1项。获得杭州市党校系统科研组织奖。入选中科院、省委党校联合举办的理论研讨会论文2篇,其中1篇编入会议论文集。在各类报刊上发表论文16篇,其中核心期刊1篇、省级5篇。

(高 磊)

区直机关党务

【概况】 2009年末共有直属机关党委6个,机关党总支19个,机关党支部54个,党员4142名。

【加强政治理论武装】 2009年,区直机关党工委制定下发2009年度理论学习意见,订购《2009年党员读本》4100余册,编印《党员干部政治理论学习辅导资料》10期,印发《机关党建》简报17期,订购制作《六个为什么》、《共和国纪事》、《深入学习科学发展观专题讲座》等学习辅导光盘60余套。举办党组织书记学习贯彻十七届四中全会辅导班,组织开展"我身边的科学发展观"演讲比赛和知识竞赛等活动。选派3名干部参加区委学习实践活动办公室和指导检查组工作,根据区委学习实践活动领导小组要求,做好政策指导、组织协调、信息沟通、推介典型以及省、市委指导检查组来萧山的服务保障等工作;邀请杭州市委副秘书长、市直机关工委书记郭禾阳作学习实践科学发展观活动专题辅导报告。举办区直机关党组织书记和组织委员培训班,邀请杭州市委党校老师就"建国60周年的回顾与展望"、"心理学知识讲座"和"经济危机与科学发展"等课题进行专题辅导,并实地考察杭州湾跨海大桥、钱江新城和钱江世纪城。

结合中华人民共和国成立60周年,区直机关开展书画摄影展、"红歌演唱赛"、"祖国颂"征文比赛等纪念活动。选送优秀调研文章参加省、市机关工委组织的评选活动,区委宣传部机关撰写的《公众心目中公务员道德素质的现状调查及对策研究》获得省直机关工委"庆祝建国60周年征文活动"一等奖。"七一"前夕,区公安分局、工商萧山分局等45个机关党组织的345人报名参加"我为七一献热血"活动,共献血52740毫升。同时,协助区文明办组织开展第四届"公民爱心日"捐助活动,机关各党组织共捐款23万多元。协助区总工会开展"春风行动",机关干部职工共捐款100多万元。会同区文明办、区财政局组织机关6150名干部职工带头认购社会消费券,认购总金额298.01万元。

【加强基层组织建设】 2009年,区直机关党工委严格施行机关党建工作目标管理,制定印发《2009年区直机关党组织工作目标及"五好"基层党组织考核的通知》(萧机委〔2009〕3号),年底,区政协办机关党支部等40个党组织被评为"五好"基层党组织,钱大荣等40人被评为区直机关优秀党务工作者,张云发等391人被评为党员积极分子。通报表彰2008年度"五好"基层党组织、优秀党务工作者和党员积极分子。七一期间,经党工委推荐,区委办政研室联合党支部等8个基层党组织,区委组织部机关党支部副书记赵文建,区委办张德良等10名党员分别受到区委"先进基层党组织、优秀党务工作者、优秀党员"的表彰奖励。"最佳党日"活动实例评选,共有31个党日活动进行申报,经过评委投票、党委讨论,区委组织部机关等10个党组织开展的党日活动被评为"最佳党日"活动实例"创新奖"。

按照"有利于党组织开展活动,有利于发挥党员作用"的原则,指导25个机关党组织完成换届、改选、补选工作,新建机关党总支2个、党支部1个。严格落实"三公示两票决"发展党员工作制度,发展新党员61人,预备党员转正78人。全年举办入党积极分子、党务干部、支部书记等各类培训班3期,培训入党积极分子225人,党员干部180余人次;120余名新党员在萧山革命历史纪念馆进行入党宣誓。

根据《中共浙江省委办公厅关于加强和改进县(市、区)机关党建工作的意见》(浙委办〔2008〕63号)文件精神,推进机关党建工作向镇、街道延伸。根据镇、街道职能性质,分别在党山镇、新塘街道试点建立机关党工委和机关党委。党山镇在杭州市委召开的加强乡镇机关党建工作座谈会上作试点典型发言。在全区第三批学习实践活动分析检查动员大会上，区委组织部施迎利部长对落实浙委办〔2008〕63 号文件进行全面动员部署。全区 28 个镇、街道全部调整机关党组织设置，其中 17 个镇机关建立机关党工委、9 个街道机关建立机关党委、2 个街道机关建立机关党总支。

【满意单位不满意单位评选活动】 2009 年初，区直机关党工委对 2008 年度满意单位不满意单位评选活动中社会各界代表提出的意见建议进行归类梳理，并以书面形式反馈到各参评单位。在区委第二批学习实践活动转段会上，区委副书记谭勤奋对 2009 年度"创满"工作进行动员部署。8 月底，区满意办与区委第二批学习实践科学发展观指导检查组联合组成 5 个督察组，对部分单位整改情况进行督察，将区城管执法局、区人事局等 14 个单位的整改情况在《萧山日报》上进行专版宣传。年底评选，区人大办公室机关等 20 个单位被评为 2009 年度满意单位，无基本合格单位，无不满意单位。

【机关廉政建设】 2009 年，机关各党组织积极开展廉政文化进机关活动，通过观看廉政影视作品、参观警示教育基地等多种途径，丰富机关文化生活，营造"清廉、想廉、勤廉、爱廉"的良好氛围。杭州市纪委、市直机关工委在萧山区召开"全市廉政文化建设示范点现场观摩交流会"，萧山国税局被列为杭州市"清风之旅"参观点，全年接待省内外参观来宾 2000 多人次。工商萧山分局被确定为杭州市廉政文化示范点。组织机关党员干部参加市直机关纪工委开展的"岗位廉政"征文活动，上报征文 30 多篇，区烟草专卖局徐金德撰写的《荷塘》获一等奖，工委获组织奖。

【为民服务活动】 2009 年 6 月，区直机关党工委组织各机关党组织举办"心系群众，服务企业"大型为民服务活动，30 家单位的 200 名机关干部到现场服务，共发放资料 10000 余份，服务群众 2000 余人次；组建 4 支服务小分队深入企业、共建社区开展服务活动，帮助解决实际问题 10 多个。

【结对帮扶活动】 2009 年，区直机关党工委在深化"千名党员领导干部结对帮扶千名困难家庭"活动的同时，按照杭州市委、市政府要求，组织开展"1＋X"社会结对帮扶活动。做好结对困难家庭情况的核实工作，对已脱贫的进行调整。根据下半年干部调整面较广的情况，对结对主体和结对对象作了相应调整，确保结对帮扶工作顺利开展。在元旦、春节和高温期间，走访慰问困难家庭 3823 人次，帮助解决实际困难 354 件，送去慰问金及实物共计价 411.44 万元。

【推进和谐机关建设】 2009 年 4 月 25 日，机关工会组织开展第四届机关春季运动会，设置"步调一致"、"心心相印"等 8 个趣味运动项目，32 个单位的 600 余名干部职工参加竞赛。机关团工委完成组织换届，有 11 个机关团组织被命名为青年文明号，其中国家级、省级各 1 个。机关妇工委开展"我为妇女工作献一计"活动。机关体协举办"贸易杯"棋类、"浙商银行杯"乒乓球和游泳、羽毛球等比赛，共有 80 多个单位的 500 余名选手参加活动。同时，积极组织机关党员干部参加杭州市直机关举办的拔河、射击、体能测试等文体活动，其中拔河、射击比赛分别获团体第四名，区公安分局机关王海燕以 49 环的成绩获手枪组比赛第一名。

针对区直机关工会组织设置不规范、不健全，管理不统一、不到位，活动难以开展的实际情况，主动与区总工会协调沟通，协助区总工会调整理顺区直属机关工会组织领导体制。与区总工会联合下发《关于理顺区直属机关工会组织领导体制的意见》(萧总工〔2009〕65 号)，进一步明确区直属机关工会组织领导体制，提高党建带群团组织建设水平，推进和谐机关建设。

(许兴罡)

党史研究

【概况】 2009 年，区委党史研究室在宣传、教育、资政等方面又有新发展，被评为 2009 年度满意单位。3 月 17 日，区委常委会召开第 59 次会议，专门听取区委党史研究室关于党史工作的情况汇报。在会上，萧山党史胜迹(即革命遗址遗迹)的普查和保护工作、征集领导干部个人史料、筹建党史馆、筹建当代萧山研究所等工作均得到落实。4 月 2 日，区委、区政府召开全区党史工作会议。

【《中国共产党萧山历史(1949—1978)》出版】 2009 年 12 月，《中国共产党萧山历史(1949—1978)》由中共党史出版社出版发行，全书共分五编二十章，计 34 万余字。反映了萧山政治、经济、社会等各个方面在时代背景下发生的深刻变化，从不同的历史角度对党在执政过程中的经验教训作了分析和总结。客观真实记录了中国共产党领导萧山人民进行社会主义革命和建设的风雨历程。中共中央党史研究室副主任张启华作序给予高度评价。

【组织史资料(第四卷)征求意见稿编纂完成】 根据浙江省委组织部和杭州市委组织部对组织史资料续编工作的统一部署和要求，《中国共产党浙江省杭州市萧山区组织史资料(第四卷)》编纂工作于 2008 年启动，年底完成初稿。2009 年，下发《中国共产党浙江省杭州市萧山区组织史资料(第四卷)》(征求意见稿)，向各相关单位征求意见，对人名、任职时间等逐一核实。12 月，完成征求意见稿的修改工作。

【纪念中华人民共和国成立 60 周年暨萧山解放 60 周年活动】 2009 年 6 月中旬，区委党史研究室与区委宣传部、区文联、萧山日报社、萧山网联合举办"祖国颂"纪念中华人民共和国成立 60 周年暨萧山解放 60 周年征文活动，收到征文 140 余篇。由各部门共同组成的评审委员会对文章进行了评审，评出一等奖 2 名、二等奖 4 名、三等奖 8 名。

6 月底，与区委组织部、区委宣传部、萧山日报社共同举办"祖国颂·纪念建党 88 周年暨新中国成立 60 周年知识竞赛"活动，收到有效答卷 5200 余份，临浦镇东麓池社区等 10 家单位获组织奖，同时评出一、二、三等奖及优秀奖若干名。

9 月，与萧山人民广播电台联合推出大型广播专题《点燃记忆——萧山解放 60 年》。节目邀请 60 位事件亲历者和见证人走进电台直播间，回首萧山60年波澜壮阔的奋斗史。节目方案初定60期，每期长度30分钟，在每个双休日18点调频107.9兆赫萧山电台《萧山记忆》栏目中播出，首期节目于9月5日开播。

【非公企业党建调研】 2009年是胡锦涛对浙江传化集团非公有制企业党建工作作出重要批示“要注意总结此类经验，研究共性问题。这不仅对浙江有现实意义，对全国也有积极作用”十周年。区委党史研究室与杭州市社会科学院、区委组织部联合成立《杭州市萧山区非公有制企业党建制度与实践创新的基本经验及发展对策研究》课题组，历时4个月，对萧山区的非公有制企业党建工作进行了全面深入的调查研究，形成《杭州市萧山区非公有制企业党建制度与实践创新的基本经验及发展对策——对萧山区贯彻胡锦涛同志关于浙江传化集团非公有制企业党建工作重要批示十周年情况的调查报告》。中央党史研究室在其内刊《党史研究》上全文刊登，送中央领导审阅。省委书记赵洪祝、市委书记王国平等对调查报告也分别作出批示。该调查报告在全国党史部门党史优秀成果评比中获一等奖。

【党史胜迹普查和保护】 根据上级党史部门要求，区委党史研究室开展党史胜迹(即革命遗址遗迹)普查工作。2009年先后上报衙前农民运动纪念馆、衙前农民协会旧址、衙前农村小学校旧址、李成虎烈士墓、李成虎烈士旧居、钟阿马烈士墓、萧山青年运动纪念馆、萧山革命烈士纪念碑、萧山革命烈士纪念馆、湘湖师范等10处党史胜迹。

5月，根据杭州市委党史研究室对党史胜迹材料的技术要求，区委党史研究室与浙江省测绘院合作，在每个党史胜迹拍摄多张高清晰照片。通过卫星定位与实地勘测，制定了胜迹的具体CAD地形图和定位图，还向市委党史研究室提供了DWG格式和JPG格式的规划图。

【中央党史研究室副主任章百家一行调研党史工作】 2009年11月12日，中央党史研究室副主任章百家一行到萧山区调研党史工作。在座谈会上，调研组一行围绕加强党委对党史工作的领导、新形势下如何做好党史研究工作等课题，听取了杭州市以及各区县(市)党史研究室的意见和建议。听取萧山的汇报后，章百家对萧山区高度重视党史工作以及党史工作取得的成绩给予肯定。

(陈春龙)

信访工作

【概况】 2009年，全区共受理群众来信、来访、来电和网上信访等各类信访事项81694件(人)次，比上年减少3.7%，萧山区信访总量连续第五年保持下降态势。

【全力保障国庆期间社会和谐稳定】 确保2009年国庆期间萧山社会和谐稳定是信访工作的首要政治任务。年初，区委、区政府与全区26个镇街和34个区级重点部门签订信访工作责任书。国庆前，区委常委会、区长办公会议和区主要领导、分管领导多次召开会议专题研究信访工作，部署阶段性工作任务。国庆期间，区本级共接待群众来访98批398人次，同比批数下降30.99%，人次下降50.44%，未发生到省、市越级集体上访事件，实现群众“零进京、零非访、零滋事”工作目标，全区共有15人被评为全省国庆期间维稳与信访工作先进个人。

【区领导接待群众来访活动】 根据《中央处理信访突出问题及群体性事件联席会议〈关于领导干部定期接待群众来访的意见〉等三个文件的通知》(中办发〔2009〕3号)文件精神和省、市有关要求，萧山进一步完善区领导接待群众来访活动机制，采取预约接访、开门接访、带案下访和课题调研等形式开展此项活动。2009年，区委书记洪航勇，区委副书记、区长盛阅春累计接待来访群众63批175人次。区四套班子领导全年共阅批群众来信1067件，签批重要来电75件。

【开展信访积案清理化解工作】 2009年，萧山区在重信重访专项治理工作的基础上，结合矛盾纠纷“三色预警”管理工作，从5月份起着手开展“信访积案化解年”活动，8月份起推出信访积案化解百日攻坚行动，集中力量、集中时间，重点清理化解一批长期积累、久拖未决的信访积案。全年累计排查信访突出问题和不稳定因素14个，梳理各类矛盾纠纷235件，将其中较为疑难复杂的6件列入市“三色预警”管理，5件作为区本级重点督办的信访积案呈报市联席办备案。截至该信访工作考核年度，列入市“三色预警”管理的6件信访事项已上报解除5件，列为区本级重点督办的5件信访积案全部得到化解。

【打造优质高效信访服务环境】 2009年，萧山区进一步畅通信访渠道，完善软硬件建设，努力为全区群众提供一个优质、高效的信访服务环境。开通绿色邮政通道，凡注明“群众来信”字样的信件，一律实行免邮资服务。新增网上信访受理渠道，全年累计受理网上信访3708件，占区本级受理量的11.13%。引入律师、心理咨询师参与接访，并在区人民来访接待中心开设律师接待咨询处，全年有律师参与接待的群众共35批59人次。区长公开电话受理中心多次组织供电、水务、燃气等市政服务部门举办“12345”现场服务和咨询活动，直接受理并解决群众各类诉求。区信访局对原有的信访综合管理信息系统进行升级更新，将群众来信、来访、来电和网上信访纳入同一信息平台，并与国家信访信息系统进行对接，提高了日常工作效率和业务管理水平。

【国家信访局副局长王石奇到萧山调研】 2009年1月31日，国家信访局党组副书记、副局长王石奇等到萧山调研指导工作，专题听取信访工作情况汇报，对萧山“和谐征迁”的做法表示肯定。省委副秘书长、省信访局局长陶君毅，市政府副秘书长、市信访局局长施增富，区委副书记谭勤奋以及区信访局有关领导陪同调研。

【全区信访工作会议】 2009年3月5日召开。会议由区委副书记、区长盛阅春主持，市委常委、区委书记洪航勇作讲话，区委副书记谭勤奋作工作报告，区领导汪柏遂、张龙生出席会议。省信访局副局长张维克、市信访局巡视员何楷应邀到会指导。

（陈旭凯）

保密工作

【概况】 2009年，区保密局从加强保密工作组织建设入手，强化对全区干部群众的保密意识教育，建立健全各项保密制度，规范保密管理，加大保密检查力度，不断推进保密工作规范化、制度化、科学化的进程，发挥了保密工作“保安全、保发展、促和谐”的作用。全区没有发生国家秘密泄密事件。

【明确保密工作任务】 按照区委保密委领导的要求，区保密局分析保密工作面临的新情况、新问题、新挑战，结合萧山实际，制定《区委保密委员会2009年全区保密工作要点》（萧密委〔2009〕1号）。印发区委保密委员会《关于转发杭密委〔2009〕5号文件〈认真开展地方党政机关保密检查的通知〉》（萧密委〔2009〕2号）和《萧山区党政机关保密检查工作方案》的通知（萧密委〔2009〕3号）。区委保密办、区保密局印发《关于做好涉密计算机登记备案工作的通知》（萧密办〔2009〕1号）、《2009年全区保密工作目标管理考核办法》（萧密办〔2009〕2号）和区委组织部、区保密局、区人事局《关于认真组织开展保密承诺书签订工作的通知》（萧保〔2009〕1号）。同时，进一步完善2009年全区保密工作目标管理考核标准。

【强化保密宣传教育工作】 2009年，区保密局利用区委保密委员会全体（扩大）会议、区委中心理论组学习和党校初任公务员培训班等机会，认真贯彻学习中央、省、市保密委《关于开展地方党政机关保密检查》的通知和中央、省、市委领导的批示精神，观看《警钟长鸣》、《神圣的使命》等保密教育片。6月27日，组织全区领导干部、涉密人员和其他机关工作人员观看由市保密局举办的以“开心茶馆”为载体的杭州市“保密在我们身边”——纪念《中华人民共和国保守国家秘密法》实施20周年特别节目。区委保密办、区保密局编印《保密常识》手册，征订2009年《保密工作》杂志200份，供全区各级领导和涉密人员学习参考。

【签订保密承诺书】 区保密局切实做好保密承诺书签订工作，确保全区签订工作顺利开展，着重抓了以下工作：一是专门召开全区保密工作会议，对保密承诺书签订工作进行宣传动员，对签订的具体工作安排作了部署。邀请市委保密委副主任、市保密局局长马立群作题为《新形势下的保密工作》的保密知识讲座。二是区委保密办、区保密局统一印制《保密承诺书》，统一印发《保密承诺书内容须知》、《保密承诺书签订工作宣传提纲》和《萧山区领导干部和涉密人员应知应会的计算机网络保密技能“十个不得”》等资料，统一征订《浙江省党政机关工作人员保密手册》8600册。三是以机关内网（政务外网）平台为宣传载体，将有关保密承诺书签订工作宣传内容作了发布和链接。全区有111家党政机关和涉密单位组织开展保密承诺书签订工作，应签人数8455人，实签人数8455人，其中在岗人员中领导925人、工勤人员1661人，离岗人员210人，共发放宣传资料25365份，达到了党政机关和涉密单位的涉密人员签订率、签订人员对承诺事项的知悉率和按规定对保密承诺书的保管（归档）率的三个100%。

【加强政府信息公开的保密管理】 2009年，按照萧山区政府信息公开保密审核制度（试行），区保密局加强对政府信息公开单位保密工作的指导，强化信息审核、发布人员的保密教育和管理，增强保密观念和审核能力，从源头上严把泄密关。组织人员对政府信息公开的保密情况进行监督检查，针对检查中发现的隐患，提出整改意见，严防失泄密事件发生，全年共查阅已公开的文件7000余份。同时，参与制定萧山区政府信息公开考核办法（试行）和年终的考核工作。

【开展保密检查工作】 2009年，根据区委保密委员会《关于转发杭密委〔2009〕5号文件〈认真开展地方党政机关保密检查的通知〉》（萧密委〔2009〕2号）文件精神和区委保密委领导的意见，区保密局要求全区各级党政领导干部切实增强政治意识、大局意识、责任意识，按照领导干部保密工作责任制的要求，以高度负责的精神，推动保密检查工作的落实。同时，要求各单位按照《萧山区党政机关保密检查工作方案》统一标准、统一内容、统一要求扎实做好检查工作，确保不漏一人、一机、一盘、一网。区委保密办、区保密局组成巡、抽查组，结合全区保密工作目标管理考核办法和标准，在各单位自查的基础上，对区级机关、镇街及政法系统的重点涉密部门、部位进行了抽查，针对抽查中存在的问题，提出具体要求，采取措施，加以整改。同时，对保密承诺书签订率、知悉率、保管率进行抽查。

根据市委保密委员会《关于印发〈杭州市党政机关保密检查工作方案〉的通知》（杭密委〔2009〕7号）的部署，12月23日，市委保密委员会第一保密检查组，对萧山区重点涉密单位进行保密检查。根据市委保密委员会检查组的反馈意见和区委保密委主要领导的批示，区委保密办、区保密局要求在此次检查中存在严重违规问题的单位，切实采取有效措施，限期落实整改。同时，将落实整改情况和处理意见上报市委保密委员会。

【强化保密考核工作】 2009年，根据《中共萧山区委萧山区人民政府关于2009年区级机关工作目标管理责任制考核的意见》（萧委〔2009〕12号）、《中共萧山区委萧山区人民政府关于2009年镇街工作目标责任制考核的意见》（萧委〔2009〕17号）文件精神，全区保密工作目标管理考核总分值为1分。依据《2009年全区保密工作目标管理考核办法和考核标准》（萧密办〔2009〕2号），结合自查、抽查和年终考核，对各镇街、区级机关各单位保密工作落实情况作出客观、公正的评价。2009年总体情况良好，大部分单位考核得分为满分，对部分未达标单位进行扣分。同时，将考核结果报送区工作目标管理责任制考核办公室。

（王永根）

组织机构及负责人

【区委书记、副书记、常委】

书　记：洪航勇
副书记：盛阅春
朱　华（4月止）
谭勤奋
常　委：许岳荣
蒋金梁
乐　华
张如勇（援疆）
张振丰
裘　超
洪松法
沃岳兴
施水祥
孙旭东（6月止）
林以干（8月止）
郎文荣（6月始）
施迎利
李锡荣（8月始）

【区委工作机构及负责人】

区委办公室主任：姜国法
区委组织部部长：施迎利
区委宣传部部长：裘　超
区委统战部部长：沃岳兴
区委政策研究室主任：赵岳松
区委政法委员会书记：谭勤奋
区委直属机关工作委员会书记：吕国勇
区委农业和农村工作办公室主任：裘国兴
区委台湾工作办公室主任：王建涌
区委、区政府信访局局长：钱忠苗（9月止）
华保华（9月始）

【其他工作机构及负责人】

市委党校萧山区分校校长：谭勤奋
区委老干部局局长：徐潮玲
区委党史研究室主任：沈迪云
区老龄工作委员会办公室主任：程松跃
区社会治安综合治理委员会办公室主任：华林桥
萧山日报社社长：宣舒平（3月始）
萧山日报社总编：宣舒平

【区级机关党组、党委及负责人】

区人大常委会党组书记：沈奔新
区人民政府党组书记：盛阅春
区政协党组书记：王珠瑛
区人民检察院党组书记：方新建
区人民法院党组书记：潘季林
区政府办公室党组书记：施天贵
区发展和改革局党委书记：洪关良
区经济发展局党委书记：丁宝根（2月止）
陈兴康（9月始）
区教育局党委书记：郭　亮
区科学技术局党组书记：洪秀兰
区财政局党委书记：贺放炼（2月止）
金　伟（9月始）
区人事局党组书记：邬观水
区劳动和社会保障局党委书记：任宝祥
区民政局党委书记：俞永兴
杭州市公安局萧山区分局党委书记：乐　华
区司法局党组书记：胡国荣
区交通局党委书记：王海尧
区贸易局党委书记：董建民
区对外贸易经济合作局党组书记：沈章新（2月止）
魏大庆（9月始）
区建设局党委书记：来国良（2月止）
顾大飞（9月始）
杭州市国土资源局萧山分局党委书记：徐晓福
区环境保护局党组书记：汤金耀
区审计局党组书记：李金水（8月止）
翟炳芳（9月始）
区统计局党组书记：朱如江
区政府农业和农村工作办公室党委书记：田关仁（2月止）
陈仲华（9月始）
区农业局党委书记：黄妙根
区农机水利局党委书记：赵福庆
区文化广电新闻出版局党委书记：沈亚平
区卫生局党委书记：施关松
区人口和计划生育局党组书记：高宜乔
区城市管理综合行政执法局党委书记：张登继
区安全生产监督管理局党组书记：李成良
区地方志编纂委员会办公室（3月更名为区人民政府地方志办公室）党组书记：沈迪云
区总工会党组书记：俞柏祥
团区委党组书记：钟　铭（9月止）
沈　建（10月始）
区妇女联合会党组书记：施素梅（10月止）
蔡秋英（10月始）
区科学技术协会党组书记：蒋幸达
区工商业联合会党组书记：夏　威
区文学艺术界联合会党组书记：王东初
区办事服务中心党委书记：高建明
区围垦指挥部党委书记：杨泉虎

萧山广播电视台党组书记：陈水源
杭州市委党校萧山区分校党委书记：斯国新
农业对外综合开发区管委会办公室
　党组书记：陈纪坤
区供销合作社联合社党委书记：楼增明
区地铁建设办公室党组(10月建)书记：孙利军(10月始)
萧山水务集团有限公司党委书记：韩国华(10月止)
　施素梅(10月始)
萧山农村合作银行党委书记：丁云莲
区旅游局党组书记：赵　莉
杭州萧山临江工业园区党工委
　(10月撤销)书记：谢国民(10月止)
区城乡一体化建设办公室党组书记：郭松兴(10月止)
　俞国雄(10月始)
浙江湘湖旅游度假区党工委书记：潘建初
区国有资产经营总公司党委
　(9月建)书记：郭　荣(9月始)
萧山钱江世纪城党工委书记：朱先良
杭州空港经济区党工委
　(10月撤销)书记：姚　进(10月止)
萧山国家税务局党组书记：徐勤玲
区食品药品监督管理局党委书记：李志荣
区烟草专卖局党组书记：唐利光
杭州市质量技术监督局萧山分局
　党委书记：詹国棋
萧山供电局党委书记：高建定
萧山邮政局党委书记：滕伟建
浙江省电信公司萧山区分公司党委书记：王家森(4月止)
　段玉根(4月始)
杭州市工商行政管理局萧山分局
　党委书记：冯世联(8月止)
　沈肖群(8月始)
萧山出入境检验检疫局党组书记：刘忠华
人民银行萧山支行党组书记：周吾良(7月止)
　李培芳(7月始)
农业银行萧山支行党委书记：沈锦伟
建设银行萧山支行党委书记：吕忠清(2月止)
　范建勋(2月始)
中国人民保险公司萧山支公司党组书记：张伟钢
中国人寿保险公司萧山支公司党组书记：高　峰
太平洋人寿保险股份有限公司
　萧山支公司党组书记：空缺
太平洋财产保险股份有限公司
　萧山支公司党组书记：施剑行

【镇街党(工)委及负责人】

楼塔镇党委书记：华保华(9月止)
　王建明(9月始)
河上镇党委书记：姜继呈
戴村镇党委书记：陈仲华(9月止)
　汤　卫(9月始)
浦阳镇党委书记：徐建中
进化镇党委书记：徐小兴(10月止)
　来校华(10月始)
临浦镇党委书记：屠锦铭
义桥镇党委书记：倪国平
所前镇党委书记：黄汉臣
衙前镇党委书记：徐妙法
闻堰镇党委书记：卢方利
宁围镇党委书记：朱先良
新街镇党委书记：顾春晓
坎山镇党委书记：夏关奎
瓜沥镇党委书记：金焕国
党山镇党委书记：于建新
益农镇党委书记：王飞龙
党湾镇党委书记：吴文斌(9月止)
　吴琴芳(9月始)
城厢街道党工委书记：何兴良
北干街道党工委书记：郭　荣(9月止)
　钟华成(9月始)
蜀山街道党工委书记：周文标(9月止)
　董蒋灿(9月始)
新塘街道党工委书记：叶建宏
靖江镇党委(8月撤销)书记：冯建明(8月止)
靖江街道党工委(8月建)书记：冯建明(8月始)
南阳镇党委(8月撤销)书记：陈金伟(8月止)
南阳街道党工委(8月建)书记：陈金伟(8月始)
河庄镇党委(8月撤销)书记：童一峰(8月止)
河庄街道党工委(8月建)书记：童一峰(8月始)
义蓬镇党委(8月撤销)书记：周利明(8月止)
义蓬街道党工委(8月建)书记：周利明(8月始)
新湾镇党委(8月撤销)书记：王　斌(8月止)
新湾街道党工委(8月建)书记：王　斌(8月始)
临江街道党工委(8月建)书记：谢国民(8月始)
前进街道党工委(8月建)书记：施水祥(8月始)

(严颖颖)

中共杭州市萧山区纪律检查委员会

综述

2009年，全区各级纪检监察组织全面贯彻落实中央、省、市纪委全会和区委全会精神，坚持标本兼治、综合治理、惩防并举、注重预防的战略方针，以打造“廉洁萧山”为目标，以实施“十廉工程”、完善惩防体系为重点，反腐倡廉各项工作在继承中发展、在改革中创新，取得明显的阶段性成效。

区纪委全会

2009年2月23日，中共萧山区第十三届纪律检查委员会第四次全体(扩大)会议暨区政府廉政工作会议召开。会上，市委常委、区委书记洪航勇作了讲话，区委副书记、区长盛阅春部署2009年政府廉政工作任务，区委副书记、纪委书记朱华代表区纪委常委会作《深入贯彻科学发展观，全力打造廉洁萧山，为实现萧山科学发展新跨越提供有力保障》的工作报告。区纪委委员、各级领导班子成员、各级纪检监察组织负责人、党风廉政监督员、效能与行风监督员、工程建设效能监察监督员等参加会议。

区纪委常委会

2009年，区纪委召开常委会议30次。主要议题有：以邓小平理论和“三个代表”重要思想为指导，认真学习贯彻党的十七大精神和上级有关加强反腐倡廉工作的重要会议、文件精神；研究部署全区纪检监察工作；研究处理全区党风廉政建设重要问题；审核区委拟提拔任用领导干部和其他有关干部的廉政情况，执行党风廉政“一票否决制”；研究决定党风廉政建设和纪检监察重要规章制度的制定及实施；讨论决定区管干部违纪案件和其他重要案件的立案及涉案人员的党纪处分；讨论决定对基层上报区纪委批准的违纪党员的党纪处分。主要会议如下：

1月7日，区纪委常委会讨论2008年度镇街和区级机关党风廉政建设目标考核得分情况；审定委局机关各类先进和全区先进纪检监察组织推荐名单；研究2009年全区反腐倡廉建设思路。

2月4日，区纪委常委会讨论区纪委工作报告送审稿；研究区纪委全会暨政府廉政工作会议方案。

3月16日，区纪委常委会决定给予区安监局原局长孙万良开除党籍处分和行政开除处分，并按有关程序报批；审定2009年委局机关任务分解和10项重点工作；讨论基层落实党风廉政建设责任制、作风建设、农村基层党风廉政建设等三个责任分工意见；研究《萧山区进一步构建权力阳光运行机制的实施方案》；讨论《2009年纠风工作意见》、《关于在全区开展“效能提升年”、“企业服务年”活动的实施意见》及全区机关效能建设和纠风工作会议方案；讨论制定党风廉政新闻通报会制度。

4月8日，区纪委常委会讨论市纪委届中回访准备工作；讨论“公述民评”试点工作方案；审定区纪委监察局网络监督信息处理办法。

4月24日，区纪委常委会讨论研究新闻媒体曝光的区物价局乱收费打折处罚案件调查情况。

5月15日，区纪委常委会审定2008年度信息、调研、宣传报道考核表彰名单；研究调整区党风廉政“四员”队伍；讨论2009年工程建设效能监察项目立项及聘请工程建设效能监察监督员名单；部署深入学习实践科学发展观活动分析检查阶段有关工作。

2009年7月23日，省委常委、省纪委书记任泽民(右二)参观警示教育基地

(林鲁伊摄)

7月7日，区纪委常委会研究部署实施“素质提升工程”；审定纪检监察派驻（出）机构统一管理试点工作方案；讨论《关于加强农村基层党风廉政责任制工作的意见》；研究《2009年度党风廉政建设责任制落实情况考核（评）标准》；讨论《萧山区纪检监察组织开展重信重访化解工作实施意见》。

8月13日，区纪委常委会研究开发区管委会国土规划建设局原局长李幼祥违纪案件。

8月18日，区纪委常委会研究贯彻落实中纪委9号文件精神，进一步加强纪检监察机关建设的意见；研究讨论实施“素质提升工程”及学习实践活动整改方案；研究委局领导信访包案事项。

9月7日，区纪委常委会研究进化镇少数镇村干部违纪违法案件；审定萧山区开展公职人员岗位廉政教育实施意见。

9月30日，区纪委常委会传达学习市纪委案件检查工作会议精神；审核企业廉洁文化建设示范点复核授牌、摘牌名单；讨论《萧山区网上行政服务中心实施方案》；讨论突发性事件应急预案。

10月29日，区纪委常委会研究安全生产事故和土地违法案件调查处理情况；听取信访案件调查情况汇报。

11月5日，区纪委常委会传达学习市纪委有关会议精神；审定《关于在全区纪检监察系统深入实施“素质提升”工程、全面开展岗位廉政教育的实施方案》；研究委局机关2010年度预算编制和政府采购方案；讨论纪检监察干部培训班方案。

11月20日，区纪委常委会研究进化镇原党委委员、农业副镇长吕友桥违纪案件调查情况；讨论受处分人员纪律惩戒告知制度及党政纪处分决定执行工作联席会议制度；研究委局机关公开选调公务员方案。

12月1日，区纪委常委会调整明确委局班子领导分工；研究省法纪教育基地有关工作；讨论宁围镇效能投诉件查处情况。

党风廉政建设

【推进萧山惩防体系建设】 2009年，区纪委落实《萧山区建立健全惩治和预防腐败体系2008—2012年工作要点》，针对行政审批、资金管理、资源配置、工程建设等重点部位和关键环节，实施部门扩面、镇街抓点、区域延线，在前两年两批20个部门构建基础上，推进区旅游局等第三批部门构建工作并基本完成。重点推进瓜沥和临浦两大组团中心镇的镇街构建工作，进一步加强教育、健全制度、强化监督，促进惩防体系建设与经济社会建设相互融入、协调发展。

【深化抓本治源工作】 2009年，区纪委深入实施权力阳光运行机制建设，对梳理出的7097项行政权力进行确认和公示，统筹改造各部门电子政务系统，试行集行政审批、行政处罚、公共资源交易、专项资金管理等权力运行系统和数字监察系统于一体的网上政务大厅，阳光权力、透明政务稳步推进。运行政务实时监督系统，实现对工程交易、土地交易、政府采购的同步监管。推进行政审批制度、财政管理制度、政府投资体制和干部人事制度等方面的改革，增强了体制机制制度的整体协防能力。

【强化党风廉政教育】 2009年，区纪委开展“打造‘廉洁萧山’，建设品质之区”主题教育活动，拓展警示教育基地功能和布局，加强“清风之旅”参观点建设，举办廉政书画巡展，增强廉政教育的针对性和有效性。加强廉政文化“六进”（进机关、进社区、进学校、进企业、进农村、进家庭）示范点建设，充分发挥“四员”（党风廉政宣讲员、廉政故事演讲员、廉政文艺创作员、反腐倡廉时评员）队伍作用，廉政文化长效机制进一步健全。

【开展岗位廉政教育】 2009年，萧山成立区公职人员岗位廉政教育工作领导小组，下发《萧山区公职人员岗位廉政教育实施意见》（萧纪发〔2009〕28号），确定环保局、工商萧山分局、建设局等10个单位先试点后推广的工作方法。10月召开全区公职人员岗位廉政教育动员会，全面启动全区岗位廉政教育试点工作。

【加强领导干部廉洁自律工作】 2009年，萧山严格执行廉洁自律各项规定，全区党员干部主动上缴“三礼”（礼金、礼券、礼品）折合人民币81万余元。加强对厉行节约各项规定贯彻落实情况的监督检查，全区因公出国（境）批次下降24.4%，人数下降32%，公务经费、会议费和招待费都有较明显的压缩。建立机关事业单位工作人员交通违法行为抄告制度，对3名酒后驾车党员干部作出处理。开展“烟票”等

2009年1月15日，廉政书画摄影展览　（林鲁伊摄）

问题专项治理，加强车改后续监管工作。

【查处违纪违法案件】 2009年，全区各级纪检监察组织立案查处违纪违法案件170件，处分党员干部169人，其中区管干部5人，追究刑事责任52人，挽回直接经济损失276.91万元。重点查处了开发区管委会国土规划建设局原局长李幼祥，进化镇原党委委员、农业副镇长吕友桥，城建原副镇长虞传德和大汤坞新村部分村干部，区物价局检查分局原局长叶帆等党员干部违纪违法案件。健全区委反腐败协调小组工作机制，坚持依纪依法、安全文明办案，建立案件信息管理系统，落实公开审理、回访教育等制度，查办案件工作水平进一步提高。发挥查办案件的治本功能，完善"一案两报告"和教育警示、督促整改等制度，增强查案工作的政治、法纪和社会效果。

【受理群众信访举报】 2009年，区纪委受理群众信访举报925件次(包括上级转办547件)，其中：来信798件，来访53次，电话6次，网络举报68件。重复信访305件次，署名信访486件次。信访室自办66件，其中信访室立案调查4件，移交基层纪委立案调查3件，移交检察院立案1件，处分违纪党员6人，移送司法机关追究刑事责任4人，为国家和集体挽回直接经济损失59.0788万元。同时，为23名党员干部澄清了问题；信访监督13件，纠正17名党员干部轻微的违纪违规行为；督办128件。

【加强基层党风廉政建设】 2009年，区纪委坚持镇街、村(社区)、基层站所三位一体，推进党风廉政建设责任制向基层延伸。针对镇街工作实际，制定实施意见，预防职务违纪违法问题。深化镇街会计结算中心、招投标中心建设，健全村级财务管理长效机制，强化对村级资金、资产、资源的管理。深化"三级服务体系"建设，完成8个镇街和150个村级服务中心建设。开展基层民主政治制度落实情况专项检查，完善政务、厂务、村务、事务公开制度，推动基层民主政治建设不断深入。继续深化"农村基层党风廉政建设示范村"创建工作，培育省、市、区级示范点28个。

【贯彻落实党风廉政建设责任制】 2009年，《区委办公室区政府办公室关于印发〈2009年萧山区反腐倡廉工作及惩防体系建设的组织领导和责任分工〉的通知》(萧委办〔2009〕36号)出台，区纪委将57项具体工作任务分解落实到区级责任领导和牵头部门、协办单位，寄发责任报告书和函告书各19份。下发《2009年度党风廉政建设责任制落实情况考核(评)细则》(萧党廉办〔2009〕1号)，完善党风廉政建设责任制考核的指标体系，把责任制考核与目标责任考核结合起来，实行定性量化考核。12月，由区委、区政府领导带队对全区18个部门进行了重点检查考核。

【纠正损害群众利益的不正之风】 2009年，区纪委开展"效能提升年"和"企业服务年"活动，受理效能投诉337件，对34名机关工作人员作出效能惩戒处理。对21家单位开展"小金库"问题专项检查，开展纠风治乱专项检查，切实纠正涉农负担、教育收费、医药购销和医疗服务中的不正之风。继续开展治理商业贿赂专项工作，查办商业贿赂案件10件，涉案金额538万元。开展"烟票"问题治理，针对网络、媒体曝光的"烟票"、"存酒"等问题，制定《关于加强党政机关公务接待管理的通知》(萧纪发〔2009〕4号)，组织职能部门开展突击检查，对发现的问题作出处理。

【开展"效能提升年"、"企业服务年"活动】 2009年，区纪委开展以"提高工作效率、提高服务水平、降低公务支出、降低行政成本"为主要内容的"效能提升年"活动和"政府效能高一分、企业成本降一分、城市竞争力增一分"为要求的"企业服务年"活动，通过走访相关部门听取汇报、走访效能行风联系企业听取意见和发放调查问卷等形式，对"两个年"活动开展情况进行监督检查，促进各级各部门全面推进效能型、节约型、服务型机关建设。

【开展民主评议行风建设活动】 2009年，区纪委按照省、市统一部署，围绕"三服务一满意"主题，在全区民政、劳动保障、国土、农业(区农办、区农业局)等部门开展民主评议行风活动，通过印发实施意见、成立协调机构等方式，对活动进行协调指导，牵头在益农镇和进化镇召开民主评议座谈会，征求各层面意见建议，并下发调查问卷500余份进行问卷测评。组织区效能与行风监督员深入基层、农民、被评议单位开展调查研究，听取普通农民、专业大户、镇村干部和农民专业合作社、农业龙头企业等服务对象的意见和建议；8月召开全区民主评议行风大会，通报问卷调查情况，并由监督员和市民代表对涉农部门进行了面对面评议。对面对面评议和调查问卷中提出的问题和建议，以书面形式下发给各被评议单位，并督促整改，落实整改意见62条。

2009年1月11日公车拍卖，区纪委做好实时监督 (林鲁伊摄)

【开展"公述民评"活动】 2009年,萧山区作为全市试点单位之一,在公安、建设等12个部门先行试点的基础上,在区发改局等37个重点部门全面开展"公述民评"活动。活动把握"评议谁"、"谁来评"、"评什么"、"怎么评"和"评好后"五个关键环节,采用"以条为主、条块结合"的形式来组织实施(即主管部门为主、镇街配合的工作模式),首次采用网络直播公述民评、公开选择民评代表等做法在全市电视电话会议上作了典型发言。2009年,全区37个部门开展了公述民评活动,召开公述民评大会46次,有217名机关中层干部和站所负责人参加公述民评活动,作出服务承诺208项,参加活动的民评代表1933人,共梳理意见、建议242条,落实整改措施167条。

【推进基层站所规范化建设】 2009年,区纪委继续推进基层站所规范化建设,以各单位上报基层站所规范化建设个性标准为依据,加强基层站所规范化建设监督检查,继续开展满意基层站所创建活动,新评选出10家区级"人民满意基层站所",并按照申报摘牌制度要求,对前一轮已表彰的"人民满意基层站所"先进单位进行了综合考核,供水有限公司城厢营业所等4家基层站所作为杭州市"人民满意基层站所(办事窗口)"在《杭州日报》上进行了公示。

纪检监察干部队伍建设

【概况】 根据区机构编制委员会审核,区委、区政府批准,区纪委、监察局设办公室(监察综合室)、信访室(区人民政府监察举报中心)、纪检监察一室、纪检监察二室(案件管理室)、案件审理室、宣传教育室、党风廉政建设室(作风建设办公室)、执法监察室、效能监察室(区纠风办)9个内设机构,行政编制42名。2009年,交流进入委局机关4人,交流到外单位4人,提拔任用干部6人。

【基层纪检监察组织建设】 至2009年底,全区设纪委47个(镇17个,机关30个),纪工委12个(其中街道9个),纪检组23个,17个镇、9个街道建立纪(工)委、监察室,区级机关设党委(党组)的部门全部建立纪委(纪检组),共配备专兼职纪检监察干部300余名。全区行政村设纪委111个,社区设纪委10个,企业设纪委52个,建党委的全部建立纪委。

【试点派驻(出)机构统一管理】 2009年8月,区纪委认真贯彻中央关于进一步加强纪检监察机关建设的意见,切实落实机构编制、干部配备、职级待遇等方面的规定。在临江工业园区、空港经济区试行纪检监察派驻(出)机构统一管理,分别成立纪委、监察分局,每个派驻(出)机构配备行政编制3名,纪检监察工作体制改革迈出实质性步伐。

组织机构及负责人

【概况】 区纪委、监察局合署办公,实行一套工作机构、履行两种职能的体制,主管全区党的纪律检查、行政监察工作,主要职能是教育、惩处、监督、保护,对区委、区政府负责。

【书记、副书记、常委】

书　记:朱　华(兼,4月10日止)
　　　　郎文荣(兼,7月13日起)
副书记:洪晓明
　　　　胡志明
常　委:陆　敏(9月18日止)
　　　　高家萍
　　　　项永祥
　　　　许关海(10月30日止)
　　　　李刚毅(10月30日起)
　　　　蔡　伟(10月30日起)
　　　　李金水(兼)
　　　　赵桔水(兼)

【监察局局长、副局长】

局　长:胡志明
副局长:陆　敏(10月10日止)
　　　　高家萍
　　　　项永祥
　　　　许关海(11月28日止)
　　　　李刚毅(11月28日起)
　　　　蔡　伟(11月28日起)
　　　　申屠敏

【工作机构及负责人】

办公室主任:	张　刚
信访室主任:	徐顺张
纪检监察一室主任:	泮炳锋(10月30日起)
纪检监察二室主任:	李刚毅(兼)
案件审理室主任:	陈志坚
宣传教育室主任:	郑建钢(10月30日止)
	张德良(10月30日起)
党风廉政建设室主任:	张爱国(10月30日止)
	王黎涌(10月30日起)
执法监察室主任:	孙宝祥
效能监察室主任:	张利平(10月30日止)
	杨建东(10月30日起)

(余明霞)

萧山区人民代表大会

综述

2009年,区人大常委会召开常委会会议7次,作出决议、决定12项,听取和审议“一府两院”专项工作报告9个,依法任免区人大常委会、区人民政府及组成部门、区人民法院、人民检察院有关人员79人次;召开主任会议18次,听取专题工作汇报11次;开展执法检查7次、视察活动10次。

区人民代表大会

【区第十四届人民代表大会第三次会议】 2009年2月11—14日在萧山剧院召开。区第十四届人民代表大会共有代表388名,至区第十四届人大三次会议,实有代表387名,出席本次会议代表387名,列席人员247名。会议听取和审查了代区长盛阅春所作的《政府工作报告》,审查区发展和改革局受区人民政府委托所提交的《关于2008年全区国民经济和社会发展计划执行情况与2009年全区国民经济和社会发展计划(草案)的报告》,审查区财政局受区人民政府委托所提交的《关于杭州市萧山区2008年全区和区级财政预算执行情况和2009年全区和区级财政预算草案的报告》,听取和审查区人大常委会主任沈奔新所作的《杭州市萧山区人民代表大会常务委员会工作报告》、区人民法院院长潘季林所作的《杭州市萧山区人民法院工作报告》、区人民检察院检察长方新建所作的《杭州市萧山区人民检察院工作报告》,通过相应的决议。会议以无记名投票的方式补选盛阅春为杭州市萧山区人民政府区长,董祥富、史水英、厉莉为区十四届人大常委会委员。

区人大常委会会议

【区第十四届人大常委会第十五次会议】 2009年1月7—8日召开。区人大常委会主任沈奔新,副主任汪柏遂、周红英、邱有来、李金达、商怀远、蒋建国和委员共28人出席会议。副区长许岳荣、赵立明,区政协副主席金老虎,区人大常委会正区级巡视员朱张松、蔡吾贤,区人民法院、区人民检察院负责人,各镇人大主席、副主席,区人大常委会各街道工作委员会副主任,区政府有关职能部门负责人列席会议。会议分别听取区人大常委会办公室主任李启财关于《区人大常委会工作报告(征求意见稿)》起草情况的说明、区政府办公室主任施天贵关于《政府工作报告(征求意见稿)》起草情况的说明、区发改局局长洪关良关于《2008年全区国民经济和社会发展计划执行情况与2009年全区国民经济和社会发展计划(草案)的报告(送审稿)》起草情况的说明、区财政局局长金伟关于《2008年全区和区级财政预算执行情况及2009年全区和区级财政预算草案的报告(送审稿)》起草情况的说明,并对上述4个报告进行分组讨论和集中审议。会议对4个报告的框架结构及主要内容表示满意和认可,同时提出修改意见和工作建议。会议听取区人民法院、区人民检察院准备提交区十四届人大三次会议审查的工作报告(送审稿),进行讨论,提出修改意见。会议以举手表决的方式,审议通过关于区十四届人大三次会议召开时间的决定。会议决定区十四届人大三次会议于2009年2月11日在萧山剧院召开。会议以举手表决的方式,审议通过《杭州市萧山区人民代表大会代表议案建议处理办法》。会议根据区人大常委会代表资格审查委员会提交的议案,以举手表决的方式,同意李成良辞去杭州市萧山区第十四届人民代表大会代表职务。会议听取区人大常委会代表资格审查委员会提交的《关于代表变动情况的报告》,以举手表决的方式通过该报告,确认出席区十四届人大三次会议的代表人数为387名。会议根据区人大常委会委员汤金耀的辞职请求,以无记名投票表决的方式,同意其辞去杭州市萧山区第十四届人民代表大会常务委员会委员职务。

【区第十四届人大常委会第十六次会议】 2009年1月14日召开。区人大常委会主任沈奔新,副主任汪柏遂、周红英、邱有来、商怀远、蒋建国和委员共24人出席会议。正区级巡视员朱张松,区人民法院、区人民检察院负责人,区政府有关职能部门负责人列席会议。会议以举手表决的方式,审议通过了区十四届人大三次会议的主席团和秘书长建议名单、财政预算审查委员会建议名单和列席人员名单。会议决定将区十四届人大三次会议主席团和秘书长建议名单、财政预算审查委员会建议名单和会议议程(草案)提交区十四届人大三次会议预备会议讨论,将会议日程(草案)提交区十四届人大三次会议主席团第一次会议讨论。会议以举手表决的方式,审议通过了区十四届人大三次会议指导思想、议程(草案)和日程(草案)。会议以举手表决的方式,审议通过了区人大常委会工作报告,并决定委托沈奔新向区十四届人大三次会议作报告。会议以举手表决的方式,审议通过区人大常委会2009年工作要点。

【区第十四届人大常委会第十七次会议】 2009年3月26

日召开。区人大常委会主任沈奔新，副主任汪柏遂、周红英、邱有来、李金达、商怀远、蒋建国和委员共30人出席会议。副区长张爱莲，区人民法院、区人民检察院负责人，区人大常委会各委办和部分镇街负责人，部分区人大代表等列席会议。会议举行《中华人民共和国统计法》有关知识讲座。会议听取和审议了区人民检察院检察长方新建所作的《区人民检察院关于开展法律监督工作情况的报告》和区人大常委会法制工作委员会主任何秀泉所作的《关于区人民检察院法律监督工作的调查报告》。会议通过区人大常委会关于加强区人民检察院法律监督工作的决议。会议听取区人大常委会城建环保工作委员会主任谢光明所作的《关于建议将"加强环境治理、推进生态区建设"的代表建议继续列为区人大常委会重点跟踪督办建议的说明》。会议通过《关于继续重点跟踪督办"加强环境治理，推进生态区建设"代表建议的决定》。会议听取区人大常委会办公室主任李启财所作的《关于〈区人大常委会听取和审议专项工作报告暂行规定〉的起草情况说明》。经过审议，会议通过区人大常委会关于听取和审议专项工作报告的暂行规定。会议审议通过区十四届人大代表李维宝的辞职事项。

【区第十四届人大常委会第十八次会议】 2009年5月13日召开。区人大常委会主任沈奔新，副主任汪柏遂、周红英、邱有来、李金达、蒋建国和委员共27人出席会议。区长盛阅春，区人民法院、区人民检察院负责人，区人大常委会巡视员及各委办负责人，有关区政府组成部门负责人等列席会议。会议听取并审议盛阅春提交的《杭州市萧山区人民政府关于调整大江东新城区域行政区划的议案》和区民政局局长胡妙夫受区人民政府委托所作的《关于大江东新城区域行政区划调整方案的情况说明》。会议以举手表决的方式通过《杭州市萧山区人民代表大会常务委员会关于大江东新城区域行政区划调整的决议》。会议以举手表决的方式审议通过拟向省人大常委会提交的《杭州市萧山区人民代表大会常务委员会关于大江东新城区域行政区划调整后依法规范人大工作若干问题的请示》，同意将该请示以区人大常委会文件形式向省人大常委会报请批复。

【区第十四届人大常委会第十九次会议】 2009年6月2日召开。区人大常委会主任沈奔新，副主任汪柏遂、周红英、邱有来、李金达、商怀远和委员共27人出席会议。区长盛阅春，副区长朱云夫，区人民法院、区人民检察院负责人，区人大常委会各委办负责人，有关镇和区政府组成部门负责人等列席会议。会议举行了《中华人民共和国残疾人保障法》有关知识讲座。会议视察了03省道东复线北伸工程和江东大道在建工程，听取区交通局局长俞渭成所作的《关于我区交通道路"三年百亿"工程建设情况的汇报》和区人大常委会城建环保工委主任谢光明所作的《关于我区交通道路建设情况的调查报告》。会议审议通过区检察院的有关人事任免事项。

【区第十四届人大常委会第二十次会议】 2009年7月23—24日召开。区人大常委会主任沈奔新，副主任汪柏遂、周红英、邱有来、李金达、商怀远、蒋建国和委员共29人出席会议。副区长许岳荣，区委组织部部长施迎利，区政协副主席金老虎，区人大常委会正区级巡视员朱张松，区人民法院、区人民检察院负责人，区人大常委会各委办和有关部门的负责人列席会议。戴村、临浦、所前、闻堰、瓜沥、靖江、新湾镇人大主席以及9名区人大代表应邀列席会议。会议举行了法制知识讲座，邀请浙江省民防局副局长赵德兴讲授《中华人民共和国人民防空法》。会议听取和审议区财政局局长金伟受区人民政府委托所作的《关于杭州市萧山区2008年财政总决算和区级财政决算的报告》；听取和审议区审计局局长翟炳芳受区人民政府委托所作的《关于2008年度区本级预算执行和其他财政收支情况的审计工作报告》；听取和审议区发改局局长洪关良受区人民政府委托所作的《关于2009年上半年全区国民经济和社会发展计划执行情况的报告》；听取和审议区财政局局长金伟受区人民政府委托所作的《关于2009年上半年财政预算执行情况的报告》；听取区人大常委会财政经济工作委员会主任易伟光所作的《关于我区2009年上半年国民经济计划执行和财政运行情况的调查报告》。会议结合审计工作报告，经过审议，决定批准2008年区级财政决算，批准金伟受区人民政府委托所作的《关于杭州市萧山区2008年财政总决算和区级财政决算的报告》。会议对区公安分局2007年以来的行政执法工作进行了评议，听取钟兴华、蔡金祥、孙洪明、柴国良、钱珏美、金丽娜等6位区人大代表代表所在片区人大代表所作的评议意见汇报。许岳荣受区长盛阅春的委托，向会议提交了《关于提请任免骆威等同志职务的议案》。会议以无记名投票表决的方式，决定免去孙旭东的区人民政府副区长职务，决定任命骆威为区人民政府副区长。会议根据区人民法院院长潘季林提交的议案，以举手表决的方式，通过区人民法院的人事免职事项。

【区第十四届人大常委会第二十一次会议】 2009年9月29日召开。区人大常委会主任沈奔新，副主任汪柏遂、周红英、商怀远、蒋建国和委员共28人出席会议。副区长蒋金梁、区委组织部部长施迎利，副区长赵立明，区人大常委会正区级巡视员朱张松、蔡吾贤，区法院、检察院负责人，区人大常委会各委办和有关部门负责人列席会议。进化、党山镇人大主席以及2名区人大代表应邀列席会议。会议听取并审议区经发局局长陈兴康受区政府委托所作的《关于我区工业转型升级情况的报告》和区人大常委会财经工委主任易伟光所作的《关于我区工业经济转型升级情况的调查报告》。会议听取并审议区政府办公室主任施天贵受区政府委托所作的《关于杭州市萧山区十四届人大三次会议代表建议办理工作情况的报告》和区人大常委会代表工委副主任许志伟所作的《关于区十四届人大三次会议代表建议办理工作情况的调查报告》、区人大常委会城建环保工委主任谢光明所作的《关于"加强环境治理 推进生态区建设"重点跟踪督办建议办理情

来新夏方志馆

2007年2月，由萧山区人民政府出资，南开大学教授、著名学者来新夏捐赠志书而共同组建成立的来新夏方志馆投入使用。方志馆坐落于城厢街道文化路江寺民俗文化园内，建筑面积400多平方米，藏书六七千种。方志馆集地方志展示、编纂、咨询、研究于一体，为地方志开发利用开辟了广阔的前景。来新夏方志馆的诞生，既是来新夏情系桑梓、厚报故里的一个真诚善举，也是萧山地方志事业发展史上的一个里程碑，更是萧山建设文化强区取得的一个丰硕成果。

在来新夏方志馆的基础上，吴越方志馆应运而生，萧山有望真正成为吴越文化研究中心、地情资料信息中心、地情研究与咨询中心、地方文献中心。

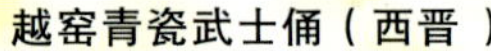

越窑青瓷武士俑（西晋）

越窑青瓷仕女俑（西晋）

原始瓷簋（春秋）

萧山博物馆

1958年，萧山县博物馆成立，当时设于县文化馆，由文化馆工作人员兼任，不到一年撤销。1972年成立萧山县文物管理委员会，作为萧山文物管理协调机构，具体工作落实在县文化馆。1987年，县文化馆设文物组，1991年改为文物部，同年，设立县文物管理委员会办公室，由文化馆文物部负责具体工作。1993年9月，经萧山市编委批准建立市博物馆，与文物管理委员会办公室合署办公，办公地点设于江寺和祇园寺，至此，博物馆正式独立建制。1999年7月，萧山博物馆在江寺挂牌。2003年2月，博物馆新馆建设项目立项，江寺于2004年10月改名为“江寺民俗文化园”，并免费开放。2009年3月20日，萧山博物馆新馆建成并免费开放。萧山博物馆占地面积2公顷，建筑面积1万平方米，展馆面积2200平方米，库房面积1000平方米。萧山博物馆藏品十分丰富，有陶瓷、书画、金属、玉石杂件、古籍、钱币等六大门类。藏品3575件，包括一级文物24件、二级文物128件、三级文物1648件。其中，陶瓷1265件，书画1452件，金属类文物375件，玉石杂件253件，古籍56部，其他164件。古陶瓷一直是该馆的主要收藏和征集方向，现已成为一大馆藏特色。

任熊的戏婴图（清代）

萧山年鉴 2010 XIAOSHAN YEARBOOK

萧山八千年

跨湖桥遗址博物馆

跨湖桥遗址博物馆位于浙江湘湖旅游度假区，作为跨湖桥遗址公园的核心部分，是一座综合反映跨湖桥遗址考古发掘和研究成果的专题类博物馆，2006年9月立项，2009年9月28日建成开放。博物馆占地5.53公顷，建筑面积约7000平方米，建筑总体以船为造型，展陈区域由“八千年回首”主题陈列厅和遗址保护厅组成，展示跨湖桥出土文物130余件。主题陈列厅总面积约780平方米，分为“跨湖桥文明诞生”、“跨湖桥人活动”、“农业起源的探索”和“聚焦跨湖桥遗址”四个部分，通过场景复原、实物展示和文物解读，展示了8000年跨湖桥文化；遗址保护厅总面积约2000平方米，对独木舟及相关遗迹进行原址保护，并供游客参观。截至2009年底，跨湖桥遗址博物馆共接待海内外游客近7万人次。

跨湖桥遗址经过1990年、2001年和2002年三次考古发掘，出土了大量骨器、木器、石器、陶器及动植物遗存，经碳14测定，距今8000—7000年。特别是迄今年代最久的独木舟及相关遗迹，被评为“2001年度全国十大考古新发现”。2004年12月，“跨湖桥文化”正式命名。2006年5月，跨湖桥遗址被国务院公布为第六批全国重点文物保护单位。“跨湖桥文化”是继“河姆渡文化”、“马家浜文化”和“良渚文化”之后，浙江省史前考古取得的一项重大成果，它把浙江的文明史整整向前推进了1000年。

京杭大运河

水利之

中国水利博物馆

中国水利博物馆是水利部直属的国家级行业博物馆，2004年7月，经国务院批准、中央编办批复，在浙江杭州设立，由水利部和浙江省人民政府共同管理。2005年3月开工，于2010年3月22日“世界水日”开馆。

中国水利博物馆地处杭州钱塘江南岸，建筑面积3.6万平方米，高128.9米，采用塔馆合一的设计，实现了古典风格、现代材料和先进技术的完美结合，成为“漂在水上”的水晶宝塔。博物馆综合了展陈、研究、交流、教育和休闲等功能，核心展区分为水利千秋、水中万象和龙施雨沛三大部分。水利千秋展区采用场景复原、文物陈列、图文展示、视频演绎和多媒体特效应用等五位一体的模式，生动展现中华民族5000多年的水利历史和文化；水中万象展区采用参与互动的方式，让观众尽情遨游于水科技和水资源的知识海洋；龙施雨沛展区在传统的龙钮雕塑上镌刻《史记·河渠书》，诠释中国水利的起源和文化内蕴，表达人与自然和谐相处的美好愿景。

高峡平湖

萧山城市规划展示馆

萧山城市规划展示馆位于萧山水务大楼，于2006年12月中旬免费向市民开放。展馆包括两个楼层，一楼和四楼。总建筑面积1544平方米，展览区面积1017平方米。其中一楼建筑面积305平方米，展览区面积209平方米；四楼建筑面积1239平方米，展览区面积808平方米，其中航拍图面积为446平方米。一楼展示内容为萧山的历史和现在，包括“领导关怀”、“萧山史话”和“今日萧山”等部分，有多媒体介绍萧山的现状和人文历史。四楼展示内容为萧山的未来规划，包括萧山次区域规划、分区规划、专项规划和详细规划等12个规划。另设置多媒体，主要介绍萧山的投资环境，内容为萧山的工业、农业、第三产业以及“一港四平台”等专项规划。展示馆采用智能控制系统，满足不同人群、不同参观场合的需要，具备全自动多媒体演示、新型交互式分流程演示和手动控制等多项功能。

萧山主城区沙盘面积357平方米，为四楼最主要的展览区域。主体模型按1：650比例建造，模型范围东至新城路，西到风情大道，北至钱塘江北岸，南到湘湖二期及南三路。城区方圆151平方千米都可尽收眼底。

【民居历程】
北塘河

萧山区体育中心

萧山区体育中心位于市心南路398号，老城区南部，总占地面积7.73公顷，为萧山区体育局下属单位，2001年11月由原体育馆、体育场、游泳池合并成立，属事业单位性质。体育中心主体建筑由体育场、体育馆、游泳池、网球馆组成。附属基础设施有门球馆、羽毛球馆、健身馆，以及中心广场、健身苑、室外篮球场、羽毛球场等。体育中心主要职能是：举办或承办体育比赛、文艺演出、公益活动；承办政府大型公共活动；组织体育文化各类培训；贯彻、实施《中华人民共和国体育法》；组织实施《全民健身条例》，辅导市民健身活动，提供健身活动场地，促进全民健身活动全面展开。

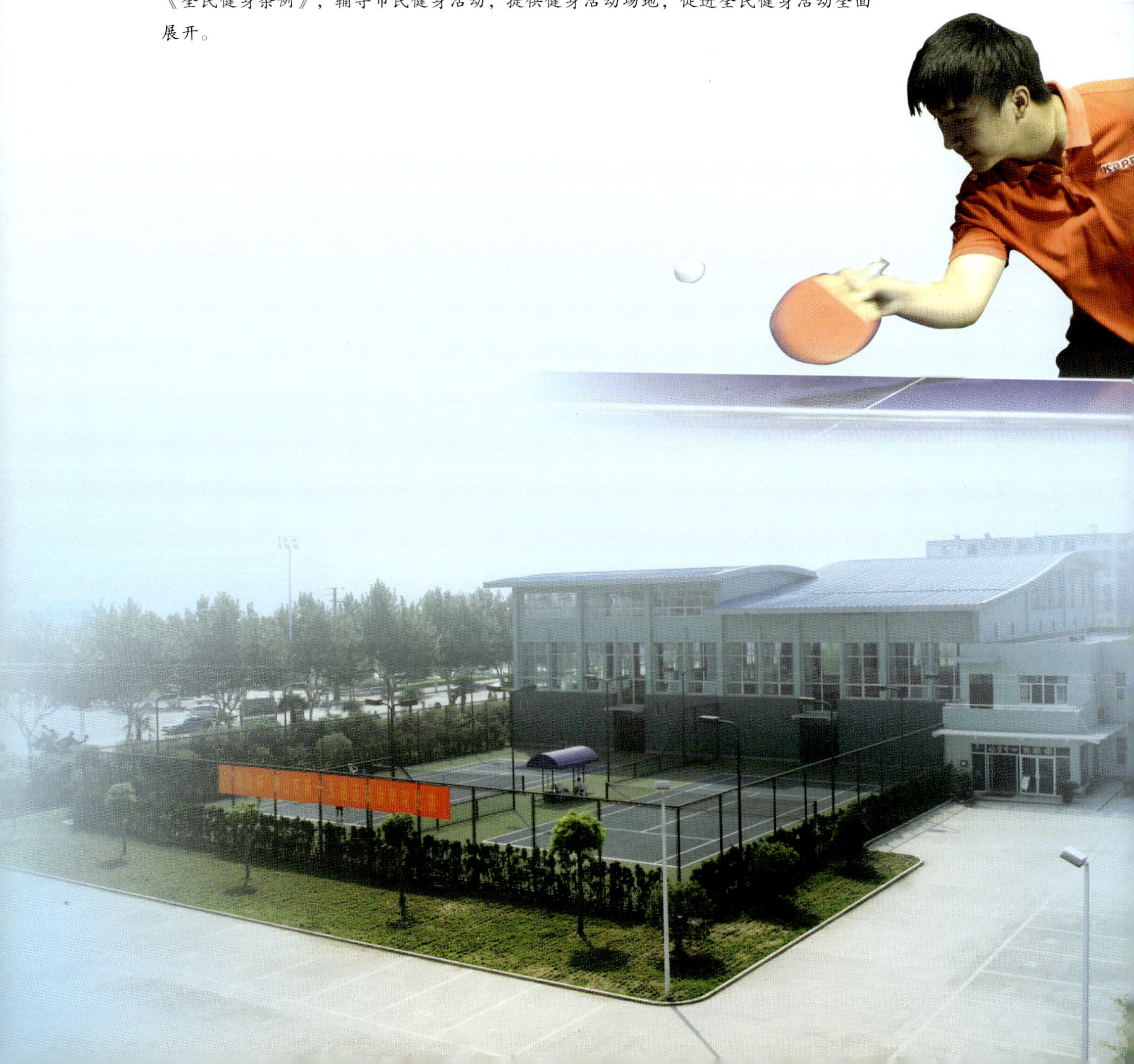

DBL 想篮球
DBL
杭州吉达

萧山区文化馆

萧山区文化馆隶属于萧山区文化广电新闻出版局，性质为国家设立的全民所有制文化事业单位，是为群众提供综合性文化服务，并向社会开放的公益性文化机构，是群众的文化艺术活动中心和辅导中心。萧山区文化馆围绕构建公共文化服务体系和非物质文化遗产保护两项中心工作，从机关文化、校园文化、企业文化、农村文化、社区文化建设等方面着手，整合全区可利用的文化资源，遵循"团结、尊重、诚信、创新"的理念，积极开展群众文化工作，为全区人民提供公共文化服务。2009年，经浙江省文化厅考核，萧山区文化馆被定为浙江省一级文化馆。

萧山区第一期文体辅导员培训班

第八届艺术节"莲花落"演出现场

萧山区第四届社区文艺会演

萧山区第一期文体辅导员培训班戏曲表演课

“金溢杯”六一少儿书画大赛

萧山图书馆

萧山图书馆前身为县立通俗图书馆，成立于民国10年（1921），1956年经浙江省委文教委员会批准成为全省首批县级公共图书馆之一。1981年单独建制。1986年5月从千年古刹祇园寺搬入文化路馆舍开放服务。2007年2月1日，萧山图书馆新馆正式对外开放。文化路83号老馆和市心中路958号新馆分别在新老城区同时向市民提供公共文化服务。

萧山图书馆现有馆藏文献60万册（件），收集丰富的地方文献信息资料，入藏古籍7000卷（册），购置《四库全书存目丛书》、《续修四库全书》、《四库未收书辑刊》、《四库禁毁书丛刊》等四库系列和《古今图书集成》等珍贵典籍。2009年度订阅期刊860种、报纸225种，其中境外原版23种。订购方正Apabi电子图书等数字资源，向社会公众提供网络信息服务。

2007年新馆开放至今，最高读者接待量每天3万人次。到2009年底累计接待读者400万余人次，累计文献借阅1852万册，累计举办活动500余场，有6万余人参与活动。其中，2009年全年共接待读者165.4万余人次，阅览册次521.3万余册，借阅册次192.92万余册，办理免押金证3.5万本，举办活动270余场，近3万人次参与活动。

来新夏著述专

图书阅览部

萧山地方文化展

科技工作者俱乐部

湘湖讲堂(“阳光姐姐”伍美珍为小读者签名)

萧山档案馆

档案查阅

萧山档案馆成立于1960年2月，1998年晋升为浙江省一级档案馆。2002年以来，在全省综合档案馆现代化评估中连续多年位居前三，多次荣获国家档案局优秀科技成果二、三等奖。档案新馆2008年1月开工建设，2009年12月建成，现有馆舍面积15800平方米。馆藏档案内容丰富，具有地方特色。截至2009年底，馆藏193个全宗，档案90133卷计93883件（不包括破产转制企业5万卷），案卷排架长度2011米，照片档案（含纸质、电子）23407张，资料18638册，有文书、婚姻、土地、户籍、名人、特种载体等八大类。馆藏档案历史跨度300余年，最早的是明清档案，最多的是文书档案，馆藏全套“中国福利彩票”，是全国第一家完整保存新中国发行彩票的档案馆。《来氏家谱》被列入“第一批浙江档案文献遗产”。2009年，接待档案查阅9322人次，调阅档案10883卷、资料416册，出具证明20161页。

况的督察报告》。会议以举手表决的方式通过《杭州市萧山区人民代表大会常务委员会关于增加区人民法院人民陪审员名额的决定》。会议听取区人大常委会代表资格审查委员会提交的《杭州市萧山区第十四届人民代表大会代表变动情况的报告》,以举手表决的方式通过该报告。会议根据区人大常委会主任会议提交的议案,以举手表决的方式通过了《杭州市萧山区人民代表大会常务委员会关于增设杭州市萧山区人民代表大会常务委员会农业和农村工作室(工作委员会)的决定》。会议根据区人大常委会主任会议和区人民检察院提交的人事任免议案,以无记名投票的形式表决通过有关人事任免事项。

【区第十四届人大常委会第二十二次会议】 2009年11月23—24日召开。区人大常委会主任沈奔新,副主任汪柏遂、周红英、邱有来、李金达、商怀远、蒋建国和委员共30人出席会议。区纪委书记郎文荣、区委组织部部长施迎利,副区长张爱莲,区政协副主席金老虎,区人大常委会正区级巡视员朱张松,区人民法院、区人民检察院负责人,区人大常委会各委办和有关部门负责人列席会议。河上、浦阳、义桥、衙前镇人大主席以及4名区人大代表应邀列席会议。会议举行《中华人民共和国档案法》知识讲座。会议听取并审议区教育局局长蔡仁林受区政府委托所作的《关于我区教育均衡发展工作的情况报告》和区人大常委会教科文卫工委主任史水英所作的《关于我区教育均衡发展工作情况的调查报告》。会议以无记名投票的方式,对萧山教育均衡发展工作情况进行了满意度表决,结果为满意。会议听取并审议区财政局局长金伟受区政府委托所作的《关于调整2009年度财政预算的报告》。会议同意调整2009年度财政预算。收入预算不做调整,不增加可用资金,仅调整预算指标结构。会议听取了区纪委书记郎文荣所作的《关于我区今年以来党风廉政建设和反腐败工作情况的通报》。会议根据区人大常委会主任会议提交的《关于提请任免赵建法等同志职务的议案》、区人民法院院长潘季林提交的《关于提请任免胡水坤等同志职务的议案》和《关于提请任命屠世恩等同志职务的议案》以及区人民检察院检察长方新建提交的《关于提请任免王文柱等通知法律职务的议案》,以无记名投票的方式,表决通过有关人事任免事项。会议书面审议区公安分局行政执法评议意见落实情况的报告。

讨论、决定重大事项

【决定区第十四届人民代表大会第三次会议召开时间】 2009年1月8日,区第十四届人大常委会第十五次会议根据宪法和地方组织法有关规定,决定区第十四届人民代表大会第三次会议于2009年2月11日在萧山剧院召开。

【决定接受汤金耀辞去萧山区人大常委会委员职务】 因汤金耀调往区政府组成部门任职,根据《中华人民共和国地方各级人民代表大会和地方各级人民政府组织法》第二十七条、第四十一条规定和汤金耀的辞职请求,2009年1月8日,区第十四届人大常委会第十五次会议决定接受汤金耀辞去萧山区第十四届人大常委会委员职务。报杭州市萧山区第十四届人民代表大会第三次会议备案。

【决定接受李成良辞去萧山区第十四届人民代表大会代表职务】 根据《中华人民共和国全国人民代表大会和地方各级人民代表大会代表法》、《杭州市萧山区人民代表大会常务委员会关于区人大代表辞职的暂行规定》以及李成良的辞职请求,2009年1月8日,区第十四届人大常委会第十五次会议决定接受李成良辞去萧山区第十四届人民代表大会代表职务。报杭州市萧山区第十四届人民代表大会第三次会议备案。

【审议通过《杭州市萧山区人民代表大会代表议案和建议处理办法》】 2009年1月8日,区第十四届人大常委会第十五次会议根据《中华人民共和国地方各级人民代表大会和地方各级人民政府组织法》、《中华人民共和国全国人民代表大会和地方各级人民代表大会代表法》有关规定,审议通过《杭州市萧山区人民代表大会代表议案建议处理办法》。

【作出关于加强区人民检察院法律监督工作的决议】 2009年3月26日,区第十四届人大常委会第十七次会议听取和审议了区人民检察院检察长方新建所作的《区人民检察院关于开展法律监督工作情况的报告》,为了监督并支持区人民检察院依法开展法律监督工作,推动"法治萧山"进程,作出了《杭州市萧山区人民代表大会常务委员会关于加强区人民检察院法律监督工作的决议》。

【决定继续重点跟踪督办"加强环境治理、推进生态区建设"代表建议】 2009年3月26日,区第十四届人大常委会第十七次会议审议了区十四届人大三次会议期间,许天罡、王利根、杨震亚等113名人大代表提出的有关加强环境治理、推进生态区建设的建议。会议认为,人代会期间,人大代表继续十分关注萧山的生态环境,要求加强环境保护的呼声较为强烈,共提出建议16件,具有广泛的代表性。会议决定,继续将区十四届人大三次会议期间代表提出的关于加强环境治理、推进生态区建设的建议列为区人大常委会重点跟踪督办建议。

【审议通过《杭州市萧山区人民代表大会常务委员会听取和审议专项工作报告暂行规定》】 2009年3月26日,区第十四届人大常委会第十七次会议根据监督法的要求和完善创新人大工作制度的需要,审议通过《杭州市萧山区人民代表大会常务委员会听取和审议专项工作报告暂行规定》。

【决定接受李维宝辞去萧山区第十四届人民代表大会代表职务】 根据《中华人民共和国全国人民代表大会和地方各级人民代表大会代表法》、《杭州市萧山区人民代表大会常务委员会关于区人大代表辞职的暂行规定》以及李维宝的辞职请求,2009年3月26日,区第十四届人大常委会第十七次会议决定接受李维宝辞去萧山区第十四届人民代表大会代表职务。报杭州市萧山区第十四届人民代表大会第四次会议备案。

【作出关于大江东新城区域行政区划调整的决议】 2009年

5月13日，区第十四届人大常委会第十八次会议听取并审议了区人民政府提交的《杭州市萧山区人民政府关于调整大江东新城区域行政区划的议案》及情况说明。会议决定同意这个方案，并由区人民政府按照法定程序报批并组织实施。

【决定批准杭州市萧山区2008年区级财政预算】 2009年7月23日，区第十四届人大常委会第二十次会议经过审议，决定批准2008年区级财政决算，批准区财政局局长金伟、区审计局局长翟炳芳受区人民政府委托分别所作的《关于杭州市萧山区2008年财政总决算和区级财政决算的报告》、《关于2008年度区本级预算执行和其他财政收支情况的审计工作报告》。

【决定增设萧山区人大常委会农业和农村工作委员会】 根据2009年8月杭州市委人大工作会议有关精神和"三农"工作需要，9月29日，区第十四届人大常委会第二十一次会议决定增设区人大常委会农业和农村工作委员会。

【决定增加区人民法院人民陪审员名额】 2009年9月29日，区十四届人大常委会第二十一次会议听取和审议区人民法院关于要求增加人民陪审员名额的议案。根据全国人民代表大会常务委员会《关于完善人民陪审员制度的决定》精神，会议决定增加区人民法院人民陪审员名额59名，至此区人民法院人民陪审员名额为152名。

【决定调整萧山区2009年度财政预算】 2009年11月23日，区第十四届人大常委会第二十二次会议决定调整2009年度财政预算。收入预算指标不做调整，不增加可用资金，仅调整预算指标结构。调整后，全区财政总支出预算为568000万元，其中，区级财政预算403000万元，比上年调整预算增长6.05%，其中：区本级331000万元，比上年调整预算增长4.91%；街道办事处财政21000万元，比上年调整预算增长27.27%；经济技术开发区财政42000万元，与上年持平；临江工业园区财政6000万元，与上年持平；钱江世纪城财政3000万元；镇级财政165000万元，比上年调整预算增长－5.7%。区级项目调增10000万元(其中，区本级调整增加30000万元，调整减少22000万元，街道办事处调增3000万元，开发区等平台调减1000万元)。

【决定接受倪志铭等辞去萧山区人大常委会委员职务】 因倪志铭、黄国钧、杨晓峰调往区政府组成部门任职，根据《中华人民共和国地方各级人民代表大会和地方各级人民政府组织法》第二十七条、第四十一条规定和本人的辞职请求，2009年11月23日，区第十四届人大常委会第二十二次会议决定接受倪志铭、黄国钧、杨晓峰辞去萧山区第十四届人大常委会委员职务。报杭州市萧山区第十四届人民代表大会第四次会议备案。

【决定同意调整2009年地方政府债券收支预算】 根据省财政厅《关于下达2009年地方政府债券(一期)资金的通知》、《关于下达2009年地方政府债券(二期)资金的通知》精神及下达萧山区的2009年地方政府债券资金要求，12月29日，区人大常委会决定，同意区人民政府根据《2009年地方政府债券预算管理办法》规定，对2009年地方政府债券收支预算进行调整，增加"债券转贷收入"23600万元，增加"一般预算支出——交通运输支出——杭甬客专"17500万元，增加"一般预算支出——交通运输支出——杭长客专"6100万元。要求地方政府债券全部用于杭甬客专和杭长客专项目支出。

区人大常委会主要活动

2009年1月9日，区人大常委会领导视察区第一人民医院基建工程。

1月12日，区人大常委会、区政府领导分片召开会议，听取区人大代表对《区人大常委会工作报告》(征求意见稿)和《区政府工作报告》(征求意见稿)的意见和建议。

2月9日，区人大常委会举行《萧山人大志》首发式。

2月10日，区人大常委会举行先进表彰会，对《关于加快征迁补偿政策统一的建议》等10件优秀议案、建议，河上镇区人大代表小组等8个2008年度先进代表小组，楼铭亚等38名代表工作积极分子，河庄镇人大主席团等6个2008年度全区人大系统宣传信息工作先进集体和李志松等8名优秀通讯员进行表彰。

2月26日，区十四届人大常委会举行第48次主任会议，讨论研究区十四届人大三次会议代表建议分类，确定本届人大第二轮代表小组定向视察活动安排以及本年度区人大常委会组成人员走访区人大代表安排。

3月11日，区人大常委会对《中华人民共和国烟草专卖法》贯彻执行情况进行检查。

3月26日，区人大常委会成立重点建议督办工作组，专门负责"加强环境治理，推进生态区建设"重点建议的跟踪督办工作。

4月13日，区人大常委会发文由常委会领导牵头督办12件代表建议。该12件建议从区十四届人大三次会议上代表提出的建议中选取，均事关萧山经济社会发展大局和人民群众根本利益。

4月14日，省人大常委会副主任吴国华率省人大联合调研组对萧山贯彻执行《浙江省台湾同胞投资保障条例》情况进行调研。

4月21日，区人大常委会举行全区人大干部培训班，区人大常委会主任沈奔新作开班动员和讲话，杭州市委党校副教授周旭霞作《从国际国内形势看科学发展》讲座，并组织外出考察。

4月29日，区十四届人大常委会举行第50次主任会议，视察萧然女子医院和泰和老年康复医院，听取区卫生局关于萧山区民营医院运作情况的汇报。

5月上旬至6月，区人大常委会在全区范围内开展《中华人民共和国残疾人保障法》贯彻执行情况的检查。

5月15日，区人大常委会组织机关全体干部赴党山镇实地参观梅林新农村和和合科技集团，听取党山镇、梅林村、和合科技集团学习实践科学发展观活动情况介绍。

5月21日，区十四届人大常委会举行第52次主任会议，实地视察杭州江南养殖有限公司等农业产业龙头企业，听取萧山区农业经济转型升级工作情况报告。

6月8—12日，区人大常委会主任沈奔新一行赴辽宁省辽阳市宏伟区参加华东、华南、东北、西北19县(市、区)人大工作研讨会第三十二次会议。

6月10日，省人大常委会副主任王永明率检查组到萧山检查《中华人民共和国农业法》及相关法律法规贯彻实施情况。

6月24日，区人大常委会召开对区公安分局行政执法工作评议动员会。

6月26日，杭州市人大常委会副主任顾树森、陈振濂带领市人大常委会环境保护执法检查组到萧山就贯彻执行"一法两条例一决议"情况进行检查。

6月29日，区十四届人大常委会举行第54次主任会议，听取全区截污纳管工作情况汇报。

7月1—2日，省人大常委会副主任徐宏俊带队到萧山调研大江东新城区域行政区划调整有关问题。

7月27日，区十四届人大常委会举行政情报告会，听取上半年政府主要工作情况报告。

7月31日，区十四届人大常委会举行第57次主任会议，讨论《区人大代表对区公安分局行政执法工作的评议意见》和《关于实施〈杭州市萧山区人大常委会关于加强区人民检察院法律监督工作的决议〉的办法(试行)》。

8月19日，区十四届人大常委会举行第58次主任会议，听取区财政局关于财政资金使用绩效评价工作情况汇报。

8月21日，区十四届人大常委会举行第59次主任会议，听取区人民法院民事审判工作情况的汇报。

8月31日—9月4日，区人大常委会举办常委会组成人员理论读书会，并赴河北省邯郸市邯山区人大进行考察交流。

9月15日，区十四届人大常委会举行第60次主任会议，实地视察浙江捷丰新型建筑材料有限公司污泥制砖等项目运行情况，听取区环保局关于污水处理厂污泥无害化、资源化处置工作进展情况汇报。

9月22日，区十四届人大常委会举行第61次主任会议，讨论拟提交区十四届人大常委会第二十一次会议审议的有关议题，听取区司法局法律服务工作情况的汇报。

10月13日，杭州市人大常委会副主任陈重华率检查组对《杭州市科学技术进步条例》和《杭州市专利管理条例》贯彻落实情况进行检查。

10月19—23日，华东、华南、东北、西北19县(市、区)人大工作研讨会第三十三次会议在萧山召开，18个成员单位就"各地最具特色的人大工作"进行交流研讨，会议修订了研讨会章程，并决定将研讨会更名为全国19县(市、区)人大工作研讨会。

11月5日，区人大常委会办公室发出通知，在全区范围内开展区人大代表向选民述职活动。

11月6日，区人大常委会领导视察政府投资项目推进工作情况，实地视察庆春路过江隧道等在建项目。

11月7日，民建中央主席、全国人大常委会副委员长陈昌智到萧山视察。

11月17日，区人大常委会领导视察河道整治工作情况，实地视察小砾山饮水工程等整治项目。

11月19—20日，全国人大常委会财经委员会组团到萧山调研就业与再就业工作。

12月2日，区人大常委会举行全区人大系统新任领导干部培训班。区人大常委会主任沈奔新、副主任李金达分别授课。

12月3日，区十四届人大常委会举行第63次主任会议，实地视察区档案新馆和区城建档案馆，听取区档案局档案工作情况汇报。

12月8—10日，区人大常委会组织机关干部赴富阳、桐庐、淳安、建德，就2009年特色工作和2010年工作思路与当地人大常委会开展考察交流。

12月22日，区人大常委会举行镇街人大工作交流会，汇报交流镇街人大工作情况和2010年工作思路。

12月25日，区十四届人大常委会举行第64次主任会议，研究机关工作务虚会和镇街人大工作交流会上提出的意见、建议，萧山发行地方政府债券以及相应调整2009年度财政预算有关事项，讨论拟提交区十四届人大常委会第二十三次会议审议的有关议题。

2009年11月6日，区人大常委会组织视察区政府重点投资项目推进工作

(裘晓莉摄)

人事任免

【概况】 2009年，区人大常委会免除区人大常委会委员职务4人；任命区人大常委会工作委员会主任1人、副主任5人，免去区人大常委会工作委员会副主任职务2人；免去区人大常委会代表资格审查委员会委员职务1人；任命区人大常委会街道工作委员会主任3人、副主任8人，免去区人大常委会街道工作委员会主任职务3人、副主任职务7人；接受区人大代表辞职2人。决定任命区人民政府副区长1人；决定免去区人民政府副区长职务1人。任命区人民法院审判员7人、人民陪审员20人；免去区人民法院审判员职务2人。任命区人民检察院副检察长、检察委员会委员、检察员1人，任命区人民检察院副检察长1人，检察委员会委员2人；免去区人民检察院副检察长、检察委员会委员、检察员职务1人，检察委员会委员职务1人，检察员职务3人。

【任免区人民政府组成人员一览】

时间	会议	任免	姓名	任免职务
2009年7月24日	区第十四届人大常委会第二十次会议	任命	骆威	区人民政府副区长
2009年7月24日	区第十四届人大常委会第二十次会议	免去	孙旭东	区人民政府副区长

（毛莉玫）

组织机构及负责人

【区人大常委会主任、副主任】

主　任：沈奔新

副主任：汪柏遂

周红英

邱有来

李金达

商怀远

蒋建国

【工作机构及负责人】

办公室主任：李启财

法制工作委员会主任：何秀泉

教科文卫工作委员会主任：史水英

代表工作委员会主任：田和平

财政经济工作委员会主任：易伟光

城建环保工作委员会主任：谢光明

农业和农村工作委员会（9月建）主任：王和瑞（9月始）

【镇街人大主席（工委主任）】

楼塔镇人大主席：傅国超（11月止）

方幼儿（11月始）

河上镇人大主席：王利根

戴村镇人大主席：汤叶英

浦阳镇人大主席：孙培源

进化镇人大主席：高跃进（11月止）

徐雪荣（11月始）

临浦镇人大主席：方关友

所前镇人大主席：缪项云

义桥镇人大主席：杨　国

闻堰镇人大主席：莫建楠

宁围镇人大主席：俞刘根（11月止）

曹柏华（11月始）

新街镇人大主席：夏正昌

衙前镇人大主席：徐火清

坎山镇人大主席：俞可荣

瓜沥镇人大主席：孔水方

党山镇人大主席：吴雅娟（11月止）

徐国耀（11月始）

益农镇人大主席：赵建法（11月止）

钱月明（11月始）

党湾镇人大主席：胡　剑

城厢街道人大工作委员会主任：高水田

北干街道人大工作委员会主任：吴小成

蜀山街道人大工作委员会主任：倪志铭（11月止）

傅国超（11月始）

新塘街道人大工作委员会主任：许仲洋

靖江镇人大（8月撤销）主席：方伶俐（8月止）

靖江街道人大工委（8月建）主任：方伶俐（8月始）

南阳镇人大（8月撤销）主席：项建华（8月止）

南阳街道人大工委（8月建）主任：项建华（8月始）

河庄镇人大（8月撤销）主席：孙茂潮（8月止）

河庄街道人大工委（8月建）主任：孙茂潮（8月始，11月止）

傅岳良（11月始）

义蓬镇人大（8月撤销）主席：钟水娟（8月止）

义蓬街道人大工委（8月建）主任：钟水娟（8月始）

新湾镇人大（8月撤销）主席：曹柏华（8月止）

新湾街道人大工委（8月建）主任：曹柏华（8月始，11月止）

董红明（11月始）

（严颖颖）

萧山区人民政府

综述

2009年，萧山区实现生产总值1037.07亿元，比上年增长4.9%（现价），人均生产总值85986元。财政总收入137.08亿元，其中地方财政收入69.53亿元，分别增长8.1%和10.0%。三次产业比例为4.3∶63.8∶35.6，增加值分别增长6.2%、6.7%和15.4%。规模以上工业企业实现工业总产值343.59亿元，增长5.7%。社会消费品零售总额237.69亿元，增长15.4%。城市化率达到66.4%，中心城区建成区面积60.78平方千米。市政和交通道路总里程2510.6千米，公交普及率100%，自来水普及率98.7%，中心城区污水纳管率90.2%。万元生产总值综合能耗下降5%。主要污染物化学需氧量削减12%，二氧化硫排放量削减5.3%。全年空气优良天数达到293天，基本消除劣Ⅴ类水体。新增就业26807人，城镇登记失业率3.36%。城镇居民人均可支配收入29229元，农村居民人均纯收入14390元，分别增长10.5%和10.8%，高于GDP增幅。城乡居民本外币储蓄余额703.59亿元，城镇居民和农村居民人均住房面积分别为33.83平方米和75.09平方米，汽车保有量38.25万辆。

实现规模以上工业企业销售产值3403.31亿元，增长6.4%；自营出口56.2亿美元，下降16.5%。受国际国内经济形势影响，两项指标未实现年初人代会提出的目标，但均处于省市领先地位。

【区政府全体（扩大）会议】 2009年2月19日，区政府召开第十四届四次全体（扩大）会议。会上，区政府与政府组成部门及相关单位主要负责人签订《2009年度政府工作目标责任书》，并布置当前各项重点工作。区政府领导盛阅春、许岳荣、蒋金梁、施水祥、孙旭东、朱云夫、方毅、赵立明，以及区政府全体组成人员出席会议；各镇街、区政府有关部门和各直属单位行政主要负责人列席会议；区政协副主席叶永浩，部分区人大代表、区政协委员应邀出席会议；区人武部、区法院、区检察院、经济技术开发区管委会、海关驻萧办事处、萧山出入境检验检疫局，以及各群众团体的负责人应邀参加会议。会议由常务副区长许岳荣主持。

会议指出，新时期政府的主要职能是经济调节、市场监管、社会管理、公共服务。在具体实践中，政府面临的工作千头万绪，错综复杂，有必要进行适当的梳理、分类，以项目化的形式予以明确，从而在纷繁的局面中能够统筹全局、突出重点，确保完成全年各项目标任务。当前形势下实施工作目标责任制评估，是应对新形势的现实选择，是完成全年目标任务的重要抓手，也是对政府自身建设的具体要求。会议强调，在实施政府工作目标责任制评估时，要着重把握三个重点内容即围绕区委、区政府的中心工作，突出2009年工作的特色和重点，紧扣各部门的工作实际。会议要求，各被评估单位要进一步统一思想，加强领导，提高认识，进一步提升政府执行力。要严格按照要求，认真贯彻执行，保证落到实处。要真抓实干，发扬敢干、会干、拼命干的作风，通过政府目标责任制评估这一科学载体，认真部署、有序推进，全面完成区两会确定的各项目标任务。

会议就当前政府重点工作进行了部署。一是确保实现经济平稳较快发展。二是加快基础设施建设步伐。三是强势推进拆违控违工作。四是抓好安全工作不放松。五是加大环境污染整治力度。六是维护社会稳定，密切关注因企业经营不善引发的各类不安定因素。七是提升政府行政效率。

（钟　楠）

【区政府常务会议】 2009年，区第十四届人民政府共举行5次常务会议。

4月8日，区第十四届人民政府召开第九次常务会议。会议讨论了区政府将提交区委常委会研究的《关于进一步完善促进就业长效机制的实施意见》和《关于做好2009年稳定就业工作的意见》。区长盛阅春主持会议，副区长许岳荣、蒋金梁、施水祥、朱云夫、张爱莲、方毅、赵立明出席会议。区人大常委会副主任蒋建国、区政协副主席叶永浩、区总工会主席俞柏祥应邀参加会议。会议邀请部分区人大代表、区政协委员、市民代表列席，并首次通过区政府门户网站进行视频直播，听取意见。

5月6日，区第十四届人民政府召开第十次常务会议。会议讨论了区政府将提请区第十四届人大常委会第十八次会议审议的《关于大江东新城区域行政区划调整实施方案》。区长盛阅春主持会议，副区长蒋金梁、施水祥、孙旭东、朱云夫、张爱莲、方毅出席会议。区人大常委会副主任商怀远、区政协副主席朱国铭、区总工会主席俞柏祥应邀参加会议。

7月17日，区第十四届人民政府召开第十一次常务会议。会议讨论了区政府将提请区第十四届人大常委会第二十次会议审议的《关于2008年财政总决算和区级财政决算的报告》、《关于2008年度区本级预算执行和其他财政资金收支的审计结果报告》、《关于2009年上半年全区国民经济和社会发展计划执行情况的报告》和《关于2009年上半年财政预算执行情况的报告》。区长盛阅春主持会议，副区长许岳荣、蒋金梁、施水祥、张爱莲、赵立明出席会议。区人大常委会副主任蒋建国、区政协副主席叶永浩、区总工会副主席冯志泉应邀参加会议。

7月29日，区第十四届人民政府召开第十二次常务会议。会议讨论了《杭州市萧山区综合交通规划》。区长盛阅春主持会议，副区长许岳荣、蒋金梁、施水祥、朱云夫、赵立明、骆威出席会议。区人大常委会副主任蒋建国、区政协副主席叶永浩、区人武部政委李锡荣、区总工会主席俞柏祥应邀参加会议。会议邀请部分区人大代表、区政协委员、市民代表列席，并通过区政府门户网站进行视频直播，听取意见。

11月18日，区第十四届人民政府召开第十三次常务会议。会议讨论了《杭州市萧山区水利规划》以及区政府将提请区第十四届人大常委会第二十二次会议审议的《关于调整2009年度财政决算的报告》、《关于我区教育均衡发展情况的报告》。区长盛阅春主持会议。副区长许岳荣、蒋金梁、朱云夫、张爱莲、方毅、赵立明、骆威及区长助理琚海鹏、张志刚出席会议。区人武部部长方松源、区总工会副主席冯志泉应邀参加会议。

（孙玉霞）

【区长办公会议】 2009年，区第十四届人民政府召开区长办公会议15次，审议并通过下列事项：

《杭州市萧山区2009年度城市房屋拆迁临时安置补助费标准和搬家补助费标准》、《杭州市萧山区生猪屠宰行业发展规划(2008—2010年)》、《关于萧山区农贸市场改造提升实施意见》、《萧山区主干道路建设三年行动计划》、《关于进一步加大工业技术改造扶持力度的通知》、《关于进一步推进镇街(场)工业功能区建设及管理的实施意见》、《关于进一步促进汽车产业发展的若干政策》、《2009年度萧山区政府工作目标责任制评估实施意见(试行)》、《关于切实推进节约集约利用土地的实施办法》、《萧山区节约集约利用土地工作考核与奖励办法》、《关于小企业集合债权基金的相关情况》、《关于调整城市示范村住宅安置价格的通知》、《萧山区非住宅房屋拆迁货币补偿安置办法》、《关于杭州市萧山区房屋重置价格的通知》、《关于集体土地房屋拆迁补偿政策和城市示范村住宅安置价格的调整方案》、《关于杭州市萧山区城市住宅房屋拆迁货币补偿实施意见(试行)》、《关于进一步调整完善城区街道办事处财政体制结算办法的通知》、《关于进一步完善扶持中小企业担保公司发展的意见》、《杭州市萧山区产业发展导向目录(2009年版)》、《关于创办高桥金帆实验学校的方案》、《关于创建杭州市学前教育强区的实施意见》、《关于驻点招商考核管理办法(试行)》、《关于鼓励服务外包产业发展的实施意见(试行)》、《关于2009年新增客运出租运力的实施意见》、《关于萧山区加快现代物流业发展的若干政策》、《关于促进楼宇经济发展的若干意见》、《关于加快服务业重点项目建设的考核奖励办法》、《关于加快中介服务业发展的若干意见(试行)》、《关于城市示范村安置政策的补充意见》、《关于停车场设置和使用管理实施办法(试行)》、《关于鼓励企业并购重组的若干意见》、《关于电子信息产业升级培育规划(2009—2011年)》、《关于物流业升级培育规划(2009—2011年)》、《关于义务教育学校绩效工资的实施办法》、《关于机动车停放服务收费管理办法》、《关于浙江明铸置业有限公司要求调整金瑞大厦项目用地性质的建议》、《关于绕城公路内工业企业“退二进三”补充意见》、《关于城中村改造安置房建设资金筹措办法》、《关于保持对外贸易稳定增长的若干补充意见》、《关于红宝石家私广场涉及市场名称登记的相关情况》、《关于扶助发展新型墙体材料暂行办法》、《关于数字化城市管理建设工作的实施意见》、《关于支持企业分离发展服务业的若干政策意见》、《关于明确区内企业搬迁及跨区域发展财政收入统计口径、利益分成调整办法》、《关于调整政府重点建设项目安置房建设补助标准的通知》、《关于十大工业转型升级示范企业、十大工业技改(投资)示范项目、十大工业管理创新示范企业评选办法》、《关于杭州市铁路萧山站综合交通枢纽地区概念规划》、《关于三季度政府工作目标责任制评估工作情况通报》、《关于化纤纺织产业升级培育规划》、《关于钢结构产业升级培育规划》、《关于汽车及零部件产业升级培育规划》、《关于化工产业升级培育规划》、《关于羽绒产业升级培育规划》、《关于装备制造产业升级培育规划》、《关于新能源产业升级培育规划》、《关于811环境整治、生态环保目标任务和创模复检工作主要任务》、《关于加强转制社区建设和管理的若干意见》、《关于加快农转用项目批后供地工作和闲置土地处置的意见》、《关于主城区地下弱电管廊建设和管理办法》、《关于城市管理成员单位工作职责》、《关于促进我区小额贷款公司发展的实施意见》、《关于核定出租汽车经营权使用期限的实施意见》、《关于湘湖保护与开发二期工程修建性详细规划》、《关于区级财政专项资金管理办法》、《关于城乡居民社会养老保险实施办法》、《关于调整征地农转非人员养老保险缴费标准等事项的通知》、《关于〈政府工作报告〉(征求意见稿)有关内容及起草工作情况》、《关于2010年政府投资项目计划(草案)》、《关于2009年主要预期指标完成情况和2010年计划指标安排情况》、《关于2010年财政综合预算安排的意见》、《关于萧山浦阳江北段两岸控制性规划》、《关于加快萧山会展业发展的若干政策意见》、《关于加强审计整改工作的意见》等。

（孙玉霞）

政府法制工作

【概况】 2009年，区政府坚持以科学发展观为指导，按照构建社会主义和谐社会的要求，认真贯彻落实依法治国基本方略，全面推进依法行政，加快法治政府建设，为保障萧山经济社会各项事业发展发挥了重要作用。

【全面推行开放式决策机制】 2009年，区政府实行重大事项公众参与、专家论证和政府集体决策相结合的开放式决策机制。政府常务会议实行网上同步直播，并邀请人大代表、政协委员、市民代表等列席会议，通过“中国萧山”政府网站和全省最大的户外LED全彩屏同步全程直播。网上公示《政府工作报告》，向广大市民征求意见建议。

【严格规范行政执法行为】 2009年，区政府法制办全面推行和完善行政执法责任制及其配套制度，进一步规范部门行政执法责任制实施方案。加强行政执法案卷评查，进一步规范行政执法程序和执法文书。积极构建权力阳光运行机制，清理和规范行政权力事项7417项。进一步规范重大具体行政行为和委托行政执法行为备案工作，加强对行政执法行为的监督。强化对国土资源、环境保护、食品卫生等重点领域的行政执法。

【加强对规范性文件的监督管理】 区政府法制办严格执行《萧山区行政规范性文件制定和备案审查规定》，注重在加强城市建设、维护社会稳定、转变政府职能、加强公共服务等方面的规范性文件制定工作，注重依法、科学、民主、创新，切实提高规范性文件质量。2009年共审核、备案行政规范性文件17件，废止规范性文件2件。

【认真做好立法征求意见反馈工作】 2009年，区政府法制办先后对《杭州市环境噪声管理条例》、《杭州市公共场所控制吸烟条例》和《杭州市户外广告设施管理条例》等15个地方性法规和规章提出修改意见。

【强化层级监督机制】 区政府法制办加强行政复议工作，不断扩大行政复议救济渠道，切实维护公民、法人和其他组织的合法权益。2009年共办理各类行政复议案件18件。全面推行《行政首长出庭应诉工作办法》，组织行政执法部门负责人参与行政诉讼案件旁听，做好行政应诉工作，切实维护政府良好形象。

（何春雷）

行政监察

【概况】 2009年，全区各级监察组织认真贯彻落实区政府廉政工作会议精神，按照从严治政、依法行政的要求，扎实开展行政监察工作，认真落实反腐倡廉任务，加强政府系统勤政廉政建设，取得了明显成效。

【查结行政违纪案件16件】 2009年，全区各级监察组织立案查结行政违纪案件16件，受政纪处分16人（双重处分为12人），其中，警告2人，记过1人，记大过1人，行政降级1人，行政撤职5人，行政开除6人。

【加强监督检查】 2009年，围绕区委、区政府重大决策部署，区监察局加强执法监察、廉政监察和效能监察，开展对征地拆迁、督违控违、清洁城乡、新“811”环境整治、湘湖二期开发建设、殡葬改革、高速公路广告牌整治等工作的监督检查，确保各项重点工作顺利推进。加强对中央扩大内需促进经济增长政策落实情况的监督检查，确保执行到位。对大江东新城行政区划调整等重大工作，及时出台规定，加强纪律约束，确保政令畅通。

【推进权力阳光运行机制建设】 2009年，成立了构建权力阳光运行机制的领导小组和工作机构，36个具有行政执法的部门开展以清理和规范权力为主要内容的构建工作，对梳理出的7097项行政权力进行确认和公示，统筹改造各部门电子政务系统，试行集行政审批、行政处罚、公共资源交易、专项资金管理等权力运行系统和数字监察系统于一体的网上政务大厅，阳光权力、透明政务稳步推进。

【工程建设效能监察】 2009年，区监察局对劲松小学、区档案馆、四季大道建设工程、区农水局溪流整治以及26个镇街道等50项总投资126亿元的政府性投资重点工程项目实施效能监察，纠正不当行为80项，节约资金3000余万元，挽回直接经济损失100余万元。同时将区工程建设效能监察监督员队伍从原来的5名扩展到20名，提升工作实效。

【开展工程建设领域突出问题专项治理】 2009年，《区委办公室区政府办公室关于印发〈萧山区开展工程建设领域突出问题专项治理工作实施办法〉的通知》（萧委办〔2009〕90号）出台。9月24日，召开萧山区工程建设领域突出问题专项治理工作部署会，按照项目化、时间表、责任人的要求，将任务、责任落实到人，完成职责范围内和专项治理工作实施方案分解的任务。

【开发区政务实时监督系统】 2009年6月，区监察局政务实时监督系统建设项目通过验收。该项目结合萧山实际，利用全区公共资源招投标统一平台和全区电子政务、行政审批制度改革的成果，实现对区招投标中心建设工程交易、土地交易、政府采购的同步监管，对其行为进行实时监控、预警、纠错和绩效评估。

【深化机关效能建设】 2009年，区监察局共受理效能投诉337件，其中市转办投诉件192件、本级受理145件。加大明察暗访力度，重点检查各级各部门尤其是基层站所存在的不在岗、不在行、不在状态问题，共发出效能监察建议书13份，共有34名工作人员因效能等问题受到了效能惩戒，并对2008年受到效能惩戒的45名机关工作人员惩戒落实和奖金扣发情况进行了检查，共计扣发各类考核奖120569元。出台《关于进一步规范效能投诉件处理程序的通知》（萧纪办〔2009〕9号），对投诉件的承办、调查、答复、办理时限、报结、退办、保管、通报和考核等进行了明确规定，并将抽查属实情况、延期办结情况和退办情况纳入年度党风廉政建设责任制考核，规范投诉受理。

【开展“效能服务零距离”投诉现场受理活动】 2009年6月27日，区监察局以“三服务一满意”为主题，会同区民政局、劳动保障局、区长公开电话等9个部门，开展“效能服务零距离”投诉现场受理活动，重点关注损害群众特别是农民切身利益的突出问题和影响企业发展软环境的机关效能、政风行风问题，接受举报投诉并提供便民服务。活动现场共接待群众300余人次，受理投诉86件，其中现场答复74件，解答咨询200余件，发放宣传资料2700余份。

【加强政风行风建设】 2009年，区监察局开展民政、劳动保障、国土、农业系统民主评议行风活动，落实整改意见62条。开展“公述民评”活动，全区217名机关中层干部和站所负责人进行述职述廉，落实整改措施167条。

【开展纠风专项治理】 2009年，区监察局对21家单位开展“小金库”问题专项检查，“小金库”治理工作取得阶段性成果。开展纠风治乱专项检查，切实纠正涉农负担、教育收费、医药购销和医疗服务中的不正之风。开展对党委、人大、政协和法院检察院系统的清理规范评比、达标、表彰活动工作，共上报规范项目58项。抓好评审考核和申报摘牌工作，基层站所规范化建设继续推进。

（余明霞）

经济体制改革

【概况】 2009年，面对国际金融危机影响和经济下行压力不断加大的严峻形势，萧山区坚持一手抓经济转型升级，一手抓城市化推进，全面深化体制改革和制度创新，改革的工作重点更加明确，改革的工作机制更加健全，形成各领域改革整体推进、亮点不断涌现的良好局面，为经济社会平稳较快发展提供了强有力的体制机制保障。

【经济领域改革协调推进】 2009年，围绕保增长、抓转型，萧山区先后出台《关于在全区开展“项目推进月、半年目标竞赛月、企业服务月”活动的通知》、《关于建立重大工业问题区镇两级协调例会制度的通知》、《关于调整完善促进外贸结构调整转变外贸增长方式若干政策意见的通知》等政策意见。扩大消费的政策措施更加有力，出台《关于实施消费资助促进内需的通知》、《萧山区第二阶段消费券发放工作意见》等。亚太机电在深交所中小板成功上市，募集资金4.5亿元。修改完善中小企业担保公司扶持政策和考核办法，鼓励引导担保公司放大贷款增量。萧然小额贷款公司运作良好，第二家小额贷款公司开始试运行。开展金融仓储公司试点，成立浙江和金仓储有限公司，发起并设立总规模为6亿元的小企业集合债权基金。创业投资引导基金管理办法出台并正式运作。创新保险行业指导管理模式，区保险行业协会纳入区发改局管理指导。

【社会领域改革加快推进】 2009年，萧山区出台《中共萧山区委萧山区人民政府关于进一步完善促进就业长效机制的实施意见》（萧委〔2009〕10号）和《中共萧山区委萧山区人民政府关于做好2009年稳定就业工作的意见》（萧委〔2009〕11号）两个就业新政，首次将大学毕业生、低收入农户劳动力和外来务工人员列入就业帮扶对象，帮扶补贴标准大幅度提高，建立自主创业的培训、指导、服务“一条龙”工作机制。在全省率先实现企业职工养老保险、工伤保险、失业保险和生育保险基本全覆盖，并加快与杭州主城区接轨步伐。正式实施《萧山区基本养老保障办法》和《萧山区基本医疗保障办法》，实现社会保险制度层面的全覆盖。完善医疗保险基金监管制度，在全省率先推出医保约谈制度，出台《萧山区基本医疗保障违规行为举报奖励试行办法》，遏止医保费用支出过度等异常现象发生。安排6350万元财政资金对困难群众和特殊群体实施消费资助，推出1000万元社会消费券、1800万元教育培训消费券和2000万元旅游消费券。加强结对互助共同体建设，全区中小学校结对率达到100%。推进教师职务评聘分离，抓好百名优秀教师支教活动。湘湖初中和金帆学校加入高桥初中教育集团，形成紧密型与松散型融合，公办学校与民办学校合作的新型集团化办学运作机制。全区义务教育段绩效工资改革稳步实施。调整政府举办卫生院管理体制，形成镇街卫生院由区卫生局和镇街共建共管的新型体制。在闻堰、益农两镇开展社区卫生服务机构收支两条线改革试点，门诊数量上升，门诊人均费用下降。

【农村领域改革得到深化】 萧山区开展“村企共建”活动，出台村企共建新农村建设税收优惠政策。2009年，村企共建实现村村全覆盖，参与企业936家，已结对村480个，协议捐助资金4835万元。政策性农业保险新增林木、油菜、奶牛3个险种，总参保金额达700.4万元。出台《关于加快推进农村土地承包经营权流转和规模经营的意见》，组建镇街土地流转服务中心24家，新增土地承包经营权流转面积1100公顷。建立村级组织运行保障机制，出台《关于完善村级组织运转经费保障机制的意见》。全面开展“一户一策一干部”结对帮扶活动，9423名党员干部与人均收入在4000元以下的9278户低收入农户结成帮扶对子。全面推进村级股份制改革，44个村完成股份制改革。城乡统筹步伐加快。出台《关于推进城中村改造的实施意见》，下达2009—2011年城中村改造计划。

【首度发布体制改革年度工作要点】 2009年，区政府办公室首度印发《萧山区2009年体制改革工作要点》，明确了2009年全区体制改革工作的总体要求，并就深化经济、社会、农村、行政四大领域改革提出明确要求。

【首次召开体制改革工作联席会议】 根据《关于建立全区体制改革工作联席会议制度的通知》精神，2009年10月16日全区首次召开体制改革工作联席会议，区委常委、常务副区长许岳荣到会并讲话，阐述了做好体制改革工作的重大意义，部署了今后一个时期萧山区重点改革任务。

【综合配套改革稳步实施】 杭州市被列为全省综合配套改革试点市，根据市委、市政府的要求，萧山建立综合配套改革试点工作领导小组。空港经济区“申报设立综合保税区”被列为杭州市综合配套改革项目实施计划。推进大江东新城体制机制创新，提出在大江东新城开展综合配套改革试点的设想。

【区发改局一课题被列为市发改委综改重点研究课题】 区发改局上报的大江东新城综合配套改革思路研究被市发改委列为2009年综合配套改革研究重点课题。通过该课题的研究，以推进综合性制度创新为核心内容，围绕加快推进“经济运行市场化、商务环境国际化、功能开发区域化、增长方式集约化、公共事务社会化和政府管理法治化”，把大江东新城建成经济效益比较高、交易成本比较低、市场体系比较完备的省级综合配套改革实验区。

【开展医药卫生体制改革专题调研】 为贯彻落实中共中央、

国务院《关于深化医药卫生体制改革的意见》和国务院《医药卫生体制改革近期重点实施方案(2009—2011年)》,区发改局就深化萧山医药卫生体制改革进行专题调研,先后到区卫生局、区劳动保障局等部门听取有关情况介绍,形成《深化我区医药卫生体制改革的对策建议》的调研报告。

【获得省级中心镇培育专项资金】 根据省发改委、省财政厅《关于组织申报2009年度省中心镇培育专项资金补助项目的通知》(浙发改城体〔2009〕592号),区发改局组织开展省中心镇培育专项资金补助项目申报工作。瓜沥镇办事服务中心建设项目获得2009年省中心镇培育专项资金10万元,这是萧山第一次获得省中心镇培育专项资金的支持。

【杭州市中心镇综合改革工作会议】 2009年7月2—3日在萧山召开。会议总结交流中心镇改革经验,探索建立中心镇组团发展体制机制,推进中心镇扩权强镇工作。市发改委巡视员华贤维作工作报告。区发改局副局长陈建新介绍了萧山以组团建设为抓手推进中心镇改革发展的做法及取得的成效,临浦镇党委副书记鲍慧强介绍了该镇加快信息化建设,打造"数字临浦"的创新经验。

【萧山中心镇工作走在全市前列】 2009年,杭州市中心镇改革试点工作领导小组公布2008年度中心镇综合改革先进单位考核结果。萧山三大中心镇和一个试点镇均榜上有名,其中瓜沥镇和临浦镇获一等奖,各获奖励18万元;靖江镇获二等奖,获奖励12万元;义蓬镇获三等奖,获奖励8万元。

【省发改委城乡体改处到瓜沥镇调研中心镇工作】 2009年9月28日,省发改委城乡体改处处长洪荣喜一行3人,专程到瓜沥镇开展专题调研。镇党委书记金焕国向洪处长一行汇报该镇财政体制运行、工业功能区建设、旧城改造、土地流转等方面情况,并就如何进一步扎实推进中心镇培育以及中心镇升格为小城市试点等进行了探讨。

【萧山开展中心镇发展情况调查】 2009年,按照省、市发改部门的统一部署,萧山开展中心镇发展情况专项调查。通过调查,全面理清了萧山在扶持中心镇发展各项政策,以及中心镇产业发展、社会事业发展、基础设施建设和2009—2012年重点建设项目等方面的情况,为上级政府下一步加大对省级中心镇在政策、资金等方面的支持提供了决策依据。

【萧山区出台创业投资引导基金管理办法】 2009年6月,区政府印发《萧山区创业投资引导基金管理办法(试行)》,为创业投资引导基金运作扫清了政策障碍。萧山区创业投资引导基金由区政府专门设立,旨在通过扶持商业性创业投资企业的设立与发展,引导社会资金进入主要对初创期企业进行投资的创业投资领域,且不以营利为目的的政策性基金,基金规模1亿元。区政府成立引导基金管理委员会,区长盛阅春任管委会主任,管委会下设办公室(设在区发改局),负责日常管理工作。2009年,区级创业投资引导基金完成两笔跟进投资,分别对泰昕通讯和上方能源跟进投资300万元。

【初步建立全区创投项目推荐库】 2009年,为进一步引导社会资金参与创业投资,区发改局建立了全区创投项目推荐库,并正式发布。列入推荐库的项目首批共50个,涵盖电子信息、新材料、新能源、节能环保和现代农业等领域,展示了萧山在前沿领域的科技研发实力和水平,对创投企业有一定参考价值。

【3家创业投资企业通过备案申请】 鼓励民间资本成立创业投资公司,2009年萧山全德富、金坤、浙电等3家创投公司提出备案申请,并通过市发改委的审核。至年底,萧山区备案创投企业已达8家,占杭州市总数的27.6%。完成备案程序的创业投资企业接受创业投资企业管理部门的监管,其投资运作符合有关规定的可享受政策扶持,并可申请市区两级创业投资引导基金跟进投资。

【全区创业投资座谈会】 2009年7月28日召开。12家创业投资企业、4家投资企业以及6家拟上市企业老总参加座谈会,市发改委财经处处长王晚霞、调研员吕春泉到会指导并讲话,区发改局副局长、区创投办主任陈建新在会上讲话。

【市车改办领导调研萧山车改工作】 2009年2月6日,杭州市纪委副书记陈章永,杭州市发改委副主任、市车改办主任何新根一行就萧山区区级机关公车改革工作专程到萧山调研,区纪委副书记洪晓明,区发改局副局长陈建新,区纪委常委、监察局副局长陆敏陪同调研。陈章永和何新根肯定了萧山车改工作,认为萧山区级机关公车改革措施严密、方法得当。

【区保险行业协会列入区发改局指导单位】 区发改局批复同意区保险行业协会提出的要求接受区发改局指导的报告,将其列入指导的单位。萧山区保险行业协会于2006年经浙江省保监局批准成立,是在萧山从业的各保险机构的行业自律组织。2009年,全区32家商业保险机构共实现保费收入18.9亿元,比上年增长12%。其中财产险保费9.3亿元,人寿险保费9.6亿元,各类赔付给付12.3亿元。

【继续开展政策性农村住房保险】 根据省政府统一部署,萧山区从2007年开始开展政策性农村住房保险试点。按照要求,政策性农村住房保险试点期为三年,2009年是最后一年。全区26个镇街411个行政村的269585户农民参保,参保率达100%,可为全区农民承担48.52亿元的农村住房风险保障。2009年,保险公司共为因灾农房受损农户支付农村住房保险赔款46.95万元。

(茅　坚)

编史修志

【概况】 2009年,《萧山市志》整体编纂工作进展顺利,《萧山市志》一卷(试印本)出版,《萧山年鉴(2009)》、《萧山记忆》第二、三辑出版发行,历史文化丛书做好了选题的上报工作,编史修志工作获得社会好评。

【《萧山市志》一卷(试印本)印刷出版】 2009年,区志办突出工作重点,抓好《萧山市志》一卷(试印本)的出版工作:

一是试印本的合成和印刷工作。自6月16日始，着手准备一卷试印本各部分的合成工作。在各组完成正稿的基础上，总纂人员又对整个志稿进行统稿。9月4日，《萧山市志》第一卷(试印本)定稿印刷，9月21日正式印刷出版。

二是调整版式。2008年浙江人民出版社排印的一卷清样稿共988页；到2009年12月16日，经过第二阶段的排版调整，全书正稿为866页。经过两次调整，大大精简了文字，美化了版面，既节约了成本，又提高了志稿质量。

三是全国第二次征集意见。在2008年11月23日开始的全国第一次征集意见修改稿的基础上，从2009年9月21日开始，先后发出《关于征求〈萧山市志〉第一卷(试印本)意见的函》和《关于征求〈萧山市志〉第一卷(试印本)意见的信》，向专家、上级主管部门、修志前辈、部门、主要领导等广泛征求意见。先后有萧山博物馆、交通局、农业局、建设局、统计局、计生局等20余家单位和部门以及来自全国各地的李富强、沈吾泉、任桂全、郭凤岐等30余位领导、专家送来反馈意见。

【《萧山市志》第二、三卷工作全面推进】 2009年，区志办进一步加强了第二、三卷的审稿、编纂工作，主要从三个方面努力：一是对第二、三卷志稿进行全面评稿。从3月开始，先后组织9次编辑部全体编辑参加的评稿会。经过一年的努力，先后对二、三卷的17个编，涉及经济、政治、文化、综合四个组的志稿进行了全面的评审。

二是向专家征求对第二、三卷的意见。国庆前夕，将第三卷送专家审稿。截至12月17日，收到专家组对二、三卷的全部反馈意见。

三是进一步修改完善第二、三卷志稿。各组根据编辑部的评审意见和专家的反馈意见，对各自所涉编目进行全面梳理，对编目设置、内容记述、行文逻辑、注释规范、表格规范、照片入志等方面进行全面审查。重大疑点、难点问题，通过不同形式的交流，及时解决。

【杭州市萧山区历史学会2008年年会】 2009年3月3日举行。15位区历史学会会员围绕萧山历史文化撰写了15篇论文。区历史学会对论文进行评审，最终评选出一、二、三等奖和优秀奖。方晨光的《湘湖为何名"湘"》被评为一等奖；楼沛然的《越王句践保栖固陵考辨——兼考查浦、吴越所在和"临水祖道"地点》、孙娟的《铁笔垂青史 丹心照后人——柴绍武先生现存著作考证》获二等奖；陈志根的《湘湖名人的类型及其功绩》、李维松的《试谈萧山传统庙会及其文化演变》、刘宪康的《关于刘基作于萧山两个作品的考析确认》获三等奖。评审结束后，区历史学会邀请华东师范大学历史系教授、博士生导师钱杭作了湘湖研究的专题学术报告。

【区委常委会听取区党史地方志工作汇报】 2009年3月17日，萧山区委常委会召开第59次会议，专门听取区委党史研究室、区志办关于区党史地方志工作的情况汇报。会上，区委党研室、区志办主任沈迪云汇报了近期需要解决的几个问题，即萧山党史胜迹(即革命遗址遗迹)的普查和保护、征集领导干部个人史料、《萧山市志》第一卷及社会课题调查卷的出版、增挂党史馆牌子、筹建当代萧山研究所等工作。常委会同意上述几项工作，并决定近期由区委、区政府联合召开一次党史、地方志工作会议，以落实2009年党史、地方志的各项工作。

【全区党史地方志工作会议】 2009年4月2日召开，会议提出本年萧山区将完成《中共萧山历史》(第二卷)、《萧山市志》(第一卷)、《萧山年鉴》等书的出版工作及社会课题调查工作，向中华人民共和国成立60周年献礼。

【做好"一湖三园"重要文献整理编纂工作】 根据杭州市委"城市学"重要文献整理编纂工作会议部署，2009年7月，萧山区"一湖三园"综合保护工程重要文献整理编纂工作领导小组成立，区长盛阅春担任组长，副区长方毅担任副组长。区府办等19家单位为小组成员单位，领导小组办公室设在区志办。"一湖三园"重要文献整理编纂工作成员单位依据其在工程建设、管理中的职责，向领导小组办公室提供工程相关的文字、图片和影像资料；领导小组办公室负责统筹协调、整合资料，并按照"综述＋图片(说明)＋大事记"的形式，向杭州市城市发展研究中心上报，将"一湖三园"相关文件、资料收入杭州市"城市学"文献集和电视系列宣传片。至2009年底，已完成文献资料收集工作，其中图片1000余幅，并撰写《"一湖三园"综合保护工程·综述》和《"湘湖三园"综合保护工程·大事记》上报。区长盛阅春专门批示"工作抓的很紧"。

【萧山区选送节目获杭州市地方志系统庆祝"七一"暨中华人民共和国成立60周年文艺会演金奖】 2009年7月，杭州

2009年3月2日，华东师范大学教授钱杭作湘湖研究学术报告 (汪志华摄)

市人民政府地方志办公室主办全市地方志系统"中国志·天堂情"庆祝"七一"暨中华人民共和国成立60周年文艺会演，由区志办选送的摇滚三句半"盛世修志 再谱新篇"节目获金奖。区志办精心策划节目，专门编写歌词、歌曲，用三句半这种喜闻乐见的说唱形式，展现了自20世纪80年代以来，萧山地方志事业的发展历程，尤其是通过两次修志工作的对比，反映了萧山史志工作不断开拓创新、与时俱进。节目用萧山方言演绎，体现了浓郁的地方特色，同时还配以摇滚音乐，使节目形式更为时尚、生动、活泼。

【《萧山市志·社会课题调查卷》稿全部送交浙江人民出版社】 区志办在完成对《萧山市志·社会课题调查卷》稿的初审后，分两批送交出版社。2009年4月16日，将《萧山人的一天调查》、《萧山百岁老人状况调查》、《萧山妇女地位情况调查》、《萧山居民民间资本投资调查》、《萧山民工的生活、生存状况调查》、《萧山居民生活质量调查》、《萧山居民休闲娱乐情况调查》7个课题送交出版社。8月10日，又将《萧山居民择业观调查》、《萧山居民的社交礼仪调查》、《萧山居民出行调查》、《萧山居民家庭车辆拥有与使用情况调查》、《萧山居民住宅情况调查》、《萧山居民吃、穿、用调查》、《萧山家庭教育观的变迁》、《萧山企业家情况调查》、《萧山知识分子的调查》9个课题送交出版社，至此，完成了全部16个课题，共280万字的送交任务。

【《萧山年鉴(2008)》获全国年鉴综合奖一等奖】 2009年11月，中国版协年鉴工作委员会举办第四届全国年鉴编纂出版质量评比，《萧山年鉴(2008)》在地州县区年鉴中获综合奖一等奖，同时获得了装帧设计特等奖，框架设计一等奖，条目编写二等奖。

【《萧山年鉴(2009)》编辑出版】 2009年12月，《萧山年鉴(2009)》由浙江人民出版社出版发行。该年鉴为萧山第24部年鉴。全书设类目44个、分目281个、条目1868个，共117万字。框架继承了上部年鉴的特色，卷首设"特载"、"专记"、"大事记"、"总述"，卷末设"先进名录"、"重要文件辑录"、"重要文件目录选编"、"附录"、"索引"。为进一步提高年鉴的质量，编纂人员在稿件的内容、形式上不断精益求精。《"三十年激情创业"·萧山区纪念改革开放30周年系列活动》、《2008年十大民生事件》、《2008年度国内外媒体报道萧山》等专记充分体现了2009年萧山的要事与特事。在形式上，由原来的三栏纵排改为两栏纵排。为了体现年鉴的存史价值，入鉴照片都注明了摄影者姓名。

【《萧山记忆》获杭州市社科联第四届哲学社会科学优秀成果一等奖】 2009年12月，根据杭州市社会科学界联合会颁发的《关于公布杭州市社科联第四届哲学社会科学优秀成果的通知》(杭社联〔2009〕39号)，由萧山区委党史研究室、区志办编辑的《萧山记忆(第一辑)》获杭州市社科联第四届(2007—2008年度)哲学社会科学优秀成果一等奖。

【《萧山记忆》第二、三辑出版发行】 2009年，区委党史研究室、区志办编辑的《萧山记忆》由浙江人民出版社连续出版第二、三辑，约25万字。《萧山记忆》在继承第一辑优点的基础上，进一步提高质量，改进版式。在内容上，充分挖掘萧山的历史文化，坚持做好跨湖问史、湘湖记事、二十五史中的萧山人、耕读传家、古镇览胜等特色栏目，提高刊物的知名度和影响力。同时，封面大胆尝试新的设计方案。

【指导、督促、检查部门和基层修志工作】 2009年，区志办在做好市志工作的同时，参与部门、镇村志的评稿工作。区志办根据《杭州市萧山区人民政府关于印发萧山区实施〈地方志工作条例〉办法》的文件精神，对《萧山供销合作社志》、《萧山金融志》、《闻堰镇志》、《戴村镇志》、《航民村志》等志书的编纂进行了指导，提出许多修改意见。2009年，萧山修志成果丰硕，《萧山农村合作银行志》、《萧山教育志》、《许贤乡志》等一批志书出版。

【完成萧山历史文化丛书的选题上报工作】 2009年，区志办进一步做好历史文化丛书选题的上报工作，在送交的若干选题中认真挑选两个选题送交浙江人民出版社。两个选题分别是浙江师范大学陈耀东教授报送的《贺知章诗集笺注辑佚及文献》和区委党史研究室退休干部朱淼水报送的《萧山旧事撷英》。《贺知章诗集笺注辑佚及文献》书稿约50万字，上编为《贺秘监诗笺疏》，下编为《文献辑录汇编》，全面收录了有关贺知章诗歌的文献，对于研究贺知章有重要的价值。《萧山旧事撷英》约20万字。作者结合自身多年积累的文史资料，对萧山的人、事、物以自己独特的方式进行解读，为读者提供了一个了解萧山历史文化的窗口。

(汪志华)

接待工作

【概况】 2009年，接待处共完成各类接待和用膳联系安排4613批、71380人次，其中，接待各类检查、考察团247批、7988人次；协助行政中心内各单位做好来客用膳联系安排4366批、63392人次。2009年，接待处先后7次分赴上海、青岛、深圳、广州、青藏、内蒙古等地，参与区委、区政府组织的外出考察、环境推介活动的前期选点和全程跟踪服务。

【接待重要来宾】 2009年1月8日，中央财经领导小组办公室副主任唐仁健；1月8日，省委常委、市委书记、市人大常委会主任王国平；1月15日，省委常委、市委书记、市人大常委会主任王国平，市委副书记、市长蔡奇；2月6日，市委副书记、市长蔡奇；2月8日上午，中共中央政治局常委、全国人大常委会委员长吴邦国；2月23日上午，原全国人大常委会副委员长周光召；3月26日，省人大常委、正厅级巡视专员吕汉夫；3月31日，副省长茅临生；4月25日，全国政协副主席、科技部部长万钢；5月6日，最高人民检察院检察长曹建明；5月10日下午，水利部部长陈雷；5月12日下午，省委常委、市委书记、市人大常委会主任王国平；5月25日下午，中共中央党史研究室原副主任、党史学会常务副会长陈威；6月1日，中纪委、中组部巡视组组长，十一届全国人大常委、民族委员会副主任委员，中华全国供销合作总社理事会副主任、党组成员（正部级）周声涛；6月8日，国务院参事、清华大学核能与新能源研究院学术委员会主任吴宗鑫；6月11日，副省长茅临生；6月17日，国家人口和计划生育委员会副主任江帆；7月23日，省委常委、省纪委书记任泽民；8月5日，杭州市委副书记、市长蔡奇；8月18日，省委副书记夏宝龙；8月25日，中共中央政治局委员、上海市委书记俞正声；8月27日，浙江省环保厅厅长徐震；9月23日，省委常委、市委书记、市人大常委会主任王国平，市委副书记王金财；9月23日，副省长龚正；10月9日，省委常委、市委书记、市人大常委会主任王国平；10月11日，法属波利尼西亚帕埃阿市副市长 Titana Joquel；10月17日，国家税务总局副局长谢学智；10月22日，国家发改委地区司副司长陈宣庆；11月1日，全国政协副主席张梅颖；11月7日，全国人大常委会副委员长、民建中央主席陈昌智；11月9日，台湾亲民党秘书长秦金生；11月25日，省委常委、常务副省长陈敏尔；12月7日，省委副秘书长、党史研究室主任舒国增。

【接待各类考察团】 2009年2月7日，吉林省长春市市委副书记、市长崔杰考察万向集团；3月11日，山东省青岛市城阳区领导干部社会经济发展考察团一行70人参观考察萧山新农村建设和高科技农业；3月14日，西藏自治区那曲地区考察团参观考察浙江农业高科技示范园；3月26日，浙江省丽水市莲都区政府考察团考察农村金融改革工作；3月27日，浙江省临安市政府考察团考察学习发展现代服务业工作经验；3月27日，山东省青岛即墨市政府考察团学习考察在现代物流业发展方面的成功做法和经验；3月30日，广东省阳江市江城区党政考察团参观考察工业园区建设和招商引资方面的成功做法；4月8日，浙江省绍兴市党政代表团考察经济转型升级和新区开发建设等方面的情况；4月10日，山东省青岛市城阳区党政考察团参观考察万向集团和省农业高科技示范园区；4月13日，河北省廊坊市大城县经济工作考察团考察工业发展基本情况；4月23日，浙江省政协第十届委员教育界一组考察了解企业对教育的要求；4月23日，山东省济宁市任城区党政考察团参观考察城市建设、工业经济等方面的情况；4月27日，河北省曹妃甸新区（唐海县）党政代表团参观考察工业区开发建设情况和相关企业；5月8日，山东省青岛市崂山区考察团参观考察万向集团、传化大地、航民村；6月6日，湖北省咸宁市党政代表团参观考察文化产业发展和旅游开发等方面的情况；6月10日，江苏省常州市武进区党政考察团考察城镇建设管理和开发区建设情况；7月6日，山东省沂水县党政考察团学习工业经济发展、经济开发区与城市建设；7月21日，浙江省临安市党政考察团参观考察杭州大庄地板有限公司、浙江（中国）花木城、浙江省农业高科技示范园区；9月14日，浙江省青少年工作领导小组视察未成年人校外活动场所建设情况；8月14日，浙江省杭州市接待工作座谈会在萧山举行；11月2日，浙江省湖州市长兴县党政代表团考察现代农业；11月6日，江苏省江阴市政府考察团学习考察企业自主创新、民营经济发展经验；11月12日，中共中央党史研究室调研萧山党史工作；11月21日，新疆维吾尔自治区和田市考察团到萧山参观考察；12月10日，浙江省杭州市滨江区考察团学习考察萧山综治工作；12月14日，浙江省杭州市江干区考察团学习考察萧山经济建设工作中的做法和经验。

（韩海英）

机关后勤

【概况】 2009年，区级机关事务管理局继续做好国有资产、财务、安全等管理工作，提升服务水平，加强自身建设，提高机关事务工作的整体水平。

【国有资产管理】 2009年，区级机关事务管理局接收7个单位、总建筑面积24843平方米的国有房产，资产原值1575.82万元，办理7万平方米房屋资产的权证过户工作；完成车改后的固定资产账目调整和车辆调拨工作，对报废的或拍卖的车辆资产账予以核销，对原来调整使用的车辆进行调拨处理；妥善调剂办公用房，通过租赁、调配的方式，缓解了12个单位办公用房紧张状况；通过公开拍租、续租递增租金等有效方式，提高出租率和资产效益，全年共收取租金431.9万元，全部交入区财政专项账户；公开招拍6个单位移交的废旧物品，收回残值15万余元，款项全部进入财政专项账户；完成城北路4号25户人家的拆迁补偿、租赁安置及地铁2号线人民路站点相关房屋30户承租户的清退赔偿工作。

【房建、设备管理】 2009年，区级机关事务管理局改扩建152个停车位，改善行政中心内停车难现状；将暖房改造成文印中心的胶印车间，及时解决文印中心用房紧张的矛盾；在综合楼增设二套楼宇办公查询系统，快捷、方便的自助查询，方便了外来人员办事；坚持每日对设施设备的督察制度，对电梯等设备及时检测。

【财务管理】 2009年，区级机关事务管理局列报正常经费、专项经费共计27项，申请拨入资金6931万元，支出5688万元，收入并上缴预算外专户523万元。对新实行的“一会一报”，实现了无缝对接，完成了全年235次会务保障任务。5月，区审计局对2006—2008年三个年度的财务进行例行经济责任审计，未发现明显违法违纪情况。

【安全管理】 2009年，区级机关事务管理局按照打造平安机关的要求，妥善处理各种突发事件，保障机关办公秩序；完善内部防控体系，制订安全管理制度，落实安全责任制，切实维护行政中心安全；对防盗监控设备进行数字化改造，提高监控效果和质量；协警24小时巡逻，人防、技防相结合，有效消除了不安全因素。同时，按照区信访工作有关会议精神，制订应急预案，建立快速上访处置机制。全年协同有关职能部门劝阻上访60起，计2185人次。抓好各项安全制度的检查落实，突出抓好交通安全、大院安全、食品安全、设备安全，做到了杜绝责任事故，严防意外事故，全年不出事故。

【公共机构节能管理】 2009年，区级机关事务管理局根据《中华人民共和国节约能源法》和《公共机构节能条例》，开展公共机构节能管理。增设公共机构节能管理科，具体负责对全区110家公共机构节能降耗工作的指导、监督、统计和考核。明确公共机构节能降耗目标责任制，研究制订《萧山区公共机构节能工作目标责任考核暂行办法》，建立能耗统计报送制度，在局域网上建立能耗统计报送平台。通过电视台、报纸，印发《公共机构节能条例》、有关节能文件、简报等多种形式宣传节能工作的重要性、必要性；通过开水箱的改造、放置回收水桶、用河水清洗车辆、河水喷灌绿化、改造热空调热交换系统，调节公共区域照明灯的开启时间等措施，使行政中心内的能耗明显下降，扣除新增设备容量，2009年与上年相比，全年节电20万度左右，节水1万吨左右。

【提升服务水平】 2009年，区级机关事务管理局以"能办的事情立即办，分内的事情负责办，分外的事情协助办，大事小事一样办"为原则，进一步强化服务意识，扩大服务项目，完善服务设施，切实有效做好各项服务保障工作。首先食堂服务确保质优价廉。采取一系列措施，加强成本控制，减少中间环节，集中采购大宗主副食品，节约采购成本。加强对厨师的培训、交流和学习，丰富菜肴花色品种。引进"五常法"餐饮管理模式，使食堂物品井然有序，餐饮管理走上了规范化、标准化的轨道。努力改善就餐环境，让机关干部在紧张工作之余放松心情用餐。第二，环境服务确保干净舒适。一是保净化。实行全天候卫生保洁，根据实际情况，及时调整保洁人员和保洁时间，增加保洁次数，确保大院的洁净。二是保绿化。通过提高大院绿化档次，增加养护次数和花木的品种，创新布置样式，提高了艺术性和观赏性。第三，110热线服务确保品牌质量。110服务人员做到接线及时，服务热情，落实到位，对有些无法解决的问题耐心细致做好解释工作。110服务热线全年做到无差错、无投诉，保证110热线的服务质量。同时，积极为机关干部职工提供生活服务。主动与萧山医院联系，请专家来行政中心就体检结果为大家提供咨询，受到机关工作人员的欢迎。为老领导、老同志提供家政服务，周六周日理发室、浴室正常上班，为干部职工服务，得到大家的好评。

【壮大后勤经济】 机关幼教集团不断深化幼教改革，树立新型幼儿管理理念，完善制度，优化环境，落实安全卫生措施，预防传染病发生，强化教学科研意识，举办集团首届艺术节，提升办园品位，幼儿园教育教学质量获得全面提升，集团化经营取得明显成效。

政勤公司除积极做好空调保养、绿化养护、监控值班，为机关离退休老干部提供家政服务外，重点做好广宁小区的物业管理。公司全年收取物业管理费23万余元，收缴率达95%。

至2009年底，车队有旅游车5辆、自备车10辆，座位数358座。全年出车12000余次，安全行车60多万千米，班车服务、重大会务保障用车零差错，全年营业收入406万元。

汽车修理所在机关车改后，以第一法人股东投资成立了深圳比亚迪汽车销售公司，通过宣传、开设二级经销商网点等措施，全年销售汽车449台，超过预定目标150台。修理所全年总营业收入2948万元，实现利润约43万元。

文印中心全年完成主营业务收入320多万元，比上年增加48万元；实现利润20余万元。

（易　玲）

办事服务中心

【概况】 2009年，区办事服务中心受理审批服务事项92912件，办结92780件。其中，即办件40327件，承诺件50947件，上报件1638件，退回件1044件，按时办结率99.98%。收到群众表扬信及锦旗93封(面)，口头和电话表扬61人次，收到评议票26540分，其中满意票26515份，满意率99.9%。

【提升服务水平】 2009年，中心采取多项措施，提高审批效率，提升服务水平，有22个项目提速，累计缩短办事时限66个工作日，投资项目审批承诺时限从160天削减为110天，即办件数量大为提高。同时，发挥集中办公的优势，优化审批流程，压缩审批时间。工商窗口建立"大注册"机制，强化内部职能整合，把企业开业、变更、注销、广告审批、会展登记及食品流通许可审批等职能统一纳入窗口，全面实行工商行政管理审批和登记在同一平台办理。环保窗口简化服务行业环保审批程序和手续，对2005年1月1日后取得环保审批手续的服务行业项目，在申请名称变更、转让时，无需重新环评。财政地税窗口针对以往同一外地企业在萧山的工程项目按属地原则往往由不同的分局管辖，从而必须办理多本税务登记证的情况，通过改革管理模式，使外地来萧企业只要到中心窗口办理一本税务登记证即可在区内各办税大厅纳税。公安消防窗口推出审批验收抽查备案制度，简化了消防审批程序，提高了办事效率。交通窗口实施窗口服务零距离，办事流程零障碍，执行政策零差错，接受监督零投诉的"四零"服务。建设窗口对重大项目审批实施"绿色通道"，对区重点建设项目予以优先办理，同时开展"基层服务月"活动，现场接受群众咨询，帮助基层解决实际问题。

【56个新增项目进入中心窗口】 2009年，按照区政府《关于开展新一轮行政审批制度改革的实施意见》，做好全区行政许可事项和非行政许可事项的逐项审核、反馈和汇总工作，全区409项行政许可事项和321项非行政许可事项已分四批发文公布，部门的权力清单更加清晰。根据"进中心是原则，不进中心是例外"的工作要求，主动与有关部门联系对接，使建设局、工商局、安监局、城管执法局、气象局等单位共56个新增行政许可和非行政许可项目进入中心窗口，特别是区安监局通过机关内部职能整合，将审批科成建制进入中心窗口办理，努力提高中心审批和服务集中度。

【网上审批系统建设进展明显】 为进一步方便群众办事，减少来回跑的现象，中心加大创新力度，网上行政审批系统建设取得突破，软件系统开发工作全面完成，至2009年底已有18个部门的230个行政审批事项录入网络系统，10个窗口单位开展网上试运行。

（楼 琴）

招投标管理

【概况】 2009年，招投标平台累计完成各类交易额266.62亿元。包括建设工程项目982项，成交金额126.29亿元（其中政府性投资项目交易金额50.63亿元，节约资金15.08亿元）；政府采购成交金额1.95亿元，节约0.31亿元；土地交易137.51亿元，增资47.23亿元；产权交易0.87亿元，增资0.07亿元。上述4项交易中，公共资源类项目交易额190.96亿元，增收和节约资金62.70亿元。

【抓好公共资源交易阳光运行】 2009年，在区阳光办的指导下，建立工程建设、政府采购、产权交易、土地出让四大类共98项交易目录和审批权限；完善公共资源交易系统共111个交易流程；对公共资源综合管理系统进行统一编码；与监察、发改、财政、建设、交通、水利等职能部门联合出台13个有关招投标文件制度，促进招投标工作的依法行政。

【实现政府采购评标专家远程抽取】 2009年，在杭州公共资源交易中心的支持下，开发并启用政府采购评审专家远程自动抽取系统，与市专家库联网，随机自动抽取评审专家，并集自动拨号语音通知、短信确认和密封打印于一体，有效解决了政府采购评标专家相对匮乏的问题，全面实现市、区专家库资源共享，进一步促进招投标工作公开、公平、公正。

【监管招投标代理公司和企业】 2009年，联合建设局对9家区外代理机构进行全面检查，符合要求的给予备案，准许进入市场，促使代理机构提升代理水平；坚持并完善代理机构例会制，加强对代理公司的业务指导和制度教育；加大惩处力度，全年有170家投标企业给予不良信用记录，并在网上公示。对成都交大工程建设监理有限公司采取恶劣手段骗取中标的行为给予禁入市场的处罚。对杭州炜炜工程设计咨询有限公司弄虚作假的行为分别给予公司和两名工作人员各1个月禁入市场的处罚。对1家招投标代理公司软硬条件不达标的情况，发出限期整改的书面通知。

【修订建设工程招投标文件范本】 为进一步减少评标争议点，提高评标效率，2009年，区招管办结合实际工作，修订完善了三类招投标文件范本。抽签法文本于9月正式运行；交通文本根据省交通厅招标文件编制办法执行；施工类文本12月底完成，将于2010年1月份实施。

【镇街两中心建设】 围绕2009年实现镇街两中心全覆盖的目标，重点加强对镇街办事服务中心建设的指导和服务，制订《萧山区镇街办事服务中心管理办法（试行）》、《镇街办事服务中心工作目标责任制考核细则》，对镇街办事服务中心的机构职责、运作模式、硬件配置、窗口设置、职责授权、制度建设、考核考评等十个方面作了明确，同时，建立专门的指导服务小组，巡回到镇街指导。截至12月底，全区26个镇街办事服务中心均已挂牌，全年累计办理352765件。对镇街招投标中心的工作，把重点放在完善和提高上，通过加强业务培训、现场指导、工作交流等形式，着力促进招投标中心的规范化运行。12月底，会同区监察局、建设局等单位对全区28个镇街（含开发区、红山农场）招投标中心进行了检查考核，总体运行情况良好。28个镇街招投标中心全年完成交易1209项，交易金额10.58亿元。其中工程建设项目950个，预算金额9.87亿元，中标价8.05亿元，节约资金1.78亿元；政府采购187项，预算金额4067.75万元，成交额3603.68万元，节约资金535.54万元；土地流转及其他产权交易37项，成交额2981.3万元，增资698.62万元。

（楼 琴）

投资项目审批代办

【概况】 2009年，区投资项目审批代办中心累计受理项目407个，计划投资总额250.6亿元，代办员上门服务共计1098人次，部门联系970人次，累计完成审批事项2124项，全程办结项目132个。在市、区召开的投资项目审批代办工作总结表彰大会上，2人被评为杭州市第一批优秀代办员，25人被评为萧山区第一批优秀代办员。

【开展“百名代办员服务百家企业”活动】 2009年，为贯彻落实全区领导干部服务企业“七个一”专项行动，区投资项目审批代办中心开展“百名代办员服务百家企业”活动，与区委组织部联合发文，明确任务，通过走访、调研等形式，上门为企业送服务、送政策，切实帮助企业解决实际问题。

【扩大代办范围】 2009年，代办项目服务范围从单一的工业企业项目逐步延伸至服务业、公共事业、基础设施、拆迁安置等领域，派出12名代办员到区交通投资公司、公路管理处、市政园林管理处等项目较多的单位，深入现场，提前介入，在扩大服务范围的同时确保服务质量。

（楼 琴）

组织机构及负责人

【区长、副区长】

区 长：盛阅春
副区长：许岳荣
蒋金梁
朱云夫
张爱莲
方 毅
赵立明
施水祥
孙旭东（7月止，挂职）

骆　威(7月始，挂职)

【区政府工作机构及负责人】

区政府办公室主任：　施天贵
区发展和改革局局长：　洪关良
区经济发展局局长：　陈兴康
区教育局局长：　蔡仁林
区科学技术局局长：　高锦耀
区财政局局长：　金　伟
区监察局局长：　胡志明
区人事局局长：　施月仁
区劳动和社会保障局局长：　汪观良
区民政局局长：　胡妙夫
杭州市公安局萧山区分局局长：　乐　华
区司法局局长：　瞿建成
区交通局局长：　俞渭成
区贸易局局长：　高卫国
区对外贸易经济合作局局长：　魏大庆
区建设局局长：　顾大飞
杭州市国土资源局萧山分局局长：　徐晓福
区环境保护局局长：　朱纪祥
区审计局局长：　翟炳芳
区统计局局长：　朱如江
区农业局局长：　张洪其
区农机水利局局长：　陈关水
区文化广电新闻出版局局长：　任关甫
区卫生局局长：　俞官朝
区人口和计划生育局局长：　沈文珍
区城市管理综合行政执法局局长：　王建校
区安全生产监督管理局局长：　李成良
区民族宗教事务局局长：　施青山

【其他工作机构及负责人】

区粮食局局长：　高卫国
区物价局局长：　王和瑞(9月止)
　　吴文斌(9月始)
萧山地方税务局局长：　金　伟
区政府农业和农村工作办公室主任：　裘国兴
区政府台湾事务办公室主任：　王建涌
区政府侨务办公室主任：　蓝晓华(11月始)
区机构编制委员会办公室主任：　施月仁
区人民防空办公室主任：　朱益林
区政府法制办公室主任：　施天贵(11月止)
　　丁淑芳(11月始)
区体育局局长：　任关甫

【其他局级机构及负责人】

区地方志编纂委员会办公室(3月更名为区人民政府地方志办公室)主任：　沈迪云
区级机关事务管理局局长：　王志泉(8月止)
　　周文标(9月始)
区档案局(馆)局长(馆长)：　杨朝华
区总工会主席：　俞柏祥
团区委书记：　钟　铭(9月止)
　　沈　建(12月始)
区妇女联合会主席：　施素梅(11月止)
　　蔡秋英(11月始)
区科学技术协会主席：　蒋幸达
区文学艺术界联合会主席：　王东初
区工商业联合会主席：　夏　威
区残疾人联合会理事长：　瞿汉兴
区围垦指挥部主任：　杨泉虎
农业对外综合开发区管委会办公室主任：　陈纪坤
区旅游局局长：　赵　莉
区国有资产管理委员会办公室主任：　金　伟(11月止)
　　郭　荣(11月始)
区城市管理委员会办公室主任：　王建校
广播电视台台长：　来宏明
区供销合作社联合社主任：　楼增明
杭州萧山水务集团有限公司董事长、总经理：　韩国华
萧山国家税务局局长：　徐勤玲
区烟草专卖局局长：　唐利光
区办事服务中心主任：　沈雅林
区城乡一体化建设办公室主任：　赵立明(兼)
浙江湘湖旅游度假区管委会主任：　韩长来
区国有资产经营总公司董事长：　郭　荣(9月始)
区国有资产经营总公司总经理：　徐成梁(9月始)
萧山钱江世纪城管委会主任：　钟华成(9月止)
　　沈德潮(9月始)
萧山区地铁建设办公室主任：　孙利军
萧山区督察违法建设办公室主任：　董　梁
萧山交通发展有限公司董事长、总经理：　秦顺飞
区政府驻北京办事处主任：　空缺
区政府驻深圳联络处主任：　俞百贤
杭州住房公积金管理中心萧山分中心主任：　魏小芳
区气象局局长：　吴瑞欢
区食品药品监督管理局局长：　李志荣
杭州市质量技术监督局萧山分局局长：　詹国祺
杭州市工商行政管理局萧山分局局长：　冯世联(8月止)
　　沈肖群(8月始)
萧山供电局局长：　李陟峰
萧山邮政局局长：　滕伟建
浙江省电信公司萧山区分公司总经理：　殷玉根
杭州海关驻萧山办事处主任：　王诗东(6月始)
萧山出入境检验检疫局局长：　刘忠华

杭州市规划局萧山规划分局局长： 顾大飞
人民银行萧山支行行长： 周吾良(7月止)
李培芳(7月始)
农业银行萧山支行行长： 沈锦伟
中国银行萧山支行行长： 周为民
交通银行萧山支行行长： 章关甫
建设银行萧山支行行长： 吕忠清(2月止)
范建勋(2月始)
工商银行萧山支行行长： 施锡昌
农业发展银行萧山支行行长： 许利川
上海浦东发展银行萧山支行行长： 孔已明(5月止)
冯莉娟(5月始)
中信银行萧山支行行长： 楼伟中
萧山农村合作银行董事长： 丁云莲
萧山农村合作银行行长： 单仲飞
招商银行萧山支行行长： 陈申生
华夏银行萧山支行行长： 杨月军
福建兴业银行萧山支行行长： 姚立庆
深圳发展银行萧山支行行长： 陆　钧
光大银行萧山支行行长： 卜尚苗
杭州银行萧山支行行长： 王立雄(8月止)
王亦定(8月始)
浙商银行萧山支行行长： 楼瞿华
广东发展银行萧山支行行长： 臧民贞(9月止)
宋德荣(9月始)
民生银行萧山支行行长： 王保耕
中国人民保险公司萧山支公司经理： 张伟钢
中国人寿保险公司萧山支公司经理： 高　峰
太平洋财产保险股份有限公司萧山支公司总经理： 施剑行
太平洋人寿保险股份有限公司萧山支公司总经理： 空缺
平安财产保险股份有限公司萧山支公司总经理： 方向红
平安人寿保险股份有限公司萧山支公司总经理： 张　霞
大地财产保险公司萧山支公司总经理： 陈　峰

【镇街机构及负责人】

楼塔镇政府镇长： 赵文虎
河上镇政府镇长： 吴建良(11月止)
吴建华(11月始)
戴村镇政府镇长： 汤　卫(11月止)
毛夏云(11月始)
浦阳镇政府镇长： 诸初茂(11月止)
汪志均(11月始)
进化镇政府镇长： 叶阿洪
临浦镇政府镇长： 吴　波
义桥镇政府镇长： 屠友祥
所前镇政府镇长： 蔡秋英(11月止)
缪金焕(11月始)
衙前镇政府镇长： 杨德亚(11月止)
周吾灿(11月始)
闻堰镇政府镇长： 吴琴芳(11月止)
陆　敏(11月始)
宁围镇政府镇长： 钟华成(11月止)
沈德潮(11月始)
新街镇政府镇长： 董蒋灿(11月止)
陈炯林(11月始)
坎山镇政府镇长： 李国梅
党山镇政府镇长： 沈德潮(11月止)
钟　铭(11月始)
益农镇政府镇长： 上官高峰(11月止)
杨晓峰(11月始)
瓜沥镇政府镇长： 何　亮(12月止)
黄国钧(12月始)
党湾镇政府镇长： 施波波
城厢街道办事处主任： 孙凌志
北干街道办事处主任： 来校华(11月止)
赵文建(11月始)
蜀山街道办事处主任： 葛剑民
新塘街道办事处主任： 王建明(11月止)
吴炜炜(11月始)
靖江镇政府(8月撤销)镇长： 郭来平(8月止)
靖江街道办事处(8月建)主任： 郭来平(8月始)
南阳镇政府(8月撤销)镇长： 周胜华(8月止)
南阳街道办事处(8月建)主任： 周胜华(8月始)
河庄镇政府(8月撤销)镇长： 葛校登(8月止)
河庄街道办事处(8月建)主任： 葛校登(8月始)
义蓬镇政府(8月撤销)镇长： 施兴土(8月止)
义蓬街道办事处(8月建)主任： 金　明(11月始)
新湾镇政府(8月撤销)镇长： 吕吉良(8月止)
新湾街道办事处(8月建)主任： 吕吉良(8月始)
临江街道办事处(8月建)主任： 谢国民(8月始)
前进街道办事处(8月建)主任： 施水祥(8月始)

(严颖颖)

政协萧山区委员会

综述

2009年，区政协为更好地履行政协职能，贯彻省、市政协工作会议精神，于11月增设学习联络委员会，抓好委员学习与工作联络。全年召开常委会会议6次，主席会议15次。办理委员提案328件，其中督办重点提案7件。先后开展调研课题6个，提出常委会、主席会议建议案3个。全年安排委员约谈会5次，编发信息120余篇，其中《委员反映》20期，被全国政协采用6篇。开展各个层面的视察活动120次，区政协办公室和6个专门委员会全年共进行学习、座谈、视察、考察和联谊等活动110余次。6个片委员小组全年组织开展学习视察等活动共计20余次。

重要会议

【政协第十二届萧山区委员会第三次会议】 2009年2月10—13日在萧山剧院举行。会议听取并审议主席王珠瑛代表区政协十二届常务委员会所作的工作报告、副主席叶永浩代表区政协十二届常务委员会所作的提案工作报告。与会人员列席区十四届人大三次会议，听取并讨论了区长盛阅春所作的《政府工作报告》和其他报告。会议审议通过区政协十二届三次会议决议和提案审查委员会关于提案审查情况的报告。会议期间，共收到提案350件，其中集体提案21件，有192名委员、473人次提出提案，经审查立案328件。

杭州市政协主席孙忠焕应邀参加开幕式。区委、区人大、区政府全体领导，区人民法院、区检察院、萧山经济技术开发区、区人武部领导，区政协历届老领导等应邀出席开、闭幕式并在主席台就座。杭州市委常委、萧山区委书记洪航勇，区委副书记、区长盛阅春分别在大会上讲话，区委、区政府有关领导参加了分组讨论。会议期间，表彰了区政协十二届二次会议以来的17件优秀提案和4名优秀信息员。

【十二届常委会第十一次会议】 2009年1月12日举行。会议听取并讨论区政府工作报告(征求意见稿)、区政协常委会工作报告(讨论稿)及提案工作情况报告(讨论稿)，协商通过十二届三次会议的有关事项。会议决定，政协第十二届萧山区委员会第二次会议于2月10日在萧山剧院举行。区委常委、常务副区长许岳荣应邀参加会议。

【十二届常委会第十二次会议】 2009年2月12日举行。会议听取了区政协十二届委员会第三次会议各组对区政协常委会工作报告、提案工作报告、政府工作报告、区政协十二届二次会议决议(草案)等讨论情况的汇报。会议原则通过了区政协十二届三次会议决议(草案)，并决定提请区政协十二届三次会议第三次全体会议审议通过。会议审议通过了区政协十二届三次会议提案收集和初审情况的报告(草案)，并同意向区政协十二届三次会议第三次全体会议报告。

【十二届常委会第十三次会议暨常委读书会】 2009年5月13—15日举行。会议分别听取了区委常委、常务副区长许岳荣关于大江东新城有关情况通报和民政局负责人关于《大江东新城行政区划调整方案》的有关情况说明。会议听取了关于《提高个人修养，促进政治发展》的辅导报告。会议听取了提案委员会关于十二届三次委员会议提案审查情况的报告和有关情况说明。区政协常委读书会与会人员于5月14—15日赴建德市参观学习生态环境建设情况。区委副书记谭勤奋、常务副区长许岳荣、区人大常委会副主任周红英应邀参加会议。

【十二届常委会第十四次会议】 2009年7月20日举行。会议听取萧山区上半年国民经济和社会发展执行情况及上半年财政预算执行情况的通报，并对两个通报进行协商讨

政协第十二届萧山区委员会第三次会议开幕式 (柳田兴摄)

论。会议通报了2009年以来区政协工作情况，并就学习贯彻全省政协工作会议和区委十三届七次全体（扩大）会议精神，扎实做好区政协下半年工作提出具体要求。区委常委、常务副区长许岳荣，区人大常委会副主任周红英应邀参加会议。

【十二届常委会第十五次会议】 2009年8月11日举行。会议听取了区民政局关于转制社区建设与管理的工作情况通报，就"加强我区转制社区建设与管理"进行专题协商议政，并通过了相关建议案。区委常委、常务副区长许岳荣，区人大常委会副主任周红英应邀参加会议。

【十二届常委会第十六次会议】 2009年11月26日举行。会议听取区委常委、纪委书记郎文荣关于2009年以来党风廉政建设和反腐败工作情况的通报；听取区政府关于区政协十二届三次会议提案、建议案办理情况的通报以及提案委关于重点提案办理情况的汇报，并进行了讨论。郎文荣、区人大常委会副主任周红英、副区长方毅应邀参加会议。

委组工作

【提案委员会】 2009年，对区政协十二届二次会议以来予以立案的328件提案全部办复完毕，并对十二届二次会议以来的提案进行评选，确立7件提案为十二届二次会议重点提案，选出优秀提案20件，在十二届三次会议上予以表彰。同时，开展提案"回头看"，配合政府部门"二次答复"。对前几年交办的"人才大厦建设"、"南片水库修建"、"危桥改造"等多个提案进行"回头看"，促成了提案进一步落实。组织举办"政协提案知识"专题讲座，对全体委员进行政协提案知识培训。组织委员开展"农村土地经营权流转"的课题调研，并赴义乌市、成都金牛区等地学习考察，5月初完成调研报告并形成主席会议建议案递交区委、区政府参考。

【经济科技委员会】 2009年，组织委员开展关于"农村住房建设"的课题调研，形成《关于加快我区农村住房建设改造工作的对策建议》，经主席会议审议通过，报送区委、区政府。组织委员就"加快现代服务业发展"进行主题约谈。组织委员对十二届二次会议重点提案《规范土地经营流转，促进村级集体经济发展》和《鼓励传统行业产品升级，提高产品附加值》进行督办。组织农村农业工作组有关委员赴东北学习考察休闲观光农业。

工业财贸工作组分别对萧山区百强企业浙江胜达集团、优势成长型企业浙江祥润制衣有限公司等有关企业进行视察调研，并研讨企业运行情况。科技工作组专题视察了萧山南片的生态建设，并赴上海张江高科技园学习考察。农业农村工作组就农业科技创新和农业龙头企业发展问题视察德兴峰业和金达水产，并组织委员观摩浙江省农业博览会。

【城建交通资源环境委员会】 2009年，组织委员开展关于城区"退二进三"的课题调研，形成《关于加快"退二进三"步伐，推进城市有机更新的意见和建议》，经主席会议审议通过，报送区委、区政府。围绕"科学经营城市土地"开展专题调研，形成《关于科学经营城市的若干建议》，经主席会议审议通过，报送区委、区政府。组织委员就"加快城西区块城中村改造"进行主题约谈。组织委员对十二届二次会议重点提案《关于深化停车设施市场化运作的建议》和《加大对南部重要生态带保护扶持的力度》进行督办。组织"科学经营城市土地"课题组成员赴重庆学习考察。

组织城建交通工作和资源环境工作组委员分别视察了萧山区旅游"1010"工程、新"811"环境整治、湘湖文化景点建设、湘湖二期征迁情况等。

【社会法制和三胞联谊委员会】 2009年，组织委员开展关于"加快农村转制社区建设"的课题调研，形成《关于加快我区农村转制社区的建设和管理的对策建议》，经主席会议审议通过，报送区委、区政府。组织委员就"关于加强我区流动人口服务与管理的建议"进行主题约谈，并赴新塘街道和闻堰镇进行实地视察。组织委员对十二届一次会议重点提案《加大投入，在全区建立电子防控网络全覆盖的建议》进行督办。组织"加快农村转制社区建设"课题组成员赴东北学习考察。

法制工作组视察临浦镇司法所人民调解工作情况，视察市北派出所和城厢派出所治安防控网络建设，视察区公安分局经侦大队经济案件审查工作情况；工青妇工作组视察城管综合执法局关于萧山区城市犬类管理情况，对商业城综合治理进行"回头看"，视察区人事局人才中心了解大学生就业情况；三胞联谊工作组视察萧山区经济技术开发区台资企业运

2009年9月15日，区政协四十三次主席会议成员视察丰东安置小区

（程滔摄）

行情况;民族宗教工作组视察城厢街道民族工作开展情况。

【文史和教文卫体委员会】 2009年,结合国内外形势,分别就"危机下的萧山经济形势"、"人民政协60年辉煌历程"等议题组织2次专题学习辅导报告会,编印2期共约15万字的《学习资料》,推动委员学习。联合区文联、区委党史研究室共同编辑整理《萧山方言》,即将付印。编辑整理文史资料《湘师春秋》,为两会献礼。组织委员开展关于"加强我区文化事业发展"的课题调研,形成《关于加强我区文化事业发展的若干建议》,经主席会议审议通过,报送区委、区政府。组织委员就"加强我区文化品牌建设"进行主题约谈。组织委员对十二届一次会议重点提案《加快推进我区310个社区卫生服务站建设》进行督办。对区卫生系统开展民主评议,并形成《对区卫生系统的民主评议书》,经主席会议审议通过后送交区委、区政府和区卫生局。联合民进区委共同组织"中国首届珍粟红石创意作品展"活动。组织"兰亭奖"中小学生书法大赛萧山赛区的活动。组织区政协艺术团赴海军部队进行"八一"慰问演出,赴苏州、无锡等地采风,承担了区政协新春茶话会等活动的演出任务。组织区政协书画院赴南京、扬州等地采风,举办庆祝十二届二次全会召开的书画展活动和庆祝中华人民共和国成立60周年和人民政协成立60周年的书画展活动。

教体工作组分别赴宁围镇实地视察农村幼儿教育工作情况,赴临浦镇视察农村文体工作发展情况,视察科普教育基地区博物馆,赴龙泉市考察中小学教育工作情况;医卫工作组赴临浦视察农村社区卫生服务站建设情况,在永兴公园开展义诊活动,赴云南学习考察卫生工作;文史工作组分别赴区博物馆视察萧山区文物保护工作情况,赴云南学习考察文史资料编辑工作,赴江西景德镇考察文化市场发展情况;文化新闻工作组赴党山镇视察农村体育设施建设情况,视察跨湖桥博物馆建设情况,赴余杭区学习考察文化创意产业发展情况。

【委员学习和工作联络委员会】 2009年,探索创新委员学习和委员培训工作,提高委员素质。举行全体委员的辅导报告会1次,编辑出版委员学习资料1期。规范对委员的服务和管理,提升履职能力。完善界别工作机制,加强对界别工作的联络与考核,充分发挥界别作用,制定《先进界别评选办法》,开展先进界别小组评比活动。加大民主监督工作的督促检查力度,定期召开民主监督员会议,认真总结经验,交流工作,促进民主监督员履行职能。

组织机构及负责人

【区政协第十二届常务委员会主席、副主席、秘书长、副秘书长】

主　　席:王珠瑛
副 主 席:张龙生
　　　　　金老虎
　　　　　汤金友
　　　　　叶永浩
　　　　　朱国铭
　　　　　董华恩
秘 书 长:吴关林
副秘书长:钱大荣

【区政协第十二届常务委员会工作机构及负责人】

办公室主任:	钱大荣
提案委员会主任:	卢雪根(10月止)
	田益民(11月始)
经济科技委员会主任:	高利伟
工业财贸工作组组长:	丁宝根
科技工作组组长:	曾　娟
农业农村工作组组长:	娄定水
城建交通资源环境委员会主任:	钱　红
城建交通工作组组长:	来国良
资源环境工作组组长:	赵金土
社会法制和三胞联谊委员会主任:	董关尧
法制工作组组长:	许建达
工青妇工作组组长:	冯志泉
民族宗教工作组组长:	蓝晓华
三胞联谊工作组组长:	陈爱娟
文史和教文卫体委员会主任:	陈　岚
教体工作组组长:	高明权
医卫工作组组长:	周水华
文化新闻工作组组长:	汪垤涵
文史工作组组长:	劳荣水
学习联络委员会主任:	黄晓燕(11月始)

(周勇飞)

民主党派·群众团体

中国民主同盟杭州市萧山区委员会

【概况】 2009 年末,民盟萧山区委共有盟员 116 人(本年度新发展盟员 10 人,去世 1 人),盟员平均年龄 52.50 岁。盟区委下辖教联、科一、科二、文化、萧中、综合、杭发 7 个支部。盟员中有杭州市人大代表 1 人、杭州市政协委员 2 人(其中常委 1 人)、萧山区人大代表 1 人、萧山区政协委员 22 人(其中常委 4 人)。萧山盟员中有市管干部 1 人、区管干部 6 人。主委周红英担任区人大副主任、民盟杭州市委副主委。

11 月,陆峰盟员被推荐担任区人大城建环保委员会副主任。

2009 年,共有 45 位盟员获得各级各类荣誉、专业奖励或发表论文。盟员获得各级、各类荣誉称号 34 项,其中杭州市局级及以上 9 项;获得各级、各类专业奖项 33 项,其中杭州市局级及以上 26 项;发表论文和专著 26 篇(部)。

【参政议政】 在 2009 年的萧山区人大十四届三次会议和区政协十二届三次会议上,共有 25 位盟员分别以人大代表、政协委员和列席代表的身份参加会议。在区政协的大会发言中,陆峰盟员代表盟区委作题为《加强规范管理确保"农家乐"健康发展》的大会发言。2008 年盟区委集体提案《加快推进人才强区战略的实施》和黄勇芳委员的《加大资源整合力度,打响以湘湖为核心的萧山旅游大品牌》两个提案,被评为萧山区政协十二届二次会议以来优秀提案。还有盟员 2 人次被评为区政协"双好委员"和"优秀信息员"。在 2009 年萧山区政府工作报告中,盟区委 2008 年集体提案所涉及的"建造萧山人才大厦"建议被列为"2009 年萧山区政府为民办的十件实事"之一,并于年底正式动工兴建。

是年,在区政协十二届三次全会上,盟区委和盟员中的政协委员共提出提案 46 件,其中集体提案 1 件、个人领衔提案 45 件。10 月,在中共萧山区委召开的政协工作会议上,何宣盟员应邀代表盟区委作题为《通过三个层次,奏响三部曲,扎实做好参政议政工作》的典型发言。

2009 年,民盟区委完成有关村级财务管理的《深化农村财务管理推进"双代理"制度》课题报告。盟区委所辖的 7 个支部进行参政议政调研,形成调研报告。如:教联支部的《提高生活品质,实现可持续发展》;科技一支部的《竞争时代的萧山汽车流通市场》;科技二支部的《推进发电厂的热电联产改造,实现萧山南部集中供热》;文化支部的《应大力开展民生档案的登记备份工作》;萧中支部的《关于萧山转制社区居民建房问题的调研》;综合支部的《加大投入,充实人手,努力做好医疗急救工作》;杭发支部的《从侨星中学的现状,谈民办教育的期望》等。

2009 年,盟员中的区政协特约信息员共撰写信息 21 篇,被萧山区政协录用信息 6 篇,上报杭州市政协录用 8 篇。其中沈敏丽等 3 位盟员撰写的涉及社会重点、热点问题的 3 则信息,分别被全国政协、民盟中央和浙江省政协录用。民盟区委被民盟杭州市委评为"2009 年反映社情民意信息工作先进集体"。

【20 周年庆典】 2009 年 6 月 24 日,是民盟区委成立 20 周年纪念日。盟区委举行了"五个一"20 周年庆典系列活动,包括举行一次"社会服务活动"、举办一次"萧山盟员艺术展"、编印一本"纪念册"、召开一个"庆祝大会"、演出一台"文艺节目"。

在江寺举办的"纪念民盟区委成立 20 周年萧山盟员艺术展"上,展出盟员书画、摄影、剪纸、十字绣等艺术作品 61 件。盟区委编印的《民盟萧山区委成立 20 周年纪念册》,总结了 20 多年来的萧山盟务工作,汇集了萧山民盟重要的历史资料和珍贵图片。庆祝大会后,萧山各界盟员联袂演出了精彩的文艺节目。

【宣传工作】 2009 年出刊《萧山盟讯》6 期,共计 38.1 万字。在民盟杭州市宣传工作会议上,萧山李杏珍等 5 位盟员分获"宣传民盟好新闻"二、三等奖。

2009 年,《萧山盟讯》迎来出刊第 100 期和创刊 20 周年纪念。《萧山盟讯》继续开辟"民盟英杰"专栏,介绍了黄炎培、杨明轩、楚图南、史良、胡愈之等 6 位民盟早期重要领导人的事迹。

在萧山统一战线知识竞答活动中,萧山盟员的参与率在 86%以上,经过评选有郭娟华等 3 位盟员获奖。在中共杭州市委统战部和杭州市各民主党派组织的征文活动中,各界盟员积极参与,撰写征文 16 篇。包永年等 7 位盟员获一、二、三等奖和优秀征文奖。在杭州市妇联的征文活动中,萧山女盟员共撰写征文 12 篇,通过评选,方夏婴等 4 位盟员分获二、三等奖和优秀征文奖。吕仲华、赵敦义等 5 位盟员创作的书画作品,参加了"杭州市各民主党派庆祝中华人民共和国成立 60 周年和人民政协成立 60 周年书画展"和"民盟浙江省委暨民盟杭州市书画名家邀请展"。

【社会服务】 2009 年,民盟区委继续开展萧山区统战特色工程"送科普、文艺、法律到基层"项目,并结合纪念民盟区委成立 20 周年,组织 9 位盟员参加了萧山区 2009 年科技活动周暨第二十三届科普宣传周活动，在萧山文化广场就法律、医疗、高考等项目开展义务咨询服务。发送宣传资料12种，300余份，受益群众近百人。9月底，组织盟员参加了萧山区统一战线纪念中华人民共和国成立60周年大型广场社会服务活动。在2009年新学年伊始，民盟届别的律师赴职高为新生举办了普法讲座。

9月，盟区委在闻堰镇建立"新农村共建文艺服务基地"，并对闻堰镇将在"2009年中国·杭州（闻堰）第三届三江美食节"的文化艺术周上演出的五台群众文艺节目进行艺术辅导。

2009年，民盟区委被民盟浙江省委授予民盟社会服务工作三等奖，还被评为萧山区统一战线2009年度"发挥优势服务社会"先进集体。

民盟职高2009年招收新生140余人。

（范宙虹）

中国民主促进会杭州市萧山区委员会

【概况】 2009年，民进杭州市萧山区委设支部11个，年末有会员152人（发展5人，组织关系转入1人，转出2人），其中有省、市、区人民代表5人（其中省、市代表各1人），市政协委员（常委）1人；区政协委员26人（其中常委3人，副主席1人）。全年组织义诊、送教下乡共5次。编印双月刊《萧山民进》六期，载文100余篇、15万字，共印1500余份；该刊设10余个栏目。

【参政议政】 2009年，在区政协第十二届三次会议上，金铭代表区委会作题为《用社会主义先进文化引领农村文化阵地》的发言，冯建萍代表区妇联作题为《深入推进"整洁庭院"共建共享品质生活》的发言，金霞代表城区片委员小组作题为《顺应城市化进程 推动转制社区建设》的发言。区委会关于《实施历史文化品牌战略，提升萧山社会发展软实力》、林莹关于《提升我区教育发展软实力的几点建议》被评为区政协十二届二次会议以来优秀提案。田益民、徐建勇的提案介绍在《萧山日报》上刊登。林莹、王永强等被评为"双好委员"。代表、委员在各级的"两会"上共提交提案（来信）和建议48件（签名案不计）。2009年，区一院支部提出《关于进一步加强中医药发展建设》等建议。区一院支部和教育二支部获市民进授予的2007—2009年度先进支部称号。

【庆祝中华人民共和国成立60周年】 2009年，民进区委会发文，组织各支部发动全体会员，积极参加庆祝中华人民共和国成立60周年和人民政协成立60周年的征文活动和统战部组织的统战知识竞赛及征文活动。民进共有60多位会员参加征文和知识竞赛，收到征文16篇。5人获知识竞赛奖，蔡惠泉的《统一战线是部传世经典巨著》获征文二等奖。巫凌霄在区统一战线庆祝中华人民共和国成立60周年暨人民政协成立60周年中秋茶话会上发言。9月19日，《多党合作政治协商在萧山的第一个篇章——中国民主促进会萧山县委员会成立追忆》一文，在省政协的《联谊报》上全文刊发。

90岁高龄的杨钧老师书稿《湘湖春秋》于12月出版发行。会员徐建勇发起的"萧山·值得我吹——萧山民间萨克斯风迎国庆六十周年综艺晚会"8月8日晚在萧山剧院举行，12月成立由徐建勇任主席的区木管乐协会。

【自身建设】 2009年，民进会员来春霞、蒋华、林莹3位教师加入名师行列。教育一支部主任童永榕任董事长的笑笑集团被评为浙江省新锐民办学校，6月18日，笑笑幼教集团中澳文化教育交流合作暨儿童英语教育中心项目正式启动。7月24日，民进会员金霞担任董事长的高桥金帆实验学校成立。10月22日《萧山日报》经济版面刊登《萧山一"海归"入选国家"千人计划"》，报道萧山唯一入选"千人计划"的科技人才——民进会员任永坚。

2009年发展新会员5人。

【社会服务】 2009年11月8日，民进区委、河上镇卫生院新农村共建服务基地启动仪式在河上镇卫生院举行，22位民进会员组成的专家义诊队伍为村民们诊疗260人（次）左右。该服务基地是在中共萧山区委统战部的统筹安排下，定点建立的民进区委会又一个新农村共建服务基地。此后，民进的会员医师每月一次，到河上卫生院定期为村民们义诊服务，协议初定3年。为卫生院医技人员开设了"基层医疗机构人员第一现场急救操作培训"讲座，并选派内科、骨科、妇科、B超专家到卫生院坐诊帮扶。

6月28日，由民进区委会、区政协文史和教文卫体委员会、萧山石雕艺术馆联合举办的萧山（中国）首届"珍粟红"石创意作品暨萧山石雕艺术馆藏品展在文化中心展览大厅举行，展期5天，来自省内外观众达2500余人。

6月29日，郑震等会员赶赴丽水松阳，和6位学童结对，送上助学金及学习用品，郑震助学的20名学童分布在苍南、景宁、松阳和萧山等地。5月26日，在南环路红宝石广场，郑震创办枕湖书画院和跨湖桥书画艺术有限公司。

7月1日，"胡铁军书法作品展"在萧山图书馆展出。

10月20日，统一战线新农村共建基地——民进区委和萧山六中联合举办的"萧山六中名师及骨干教师培养对象培训班"开学典礼在六中举行。培训班安排专题报告、教学观摩、互动座谈和参观考察等教研培训活动24次。

（蔡惠泉）

中国农工民主党杭州市萧山区总支部委员会

【概况】 2009年，中国农工民主党杭州市萧山区总支部委员会有党员97人（本年度新发展8人），下设5个支部。党员中有正处级干部1人，副处级干部3人。有农工党杭州市委会委员1人。杭州市政协委员1人，萧山区政协委员16人（其中常委4人）。萧山区人大代表2人（1名系本年发展的党员）。12人担任萧山区各类监督员。刊出《萧山农工》4期，发稿188篇。在党派工作相关报刊刊登稿件130篇（次）。

【参政议政】 2009年，农工党员在市、区“两会”期间上交提案45件、议案3件，其中在区政协十二届三次会议上呈交提案40件(集体提案6件)，孙观荣代表总支部委员会作题为《建立长效管理机制 巩固农村环境整治成果》的大会发言。总支部关于《扎实推进310家社区卫生服务站的建设工作》的提案被区政协列为2009年的重点提案；徐大钧《关于加强主城区和三个副城区户外广告管理的建议》被区政府列为由区长盛阅春牵头办理的重点提案。

通过走进社区听民声等活动，广泛收集社情民意，经筛选上报信息315则(次)，被录用119则，其中被全国政协录用3则(谭月芳、陈月芳、杨振莉各1则)；被中共中央统战部录用3则(秦味经)；被农工党中央录用5则(秦味经4则，杨定凤1则)；被中共浙江省委办公厅录用2则；被省政协录用15则，被中共浙江省委统战部录用2则；被农工党浙江省委会录用8则；被中共杭州市委录用2则；被市政协录用10则；被中共杭州市委统战部录用1则；被区政协录用68则。

8月，陈月芳起草执笔完成题为《建议引入医患外第三方调解机制处理医疗纠纷》的调研报告。王登承8月执笔完成题为《新时期民主党派做好社会服务工作的探索》的调研文章，11月执笔完成区各民主党派联合调研课题报告——《整合宗教文化资源，促进旅游产业发展》。12月谭月芳撰写的《关于加强流动人口计划生育服务管理工作的建议》的调研报告获农工党中央2009年优秀调研报告三等奖。2009年，与工商萧山分局举行2次对口联系活动。

【自身建设】 2009年，农工党萧山区总支部委员会全面实施“完善激励机制，激发成员履职活力”这一特色统战工程。通过细化量化的办法评比各类先进，进行表彰奖励。9月已创四星级的临浦支部、联合二支部和已创三星级的联合一支部均顺利通过保星验收；已创三星级的医卫支部升格为四星级支部；新申报创星级的浙江萧山医院支部达到三星级支部标准。

3月，陈月芳出任浙江萧山医院院长助理。4月增选祝银燕为联合一支部委员、俞迪燕为联合二支部委员，9月增选杨振莉为医卫支部副主任、林丽为医卫支部委员。11月黄晓燕升任区政协委员学习和联络委员会主任；谭月芳升任南阳街道办事处副主任。

2009年，总支部委员会获农工党杭州市先进集体称号；被农工党杭州市委员会、杭州市科技局评为“健康教育、科技服务”进百村为新农村建设服务活动先进集体。医卫支部、联合一支部、联合二支部、临浦支部荣获农工党杭州市先进支部称号。总支部委员会关于《尽快实施区级机关公务用车改革的建议》的集体提案获区政协优秀提案奖。“健康教育进乡村工程”获萧山区特色统战工程提名奖。

杨定凤获浙江省统一战线征文三等奖。吴肖英、王登承分别获农工党浙江省委会征文二等奖、三等奖。谭月芳获市政府“人民建议金点子奖”。秦味经被中共杭州市委统战部评为“2008年度全市统战信息工作先进个人”和“我为应对国际金融危机献一策活动先进个人”，被区政协评为优秀信息员。陈月芳为农工党杭州市委会起草执笔的理论课题获2008年度市政协理论研讨文章一等奖。陈月芳、秦味经获杭州市政协征文三等奖。郑巧彤、陈月芳、孙观荣被农工党杭州市委会评为“社会服务优秀志愿者”。在农工党杭州市委会举行的征文活动中，谭月芳获二等奖，杨定凤、陈月芳、祝银燕获三等奖。徐大钧的《关于开展廉租住房制度建设的提案》、孙观荣的《萧山区儿童公园建设的几点建议》的提案被区政协评为优秀提案。徐大钧、楼兰芳被区政协评为“双好”委员。在中共萧山区委统战部、萧山日报社组织的知识竞赛和征文评选中，7人获知识竞赛奖，2人获征文评选奖。

【社会服务】 2009年，农工党萧山区总支部委员会选择党湾镇、北干街道、新街镇沿江村3个社区卫生服务中心(站)和临浦镇临北村老年活动室共4个服务基地，分别由联合一、萧山医院、医卫、临浦等4个支部结对服务，落实共建新农村项目，将健康教育进乡村工程引向深入。

以流动服务的方式参加农工党杭州市委会和市科技局联合举行的“健康教育、科技服务千名专家进百家企业服务”活动。7月至10月，组织38名(次)农工党员先后到10家企业，作健康知识讲座3场，发送资料1000余份，519名职工受惠。

在“3·15”国际消费者权益日，选派10名医疗专家到区文化广场开展医疗健康咨询活动。发送健康保健资料400余份，为350余名群众提供医疗服务。9月29日组织7名医疗专家在江寺公园参加萧山区统一战线纪念中华人民共和国成立60周年大型广场社会服务活动暨新农村社会服务基地揭牌仪式。

1月，联合二支部与江寺社区党委、居委会联合举办“迎新春送春联”活动，向群众赠送春联100余副。10月和12月，组织党员到萧山区友谊学校，为2名来自四川灾区的民工子弟送去学习用品；为学校教师作班主任管理工作专题讲座2场。7名党员与本区低收入家庭帮扶结对，各资助800元。戚顺庆资助四川一女生学费5000元。

【学术成果】 2009年，党员获发明专利1项，出版书籍3本，在省级以上刊物发表论文13篇，发表科普文章3篇；发表书画作品17幅，展出36幅；发表联语27副。获区级以上专业奖13项，其中国家级3项、省级4项、市级3项、区级3项。获区级以上荣誉8人次，其中国家级1人次、市级2人次、区级5人次。

颜莉亚在由文化部中国大众音乐协会、教育部中国教育电视协会主办的“中华青少年文艺英才推选活动”中获优秀指导教师奖。吴肖英1篇论文在“2007全国群文网站建设论坛”论文评选活动中获三等奖；蒋国军获发明专利1项。顾春亮1篇论文获中国教育学会年会论文评比一等奖。周明道的照片和著作封面被《中华诗词著作家金榜集》收入，另有10首诗、7首格言被《中国社会发展兴国人物大典》、《中华名人格言》收入。邵观松4幅画作被制成邮票。

(杨定凤)

九三学社杭州市萧山区基层委员会

【概况】 2009年,九三学社萧山区基层委员会共有社员114人(本年度发展2人,转入3人),下设4个支社,分别为城建设计支社、综合一支社、综合二支社、杭齿支社。区基层委有省政协委员1人;市政协委员1人,市人大代表1人;区人大代表3人(常委1人),区政协委员15人(常委3人);有1人担任市管干部,有5人担任区管干部。被社市委评为参政议政和社会服务先进集体,被中共萧山区委统战部评为区统一战线"调查研究,参政议政"先进集体。

【参政议政】 2009年两会上,区基层委共提交提案议案41件(提案34件)。王凯尔委员代表九三界别作题为《关于加快主城区"退二进三"的建议》的大会发言,该提案被区政协列为重点调研课题。会上,区基层委提出的《大力培育我区税源经济》被区政协评为优秀提案,周勇、王凯尔被评为"双好"委员。2009年,《关于在我区发展纯生态农业的建议》、《整治黑烟公交车势在必行》等6则信息被区政协采用。

2009年,在中共萧山区委统战部牵头组织下,完成《关于更好开发建设村级留用地的建议》,得到区委书记洪航勇的批示。王凯尔社员积极参加区政协组织的科学经营城市和"退二进三"的调研,并主笔完成调研报告;谭翠云社员积极参与区政协组织的关于转制社区的调研;周勇社员积极参与中共萧山区委统战部组织的关于整合宗教文化旅游资源,推动经济转型的调研;黄忠社员积极参与萧山区纪委组织的关于乡镇会计结算中心运作的调研。

【自身建设】 2009年5月,区基层委向广大社员推出"与祖国同命运,与九三共奋进"的征文活动,其中选送市委会的5篇征文获优秀奖;组织社员参加萧山统一战线庆祝60周年知识竞赛及征文活动,其中5位社员获知识竞赛奖,1位社员获征文三等奖;组织社员参与社市委开展的网上书画、摄影作品展,有8幅书画摄影作品参展;组织社员参加社市委举办的中华人民共和国成立60周年庆祝大会暨文艺演出,选送配乐诗朗诵,获优秀奖;参加萧山统一战线庆祝中华人民共和国成立60周年文艺演出;组织社员参加社市委举办的"绿都杯"科学健身运动会,区基层委综合一支社获三等奖,杭齿支社、城建设计支社获优胜奖。

7月25—28日,组织区管后备干部和新社员参加社市委举办的培训班;推荐1名社员参加杭州市党外中青年骨干培训班学习;1名社员参加组织部组织的中青班;2名社员被委派到区重点岗位挂职锻炼,葛尘之被评为杭州市优秀代办员。2009年,区基层委有1名社员被提拔为区管干部,1名社员由区管副职提升为正职。

【社会服务】 2009年5月23日,区基层委参加区科协举办的以"携手建设创新型城区——自主创新和谐发展"为主题的科普宣传周活动,开展新高考政策、法律、医疗、档案、建筑装潢、邮品及钱币收藏、医学健康等知识的咨询。9月28日,统一战线举行庆祝中华人民共和国成立60周年大型广场社会服务活动,区基委参加医疗、高考、建筑设计等服务项目。九三学社区基层委结合新农村建设活动,联系河庄街道江东安置小区二期作为服务基地,9月28日,由中共萧山区委统战部出面举行授牌仪式,并专门组织了一支在建筑、规划、结构设计、水电、监理、施工管理、建筑业管理等方面有专长的专家队伍。11月5日上午,派出由6位不同专业专家组成的队伍到服务基地服务。

是年,在1名社员的牵头下,一名社会爱心人士与南门社区一困难学生结对助学,2009年捐助6000元。邵法平社员积极参与各项新农村建设项目,获2009年度新农村建设贡献奖。全年,邵法平社员累计捐助、赞助335.6万元,其中向义桥云峰村扶贫捐助、为萧山慈善总会义桥分会村企共建新农村捐助、参与农村公益事业捐助、为义桥实验学校教育捐助等181.6万元;为蜀山街道造桥捐助154万元。饶肖平社员全年开展医疗健康讲座23次。黄笑华社员与多户贫困家庭结对。

2009年,有20余人次获得各类荣誉称号;发表论文15篇,另有4篇论文在省级及以上刊物上发表;获得科技成果奖13项,专利4项。其中,金鲜花社员获教授级高级工程师任职资格,入选杭州市新世纪"131"优秀中青年培养计划第二层次培养人选和浙江省"新世纪151人才工程"第三层次培养人选。邵法平被评为"2009浙江经济年度人物"。

(沈 惠)

中国民主建国会杭州市萧山区总支部委员会

【概况】 2009年,中国民主建国会杭州市萧山区总支部委员会年末设支部3个;有会员61名(发展4人),其中萧山区人大代表(常委)1人,萧山区政协委员7人(其中常委1人)。刊出《萧山民建》4期,发稿150余篇,发送50多个单位。

【参政议政】 2009年"两会"期间,民建会员共递交提案11件(其中集体提案4件),议案1件。会员吴雪峰代表区总支部作《关于深化我区停车设施市场化运作的建议》的大会发言。该提案被列为区重点提案、优秀提案。同时,集体提案《政府应帮助中小企业拓宽融资渠道,防范金融风险》被列为优秀提案。2008年度,总支的集体提案《推进节能减排工作,提升萧山经济发展品位》和华永校委员个人提案《关于建立农村食品安全长效机制的建议》,被评为区政协十二届二次会议以来优秀提案。

全年完成调研报告两篇,分别是张莹执笔撰写的《提高中小企业自主创新能力,推动我区工业经济优化升级》和汤国芬执笔撰写的《关于当前萧山外贸发展的现状及对策》。

【组织建设】 2009年发展新会员4名,成立了由16人组成的宣传调研小组。出台6项规章制度,包括支部目标考核制度、会议制度、组织发展制度、区总支部委员会委员职责、宣传调研小组成员职责、《萧山民建》稿酬标准及发放办法等。一支部被评为2009年度民建杭州市先进支部。

【社会服务】 2009年，会员企业浙江江南涤化有限公司入选"全国民营企业500强"；浙江江南涤化有限公司、浙江建杰聚合物有限公司、浙江美邦实业集团有限公司、浙江奕宏控股集团有限公司、浙江建杰控股集团有限公司等5家会员企业入选市级和区级百强企业；浙江中欣纺织科技有限公司通过GB/TI9001－2008idt ISO90012008质量管理体系认证，作为第一起草单位参加国家行业标准起草，被列入浙江省省级高新技术企业；浙江天生钢结构有限公司被授予中国金属结构协会全国金奖、浙江省钢结构协会金刚奖；浙江军联机械电子控股有限公司、杭州萧山万达制衣有限公司被评为杭州市社会责任建设先进企业。赵忠炎被评为萧山区新街镇经济建设功臣，韩晓海领衔的变速器研究项目荣获杭州市首届统一战线科技创新项目三等奖，徐敏领衔的风扇传动箱研究项目被评为杭州市"十大职工创新成果"，王红梅被评为萧山区优秀班主任、教坛新秀。

民建会员在"春风行动"、新农村建设、捐资助学等慈善活动中捐款2000余万元。

区总支部在区欠发达村——临浦镇苎东村建立新农村建设服务基地，作为长期的帮扶结对对象，为该村提供智力、资金等服务。

（张　莹）

区工商业联合会(总商会)

【概况】 2009年末，萧山区工商业联合会(总商会)有镇街商会26家，行业商会6家，异地商会2家。工商联(总商会)机关内设办公室、经济联络科、组织宣传科等"两科一室"。单位领导职数5名，中层领导职数3名。2009年，被杭州市工商联评为"综合先进单位"。

【调查研究】 2009年，区工商联完成2008年度上规模民营企业调研。全区有95家民营企业(2008年度营业收入3亿元以上)列入调研对象。通过对企业问卷调查的深入分析、综合整理，撰写了《栉风沐雨，逆势中增减互现》的调研文章上报区委。8月，撰写《我区28家企业入围全国民营企业500强》情况反映上报。本会还先后接待和参与省工商联"走进民营企业提振发展信心"专项调研活动及关于民营企业投资有关情况的调研。

【参政议政】 2009年"两会"期间工商联界别政协委员和人大代表积极向大会提交提案、意见及建议，其中，政协委员集体提案1件，个人提案25件，意见建议31件。

【建立政企银对话机制】 2009年7月21日，区工商联组织召开工商联界别政协委员座谈会，邀请区政协副主席叶永浩出席，驻萧银行机构和区级有关部门的相关负责人参加。通过座谈联谊，牵线搭桥，企业心声得到反映，银行和企业达成相互支持、互利共赢的共识。

【先进评选】 2009年，区工商联持续推进对非公有制经济人士有关先进的评选活动。通过对部分非公有制经济代表人士的综合评价，推荐并由省委、省政府表彰了戚建尔、黄来兴、任文达3位民营企业家为"浙江省优秀中国特色社会主义事业建设者"。推荐10位民营企业家为第四届"萧山区优秀社会主义事业建设者"。与区总工会合作开展以"关爱员工、实现双赢"为主题的杭州市企业家爱员工、员工爱企业的"双爱双评"活动。

【开展教育培训】 区工商联与浙江大学、清华大学等大专院校建立紧密的联系，利用高校资源，为企业"充电"、提高管理水平服务。2009年4月25日，开设"浙江大学人力资源管理培训班"，开课13次，每次有108名学员参加；3月20日开设为期一年的"浙江大学工商管理高级研修班"，共培训20次，每次有40余名学员参加；11月开展"浙江大学——苗子型企业战略管理培训班"，开课6次，每次有80余名学员参加；在商宫会所成立清华大学在长三角的全国性的企业家培训基地，首次开设总裁高级研修班，开课13次。承办"浙江大学恒逸论坛"3次，吸引全区企业中高层管理者700多人听讲。2009年，开设各类培训班11个，共计培训57.5天，累计4980人次参加。

【参与新农村建设】 根据省、市工商联统一部署，区工商联配合区农办开展"联乡结村"活动，积极引导民营企业参与社会主义新农村建设活动。2009年，全区已有390家企业参与共建活动，与801个村、社区结成共建对子，协议捐助、合作资金4834.81万元，实际到位资金3526.23万元，资助村级开展新农村建设项目386个。

【开展会员"法律体检"】 2009年，区工商联联合区司法局，借助杭州萧山法律服务产业发展中心这一平台，为会员企业提供"法律体检"服务。由32位资深律师组成的"体检"小分队，相继走访萧山区农商会、新湾镇商会、楼塔镇商会等基层商会，为200余家中小企业支招。对企业提出的问题作了仔细解答，并对问题形成的原因进行细致的梳理和剖析。

【开展法律培训】 2009年4月底，区工商联连续举办两期100余人次参加的《劳动合同法》专题培训班。8月15—16日，邀请资深教授、律师、法官开展"企业合同管理与风险防范"专题培训班，企业中高层管理人员250人参加培训。

【开展维权服务】 2009年1月10日，杭州萧山法律服务产业发展中心成立，年内接受各类咨询552次(其中来人来访105次)，电话咨询350次(网上咨询97次)；6次向2740家企业发放征询函；服务中心承接会员企业各类案件68件(其中诉讼案37件，非诉讼案31件)；为会员企业草拟、修改合同文本29份；交由中心律师承办法律援助案件14件。

【推进银企融资合作】 2009年6月29日，上海银行杭州萧山支行入驻商会大厦，运行半年多以来，已为企业贷款18亿元。区工商联响应省联号召，与萧山工商支行和江南支行联合开展融资活动，组织113家会员企业上报两家支行进行融资前的考察认定工作。10月30日，组织召开大型"银企合作融资签约"暨"中小企业资本运作"讲座。会上，区工商联与招商银行小企业信贷中心、上海银行杭州萧山支行正式签署金融服务合作协议书。两家银行分别与三家行业(异地)商会签署合作协议，并授信12亿元。同时，邀请了浙江大学经济学院副院长汪炜作题为《中小企业如何破解融资难题》的专题讲座，为260多家会员企业代表解惑。

【举办企业家健康论坛】 2009年3月2—6日，区工商联分批组织执委以上会员及家属、直属会员企业老总共222人，开展健康体检。9月13日，联合萧山快康医院，面向区工商联会员企业，举办一次健康论坛。在11月8日的主席办公会议上，邀请杭州师范大学医学院中医教研室主任夏卫东教授为与会人员作"中医养生保健"的讲座。

【扩大对外交往】 2009年，区工商联先后组织9批次近40家会员企业参加各类活动：3月21日，组织3家民营企业参加"2009年杭州市民营企业招聘周高校毕业生招聘会"；4月下旬，组织6家企业参加"中阿论坛第三届企业家大会暨投资研讨会"；9月6日，组织2家企业参加"对接中国企业(行业)500强，建德资源产业及新城建设专场招商推介会"等活动，并配合省联组织企业及时填报第二次民营企业军民两用高新技术产品研发生产情况。

【开展友好往来】 2009年8月14—16日，区工商联组织8位民营企业家赴重庆、四川等地，对在异地创业的萧山民营企业家开展调研工作，了解萧商在外投资创业情况。2009年，接待重庆市渝中区工商联等友好单位来萧交流考察34批275人次。与河南辉县、四川广安、重庆铜梁、成都双流等4家商会签订协议，建立友好商会。

【基层商会活动各有特色】 2009年，区自行车电动车行业商会、萧山温州商会组织了"银企合作"座谈；区自行车电动车行业商会组团参加第30届"中国浙江国际自行车电动车展览会"；楼塔镇商会、区房地产商会组织会员企业赴外地进行专项考察活动；萧山温州商会组织会员进行健康体检；5月12日，组织镇街、行业(异地)商会秘书长培训并赴南通学习考察，学习南通工商联行业商会创建工作和发挥作用等方面的经验。

【商会工作成效显著】 2009年，各基层商会共组织会员学习188次，22046人参加；组织各类考察152批1595人参加；举办培训班195期，47776人参加；组织参加洽谈会、展销会847次，4879家会员企业参加。为会员处理、调解民事纠纷2215件，调解成功1503件，调处成功率67.9%。参与社会公益事业、光彩事业的企业2055家，总计捐款13132.95万元。

(郁兴桥)

区总工会

【概况】 2009年，区总工会机关设五部一室，即组织部、宣教部、生产生活部、权益保障部、财务部、办公室。机关共有工作人员24人，其中行政在编人员17人。全区有基层工会3943家，会员546344人，其中女会员297000人，覆盖企业16025家。

【区政府与区总工会召开联席会议】 2009年1月8日，区政府与区总工会召开联席会议，区委副书记、代区长盛阅春，区委常委、副区长蒋金梁和区总工会主席、副主席参加会议。这是自2006年3月以来的第三次区政府与区总工会联席会议。会议听取了区总工会主席俞柏祥关于2008年主要工作完成情况和2009年工作思路的介绍。会议还就其他事项进行了研究协商。

【工会组织覆盖面不断扩大】 根据企业发展和职工队伍实际，重点推进非公小企业工会组建工作。对条件成熟的小企业要求独立建会，暂不够条件的组建联合工会；子公司从集团工会中分离，由分工会(工会小组)改建成基层工会。2009年，全区新建基层工会731家，新增会员51200名。

【四级维权机制】 全区形成以区总工会帮扶中心为依托，镇街、局(产业)工会为支点，村(集团)工会为主体，基层工会为基础的四级维护职工权益网络。区总工会帮扶中心2009年接访225起313人次，处置群体性上访5起，为职工讨回工资86万元，为510名"4050"(即女性40岁，男性50岁)人员实现再就业。全区29个镇街、开发区、农场工会，384个村(集团)工会设立了职工维权帮扶站(室)，全年调处劳资纠纷7728起。各基层工会把维护职工权益作为重要任务，在积极参与和谐企业创建活动的同时，认真宣传、贯彻、落实《劳动合同法》，全区非公企业集体合同签订率达到96.5%，集体合同续签率达到100%。

【企业民主管理工作】 企业民主管理工作边推进，边规范。区总工会专门编印下发《非公企业职工代表大会操作手册》、《区域性职工代表大会操作手册》、《企业职工代表大会制度》等。同时，通过组织经验交流会、民主听证现场会、职代会、观摩会等指导各基层工会开展企业民主管理。至2009年底，全区有3139家非公有制企业建立了职代会制度，3308家非公企业实行厂务公开制度，532家企业建立了民主听证会制度。

【工会与企业签订共同约定书】 为应对金融危机，区总工会积极引导基层工会与企业开展坚定信心保增长、同心协力促稳定的"共同约定"行动，把企业促就业、保稳定，职工作贡献、促发展作为《共同约定书》内容，引导企业与职工通过集体协商、共同约定，理性合法维护职工权益，化危为机，促进经济发展。2009年，全区签约企业达到1201家，涉及职工28万人。

【开展职工岗位立功主题活动】 面对金融危机大背景，全区各级工会积极带领职工"同舟共济保增长 建功立业促发展"，发动广大职工立足本职岗位，开展增收节支、技术革新、献计献策等活动。2009年，本区27家大型企业集团工会率先掀起群众性劳动竞赛、创业立功活动热潮。其间，涌现出10位"萧山区勇克时艰杰出职工"，10个"杭州市工人先锋号"班组(车间)。

【重视职工技能素质提升】 通过岗位练兵、技术比武、技术攻关、命名先进操作法等活动和形式提升职工的技能素质。2009年,全区8000余家企业670000名职工参加了区、镇街两级工会组织的18项技能比武活动,其中24名参赛职工获得高级技工职称,13名职工被授予"杭州市职工技术能手"称号。全区有383家规模以上企业实行"师徒制",1212名技工与13050名职工建立师徒关系。组建38家非公企业职工技术协作组,为职工联合攻克技术难关创立了平台。同时,引入激励机制,如在规模企业中推广以职工名字命名的先进操作法;聘任106名优秀技能人才为区级职工技术带头人,每月发给100元特殊津贴。通过"万名职工免费技能培训",全区有7101名职工实现技术晋级。

【职工教育培训】 区总工会继续开展"创建学习型组织,争做知识型职工"活动。2009年,新增学习型组织275个,新增学习型班组430个。通过构建工会培训基地,开创工会与学校联合办学等形式带动职工教育培训。全区61家规模企业工会与大专院校合作,实行"校企联姻",自主培养人才。12个镇街工会建有职工业余学校,不定期开展职工教育培训。

【丰富职工文体生活】 区总工会继续开展"百场电影下工厂"、"百名基层文体骨干培训"、"百个标准化基层(职工)俱乐部创建"三个一百的活动,并以"三个一百"为依托,丰富职工文化生活。2009年,免费为职工放映电影384场,举办文体骨干培训班13期1200人次;邀请全总文工团、省市职工艺术团来萧山举行慰问演出,组织区职工艺术团送戏进工厂、下工地;以基层(职工)俱乐部为平台,工会上下联合,举行2009年全区职工声乐、器乐大赛,通过基层选拔、分片预赛、"五一"决赛,吸引了数以万计的职工,带动了全区职工文艺活动的开展,丰富了职工业余文化生活。开展职工文化家园建设活动,至年底,10家职工电子书屋达到省级标准,1家职工书屋和2家职工学校达到全国标准。

【关心帮扶生活困难职工】 区总工会承担区"送温暖"工程领导小组办公室日常工作。2009年,第九次"春风行动"向社会捐款912万元,元旦、春节慰问资助困难职工2546人(户)。协调各镇街、区级机关(事业单位)与110户困难职工家庭结对帮扶。为100户特别困难职工家庭核发了"特困家庭援助证"。八、九月间,开展"送清凉"、"金秋助学"活动。对遭遇突发困难的职工随时予以救助,全年共出救助资金6万元,救助100人。各镇街、局、产业工会和一些基层工会也积极开展"送温暖"帮扶活动。有76家基层工会建立了职工互助基金会。

【出台外来务工人员救助办法】 2009年11月,会同有关部门出台《杭州市萧山区外来务工人员特殊困难救助办法》。《办法》规定,凡在萧山与用人单位签订正式劳动合同或聘用合同满1年及以上的外来务工人员,因患重大疾病或因突发性灾害导致生活特别困难的,应予以帮扶救助。救扶资金由萧山区"送温暖工程"资金专户中支出。

【组织劳动模范体检】 2009年5月,区总工会、区劳模协会组织区级以上劳动模范参加健康体检。此次劳模体检在萧山医院进行,历时7天,投入资金11350元,参加体检劳动模范655人。

【有工会女职工组织3490个】 2009年,全区共有工会女职工组织3490个。各女职工组织在关注女工素质提升的同时,十分重视维护女职工的特殊利益,全年累计为9030名女工办理了安康保险;600名女性就业困难人员实现再就业;与企业签订女职工劳动保护专项集体合同3351份,覆盖女职工26万人;元旦、春节慰问困难女职工3790人,送去慰问金345万元。

【上级领导指导工作】 2009年4月1日,全国总工会副主席、书记处书记陈荣书一行由省总工会副主席吴建宪、市总工会主席陈永良陪同到萧山,对萧山职工权益保障和企业民主管理工作进行调研、指导。区委副书记谭勤奋参加调研座谈会,介绍了萧山经济、社会发展和积极应对金融危机的情况。3月20日,省人大常委会副主任、省总工会主席刘奇和省总工会党组书记、副主席金长征就工会"保增长、保民生、保稳定"到萧山调研、指导。区委副书记谭勤奋参加调研座谈会。

(俞新宝)

共青团萧山区委

【概况】 2009年,全区有基层团委148个,团总支99个,团支部1893个,团员67575人(年内新发展团员7702人);团员入党728人;14—28周岁青年227538人,团员占青年的比例为29.7%;全区有专职团干部191人,兼职团干部646人;有少先队员117120人,少先队辅导员2620人。2009年,获浙江省先进团委1个;获杭州市先进团委4个,杭州市先进团支部4个。

【加强青少年思想道德教育】 2009年,团区委以团干部、学生等为重点,依托"青春大讲堂"、业余团校、学校理论社团、团干部培训班、机关党支部学习等,大力开展政治理论学习和培训;抓住纪念中华人民共和国成立60周年、五四运动90周年、建团87周年等重大节庆日的契机,以体验教育为主要途径,深入开展"我与祖国共奋进"、"民族精神代代传"等主题活动,深化"雏鹰争章"活动,青少年思想教育的形式和载体更加丰富。在全区少先队员中开展"红领巾飘扬60年,祖国发展我成长"全区统一队日、"队礼献给最可爱的人"走访、手拉手活动、"节约资源、保护环境,做保护地球小主人"等一系列活动。

【青少年文化建设】 2009年,团区委加快青少年宫新宫建设步伐,充分发挥萧山青少年宫在全区青少年校外教育服务中的龙头作用;加强"流动青少年宫"建设,突出资源优化配置,重点将萧山青少年宫的优质师资、活动资源引向农村、民工子弟学校。"流动青少年宫"举办了7次综合性活动,共有2000余人体验了活动带来的快乐;成功举办大学生村官"齐聚桑果节，情系新农村”活动、“最红杯”萧山区首届小主持人大赛、手拉手 Do 都城体验活动，举办不同层面青年参加的“青春有约”活动 6 场。

【服务特殊青少年群体】 2009 年，团区委以外来务工青年为重点，深化“蒲公英行动”。举办制造行业外来务工青年免费职业技能培训和鉴定，共有 20 余家单位的 300 余名外来务工青年报名参加活动，其中 230 人完成职业技能培训，85 人参加职业技能鉴定并获得国家职业资格证书。组建“蒲公英”志愿者艺术团和心理志愿者队伍，举办“同在蓝天下，携手共成长”百场公益夏令营、“分享知识，共享快乐”捐书行动等系列活动，帮助外来务工青年及其子女共享和谐、共促发展；以留守少年儿童为重点，开展城乡“手拉手”关爱留守少年儿童活动。组织动员各级团组织通过开展一次家教、帮助困难留守少年儿童给父母写一封信、利用节假日游览新萧山等形式，关爱留守少年儿童；以贫困学生为重点，深化爱心助学工作和低收入农户青少年关爱行动，全年资助青少年 3914 人，累计金额 210 万元。大力开展青少年法制教育，成立阳光矫正志愿者队伍，开展法制进学校、进社区和与在押未成年人结对帮教等活动，掀起贯彻《未成年人权益保护法》的热潮；规范青少年自护教育，大力开展“参与禁毒斗争，构建和谐社会”禁毒、防艾等安全宣传教育活动；扎实开展青少年心理健康教育，进一步整合社会资源，开展 12355 青少年服务平台和各优秀“青少年维权岗”的良好互动。进一步扩大“心灵彩虹”行动服务对象的范围，深入民工子弟学校开展“心灵彩虹”行动，精心设计课程，切实解决青少年心理障碍等问题。

【打造志愿服务工作品牌】 2009 年，团区委探索志愿服务社会化运作方式，不断拓展志愿服务项目，着力打造大型赛会类、结对帮扶类、低碳环保类和公共应急类四大志愿服务工作品牌。组织志愿者参与第 56 届国际金钥匙组织年会、第五届国际动漫节、第二届网商大会、中国（国际）观潮节等大型赛会志愿服务。发动志愿者参加公民爱心日、文明出行、新春志愿者三下乡等活动和“五一”、“十一”黄金周志愿服务活动，实施“配合管理四小车，关爱老人做奉献”志愿者“金晖行动”。挖掘有特殊才能的志愿者，培养符合社会需求的特色志愿者队伍，组建“蒲公英”志愿者艺术团、心理志愿者队伍和阳光矫正志愿者队伍，帮助解决青少年心理障碍等问题。抓住“3・5”、“五四”等契机，开展各类志愿者广场服务 50 余次；通过在公交站点等处发布志愿服务公益广告、开展媒体深度报道等，深入宣传志愿服务理念；与杭州江宁丝绸有限公司、都邦财险萧山分公司签订志愿者服务项目合作协议，探索“志愿服务面向社会，服务对象遍布社会，服务资源来源社会”的社会化运作方式。积极筹建以大学生村官为核心力量的应急志愿者队伍，对应急志愿者进行培训和演练，做到对突发情况作出迅速反应，根据应急指挥部和相关部门、单位的部署迅速上岗，开展各类应急志愿服务工作。

【高校志愿者联盟发挥作用】 团区委坚持区域共青团整体化建设思路，加强与在萧高校团组织的交流与合作，在全省组建首个高校志愿者联盟，发挥引领、联系和共享的功能，在萧山志愿服务工作中发挥更大的作用。2009 年，高校联盟的志愿者们先后参加中国国际动漫节、钱江观潮节等大型活动的志愿服务工作，同时也为这些高校提供了参与社会实践的平台，由萧山团区委组织的“爱心岗位 助你成才”岗位助学活动为高校学生创造了暑期社会实践的机会。

【服务青年就业创业】 团区委积极服务青年就业创业，2009 年共建立就业创业见习基地 35 个，提供实习和就业岗位 500 余个。2009 年，团区委不断扩展见习基地的领域和范围，加强见习基地的创建、见习岗位的挖掘、见习人员的招募，更富实效地提高青年就业创业能力和拓展企事业单位选人用人的视野；主动加强与各有关部门的联系与沟通，在法律要素齐全、风险可控的前提下，逐步探索建立和完善工作机制，提高见习基地的可操作性和便利性；召开项目交流会、举办见习基地专场招聘会，为青年提供全方位的就业创业信息，让企业和青年更直接地面对市场；通过开展导师带徒、座谈沙龙、网店培训、创业辅导讲座等活动，传授创业技能，鼓励青年自主创业，提高青年创业的成功率，为青年创造更多的就业创业渠道。完善工作方式，加强大中学生就业创业的教育引导。结合大中学生暑期社会实践活动，推出“青春大讲堂”之青年就业观念引导专题讲座。开展第六届岗位助学行动，推出暑期社会实践、实习（见习）岗位专场招聘会，全年共服务大中学生 2000 余名。聚焦难点问题，开展“大学生就业现状”等专项调研。通过短信、QQ 群、团属网站等信息交流平台，讨论就业观念，发布就业信息，共商就业对策，反映就业呼声。针对职业青年，深入实施职业青年导航计划。采用专题讲座、青年论坛等形式，广泛开展“青年员工关爱计划”、“迈好职业生涯第一步”等主题活动。年内全区开课 50 余堂，6500 余名青年员工参加学习。开展各类便民服务、优质服务、文明服务等活动，加强青年文明号和青年岗位能手的互动联建；组织开展各行业的青工技术比武和“五小”科技评比，在原有基础上扩大评选范围，增加奖项奖金，并承办了“开元杯”杭州市饭店业青工中式摆台技能大赛，通过提升青年职工的专业技能和创新素质，有效助推企业提升自主创新能力。

【开展青年创业小额贷款项目】 为积极支持社会主义新农村建设，解决青年创业过程中的资金瓶颈问题，团区委联合浙江萧山农村合作银行、区农办于 2009 年 8 月在全区范围内面向 40 周岁（含）以下、具有完全民事行为能力、遵纪守法、诚实守信、无不良信用记录、有创业意愿和能力的、户籍所在地或生产经营地在萧山区内的青年开展服务青年创业的小额贷款活动，出台针对创业青年贷款最优惠、最便捷的实施办法，切实服务青年创业发展。并在 10 月 19 日召开全区助推青年就业创业动员大会。到 2009 年底，发放青年创业小额贷款 815 万元，首批累计发放 16 户，惠及几十名农村青年。

【青年商会发挥作用】 2009年,团区委开展应对金融危机"信心大行动",以青年商会为主体开展"转危为机·共聚信心"主题座谈会;继续发挥《新萧商》作为萧山商界新锐读物的独特优势和阵地意义,进一步营造"共筑信心,直面危机"的积极氛围;举办"国际物流杯"首届青春创业大赛,协调多家单位,以"套餐"形式融合奖金、政策、宣传等多方面资源对获奖选手进行了奖励;组织青年商会企业家开展经贸考察、经济合作、项目对接等活动,邀请专家为青年企业家举办法律、经贸等讲座;努力发挥青联、青商会和青年星火带头人协会的作用,承办"转型升级,携手同行——省、市青年委员走进江东"活动,加强与兄弟团委和各级党政部门的联系,帮助会员企业解决实际问题,服务企业发展。

【自身建设】 2009年7—9月,萧山区完成区、镇两级团组织换届。各镇街按规定如期举行团组织换届工作,配齐配强了镇街团干部队伍。团区委书记班子实行全额竞争上岗,两位团区委常委通过公开选拔产生;鼓励基层探索和落实"团代表常任制"、"民主评议制"、"团情恳谈制"等基层团的民主制度,作为试点单位的宁围镇、闻堰镇等团组织扎实开展工作,以试点带动整体。实施"城乡百团结对共建"行动,发挥区直属机关企事业单位和农村团组织的各自优势,在志愿服务、信息支持、创业指导、捐资助学等方面开展结对共建,区内结对共建团组织已达48对。在非公有制企业的团建上,结合二、三产业团建情况大调查的结果,积极谋求党组织支持,深入开展非公企业党建带团建工作,落实一系列有关非公企业团组织建设的工作机制,全区建立党组织的非公企业已全部建团。加强青年中心建设,培育各类青少年社团和青少年网络组织,探索青春社团联盟建设,涌现"瓜沥青年联盟"等一批典型。完善覆盖全区一级团委的短信平台和QQ群,同时,就骨干志愿者、重点联系企业、在萧高校团组织、信息员队伍等重点对象建立专用的短信平台和QQ群。

【镇街团(工)委书记后备人选公选工作】 2009年5—6月,团区委和中共萧山区委组织部联合在全区范围内的公务员、事业编制人员中开展公开选拔镇街专职团(工)委书记后备人选工作。经过宣传发动、报名、资格审查、笔试、面试、组织考察、确定人选、公示等阶段,从563名竞选者中确定15名年轻干部,全部充实到镇街团(工)委书记岗位。在大范围以公开选拔的形式确定团(工)委书记后备人选,在浙江省尚属首次。

【召开区第二十次团代会】 2009年12月23—25日,共青团萧山区第二十次代表大会召开,共有280名正式代表参加会议。12月24日,大会在萧山剧院举行开幕式,市委常委、区委书记洪航勇,盛阅春、沈奔新、王珠瑛、谭勤奋、裘超、沃岳兴、施水祥、郎文荣、李锡荣等区四套班子领导和团市委书记黄海峰出席开幕式。团区委书记沈建作题为《励志同心激勇奔竞为实现萧山科学发展率先发展跨越发展奉献青春》的工作报告。12月25日,大会差额选举产生共青团萧山区第二十届委员会,选举产生委员31名,候补委员11名。随后召开共青团萧山区第二十届一次全委会议,选举沈建任书记,丁熠锋、汤丽丽任副书记。大会探索与提炼了"励志同心、激勇奔竞"的萧山青年精神,并向全区广大团员青年发出了"为实现萧山科学发展、率先发展、跨越发展作出新的贡献"的号召。大会还通过《共青团杭州市萧山区代表大会代表任期制试行办法》,并开通新版萧然青年网站。

【举办萧山公益青春婚典】 2009年5月4日,团区委在湘湖举办德意2009首届萧山公益青春婚典,旨在引导团员青年树立良好的价值观、消费观,在全社会大力提倡文明健康的婚恋新风尚。46对来自近20个省市、工作在萧山的新人,在城山广场共同宣誓,喜结连理。活动由花车城区巡游、城山广场婚典、牵手浪漫湘湖等环节组成,为新人们打造了一场浪漫、温馨、热闹的集体婚礼。

(肖中扬)

区妇女联合会

【概况】 2009年,区妇联围绕"党政所需、妇联所能、妇女所求"的工作方针,以服务妇女发展、维护妇女权益、提升妇女素质为己任,团结带领全区广大妇女直面金融危机的挑战,积极投身城市化建设,为萧山经济社会各项事业的发展发挥妇联组织应有的作用。2009年,区妇联获杭州市"庭院整治"工作最佳单位、萧山区实施"最清洁城乡"工程优胜单位等荣誉。

【拓展城乡妇女创业创新平台】 2009年,面对城乡就业压力,区妇联组建了萧山区妇女创业就业指导组,全面启动服务妇女创业就业专项百日行动。在10个巾帼就业再就业基地中,实现就业、再就业女性4000余人,其中安置失业、失地妇女200余人。在三八妇女节期间举办"三八架金桥、新春送岗位"妇女就业再就业现场招聘会,为失业、失地女性提供2150个就业岗位。开展针对妇女特点、符合市场需求的多技能、多层次的培训,全年办班32期,有2821人参加培训。举办为期10天的SYB创业培训班,来自镇街的27名学员参加培训,已有12名学员在不同的行业中创业创新。

【激发创业女性参与经济建设热情】 为充分发挥女企业家在萧山经济建设中的独特作用,区妇联多次召开座谈会和走访慰问,激发她们的创业热情。在三八妇女节期间,区委专门发文表彰活跃在经济浪潮中的52名女性创业创新标兵。2009年2月1日,召开萧山区女厂长经理联谊会换届大会,选举产生新一届联谊会会长、副会长、秘书长,联谊会更名为萧山区女企业家联谊会,会员由48名增至78名。

【服务农村妇女增收致富】 2009年,区妇联把发展家庭来料加工业作为解决农村闲散妇女和低收入农户妇女就业的重要途径,引领广大农村妇女实现自主就业和增收致富。新培育2个规模较大的来料加工基地和20名优秀女经纪人,全区444名女经纪人带动25796名妇女从事来料加工(其中新增从业妇女2455名,低收入农户从业人数671名),发放加工费13797万元。来料加工涉及鞋面串珠、缝纫、饰品、工艺品、雨伞、花边、针织等10多个品种。

【提升“整洁庭院”品牌工程】 2009年，区妇联坚持将“整洁庭院”工作作为推进“最清洁城乡”工程的重要载体。2009年，区委、区政府出台的《萧山区实施“最清洁城乡”工程村庄长效保洁管理办法》中，“整洁庭院”占20分；《萧山区2009年富裕清洁和谐新农村建设竞赛活动实施细则》中，“整洁庭院”占2分。各镇街都把“整洁庭院”工作列入本镇街“最清洁城乡”工程的考核细则内容，80%的镇街出台以奖代补的奖励政策。区妇联全面启动“庭院绿化”活动，深入推进家庭生活垃圾“一户一桶”，“户投”再扩面208个村（社区），使户投示范村（社区）达到76.6%。《庭院环境卫生“四至三包”责任书》、《房东卫生责任书》和《承租户卫生责任书》的签订活动向流动人口家庭延伸。组建并发挥巾帼清洁志愿队、环境卫生监督队、环境卫生评比委员会、庭院帮带小组等4支队伍作用，不定期开展卫生清扫、明察暗访、清洁户帮带尚清洁户等活动。成功举办“整洁庭院”专题文艺演出和图板展，将先进事迹和典型事例以文艺表演和图板展的形式向群众广泛宣传，巩固创建成果。是年，义桥镇和靖江街道被评为杭州市“庭院整治”工作先进镇街。

【推进“一镇一品”工作】 2009年，区妇联要求各镇街根据各自实际申报特色工作项目，经过区妇联平衡审定，确定各镇街的品牌工程，并根据26个特色项目的具体内容与区妇联各部室进行职能对接，有针对性地开展业务指导、进展督察、服务基层等活动，切实提高项目的实施质量和水平。

【全面启动“一村一课”女性素质提升工程】 2009年，区妇联要求每个村妇代会面向妇女群众至少上一堂课。按照“村”集中授课与“户”分散自学的原则，以村（社区）妇女学校为主、妇女家庭为辅，采用必修课和自选课相结合的方式，开设妇女“四自”精神、法律法规、创业就业技能、妇女文明礼仪、婚姻家庭关系调适、自我心理调节、妇科疾病及常见病护理等妇女综合素质和知识技能方面的课程，通过巾帼宣讲团送课到村，进一步提高农村妇女的整体素质。2009年，全区有16个镇街场启动“一村一课”女性素质提升行动，开设各类培训课程百余次，15000余名妇女参与培训学习。

【“一会一实事”成效显著】 2009年，区妇联全面启动以“学习实践促发展，服务妇女显成效”为主题的机关妇委会“一会一实事”工程。区妇联充分发挥机关妇女组织的优势，每个妇委会至少做一件实事，每件实事至少让一名妇女切实感受到实惠。全区45个直属机关妇委会结合各自工作职责，提出了“女律师为企业开展‘法律体检’活动”、“实施‘岗村结对’送项目进村活动”、“失业妇女就业帮扶工程”等实事项目。该活动历时半年，共办理实事74件，参加活动女干部1580余人，受惠妇女24999人，扶贫结对137对，捐款捐物总价值12万元。

【巩固和拓展家庭教育工作阵地】 区妇联充分发挥区家庭教育讲师团的作用，开展送家教知识下乡活动。深入各镇街家长学校，向广大家长普及家庭教育知识。2009年累计授课百余次，共有10余万家长参加家长学校的学习培训。继续开展区级示范家长学校争创活动，有12所家长学校被命名为2009年度区级示范家长学校，对命名已满两年的61所区级示范家长学校进行自查和抽查，进一步提升家长学校办学质量。举办由区级示范家长学校负责人、家庭教育工作者等近150人参加的培训班。12月24日，由区妇联和家庭教育杂志社联合编写的《家教的艺术》举行首发仪式，区妇联成为杭州地区第一家自己编印家教教材的单位。

【“平安家庭”创建活动】 “平安家庭”创建活动始终立足基层，面向家庭、面向妇女，通过向全区37万户家庭发放倡议书，积极倡导广大家庭做到无赌、无毒、无家庭暴力、无犯罪。在政府内部网开设“平安家庭”创建活动专题，提高“平安家庭”活动的知晓度。2009年12月8日，举行“平安家庭”创建宣传服务咨询活动，现场设立10个宣传咨询服务点和“平安家庭”知识竞答，发放各类宣传资料5000余份。2009年，评选表彰区“平安家庭”创建活动示范村（社区）26个，区“平安家庭”示范户1900户。

【构筑妇女维权机制】 2009年，区妇联整合资源，面向社会招募妇女维权和法律志愿者105人，为有需求的妇女提供专业帮助。区妇联信访室接待信访335件，调处332件，调处率99.1%。2009年，区妇联被评为区社会治安综合治理先进集体。

【开展“十百千万·妇女健康”免费体检活动】 2009年，区妇联依托萧山区女性健康援助医疗单位——萧然女子医院，在全区组织开展“十百千万·妇女健康”免费体检活动，通过举办十堂女性健康知识讲座、开展百名优秀女能手免费妇科检查、千名基层妇女干部免费体检、万名农村妇女免费妇科疾病仪器筛查服务，切实保障妇女健康权益，有效提高卫生意识和健康意识，推进萧山区“十一五”妇女发展规划的实施。全年共有5540名女性接受免费健康体检，体检免费金额88万元。

【成立首个流动妇女平安之家】 2009年11月27日，首个“流动妇女平安之家”在党山镇群益村成立，内设流动妇女课堂、阅览室、健身场所、心理指导站、维权站等，为流动妇女搭建了一个集联系、宣传、培训、服务、活动为一体的多功能平台。

【关爱留守儿童】 2009年，区妇联紧扣未成年人思想道德建设，将家庭教育工作向留守儿童家庭延伸，积极构建学校、家庭、社会三位一体的关爱留守儿童工作格局，成功招募代理家长440名，与429名留守儿童结对。通过推出“好书开发留守儿童智、亲情温暖留守儿童心”、爱心妈妈与留守儿童的“亲子”互动等系列活动，对留守儿童的学习、生活、心理进行必要的救助、关心和帮助。

【开展帮扶结对工作】 2009年，区妇联开展“巾帼文明岗”和农村低收入家庭妇女帮扶结对工作。对确定为帮扶对象的135名农村低收入家庭妇女，落实80名女企业家、20名来料加工女经纪人、35个“巾帼文明岗”与她们结对，并开展多种形式的助困解难活动，帮助低收入农户解决基本生活困难。同时,扎实开展来料加工进低收入农户工作,带动671名低收入农户妇女从事来料加工,为低收入农户的妇女姐妹脱贫致富拓宽渠道。对全区的单亲母亲无房户进行调查摸底,春节前进行了走访慰问,为她们送去娘家人的关心和照顾。积极参与"一户一策一干部"活动,加强与结对妇女的联系,了解和掌握她们的日常生活生产情况,不定期开展走访慰问活动,关心和关注困难妇女。

(张 瑛)

区科学技术协会

【概况】 2009年,区科协下属学会、协会、研究会53个,镇街科协26个,场、企事业单位科协21个。内设区科普工作领导小组暨全民科学素质领导小组办公室、农函大萧山分校办公室、区农职称评审领导小组办公室。全区有国家级农村科普示范基地1个、省级科普示范镇2个、省级科普示范街道1个、省级科普示范社区4个、市级科普示范镇5个、市级科普示范街道1个、市级科普示范村(社区)28个、区级科普示范镇8个,省级农村科技示范户26户,市级科普示范基地2个、区级农村科普示范基地19个,区级科普文明社区33个,区级科普示范村32个,杭州市级以上青少年科普示范基地2个,杭州市青少年科技教育特色学校1所。新成立萧山区心理咨询师协会、萧山区玉石文化研究会。

【科普惠农兴村"三个一"工程全面完成】 2009年,区科协按照《全民科学素质行动计划纲要》和中国科协农村科普工作会议精神及建设社会主义新农村的要求,根据萧山农村科普工程试点引路、逐步推开的总体安排,通过引入市场化运作机制,既节约了公共财政支出,又建立了维护、运行科普宣传栏的长效管理机制。截至6月底,全面完成科普惠农兴村"三个一"工程建设,在全区行政村和社区建设标准科普画廊473座,总长度2900多米;建设村级科普活动站349个;明确村级科普宣传员485人。至此,全区所有行政村和社区均建成标准科普画廊,提前一年半完成上级科协下达的建设任务。

【2009科技活动(科普宣传)周】 2009年5月23—29日,组织举办以"携手建设创新型城区 自主创新和谐发展"为主题的萧山区2009年科技活动周暨第二十三届科普宣传周活动。5月23日,在区文化中心广场举行启动仪式和大型广场科普宣传活动。有46家单位61个项目,300余名科普工作人员和志愿者参加广场科普宣传活动。26—27日,区科协组织有关单位赴楼塔、衙前两镇开展科技下乡活动。在广场科普宣传和科技下乡活动期间,共展出各类科普画板、挂图、标本等246件,发放科普资料269种、38650份。科普电影大篷车巡回放映活动在宣传周期间正式启动,全年为广大市民群众免费提供200场科普电影。城厢街道科协主办的科普艺术团大型巡回演出活动、区图书馆学会主办的"科普零距离"系列活动和杭州前进齿轮箱集团有限公司科协开展的"创新、和谐、发展"员工素质培训活动,分别被评选为杭州市第二十三届科普宣传周优秀活动项目一等奖和三等奖。

【"全国科普日"广场科普宣传活动】 2009年9月18日上午,在区科协牵头组织下,围绕"低碳经济、低碳社会、低碳城区"这一主题,在江寺公园组织举办了萧山区2009年"全国科普日"广场科普宣传活动。在此次广场科普宣传活动中,向市民发放了几千册有关"低碳"的书籍资料,区能源协会展示了太阳能热水器、节能灯等"低碳生活"用品,区建筑学会展示了节能环保新型墙体建材。区医学会和区营养协会为市民提供了免费体检和咨询服务。杭州前进齿轮箱集团有限公司科协开展的"绿色、环保、低碳"知识竞赛和创新、抗"寒"合理化建议活动,浙江省农业高科技示范园区开展的"走进现代农业生物,探索农业生物奥秘"活动,分别被评选为杭州市2009年全国科普日优秀活动项目一等奖和三等奖。

【"世界睡眠日"大型义诊活动】 2009年3月21日是"世界睡眠日",由区科协主办、浙江萧山医院承办的主题为"科学管理睡眠 畅享美好生活"的大型义诊活动在江寺公园举行。来自浙江萧山医院呼吸科主任医师等4位专家和相关工作人员,为广大市民进行了睡眠及呼吸道疾病的讲解和诊断。

【全年举办科普讲座392场】 2009年初,区科协对科普讲师团进行了调整和充实,新组建的讲师团成员共60名,由16个单位的专家组成,其中一半以上具有高级职称。从3月起,年内共为基层安排科普讲座317场,包括政史、人文、医学、养生、保健、劳保、就业、教育、农业、休闲等各类科普课题138个,实现全区26个镇街科普讲座全覆盖。另外,区科普活动中心常年开展科普讲座活动,全年举办75场。

【农函大农民素质培训】 2009年,全区举办各类农函大培训班55个,培训农民结业学员2758人。同时举办各类农业专业短期培训讲座52期,受教育农民群众4782人次。

【春季农技下乡活动】 2009年3月17—19日,区科协会同区农业局、区科技局和区供销联社,开展以"依靠科技进步发展现代农业"为主题的春季农技下乡活动,在新湾镇、进化镇和新塘街道进行现场技术咨询、专题技术培训讲座和现场生产技术指导。活动期间还特邀市农业局农技小分队、农工党杭州市委选派的医疗专家、浙江大学和省农科院专家莅临进行技术咨询和指导。现场共接待咨询群众1.5万余人次,赠送科技资料、书籍91种4.3万余份(册),以及一批蔬菜新品种、肥料农药新产品,并举行科普知识有奖竞答。同时以农业科普示范基地为依托,组织各类农业科技人员为"百场千户"进行农技上门服务。

【科普创建活动】 区科协积极开展省、市、区三级科普示范单位的申报创建工作。2009年,党山镇、党山镇群益村被确定为第六批浙江省基层科普示范创建单位;瓜沥镇被命名为杭州市科普文明示范镇,有12个村、社区被命名为杭州市科普文明示范村、社区;杭州萧山农发水产有限公司和杭州龙盈庄园有限公司被评为2008—2010年度市级农村科普示范基地;创建区科普文明社区12个、村6个;命名杭州萧山湘湖鸟语林科普有限公司为区科普教育基地;西门农贸市场和萧山实验幼儿园分别创建为科普农贸市场和科普示范幼儿园;浙江传化大地创建为萧山首家"科普惠农"服务站。

【学术交流活动】 2009年,区科协及所属学会、协会、研究会,场、企事业单位科协举办各种、各级学术报告、学术讲座、学术研讨会216场次,其中国家级2次、省级1次。区科协联合区委宣传部等单位在湘湖大讲堂举办两次大型学术报告会,5月份特邀浙江大学副书记郑强教授作"国民教育 科技力量 民族命运"大型学术报告会,9月份特邀浙江理工大学副校长、博士生导师沈满洪教授作"发展低碳经济 建设低碳社会"大型学术报告会。区民营医疗机构协会联合萧然女子医院承办全国性妇科腹腔镜学术论坛;浙江东南网架股份有限公司科协承办《空间结构》杂志出版十五周年学术交流会,来自全国的9名院士、11名高校校长参加学术交流。区中医药学会承办了"浙江省脊柱外科新技术暨骨科新进展"研讨会,特邀国内、外著名专家授课,参加会员200余人;还举办了"强直性脊柱炎、类风湿性关节炎、骨折创伤的诊治新进展"学习班,参加人员150余人;同时,组织对全区第一、第二批17位名中医的学术经验的征集、编印,《萧山区名中医经验集》即将出版。区反邪教协会承办了杭州地区反邪教协会工作交流会;区医学会、区民营医疗机构协会联合举办各类学术讲座9场次,特邀请复旦大学华克勤、浙江大学潘小宏等教授为全区基层医务人员进行高血压病、糖尿病等8个病种防治的学术讲座,并组织50多名医学专家对全区发生的110余次医疗纠纷进行了评析;区心理卫生协会联合杭州康华心理咨询服务有限公司、余杭区心理卫生协会举办了2期国家级心理咨询师执业资格培训班,共培训90余人,同时与区公安分局联合办班培训民警心理咨询师40余人;区劳动保障学会围绕劳动保障领域热点、难点问题,积极开展调研,撰写调查报告5篇,开展劳动监察、就业再就业、工伤保险学术研讨6次;区教育学会举办全区高二教师新高考考试说明学习研讨会和以"备课常规管理改进"为主题的专题研讨会,同时积极组织省、市级教学研究规划课题的推荐申报工作,共有59项市级立项,其中30项推送省级;区历史学会邀请上海华东师范大学博士生导师钱杭教授作湘湖研究学术报告,并参与湘湖开发和南沙公园布局设计3次研讨会;区档案学会会员撰写的《基层数字档案室管理模式和管控模型研究》论文获国家档案局科技进步三等奖,同时积极开展区档案学优秀成果评选活动;区工运学会围绕职工素质提升等10个层面的相关问题进行研讨,共撰写12篇研究文章和学术论文;区税务学会深入开展税务学术调研活动,撰写29篇学术调研论文,9篇获市税务学会学术研究成果奖,其中一等奖2篇;区内部审计协会组织会员向省市报送内审项目5个、论文14篇、案例10个、经验材料9篇,共有205人次参加国家、省和市内审协会的学术交流和培训活动;区休闲文化研究会深入开展《萧山农家乐的现状与发展》调研活动,编写的《萧山休闲》即将出版;其他学会也都开展了不同层次的学术研讨活动。

【企业科协学术活动】 2009年,12家企业科协积极开展学术活动,实施调研论证课题85个,参加科技人员750余人次;采取"请进来、走出去"的方式,举办及参加厂级以上学术交流138场次,参加科技人员2700余人次;撰写学术论文172篇,其中在省级以上报刊发表130篇、市地级报刊发表12篇;开展"讲比"活动立项323项,已完成265项,新增利税10600余万元,节约资金4600余万元。

【区级优秀学术论文评选】 2009年,区科协收到基层上报的学术论文492篇,按学科分成工、农、医、理、经济和社科六个专业,共评出获奖论文338篇,其中一等奖34篇、二等奖113篇、三等奖191篇。

【青工比武和创新比赛】 2009年,区科协会同团区委、区经发局、区科技局联合开展萧山区第六届青工"五小"科技成果评选,共评出一等奖1项、二等奖4项、三等奖8项、鼓励奖61项、优秀组织奖5名。2009年,12家企业科协开展技术比武示范操作139场次,2900余人参加。

【科技工作者之家建设】 2009年春节前夕,区科协召开科技人员迎春茶话会,回顾总结上一年度各项工作,广泛听取和征集科技人员对科协工作的意见、建议和要求。3月18日,区科技工作者俱乐部举行拓展仪式,区科协领导与20余位基层科技工作者代表出席了仪式,并就科技工作者俱乐部的运作方式展开讨论。为提升科技工作者俱乐部服务层次,上半年,区科协与萧山图书馆联手对区科技工作者俱乐部服务场地进行了拓展,并作了个性化设计。新的俱乐部总面积142平方米,拥有座位34个,电脑11台。新的区科技工作者俱乐部实行会员卡服务制度,采取免费服务方式,科技工作者凭卡在萧山图书馆免费借阅书刊,根据个人阅读需求和研究方向进行点菜式图书预约,免费使用俱乐部信息资源和在俱乐部免费享受茶点等服务。同时,积极引导和鼓励科技人员建言献策。2009年12家企业科协科技人员围绕企业发展、科技工作者之家建设等层面提出合理化建议4209条,采纳1980条。上半年,组织区政协科协界委员深入基层,广泛开展调研,积极向区委、区政府和有关部门建言献策,形成《积极应对金融危机努力拓宽就业渠道》的研究报告。下半年,组织区政协科协界委员考察上海科技馆和张江高科技园区,参观园区的高科技企业,并与园区的管理者和部分企业家进行座谈和信息交流。12月份,科协界委员针对2010年政协十二届四次会议的大会发言和提案工作展开多次讨论和调研,形成《加快电子商务平台建设推动萧山经济发展新飞跃》的大会发言稿。

(王 景)

区文学艺术界联合会

【概况】 2009年,区文联坚持贯彻党的文艺"二为"方向和"双百"方针,认真开展学习实践科学发展观活动,紧紧围绕"精英精品金奖杯工程",紧贴实际,积极探索机制创新,全力促进萧山文艺事业繁荣发展。

【"回澜杯"全国第四届中小学生漫画大赛】 由区文联、区教育局会同北京《讽刺与幽默》编辑部、上海《少年文艺》编辑部联合举办。2008年11月起,开始征稿,历时半年。大赛得到了"中国新闻漫画网"等60多家媒体网站的响应和《人民日报》、《光明日报》、《文汇报》、《新民晚报》等10多家报刊、杂志的大力宣传,在全国引起较大反响,共收到全国各地学生参赛作品4000余件、教师参评论文百余篇,参赛人数、作品数量均为历届之最。经过专家评委的评选和网上公示,共有136篇漫画作品获奖,64篇漫画教学论文获奖。2009年5月23日,"回澜杯"全国第四届中小学生漫画大赛暨"回澜杯"全国第二届中小学漫画教学论文评比颁奖仪式在回澜初中举行。

【参与举办首届全国农民书画大赛】 在2009年第三届三江美食节上,区文联参与组织并策划了首届全国农民书画大赛。本次大赛由区委、区政府主办,美术报社、闻堰镇政府、区文联、区文化广电新闻出版局协办,闻堰镇三江农民书画院承办。大赛得到全国农民书画爱好者的积极响应,两个月内,共收到除西藏外的32个省市自治区(含台湾)总计3000余幅作品,其中有书法、国画、油画、年画等。9月23日,经过专家评选,确定入围作品200幅,18幅作品分获不同奖项。

【举办庆祝中华人民共和国成立60周年萧山区文艺界艺术成就精品展】 2009年10月7—13日,展览展出萧山艺术家在省级以上大赛中获奖作品及为中华人民共和国成立60周年专创的精品力作1700余件,涉及书法、美术、民间艺术、文学、戏剧、曲艺、影视等各个艺术门类,是萧山文艺界近年来规模最大、规格最高、场馆分布最广的一次展览;同时为弘扬中华文化艺术,促进两岸文化艺术交流,还展出了台湾山痴画会李沃源等3位知名画家的书画、瓷板画作品40余幅。

【开展第十届萧山文艺成果奖评比活动】 按照公开、公平、公正的原则,2009年5—12月,区文联组织开展第十届区文艺成果奖评奖、颁奖工作,经过作者申报、协会审定初评、评审委员会终评,共评选出一等奖15项、二等奖22项、三等奖34项,蓓蕾奖37项,并举行了颁奖典礼。

【组织参加第二届中国(浙江)廉政故事大奖赛】 2009年6月,区文联积极参加由省纪委、省作协、杭州市纪委等部门联合举办的"第二届中国(浙江)廉政故事大奖赛",组织多名活跃在故事创作阵地的主要故事创作员及本土作家,召开廉政故事创作座谈会,围绕廉政故事创作的主题、选材、表现手法与技巧等,展开了交流、讨论。区文联联合区纪委、义桥镇委,专门邀请省内知名故事创作者对一些作品进行了再次修改。萧山作者缪丹创作的《苍天作证》获得二等奖。

【开展"唱响萧山"原创歌曲征集活动】 本次活动旨在通过活跃原创音乐氛围,征集能代表萧山的、能流行并流传的优秀歌曲,使之成为萧山的经典文化品牌,起到唱响萧山、宣传萧山的积极作用。2009年5月中旬开始征集作品,广大音乐爱好者积极响应,收到应征作品30多件。

【举办萧山、慈溪、普陀三地美术书法交流展】 本次展览于2009年9—11月由区文联、慈溪市文联、普陀区文联联合主办。参展的100多幅作品均出自三地书画家之手,题材丰富、个性鲜明、流派纷呈,倾情讴歌新中国建设的巨大成就和改革开放的辉煌业绩,形象地描绘了社会和谐、人民幸福的时代风貌。11月3日,在萧山区文化中心展馆展出。

【壮大协会队伍】 2009年,文联着手组建萧山区诗词楹联学会和萧山区木管乐协会,将萧山区美术书法家协会分设为萧山区书法家协会和萧山区美术家协会。同时各协会会员队伍不断壮大,作家协会吸收新会员10名,美术书法家协会吸收新会员21名,区影视家协会吸收新会员17名,音乐舞蹈家协会吸收新会员16名,民间文艺家协会吸收新会员8名。文艺队伍层次不断提升,摄影家协会寿健、王锦荣和李晓军3名会员加入中国摄影家协会,董伟、张火顺、沈雷、范方斌、周少伟、吴云飞、林岳明加入浙江省摄影家协会,民间文艺家协会蔡履平、楼正巨和曲艺家协会俞德琪获"浙江省优秀民间文艺人才"称号。

【建立文艺人才库】 2009年,区文联在所属的8个协会填表申请、统一汇总的基础上,会同相关协会共同研究、审定,按照国家级、省级、市级、区级四个层次建立人才库,全面、准确地掌握了萧山本地优秀作家、戏剧家、音乐家、舞蹈家、美术家、曲艺家、民间文艺家、摄影家、书法家、影视艺术家等文艺人才的总量、结构、专业、分布等情况,构建了一个类别多、覆盖面广、实行动态管理的文艺人才信息系统。

【开展采风、培训、研讨】 2009年,作家协会多次组织作家去镇街采风,了解萧山地域文化,深入生活,汲取丰富的创作素材,同时还邀请省市知名诗人,与萧山本土诗人共同开展诗歌研讨,交流诗歌创作,为杜家杨梅节创作一批高质量的诗歌;邀请省内著名作家举办散文集《心灵短笛》研讨会,邀请省内《江南》、《西湖》、《文学港》、《野草》、《浙江作家》等5家杂志社主编集体来萧山看稿,提升萧山作家的文学水平。美术书法家协会进行了第十一届全国美展作品加工会,两次邀请名家点评辅导,3件作品入选省美展。摄影家协会邀请国际摄影评委、世界摄影节高峰论坛中国代表、中国摄影金像奖获得者张望先生来萧举办"艺术摄影"讲座,100多名会员受益。音乐舞蹈家协会邀请著名作曲家、音乐教育家桑叶湘教授,为音协会员作歌曲创作方面的学术讲座,并对优秀会员创作的作品给予点评。民间文艺家协会邀请省、市著名故事作家丰国需、张祖荣和《西湖》杂志原主编童萃斌等参加《故园乡音——桑梓故事沙龙故事作品选》首发式暨故事创作研讨会。

【组织征文、展览、比赛】 2009年,区作家协会先后举办"我的择业观"、"公路杯"、"建设杯"、"孝义故事"、"红色衙前"等一系列征文活动。区音舞协会承办2009萧山区"天堂儿歌"演唱比赛和由中央电视台等单位举办的第八届全国少年儿童卡拉OK电视大赛浙江萧山赛区选拔赛。2009"天堂儿歌”演唱比赛吸引了全区40多个单位100多名小朋友参加；第八届全国少年儿童卡拉OK电视大赛浙江萧山赛区选拔赛参赛选手达300多人，有50位选手进入决赛。区摄影家协会举办第二十届钱塘潮摄影比赛、“广电杯”汽车展摄影比赛，举行盛仁昌个人摄影作品展，展出盛仁昌个人摄影作品60幅。区民间文艺家协会举办剪纸工艺作品展，组织会员参加了在杭州举行的民间绝技绝活现场表演活动。

【文艺创作成果丰硕】 2009年，作品获市级以上奖项的作者达50多人次，出版文艺作品集十多部，公开发表、展出、演播、入选作品100余件。俞梁波创作的散文《无名大娘》入选《收获灵感和感动》一书，短篇小说《草塔》在《北京文学》发表，长篇人物传记《我们的父亲》由作家出版社出版；在第十届中国工艺美术大师作品暨国际艺术精品博览会上，民间文艺家协会会员叶瑞堂的石雕作品《国石印钮组合》获得金奖，金国荣的美术陶瓷《风韵》获得铜奖，蔡履平的瓷印《刘海戏金蟾》获第四届西泠印社印博会银奖，王泉元被评为第三届杭州民间工艺大师；音乐舞蹈家协会会员王强获庆祝中华人民共和国成立60周年优秀词曲、歌手展示大赛词曲创作金奖，张彦萍在由文化部中国大众音乐协会、教育部中国教育电视协会主办的“中华青少年文艺英才”活动中获青年组声乐金奖，姚洁琼获钢琴组金奖；摄影家协会会员张火顺《生命的延续》、范方斌《金色动脉》、武正立《幸福时刻》、柳田兴《沙地农居的变迁》入选庆祝中华人民共和国成立60周年浙江省摄影艺术作品展。在由浙江省文化厅主办、绍兴市文广新局、浙江省绍剧团承办的“浙江省首届绍剧折子戏大奖赛”比赛中，萧山戏剧家协会精心准备了20出折子戏，20位中青年演员参加比赛，获得20多个奖项，其中叶琴、陈双获青年组金奖，沈志娟、胡丛笑、潘晓聪获中年组金奖。

【萧山区第十届文艺成果奖获奖名单】

（2007年1月1日至2008年12月31日）

奖级	序号	姓　名	作品名称	发表、出版、入选、展出、演出、获奖情况
一等奖	1	钱金利	短篇小说《穴居者》	2008年10月在《山花》杂志发表
	2	夏雪勤	小小说《鸡的故事》、《进山》	2008年11月入选《中国新文学大系1976—2000》
	3	赵大安	国画《秋香》	2007年8月在中国美术家协会主办的“第三届全国中国画展”上获优秀作品奖
	4	戴世成	国画《清风秀木》	2007年7月在中国美术家协会主办的全国首届“草原情”中国画作品提名展上获优秀作品奖
	5	许　坚	书法作品	2007年12月在中国书法家协会主办的“全国第九届书法篆刻作品展”上入展
	6	盛仁昌	摄影《不分胜负》	2007年9月在中国摄影家协会主办的“全国摄影艺术展”上入展
	7	董　伟	摄影《台前台后》	2008年在英国皇家摄影学会、上海市摄影家协会主办的“第九届上海国际摄影艺术展览”上获纪实类照片组优秀奖
	8	翁仁康　朱樱英 徐仁荣　朱仲山	莲花落《口是心非》	2008年10月在中国曲艺家协会主办的“第六届中国曲艺节”上获优秀节目奖
	9	俞德琪	莲花落《一份考核表》	2008年6月在中国文联、中国曲艺家协会主办的“第五届中国曲艺牡丹奖全国曲艺大赛(绍兴赛区)”上获文学提名奖
	10	金国荣	美术陶瓷《波纹碗》	2007年11月中国工艺美术协会主办的“第八届中国工艺美术大师暨工艺美术精品博览会”上获“百花杯”中国工艺美术精品展金奖
	11	冯耀忠	纪念“5·12”伟大的抗震救灾精神大型微雕《擎天之石》	2008年11月在中国工艺美术协会主办的“第九届中国工艺美术大师作品暨国际艺术品博览会”上获“天工艺苑·百花杯”中国工艺美术精品展金奖
	12	姚丝怡	二胡独奏《洪湖人民的心愿》	2007年5月在浙江省文化厅主办的浙江省第四届民乐“香溢杯”比赛上获业余C组拉弦类一等奖
	13	朱伟民　徐纳新 顾华厦　徐　寒 乔　冲　薛张亮	电视专题片《十三个难忘的日日夜夜——萧山民办消防队十一勇士赴川救援记》	2009年4月在浙江省广播电视局主办的“2008年度浙江省广播电视新闻奖(先进典型)”评比中获一等奖
	14	裘　超　汪垤涵 来宏明　钱荣根 赵国良　张　月 吕　峰	文艺晚会《我们一起走过——萧山区纪念改革开放三十周年大型晚会》	2009年4月在浙江省广播电视局主办的“2008年浙江省广播电视文艺奖”评比中获(县级电视台文艺节目)二等奖
	15	郭　骏	文体表演《与阳光同行——三十年激情创业萧山区中小学素质教育大展示》	2008年11月13日在萧山体育场隆重举行，浙江电视台、萧山电视台进行了现场录制，同月萧山电视台、杭州电视台、浙江电视台相继播出，并荣获优秀导演奖

续表

奖级	序号	姓　　名	作品名称	发表、出版、入选、展出、演出、获奖情况
二等奖	16	俞梁波	短篇小说《往事》	2008年在《百花洲》杂志第四期发表
	17	王长生	文史《冷眼红尘宋云彬》	2008年在《江南》杂志第六期发表，并入选《文史我鉴》(作家出版社)
	18	孙道荣	小小说《你有多重要》	2007—2008年度在“第十二届全国小小说优秀作品奖”评比中获优秀作品奖
	19	楼有刚	国画《青藤遗韵》	2008年9月在中国美术家协会举办的“全国中国画作品展”上入展
	20	胡国荣	国画《冰雪丹心》	2008年9月在中国美术家协会主办的“全国中国画作品展”上入展
	21	魏东海	册页书法	2008年7月在中国书法家协会举办的“全国首届册页书法作品展”上入展并入编作品集
	22	胡正好	草书作品	2008年11月在中国书法家协会主办的“全国第二届草书艺术大展”上入展
	23	赵伟荣	书法作品“欲把从来”联	2007年2月在中国书法家协会主办的“首届中国普洱茶乡书法艺术节”上入展并入编作品集
	24	汤　琦	演唱《千古情缘》(原创歌曲)	2007年12月在浙江广播电视集团、浙江省文化厅、浙江省教育厅、浙江省文联主办的“第十三届全国青年歌手电视大奖赛浙江赛区选拔赛”上获流行组铜奖
	25	俞　霞	群舞《七夕乞巧》	2008年11月在浙江省文化厅主办的“浙江省乡村舞蹈大赛”上获创作银奖
	26	王　强	歌曲《让我也抱抱你》	2008年3月在中国大众音乐学会主办的“中国杯新创作歌曲、歌词、音乐论文暨演唱评选活动”中获作曲三等奖
	27	寿　健	摄影《爷爷的故事》	2008年3月在中国摄影家协会主办的“‘必胜客’父亲节摄影展”上获优秀作品奖
	28	沈　雷	摄影《晨韵》	2008年9月在中国摄影家协会主办的“‘婺源——中国最美丽的乡村’全国摄影大展赛”上获优秀作品奖
	29	范方斌	摄影《城郊垂钓》	2008年在大众摄影杂志、中国钓鱼杂志主办的“全国垂钓摄影作品征集活动”中获二等奖并进凌云收藏
	30	倪秀盈	戏曲表演《龙虎斗》	2007年12月在浙江省文化厅、省文联、省戏曲家协会主办的“浙江省第十届戏剧节”上获优秀表演奖
	31	徐士龙	小品《一夜之间》	2008年在文艺晚会《我们一起走过——萧山区纪念改革开放三十周年大型晚会》上演出
	32	施兴娟	小品《旅社夜话》	2008年11月在全国首届原创戏剧小品征稿大赛组委会主办的“‘上戏杯’全国首届原创戏剧小品征稿大赛”中获三等奖
	33	蔡履平	瓷印《45方瓷印套章》	2008年8月在中国工艺美术协会主办的“第九届中国工艺美术大师作品暨国际艺术品博览会”上获“天工艺苑·百花杯”中国工艺美术精品展银奖
	34	郦越宁	陶瓷《圆洗》	2008年1月在中国世界民族文化交流促进会主办的“中国非物质文化遗产陶瓷艺术精品展”上获金奖
	35	缪　丹	故事《奇特的项链》	2007年11月在《民间文学》杂志发表
	36	任　慧　徐　寒 吴松根　汤嘉阳	电视专题片《让光明永留人间》	2008年6月在杭州市新闻工作者协会主办的“2007年度杭州电视新闻奖”评比中获二等奖
	37	孙园园	广播剧《山丹丹花开》	2007年在浙江省广播电视局主办的“2007年度浙江省广播电视青少年节目奖”评比中获广播青少综艺三等奖

续表

奖级	序号	姓　名	作品名称	发表、出版、入选、展出、演出、获奖情况
三等奖	38	许萍萍	童话《好长好长的信》	2007年11月在《小青蛙报》发表，并入选《中国儿童文学》杂志第四期
	39	陆亚芳	长篇人物传记《走过荒原》	2008年4月由北岳文艺出版社出版
	40	金阿根	散文《南浔春韵》	2007年3月24日在《人民公安报》发表
	41	雷元胜	散文《幸福是一种心情》	2007年12月在浙江日报社、杭州江干区委宣传部、浙江在线、浙江电视台民生休闲频道《民工热线》栏目主办的“浙江省首届民工文学创作大赛”上获优秀奖，并入选《放飞梦想》(浙江文艺出版社)
	42	陈于晓	散文《老家的油菜花》	2008年10月在中国散文学会、北京市写作学会等主办的“‘华夏情’全国诗文书画大赛”上获一等奖，并入选获奖作品集(中国科学技术出版社)
	43	邵锋强	国画《玉露清风》	2008年12月在浙江省美术家协会主办的“笔墨丹青2008浙江省中国画邀请展”上入展
	44	张菊芳	论文《论少儿绘画教育的目标与途径》	2008年12月在教育部艺术教育委员会主办的“第二届全国少年儿童美术教育理论研讨论文评比”中获一等奖
	45	徐铁岚	国画《三月》	2008年1月在浙江省文化厅主办的“浙江省美术书法摄影优秀作品展”上获美术类二等奖
	46	卢春女	书法作品	2007年12月在中国书法家协会主办的“全国第九届书法篆刻作品展”上获入展提名
	47	颜莉亚　叶　子　金霞等	文艺晚会《2008文化中国维也纳金色大厅青少年新春文艺晚会》	2008年1月作为浙江省首个县市声乐团体进入维也纳金色大厅演出
	48	叶　子	演唱《为了谁》	2007年5月15日在中央电视台、浙江省总工会“激情广场”大型歌会上演唱
	49	钱桢颖	演唱《明月千里》	2008年10月8日在浙江省音乐家协会、上海音乐家协会等主办的“第三届长三角‘中国澳泰·金港名都杯’青年歌手大奖赛(华东地区)”上获铜奖
	50	宋建英	演唱《报答》	2007年8月在中国关心下一代工作委员会、教育部、文化部主办的“中国关心下一代身心健康工程全国义演活动”中获民族专业青年组金奖
	51	张火顺	摄影《危在旦夕》	2008年5月在中国摄影家协会、长兴县人民政府主办的“大唐茶都太湖明珠(国际)摄影大展”上获优秀作品奖
	52	王锦荣	摄影《快乐童年》	2008年5月在中国摄影家协会、长兴县人民政府主办的“大唐茶都太湖明珠(国际)摄影大展”上获优秀作品奖
	53	李晓军	摄影《老街印象》	2007年12月在中国摄影家协会、临海市人民政府主办的“‘千年府城崇和临海’全国摄影大赛”上入选
	54	周少伟	摄影《新安江上捕鱼人》	2008年10月在照相机杂志主办的“‘咱们中国人’全国摄影大奖赛”上入选
	55	肖　丰	摄影《暮归》	2008年8月在全国邮政摄影家协会主办的“全国‘天路邮政’主题摄影比赛”上获专业组银奖
	56	章关法	论文《摄影创作的素养》	2007年12月在浙江省文化厅主办的“摄影理论研讨会”上获二等奖
	57	董　东	绍剧小戏《瞎挑女婿》	2008年7月在杭州市文化广电新闻出版局主办的“第三届‘西湖之春’艺术节·2008年杭州市新剧目会演”中获优秀作曲奖
	58	沈爱玉	绍剧小戏《瞎挑女婿》	2008年7月在杭州市文化广电新闻出版局主办的“第三届‘西湖之春’艺术节·2008年杭州市新剧目会演”中获优秀音乐奖(主胡)
	59	徐海峰	绍剧小戏《瞎挑女婿》	2008年7月在杭州市文化广电新闻出版局主办的“第三届‘西湖之春’艺术节·2008年杭州市新剧目会演”中获优秀表演奖
	60	余咪娜	绍剧小戏《瞎挑女婿》	2008年7月在杭州市文化广电新闻出版局主办的“第三届‘西湖之春’艺术节·2008年杭州市新剧目会演”中获优秀表演奖
	61	孙慧丽	绍剧小戏《瞎挑女婿》	2008年7月在杭州市文化广电新闻出版局主办的“第三届‘西湖之春’艺术节·2008年杭州市新剧目会演”中获优秀表演奖

续表

奖级	序号	姓　名	作品名称	发表、出版、入选、展出、演出、获奖情况
三等奖	62	胡丛笑	戏曲表演《斩娥》	2008年7月在杭州市文化广电新闻出版局主办的“第三届‘西湖之春’艺术节·2008年杭州市新剧目会演”中获优秀表演奖
	63	娄晓飞	戏曲表演《周仁献嫂》	2008年7月在杭州市文化广电新闻出版局主办的“第三届‘西湖之春’艺术节·2008年杭州市新剧目会演”中获优秀表演奖
	64	杨小灵	戏曲表演《女吊》	2008年7月在杭州市文化广电新闻出版局主办的“第三届‘西湖之春’艺术节·2008年杭州市新剧目会演”中获优秀表演奖
	65	吴桑梓	故事《甜面酱的由来》	2008年在《中华老字号》杂志第二期发表
	66	孙燕华	故事《阿贵砸瓶》	2008年11月在浙江省文化厅主办的“全省文学作品大赛”上获三等奖
	67	朱伟民　任　慧　徐　寒　吴松根　王　荣	电视专题片《漫漫寻亲路》	2009年3月在杭州市文化广电新闻出版局主办的“2008年度杭州广播电视政府新闻奖”评比中获电视新闻项专题片二等奖
	68	戴叶芳　余纪勤	广播戏曲节目《梦想飞扬——陈芝美20年痴迷越剧》	2008年6月在浙江省广播电视局主办的“2007年度浙江省广播电视文艺奖”评比中获戏曲与曲艺节目三等奖
	69	陈　洁　倪佳成　高宾琪　张永发	电视专题片《海之情怀——我们的阿海》	2009年3月在杭州市文化广电新闻出版局主办的“2008年度杭州广播电视政府奖新闻奖”评比中获电视专题项专题片三等奖
	70	张　月　周少伟　吕　峰　梅　丽	电视专题片《湘湖》	2008年4月在杭州市文化广电新闻出版局主办的“2007年度杭州广播电视政府奖文艺奖”评比中获电视艺术片二等奖
	71	陈　晖　薛国建　黄敏儿	电视纪录片《爱心无痕——赵美员》	2008年12月在省残联、省新闻工作者协会、省残疾人事业新闻宣传促进会主办的“2007年度浙江省残疾人事业好新闻”评比中获电视类三等奖，并获杭州市残疾人事业好新闻评选活动一等奖

【萧山区第十届文艺成果奖蓓蕾奖获奖名单】

（2007年1月1日至2008年12月31日）

序号	姓　名	作品名称	发表、出版、入选、展出、演出、获奖情况
1	郁佳炜	绘画	2007年6月获全国绘画书法作品比赛一等奖
2	孟欣喻	绘画	2007年6月获全国绘画书法作品比赛一等奖
3	孔洪飞	绘画	2007年6月获全国绘画书法作品比赛一等奖
4	姚祖安	绘画	2008年10月获第三届世界儿童呼唤和平绘画展览金奖
5	陈佳铭	楷书作品	2007年5月获第四届“艺术之星”全国少年儿童美术书法摄影大赛一等奖
6	章蒋铮	行书作品	2007年5月获第四届“艺术之星”全国少年儿童美术书法摄影大赛一等奖
7	俞　岛	楷书作品	2007年5月获第四届“艺术之星”全国少年儿童美术书法摄影大赛一等奖
8	傅　炜	书法作品	2007年5月获第三届(春季)全国少儿书画大赛小学组金奖
9	陈　宽	书法作品	2008年5月获国际少儿书画大赛金奖(七级)
10	周诗诣	书法作品	2008年5月获国际少儿书画大赛金奖(七级)
11	孔梦婕	书法作品	2008年5月获国际少儿书画大赛金奖(七级)
12	徐嘉泽	书法作品	2008年5月获国际少儿书画大赛金奖(七级)
13	丁雨欣	书法作品	2008年5月获国际少儿书画大赛金奖(七级)

续表

序号	姓　名	作品名称	发表、出版、入选、展出、演出、获奖情况
14	谢　义	书法作品	2008年5月获国际少儿书画大赛金奖(七级)
15	李若琛	书法作品	2007年获中国——加拿大和平杯书画艺术国际联展金奖
16	陈子毅	书法作品	2007年获中国——加拿大和平杯书画艺术国际联展金奖
17	吴一帆	书法作品	2007年获中国——加拿大和平杯书画艺术国际联展金奖
18	于泽原	书法作品	2008年7月获第五届“墨彩杯”全国少儿书画作品电视网络展评小学组一等奖
19	洪正涛	书法作品	2008年7月获第五届“墨彩杯”全国少儿书画作品电视网络展评小学组一等奖
20	杜　昉	书法作品	2008年7月获第五届“墨彩杯”全国少儿书画作品电视网络展评小学组一等奖
21	周晋仪	书法作品	2008年7月获第五届“墨彩杯”全国少儿书画作品电视网络展评中学组一等奖
22	孙泽众	书法作品	2007年6月获第十二届全国中小学生绘画、书法作品比赛一等奖
23	胡　蝶	漫画《假如我是孙悟空》	2007年5月获第二届“天眼杯”中国国际少年儿童漫画大赛特等奖——最佳创意奖
24	鲁宽莹	漫画《外星人的奥运会》	2008年4月获“回澜杯”全国第三届中小学生漫画大赛一等奖
25	陈嘉晔	歌曲《五环童话》	2008年12月获杭州市中小学生文艺会演金奖
26	顾珂清	歌曲《五环童话》	2008年8月获中华青少儿文艺英才推选声乐类童声专业小学A组金奖
27	楼宇洋	歌曲《友谊地久天长》	2007年8月在中国关心下一代身心健康工程全国义演活动中获艺术类美声专业中学A组金奖
28	陈一骁	歌曲《雪绒花》	2007年3月在中国关心下一代身心健康工程全国义演活动中获英语才艺小学组B组金奖
29	黄羽婵	歌曲《红河谷》	2007年3月在中国关心下一代身心健康工程全国义演活动中获英语才艺小学组A组金奖
30	李月娴	歌曲《铃儿响叮当》	2007年3月在中国关心下一代身心健康工程全国义演活动中获英语才艺小学组A组金奖
31	何舒凡	英语才艺	2007年8月在中国关心下一代身心健康工程全国义演活动中获英语类才艺专业小学A组金奖
32	许　啪	歌曲《童心装满四季的故事》	2008年8月获中华青少儿文艺英才推选声乐类童声专业小学A组金奖
33	田　喆	歌曲《中华小儿郎》	2008年8月获中华青少儿文艺英才推选声乐类童声专业小学A组金奖
34	马颖棋	歌曲《小小护林手》	2008年8月获中华青少儿文艺英才推选声乐类童声专业小学B组金奖
35	施　韵	钢琴独奏	2008年7月获第二届中国音乐国际比赛少年组钢琴一等奖
36	方钰奇	作文《父子乒乓大战》	2008年5月《语文报》第21期发表
37	汪银燕	作文《瞎猫摸老鼠》	2008年3月6日《少年儿童故事报》发表

(丁春平)

区归国华侨联合会

【概况】 2009年底，萧山区归国华侨联合会(以下简称侨联)有委员21名，其中省侨联委员1名、杭州市侨联委员2名(常委1名)，萧山区政协委员10名。2009年参加区政协十二届三次会议提交提案11件(其中集体2件)。区侨联被区委统战部评为“调查研究、参政议政”先进集体；杭州市侨联授予区侨联全市侨联系统先进组织称号。

【实施“海外联谊拓展工程”】 2009年，为发挥侨民的优势，切实实施“海外联谊拓展工程”，全年重点抓好四件事。一是及时召开主席会、全委会，学习领会主要精神，专题研究落实措施。二是进行博士以上留学人员情况调查，掌握一批高学历、高质量的海外留学人才。三是落实有回国创业意向的重点人士联系制度,及时掌握他们的思想与动态,主动做好各项服务。四是组织硕士以上学历的留学生家长参观考察区内闻堰等高科技开发园区,让他们向海外子女做好宣传。全年接待海外华人、华侨、留学人员来萧投资考察人员10批100多人次。

【为侨服务】 2009年初,在海外学子中开展了征集为家乡建设出谋划策的金点子活动,发出电子邮件与信件300余封。9月,在侨界开展庆国庆"鑫瑞"杯书画摄影作品展,这次画展由侨资企业鑫瑞绣品服饰公司赞助,展出包括美国、加拿大、日本等国留学生与归侨、侨眷创作的书画、摄影作品80余幅。"十一"前夕,组织全区归侨侨眷参加萧山统一战线庆祝中华人民共和国成立60周年知识竞赛与征文活动,6篇征文获奖,区侨联获知识竞赛组织奖。11月26日,组织70余位归侨侨眷参观杭州钱江新城。6月2日,与侨办一起深入城区4个街道与社区,开展爱侨、助侨活动试点,并在城厢街道南市社区开展和美温馨侨园建设启动仪式,与街道联系研究,建立镇街基层侨联。积极实施"归侨侨眷关爱工程",继续贯彻落实好侨联委员联系归侨侨眷制度,组织专人分别走访困难归侨侨眷、侨资企业,了解生活、生产情况,及时帮助他们解决生活困难与实际问题。对侨界群众的来信来访,及时与有关部门联系,帮助他们解决户粮、房屋拆迁、子女上学、经济纠纷等实际问题。全年接待来信来访42人次,传统节日前向海外侨胞发贺信、贺卡300余件,走访慰问侨眷家庭50余户。

【加强自身建设】 2009年召开主席会议6次,全体侨联委员会议3次。12月初,组织部分委员与侨资企业赴杭州市侨联友好城市大连考察学习,交流侨联工作体会与侨资企业发展机会。全年召开区"两会"提案工作会议2次,组织调研写作班子,开展了"加大留学人员回萧创业扶助力度,促进萧山经济可持续发展"、"做好新华人华侨和留学生工作的调查"、"关于进一步吸引留学人员来萧创业发展的思考"等课题调研。

(来加甫)

区私营(民营)企业协会

【概况】 2009年,萧山区私营(民营)企业协会下设临浦、城厢、市郊、湘湖、瓜沥、义盛、商业城、经济技术开发区8个分会。至年末,全区有在册私营(民营)企业22784家,其中2009年新发展3009家。全年注(吊)销私营(民营)企业569家,全区私营(民营)企业总量比上年增加2440家。2009年,全区个私企业共完成工业总产值3302.32亿元,实现社会消费品零售额213.19亿元,分别比上年增长5.97%和19.67%,分别占全区工业总产值和社会消费品零售额的88.47%和89.69%。

【协助企业应对金融危机】 2009年,协会开展企业生存状况调研和联万家民企"学送帮促"活动,向企业送发《特殊时期扶持政策汇编》等5000余本;与工商萧山分局联合承办全省助动民营经济发展政策落实现场会;编印《萧山创业指南》,向企业宣传相关创业知识;举办以"扩大内需、拉动消费"为主题的"3·15"名优产品展销会和2009萧山首届名品下乡展销会。组织举办与河北承德市、河南上蔡县、黑龙江木兰县等地企业间的经济合作交流会、洽谈会和投资环境说明会12次;组织60余位企业家参加浙商大会、全省民营企业"典型促转型"报告会'09中国民营企业高峰论坛。万向集团、传化集团被授予"浙江省功勋民营企业"称号。省工商局、省私营(民营)企业协会发布的"2008年度浙江省百强民营企业排序"榜上,万向集团、浙江恒逸集团、传化集团、浙江荣盛控股集团、浙江东南网架集团、浙江金帝集团、胜达集团、浙江翔盛集团、浙江航民实业集团、浙江国泰建设集团、兴惠化纤集团、开元旅业集团、龙达集团、中球冠集团和富丽达集团15家企业入围,比上年增加1家,其中浙江金帝集团、开元旅业集团、中球冠集团首次入围,入围企业数居全省各县、市(区)之首。

【举办企业用工招聘会】 2009年2月28日,协会联合区劳动与社会保障局、区总工会、区妇联、区就业管理服务处等单位在萧山劳动力市场举办企业用工招聘会,全区48家企业共推出100余个工种、2150个岗位,吸引1300余名求职者报名应聘,其中达成用工意向725人。

【协会网站被评为首届萧山区"十佳优秀网站"之一】 2009年,协会萧山中小企业服务网(www.xsunion.com)为企业传递和发布各类信息12000余条,新培育和发展企业信息联络员2000余名,组织举办网络管理知识讲座和信息联络员联谊活动23次,并与杭州网联合搭建网上融资服务平台,为企业提供网上融资中介服务。2月,萧山中小企业服务网被评为首届萧山区十佳优秀网站。年末协会被评为2009年度萧山区网络文化建设和管理工作先进单位。

【认定萧山区"诚信私营(民营)企业"】 2009年3月,协会会同区委宣传部、工商萧山分局认定杭州灯塔涂料玻璃有限公司等151家企业为2007—2008年度萧山区"诚信私营(民营)企业"。年末,经企业申报,区私(民)协推荐,杭州萧山金龟机械有限公司被省委宣传部、省工商局、省私(民)协认定为2009年度浙江省"诚信企业"。12月,对151家区级"诚信私营(民营)企业"进行年度复查,对2家复查不合格的企业予以摘牌。

【启动人文教育素质提升"1+3培训工程"】 2009年3月22日,在金马饭店举行全区民营企业人文教育素质提升"1+3培训工程"启动仪式暨首期企业文化与商务礼仪知识讲座。目的是通过开展人文教育实践工程与高级经理特训工程、经营管理业务培训工程和职业技能培训工程,培育一批懂知识、善管理、重人文的新型民营企业经营管理者和技术人才。2009年,组织举办企业组织架构设计、企业品牌建设等各类讲座13期,举办新办企业法律法规培训班16期,举办服装设计师、美发师等职业技能培训班6期,受训人员3200余人次。

【帮助中小企业解决融资困难】 2009年，杭州萧山中小企业信用担保有限公司采取"股东优先、打破局限、适度放开、以变求活"的担保服务思路，推出了"不限于为担保公司股东单位提供融资担保，不提高非股东单位担保服务费收取额度，不超过七个工作日为企业办妥担保手续"的"三不举措"，积极帮助会员企业有效应对金融危机，切实帮助企业解决融资难题。全年共为企业提供贷款担保90笔，担保总额2.23亿元，其中为非股东企业提供贷款担保2340万元，担保总额比上年增长22.3%。年末，担保公司被市经委、市财政局评为杭州市先进信用担保机构。

【举办新政解读与应用讲座】 2009年5月27日，协会联合工商萧山分局和萧山网，在金马饭店举办以"转危为机提振信心、把握新政勇谋发展"为主题的"新政解读与应用讲座"。省经贸委张跃、省工商局胡振华应邀分别作题为《危机中企业如何转型升级》、《企业如何利用股权出资、出质，开辟新的融资渠道》的专题讲座，全区350余名企业主和经营管理人员到会听讲。

【浙江民营企业发展大厦动工兴建】 2009年8月31日，浙江民营企业发展大厦在钱江世纪城破土动工兴建，浙江国泰建设集团有限公司中标承接大厦土建工程。该大厦计划到2011年底竣工并投入使用。

【召开区私营(民营)企业协会五届二次理事会】 2009年9月29日，区私营(民营)企业协会五届二次理事会在金马饭店召开，会议通报了金融危机以来萧山私营(民营)企业的运行情况和协会工作情况。至8月底，全区私营(民营)企业主要经济指标全面回升，企业转型升级取得明显成效，优势产业、优势企业运行良好，私营工业企业投资质量有新的提高，私营(民营)经济回暖的势头一直在持续，整体运行态势好于预期。会议还审议通过了协会理事会班子任免名单，决定新增理事3名，免去冯世联区私营(民营)企业协会第五届理事会会长、常务理事、理事职务，一致同意由沈肖群担任区私营(民营)企业协会第五届理事会理事、常务理事、会长职务。

【举办湘湖大讲堂·浙商2009萧山民企发展论坛】 2009年10月26日下午在开元名都大酒店举行了由中共萧山区委、区人民政府主办，区私营(民营)企业协会与区委宣传部、浙商杂志社、工商萧山分局联合承办的"湘湖大讲堂·浙商2009萧山民企发展论坛"。论坛由区委副书记谭勤奋和杭州市人大常委、中大集团副总裁胡小平分别主持。国务院发展研究中心金融研究所所长夏斌、浙江华睿投资管理有限公司董事长宗佩民应邀作专题演讲。两位专家围绕如何把握后危机时代的发展机遇，从宏观经济的角度分析了世界经济和中国经济的发展走势，预测了国家实行宏观调控的方向，提出把握后危机时代发展机遇，谋求创新发展之策。绿都控股集团有限公司董事长邵法平、德意集团有限公司董事长高德康就如何做强主业、加快转型升级，如何把握房地产市场发展走向等问题与两位专家进行了对话。

(章勇诚)

区个体劳动者协会

【概况】 2009年，萧山区个体劳动者协会下设临浦、城厢、湘湖、市郊、瓜沥、义盛、商业城、城厢市场、经济技术开发区9个基层协会。至年末，全区共有个体工商户47181户，从业人员83470人，资金总额18.10亿元，其中2009年新发展个体工商户7493户，新增从业人员7938人。全年注销个体工商户6072户。个体工商户总量比上年增长3.1%。

年末，在全区个协系统中开展"先进个协大(小)组"、"协会工作积极分子"等评比工作，评出先进个私协分会3个、先进个协大(小)组19个、协会工作积极分子29名。

【召开区个协七届四次理事会】 2009年1月16日，区个协七届四次理事会在闻堰召开，会议回顾总结了2008年协会工作，提出了2009年工作思路和目标任务。

【中国个体劳动者协会会长甘国屏到萧调研】 2009年9月7日上午，中国个体劳动者协会会长甘国屏在浙江省个体劳动者协会会长徐志祥等陪同下，专程到萧调研个私经济和协会工作，听取萧山个私经济应对金融危机和协会组织建设、服务创新等情况汇报，实地考察德意集团，并为区个私协会题写"会员之家"四字。

【认定萧山区"诚信个体工商户"】 2009年3月，区个协会同区委宣传部、工商萧山分局共认定陈坚、楼玉林等188户个体工商户为2007—2008年度萧山区"诚信个体工商户"。年末，经区个协推荐，个体工商户萧雪琴、高国琴、田丹飞被

2009年9月7日，中国个体劳动者协会会长甘国屏为区个私协会题写"会员之家"四字 (杨宪民摄)

省委宣传部、省工商局、省个协认定为2009年度浙江省“诚信工商户”。12月，对全区188户区级“诚信个体工商户”进行年度复查，对9户复查不合格的予以摘牌。

【举办“汝樽杯”2009萧山时尚发型秀大赛】 2009年3月29日，会同萧山日报社、区贸易局、区总工会、区劳动和社会保障局、萧山网在区文化中心联合举办“汝樽杯”2009萧山时尚发型秀大赛。来自个私美发行业的14位发型师参加了大赛决赛，经专家评委和大众评委综合评判，共决出一、二、三等奖6个。来自城厢民亚造型的李贝和瓜沥志刚发艺的赵才普分获一、二等奖，被授予“第六届萧山区技术能手”称号，并获高级美发师职业资格证书。

【出席杭州市“两新”组织党建工作调研座谈会】 2009年7月23日，区个私协会党委应邀出席由杭州市委组织部召开的全市“两新”组织党建工作调研座谈会，并在会上作题为《加强个私协会党建工作，促进个私经济又好又快发展》的交流发言。

【召开协会转型创新座谈会】 2009年9月18日，在安吉召开协会转型创新座谈会。会议就如何建设“服务型、创新型、规则型”协会进行了深入探讨，提出了建立与社会化运作相适应的管理体制与运行机制，提升协会的工作效能；整合利用工商和协会的资源优势，做精、做细、做强协会服务品牌；规范入会程序，确保会员队伍的稳定与发展等许多建设性的意见与建议，明晰了协会转型创新的思路和途径。

【维护会员合法权益】 2009年，协会维权服务中心共接待会员来电来访151人次，免费提供法律咨询128人次，代理诉讼和非诉讼案件48件，帮助会员调解处理各类经济纠纷17起，为会员挽回经济损失120余万元。

【配合开展“黑网吧”专项整治】 2009年，全区各级个协组织共出动理事骨干700余人次，配合工商、公安、文化等有关职能部门和镇街开展“黑网吧”专项整治行动。配合排查“黑网吧”600余家，关停400余家，暂扣电脑主机、显示器等1万余台，切断网线700余家次，立案查处250余家。

【加强协会工、青、妇组织建设】 2009年，协会工会工作委员会组织开展以“坚定信心保增长、同心协力促发展”为主题的共同约定行动，与23家企业工会签订《共同约定》；为150名女职工提供免费体检；对17名系统劳动模范进行上门慰问；推荐1家企业和1名职工为杭州市创建和谐劳动关系先进企业和“勇克时艰杰出职工”；新组建成立1家企业工会。协会团委组织举办庆祝中华人民共和国成立60周年暨中国共青团成立90周年“激扬青春”朗诵会，开展“3·5学雷锋”系列纪念服务活动，新组建成立两个企业团支部。协会妇联组织举办“防范风险、科学理财”知识讲座，组织部分女职工参加“安康团体保险”。年末推荐1名女企业家为“浙商女杰”，评出“五好巾帼杯”先进个人14名。

【代发城镇个体工商户独生子女奖励费】 2009年，区个协及各分会为全区103户城镇个体工商户代发独生子女父母奖励费5150元。

（章勇诚）

区慈善总会

【概况】 2009年，萧山区慈善总会下设萧山经济技术开发区分会、衙前分会、临浦分会、义蓬分会、城厢分会、义桥分会、南阳分会、戴村分会、党湾分会、所前分会、萧山第一人民医院分会、浙江萧山医院分会、坎山分会共13个分会。全年募集善款2.099529亿元，其中留本冠名基金1.5140亿元。发放救助资金8549.86万元，救助困难群众9591名。

【新成立镇街分会6个】 区委办、区府办〔2007〕105号文件《关于进一步加快发展慈善事业的通知》指出，各级党委、政府及各部门要从贯彻落实科学发展观，构建社会主义和谐社会的高度，充分认识发展慈善事业的重要意义，加快建立镇街慈善分会。2009年，新成立镇街分会6个，募集留本冠名基金2.4亿元。截至12月底，全区已建立10个镇街分会，累计募集留本冠名基金5.2亿元，基金增值资金2856.2万元。

【筹募冠名基金】 2009年，萧山新增协议基金59家。金马控股集团2005年11月27日捐赠冠名基金500万元，年增长率6.6%，定向资助党湾镇敬老院建设。2008年5月28日捐赠留本冠名基金1000万元，年增长率8%，2008年定向资助“5·12”汶川地震，2009年定向资助衙前镇凤凰村公益事业建设。2009年又新捐赠冠名基金500万元，累计捐赠冠名基金和留本冠名基金2000万元，年捐赠基金利息143万元。

2009年，中信慈善卡捐款63.32万元，收缴爱心箱162只，现金3.75万元；农村合作银行收缴爱心箱114只，捐款11302.15元；邮政储蓄银行收缴爱心箱37只，捐款4304.10元。

【慈善救助困难群众】 2009年，区慈善总会助学、资助困难家庭大学生975名，发放资助款730.73万元；救助困难群众7100人次，发放救助款1300余万元；与第一人民医院联合开展“爱心、童心——心连心”救助工程，对18岁以下的患有先天性心脏病的儿童进行手术治疗，项目计划100个名额，发放资助款100万元。向抗癌协会和麻风病特种病人资助27万元。向全区80名百岁老人发放资助款8万元。

【弘扬慈善文化】 2009年，区慈善总会以《爱心满天》栏目为平台，宣传报道社会各界爱心人士的感人事迹，编印慈善信息30期，发送13000份，3次获得区长盛阅春在人民政府抄告单上作出批示，宣传和提高了慈善工作的地位。

（汪寿高）

人事·劳动和社会保障

人事

【概况】 2009年，区人事（编制）部门深入实施人才强区战略，大力加强人才队伍建设，积极深化行政管理体制和人事制度改革，不断强化公共服务，为全区经济社会发展提供了有力的人才人事和机构编制保障。至年末，全区专业技术人员总数为66429人，比上年增5748人。全年引进各类人才5841人，执行引智项目43项。举办大型人才交流会7期、人才集市19期。全区行政人员年末数4389人，其中区管干部1073人，中层干部753人。事业单位520家，事业单位工作人员21918人。当年招考录用公务员52人，机关退休101人；公开招聘事业单位工作人员867人，事业单位退休309人。

【加大人才引进力度】 2009年，区人事局先后10次组织区内260余家用人单位到成都、沈阳、武汉、上海等地招聘人才，并在当地举办校企对接洽谈会。是年，引进各类人才5841人，其中博士11人、硕士135人、大学2485人；高级职称15人、中级职称41人。区内有9个项目获批设立2009年度杭州市钱江特聘专家岗位。

【完善人才市场服务功能】 2009年，举办人才交流会、人才集市26期，1077家（次）单位进场设台，推出岗位1.8万余个（次），达成意向1.38万余人次。市场信息张贴、萧山人才网发布和《萧山日报》《一周招聘信息》专栏刊登，三位一体的无形市场日趋完善。全年新办理网上会员单位1216家，个人求职登记23823人次，共有4032家（次）单位在市场信息窗和网站联动发布招聘信息。萧山人才网推出视频招聘求职功能，日访问量已达12万人次。积极提升人事服务水平，为各类人才提供便捷、高效的公共服务。全年为27名人才办理人才居住证，为1560人（次）办理婚育、档案保管、失业等证明服务。新增人事代理单位393家、代理人员1497人，累计代理单位2338家，累计代理人员13878人，集体户口挂靠累计3519人，累计保管档案53613份。

【开建人才市场】 作为2009年萧山区政府十件实事之一的人才市场建设工作正式启动。人才市场位于蜀山街道沈家里社区，计划投资8595万元，建筑面积22208平方米。已完成征地拆迁、环境评估、施工设计等各项前期工作，于12月份开工建设。

【加强博士后科研工作站建设】 2009年，有8名博士后进站开展课题研究，8名博士后完成课题研究顺利出站。全区共有博士后科研工作站16家，其中国家级博士后科研工作站11家，在站博士后25人，出站留萧11人。万向集团公司、传化集团有限公司、杭申集团有限公司3家博士后科研工作站被省人力资源和社会保障厅授予“2009年度浙江省优秀博士后科研工作站”荣誉称号，浙江亚太机电股份有限公司博士后科研工作站被杭州市人事局授予“2009年度杭州市先进博士后科研工作站”荣誉称号，郭立书、沈汉民2人被授予“2009年度浙江省优秀博士后管理工作者”荣誉称号。开展纪念萧山博士后工作10周年系列活动。举办萧山博士后科研工作站建设10周年总结表彰大会，区委、区政府授予万向集团公司、传化集团有限公司、杭申集团有限公司、浙江亚太机电股份有限公司、浙江吉华集团有限公司5家博士后科研工作站“杭州市萧山区先进博士后科研工作站”荣誉称号，授予陈军、简卫、徐锦龙、郭立书、张高奇5人“杭州市萧山区优秀博士后研究人员”荣誉称号，授予胡远华、陈伟英、许水康、资小林、沈铁伟5人“杭州市萧山区优秀博士后管理工作者”荣誉称号。

【做好引进国外智力工作】 2009年，全区完成43个引智项目，有78位外国专家来萧帮助指导工作。非洲国家智力引进官员研修班的25位学员来萧考察引智工作。万向集团的美国专家马尔科姆·麦金托什获2009年度浙江省“西湖友谊奖”，全区累计有11名外国专家获得“西湖友谊奖”。区内引智示范基地（单位）3家，杭州好克光电仪器有限公司被命名为杭州市引进国外智力成果示范单位。

【吸引留学人员来萧创业】 留学人员创业工作取得新进展，留学人员服务平台和优惠政策体系不断完善。建立留学生创业园管理服务中心，出台《杭州市萧山区人民政府关于进一步鼓励海外留学人员来萧创业的若干意见（试行）的通知》（萧政发〔2009〕82号）。举办萧山区资智合作洽谈会暨创业投资说明会，实现项目对接171个，达成初步意向92个，其中签约8个。推荐任永坚博士参加2009年国家海外高层次人才“千人计划”评选并获批准。向杭州易尚街网络科技有限公司等7家留学人员在萧创办企业发放总额达40万元的创业资金资助。至2009年末，全区共有在萧创业留学人员73人，留学人员创办企业45家。

【加强高层次人才选拔培养】 2009年，萧山加强高层次人才培养，做好省“151”、市“131”人才选拔培养工作。全区累计选拔培养省、市各层次中青年人才175人。任永坚、孙国辉、金鲜花3位专家获得教授级高级工程师任职资格，全区累计有8名专家获得教授级高级工程师任职资格。

【组织开展各类考试培训】 2009年，区人事局组织开展各类考试培训工作，受理各级各类资格考试报名9746人次，组织8230人次参加全国计算机等级考试。积极开拓社会化培训项目，成功开展了省外语水平等级考试考前培训等9个“短平快”培训项目，3899人次参加。

【职称评定】 2009年，区人事局继续开展以考试、考评相结合，考核认定与同行专家评议相结合的评价办法，全面客观地评价专业技术人员。结合农业产业化和社会化服务体系建设，开展农村经济管理人员破格评审经济专业职称培训、考试及评审，实际参评229人，通过205人，其中初级157人、中级47人、高级1人。开展全区2009年初级专业技术职务任职资格认定，1489人经认定具有相应初级职务任职资格。全年受理涉及35个专业9746人(次)的职称考试报名。7138名专业技术人员通过评审、定职、考试，晋级职称。至年末，全区专业技术人才总量66429人，其中高级2829人、中级16740人、初级42021人、职业资格4839人。

2009年萧山区评审、定职、考试公布人数汇总

取得方式＼人数＼级别	正高	副高	中级	助级	员级	职业资格	合计
评审	11	318	1061	157	0	0	1547
定职	0	3	25	2720	612	0	3360
考试	0	0	252	1260	0	719	2231
合计	11	321	1338	4137	612	719	7138

2009年萧山区各主要系列新增专业技术人员人数汇总

级别＼人数＼系列	工程	卫生	教师	农业	会计	经济	统计	其他	合计
高级	57	65	165	5	12	22	0	6	332
中级	409	3	687	19	56	157	2	5	1338
助级	2066	282	630	19	721	353	7	59	4137
员级	377	0	128	1	86	20	0	0	612
职业资格	705	0	0	0	8	0	0	6	719
合计	3614	350	1610	44	883	552	9	76	7138

2009年末萧山区各主要系列专业技术人员人数汇总

级别＼人数＼系列	工程	卫生	教师	农业	会计	经济	统计	其他	合计
高级	352	588	1363	49	96	162	4	215	2829
中级	3086	2131	7453	206	1422	1907	131	404	16740
初级	14447	5765	8243	466	8198	2488	1224	1190	42021
职业资格	4217	130	0	0	243	0	0	249	4839
合计	22102	8614	17059	721	9959	4557	1359	2058	66429

【促进毕业生充分就业】 2009年，《杭州市萧山区人民政府办公室关于印发2009年萧山区高校毕业生就业行动计划的通知》(萧政办发〔2009〕160号)出台，萧山实施创业带动就业计划、机关事业单位工作人员招考(聘)计划、一村(社区)一名高校毕业生计划、公益性岗位开发计划、高校毕业生就业供需对接计划、高校毕业生就业服务提升计划、高校毕业生见习训练计划、未就业和困难家庭高校毕业生就业帮扶计划等八大就业行动计划，引导毕业生面向基层就业。加强毕业生就业指导与服务，举办2009年萧山区大中专毕业生就业指导讲座，“我的就业观”征文活动，发放《杭州市萧山区大中专毕业生创业就业服务手册》。增强与各高校毕业生指导中心的联系和沟通，与湖北大学、浙江万里学院2所院校建立人才交流合作基地，累计建立人才交流合作基地6家。开展未就业毕业生特别是萧山生源特困毕业生就业推荐工作，全年接待登记毕业生133人，推荐就业105人。大力推广未就业毕业生见习训练工作，有49名毕业生与见习基地签订见习协议，44名毕业生完成见习训练并取得《萧山区见习训练证明书》，其中32名毕业生被见习单位聘用。在3月、6月分别举办萧山生源大中专毕业生就业招聘会、萧山生源未就业大中专毕业生就业招聘会，179家(次)单位进场设台，推出岗位2778个(次)，达成意向3007人次。全年累计鉴证毕业生就业协议6636份，办理毕业生报到2177人。完成区政府下达1200名萧山生源毕业生就业任务，有1597名萧山生源毕业生实现就业。

【招聘高校毕业生到村(社区)工作】 根据省、市组织人事部门统一部署并结合萧山实际，出台落实选聘高校毕业生到村任职工作实施意见。2009年，招聘243名优秀高校毕业生到农村、社区工作，基本实现全区每个村、社区都有一名高校毕业生的预期目标。

【鼓励大学生自主创业】 把创业带动就业，作为扩大就业的重要渠道和主攻方向。完善大学生创业服务体系，建立杭州市大学生创业园(萧山)和大学生创业园管理服务中心。出台《杭州市萧山区人民政府办公室印发关于鼓励和扶持大学生在萧自主创业的若干意见的通知》(萧政办发〔2009〕125号)，调整高校毕业生创业资助政策，进一步扩大资助范围，提高资助标准，推出产业引导、融资、信息交流、场地管理等一系列配套服务。完成5家在萧创业大学生企业各项资助资金评审工作。全年办理大学生创业企业证明53份。及时宣传推广和总结大学生创业的典型和经验，大力倡导创业精神，着力提升大学生创业创新能力，实现创业带动就业的倍增效应。至2009年末，全区共有大学生创业企业38家，创业大学生38人，带动就业68人。

【完善公务员管理】 2009年，区人事局进一步健全公务员管理制度，转发《公务员职务任免与职务升降规定》等政策文件。建立和完善公务员管理数据库，不断提高公务员管理的效率和水平。完善干部轮岗交流制度，按照适才适用的原则，在综合考虑人员流向、素质和进出平衡等因素的前提下，成功实施第七次镇街机关、事业单位工作人员交流工作，共

交流涉及3个镇街的3名工作人员。积极推行公务员竞争性选拔制度，配合组织部门实施了区级机关12个中层职位跨部门竞岗，指导区级有关部门开展公开选调公务员工作。严把公务员队伍进口关，完善“凡进必考”制度，全年面向社会和应届毕业生招考录用公务员52人，按照考试程序更加规范、考官选配更加科学、考试监督更加严格的要求，认真做好招考录用各项工作。组织138名新录用公务员、新参照公务员法管理人员参加为期5天的初任培训班，提高公务员的综合素质和职位适应能力。以干部学习新干线网络平台为依托，全面实施《杭州市公务员培训学分制管理办法（试行）》，推行公务员培训量化考核制度，3338名学员完成全年72个学分要求。会同有关部门组织全区3700多名公务员分六批参加学法用法考试，考试成绩作为年度考核、任职、定级和晋升职务的重要依据。

【首次招聘城市社区专职工作者】 2009年，按照《区委办公室区政府办公室关于印发〈萧山区城市社区专职管理工作者管理办法（试行）〉的通知》（萧委办〔2009〕43号）的要求，首次开展城市社区专职工作者公开招聘工作，共招聘城市社区专职工作者15人，整个招聘参照公务员招考的有关程序，做到科学公正。

【完成军转干部安置任务】 2009年，全区接收安置军转干部22人，其中团职8人、营职以下14人，接收安置随调随迁家属2人。继续采用考试、考核相结合的“双考”办法安置营职以下军转干部，14名营职以下军转干部分别被安置到8个公务员岗位和6个事业岗位。

【行政管理体制改革】 2009年，区编制部门充分发挥指导、监督、协调的职能作用，为大江东新城建设提供体制机制保障。顺利落实江东工业园区、临江工业园区、空港经济区管委会机构规格升格和分别增挂新城管委会牌子事宜。草拟临江等3个管委会和义蓬等7个街道的“三定”规定。推进政府管理方式创新，做好机关内部行政审批职能整合和集中改革工作。根据区委区政府关于区级机关公务用车改革的决定，积极参与并配合车改办做好涉改单位临时工驾驶员分流审批和工作人员交通补贴标准审批工作。审批发放涉及180名临时工驾驶员的230余万元经济补偿金。审批工作人员交通补贴标准1550人，涉及金额160余万元。

【机构编制管理】 2009年，区编制部门对有关部门提交的64件机构编制请示件进行审核，及时提交编委会讨论批复43件。根据《中共萧山区委萧山区人民政府关于进一步加强纪检监察机关建设的意见》（萧委〔2009〕23号）精神，为区纪委（监察局）机关增加行政编制6名，为中共杭州萧山临江工业园区纪律检查工作委员会（杭州市萧山区监察局派出杭州萧山临江工业园区管委会监察分局）、中共杭州空港经济区纪律检查委员会（杭州市萧山区监察局派出杭州空港经济区管委会监察分局）核定行政编制各3名。严格执行“行政机构不再配备事业编制”的规定，对区物价局下属的物价检查机构和其人员编制进行调整。调整区国内经济合作办公室机构设置，由在区经济发展局挂牌，改为在区外经贸局挂牌。为区人民检察院、区人民法院、区司法局分别增加专项行政编制31名、23名、15名。根据中央、省、市关于加快发展城乡社区卫生服务的要求，结合全区社区卫生服务体系建设实际，调整全区镇街社区卫生服务机构设置，通过更名、增挂牌子等形式，在每个镇街设立社区卫生服务中心或分中心并核定人员编制，明确机构职能。完成全区各镇街社区卫生服务机构人员编制核定工作，共核定事业编制2577名。完成全区中小学教职工编制第三次核定工作，共核定中小学教职工编制11308名。

【规范事业单位招聘行为】 按照《事业单位公开招聘人员暂行规定》的要求，坚持公开、平等、竞争、择优的原则，参照公务员招考模式，组织开展事业单位工作人员公开招聘工作。2009年，人事部门统一组织公开招聘工作2次，卫生系统开展招聘工作2次，教育系统开展招聘工作1次，公开招聘事业单位工作人员867人，其中教育系统396人、卫生系统344人。

【依法开展事业单位登记管理】 2009年，区人事局认真做好事业单位登记管理工作，全年为455家事业单位办理年检手续，参检率99.56%，合格率100%。为17家事业单位办理设立登记手续，为146家事业单位办理变更登记手续，为1家事业单位办理注销登记手续。

【加强工资福利和技师聘任管理】 加强工资福利管理，为全区20114名机关事业单位工作人员正常晋升工资。为4385名调动、交流、新录用及职务变动人员确定和调整工资。完成394家机关事业单位财政统发工资核发工作。做好机关事业单位工人技师聘任管理和待遇落实工作。协调开展全区机关事业单位工作人员体检工作，增设体检项目，提高体检费用标准。会同有

2009年5月25日，杭州市大学生创业园（萧山）揭牌仪式 （周丹曲摄）

关部门部署机关事业单位离退休人员规范津贴补贴工作，完成全区1765名机关离退休人员生活补贴标准调整工作。完成全区义务教育学校工作人员实施绩效工资工作，涉及125所学校8425名在职教职工和2491名退休教职工。

【做好年度考核工作】 2009年，区人事局完成2008年度全区机关事业单位工作人员年度考核工作。机关4123人参加考核，确定为优秀等次632人、称职3383人、基本称职1人、不称职2人、不定等次105人；事业单位19484人参加考核，确定为优秀等次2918人、合格16001人、基本合格8人、不合格6人、不定等次551人。注重考核结果的运用，对年度考核为称职(合格)以上人员审批发放年终一次性奖金。对年度考核中被确定为优秀等次的人员由所在单位给予800元奖励，对不称职人员减发或停发目标考核奖金。组织2006—2008年连续三年考核优秀的42名公务员赴长白山、长江三峡等地疗休养。

【退休干部管理服务】 2009年，区人事局办理机关事业单位退休410人。加强对有关单位落实退休干部"两项待遇"情况的检查和指导。组织150位副处级以上退休干部赴长兴疗休养。退休干部活动中心积极改善活动环境和条件，组织老年人开展"展示老年风采，促进社会和谐"为主题的系列文体活动。

【推进人事法治建设】 2009年，区人事局按照规范、协调、有序的原则，修改完善内部管理各项制度，促进人事编制工作制度化、规范化、科学化。充分发挥人事信息网络和各类媒体的作用，推进政务信息公开工作。进一步构建权力阳光运行机制，对13项行政权力和48项非行政许可项目进行清理，清理后保留13项行政权力和38项非行政许可项目。依法认真开展人事争议仲裁工作，受理并审结1例人事争议仲裁案件。

【重视人才人事信息宣传】 2009年，区人事局积极撰写人才人事工作信息，全年在各级各类报纸杂志媒体发表信息220余篇，出刊《萧山人才人事》13期。充分发挥萧山人事编制网在扩大宣传、提升人事部门形象上的积极作用，至年末，网站总浏览量突破79万人次。利用《萧山日报·人才广场》专版，开展政策宣传和工作报道，努力营造开展人才人事工作的良好社会氛围。

【做好信访和提案议案答复工作】 2009年，区人事局共接待来信来访750余件、2100多(人)次。针对部分热点、难点信访问题，及时沟通，加强调查，研究对策和措施，为区委区政府出台有关意见提供决策依据。1992年乡镇"撤扩并"前退休人员享受城镇职工医保等一批重点信访问题得到了实质性解决。认真办理区"两会"提交的14件提案议案，在确保面商率和办结率的基础上，努力提高答复满意率。

(徐志杨)

劳动和社会保障

【概况】 2009年，区劳动和社会保障局全面实施"3356"战略，各项劳动保障工作取得了显著成绩。萧山的劳动保障工作在省内继续走在各市(县、区)前列，为全区经济率先企稳回升作出了应有的贡献。

【就业形势保持基本稳定】 2009年，面对国际金融危机的影响，坚持贯彻"就业优先"战略，实施更加积极的促进就业政策，全区就业形势保持基本稳定。全年新增城镇就业人员30265人，完成杭州市下达目标任务的195.3%；帮扶失业人员实现再就业26087人，完成杭州市下达目标任务的268.9%，其中就业困难人员16145人，完成杭州市下达目标任务的648.4%；组织失业人员培训9172人，完成杭州市下达目标任务的183.4%；实现农村劳动力转移就业16207人，完成杭州市下达目标任务的135.1%。城镇登记失业率控制在3.36%。

【城乡统筹就业新政策落实到位】 2009年初，为破解就业难题，根据上级有关政策文件，结合萧山实际，区委区政府及时出台《中共萧山区委萧山区人民政府关于进一步完善促进就业长效机制的实施意见》(萧委〔2009〕10号)和《中共萧山区委萧山区人民政府关于做好2009年稳定就业工作的意见》(萧委〔2009〕11号)两项就业新政，区劳动和社会保障局会同区财政局先后制定11个配套文件贯彻落实两个就业新政策，从而形成了统筹城乡的就业政策新体系。至年末，全区换发新就业援助证14648本，有16145名就业困难人员在就业新政的帮扶下实现就业，其中用人单位吸纳就业2714人，社区开发公益性岗位安排就业53人，机关事业单位后勤岗位92人，自谋职业或灵活就业13286人。全区共拨付就业援助专项资金2729.4万元，享受就业优惠政策人员达到18489人次。

【稳定就业补贴政策成效显著】 2009年，专门成立由区劳动和社会保障局、区财政局、区经发局等部门为成员的"困难企业认定工作联席会议"，扩大失业保险基金使用范围，开展困难企业稳定就业补贴发放工作，帮助企业稳定就业岗位。一是统一原则。按照不超过上年末累计结余失业保险基金的50%用于发放困难企业补贴的总量控制原则，确定列支1.5亿元失业保险基金用于发放困难企业稳定就业补贴。二是统一标准。明确困难企业认定的5项标准：1. 规模以上企业，即参保职工人数达到10人以上；2. 用工不裁员，即裁员或减员的比例在职工总人数的10%以内；3. 工资不减薪，即未发生群体上访或重大劳资纠纷事件；4. 参保不欠费，即参保率达到60%以上，并无社保费拖欠情况；5. 符合国家产业和环保政策。三是统一步骤。由各镇街和企业主管部门在深入调查摸底基础上，严格按照认定标准对申报企业进行梳理筛选，对符合条件的集中上报。对上报企业资料输入计算机进行汇总后，由区劳动和社会保障局、区经发局等相关部门按各自职责进行专项审核，再由区困难企业认定工作联席会议讨论确定，提交区政府批准，并在政府门户网站公示5天。采取"一次核定、一次支付、一步到位"的办法，按照规定的资金总量和核准申报的参保职工总人数，确定补贴系数和各单位享受补贴的金额。是年,全区共发放稳定就业补贴资金1.45亿元,享受补贴的企业1923家,涉及职工207597人。

【"降减缓"社会保险费为企业减负】 在2008年降低社会保险费率、集中减征企业社会保险费的基础上,2009年萧山再次降低"城镇标准"参保企业养老保险费缴费比例2个百分点,单位缴费比例下降到12%,并在3月份集中减征企业5项社会保险1个月的缴费额,允许困难企业在一定期限内缓缴社会保险费。全年共为企业减征社会保险费1.8亿元,缓缴社会保险费4167.4万元,有效地减轻了企业负担,稳定了就业局势。

【就业帮扶活动深入开展】 2009年,区劳动和社会保障局以帮扶城乡就业困难人员为重点,首次将撤村建居社区纳入充分就业社区创建范围,首次将低收入农户劳动力、农村残疾人和复员军人列为就业援助对象,深入开展充分就业社区创建活动和低收入农户劳动力就业援助活动。在全区149个社区中,有107个社区开展创建充分就业社区活动,至年底有106个社区通过杭州市考核验收,创建成为充分就业社区,占社区总数的71.1%,超出杭州市下达创建目标11.1个百分点。同时,全年帮扶1425名低收入农户劳动力实现就业,完成区政府下达目标任务的142.5%。此外,年初还对379户特困失业家庭进行了上门慰问,送去慰问金和慰问品共计60.9万元。

【创业带动就业成效初显】 2009年5月27日,区劳动和社会保障局联合区委宣传部等8个部门举办2009年萧山区创业项目和成果展示暨人力资源招聘会,吸引5000余市民到现场参观,接待创业项目洽谈915人,31家用人单位当场招聘失业人员和大学生183人。有针对性地开展SYB创业培训和创业指导,全年举办创业培训班14期,培训384人,其中16人培训后创办了自己的企业(商店)。同时,把创业培训与小额担保贷款有机结合起来,全年发放小额担保贷款9笔45万元,为失业人员创业提供了资金支持。

【公共就业服务能力提升】 2009年,人力资源市场先后举办就业困难人员专场招聘、"春风送岗位"农民工就业服务专项行动、民营企业招聘周等活动12次,组织开展"四送"(送岗位、送技能、送政策、送服务)就业直通车到镇街4次,联合《萧山日报》开展"送岗位进社区"活动9次。区人力资源市场共接收招聘企业4379家,提供就业岗位148578个,推荐就业87231人,介绍成功25356人。为降低求职者成本,从9月1日起,率先在全市推出"求职介绍券"制度,年度内求职人员可凭券享受一次免费职业介绍,全区共发放求职介绍券2825份。

【两项社保新政策正式出台】 按照"保基本、广覆盖、可持续"的原则和"保留、跟上、一致"的要求,萧山区在深入调研的基础上,拟定《萧山区城乡居民社会养老保险实施办法》(以下简称《办法》)和《关于调整征地农转非人员养老保险缴费标准等事项的通知》(以下简称《通知》)的初稿,先后经区长办公会议和区委常委会审议通过,于2010年1月1日起正式实施。《办法》和《通知》的颁布实施,不仅提高了群众的社会保障待遇,而且打破了城乡二元格局,将全体城乡居民纳入到统一的社会养老保障范畴,形成了社会养老保障的新格局。《办法》对符合条件的60周岁以上城乡居民普遍发放每月90元的基础养老金,60周岁以下未参保人员参加城乡居民社会养老保险,并允许60周岁以上无保障城乡居民在2011年底之前可以继续参加农村居民养老保险和城镇老年居民生活保障,有效解决了城乡居民养老的后顾之忧。《通知》对征地农转非人员的养老保险缴费标准、养老金标准、一次性货币安置补助标准和一次性生活补助费标准4项政策进行调整,其中征地养老金标准由原每人每月410元提高到每人每月510元。

【社会保险征缴扩面稳步推进】 2009年1月1日起,萧山正式实施《萧山区基本养老保障办法》和《萧山区基本医疗保障办法》,妥善处理特殊时期企业职工参保停保关系,社会保险覆盖面进一步扩大。全年净增企业职工养老保险45117人、医疗保险41878人、失业保险21634人和生育保险21578人,分别完成杭州市下达目标任务的243.9%、349%、983.4%和269.7%;净增工伤保险45442人。至年底,全区累计参加职工养老、医疗、工伤、失业、生育保险的总参保人员分别达到53.2万人、42万人、57.4万人、38.5万人和38.1万人。全年安置征地农转非人员38497人,其中养老保险安置35356人,一次性货币安置3141人。同时净增农村居民养老保险6496人、城镇老年居民生活保障1312人,全区全年累计净增各类养老保险参保人员69279人,全区参

来自广西的陆先生拿着求职介绍券在找工作 (傅展学摄)

加各类养老保险的总人数达到73.7万人。

【新型农村合作医疗制度深入人心】 2009年，是新型农村合作医疗职能调整为由劳动保障部门管理后的第一年，也是全区新农合政策大调整后的第一年。2009年，全区参加新农合总人数达80.92万人，参合率97.01%；人均筹资额度360元/年，筹资水平达到上年农民人均纯收入的2.78%；共筹集新农合资金3.1亿元。全区全年共报销新农合医疗费用2.76亿元，累计报销203万人次，人均住院报销比例44.5%，比上年提高5.6个百分点。11月12日，区政府召开全区新农合工作会议，部署2010年新农合工作。全区2010年度新农合筹资工作圆满完成，参加新农合76.7万人，参合率97.26%。同时，完成2010年度城镇居民基本医疗保险的参保缴费工作，全区累计参加城居医保25998人。至年底，全区参加各类医疗保险总人数达到122.9万人。

【机关事业单位养老保险日趋完善】 至2009年底，全区参加机关事业单位养老保险单位551家，参保的在职人员27040人，有9163名离退休人员享受养老金待遇。全年收缴机关事业单位养老保险费18527万元。

【社保基金实力不断增强】 2009年，全区累计收缴各项社会保险费53.8亿元，综合收缴率100.03%；拨付各项社会保险基金31.2亿元，拨付率100%；全区社保基金累计结余97.5亿元。其中收缴企业养老保险费15.9亿元，拨付企业养老保险基金10.1亿元，当年结余企业养老保险基金5.8亿元，累计结余企业养老保险基金31.9亿元，企业养老保险基金支付能力达到37.8个月；收缴基本医疗保险费9.7亿元，支付医保基金8亿元；收缴失业保险费15150.13万元，支付失业保险基金18964.96万元；收缴工伤保险费9005万元，支付工伤保险基金6801万元；收缴女工生育保险费3159万元，支付女工生育保险基金3143万元。

【医保基金监管加强】 2009年，按照医保两定单位"宽进严管"的要求，积极探索控制医保费用过度增长的有效措施，完善药品电子台账管理制度，首次实行医保违规举报奖励办法，有效遏制了医保费用的过快增长。调整机关事业单位干部子女医保的部分政策，完善医保两定单位管理办法和医保定点服务协议内容，联合药监、物价、卫生等部门对定点零售药店进行检查考核，两定单位的医保行为进一步规范。全年检查医保两定单位498家次，剔除不符合规定的医疗费1074万元，查处医疗违规事件84起，追回医保基金60.3万元，罚款8.8万元。

【开展两定单位"医保约谈"】 随着全区医疗保险制度改革不断深化，基本医疗保险实现制度全覆盖。到2009年底，全区各类医疗保障总参保人员达122.9万人，医保定点医疗机构144家，定点零售药店118家，计算机联网率达到100%，但医保违规行为也屡禁不止，造成医保基金流失。为有效遏制医保费用过度增长，维护医保基金安全运行，3月，针对医保两定单位和参保人员医保费用异常的情况实行医保约谈制度，经约谈后的医保定点单位医药费用明显下降，成效显著。主要做法：一是定期约谈。对每个月业务量增加的前10位和业务量最大的前10位，以及人次费用、人均费用排名前10位的定点医院、零售药店负责人进行约谈，分析医保费用支出较大的原因。二是跟踪调研。对部分定点单位进行实地考察和评估，并将调研结果及时反馈给定点单位和相关部门。三是个人约谈。对电脑记录中每个月的配药金额超出800元，单月配药超过10次以上，以及单次所配药品超过5种的人员进行询问调查，确定其本人是否违规配药及有关定点单位是否存在违规售药问题。四是例行检查。每月对约谈定点单位的电子台账管理情况、日常医保管理制度执行情况、服务协议执行情况等开展例行检查。

【企业退休人员社会化管理】 2009年，区劳动和社会保障局为50255名企业退休人员增发养老金每人每月136.8元；按时发放1000元/人的节日慰问费；走访慰问542户特困退休(职)人员家庭，送去慰问金及慰问品共计84.7万元；组织50571名企业退休人员和城镇居民基本医疗保险参保人员进行免费健康体检；组织1200名企业退休人员参加"萧山一日游"活动。到年底，全区共有57924名企业退休人员纳入到社会化管理服务体系，档案移交率和养老金社会化发放率均达到100%。

【农婚知青晚年生活补助标准继续提高】 2009年，萧山提高农婚知青晚年生活补助费标准，从1月1日起，非农户籍人员由每人每月466元提高到525元，农业户籍人员由每人每月351元提高到390元。到年底，全区累计为1361人发放农婚知青晚年生活补助费。

【劳动保障依法行政工作扎实推进】 2009年，区劳动和社会保障局按照区委、区政府构建权力阳光运行机制的要求，梳理劳动保障行政权力232项，其中劳动保障行政许可6项、非行政许可13项、行政监管40项、行政处罚154项、行政确认9项、行政强制1项、行政给付6项、其他行政行为3项。办理劳动保障行政复议20件，行政诉讼27件。同时，进一步加大《中华人民共和国劳动合同法》等劳动保障法律法规宣传贯彻力度，全年举办法制培训班29期，培训4140人，印发各种劳动保障政策法规宣传资料1.5万份，为用人单位提供劳动合同文本100万份。

【加强工资分配宏观管理】 2009年，区劳动和社会保障局公布了333个工种的劳动力市场工资指导价位；审批实行综合工时制企业991家；已建工会企业的工资集体协议签订率达93%。新签订集体劳动合同企业1871家。全区劳动合同签订率达到96.5%。

【实行企业劳动用工动态监测】 为积极应对国际金融危机，建立稳定就业动态监测制度，及时掌握企业用工情况，区劳动保障局建立了稳定企业就业工作领导小组，将动态管理工作列入劳动保障网格化管理，对列入镇街和企业主管部门管理的规模以上企业，实行用工情况月报告制度，密切关注企业关停并转及批量裁员等情况。2009年，区劳动和社会保障局共审核企业依法裁员1200人，全年未发生一起因企业集体裁员而引起的重大上访。

【加强未成年工劳动保护】 2009年，区劳动和社会保障局根据《未成年工特殊保护规定》，加强对各类企业使用未成年工情况的监督检查，严格企业未成年工的使用和管理。全年审核登记企业招用未成年工1600人，审核办理各类技工学校毕业生户口迁移手续35人。

【工伤认定和预防工作】 2009年，区劳动保障局将镇街受理小额工伤的权限由原工伤医疗费用3000元以下放宽到6000元以下，更加方便企业和工伤职工办理工伤认定手续。同时，加强工伤案件的源头管控，实行工伤事故发生情况每月通报制度，建立工伤事故高发多发企业动态监管制度，遏制工伤案件高发态势。全年共受理工伤认定申请案件12807件，工伤认定12705件，其中镇街受理小额工伤9767件。组织伤病残人员体检2827人，劳动能力鉴定2613人，审批特殊工种提前退休432人，认定特殊工种工种年限236人。

【劳动保障监察】 2009年，区劳动和社会保障局立案查处劳动保障举报投诉案件693起，为3613名劳动者追回被拖欠和克扣的工资款1617万元；监察用人单位10287家；开展农民工工资支付情况、打击非法使用童工等专项检查6次；用人单位劳动保障书面资料审查12618家，完成区政府下达目标任务的105%；查处劳动保障违法案件23起，收缴罚没款85.5万元，查处非法使用童工18人。

【租用场地经营企业欠薪保障金制度实现全覆盖】 2009年，为有效遏制租用场地经营企业欠薪逃逸现象的发生，区委、区政府要求全区26个镇街和经济技术开发区、湘管委在10月底前建立租用场地经营企业欠薪保障金制度。2009年，全区各镇街和经济技术开发区、湘管委共有795家租用场地经营企业缴纳欠薪保障金2530.4万元，企业欠薪逃逸的势头得到有效遏制。

【劳动争议处理能力明显增强】 2009年，区劳动和社会保障局及时妥善处理各类劳动争议案件，全区协调处理各类劳动争议案件6974件(其中镇街和村、社区处理6002件，区仲裁委立案处理972件)，涉及当事人13047人，为劳动者和用人单位挽回经济损失8713万元，其中为劳动者挽回经济损失8623万元，有效控制和避免了劳资矛盾激化。在此基础上，区劳动和社会保障局会同区总工会，在全区1800家职工人数在200人以上的企业建立了企业劳动争议调解委员会，进一步增强了基层组织调解能力。

【加强劳动保障信访工作】 2009年，区劳动和社会保障局共受理杭州市长公开电话交办300件，萧山区长公开电话交办202件，受理群众来信778件、来电3357件，接待来访群众8764批、27224人次，其中5人以上群体236批、4850人次，及时反馈率和满意率均为100%，有效地防范了突发性集体上访事件的发生，维护了职工的合法权益和社会的稳定。

【职业技能培训】 2009年，区劳动和社会保障局充分发挥行业组织和企业在职工培训中的重要作用，大力实施"211培训工程"，开展职工职业技能培训和岗位练兵。全年举办各类职业技能培训班417期，培训初级以上技工22198人，完成区政府下达目标任务的148%。首次开展"教育培训消费券"发放工作，免费发放教育培训消费券8000份，有效提高了企业职工参加培训的积极性。

【高技能人才培训】 2009年，根据《中共萧山区委萧山区人民政府关于大力实施人才强区战略的决定》(萧委〔2004〕6号)，区劳动和社会保障局全面启动"525高技能人才培训资助计划"，争取人才专项资金60万元，开展技能提升行动，全年培训高技能人才2274人，完成杭州市下达目标任务的174.9%。同时，开展萧山区首席技师评选表彰活动，评出首届萧山区首席技师20名。

【农民素质培训】 2009年，区劳动和社会保障局培训征地农转非人员3224人，完成杭州市下达目标任务的153.5%；培训外省来萧务工人员8816人；农民工转移就业培训13062人，提高了务工农民的整体素质和就业能力。

【萧山区技工学校搬迁】 2009年9月初，萧山区技工学校整体搬迁至原区十二中校址(通惠南路448号)。搬迁后，学校占地近4.67公顷，规划建筑面积4万余平方米，实训场地面积2万平方米，学校的改扩建工程方案经区发改局等部门会审通过，计划投资4800万元。同时，区技工学校调整了办学目标，即通过3—5年的努力，将萧山技工学校办成与萧山经济相匹配，全省一流、全国知名的"国家级重点技工学校"，力争打造成为"技师学院"。2009年，在技工学校06级382名毕业生中，中级工率达98.7%，推荐就业率达98.5%，学校毕业生已连续12年供不应求，有36名学生升入浙江工商职业技术学院继续深造。

【社区劳动保障服务站实现全覆盖】 2009年，按照区政府《关于全面建立社区劳动保障服务站的通知》要求，区劳动保障局积极帮助和指导各镇街做好新建社区劳动保障服务站的建设工作，及时下拨服务站开办经费和工作经费192万元，新成立社区劳动保障服务站64个，从而实现了全区社区劳动保障服务站的全覆盖。

【劳动保障政策宣传效果明显】 2009年，区劳动和社会保障局结合劳动保障重点工作，进一步加大劳动保障宣传力度。全年在《萧山日报》刊出《就业·保障》专版16期，制作萧山电视台《就业·保障》专题节目13期、萧山网《对话》访谈节目1期，通过各级新闻媒体发表宣传报道367篇。首次借助萧山区政府门户网站，采用网上直播的形式审议两个就业新政策，广泛征求网民意见，收到良好效果。

(朱益锋)

外事·侨务·涉台工作

外事

【概况】 2009年,区外事办紧扣打造萧山"经济外事"、"诚信外事"、"优质外事"三大主题,突出"外事为经济建设服务"这一指导思想,积极配合招商引资,充分发挥外事的职能作用,推动全区外事工作迈上新台阶。

【完成11批区级领导团组出访工作】 2009年,顺利完成11批区级领导团组出访工作,较好地对外宣传和介绍了萧山的投资环境、区位优势和投资政策,促进萧山区外向型经济的发展。在区级领导的出访中,重点抓三方面工作:一是出访目的明确,重点突出,根据萧山实际情况和领导分工安排出访;二是以最大努力、最快的效率完成报批工作,做好出访的"通行"工作;三是精心策划,周密组织,协助出访组织牵头单位开展多渠道、宽领域的招商引资工作,确保出访取得实效。

【不断完善因公出国(境)管理制度】 针对萧山民营企业通过因公渠道出国数量迅速增多的情况,区外事办积极予以支持,提供优质、便捷、高效的政策指导和服务保障,支持发展势头强劲、记录良好的企业多走出去,开拓眼界,开发市场。2009年,全区企业自组因公出访团组87批次、229人次。同时根据"工业强区、人才兴区"战略,积极配合市经委、市365工程办及国家外专局,为民营企业出国培训提供方便,全年全区民营企业青年经营者共有10批11人次通过因公渠道出国参加各类培训。

【做好出国(境)审批工作】 2009年,全区因公出国(境)团组196批次、471人次。其中萧山经济技术开发区管委会上报杭州市政府审批因公出国(境)团组9批次、53人次;万向集团自行审批办理因公出国(境)团组41批次、131人次;区外办受理、审核,经区政府领导审批同意的因公出国(境)团组146批次、287人次(与上年相比分别下降24.4%和32%)。由区政府自行审批经贸类团组65批次、138人次,其中区内企业自组团组46批次、98人次;转报杭州市政府审批团组81批次、149人次(与上年相比分别下降20%和10%)。出访人员中,党政干部121人次,一般公务员及事业编制人员40人次,企业人员126人次(与上年相比下降22%)。主要出访美国、加拿大、德国、法国、南非、日本、韩国、俄罗斯、英国、意大利、澳大利亚、新西兰等42个国家和地区。

【加强外国人来华审核工作】 对邀请函的审核工作,区外办做到"热情服务、严格把关",加强邀请外国人来华发邀请函电审核工作力度,既让有需要且符合规定的企业能够顺利邀请外商来访,完成贸易业务,又确保区内外国人出入境秩序平稳有序,杜绝不安定因素。2009年,区外事办审核并办理邀请外国人来萧山64批次、76人次。

【尼日利亚奥贡州州长一行到萧山访问】 2009年9月7日,由尼日利亚奥贡州州长奥通巴·葛邦加·丹尼尔率领的奥贡州政府及企业家代表团一行40余人到萧访问。代表团重点考察了瓜沥镇航民村,参观了航民集团下属非织造布公司、黄金首饰饰品有限公司等的车间和产品陈列室,并且实地参观农民住宅房,了解农民的实际生活状况。航民村发达的民营经济,完善的社会保障,安逸的农民生活,给来宾留下深刻印象。

【法属波利尼西亚客人到萧山访问】 2009年10月11—14日,由法属波利尼西亚帕埃阿市副市长蒂塔尤·肖盖勒率领的帕埃阿市政府代表团对萧山进行友好访问。2008年底,萧山区和帕埃阿市建立了友好城市交流关系,此次客人来访目的是进一步推动两地区友好交流。代表团先后参观考察了萧山城市建设馆、萧山图书馆、自来水三厂、湘湖景区、跨湖桥博物馆、萧山博物馆、萧山中学、东方文化园、传化集团、桃北新村等,了解萧山文化教育旅游等特别是民生领域发展现状。

【组织部分领导干部赴美参加"政府经济管理和公共危机处理"培训】 为实现建设富裕和谐现代化萧山的总体目标,进一步加强党政领导干部队伍的执政能力建设,深入贯彻科学发展观,学习和借鉴发达国家和地区在经济管理、危机处理方面的先进理念和经验,11月,萧山区委常委、组织部部长施迎利带队,萧山区政府工作部门和镇街主要负责人共23人赴美国参加为期28天的"政府经济管理和公共危机处理"培训。

【乌干达副总统吉尔伯特·布凯尼亚一行访问萧山】 2009年11月25日,来华进行非正式访问的乌干达副总统吉尔伯特·布凯尼亚一行5人,考察杭州萧山合和纺织有限公司、杭州经纬电子机械制造公司,详细了解纺织业发展情况,同时对与萧山区企业进行合作表现出浓厚兴趣。

(朱建松)

侨务

【概况】 2009年,共接待海外华人华侨及留学人员来萧考察、访问12批、100余人次。先后引进杭州西特斯姆微电子有限公司、杭州特创生物科技有限公司等4家侨资企业落户萧山,投资总额1500万美元。共受理侨企、归侨、侨眷的来信来访42件(次),信访办结率达到100%。

【构建留学人员创业平台】 2009年，为更好地挖掘侨务资源，引进海外人才来萧投资创业，区侨办与区外经贸局、区人事局等部门合作，搭建留学人员在萧创业的"三大平台"，即留学人员来萧创业园平台；留学人员创业的优惠政策平台；建立服务管理中心，推出一站式、个性化服务平台，构建了留学人员来萧创业的良好基础和服务环境。

【组织留学人员家属考察科技园区和钱江新城】 2009年5月，组织全区40名硕士学历以上留学生家长参观考察闻堰科技园区，并就一些招商引资中的环境、政策、创业服务等进行交流。12月，组织86名留学生家长和归侨、侨眷代表到钱江新城参观学习。

【加强侨务宣传】 2009年，组织侨界人士积极参与区委统战部组织的"风雨同舟六十年，继往开来谱新篇"萧山统一战线庆祝中华人民共和国成立60周年知识竞赛和征文活动，有370人参加知识竞赛，6名归侨侨眷参加征文比赛。开展以"亲情中华"为主题的萧山侨界书画摄影展，展览收到留学美国、加拿大、日本等12个国家的留学人员寄来的作品和归侨、侨眷作品共84幅。在纪念改革开放30周年活动中，组织开展"改革开放与华侨华人"征文活动，收到文章30余篇，其中获省侨联征文一等奖、三等奖各1篇，获市侨联优秀奖2篇、纪念奖4篇。

【组织侨资企业为新农村建设作贡献】 2009年，根据市侨办开展"百家侨企联百村、共同建设新农村"的活动要求，区侨办注重宣传发动，组织26家侨资企业参与"在村助村"、"集团帮扶"、"共兴农村经济、共建文明乡村"活动，落实帮扶资助资金170余万元。其中，庆丰纺织、明华置业、宏顺服装、汉帛国际等4家公司获国务院侨办、省侨办授予的"侨爱工程、惠泽桑梓"奖。杭州恒天面粉集团有限公司、浙江明华控股集团董事长严志明被市侨办授予"百家侨企联百村、共同建设新农村"贡献奖。

【实施"归侨侨眷关爱工程"】 2009年，实施"归侨侨眷关爱工程"，加强与归侨侨眷的联系和沟通，为每位归侨侨眷办理医疗服务卡，开通绿色通道；组织全体侨联委员定期走访困难归侨、侨眷，走访侨资企业，了解生产经营状况，并尽力帮助解决其生活、生产、经营中碰到的困难，送去党和政府的关心和关怀，帮助他们树立信心。

【区侨办、侨联赴烟台、威海学习考察】 2009年12月3日，为更好了解侨务工作的新动态和新举措，寻找自身的差距和不足，借鉴兄弟侨办、侨联好经验和做法，萧山区侨办、侨联组织部分侨联委员和侨资企业负责人赴烟台、威海进行学习考察。

（邹燕萍）

涉台工作

【概况】 2009年，接待台湾台北狮子会、山痴画会、萧山同乡会、年代电视台等各类团队共6批、70余人次。自行组团赴台、企业赴台和跨地区团组赴台共23批、82人次，批次和人次分别是上年的150%和133.3%。受理台商、台胞的来信、来访、来电事项20件。协调解决台商生活、生产中遇到的困难与问题12起。全区新批台资企业9家，增资企业6家，总投资额6603.5万美元，注册资金3839.99万美元。在上级对台部门刊物上刊登涉台信息10篇，在省外涉台刊物上刊登涉台信息2篇，在区级政府信息刊物上刊登11篇，在其他各类新闻媒体上登载涉台新闻60余则。其中，《携手同行——全国二十城市对台工作研讨会综述》一文被中央台办的《台湾工作通讯》及多家省外涉台刊物采用。

【妥善处理一起台商因病突发死亡事件】 2009年2月14日，杭州同昌机械有限公司董事长杜秀庸在公司办公室摔倒，因高血压引发脑出血，送浙医二院抢救，医治无效，于2月15日死亡。区台办在得知消息之后，迅速组建精干力量，与相关部门协商，按照其家属的要求，将杜秀庸的遗体运回台湾，事后相关问题也得到妥善解决。

【全国20个城市对台工作研讨会第22次年会】 2009年5月25—29日，在萧山召开。本次年会是由四川成都、山西太原等20个地级以上城市台办发起的全国性对台工作研讨会，主要交流各地在对台经贸、文化合作等方面的好经验与做法。海峡两岸关系协会副会长王在希，以及省、市台办有关负责人到会祝贺。市委常委、区委书记洪航勇出席开幕式并致欢迎词。

【萧山区经贸考察团赴台考察】 2009年8月26日—9月3日，由市委常委、区委书记洪航勇带队，区领导张振丰、洪松法、方毅及经济技术开发区、临江工业园区、空港经济区、钱江世纪城、湘湖旅游度假区、区台办、区外经贸局、区旅游局等有关职能部门主要负责人考察了台北、新竹、台中、高雄等城市，并在台北、新竹、高雄三地举行了萧山投资环境说明会和旅游推介会，国民党副主席蒋孝严专程参加了在台北举行的萧山环境说明暨旅游推介会。其间，萧山考察团一行拜访了台湾电机电子工业同业公会(简称台湾电电公会)、工业协进会、旅游品保协会等9个行业公会，考察了新竹、南港、内湖3个科技园区，参观了裕隆、友嘉、乐荣等8家在萧山投资的台资企业，考察了台湾旅游资源及相关城市建设管理情况。双方签订10个合作框架协议，并在旅游市场共拓、资源共享、客源互送方面达成一致意向。

【区委书记洪航勇拜会国民党主席吴伯雄等】 2009年8月31日，在中国国民党党部，中共萧山区委书记洪航勇拜会国民党主席吴伯雄。洪航勇介绍了萧山经济社会的发展情况，以及正在全力推进中的大江东新城的建设情况和发展前景，同时对台湾同胞遭受风灾表示慰问。吴伯雄对萧山经济社会的快速发展表示赞赏，希望能进一步加强台湾与萧山在经贸文化方面的交流与合作。洪航勇一行还拜访了长荣集团和润泰集团。长荣集团是台湾著名企业，主营业务是航空航海运输。洪航勇与长荣集团首席副总裁林省三交流了萧山空港的发展前景，双方表示将在空港物流方面加强合作。润泰集团是台湾20强企业，已在萧山投资建有大润发超市，是其在大陆效益最好的超市之一。

【副省长龚正调研萧山区东风裕隆汽车项目基地】 2009年9月23日，浙江省副省长龚正一行调研萧山区临江工业园区东风裕隆汽车项目基地，省台办副主任林呈生，区领导盛阅春、洪松法、沃岳兴、方毅陪同调研。在听取东风裕隆汽车（杭州）有限公司筹备处的工作情况汇报后，龚正对东风裕隆汽车项目基地建设的进展情况给予肯定。他希望东风裕隆汽车项目方要坚持快速发展、错位发展，不断加强新产品的研发，保持在技术上领先于同行业，同时要拓展营销渠道，打响自己的品牌，要尽快使项目建成投产。

【台北萧山同乡会到萧参访】 2009年10月5—10日，以会长徐忆中为团长的台北萧山同乡会一行23人来萧参访。区台办领导向参访团介绍了萧山经济社会发展基本情况，并希望通过同乡会的努力，有更多的台商来萧山投资创业，推动萧台两地经济的共同繁荣与发展。在萧山期间，参访团观看了钱江潮，参观了西湖和萧山湘湖、东方文化园。有的同乡会成员是第一次来萧，对萧山的城市化建设表示由衷的赞叹，并表示，回台后要积极宣传萧山的投资环境，为家乡经济建设作出自己的努力。

【台北山痴画会作品展】 2009年10月6—9日，在萧山湘湖美术馆展出。由萧进发、李沃源、李元庆3位台湾画家合作完成并展出的20余幅彩墨画，既展示了台湾美景，也表现了台湾画家对传统中国画新发展的探索。此次作品展以彩墨山水画为主，10月起在台北、厦门和萧山3个地方进行系列展出。

【市政协主席孙忠焕调研萧山台资企业】 2009年10月21日，市政协主席孙忠焕、副主席吴正虎到萧山调研台资企业经营情况。区政协主席王珠瑛，区委常委、开发区管委会主任张振丰陪同调研。孙忠焕一行先后来到位于开发区的杭州东岱珠宝饰品有限公司和杭州乐荣电线电器有限公司，了解两家台资企业的生产经营情况和发展规划。对两家企业取得的成绩，孙忠焕表示赞赏。同时，他要求政府部门增强服务意识，进一步帮助在萧台资企业挖掘内部潜力，提升自主创新能力、品牌意识和知名度，为台资企业营造良好的发展环境。

【杭台汽车产业合作发展洽谈会暨临江项目签约仪式】 2009年10月25日，在萧山临江举行，台湾电机电子工业同业公会与临江工业园区签订合作框架备忘录，10家台湾汽车零部件企业也与临江签订落户签约仪式。省台办主任裘小玲，市委常委、区委书记洪航勇，副市长佟桂莉，区长盛阅春，临江管委会主任洪松法，区委统战部部长沃岳兴，以及台湾电电公会、汽车产业界70多家企业负责人出席签约仪式。

此次与临江签约的10家台湾汽车零部件企业均为裕隆集团的配套企业，这些企业在9月下旬，就“组团”对临江工业园区展开了考察和接洽。这10家企业主要从事汽车大型钣金件、汽车座椅、车用内外饰件以及散热器等汽车零部件的生产，总投资约1.25亿美元，建成投产后，年产值总量可达到3亿美元左右。

【杭州台湾机电产业合作发展洽谈会】 2009年10月26日，在萧山举行，萧山经济技术开发区与台湾电机电子工业同业公会签署战略合作框架协议，双方将加强交流和经贸合作，并在江东新城打造一个8平方千米的台湾机电产业园，在电子科技、整机装备、新能源等方面进行深度合作。市台办主任陈建伟，区委常委、经济技术开发区主任张振丰，统战部部长沃岳兴等，及台湾电电公会、杭台两地机电行业企业代表共100多人出席洽谈会。与会的台湾机电企业负责人实地考察了萧山经济技术开发区和江东新城，对萧山优越的投资环境表示赞赏，不少台商提出将作深入考察，为今后投资萧山奠定基石。

【台湾农渔水利代表团考察萧山】 2009年11月9日，在浙江省参加两岸农渔水利合作交流会的台湾代表到萧山考察。台湾客人参观了省农业高科技示范园区，察看了生物组培室的运转情况，并听取副区长骆威对萧山农业发展情况的介绍。考察团成员对萧山农业创新发展，以及省农业高科技示范园区不断发展壮大深表钦佩，并与省农业高科技示范园区就市场拓展、科技创新等话题进行了交流探讨，表达了与萧山展开长期交流合作的意向。

【台湾媒体采访民间技艺“翻九楼”】 2009年11月20日下午，台湾年代电视台的《台湾人在大陆》节目摄制组专程到南阳街道采访正在那里表演“翻九楼”的浦阳镇尖山村村民钱小占，并对传统民间技艺“翻九楼”的特色及表演过程进行全程摄制。《台湾人在大陆》节目主要介绍大陆的旅游景点、饮食文化以及台湾人在大陆的生活面貌。此次采访的“翻九楼”是萧山的一绝，是一种具有特殊技艺的人员穿蒸桶、翻越叠在一起的9张八仙桌，并在上面表演人们生活起居情景的民间特色杂技。“翻九楼”于2008年被列入国家级非物质文化遗产。

（徐　辉）

政　　法

社会治安综合治理

【概况】 2009年，组织召开全区政法工作会议2次，全区综治工作会议2次，衙前镇综治基层队伍规范化建设和民间“和事佬”协会工作现场会议1次，综治委全体成员会议1次，创建“平安萧山”工作会议2次，涉法涉诉信访案件协调会议29次，维稳工作专题会议19次，防范和处理邪教问题会议5次。起草的《2009年创建“平安萧山”部门考核办法》、《萧山区重大事项社会稳定风险评估办法(试行)》、《关于推进“和事佬”协会的实施意见》等文件分别由区委办公室、区政府办公室联合印发。编发各类文件228件，其中政法简报13期、萧山政法动态21期、610简报11期、维稳专报68期、政工简报7期、执法监督情况反映4期、内部明传28期。

【开展平安创建活动】 2009年，“平安萧山”建设取得良好成绩：一是社会保持和谐稳定，全区没有发生影响全局的政治事件，没有发生影响恶劣的群体性事件，圆满完成国庆期间“零进京”和“零滋事”目标任务；二是社会治安呈现“三降三升”的良好态势；三是安全生产顺利实现“三个负增长”目标；四是经济增长企稳回升；五是平安基层根基进一步夯实；六是人民群众“三率”(人民群众的知晓率、参与率和安全感满意率)得到进一步提升。对照《浙江省平安市、县(市、区)考核办法》和《浙江省平安市、县(市、区)考核评审条件》的标准和条件，全年全区没有发生重特大事项中的案件、事件和事故；省评分为908.37分，25个镇街达到“平安镇街”创建标准；群众安全感满意率93.94%。萧山区2005—2009年连续五年被评为省级“平安区”。

【开展执法监督工作】 一是强化专项活动的组织部署。为迎接“两会”和落实中央及省、市涉法涉诉信访工作会议精神，要求政法各部门全面排查涉法涉诉信访案件，针对有越级上访或有进京上访可能的信访人员做好疏导稳控工作。为落实中央和省、市政法委对集中清理执行积案活动的工作部署，区委政法委及时制定《集中清理执行积案活动工作方案》、《关于对疑难执行积案进行包案的通知》，成立执行积案清理活动领导小组，确保萧山集中清理执行积案活动走在前列。针对量刑规范化试点工作中出现的问题，组织有关人员实地考察学习借鉴经验，为法院顺利开展试点工作起到重要借鉴作用。二是强化案件协调。为认真贯彻社会主义法治理念，有效执行宽严相济的刑事司法政策，区委政法委切实做好领导批示和职能部门提请的一些复杂、疑难案件的协调工作。区委政法委29次召开协调会议对46件案件进行协调，提请并参与杭州市委政法委协调案件1件，针对案件数量多、类型杂、协调难度大的情况，区委政法委认真把关，明确了案件罪与非罪、法律适用、事实认定等问题，更加注重法律效果与社会效果的统一。三是强化重要信访案件的化解处置。全年接待处理来信60件、来访31件41人次，对重点信访案件的办理，均派专人对反映内容进行调查。并与相关单位协调，提出解决办法，督促责任单位落实并反馈办理情况，取得较好的效果。四是强化司法救助的帮困功效。司法救助工作共审核54件，已对51件个案进行救助，累计救助金额达119万元。此外，区委政法委还从省、市政法委争取到11.5万元司法救助金，对两起信访案件进行了“捆绑式”救助。五是强化案件执法的评查监督。建立和推行案件评查制度，使政法各部门更加重视办案质量，促进执法办案的专业化、规范化，有力地提升了政法干警执法办案的能力和水平。全年在对5件案件进行评查后，确定1件进入正式评查程序，并及时跟踪评查意见的落实。

【提高政法队伍整体素质】 强化了执法为民意识，提升了执法能力，促进了政法队伍整体素质的提高。一是深入开展学习实践科学发展观活动。按照《区委关于开展深入学习实践科学发展观活动的实施意见》，区委政法委发挥组织、领导、协调的作用，检查推动政法各部门的学习，10月23日，组织召开了全区政法系统干部读书会，并创新读书会形式，组织观看群体性事件警示录和邀请省纪委领导作专题讲座；组织开展以“保稳定、重和谐”为主题的百日行动以及学习实践科学发展观为主要内容的知识竞赛、演讲比赛等活动，进一步丰富学习实践活动的形式和内容，提高了成效。二是执法为民理念进一步强化。政法各部门牢固树立执法为民的理念，依法履行职责，有力促进了社会和谐。三是执法能力进一步提升。政法各部门创新各项载体，把教育培训和实践相结合，在深入开展岗位大练兵、处理涉法涉诉案件、清理执行积案、执法规范化建设等活动的同时，建立和推行案件评查制度，使政法各部门更加重视办案质量，促进执法办案的专业化、规范化，有力提升了政法干警执法办案的能力和水平。区委政法委还创新监督手段，从全区12个层面聘请36名政法队伍特邀监督员，进一步推进政法队伍建设。

【完善落实工作责任制】 2009年初，区委、区政府与各镇街、园区(场)和区级有关部门签订了社会治安综合治理、维护稳定工作年度目标管理责任书。各单位也层层落实工作责任制，把综合治理、维护稳定的责任分解细化到村、社区和企事业单位，确保了责任的有效落实和工作合力的形成。根据《2009年浙江省平安市、县(市、区)考核评审条件》，制定《2009年创建“平安萧山”部门考核办法》，把平安创建责任相应分解落实到44个部门和单位，明确了各单位的主体责任和配合责任，强化了考核。根据《杭州市平安乡镇(街道)评审条件》的要求，明确全区26个镇街和4个园区(场)的平安创建任务。此外，教育、经发、卫生、贸易等部门分别开展行业性平安创建工作，基本形成条块结合、上下联动、全面覆盖的格局。是年，命名楼塔镇等16个镇、义蓬街道等9个街道为2009年度“平安镇街”；命名萧山经济技术开发区等4个单位为“平安园区(场)”。表彰区级综治先进集体33个，区级综治先进个人54人，其中推荐市级综治先进集体14个，市级综治先进个人5人，衙前镇为2009年度“市级综治工作示范乡镇(街道)”；表彰区级维稳工作先进集体12个，区级维稳工作先进个人25人，其中推荐市级维稳工作先进集体4个，市级维稳工作先进个人5人。区综治委命名楼塔镇萧南村、城厢街道崇化社区等100个村(社区)为2009年度全区平安创建综治工作规范化建设示范村(社区)。区综治委对进化镇大汤坞新村等18个行政村(社区)，区物价局监督检查分局等3个机关部门，萧山区第一人民医院等10个企事业单位的2009年度社会治安综合治理工作予以一票否决。

【开展基层综治队伍规范化建设】 2009年，区政法委重点开展基层综治队伍规范化建设，统一按照“六个规范”、建好“八支队伍”的要求，全面推进基层综治队伍规范化建设，并将“八支队伍”统一纳入镇街综治工作中心和村(社区、企业)综治工作室(站)工作平台，且建立完善各项制度。率先在衙前镇推出全国首个农村“和事佬”协会组织，并在全区推广建立“和事佬”民间组织566个，发展协会会员3366名，实现全区所有村(社区)全覆盖，共调处矛盾纠纷6267件，调处成功6199件，调处成功率为98.9%。9月，区委政法委分4批次对589名村、社区治保主任，40名“和事佬”协会骨干进行业务培训和法律法规学习，进一步提升了基层综治队伍的能力水平。

【推进全区治安动态视频监控系统二期建设】 2009年，制定出台《关于实施萧山区治安动态视频监控系统二期建设的意见》，区财政投入3000余万元，各镇街投入5000余万元，再动员社会力量参与投资建设，计划到2011年末，新增治安视频监控点5000个、交通治安卡口100个、电子警察50个，构筑全方位的公共安全防控体系。

【治安重点整治成果突出】 2009年，区政法委积极配合公安政法机关严厉打击各类违法犯罪活动，重点打击黑恶势力和有组织犯罪及“两抢一盗”等侵财型犯罪，深入开展了反“两抢”大会战和禁赌博、打黑除恶等专项斗争，以及治安重点区域综合整治和长效管理等专项工作。其中区镇两级重点整治区域挂牌33个，另有5个曾被市、区两级挂牌整治，为先后“摘帽”单位，全面落实长效管理。年内，全区治安形势总体良好，各类可防性、多发性案件得到有效控制，其中刑事发案、凶杀命案和“两抢”案件，比上年分别下降1.37%、15.63%和12.73%。

【全力维护社会稳定】 2009年，坚持把维护社会稳定工作摆上与发展经济同等重要的位置，同步分析、同步筹划，特别是把做好国庆60周年安保维稳工作作为头等大事，严格落实“一把手”责任制。注重构建完善各项信访维稳工作机制，大力开展矛盾纠纷排查化解，积极做好不稳定因素的源头预防工作，妥善化解各类突发性、群体性事件，确保了全区的社会稳定。维稳工作机制创新完善。进一步落实领导包案化解重点矛盾纠纷工作机制，按照“属地管理、分级负责，谁主管、谁负责”的原则，实行重要不稳定因素区镇两级领导包案化解制。建立和完善重大事项风险评估机制，对事关人民群众切身利益，牵涉面广、影响深远，易引发不稳定问题的重大决策、重要政策、重大改革举措、重点工程建设项目等，开展合法性、合理性、可行性、可控性等评估工作，在源头上减少和防范矛盾的产生。建立和完善突发性群体性事件应急处置机制。根据维稳形势特点和萧山实际，及时修订和完善各类应急处置预案，并组织进行演练，熟悉处置程序，提高快速反应能力。重点隐患化解稳控有力。以各类难点问题为突破，采取重要事项领导包案、重要不稳定因素抄告督办、重点人员依法依规教育稳控等多种措施，妥善化解“进化镇大汤坞新村村民赴省集体上访”等重大不稳定事件75件。区、镇两级党政领导包案调处重大不稳定因素104件，稳控重点对象28人；成功处置突发性事件隐患86起；防处企业主恶意欠薪逃匿事件8件，成功化解讨薪事件25起，为2000余名职工追回工资款1600余万元。情报信息掌控到位。以情报信息研判预警为先导，掌握工作主动。国庆期间专门成立涉稳涉访情报信息研判处置工作领导小组及办公室，健全报送机制，严肃报送纪律，统一规范涉稳涉访信息研判处置工作，以可靠信息指导调处化解，有力提升了全区维稳工作的成效。

【防范和处理邪教工作】 2009年，萧山区防范和处理邪教工作，以做好取缔“法轮功”邪教组织10周年、“6·4风波”20周年、国庆60周年等重要敏感时期的安全保卫为重点，抓好各项工作落实。一是组织领导坚强有力。年初，区委副书记谭勤奋与各镇街和有关单位签订了“防范和处理邪教工作目标管理责任书”。4月24日，区委防范和处理邪教问题领导小组召开全体(扩大)会议，对全年工作作出部署。4月30日，区委常委会专题听取区委610办公室的工作汇报，研究防范和处理邪教工作问题，并提出工作要求。二是宣传教育有效开展。4月，举办由全区中小学法制副校长、德育副校长共200余人参加的反邪教专题讲座，校园反邪“春蕾计划”全面实施。5月，组织开展反邪教科普宣传周活动。7月，组织开展“防范‘法轮功’邪教组织利用人民币进行反动宣传”专题宣讲活动。11月，区委理论学习中心组举行反邪教形势学习会；在“萧山法治网”开设了“崇尚科学，反对邪教”栏目；协调区体育局在北干街道工人路社区组织健身气功骨干培训。12月，区妇联在开展“平安家庭”创建宣传咨询活动中，向群众分发反邪教漫画手册3000册。全年印发反邪教图片宣传资料2000套，书籍3300册，编发以通报反邪教斗争形势为主题内容的简报11期。通过一系列的宣传活动，在全社会营造了反邪教的良好氛围。三是防控工作有效落实。全年对“法轮功”等邪教人员进行了4次全面排查和研判，先后下发8个关于做好防控工作的文件，在7月召开的全区分片维稳形势分析会上作出重点部署。萧山数字电视公司于9月组织防有线电视插播演练。人才引进政审工作措施有效落实，各重点单位对每个重点“法轮功”人员落实了严密的防控措施。全年未发生本地“法轮功”人员违法犯罪案件。四是邪教案件有效处置。4月初，有效处置一名“观音法门”人员从事公开活动案件。5月26日，有效处置一起发生在北干街道萧然社区的“法轮功”反宣传品案件。9月10日，区公安分局在城厢街道某公寓成功抓获一潜逃10年的内蒙古籍逃犯张某。9月15日，区公安分局有效处置一名社会人员与境外“法轮功”组织联系案。五是教育转化工作有效落实。对现实表现好的已转化的“法轮功”人员落实解脱政策，若干名未转化的“法轮功”人员送市法制教育学习班转化，在册“法轮功”人员的经常性教育转化工作成效明显，全年未发生已转化“法轮功”人员反复和新增“法轮功”人员等问题。六是基层基础工作有效推进。在16个镇街的综治工作中心新建防范和处理邪教问题办公室。9月，对全区70余名综治干部进行反邪教知识培训。全区562个行政村和社区全部开展无邪教创建活动，进一步夯实反邪教基层基础。通过各级各部门的共同努力，实现了不因邪教问题而影响萧山区社会政治稳定的目标。

（李　勇）

公安

【概况】 2009年，区公安分局紧紧围绕“提升新水平、实现新跨越”的总目标，以国庆60周年安保工作为中心，切实履行打击、防范、管理、服务等各项职能，为创造和谐稳定的社会政治和治安环境提供了强有力的保证。

在维护稳定上，全区公安机关以国庆60周年安保工作为中心，牢固树立“稳定压倒一切”的首位意识，高度重视社会稳定工作，严密措施，积极应对，确保全区社会政治持续稳定。深化隐蔽战线斗争，严密侦控和严厉打击“法轮功”邪教组织，加强宗教领域的侦控力度，基督教“小群派”非法活动得到有效控制并明显减少。健全完善情报信息收集研判机制和情报信息平台，启动维稳风险评估预警，积极开展情报信息日报告和周会商，先后成功处置“7·1”H1N1患者死亡等各类群体性闹事、上访苗头事件505起，全区没有发生较大规模群体性事件。紧紧围绕国庆安保总目标，圆满完成国庆60周年、国际动漫节、第十一届萧山杜家杨梅节、首届萧山国际旅游节、观潮节系列活动等41项重大活动安全保卫和81批149次警卫任务，确保万无一失。

在破案打击上，全区公安机关牢固秉承“零容忍”理念，始终保持对各类刑事犯罪的“严打”高压态势，破案打击实绩突出。加大刑侦基础建设推进力度，全区刑事案件现场技术统勘实现全覆盖，刑侦队所协作机制进一步确立，破案打击效能不断提升。以命案侦破为龙头，严格落实重大恶性案件侦破责任制、挂牌督办制和同步上案工作机制，充分运用和拓展专业化手段，实施动态打击和精确打击，全面提升破案效能，全年破获各类刑事案件9446起，比上年上升2.14%；移诉各类犯罪嫌疑人3800名，上升6.12%。全年成功侦破“7·12”北干重大杀人案等命案25起，现行命案破案率92.59%；破五类案件38起，破案率100%。拓展追逃途径，强化网上追逃，抓获网上逃犯752名。年度打防控实绩进入全省一类地区A等。

在治安防控上，在全区范围内扎实开展“警灯闪亮·千警巡逻”、武装巡逻，主城区“强盘查”整治，最大限度地把警力摆到社会面上，投放到防范薄弱、案件多发时段和部位，努力提高见警率，不断提升社会面治安管控力度，全区通过巡访工作现行抓获刑拘以上犯罪嫌疑人799名。二期监控系统建设顺利推进，动员企事业单位兴建区域监控系统，全区各类监控探头达到2.6万余个。区域性防控模式各具特色，镇街级和村（社区）级专业巡防队达到229支，巡防队员1970人，有力维护了辖区社会治安的持续稳定。全年共立刑事案件13670起，比上年下降1.37%，命案、“两抢”、入室盗窃案件分别下降15.63%、12.73%、3.95%，实现刑事发案“零增长”目标。

在行政管理上，分局全面落实五条常态化严管措施，会同区纪委等5部门联合出台抄告等相关制度，开展“蓝盾”、“零点”、百日攻坚等系列集中行动，“醉酒驾”违法行为得到有效整治。“四小车”管理和整治成效突出，得到区委、区政府的充分肯定。积极履行消防监督管理职能，进一步深化“利剑”、“雷霆”系列专项整治工作，全力开展以“多合一”、“三合一”和公众聚集场所易燃可燃装修材料为重点的普查整治。全面实施“数字监管”工程建设，研发“监所日常管理系统”，提高警务效能和工作质量。在押人员教育转化工作经验在全省监管系统教育转化工作现场会得到推广。深入开展狱内侦查工作，深挖犯罪线索9334条，协助破获各类刑事案件2719起、抓获犯罪嫌疑人105名。实现19年监所安全无事故。全面加强对流动人口特别是高危人员的管控工作。全年发现并管控高危人员9895名，抓获部网逃犯197名。紧扣“人户一致率”关键环节，创新信息采录手段，附加信息采集工作全面开展，出租房屋房东电话申报系统形成工作亮点。全区共登记流动人口80.5万人，暂住人口登记率87.92%，人户一致率81.67%，租赁房屋登记率100%，基本做到了“底数清、情况明”。认真做好户籍资料、人口信息、居民身份证等各项户籍管理基础业务工作。截至年底，年满16周岁公民换证率达91.3%。坚持“出入有境，服务无境”工作理念，受理公民各类出国(境)申请60795件，各类签证、签注1380件，抓获分局布控逃犯4名，查处“三非”(非法入境、非法居留、非法就业)案件109件107人，阻止6名法定不准出境人员出国境申请。推出出入境IC卡自助式柜机受理再次赴港澳签注业务，受理签注业务5769人次。

【全力整治突出治安问题】 2009年，分局认真组织开展社会治安整治行动、“四打两整治”(打黑恶、打有组织赌博犯罪、打“两抢”、打盗窃诈骗等多发性侵财犯罪和整治治安混乱的重点行业、重点部位)专项斗争和以集中整治赌博游戏机、管制刀具、美容美发行业为主要内容的专项行动。共查处利用赌博游戏机案件630起，打击处理人员836人；查处美容美发行业中涉黄案件93起，打击处理人员223人；收缴赌博游戏机1849台、管制刀具508把，取缔无证场所246家。强势开展针对全区大型娱乐场所的“零点武装行动”，通过行动，全区娱乐场所内刑事案件发案率比上年下降30.93%。积极参与全区“黑网吧”专项整治，主动加大与工商、文化等部门的协作配合，依法取缔黑网吧40家。

【场所行业管控更加有力】 2009年，分局坚持明察暗访等工作机制，主动出击，及时查处场所行业中出现的“黄赌毒恶”等违法现象。全年处罚违法、违规场所行业917家，其中依法取缔无证旅馆25家，取缔废旧金属收购站(点)65家。推广使用“全球眼”视频监控系统，进一步加强民用爆炸物品作业现场的监督力度。组织开展以整治爆炸物品、枪支弹药、剧毒化学品为主要内容的治爆缉枪专项行动，进一步加大宣传、检查、监督、管理、查处、整改等各项工作力度，全年共收缴各类枪支11支、子弹36发、仿真枪8支，全区未发生危险物品被盗、被抢、流失事件。

【执法规范化建设】 2009年，分局大力推进执法规范化建设，强化内部执法监督力度，制定和完善了定期汇报通报、重点问题重点监督等具体的执法监督制度，构筑起健全的执法办案监督体系。为规范执法程序，先后制定《办理羁押与释放犯罪嫌疑人的有关规定》、《关于进一步规范执法办案防止涉案人员非正常死亡规定》、《有关出具立功证明材料的若干操作规定》等文件，使民警在办案中有章可循。加强一线执法单位专(兼)职法制员队伍建设，努力做到执法“关口”前移，有效促进办案部门从过多地依赖法制部门到自我审核、自行把关的转变。严肃办案纪律，开展对突出执法办案问题的集中整治，辅以严厉的惩治措施，进一步规范了民警的执法行为。全局的整体执法能力和执法质量有了较大的提升，在区人大组织的行政执法评议活动中得到广大人大代表的高度评价。

【警民和谐建设】 2009年，分局始终把人民群众是否满意作为检验公安工作的最高标准，大力开展警民和谐建设。举办“走进警营”活动104场(次)，召开警民恳谈会920场(次)，面对面听取和征求群众的意见、建议。主动邀请人大代表、政协委员、行风监督员、媒体工作者，以视察、体验工作、明察暗访等形式对公安工作进行监督并提出建议。先后与85名困难群众进行结对帮扶，扎实开展“一户一策一干部”的结对帮扶工作。推出窗口受理下移，双休日办证、验车，省内异地人像采集等便民服务措施。

【警务信息化建设】 2009年，分局结合萧山实际，着力构建以指挥中心为龙头，以科技为支撑、各部门立足职能参与的信息化建设体系，对分局网页进行了整合，推出集综合信息网、情报信息网、实战应用网、综合管理网为一体的全新“四大功能”平台，从网络平台上保障了信息化机制高效运作。从明确信息化建设职责、信息采集范围、落地转化执行等内容入手，完善信息化运行制度。提高信息研判、信息管理效能，全年发布各类专题《警情分析》、“两抢”分析、即时预警分析111篇，有针对性地指导基层一线打、防、控工作，实现“警力跟着警情走”。开展信息专业比武，从实战民警中选拔10名信息应用人才，激励和保障信息化建设可持续发展。

【开展各类专项行动】 2009年，分局强势开展打击整治“两抢”犯罪大会战，制定出台大会战“十项措施”，强化对“两抢”案件分析研判，有针对性地开展“两断一清巢”行动，营造打击整治“两抢”犯罪的高压态势，侦破“两抢”犯罪团伙72个；全年共破获“两抢”案件374起，破案率达到45.44%；刑拘“两抢”犯罪嫌疑人450名；全年“两抢”发案比上年下降12.73%，其中飞车抢夺发案下降39.52%。同时，分局坚持“主动进攻、打早打小、讲究策略、除恶务尽”方针，采取双层叠加打击模式，有效运用各类措施和手段，切实强化专案管理，强势推进打黑除恶工作，实绩考核位列全市一类地区第一位，连续四年名列全市第一。全年摧毁恶势力团伙、涉恶

2009年5月18日，萧山区社会治安整治启动仪式 (缪斯超摄)

团伙、有组织赌博团伙159个，抓获团伙成员803名，破获故意伤害、寻衅滋事等涉恶案件987起，缴获枪支5支，追缴赃款200余万元。

【毒品查禁】 2009年，分局以创建"无毒害社区"为载体，积极开展禁毒宣传和吸毒成瘾人员收戒及美沙酮维持治疗工作，使吸毒成瘾人员管束率得到提高，实现"零增长"目标，社区戒毒(康复)的模式被国家禁毒办、省公安厅推广。不断加大涉毒犯罪打击力度，全年查破涉毒案件508起，比上年增长14.67%；查获涉毒人员750名，增长16.82%；缴获毒品3824.2克，增长174.8%，破案和打处实绩均位于杭州市各区、县(市)第一。

【打击经济犯罪】 2009年，分局主动把服务大局、服务企业作为工作的落脚点，进一步履行"打击、服务、参谋"三项职能，建立健全预警、防控、协作三大工作机制。扎实开展打击假币09行动、打击整治发票犯罪等专项行动，深入企业开展调查研究，结合萧山实际，出台"帮助企业克难解困十项措施"。全年破获各类经济犯罪案件120起，移送起诉116人，追缴各类赃款、赃物价值总计2655.49万元，确保了全区经济秩序良好。

【破获市督山东苍山籍恶势力犯罪团伙案】 2009年初，分局打黑除恶行动队依托队所协作双层叠加打击架构，经过对各派出所上报的有关涉黑涉恶类线索的梳理，从中发现了两条分别由瓜沥派出所和新塘派出所上报的线索，均反映"山东苍山籍人员在萧山本地蔬菜交易市场中很有势力，有垄断市场经营的趋势"。据此线索和前期掌握的信息分析，打黑除恶行动队认为极有可能是一伙盘踞在萧山蔬菜交易市场的恶势力犯罪团伙。分局成立专案组开展侦查工作，同时上报杭州市局，被列为市局督办案件进行侦办。专案组落实民警对萧山区内所有蔬菜交易市场和相关派出所进行走访，了解核实相关案情，初步掌握了一个以孙某、孙某某等人为首的活跃在蔬菜交易市场的犯罪团伙。为利于侦查，专案组采取"由案到人"，分组开展秘密走访和调查，并综合运用传统侦查手段和信息应用技巧，经6个月的努力，成功抓捕团伙成员徐某某，打开了案件局面。经过审查，专案组锁定目标，连夜出击，又成功将犯罪嫌疑人孙某、孙某某、董某某等抓获归案。之后，专案组乘胜追击，通过发动强大的政治攻势，最终在绍兴县钱清镇将团伙骨干成员孙某某、吴某等人抓获。至10月，专案组成功铲除了这个以山东苍山籍人员为主要力量，横行萧山蔬菜交易市场的恶势力犯罪团伙，依法移诉团伙成员11名，破获聚众斗殴、非法买卖枪支、寻衅滋事、非法拘禁、故意毁坏财物、赌博、抢劫等刑事案件9起，其间还收缴仿制手枪2支、子弹1发。

【破获"7·12"北干重大杀人案】 2009年7月12日凌晨，在北干街道柳桥社区与新塘街道郎家浜社区交界的铁路涵洞内发现2具女尸，系他杀，该案性质恶劣，引起社会各界的广泛关注。案发后，分局成立了由市区两级刑侦力量和相关派出所警力组成的"7·12"重大杀人案件专案组，全力开展侦查。经专案组勘查和对现场遗留大量青菜等情况的分析，认定该案为故意杀人抛尸案，死者身份不明，作案的第一现场很可能就在抛尸地点周边区域某出租房内，且凶犯与青菜有密切关联。为明确尸源，专案组进行了广泛走访，并张贴悬赏通告5万余张，在省、市、区三级电视台播放寻人启事，同时调查走访萧山农产品交易市场，查找现场青菜来源，寻找破案线索。7月14日晚，经过大量的排查、走访和调查工作，专案组获取重大线索，得知死者为安徽籍人刘翠芳和其女儿李银银，一名叫牛某的安徽籍男子与案件有关。至此，案件取得突破性进展，专案组根据线索立即前往牛某先后两处居住的房子进行调查核实和勘查，发现有血迹、布料等与抛尸现场相同的大量物证，确定牛某有重大作案嫌疑。经严密侦查，于7月15日中午在江苏淮安将犯罪嫌疑人牛某成功抓捕归案。经审查，牛某交代了强奸杀害李银银，事情败露后又将刘翠芳杀人灭口并抛尸的犯罪事实，"7·12"重大杀人案成功破获。

2009年6月20日，毒枭谢某被押解回萧山 (李志平摄)

【破获"9·25"特大贩毒案】 2009年9月22日，分局接到一条可能有假币运至萧山的模糊线索。根据掌握的情报，经分析，初步认为该案件极有可能是毒品案件，且案情重大。为此，分局立即成立专案组，迅速研究制定了一套抓捕方案，明确分工，开展多警种协同、大兵团作战。经过进一步调查，摸清了相关犯罪嫌疑人的身份情况和落脚点，"货物"的大致交接方式等情况。9月25日晚，专案组在分局领导的直接指挥下，及时调派警力，各部门协同作战，先后在萧山、杭州两地成功抓获谢某某、陈某某等涉毒嫌疑人8人，并当场缴获麻古3977粒(重374.952克)。根据已掌握的证据和线索，专案组认定该案背后还隐藏着一个更大的贩毒团伙。为此，分局决定循线追击，扩大战果，由分局禁毒大队牵头制定了“追上查下、一网打尽”的侦查思路，通过进一步侦查，迅速摸清了该贩毒网络的结构和其他主要成员。9月27日晚，禁毒大队民警在萧山城区先后成功抓获团伙成员凌某、童某某等11人，之后又陆续将团伙成员徐某、罗某某等人抓获归案。为进一步深挖犯罪，2009年12月，该大队又组织民警先后分三批前往云南抓捕上家，经过17天的艰苦追捕，终于将犯罪嫌疑人高某某姐弟俩抓获并安全押回萧山。至此，“9·25”特大贩毒团伙案成功告破，并取得重大战果。此案先后缴获毒品麻古4282粒、冰毒10.3克，查证贩卖毒品麻古总量13000粒左右；共抓获涉案人员23名，其中刑事拘留14名、治安拘留9名，团伙成员基本归案，一条完整严密的贩毒链被彻底摧毁。

【破获市督东片地区运动品牌专卖店特大系列盗窃案】 2009年以来，萧山新湾、靖江等东片地区连续发生多起体育用品专卖店被撬盗案件，且案值巨大，尤其是5月3日凌晨发生在新湾的李宁专卖店被盗案件案值达100多万元。分局刑侦大队成立由刑大重案二中队为主，调集技术、信息等多部门精干警力组成专案小组开展侦查。经对相关案件进行全面梳理、分析，初步认定是一个人车同行、连续作案，且有固定销赃渠道的特大流窜作案犯罪团伙所为。鉴于案情重大，危害严重，该案被杭州市公安局列为挂牌督办案件进行侦办。经现场勘查和分析发现，该类案件犯罪分子均夜间选择“安踏”、“李宁”等运动品牌服装店为作案目标，且作案有可能利用车辆。经对全区同类案件进行串并分析和网上作战，初步掌握犯罪嫌疑人身份和动向，于7月1日凌晨分别在瓜沥、南阳等地成功将准备再次伺机作案的胡某某等4名犯罪嫌疑人抓获。经审查，嫌疑人交代了包括新湾“李宁”专卖店案件在内的系列撬盗体育用品专卖店案件，并缴获了部分赃物和猎枪一支、子弹若干。专案组本着“强破案、重民生”的理念，再次转战广西南宁、来宾等地，追回了大量涉案赃物，并抓获了另一同案犯罪嫌疑人黄某某。同时，专案组又本着“除恶务尽”的原则，深挖余罪，又破获新湾、义蓬等地持枪抢劫等恶性案件多起，并再次抓获该团伙同案犯罪嫌疑人袁某某、诸某某等。本案共抓获犯罪嫌疑人7人，破获各类案件共计57起，价值200余万元，追回价值50余万元的涉案赃物，全部发还给受害群众。

【破获省督特大系列性诈骗、抢劫团伙案】 2008年12月份以来，萧山区内连续发生多起驾驶轿车进行“丢钱捡钱”诈骗或诈骗不成直接实施抢劫的案件。为摧毁这个犯罪团伙，分局刑侦大队成立由侦查、信息、技术等部门组成的专案小组开展侦查。经全面分析，初步判断该犯罪团伙是由一个30余人、多辆轿车组成的特大跨地区流窜作案团伙。成员盘踞在绍兴一带，平时人车同行，全省流窜，破案难度较大。鉴于案情重大、危害严重，此案上报作为省厅挂牌案件进行督办。2009年4月，专案组综合运用传统方法、网上作战等措施，通过近半年艰苦的侦查工作，掌握了犯罪团伙成员的活动轨迹和动向，并在绍兴等地一举抓获付某某等7名重庆巫溪籍犯罪嫌疑人，缴获2辆作案车辆，破获涉及萧山、绍兴、丽水、金华、台州、宁波等地50余起抢劫、诈骗案件，涉案金额达100余万元。

【队伍建设】 2009年，全区公安机关牢固树立“队伍建设是根本，也是保证”的理念，以建立和谐警队为目标，创新载体，落实措施，坚持不懈抓好队伍建设，广大民警工作积极性得到进一步调动。认真组织开展人民警察核心价值观教育、全区公安民警大走访等活动，进一步强化全体民警的职业自豪感和工作责任心。开展“两发挥、两加强”教育活动，激发中层干部的自身职能作用、带头示范作用，增强中层干部的团队协作意识和廉洁自律意识。开展“千警共廉、共创和谐”主题教育实践活动，在警营上下营造了浓厚的“学廉洁、促和谐”工作氛围。积极参加援疆维稳，先后两批共40名民警主动接受重大任务考验。全局先后有8个集体和35名民警立功，34个集体和272名民警受到嘉奖，12个单位和23名民警受到市级以上党委、政府和公安机关的表彰奖励。

【惩防体系建设】 2009年，分局积极推进教育、制度、监督并重的惩防体系建设，完善权力运行和监督机制。深化警务大监督机制建设，采取形式多样的督察方法，在全局范围内形成了一个纵横交错、全面覆盖的监督网络，消除督察“盲区”与“死角”。进一步拓展监督阵地，加大对“五条禁令”、《内务条令》、执法值勤规范等执行情况的检查力度，确保各项制度落实到位。全年受理纪检信访及“96666”、“96178”投诉87件，比上年108件下降19.4%。修订完善《辅警管理规定》，开展辅警作风纪律大整顿活动，全年辞退考核不合格或工作表现差的辅警42名。

【教育培训模式不断创新】 2009年，分局推行“7+3+5”教育培训工作模式，全面落实“战训合一、轮训轮值”制度，开展设卡盘查、110接处警、信息应用、笔录制作等12项比武，在全局民警中营造了“比、学、赶、帮、超”的良好氛围。开展案（事）例教学，将日常工作中的实际案（事）件搬进课堂，磨炼和拓展受训学员的实际侦办能力。开展模拟情景街区训练，记录实景抓捕全过程，提高了民警的实际抓捕水平。

（何奕奇）

检察

【概况】 2009年，区检察院受理审查逮捕案件1912件2896人，经审查批准（决定）逮捕1850件2796人；受理审查起诉案件2155件3820人，经审查提起公诉2036件3409人，报送杭州市人民检察院提起公诉89件271人。积极化解矛盾纠纷，妥善处理群众来信来访345件次，对一起反映村级财务问题多次来访的集体上访事件，采取省、市、区三级检察机关联合公开答复并成功息访。

立案查办涉及贪污贿赂、渎职侵权等职务犯罪36人。其中，立案查处贪污贿赂犯罪28人，均为贪污贿赂5万元以上或挪用公款10万元以上的大案，现职处级以上领导干部4人，所查处的开发区国土规划建设局原局长李幼祥受贿112万元、经济发展局原副局长章浩庆受贿186万元，分别被判处有期徒刑12年6个月和有期徒刑15年。结合办案开展“促医廉保民生”专项行动，在医疗卫生系统立案侦查贿赂窝串案5件10人，查办群众反响强烈的涉及土地规划、征用及建筑物拆迁等案6件9人。立案查处渎职侵权犯罪8人，包括引起中央媒体关注的区物价局监督检查分局原局长叶帆等3人的滥用职权案和有着重大影响的“11·15”杭州地铁重大坍塌事故背后的渎职犯罪案件。

加强刑事侦查监督，共立案监督10件，作出不捕决定116人，增捕10人；作出不起诉决定73人，增诉12人。加强刑事审判监督，提出抗诉3件，落实量刑建议试点工作。加强民事审判和行政诉讼监督，共受理当事人不服生效的民事行政裁判申诉案件22件；经法院审理，改判纠正7件；对4起商品房买卖纠纷申诉案提出的抗诉意见均被省院采纳；对不服法院正确裁判的申诉，积极做好当事人的服判息诉工作，维护司法审判权威。加强刑法执行监督，依法对呈报减刑、假释、暂予监外执行不当等问题提出监督纠正意见36件，纠正刑期错算1起，对17名未列管或未采取监管措施的人员及时予以纠正，对5名严重违反社区矫正规定的人员予以收监。

【省院副检察长刘晓刚到院调研】 2009年3月4日，省院副检察长刘晓刚在市院检察长吴春莲陪同下，到区检察院就检察机关如何更好地服务经济平稳较快发展和贯彻落实省院十五条意见进行专题调研。

【区人大常委会专题审议法律监督工作并出台专门决议】 2009年3月26日，区十四届人大常委会第十七次会议专题听取和审议区检察院开展法律监督工作情况的报告，并通过了《杭州市萧山区人民代表大会常务委员会关于加强区人民检察院法律监督工作的决议》。随后，出台了《关于实施〈杭州市萧山区人民代表大会常务委员会关于加强区人民检察院法律监督工作的决议〉的办法(试行)》。

【最高人民检察院检察长曹建明到院视察】 2009年5月6日，最高人民检察院检察长曹建明在高检院党组成员、政治部主任张常韧等陪同下，到区检察院就加强基层检察院建设工作进行专题调研。

【开展“走进检察”专项活动暨重大案件回访反馈会议】 2009年6月12日，区检察院举行“走进检察”专项活动，邀请31名当地人大代表、政协委员、人民监督员、社区群众和11名中央、省、市、区新闻单位记者走进检察院，零距离接触检察工作，并听取他们对检察工作的意见和建议。

【开展举报宣传周活动】 2009年6月22—26日，区检察院开展主题为“反腐倡廉保民生，公平正义促和谐”的举报宣传周活动。活动期间，共接受群众咨询20余人次，受理举报、控告和申诉线索5件，检察长接待日接待群众3件3人。

【推行导师辅导制】 2009年，区检察院聘任全国优秀公诉人桑涛、全国“百优双十佳”优秀侦查员来利明等14名具有较高政策法律水平和丰富检察工作经验的优秀法律工作者为导师。今后两年中，他们将在公诉、侦查等多个部门，对区检察院书记员、助检员开展一对一辅导。

【开展“走访结对帮扶慰问”活动】 2009年，区检察院根据区委开展“走访结对帮扶农户慰问困难家庭”活动的要求，院111名干警和联系点义蓬镇的116户低收入农户一一建立了结对帮扶关系。7月29日，检察长方新建带领部分干警到义蓬镇农户家庭帮扶慰问。

【开发案件质量综合评析软件】 2009年8月，区检察院自主开发的案件质量评查软件正式启用。该系统含有49个检查项目，并从实体、程序、事务和其他类进行分类。通过该软件，可以查询被评查案件的扣分情况并进行统计分析，可以对干警、科室的办案质量指数进行比较和跟踪。

【省四套班子领导参观省法纪教育基地接受警示教育】 2009年12月11日，浙江省委书记、省人大常委会主任赵洪祝率省委、省人大常委会、省政府、省政协四大班子成员及省高级法院院长齐奇、省检察院检察长陈云龙等30余人，到浙江省法纪教育基地，现场接受警示教育。

（施肖婧）

法院

【概况】 2009年，区人民法院受理各类案件22943件，办结21520件，办结率在2008年上升36.9%和35.5%的基础上，又上升21.7%和16.3%。收、结案数分列全省法院第一位和第二位。全年接待来访72批141人次，处理来信56件，提供法律咨询数千次，向区信访局及相关镇街编发立案信访动态4期。全年进行公民代理登记1460件。

【审结各类刑事案件2047件】 2009年，区法院依法严惩故意杀人、绑架、抢劫等严重危害社会治安犯罪案件556件，从重判处被告人1090人。依法惩治贪污受贿、挪用公款、滥用职权等职务犯罪案件21件，判处被告人23人，其中曾担任副处级以上干部5人，李幼祥、虞传德、张江舟、许鹏贤等被判处10年以上有期徒刑。严厉打击无证驾驶、醉酒驾车、逃逸类交通肇事案件，判处3年以上有期徒刑被告人27人。严厉打击严重干扰司法活动的犯罪，对伪造证据制造虚假诉讼的被告人张宏雨以妨害作证罪判处有期徒刑3年；对殴打执行人员、咬伤法警的被告人孙建华以妨害公务罪判处有期徒刑1年。贯彻宽严相济刑事政策，坚持惩办与宽大相结合，对830名罪行较轻的被告人依法判处缓刑、管制或单处罚金；办结未成年人犯罪案件200件304人，为其中166人指定了辩护人，对59人适用了缓刑。尝试刑事审判判前评估调查，对拟适用缓刑的被告人，向其所在地基层组织了解其一贯表现，排除再犯的可能性，以正确适用缓刑，共对16起案件26名被告人实行判前评估调查，并据此对24人作出缓刑判决；强化“铁案”意识，确保审判质量。审理中严格把关，对犯罪情节恶劣、该处无期徒刑以上刑罚的案件，改变管辖，移送上级法院审判。全年移送上级法院审判案件4件，防止了重罪轻判现象的发生。注重依靠证据认定犯罪事实，注意非法证据的排除，对认定事实有错误、适用法律有偏差的指控依法予以纠正。全年准许公诉机关撤回起诉4件，因公诉机关认定事实或定性不当，变更指控犯罪情节案件57件、纠正适用法律不当案件65件、变更指控罪名案件4件。

【全年审结各类民商事案件12379件】 2009年，区法院审结商事案件6212件，标的额达29.3亿元。规范和慎用财产保全等强制措施，在保护债权人和企业职工利益的前提下尽可能维持企业的"造血"功能。3个派出法庭庭长为辖区内部分企业主上法制课，帮助他们增强预防和处理商事纠纷的能力。严格落实民商事案件随机分案和法官回避制度，落实审判公开制度，避免关系案、人情案的产生。审理500万—5000万元大标的案件156件，没有一件被上级法院改判或发回重审。为应对不断推进的司法改革需要，将近年来上级法院颁布的判例集中汇编成《民事审判案例参考目录》，方便法官查阅参考，提高审判质量。继续完善民事案件繁简分流机制，全年速裁结案7308件，占民事案件的59.04%，平均结案时间18.7天，当庭宣判率96.5%。通过信息化手段对每个案件进行审限跟踪，对简转普、诉讼中止等延长审限情形进行严格审批，防止隐性超审限现象的发生。全院审理案件平均审理时间43.9天，比全省平均值低11.9天，列杭州各基层法院第一位。严格执行诉讼费交费办法，加大司法救助力度，共对1681名经济困难的当事人实行诉讼费缓、减、免，其中缓交36.1万元，减免41.7万元。受理因法定代表人逃匿等引发的职工讨薪系列案20起，涉及职工1290人，审理中开通"绿色通道"，快速、妥善维护职工合法权益，为职工追回工资等应得收入合计608万余元。针对劳动争议案件劳动者举证能力欠缺的特点，准确适用举证责任倒置原则分配举证责任，切实维护劳动者合法权益。针对劳动争议案件收费低，用人单位败诉后普遍采取上诉手段恶意拖延支付劳动报酬、工伤赔偿款的现象，注重调解，争取用调解方式让劳动者当场收到工资款、赔偿款，缓解劳资矛盾，实现案结事了。审理中贯彻调解优先、调判结合的原则，共有6805件民商事案件以调解方式结案，调解率54.97%。妥善处理群体性纠纷案件，维护社会稳定。全年办结群体性纠纷案件15起，涉及当事人721人，均未引发群体性、突发性或恶性事件。同时，发挥人民调解组织解决纠纷第一道防线的作用，对人民调解员进行13次业务培训，邀请人民调解员旁听庭审6次，参加培训和旁听的人员1000余人次。临浦法庭还在杭州市矛盾纠纷多元化解暨"和事佬"工作现场会上作经验介绍。

【审结行政案件63件】 2009年，区法院主动到涉诉较频繁、暴露问题较多的行政机关开展有针对性的走访，督促依法行政，提高行政机关执法水平。同时，邀请计生、城管执法、交警大队等行政机关旁听庭审4次，旁听人员200余人；答复劳动、城管、运管等行政机关咨询50次。全年维持具体行政行为、驳回诉讼请求或驳回起诉46件，依法判决行政机关履行法定职责2件，确认行政行为违法3件。加强司法建议工作。一是提出个案式司法建议，即在每一件行政案件审结后，针对其中暴露的行政执法不规范现象，及时与涉案行政机关法制部门沟通，提高行政机关执法水平；二是提出阶段性司法建议，即通过梳理特定行政机关涉诉案件中反映出的执法不规范问题，在定期走访时提出书面建议。全年向行政机关发出司法建议18份。开展行政首长出庭应诉，全年行政首长（包括副职）出庭应诉2件。在审理宁波中成建设机械设备有限公司诉杭州市工商行政管理局萧山分局工商行政处罚一案中，工商分局局长出庭应诉。区法制办组织各行政机关分管领导、干部旁听了庭审。

【办结各类执行案件7031件】 2009年，区法院办结各类执行案件7031件，比上年上升56.7%；执结标的额9.6亿元，实际执行率73.5%，高于全省平均值13.3个百分点。区法院被省高院评为"破解执行难优秀法院"。全国开展集中清理执行积案活动以来，在各领导小组成员单位的协同支持下，区法院充分发挥主力军作用，大力推进清理工作，圆满完成集中清理执行积案活动的各项任务。2007年12月以前财产积案执结率为100%，执结标的到位率95.4%，六类重点积案执结率为99.4%，并对3830件无财产积案进行了逐一核查。在清理执行积案的同时，积极开展司法救助，共向18名生活困难的申请人发放救助金37.5万元。加强对财产申报、立即执行制度的运用，共向4819名被执行人发出财产申报令，强制其申报财产；采取立即执行措施67次。严厉制裁拒不履行生效判决的行为，因妨碍执行、拒不申报或虚假申报财产、拒不执行判决而被司法拘留508人次，其中移送公安机关追究刑事责任3人。强制拍卖、变卖被执行人财产396次，价值共计4.4亿元。针对被执行人躲避执行的情况，适时开展夜间集中执行，出动干警550余人次，有力震慑了长期逃避执行的被执行人。充分利用悬赏公告、曝光执行、公安110和银行协助执行等手段，最大限度保护胜诉当事人合法权益。加大执行曝光力度，利用互联网发布被执行人名录4994人次；将637名被执行人信息张贴于其所在地镇街、村委会。充分利用公安110联动及交警协助查扣车辆等工作机制，查找被执行人及其财产。定期向区纪委、监察局报送党员和公务员中因拒不执行而被司法拘留的人员名单。

【审监工作】 2009年，区法院办结申诉案件10件，审结再审案件10件。同时，积极开展调研工作，编发《审监专报》6期，对2008年度部分改判案件、道路交通事故人身损害赔偿发回重审、改判案件进行分析，对2009年上半年的刑事案件、二审案件及民商事案件裁判文书进行专项评查。召开审监例会1次，就道路交通事故案件中判令致害人赔偿受害人或死者近亲属精神抚慰金应如何适用法条等7个问题达成共识。

【量刑规范化】 2009年5月，区法院被省高院确定为全省量刑规范化基层试点法院。以最高院《量刑指导意见》和《程序指导意见》为依据，细化了13种量刑情节和交通肇事、抢劫、盗窃、贩卖毒品、故意伤害等5个罪名的量刑起点及基准刑幅度，将量刑纳入法庭审理程序，让控辩双方就量刑提出各自主张并展开辩论。试点工作期间，共审结5个罪名案件729件，判处被告人1096人，占试点期间刑事案件结案数的66.8%。12月，区法院再次被确定为第二阶段量刑规范化试点法院，并将试点罪名扩大到15个。

【贯彻落实最高法院"五个严禁"规定】 2009年1月，区法院积极贯彻落实最高法院的"五个严禁"(严禁接受案件当事人及相关人员的请客送礼；严禁违反规定与律师进行不正常交往；严禁插手过问他人办理的案件；严禁在委托评估、拍卖等活动中徇私舞弊；严禁泄露审判工作秘密)规定。一是结合相关违纪违法典型案例，加强学习"五个严禁"的重要性，抓好自身廉政建设。二是向16位特邀监督员、3位政协的民主监督员及人民陪审员通报"五个严禁"的有关规定，希望其今后能从这些角度对法院干警的执行情况进行明察暗访，加强对法院审判执行工作的监督、指导。三是在立案大厅的大屏幕上和外网上滚动宣传"五个严禁"，在外网上设立举报信箱，公布监察室举报电话，由监察室专门受理群众对违反"五个严禁"行为的投诉举报，对群众实名举报的做到案案有着落、件件有回音。并将5月份定为全院警示教育月，集中进行各项警示教育活动。5月15日下午，组织全院干警参加"五个严禁"知识测试，并观看警示教育片《抵制诱惑警示录》。

【召开全院工作会议】 2009年2月6日，区法院召开全院干警大会，总结2008年法院工作，表彰先进集体和先进个人，并部署2009年工作要点。7月18日，召开半年工作总结会议，简要回顾上半年工作，对下半年工作作出部署，并对"人民法官为人民"主题实践活动进行动员。

【为民服务活动】 2009年7月，区法院开展"人民法官为人民"主题实践活动。2月17日，民二庭法官送法进企业，为区内一担保有限公司员工开设担保知识讲座，帮助其提高预防经营风险的意识。5月7日，义蓬法庭开展了"实践科学发展观送法进企业"活动。此次活动意在围绕"发挥司法能动作用，服务发展大局，为实现萧山科学发展新跨越提供有力司法保障"这一实践主题，通过实地走访交流、召开座谈会等形式，在了解企业近期经营状况的基础上，结合2008年以来涉企纠纷案件的审理情况，就企业如何进一步规范生产经营、防范诉讼风险等问题提供有针对性的指导意见，为企业走出经济寒冬提供有力的司法保障和优质法律服务。

【杭州市中院院长翁钢粮到萧调研】 2009年5月21日下午，杭州市中院院长翁钢粮一行就加强审判管理到区法院调研。听取汇报后，翁钢粮指出，萧山法院反映的问题和困难既有个性问题，也有共性问题，要有信心依靠自己的努力去解决；滥用诉权的问题需要随着社会法治进程的推进，使社会回归法治理性的轨道后才能慢慢解决；法院在加强审判管理的同时，也要关心和爱护干警。

【法官授职典礼】 2009年7月31日，区法院举行首届法官授职典礼，为14名新任和晋升的法官授职，进一步增强法官的职业使命感、荣誉感和责任感。区政协副主席金老虎、区委政法委副书记许建达、区人大法工委主任何秀泉、区委政法委政治处主任徐国芳等出席典礼，共同见证这庄严、神圣的时刻。

【省高院副院长王幼璋到萧调研】 2009年9月4日上午，省高院副院长王幼璋、刑三庭副庭长刘延和一行来萧山法院调研量刑规范化试点工作开展的情况，并与区法院的试点工作小组成员进行了座谈。王幼璋对区法院开展试点工作的情况给予充分肯定，并要求做好以下几方面工作：一是要继续深入调查研究，细化最高院的文件规定，不断发现问题并及时提出解决办法；二是要勇于创新，在保证公平、公正、量刑波动不大的前提下大胆创新改革，总结出新的经验；三是要加强沟通交流，把发现的问题和总结的经验及时向省高院汇报。

【省高院院长齐奇到萧调研】 2009年10月29日下午，省高院院长齐奇到萧山法院调研，杭州中院副院长沈建光、省高院民二庭庭长章恒筑陪同调研。齐奇充分肯定萧山法院工作，指出萧山法院作风务实，敢于从实际出发改革创新，在审判管理、能动司法等方面卓有成效，创造了很多好的经验，在全省起了领头羊的作用。调研组一行还参观、考察了临浦法庭，听取了法庭的工作汇报。

【实行法官助理】 自2009年8月起，区法院为每名一线办

2009年7月31日，区人民法院法官宣誓就职 （傅展学摄）

案法官配备法官助理。在来源上，有原有法官助理17人、近年新进院校毕业生20人、进驻法院的物业公司招录的司法辅助人员30人，共有法官助理67人。为加强对法官助理的管理和考核，出台了《法官助理管理若干规定(试行)》。一是在分类上，分为专门助理和普通助理，专门助理接受办案法官指派从事各项司法事务性工作，基本实行法官与助理“一对一”模式；普通助理为一定范围内的法官从事送达、保全、调查等工作。二是在工作职责上，明确专门助理工作内容接受法官指派从事程序性辅助工作，工作后果由法官承担；对审判助理工作职责按庭前、庭中、庭后三个阶段分别作了具体规定。三是在考核上，根据法官助理所属编制不同，分别由法院和进驻的物业公司负责进行考核。实行法官助理制度，有利于缓解法官办案压力，也有利于年轻法官后备人才的培养。

【最高院同意指定萧山法院审理部分知识产权案】 2009年9月，根据最高人民法院《关于同意指定浙江省萧山区人民法院审理部分知识产权纠纷案件的批复》(法函〔2009〕92号)，区法院将作为第一审法院，审理发生在本辖区除专利、植物新品种、集成电路布图设计纠纷案件和涉及驰名商标认定纠纷案件以外的知识产权纠纷案件。

【面向社会第三次选任人民陪审员】 2009年10月，区法院根据上级法院的要求，启动第三次面向社会公开选任人民陪审员工作。在区人大常委会的重视和区司法局等部门的支持配合下，经过宣传动员、报名、初步审查、考察确定拟提请任命人选、公示、提请任命等程序，最终选定20名人民陪审员。这20名人民陪审员中15人为党员，75%以上的人员受到过各种奖励；18人具有大专以上学历，部分还具有政工师、经济师、主治医师等中级职称；85%的人曾担任或现任一定领导职务，其他人员也具有较强的组织协调能力，从事接触群众的工作。12月2日，举行人民陪审员颁证仪式，区人大常委会副主任邱有来、区司法局局长瞿建成、区人大常委会法工委主任何秀泉出席。邱有来为新任陪审员颁发任命书。颁证后，20名新任人民陪审员面向国徽进行了庄严的集体宣誓。

(何　燕)

司法行政

【概况】 2009年，全区各级人民调解组织调处各类矛盾纠纷6267件，调处成功6199件，调处成功率98.9%。其中调处非正常死亡纠纷153件，涉案金额5732万元。没有出现因调解不当引发的民转刑案件和非正常死亡。是年，基本完成200人以上企业组建企业调委会，2000人以上村(社区)设立专职人民调解员，大力推进人民调解组织延伸工作，共新增企业调委会645个，新设村、社区专职调解员644人，调解信息员6211人。全区建立“和事佬”协会566个，发展会员3366个。会同区财政局联合出台《萧山区人民调解工作考核办法》，首次在全区推行人民调解以绩定奖、以案定补工作。对26个镇街按考核实绩分三档进行奖励，对评选出来的10个优秀调解案例和27个重特大疑难纠纷调解成功案例分别给予每人500元和每个2000元的奖励，总金额200万元。

是年，专门研究出台《萧山区法制宣传教育评估指标体系》，通过“薪火传递”，延续“普法十姐妹”这一普法品牌。通过为区四套班子有关领导和镇街、部门主要负责人免费订阅法制报刊，其中《法制日报》75份，进一步扩大普法工作影响力；通过送法进监狱、送法进工地等活动，不断丰富“法律六进”(法律进机关、进乡村、进社区、进学校、进企业、进单位)活动内容；通过不断拓展法制宣传阵地，发挥各类普法载体作用。发放各类宣传资料8000余份，发行《萧山法制宣传》24期48万份，制作“律师有约”广播节目12期。成功创建全区继瓜沥镇航民村以后第二个“全国民主法治示范村”——闻堰镇黄山村。

为进一步推进社区矫正工作规范化建设，2009年，扎实开展“社区矫正规范落实年”活动。在国庆60周年大庆等政治敏感节点，加强社区矫正对象管理，全区1037名矫正人员和2706名刑满释放归正人员无一人重新犯罪，无一人去省去京参与上访和群体性事件，保证了国庆60周年和政治敏感节点的政治社会稳定。是年，区司法局联合公、检、法3个部门连续组织两次工作督察，对不遵守矫正规定的5名社区服刑人员实施收监执行。至2009年底，全区累计接收矫正对象3004名，累计解除矫正1952名，收监执行5名。在册社区矫正对象1037名，全部纳入规范管理范围。全区2706名归正人员，帮教率96.9%，安置率95.6%。

是年，“12348”法律援助中心接待群众来电3569人次、来访4000人次，办理法律援助案件894件，办案数比上年增长25.5%。针对《中华人民共和国劳动合同法》实施以后，农民工欠薪和工伤赔偿等方面案件急剧增加的实际，把对农民工的法律援助列为服务重点，通过发放“法律援助便民卡”，开辟绿色通道、上门受理的人性化方式，推行“一站式”服务，与农民工“零距离”、让农民工“零等待”，较好地维护了农民工的合法权益和社会的和谐稳定。

全年基层司法所参与调处疑难复杂民间纠纷873起；宣讲法律知识205场次，受教育人数18万余人；为基层政府提出司法建议85条，协助制定规范性文件65件，协助制定村规民约120件。全区13家律师事务所办理各类诉讼4924件，律师费收入4500万元，比上年增长32.7%。16家法律服务所代理诉讼事务2019件，非诉讼事务336件，调解纠纷640件，解答法律咨询10436人次，业务收费466万元。湘湖公证处办理各类公证8079件，其中涉外公证1470件，涉港澳台公证63件，公证收费超过500万元。是年，杭州明浩司法鉴定所在萧山设立分所，办理法医临床鉴定380余件。

【杭州萧山法律服务产业发展中心】 2009年1月10日正式挂牌，全国首个律师与企业对接的集法律咨询、法律顾问、法律培训于一体的大型综合性法律服务平台正式运行。浙江省司法厅厅长赵光君、浙江省工商联党组书记汤为平为"中心"揭牌。区领导谭勤奋、许岳荣、沃岳兴、邱有来、金老虎出席揭牌仪式。区司法局按照省厅"整合资源、发挥优势，为科学发展提供法律服务和法律保障"的工作要求，以"中心"为平台，先后组织40余名资深律师组成法律顾问团，分批对全区126家民营企业进行"法律体检"，承接并妥善解决了富丽达集团控股有限公司与杭州道远化纤集团有限公司之间诉讼标的达12.3亿元的解除债务担保及资产剥离、并购重组非诉讼案件。至2009年底，"中心"发展会员企业148家；接受法律咨询558次；承接会员企业的各类案件78件；为会员企业草拟、修改合同34份；承办法律援助案件17件；举办各类培训17期，参加企业480余家，培训人员1000余人。"中心"先后接待江苏无锡、山东济宁、浙江嘉兴等地同行来访11批次220余人。

【法律服务所主任会议】 2009年3月4日召开。会议聘任俞正阳等8人为新任法律服务所主任；同时，出台《关于加强法律服务所财务管理的有关规定》和《二〇〇九年法律服务所目标考核意见》，使"两所"分离工作得到有效制度保障，司法行政人员不再兼任法律服务所主任。

【区首批法律专家和律师被聘为仲裁员】 2009年3月18日，萧山首批14位法律专家和律师被杭州仲裁委员会聘为本地仲裁中心仲裁员。此举将促进萧山当事人选择仲裁方式解决争议，能向萧山范围内的公民、法人和其他组织提供及时、优质、便捷的法律服务，极大地推动萧山的仲裁工作。

【开展企业"法律体检"服务】 2009年3月10—30日，抱着政府部门与企业抱团取暖、共渡难关的指导思想，区司法局与区工商联联合组织了律师为企业进行上门"法律体检"活动，具体承办单位为新成立的杭州萧山法律服务产业发展中心。"中心"通过向会员单位发放"法律服务联系卡"和"法律服务咨询函"等，了解、掌握企业的经营状况和法律需求，深入分析企业遇到的法律问题，提出法律建议，反馈体检结果，为企业决策提供科学依据。

【区政协第十二届三十四次主席会议在区司法局召开】 2009年3月30日，区政协第十二届三十四次主席会议在区司法局召开，专题视察区司法行政工作。主席会议对司法局在促发展、重民生、保稳定方面所做的工作给予充分肯定，与会人员实地察看了杭州萧山法律服务产业发展中心和区法律援助中心，对司法局两个"中心"优良的软、硬件环境给予高度评价。局长瞿建成在主席会议上作了司法行政工作情况汇报。区政协主席王珠瑛作了讲话，提出司法行政要进一步服务好萧山科学发展、巩固好综治基层基础、维护好群众合法权益。

【召开社区矫正工作领导小组成员会议】 2009年4月1日下午，区委、区政府召开社区矫正工作领导小组成员会议，审议听取全区社区矫正工作开展情况汇报，研究部署2009年社区矫正工作，讨论并原则通过《社区矫正调查评估实施办法》和《社区矫正担保实施办法》。

【区委建设"法治萧山"工作和区依普领导小组会议召开】 2009年4月9日，区委建设"法治萧山"工作和区依法治区、普法教育领导小组会议召开。会议贯彻落实省市有关会议精神，总结2008年"法治萧山"和区依法治区、普法教育工作，研究部署2009年工作任务。市委常委、区委书记洪航勇要求进一步增强责任感，紧贴中心，突出重点，不断强化全民法治观念，切实抓好"法治萧山"建设和依普工作，不断取得新成效。

【举办台资企业《中华人民共和国劳动合同法》专题培训】 2009年5月4—5日，区司法局、区人民政府台湾事务办公室、区工商业联合会共同委托杭州萧山法律服务产业发展中心举办了为期2天的台资企业《中华人民共和国劳动合同法》专题培训。来自全区台资企业经理、中高层管理人员、人事部门人员共50余人参加培训。

【召开诉调对接座谈会】 2009年5月5日，区司法局联合区人民法院共同召开诉调对接工作座谈会，就全区诉调对接工作开展情况进行总结和交流，围绕如何进一步深化"一院三庭"人民调解工作室建设，完善诉调对接机制开展了热烈讨论。诉调对接机制是结合司法调解与人民调解的纠纷处理方式，法院对受理的民事案件委托人民调解，或者邀请其协助调解，最终解决纠纷。2007年12月起，先后在区人民法院立案庭和临浦、义蓬、瓜沥3个派出法庭建立人民调解工作室。

【出台判前调查评估制度】 2009年5月中旬，为了更有利于对社区服刑人员教育管理，区司法局会同区法院专门出台《社区矫正调查评估实施办法》和《社区矫正担保实施办法》。是年，全区已开展判前调查评估案例17个，涉案刑事被告人27名，评估意见全部被法院采纳。建立判前评估制度的做法在杭州市局召开的社区矫正工作经验交流会上作为工作亮点之一作了专门介绍。

【"一村一法律顾问制度"试点】 2009年6月26日，全区首支新农村建设法律服务小分队在临浦镇成立。"一村一法律顾问制度"通过政府购买服务，组建以律师、公证员、司法所工作人员和基层法律工作者为主体的法律服务小分队，以联村驻点的方式，为村、社区提供法律咨询，开展法制宣传，帮助完善村规民约和经济合同协议，以及帮助困难群众依法获得法律援助。小分队由律师、公证员、司法所和法律服务人员组成。至年底，法律服务小分队共接待来电来访653人次，解答法律咨询253起，办理各类法律案件10余起，发放法制宣传资料1000余份，特别是把农村中常用的承包、出租等各种协议文本格式化，印发给各村、社区，不但方便了基层组织，还有效地提高了协议的法律效力，有力地推动了农村民主法治建设。

【"和事佬"协会在全区推广】 2009年7月29日，区委、区政府在衙前镇召开"全区综治基层队伍规范化建设暨'和事佬'协会工作现场会"，"和事佬"协会建立工作在全区全面推开。区司法局配合区委政法委完成了全区村(社区)"和事佬"协会组建工作。全区共建立"和事佬"协会566个,发展会员3366个。衙前镇作为全国首个农村"和事佬"协会试点单位,受到各级媒体的高度关注,中央电视台《朝闻天下》栏目对此进行了报道。

【法制文艺进工地慰问演出】 2009年7月29日,由区委宣传部、区建设局、区司法局共同举办的法制文艺进工地慰问演出在杭州萧山国际机场拉开帷幕。杭州滑稽剧团的演员给机场建设者演出了歌咏、小品、舞蹈等法制文艺节目,近400名机场建设者观看演出。

【省"社区矫正规范落实年"活动互查组到萧山检查工作】 2009年7月16日下午,省司法厅"社区矫正规范落实年"活动互查组到萧山检查社区矫正工作开展情况。嘉兴市司法局副局长单国强等一行4人在杭州市司法局副局长夏福志、社区矫正工作指导处处长丁浩陪同下赴衙前镇司法所、闻堰镇司法所实地查看社区矫正工作台账,听取司法所关于矫正工作的汇报。

【上海市社区矫正和安置帮教工作考察团到萧山考察】 2009年8月13日,上海市司法局副局长郃荀一行12人到萧山考察社区矫正和安置帮教工作。考察团在省矫正办主任、省司法厅副厅长葛炳瑶等省、市领导陪同下,赴衙前镇司法所、闻堰镇司法所实地参观了萧山社区矫正工作情况,听取了镇领导及司法所关于社区矫正和归正人员安置帮教工作的介绍。

【省委政法委副书记、省综治办主任巫波伦到萧山调研人民调解工作】 2009年8月13日,省委政法委副书记、省综治办主任巫波伦在区委政法委副书记许建达、华林桥的陪同下调研萧山人民调解工作。巫波伦首先来到衙前镇衙前村实地察看了人民调解工作开展和"和事佬"协会工作开展情况,然后听取了区司法局基层科人民调解工作汇报。

【区人大常委会主任会议专题听取和审议区司法局法律服务工作】 2009年9月22日,区人大常委会第61次主任会议在区司法局召开,专题听取和审议全区法律服务工作情况汇报。区人大常委会主任沈奔新等出席会议。与会人员实地视察了区法律援助中心,听取了区司法局负责人有关法律服务工作情况汇报和区人大常委会法工委所作的关于萧山区法律服务工作情况的调查报告。

【组织全区3700名公务员学法"赶考"】 2009年9月26—28日,区管领导干部和公务员学法用法考试在浙江电大萧山学院举行。全区3700名区管领导干部和公务员分6批参加学法"赶考",其中45周岁以下的区管领导干部参加集中闭卷考试。区委副书记谭勤奋,区委常委、常务副区长许岳荣等区四套班子分管领导到考试现场巡考。

【在信访局设立人民来信来访律师接待咨询处】 2009年10月15日,为了协助信访部门做好信访工作,区司法局主动与区信访局联系协调,在区人民来访接待中心设立了"律师接待咨询处",进一步完善律师参与信访接待机制,由原来每月15日律师跟随区领导接访改为每天都有律师在信访室值班,使律师信访值班常态化。律师解答来访群众的涉法问题,引导上访群众理性表达利益诉求,最大限度地化解涉法涉诉信访,维护正常的信访秩序,促进全区社会和谐稳定。

【《萧山法治》电视节目开播】 2009年11月29日晚,《萧山法治》电视专题节目开播仪式在萧山广播电视台举行。区委副书记谭勤奋等出席开播仪式。自此萧山增添了一个新的普法载体,形成了"广播有专题、报纸有专版、网络有专栏、电视有专题"的较为完善的现代普法教育体系。

【举办"12·4"法制讲座】 2009年12月4日,全国第九个法制宣传日,萧山区举行了"12·4"法制讲座。区委副书记谭勤奋主持讲座,他指出在新形势下,民营企业的发展离不开法律的支持,要利用法律手段服务经济转型升级,增强企业防范经营风险的能力。

【萧山区纪念法律援助制度建立10周年座谈会】 2009年12月11日在开元名都大酒店召开,区四套班子分管领导、省市法援中心领导、有关镇街和部门的领导及人大代表参加。10年来,萧山区法律援助从无到有、从有到优,得到了蓬勃发展。法律援助规范化、信息化建设和便民举措得到有力推进。近年来,办理的援助案件每年都以成百件的速度递增,2006年办理援助案件数量首次超过500件,2007年达606件,2008年736件,2009年至10月份达894件,平均增长率为38%。

(李子云)

2009年9月26—28日,全区3700名公务员参加学法用法考试。图为区委副书记谭勤奋巡视考场 (区司法局提供)

案例

【李幼祥受贿案】 公诉机关杭州市萧山区人民检察院。

被告人李幼祥，男，1959年10月9日出生于浙江省杭州市，汉族，原系萧山经济技术开发区国土规划建设局局长。

经审理查明：2002年底至2008年底，被告人李幼祥在担任萧山经济技术开发区国土规划建设局副局长、局长期间，利用职务便利，为杭州恒基生物制品有限公司，个体建筑承包商王茂康（另案处理）、俞文灿、赵国华、沈国尧、章国利、陈益明，杭州兴达市政公用服务有限公司，吉奥集团有限公司，杭州重型钢管有限公司，杭州港佳纺织仪器有限公司，浙江安赛生物科技有限公司，浙江东南金属薄板有限公司，杭州首业房地产开发有限公司，杭州一方房地产开发有限公司，浙江华瑞集团有限公司，浙江胜达置业发展有限公司，杭州泰和房地产开发有限公司，杭州新正元房地产开发有限公司，杭州德意房地产有限公司，浙江中誉置业有限公司，浙江恒逸房地产开发有限公司，浙江新世界房地产集团有限公司，绿都控股集团有限公司等单位和个人谋取利益，先后34次非法收受上述相关人员所送的财物，合计价值1124461.8元。

法院认为：被告人李幼祥身为国家工作人员，利用职务便利，为他人谋取利益，非法收受他人财物，并以明显低于市场的价格向请托人购买房屋，非法收受从中的差价，数额在10万元以上，其行为已构成受贿罪。公诉机关指控罪名成立。案发后，被告人李幼祥如实供述了司法机关尚未掌握的同种较重受贿罪行，应从轻处罚；在庭审中能自愿认罪，应酌情从轻处罚。辩护人提出与上述相一致的意见予以采纳，但其提出被告人李幼祥系自首的辩护意见，因被告人李幼祥是在办案机关已经掌握其部分受贿事实的情况下找其谈话时，其再供述了其余受贿事实，故其行为不符合自首的构成要件，辩护人的该辩护意见不予采纳。依法判决如下：一、被告人李幼祥犯受贿罪，判处有期徒刑12年6个月，并处没收个人财产80000元；二、现扣押在案的赃款1124461.8元，予以没收，上缴国库。

【沈永华非法获取国家秘密罪】 公诉机关杭州市萧山区人民检察院。

被告人沈永华，又名沈永烨，男，1955年2月9日出生于浙江省杭州市，汉族，系杭州宏晟企业管理咨询有限公司法定代表人。

经审理查明：2007年四五月左右，被告人沈永华与谢彬（另案处理）开始联系2007年全国一级建造师考试考前培训事项。因谢彬能通过考试作弊的方式提高考生的考试合格率，遂于同年7月10日两人约定：由谢彬负责武汉方面挂靠相关建筑公司报名、统一培训及提供试题内容等事项，由被告人沈永华负责在萧山等地招收考生并组织到武汉考试等事项。之后，被告人沈永华以去武汉培训后考试通过率高为由，组织了270余名考生在9月12日前往武汉培训考试，并要求在考试通过后，每名考生总共支付2.7万元至3.6万元不等的费用。次日，谢彬通过湖北省十堰市人事局考试院评审科试卷押运人员刘克奇（另案处理），以拍照方法窃取了未启用的于同年9月15—16日进行的全国一级建造师资格考试的试题，并组织人员做出答案。考试前，谢彬等人以“集中培训”之名向该270余名考生透露了试题及答案。

2007年七八月份左右，被告人沈永华与宁波华丰建设股份有限公司进行联系，由被告人沈永华对该公司参加2007年全国一级建造师资格考试的员工进行培训。2007年9月14日早上，谢彬经与被告人沈永华联系后，将内容为全国一级建造师资格考试的试题和答案的电子文件通过“QQ”传输给被告人沈永华，被告人沈永华将该电子文件下载保存到U盘内。当天，被告人沈永华让沈仟向宁波华丰建设股份有限公司的吴佳鑫提供了一只含有2007年全国一级建造师资格考试试题及答案等内容文件的U盘，然后吴佳鑫等人将相关内容分发给参加考试的人员。

经鉴定，上述2007年度全国一级建造师执业资格考试各科目在启用前的试题、试卷（包括备用卷）、标准答案及评分标准均属绝密级国家秘密。

对辩护人提出本案事实不属情节严重和被告人沈永华在共同犯罪中起次要作用，系从犯的意见，经查：被告人沈永华非法获取的是绝密级国家秘密，并已向社会扩散，造成了恶劣的社会影响，应认定为情节严重，且被告人沈永华在共同犯罪中，与同案人谢彬相互配合，起着积极的作用，不宜区分主从犯，故该辩护人提出的上述辩护意见不予采纳。

法院认为：被告人沈永华伙同他人，以窃取、收买的手段，非法获取国家秘密，情节严重，其行为已构成非法获取国家秘密罪，系共同犯罪。公诉机关指控罪名成立。被告人沈永华在庭审中能自愿认罪，应酌情从轻处罚。辩护人据此提出的辩护意见予以采纳。依法判决如下：被告人沈永华犯非法获取国家秘密罪，判处有期徒刑4年。

（何　燕）

军　事

综述

2009年，萧山区人武部积极适应新编制、新任务的要求，扎实推进军事斗争准备，大力加强党委班子能力建设，围绕部党委提出的"制度建部、人才立部、团结兴部、创新强部"的治部目标，狠抓经常性基础性工作落实，不断提升国防后备力量建设整体水平，较好地完成了上级赋予的各项任务。

党管武装

【概况】 2009年，全区武装工作坚持党管武装原则和双重领导制度不动摇，严格落实常委议军会、党委书记述职、党政领导过军事日等党管武装制度。区级机关及镇街、农场企业党委（党组织）认真履行党管武装职责，做到上级明确规定的制度坚决执行，武装工作重大活动积极参与，涉及武装工作的矛盾和问题协调解决。

【加强思想政治建设】 2009年3—8月，部党委按照警备区统一部署，扎实开展学习实践科学发展观、军人核心价值观和"三个带头"教育活动，共完成调研课题5个，全体干部职工完成体会文章100余篇。扎实做好应急作战政治工作准备，积极开展形式多样的政治教育，强化严守政治纪律意识，把大家的思想统一到党中央、中央军委的战略意图和决策指示上来。继续抓好战备形势教育，确保干部职工和广大民兵预备役人员的思想统一。

【正规化建设进一步提升】 2009年，按照《人武部正规化管理实施细则》的要求，部党委加强机关"四个秩序"规章制度管理。完善并落实情况讲评、考勤、安全保密、检查督察登记等制度措施，坚持交班、讲评、定期检查等制度。把干部和职工捆在一起教育、训练、管理、使用。严格落实涉密载体管理，完善和整改了安全保密设施，对涉密载体做到专柜存放、专人保管、专册登记。根据基层规范化建设"临安会议"精神，组织基层专武干部到西湖区、临安市人武部参观学习，落实细化"四个基本"（规范基本队伍、规范基本工作、规范基本制度、规范基本设施），在临浦镇、北干街道、靖江街道先行试点的基础上再在全区展开。进一步规范专武干部进出渠道，形成了以转业干部、人武学院毕业学员和优秀退伍军人为主体的配备格局。是年，协调了3名军转干部和2名人武学院毕业生进入基层武装部工作。全区镇、街道武装部建立并规范"二室一库"（办公室、资料室、装备器材库），基本上达到"八化"要求。10月，成立了临江街道人武部和前进街道人武部，全区基层人武部达到58个。

民兵预备役

【民兵组织调整】 2009年3—4月，根据省军区有关精神，结合全区在应急作战中所担负的任务，区人武部采取统一部署、分步实施、检查指导、考核验收的办法，对全区基干民兵队伍进行了全面整组和点验。通过创新整组点验的方式方法，进一步拓展民兵组织，形成编用一致、规划科学、结构优化的民兵组织体系。整组后的基干民兵组织包括作战队伍、应急队伍、勤务保障队伍和其他队伍。

【民兵军事训练】 2009年4月下旬和5月中下旬，区人武部分两次集中组织民兵应急分队和双37高炮分队的训练。5月上旬、6月中旬、10月中下旬，三次组织参加省军区组织的跨区联训和上级预编兵员训练。训练中坚持按纲施训、科学施训，训练质量有明显提高，各训练课目在警备区考核验收中取得较好成绩。

【加大民兵武器仓库安全管理力度】 2009年，区人武部进一步规范内部管理秩序，组织仓库主任和保管员参加上级组织的业务培训，加强经常性思想教育，落实定期谈话制度，及时掌握人员的思想状况，进一步规范登记统计、交接班等制度的落实，确保民兵武器仓库连续30年安全无事故。

【提高遂行多样化军事任务能力】 2009年，在钱江观潮节、三江美食节、防"两抢"大巡查中，共出动近万人次做好安全保卫工作。5月，组织相关人员对抗洪地段进行实地勘察，及时修订下发《萧山区人武部参加地方抗洪抢险行动方案》，要求全区基层人武部加强值班制度，确保一有险情就能成建制、跨区域第一时间到第一线抢险救灾。上半年，楼塔镇、进化镇连续发生火灾，部领导迅速组织500余名民兵预备役人员赶赴现场，参与扑灭工作。10月1日，连夜组织600名基干民兵参与抓捕逃犯并完成任务。

兵役与国防动员

【完成新兵征集任务】 2009年，全区适龄青年7939人，经体检、政审合格1056人，圆满完成上级赋予的征兵任务。新兵文化程度为历年最高，大专以上占22.9%，高中占73.3%，初中占3.8%。是年，首次面向社会公开征募女兵，全区有4名女青年应征入伍，均为中共党员、大学毕业文化程度。

【开展国防潜力调查】 2009年，区人武部按照上级军事部门的部署，组织相关单位，以“深化细化、到点到位、实际实效、末端落实”为要求，开展国防潜力调查，对人民武装、政治、经济、人民防空、交通运输、科技和信息动员等7方面共2460个项目进行了数据统计。

军民共建与国防教育

【概况】 2009年，区人武部和基层人武部认真做好新形势下“双拥”共建工作，积极组织协调驻萧部队参加地方三个文明建设，以党政机关、企事业单位和中小学生为重点，认真开展全民国防教育。全年完成学生军训6000余人次。

【组织驻萧部队参加大型活动】 2009年，区人武部协调驻萧部队官兵参与地方组织的文艺晚会、升旗仪式和清理卫生、大型活动站岗值勤等活动，全年部队共参与700余人次。

【抓好维护国防利益保障工作】 2009年，维护国防利益办公室积极协助司法局和人民法院开展维护国防利益法律保障工作，使国防设施、军人和军属的合法权益得到应有保障。接待和处理来信来访15人次，积极协调各有关单位认真核查、妥善处理。

【国防教育活动】 2009年，区国防教育办公室结合国际军事斗争热点、国庆60周年大阅兵和群众普遍关心的现实问题开展国防教育。9月，结合“第9个全民国防教育日”活动，广泛开展国防征文活动，共收稿件300余篇。10月，针对征兵主体对象发生变化的新情况，利用广播、电视、报纸等媒体广泛宣传，采取多种形式，及时进行宣传，全民国防教育进一步深入，全社会关心支持国防建设的良好氛围更加浓厚。

（徐鸿杰）

人民防空

【概况】 2009年，以提高城市综合防护能力为目标，以“服务社会，造福人民”为目的，以构建全区“灾有所防”民防体系为抓手，开拓进取，求真务实，着力推进“战备人防、效益人防、和谐人防”建设，较好地完成全年工作任务。是年，新增结建工程总面积17.18万平方米，“两建同步”建设得到较好推进。

【人防单建工程有重大突破】 2009年，位于长山的新城路隧道人防工程列入区重点人防工程项目，隧道长400米，宽14.3米，投资12081万元。是年，按期完成该工程立项、可研、施工图设计、审查等工作。年内完成迁移深埋坟墓90多穴，补征施工用地2000多平方米，完成爆破施工对周边村、厂的安全评估和补偿工作。同时，021工程二期项目报批手续全部落实，前期准备工作就绪，投资2000多万元。

【严格依法行政】 一是出台人防工程专业监理规范性文件。出台《关于进一步加强人防工程专业监理管理的通知》，对全区范围内人防工程实施专业监理单位的资质和业务范围、工作要求，以及备案制度进行了明确。二是严格依法征收人防建设费。严格按照法律法规办事，落实新建民用建筑项目报建联审制度。主动配合建设、规划、设计、土地、财政等部门，落实工程建设联合审批规定，按要求审批防空地下室建设项目，足额征收防空地下室易地建设费。2009年，收取易地建设费4675万元。三是加大执法检查和违法案件查处力度。把结建工程作为执法检查的重点，先后多次对结建工程进行执法巡查。全年立案查处4起违法案件，合计罚款2.2万元，有效遏制了违法案件蔓延态势。

【打造“灾有所防”民防体系】 2009年，区人防办在总结试点社区经验的基础上，围绕普及防灾知识、打造应急队伍、抓好社区应急体系长效化、贴近救灾实际等“四个需要”，全面深化社区民防体系建设的相关工作。7—8月，在避暑纳凉工作中加大硬件改造力度，投入资金20余万元，在人员进出频繁，容易发生摔倒、磕碰等隐患的重点区域设置警示标志，制订有关应急预案，确保纳凉工作安全有序。累计接待纳凉群众8123人，提供饮用水99桶。同时，通过资源整合，充分利用现有的重点区域的监控系统、光缆通讯设施建造数字城管监督指挥大厅，通过边建设、边使用、边完善的工作方式，仅用3个月时间即建成人防指挥与数字城管双重功能系统并投入运行。

【人防应急准备】 一是成立萧山区人民防空指挥部。区政府和区人武部联合下发《关于成立萧山区人民防空指挥部的通知》。二是专业队伍建设有较大突破。依托企业资源，会同有关单位，开展全区7支人防专业队人员组训工作，为积极应对突发事件提供有效保障。三是落实警报试鸣制度。2009年，投资20万元，新增警报器4台，全区防空警报器已达到36台，城区音响覆盖率达到100%。9月19日，成功组织全区统一防空防灾警报试鸣活动。四是不断完善基层人防工作发展思路，基层人防工作进一步夯实。重点镇街实现人防工作有机构、有组织、有人员、有牌子、有办公场所，每个重点镇保证3万元以上的工作经费。五是创新人防演练模式，开展形式多样的防空防灾演练。通过开展人防指挥部网上演练、协助有关部门开展防灾演练、结合防空警报试鸣组织群众疏散演练等形式，既提高了人防部门参与平时处理突发事件的能力，也为人防向民防转变进行了有益尝试。

【人防宣传教育】 2009年，区初级中学人防知识教育开课率达100%，受教育人数2万余人。同时，广泛开展人防教育进机关、党校、社区、企业、网络活动，把人防教育纳入国民教育和国防教育。7月23日，开展《中华人民共和国人民防空法》法律知识讲座，邀请省人防办副主任赵德兴，为区人大常委会领导班子以及全区有关部门、镇街负责人进行人防法律法规宣讲。同时，坚持落实《中国人民防空》杂志免费送阅制度，并将该杂志呈送相关领导和部门以宣传人防工作。

（徐　翀）

教　育

综述

2009年，全区有中小学校137所，在校中小学生239082人（包括民办）。其中小学80所，学生101939人；初中43所，学生50524人；高中14所（普通高中10所、职业高中4所），学生35695人。幼儿园216所，在园幼儿50040人。聋哑学校、电大学院、教师进修学校各1所。全区有教职工15407人，其中公办教职工11361人。全区镇街竣工项目20个，总建筑面积122726平方米，总投资29402万元；在建项目11个，总建筑面积114957平方米，总投资27244万元。

各类教育协调发展。学前三年入园率99.27%，义务教育阶段（含特殊教育）各项比例均达到或接近100%，高中入学率98.51%。全面实施义务教育，全年全区免除杂费、课本费、作业本费共计7000余万元。义务教育段和职业高中段爱心营养餐补助标准分别提高到每生每年350元和400元。下半年开始，发放符合条件的外来务工人员子女教育资助券每人每年500元。加大幼教经费投入，分别安排150万元和200万元用于全区幼教设备补助和生均公用经费，新建公办幼儿园6所。特殊教育深化辅读班共同体建设，推进规范化资源教室富有成效。17所成校分别创建成为杭州市农民素质、职工教育和社区教育示范基地，宁围成校“万名农民进课堂”等3个项目分别被确定为全国社区教育示范项目和特色项目。

城乡教育均衡发展，加大对农村学校的经费投入。困难镇街基建补助最高达50%，安排1000万元农村学校校舍维修改造专项资金；城区学校捐资助教款大部分统筹用于全区教育，尤其是重点资助农村薄弱学校改善办学条件；重点加大对图书资料和农村学校设施设备的投入，全区生均图书提高到初中34.08册、小学26.47册；生机比提高到5.69∶1，实行图书室计算机管理的学校提高到50%以上；投资200余万元，完成教育城域网安全改造工程。

名校集团化办学步伐加快。新组建一批教育集团，教育集团总数增加到17个。加强城乡学校结对互助共同体建设，城乡学校结对互助共同体增加到50个，中小学校结对率达到100%。机关学前教育集团、回澜初中和体育路小学结对互助共同体被评为杭州市先进。评选区教坛新秀413人，推荐市教坛新秀122人，确定区第二批名教师培养对象241人，评选并表彰区第二届名师名校长66人。评选出艺术、教科研、体育等各类特色学校24所。

【“教育质量提升年”强化领导听课制度】 2009年是“教育质量提升年”，教育局落实“向德育创新要质量、向课堂教育要质量、向教研科研要质量、向优化管理要质量、向规范办学要质量、向推进小班化要质量、向科学评价要质量、向家庭社会联动要质量”等八大举措，把提高课堂教学质量作为一项重要工作。要求教育局领导每月听一次课，校长每周听一次课，带动所有教育管理人员把目光聚焦课堂，把工作重心转移到课堂，切实提高课堂教学效率，促进教育质量的不断提升。

【中央电视台报道萧山“职高热”】 2009年6月15日，中央电视台二套《第一时间》以《浙江：实惠型人才受追捧 中考报名出现“职高热”》为题播出了萧山职高2009年直升生招生火爆，职高成学生“新宠”的报道。“2009年萧山高中招生提前批直升生面试工作在萧山第二职高举行，4所职高755个直升生名额吸引了3000多名学生前来报名，每个报名点都排起了百米长龙，第二职高计划招收直升生325名，而前来面试的学生达到了1500人，火爆程度大大超过了学校的预料……”这一报道经媒体转载报道后，引起中央电视台的关注，6月12日，中央电视台、浙江卫视记者专程来到二职进行深度采访。

【创建“杭州市学前教育强区”工作全面启动】 2009年9月5日，区政府专题召开创建杭州市学前教育强区工作动员会。会议提出，到2011年，萧山区将努力创建为“杭州市学前教育强区”。到2011年，全区学前3年幼儿入园率达到98%以上，0—5岁儿童家长和看护人受训率达到93%以上，基本形成0—5岁学前教育体系。各镇街必须建1所公办中心幼儿园，100%的镇街创建成杭州市学前教育达标镇街，50%的镇街创建成杭州市学前教育先进镇街。至年底，全区100%镇街创建成杭州市学前教育达标镇街，7个镇街创建成杭州市学前教育先进镇街，省、市等级幼儿园达101所。全区幼儿园专任教师学历合格率达98.3%，其中大专及以上学历占58.4%。

【为外来务工人员子女设立教育资助券】 从2009年秋季起，对在萧山区范围内义务教育阶段符合相关条件的来萧务工人员子女实施教育资助券制度。凡在萧山区义务教育阶段民办学校就读的学生，“九证”齐全并因所在居住地公办学校无法接纳，而由当地镇街辅导（中心）学校统筹安排到有关民办学校就读的义务教育阶段来萧务工人员子女，均可接受教育资助。每生每年接受资助额度为500元（含已享受的教育培训消费券）。据统计，萧山全区有4000余名外来务工人员子女享受此项政策。

【10个名校集团授牌成立】 2009年12月28日上午，全区新组建的10个名校集团正式授牌成立。新成立的10个名校集团是第一中等职业学校教育集团、第二中等职业学校教育集团、第三中等职业学校教育集团、第四中等职业学校教育集团、回澜初中教育集团、高桥小学教育集团、城厢学前教育集团、北干学前教育集团、临浦学前教育集团、衙前学前教育集团。近年来，全区大力推进教育集团化，有效地提升了全区教育的品质。这10个教育集团的成立，使全区的教育集团增加到17个，在办学层面上实现了由幼儿教育向义务教育、高中教育、职业教育和外来务工人员子女教育的延伸；办学体制上推进了“名校＋新校”、“名校＋民校”、“名校＋弱校”、“名校＋农校”、“名校＋名企”等多种模式。

【汇宇小学、银河实验小学、新街镇中等竣工落成】 2009年9月1日，汇宇小学、银河实验小学、新街镇中等新建工程竣工落成。新建成的汇宇小学占地3.07公顷，建筑面积2万平方米，总投资5443万元。学校设计规模36个班，可容纳1600名学生。银河实验小学占地面积35600平方米，建筑面积19906平方米，总投资5856万元，规模为36个班，可容纳1600名学生，古朴与现代相融合的校园别具一格。新街镇中投资近8000万元，占地8.87公顷，可容纳48个班级，2400名学生，是全区初中学校中投资规模最大、功能设施最全、校园环境最优的一所现代化的学校。新街镇中建成后实施与长山初中的“两中合一”。2009年，全区完成学校建设项目23个，新增面积18.6万平方米，投入资金4.2亿元。

【《萧山教育志》出版发行】 2009年12月4日，区教育局举行《萧山教育志》首发仪式。《萧山教育志》是萧山历史上第一部正式出版的教育志书。该志运用横排门类、纵述史实的方法，全方位地记述了萧山教育的历史和现状。该志上限不限，记自发端，下限至2005年底。体裁以志为主，辅以记、传、述、表、图、录等，由概述、正文、大事记、图片、文献、专记、编后记组成。全书共23章89节，150万字，由浙江人民出版社出版。

【全面启动中小学校舍安全工程】 根据国务院、省政府的统一部署，萧山区自2009年7月正式启动中小学校舍安全工程，目标是利用三年时间，对全区中小学存在安全隐患的校舍进行抗震加固、迁移避险，提高综合防灾能力，将学校建成最安全、家长最放心的地方。2009年，对全区175所中小学校、219万余平方米校舍的地质、洪涝、建筑、消防、防雷五方面的安全进行排查鉴定，制定三年改造规划，并完成了2009年改造规划任务。

【900余名选手参加海模比赛】 2009年2月18—19日，由区教育局、区科技局、区科学技术协会主办，区中小学假日活动中心协办，汇宇小学承办的区2009年中小学生航海模型比赛在汇宇小学举行，本次比赛设“乘风号”制作与航行、“庆云号”拼装、“极速号”航行、嘉年华电动豪华游轮模型制作与航行、小虎鲨遥控快艇、“剑鱼号”遥控快艇模型等项目，共有900多名学生参赛。

【2009年全国社区音乐活动展播专题研讨会】 2009年7月4—5日在萧山召开，全国社区音乐教育中心委员会主任孙绿怡，中央电大党委副书记、全国社区音乐教育中心委员会副主任张少刚，中国音乐学院教授蓬勃等来自全国各地的专家、学者30余人参加研讨活动。本次研讨会的主要内容是为2010年8月在中国举办的“第29届世界音乐教育大会”做准备工作，推选优秀音乐节目，研究“全国社区音乐活动展播”方案，交流各地参与“全国社区音乐活动展播”的准备工作，听取浙江电大和萧山电大（社区学院）的社区教育工作推进情况介绍，赴楼塔镇观摩“细十番”演奏表演。

【教师业务比赛获奖成果丰硕】 2009年，获市级以上教师业务比赛奖项60项次，获市专题论文评比奖项165个，其中一等奖23个，保持杭州市领先；参加省教研室组织的“改进学校教学过程”主题征文评比活动，获奖35篇，其中一等奖10篇，占一等奖总数的40%。

【九成多新录用教师到农村任教】 2009年，396名招考录用的新教师，90%以上到农村学校任教；继续实施百名优秀教师支教活动，不断提升农村学校的教育教学研究水平；继续实施《萧山区教职工交流调动实施意见》，努力稳定农村教师队伍。

【举行第七届教工运动会】 2009年9月26—27日，区第七届教工运动会举行。来自全区各镇街、高中、职高及直属单位的40支代表队的1600名教职工参加了37个比赛项目。本届运动会分青年组、中年组、中老年组和离退休组。除了100m、200m、400m、800m、1500m、跳远、跳高、三级跳远、立定

2009年2月18—19日，萧山区2009年中小学生航海模型比赛举行

（郭亚萍摄）

跳远、25米往返跑、正面双手掷实心球、铅球、铁饼、标枪、4×100米接力等传统项目的比赛外，还有定位投篮、飞镖、中国象棋、乒乓、集体跳长绳、转圈夺标等趣味比赛项目。经过激烈角逐，最终城厢街道、瓜沥镇、宁围镇、新塘街道、北干街道、坎山镇、义蓬街道、蜀山街道、进化镇和靖江街道获得镇街道组团体总分前十名，萧山中学、萧山五中、萧山二中、萧山三中、萧山九中和萧山八中获得高职中组团体总分前六名。

【全区义务教育段学校全面实施绩效工资】 2009年，全区符合义务教育学校绩效工资实施范围的有124所，在职教职工8276人，退休教职工2491人。全区绩效工资总量按学校上年度12月份基本工资（人均1143元）额度（含教师提高10%工资）和规范后的津贴补贴水平核定，规范后的津贴补贴水平按萧山区公务员津贴补贴水平（66061元）确定（由区财政局提供）。全区义务教育学校绩效工资总量为55618万元/年，人均67204元。

幼儿教育

【概况】 2009年，全区有幼儿园216所，浙江省示范幼儿园7所，杭州市农村示范中心幼儿园23所，幼教集团9个，星级幼儿园168所。在园幼儿50040人，2周岁幼儿入园率为45%、3—5周岁幼儿入园率为99.27%。在园教职工总数4563人，园长、专任教师总数2994人，其中公办教师453人，专任教师学历合格率为98.3%，大专及以上学历占58.4%，教师资格证持有率为57.5%。

【原26个镇街全部成为杭州市学前教育达标镇(街道)】 2009年，新塘街道、所前镇、党山镇通过杭州市学前教育达标镇(街道)验收。至此，全区原26个镇街100%成为达标镇(街道)。坎山镇通过杭州市学前教育先进镇验收，全区有市学前教育先进镇(街道)7个。

【笑笑集团首开幼教与国际接轨先河】 2009年6月18日，笑笑幼教集团中澳文化教育交流合作暨Learning Circle儿童英语教育项目正式启动。省政协副秘书长、民进浙江省委专职副主委穆建平，浙江省民办教育协会会长、浙江省教育厅原副厅长黄新茂，澳大利亚Literacy Circle总经理Jacqueline Edwards，澳大利亚铭德律师事务所高级合伙人Marcus LaVincente，区教育局局长蔡仁林，区教育局副局长赵云飞等海内外来宾近百人参加启动仪式。Learning Circle儿童英语教育项目在笑笑幼教集团启动后，将先在集团所属幼儿园中推广这项世界优质儿童语言教育模式，与幼儿教育的课程有机融为一体。澳大利亚权威教育机构的Jacqueline Edwards教师将留在笑笑幼教集团，对有关教师进行分期分批的培训。届时，孩子们将享受到国际英语早教的优质品牌。笑笑幼教集团所开发的中文课件、软件，在时机成熟的时候也将向澳洲输出，合作将达到双赢的目的。

【新建公办幼儿园6所】 2009年，新建南阳镇第一幼儿园、坎山镇中心幼儿园、北干街道明怡幼儿园、北干街道城北幼儿园、进化镇富岭幼儿园、进化镇欢潭幼儿园6所公办幼儿园。

【66所星级幼儿园被确认为浙江省三级幼儿园】 2009年12月，区教育局根据《浙江省幼儿园等级评定办法》，确认楼塔镇中心幼儿园等66所幼儿园为浙江省三级幼儿园。

【举行“我们爱唱歌”幼儿歌咏比赛】 2009年5月31日，区教育局举行“我们爱唱歌”萧山区幼儿歌咏比赛。经过层层选拔的38所幼儿园的千余名孩子通过大合唱、小组唱、表演唱、歌伴舞、独唱等比赛，评出各个奖项。

【浦阳镇幼儿园落成】 2009年11月18日，萧山农村投资规模最大、功能设施最全、校园环境最美的幼儿园之一——浦阳镇中心幼儿园举行落成典礼，区教育局局长蔡仁林、副局长赵云飞，浦阳镇党委书记徐建中及镇政府、人大、行政村的领导出席落成典礼。浦阳镇中心幼儿园坐落在浦阳镇浦阳江畔，占地0.67公顷，建筑面积3976平方米，投资1000万元，规模为10个班级，按五星级幼儿园标准设计建设。幼儿园共有7个班级，幼儿200名。

义务教育

【概况】 全区有小学80所，班级2427个，学生101939人，教职工4790人，其中专任教师4596人。全区小学学校占地面积181.22万平方米，校舍建筑面积70.53万平方米，76所小学建有校园网。全区有初中43所，班级1174个，学生50524人，教职工3645人，其中专任教师3436人。全区初中学校占地面积198.71万平方米，校舍建筑面积75.42万平方米，39所初中建有校园网。

【日韩学生书法作品在闻堰镇中展出】 2009年3月15—18日，日本、韩国学生精心创作的40余件书法作品在闻堰镇中展出。这是区内初中学校首次与国外学生进行书法作品交流。

【全市初中“轻负担、高质量”研讨会】 2009年3月19日在高桥初中举行。来自全杭州市的200多名初中校长听取了高桥初中的经验介绍。高桥初中的14位教师向与会代表展示了轻松快乐的优质课，阳光体育社、音乐社团、“江南”书画社、阳光文学社等社团向与会者展示了丰富多彩的快乐午间生活。

【学生剪纸作品在杭州展出】 2009年4月1日，明德学校和杭州市青少年活动中心联合举办“童心在指端跳跃”学生剪纸作品展，共计有80余幅学生剪纸作品在杭州市青少年宫美术厅亮相。这是区内学校首次在杭州举行美术作品展览。

【闻堰镇中教师作品获国家级金奖】 2009年4月22日，闻堰镇中王强老师的作品《天堂蝴蝶》获“1949—2009庆祝中华人民共和国成立60周年优秀词曲、歌手、乐手展示大赛”的“词曲金奖”。本次大赛是由中国大众音乐协会，中国音乐文学学会，北京卫视阳光国际传播有限公司，中国音乐家俱乐部，中国音乐家网，2009年中国杯共和国六十周年优秀词曲、歌手、乐手展示大赛组委会等六家单位共同承办。

【中国健康知识传播激励计划知识共享会在靖江三小举行】 2009年5月20日是“中国学生营养日”，由新华社体育部、《中国学生健康报》、《浙江日报》、浙江少儿频道共同组织的中国健康知识传播激励计划知识共享会在靖江三小进行。靖江三小的学生向来宾们展示了丰富多彩的“快乐课间”活动。

【高桥金帆实验学校成立】 2009年7月24日，萧山第一所民校委托名校管理的学校——高桥金帆实验学校正式成立。该校是经萧山教育局批准创办，隶属高桥初中教育集团，以民办性质运作的九年一贯制学校。当年招收初一年级新生6个班，小学一年级新生4个班。

【进化镇“两中合一”】 2009年8月，进化一中和进化二中“两中合一”，新学校命名为进化镇中，共有108个教职员工，30个班级，1438名在校学生。为实施“两中合一”工程，共投资1200多万元，新建6700多平方米的学生宿舍，400米标准运动场铺设塑胶和建成看台。原进化二中校舍由进化三小使用。

【举行第二届中小学生合唱节】 2009年10月21—23日，由区教育局主办的萧山区第二届中小学生合唱节在萧山二职艺术楼进行。来自全区115所学校的6000多名合唱队员参加本次比赛，每个参赛队完成自选曲和校歌两首参赛曲。

【残疾运动员首次亮相萧山区中小学生运动会】 2009年10月14—16日，为期三天的2009年“蓝天鹤舞”杯萧山区中小学生田径运动会在区体育馆举行。来自全区各中小学158支代表队的1358名运动员参加了74个项目的比赛，残疾运动员首次亮相萧山区中小学生运动会。来自各个镇街的23名残疾运动员们分上肢残疾和下肢残疾两个男女组别，参加了100米、200米、800米、跳远、铅球、标枪等16个项目的比赛。

【省首届中小学生乒乓球联赛在北干初中启动】 2009年10月30日下午，ZSTL浙江省首届中小学生乒乓球联赛启动仪式在素有乒乓球传统学校美誉的北干初级中学隆重举行。启动仪式上，省教育厅副厅长鲍学军为联赛开球，前世界冠军吕林与北干初中学生球员进行了精彩的挑战赛，使全场气氛达到了高潮。

2009年10月21—23日，萧山区第二届中小学生合唱节举行 （郭亚萍摄）

高中教育

【概况】 全区有普通高中10所，431个班级，在校学生22381人，毕业生8023人，招收高一新生7308人，专任教师1646人；学校占地面积1047507平方米，校舍建筑面积508610平方米；9所学校建有校园网。职业高中4所，318个班级，在校学生13314人，毕业生4252人，招收高一新生5068人，专任教师502人；学校占地面积419911平方米，校舍建筑面积263135平方米；4所职校均建有校园网。

【萧山八中与塔里木高级中学结对共建】 经过两年的酝酿，萧山八中与新疆兵团塔里木高级中学于1月14日结对共建。新疆兵团塔里木高级中学又名“塔里木大学附属中学”，创办于1960年，占地面积17.4公顷，位于中国最长的内陆河塔里木河畔阿拉尔市。有教职工210人，在校生2800余名，46个教学班。学校从属于阿拉尔市与新疆兵团农一师。

【举行普高教育管理工作研讨会】 2009年2月19日下午，萧山区普高教育管理工作研讨会在三中举行。会议就如何抓好高三教育教学管理，进一步提升萧山普高教育质量展开讨论，各校认真分析现状，交流提升质量的策略、方法和经验。

【首次组织全区职高学生大比武】 2009年10月27日，萧山区中等职业学校技能竞赛在区第二职高举行，来自全区13所职业学校的300多名优秀学生参加了比赛。比赛历时5天，设有数控技术、电工电子技术、建筑工程技术、烹饪、餐旅、财经和服装等九大类共18个比拼项目。

【建立职教技能鉴定站】 2009年3月24日，区劳动和社会保障局正式发文，同意在二职设立“杭州市萧山区园艺类技能鉴定站”。鉴定工种及等级为绿化工、植保工、盆景工、育苗工、花卉园艺师、景观设计师等工种的初级（五级）、中级（四级）、高级（三级）职业技能鉴定，鉴定范围为本行政区域内的各类中等职业学校毕业生及社会培训学员。

【八中展示课改成果】 2009年4月23日，杭州市新课程“分级走班教学”成果展示与研讨活动在萧山八中举行，全市几十名高中校长、特级教师、教务主任及市教科所领导听取了校长周光明关于“分级走班教学”成果的介绍，观摩了物理、英语学科的九节“分级走班教学”展示课，然后展开研讨。

【三职被认定为国家职业技能鉴定所】 2009年5月，经过萧山区劳动和社会保障局的严格考核，据萧劳社培〔2009〕31号文件，三职被认定为国家职业技能鉴定所，成为萧山区唯一拥有国家职业技能鉴定所的学校。鉴定工种涵盖了学校所有专业，拥有服装、电子、计算机中高级工的鉴定权限。

【三职成立"产教园区"】 2009年5月21日，萧山三职以服装实训楼为主体的"产教园区"正式启用。产教园区引进了豪鼎时装有限公司、杭州翰科信息技术有限公司、杭州中联网络技术有限公司等企业，并与杭州明阳机电有限公司、杭州汉唐影视动漫有限公司等签订合作协议。11月25日，"三职众飞信息技术中心"、"非常OK网客户服务中心"在萧山三职产教园区正式开业。"众飞"由萧山三职与杭州翰科信息技术有限公司合作进行行业软件维护并兼营IT产品；"OK网客服中心"由萧山三职与"非常OK网"以及杭州中联网络技术有限公司合作，进行电子数码产品、办公设备网上与实体销售，并提供相关售后服务。

【重点中学招生分配名额增多】 2009年，区教育局修订完善学校年度考评方案，进一步体现对学校发展性评价的要求；继续推进以中考中招为主要内容的评价改革，省一级重点中学的招生分配名额占计划招生总数的60%，高中、职中提前自主招生和招收特长生班，从一定程度上减轻了初中学校升学压力和初中学生过重课业负担。

【职高学生首次获全国技能一等奖】 2009年6月30日，由教育部、人力资源和社会保障部、农业部、天津市人民政府等十个部门联合举办的"2009年全国职业院校技能大赛"在天津举行，三职学生施珊珊作为浙江省队主力，在全国30个省、市、自治区的96名参赛选手中脱颖而出，获得"中职组服装设计制作技能比赛"全国一等奖。

【浙江交响乐团在二中演出】 2009年9月24日下午，在萧山二中的运动场，浙江交响乐团为萧山二中全体师生演出了一场交响乐。本次交响乐的表演曲目包括《卡门序曲》、《梁祝》、《天鹅湖》等11首国内外优秀交响乐作品。

【职教全国说课赛获佳绩】 2009年11月，萧山三职张海红、潘云、朱亚利3位老师在苏州举行的全国服装教师说课比赛中，分获一、二、三等奖。中国职业技术教育学会教学工作委员会联合高等教育出版社在杭州举办2009年"高教杯"全国中等职业学校创新说课比赛，萧山一职赵明江获全国一等奖，钱乐获全国二等奖。

高等教育

【概况】 2009年，完成14次各类国家级统一考试。参加考试的考生88517人次。其中，全区普通高校招生报名8941人，上线7789人，上线率87.12%。其中上文理科重点线1324人，上本科线3666人，上专科线2799人。共录取高校新生7736人(其中各批次提前录取132人、第一批1089人、第二批3385人、第三批2799人、艺术237人、体育27人、保送2人、高职自主招生65人)，录取率86.52%，比全省平均录取率82.5%高出4个百分点。高职单考单招报名1284人，上线1014人，录取994人。成人高校报名8659人，上线5179人，其中高中起点报考专科6482人，上线4182人，高中起点报考本科75人，上线34人，报考专升本2102人，上线963人。参加普通高校招生三项考试16874人次。参加全国高等教育自学考试48711人次，362人领取自学考试专科毕业证书，109人领取自学考试本科毕业证书。参加全国英语等级考试1376人，全国计算机等级考试2414人，全国剑桥少儿英语等级考试258人。

2009年，萧山电大成考业余招生2529人，开放教育招生838人，与三职合作录取成人高考学生66人。完成省教育厅重点调研课题——《浙江省乡镇成人文化技术学校的现状及发展对策调研》(由鲍学军副厅长主持)，被评为省教育厅优秀调研课题一等奖；完成国家级重点课题《学习型社会建设研究》子课题《农村学习型社区建设研究》的撰写与统稿。举办社会人员会计从业资格培训、助理会计师培训、失业人员技能培训、农村预备劳动力培训、全区统计人员继续教育培训、全国计算机应用能力考试、暑期中学生英语村培训班、暑期初高中衔接教育培训、宣传部政工岗位继续教育培训、全区中级职称岗位继续教育培训、全区治保干部("和事佬"协会骨干)培训、教育系统财务人员培训、全区45周岁以下区管领导干部法律培训、全区领导干部公务员学法用法考试，以及全区领导干部公务员法制网校建设等项目。全年共培训18782人。

【举行"我与自考"征文比赛】 2009年是实施全国高等教育自学考试25周年，10月初，区教育局举行"我与自考"征文比赛，评出一、二、三等奖若干名，并于11月26日举行座谈会，邀请省、市考试院领导和考生代表座谈，为萧山自学考试发展出谋划策。

【浙江电大萧山学院30周年校庆】 2009年12月30日，浙江电大萧山学院举行建校30周年校庆。区领导王珠瑛、谭勤奋、裘超等到场祝贺。区委副书记谭勤奋对浙江电大萧山学院建校30周年表示祝贺，同时希望萧山电大努力建设远程教育和终身教育公共服务体系，为发展萧山的高等教育再立新功，为萧山培养出更多急用型、实用型的高级人才，为打造生活品质之区，实现科学发展再作新贡献。萧山电大自1979年成立以来，共培养了本、专科毕业生15992人，培训了各类技能型人才36000人，真正成了"萧山人家门口的大学"。

特殊教育

【概况】 2009年，全区有"三类"适龄障碍儿童1039名，其中视力障碍儿童10名、听力语言障碍儿童58名、智力障碍儿童971名，入学率100%。有特殊教育学校1所，招收听力、智力障碍儿童141名；全区10所普通小学办有特教辅读班，31所初中、中心小学和幼儿园建有不同层次的资源教室。

【举行区特教专业委员会第三届理事会换届选举】 2009年1月9日，萧山区特殊教育专业委员会年会暨萧山区特殊教育专业委员会第三届理事会换届选举在宁围镇一小举行。会议听取了第二届理事会工作报告，经选举，邵亚华当选为第三届特殊教育委员会理事长，孟建国、沈锦木、王军明当选为副理事长，沈国祥当选为秘书长。

【举办区特殊教育品牌建设交流会】 2009年5月19日，区特殊教育品牌建设交流会在所前镇二小举行。会议以“彰显特教亮点，打造品牌建设”为主题，聋哑学校、辅读班定点学校、资源教室建设学校和学前康复教育示范幼儿园近30位校长(园长)就如何传承学校历史、挖掘特教特色、做精特教工作、打造特教品牌等进行交流和研讨。

【区学前教育工作现场会】 2009年12月25日，区学前教育工作现场会在衙前镇幼儿园举行。与会者参观了该园的资源中心，观摩了周利君老师执教的幼教随班就读活动课，听取了衙前镇幼儿园、瓜沥镇幼儿园的学前康复教育经验介绍和萧山医院儿保科科长王道良作的《心理行为发育落后与早期表现》专题讲座。

【参加市级品牌项目的经验推广活动】 2009年10月23日，在杭州清河中学举办的杭州市合格资源教室评估现场会上，宁围镇一小、靖江一小、径游中心小学、所前镇二小、新湾小学、党湾镇小、益农镇小等7所学校接受了杭州市教育局授予的“杭州市合格资源教室”牌匾。会上，靖江一小校长王军明代表萧山区合格资源教室学校，作题为《提供支持性帮助，提升生活适应性水平》的典型发言。萧山特殊教育资源教室运作经验得到与会领导、专家的高度评价。

【资源教室建设成果显著】 2009年，衙前镇幼儿园、瓜沥镇幼儿园、瓜沥镇三小、党山镇小、新围小学、河庄小学、河庄镇中、南阳镇小、大桥中心小学、东藩小学、义桥实验学校和宁围镇二小等12所学校通过杭州市合格资源教室考核评估。另外，坎山中心小学、育才小学、义蓬镇一小完成资源教室的建设任务。到年底，全区31所学校(幼儿园)建成资源教室，其中小学22所，初中、九年制学校4所(包括特教学校)、幼儿园5所，包括萧山区资源教室示范点10个、杭州市合格资源教室19个，萧山的资源教室建设无论在数量上还是在质量上均走在了全市的前列。

【聋校师生竞赛创佳绩】 2009年，聋校学生在杭州市第六届残疾人艺术会演中，表演的街舞《舞动青春》获得铜奖；聋哑学校教师自创、自编、自演的小组唱《我想飞》获得萧山区师生“博爱之歌”演唱比赛创作一等奖和表演二等奖；在2009年杭州市残疾人射击、羽毛球、乒乓球、网球锦标赛中，聋哑学校学生陈盼攀获女子羽毛球单打、双打金牌，吕丹萍获女子网球双打金牌、单打银牌，程其军、汪彪各获男子网球双打、单打铜牌。

【举行第三届区特殊学生作品展示活动】 2009年，组织第三届区特殊学生作品展示活动，共收到70所学校的263幅作品。经初评，154幅作品获奖，其中随班就读书法作品14幅，绘画作品69幅，工艺作品51幅；特教学校、辅读班书法作品2幅，绘画作品8幅，工艺作品10幅。

【特殊教育教师专业发展硕果累累】 2009年，区内13位教师的12篇文章在浙江省第三届特殊教育德育案例评比中获奖，其中5位获得一等奖，7位获得二等奖；在浙江省第三届特殊教育教师自制教具比赛中，16位老师的20件作品获奖，其中一等奖2个、二等奖6个、三等奖12个。

【参加杭州市特殊教育青年教师基本功大赛】 2009年11月25日，在第七届杭州市特教学校青年教师教学基本功大赛中，通过借班上课和看录像评课等环节比赛，区靖江一小老师邵立峰、聋哑学校老师於丹丹分别获得语文组一、二等奖；聋哑学校老师王海燕获得数学组一等奖。

【举办区第三届特殊教育教研组长论坛】 2009年12月18日，区随班就读教学展示活动暨第三届特殊教育教研组长论坛在宁围镇二小举行。论坛主题为“尊重特殊学生的个性差异，规范特殊教育的教学常规”，全区中小学100多位特教教研组长出席活动。宁围镇二小、径游中心小学、光明中心小学、新街镇中、大园中心小学和新湾小学等学校的特教教研组长作主题发言。

成人教育　社区教育

【概况】 2009年，全区共有成校(社区分院、社区教育中心)26所，其中省级示范成校19所、市级示范成校5所。年内，全区各级社区教育机构开展各类培训3000余项，受训农民达60余万人次，其中8000多名农民或下岗失业工人获得各类证书。

【6所学校被认定为杭州市职工教育示范基地】 2009年4月，临浦成校、闻堰成校、瓜沥成校、坎山成校、南阳成校、新塘成校等6所学校被杭州市教育局、劳动和社会保障局、经济委员会、人事局、总工会等5部门认定为杭州市职工教育示范基地。

【3所学校通过杭州市示范社区学校(分院)评估】 2009年8月，闻堰成校、戴村成校、瓜沥成校被杭州市教育局、财政局、文明办、民政局等4部门认定为杭州市示范社区学校(分院)。

【萧山社区教育品牌战略全面启动】 2009年9月2日，萧山区社区教育委员会发出《关于实施萧山区社区教育“一镇一品”建设的通知》，要求实施“社区教育一镇一品建设工程”，26个镇街积极行动，共申报26个品牌项目，项目涉及社区教育课程建设、基地建设、培训特色等多个方面，标志着萧山社区教育品牌战略的全面启动。

【举行全民终身学习活动周】 2009年10月18日，萧山区2009年全民终身学习活动周开幕式在临浦镇举行，有上千群众参加开幕式各项活动。全民终身学习活动周在非城区举办，实现由城区走向乡镇的拓展。

【3所学校被评为杭州市农村成人教育先进培训基地】 2009年11月，临浦成校、靖江成校、城厢成校被杭州市教育局命名为“杭州市2009年度农村成人教育(农民素质教育)先进培训基地”。

【3所学校被认定为省示范性成校】 2009年12月，党湾成校、新湾成校、蜀山成校被浙江省教育厅认定为浙江省示范性成人文化技术学校。全区省级示范成校达到19所，占全省的9.5%。

民办教育

【概况】 2009年，全区有民办学校(教育机构、幼儿园)240家。民办学校有专任教师3716人。全日制民办学校29所(其中外来务工人员子女学校21所)，学生24378人(其中外来务工人员子女20910人)；培训学员33160人，民办幼儿园在园幼儿30677人。

【外来务工人员子女学校开展教学视导活动】 2009年4月起，外来务工人员子女学校教学视导活动全面展开。活动全面检查评估学校的教学管理、教学质量、课程改革工作的落实情况，以“视”的准确性、“导”的高效性为各学校教学工作提供策略支持，促进民办学校教学质量全面、均衡发展。

【外来务工人员子女学校开展学生行为规范达标活动】 2009年11月，外来务工人员子女学校学生行为规范达标学校争创活动开始验收。教育局组织人员对申报的12所学校进行评估。评估组由成教科、教育科和部分督学员组成，通过听、查、看、谈和测试五个环节对12所学校进行全面考评。

学校选介

【银河实验小学简介】 萧山区银河实验小学的前身为萧山区德意实验小学，创建于2006年2月，2007年8月更名为“萧山区银河小学”，校址均在北干街道山阴路1268号金山初中内。

根据萧山城区小学布局调整的需要，2009年8月学校搬入北干街道育才北路950号新校舍，并正式更名为“萧山区银河实验小学”。办学规模也随之迅速扩大，现有1—6年级33个班级，学生1208人，教职工108人。

学校地理位置绝佳。南侧为博学路，道路通畅开阔；北侧是北塘河景观绿化带，环境得天独厚。现学校占地面积35600平方米，建筑面积19906平方米，体育场地9400平方米。校园布局合理美观，主要建筑物有行政楼、教学楼、图书楼、科技楼、体艺楼和食堂。学校办学条件优越，教学设施完善，专用教室齐全，铺设了塑胶田径场、篮球场。学校设计富有现代感，天文观测台、雕塑校门、银河景观长廊、英语文化角、教师俱乐部等别具一格，校园内绿树草地幽雅怡人，步入校园令人心旷神怡。

学校拥有区内一流的教师队伍，正式在编62名教师中，拥有区名师2名，小中高2名，杭州市教坛新秀24人，萧山区教坛新秀15人。学校把评价教师的着力点放在提高教育教学质量上，放在提高教师的综合素质上，放在促进教师专业的可持续发展上，努力营造一个挑战与激励并存的适合教师成长的工作环境，促使一批又一批青年教师迅速成长起来。不少教师由于成绩突出，受到各级各类表彰。学校已建立起一支思想素质好、业务能力强的骨干教师队伍，在教育教学教研活动中发挥了示范、辐射作用。

学校确立“面向全体学生，注重个性发展，追求特色教育”的办学理念，以“让每一颗星星在银河中闪光”为目标，以“加强两支队伍建设，提高教育教学质量”为工作重点，初步形成“团结、务实、进取、创新”的校风和“勤学、守纪、诚实、奋进”的学风。学校先后获得萧山区教育系统先进集体、萧山区学校体育先进单位、萧山区书香校园和萧山区文明单位等荣誉。

【萧山区新街镇初级中学简介】 萧山区新街镇初级中学是一所新落成的现代化农村初中，坐落于新街镇盛东村，与“浙江(中国)花木城”相毗邻。学校前身是新街镇中和长山初中，2009年9月，在新街镇党委、政府的大力支持和努力下，两所初中实现“两中合一”，新学校正式投入使用。

新学校占地8.87公顷，建有3幢教学楼、1幢科技实验楼、1幢行政办公楼、3幢师生公寓楼，11个建筑单体共计4.7万平方米。学校硬件设施先进，拥有一个700多座的电子报告厅，两层宽敞的餐厅，体艺楼，图书馆，标准化塑胶400米的跑道，篮球、排球场和绿茵足球场等。各类实验室及专用教室一应俱全，所有教室均配备现代化的多媒体教学设备。

学校现有教学班44个，学生1950人。学校以“关注生命成长，尊重个性发展，创造卓越人生”为办学理念，秉承“厚德、博学、勤思、力行”的校训，把握“三全”教育质量观，着力推进绿色教育品牌建设，通过实施“创健康型德育”(绿色德育)、“构生态型课堂”(绿色课堂)、最终实现“塑发展型人生”(绿色人生)，为学生一生的健康发展奠定坚实的基础。

学校拥有一支业务精良、爱岗敬业、充满活力、甘于奉献的师资队伍。在现有的143名在册教师中，大学本科及以上学历教师占95%，学校现有中学高级教师12名，市级教坛新秀、优秀教师13名，区级教坛新秀、优秀教师、优秀班主任等教学骨干46名。为促进教师特别是青年教师的快速成长，学校构建了“青年教师成长共同体——绿茵班”，并定期开展教研、科研活动，在活动中使广大青年教师感受团体协作的集体智慧和无限动力，从而最大限度地激发每位教师的潜能。

学校为萧山区教育系统先进集体、学生行为规范达标学校、文明校园、花园式单位、法制学校、人民满意学校、WHO健康促进学校银牌、杭州市爱国卫生先进单位、杭州市档案管理先进单位。

(郭亚萍)

科技·信息化

科技

【概况】 2009年，全区科技工作坚持以"化危为机"为己任，以"帮扶促调"为载体，以"四大科技行动"为抓手，围绕中心工作，深入企业服务调研，积极争取上级政策支持。尤其在高新产业培育、优势产业升级、高新企业认定、科技项目攻关、科创平台建设、科技交流合作等方面加大力度，为萧山走出危机、实现年初确定的各项目标、提升萧山发展质量作出了努力。2009年，顺利通过了省、市两级"党政领导科技进步目标责任制"和"全国科技进步先进县(市、区)"的考核验收。

【高新技术企业队伍进一步壮大】 2009年，全区新增国家重点扶持高新技术企业40家，总数达到110家，继续位列全省各县(市、区)第二；新增省级科技型中小企业45家；争取了市级高新技术企业认定权限，当年认定17家。至年底，全区拥有各级各类高新技术企业185家，其中万向集团升级为国家级创新型企业。在金融危机形势下，高新技术企业发展势头良好，有近20%的高新企业产品销售收入增长20%以上，近30%的企业利税总额实现20%以上的增长。据统计，全区市级以上高新技术企业销售收入550多亿元。

萧山区国家重点扶持高新技术企业(2009年底止)

序号	企业名称	认定时间	主管部门
1	杭州好克光电仪器有限公司	2008年第一批	所前镇
2	万向钱潮股份有限公司	2008年第一批	宁围镇
3	浙江万向精工有限公司	2008年第一批	宁围镇
4	浙江万向系统有限公司	2008年第一批	宁围镇
5	浙江万向太阳能有限公司	2008年第一批	宁围镇
6	杭州万向传动轴有限公司	2008年第一批	宁围镇
7	钱潮轴承有限公司	2008年第一批	宁围镇
8	浙江百合化工控股集团有限公司	2008年第一批	河庄镇
9	浙江国泰密封材料股份有限公司	2008年第一批	浦阳镇

续表

序号	企业名称	认定时间	主管部门
10	杭州永磁集团有限公司	2008年第一批	萧山经济技术开发区
11	浙江万达汽车方向机有限公司	2008年第一批	闻堰镇
12	浙江传化股份有限公司	2008年第一批	宁围镇
13	杭州之江有机硅化工有限公司	2008年第一批	蜀山街道
14	杭州之江开关股份有限公司	2008年第一批	红山农场
15	浙江亚太机电股份有限公司	2008年第一批	蜀山街道
16	浙江传化华洋化工有限公司	2008年第一批	萧山经济技术开发区
17	杭州信核数据科技有限公司	2008年第一批	新认定
18	杭州兆丰汽车零部件制造有限公司	2008年第一批	萧山经济技术开发区
19	杭州和合玻璃工业有限公司	2008年第一批	党山镇
20	浙江三元电子科技有限公司	2008年第一批	党湾镇
21	杭州杭化播磨造纸化学品有限公司	2008年第一批	萧山经济技术开发区
22	杭州前进齿轮箱集团有限公司	2008年第一批	城厢街道
23	杭州友佳精密机械有限公司	2008年第二批	萧山经济技术开发区
24	煤炭科学研究总院杭州环境保护研究所	2008年第二批	城厢街道
25	浙江华欣新材料股份有限公司	2008年第二批	河庄镇
26	杭州欣美成套电器制造有限公司	2008年第二批	萧山经济技术开发区
27	杭州依维柯汽车变速器有限公司	2008年第二批	城厢街道
28	浙江佳力科技股份有限公司	2008年第二批	瓜沥镇
29	浙江东南网架股份有限公司	2008年第二批	衙前镇
30	杭州大明荧光材料有限公司	2008年第二批	蜀山街道
31	浙江萧山金龟机械有限公司	2008年第二批	城厢街道

续表

序号	企业名称	认定时间	主管部门
32	浙江红苹果电子有限公司	2008年第二批	义桥镇
33	杭州神鹰医药化工有限公司	2008年第二批	新湾镇
34	杭州萧山天成机械有限公司	2008年第二批	浦阳镇
35	杭州科利化工有限公司	2008年第二批	萧山经济技术开发区
36	杭州大天数控机床有限公司	2008年第二批	新塘街道
37	浙江军联机械电子控股有限公司	2008年第二批	所前镇
38	杭州天蓝环保设备公司	2008年第二批	进化镇
39	浙江杭萧钢构股份有限公司	2008年第二批	新街镇
40	浙江电联设备工程有限公司	2008年第二批	萧山经济技术开发区
41	浙江恒逸聚合物有限公司	2008年第二批	衙前镇
42	中轻物产化工有限公司	2008年第二批	萧山经济技术开发区
43	杭州科本药业有限公司	2008年第三批	南阳镇
44	杭州杰牌传动科技有限公司	2008年第三批	靖江镇
45	浙江东发环保工程有限公司	2008年第三批	萧山经济技术开发区
46	荣盛石化股份有限公司	2008年第三批	益农镇
47	中国重汽集团杭州发动机有限公司	2008年第三批	萧山经济技术开发区
48	杭州肯莱特传动工业有限公司	2008年第三批	浦阳镇
49	达利(中国)有限公司	2008年第三批	萧山经济技术开发区
50	浙江手心医药化学品有限公司	2008年第三批	南阳镇
51	浙江金迪木塑型材有限公司	2008年第三批	党山镇
52	杭州大路实业有限公司	2008年第三批	红山农场
53	恩希爱(杭州)化工有限公司	2008年第三批	萧山经济技术开发区
54	杭州雷迪克汽车部件制造有限公司	2008年第三批	萧山经济技术开发区
55	杭州日安电器有限公司	2008年第三批	南阳镇
56	杭州恒天面粉集团有限公司	2008年第三批	萧山经济技术开发区
57	杭州中德传动设备有限公司	2008年第三批	萧山经济技术开发区
58	浙江佳力风能技术有限公司	2008年第三批	瓜沥镇

续表

序号	企业名称	认定时间	主管部门
59	杭州传化精细化工有限公司	2008年第四批	萧山经济技术开发区
60	杭州国泰环保科技有限公司	2008年第四批	萧山经济技术开发区
61	杭州吉华江东化工有限公司	2008年第四批	临江工业园区
62	浙江索美智能表开发有限公司	2008年第四批	新塘街道
63	浙江正凯化纤有限公司	2008年第四批	靖江镇
64	浙江华瑞信息技术有限公司	2008年第四批	萧山经济技术开发区
65	杭州新伟业计算机网络有限公司	2008年第四批	萧山经济技术开发区
66	杭州大庄地板有限公司	2008年第四批	临浦镇
67	杭州发达齿轮箱集团有限公司	2008年第四批	临浦镇
68	杭州天诚药业有限公司	2008年第四批	萧山经济技术开发区
69	浙江东华纤维制造有限公司	2008年第四批	党山镇
70	杭州工具量具有限公司	2008年第四批	义桥镇
71	杭州天峰纺织机械有限公司	2009年第一批	浦阳镇
72	杭州飞祥电子线缆实业有限公司	2009年第一批	浦阳镇
73	杭州银河线缆有限公司	2009年第一批	浦阳镇
74	杭州祥博电气有限公司	2009年第一批	闻堰镇
75	杭州传化涂料有限公司	2009年第二批	萧山经济技术开发区
76	万向电动汽车有限公司	2009年第二批	宁围镇
77	浙江传化物流基地有限公司	2009年第二批	宁围镇
78	杭州宏胜饮料集团有限公司	2009年第二批	萧山经济技术开发区
79	杭州汇农农业信息咨询服务有限公司	2009年第二批	北干街道
80	杭州科曼萨杰牌建设机械有限公司	2009年第二批	靖江街道
81	杭州钱江电气集团股份有限公司	2009年第二批	坎山镇
82	杭州经纬电子机械制造股份有限公司	2009年第二批	新塘街道
83	杭州力源发电设备有限公司	2009年第二批	瓜沥镇
84	浙江传化生物技术有限公司	2009年第三批	宁围镇
85	杭州正强万向节有限公司	2009年第三批	蜀山街道

续表

序号	企业名称	认定时间	主管部门
86	杭州中泰实业有限公司	2009年第三批	浦阳镇
87	杭州欣诚祥机电技术有限公司	2009年第三批	义蓬街道
88	杭州佳航过滤器有限公司	2009年第三批	进化镇
89	杭州恒达钢结构实业有限公司	2009年第三批	新街镇
90	杭州大力神医疗器械有限公司	2009年第三批	萧山经济技术开发区
91	杭州先临三维科技股份有限公司	2009年第三批	萧山经济技术开发区
92	杭州振兴工业泵制造有限公司	2009年第三批	新街镇
93	杭州宏宇纺织有限公司	2009年第三批	党山镇
94	绿线(杭州)信息技术有限公司	2009年第三批	北干街道
95	杭州诚洁环保有限公司	2009年第三批	临江工业园区
96	杭州友成机工有限公司	2009年第四批	萧山经济技术开发区
97	杭州梵隆方向盘有限公司	2009年第四批	新塘街道
98	浙江佳为环境科技有限公司	2009年第四批	浦阳镇
99	杭州中意信息技术有限公司	2009年第四批	萧山经济技术开发区
100	杭州宗兴齿轮有限公司	2009年第四批	义桥镇
101	浙江中欣纺织科技有限公司	2009年第四批	蜀山街道
102	杭州易舒特药业有限公司	2009年第四批	萧山经济技术开发区
103	浙江日华化学有限公司	2009年第四批	萧山经济技术开发区
104	杭州华东钢结构制造有限公司	2009年第四批	戴村镇
105	杭州万隆光电设备有限公司	2009年第四批	瓜沥镇
106	杭州白浪助剂有限公司	2009年第四批	萧山经济技术开发区
107	杭州翔盛高强纤维材料股份有限公司	2009年第四批	党山镇
108	杭州泰欣实业有限公司	2009年第四批	浦阳镇
109	杭州美高华颐化工有限公司	2009年第四批	萧山经济技术开发区
110	浙江大地钢结构有限公司	2009年第四批	萧山经济技术开发区

注：根据《杭州市萧山区人民政府关于建立靖江等街道办事处的通知》(萧政发〔2009〕117号)，撤销靖江镇、南阳镇、河庄镇、义蓬镇、新湾镇等5个镇建制，建立靖江街道、南阳街道、河庄街道、义蓬街道、新湾街道、临江街道、前进街道等7个街道办事处(下同)。

萧山区省级科技型中小企业(2009年底止)

序号	企业名称	认定年份	主管部门
1	煤炭科学研究总院杭州环境保护研究所	2003	城厢街道
2	杭州好克光电仪器有限公司	2003	所前镇
3	杭州思博信息技术有限公司	2003	萧山经济技术开发区
4	杭州颜料化工厂	2003	义蓬镇
5	杭州大力神医疗器械有限公司	2003	萧山经济技术开发区
6	杭州佳航过滤器有限公司	2003	进化镇
7	杭州金迪家私装饰有限公司	2004	党山镇
8	杭州红妍颜料化工有限公司	2004	河庄镇
9	杭州振兴工业泵制造有限公司	2004	萧山经济技术开发区
10	杭州红苹果电子有限公司	2004	义桥镇
11	杭州恒天面粉有限公司	2004	萧山经济技术开发区
12	杭州华红机械有限公司	2004	益农镇
13	杭州汇隆纺机有限公司	2004	益农镇
14	杭州爱华文具有限公司	2005	党湾镇
15	杭州科雷机电工业有限公司	2005	萧山经济技术开发区
16	杭州万杰减速机有限公司	2005	靖江镇
17	杭州雷盾电子设备有限公司	2005	萧山经济技术开发区
18	杭州中意信息技术有限公司	2005	萧山经济技术开发区
19	杭州工具量具有限公司	2005	义桥镇
20	杭州冷拉型钢有限公司	2006	宁围镇
21	杭州龙发机械有限公司	2006	新街镇
22	浙江德意厨具有限公司	2006	萧山经济技术开发区
23	杭州萧山佳佳工具有限公司	2006	蜀山街道
24	杭州心宇生物技术有限公司	2006	开发区创业中心
25	杭州之江永磁材料有限公司	2006	宁围镇
26	杭州欣诚祥机电技术有限公司	2007	义蓬镇

续表

序号	企业名称	认定年份	主管部门
27	杭州百事特电子有限公司	2007	萧山经济技术开发区
28	杭州金晨纺织印花有限公司	2007	义桥镇
29	杭州亿达五金有限公司	2007	戴村镇
30	杭州永利百合实业有限公司	2007	义桥镇
31	杭州祥博电气有限公司	2007	闻堰镇
32	杭州中晶信息技术有限公司	2007	开发区创业中心
33	杭州微科电子有限公司	2007	开发区创业中心
34	杭州顺源轮胎制造有限公司	2007	义蓬镇
35	杭州叶洲泵业有限公司	2007	党湾镇
36	杭州萧山兴发机械有限公司	2008	蜀山街道
37	杭州海利机械有限公司	2008	临浦镇
38	浙江叁益人防工程设备有限公司	2008	楼塔镇
39	杭州泰能塑料机械厂	2008	河上镇
40	杭州明美机械有限公司	2008	义蓬镇
41	杭州白浪助剂有限公司	2008	萧山经济技术开发区
42	杭州明达艺术服饰有限公司	2008	城厢街道
43	杭州晶鑫镀膜包装有限公司	2008	宁围镇
44	杭州萧山航天气动元件厂	2008	宁围镇
45	杭州赛尔美服饰有限公司	2008	南阳镇
46	杭州欣阳三友精细化工有限公司	2008	南阳镇
47	杭州亚龙镜业有限公司	2008	所前镇
48	浙江中力控股集团有限公司	2008	萧山经济技术开发区
49	浙江荣德机械有限公司	2008	萧山经济技术开发区
50	浙江荣达数据线缆有限公司	2008	萧山经济技术开发区
51	美迪亚印刷设备(杭州)有限公司	2008	萧山经济技术开发区
52	杭州三共机械有限公司	2008	萧山经济技术开发区

续表

序号	企业名称	认定年份	主管部门
53	杭州中泰实业有限公司	2008	义桥镇
54	杭州诚洁环保有限公司	2008	临江工业园区
55	博雷控制系统(浙江)有限公司	2008	萧山经济技术开发区
56	杭州汇维仕永盛化纤有限公司	2008	靖江镇
57	杭州科利特信息技术有限公司	2008	萧山经济技术开发区
58	杭州立兴机械厂	2008	楼塔镇
59	杭州新华泰电子技术有限公司	2008	萧山经济技术开发区
60	浙江讯博信息工程有限公司	2008	萧山经济技术开发区
61	杭州中盈网络科技有限公司	2008	萧山经济技术开发区
62	杭州梵隆方向盘有限公司	2009	新塘街道
63	杭州华龙纺织机械有限公司	2009	坎山镇
64	杭州三鹰化工有限公司	2009	所前镇
65	杭州亿瑞玻纤设备有限公司	2009	进化镇
66	杭州世马纱线有限公司	2009	蜀山街道
67	杭州萧山美特轻工机械有限公司	2009	坎山镇
68	杭州光大机械有限公司	2009	闻堰镇
69	杭州葛高机械有限公司	2009	新湾街道
70	杭州迪科机械有限公司	2009	蜀山街道
71	杭州春兰电器有限公司	2009	临浦镇
72	杭州华亨纺织有限公司	2009	新街镇
73	杭州富申日用品有限公司	2009	戴村镇
74	杭州力嘉五金索具厂	2009	闻堰镇
75	杭州钱江人防设备有限公司	2009	蜀山街道
76	东南铝业有限公司	2009	萧山经济技术开发区
77	杭州星碧科技有限公司	2009	萧山经济技术开发区
78	浙江金洋纺织有限公司	2009	衙前镇

续表

序号	企　业　名　称	认定年份	主管部门
79	杭州杨氏实业有限公司	2009	义桥镇
80	杭州萧山江南通用机械厂	2009	新塘街道
81	杭州永富电子仪表有限公司	2009	戴村镇
82	杭州三腾机械有限公司	2009	瓜沥镇
83	杭州萧山涌潮水泵有限公司	2009	义蓬街道
84	杭州杰达摩擦材料有限公司	2009	义桥镇
85	杭州开元管件有限公司	2009	坎山镇
86	杭州东楼生物营养有限公司	2009	楼塔镇
87	杭州华岳工具有限公司	2009	闻堰镇
88	杭州江南电机有限公司	2009	衙前镇
89	杭州大宇笔厂	2009	宁围镇
90	杭州梦利达实业有限公司	2009	瓜沥镇
91	杭州双利机械有限公司	2009	浦阳镇
92	杭州康居金蝶住宅排气道有限公司	2009	党湾镇
93	浙江丰润酒业有限公司	2009	坎山镇
94	杭州萧山叉车配件有限公司	2009	党山镇
95	杭州萧山医疗器械厂	2009	进化镇
96	杭州萧山中亚汽配有限公司	2009	宁围镇
97	浙江蓝贝车业有限公司	2009	瓜沥镇
98	杭州三和电控设备有限公司	2009	新塘街道
99	杭州萧山恒发线路设备厂	2009	进化镇
100	杭州森乐士科技有限公司	2009	进化镇
101	浙江捷丰新型建筑材料有限公司	2009	临江工业园区
102	杭州四通传动件有限公司	2009	义桥镇
103	杭州合力磁业有限公司	2009	戴村镇
104	杭州春兰电器实业有限公司	2009	临浦镇
105	杭州海尔希畜牧科技有限公司	2009	河上镇
106	杭州萧山红旗摩擦材料有限公司	2009	进化镇

萧山区市级高新技术企业(2009 年底止)

序号	企　业　名　称	认定年份	主管部门
1	浙江爱新慧国机电有限公司	2003	萧山经济技术开发区
2	杭州华春汽车活塞有限公司	2005	新湾镇
3	杭州华诚机械有限公司	2005	戴村镇
4	杭州龙发机械有限公司	2006	新街镇
5	杭州欣阳三友精细化工有限公司	2007	南阳镇
6	杭州亚龙镜业有限公司	2008	所前镇
7	浙江荣德机械有限公司	2008	萧山经济技术开发区
8	杭州永利百合实业有限公司	2008	义桥镇
9	美迪亚印刷设备(杭州)有限公司	2008	萧山经济技术开发区
10	杭州三共机械有限公司	2008	萧山经济技术开发区
11	杭州汇维仕永盛化纤有限公司	2008	靖江镇
12	博雷控制系统(浙江)有限公司	2008	萧山经济技术开发区
13	浙江中力控股集团有限公司	2008	萧山经济技术开发区
14	浙江东南铝业有限公司	2008	萧山经济技术开发区
15	杭州星碧科技有限公司	2008	萧山经济技术开发区
16	杭州顺源轮胎制造有限公司	2008	义蓬镇
17	浙江金洋纺织有限公司	2008	衙前镇
18	杭州杨氏实业有限公司	2008	义桥镇
19	浙江舒奇蒙光伏科技有限公司	2009	南阳街道
20	浙江舒奇蒙能源科技有限公司	2009	南阳街道
21	圣山集团有限公司	2009	南阳街道
22	杭州旗锐工具有限公司	2009	闻堰镇
23	杭州新晨颜料有限公司	2009	南阳街道
24	杭州永前布业有限公司	2009	衙前镇

续表

序号	企业名称	认定年份	主管部门
25	杭州萧山大东南包装塑料有限公司	2009	义桥镇
26	杭州亿达五金有限公司	2009	戴村镇
27	杭州乐荣电线电器有限公司	2009	萧山经济技术开发区
28	杭州萧山东海养殖有限责任公司	2009	现代农业开发区
29	杭州萧山兴发机械有限公司	2009	蜀山街道
30	浙江远翅控股集团有限公司	2009	新街镇
31	杭州三和电控设备有限公司	2009	义桥镇
32	杭州新合力纺织机械有限公司	2009	闻堰镇
33	杭州江南电机有限公司	2009	衙前镇
34	杭州百强传动实业有限公司	2009	闻堰镇
35	浙江南化防腐设备有限公司	2009	浦阳镇

【积极服务产业发展新平台】 2009年，区科技局在临江积极支持开发区提升汽车及零部件产业基地的技术支撑；在镇街特色块状经济区块，组织多家企业开展转型升级的帮扶活动，使一批企业的产品开发、技术引进找到新途径。2009年，萧山区化纤纺织产业集群被列为国家技术创新工程浙江省现代产业集群转型升级示范区；萧山经济技术开发区被科技部认定为“杭州江东国家新能源高新技术产业化基地”。

【大力培植高新产业新亮点】 2009年，区科技局对萧山企业投资新能源、新材料、生物医药产业给予重点扶持。如在光伏产业，十分重视太能硅业的“低成本太阳能及硅晶体生长技术及产业化项目”和上方能源的“高效率薄膜太阳能电池的核心生产设备研发和产业化”。特别是太能硅业，通过技术团队近两年的攻关，其冶金法提取高纯度硅材料已取得关键性技术突破，为低成本晶硅光伏发电开辟了光明的前景。万向新能源电动汽车及锂电池开始迈出产业化步伐；LED正式成为萧山新的产业集群。信息化和工业的融合，不但在先进制造设计、管理和决策支持上发挥了积极作用，并衍生出电子商务、现代物流、服务外包、文化创意等新兴产业。

【创新平台建设进一步推进】 2009年，区科技局以实施“百亿研发”工程为抓手，充分利用区内外科技、人才资源，加快建立以企业为主体、市场为导向、产学研相结合的区域创新体系。在行业专业研发平台建设上，改变以往由政府包揽的方式，探索并形成政府支持、企业运作、面向行业服务创新的科技创新平台的运作机制。是年，继“临江汽车研究院”后，以股份合作模式与清华深圳国际技术转移中心联合组建了“杭州力合金邦机电技术研发中心”，为全区机械制造业提供金属材料表面处理的技术服务。还组建了“萧山区大型科学仪器协作共用服务平台”和“萧山生物工程中心”。至年底，全区拥有工业功能区块行业研发中心4家，为“一镇一品”的块状特色经济发展提供技术服务。在企业研发平台建设上，进一步加大培育与扶持，重点在研发水平的提档升级上下工夫。是年，全区新增省级企业研发中心9家，市级9家，市级科研院所1家，培育科技中介服务机构2家。另有一批企业依托相关高校院所，组建了实验室、新产品试制加工中心、试验检测中心等。至年底，全区拥有市级以上企业研发中心92家，85%以上的区级重点骨干企业建立了各种形式的技术研发机构。在孵化平台建设上，进一步加强对已入孵科技型初创企业的培育指导，支持企业通过产学研合作联建各类专业性科技企业孵化器。国际创业中心、汇林农业科技孵化器有限公司被认定为市级孵化器。国际创业中心已初步打造成为以电子商务、新能源、生物医药、服务外包等为主的科技型企业、项目、人才的重要内源平台，被列为省级服务外包示范园区。

萧山区省级高新技术研究开发中心(2009年底止)

序号	中心名称	依托单位	主管部门
1	万向汽车轴承省级高新技术研究开发中心	浙江万向精工有限公司	宁围镇
2	吉利达表面活性剂省级高新技术研究开发中心	中轻物产化工有限公司	萧山经济技术开发区
3	华瑞电子信息省级高新技术研究开发中心	浙江华瑞信息技术有限公司	瓜沥镇
4	佳力油泵省级高新技术研究开发中心	浙江佳力科技开发有限公司	瓜沥镇
5	大明稀土材料省级高新技术研究开发中心	杭州大明荧光材料有限公司	蜀山街道
6	国泰密封材料省级高新技术研究开发中心	浙江国泰密封材料股份有限公司	浦阳镇
7	浙江传化纺织化学品高新技术研究开发中心	浙江传化股份有限公司	宁围镇
8	浙江杭萧钢结构省级研究开发中心	浙江杭萧钢构股份有限公司	新街镇
9	电联无线通信基站省级高新技术研究开发中心	浙江电联设备有限公司	萧山经济技术开发区
10	兆丰轮毂轴承省级高新技术研究开发中心	杭州兆丰汽车零部件有限公司	萧山经济技术开发区
11	科本手性药物原料省级高新技术研究开发中心	杭州科本化工有限公司	南阳街道
12	杭州永磁硬磁材料省级高新技术研究开发中心	杭州永磁集团有限公司	萧山经济技术开发区
13	富丽达环保型纺织面料省级高新技术研究开发中心	富丽达集团控股有限公司	临江工业园区

续表

序号	中心名称	依托单位	主管部门
14	万达汽车转向系统省级高新技术研究开发中心	浙江万达汽车方向机有限公司	闻堰镇
15	大地高层钢结构省级高新技术研究开发中心	杭州大地网架制造有限公司	萧山经济技术开发区
16	华欣有色纤维省级高新技术研究开发中心	浙江华欣新材料股份有限公司	新湾街道
17	百合高性能有机颜料省级高新技术研究开发中心	浙江百合化工控股集团有限公司	河庄街道
18	舒尔姿氨纶纤维省级高新技术研究开发中心	杭州舒尔姿氨纶有限公司	衙前镇
19	之江智能型成套电气设备省级高新技术研究开发中心	杭州之江开关股份有限公司	红山农场
20	和合节能玻璃省级高新技术企业研究开发中心	杭州和合玻璃工业有限公司	党山镇
21	亚太汽车制动系统省级高新技术企业研究开发中心	浙江亚太机电股份有限公司	蜀山街道
22	钱江超高压节能变压器省级高新技术企业研究开发中心	杭州钱江电气集团股份有限公司	坎山镇
23	科利氯化聚合物省级高新技术企业研究开发中心	杭州科利化工有限公司	萧山经济技术开发区
24	依维柯轿车变速器省级高新技术企业研究开发中心	杭州依维柯汽车变速器有限公司	城厢街道
25	手心医药化学品省级高新技术企业研究开发中心	浙江手心医药化学品有限公司	南阳街道
26	浙江传化园艺生物科技研发中心	浙江传化生物技术有限公司	宁围镇
27	浙江天海水产食品科技研发中心	浙江天海水产食品集团有限公司	南阳街道
28	北极品水产加工科技研发中心	北极品水产（浙江）有限公司	萧山经济技术开发区
29	恒天面粉加工科技研发中心	杭州恒天面粉有限公司	萧山经济技术开发区
30	浙江天福龟鳖业科技研发中心	浙江天福生物科技有限公司	萧山经济技术开发区
31	杭州其门堂蔬菜食品有限公司研发中心	杭州其门堂蔬菜食品有限公司	靖江街道
32	达利丝绸省级高新技术企业研究开发中心	达利（中国）有限公司	萧山经济技术开发区
33	天蓝大气污染控制省级高新技术企业研究开发中心	浙江天蓝环保技术有限公司	北干街道
34	万向底盘系统省级高新技术企业研究开发中心	浙江万向系统有限公司	宁围镇
35	浙江东南网架省级高新技术企业研究开发中心	浙江东南网架股份有限公司	衙前镇
36	杭州大路流体机械和造纸机械省级高新技术企业研究开发中心	杭州大路实业有限公司	红山农场
37	传化华洋荧光增白剂省级高新技术企业研究开发中心	浙江传化华洋化工有限公司	萧山经济技术开发区

续表

序号	中心名称	依托单位	主管部门
38	杭工高精密量具仪研究开发中心	杭州工具量具有限公司	义桥镇
39	杭州锦科花卉高新技术研发中心	杭州萧山锦科花卉园艺场	北干街道
40	杭州天海控股集团水产品科技研发中心	杭州天海控股集团有限公司	南阳街道

萧山区市级高新技术研究开发中心（2009年底止）

序号	中心名称	依托单位	主管部门
1	杭州富时特化工有限公司高新技术研究开发中心	杭州富时特化工有限公司	临浦镇
2	杭州手心医药化学品有限公司高新技术研究开发中心	杭州手心医药化学品有限公司	南阳街道
3	浙江亚太机电股份有限公司高新技术研究开发中心	浙江亚太机电股份有限公司	蜀山街道
4	宋代名瓷研究所高新技术研究开发中心	宋代名瓷研究所	蜀山街道
5	浙江传化华洋化工有限公司高新技术研究开发中心	浙江传化华洋化工有限公司	宁围镇
6	杭州欣美成套电器制造有限公司高新技术研究开发中心	杭州欣美成套电器制造有限公司	萧山经济技术开发区
7	杭州之江有机硅化工有限公司高新技术研究开发中心	杭州之江有机硅化工有限公司	蜀山街道
8	浙江传化股份有限公司高新技术研究开发中心	浙江传化股份有限公司	宁围镇
9	杭州永磁高新技术研究开发中心	杭州永磁集团有限公司	萧山经济技术开发区
10	杭州之江低压电器高新技术研究开发中心	杭州之江开关股份有限公司	红山农场
11	杭州大地网架高新技术研究开发中心	杭州大地网架制造有限公司	萧山经济技术开发区
12	杭州钱江电气高新技术研究开发中心	杭州钱江电气股份有限公司	坎山镇
13	杭州民生陶瓷高新技术研究开发中心	杭州民生陶瓷有限公司	新塘街道
14	浙江万达汽车方向机高新技术研究开发中心	浙江万达汽车方向机有限公司	闻堰镇
15	杭州科利化工高新技术研究开发中心	杭州科利化工有限公司	浦阳镇
16	杭州大力神医疗器械高新技术研究开发中心	杭州大力神医疗器械有限公司	义蓬街道
17	富丽达纺织高新技术研究开发中心	富丽达集团控股有限公司	临江工业园区
18	杭州舒尔姿氨纶高新技术研究开发中心	杭州舒尔姿氨纶有限公司	衙前镇
19	杭州科本化工高新技术研究开发中心	杭州科本化工有限公司	南阳街道

续表

序号	中心名称	依托单位	主管部门
20	杭州大路实业高新技术研究开发中心	杭州大路实业有限公司	红山农场
21	杭州百合化工高新技术研究开发中心	杭州百合化工有限公司	河庄街道
22	杭州华欣纺织高新技术研究开发中心	杭州华欣纺织有限公司	河庄街道
23	杭州翔盛纺织高新技术研究开发中心	杭州翔盛纺织有限公司	党山镇
24	杭州万向传动轴高新技术研究开发中心	杭州万向传动轴有限公司	宁围镇
25	杭州减速机高新技术研究开发中心	杭州减速机厂	义蓬街道
26	杭州好克光电仪器高新技术研究开发中心	杭州好克光电仪器有限公司	所前镇
27	杭州依维柯汽车变速箱研发中心	杭州依维柯汽车变速器有限公司	城厢街道
28	杭州前进齿轮箱高新技术研究开发中心	杭州前进齿轮箱集团有限公司	城厢街道
29	东南网架高新技术研发中心	浙江东南网架股份有限公司	衙前镇
30	杭州市水性功能型涂料高新技术研发中心	杭州传化涂料有限公司	宁围镇
31	杭州和合节能玻璃高新技术研究开发中心	杭州和合玻璃工业有限公司	党山镇
32	北极品水产高新技术研究开发中心	北极品水产(浙江)有限公司	萧山经济技术开发区
33	杭州其门堂腌渍蔬菜加工高新技术研究开发中心	杭州其门堂蔬菜食品有限公司	靖江街道
34	杭州正平生物高新技术研究开发中心	杭州正平饲料科技有限公司	农业局
35	杭州富惠农业高新技术研发中心	杭州富惠现代农业有限公司	农业开发区
36	大庄竹村应用技术研究开发中心	杭州大庄地板有限公司	临浦镇
37	锦科花卉高新技术研发中心	杭州萧山锦科花卉园艺场	北干街道
38	三元纺织高新技术研究开发中心	三元控股集团有限公司	党湾镇
39	杭州经纬电子机械制造高新技术研究开发中心	杭州经纬电子机械制造有限公司	新塘街道
40	杭州银河线缆高新技术研究开发中心	杭州银河线缆有限公司	浦阳镇
41	达利(中国)丝绸高新技术研究开发中心	达利(中国)有限公司	萧山经济技术开发区
42	钱潮轴承高新技术研究中心	钱潮轴承有限公司	宁围镇
43	荣盛化纤高新技术研究开发中心	荣盛化纤集团有限公司	益农镇
44	浙江万向系统高新技术研究开发中心	浙江万向系统有限公司	宁围镇
45	杭州天海水产品加工高新技术研发中心	杭州天海控股集团有限公司	南阳街道
46	杭州萧山东海养殖高新技术研究开发中心	杭州萧山东海养殖有限公司	临江工业园区
47	德兴堂蜂种蜂产品科技研发中心(培育)	杭州德兴蜂业有限公司	靖江街道
48	万向电动汽车高新技术研究开发中心	万向电动汽车有限公司	宁围镇
49	汽车万向节高新技术研发中心	万向钱潮股份有限公司	宁围镇
50	杭州吉华江东化工有限公司高新技术研究开发中心	杭州吉华江东化工有限公司	临江工业园区
51	杭州杭化播磨高新技术研究开发中心	杭州杭化播磨造纸化学品有限公司	萧山经济技术开发区

2009年萧山区工业功能区块行业研发中心

序号	中心名称	依托企业	主管镇街
1	萧山区衙前镇纺织行业高新技术研发中心	恒逸集团	衙前镇
2	萧山党山镇装饰卫浴行业技术研发中心	杭州萧山东部工业园投资开发有限公司	党山镇
3	萧山区新塘街道羽绒服装、羽绒制品行业技术研发中心	羽绒服装协会	新塘街道
4	萧山河上镇纸包装行业技术研发中心	浙江胜达集团	河上镇

【科技项目攻关成效明显】 重点围绕传统产业转型升级和培育发展新兴战略产业，选择一批市场前景好、科技含量高、产业化速度快的项目进行重点攻关。2009年，共向上申报科技项目220项，其中国家级59项，省级70项，已被列入114项，获得上级资助4577.5万元。特别是国家创新基金项目有9个列入，为历年之最；国家重点创新基金和省厅市会商项目，占杭州市的70%。组织实施区级项目184个，其中，重大攻关项目11个，科研重点项目29个，首次推出留学生创业创新项目2个。与往年比，2009年全区科技项目的申报数量和项目质量均有大幅提升，攻关成效和经济社会效益更加明显。万向钱潮股份有限公司的“汽车底盘系统集成研发能力”项目获省科技进步二等奖；华欣新材料股份有限公司的“多色系涤纶牵伸长丝FDY(DT)免上浆生产技术及产品开发”获国家纺织工业协会科技进步二等奖；国泰密封材料有限公司的“低蠕变聚乙烯密封板材制造技术”获中国建筑材料联合会科学技术奖二等奖。全区有11个项目获市级以上科技成果奖，95%以上的项目通过结题验收。

2009年萧山列入国家、省项目

序号	项目名称	承担单位	主管部门	项目类别
1	碳纤维增强柔性石墨橡胶复合密封板材	浙江国泰密封材料股份有限公司	浦阳镇	国家重点创新基金
2	轨道交通车体自动焊铝合金焊丝	杭州银河线缆有限公司	浦阳镇	国家重点创新基金
3	城市管理移动执法与综合业务管理平台	杭州政业科技有限公司	城厢街道	国家创新基金初创
4	精度大量程磁致伸缩位移传感器	杭州明豪科技有限公司	萧山经济技术开发区	国家创新基金初创
5	无管路高效全自动滴液机	杭州三拓印染设备技术开发有限公司	萧山经济技术开发区	国家创新基金初创
6	低盐腌渍蔬菜产业化开发与示范	杭州其门堂蔬菜食品有限公司	靖江街道	国家星火重点项目
7	拉米夫定绿色合成技术及产业化研究	杭州科本药业有限公司	南阳街道	省重大科技专项
8	2MW直驱式风力发电机组关键部件的开发	浙江佳力风能技术有限公司	瓜沥镇	省重大科技专项
9	6N太阳能级晶体硅制备技术与产业化	杭州太能硅业有限公司	闻堰镇	省重大科技专项
10	汽车线控制动系统关键技术研究与开发	浙江亚太机电股份有限公司	蜀山街道	省重大科技专项
11	年产4000万安时电动汽车用锂离子动力电池产业化技术研究	万向电动汽车有限公司	宁围镇	省重大科技专项
12	城市中水综合利用深度脱氮技术研究和工程示范	煤炭科学研究总院杭州环境保护研究所、长兴发电有限责任公司、浙江能源集团	城厢街道	省重大科技专项
13	基于纳滤膜的微量环境激素污染物去除的饮用水安全保障技术	浙江工商大学、杭州永洁达净化科技有限公司、杭州萧山制水有限公司	水务集团	省重大科技专项
14	多异复合高感性纤维的纺丝牵伸节能关键技术研究及产业化	浙江正凯化纤有限公司	靖江街道	省优先主题
15	面向花边行业产业集群制造服务关键技术研究及应用	浙江工商大学、浙江蕾丝科技有限公司	河庄街道	省优先主题
16	大功率船用齿轮箱关键技术研究与应用	杭州前进齿轮箱集团有限公司	城厢街道	省优先主题
17	轮式装载机驱动桥关键技术研究与产业化	浙江理工大学、杭州前进齿轮箱集团股份有限公司	城厢街道	省优先主题
18	中国古青瓷修复再现的技术研究与应用	浙江萧山宋代名瓷研究所	蜀山街道	省面上项目
19	基于新一代互联网技术的数据在线保护系统	杭州信核数据科技有限公司	北干街道	省钱江人才计划
20	炒货食品氧化劣变及品质控制技术集成与示范	杭州云峰食品有限公司	进化镇	省成果转化
21	优质大粒蚕豆新品种“双绿5号”中度示范	杭州富惠现代农业有限公司	农业综合开发区	省成果转化
22	山瑞鳖繁育与生态养殖关键技术研究及示范	杭州利湘农林科技有限公司	湘湖旅游度假区	省事后补助
23	大花惠兰品种选育及产业化生产技术引进创新	浙江传化生物技术有限公司	宁围镇	省事后补助
24	BZK－904无人机载光电侦察数码相机	浙江悍马光电设备有限公司	临浦镇	国内成果转化项目(军工项目)
25	肝病治疗仪光能发生器及产业化	杭州大力神医疗器械有限公司	萧山经济技术开发区	国内成果转化项目
26	喷气燃料集成加注装置	杭州佳航过滤器有限公司	进化镇	国内成果转化项目(军工项目)

续表

序号	项目名称	承担单位	主管部门	项目类别
27	环保涂料型高档有机颜料红 112FGR 技术开发研究	杭州力禾颜料有限公司	义蓬街道	国内成果转化项目
28	水力机械关键技术开发及产业化	杭州力源发电设备有限公司	瓜沥镇	国内成果转化项目
29	特种防海水牛皮鞋面革加工技术的研究	杭州奇达皮革有限公司	进化镇	国内成果转化项目
30	HGL—Height 高精度数显高度仪技术引进及产业化	杭州工具量具有限公司	义桥镇	国内成果转化项目
31	平头塔式起重机技术引进再创新和产业化	杭州华诚机械有限公司	戴村镇	国际合作项目事后立项
32	重型卡车的中桥单元总成	杭州兆丰汽车零部件制造有限公司	萧山经济技术开发区	国际合作项目
33	大花蕙兰品种选育及产业化生产技术引进创新	浙江传化生物技术有限公司	宁围镇	国际合作项目
34	差别化聚酯纤维生产工艺技术的引进再创新及产业化	杭州汇维仕永盛化纤有限公司	靖江街道	国际合作项目
35	通信线缆用高屏蔽性铝美合金线关键技术及产业化	杭州银河线缆有限公司	浦阳镇	出口示范项目
36	外包镍铬丝石墨编织盘根	浙江国泰密封材料股份有限公司	浦阳镇	出口示范项目
37	天海水产品精深加工研发中心	杭州天海水产食品有限公司	南阳街道	国内成果转化项目
38	珍珠纱线、面料的研制与开发	杭州吉利宝纺织有限公司	蜀山街道	国内成果转化项目
39	高能量离子注入法在砷化镓霍尔器件产品研制中的应用	浙江博杰电子有限公司	党山镇	国内成果转化项目
40	杭州临江汽车工程研究院有限公司	杭州临江投资发展有限公司	临江工业园区	省级创新载体项目

【知识产权和专利工作跨越发展】 以“创意杭州工业设计大赛”为载体，加强专利培训、申请、转让服务，加大专利资助、奖励力度。2009 年，全区投入专利专项经费 251 万元，比上年增长 23.6%。首次组织“十大专利产业化项目”和“专利先进个人”评选，培育壮大专利试点（示范）企业，专利申请量、授权量每年以 30%比率递增。是年，全区有 62 家企业实现专利申请零的突破，申报专利 4135 件，授权专利 1755 件，分别增长 67.13%和 54.48%，其中发明专利 66 件。新增报市级以上专利示范（试点）企业 8 家，总数已达 41 家次。

2009 年萧山区省级专利示范企业

序号	企业名称	认定级别	认定时间
1	浙江远翅塑料有限公司	省级	2009 年
2	浙江电联设备工程有限公司	省级	2008 年
3	杭州天峰纺织机械有限公司	省级	2008 年
4	杭州水晶卫浴有限公司	省级	2008 年
5	杭州大庄地板有限公司	省级	2007 年
6	杭州江宁丝绸制衣有限公司	省级	2008 年
7	松冈机电（中国）有限公司	省级	2006 年
8	杭州金迪家私装饰有限公司	省级	2006 年
9	杭州发达齿轮箱集团有限公司	省级	2006 年
10	浙江杭萧钢构股份有限公司	省级	2005 年
11	浙江圣奥家具制造有限公司	省级	2005 年
12	杭州大力神医疗器械有限公司	省级	2005 年
13	杭州兆丰汽车零部件制造有限公司	省级	2004 年
14	浙江德意橱具有限公司	省级	2004 年
15	杭州前进齿轮箱集团有限公司	省级	2004 年
16	杭州之江开关股份有限公司	省级	2003 年
17	浙江亚太机电股份有限公司	省级	2003 年
18	浙江佳力科技开发有限公司	省级	2002 年
19	万向集团	省级	2002 年

2009年萧山区市级专利示范(试点)企业

序号	企业名称	认定级别	认定时间
1	杭州好克光电仪器有限公司	市级	2008年
2	杭州萧山佳佳工具有限公司	市级	2008年
3	浙江电联设备工程有限公司	市级	2008年
4	浙江万达汽车方向机有限公司	市级	2008年
5	传化集团有限公司	市级	2008年
6	浙江国泰密封材料股份有限公司	市级	2008年
7	杭州天峰纺织机械有限公司	市级	2008年
8	杭州水晶卫浴有限公司	市级	2008年
9	杭州大庄地板有限公司	市级	2008年
10	杭州江宁丝绸制衣有限公司	市级	2008年
11	松冈机电(中国)有限公司	市级	2008年
12	杭州金迪家私装饰有限公司	市级	2008年
13	杭州发达齿轮箱集团有限公司	市级	2008年
14	浙江杭萧钢构股份有限公司	市级	2008年
15	浙江圣奥家具制造有限公司	市级	2008年
16	杭州大力神医疗器械有限公司	市级	2008年
17	杭州兆丰汽车零部件制造有限公司	市级	2008年
18	浙江德意橱具有限公司	市级	2008年
19	杭州前进齿轮箱集团有限公司	市级	2008年
20	杭州之江开关股份有限公司	市级	2008年
21	浙江亚太机电股份有限公司	市级	2008年
22	浙江佳力科技开发有限公司	市级	2008年
23	万向集团	市级	2008年

【农业科技示范初显成效】 围绕“以科技提高农业生产效率、提升农民生活品质、改善农村生态环境、强化农民科技素养”,加强种子种苗培育基地、星火科技示范基地、现代科技农业企业、农业研发中心等四大创新载体的建设,进一步深化新农村建设科技示范行动。2009年,全区新增省级农业科技型企业2家、市级现代农业科技型龙头企业4家。吉天高效农业示范园区被评为杭州市级农业科技示范园区。宁围镇、浦阳镇桃北新村、宁围镇宁新村、河庄街道建一村被评为市级新农村建设科技示范单位,占杭州市的1/3。确定区级新农村建设科技示范镇2个、村10个。进一步深化“五大主导”产业的技术服务,多次邀请浙江海洋学院等科研机构的专家对“南美白对虾”养殖技术进行论证分析,编制养殖技术手册;引导企业围绕良种培育,农产品深加工,引进使用生物、基因技术,逐步推进农业精品化、设施化、都市化,构建现代农业产业体系。

【科技交流合作更加活跃】 2009年,召开中科院半导体研究所与萧山区“院地合作”研讨会,并安排5家LED企业赴该所进行深化对接。举办“萧山区机械机电行业产学研合作洽谈会”。组织18家化工企业赴中科院大连化物所、大连理工大学进行产学研对接。同时,组织企业参加了各种形式的科技成果交流会、洽谈会、交易会等。是年,全区共组织各类产学研活动30余次,参会企业200余家次,签约项目10项,达成合作意向28项。尤其与清华深圳国际技术转移中心的合作取得了实质性进展,共为企业解决关键技术难题8项。有21家企业通过产学研活动,与国内知名高校院所共建了创新载体,并于当年合计开发新产品21只,提升产品3只,实施产业化项目2项。至年底,全区累计与高校院所共建创新载体101家,提前并超额完成了“百企名片”工程设定的目标任务。

【加强科技创新的调研与宣传】 2009年,区科技局始终把优化创新环境、浓厚创新氛围作为推进科技工作的重要举措。一是组织开展“调研月”活动。重点围绕新兴产业的扶持发展、新商业模式的构建、科技投融资体系建设、高新技术“内孵外引”路径探索等进行调研。共走访镇街26个、企业57家,组织各类座谈会18场次,接受政策咨询387人,收集各类建议22条,形成调研报告6份。其中组建“高新技术企业协会”和创建“科技总部大楼”等在调研中获得的好建议,都被区科技局作为重点工作加以推进。二是加强宣传培训。充分运用媒体宣传、调研指导和政策培训,帮助企业熟悉掌握科技工作的新政策、新动态和新模式;配合市局开展“科技小分队走进行业研发中心”活动,组织科技下乡、科技活动周和科技特派员下基层服务活动,以及以“送技术、送政策、送服务”为主要内容的“科技帮扶促调”活动。组织改版“科技信息网”,多次组织高新技术企业申报、新农村建设科技示范申报、科技联络员等政策和业务培训,公开政府信息88条,接受政策咨询上万人次。

【科技政策更加完善】 2009年,区科技局先后完善《关于实施科技强区战略,增强自主创新能力的实施细则》、《萧山区科技进步奖实施细则》等政策文件,进一步加大对科技型企业、科研项目、创新平台建设、科技交流合作的资金支持、奖励和配套力度。想方设法帮助科技型企业进行银企合作、银项对接,进一步加强创业引导基金的机构设置与运作,鼓励民营企业发展担保机构。一年来,协调区财政“三项经费”投入3134万元,带动全社会科技投入预计达到50多亿元。

(华建东)

信息化

【概况】 2009年,全区信息化工作围绕“保增长、抓转型、重民生、促稳定”目标,通过实施信息服务业“三年行动计划”和信息产业发展“升级培育规划”,加快信息化与工业化融合,实现信息化和信息产业的稳步发展。

信息化基础设施建设更加完善。全区信息化基础设施建设步伐加快，已形成覆盖全区的基础信息网络体系，全区电话覆盖率100%，宽带覆盖率100%，农村宽带约10万户。实施无线通信优化工程，已开通移动(CDMA)基站324个，电信(EVDO)基站300个，"光进铜退"工程启动项目20个。是年，互联网宽带用户21.08万户，固定电话用户88万户，移动电话146.55万户。

企业信息化建设取得长足进步。注重信息化带动传统产业的发展，继续深入开展企业信息化应用示范工程，鼓励和引导企业积极应用企业资源计划(ERP)、商业智能(BI)、计算机辅助设计(CAD)、产品数据管理(PDM)、集中控制(DCS)和计算机集成制造(CIMS)等信息系统。是年，全区共列区级企业信息化应用示范项目21个，其中一产项目2个，二产项目16个，三产项目3个，共下达补助资金270万元。通过企业信息化应用示范，加快了信息技术在企业中的推广应用，有力地促进了传统产业的改造升级，进一步增强了企业的综合竞争力，并带动了所在行业、上下游企业、区域内企业信息化的全面发展。

电子商务发展取得新成就。12月，浙江传化物流基地有限公司的"基于有形市场与资源整合的物流电子商务平台"和浙江华瑞集团有限公司的"面向纺织化纤行业电子商务"，按要求建设完成，并通过省发改委的验收，这标志着萧山区电子商务平台建设又有了质的飞跃。传化物流电子商务平台实现有形网络与无形平台的结合，可接纳会员4500家，容纳第三方物流企业570家、车辆50万辆，实现年物流总产值48亿元。华瑞集团的电子商务平台，实现了对纺织化纤行业电子商务流程管理的整合和提升，为传统的纺织化纤企业"开源节流"，降低成本，帮助挖掘企业的"第三利润源泉"。两个电子商务平台共获得国家发改委电子商务专项750万元补助资金。

互联网经济发展成为新亮点。在"中国化纤网"、"中华名优土特产网"等面向行业的十大行业网站不断发展壮大的同时，以商业模式创新为特征的信息服务业异军突起，涌现出"卡当个性化礼品定制"、"长三角企业网"、"中国回程车网"等创新商业模式。"中国回程车网"是以海量的信息搜索配对，整合回程车资源为核心，通过深层次开发用户和公路运输资源，形成对全国公路运输的调度能力，为用户提供信息服务，省去中介费，消除车等货、货等车、空车回程等现象，预计每年可以为企业节约近30%的运输成本。通过创新，企业赢利能力快速提高，发展速度进一步加快。如杭州珍诚医药有限公司的"珍诚医药网"，全年实现电子商务销售收入5.71亿元(含税)，比上年增长49.1%；实现网上交易额3.37亿元(含税)，增长141.5%；实现利税2645.5万元，增长115.08%；完成信息服务收入1837.9万元，增长25.5%。

获得项目扶持资金再创新高。有2个国家项目、5个省级项目、12个市级项目申报成功，全年累计直接获得项目补助资金956.3万元(不包括各级配套资金)，创历史新高。其中，杭州汇农农业信息咨询服务有限公司农业土特产电子商务平台，是浙江省入选国家发改委首批"国家信息化试点"的4个项目之一，也是全省唯一一个新农村综合信息服务类项目。

宣传阵地建设有声有色。是年，在严峻的经济形势下，针对传统企业面临的巨大压力和日渐萌动的转型升级需求，创新宣传引导模式，首次在工信部主管的《中国信息化》刊物和浙江卫视、浙江广播电台、萧山广播电视台等媒体上，分别做题为《萧山信息产业：经济转型发动机》和《电子信息产业，传统经济转型升级的助推器》的宣传，介绍萧山区信息产业发展成就，报道区内红剑集团、汇宇集团、振亚集团、永盛集团等10余家典型传统企业涉足新兴电子信息产业的成功经验。9月6日，举办首届"全国网上药店博览会"暨"电子商务与供应链创新"高峰论坛，实现"网上、网下"立体化参展，为药博会历史上第一次，吸引了部分国外知名企业参展，在全国医药流通电子商务领域打响了萧山品牌。

园区建设取得新突破。国际创业中心二期面积20000平方米的办公用房正式投入使用，基础设施更加完善。已引进企业53家，总投资1.6亿美元，注册资本1.39亿美元，实到外资8214万美元。浙江省软件产业萧山基地闻堰区块，是年新获得"杭州南部软件园"、"杭州音视频产业软件园"两块牌子，基地建设扎实推进，力争打造萧山"天堂硅谷"。一期占地4.8公顷，基础(桩基)处理工程已开始动工；二期占地79.9公顷，已解决园区农保地整体置换，编制园区控制性详细规划方案，水、电、路等基础设施开始启动，已办理进区企业3家，出让土地4.7公顷；三期占地8公顷，已征地4.2公顷，总投资2亿元，总建筑6万平方米项目即将建设。其中音视频产业软件园，计划以基于AVS国家标准的音视频产业(包括移动数字导航电视、移动数字电视机顶盒、AVS高清光盘播放机等)为主，组成完整的AVS音视频产业链，打造国家数字音视频产业基地。基地引进的杭州波路雷斯信息技术有限公司，将基于AVS国家标准的高清碟机推向了市场，这项填补国内空白的产品有1000亿元的市场规模，前景非常可观。是年，闻堰区块已引进项目16个，其中外资项目11个，总投资11952万美元，合同利用外资7999万美元，实到外资6458万美元；内资项目5个，总投资38540万元，协议利用市外内资8070万元，实到市外内资8070万元。

电子政务建设快速推进。是年，全区新安排政府投资信息化实施项目13个，匡算投资合计4652万元，结转项目1个，投资250万元。其中有9个项目批复实施，还有2个项目完成可研批复，正在编制实施方案。此外，9个政府投资信息化项目完成建设并通过验收。其中，信访局的12345信息系统进社区项目，将区长公开电话受理系统、信访管理系统、网上信访管理系统整合为统一的大信访管理平台，实现区、镇街、社区三级联网，并与上级信访部门和其他区级机关业务系统无缝连接。"数字城管"项目建设进展顺利。在统一接入和共享杭州市数字城管平台的基础上，建设地理空间数据库、综合业务运行系统、信息采集系统、地理信息应用系统、公众发布系统、短信平台和监督指挥中心大厅（含中型会议室），实现与杭州市级平台互通互联和信息共享。“信用萧山”建设有了实质性进展。萧山区企业信用信息系统（一期）项目建成投入使用，基本搭建了企业信用信息系统框架，实现对国税、地税、质监等9个部门企业信用信息数据的联网采集和比对，初步建成企业信用征信基础数据库和信用信息发布网站。“数字监察（一期）”项目较好地满足了萧山区监察局政务实时监督的需要，有助于促进各部门依法行政，提高纪检监察机关查办违纪违法案件的效率和质量。

社会信息化建设稳步发展。根据公安“三级、三层”的防控体系架构，“点、线、面”的控制应用管理和资源共享的要求，结合总体布局规划和公安实战应用需求，全区开始“治安动态视频监控系统（二期）”项目建设。为有效遏制交通事故的发生，缓解城区交通“两难”问题，启动建设主城区智能交通中心信号控制系统，改造和建设接入智能交通中心51个路口点的信号灯、车流量信号采集设备等配套设施，协调联动控制各个路口的交通信号。“数字化卫生服务平台”项目也已开始实施。该平台以“健康档案”为中心，在区内构建一个区域性的数字卫生信息服务平台，采集利用区内各级医疗卫生机构之间的信息和资源，实现区域性医疗信息共享，提高医疗服务水平。“教育城域网网络安全建设”项目顺利完成。在区教育局信息中心及全区141所学校部署了网络安全设备，较好地解决了萧山教育城域网中存在的诸多网络安全问题，为实现科学化管理，提高工作效率提供了保障。萧山图书馆“全国文化信息资源共享工程萧山支中心（二期）”项目完成，基本建成资源丰富、技术先进、服务便捷、覆盖城乡的数字文化体系，实现优秀的文化信息资源在全区范围内的共建共享。

农村信息综合服务体系进一步健全。对村级信息员进行调整，将“大学生村官一村长助理”充实到信息员队伍中，并成为基层农村信息化工作的主力军。全区503名村级信息员中有480人获得信息员培训合格证，合格率达95%。全年举办农村信息化培训班35期，受训人员1200人次。扎实推进“万村联网”工程。全区416个村建立了自己的门户网站，有了自己的“电子名片”，全年共发布信息20962条。在全省村级网站制作前十位中，萧山就有5个村榜上有名。该工程进一步提高了全区基层信息化水平，提高了农村上网率，在促进新农村信息化建设、村情村务公开、特色产业发展方面发挥了积极作用。

是年，全区软件与信息服务共实现销售收入36.5亿元，比上年增长20.86%，实现增加值14.09亿元。新通过软件企业认定2家，新增软件产品登记18件，完成《萧山区信息服务业发展三年行动计划（2008—2010）》2009年目标的各项主要指标。电子商务发展领域取得新突破，1家企业入围“浙江省电子商务10强企业”，2家企业入围“杭州市电子商务10强企业”。国际创业中心被认定为国家电子信息产业基地拓展区块，浙江软件产业闻堰基地被认定为“杭州市南部软件园”、“杭州市音视频产业软件园”。

（谢国华）

电信

【概况】 2009年，中国电信股份有限公司杭州萧山区分公司有正式员工377人，设一级部门14个、二级部门5个、内设部门4个。是年，萧山区分公司大力推进聚焦客户的信息化创新战略和差异化发展策略，全面推进全业务发展，全年完成主营业务收入5.81亿元。

【提升客户服务能力与水平】 2009年，萧山区分公司采取多种举措，提升客户服务能力和水平。投诉处理方面：不断完善投诉处理机制和内部处理流程，实施服务通报、曝光制度，加强服务质量的日常监督与考核，客户投诉处理及时性、有效性得到明显提升。营业服务方面：注重标杆营业厅建设，努力提高营业厅服务水平，在2009年杭州本地网营业厅综合考核评比中获得1个五星级营业厅、5个四星级营业厅、1个三星级营业厅的荣誉称号。装维服务方面：有序推进装维学海尔活动，积极探索装维队伍的“标准、培训、考核、晋退”机制建设，小团队作业模式得到进一步推广，工单在途时间得到大幅压缩，装维服务质量进一步提升。

【全业务网络支撑能力进一步增强】 2009年，萧山区分公司加大投资力度，全面提升全业务网络支撑能力，通信能力进一步增强。新建接入网点42处；新增C网基站110套，推进C网基站与IP主要节点的双光路建设，C网基站安全性大大提升；全面开展WLAN热点整治，有序推进“光进铜退”省级试点工程建设。同时，强化基础管理，保障网络安全高效运行。持续优化局内订单系统流程，建立资源管理考核办法，有力提升服务响应能力；强化设备运行维护，建立IP网络等运维考核指标体系，有效减少大面积故障的发生；通过劳动竞赛、强化管控等有效工作措施，强化节能减排工作。

【深化新农村信息化建设】 2009年，萧山区分公司以“信息化镇建设”为重点，以“平安网、办公OA系统”为载体，组建乡情网，融入“号百黄页”等增值元素，不断丰富农村信息化内涵，取得良好的效果，完成了义桥镇、衙前镇的信息化镇建设。不断优化系统设计方案，积极推进业务模板的规模复制，先后完成楼塔、河上、红山农场等信息化镇的签约。同时，为进一步拓展农村市场，萧山区分公司“进村庄做家庭”，开展“我的e家”专项营销活动。5月16—17日，在临浦镇大庄村发展“e6c套餐”105户。

【提升转型业务拓展能力】 在系统集成和主机托管业务方面：以增创业务收入为中心，坚持团队建设及潜在客户的深度挖掘，积极跟踪“平安网二期”、“信用萧山”、“数字城管”、“数字法院”等政府信息化应用项目，提升行业应用和总包服务能力；聚焦客户需求，大力推进全球眼、e监控、阳光维保等重点业务拓展。在号百业务方面:强化号百业务的社会影响力,持续提升号百品牌的运营能力,稳步拓展政企总机、商旅服务、新媒体、LED大屏广告、百事通黄页、商务宝等业务。

【新媒体直播萧山区政府常务会议】 2009年7月29日,萧山区分公司对第十二次区政府常务会议在萧山区政务网站上提供全程网络视频与文字直播。除传统网络直播外,分公司还进行了新媒体直播尝试,在萧山电信大楼上安装高15米、宽27米,总面积405平方米的全省最大户外LED全彩屏进行同步播放。

(方伟林)

移动通信

【概况】 2009年,中国移动通信集团浙江有限公司萧山分公司下设一室三部(综合办公室、市场部、政企部、网络部),有员工302名。面对行业重组后激烈的竞争形势和复杂的市场格局,分公司围绕省、市公司提出的"精细、创新、高效、和谐"四大增长战略,通过用户"保卫战"、话务"保卫战"、收入"保卫战"三大工程,全年完成业务收入8.1亿元,累计用户105万户。

【挖掘增量市场】 2009年,移动萧山分公司面对新增市场,分阶段策划实施外来务工、农村、校园三大传统市场和固话新型市场营销工作。外来务工市场抓住春节回潮、秋季经济回升两大时间节点,两季营销共放号5万户;农村市场以"亲情快线"、"心机礼包"为主要产品,创新宣传模式;校园市场在一校一案的基础上,快速应变、全员参与,新生市场占有率达到98%。积极开展"68欢乐家庭礼包"、"包半年产品"等本地化营销应对竞争,新增和净增用户均创近年来新高。

【经营存量市场】 2009年,以保有、优化、提升作为工作的主线,确保存量市场在稳定的基础上消费有所提升。整合各方资源,组建外呼团队,重点盯防高价值个人、集团关键客户和高年限客户,客户回馈指标均达到考核要求。针对金卡占比过高的问题,明确"萧山卡"本地主打产品形象,持续开展存量客户结构优化。积极推进家庭系列营销,在稳定客户的同时激发家庭话务。

【数据业务发展量质并举】 2009年,移动萧山分公司细分用户群体,利用电子渠道直复营销,持续开展流量激发。建立渠道数据业务奖励积分体系,激发渠道数据业务营销热情。整合多方资源、尝试数据业务合作运营。打造本地精品手机报,《萧山手机报》用户发展不断提升;与区委宣传部合作开展"同用一首彩铃,喜迎建国60周年"换铃营销活动。引入颐高数码城渠道,开展3G无线宽带销售,促进无线宽带业务快速发展。

【推进营业厅转型】 2009年,创新开展营业厅"微格化"管理,与社区结对,送服务进社区;加强厅内营销推荐,以亲情快线、家庭网、家庭套餐、虚拟网、金牛礼包为主线,通过厅内特色布置、营业员主动推荐,有效提升受理量;强化营业厅基础服务,通过常态化实施营业厅督导、多媒体质检,确保服务质量稳步提升。

【做好集团客户维护】 2009年,集团保有"内外兼修",确保高端集团100%重点保有。开展高危集团首席走访,利用综合接入、商务快线等开展行动。虚拟网小网并大网成效显著,率先以临浦区域为试点,开展小网并大网工作。

【"品质100"工作做实、做细、做好】 2009年,在杭州分公司"品质100"管理办法的基础上,修改完善了员工"品质100"积分办法,使其更显性化,让每一个员工了解并愿意积极参与其中,增进团队凝聚力。对于积极创新的员工,在每季度的"品质100"员工积分中体现。开展评选优秀提案、积极创新提案等奖项,激发员工的创新热情。

【做好区委、区政府大型活动通信保障】 2009年,圆满完成元宵节、萧山"两会"、花木节、动漫节、戴村三清茶文化节、所前杨梅节、网交会、观潮节、中国羽绒博览会等大型活动的移动通信保障工作。全年出动应急通信车4次。对观潮城沿线、休博园、高教园区等区域进行华为大容量基站替换工作,不断提升大型活动的应急保障能力。

(高成芳)

联通通信

【概况】 2009年,是中国联合网络通信有限公司杭州市萧山区分公司融合重组以后的第一年。分公司面对困难和新形势,聚焦宽带、移动和增值三大核心业务,实现业务收入1.74亿元。至年底,全区联通手机用户27.3万余户,固网用户5.5万户,宽带用户1.6万户。是年,萧山区分公司下设综合部、营销管理部、网络建设部、集团客户部和客户服务部,共有员工155名。

【WCDMA3G正式商用】 2009年9月28日,浙江联通举行3G正式商用发布会。10月1日,萧山WCDMA3G业务正式商用。至年底,WCDMA3G用户已达1万余户。

【推进农村网络覆盖】 根据"加快农业信息化建设,加强农村一体化的信息基础设施建设,创新信息服务模式"的指导方针,2009年,萧山区分公司根据网络覆盖面和地理位置划分,在城厢区域、瓜沥区域、临浦区域、义蓬区域确定首批16个目标村试点,投入资金进行网络覆盖建设。同时,建立村级通信服务点,让农村地区用户在家门口就能享受联通提供的通信服务。

【拓展固网市场】 2009年,萧山区分公司从做好宣传入手,拓展固网市场。印制大量的宣传单页,发放到网络覆盖区域的各个楼宇、小区;与《钱江晚报》合作,将固网业务广告做到会员手册上;联系萧山区消保委,将业务政策信息广告刊登在《萧山消费者报》上;发送宣传短信,向用户传递固网方面的政策。

【提升服务质量】 在日常维护工作中,推出一系列与用户回访有效结合的活动，既丰富了回访内容，又成功地做好服务带发展工作。对营业环境开展自查自纠工作，统一了营业厅的整体形象。在俱乐部服务方面，凸显差异化、个性化、人性化服务特色。在用户投诉处理方面，公司积极维护消费者合法权益，安排专人负责12315系统处理，全年受理2起，用户满意率达100%。在杭州市公司的综合检查（现场检查、录音质检、服务质量等）中，公司连续名列第一。

【加快网络建设】 2009年，萧山区分公司全面开展WCDMA建设工作。前期萧山共建设3G基站296个，数量居杭州地区之首。5月17日，W网正式投入运行。全年新增3G基站356个、新增室内分布系统204套；对新建的6个住宅小区进行接入、5幢商务楼宇的网络全覆盖，使萧山联通网络覆盖和质量得到进一步延伸和提升。在网络优化方面，上半年完成千兆级交换机安装调试和网络升级改造等重点工程，实现以核心机房为中心的10G环路，同时，完善了以2.5G机房为中心的传输核心网络；下半年完成萧山数据网络的扁平化改造，使宽带网络质量有了质的提升。

（裘建芳）

电子政务

【概况】 2009年，创新政府网站建设和政府信息公开工作，网站成为实施政府开放式决策主载体。区政府常务会议通过“中国萧山”政府网进行视频直播，《政府工作报告》（征求意见稿）网上公示，均为萧山历史上第一次。

【网站直播萧山区政府常务会议】 2009年3月，区政府出台《杭州市萧山区人民政府常务会议网上视频直播、视频互动实施方案》，明确政府常务会议研究的重大行政事项，特别是涉及民生方面的议题，原则上通过“中国萧山”政府网进行视频直播。4月8日，通过政府门户网站首次视频直播区政府十四届九次常务会议。7月29日，“中国萧山”政府网站和全省最大的户外LED全彩屏全程直播区政府十四届十二次常务会议，共获点击9558次，主题及回帖数638条。这种政府常务会议网络视频加户外大屏幕同步直播在全国也是首次。会议结束后，又及时把《区政府常务会议对市民和网友意见建议的回复》，通过政府网站的民意征集栏目向社会公开，引起社会各界的广泛关注。直播工作得到区政府主要领导的充分肯定。

【网上首次公示《政府工作报告》（征求意见稿）】 2009年初，区信息中心把政府网站的民意征集栏目作为向社会征求建议的主要渠道，将《政府工作报告》（征求意见稿）通过网站向广大市民征求意见建议。《政府工作报告》一周内累计点击下载量达1000多次，“萧山政务论坛”相关跟帖60多条，点击量6200多次，网友反应热烈，有的市民还通过邮件寄来长篇文章，许多有价值的意见建议被吸纳到《政府工作报告》中。12月22日，区政府又通过政府网站对2010年《政府工作报告》（征求意见稿）进行公示，征求广大市民意见，反响同样热烈。

【发挥政府网站媒介作用】 2009年，萧山政府网站先后举办一系列网上直播活动，还推出了2009年萧山区“两会”、区进一步构建权力阳光运行机制工作、第十一届萧山杜家杨梅节、科学发展观在萧山、第五届中国国际动漫节、首届萧山国际旅游节暨2009中国国际（萧山）钱江观潮节、区政府常务会议网络直播、萧山区开放式决策、萧山区“平安家庭”创建活动等专题，上级政府网站和“萧然在线”等也对部分专题同步作了链接，提高了网宣效果。举办围绕以“提供便捷网络服务，营造文明网络环境，打造和谐政民关系，享受品质网络生活”为主题的政府网站知识竞赛，网站美誉度和影响力进一步提升。网站互动更加活跃，其中区长信箱栏目至12月25日收到市民来信3792封，并予以及时答复，是上年同期的两倍多。2009年2月，区政府主要领导在政府网站的政务论坛上首次开设实名主题帖，倾听网友心声。该主题帖浏览量至12月28日达到24058人次。

【萧山区网上政务大厅（简易版）上线运行】 2009年12月21日，萧山区网上政务大厅（简易版）顺利上线试运行，实现36个部门的7000多项经过法制办审核并固化的权力事项的网上展示和检索。同时，政务大厅还为全区28个镇街、开发区和空港经济区的招投标中心搭建统一的招投标信息发布平台。

【政府信息公开工作】 2009年，萧山区在2008年“定规则、搭平台、强培训、促落实、营氛围”等工作的基础上，创新工作思路，整合资源，把信息公开工作与部门业务工作结合起来。如结合图书馆服务连锁体系的建设，在不增加投资的情况下，区信息中心指导区图书馆在200多个镇村分馆设立了萧山区政府信息咨询查询点，为群众提供了零距离的政府信息公开咨询和网络代查服务，受到当地居民的欢迎。杭州市信息办领导还专程赴萧山考察调研镇村分馆政府信息咨询查阅点和物价局价费公示牌等运转、设置情况，对萧山整合资源、送政府信息下乡的创新之举予以充分肯定。四季度，区信息中心先后对96个部门的信息公开工作情况进行督促，要求各单位及时完善规章制度，起草信息公开年度报告，做好相关台账。到年底，全区政府网站可供查询的现行政府规范性文件累计5700余件，发布各类政务信息16000多条，依申请公开57条，公布行政许可事项的办理结果92912条，各单位的信息公开年度报告等也一一上网公布。

【视频直播纪委基层站所负责人“公述民评”大会】 2009年4月22日上午，区纪委、区作风办组织临浦镇辖区5位基层站所负责人开展“公述民评”活动。市、区两级纪委，区委组织部，区人事局，临浦镇有关领导和40多位民评代表参加了“公述民评”大会，并进行现场评点和打分。该“公述民评”活动首次尝试在区政府门户网站上直播，在省内也是第一次，得到许多网民的积极响应和好评，回复帖子150多个。

【完成信息中心软硬件升级改造项目】 2009年第四季度，区信息中心对机房部门网站服务器、机房空调设备和反垃圾邮件系统、防杀毒系统，以及视频点播系统、人口库建设项目等进行集中部署。全区协同办公平台系统也在年内上线试运行，并在一些单位推广应用。这些项目的实施将大大增加中心软硬件的平台配置和服务能力，提高信息安全等的可控性，节约电子政务整体运行成本。

【区电子政务软硬件应用平台运转正常】 2009 年，该平台先后为部门提供网站虚拟空间 40 多个，域名解析累计 70 多个，托管部门应用服务器 20 多台，为 4300 多名机关工作人员和规模以上企业用户提供电子邮件服务，大大节约了硬件投入和运维成本。面向各部门开放的区短信平台全年累计发送短信超 110 万条次，节约了大量的通讯费用和时间，更提高了办公效率和质量，成为全区应急预案中的重要保障措施。电视电话会议系统运转平稳。全年累计召开中央、省、市各级电视电话会议 68 次。完成杭州市党政视频会议系统（涉密和非涉密）的安装调试工作，并顺利通过测试。购买的国家信息中心的中经分析、中经视频和国务院发展研究中心的国研报告等数据库为内网用户提供每天 50 多万字的权威政经信息。

（萧善良）

邮政

【概况】 2009 年，萧山区邮政系统有从业人员 689 人，63 处营业网点和 100 个报刊零售亭遍布城乡，其中全国联网统版储蓄网点 50 个、全国联网电子汇兑网点 51 个、进入银联的 ATM 机 40 台，干线邮路单程总长约 463 千米、投递路线单程总长约 3398 千米，全区设立了 30 个社区邮政服务中心和 483 个农村邮件到户接转站。全区邮政系统完成业务总收入 16707.48 万元，比上年增长 24.99%。

【邮务类业务保持良好发展势头】 2009 年，邮务类业务实现业务收入 4235.65 万元，比上年增长 15.36%。函件：完成业务收入 1575.53 万元，增长 34.39%；完成数据库商函 640.77 万件、邮送广告 1864.91 万件；贺卡业务实现收入 550 万元，净增 194 万元。报刊：完成业务收入 1121.50 万元，增长 14.36%，其中报刊零售业务收入完成 502.74 万元，增长 8.46%。全面完成 2010 年度报刊流转额收订任务，一次性收订流转额比上年增长 10%，党报党刊、新华社重点报刊和包销报刊全部完成计划指标。包件：完成业务收入 335.35 万元，比上年降低 2.06%。受金融危机影响，国际包裹下降明显；同时，快包、普包大量被经济快件分流。集邮：完成业务收入 568.47 万元，增长 3.31%。

【速递物流类业务快速增长】 2009 年，积极推进邮政速递物流改革，完成对速递物流的注资和人员划分、客户移交、建立专业核算体系等分业经营的各项准备工作。速递物流分账核算、预算分立，速递物流专业化改革取得突破性进展。全年速递物流类业务实现收入 4766.99 万元，比上年增长 26.78%。速递：完成业务收入 4105.68 万元，增长 31.66%，累计完成特快业务量 1028369 件，增长 65.62%。其中，完成国内特快业务收入 1604.23 万元，增长 38.66%；国际特快业务收入 2501.44 万元，增长 27.53%。累计完成国内特快业务量 853520 件，增长 49.10%。其中，同城特快业务量 71071 件，增长 35.18%。国际特快业务量 174849 件，增长 260.51%。全年无重大安全事故，上网及时率为 98%；收寄信息上网率国际、国内分别为 99%和 98%；查验平台查询答复及时率和有效率为 98%；量收系统信息采集率为 100%。物流：完成业务收入 661.31 万元，增长 3.06%。

【金融类业务实现新突破】 2009 年，金融类业务实现收入 6930.33 万元，比上年增长 41.45%，其中代理金融类业务收入 5282.14 万元，增长 17.36%。邮政储蓄余额 35.5 亿元，增长 7.33 亿元，为历年之最，其中对公存款业务 2.79 亿元。通过坚持发展代理金融、代理保险等业务，有效地改善了存款结构，提高了经济效益。信贷发放额度累计结存 49219.28 万元，其中二手房按揭贷款业务快速高效发展，结余 894 笔，金额 40314.11 万元。汇兑业务国内发汇 74.5 万笔，兑付 17.8 万笔；国际发汇 242 笔，兑付 242 笔。

【信息增值业务高速发展】 2009 年，信息业务实现收入 627 万元，代收电信话费收入 247292.34 元，代理移动用户 33049 户，代理联通用户 24970 户，代理电信用户 9872 户，短信收入 52.48 万元。在全区邮政网点增加飞机票代售窗口 41 处、长途汽车票代售窗口 50 处，并利用邮政 11185 客户服务中心，免费为市民提供票务信息查询和短距离送票服务。

【邮银协调机制进一步完善】 2009 年，萧山邮政金融协调工作小组在邮政金融业务改革发展工作中发挥重要作用。邮银双方形成共谋发展、共创双赢的新局面。建立健全代理金融业务体系，成立代理金融业务部，配备经营管理人员，为代理金融业务发展提供组织保证。

【降本增效、流程优化等工作取得显著成效】 2009 年，加强 15 个重点镇街投递网建设，努力提升投递能力；加强降本增效工作，招待费、办公费、会务费、业务材料费、低耗品等支出得到有效控制；继续落实优秀劳务工转在岗员工工作，推进员工素质提升工程，开展不同专业、不同层次的培训。

【强化风险管控和效能监督管理】 2009 年，区邮政系统深入开展“安全生产年”隐患排查治理，扎实做好国庆 60 周年邮政安保维稳工作，认真贯彻落实邮政金融资金安全“三个规定”，加大通信质量、服务质量管理力度，加强星级评定工作，全局评选出星级营业员 107 人、星级投递员 60 人。加强舆情监控，做好信访和维稳工作，为企业发展保驾护航。

（叶　勇　缪奕蕾）

文化·体育·文博·档案

文化

【概况】 2009年，全区文化工作围绕"文化名区"建设目标，以城市化为带动，突出文化惠民，彰显文化和谐，加强文化管理，坚持文化传承，推进文化创新，各项工作呈现良好的发展态势。

【公共文化服务体系建设稳步推进】 2009年，按照"高起点规划、高水平设计、多渠道投入"的要求，以政府投入为主导、社会力量投入为补充的一系列文化设施相继建成并投入使用。3月20日，占地2公顷、建筑面积1万平方米、工程投资近1亿元的博物馆新馆建成开放。9月28日，占地5.53公顷、建筑面积约7000平方米、工程投资近1亿元的跨湖桥遗址博物馆正式开放。文化中心、博物馆新馆、江寺民俗文化园、跨湖桥遗址博物馆等大型文化设施相继建成，城区基本形成布局合理、功能完善的文化设施体系。同时，基层文化设施建设扎实推进。以创建东海文化明珠、文化村、文化社区为抓手，一大批上规模、高档次、多功能的文化设施相继在镇(街)、村(社区)落成。全国文化先进县(市、区)和10个镇(场)通过省级东海文化明珠复查。区级文化村、文化示范村、文化社区积极申报、创建。另外，社会力量投入文化事业力度进一步加大，湘湖吴越古文化博物馆等一批民间艺术馆相继开馆。

【文化信息化建设步伐加快】 2009年，文化共享工程萧山支中心建设继续推进，数字图书馆建设进一步加快。全国首个文化信息资源共享工程培训基地落户萧山。10月23—25日，承办全国文化信息资源共享工程知识与技能比赛。实施区公共图书共享连锁体系"4341"工程，新建镇级图书支馆7个、村级分馆110个，累计建成镇级图书支馆10个、村级分馆160个。杭州地区公共图书馆"九馆一证通"工程实施顺利。"图书馆服务宣传周"、"未成年人读书节"等系列活动蓬勃开展。全年接待读者165.4万余人次，书刊流通192.92万余册次，发放有效借书卡3.5万本，"湘湖讲堂"举办各类读者活动74场。

【大型文化活动不断创新】 2009年初，举办由中央民族乐团演出的"得力·半岛花园之夜"新年音乐会。元宵系列活动，推出灯展区28个，文艺演出30余场次，参与人数70余万人次。区第八届文化艺术节期间，举办吕薇个人演唱会、区第三届"十大青年歌手"大奖赛、"莲花落"名家专场演唱会、"歌唱祖国"经典歌曲演唱会等文化活动。举办中华人民共和国成立60周年"祖国颂"大型组歌舞蹈史诗晚会。

【群众性文化活动形式多样】 2009年，组织新春文化下乡活动，为农村居民送去文艺演出、电影、图书等丰富多彩的文化服务。农村"2131"工程数字电影放映活动正式启动，电影公司下乡进社区放映电影6150场，观众203万人次。绍剧团送戏下乡50余场，观众4万余人次。围绕庆祝中华人民共和国成立60周年，开展广场文化、文艺会演、社区文化展等群众广泛参与的文化活动。组织品牌艺术团巡回演出。

【加强文化市场日常监管】 2009年，围绕庆祝中华人民共和国成立60周年，深入开展文化市场专项整治、集中治理、联合执法和"扫黄打非"行动。充分利用"净网先锋"、"全球眼"等高科技监管平台强化文化市场监管。重点查处市民反映强烈的网吧、娱乐场所接纳未成年人的违法行为。严厉打击非法出版物的印刷、复制、销售等违法活动。配合工商、公安部门查处取缔未经许可擅自从事文化经营活动的违法行为和非法经营场所，加大对"黑网吧"、无证照电子游戏房和非法演出的查处取缔力度。强化对农村文化市场的监管。全年出动执法检查1298次，出动执法人员4527人次，检查各类场所6990家次，收缴各类违法物4.91万余件，取缔无证照文化经营活动1008家次。受理各类行政许可、审核项目1670件。

【加强开展联合执法】 坚持"一手抓繁荣、一手抓管理"的方针，建立健全行政执法、行业自律、社会参与相结合的市场监管体系，落实文化市场行政执法联席会议制度、信息通报制度和联合执法制度，充分发挥公安、工商驻文化部门行政联络室的作用，有效开展联合执法。2009年开展联合执法100次，受理举报投诉109件。

【非遗普查和申报成效显著】 2009年，积极申报非物质文化遗产名录项目，在已列入国家级非物质文化遗产名录项目2个、省级8个、市级12个、区级23个的基础上，新增钱塘江板盐、萧山萝卜干、河上龙灯胜会、坎山七夕祭星乞巧、顾家溪手工造纸5个省级，河上西山红石雕等5个市级，进化扇面画艺术等8个区级非物质文化遗产名录项 [illegible] 钱塘江板盐、南宋官窑、坎山七夕祭星乞巧3个项 [illegible] 非物质文化遗产名录。完成区第三次全 [illegible] 查工作，并通过省市验收，共调查文物 [illegible] 521处，13处文物点被推荐为杭州市 [illegible] 河申遗，调查浙东运河萧山段河道 [illegible] 处。

【引进和培养文化专业人才】 [illegible]

文物、图书等方面专业人员 11 人，充实文化队伍，改善文化队伍的知识结构和年龄结构。另一方面，加强在职培训。全年组织开展图书、文化市场、群文、社区指导员等培训 50 次，培训 8000 余人次，促进了原有文化队伍的知识更新和业务水平的提高。绍剧团在浙江省首届绍剧折子戏大奖赛中，获得中、青年组 5 个金奖、5 个银奖、8 个铜奖。文化馆、绍剧团等单位的文化工作者经常作为基层文化辅导员深入镇、街道、村、社区，开展文化服务活动。

（陈　勇）

体育

【概况】 2009 年，萧山区体育工作继续围绕全区体育事业发展的“六为”方针（以群众体育为本质，以竞技体育为核心，以体育经济为支撑，以体育设施建设为基础，以体教结合为活力，以体育管理为补充），以全面实施“四大工程”的基本工作思路，即健身工程、金牌工程、名片工程、实力工程，坚持突破重点、全面推进的方针，积极开展强区复检、强镇争创，征战市运会、筹划区运会等工作，实现萧山体育新的超越。

2009 年，萧山区体育锻炼达标人数 13.18 万人，达标率 100%。年末有等级运动员 73 人，其中一级 1 人，二级 21 人，三级 51 人。是年，获国家级运动会奖牌 3 枚，省级运动会奖牌 22 枚，市级运动会奖牌 208.1 枚；向省市输送运动员 5 人，输送学生 15 人；举办全区性比赛 568 场，参加比赛人数 2.86 万人次；全区有体育场馆 7 个。

【竞技体育显著进步】 2009 年，在杭州市第十七届运动会上，萧山区代表团共获得金牌 91.1 枚、银牌 62.5 枚、铜牌 54.5 枚，团体总分 1959.25 分，居金牌总数第五名的好成绩，实现“周期四年、专训四月、提升四位”的预定目标，创萧山近年来的最好成绩。

是年，参加浙江省特色学校排球赛，获 1 金 2 银 1 铜；参加浙江省中小学生羽毛球锦标赛，获 3 金 1 银 2 铜；参加浙江省社区运动会，获 3 金 1 银 2 铜；参加杭州市中小学生田径运动会，获 4 金 6 银 3 铜；输送到省体校训练的金利丹，代表浙江省参加全国青少年举重比赛，获得 3 枚金牌；向上级体校输送优秀竞技体育后备人才 22 名。

【开展“全民健身日”活动】 根据省、市体育局统一部署，萧山区政府下发《关于组织开展 2009 年全民健身日活动的通知》，以 8 月 8 日“全民健身日”活动为切入点，广泛开展群众性体育活动。8 月 8 日上午 8 点，区体育中心和各镇街分会场举行“全民健身日”庆典活动。区体育中心各场馆，全区中小学校、机关、企事业单位的体育运动场地免费向社会开放。全区机关企事业单位、镇街道、各体育协会开展各类活动 169 次，直接参与人数 4.8 万人次，为参与健身的市民送出 6000 多只电子计步器、1000 套“健身系列丛书”。

【……体活动异彩纷呈】 2009 年，区体育局组织第三届民营企……关爱民工子弟主题活动、全国技巧啦啦操锦标赛、全国女子围棋选拔赛、环湘湖健步走、全民健身宣传月活动、3 对 3 篮球挑战赛、乒超联赛、国际冲浪挑战赛、第二十二届老年人体育运动会、重阳登山、市运会举重比赛等大型群体活动与赛事。同时，组织、协助、帮助、参与各体育协会、体育组织、镇街、社区以及民间组织群众性体育活动 150 余次。据不完全统计，直接参与有组织的活动达 120 万人次以上。

【健身工程全面展开】 2009 年，按照“三位一体”的建设模式（即健身点、篮球场、乒乓球室在一起），全区完成 102 个健身点、75 个篮球场、59 个乒乓球室的建设任务，并完成杭州市下达给萧山区的全民健身工程 7 个健身点、10 个篮球场、5 个乒乓球室的建设指标。

【争创体育强镇活动】 2009 年，在各方面指标综合评定的基础上，区体育局确定河庄镇、党湾镇争创浙江省体育强镇，组织人员多次对创强镇进行摸底调查，督促硬件建设与台账建立等各项工作，两镇街于 11 月 17 日通过省创强验收组的考核验收。是年，8 个浙江省体育小康村通过考核验收。到年底，全区 59% 的镇街成功争创了浙江省体育强镇。

【成立萧山区体育彩票管理站】 2009 年，为加强对全区体育彩票工作的领导，确保体彩工作上下统一，根据杭州市体彩中心《关于在部分区、县（市）成立体彩管理站的通知》精神和《体彩管理条例》，体育局党委研究决定成立萧山区体育彩票管理站，将体育彩票授权区体育中心管理，实行两块牌子一套班子。全年新增体彩点 35 个，销量突破亿元。

（姚　刚）

文博

【概况】 2009 年萧山博物馆新馆顺利开馆，全国第三次文物普查工作实地调查阶段通过省、市验收，江寺大雄宝殿维修及安防整改工程顺利完成，成功举行临安吴越国王陵秘色瓷和陕西宝鸡青铜器、玉器精品展等。

【萧山博物馆新馆开馆】 2009 年 3 月 20 日，萧山博物馆新馆顺利开馆。新馆设“瓷器曙光”厅、“萧山历史名人”厅两个固定陈列厅和精品厅、书画厅、引进展览三个临时展厅。“瓷器曙光”厅系统展示古代萧山制瓷业的历史，充分显示萧山作为中国瓷器发源地之一的成就；“萧山历史名人”厅陈列萧山历史上百余位名人，以名人业绩述说萧山历史。全年举办各类展览 62 期，参观人数 55 万多人次，接待中小学生 7 万多人次，其中国外观众 120 多人。

【引进展览】 2009 年，在“国际博物馆日”和第四个“中国文化遗产日”宣传活动期间，区博物馆从临安引进“千峰翠色——吴越国王陵秘色瓷特展”，展出越窑秘色瓷 30 件，参观人数达 1 万多人。年末，引进陕西宝鸡青铜器博物馆的“金玉同辉迎新年——陕西宝鸡西周青铜器、玉器精品展”，展出的 48 件青铜器凝重华美、造型雄浑、纹饰古朴、品种多样，展示了西周玉器独特的艺术魅力。

【萧山古陶瓷赴温州等地展出】 2009 年末，为打造“中国瓷器发源地之一"这张萧山历史文化金名片，区博物馆与温州博物馆联合承办"火铸瓷魂——萧山古陶瓷精品展"，展出文物132件，包括从商周至唐宋时期的印纹陶、原始瓷器和越窑青瓷，展品造型独特、工艺精湛。其中西晋越窑青瓷武士俑和仕女俑、战国原始瓷瓿为萧山博物馆的镇馆之宝，此次展出受到广大温州观众的热烈欢迎。

此外，区博物馆有两件五代舍利铜塔在台湾交流展出，这是萧山文物首次赴台展出；17件南宋青铜器和越窑青瓷器在杭州历史博物馆展出；3件萧山本地出土的春秋战国原始瓷在省博物馆展出；22件跨湖桥遗址出土的骨器、石器和陶器在省博物馆武林新馆展厅展出。

【全国第三次文物普查工作实地调查阶段通过验收】 2009年，全国第三次文物普查工作实地调查阶段顺利通过浙江省和杭州市验收。普查队共调查文物点2414处，其中登录744处、一般登记1642处、消失文物28处。普查中发现一批古遗址类、新石器时代遗存、摩崖石刻等重要史迹，具有较高的文物价值。3—4月为配合大运河申遗，调查了浙东运河沿线125处文物点。12月，按照省文物局要求，将浙东运河河道本体及浙东运河纤道申报"国保"单位。清理湘湖窑里坞一座明代古墓和闻堰镇一座晋墓。

【萧山博物馆被列为"杭州市青少年学生第二课堂活动基地"和萧山区爱国主义教育基地】 2009年，萧山博物馆被列为"杭州市青少年学生第二课堂活动基地"和萧山区爱国主义教育基地，积极创造条件，在基地建设中做了许多有益的尝试。开展杭州市中小学生首届第二课堂学习竞赛题目征集工作；组织接待中国少年新闻学院杭州分院120多位学员到区博物馆参观采访，《萧山日报》刊登《千年文化之旅，感受先民智慧》专版文章；参与"美德夏令营"、"春泥计划"活动，为来馆参观的1000多名中小学生提供优质服务；配合"金玉同辉"展览开展青铜器纹饰拓片教学活动，得到师生和家长的好评。

（赵洪林）

档案

【概况】 2009年，全区档案工作突出服务民生新理念，加强队伍和新馆建设，做好档案资料接收征集工作，积极开展数字档案室的创建，不断提高档案服务和编研水平。各镇街档案工作全部达到省一级管理标准，实现镇街档案工作目标管理省一级标准全覆盖。

【档案新馆通过检验】 2009年，萧山档案馆新馆经过两年的施工建设，全面建成，12月31日通过综合验收。新馆外观现代流畅，功能齐全完备，为萧山档案事业的新发展提供了一个新的平台。

【档案查阅服务水平不断提高】 2009年，接待查档9322人次，查阅档案10883卷、资料416册，出具证明20161页，较好地发挥了档案的作用。同时，区档案馆作为区政府信息公开查阅受理点和依申请受理点，完善有关规章制度，积极接收整理各政府信息公开单位的文件，及时向社会公开相关信息，保证了公众的利用需求。

【档案资料接收征集工作稳步开展】 2009年，区档案馆接收28家单位2008年度档案13857件、266卷。其中名人档案22件，重大活动3个项目、134件；各类奖牌、奖状98件；纸质照片1770张、电子照片4034张，光盘280张。征集到《萧山瑛珠桥赵氏宗谱》、《萧山桃源许氏宗谱》及纪念中华人民共和国成立60周年和湘湖地区社会变迁研究等重要资料1129册。

【档案编研工作出新成果】 2009年，区档案馆编印了《历史的跨越——新中国成立以来中共萧山区（县、市）历次代表大会资料汇编》，市委常委、区委书记洪航勇为该书作序。该书收编了中共萧山区（县、市）1956—2009年间召开的13次代表大会的档案资料，记载萧山工业化、城市化、现代化发展之路，反映党领导萧山人民把一个一穷二白、资源匮乏的农业县变成富裕和谐大都市强区的历史进程，对了解和研究萧山党史具有重要的参考价值。

【开展数字档案室创建和档案登记备份试点工作】 2009年，全区新建数字档案室35家，累计86家。数字档案馆（室）资源共享延伸到区内200多个村、社区，方便基层群众查档。萧山区档案信息化工作在全省综合档案馆信息化评估中名列前茅，区档案局承担的省级科研课题《基层数字档案室规范化研究》获国家档案局科技进步三等奖。根据省档案局统一部署，萧山区档案局被列入全省第一批档案登记备份试点单位。

【创建省、市级示范档案室】 2009年，坎山镇三盈村等4个村的档案室被命名为"浙江省行政村示范档案室"，瓜沥镇城中社区等3个社区的档案室被命名为"浙江省社区示范档案室"，城厢街道丁家庄社区等15个社区的档案室被命名为"杭州市示范社区档案室"。

【依法开展档案工作年检】 2009年，区档案局对99家单位开展档案工作年检，优秀率为82.8%，无不合格单位。从年检情况看，各单位比较规范地开展了年度档案资料的收集、整理、移交工作，机关档案"收、管、用"水平明显提高。

【加强档案队伍建设】 2009年，区档案局组织各类档案业务培训班7期，400人次受训。组织档案工作人员参加各类业务知识培训和档案职称考试、职称评定，全区有2人通过档案副高职称评定。

【档案学会积极开展活动】 2009年，档案学会组织参加区科协科普宣传周活动，向社会公众宣传政府信息公开的查询内容、查询规定和开放档案的内容介绍，分发档案编研成果和宣传资料1000余份。深入开展档案学术研究，5名会员获得省档案学会2008—2009年度档案学优秀成果一、二、三等奖，其中杨朝华的论文《推进数字档案室建设 争做服务民生的先行者》获得省档案学会优秀成果一等奖。

（赵　伟）

新　　闻

广播电视

【概况】 2009年，区广播电视台按照区委十三届六次全体(扩大)会议提出的“抢抓新机遇，应对新挑战，加快城市化，带动新发展”的总要求，紧紧围绕建设区域性强势传媒综合体这一目标，继续解放思想，大胆创业创新，把握舆论导向，提升舆论引导水平，为全区实现科学发展新跨越营造良好的舆论氛围。

【完善本土新闻黄金链】 2009年，区广播电视台围绕“地方新闻立台、打造本土优势”，把区委、区政府中心工作和本地新闻素材作为广播电视宣传的核心内容，加强各档新闻类节目的反应速度，高度重视“第一现场”效应，对区域内发生的一些重大活动实现现场直播，对重点项目进行定期跟踪，对突发事件建立应急传播机制，加强热线对话与短信交流，加强新闻记者值班，深化沟通互动机制，努力做精《萧山新闻》，做强《热线188》，做深《萧广关注》、《社会聚焦》，打造一条完整的本土新闻黄金链。全年播出《萧山新闻》、《萧广快讯》新闻稿件11000多篇，播出《农村大世界》、《新闻纪事》、《妇女之声》、《人口与计划生育》、《党风廉政之声》等专题480多组。电视《萧山新闻》播出本土新闻7000多条，《热线188》播出民生新闻4000多条，《社会聚焦》播出52期。

【重大报道影响深远】 2009年，针对区“两会”、第五届中国国际动漫节、第十五届中国国际化纤会议、第十一届萧山杜家杨梅节、首届萧山国际旅游节暨2009中国国际(萧山)钱江观潮节、首届萧山农博会、第十五届中国羽博会暨首届萧山国际羽绒节等重大活动，全力做好宣传配合工作。同时，紧密结合区委、区政府中心工作，推出多个大型系列报道。如针对经济危机，推出“应对危机、破冰迎春”主题报道；针对“调结构、保增长”要求，推出“拓市场、扩投资、促消费、保增长”主题报道等。特别是在全区深入学习实践科学发展观活动启动后，及时推出“科学发展观在萧山”、“发挥党建优势、促进企业发展”、“开展学习实践活动、推进基层组织建设”等主题报道，有力地推动了全区深入学习实践科学发展观活动的开展。

【加强舆论监督】 2009年，区广播电视台以《萧山新闻》、《热线188》、《社会聚焦》等新闻类栏目为平台，继续加大舆论监督力度。《萧山新闻》推出“记者视点”，对群众关心的热点、难点问题进行分析和解释，提高了节目的可看性和贴近性，有效引导了社会舆论。《热线188》栏目对房屋质量、河道污染、消费投诉、工资拖欠、文物保护、交通事故、营运市场等群众反映的热点问题进行连续跟踪报道，形成数十组有深度、有力度的连续报道，播出后成为社会热门话题，促成了问题的解决。《社会聚焦》栏目推出《黑心电子秤的背后》、《玩具质量良莠不齐 安全问题令人堪忧》、《干粉灭火器的维护内幕》等一批有影响的报道。

【外宣工作全省领先】 2009年，区广播电视台不断拓宽对外宣传、对外文化交流的领域和渠道，加大与中央、省、市各级媒体以及美国斯科拉电视网的交流力度，调集首席编辑、记者担任外宣通联，加强外宣作品的策划力度，客观全面地向外界介绍萧山、宣传萧山，努力提高萧山在外界的美誉度和知名度。广播、电视在上级媒体的发稿量在全省遥遥领先，先后获得2009年度浙江省广播新闻协作奖特等奖和电视新闻协作电视一等奖，《金融危机下，企业转“危”为“机”谋转型》、《我区非公企业党组织帮助企业逆境中求发展》等报道先后上了中央电视台《新闻联播》。

【节目创优成果斐然】 2009年，广播《太阳花》栏目、广播剧《小山雀——山乡未来》荣获全国少儿节目精品奖、鼓励奖，广播《农村大世界》栏目被评为全省对农十大优秀栏目，电视《热线188》栏目被评为杭州新闻名栏目和杭州市政府品牌建设优秀栏目奖。在省、市广播电视节目评比中，共有49件新闻、社教、文艺和播音主持等作品获奖。其中，省级获奖作品11件，包括一等奖2件，二等奖4件，三等奖4件，优秀栏目奖1件；杭州市获奖38件，包括一等奖11件，二等奖16件，三等奖10件，优秀栏目奖1件。在省广播电视技术质量奖评选中，萧山广播电视台选送的广播电视节目全部获奖。其中，广播节目《母爱的光辉》、《说德》获省广播录制技术质量评比语言类二等奖，绍剧《死后留名》、莲花落《翻天覆地》分获戏曲类二等奖和三等奖；电视《萧山新闻》、《热线188》、《好吃水果有秘诀》、《萧山商贸品质颁奖晚会》分获省电视录制技术新闻类、专题类、综合文体类三等奖。

【推进广告规范管理】 2009年，为配合调频广播节目调改，区广播电视台以社会效益为重，大幅缩减广告时间，将白天7个专题广告时间段压缩到2个。按照《中华人民共和国广告法》等有关规定，认真进行广告播前审查，对一些较为敏感的广告或受众反响较为强烈的广告，及时修改或停播，全年调频广播停播的广告额达250万元。同时，面对金融危机带来的不利影响，积极拓展渠道，努力提高创收能力，广告经营频现亮点。继续深化行业线承包机制，增强创收潜力。注重广告与市场动态结合，将广告经营指标每月每周分解、落实到位，建立广告经营分析会制度，对广告市场以及经营情况进行分析总结，及时解决广告经营中存在的实际问题。在稳定现有广告的基础上，积极引进品牌广告及外地广告，提升萧山广播电视台广告档次，促进广告经营的可持续发展。

【推出重大突发事件新闻报道工作预案】 2009年，为规范重大突发事件新闻宣传报道工作，及时、准确、有效地进行重大突发事件新闻宣传报道，澄清事实，解疑释惑，满足受众知情权，主动引导舆论，维护社会稳定，最大程度地避免、缩小和消除因突发事件造成的各种负面影响，为妥善处置突发事件营造良好的舆论环境，区广播电视台出台《萧山广播电视台重大突发事件新闻报道工作预案》。《工作预案》对区广播电视台在做好重大突发事件新闻宣传报道时应遵循的工作原则和工作机制等做了严格细致的规定，确保及时、准确、有效地进行重大突发事件的新闻宣传报道。

【面向国内五大名校招聘编辑记者】 2009年，为促进广电事业发展，区广播电视台在国内五大名校(北京大学、清华大学、复旦大学、浙江大学、中国传媒大学)招聘就业网上发布招聘启事，报名人数超过百名。经过初选，符合条件的有30人。经过笔试和面试，录用4人，其中硕士生2名(浙江大学、中国传媒大学各1名)、本科生2名(清华大学、浙江大学各1名)。

【湘湖网获浙江广电系统十佳网站】 2009年，湘湖网获浙江广电系统十佳网站。由区广播电视台创办的湘湖网是萧山区主要新闻网站和视频网站。自创办以来，湘湖网发挥萧山广播电视新闻资源的优势，先后开设9个新闻板块和21个专题板块，日更新内容500多条次，是全省区域性广电系统网站中规模最大、速度最快、内容最全的网站，得到浙江省广播电影电视局、浙江网络电视联盟的高度评价。

【拍摄全区第一部网络剧】 2009年，由区广播电视台下属湘湖网、萧山影视家协会、萧然女子医院联合摄制的网络剧《我为天使狂》拍摄完成，并在湘湖网(www.xianghunet.com)上开播。网络剧《我为天使狂》共6集，每集15分钟，讲述一个年近30的富家子弟为追求一位美丽的护士所引发的一系列幽默故事。该剧所有演员都通过网络招募，所有场景均在萧山境内拍摄。

【举办"德圣之夜"·萧然春潮——2009年萧山区春节联欢晚会】 2009年1月20日晚，由区广播电视台主办的"德圣之夜"·萧然春潮——2009年萧山区春节联欢晚会在萧山剧院举行。本届春晚以本土化、原创化为特点，将抗震救灾、奥运会等国家大事与萧山结合。无论摇滚说唱，还是小品、歌舞、戏剧等，都带有浓浓的乡土味和年味，收到非常好的演出效果。曾被温家宝总理抱过的四川地震灾区小女孩冯婉露，在现场用稚嫩的歌声讲述了自己灾后在萧山求学、受到萧山人民关爱的故事。《奥运·萧山》节目中，萧山区参与北京奥运升旗仪式的畲族少女蓝燕菲用自己青春的歌声和舞姿，道出了奥运的激情和欢乐。此外，本届春晚是首度走进大剧院，拓展了舞台空间，使千余名百姓观众有机会亲临晚会现场。

【推出十大活动庆祝中华人民共和国成立60周年】 从2009年3月开始，区广播电视台抓住中华人民共和国成立60周年的契机，精心策划，广泛深入地进行爱国主义主题教育。下属电视、广播、网络三大媒体平台同步推出《亲历解放》系列报道、红色经典电视剧展播、《魅力萧山之旅》系列专题、"唱响我家乡——2009镇街品牌文化艺术团欢乐秀"活动、《巨变中的记忆》主题报道、《我和共和国共成长》专题、《我的名字叫"国庆"》专题、《寻访红色足迹》系列报道、《美文赞祖国》大型征文活动，以及与浙江人民广播电台联办的《精彩浙江——直播萧山》节目等十大活动，以新闻、专题、文艺、征文等多种形式扩大宣传的覆盖面、增强影响力，强势推进庆祝中华人民共和国成立60周年报道，全方位展示60年来全区三个文明建设取得的伟大成就，为庆祝中华人民共和国成立60周年营造良好的舆论氛围。

【举行2009镇街品牌文化艺术团"欢乐秀"活动】 2009年3月，由区委宣传部和区广播电视台联合举办的"唱响我家乡——2009镇街品牌文化艺术团欢乐秀"活动全面启动，全区27个镇街(场)派代表参与。参赛选手通过"我爱家乡"、"我是明星"、"我为歌狂"三个环节，全面展示各镇街的经济社会发展成就和群众文化建设成果。活动期间举行了10场比赛，150名本土演员参加演出，2800名观众现场参加活动。9月22日，在区广播电视台600平方米演播厅举行决赛，决出网络最高人气奖、优秀组织奖等11个奖项。其中，新塘、瓜沥、城厢三镇街分获"我为歌狂"环节一、二、三等奖；瓜沥、城厢、新塘三镇街分获"我是明星"环节一、二、三等奖；闻堰、新塘、城厢三镇街分获"我爱家乡"环节一、二、三等奖。河

2009年9月22日，镇街品牌文化艺术团欢乐秀决赛 （傅展学摄）

上、坎山、北干等镇街获得组织奖，楼塔、宁围、城厢等镇街获得优秀组织奖。该活动得到广大电视观众和网民的广泛关注，决赛结束之前在湘湖网上的投票数达到143317张，其中城厢街道“城厢是我们共同的家园”以77544票获得“我爱家乡”环节的网络最高人气奖，城厢街道的丁佳君以2750票获得“我是明星”环节网络最高人气奖。在2009年度杭州新闻奖评选中，该活动获得社会活动奖项二等奖。

【完成首次跨区移动直播】 2009年3月12日，区广播电视台广播直播车跟随参加全区领导干部读书会的160余名领导干部到余杭区，成功完成首次跨区广播移动直播任务。在活动中，广播直播车担负着为与会领导介绍读书会情况、余杭区有关行政及相关景点概况的任务。针对这次广播直播持续时间长、情况复杂的实际，区广播电视台技术工作人员克服路途远、道路不熟悉，又逢天下大雨等困难，在直播工作中积极配合协调，圆满完成180分钟的跨区移动直播。

【FM107.9直播室完成数字化升级】 2009年3月17日凌晨，在经过近两个月的安全测试运行，萧山人民广播电台调频直播室播出系统进行全面升级，启用与国际接轨的全数字化调音台KLOTZ—DC2以及数字CD机等配套设备。该数字调音台内流动的是数字信号，可以方便地直接用于数字效果处理装置，节目的播出比原系统的信噪比和动态范围更高，各通道的隔离度也大大提高，确保了节目的优质、稳定、安全播出。

【招募路况信息员】 2009年，为更好地发挥广播在交通管理中的特殊作用，区广播电台联合区交巡警大队、区运管所，从5月底开始面向社会公开招募路况信息员。经过面试、审查，有90名责任心强、热心公益事业、有一定文字或口头表达能力的驾驶员正式成为路况信息员。

【举办“最红杯”萧山区首届小主持人大赛】 2009年5—7月，区广播电视台、共青团萧山区委、区教育局联合举办“最红杯”萧山区首届小主持人大赛暨萧山少儿广播艺术团成员选拔赛，经过初赛、复赛和决赛，评出“最佳小主持人奖”、“优秀小主持人奖”以及“童星风采奖”等奖项。参加决赛的30位小朋友和参加复赛的20位有艺术特长的学生，也成为萧山少儿广播艺术团的首批成员。

【开展调频广播收听率抽样调查】 2009年6月，区广播电视台对8个镇街开展调频广播收听率调查。抽样调查结果显示，萧山人民广播电台调频广播中，新闻节目《萧山新闻》和《萧广快讯》在调查表“喜欢收听”一栏80票中分别获得68票和60票。在广播专题节目中，《农村大世界》、《走近法律》、《党风廉政之声》、《梨园青草地》、《听众服务台》等节目也在“喜欢收听”一栏获得高票。在调查中，不少热心的听众还对今后如何办好广播节目提出许多宝贵意见和建议。

【推出第四档电视日播栏目《天天看萧山》】 2009年6月29日，萧山广播电视台推出第四档电视日播栏目《天天看萧山》。该栏目是区广播电视台为了进一步优化整合萧山电视台现有专题节目资源，更好地展现萧山在打造生活品质之区过程中取得的成绩，在整合大多数联办栏目的基础上，推出的一档全新电视专题日播栏目。栏目围绕区委、区政府的中心工作，把萧山广播电视台现有大多数联办专题栏目纳入其中，统一编排、摄制、播出，为观众传递各方资讯，聚焦深度报道，解读政策时事。该栏目包括《资讯天天看》、《城市大聚焦》、《政策时事通》等几个小板块，周一至周五19:50首播，栏目长度为10分钟。与已有的三档电视日播栏目《萧山新闻》、《热线188》、《生活360°》相比，该栏目较好地把握了自身的定位和主题，充分体现出正确的舆论导向，立足为受众服务，全面反映社会动态，及时解读百姓关心的政策和信息，信息含量丰富，节目表现手法多样，后期制作也较为精良。

【举行“萧山最具增值潜力楼盘”评选活动】 2009年8月13日，由区建设局和区广播电视台共同主办的“萧山最具增值潜力楼盘”评选活动启动。该活动旨在从规划、设计、施工、管理、服务等与房地产品质息息相关的方面入手，推选出一批能够代表萧山精品楼盘水平的优秀代表，为购房者提供前瞻的信息和创造相互比较的条件，作为安家置业的参考。此次评选活动共角逐出13个优质楼盘，安联·滨水名庭、华瑞·湘湖美地、泰和天辰国际广场、得力半岛花园、盛元·蓝爵国际、东南花城名苑、天乐云都、顺发·旺角城、汇宇花园、众安景海湾等10个楼盘获得“萧山最具增值潜力楼盘”称号；中冠置地大厦、大成名座、浙江新农都现代农产品物流中心3个楼盘获得“萧山最具增值潜力综合楼盘”称号。11月18日晚，举行“萧山最具增值潜力楼盘”评选颁奖典礼。

【大型直播活动《精彩浙江——直播萧山》取得成功】 2009年9月26日上午9时整，在“祖国生日快乐”的祝福声中，FM88、AM810浙江之声和FM107.9萧山人民广播电台并机直播的庆祝中华人民共和国成立60周年大型直播活动《精彩浙江——直播萧山》正式开始。在长达一个小时的节目中，集中展示了萧山60年来特别是改革开放以来的工业经济、城市建设、民生保障、旅游文化等四个方面的成就。

【推出《巨变中的记忆》系列报道】 2009年，为庆祝中华人民共和国成立60周年，区广播电视台开展了《巨变中的记忆》系列报道工作。该报道有着以下几个显著的特点。一是宣传效果好。整组报道生活气息浓郁，镜头语言准确生动，脉络结构流畅清晰，思想内涵深远厚实，有打动人、感染人、震撼人的力量。二是报道篇数多。近一年的采访，采写播出《巨变中的记忆》64篇。三是播出时间跨度长。从8月17日开播，到11月8日播完，时间跨度近3个月，为全区庆祝中华人民共和国成立60周年营造了浓郁的氛围。四是参与程度广。《巨变中的记忆》参与人员多，参与程度深，持续近一年的采编工作，充分锻炼了队伍，提高了一线记者的业务水平。五是采编难度大。首先是当事人难找。每一篇报道稿，必须找到事件的亲历者。由于历史久远，有些人很难寻找，一个题材往往联系采访就要很长一段时间。其次是镜头难找。这次采写最困难之处在于历史图片镜头难找，为此记者们不得不付出加倍的努力。报道结束后，萧山广播电视台推出庆祝中华人民共和国成立60周年报道集《巨变中的记忆》一书，收录萧山广播电视台2008年采写的同名系列报道的全部内容，从一个侧面记录了萧山60年来的点滴变化。

【“澳门豆捞”杯萧山区首届职工戏曲票友大赛落幕】 2009年11月20日晚，由区广播电视台和区总工会等单位主办的“澳门豆捞”杯萧山区首届职工戏曲票友大赛总决赛举行。经过戏曲演唱和戏曲知识问答，最终决出十大戏曲票友和十大戏曲新秀。在颁奖晚会上，萧山人民广播电台“梨园青草地”戏迷俱乐部同时成立。

【萧山区首档普法专题电视节目开播】 2009年11月29日，萧山区首档普法教育专题电视节目《萧山法治》开播，每周一期，每期10分钟，每周日19:50—20:00播出，次日上午7:40—7:50重播。节目设置《法治动态》、《每周学法》、《以案释法》、《法制竞答》等栏目，通过法律法规宣讲、典型案例剖析等形式，向观众普及法律知识。栏目特别聘请萧山区法治战线的16位工作人员为特邀嘉宾。

（陈劲林）

日报

【概况】 2009年，《萧山日报》在杭报集团的领导和区委宣传部的指导下，采取积极措施，坚持创新驱动，依靠活动推动，实现了新闻创新、广告经营和报业管理同步推进、协调发展。

【“萧山日报社综合发展文化产业”入选“2009年中国报业十大事件”】 2009年，由中国人民大学传播媒介管理研究所、中国政法大学传媒与文化产业研究中心联合举办的“2009年中国报业十大人物和十大事件”评选结果揭晓，“萧山日报社综合发展文化产业”入选“2009年中国报业十大事件”。两家评选机构在介绍该报入选理由中说：“2009年，萧山日报社已经成为杭州地区最具成长性的文化创意产业机构之一，该报社积极拓展相关产业链，从媒体责任和媒体专长出发，多元发展，在现代传媒业的发展道路上迈出了坚实的步伐。”

【第二届中国报业阅报栏户外媒体协作网大会在萧举行】 2009年10月18—19日，由中国报业协会、河南日报报业集团和杭州日报报业集团共同主办的第二届中国报业阅报栏户外媒体协作网大会在萧山召开。全国50多家省、地市党报和县（市、区）域报领导及报社所属户外媒体负责人和知名广告公司负责人参加。中国报业协会秘书长赵连宏出席会议并作重要讲话，协作网大会主席、河南日报报业集团总经理张建通报协作网成立一年来的主要工作情况。

【萧山网创新“两会”报道】 2009年区“两会”期间，萧山网创新报道形式和报道内容，以视频新闻的形式，对人大开幕式进行了全程视频直播，还通过《MM说新闻》栏目进行视频播报。在创新报道内容上，开通“代表委员博客”，共有18人写博客，涉及“要合理用好纳税人的每一分钱”、“有些问题要多沟通”、“同城同待遇尽早全接轨”等话题，社会反响良好。2月16日，新当选区长盛阅春在第一个工作日和常务副区长许岳荣一起，率有关部委办局领导到萧山网新闻会客厅，就“加快经济发展，关注民生福祉”话题与网友对话。

【实行新一轮改版】 2009年9月21日起，《萧山日报》开展自2003年加盟杭报集团以来最大的一次改版。此次改版有五大特点：一是报型变瘦，报头中移；二是版面增加，每周版面由80个扩为88个，其中纯新闻版48个，比改版前增加11个；三是要闻版增加到2个，头版新设《湘湖时评》专栏；四是每周新设5个经济版、5个现场版、5个天下版、4个星闻版，e动版由2个扩大到5个；五是新设了《今日体验》、《春春庭记》等一批栏目。为加强改版后的新闻图片和版式的统筹管理工作，经社委会研究并报经集团同意，该报成立视觉中心，聘任图片总监和版式总监，招聘2名摄影记者，选聘3名特约摄影通讯员，较好地解决了图片和版式质量问题，确保版面主图的质量。

【《新闻直通车》推动新闻采写创新】 2009年3月9日，《新闻直通车》正式发车。这是《萧山日报》创新新闻采写方式、变热线记者“被动坚守”为“主动出击”的一项创新举措。市文广新局《审读通报》称：该报“新闻直通车”直通民生、直击民意，组织策划了不少与百姓生活、群众利益息息相关的活动，加重了报道的分量，是新闻宣传实践“三贴近”和服务三农、为百姓解难、为百姓服务的具体体现。在集团举办的《新闻直通车》研讨会上，集团总编辑赵晴、省记协秘书长陈宗泽、浙大新闻系系主任沈爱国等领导和专家给予了高度评价，称赞“《新

2009年11月20日，“澳门豆捞”杯2009萧山首届职工戏曲票友大赛决赛

（朱世恩摄）

闻直通车》是新闻报道的一大创新”。

【举行《萧山日报》创刊55周年庆典暨中国县(市、区)域报高层峰会】 2009年12月16日,《萧山日报》创刊55周年庆祝大会在金马饭店举行。国家、省、市有关部门领导,区四套班子领导,国内新闻界专家,全国部分地市报和各县(市、区)域报代表,全省县(市)新闻(传媒)中心负责人,杭报集团主管部门负责人,全区相关部委办局、各镇街、部分企事业友好单位负责人,该报老领导和新老报人代表等,共300多人出席会议。庆祝大会之后,还举行“信核数据”中国县(市、区)域报高层峰会。峰会由中国新闻出版报社、中国报业杂志社、中国县(市)报研究会、杭州日报报业集团共同主办,主题是“媒体大变局下,中国县(市、区)域报未来的走势和战略选择”。这是2003年全国报刊治理整顿后的县(市、区)域报最高层次的峰会。

【开展系列重大主题报道】 一是区委常委作客萧山网“共商科学发展”报道。从2009年6月开始,区委常委走进萧山网新闻会客厅,与网友开展“共商科学发展”系列对话活动。《萧山日报》及时跟进,在头版和二版分别推出重点报道及“对话实录”,先后刊发市委常委、区委书记洪航勇等9位区委领导与网友对话的图文新闻40多篇。

二是中华人民共和国成立60周年大型主题报道。2009年9月推出“吾国吾家·60年萧山记忆”大型特刊,全面展示100多个机关部门和品牌企业60年大事和辉煌业绩。推出《新闻直通车追寻60年坐标上的萧山故事》、《萧山60年》系列主题报道、《新中国成立60周年·我身边的变化》系列报道。开辟《走近技工60年》和《萧山金融60年》等专栏,宣传一批典型,大力营造庆祝中华人民共和国成立60周年的浓厚氛围。

三是品牌镇街、品牌文化、品牌萧山报道。先后推出城厢、蜀山、新塘、北干、红山等10多个镇街(场)的品牌建设系列报道,为充分发挥品牌导向作用、提升萧山知名度和美誉度营造良好的舆论氛围。

2009年12月16日,中国县(市、区)域报高层峰会 (傅宇飞摄)

四是建设三级美德档案体系报道。从5月开始,加大建设三级美德档案体系的宣传力度,以《美德力量》专栏为阵地,报道一大批美德典型,为推进全区全面建设三级美德档案体系,形成知荣辱、讲正气、树新风、促和谐的文明风尚,发挥了较好的舆论引导作用。

【做好大江东开发建设报道】 从2009年7月开始,萧山日报社以大江东新城开发建设全面启动和经济企稳回升为契机,利用专栏、专版、消息、图片、系列评论等形式,深入宣传市委常委第75次会议、江东新城开发建设誓师大会等会议精神和市委市政府、区委区政府作出的决策部署,全面解读大江东开发建设战略的新思路、新要求和新任务。推出4篇会议主题评论和3篇系列评论,刊发《空港新城征迁安置工作进展顺利》、《大江东摆战场》、《前进工业园区打响“百日攻坚战”》等一系列图文报道。

【开展节会报道】 围绕区委、区政府提出的打造“华东会客厅”的目标,2009年萧山日报社认真抓好萧山的节会报道,先后全面宣传报道第五届中国国际动漫节、中国企业500强发布暨中国大企业高峰会、第三届全国药店博览会、第二届网货交易会、首届萧山旅游节暨2009中国国际(萧山)钱江观潮节、戴村茶文化节、第十一届萧山杜家杨梅节、钱江世纪城商务文化节、2009中国杭州(闻堰)第三届三江美食节、第15届中国羽博会暨首届萧山国际羽绒节等。

【做实做足民生报道】 2009年,萧山日报社设立社会民生部,增加社会民生新闻版面,加强编辑记者力量,配备专门采访车辆和必要设备,民生新闻报道显著加强。特别是“杭齿隧道安全问题”系列报道,引起人大代表和政协委员的关注,得到区委领导的高度重视。6月11日,市委常委、区委书记洪航勇对报道作出批示。6月15日,区府办牵头,召集发改、财政、建设、经发等部门和城厢街道负责人,召开“杭齿隧道修缮工作”协调会,杭齿隧道整改工作在10月中旬正式启动,年底前整改完成并投入使用。5月,组织部分记者对民生问题进行体验式采访,反映普通群众的酸甜苦辣。9月和10月,以改版为契机,推出《今日体验》栏目,由从事社会、民生新闻报道的一群记者每天深入不同行业体味平民百姓的酸甜苦辣,进行体验式采访报道,反映老百姓和外来民工的生活状态,受到读者的欢迎和集团评报员的好评。

【做活做特周刊副刊专版】 2009年,对周刊副刊进行重点改造和完善,增强五大周刊的新闻性和服务性,突出实用性和指导性,使副刊更加时尚化、高雅化、精细化。《湘湖周刊》、《倾诉》栏目推出话题倾诉的内容;《梦笔桥》开辟各类小专栏,多次举办征文活动;《湘湖市井》开设了《老底子》、《萧山民谣》、《葛浪滩头》等栏目,吸引了一大批读者。新成立商业消费、医疗保健、形象策划和新萧商等四大工作室,结合相关行业和单位的重要时间节点以及开展的特色活动，积极组织特色专版，充分反映相关行业和单位的工作，展示其取得的成就。

【《萧山手机报》正式开通】 2009年8月10日，《萧山日报》与中国移动萧山分公司合作打造的第五媒体——《萧山手机报》正式开通。杭报集团党委书记、社长李建国，中国移动杭州分公司总经理林长春，区委常委、副区长蒋金梁，区委常委、宣传部部长裘超，区人大常委会副主任周红英，区政协副主席汤金友等出席开通仪式。《萧山手机报》工作日分为晨报、晚报两期，双休日推出周末版，成为宣传萧山、推介萧山的又一新媒体和新平台。

【开拓文化产业】 2009年8月31日，由萧报传媒控股的杭州萧报国际旅行社有限公司和浙江海内外商务旅游有限公司萧山分公司开业，标志着萧报传媒开始进军旅游市场。6月19日，香港宝芝林（国际）控股集团与杭州萧山日报传媒有限公司正式签约，将联手投资文化产业、药业和健康饮品。

【举办第五届读者节】 2009年11月27—29日，第五届读者节在区文化中心广场举行，区级机关、企事业单位代表，读者代表300多人参加开幕式。本届读者节有18项活动，包括为5所民工子弟学校赠送5000多册爱心图书活动、2009年萧山秋季房交会、两场经典电影展映活动、年历宝宝决赛等。萧山日报社文化艺术团同时成立并举行“红歌唱遍新萧山”首场演出。

（李家连）

对外报道

【概况】 2009年，区委报道组在《浙江日报》、《今日浙江》、《共产党员》、《钱江晚报》、《今日早报》等报刊上发表重点稿78篇、内参2篇，其中有9篇稿子在《浙江日报》头版发表，3篇稿子为头版头条，5篇稿子被《浙江日报》评为当月好稿。在萧山区首届对外宣传“金潮奖”中，报道组选送6件优秀新闻作品，分获一、二、三等奖。

2009年8月10日，《萧山手机报》开通仪式（丁力摄）

【报道反映萧山经济建设成就】 2009年1月4日，在《浙江日报》头版头条位置，发表了题为《150天的和谐对话》的通讯。在1月22日的《浙江日报》上，发表《注重拆迁群众利益开辟和谐征迁模式——萧山区平稳快速完成杭州萧山国际机场二期征迁纪实》的报道。在5月25日的《浙江日报》头版头条位置，以及2009年第8期《今日浙江》上，分别以《萧山金融创新激活民资》和《萧山创新投融资方式》为题，报道萧山区加快金融改革创新的力度，建立多层次多渠道的融资模式。在6月7日《浙江日报》头版显著位置，发表《萧山化纤打破国外技术垄断——有望成为我国重要的高强度纤维生产基地》的文章。在8月24日的《浙江日报》、《今日早报》和8月25日的《钱江晚报》上，分别以《萧山开发建设大江东新城》、《大江东新城开发绘就美好未来》、《撤了5个街道新建7个街道——萧山加快大江东开发建设步伐》为题，报道萧山区加快推进大江东新城建设，为打造“杭州的浦东”作出不懈的努力。在9月17日的《浙江日报》上，以《60年，乡村里飞出希望的歌——航民村三变》为题，反映航民新农村建设的发展历程。在11月6日、13日的《浙江日报》头版发表《萧山崛起总部农业》、《萧山办公室里“种”葡萄》的文章。在10月30日的《浙江日报》上，以《萧山企业书声琅琅》为题，报道了萧山工业企业通过人才培养，提升产业的发展水平。在11月25日的《浙江日报》上，以《污泥变雾又变沙》为题，报道区内一家处理污泥的环保设备企业，通过自主研发成功破解污泥污染难题的事迹。在12月14日的《浙江日报》上，以《萧山研发石油“磕头机”新传动带》为题，报道区内一家工业企业自主研发机械新产品的消息。

【报道全区上下应对国际金融危机】 在2009年1月28日和1月29日《杭州日报》头版位置，分别以《“浙江最红”迎来开门红》、《杰牌控股今年要大打“国际牌”》为题，报道区内企业在金融危机风暴波及多行业的形势下，屹立飓风寒潮而不倒。在1月21日《上海商报》上，以《萧山经济在“寒风”中巍然挺立》为题，报道在国际市场不利形势下，萧山出台各种利好政策，培育形成一大批行业领军企业和“单打冠军”，经济保持平稳增长的势头。在2009年第3期省委机关刊物《今日浙江》上，发表题为《萧山工业经济在“寒风”中挺立》的长篇通讯。

在3月12日、3月19日以及3月26日的《杭州日报》上，发表《天翔“遨游四海”不惧危机》、《杭州本地产轿车半年内可望上市》、《在经营最困难的时候送上“救命”钱——中小企业呼唤更多“萧山农村合作银行”》的文章。在7月27日和7月28日的《浙江日报》上，发表《浙江民企“突围”路线图》和《对话“掌门人”：危机中的战略抉择》的文章。

【开展反映社会民生的报道】 在2009年3月20日的《钱江晚报》、《每日商报》上，以《萧山机场公路改建工程昨启动》为标题，报道实施“12881”等工程建设情况。在2月24日《浙江日报》第2版以及《钱江晚报》第2版上，分别以图片形式和《山区学校盼来“汽车书店”》为题，报道萧山区新华书店工作人员冒雨带着3000多个品种的图书，赶赴萧山农村小学“送书进校”。在7月9日的《浙江日报》上，以《润滑之道》为题，报道萧山区城管部门用“疏”的方法，与流动商贩架起沟通的桥梁。在9月17日的《浙江日报》上，以《全家不是患绝症就是残疾，她还办起社区免费活动室让大家开心——我从不抱怨自己“命苦”》为题，报道萧山区市民俞桂花热心公益事业的感人事迹。在9月14日的《钱江晚报》上，以《萧山民防应急箱进社区》为题，报道萧山推广“民防应急箱”进驻社区，使社区防空防灾的能力得到极大的提高。在10月22日的《浙江日报》上，报道浙江省首家少先队“辅导员之家”的创办者、萧山10多所中小学少先队辅导员王华炎的先进事迹。在11月19日的《浙江日报》上，以《一位“80”后的“不务正业”》为题，报道南门江社区一位80后辞去工作开办漫画社的故事。在12月2日和12月3日的《钱江晚报》上，分别以《詹家埭人腌白菜手法那是相当的讲究》和《用盐脱水的萝卜干萧山人是不吃的》为题，报道传统萧山人过年时候准备酱腌年货的手艺。

【反映社会事业发展情况】 在2009年4月26日的《浙江日报》头版头条位置，以《萧山“美德档案馆”传播新风》为题，报道萧山区创办“美德档案馆”，使“美德榜样”成为百姓可亲可学的样板，潜移默化地引领文明新风。在6月18日的《浙江日报》头版位置，以《整合文化特色和产业优势——萧山“擦亮”镇街品牌》为题，报道萧山挖掘地方文化资源，着力打造以文化因子、产业导向和富民实效为核心，具有较高认知度和影响力的镇街品牌。在7月13日的《浙江日报》上，以《萧山乡村游：淡妆“农”抹总相宜》为题，报道萧山开展乡村旅游的情况。在8月10日的《浙江日报》上，以《“公鸡”如何下蛋？报纸和筷子谁更牢固？萧山市民走进“湘湖大讲堂”——听专家用科学破解》为题，报道萧山开辟“湘湖大讲堂”的情况。在8月4日的《浙江日报》上，报道萧山农民驯养鸟类致富的情况。在11月24日的《浙江日报》上，以《萧山戏迷走进“梨园青草地”》为题，介绍萧山成立戏迷俱乐部的情况。

【宣传党建工作】 在2009年第4期《共产党员》刊物上，以《今天我们这样过组织生活——杭州市萧山区打造机关党建品牌“最佳党日”》为题发表长篇通讯。在8月20日的《浙江日报》上，以《成长点滴汇集成书——萧山临浦大学生“村官”业余摇“笔杆子”》为题，报道临浦大学生“村官”写周记，记录工作中的点滴心得。在9月11日的《浙江日报》上，以《为回籍毕业生搭就业平台——萧山有个特殊党支部》为题，报道新塘街道接收毕业后未就业的大学生，并成立“党校党支部”。为贯彻十七届四中全会精神，推进学习型组织建设，在11月5日的《浙江日报》头版显眼位置刊发《萧山宁围“责任区”读书忙》、在11月23日的《浙江日报》专栏中刊发《杭州萧山区：到“湘湖大讲堂”听课去》，展示萧山区在建立学习型组织中的亮点和做法。

【报道全区学习实践科学发展观活动开展情况】 在2009年3月15日的《浙江日报》上，以《萧山百余干部赴上海集体“学艺”》为题，报道萧山区为推进科学发展新跨越，组织干部赶赴上海等地学习推进城市化经验的情况。在5月4日的《浙江日报》上，以《在学习实践活动中，萧山区开展各类专项行动，着力推进大项目——实效服务推进科学发展》为题，报道萧山全区深入学习实践科学发展观活动的开展情况。

【宣传区委区政府重大活动】 在2009年6月12日的《浙江日报》上，以《多国专家把脉萧山化纤行业》为题，报道第十五届中国国际化纤会议在杭州萧山区开幕的情况。在6月11日的《浙江日报》上，发表《奔竞不息求发展 转型升级铸辉煌——萧山化纤纺织产业求发展抓转型促升级纪实》长篇通讯，报道萧山区委、区政府一直十分重视和支持化纤纺织产业发展，采取一系列鼓励产业发展升级和结构调整的措施，有力地推进了化纤纺织产业又好又快发展。在9月29日的《浙江日报》上，以《跨湖桥遗址博物馆开馆》为题，报道跨湖桥遗址博物馆建设及开馆的情况。在10月2日的《钱江晚报》上，以《到萧山观大潮看大戏》为题，报道萧山区“十一”期间的精彩活动。在11月20日和12月4日的《浙江日报》上，先后报道了萧山举办中国羽绒博览会的消息。

【改版《萧山发展》】 2009年，编辑出版12期刊物。在保留原有特色的同时，对《萧山发展》进行改版：以彩色印刷替代原来的黑白印刷，以大16开本替代原来的小16开本。为了更好地体现刊物指导性、政策性、综合性的特色，增加刊物的艺术性和可读性，在编辑中有意识地放进大量图片，极大地提升了刊物的出版质量和品位。同时，编辑出版《报道萧山》简报。每月不定期地及时向区领导反映上级媒体对萧山区经济社会发展的重要报道。全年发《报道萧山》简报31期。

（汤盈楠）

卫　生

综述

2009年,萧山有医疗卫生机构824家。其中,卫生机构9家;医疗机构815家,包括区卫生局直属医疗机构8家,卫生院50家,社区卫生服务站183家,村卫生室358家,工业和其他部门办医疗机构104家,诊所112家。

全区有医疗卫生工作人员8136人,其中卫技人员6461人,包括执业(助理)医师2793人、注册护士2176人。卫生系统有在职人员6676人,其中,卫技人员5610人,包括博士、硕士195人,本科生2005人,大专生2456人;具高级职称的有430人。是年,卫生系统通过公开招考,录用事业单位工作人员345人。全区实际开放床位4446张。平均每千人拥有执业(助理)医师2.31人、注册护士1.80人,占有实际开放床位3.67张。

全区完成门诊1109.9万人次,比上年增长23.9%;住(出)院11.9万人次,增长7.2%。其中,社区卫生服务机构完成门诊406.4万人次,占全区门诊总量的36.6%,增长45.0%。门诊人均费用123.61元,出院人均费用6938.33元。平均病床年周转31.0次,平均病床使用率86.78%。出院病人平均住院日9.9天。医疗纠纷发生率比上年下降16.7%。

卫生系统总资产31.76亿元,固定资产16.73亿元。全区用于卫生事业的财政拨款34363.46万元,比上年增长22.95%,卫生事业经费支出占本年度区财政支出的5.28%。

居民平均期望寿命81.49岁,其中男性79.20岁,女性83.89岁。

2009年新创建12家省级规范化社区卫生服务中心,河上、浦阳、新街、义蓬、新塘、蜀山等6个镇街通过市级卫生强镇(街)验收,全区市级卫生强镇(街)累计达到25个。

疾病控制

【传染病报告发病率呈下降趋势】 2009年,萧山报告甲乙类传染病16种3785例,报告发病率283.62/10万,较上年下降12.11%;报告丙类传染病6种5509例,报告发病率为412.81/10万,较上年下降23.39%。

【艾滋病防治】 2009年,萧山有11.97万人次接受HIV抗体检测,确认阳性23人;区疾控中心完成面对面VCT(艾滋病自愿咨询检测)882人次。"四免一关怀"政策得到有效落实,对23名HIV感染者和病人家庭实施经济救助,对21名病人进行免费抗病毒治疗。"中盖艾滋病调查项目"继续推进,首轮浙江省艾滋病综合防治示范区工作通过终期评估,第二轮示范区相关工作于8月启动。加强高危和重点人群监测、干预工作,直接干预路边小型休闲场所60余家次、1500人次。"中国艾滋病"网站累计浏览人次超过115万。

【结核病防治】 卫生部门完善《肺结核社区综合防治实施方案》,创建结核病防治示范区,落实病人追访和服药病人管理,及时调查集体单位的结核病疫情,提高结核病发现率和治愈率。2009年,新登记活动性肺结核病人649例,其中流动人口占45.30%;菌阳病人检出率42.68%,满疗程菌阳病人治愈率90.11%。

【地方病、寄生虫病防治】 2009年,萧山对1096名来自血吸虫病流行区的外来务工人员进行感染检测,开展布氏病感染检测、上年度疟疾病人抗复发治疗、土源性线虫感染调查等工作,通过"全国消除碘缺乏病目标"现场考评。是年,新发1例输入性慢性血吸虫病例和12例疟疾病例,均得到及时调查处理。

【提高慢性病系统管理率】 卫生部门实施慢性病随访管理,通过入户和电话抽查,做好随访质量控制。全区首批6个慢性病防治示范村基本实现预期创建目标。进化镇作为省级慢性病社区综合防治试点,圆满完成试点工作。2009年,社区卫生服务机构登记高血压病人69955人,纳入管理65860人,报告规范管理率86.03%;登记糖尿病人15449人,纳入管理14496人,报告规范管理率91.62%;区级医院慢性病报告率88.24%。

【甲型H1N1流感得到有效控制】 2009年,甲型H1N1流感全球暴发,萧山于4月下旬起,成立领导小组、专家小组,确立收治医院,建立留验点,积极开展疫情监测、预检分诊、病例流调和救治、疫苗接种、健康宣教等各项工作。区疾控中心在全省同类机构中率先开展甲型H1N1流感病毒核酸检测,共检测标本413份,其中阳性133份,为防控工作提供了有力的技术支持。是年,全区报告甲型H1N1流感确诊病例170例,治愈169例。

【免疫规划接种工作维持较高水平】 2009年,萧山完成基础免疫311681针次、加强免疫96267针次,其中流动儿童占51.67%。"九苗"接种率中,户籍儿童卡介苗、脊髓灰质炎、百白破(百日咳、白喉、破伤风)、麻风、乙肝等"五苗"全程接种率99.83%,麻腮风疫苗、流脑疫苗、乙脑疫苗接种率均达

99%,甲肝疫苗接种率96.29%;流动儿童"五苗"全程接种率97.82%。全年实际完成麻疹疫苗强化免疫接种41824人次,累计接种甲型H1N1流感疫苗2.4万人。

第二类疫苗接种工作有序开展,组织适龄儿童接种甲肝疫苗、水痘疫苗、流感疫苗、轮状病毒疫苗、H2B2疫苗、麻腮风疫苗等6种1.6万针次。接种门诊规范化建设得到有力推进。同时,卫生部门认真抓好预防接种异常反应监测、报告、调查处置等工作。全年调查确认接种异常反应31起,对其中的8起接种差错事件进行了通报。

【美沙酮维持治疗工作持续推进】 2009年,美沙酮服药人员流水登记348人,实际服药201人,新增109人,脱失84人;累计服药52255人次/年、143.16人次/日。年度奖励按时服药且尿检阴性人员7515人次,累计奖励金额7万余元。

区美沙酮维持治疗中心交换针具155副,发放避孕套200盒,编发《美沙酮十二问》宣传资料200份;创建美沙酮禁毒社工QQ群,密切联系各镇街的禁毒社工。区皮肤病医院1名专业人员参加国家级美沙酮知识培训,2名专业人员参加省级心理干预培训。

【开展健康体检】 卫生部门联合各镇街和有关部门,分批分类开展健康体检,努力做到疾病早发现、早诊治、早预防。2008—2009年农民健康体检87.26万人次,体检率86.50%;征兵体检7356人次;高校招生体检10117人次;第二次企业退休人员体检49000人次;机关事业单位工作人员体检14603人。

【实行精神病人信息网络化管理】 2009年,萧山实行精神病人网络化管理,有7628名精神病人纳入信息管理系统。纳入管理的精神病人检出率6.40‰,监护率99.71%,显好率95.11%,社会参与率53.08%。精神分裂症的检出率3.1‰,治疗率65.6%。是年,在区残联的支持下,新增特困精神病人基本医疗资助对象233人,累计1272人;免费体检1064人次。

【首家精神残疾人康复中心落成】 2009年4月20日,萧山首家精神残疾人康复中心在临浦镇建成并投入使用,有36名患者在康复中心接受康复训练。

2009年萧山区新发恶性肿瘤排序

病　因	发病率(1/10万)	构成比(%)	位次
肺　癌	58.70	17.01	1
胃　癌	37.15	10.76	2
乳腺癌	34.82	10.09	3
肝　癌	33.00	9.56	4
直肠癌	19.24	5.57	5
结肠癌	18.16	5.26	6
甲状腺癌	18.08	5.24	7
食管癌	15.75	4.57	8
宫颈癌	9.37	2.72	9
胰腺癌	8.79	2.55	10

2009年萧山区居民病伤死因排序

死　因　别	死亡率(1/10万)	构成比(%)	位次
恶性肿瘤	172.66	29.41	1
脑血管病	112.65	19.19	2
呼吸系统疾病	92.74	15.80	3
心脏病	82.07	13.98	4
损伤和中毒	57.44	9.78	5
其他疾病	16.28	2.77	6
内分泌、代谢疾病	11.98	2.04	7
精神障碍	7.93	1.35	8
消化系统	7.85	1.34	9
传染病	6.36	1.08	10

卫生监督

【监管食品和公共场所卫生】 2009年,卫生部门检查食品、公共场所经营单位9674家次,取缔无证582家次,行政处罚872家;检查学校(幼儿园)703家次;完成21项重大活动的卫生保障工作;未发生一起重大食物中毒事件。

创建示范街/示范店活动进一步推进,有138家小餐饮单位基本达到相关要求;就食品添加剂问题,检查食品生产经营单位978家次,并通过省市评估检查;就游泳场所卫生问题,检查20家,对两家检查不合格单位进行行政处罚。

【职业卫生监管】 2009年,萧山新增职业病危害企业329家。对已申报的化工、电镀企业开展职业病危害综合风险等级评定试点。132家企业被确定相应的监管等级,做到一厂一档,明确责任人,实行分片管理、分类处理,为全面推进职业卫生管理打下基础。开展全区职业卫生基本情况调查,调查企业1591家,其中582家存在职业病危害因素;开展制鞋、汽修、化工、电镀等7个重点行业的专项检查,检查用人单位500余家次,依法对20家违法用人单位实施行政处罚。

【医疗卫生监管】 2009年,卫生部门以"打击非法行医"为重点,共查处"非法行医"类投诉举报87起,取缔非法行医诊所200余家次,收缴各类药械价值近10万元,立案查处违法违规案件32起,罚没款超过24万元,将5起涉嫌"非法行医罪"案件移送公安机关立案侦查。继续推行医疗机构监管新举措,探索建立"依法执业承诺制度",对702家医疗机构实施分级监管评审;"消毒合格单位"创建工作继续推进,新增20家医疗机构通过验收,累计237家。

【强化法制稽查工作】 2009年,卫生部门查处"96301"投诉举报案件455起,查处率和查处及时率均达到100%,满意率98%。区办事服务中心卫生局窗口受理各种承诺件2321件,办理各类许可证照2012本,办件准确率、按时办结率、顾客满意率均达100%。办理卫生行政处罚案件1114起,罚没款101.89万元,取缔无证经营783家次。

【日常性卫生监督监测】 2009年,卫生部门监测食品604件,合格率96.03%;餐具3981件,合格率98.38%;公共场所单位采样监测7105项次,合格率93.09%。监测类别覆盖率100%。会同区教育局联合下发《关于加强学校直饮水卫生管理的意见》,对26所学校(幼儿园)的情况进行专项监督监测。定期开展医疗机构消毒质量监测,监测各级各类医疗机构206家次,采集各类样品2172件,总合格率92.03%;对45家幼托机构和21家消毒产品生产企业进行消毒质量监测。

【探索创新实验室检测工作】 2009年,区疾控中心/卫生监督所实验室质量体系运行正常,8次室间质控考核均取得满意成绩。实验室新增高效液相色谱仪、微波消解仪、离子色谱仪等仪器设备。微检部PCR实验室能开展20个单项检测项目,并在杭州市(区、县)级疾控机构中率先开展甲流病毒核酸检测;理化部开发2项新项目。全年采集并检测各类应急处置类样品432份,样品室收样量40514项。

妇幼保健

【规范孕产妇保健管理】 2009年,孕产妇系统管理率95.9%;孕产妇死亡率10.79/10万,比上年下降11%。规范区孕产妇急救分中心(挂靠浙江萧山医院)危重孕产妇的接诊、转诊、会诊、报告制度与程序,组织开展抢救知识培训和模拟演练,提高对危重孕产妇的急救能力与抢救水平。对全区19家核准的民营医疗机构开展母婴保健技术服务执业许可证校验,现场审查各单位的基本标准、设备、设施、人员资质等,发现问题,限期整改,并对不符合资质的人员进行培训考试后持证上岗。评估全区26家社区卫生服务中心的孕产妇门诊,合格率100%。

【儿童保健管理】 2009年,围产儿死亡率4.53‰,比上年下降39%;0—2岁儿童系统管理率97.50%;3—6岁儿童体检率96.75%;体弱儿童管理率99.34%。5岁以下儿童死亡率6.69‰。8月起,新生儿疾病筛查项目由2项增至27项。全年筛查新生儿13933人,筛查率100%;发现可疑患儿90例;查出"甲低"(甲状腺功能低下)患儿10例,发病率7.18/万;查出苯丙酮尿症患儿2例,发病率1.44/万;查出高TSH患儿6例。新生儿听力筛查率96.71%,比上年提高10.65%;确诊听力障碍儿童14人,阳性率1.04‰。

【"星级幼儿园"保健管理】 2009年,萧山以创"星级幼儿园"为契机,加强集居儿童的卫生保健管理。对45个幼儿园的11000多名儿童开展视力筛查,查出视力不良儿童865人,发生率7.86%;瓜沥一园、二园和宁围中心幼儿园的1500名儿童,三年免费牙齿保健追踪结果显示,患龋率下降15.7%;对城区32家7498名在园儿童进行健康体检,体检率97.1%,组织3678名幼教人员体检,查出阳性人员354人,其中不合格人员29人;举办保育员培训班12期,培训1079人。

【拓展妇幼保健服务项目】 2009年,萧山对高危孕妇实行网络快速直报管理。筛查出高危孕妇5090人,发生率55.16%,其中重症高危1555人,发生率16.85%。对高危孕妇实行全程追踪管理,重症高危孕妇实行区、镇双重追踪管理,管理率达100%。全区5家接产单位有13871名产妇分娩,实现孕产妇零死亡。卫生部门积极配合政府建立萧山区婚姻保健服务中心,推出民政登记与婚检采血一站式服务。全年婚检2089人,婚检率15.40%。

【产前筛查】 萧山筹建区产前筛查中心,并通过浙江省卫生厅审核;出台"萧山区免费产前筛查"项目。2009年,全区血清产前筛查7720人,产前筛查率83.67%,比上年上升4.4%,追踪随访率100%;筛查出高风险218例,高风险率2.82%;筛查出异常胎儿71例,其中38例作淘汰性引产,有效控制和降低了缺陷儿的出生和围产儿的死亡率。

医疗管理

【加强医学科研】 2009年,卫生部门申报各类科研项目75项,立项42项,其中省级立项5项。发表医学科技论文373篇,其中SCI收录论文2篇,一级刊物64篇。萧山区中医药基层卫生适宜技术示范基地和萧山区康复护理基层卫生适宜技术示范基地建设顺利推进。

【开展中医药学术交流活动】 2009年10月18日,萧山中医药学会、萧山区中医院举办韩寅三老中医从医60周年学术研讨会,汇编韩寅三老中医从医60年临诊经验集。萧山区中医院举办浙江省脊柱外科新技术暨骨科新进展研讨会、浙江省强直性脊柱炎和类风湿性关节炎及创伤骨科研讨会、手外科学术交流会、浙江省骨科创伤新进展研讨会暨浙江省骨肿瘤新进展学习班,邀请美国脊柱外科专家和北医大、上海长征医院、新华医院、瑞金医院、上海六院、上海九院、浙医二院等专家教授讲学。

【开展多项新技术新项目】 2009年,各医疗单位开展多项临床新技术、新项目,一批高新难的治疗手段被应用于临床,有效提高了防病治病的水平。其中,冠状动脉旁路移植术、心脏瓣膜成形术、小切口无气室内镜下甲状腺手术、体外循环心脏不停跳心内直视手术、PCNL(经皮肾穿刺碎石取石术)、胸腹动脉瘤腔内隔绝治疗、TVT－O治疗女性压力性尿失禁、脊柱后路融合NF钉固定术、羊膜修补外伤性鼓膜穿孔术、胆总管囊肿切除＋胆肠ROUX－EN－Y吻合术、腹腔镜下脾切除术、腹腔镜下直肠癌根治术等都是萧山首次开展的新技术。

【"惠民医院"服务患者3111人】 2009年,区二医院继续开展"惠民医院"服务。针对特困人群和外来务工人员实施的医药费用"十免十减半五减免一优惠一控制"制度得到有效落实。"十免"指免交挂号费、诊疗费、注射费、血常规检查费、尿常规检查费、大便常规检查费、煎药费、心电监护费、输氧费、抗肿瘤化学药物配置费;"十减半"指减半收取血液透析费、急诊观察床位费、住院床位费、住院护理费、门诊手术费、住院手术费、X线透视费、心电图检查费、脑电图检查费、B超检查费;"五减免"指减免20%收取自制制剂费,减免30%收取检查费、放射费、检验费、治疗费;"一优惠"指对全部医保目录内的药品价格优惠5%;"一控制"指对外来务工产妇分娩实施限价服务,平产限价1500元,剖腹产限价3500元。

"惠民医院"服务患者3111人,优惠医药费69.47万元。区二医院畅通绿色通道,与40余家单位签订"工伤合作协议书",工伤职工得到便捷、优质的医疗服务。

2009年萧山区级医疗单位基本情况

机构名称	开放病床数(张)	在编职工数(人)	卫生专业技术人员职称(人)				年收治病人(万人次)		年业务收入(万元)	固定资产(万元)
			总数	高级	中级	初级	门、急诊	出院		
区一医院	881	1271	1120	177	416	463	123.89	3.36	50917.00	54270.73
区二医院	250	280	230	14	107	106	22.40	0.80	7431.28	6045.31
区三医院	280	386	316	23	155	132	28.45	0.96	9300.87	7122.86
区四医院	239	297	275	17	88	162	37.96	1.11	9980.52	7492.93
区中医院	450	553	452	62	206	165	59.67	0.97	20478.60	15859.18
区中医骨伤科医院	150	172	155	13	42	95	16.12	0.41	5908.45	4015.55
区皮肤病医院	40	55	48	1	18	27	17.96	0.01	1535.11	1803.71
浙江萧山医院	942	883	759	80	258	354	114.28	3.34	45950.66	47078.91

2009年萧山区级卫生单位基本情况

机构名称	在编职工数(人)	专业技术人员(人)	卫技人员职称(人)			机构名称	在编职工数(人)	专业技术人员(人)	卫技人员职称(人)		
			高级	中级	初级				高级	中级	初级
疾控中心卫生监督所	120	110	22	44	34	健康教育所	2	2	0	0	1
卫生进修学校	38	29	2	6	3	献血办	3	3	1	2	0
保健办	2	2	0	2	0	中心血库	13	13	0	7	5
爱卫办	12	9	1	6	2	红十字会	2	2	0	1	1
区医疗急救指挥中心	6	6	1	2	3						

卫生改革

【收支两条线试点取得成效】 2009年,区卫生局继续在闻堰镇、益农镇社区卫生服务中心试行收支两条线运行机制改革。一是社区卫生服务机构实行财务收支两条线管理,收入全额上缴镇财政,支出纳入镇财政的预算;二是降低药品价格,让利于民,平均降价30%左右;三是改革职工考核办法,改变过去以经济收入为主的考核办法,建立以病人满意度、服务质量、服务数量为主的考核办法;四是实行镇(街道)—村(社区)一体化管理,实行撤室建站,符合资质和条件的乡村医生由"中心"聘用到社区卫生服务站工作,并实行人员、财务、药品、业务等统一管理。

闻堰镇、益农镇社区卫生服务中心分别完成门诊178314人次和227434人次,分别比上年增长23.97%和184.06%;门诊人均次费用分别为79.73元和63.69元,低于社区卫生服务中心的平均水平。

【落实乡村医生基本养老和基本医疗保障】 2009年,区政府办公室出台《关于做好乡村医生基本养老和基本医疗保障工作的实施意见》(萧政办发〔2009〕249号),明确乡村医生基本养老和基本医疗保障工作,乡村医生问题得到妥善处理。具有萧山区户籍,持有县级及以上卫生行政部门颁发的"乡村医生执业证书"、"乡村医生证书"、"乡村医生执业资格证书"、"乡村医生执业资格证书(临时)"、"赤脚医生证书"之一的乡村医生，可根据工作现状、实际年龄、工作时间、户口种类等情况，有选择地参加城镇企业职工基本养老保险、医疗保险、工伤保险、生育保险、失业保险、城镇老年居民生活保障、城镇居民基本医疗保险、农村居民养老保险、新型农村合作医疗等。参加职工养老保险和基本医疗保险的乡村医生，除按规定缴纳个人部分费用外，其余费用由区、镇街财政各承担50%。未被社区卫生服务中心（分中心）聘用，且从事乡村医生工作不满15年的人员，或者男超过60周岁、女超过50周岁的在岗乡村医生，可享受公共卫生工作补助。补助标准按累计执业年限计算（不满1年按1年计算），每人每月30元，所需经费由区、镇街财政各承担50%。

爱国卫生

【创卫工作成绩喜人】 2009年，萧山城区创建为浙江省卫生城区，进化镇创建为省卫生镇；宁围镇通过国家卫生镇复核，坎山、党山、闻堰、义蓬等4个镇街和红山农场通过省卫生镇（农场）复查；临浦镇通过国家卫生镇省级年度督导。新创省卫生村27个，省卫生先进单位12家；市卫生村35个，市卫生先进单位13家；区卫生村、卫生先进单位共35个。

【农村改水工作进一步深入】 2009年，全面实施楼塔镇大同片黄海标高25米以上3个行政村南片水厂补充供水工程，使10个自然村实现双路供水，总计10200人受益，从根本上解决了当地老百姓的季节性用水困难问题。加强对现有82座农村水厂（站）的技术指导，做好水质检验和监测，分季度监测分散供水点水质，水质余氯合格率100%。全区农村自来水普及率98.7%；新增自来水受益人口2100人，累计受益人口996621人。

【中央农村改厕项目落户萧山】 2009年，中央农村改厕项目首次落户萧山。全区15个行政村完成项目建设任务共计6640座，数量居杭州市第一、浙江省第三。临浦镇三峰村创建为杭州市改厕示范村。确定26个村为农村改厕项目重点村，启动农村改厕工作，通过区、镇、村三级联动，新建、改建三格式无害化户厕21001座（预制式为11075座），普及率82.82%；新建公共厕所254座，卫生厕所普及率100%。2009年，投入改厕经费3940.26万元。

【"最清洁城乡"工程持续开展】 2009年，"最清洁城乡"工程实行联合办公，通过第21个爱国卫生月、公民义务劳动日、环境整治月等载体，完善卫生检查评比制度，落实卫生长效管理机制，以城中乡、城乡接合部为重点，对农贸市场、废品收购点、"十乱"现象等进行集中整治。全年开展卫生义务劳动109次，参加人员13003人次，清除垃圾3238吨，拆除粪缸棚厕401只，开展卫生大检查46次。河庄街道建一村、区体育中心、区第五高级中学、北干街道金泰苑社区被评为杭州市"最清洁单位"。

院前急救

【日常接处警数量明显增加】 2009年，区医疗急救指挥中心受理急救电话150453起（日均412起），其中处警22034起，较上年增加9.3%；调度急救车辆22273车次（日均61车次），较上年增加10.5%；救治病人14360人次，较上年减少13.6%；受理3人以上伤亡事件187起。社会总体满意率99.55%，其中接处警社会满意率100%。区医疗急救指挥中心2分钟内接处警完成率95.56%，比上年增长7.56%；3分钟出车率77.47%；平均反应时间10.22分钟，比上年缩短0.19分钟。

【启用独立的院前急救指挥调度系统】 2009年4月21日，独立的院前急救指挥调度系统（120系统）正式启用。该系统集通信、指挥、控制和信息处理于一体，由有线通信、无线通信、网络通信、卫星定位（GPS）、地理信息（GIS）、受理调度（CAD）、视频监控、图像显示、数字录音、安全供电、质量管理等13个子系统构成，具有呼救受理、指挥调度、信息应用、质量管理、数据统计、电子病历、办公自动化等功能。其中的视频具有可视化调度和视频监控功能，在处理重大紧急突发公共事件时，可实现领导决策、指挥调度与信息反馈的一体化。此外，该系统上可与杭州市急救中心联网，下可与8个急救站联网，横向可与公安等部门联网，真正实现急救信息和资源的共享。

【出色完成医疗急救保障任务】 2009年，区医疗急救指挥中心参与重大社会活动医疗急救保障任务12项，派出急救车44辆次、医务人员153人次，救治病人120余人次。未发生一起因医疗救治处置不力而导致的人员伤亡事件。

2009年4月21日，院前急救指挥调度系统（120系统）建成启用（孙亚群摄）

健康教育

【公民健康素养有效提高】 2009年，区健康教育所借助健康促进学校培训班、公民健康素养传播月、基层科普、万名农民进课堂、健康单位业务培训等活动，积极传播健康素养知识。其间，开展各类培训班、讲座198场次，17000余人受训；发放各类资料2万份；制作5万份公民健康素养宣传资料和1套全民健康生活方式宣传展板，免费发放至社区。经检测，当年，居民健康知识知晓率94.31%，卫生行为形成率91.65%。

【宁围镇创建为浙江省亿万农民健康促进行动示范镇】 2009年，宁围镇结合国卫复评和健康促进行动，申报浙江省亿万农民健康促进行动示范镇。宁围镇在各村、社区设立农(市)民健康教育学校；在镇主要道路两侧和各村、社区设置"行动"宣传栏10处，宣传标语100多条；向农(市)民发放各类健康教育宣传资料2万余册，重点开展"万名农民进课堂"、"全民读书节"、"新农民新技能新生活知识竞赛"、"健康单位创建"和各种卫生宣传日活动。12月，宁围镇创建为浙江省亿万农民健康促进行动示范镇。

【联合举办"我与新中国同龄·健康老人赛健康"活动】 2009年，卫生部门联合区委宣传部、萧山日报社、区老龄委，举办"我与新中国同龄·健康老人赛健康"评选活动，评选出12位健康老人。区健康教育所专门为参评老人举办健康知识专题讲座，并为入选的健康老人制作了精美挂历。

红十字会工作

【支援汶川地震灾区恢复重建】 2009年，区红十字会将募捐资金1658万元全部援助青川县竹园镇竹园小学、竹园镇卫生院重建项目；区红十字会、区疾控中心、回澜小学联合慰问汶川灾区，向竹园镇中心小学捐赠价值10万元的图书和1万元的图书馆装修费。

【开展"博爱帮困送温暖"活动】 2009年，区领导专程赴武康疗养院、义桥麻风村、萧山精神卫生中心，慰问住院的184位病人；向100位困难教师、困难家庭代表发放慰问品、慰问金。区一医院开展"爱心、童心、心连心"活动，免费为先天性心脏病儿童实施手术救助；浙江萧山医院为部分精神病、癌症患者提供免费健康体检；区疾控中心"红丝带"文明岗为7位经济困难的艾滋病患者提供免费治疗和经济救助。是年，区红十字会博爱帮困754人，救助款物40余万元。

【大力普及卫生急救知识与技能】 2009年，急救知识进社区、进学校、进企业、进农村等"四进"活动继续开展，大力普及卫生急救知识与技能。区红十字会在区中小学劳技教育基地成立"红十字青少年救护培训基地"，开设救护技能训练馆，配置训练设备，计划每年训练3万名学生；区红十字会组织救护培训47期，5026人受训；临浦镇红十字会与区三医院红十字会联合举办"2009急救演练与急救技能展示"活动，1500余名市民到现场观看；区红十字会联合健康教育所编发2万本《突发事件中的逃生技巧》。

【创建区级红十字模范校18所】 2009年，萧山创建区级红十字模范校18所，有12所学校申报市级红十字模范校。至此，全区累计创建区级红十字模范校59所、市级模范校8所、省级模范校3所、国家级模范校1所。

【志愿者爱心服务发挥作用】 2009年，在全区志愿者队伍中，经常参加活动的有420余人。全年组织社会公益活动31场次，参与志愿者1048人次。志愿者为患白血病的小女孩李苗苗组织义卖筹款2万余元；为患尿毒症而陷入困境的军人母亲韩菊英组织义演筹款10829元；为在烈日下工作的交警、公交车司机端茶送水；为无偿献血发放宣传资料，为献血者提供方便；陈奕正等70多位志愿者成为捐献造血干细胞志愿者。

无偿献血工作

【无偿献血100%满足临床用血】 2009年，无偿献血15055人次，比上年增长11.5%；采集血液21860单位，增长9.8%；一次献血200毫升以上9253人次，占总献血人次的63.2%；发展无偿成分献血志愿者1000余名，完成机采血小板成分献血412人次，计6135单位，比上年增长44.3%，全部来自无偿自愿捐献。是年，全区临床用血19328单位，比上年增长13.2%，全部来自自愿无偿献血；成分输血率、红细胞使用率均达99.9%；自愿无偿献血率113.1%。

【提升无偿献血工作质量】 2009年，区献血办进一步完善应急供血预案，继续将无偿献血者协会团体会员单位分为献血淡季、应急供血和定向采血等三大类进行管理，为突发公共卫生事件处置提供保障；加强无偿献血者信息的管理和利用，并与短信平台实行资源共享。同时，建立完善无偿献血志愿服务体系，对30名义工进行献血服务、献血知识、献血政策、仪表礼仪等中级培训，提高综合素质；在重大献血活动、节假日，志愿服务义工积极开展献血宣传、现场招募、献血服务等工作。

【宣传活动切实有效】 2009年，卫生部门先后开展无偿献血宣传活动10余次，传播无偿献血知识和政策，培训单位150家、人员3500名；联合各类媒体，表扬先进，树立榜样，营造全民参与无偿献血的良好氛围。区献血办联合区红十字会、萧山电视台、义工联盟等单位和社会团体，举办"让爱延续"——纪念5·12汶川大地震慈善公益晚会；联合区直机关党工委，开展区级机关大型无偿献血活动；联合义桥、戴村、新塘等镇街，开展"我为七一献热血"活动。

（占琦铧）

人口和计划生育

综述

2009年，全区出生人口9602人，人口出生率7.96‰，自然增长率1.97‰，计划生育率99.02%，综合措施落实率86.4%，当年长效措施落实率52.5%，出生人口性别比102.2，保持在正常范围内（因统计口径不一致，此处数据与统计局数据有出入）。

宣传教育

【概况】 2009年，人口和计划生育宣传教育工作以党的十七大和《中共中央国务院关于全面加强人口和计划生育工作统筹解决人口问题的决定》精神为统领，以促进人的全面发展为核心，以改革创新为动力，以能力建设为重点，不断创新宣教内容和载体，健全完善"协调有序、内容求实、载体创新、资源共享、群众参与、保障到位"的宣教工作新机制。

【人口计生政策宣传】 2009年，区人口计生局加强人口计生政策宣传，除在广播、电视、报纸开设宣传专栏外，还在《萧山日报》进行计生政策解答，在萧山网新闻会客厅开展"重视计生谋发展 关注民生促和谐"网民对话活动。利用节日开展专题宣传，举办纪念"5·29"全国计生协会会员日暨萧山区优生"两免"（免费婚前医学检查和免费孕前优生检测）大型宣传咨询活动；召开萧山区纪念"7·11"世界人口日暨人口计生系统干部大会，开展人口计生风采展示活动；举办"走进警营 关注健康"知识讲座、"沐浴健康阳光 开启幸福之门"送健康活动、"关注男性健康 幸福你我同享"广场大型宣传咨询服务等男性健康日系列活动。注重人口文化知识的宣传，开展人口计生知识问卷调查，了解基层群众对相关政策的掌握及知识需求情况；编印人口计生知识丛书6万套，免费发放到基层群众手中；成立人口文化讲师团，全年举办讲座9场。

【推进优生"两免"宣传】 2009年，区人口计生局先后组织开展优生"两免"宣传服务月、宣传服务周活动，做到广播有声、电视有影、报纸有文、网络有言、户外有形。配合省人口计生委，在机场高速公路旁设立300平方米大型公益广告牌；在市心路两旁制作公益灯箱宣传广告122个，设立人口计生公益广告一条街；帮助传化人口文化艺术团创作"两免"宣传节目4个，并协调在全市巡演175场；邀请专家开办讲座，举办优生优育培训班20期；在区计生指导站及全区各大医院候诊大厅、公交车载电视、科普电影下乡等播放优生"两免"专题宣传片；萧山电视台黄金时段滚动字幕、政府门户网站小飞标，专题宣传"三免一减"举措；萧山广播电台"人口计生"专栏播发优生"两免"宣传提纲等。

【深化"婚育新风进万家"活动】 2009年，区人口计生局将"婚育新风进万家"活动融入镇街品牌文化建设，开展体现镇街特色的"婚育新风进我家"活动，如义桥镇的"渔浦文化泽义桥 婚育文明惠三江"活动、党湾镇的"勤诚青春 健康人生"活动等；融入新农村建设，创建市级"星级示范"单位6个、区级生育文化示范点1个、区级新型生育文化建设示范镇街4个、村级生育文化园区5个；融入企业文化传播，借力传化人口文化艺术团进行"构建和谐新农村 弘扬婚育新风尚"巡演。6月3日，萧山代表杭州市接受国家人口计生委"婚育新风进万家"活动评估组的评估督察，受到肯定和好评。

依法行政

【概况】 2009年，全区各级人口计生部门认真开展人口计生法制宣传，坚持依法行政、依法管理，积极稳妥地推进违法生育专项治理，不断强化政策的导向作用，严格准确地执行

2009年6月17日，国家人口计生委副主任江帆（左三）视察区计生指导站

（严彬彬摄）

生育政策，规范审批行为，人口计生制度化、法治化工作取得新进展。

【推进依法管理】 2009年，区人口计生局举办行政执法培训班，组织人员参加执法证考试，有14名计生干部取得执法证。根据政策微调和特殊情况生育审批权下放的实际情况，成立再生育审批工作领导小组，建立集体审批制度；发放《关于进一步加强计划生育再生育审批管理工作的通知》(萧人口计生〔2009〕6号)，规范审批行为；全年审批二孩生育4032例，其中特批260例，正确率100%。与民政、公安密切配合，开展非法收养集中清理工作，清理非法收养对象156例，需征收社会抚养费815.2万元。完善行政执法案件合议制度，出台《萧山区行使社会抚养费征收自由裁量权操作办法》，加大社会抚养费征收力度。全年处置违法生育282例(含非法收养，但不含历年遗留，下同)，结案246例，结案率87.2%；应征收社会抚养费1581万元，已征1385万元，兑现率87.6%。下发《关于加强计划生育个人信息安全的通知》(萧人口计生〔2009〕22号)，加强公民个人信息安全保密工作。为做好第六次全国人口普查的前期准备工作，启动人口和计划生育基础信息核查工作，对2000年以来的人口出生情况进行核查。

【注重利益导向】 2009年，区人口计生局把兑现落实人口计生利益导向政策作为实施惠民工程的实际举措，严格审批，认真执行，确保实现"一个不错、一个不漏"的工作目标。全年兑现人口计生利益导向政策10.1万人次、1786.7万元，其中放弃二孩、独生子女意外死亡父母养老保险续保费用468.1万元；放弃二孩一次性奖励、奖扶、特扶、养老保险优惠等1069.6万元；独生子女平安保险78.6万元、计生服务员平安保险7.2万元；城镇失业、灵活就业人员、个体工商户独生子女父母奖励费55万元；计生公益金108.2万元。发放避孕节育长效措施奖励经费150万元，计生手术并发症病人补助45万元。同时，积极协调有关部门在实行最低生活保障、社会救助等普惠政策中，对计生家庭给予优先优惠。

【打造阳光计生】 2009年，区人口计生局进一步健全完善权力阳光运行机制，成立进一步构建权力阳光运行机制工作领导小组，制定《杭州市萧山区人口和计划生育局进一步构建权力阳光运行机制实施方案》，按规定做好行政权力以及专项资金管理使用权的清理和规范工作。深化阳光计生行动，重新设计制作萧山区人口计生外网，认真做好政府信息公开工作；推进基层政务公开工作，健全完善定期公开、督促检查等管理制度；推进"群众满意基层站所(办事窗口)"创建活动，区计生指导站举办"展精神风貌 打特色品牌 促二次发展"主题年实践活动；深化民主评议政风行风活动，召开"阳光计生"民主恳谈会，开展"三评三百"活动(机关内部评议、"下评上"、育龄群众评计生活动，百名基层领导、百名代表委员、百名协会会员问卷调查)。

技术服务

【概况】 2009年，全区人口计生系统不断强化以人为本、服务至上，与时俱进、注重发展，创新领先、突出特色的理念，推进三级服务机构的规范化、标准化建设，提升三级技术服务人员的整体素质，拓展优质服务领域，努力打造富有计生特色和萧山特色的服务品牌，优质服务能力得到新提升。

【服务机构规范化建设】 2009年，区计生指导站增挂"萧山区人口和计划生育服务中心"牌子，成为国家东部地区计划生育优质服务提质提速座谈会的考察点。全年门诊6.1万人次，业务量910万元，较上年增加170万元；接待全国各地人口计生部门的考察团18批、360人次。镇级服务站建设按"三年行动计划"要求有序推进，闻堰、党山、衙前、经济技术开发区、红山农场等镇级服务站完成规范化建设，镇级规范化服务站总数达到22个；95%的村级服务室达到"七个一"(一间整洁的房子、一张B超检查床、一块牌子、一只药箱、一台体重秤、一只血压计、一个图书角)要求。同时，加大设备更新力度，12个镇街投入66.88万元，更新13台B超仪；投入15万元，新增村级服务室图书角图书332套。

【提升服务水平和能力】 2009年，区人口计生局为提升服务队伍的整体素质，举办萧山区计划生育科技大练兵活动，技术服务人员全员参与，评出优秀选手17名；选派区计生指导站的业务骨干参加杭州市组织的科技大练兵活动，获得集体一等奖和4个单项(共5个)一等奖、1个单项二等奖、1个单项三等奖。大力深化计划生育/生殖健康促进工程，积极开展免费查孕查环，计划生育手术、咨询、随访，生殖健康检查等服务。全区人口计生系统共开展免费查孕查环服务76.4万人次，其中本地42.5万人、外来33.9万人；上门咨询7986人次，发放避孕药具67.9万人次；关心关爱基层计生女干部，投入36万元，为全区720余名镇村两级计生女干部免费开展生殖健康检查。

【推进优生"两免"工作】 2009年，区人口计生局将全面实施优生"两免"政策作为重大民生问题，做到组织、政策、宣传、保障"四到位"。成立区出生缺陷干预工作领导小组，出台《关于进一步加强出生缺陷干预工作的实施意见》，推出"三免一减"举措，即免费婚检、免费孕前优生检测、免费补充营养素和适当减免病残儿童康复费用。为方便群众，设法调剂安排工作用房，整合婚姻登记、婚检、孕前优生检测点，开展"一站式"、一条龙服务，其中优生"两免"服务中心面积270平方米、投入200万元，于2010年3月正式投入使用。全年开展免费孕前优生检测7472例，检测率76.8%；免费婚检4907人，婚检率29.6%，较上年提高23.9%；免费发放叶酸33810盒、福施福4458盒。

流动人口管理

【概况】 2009年，全区各级坚持综合治理，推进信息化管理，加强双向合作，完善"一网二点三联动"基础模式，"一站式"服务、"一证式"管理模式，公寓式集中服务管理模式和流动人口自我服务管理模式，健全"信息互通、管理互补、服务互动、责任互担、经费互结”的“一盘棋”服务管理体制，流动人口计生服务管理工作取得新成效。

【落实市民化待遇】 强化“同城同待遇”理念，不断提升流动人口计生优质服务水平，努力实现流动人口基本公共服务均等化。2009年，为流动人口育龄妇女提供查孕查环服务33.9万人次。在流动人口集聚地开展大型宣传服务活动，发放流动人口计生小折页20万份；利用春节前后流动人口返乡和回城的时机，发放公开信17.8万份，为流动人口提供与户籍人口同等的政策法规、避孕节育、生殖健康、优生优育等宣传和服务。组织开展《流动人口计划生育工作条例》宣传服务月活动，利用广播、横幅、黑板报、面对面宣传等多种途径进行广泛、有效宣传，层层举办培训班，开展《流动人口计划生育工作条例》知识竞赛等。

【实施信息化管理】 2009年，区人口计生局全面运行浙江省流动人口计划生育信息管理系统，实行流动人口基础档案无纸化管理；依托五级联网的优势，充分利用公安的信息数据，村(社区)实时开展流动人口信息的校验、修改，使流动人口信息变更趋向动态化，信息登记、跟踪管理、服务引导、统计查询等相关功能进一步完善，信息的准确性、完整性、及时性和有效性进一步提高。同时，充分发挥国家流动人口信息交换平台的作用，及时互通进行查询管理。全年录入个案信息38.8万条，录入(管理)率91.4%；接收本地流出人员信息600多条，信息反馈率96%。

【推进“一盘棋”工作】 2009年，区人口计生局推进综合治理，健全完善流动人口计划生育“信息互通、管理互补、服务互动、责任互担、经费互结”的省内、市内“一盘棋”服务管理体制。“一站式”服务、“一证式”管理平稳推进，建立流动人口综合服务管理站100个，“一证式”管理率达90%；坚持以流入地为主、流出地和流入地协调配合的工作机制，加强双向管理，与17个省的72个县(市、区)签订双向服务管理协议书；人口计生、卫生部门协作配合，做好围产期保健、出生信息核对工作，减少政策外怀孕和违法生育；加大指导稽查力度，全年稽查用工单位和房屋出租户602家。

基层基础

【概况】 2009年，全区人口计生系统以村(居)民自治制度化、基层基础规范化、队伍建设职业化为重点，进一步发挥计生协会的作用，推进人口计生信息化建设，提升人口计生队伍的能力和活力，推动和促进基层整体工作水平的提高，使人口计生基层基础有了新发展。

【计生协会工作全面展开】 2009年，区人口计生局加强协会的组织建设，启动基层协会的评估认定工作。深化计划生育村(居)民自治，草拟《萧山区村级人口和计划生育利益导向机制建设指导意见》，村(居)民自治合格率91.1%；拓展青春健康教育，举办项目发展座谈会，出台项目工作意见，培训青春健康教育师资134名，并指导基层根据自身特点，创造性地开展青春健康教育；做好计划生育政策性保险工作，制定《独生子女平安保险操作办法》，为25个独生子女意外出险的家庭做好理赔工作；实施好“少生快富”项目——城厢街道手工业专业合作社，项目规模逐步扩大，受益人数不断增加。

【人口计生信息化建设】 2009年，区人口计生局深入开展“人口计生信息化建设示范镇街”创建活动。各单位以此为载体，对育龄妇女数据库进行修改、完善，北干、蜀山、新塘、闻堰、衙前等5个镇街成功创建为全区首批人口计生信息化建设示范镇街，楼塔、戴村、浦阳、进化等镇为基层配齐人口计生工作专用电脑。至年底，全区有500名村级计生服务员取得信息化操作上岗证，509个村(社区)配备人口计生工作专用电脑，基本实现村级人口计生工作无纸化管理，基层基础工作进一步夯实。

【队伍职业化建设】 2009年，区人口计生局按照“管理规范化、技能专业化、培训常规化、奖励制度化”的要求，推进人口计生干部队伍职业化建设。在深入学习实践科学发展观活动的基础上，开展为期两个月的“服务基层 创新创业”主题实践活动，组织局机关15名党员干部走出机关、走进基层、走近群众，开展面对面的宣传服务活动，并人人撰写体会文章进行交流。全区人口计生系统坚持以提升能力水平为目标，开展多层次、多形式、多渠道的学习培训活动。开展先进典型评选表彰活动，评选表彰2006—2008年度全区人口计生工作先进集体118个，先进个人160名，计划生育模范村(社区)15个，育龄群众贴心人15名。

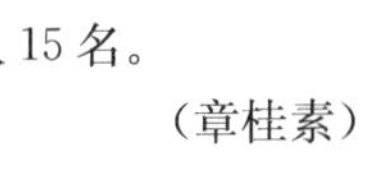
(章桂素)

2009年3月20日，萧山网新闻会客厅，“重视计生谋发展 关注民生促和谐”网民对话活动 (严彬彬摄)

社　　会

人民生活

【城镇居民收支分析】 据区统计局对100户城镇居民家庭抽样调查资料显示，2009年萧山城镇居民人均可支配收入29229元，比上年增长10.5%。

一、居民收入稳步增长

1. 工资性收入仍是居民收入的主要来源。2009年城镇居民人均工资性收入23676元，增长17.3%。增长原因：一是萧山经济实现平稳增长，工业企业回升势头良好，服务业持续繁荣，为城镇居民收入增长提供有利的条件；二是企业提高就业工资标准，低收入群体收入增加；三是就业途径不断拓宽，就业面扩大，使得城镇居民收入稳步增长。

2. 个体经营收入增长明显。萧山每百户从事城镇个体私营人员有24人，居民人均经营性收入3777元，经营性收入占可支配收入的13%。

3. 转移性收入稳步增长。萧山居民转移性收入人均5742元，增长16.4%，其中养老金或离退休金人均4522元，增长21.3%。

二、城镇居民生活品质不断提高

1. 住房条件日益改善。随着收入的增加，居民人均住房面积不断扩大，住房设施也相应配套，大部分居民拥有住房产权。据调查，2009年城镇居民人均住房面积33.83平方米，比2000年增加12.43平方米，增长58.08%。城镇居民住四居室占7%，三居室占43%，两居室占44%。城镇居民住房质量不断提高，室内装饰和配套设施不断完善，住房设施更加安全、卫生、舒适。截至2009年末，有83%的家庭使用液化石油气，17%的家庭使用管道天然气。城镇居民99%的家庭拥有住房产权，其中商品房占61%，房改房占37%。

2. 交通通信消费水平迅猛提高。随着经济的快速发展，居民生活节奏不断加快，现代化的交通和通信工具快速进入居民家庭。2000年以前，城镇居民主要交通工具是自行车、摩托车。2000年以后，家用小汽车快速进入居民家庭。2009年每百户城镇居民家庭拥有家用小汽车36辆，比2002年增长8倍。通信方面，计算机与通信技术的不断创新，推动了通信和网络的大发展，使人们的通信方式变得越来越多样、便捷。2009年每百户城镇居民家庭拥有移动电话182部，家用电脑85台，接入互联网76台，城镇居民生活进入信息化网络时代。

3. 教育文化娱乐服务消费快速增长。国家对义务教育的投入不断加大，对文化事业的投入不断提高，城镇居民对教育文化娱乐的消费也明显增加。2009年城镇居民人均教育文化娱乐消费为2051元，比上年增长6.3%。随着收入的提高，城镇居民对旅游观光、休闲度假、参观游览等享受型消费的需求增加。元旦、春节、"五一"、国庆等假日游越来越多，城镇居民用于旅游的消费逐年增加。2009年城镇居民人均用于旅游花费596元，比2000年的人均80元增长6.4倍。

（陈建生）

【农村居民收支分析】 2009年，萧山农村居民收入在上年的高起点上继续较快增长，12年来首次超过城镇居民可支配收入的增速。

一、农村居民收入情况

（一）农村居民收入构成

据区调查队对全区260户农村居民家庭抽样调查，2009年农村居民人均纯收入14389.6元，比2008年增加1403.1元，增长10.8%，增幅比上年上升0.1个百分点，比城镇居民可支配收入增幅高0.3个百分点。从各项收入来源对收入增长的贡献看，工资性收入是主体，占全部收入增加额的74.6%，家庭经营纯收入和非经营性收入分别占8.9%和16.5%。

1. 工资性收入增加1046.4元。

2009年，农村居民在本地企业中从业，或外出从事各种劳务，以及在非企业组织中从业得到的工资性收入人均10786.2元，比上年增加1046.4元，增长10.7%，占全部纯收入增加额的74.6%。其中在本地企业中得到的收入人均7987.9元，增长11.1%；外出从业得到的收入人均1350.0元，增长7.1%；在非企业组织中劳动得到的收入人均1448.3元，增长12.6%。

2. 家庭经营纯收入增加125.0元。

2009年，农村居民从家庭经营中得到的纯收入人均2463.9元，增加125.0元，增长5.3%，占全部纯收入增加额的8.9%。在家庭经营纯收入中，来自农林牧渔业等第一产业的收入人均809.9元，下降5.4%。分项看，种植业纯收入人均723.6元，下降3.7%；牧业纯收入人均22.7元，下降53.8%。来自家庭经营的二、三产业纯收入人均1654.0元，增长11.5%，其中家庭工业收入人均317.8元，增长14.3%，建筑业收入人均166.8元，增长23.7%，交通、运输和邮电业收入人均488.3元，增长22.4%。

3. 非经营性收入增加231.5元。

2009年,农村居民非经营性收入人均1139.4元,增加231.5元,增长25.5%,占纯收入增加额的16.5%。在非经营性收入中,以房租为主的租金收入人均138.1元,增长37.5%;利息收入人均93.7元,增长15.5%;离退休金、养老金收入人均400.9元,增长23.5%;家庭非常住人口寄回和带回的收入人均99.1元,增长22.5%。

(二)收入增长的特点

2009年农村居民收入继续呈现较快增长的态势,主要得益于非农收入的稳定增长和财产性收入、转移性收入的较快增加。

1. 农村非农产业仍是推动收入增长的主要力量。

2009年,农村居民来自非农产业的收入(包括工资性收入和家庭经营二、三产业收入)人均12440.2元,比上年增加1217.6元,增长10.8%。非农产业收入是农村居民收入持续稳定增长的主要来源。

2. 多种经济成分活跃,非经营性收入增长较快。

2009年,农村居民的非经营性收入人均1139.4元,比上年增加231.5元,增长25.5%。其中租金收入人均138.1元,增长37.5%,主要是房屋出租的收入。由于萧山经济较为发达,吸引了大批外来务工人员,加上城市房价和租金上涨较快,使得在农村租住房屋的外来务工人员日益增多。2009年有16.2%的农村住户有房屋出租收入,比上年提高3.2个百分点,这些农户全年平均租金收入3195.0元,比上年增长11.1%。此外,在非经营性收入中,增长较快的还有离退休金、养老金收入,集体分配股息和红利,非常住人口寄回和带回的收入。

3. 多数农户收入提高,农户间的收入差距有所扩大。

据调查,有61.9%的家庭年纯收入比上年有不同幅度的提高,38.1%的家庭年纯收入下降。从衡量收入差距的基尼系数看,2009年的基尼系数为0.3330,比2008年的0.3200提高0.013,说明农户间的收入差距略有扩大。

4. 农村居民的文化程度与收入多少紧密相关。

从调查资料看,人均纯收入在3000—4000元,劳动力的文化程度全部在初中及初中以下;人均纯收入在4000—5000元,劳动力的文化程度全部在高中及高中以下;人均纯收入在5000元以上,劳动力的文化程度在高中和中专及以下占94.6%,大专及以上占5.4%。

(三)值得关注的几个问题

1. 主要农产品价格下跌使农户在家庭经营中从第一产业得到的收益越来越少。特别是猪肉价格下跌使牧业养殖利润越来越少,甚至出现亏损。农产品价格暴涨暴跌已是屡见不鲜,挫伤了农民的生产积极性,同时也影响了农民增收。农业作为基础行业,抗市场风险、自然风险的能力如果不能得到提高,其作为农民增收的基础将越来越不稳固。

2. 不同层次农户间收入差距仍较大。按人均纯收入高低,将所有的农村居民家庭分为5组,2009年收入最高的20%家庭人均纯收入28125.1元,比上年增长12.1%;而收入最低的20%家庭人均纯收入5893.8元,比上年增长9.7%。两者之比为4.77∶1,而2008年该比例为4.67∶1。

3. 农村居民财产性收入稳定增长任务艰巨。2009年农村居民的财产性纯收入保持快速增长的势头,但其收入的内部结构正在慢慢发生变化。从构成财产性收入的各项收入来看,占据较大比重的土地征用补偿收入的增长,随着国家宏观调控政策的实施,比前一时期明显放慢,股息与红利收入表现出年度间的不稳定性,而房租收入和其他投资收益迅速增长,农村居民财产性收入的结构逐渐向城镇居民靠拢。

二、农村居民消费情况

据对全区260户农村住户抽样调查,2009年农村居民消费水平进一步提高,消费结构继续优化,生活质量明显改善,农村居民人均生活消费支出11199.6元,比上年增长8.9%。农村居民消费能力的提高,带动消费规模不断扩张,消费结构继续优化,居民的生活质量明显改善。

(一)生活消费水平进一步提高

1. 恩格尔系数下降,消费结构有新变化。

调查数据显示,2009年农村居民食品支出为3571.4元,与上年基本持平,恩格尔系数为31.9%,比上年下降3个百分点。在食品消费中,用于主食消费支出人均223.0元,比上年增长8.2%;蔬菜消费支出人均221.16元,比上年增长3.3%;肉、禽、蛋、奶和水产品支出人均898.54元,下降2.68%;烟、酒消费支出人均552.25元。从具体消费的数量上看,人均消费粮食178.8千克,比上年增长12.1%;豆制品6.0千克,减少3.5%;蔬菜及菜制品77.2千克,下降1.5%;奶和奶制品2.3千克,下降11.9%;水产品10.3千克,下降8.6%;肉、禽及制品和蛋类分别为46.9千克和3.1千克,分别比上年增长2.9%、0.5%。

2009年人均在外饮食487.0元,人均在外饮食消费支出占整个食品消费支出的13.6%,比上年提高0.5个百分点。

2. 衣着消费支出平稳增长。

2009年农村居民用于衣着消费支出人均607.5元,比上年增加29.8元,增长5.2%。尽管衣着消费占整个生活消费比重5.4%,比上年略有下降,但衣着消费城市化的倾向较为明显,全年人均用于购买服装的消费支出460.4元,比上年增长4.9%。

3. 居住条件进一步改善。

居住类商品是2009年农村居民的一个重要消费热点,农村居民人均用于居住的消费2861.2元,比上年增长23.8%;居住消费占生活消费总支出的25.5%。居住消费支出大幅增长的主要原因是购买商品房,购买商品房支出人均688.3元,比上年增长3.2倍。此外,用于购买装修生活用房材料支出人均786.3元,增长44.0%;生活用电人均支出358.7元,增长9.8%;生活用水人均支出57.6元,增长30.7%。到2009年末,人均拥有住房面积75.09平方米,比上年增加1.6平方米。农村居民居住条件的改善,带动了室内配套设施需求的增长,98.1%的农户家庭使用水冲式厕所,89.6%的家庭装上抽油烟机,分别比上年提高0.4个百分点和4.6个百分点。

4. 家庭高档耐用品拥有量不断增多。

随着农村水电、公路、通信等基础设施的逐步完善,农村居民消费品升级步伐加快,以彩电、洗衣机、电冰箱为标志的"千元级"第二代耐用消费品在农村家庭已普及。到2009年末,农村居民家庭每百户拥有彩色电视机196台,比上年增加5台;照相机43架,增加3架;电冰箱105台,增加2台;洗衣机101台,增加3台;家用电脑52台,增加4台;微波炉37台,增加2台;空调机164台,增加9台。2009年农村居民用于家庭设备用品的支出人均527.7元,比上年增加122.0元,增长30.1%。

5. 交通、通信支出仍有较大幅度增长。

2009年末,农村居民家庭每百户拥有生活用汽车19辆,较上年增加3辆。2009年农村居民用于交通和通信消费支出人均1882.8元,比上年增长24.4%。其中用于购买交通工具和交通工具用燃料支出人均分别为1150.6元和169.9元,分别增长52.5%和18.1%;用于购买通信工具的支出71.3元,增长41.2%。

6. 药费支出明显下降。

2009年农村居民用于医疗保健消费的支出人均550.5元,比上年下降20.6%。其中用于药品支出人均418.6元,下降18.6%。

7. 消费领域不断拓宽。

2009年农村居民用于休闲娱乐费的支出人均85.7元,比上年增长32.8%;用于成人培训费的支出人均85.4元,增长15.0%;用于学杂费的支出有较大幅度下降,人均228.1元,下降31.9%。

(二)农村消费存在的问题

1. 消费增幅回落明显。2009年,农村居民消费支出增长8.9%,增幅低于收入增幅1.9个百分点,比上年增幅回落5.9个百分点。其中食品、医疗保健、文教娱乐用品及服务支出的增幅下降,分别回落19.2个百分点、31.3个百分点和16.4个百分点。

2. 平均消费倾向减弱。平均消费倾向指居民每单位收入中用于消费支出的份额,受居民收入水平、收入结构、生活和消费方式、社会保障等因素的影响。2009年,农村居民人均消费支出占纯收入的比重(平均消费倾向)为77.8%,比上年回落1.4个百分点。

(裘琴娟)

民政

【概况】 2009年,区民政局以践行科学发展观为指针,以保障和服务"困难群体、优抚群体、弱势群体"为目标,以突出保障民生、发展民主、促进民安为主线,达到"惠民、善民、利民"的要求,发挥民政工作"调节器"、"稳定器"、"润滑剂"的作用。

【低保标准实现与主城区无缝接轨】 萧山区按照低保标准自然增长机制的要求,结合经济社会发展情况,从2009年1月1日起,城镇和农村低保标准分别提高到400元和300元,实现与杭州主城区的无缝接轨。到年底,全区有低保户11042户、22977人,全年发放低保金5037万元,其中,城镇低保(含敬老院)人均补差271元,农村低保人均补差171元,达到省里规定的补差不低于低保标准50%的要求。按照省、市要求,从2009年第一季度起,萧山取消镇街级低保配套资金,低保救助资金全部由区财政承担。全年取消镇街级配套资金约1600万元。

【动态管理低保工作】 2009年,区民政局通过加强走访核查,掌握低保户就业、死亡、收入变动等情况,及时调整救助标准,将不符合条件的及时退出低保。对部分居无定所的在保对象,采取先停保、符合条件者重新申请办理低保的办法。同时对低保边缘户进行排查摸底,一旦符合条件,及时纳入低保,以便更好地对其进行生活、就医、就学、住房等方面的分类救助。全年新增低保户1334户、2949人,取消721户、1625人。

【避灾场所全面建成】 2009年,全区共建避灾所95个,投入资金150万元。

在避灾所建设过程中,坚持"因地制宜、整合资源、功能完备、平灾结合"的原则,在摸清本行政区域范围内地质灾害点、低洼易涝点、危房分布、需转移安置人数的基础上,整合利用现有的敬老院、文体中心、村委会办公楼、学校等公共设施,要求避灾场所安全牢固、交通便利、道路畅通、功能完备,同时,适当分散、分片设置,便于人员就近转移安置。避灾场所做到"三个统一":一是制度和标牌内容统一;二是避灾物资采购项目基本统一(包括草席、空调被、毛巾、枕头、脸盆、手电筒、应急灯、热水瓶、不锈钢保温桶、电风扇、一次性纸杯、折叠木床、办公桌椅、储物柜等),每个点的物资采购金额不少于1.2万元,由正规商家送货上门,确保灾害来临时避灾人员的基本生活;三是避灾物资由专人统一管理,无灾时由镇街集中于一处统一保管(基本上都存放在敬老院),有灾时再分发到各避灾所,物资进出的日期、名称、数量、发货人、领货人等均按要求做好登记并保管好,以备查验。

【保障"五保"对象的基本生活】 区民政局为入住敬老院的"五保"对象办理每人500元的门诊医疗补助卡,免费参加新农医,享受医疗救助政策。向残疾者免费配送轮椅等辅助器具,逢年过节政府和社会各界有多种形式的慰问。2009年,全区1043名"五保"对象,集中供养989名,集中供养率94.8%,"五保"对象的基本生活得到较好保障。

【老年人月生活补助标准提高到80元】 从2009年1月1日起,城乡70—89周岁老年人月生活补助发放标准从60元提高到80元,全区符合条件的对象39845人,发放补助金

4064.114万元。比上年减少22200人，原因是上年萧山实施五项社会保险新制度，不少原先领取老年人生活补助金的老人参加农村居民养老保险和城镇老年居民生活保障。

【专项救助】 一是实施生活救助。2009年对因突发性因素造成生活暂时困难的群体，及时进行救助，发放救济金90万元。通过春风行动向各类困难对象发放慰问金506.55万元，向低保、重点优抚对象和中华人民共和国成立前入党的农村老党员发放一次性生活补贴275万元。年初，给予一季度在册的低保对象200元/人的消费资助约440万元，发放物价补贴740.4288万元，发放水电补贴107.1074万元。二是向受台风影响较大的镇下拨自然灾害救助资金20万元。三是发放司法救助资金106万元。按照职能分工，区民政局积极配合相关部门做好住房、教育、医疗等专项救助工作。

此外，组织实施"福彩助我行"活动，为480位残疾困难对象免费安装假肢和赠送轮椅等辅助器具。按照上级要求，及时调整、提高"五八城迁"、精减职工、城镇孤老幼残、麻风病人等民政救济对象的生活补助标准，确保政策落实到位。

【配合做好低收入农户奔小康工作】 2009年，围绕建设富裕清洁和谐社会主义新农村的总体目标，建立健全扶贫帮困机制，加大社会救助力度，将2008年家庭人均收入低于4000元的低收入农户全部纳入结对帮扶对象，全区共有9278户。按照职责分工，民政部门配合做好申请对象收入的认定和对象的确定，共同做好低收入农户奔小康工作，确保低收入农户的生活、医疗、教育、住房、就业、生产经营、法律等各项扶持政策落实到位。区民政局被区委、区政府评为实施"低收入农户奔小康工程"先进集体。

【残疾人基本生活保障办法实施】 2009年，区民政局积极和区财政局、区残联沟通，并广泛听取镇街的意见和建议，起草、出台《萧山区残疾人基本生活保障工程实施办法》(萧民〔2009〕68号)。按照文件精神，从2009年10月1日起，城乡居民家庭中持常住户籍和"中华人民共和国残疾人证"的4类人员，可按规定单独提出残疾人基本生活保障申请，在申请被批准后，可按规定享受相应的保障金。此政策出台，是对现有低保政策的补充和完善，把更多的残疾困难群众纳入救助范围，困难残疾人基本生活可得到更好的保障。2009年第四季度有4415人享受残疾人基本生活保障，发放保障资金414.48万元。

【移民生活进一步安定】 全区有大中型水库移民1450人。2009年，按国发〔2006〕17号文件精神，除及时准确发放每人每年600元的直接补助资金外，区、镇、村三级继续加大对大中型水库移民的结对帮扶和优惠扶持力度，采取技术培训、牵线搭桥、推荐就业等多种形式，努力使移民发展生产、逐步致富。移民人均年收入从2001年的3000多元提高到2009年的1万多元，达到当地农民人均年收入的80%，移民生活和思想基本稳定。

【全面落实各项优抚政策】 2009年，全区接收退役士兵520人。其中城镇退役士兵117人，均实行自谋职业货币化安置，发放安置补助254万元；农村退伍士兵403人，由镇街负责安置，实行经济补助，安置率100%。

是年，区民政局贯彻落实《杭州市军人抚恤优待实施意见》，改革现行的重点优抚对象自然增长机制，实行杭州市统一标准、统一发放，并把带病回乡退伍军人纳入自然增长机制。同时，做好重点优抚对象的普查，完善数据库建设。

出台并落实《萧山区重点优抚对象医疗补助办法》，提高重点优抚对象门诊医疗定额补助标准，提高幅度在20%以上，并把带病回乡退伍军人和参战参试退役人员纳入医疗补助范畴，累计新增门诊医疗资金152.92万元。

根据《杭州市军人抚恤优待实施意见》文件精神，区政府出台《杭州市萧山区退役士兵安置工作实施办法》、《萧山区部分退伍军人生活补助办法》，无工作单位或无固定收入且年满60周岁，没有享受年龄视作养老保险缴费年限的退伍军人得到生活补助，享受60周岁以上退伍军人生活补助1621人。

【社会组织共512家】 截至2009年12月，全区社会组织总数512家，其中社会团体215家，民办非企业单位297家。是年，新登记社会组织30家，其中社会团体8家、民办非企业单位22家，注销社会组织3家，各类变更登记及换证150家次。应参加年检的社会组织446家，其中社会团体191家，民办非企业单位255家，年检合格率98%。是年，对农贸市场、茶楼咖啡、商场超市、汽车流通等行业协会进行登记注册，规范行业市场秩序，使各行业基本上做到有娘家。根据区委有关部门要求，全区村(社区)建立"和事佬"协会，全区近600家"和事佬"协会在区民政局登记备案。

【办理收养登记255件】 2009年，萧山收养工作按照有关法律法规和规定进行依法登记，全区办理各类收养登记255件。其中，收养区社会福利院弃婴49名，收养社会弃婴205名，收养孤儿1名。

【设立婚姻家庭指导室】 从2008年9月起，区民政局在婚姻登记处设立婚姻家庭指导室，聘请专业人士，引入婚姻劝导机制，帮助一些前来办理离婚登记的当事人中对婚姻存有疑惑或需要调解夫妻关系的，进行婚姻家庭指导。2009年又扩充志愿者队伍，并在5月3日正式启动萧山区婚姻家庭指导师志愿者活动。一年多来，有200多对夫妻接受指导。

【婚姻登记】 2009年，区民政局婚姻登记处办理结婚登记8287对、离婚登记1704对，补发结婚证8968本，补发离婚证148本，出具无婚姻登记记录证明7219份，出具婚姻登记记录证明860份，受理婚姻登记查档800余件次。

【救助受助人员1049人次】 2009年，区民政局共救助受助人员1049人次(男性895人次，女性154人次)，其中，少儿61人次，老年人44人次，危重病人7人次，精神病人33人次，残疾人36人次；未发生一起意外事故。

【完成军供保障任务】 军供站一方面经常与驻杭军代处保持联系，主动了解部队的过往情况，以早作筹划，严密保障，另一方面坚持24小时值班制度，确保能随时接受部队的供应保障任务。2009年完成2317人次的军供保障任务。

【福利企业总体运行良好】 2009年，全区102家福利企业实现产值149.66亿元、销售收入131亿元，分别比上年下降23.3%、25%；2009年全年完成应缴增值税3.7亿元，与上年基本持平；实现利润9500万元，比上年增长205%。

是年，全区福利企业安置职工16373人，其中残疾职工6179人，安置比例37.74%。残疾职工全部参加五项社会基本保险，共缴纳社会保险费2750万元，年人均缴纳4438元。企业发放残疾职工工资10036万元，年人均工资1.62万元。

【加强福利企业扶持政策宣传】 在金融危机影响下，萧山放弃福利企业资格的企业逐渐增加。为此，在获悉市民政局在调研企业拟出台扶持政策的同时，区民政局及时向企业通报政策信息动态。在拟订萧山意见时，邀请企业代表参加福利企业领导小组成员会议，听取企业意见。《区委办公室区政府办公室关于进一步稳定和促进我区福利企业发展的若干意见》(萧委办〔2009〕25号)文件出台后，及时在电视台头条新闻播报，在《萧山日报》头版刊登；在年检时，及时向每一家企业宣传市委4号和萧委办25号文件精神，尽可能深入宣传新财政扶持政策，扩大政策影响力。同时针对各个镇街的福利企业拥有情况和残疾人就业安置情况，多次走镇入街，努力让基层领导和民政工作人员了解福利企业政策和福利企业情况，重视福利企业工作。为进一步提升残疾人地位，根据市民政局开展“三优一先”评选工作的要求，评选出31名优秀残疾职工代表，专门进行表彰。2009年，新办福利企业8家，其中2家为老企业转办，新增产值1.2亿元，新增安置就业残疾人151人。

基层政权建设

【概况】 2009年，全区辖17个镇、11个街道，共有411个村，151个社区(城市社区40个，转制社区69个，镇属社区42个)，新建2个社区(闻堰镇闻江社区和南岸社区)。其中，城厢街道社区32个，北干街道社区19个，新塘街道社区22个，蜀山街道社区18个，靖江街道社区5个，南阳街道社区2个，河庄街道社区1个，义蓬街道社区2个，新湾街道社区1个，经济技术开发区社区3个、临江街道社区1个，15个镇社区45个。

【推进转制社区建设力度】 2009年，区民政局为深入贯彻区委提出的“加快农村转制社区与城市社区接轨，逐步把转制社区真正纳入城市统一建设和管理”的意见，积极参加区政协“加快我区转制社区建设和管理”重点课题专题调研，向区政协常委会提交《面对现实 加大举措 合力推进我区转制社区城市化建设》的专题调研报告。下半年参与常务副区长许岳荣对转制社区的调研活动，出台《关于加强转制社区建设和管理的若干意见》。

【推进社区服务业建设】 自2007年10月社区服务业牵头管理部门由区民政局承担以来，先后出台《萧山区加快社区服务业发展三年行动计划》和《关于扶持发展社区服务的若干政策》文件，确定以老年人、儿童、残疾人、城镇贫困户等弱势群体和优抚对象为服务重点，以培育发展民间组织为特色的社区服务，探索社区服务业走向社会化、市场化、产业化的发展模式，为提升社区服务业水平创造更好的条件。2009年，全区151个社区均建立社区公共服务工作站。各镇街申报社区服务业项目76个，申请资金245万元，其中申报杭州市社区服务业项目9个，申请市财政补助45万元。

【推进农村社区建设】 2009年，《中共萧山区委萧山区人民政府关于开展农村社区建设工作的实施意见》(萧委〔2009〕9号)出台，萧山区建设临浦镇浦二村和党山镇前兴村两个农村社区服务中心试点工程，确定全区150个村建立集管理、服务、教育、活动等功能为一体的村级社区服务中心，提高农村社会管理和公共服务水平，推进新农村建设。至年底，全区全面建成镇社区服务中心8个，村社区服务中心150个。

【完善村务公开民主管理工作内容】 《区委办公室区政府办公室关于进一步建立和完善村级财务民主管理制度的意见》(萧委办〔2008〕85号)和《关于加强村级重大经济和社会事务民主管理的通知》下发，全区统一各村村务公开民主议事内容、时间、形式和程序，同时强调了区、镇街、村三级联动的监督机制。

【监督检查村务公开民主管理工作】 2009年，区民政局采用镇街自查、区里抽查相结合的检查监督方法，明确每季次月的16—20日为镇街自查时间，并对每个村进行评分，21—26日为区级有关部门检查时间。检查方法采用分4组对联系镇街的村进行抽查，检查内容除了对公开栏整体外观、公开内容、公开质量进行查看外，每季确定1—2个重点，对各种制度、各类会议记录、文书财务档案进行检查，同时随访村民、村民代表、村三委班子人员听取意见。11个村务公开民主管理工作成员单位坚持季度例会制度，总结交流检查方法，分析评估检查情况，对检查中发现好的做法及存在的问题及时予以通报，并列入对各镇街的年度考核。根据省、市、区的部署，将村务公开纳入民主评议行风活动实施范围，区民政局将村务公开民主管理工作列为公述民评对象之一，积极主动向行风监督员汇报村务公开民主管理工作情况，邀请行风监督员参加第二季度村务公开民主管理工作的检查。同时，以区委党校的“红色讲坛”为平台，各职能部门组成宣讲团，采用授课形式，为各镇街的村干部、村民代表宣传、讲解村务公开民主管理工作的法律法规及政策文件。

(杨富安)

地名

【概况】 2009年，区地名办坚持以地名工作推进萧山经济和社会各项事业协调发展，把地名工作服务于经济建设和群众生产生活作为出发点和落脚点，着力提升地名公共服务水平，加大工作力度，在行政区划调整、行政区域界线管理、地名公共服务工程建设、地名图书编纂等方面都取得了新成绩。

【完成大江东新城区域行政区划调整】 2009年，萧山区根据十届市委常委会第64次会议，以及市委、市政府大江东新城规划布局专题会议、"河庄会议"、空港新城概念规划评审会等一系列会议精神，报经省、市人民政府批准，撤销靖江、南阳、河庄、义蓬、新湾等5个镇建制，其行政区域由区人民政府直辖，并在此区域内建立7个街道。

靖江街道：成建制撤销靖江镇，在原靖江镇行政区域内建立靖江街道办事处。办事处驻地为原靖江镇人民政府驻地（申达路555号），区域面积23.06平方千米，户籍总人口33047人。四至范围为北与义蓬街道相连，东与党湾镇接壤，南邻瓜沥镇，西接南阳街道。下辖原靖江镇的安澜桥等5个社区和雷东等10个村。

南阳街道：成建制撤销南阳镇，在原南阳镇行政区域内建立南阳街道办事处。办事处驻地为原南阳镇人民政府驻地（南虹路528号），区域面积31.03平方千米，户籍总人口37402人。四至范围为东靠义蓬街道、靖江街道，南与瓜沥镇、坎山镇接壤，西邻钱塘江，北接河庄街道。下辖原南阳镇的南阳等2个社区和横蓬等13个村。

河庄街道：成建制撤销河庄镇，在原河庄镇行政区域内（除划给前进、临江街道的围垦大道以东围垦区域外）建立河庄街道办事处。办事处驻地为原河庄镇人民政府驻地（永丰路618号），区域面积69.2平方千米，户籍总人口48192人。四至范围为东靠义蓬街道，南接南阳街道，西、北邻钱塘江。下辖原河庄镇的城隍庙等1个社区和同二等20个村。

义蓬街道：成建制撤销义蓬镇，在原义蓬镇行政区域内建立义蓬街道办事处。办事处驻地为原义蓬镇人民政府驻地（义府大街668号），区域面积56.48平方千米，户籍总人口56952人。四至范围为东接前进街道、新湾街道，南靠靖江街道，西邻河庄街道、南阳街道，北至河庄街道。下辖原义蓬镇的义盛等2个社区和蜜蜂等22个村。

新湾街道：成建制撤销新湾镇，在原新湾镇的新北桥等1个社区和共和、共裕、共兴、新南、冯溇、建华、宏波、创建、创新、宏新、三新、共建等12个村的行政区域内建立新湾街道办事处。办事处驻地为原新湾镇人民政府驻地（新宏路28号），区域面积22.05平方千米，户籍总人口22976人。四至范围为东接临江街道，南邻党湾镇，西靠义蓬街道，北至前进街道。

临江街道：原河庄镇九工段直河与十工段直河之间的围垦区域和原新湾镇的临江佳苑等1个社区以及萧东、东庄等2个村的行政区域合并，建立临江街道办事处。办事处驻地为临江大道3997号，区域面积44.1平方千米，户籍总人口6018人。四至范围为东接省水利围垦综合开发一场，南邻益农镇，西靠新湾街道、前进街道，北至钱塘江。

前进街道：原河庄镇围垦大道与九工段直河之间的围垦区域和原新湾镇的前峰、临江、三丰等3个村的行政区域合并，建立前进街道办事处。办事处驻地为江东一路4766号，区域面积40.54平方千米，户籍总人口7626人。四至范围为东接临江街道，南邻新湾街道，西靠义蓬街道，北至钱塘江。

大江东新城区域行政区划调整后，全区行政区划格局由22个镇、4个街道调整为17个镇、11个街道。同时根据《杭州市萧山区人民政府关于调整大江东新城区域行政区划的通知》（萧政发〔2009〕116号）精神，新成立的7个街道办事处从2009年9月1日起，按调整后新的行政管理体制运行。

【开展"萧西线"行政区域界线联检】 2009年，为巩固萧山、西湖两区行政区域边界勘界成果，加强边界管理，维护边界地区社会稳定，根据省民政厅和市民政局的工作要求，由萧山区牵头组织，制定《萧山区、西湖区行政区域界线联合检查实施方案》，明确联检工作要求，制定具体的工作计划和时间安排，勘界人员联合对两区行政区域界线进行检查，实地详细核对界线及标志物，走访当地干部群众，宣传已经勘定的行政区域界线，同时将联检报告以两区人民政府的名义上报市政府。

【完成界桩硬化并设置警示牌】 在进一步完善界线管理联系人制度、界桩委托管理制度、定期走访联系对话制度、边界纠纷应急处理制度、界线联合检查制度等管理制度的基础上，2009年，区地名办对由萧山区维护管养的萧富线、杭绍线等8个界桩基座进行1平方米的水泥硬化，并设立警示牌，公布联系电话，进一步强化了行政区域界线界桩的严肃性和权威性。

【做好地名命名、更名和注销工作】 区地名办根据各单位、镇上报的地名命名、更名和注销申请，按照有关地名法规和原则，严格履行地名非行政许可程序，按照《杭州市萧山区地名分区规划》的要求，做好地名命名、更名和注销的审核，重要地名的命名实施命名前公示制度，以确保新生地名质量，充分发挥地名的交通指示功能和反映历史文化的人文功能。2009年，经市地名办审定，并报经区政府批准，区地名办共命名、更名和注销各类地名303条（详见《2009年地名命名、更名一览表》和《2009年地名注销一览表》）。

【强化地名标志设置】 全区城乡系列地名标志基本实现标准化、规范化。2009年，一是进一步做好新建住宅区、建筑物和城区、开发区等主要道路两侧的地名标志设置工作。按照统一、规范、美观、醒目的要求，新建住宅区、建筑物的地名标志设置率100%。全年设置各类地名标志15687块，其中幢牌420块、单元牌391块、户室牌12523块、门牌2353块。二是扩大路牌设置面，进一步提高地名公共服务水平。加强城区原设置的387块路牌的维护和管理，及时清除污物，更换破损路牌100块，确保路牌整洁和灯箱照明的正常。全年清洗、更换路牌2000余块次。同时，根据《杭州市萧山区人民政府关于城区户外广告资源使用权实行有偿使用的若干意见》（萧政发〔2005〕72号）的文件精神，将城区风情大道等21条道路的154块路牌的设置权委托给杭州萧山城市建设发展有限公司，路牌设置所需的制作、安装、用电、日常维护、保养等费用，均由该公司承担，区地名办负责监督管理。三是预编门牌，为民所想，提高办事效率。随着全区房地产业的快速发展，二手房交易和新房买卖量逐月增加，同时针对前来窗口办事的群众都希望门牌证能立等可取的实际，区地名办一方面增加一名窗口工作人员，以减少群众排队等候时间，提高办证准确率；另一方面加快城区主要道路两侧门牌的预编和更新频率。2009年基本完成道源路、拱秀路、萧然南路、人民路等20余条道路的门牌预编工作，以后将对每一条道路两侧的营业房承租情况、门牌设置情况等每年更新一次，每年进行一次查漏补缺，以减少分散实地踏勘的次数，方便群众办事，提高办事效率。

【编制完成《杭州市萧山区地名图册》】 2009年，区地名办编制完成《杭州市萧山区地名图册》（下简称《图册》）。《图册》为16开本，全面、形象、直观地反映了全区自然地理特征、人文环境分布和地名命名情况。文字部分对各镇街和有关经济、旅游区域等的行政区划、历史沿革、名称来历、名胜古迹和经济社会状况等内容作了简要介绍，重点收录行政村、自然村、道路、住宅区、建筑物等标准地名。地图部分收录了各镇街全境地图、集镇街巷地图和有关经济、旅游区域等地图，较为详细地标注了行政村、自然村、道路、住宅区、建筑物、河流、山峰和一些名胜古迹等，还标注了学校、医院等企事业单位。

【继续开展《萧山地名志》修编】 2009年，区地名办组织人员深入走访档案馆、交通局、建设局等有关部门，重点开展行政村、社区、道路、住宅区、建筑物、桥梁等内容的编纂工作，完成地名志部分地图的编制。

【开通萧山地名网】 2009年11月，萧山地名网（http://www.xsdmb.gov.cn）开通，主要由机构设置、工作动态、服务指南、地名文化、电子地图、最新公告等板块组成。社会各界可通过地名网了解全区地名现状、查询标准地名、下载表格等。

【地名服务】 2009年，区办事服务中心民政窗口地名管理岗位受理住宅区、建筑物等各类地名命名、更名、门牌及门牌证申领等各类审批服务事项6000余件，发放门牌证15000余本，按期办结率100%。是年，为群众提供问路指路服务600余人次。

2009年萧山区地名命名、更名一览表

标准名称	类别	汉语拼音	位置	申报单位	批准文号	备注
文轩路	道路	WENXUAN LU	位于新街镇，东至03省道东复线，西至钱江啤酒厂	浙江得力房地产开发有限公司	杭名萧〔2009〕字第001号	命名
新港路	道路	XINGANG LU	位于靖江街道，北起伟老线，南至官界路	杭州市萧山区靖江镇人民政府	杭名萧〔2009〕字第002号	命名
瀚府	住宅区	HAN FU	位于城厢街道，东至南门社区，西至开元后勤基地，南至南门社区村道，北至南门江	杭州开元房地产集团有限公司	杭名萧〔2009〕字第003号	命名
风情雅苑	住宅区	FENGQING YAYUAN	位于北干街道兴议村，建设三路以南，风情大道以东	中国人民武装警察部队浙江省边防总队后勤部	杭名萧〔2009〕字第004号	命名
广悦公寓	住宅区	GUANGYUE GONGYU	位于新塘街道吕才庄社区，东至高桥路，西至南门江，南至吕才庄，北至晨晖路	杭州市萧山区市政拆迁安置房建设中心	杭名萧〔2009〕字第005号	命名
蓝爵国际中心	建筑物	LANJUE GUOJI ZHONGXIN	位于北干街道，金鸡路以西，金城路以南，名仁家园以北	杭州盛元房地产开发有限公司	杭名萧〔2009〕字第006号	命名
金域三江园（原名江滨假日广场）	住宅区	JINYU SANJIANG YUAN	位于义桥镇山后村，东至四季大道（规划名），西至山后村村道	绿都控股集团有限公司	杭名萧〔2009〕字第007号	更名
杭州生态园	建筑物	HANGZHOU SHENGTAI YUAN	位于所前镇越山村及越王村等有少量插花山的整个大东坞及西岭区块	杭州生态园有限公司	杭名萧〔2009〕字第008号	命名
杭州生态园综合服务中心	建筑物	HANGZHOU SHENGTAI YUAN ZONGHE FUWU ZHONGXIN	位于所前镇杭州生态园内	杭州生态园有限公司	杭名萧〔2009〕字第009号	命名
景海湾	住宅区	JINGHAI WAN	位于宁围镇，顺坝围垦处	杭州多瑙河置业有限公司	杭名萧〔2009〕字第010号	命名
兴乐东路	道路	XINGLE DONGLU	位于党湾镇，东起党湾镇与益农镇分界的先锋桥，西至永红路	萧山区党湾镇卫东桥社区居民委员会	杭名萧〔2009〕字第011号	命名
新升公寓	住宅区	XINSHENG GONGYU	位于坎山镇塘上社区，东至沟渠，南至村道，西至衙坎线，北至村道	杭州宝润房地产开发有限公司	杭名萧〔2009〕字第012号	命名
和美家	住宅区	HEMEI JIA	位于宁围镇，市心北路西侧，飞虹路（规划名）东侧	顺发恒业有限公司	杭名萧〔2009〕字第013号	命名
临江消费品综合市场	建筑物	LINJIANG XIAOFEIPIN ZONGHE SHICHANG	位于杭州萧山临江工业园区，纬六路（规划名）以北，经四路（规划名）以东	浙江中冠房地产开发有限公司	杭名萧〔2009〕字第014号	命名

续表

标准名称	类别	汉语拼音	位置	申报单位	批准文号	备注
顺丰家园	住宅区	SHUNFENG JIAYUAN	位于宁围镇丰东村，振宁路以南，文明路以北，佳境天城以西	杭州市萧山区宁围镇人民政府	杭名萧〔2009〕字第015号	命名
名港城	住宅区	MINGGANG CHENG	位于瓜沥镇，东灵南路以西，酒厂江以北，东灵江以南	杭州明华置业有限公司	杭名萧〔2009〕字第016号	命名
河景路	道路	HEJING LU	位于河庄街道，东起乐河路，西至横岔路直河	杭州市萧山区河庄镇人民政府	杭名萧〔2009〕字第017号	命名
蒙正路	道路	MENGZHENG LU	位于萧山区红垦农场，南起先锋河，向北折东再折北至红十五线	杭州市东郊监狱	杭名萧〔2009〕字第018号	命名
华克公寓	住宅区	HUAKE GONGYU	位于义蓬街道，义府大街以南，小泗埠直河以西	杭州天府房地产开发有限公司	杭名萧〔2009〕字第019号	命名
同盛大厦	住宅区	TONGSHENG DASHA	位于新塘街道，东至萧山华东医院，南至萧绍路，西至通惠中路，北至柠檬公寓	杭州安瑞房地产开发有限公司	杭名萧〔2009〕字第020号	命名
恒盛路	道路	HENGSHENG LU	位于萧山经济技术开发区桥南区块，东起高新六路，西至高新五路	萧山经济技术开发区社会事业发展局	杭名萧〔2009〕字第021号	命名
鸿港华庭	住宅区	HONGGANG HUATING	位于靖江街道原镇政府地块，东至围墙，南至现状道路，西至商贸街，北至育才路	杭州财和房地产开发有限公司	杭名萧〔2009〕字第022号	命名
金榈湾嘉园	住宅区	JINLÜ WAN JIAYUAN	位于临浦镇，东藩中路以东，苎萝路以北	浙江恒逸房地产开发有限公司	杭名萧〔2009〕字第023号	命名
潮都华庭	住宅区	CHAODU HUATING	位于南阳街道，环西路(暂名)以东，环北路(暂名)以南，街道办公楼以西，南虹路以北	杭州春天房地产开发有限公司	杭名萧〔2009〕字第024号	命名
江东锦绣名座	住宅区	JIANGDONG JINXIU MINGZUO	位于河庄街道，河庄路以东，河景路以北	杭州天宇房地产开发有限公司	杭名萧〔2009〕字第025号	命名
湘墅花园	住宅区	XIANGSHU HUAYUAN	位于闻堰镇，东至时代大道，南至规划定湖路(暂名)，西至钱塘江江堤及闻堰自来水厂，北至规划望江路(暂名)	杭州市萧山区闻堰镇人民政府	杭名萧〔2009〕字第026号	命名
里河公寓	住宅区	LIHE GONGYU	位于临浦镇，东至十宝畈路，南至劳动路，西至旧里河路，北至十宝畈路	杭州中盛房地产开发有限公司	杭名萧〔2009〕字第027号	命名
兴三路	道路	XING SAN LU	位于北干街道，南起北塘路，北至三桥接线公路	北干街道办事处	杭名萧〔2009〕字第028号	命名
兴五路	道路	XING WU LU	位于北干街道，东起三桥接线公路，西至风情大道	北干街道办事处	杭名萧〔2009〕字第029号	命名
兴九路	道路	XING JIU LU	位于北干街道，东起三桥接线公路，西至风情大道	北干街道办事处	杭名萧〔2009〕字第030号	命名
潮都西路	道路	CHAODU XILU	位于南阳街道，南起南虹路，北至潮都北路	南阳街道办事处	杭名萧〔2009〕字第031号	命名
潮都北路	道路	CHAODU BEILU	位于南阳街道，东起永丰直湾，西至潮都西路	南阳街道办事处	杭名萧〔2009〕字第032号	命名
越虹路	道路	YUEHONG LU	位于新街镇，东起越荏路，西至虹桥路	新街镇人民政府	杭名萧〔2009〕字第033号	命名
越荏路	道路	YUEREN LU	位于新街镇，南起金城路，北至荏山路	新街镇人民政府	杭名萧〔2009〕字第034号	命名
景海湾逸湖居	住宅区	JINGHAI WAN YIHU JU	位于宁围镇景海湾内	杭州多瑙河置业有限公司	杭名萧〔2009〕字第035号	命名
景海湾蓝漪居	住宅区	JINGHAI WAN LANYI JU	位于宁围镇景海湾内	杭州多瑙河置业有限公司	杭名萧〔2009〕字第036号	命名
景海湾白鹭居	住宅区	JINGHAI WAN BAILU JU	位于宁围镇景海湾内	杭州多瑙河置业有限公司	杭名萧〔2009〕字第037号	命名

续表

标准名称	类别	汉语拼音	位置	申报单位	批准文号	备注
景海湾静枫居	住宅区	JINGHAI WAN JINGFENG JU	位于宁围镇景海湾内	杭州多瑙河置业有限公司	杭名萧〔2009〕字第038号	命名
景海湾蔚水居	住宅区	JINGHAI WAN WEISHUI JU	位于宁围镇景海湾内	杭州多瑙河置业有限公司	杭名萧〔2009〕字第039号	命名
景海湾陶然居	住宅区	JINGHAI WAN TAORAN JU	位于宁围镇景海湾内	杭州多瑙河置业有限公司	杭名萧〔2009〕字第040号	命名
景海湾紫湘居	住宅区	JINGHAI WAN ZIXIANG JU	位于宁围镇景海湾内	杭州多瑙河置业有限公司	杭名萧〔2009〕字第041号	命名
景海湾闻潮阁	住宅区	JINGHAI WAN WENCHAO GE	位于宁围镇景海湾内	杭州多瑙河置业有限公司	杭名萧〔2009〕字第042号	命名
时代大道	道路	SHIDAI DADAO	北起滨江区时代大道，南至绕城公路南线	杭州市萧山区地名委员会办公室	杭名萧〔2009〕字第043号	命名
黄山新村	自然村	HUANGSHANXINCUN	位于闻堰镇黄山村内，南至韩家埭自然村，北至山南自然村，东至毛山，西至郁金香岸花园	闻堰镇黄山村民委员会	杭名萧〔2009〕字第044号	命名
樟树新村	自然村	ZHANGSHUXINCUN	位于闻堰镇黄山村内，南至闻堰镇五金工业园区，西至桥南自然村，北至樟树自然村，东至闻兴村	闻堰镇黄山村民委员会	杭名萧〔2009〕字第045号	命名
戈雅公寓府尚园（原戈雅公寓冬日园）	住宅区	GEYA GONGYU FUSHANG YUAN	位于闻堰镇戈雅公寓内	通和置业投资有限公司杭州分公司	杭名萧〔2009〕字第046号	更名
湘湖丁香名座	建筑物	XIANGHU DINGXIANG MINGZUO	位于城厢街道，休博园四区北侧	杭州休博园湖畔绿景休闲开发有限公司	杭名萧〔2009〕字第047号	命名
钱潮润德苑	住宅区	QIANCHAO RUNDE YUAN	位于义蓬街道，义府大街南侧	杭州诚盛房地产开发有限公司	杭名萧〔2009〕字第048号	命名
恒安名座	建筑物	HENG'AN MINGZUO	位于蜀山街道，崇化路以西，南环路以北	杭州同安投资有限公司	杭名萧〔2009〕字第049号	命名
船坊下	自然村	CHUANFANGXIA	位于瓜沥镇长巷村内	瓜沥镇人民政府	萧政发〔2009〕109号	命名
新船坊下	自然村	XINCHUANFANGXIA	位于瓜沥镇长巷村内	瓜沥镇人民政府	萧政发〔2009〕109号	命名
前湖头	自然村	QIANHUTOU	位于瓜沥镇长巷村内	瓜沥镇人民政府	萧政发〔2009〕109号	命名
庄上	自然村	ZHUANGSHANG	位于瓜沥镇长巷村内	瓜沥镇人民政府	萧政发〔2009〕109号	命名
前庄溇	自然村	QIANZHUANGLOU	位于瓜沥镇长巷村内	瓜沥镇人民政府	萧政发〔2009〕109号	命名
老虎台门	自然村	LAOHUTAIMEN	位于瓜沥镇长巷村内	瓜沥镇人民政府	萧政发〔2009〕109号	命名
永茂台门	自然村	YONGMAOTAIMEN	位于瓜沥镇长巷村内	瓜沥镇人民政府	萧政发〔2009〕109号	命名
荷花池头	自然村	HEHUACHITOU	位于瓜沥镇长巷村内	瓜沥镇人民政府	萧政发〔2009〕109号	命名
长六房	自然村	CHANGLIUFANG	位于瓜沥镇长巷村内	瓜沥镇人民政府	萧政发〔2009〕109号	命名
长巷街	自然村	CHANGXIANGJIE	位于瓜沥镇长巷村内	瓜沥镇人民政府	萧政发〔2009〕109号	命名
新岸桥（原为西岸桥）	自然村	XIN'ANQIAO	位于瓜沥镇长巷村内	瓜沥镇人民政府	萧政发〔2009〕109号	更名

续表

标准名称	类别	汉语拼音	位置	申报单位	批准文号	备注
潘家	自然村	PANJIA	位于瓜沥镇低田畈村内	瓜沥镇人民政府	萧政发〔2009〕109号	命名
赵家	自然村	ZHAOJIA	位于瓜沥镇低田畈村内	瓜沥镇人民政府	萧政发〔2009〕109号	命名
张家	自然村	ZHANGJIA	位于瓜沥镇低田畈村内	瓜沥镇人民政府	萧政发〔2009〕109号	命名
水浪下	自然村	SHUILANGXIA	位于瓜沥镇低田畈村内	瓜沥镇人民政府	萧政发〔2009〕109号	命名
洞池溇	自然村	DONGCHILOU	位于瓜沥镇低田畈村内	瓜沥镇人民政府	萧政发〔2009〕109号	命名
沙丘头	自然村	SHAQIUTOU	位于瓜沥镇低田畈村内	瓜沥镇人民政府	萧政发〔2009〕109号	命名
任家	自然村	RENJIA	位于瓜沥镇低田畈村内	瓜沥镇人民政府	萧政发〔2009〕109号	命名
东溇	自然村	DONGLOU	位于瓜沥镇低田畈村内	瓜沥镇人民政府	萧政发〔2009〕109号	命名
小樟溇(原为小漳溇)	自然村	XIAOZHANGLOU	位于瓜沥镇低田畈村内	瓜沥镇人民政府	萧政发〔2009〕109号	更名
溇子河(原为溇子下)	自然村	LOUZIHE	位于瓜沥镇低田畈村内	瓜沥镇人民政府	萧政发〔2009〕109号	更名
桥头	自然村	QIAOTOU	位于瓜沥镇渔庄村内	瓜沥镇人民政府	萧政发〔2009〕109号	命名
东湖头	自然村	DONGHUTOU	位于瓜沥镇渔庄村内	瓜沥镇人民政府	萧政发〔2009〕109号	命名
后湖头	自然村	HOUHUTOU	位于瓜沥镇渔庄村内	瓜沥镇人民政府	萧政发〔2009〕109号	命名
小桥头	自然村	XIAOQIAOTOU	位于瓜沥镇渔庄村内	瓜沥镇人民政府	萧政发〔2009〕109号	命名
长木桥	自然村	CHANGMUQIAO	位于瓜沥镇渔庄村内	瓜沥镇人民政府	萧政发〔2009〕109号	命名
竹园蓬下	自然村	ZHUYUANPENGXIA	位于瓜沥镇渔庄村内	瓜沥镇人民政府	萧政发〔2009〕109号	命名
四沿房	自然村	SIYANFANG	位于瓜沥镇渔庄村内	瓜沥镇人民政府	萧政发〔2009〕109号	命名
朝北台门	自然村	CHAOBEITAIMEN	位于瓜沥镇渔庄村内	瓜沥镇人民政府	萧政发〔2009〕109号	命名
沿湖弄	自然村	YANHULONG	位于瓜沥镇渔庄村内	瓜沥镇人民政府	萧政发〔2009〕109号	命名
歪桥	自然村	WAIQIAO	位于瓜沥镇渔庄村内	瓜沥镇人民政府	萧政发〔2009〕109号	命名
前秋湖陈(原为秋湖陈)	自然村	QIANQIUHUCHEN	位于瓜沥镇渔庄村内	瓜沥镇人民政府	萧政发〔2009〕109号	更名
后秋湖陈(原为秋湖陈)	自然村	HOUQIUHUCHEN	位于瓜沥镇渔庄村内	瓜沥镇人民政府	萧政发〔2009〕109号	更名
亮船坊	自然村	LIANGCHUANFANG	位于瓜沥镇东湖村内	瓜沥镇人民政府	萧政发〔2009〕109号	命名

续表

标准名称	类别	汉语拼音	位置	申报单位	批准文号	备注
桥东岸船坊	自然村	QIAODONG 'ANCHUANFANG	位于瓜沥镇东湖村内	瓜沥镇人民政府	萧政发〔2009〕109 号	命名
小台门	自然村	XIAOTAIMEN	位于瓜沥镇东湖村内	瓜沥镇人民政府	萧政发〔2009〕109 号	命名
后园	自然村	HOUYUAN	位于瓜沥镇东湖村内	瓜沥镇人民政府	萧政发〔2009〕109 号	命名
鲶鱼溇西	自然村	NIANYULOUXI	位于瓜沥镇东湖村内	瓜沥镇人民政府	萧政发〔2009〕109 号	命名
新庙后横	自然村	XINMIAOHOUHENG	位于瓜沥镇东湖村内	瓜沥镇人民政府	萧政发〔2009〕109 号	命名
村头湖（原为东湖头）	自然村	CUNTOUHU	位于瓜沥镇东湖村内	瓜沥镇人民政府	萧政发〔2009〕109 号	更名
金家桥北	自然村	JINJIAQIAOBEI	位于瓜沥镇大义村内	瓜沥镇人民政府	萧政发〔2009〕109 号	命名
鲶鱼滩	自然村	NIANYUTAN	位于瓜沥镇大义村内	瓜沥镇人民政府	萧政发〔2009〕109 号	命名
姚家溇	自然村	YAOJIALOU	位于瓜沥镇大义村内	瓜沥镇人民政府	萧政发〔2009〕109 号	命名
15 片南岸路西	自然村	15 PIAN NAN'ANLUXI	位于瓜沥镇大义村内	瓜沥镇人民政府	萧政发〔2009〕109 号	命名
15 片南岸路东	自然村	15 PIAN NAN'ANLUDONG	位于瓜沥镇大义村内	瓜沥镇人民政府	萧政发〔2009〕109 号	命名
龙江桥南	自然村	LONGJIANGQIAONAN	位于瓜沥镇大义村内	瓜沥镇人民政府	萧政发〔2009〕109 号	命名
龙江桥北	自然村	LONGJIANGQIAOBEI	位于瓜沥镇大义村内	瓜沥镇人民政府	萧政发〔2009〕109 号	命名
市场西	自然村	SHICHANGXI	位于瓜沥镇大义村内	瓜沥镇人民政府	萧政发〔2009〕109 号	命名
大华路北	自然村	DAHUALUBEI	位于瓜沥镇大义村内	瓜沥镇人民政府	萧政发〔2009〕109 号	命名
大华路南	自然村	DAHUALUNAN	位于瓜沥镇大义村内	瓜沥镇人民政府	萧政发〔2009〕109 号	命名
前史湖北岸	自然村	QIANSHIHUBEI'AN	位于瓜沥镇如松村内	瓜沥镇人民政府	萧政发〔2009〕109 号	命名
前史湖南岸	自然村	QIANSHIHU NAN'AN	位于瓜沥镇如松村内	瓜沥镇人民政府	萧政发〔2009〕109 号	命名
西湖南岸	自然村	XIHUNAN'AN	位于瓜沥镇如松村内	瓜沥镇人民政府	萧政发〔2009〕109 号	命名
东湖南岸	自然村	DONGHUNAN'AN	位于瓜沥镇如松村内	瓜沥镇人民政府	萧政发〔2009〕109 号	命名
淡畈屋	自然村	DANFANWU	位于瓜沥镇如松村内	瓜沥镇人民政府	萧政发〔2009〕109 号	命名
三房	自然村	SANFANG	位于瓜沥镇如松村内	瓜沥镇人民政府	萧政发〔2009〕109 号	命名
大六房	自然村	DALIUFANG	位于瓜沥镇如松村内	瓜沥镇人民政府	萧政发〔2009〕109 号	命名

续表

标准名称	类别	汉语拼音	位置	申报单位	批准文号	备注
横湖南岸	自然村	HENGHUNAN'AN	位于瓜沥镇如松村内	瓜沥镇人民政府	萧政发〔2009〕109号	命名
孔家溇底北	自然村	KONGJIALOUDIBEI	位于瓜沥镇如松村内	瓜沥镇人民政府	萧政发〔2009〕109号	命名
孔家溇底南	自然村	KONGJIALOUDINAN	位于瓜沥镇如松村内	瓜沥镇人民政府	萧政发〔2009〕109号	命名
方家弄	自然村	FANGJIALONG	位于瓜沥镇明朗村内	瓜沥镇人民政府	萧政发〔2009〕109号	命名
小桥头直弄	自然村	XIAOQIAOTOUZHILONG	位于瓜沥镇明朗村内	瓜沥镇人民政府	萧政发〔2009〕109号	命名
小桥头横弄	自然村	XIAOQIAOTOUHENGLONG	位于瓜沥镇明朗村内	瓜沥镇人民政府	萧政发〔2009〕109号	命名
商贸桥弄	自然村	SHANGMAOQIAOLONG	位于瓜沥镇明朗村内	瓜沥镇人民政府	萧政发〔2009〕109号	命名
徐家桥弄	自然村	XUJIAQIAOLONG	位于瓜沥镇明朗村内	瓜沥镇人民政府	萧政发〔2009〕109号	命名
塘新一弄	自然村	TANGXIN 1 LONG	位于瓜沥镇明朗村内	瓜沥镇人民政府	萧政发〔2009〕109号	命名
塘新二弄	自然村	TANGXIN 2 LONG	位于瓜沥镇明朗村内	瓜沥镇人民政府	萧政发〔2009〕109号	命名
塘新三弄	自然村	TANGXIN 3 LONG	位于瓜沥镇明朗村内	瓜沥镇人民政府	萧政发〔2009〕109号	命名
明朗新村	自然村	MINGLANGXINCUN	位于瓜沥镇明朗村内	瓜沥镇人民政府	萧政发〔2009〕109号	命名
前高弄	自然村	QIANGAOLONG	位于瓜沥镇明朗村内	瓜沥镇人民政府	萧政发〔2009〕109号	命名
湖对岸	自然村	HUDUI'AN	位于瓜沥镇群联村内	瓜沥镇人民政府	萧政发〔2009〕109号	命名
同乐桥	桥梁	TONGLE QIAO	位于城厢街道，萧西路跨官河至同和公寓	杭州南岸房地产开发有限公司	杭名萧〔2009〕字第050号	命名
东瑞一路	道路	DONGRUI 1 LU	位于新塘街道，东起姑娘桥村村道，西至河流	新塘街道办事处	萧政发〔2009〕156号	命名
东瑞二路	道路	DONGRUI 2 LU	位于新塘街道，东起新湄路(规划名称，即03省道东复线)，西至新辉路	新塘街道办事处	萧政发〔2009〕156号	命名
东瑞四路	道路	DONGRUI 4 LU	位于新塘街道，规划东起曙声路(规划名称)，西至新城路，新城路至朱家坛村段已建成	新塘街道办事处	萧政发〔2009〕156号	命名
东瑞五路	道路	DONGRUI 5 LU	位于新塘街道，东起新湄路(规划名称，即03省道东复线)，西至新城路	新塘街道办事处	萧政发〔2009〕156号	命名
东康路	道路	DONGKANG LU	位于新塘街道，东起曙声路(规划名称)，向西折南至新螺路，呈"L"形	新塘街道办事处	萧政发〔2009〕156号	命名
东安一路	道路	DONG'AN 1 LU	位于新塘街道，东起曙声路(规划名称)，西至东前路	新塘街道办事处	萧政发〔2009〕156号	命名
东安二路	道路	DONG'AN 2 LU	位于新塘街道，东起新辉路，西至东前路	新塘街道办事处	萧政发〔2009〕156号	命名
双塘路	道路	SHUANGTANG LU	位于新塘街道，东起新湄路(规划名称，即03省道东复线)，西至塘里陈村	新塘街道办事处	萧政发〔2009〕156号	命名

续表

标准名称	类 别	汉语拼音	位 置	申 报 单 位	批 准 文 号	备注
学久路	道路	XUEJIU LU	位于新塘街道,北起萧绍东路,南至陈端路	新塘街道办事处	萧政发〔2009〕156号	命名
五康路	道路	WUKANG LU	位于新塘街道,北起萧绍东路,南至陈端路	新塘街道办事处	萧政发〔2009〕156号	命名
榜眼路	道路	BANGYAN LU	位于新塘街道,南起东瑞四路,北至萧绍东路	新塘街道办事处	萧政发〔2009〕156号	命名
新辉路	道路	XINHUI LU	位于新塘街道,规划南起新湄路(规划名称,即03省道东复线),北至奔竞一路(规划名称),新湄路(规划名称)至东瑞一路段已建成	新塘街道办事处	萧政发〔2009〕156号	命名
西许路	道路	XIXU LU	位于新塘街道,北起陈端路,南至东瑞五路	新塘街道办事处	萧政发〔2009〕156号	命名
文杰路	道路	WENJIE LU	位于新塘街道,南起新螺路,北至紫霞村民宅	新塘街道办事处	萧政发〔2009〕156号	命名
东前路	道路	DONGQIAN LU	位于新塘街道,规划南起新湄路(规划名称,即03省道东复线),北至东安二路	新塘街道办事处	萧政发〔2009〕156号	命名
新如路	道路	XINRU LU	位于新塘街道,规划南起新湄路(规划名称,即03省道东复线),北至东安二路	新塘街道办事处	萧政发〔2009〕156号	命名
东耕路	道路	DONGGENG LU	位于新塘街道,南起新螺路,北至南环路	新塘街道办事处	萧政发〔2009〕156号	命名
陈端路	道路	CHENDUAN LU	位于新塘街道,东起萧绍东路,西至新城路	新塘街道办事处	萧政发〔2009〕156号	命名
文华公寓	住宅区	WENHUA GONGYU	位于临浦镇,东至萧绍内河,南至临浦机械厂,西至临浦机械厂,北至人民路	浙江中艮置业有限公司	杭名萧〔2009〕字第051号	命名
飞虹路	道路	FEIHONG LU	位于宁围镇,规划东起奔竞一路(规划名称),西至奔竞一路(规划名称),呈圆弧形	宁围镇人民政府	杭名萧〔2009〕字第052号	命名
利华路	道路	LIHUA LU	位于宁围镇,东起通惠北路,西至市心中路	宁围镇人民政府	萧政发〔2009〕162号	命名

注:2009年命名、更名地名143条,其中命名住宅区26个(含8个组团名称)、道路34条、建筑物6个、桥梁1座、自然村68个;更名住宅区2个,更名自然村6个。

2009年萧山区地名注销一览表

注销地名	类别	原具体位置	原批准文号或日期	原名称来历	原申报单位	注销原因	注销批准文号或时间
赵家上路	道路	位于衙前镇明华村内			衙前镇人民政府	因建设浙江纺织采购博览城而消失	杭名萧销〔2009〕字第1号
共和路	道路	位于衙前镇衙前村内(原韩畈村内)	萧地委〔1997〕3号		衙前镇人民政府	已无此路	杭名萧销〔2009〕字第2号
邱家路	道路	位于衙前镇四翔村内(原翔凤村内)	萧地委〔1997〕3号		衙前镇人民政府	已无此路	杭名萧销〔2009〕字第3号
学士路	道路	位于衙前镇四翔村内(原翔凤村内)	萧地委〔1997〕3号		衙前镇人民政府	已无此路	杭名萧销〔2009〕字第4号
翔西路(原翔凤西路)	道路	位于衙前镇四翔村内(原翔凤村内)	萧地委〔1997〕3号		衙前镇人民政府	已无此路	杭名萧销〔2009〕字第5号
沿河街	道路	位于新街镇,东起朝阳路,西至九号坝路	1993年及以前			因城镇建设发展而消失	杭名萧销〔2009〕字第6号
市场西路	道路	位于新街镇,南起府前路,北至市场北路	萧地用〔1999〕字第074号	属新建,在镇农贸市场西侧	萧山市新街镇人民政府民政办公室	因城镇建设发展而消失	杭名萧销〔2009〕字第7号

续表

注销地名	类别	原具体位置	原批准文号或日期	原名称来历	原申报单位	注销原因	注销批准文号或时间
长山东路	道路	位于新街镇,东起三甲桥,西至长山职高	萧地用〔1999〕字第070号	该路在长山脚旁边,故名	萧山市新街镇长山村村民委员会	因城镇建设发展而消失	杭名萧销〔2009〕字第8号
职高北路	道路	位于新街镇,东起长山职高宿舍,西至长山小学	萧地用〔1999〕字第071号	该路在长山职高北,故名	萧山市新街镇长山村村民委员会	因城镇建设发展而消失	杭名萧销〔2009〕字第9号
车路湾东路	道路	位于党山镇群益村内	萧地用〔2000〕字第23号	党山镇车路湾村边有车路湾路、车路湾河,因而老百姓已有传统叫法	萧山市党山镇群益村村民委员会	不属集镇范围,涉及较多村,实际又不使用	杭名萧销〔2009〕字第10号
群益路	道路	位于党山镇群益村内	萧地用〔2000〕字第24号	原党山镇政府已申报命名,现需延伸到团前埠头	萧山市党山镇群益村村民委员会	不属集镇范围,涉及较多村,实际又不使用	杭名萧销〔2009〕字第11号
三官湾东路	道路	位于党山镇群益村内	萧地用〔2000〕字第25号	因该条路西边是三官湾河,故名	萧山市党山镇群益村村民委员会	不属集镇范围,涉及较多村,实际又不使用	杭名萧销〔2009〕字第12号
东直一路	道路	位于党山镇大池溇村内	萧地用〔2000〕字第26号	该路系1队农户主要出入路,地处大池溇村东,老幼皆知,故名	萧山市党山镇大池溇村村民委员会	需归集镇工业功能区块统一命名,实际也不使用	杭名萧销〔2009〕字第13号
东直二路	道路	位于党山镇大池溇村内	萧地用〔2000〕字第27号	该路系2队农户主要出入路,地处大池溇村东,老幼皆知,故名	萧山市党山镇大池溇村村民委员会	需归集镇工业功能区块统一命名,实际也不使用	杭名萧销〔2009〕字第14号
东直三路	道路	位于党山镇大池溇村内	萧地用〔2000〕字第28号	该路系4队农户主要出入路,地处大池溇村东,老幼皆知,故名	萧山市党山镇大池溇村村民委员会	需归集镇工业功能区块统一命名,实际也不使用	杭名萧销〔2009〕字第15号
北横一路	道路	位于党山镇大池溇村内	萧地用〔2000〕字第29号	该路系10队农户主要出入路,地处大池溇村北,老幼皆知,故名	萧山市党山镇大池溇村村民委员会	需归集镇工业功能区块统一命名,实际也不使用	杭名萧销〔2009〕字第16号
北横二路	道路	位于党山镇大池溇村内	萧地用〔2000〕字第30号	该路系村11队农户主要出入路之一,地处大池溇村北,老幼皆知,故名	萧山市党山镇大池溇村村民委员会	需归集镇工业功能区块统一命名,实际也不使用	杭名萧销〔2009〕字第17号
中心横路	道路	位于党山镇大池溇村内	萧地用〔2000〕字第31号	该路将大池溇村行政区域分为南北各一半,是进出山北村的主要道路,老幼皆知,故名	萧山市党山镇大池溇村村民委员会	需归集镇工业功能区块统一命名,实际也不使用	杭名萧销〔2009〕字第18号
盛凌湾路	道路	位于党山镇大池溇村内	萧地用〔2000〕字第32号	盛凌湾系党山镇内主要河流之一,历史悠久,沿湾两岸民居林立,老幼皆知,故名	萧山市党山镇大池溇村村民委员会	需归集镇工业功能区块统一命名,实际也不使用	杭名萧销〔2009〕字第19号
南横一路	道路	位于党山镇大池溇村内	萧地用〔2000〕字第33号	该路系1、2、4、13队农户主要出入路,地处大池溇村南,老幼皆知,故名	萧山市党山镇大池溇村村民委员会	需归集镇工业功能区块统一命名,实际也不使用	杭名萧销〔2009〕字第20号
南横二路	道路	位于党山镇大池溇村内	萧地用〔2000〕字第34号	该路系3、7、8、13队农户主要出入路之一,地处大池溇村南,老幼皆知,故名	萧山市党山镇大池溇村村民委员会	需归集镇工业功能区块统一命名,实际也不使用	杭名萧销〔2009〕字第21号
川北西路	道路	位于党山镇大池溇村内	萧地用〔2000〕字第35号	白洋川系党山镇境内的主要河流之一,川北西路位于白洋川北侧,老幼皆知,故名	萧山市党山镇大池溇村村民委员会	需归集镇工业功能区块统一命名,实际也不使用	杭名萧销〔2009〕字第22号
友谊湾路	道路	位于党山镇大池溇村内	萧地用〔2000〕字第99号	该路地处友谊湾边,系11队农户向北主要出入路,老幼皆知,故名	萧山市党山镇大池溇村村民委员会	需归集镇工业功能区块统一命名,实际也不使用	杭名萧销〔2009〕字第23号
中心直路	道路	位于党山镇大池溇村内	萧地用〔2000〕字第100号	该路将大池溇村行政区域划分为东西各一半,是连接瓜党公路的主要道路之一,老幼皆知,故名	萧山市党山镇大池溇村村民委员会	需归集镇工业功能区块统一命名,实际也不使用	杭名萧销〔2009〕字第24号
越茌路	道路	位于新街镇,南起杭州瓷厂,北至虹桥路	萧地用〔2000〕字第092号			因与茌山路为同一条路,即一路多名,而当地群众习惯叫茌山路,故注销越茌路	杭名萧销〔2009〕字第25号
燕斗孙	自然村	位于闻堰镇,黄山村所属自然村,杭州龙山化工厂以南,万达北路以北				因闻堰镇2#区块拆迁	杭名萧销〔2009〕字第26号
潭头村	自然村	位于闻堰镇,黄山村所属自然村,万达北路以西				因闻堰镇2#区块拆迁	杭名萧销〔2009〕字第27号
杨家湾	自然村	位于闻堰镇,三江口村所属自然村,在村东南面				因土地被征用,已整体搬迁	杭名萧销〔2009〕字第28号
相墅	自然村	位于闻堰镇,三江口村所属自然村,在村西北面				因土地被征用,已整体搬迁	杭名萧销〔2009〕字第29号
洪家洞	自然村	位于闻堰镇,闻兴村所属自然村,时代大道以西,江塘以东,自来水厂以北,湘纯路以南				因土地被征用,2008年已整体搬迁	杭名萧销〔2009〕字第30号
吴家道地	自然村	位于闻堰镇,闻兴村所属自然村,沿河路以南,三江路以东				因土地被征用,2008年已整体搬迁	杭名萧销〔2009〕字第31号

续表

注销地名	类别	原具体位置	原批准文号或日期	原名称来历	原申报单位	注销原因	注销批准文号或时间
坝东村	自然村	位于红山农场，九号坝				因土地被开发区征用，场民已搬迁	杭名萧销〔2009〕字第32号
坝东路	道路	位于红山农场，南起坝东村（自然村），北至九十二支线公路	1991年	因是坝东村（自然村）内主要道路，故名	红山农场	土地已被萧山经济技术开发区征用，且场民已搬迁，故予以注销	杭名萧销〔2009〕字第33号
立新路	道路	位于红山农场，南起河西村（自然村），北至三号桥	1991年	在南端为立新闸，故名	红山农场	此路与垦辉五路为同一条道路，存在一路多名现象，现群众习惯使用垦辉五路，故予以注销	杭名萧销〔2009〕字第34号
群谊路	道路	位于坎山镇，东起群谊桥，西至新华渠道	1993年及以前	以群谊桥而得名		此路与工新路为同一条道路，存在一路多名现象，现群众习惯使用工新路，故予以注销	杭名萧销〔2009〕字第35号
千顷塘	自然村	位于萧山经济技术开发区，红垦农场所属自然村				因开发建设而不存在	杭名萧销〔2009〕字第36号
芦竹	自然村	位于萧山经济技术开发区，红垦农场所属自然村				因开发建设而不存在	杭名萧销〔2009〕字第37号
新塘	自然村	位于萧山经济技术开发区，红垦农场所属自然村				因开发建设而不存在	杭名萧销〔2009〕字第38号
江干	自然村	位于萧山经济技术开发区，红垦农场所属自然村				因开发建设而不存在	杭名萧销〔2009〕字第39号
十字河	自然村	位于萧山经济技术开发区，红垦农场所属自然村				因开发建设而不存在	杭名萧销〔2009〕字第40号
西芦	自然村	位于萧山经济技术开发区，红垦农场所属自然村，九号坝东与新街镇相连处				因开发建设而不存在	杭名萧销〔2009〕字第41号
东芦	自然村	位于萧山经济技术开发区，红垦农场所属自然村，坎红路与坎山镇相连处				因开发建设而不存在	杭名萧销〔2009〕字第42号
盈河湾	自然村	位于萧山经济技术开发区，红垦农场所属自然村，大治河西侧				因开发建设而不存在	杭名萧销〔2009〕字第43号
治东	自然村	位于萧山经济技术开发区，红垦农场所属自然村，大治河东侧				因开发建设而不存在	杭名萧销〔2009〕字第44号
赭西	自然村	位于萧山经济技术开发区，红垦农场所属自然村，塘新线东侧				因开发建设而不存在	杭名萧销〔2009〕字第45号
闸西	自然村	位于萧山经济技术开发区，钱江农场所属自然村				群众已不再使用该名称	杭名萧销〔2009〕字第46号
闸南	自然村	位于萧山经济技术开发区，钱江农场所属自然村				群众已不再使用该名称	杭名萧销〔2009〕字第47号
闸北	自然村	位于萧山经济技术开发区，钱江农场所属自然村				群众已不再使用该名称	杭名萧销〔2009〕字第48号
渡口	自然村	位于萧山经济技术开发区，钱江农场所属自然村				群众已不再使用该名称	杭名萧销〔2009〕字第49号
一号桥	自然村	位于萧山经济技术开发区，钱江农场所属自然村				群众已不再使用该名称	杭名萧销〔2009〕字第50号
三号桥	自然村	位于萧山经济技术开发区，钱江农场所属自然村				群众已不再使用该名称	杭名萧销〔2009〕字第51号
四号桥	自然村	位于萧山经济技术开发区，钱江农场所属自然村				群众已不再使用该名称	杭名萧销〔2009〕字第52号
五号桥	自然村	位于萧山经济技术开发区，钱江农场所属自然村				群众已不再使用该名称	杭名萧销〔2009〕字第53号
红旗	自然村	位于萧山经济技术开发区，钱江农场所属自然村				群众已不再使用该名称	杭名萧销〔2009〕字第54号
友谊	自然村	位于萧山经济技术开发区，钱江农场所属自然村				群众已不再使用该名称	杭名萧销〔2009〕字第55号

续表

注销地名	类别	原具体位置	原批准文号或日期	原名称来历	原申报单位	注销原因	注销批准文号或时间
东藩小区	住宅区	位于临浦镇，东至浴美施路，南至戴家桥村，西至东藩路，北至人民路	萧地用〔2001〕字第12号	因小区西面临东藩路，故取名东藩小区	萧山市临浦城乡建设综合开发有限公司	东藩小区与东藩苑为同一住宅小区，现根据居民使用习惯，保留东藩苑，注销东藩小区	杭名萧销〔2009〕字第56号
上灰弄	道路	位于临浦镇，北起劳动路，西接下灰弄	1993年及以前			因西江塘小区建设而被拆迁	杭名萧销〔2009〕字第57号
汤家弄	道路	位于临浦镇，东起萧山直街，西至上灰弄	1993年及以前			因新誉公寓建设而被拆迁	杭名萧销〔2009〕字第58号
陈家墙门	道路	位于临浦镇，南起西市街，北至上灰弄	1993年及以前			因西江塘小区建设而被拆迁	杭名萧销〔2009〕字第59号
凉亭埠	道路	位于临浦镇，东起劳动路，西临内河	1993年及以前			因西江塘小区建设而被拆迁，已改建成绿化带	杭名萧销〔2009〕字第60号
下灰弄	道路	位于临浦镇，南起西市街，北至凉亭埠头	1993年及以前			因新誉公寓建设而被拆迁	杭名萧销〔2009〕字第61号
龙门桥	自然村	位于临浦镇，新河村（原油车桥村）所属自然村，老十房自然村南，杭甬运河以北				因杭州运达船齿厂征地而被拆迁	杭名萧销〔2009〕字第62号
前头李家	自然村	位于进化镇，下坂底村所属自然村	萧地〔2000〕2号			群众一直未使用	杭名萧销〔2009〕字第63号
吊池	自然村	位于进化镇，沈家渡村所属自然村	萧地〔2000〕2号			群众一直未使用	杭名萧销〔2009〕字第64号
后村	自然村	位于进化镇，沈家渡村所属自然村	萧地〔2000〕2号			群众一直未使用	杭名萧销〔2009〕字第65号
前村	自然村	位于进化镇，沈家渡村所属自然村	萧地〔2000〕2号			群众一直未使用	杭名萧销〔2009〕字第66号
朝畈直塘	自然村	位于进化镇，沈家渡村所属自然村	萧地〔2000〕2号			群众一直未使用	杭名萧销〔2009〕字第67号
北溪南园	自然村	位于进化镇，诸坞村所属自然村	萧地〔2000〕2号			群众一直未使用	杭名萧销〔2009〕字第68号
青溪道地	自然村	位于进化镇，诸坞村所属自然村	萧地〔2000〕2号			群众一直未使用	杭名萧销〔2009〕字第69号
上金门	自然村	位于进化镇，诸坞村所属自然村	萧地〔2000〕2号			群众一直未使用	杭名萧销〔2009〕字第70号
下梅园	自然村	位于进化镇，诸坞村所属自然村	萧地〔2000〕2号			群众一直未使用	杭名萧销〔2009〕字第71号
高坎上	自然村	位于进化镇，诸坞村所属自然村	萧地〔2000〕2号			群众一直未使用	杭名萧销〔2009〕字第72号
梅园	自然村	位于进化镇，诸坞村所属自然村	萧地〔2000〕2号			群众一直未使用	杭名萧销〔2009〕字第73号
凤凰园	自然村	位于进化镇，诸坞村所属自然村	萧地〔2000〕2号			群众一直未使用	杭名萧销〔2009〕字第74号
上梅园	自然村	位于进化镇，诸坞村所属自然村	萧地〔2000〕2号			群众一直未使用	杭名萧销〔2009〕字第75号
梅林弄	自然村	位于进化镇，诸坞村所属自然村	萧地〔2000〕2号			群众一直未使用	杭名萧销〔2009〕字第76号
西孙家山	自然村	位于进化镇，傅墩村所属自然村	萧地〔2000〕2号			群众一直未使用	杭名萧销〔2009〕字第77号
东孙家山	自然村	位于进化镇，傅墩村所属自然村	萧地〔2000〕2号			群众一直未使用	杭名萧销〔2009〕字第78号
长河沿	自然村	位于进化镇，傅墩村所属自然村	萧地〔2000〕2号			群众一直未使用	杭名萧销〔2009〕字第79号

续表

注销地名	类别	原具体位置	原批准文号或日期	原名称来历	原申报单位	注销原因	注销批准文号或时间
泥墙院	自然村	位于进化镇,天乐村(原肇家桥村)所属自然村	萧地〔2000〕2号			群众一直未使用	杭名萧销〔2009〕字第80号
大阳里	自然村	位于进化镇,平阳村所属自然村	萧地〔2000〕2号			群众一直未使用	杭名萧销〔2009〕字第81号
苦竹山	自然村	位于进化镇,裘家坞村所属自然村	萧地〔2000〕2号			群众一直未使用	杭名萧销〔2009〕字第82号
溜湖闸	自然村	位于进化镇,裘家坞村所属自然村	萧地〔2000〕2号			群众一直未使用	杭名萧销〔2009〕字第83号
新墩园	自然村	位于进化镇,大汤坞新村所属自然村	萧地〔2000〕2号			群众一直未使用	杭名萧销〔2009〕字第84号
上鲁	自然村	位于进化镇,凤凰山村(原鲁家村)所属自然村	萧地〔2000〕2号			群众一直未使用	杭名萧销〔2009〕字第85号
下鲁	自然村	位于进化镇,凤凰山村(原鲁家村)所属自然村	萧地〔2000〕2号			群众一直未使用	杭名萧销〔2009〕字第86号
里村	自然村	位于进化镇,凤凰山村(原安山陈村)所属自然村	萧地〔2000〕2号			群众一直未使用	杭名萧销〔2009〕字第87号
二四亩头	自然村	位于进化镇,凤凰山村(原安山陈村)所属自然村	萧地〔2000〕2号			群众一直未使用	杭名萧销〔2009〕字第88号
小竹山	自然村	位于进化镇,凤凰山村(原安山陈村)所属自然村	萧地〔2000〕2号			群众一直未使用	杭名萧销〔2009〕字第89号
葫芦斗	自然村	位于进化镇,凤凰山村(原安山陈村)所属自然村	萧地〔2000〕2号			群众一直未使用	杭名萧销〔2009〕字第90号
新塘河沿	自然村	位于进化镇,凤凰山村(原安山陈村)所属自然村	萧地〔2000〕2号			群众一直未使用	杭名萧销〔2009〕字第91号
汤湾里	自然村	位于进化镇,凤凰山村(原安山陈村)所属自然村	萧地〔2000〕2号			群众一直未使用	杭名萧销〔2009〕字第92号
山湾里	自然村	位于进化镇,凤凰山村(原安山陈村)所属自然村	萧地〔2000〕2号			群众一直未使用	杭名萧销〔2009〕字第93号
东汪	自然村	位于闻堰镇,三江口村(原东汪村)所属自然村,时代大道以东	萧地〔2000〕2号			因拆迁而注销	杭名萧销〔2009〕字第94号
渔池头	自然村	位于瓜沥镇,渔庄村所属自然村,在村委东南侧				因拆分为东湖头、后湖头、朝北台门、小桥头,故予以注销	杭名萧销〔2009〕字第95号
贺家	自然村	位于义桥镇南面,紧靠浦阳江				2000年,因建西江塘标准新塘,贺家自然村整体迁移	杭名萧销〔2009〕字第96号
元宝畈	自然村	位于义桥镇,东方路北端,原属茅山头村				2001年,义桥镇因建工业园区所需,元宝畈自然村土地全部被征	杭名萧销〔2009〕字第97号
小红庙	自然村	位于蜀山街道湖东村西方向				湖东村小红庙自然村由于没有一户人家居住,故予以注销	杭名萧销〔2009〕字第98号
王家坞	自然村	位于蜀山街道湖东村西南方向				湖东村王家坞自然村由于没有一户人家居住,故予以注销	杭名萧销〔2009〕字第99号
九华桥	自然村	位于城厢街道车家埭社区				因东门农贸市场建设而拆迁,故予以注销	杭名萧销〔2009〕字第100号
张家桥	自然村	位于城厢街道梅花楼社区,萧绍路以北,区中医院以东,徐家河南北两侧				2008年梅花楼社区已整体拆迁,故予以注销	杭名萧销〔2009〕字第101号
小梅花楼	自然村	位于城厢街道梅花楼社区,现育才西苑区块				因育才西苑开发建设而拆迁,故予以注销	杭名萧销〔2009〕字第102号
大梅花楼	自然村	位于城厢街道梅花楼社区,众安花园东侧				2008年梅花楼社区已整体拆迁,故予以注销	杭名萧销〔2009〕字第103号

续表

注销地名	类别	原具体位置	原批准文号或日期	原名称来历	原申报单位	注销原因	注销批准文号或时间
姚家潭	自然村	位于城厢街道梅花楼社区，萧然东路以东，原区妇保医院附近				2008年梅花楼社区已整体拆迁，故予以注销	杭名萧销〔2009〕字第104号
金家坞	自然村	位于城厢街道湘湖社区，湘湖路南侧				因湘湖旅游度假区开发建设而整体拆迁至湘湖家园，故予以注销	杭名萧销〔2009〕字第105号
湫口坝	自然村	位于城厢街道湘湖社区				因湘湖旅游度假区开发建设而整体拆迁至湘湖家园，故予以注销	杭名萧销〔2009〕字第106号
窑里吴	自然村	位于城厢街道湘湖社区				因湘湖旅游度假区开发建设而整体拆迁至湘湖家园，故予以注销	杭名萧销〔2009〕字第107号
头坞	自然村	位于城厢街道湘湖社区				因湘湖旅游度假区开发建设而整体拆迁至湘湖家园，故予以注销	杭名萧销〔2009〕字第108号
跨湖桥	自然村	位于城厢街道湘湖社区				因湘湖旅游度假区开发建设而整体拆迁至湘湖家园，故予以注销	杭名萧销〔2009〕字第109号
沈家	自然村	位于城厢街道湘湖社区				因湘湖旅游度假区开发建设而整体拆迁至湘湖家园，故予以注销	杭名萧销〔2009〕字第110号
小窑里吴	自然村	位于城厢街道湘湖社区				因湘湖旅游度假区开发建设而整体拆迁至湘湖家园，故予以注销	杭名萧销〔2009〕字第111号
上孙	自然村	位于城厢街道湘湖社区				因湘湖旅游度假区开发建设而整体拆迁至湘湖家园，故予以注销	杭名萧销〔2009〕字第112号
中孙	自然村	位于城厢街道湘湖社区				因湘湖旅游度假区开发建设而整体拆迁至湘湖家园，故予以注销	杭名萧销〔2009〕字第113号
下孙	自然村	位于城厢街道湘湖社区				因湘湖旅游度假区开发建设而整体拆迁至湘湖家园，故予以注销	杭名萧销〔2009〕字第114号
荷花池头	自然村	位于城厢街道湘湖社区				因湘湖旅游度假区开发建设而整体拆迁至湘湖家园，故予以注销	杭名萧销〔2009〕字第115号
王家	自然村	位于城厢街道湘湖社区				因湘湖旅游度假区开发建设而整体拆迁至湘湖家园，故予以注销	杭名萧销〔2009〕字第116号
严家塘	自然村	位于北干街道城北社区				2000年因整体拆迁已搬迁至城北村新区内，故予以注销	杭名萧销〔2009〕字第117号
大郎丁	自然村	位于北干街道城北社区				2001年因整体拆迁已搬迁至城北村新区内，故予以注销	杭名萧销〔2009〕字第118号
吴家庄	自然村	位于北干街道城北社区				2002年因整体拆迁已搬迁至城北村新区内，故予以注销	杭名萧销〔2009〕字第119号
襄二房	自然村	位于北干街道城北社区				2003年因整体拆迁已搬迁至城北村新区内，故予以注销	杭名萧销〔2009〕字第120号
桥头陈	自然村	位于北干街道城北社区				2004年因整体拆迁已搬迁至城北村新区内，故予以注销	杭名萧销〔2009〕字第121号
钱家浜	自然村	位于北干街道施家桥社区，金城路以北，工人路以西				因区人民法院建设而拆迁，故予以注销	杭名萧销〔2009〕字第122号
丁家	自然村	位于北干街道施家桥社区，金城路以南，新白马公寓以西				因城乡一体化建设而拆迁，故予以注销	杭名萧销〔2009〕字第123号
横街	道路	位于城厢街道，南起九华桥，北至陈公桥	1993年及以前			因建设育才路而消失，故予以注销	杭名萧销〔2009〕字第124号
牛脚湾	道路	位于城厢街道，西起萧杭路，北靠杭甬铁路	1989年	此地东南靠牛脚湾(河)，故名		因建设牛脚湾公寓而消失	杭名萧销〔2009〕字第125号
虞园弄	道路	位于城厢街道，西起横街，东至田畈	1989年			因建设回澜南园而消失	杭名萧销〔2009〕字第126号
烟笔子弄	道路	位于城厢街道，南起文化路，北至永泰弄	1993年及以前			因建设韩家弄住宅区而消失	杭名萧销〔2009〕字第127号

续表

注销地名	类别	原具体位置	原批准文号或日期	原名称来历	原申报单位	注销原因	注销批准文号或时间
林家园	道路	位于城厢街道,南起文化路,东北至环城东路	1993年及以前			因建设原总工会而消失	杭名萧销〔2009〕字第128号
油车弄	道路	位于城厢街道,西起市心路,东至萧山中学西侧	1993年及以前			因建设市心广场而消失	杭名萧销〔2009〕字第129号
竹场弄	道路	位于城厢街道,南起文化路,北至文化馆西侧	1993年及以前			因建设市心广场而消失	杭名萧销〔2009〕字第130号
长浜沿	道路	位于城厢街道,南起拱秀路,北至人民路	1993年及以前			因建设萧然东路而消失	杭名萧销〔2009〕字第131号
藕湖浜	道路	位于城厢街道,东起九华滩,西接赵家弄	1993年及以前			因建设东门公寓而消失	杭名萧销〔2009〕字第132号
九华滩	道路	位于城厢街道,南起藕湖浜,北至东门上街	1993年及以前			因建设东门公寓而消失	杭名萧销〔2009〕字第133号
小弄	道路	位于城厢街道,南起藕湖浜,北至东门上街	1993年及以前			因建设东门公寓而消失	杭名萧销〔2009〕字第134号
东小弄	道路	位于城厢街道,南起后浜兜,北至东门上街	1993年及以前			因建设回澜南园而消失	杭名萧销〔2009〕字第135号
后浜兜	道路	位于城厢街道,东起东小弄,西至横街	1993年及以前			因建设回澜南园而消失	杭名萧销〔2009〕字第136号
严家底	道路	位于城厢街道,东起田畈,西至后浜兜	1993年及以前			因建设回澜南园而消失	杭名萧销〔2009〕字第137号
里姚家潭	道路	位于城厢街道,东起毛家河,西至萧然东路	1989年	该地原属本市裘东乡梅花楼村姚家潭,划分为外姚家潭和里姚家潭两个地片名,并以地片名作弄(巷),命名		因建设姚家潭公寓而消失	杭名萧销〔2009〕字第138号
南门西路	道路	位于城厢街道,东起萧然西路,南至潘水路(呈"L"形)	杭名萧〔2002〕字第04号			因萧然西路南伸而消失,更名为萧然西路	杭名萧销〔2009〕字第139号
庄西路	道路	位于北干街道,东起工人路,西至萧杭路	1989年	此路经原庄西庙附近,故名		现已消失	杭名萧销〔2009〕字第140号
渔村街	自然村	位于义桥镇民丰村西北路。东近大华家,南连许家庄,西濒浦阳江,北与山后村相邻				2003年,义桥镇在民丰村进行沿江开发,渔村街自然村整体拆迁	杭名萧销〔2009〕字第141号
虞家墙门	自然村	位于义桥镇民丰村北部,闻戴公路西面,钱江五桥南面				2003年,义桥镇在民丰村进行沿江开发,虞家墙门自然村整体拆迁,建成新的渔浦苑自然村	杭名萧销〔2009〕字第142号
楼下里	自然村	位于义桥镇民丰村北部,大华家自然村西面,虞家墙门南面,渔浦街自然村东面				2003年,义桥镇在民丰村进行沿江开发,楼下里自然村整体拆迁	杭名萧销〔2009〕字第143号
大华家	自然村	位于义桥镇民丰村北部,闻戴公路西面,钱江五桥南面				2003年,义桥镇在民丰村进行沿江开发,大华家自然村整体拆迁,建成新的渔浦苑自然村	杭名萧销〔2009〕字第144号
许家庄	自然村	位于义桥镇民丰村中部,东近闻戴公路,南连南河沿,西近西江塘,北连渔浦街				2003年,义桥镇在民丰村进行沿江开发,许家庄自然村整体拆迁	杭名萧销〔2009〕字第145号
南河沿	自然村	位于义桥镇民丰村中南部,东近闻戴公路,南连傅家里,西接西曹家,北与许家庄相邻				2003年,义桥镇在民丰村进行沿江开发,南河沿自然村整体拆迁	杭名萧销〔2009〕字第146号
小华家	自然村	位于义桥镇民丰村西部,东、北与许家庄相连,南连西曹家,西濒浦阳江				2003年,义桥镇在民丰村进行沿江开发,小华家自然村整体拆迁	杭名萧销〔2009〕字第147号
西曹家	自然村	位于义桥镇民丰村西部,西濒浦阳江,南接傅家里,北连小华家,东近南河沿				2003年,义桥镇在民丰村进行沿江开发,西曹家自然村整体拆迁	杭名萧销〔2009〕字第148号
新农村	自然村	位于义桥镇丁家庄村东南方,凤凰山麓西侧				2007年已整体搬迁	杭名萧销〔2009〕字第149号
郭村	自然村	位于义桥镇昇光村,何家桥自然村东南面				人民公社时,缪家坞、张家山头、观音桥、下村四个自然村组建为郭村大队,后改为郭村行政村,其实并未有过郭村自然村。2005年,郭村行政村已合并于昇光行政村,故注销郭村自然村	杭名萧销〔2009〕字第150号
李家	自然村	位于临浦镇临一村,上桥与下桥自然村边上				因村庄拆旧建新,已无住户,故予以注销	杭名萧销〔2009〕字第151号

续表

注销地名	类别	原具体位置	原批准文号或日期	原名称来历	原申报单位	注销原因	注销批准文号或时间
陈家坞	自然村	位于坎山镇工农村庙前自然村内				陈家坞是庙前自然村的一个聚居点，属庙前自然村范畴，如单独设置自然村，工农村这样的自然村达20多个，故予以注销	杭名萧销〔2009〕字第152号
沈家湾	自然村	位于新街镇双圩村				群众已不再使用该名称	杭名萧销〔2009〕字第153号
永泰丰	自然村	位于宁围镇中部偏南，东为宁税社区，南为经济开发区，西为金一社区，北与新安村相邻				现已分为宁安社区和宁东社区，故予以注销	杭名萧销〔2009〕字第154号
茶山湾	自然村	位于楼塔镇大同一村内				村规模调整后统称上马石自然村	杭名萧销〔2009〕字第155号
孙家	自然村	位于楼塔镇大同二村内				新农村规划已同伊家店自然村连成一片	杭名萧销〔2009〕字第156号
小樟树下	自然村	位于楼塔镇大同三村内				村规模调整后统称路下院自然村	杭名萧销〔2009〕字第157号
上马坞	自然村	位于楼塔镇萧南村内				村规模调整后统称田村自然村	杭名萧销〔2009〕字第158号
下马坞	自然村	位于楼塔镇萧南村内				村规模调整后统称田村自然村	杭名萧销〔2009〕字第159号
重庆寺	自然村	位于楼塔镇岩山村内				村规模调整后统称岩下自然村	杭名萧销〔2009〕字第160号

注：2009年注销地名160条，其中道路50条、住宅区1个、自然村109个。

（高尔华）

残疾人事业

【概况】 根据第二次全国残疾人抽样调查浙江省数据，截至2009年底，全区有各类持证残疾人26590人，其中：视力残疾3162人，听力残疾2056人，言语残疾477人，肢体残疾15612人，精神残疾2185人，智力残疾2675人，多重残疾423人。残疾人占总人口的6.36%，据此数据推算，萧山有各类残疾人7.5万人。至是年底，全区全面完成26590名残疾人的第二代中华人民共和国残疾人证换发工作。2009年10月，区委、区政府出台《中共萧山区委萧山区人民政府关于加快推进残疾人事业发展的实施意见》（萧委〔2009〕29号）文件，为今后发展萧山残疾人事业提出指导性意见。

【残疾人社会生活保障工程】 2009年底，全区有9066名残疾人纳入最低生活保障，并全额享受低保金。给予8916名残疾人发放生活费、护理费补助875.5万元。其中，低保重度残疾人614人，发放生活费、护理费141.5万元；低保一般残疾人4152人，发放生活费406万元；非低保重度残疾人4150人，发放护理费328万元。扶持86户低保残疾人建房，扶持资金86万元；与浦发银行共同进行困难残疾人家庭亮居工程，用48万元对18户家庭进行修缮，工程于2010年春节前全部完工。实施重度残疾人托安养工程，使生活不能自理的重度残疾人生活有专门照料。是年，完成杭州市残联下达的集中托安养50人、居家安养153人的任务，并拨付集中托安养资金25万元（每人每年5000元），居家安养资金61.2万元（每人每年4000元）。由区残联和临浦镇政府共同出资1020万元的临浦镇精神残疾人康复中心于4月运行，首期有36名精神残疾人进入康复中心。义蓬街道农疗站工程完工，即可投入使用。建筑面积3.6万平方米、投资逾1.4亿元的萧山区特殊康复中心工程基本完工。

【残疾人康复工程】 2009年，区残联为1317名白内障患者实施复明手术，为42名截肢者安装假肢，为85名听力残疾者配备助听器，为25名低视力患者验配助视器，为80名下肢残疾人配置轮椅、助行器等辅助器具；转介16名聋儿、13名脑瘫儿、11名自闭症儿童进行机构康复；出资40万元，使1234名贫困精神病人得到免费服药。

全区4个街道91个社区建立残疾人社区康复站，配备基本康复器材，落实人员。各镇街均建立残疾人康复工作领导小组，18个镇依托卫生服务中心建立残疾人社区康复站，5个村建立残疾人社区康复点。2009年底，全区有200多名肢体残疾人通过社区康复站进行就近就便康复训练，7000多名精神病患者由村级责任医生监管。临浦镇残疾人社区康复站被评为杭州市残疾人康复示范站。

是年，区第一人民医院等5家区级医院设立康复科，设置康复病床，引进康复技术人才，提升了全区整体康复能力。

【残疾人就业创业工作】 2009年，全区确认安置残疾人的机关企事业单位共2062家，安置残疾人8657人，其中85家集中安置残疾人4188人，1977家分散安置残疾人4289人，分散安置人员较上年增加201名。征收残疾人就业保障金4527余万元。

是年，扶持残疾人个体工商户257户，扶持资金136.4

万元;扶持城镇残疾人个人购买社会养老保险58人,发放补助金10.2万元;扶持农村残疾人发展种养业、加工业28户,扶持资金11.8万元;扶持102名残疾人法人贴息补助219.2万元;继续培育残疾人种养基地和联合体(社),下拨扶持资金185万元。

全区举办家禽、家畜养殖、种植等专项技术培训两期,培训残疾人43人次,输送到省、市参加盲人电脑、盲人按摩等培训9人次。全区各镇街举办的各类素质培训班共培训残疾人1100人;各联合体(社)举办技能培训班4期,培训残疾人160人次。

【残疾人就业联合体(社)帮助残疾人就业】 2009年,区残疾人就业联合体(社)得到进一步发展,使206名残疾人不出家门就得到就业。宁围镇苗木帮扶联合体为23户残疾人销售苗木,销售金额80万元,共出苗木病虫防治、销售方面简报12期,接待咨询32人次;南阳街道伞业加工联合社成员扩大到61人,该联合社为保证残疾人有稳定收入,优先供应原材料,保证其随领随供,并采取制作一把伞外加3分钱的措施,增加残疾人的收入;楼塔镇残疾人纱艺加工联合体把容易加工且加工费较高的产品优先给残疾人,从而提高残疾人的收入。该社拥有小机器的残疾人,每台年收益在4000元以上,有剑杆机者每台年收益在8000元以上,基本上解决了残疾人的生活困难问题。区残联帮助残疾人就业创业的模式,得到省市领导的充分肯定,副省长陈加元在2009年省政府专报信息第818期上对这一模式专门作了批示:"萧山区构建四大载体,帮助残疾人创业就业的经验不错,值得肯定。残疾人是一个特殊群体,不仅需要政府和社会在基本生活、基本康复、基本照料方面给予帮助,更需要我们在就业创业方面给予更多的关心和扶持。请省残联调研。"

【残疾人宣传文体工作】 2009年,区残联组队参加杭州市残疾人射击、乒乓、羽毛球、网球锦标赛,获得25枚总金牌中的11枚金牌,金牌数、总分遥遥领先其他队,并获组织奖和体育道德奖。至年底,萧山输送到省市集训的运动员(个人项目)有16人,人数列全省县区之首。聋哑人钱金枝在台北召开的第20届聋奥会上获得五项全能第一和4×100米第二名、100米跨栏第四名;视力残疾人董何伟在全国残疾人青少年田径锦标赛中获100米、跳远、五项全能三个冠军;肢体残疾人王利超、徐海蛟,盲人沈海丹三位选手在全国残疾人青少年游泳锦标赛上获1金2银3铜;盲人来佳俊获浙江省残疾人文艺会演一等奖。

是年,区中小学田径运动会首次设残疾人比赛项目,并计入团体总分。

【残疾人组织建设工作】 2009年,区残联对26个镇街残联理事长进行政治理论、业务知识培训,继续对义蓬街道春光村、河上镇朱家村、所前镇三里王村的91户家庭进行生存生活状况监测,提供残疾人生存生活状态情况。

(薛国建)

老龄工作

【概况】 2009年底,全区有60周岁以上老年人209015人,占总人口的17.27%,比上年增加10846人,增长率5.5%。其中:60—69周岁112319人,占总人口的9.28%;70—79周岁65129人,占总人口的5.38%;80周岁以上31567人,占总人口的2.61%。老年人口中,65周岁以上136210人,占总人口的11.26%。区老龄工作委员会有27个成员单位,17个镇和11个街道都设置老龄工作委员会,由党(工)委副书记兼任主任,配有专职副主任具体负责。411个行政村、151个社区(其中新组建社区4个),除新组建中的社区,均相应成立老年人协会,共有会员138868人,占老年人口总数的66.4%。

【百岁老人82人】 2009年底,全区有百岁老人82人(其中男16人,女66人),比上年底增加2人。

萧山区百岁老人名单(截至2009年底)

姓　名	性别	出生年月	家　庭　住　址
钱爱姑	女	1902.03	党山镇八里桥村
刘阿二	女	1902.08	河庄街道向前村12组
许月珍	女	1904.08	益农镇长北村7组
高阿大	女	1905.05	瓜沥镇渭水桥村19组
钟彩英	女	1905.10	义桥镇七里店村
高香姑	女	1905.10	义蓬街道义蓬村(益民7组)
韩牛姑	女	1905.10	益农镇东联村5组
寿冬爱	女	1905.11	城厢街道江寺社区
沈才昌	男	1906.02	党湾镇永安村
孟秋花	女	1906.08	坎山镇工农村15组
王阿花	女	1906.12	新湾街道创新村6组
徐金花	女	1906.12	南阳街道龙虎村
单杏姑	女	1907.01	新塘街道桥南沈村
倪外连	男	1907.03	宁围镇新中村1组
王阿二	女	1907.03	新塘街道联华新村
周张寿	男	1907.05	义蓬街道新庙前村2组
吴阿姑	女	1907.07	坎山镇沿塘村12组
冯爱花	女	1907.09	宁围镇盈二村1组
沈玉姑	女	1907.11	城厢街道百尺溇社区
汤尧花	女	1907.12	闻堰镇祥大房村
潘阿四	女	1908.01	党湾镇勤联村
沈阿大	女	1908.01	新湾街道宏新村3组
沈爱娟	女	1908.01	进化镇欢潭村5组

续表

姓名	性别	出生年月	家庭住址
朱应昌	男	1908.01	党山镇前兴村
蔡章媛	女	1908.04	城厢街道西河路社区
蒲银姑	女	1908.07	义蓬街道义蓬村(青春17组)
施友根	男	1908.09	宁围镇盈一村1组
朱爱花	女	1908.12	坎山镇沿塘村8组
金仙海	男	1908.12	河上镇东山村(金坞自然村)
杨王氏	女	1909.01	瓜沥镇渭水桥村9组
周长福	男	1909.01	义蓬街道头蓬社区4组
施纯孝	男	1909.01	城厢街道江寺社区
李阿二	女	1909.02	瓜沥镇东方村16组
於阿小	女	1909.03	宁围镇合丰村3组
朱兰香	女	1909.03	新街镇盛乐村
赵连姑	女	1909.03	党山镇开源村
王毛姑	女	1909.07	义蓬街道金星村12组
陈阿茶	女	1909.07	衙前镇凤凰村
俞银姑	女	1909.08	益农镇东联村25组
沈国文	男	1909.09	前进街道前峰村11组
徐耐姑	女	1909.09	益农镇久联村7组
金阿大	女	1909.09	党山镇群益村1组
王碗姑	女	1909.10	靖江镇协谊村10组
孔钊焕	男	1909.10	瓜沥镇如松村5组
童小凤	女	1909.10	义蓬街道义蓬村(益民2组)
章鱼花	女	1909.11	城厢街道东阳桥社区
陈阿毛	女	1909.11	宁围镇新中村1组
石彩姣	女	1909.12	浦阳镇曹坞村
潘茶花	女	1909.12	党湾镇新梅村
郭阿大	女	1909.12	瓜沥镇沙田头村13组
李佳娥	女	1910.01	宁围镇盈一村8组
戚和姑	女	1910.01	坎山镇三岔路村22组
周菊生	女	1910.01	南阳街道赭山社区5组
陆茶花	女	1910.01	瓜沥镇渔庄村10组
金小茶	女	1910.01	河庄街道围中村9组
翁阿香	女	1910.01	河庄街道闸北村15组
戚杏仙	女	1910.01	城厢街道江寺社区

续表

姓名	性别	出生年月	家庭住址
赵月青	女	1910.02	进化镇岳联村9组
李阿三	女	1910.04	党山镇南大房社区8组
吴阿花	女	1910.04	南阳街道坞里村4组
徐阿小	女	1910.05	宁围镇丰东村6组
施荷姑	女	1910.05	党湾镇幸福村
金桂花	女	1910.05	新湾街道共建村9组
沈阿茶	女	1910.06	河庄街道江东村7组
李培庆	男	1910.07	浦阳镇桃源村
漏秋姑	女	1910.07	坎山镇工农村20组
徐阿寿	男	1910.08	宁围镇利一村6组
沈金姑	女	1910.08	宁围镇盈一村8组
王梅姑	女	1910.08	义蓬街道春园村14组
沈云木	男	1910.09	宁围镇宁新村1组
沈大连	男	1910.09	党湾镇梅东村
郭阿牛	女	1910.10	坎山镇八大村4组
王毛姑	女	1910.10	义蓬街道南沙村(新富13组)
陈瑞姑	女	1910.10	党山镇张谭村
单小姑	女	1910.10	城厢街道湘湖社区
陈士宝	男	1910.10	益农镇东沙村1组
高桂仙	女	1910.11	南阳街道横蓬村7组
沈延生	男	1910.11	瓜沥镇长巷村
朱珠凤	女	1910.11	义蓬街道春园村14组
施玉花	女	1910.11	党山镇单木桥村
倪冬姑	女	1910.11	益农镇众力村24组
徐桂珍	女	1910.12	瓜沥镇塘头社区22组

【召开全区老龄工作会议】 2009年3月20日，区委、区政府召开全区老龄工作会议，杭州市老领导、老龄委名誉主任吴键及市民政局副局长、市老龄工办主任刘南应邀到会指导，区委副书记谭勤奋讲话，区政协副主席金老虎出席会议，区人民政府副区长张爱莲主持会议。会议表彰了萧山区2008年度党山镇党山村等3个"敬老村"，楼维等34名敬老好儿女金榜奖，楼云桥等50名老有所为奉献奖，萧山区志愿者协会、董水明等支持老龄事业先进奖获得者9个(其中集体2个和个人7个)，首次表彰城厢街道等老龄工作先进镇街6个，浦阳等4个镇老龄委为先进基层老龄委，童其仁等5名老龄干部为2008年度先进老龄工作者。

【全年3.7万余人次老年人受到各级领导慰问】 2009年春

节，区委、区政府领导带队慰问全区百岁老人，发放慰问金6.4万元。老人(重阳)节，全区百岁老人和40名困难老人受到市委、市政府慰问，获得慰问金6万元。全区百岁老人还首次受到区老龄委、区烟草专卖局上门慰问，获得慰问金及物品，总价值8万余元。全年受到各级领导慰问的老年人包括孤寡、残疾老人共3.7万余人次，各级领导下发慰问金和礼品总额800余万元。

【敬老宣传教育】 2009年，区级新闻媒体、《萧山老龄》和萧山老龄网站及时采编报道敬老和老龄工作先进事例810余例(篇)。《萧山日报》、萧山电视台、萧山广播电台分别开辟《晚霞满天》、《夕阳无限好》和《夕阳红》等栏目宣传老龄工作。其中《萧山日报》先后推出《件件实事倾心为老，老龄事业蓬勃发展》、《七大举措打造"老年人生活品质之区"》、《我区养老服务业渐入佳境》等12个专版，报道萧山老龄工作先进事例和取得的成效。老人节前一天即10月25日，区委常委、常务副区长许岳荣在《萧山日报》头版刊登老人节贺词，向全区老年人致以节日祝贺与问候。

在第三届浙江省老龄新闻奖"好新闻"、"好栏目"、"好节目"评选活动中，参评的《七年间，我区百岁老人增加一倍多》、《夕阳红胜火——萧山老龄事业发展回眸》分获"好新闻"二等奖，《晚霞满天》获"好栏目(节目)"提名奖，《关爱老人系列公益广告之居家养老篇》获"好新闻"优秀奖。

区老龄委出台《关于印发老龄信息和宣传报道工作考核办法的通知》，加强老龄信息宣传报道队伍建设。积极做好老龄信息的传递、上报工作，全年出刊《萧山老龄》简报12期，上报省、市老龄信息85条(篇)，被《杭州老龄工作》录用16条(篇)。

【老年社会保障稳步提高】 2009年，全区萧山户籍参加城镇企业养老保险53.25万人，参加基本医疗保险和新型农村合作医疗保险111万人。全区7.7万余名被征地老人每月养老金由上年的360元提高到410元，企业退休人员养老金待遇人均每月提高136.8元。

是年1月1日起，全区城乡无社会养老保障、无政府固定补贴的70周岁及以上老年人，享受每人每月生活补助金从60元提高到80元。4.3万余名老年人享受此待遇，全年财政支出4200余万元。

农村老人全部参加新型农村合作医疗，人均筹资从200元增加到360元，门诊报销比例由35%提高到40%，住院医疗费用报销5%，报销最高额度由7万元提高到10万元，实施大病补助和特殊病种纳入报销范围的制度。连续参合三年的，第四、第五年最高报销限额增加5000元；连续五年参合的，第六年开始最高支付限额增加10000元。在瓜沥、临浦、义蓬三个组团中心镇分别建立劳动保障办事处，方便老年人办理各项新农合业务。

是年，全区城镇"三无"、农村"五保"老人1043人，集中供养989人。其中：城镇"三无"老人24人，集中供养23人，供养率95.8%；农村"五保"老人1019人，集中供养966人，供养率94.7%。

是年，全区有343个村、社区(占总数的61.03%)给7.43万名老年人发生活补贴，年补贴总额2946万元，人均397元。三元控股集团每年向萧山区慈善总会捐赠100万元，定向为党湾镇65—69周岁的老年人每人每月发放60元的生活补助金，累计有12975名老年人享受此项优待，其中2009年3797名。

贫困老人应保尽保制度落实，待遇标准有新提高。2009年1月1日起，城镇低保人员低保金由每月350元调整到400元，农村低保人员低保金由每月240元调整到300元。镇街、村居一次性补助231人。

区老龄委第10年一次性救助一批特困老人，人数400人，每人救助1500元，外加价值150元慰问品，救助额66万元，累计救助2130人次，总额237.38万元。

【保障老年人合法权益】 2009年，区、镇街调处涉老纠纷69起，帮助有赡养争议的3553名老年人签订《家庭赡养协议书》。区法律援助中心为全区老年人提供法律援助54件。区人民法院受理、审结涉老案件61件，审执并重，切实为老年人撑起维护合法权益的"保护伞"。全区老龄工作系统受理老年人来信、来访、来电174件人次，均做到及时答复。

【落实老年人优待政策】 2009年，区老龄委办为1.8万余名老年人办理"浙江省老年人优待证"。会同交通等有关部门完善和优化杭州公交老年IC卡的免费申领和换发工作，累计为70周岁及以上老年人换发杭州老年公交IC卡1万余张。

【基层老龄工作】 2009年，区老龄委在城镇社区继续深入开展以"3587工程"为基本内容的老龄工作规范化社区创建活动，在已创建80个老龄工作规范化社区的基础上，做好完善、深化和对照标准的发展工作，为两年一轮创建工作打下基础。

农村基层老年人协会规范化建设继续推进，2009年新创建54个，累计创建510个。

区老龄委切实加强基层老龄工作队伍建设，5月19日举办镇街、区级部门老龄干部培训班，并组织赴江苏南京玄武区考察学习居家养老服务社会化服务开展情况等；8月26日举办部分行政村、社区老年人协会骨干培训班，有170人参加。

【养老服务设施建设】 2009年，区老年颐乐园常年入托入住老人480余人，床位使用率继续保持100%，被中国老龄事业发展基金会列为"全国爱心护理工程建设基地"。为满足更多老年人机构养老的服务需求，区老年颐乐园二期工程被区政府列入2008年政府性投资重大预备性项目，并于当年底开工奠基。8月，正式进入基础工程施工建设阶段。民营医疗机构泰和老年康复医院、钱江医院、商城医院、快康医院等先后开展老年康复护理业务。

截至2009年底，萧山有区级层面老年活动中心4个，其中萧山区退休干部活动中心、萧山区老年颐乐园老年活动中心先后被命名为“浙江省四星级老年活动中心”;有镇级老年活动中心23个,面积11005平方米,先后有8个被命名为“杭州市三星级老年活动中心”。9月,临浦镇老年活动中心经省级验收,成为萧山首个镇一级“浙江省四星级老年活动中心”。是年,新创建农村星光老年之家40个,面积13924.8平方米;新创建社区星光老年之家6个,面积1400平方米。累计创建农村星光老年之家411个,面积123934.02平方米;累计创建社区星光老年之家143个,面积47753.89平方米。

【居家养老服务】 2009年底,全区实施居家养老服务的范围扩大到15个镇街的58个社区、4个行政村,由政府埋单,享受生活照料、上门医疗等服务的对象增加到584个。其中,新湾街道、所前镇下辖各两个行政村(社区)开展了居家养老服务试点。

为鼓励和助推养老服务业发展,根据《杭州市萧山区人民政府办公室关于加快发展养老服务业的若干意见》(萧政办发〔2008〕55号)文件精神,对提出申请的5家养老服务机构,按照实际入住床位率给予财政补贴,共兑现财政扶持资金33.27万元。

根据省、市要求和年初工作意见,社会化养老服务试点工作有序开展,分别在城厢街道开展居家养老评估标准和老年配餐中心试点,在新街镇开展敬老院改建为综合性社会养老服务中心试点,在瓜沥镇开展老年日托照料服务试点。至年底,城厢街道老年配餐中心、新街镇敬老院改建为综合性社会养老服务中心试点,完成前期调研论证的准备工作。

【老年电大入学率提前达到“十一五”规划要求】 2009年,全区有老年大学4所,学员3121人。其中,萧山老年大学开设专业学科24个,入学老年学员1600余人。镇村级老年学校68所,学员5659人。浙江老年电大萧山分校有教学点35个,其中分校直属教学点1个。设教学班419个,学员15033人,老年人入学率10%,比上年增加2个百分点,提前达到全区老龄事业发展“十一五”规划要求。

【老年文化体育活动】 2009年春节期间,区老龄委联合区老年书画协会赴农村现场创作1000条春联送到农家。老人节期间,区老龄委以“庆中华人民共和国六十华诞,展老人风采”为主题,采取上下联动的办法,举办萧山区第四届老年文化体育艺术周活动系列14项活动,历时三个月,参演老年人1600余名。10月19日,举行第二十二届老年人体育运动会,48支代表队、884名老年运动员参加了12个项目的比赛。9月15—17日,分新湾、宁围、闻堰三片举行区第八届老年文艺调演,30个单位、500名老年人分3场献演节目58个。9月22—23日,组织26个镇街、萧山经济技术开发区、临江工业园区的600余名与共和国同龄老年人畅游湘湖,喜看萧山新变化。10月1—5日,“颂祖国、赞家乡”区第四届老年美术书法摄影诗词展在江寺民俗文化园举行,展出老年书法、绘画、摄影、诗词等作品100幅。10月24日、25日晚,在江寺公园北大门广场分别举办“唱老歌、庆华诞”老年歌会、庆祝浙江省第二十二个老人节广场文艺晚会。全区有各种老年文艺团队60个,参加人员2980人;老年体育团队117个,参加人员6000人。

老年体育事业城乡均衡发展,工作重点继续向农村延伸。全区26个镇街和区级部门成立老年人体育协会42个,参加人数3120人。有432个村、社区创建为杭州市老年体育组织基层建设年活动先进单位,其中2009年新创建414个。

(陆建明)

关心下一代工作

【概况】 2009年,全区17个镇9个街道(缺新设的临江、前进两个街道)、区教育局、湘管委和562个行政村(社区)有502个关工委工作组织。是年,全区征订《中国火炬》杂志654份。区关工委在上级简报和省、市、区报刊、广播、电视台发表各类文稿、图片353篇(次);下发工作指导性文件9份,出简报13期;创办187所假日学校,资助困难学生5766人,慰问学校329所。

【召开全区关心下一代工作暨表彰会】 2009年2月25日,区委、区政府召开全区关心下一代工作暨表彰会议,市关工委副主任孙长和、区委副书记谭勤奋到会讲话;区关工委主任赵永前作题为《以科学发展观为统领,全面推进关心下一代工作》的工作报告;会上,对52名受助特困生获第八届“浦发奖”、32名中小学生在“美德力量知学行活动”征文比赛中获一、二、三等奖进行了表彰。

【“五老”讲师团宣讲125场】 2009年,“五老”讲师团确定了理想信念、爱国主义与革命传统、法制纪律、思想道德、科普健康、家庭教育等6个方面主题、31个课题,进学校、进社区、进村庄、进单位,围绕社会主义核心价值体系大主题宣讲125场,取得较好的社会效果。

【中华人民共和国成立60年成就教育】 2009年,为庆祝中华人民共和国成立60周年,“五老”讲师团精心准备了“伟大的祖国我爱您”、“祖国在我心中”、“知过去、看现在、面向未来”等课程,到全区各中小学校、假日学校宣讲,4万多名青少年听讲;全区各级关工委与学校联合,开展各类庆祝中华人民共和国成立60周年教育活动475场次,参加的青少年达15万人次。

【开展孝亲敬老教育】 2009年,区关工委继续把孝敬教育作为思想道德教育的重点,各级各类学校坚持上好一堂孝敬课、组织一次孝敬社会实践、制作一张孝敬记录卡、开展一次孝敬评选,即“四个一”活动。镇街关工委突出孝亲敬老教育,使青少年进一步树立崇孝、行孝的行为意识,自觉为孤寡老人、敬老院开展公益活动;六一儿童节期间,各地还表彰了一批孝敬标兵、孝敬好少年等。是年,全区开展孝亲敬老教育活动370场次,受教育青少年11万余人。

【开展“三个一”教育活动】 2009年,区关工委开展“三个一”具有影响力的活动。一是开展读一本好书活动。在省关工委青少年美德教育中心的支持下，区关工委向全区中小学校赠送中小学生成长向导专题图书《就这点事》2 万多册。该书由省关工委组织德育教育专家编写，全书图文并茂，通过故事情节启发青少年如何做人、如何正确处理网络文化等现实问题。二是开展一次演讲比赛。区关工委于 5 月下旬举办全区中小学生“成长向导”主题演讲比赛活动，有 26 所学校派出选手参加，经角逐有 14 名学生获奖。省关工委青少年教育中心网络直播了全场比赛。三是举行一次征文比赛。第四季度，区关工委举办由全区中小学生参加的“美德力量知学行”征文比赛活动。在近千份应征文章中评出中小学两个组一、二、三等奖和优秀奖共 67 篇。

【创办假日学校 187 所】 2009 年，全区共创办假日学校 187 所，2 万多名青少年到假日学校参加学习。各地根据生源情况，采取几个村社联合办学；根据形式决定效果，采取大课集中、小课分散；根据教育贴近学生，选用大学生村官和回乡大学生任教；根据青少年实际，突出“五老”讲美德主题教育活动，同时加强法纪、礼仪、生态、健康和乡土教育等。各地适时走出课堂参观农业高科技示范园区，参观军营感受生活，参观学习基地——图书馆、博物馆，参观百里钱塘感知围垦精神，开展社会实践建设洁美家园等。

【依托“五老”帮教弱势青少年】 2009 年，“五老”关爱团和各镇街关爱组注重开展以下几方面的活动。一是重新帮教一批对象。在对原有帮教对象跟踪帮教的基础上，新增一批失足青少年为新一轮帮教对象。二是建立互动交流机制。先后到一些镇街走访调研，互动交流。三是定期开展基地帮教。以区看守所为基地，定期赴看守所，面对面帮教失足青少年。四是开展社会调研。关爱团的老同志们实地调查走访河庄、浦阳等许多镇街，对全区留守儿童的情况进行专题调研。经过近半年时间的调研，对调研资料进行分类统计和分析梳理，基本摸清全区 521 名留守儿童的现状；最后就这些留守儿童的生存状况、教育状况、心理需求以及对策、建议等问题，形成专题调研报告。

【资助困难学生 5766 人】 2009 年，各地关工委与学校通力协作，对困难学生做到应助即助。全区发放教育资助券资助特困生 3429 人，其中幼儿学生 236 人、小学生 1039 人、初中生 884 人、高中生 1169 人、聋哑小学生 101 人，资助金额 512 万余元。在协同做好区教育资助券发放工作的同时，区和镇街关工委对未享受教育资助券的困难家庭学生，从实际出发，发动社会力量进行资助。楼塔镇机关干部与 80 名困难学生结对助学，并设立“励志”奖；浦阳、闻堰等许多镇街的机关干部继续与困难学生结对助学；萧山新华书店全体员工与 40 名困难学生开展捆绑式结对助学。2009 年，全区自筹资金资助包括民工子女在内的学生共 1362 人，资助金额 385250 元，其中，结对资助区外困难学生 240 人、70550 元。由区慈善总会牵头，企事业单位出资资助困难大学生 975 人，资助金额 207.43 万元。全年政府、企事业单位和社会个人资助困难学生 5766 人，资助金额达 757.9 万余元。

【关爱儿童】 2009 年，全区镇街关工委共参与慰问学校、幼儿园和民工子弟学校 329 所，送去学习用品、食品和慰问金 118.3 万元，重点慰问了特困生、伤残生、留守儿童和孤儿。其间，还举办了各种文娱体育活动，表彰一批先进集体和一批先进青少年。

【成员单位合力育人办实事】 萧山广播电视台注重舆论导向，加强对未成年人思想道德建设的宣传力度，2009 年播出 210 多篇新闻采访，播报先进典型 180 多篇，开辟《太阳花》、《风从校园来》、《小眼看世界》、《教育天地》等节目，全年播出 276 期。萧山图书馆组织开展有益少年儿童健康成长的活动 270 余次，3 万余名少年儿童受到教育。文化执法大队为青少年健康成长保驾护航，一年中检查网吧 1602 家次，查处违规经营网吧 29 家；检查出版经营单位 1145 家次，取缔出版物经营摊点 321 家次，收缴非法出版物 46208 件，收缴低俗音像制品 1320 张(盒)等。区妇联会同教育局、关工委等部门，全力办好家长学校，使近万名家长受到教育，进一步提高了家长教子育人的水平。

(吴锦荣)

民族工作

【概况】 2009 年，区民族工作认真贯彻落实各级民族工作会议精神，继续围绕“共同团结奋斗，共同繁荣发展”主题，积极开展少数民族增收帮扶工程，着力拓展民族工作新渠道、创新民族工作新方法、丰富民族工作新内容，民族工作有新突破，促进了民族团结，维护了少数民族权益。

【慰问少数民族特困家庭和代表人士】 2009 年春节前夕，市、区领导及有关部门分别赴全区各镇街和伊斯兰教清真食品供应点，上门慰问少数民族特困家庭，看望少数民族代表人士。慰问少数民族困难家庭 148 户，送去慰问款 24.645 万元。

【落实民族优惠政策的待遇】 2009 年，区民宗局联合区教育局和区公安分局制定《关于转发〈国家民委办公厅、教育部办公厅、公安部办公厅关于严格执行变更民族成分有关规定的通知〉》(萧民宗发〔2009〕01 号)和《关于办理“民族成分变更”的补充通知》(萧民宗发〔2009〕02 号)两个文件。全年办理民族成分变更 161 人，为全区 203 名参加中考、高考的少数民族学生落实降分录取的优惠政策，接受有关民族政策咨询 280 余人次。

【开展捐资助学活动】 2009 年，区民宗局指导区民族团结促进会于春节前和暑假期间分别开展捐资助学活动，对 36 名少数民族困难家庭学生进行助学捐助，捐助范围从小学至大学，捐助金额为每学期 600—2000 元不等，共计 4.5 万元。义桥镇的受助学生周立波 2009 年中考以许贤初中第二名的优异成绩被萧山中学录取，浦阳镇的倪良方成为浙江工业大学的一名新生。

【开展联贴补助工作】 2009 年，在扶贫帮困的同时，区民宗局指导浦阳镇开展少数民族“联贴补助”工作，帮助两户少数民族经营户获得银行贷款、政府贴息，扩大了生产规模。少数民族养殖户黄欢根得到贷款后新建了养殖棚，帮助他安然抵御“莫拉克”台风的侵袭。

【探索城市民族工作新路】 2009年，区民宗局加强城市民族工作，着力探索新思路新方法，重点做好城市民族工作进社区。在城厢街道潇湘社区举办各民族居民闹元宵大联欢、迎“五一”歌咏会、民族健身运动会、中秋茶话会等活动，提高少数民族同胞参与经济、社会、文化建设的积极性。针对北干街道流动少数民族人口大量增加的现象，指导北干街道采取有效措施，立足城市民族关系，有针对性地进行民族工作进社区的探索。城厢街道潇湘社区成为2009年7个市级民族团结进步工作先进社区之一，潇湘社区党委书记赵水君获市级民族团结进步工作先进个人称号。

【民族宣传工作扩面提质】 2009年，区民宗局加强对民族工作的宣传，10月19—22日在《萧山日报》连续4天大篇幅宣传报道萧山少数民族群众生活现状。8月5日成立区少数民族艺术团，并举行首场汇报演出。同时举办民族宗教政策法规图片展，图文并茂展示近几年萧山民族宗教领域的成绩和变化，宣传党的民族宗教政策。帮助来萧经营户做好相关宣传和服务工作。

（冯如江　韩建国）

宗教事务

【概况】 2009年，全区宗教工作围绕“团结、引导、稳定、和谐”的工作目标，完成宗教活动场所登记证换发第一阶段工作，区民宗局启动“和谐宗教活动场所”创建活动，加强依法管理，建立健全宗教事务的管理制度与工作机制，加强团结引导，有效维护了全区宗教领域安全稳定的良好局面，全年各宗教活动场所实现安全零事故。

【“和谐宗教活动场所”创建活动】 2009年8月28日，萧山区召开“和谐宗教活动场所”创建活动动员大会。创建活动明确了“全面推进、重点突破”的近期目标，重点选择基础设施和条件比较成熟的23处佛道教场所、10处基督教场所、1处天主教场所作为首批创建单位。通过创建活动进一步完善了场所各项制度，健全了民主管理组织，宗教活动更加有序。是年，15处佛教、3处道教、1处天主教、10处基督教活动场所被评为创建“和谐宗教活动场所”先进集体，其中7处佛教、1处道教、6处基督教活动场所被评为杭州市创建“和谐宗教活动场所”先进集体。

【完成天主教基督教活动场所第一阶段换证工作】 2009年4月起，区民宗局启动天主教、基督教活动场所第一阶段换证工作。参加第一阶段换证工作的场所填写《登记证换发申请表》。至8月底，宗教场所登记证换发第一阶段工作基本结束。5处天主教活动场所、38处基督教活动场所完成登记证换发工作。

【加强宗教活动场所安全管理机制建设】 2009年，区民宗局完善大型宗教活动的安全管理机制，建立以宗教场所管理组织为责任主体，由区级有关部门协作配合、镇街属地管理的工作机制和管理机制。区民宗局与各宗教团体签订《安全工作目标管理责任书》；下发《关于进一步加强宗教活动场所建设工程安全管理工作的通知》，加强对宗教活动场所建设工程质量、安全的管理，确保宗教活动场所建设工程依法审批、规范建设、安全施工。

【宗教活动场所安全和财务管理培训】 2009年，区民宗局举办安全知识讲座，对宗教活动场所负责人进行消防安全知识培训；组织宗教活动场所消防安全技能现场会，提高场所防控火灾的综合能力。加大财务检查力度，指导宗教团体开展财务检查与抽查；组织财务培训，按照《民间非营利组织会计制度》，进一步规范财务管理和会计行为，提高了场所财务管理水平。

【形成部门协作的管理模式】 在2009年重大节日期间，区民宗局开展三次安全检查，通过场所自查、各镇街检查和区民宗局联合区安监局、消防大队督察的安全工作“三查”方式，督促宗教活动场所落实安全措施，消除安全隐患，做好各项安全工作。与镇街和区级机关相关部门协作联动，严格活动审批，制定活动预案，加强对活动的现场监管，确保了新街山址庙大型庙会、坎山地藏寺七夕“祭星乞巧”等大型宗教活动的顺利开展。

【深化依法行政工作】 区民宗局开展权力阳光工作，依法清理和规范民族宗教领域现行有效的法律法规和权力事项，梳理民族宗教行政权力具体事项的名称和法律依据，编制权力运行流程图。进一步规范场所建设的审批和非通常宗教活动的审批，做到审批程序更加规范、审批制度更加完善。2009年，区民宗局审批各种非通常性宗教活动23次；对南阳街道镇海殿和义桥镇东福源禅两处场所迁建、扩建建设项目，严格按照程序予以行政许可。

【抓好宗教团体组织建设】 为宗教团体解决实际困难，落实办公经费和办公场所，区民宗局指导团体为宗教教职人员落实参加社保相关政策。指导协会开展日常工作。积极主动为团体提供政策、工作上的指导，帮助完善协会日常工作机制，增强协会的自我管理、自我服务能力。开展宗教界人士素质提升培训。2009年，区民宗局对35处场所新任负责人进行培训，安排9人参加杭州市民宗局组织的宗教团体负责人培训、12人参加市人才素质提升培训、8人参加成人学历教育。

（冯如江　项国华）

镇·街道

2009年萧山区各镇街基本情况数据库

镇街	土地面积(平方千米)	社区(个)	村民委员会(个)	总人口(人)	非农人口(人)	人口自然增长率(‰)	库税费性收入(万元)	人均净收入(元)	生产总值(万元)	其中 一产	二产	其中:工业	三产	工农业总产值(万元)	工业总产值(万元)	农业总产值(万元)	自营出口额(万美元)	实际利用外资(万美元)	粮食种植面积(公顷)	粮食总产量(吨)
楼塔镇	47.63	1	12	27064	2593	0.10	6460	11096	75303	6202	52769	50794	16332	310842	300976	9866	1931	280	937	5373
河上镇	63.69	1	15	28917	3342	−2.87	13194	12062	188899	6948	164760	161199	17191	918762	907708	11054	1588	419	968.4	6771
戴村镇	62.82	1	22	38158	3776	0.74	13913	12552	138907	7906	95986	94600	35015	471672	459094	12578	3967	280	1302.8	7955
义桥镇	57.99	1	21	47221	9916	0.76	28033	14275	216818	14910	147964	132995	53944	707567	683847	23720	11022	868	1570.1	10780
所前镇	44.13	1	19	37715	4780	2.93	22915	13862	142350	14394	97625	90229	30331	530370	507472	22898	6212	1081	1271.9	10203
浦阳镇	44.49		18	31841	4321	0.60	17926	11863	153336	15773	115685	106668	21878	471151	446059	25092	9809	790	1535.1	10093
进化镇	87.10		25	47165	6667	1.06	10160	13000	91826	15711	55220	43363	20895	260832	235840	24992	3562	1539	1478.4	10569
临浦镇	42.48	14	20	54253	26462	1.66	31085	13887	246674	15265	160874	153304	70535	744719	720434	24285	13883	717	1007	5790
新街镇	35.58	3	15	59123	14897	3.55	71374	18494	555506	38179	460317	449597	57010	2751742	2691005	60737	13884	2076	1055	4420
宁围镇	42.88	6	15	57983	27700	4.99	111409	20132	906911	28913	682603	647073	195395	3535656	3489660	45996	21158	4666	828.5	3442
闻堰镇	18.65	3	6	25697	14180	4.29	49313	12719	167795	7135	110843	101550	49817	535592	524241	11351	9032	3750	300.5	1808
衙前镇	17.92	1	11	25060	6383	3.24	55001	18242	514351	6260	452484	438728	55607	3393360	3383402	9958	25747	950	473.3	2702
瓜沥镇	42.73	5	23	64839	28404	2.24	59660	15821	477210	21617	366268	350285	89325	2196489	2162099	34390	19530	2671	2869.8	15269
党山镇	49.74	2	21	44515	5308	0.54	35668	14620	416824	22579	356702	349893	37543	2296467	2260547	35920	24982	575	4200.7	23407
坎山镇	34.68	4	19	49005	17115	1.56	29217	15581	176591	15777	121857	113417	38957	755562	730463	25099	7850	1061	1388.7	5661
益农镇	46.51	1	19	42119	2425	0.59	15656	13946	329256	21646	286754	279476	20856	1959317	1924882	34435	2274	986	3605.1	19549
党湾镇	32.73	1	17	42188	3853	4.07	20072	17497	167206	19591	124600	114067	23015	725337	694171	31166	9191	1035	4070.6	19423
新湾街道	22.05	1	12	23193	2721	1.64	11549	15374	94180	14793	62895	59739	16492	341313	317780	23533	9324	620	2340.1	10516
前进街道	40.54		3	7678	779	2.60			38490	7014	26984	18123	4492	103278	92120	11158		19711	401.1	
临江街道	44.10	1	2	6069	2183	2.63		13963	235111	3931	225067	197898	6113	1066888	1060634	6254			680	3179
义蓬街道	56.48	2	22	57506	7996	2.37	19453	15058	203350	33609	114221	105430	55520	609898	556431	53467	7849	888	4877.3	22977
靖江街道	23.06	5	10	33317	14136	2.17	20788	17979	284371	15227	137801	125124	131343	881917	857693	24224	17567	780	2373.5	11135
南阳街道	31.03	2	13	37709	10596	0.43	27361	15590	242657	21483	172444	165109	48730	1034335	1000158	34177	17526	660	2486	15233
河庄街道	85.09	1	20	48445	6446	1.84	21851	15684	170853	23296	119527	114184	28030	657405	620345	37060	10472	596	4871.2	21921
城厢街道	25.63	32		119699	114997	4.78	122871	15553	604191	1116	82435	74139	520640	319147	317372	1775	9264	362	101.1	566
新塘街道	35.65	22	17	57596	30649	5.79	85453	14580	319061	10340	173052	161423	135669	359466	343017	16449	58297	2021	374.8	1791
蜀山街道	34.75	18	8	36417	13220	3.41	29524	13413	186578	7554	124898	118729	54126	558680	546662	12018	4805	300	449.3	2571
北干街道	17.51	19	6	59443	55101	6.40	98532	20595	352320	4356	84081	78936	263883	1130443	1123513	6930	45169	1851	21.3	138

（汤金星）

2009年度萧山区经济发展优胜镇街考评一览表

序号	镇街	生产总值（万元）	规上工业销售收入（万元）	农业总产值（万元）	第三产业增加值（万元）	企业入库税费（万元）	实际到账外资（万美元）	实到市外内资（万元）	固定资产投资（万元）	村级集体可分配收入（万元）	万元工业增加值能耗降低率（%）
1	宁围镇	906911	3252615	45996	195398	111409	4666	33136	438160	10763	11.68
2	衙前镇	514351	3109422	9958	55607	55001	950	9810	119681	6212	9.70
3	新街镇	555506	2516784	60737	57010	71374	2076	10785	124454	3816	9.64
4	瓜沥镇	477210	1867194	34390	89325	59660	2671	12820	167579	8140	9.81
5	城厢街道	604191	280797	1775	520640	122871	362	3345	69610	5711	9.82
6	闻堰镇	167795	393889	11351	49817	49313	3750	10199	57574	2881	9.69
7	新塘街道	319061	897901	16449	135669	85453	2021	8541	34837	7511	1.08
8	党山镇	416824	1968381	35920	37543	35668	575	10086	106071	3853	12.00
9	北干街道	352320	276302	6930	263883	98532	1851	7440	30298	3052	15.11
10	靖江镇	284371	768495	24224	131343	20788	780	8337	108187	988	6.67
11	益农镇	329256	1914926	34435	20856	15656	986	10203	60297	2196	9.98
12	南阳镇	242657	872326	34177	48730	27361	660	9476	85723	2944	15.70
13	临浦镇	246674	622155	24285	70535	31085	717	12540	70987	2579	9.61
14	义桥镇	216818	534208	23720	53944	28033	868	28678	50351	2360	6.99
15	义蓬镇	203350	457918	53467	55520	19453	888	11784	64182	1660	18.91
16	河庄镇	170853	516298	37060	28030	21851	596	7278	46397	4104	16.77
17	蜀山街道	186578	469233	12018	54126	29524	300	42211	56577	2560	10.18
18	坎山镇	176591	601644	25099	38957	29217	1061	7600	67655	2753	1.31
19	党湾镇	167206	634486	31166	23015	20072	1035	7413	59100	2618	1.37
20	新湾镇	138844	375733	40945	23227	11549	620	7994	112393	1328	16.59
21	所前镇	142350	388832	22898	30331	22915	1081	7850	33110	2664	12.09
22	浦阳镇	153336	350001	25092	21878	17926	790	7108	57393	867	10.41
23	河上镇	188899	805398	11054	17191	13194	419	7960	41443	886	10.48
24	进化镇	91826	155384	24992	20895	10160	1539	7450	46290	2195	19.00
25	戴村镇	138907	374582	12578	35015	13913	280	7110	17231	1453	12.08
26	楼塔镇	75303	125320	9866	16332	6460	280	4700	22104	566	14.03

注:"规上工业"系"规模以上工业企业"的简称。

（汤金星）

各镇街要事

【楼塔镇】 2009年，全镇实现工农业总产值31.08亿元，其中工业产值30.10亿元，农业总产值9866万元。规模以上工业销售产值13.1亿元，增长16.82%；工业利润3.01亿元，增长25.62%。农民人均纯收入10946元，增长9.25%。

列入省级工业新产品开发项目2个、省级科技型中小企业2家、省级高新企业培植项目2家。

杭州雪韵果业、杭州淡竹坞生态果品、杭州楼塔香番薯等3家专业合作社的农副产品成功申报为绿色食品。

完成中央坞至佳山坞道路拓宽工程60%的路基建设，完成楼塔溪三期整治工程11.3千米，改造农村危桥2座。

实现全镇住宅电话镇内通话全免费。

完成大同片自来水双路供水工程，彻底解决大同片6200多人的枯水期喝水困难问题。

治理山体滑坡点21处，占新出现28处山体滑坡点的75%；完成矿山复绿2处。

投资70多万元，在全镇主要地段设置24只电子探头、9座高架灯，并设立1处监控室，加强治安技防。

楼塔镇档案室通过省一级档案室验收。

完成森林防火林带建设5000米。

建成村级集体标准厂房1.2万平方米。

镇党委、人大、政府领导班子调整，9月王建明调入任镇党委书记，11月方幼儿任镇人大主席，俞万昌、陈海叶、柳玉华、管青松调入镇党委班子。

4月12日，来自世界各地的300多名楼姓代表齐聚萧山，举行中华楼氏文化研究会第二次研讨会，并到楼塔明代名医楼英纪念馆访宗寻亲。

6月18日，萧山城区至楼塔快速公交开通。

8月15日，设立镇残疾人康复中心。

11月10日，新建楼塔卫生院工程开工建设。8个社区卫生服务站挂牌运行。

11月20日，建立13个村、社区“和事佬”协会。

12月6日，由全国传统音乐学会会长俞建中教授率领，参加全国学校民族音乐教学与区域音乐文化艺术研讨会的50多名专家学者，到楼塔与“细十番”老艺人互动探索民间文化的传承与保护。

楼塔镇各村(社区)数据库

村(社区)名	书 记	主 任	人口(人)	村民小组(个)	工业产值(万元)	耕地面积(公顷)	人 均净收入(元)
管 村 村	章海灿	章宝忠	2297	26	35758	76.8	13240
楼家塔村	楼国生	楼灿乔	2940	44	60184	97.3	12692
楼 英 村	楼先成	楼宏亮	2507	36	60068	89.3	11857
雪环桥头村	楼袆汝	楼益忠	2163	24	20412	54.7	10772
雀山岭村	楼 波	俞汉明	1372	10	25038	40.2	10318
大黄岭村	俞留土	应位茶	2450	17	31836	62.7	10398
岩 山 村	楼文祥	楼浩兴	1854	17	16884	47.0	10957
岩 上 村	俞国兴	俞华峰	1407	10	13753	36.9	10263
萧 南 村	楼岳松	楼广兴	2552	22	15055	74.3	9790
大同一村	俞永明	楼乃江	2369	27	13044	90.5	11313
大同二村	陈高华	陈仲益	1927	20	18723	69.0	10822
大同三村	章建国	陈先法	1751	20	20270	66.5	9954
仙岩社区	俞国根	—	1616	—	—	—	—

（盛庆庆）

【河上镇】 2009年，全镇实现工企业总产值102.67亿元，比上年增长2.59%；农业总产值11054万元，增长10%；规模以上工业企业销售产值80.93亿元，增长6%。全年实现税收总收入10064万元，同口径与上年基本持平，其中国税7768万元、地税2296万元。

龙头企业胜达集团完成工业产值66.28亿元，比上年增长14%；销售产值63.66亿元，增长17%。

1月16日，举行河上镇第十四届人民代表大会第三次会议。

3月，被中国包装协会命名为“中国包装名镇”，为全国唯一。

3月，河上龙灯胜会成功申报为浙江省第三批非物质文化遗产，“河上西山红石雕”、“徐同泰土法制酱”入选杭州市非物质文化遗产名录。

3月21日，河上镇“两中合一”工程落成暨“人文河上”艺术总团广场会演举行。

4月1日，河上镇森林消防队成立，并被区森林消防指挥部评为先进集体。

5月10日，河上镇大西畈被杭州市农业局评为市级粮食生产功能区。

5月，紫霞村创建成为河上镇首个杭州市级文化示范村。

6月，被省环保厅命名为浙江省级生态镇。

8月31日，召开共青团河上镇第十九次代表大会。

10月，河上镇印刷包装行业获得省工商局、省企业信用促进会授予的“浙江省信用建设示范行业”称号。

10月，总投资75万元的03省道东复线连接线全线亮灯工程完成。

10月，河上镇动态治安监控二期系统建成并投入使用。

11月1日，胜达集团、最红集团、顺丰包装、启明星生物营养有限公司申报为萧山区青年就业创业基地。

11月15日，被省农业厅和省财政厅正式命名为“省级平安农机镇”。

11月20日，通过杭州市级卫生强镇验收，实现区级卫生村全覆盖。

12月，全长6446米、投资5060万元的河上溪整治工程完工。

12月15日，三联村通过萧山区级生态村验收。

12月17日，三联村通过区级农村整治村验收。至此，全镇整治村共有14个。

12月，杭州启明星生物营养有限公司羽毛灰蛋白项目成功申报为国家级星火科技项目，公司被评为杭州市科技型龙头企业。

河上镇各村(社区)数据库

村(社区)名	书　记	主　任	人口(人)	村民小组(个)	工业产值(万元)	耕地面积(公顷)	人　均净收入(元)
祥河桥村	董如明	傅东海	2652	23	18540	115.8	13768
大桥村	吕　荣	瞿　明	2282	17	15024	71.4	12354
紫霞村	瞿国标	瞿加平	2060	21	9204	75.0	13380
紫东村	胡生标	胡林锋	1249	11	4500	59.6	11437
璇山下村	瞿惠忠	瞿水法	1379	10	3638	66.0	10929
下门村	俞银娟	俞力平	2277	20	8004	79.4	12250
众联村	俞金明	马葵兴	1886	19	15050	54.1	12496
溪头村	瞿培荣	傅建中	1330	16	10015	18.2	13094
伟民村	俞省华	傅加平	1033	8	10008	21.8	13710
朱家村	朱继达	朱关水	1272	7	5004	23.9	14952
凤坞村	董月水	董夫伟	2876	28	6504	71.5	11086
东山村	金永炎	金建法	2019	18	7501	71.9	11977
三联村	朱迪平	袁金灿	2157	12	4508	85.2	8690
里都村	沈金根	谢月山	1506	9	6505	20.3	10783
联发村	谢和通	魏继祥	1723	8	15002	36.3	9186
长春社区	俞　彪	章子庭	1216	—	—	—	—

（黄碧敏）

【戴村镇】 2009年，全镇实现生产总值13.9亿元，比上年增长6.2%；实现工业总产值46亿元；实现农业总产值1.3亿元；镇财政可用资金1.39亿元，增长17%；财政总收入1.07亿元；农民人均收入12353元，增长1390元。全年协议利用内资1.44亿元，实际到位7110万元；协议利用外资800万美元，实到外资280万美元。实现三产增加值3.5亿元。

浙江华东钢业集团成功跻身中国大企业集团竞争力500强行列；中球冠集团连续五年跻身全国民营企业500强，进入全国最大1000强企业和省民营企业100强行列。

盘活存量土地1.6公顷，新建标准厂房25000平方米，镇担保服务公司新增注册资金520万元。

新增省级企业技术中心1家，区级2家；新创市级名牌产品1只、区级著名商标1个，实现新产品产值3.5亿元。

11家企业的20个项目通过省、市、区各级的技改验收，2个项目获省、市两级重点技术创新项目。

新增发明专利6项，省级科技型中小企业2家，循环经济示范企业3家，2个项目参与省级国际科技合作产学研项目研究，3个项目通过区级科技计划重点项目或初创项目评审，1家企业作为第一起草单位参与两项行业标准的制定并通过评审。

全镇晚稻种植面积1000公顷，总产量8219吨，连续两年获得区粮食生产先进镇称号。

三清茶产量10.5吨，实现产值600多万元，被杭州市政府评为杭州市“优秀旅游商品”。

发放各项惠农补贴资金119万元，15户农户参加农业政策性保险，落实农机补贴12.54万元，完成机械化插秧34公顷，培训农民320人次。

清晨假日山庄被省旅游局评为省级乡村旅游示范点，三清寨被区旅游局确定为区旅游业定点服务单位。

七都溪治理一期工程全面完工，二期工程和戴尖线二期拓宽改造工程开工，狮山盘山公路全面竣工。

完成03省道南三段、园区三路、戴尖公路和锦绣路等4条道路的亮灯工程，安装路灯190盏，新增亮化道路5.3千米。

获得由省农业厅、浙江省广播电影电视局、浙江广电集团联合授予的省第二届“新农村冲击播十大特色乡镇”称号。

新增区级文明村1个、区级文化村3个、健身苑点4个、村级图书馆11个，23个村(社区)全部建立星光老年之家。

顾家溪手法造纸术进入省非物质文化遗产名录，通过省东海文化明珠复查验收。

4月3—5日，举办首届中国·杭州萧山三清茶文化节暨杭州云石生态旅游项目启动仪式。

4月3日，成立“生态戴村”文化艺术团、美德档案分馆。

9月18日，半山村村民李雅梅被市委宣传部评为杭州市“十大平民英雄”。

戴村镇各村(社区)数据库

村(社区)名	书　记	主　任	人口(人)	村民小组(个)	工业产值(万元)	耕地面积(公顷)	人　均净收入(元)
骆家舍村	李水增	杨仁云	1481	8	1583	15.7	9426
方溪村	陈宪法	丁贤明	1546	11	4716	7.4	9346

续表

村(社区)名	书 记	主 任	人口(人)	村民小组(个)	工业产值(万元)	耕地面积(公顷)	人均净收入(元)
尖山下村	朱红鑫	—	1272	8	4752	8.8	11998
顾家溪村	鲍金灿	顾文法	1270	6	4500	5.0	11740
枫桥村	俞国泉	袁言兴	1215	8	3000	21.8	10700
青山村	沈伟寅	郦月表	2534	8	15500	65.7	12734
沈村村	徐仁兴	沈静良	1341	8	7000	31.7	15842
佛山村	钟观铨	钟少文	1293	11	4100	21.6	12622
半山村	汤祖晓	—	2240	23	10560	90.3	12732
马谷村	陈建华	陈召兴	1254	9	1404	23.2	11348
八都村	沈柏鲁	陈月祥	2300	13	10032	64.2	10896
三头村	任妙良	戴兴沅	2418	26	8496	50.8	12745
南三村	韩益明	戴建庭	1758	3	4620	67.1	12222
戴村村	丁 建	郑立明	1902	24	4800	60.1	13217
上董村	许晓明	董联昌	1048	12	3000	41.8	13704
大石盖村	李来娟	周祖云	2096	18	4600	61.9	12435
石马头村	洪旭明	洪灿良	1963	15	9000	84.4	12253
河杨湖村	喻忠法	何傅红	1540	12	17300	70.2	12580
张家弄村	郭岳祥	郭 芳	1767	18	4500	80.9	11290
郁家山下村	郁月芳	郁吾莫	1370	12	4200	55.1	12692
东风村	周国校	何玉根	1329	14	11000	593.1	15719
永富村	郁吾高	钱利荣	2381	17	11004	123.3	11802
中心社区	周豪放	钟沙洁	—	—	—	—	—

（郑立涛）

【义桥镇】 2009年，全镇实现生产总值21.68亿元，比上年增长5.3%；镇财政可用资金16888.18万元，增长23.43%；农民人均收入14485元，比上年增加1197元。

全年实现工企业总产值86.3亿元，其中工业产值68.4亿元，比上年增长6%；工业利润3.74亿元，税金2.05亿元；实现工业增加值14.84亿元，增长3.4%。全年引进市内外项目50个，合同利用内资4.86亿元，实际到位内资2.87亿元；合同利用外资2200万美元，实际到位外资867.78万美元。

为深化渔浦文化建设，弘扬节孝文化，编辑校本读物《渔浦学子崇孝20篇》，并列入义桥实验学校的校本教育。

投资1500万元的许贤农贸市场改造工程设计方案通过评审，正加紧实施方案。

加强社区卫生服务站建设，新建5个社区卫生服务站，迁建、改扩建5个社区卫生服务站。

投资100万元，安装路灯73盏，完成许贤工业园区纵二路、横三路亮灯工程。

1月7日，召开全镇拆违控违动员大会，镇政府与各行政村、社区签订《义桥镇拆违控违目标管理责任书》，镇党委、政府开展三轮“百日行动”，查处、拆除各类违章建筑104起，计17993.67平方米。

1月15日开始，区政府决定对义桥大桥实行封桥加固。经省、市、区三级桥梁专家认证，义桥大桥被确定为危桥，大桥主体出现裂缝，桥身安全隐患十分严重。

3月下旬，中泰、新雅达、杨氏等6家企业到广州参加2009年第二十三届中国广州国际办公家具展。

4月19日，区领导洪航勇、许岳荣、蒋金梁、乐华、李金达、朱云夫、金老虎到义桥镇参加接访活动。

4月28日，举行党员义务劳动日登记制度暨党员义务劳动日启动仪式，镇机关全体党员参加。全镇有1200名党员参加义务劳动。开展党员义务劳动日登记制度系全区首创。

5月14日下午2时许，新坝村一企业发生气体中毒事故，4名职工不同程度受伤。

5月22日，区委党校和义桥镇委联合办学启动暨首期村民代表培训班开班仪式在义桥镇委党校举行，区委党校授予义桥镇委“红色讲坛”牌匾。义桥是全区首个讲坛示范地。

5月24日，义桥中心幼儿园举行“阳光体艺”展示活动暨庆“六一”文艺演出，渔浦文化——义桥镇中心幼儿园“阳光体艺”俱乐部正式成立。

6月30日，义桥村、罗幕村、罗峰社区举行党委成立仪式，镇党委领导为中共义桥村、罗幕村、罗峰社区党委授牌、授印。

6月26日—8月26日，浙江省文物考古研究所在新坝村乌龟山进行为期两个月的抢救性考古发掘工作。考古人员找到大量不同时代的陶瓷碎片，挖掘出十几只形状各异、小巧玲珑的原始青瓷器皿。石器为春秋战国的原始瓷，还有一口距今1600多年的古井。

9月27日，邀请义桥籍的老干部、劳动模范和统战宗教界、文化教育卫生界等60名乡贤，举行“六十名乡贤看义桥”活动，安排参观渔浦大桥、田丰新农村、德利服饰公司、东方文化园、古籍印务有限公司、新坝牌坊、赵家祠堂等地。

9月27日，浙江省文化厅非物质文化遗产保护中心正式落户东方文化园。35家“非遗”企业，12位国家级、省级“非遗”大师与中心签订合作意向协议。

9月30日上午9时30分，义桥渔浦大桥建成通车。

10月28日，在北京召开的共和国旅游文化杰出人物颁奖盛典暨新中国·中国旅游文化发展高峰论坛系列活动上，杭州东方文化园被中华文化促进会、人民日报社网络中心、凤凰卫视等三家单位授予“中华旅游文化杰出贡献奖”。

11月5日，举行“三江孕育渔浦文化、阳光普照青春年华”青春健康教育启动仪式。

11月27日，2009年义桥镇"情满渔浦"大型文艺会演在杭州东方文化园举行。整台文艺演出分为笑迎天下客、渔浦掠影、孝义传承、沧桑巨变四个部分。演出过程中举行《许贤乡志》、《义桥文物》首发仪式，10对钻石婚老人的见证仪式，十大美德标兵颁奖仪式，全区"孝义故事"征文优秀获奖作者颁奖仪式，并邀请省曲协主席翁仁康创作演出小品《还不清的债》、市作协主席嵇亦工创作诗歌《节孝之歌》，同时还演出了本土创作的歌舞《渔浦情韵》、《渔浦之歌》等节目。

11月，杭州德利服饰有限公司的产品成为2010年加拿大温哥华冬季奥运会的配套产品生产单位。该公司生产的9.93万套服装共计326万美元，主要用于工作人员专用服装以及纪念服装。

义桥镇各村（社区）数据库

村(社区)名	书　记	主　任	人口(人)	村民小组(个)	工业产值(万元)	耕地面积(公顷)	人　均净收入(元)
义桥村	庞建良	赵军兴	3760	36	23100	76.2	21105
新坝村	陈兴贤	倪建龙	1817	20	6800	54.0	17811
联三村	金水祥	曹志潮	2472	21	11350	69.4	18210
湘东村	戚益华	周妙国	2005	8	16000	52.9	13700
湘南村	韩爱琴	於贤祥	2620	22	14500	78.0	15624
山后村	孔仲飞	孔银卫	2960	13	8200	39.0	14187
民丰村	韩建设	许国生	2671	20	5150	18.0	10606
富春村	孔万林	韩建飞	1802	5	4200	81.6	16203
西山村	丁永法	任国平	1377	12	1400	73.0	9533
河西村	韩银忠	郑明权	1394	6	6400	68.6	11632
罗幕村	黄吾福	黄建中	3295	13	14500	78.2	16594
蛟山村	周明桥	吴国祥	2287	26	7800	117.8	13624
田丰村	丁吾炳	田先火	1793	9	4800	54.1	14901
勤里村	陈尧江	邵惠明	1637	8	2800	40.1	11881
云峰村	陈月芳	邵法中	2109	20	6100	60.5	10501
北坞村	金云贤	陈建强	1885	16	2350	47.9	10392
昇光村	李灿民	张国平	2471	36	13450	136.6	9245
复兴村	黄宝权	朱巨刚	1758	13	10800	99.3	13654
七里店村	谢文伟	吴益中	1268	6	2650	57.7	13726

续表

村(社区)名	书　记	主　任	人口(人)	村民小组(个)	工业产值(万元)	耕地面积(公顷)	人　均净收入(元)
丁家庄村	何校忠	丁奇明	1226	13	3200	57.9	16335
徐童山下村	陈国祺	宋亚庆	2378	39	16000	130.7	16428
罗峰社区	周金荣	周金荣(兼)	—	—	—	—	—

（黄坚毅）

【所前镇】 2009年，全镇实现生产总值14.24亿元，比上年增长10.28%。实现农业生产总值2.29亿元，工企业总产值122.93亿元，第三产业增加值3.03亿元。

蓝海生态农业园被中国花卉报社评为2009年度全国十佳苗圃。

完成投保职工养老保险7486人、农村养老保险882人、工伤保险6407人；实现再就业151人；全镇401户869人享受低保政策，全年发放低保金200余万元、各类救助金500余万元。

1月12日，区"1010"工程之一的杭州生态园天乐湖景区开园暨杭州生态园山地酒店开业。

1月15日，所前镇第十五届人代会第四次会议召开。

2月2日，杭州萧山华益塑料有限公司工业销售产值首超10亿元授匾仪式举行。

3月3日，区委副书记、区长盛阅春一行到杭州蓝海生态农业有限公司调研农业农村工作。

3月18日，第二届"湘湖"龙井茶手工炒制技术大赛在山里王村举行，全区36名炒茶高手参加，评选出"湘湖"龙井手工炒制"十大能手"。

3月21日，第三届杭州萧山茶艺节举行。"中国茶业流通第一港"正式落户所前。

3月21日，萧山区所前镇茶文化与旅游研讨会举行。

3月21日，杭州萧山华益塑料有限公司与德国布鲁克纳公司就投资3.5亿元引进7万吨生物降解膜生产线项目举行签约仪式。

3月21日，所前镇人民政府与杭州生态园有限公司举行联合办学签约仪式，协议新建镇第三小学和幼儿园，投资约为3800万元。

4月2日，对03省道东复线旁的一处占地1320平方米的违章建筑进行强制拆除。

5月15日，镇农办、镇农技服务中心举办"绿色证书"培训班，水稻种植专业户及各村负责农业生产的代表100余人参加培训。

5月18日，区委书记洪航勇一行到所前镇调研经济工作。

6月11日，副省长茅临生、副市长何关新等到杭州蓝海生态农业有限公司调研农业和新农村工作。

6月18日，第十一届萧山杜家杨梅节开幕式在所前镇举行。区委书记洪航勇宣布开幕,区长盛阅春致辞,上海世博会事务协调局副局长胡劲军致贺词。区委副书记谭勤奋、市旅委副主任王信章为杭州云都乡村旅游俱乐部成立授牌,区人大常委会主任沈奔新、区政协主席王珠瑛为所前镇授"浙江省旅游强镇"牌匾。开幕式上举行了"杜家杨梅——中国红·走近世博"文艺演出。

6月19日,萧山区首家书院——云都书院正式落户生态园,成为继湘湖之后萧山区作协又一创作基地。

6月25日,省委常委、组织部部长斯鑫良,副省长茅临生,市委副书记王金财,市委常委、组织部部长于跃敏,市委常委、区委书记洪航勇等参观东复村党员干部现代远程教育教育点。

6月30日,所前镇第一个村级党委——中共所前镇东复村委员会成立,下辖4个党支部,党员86人。至年底,全镇9个村成立党委。

6月,对全镇树龄在百年以上的树木进行普查登记,共有百年以上的樟树、银杏等35棵。

8月20日,区妇联"一村一课"女性素质提升行动启动仪式在所前镇举行,该行动将在2009—2010年两年时间里,组织妇女技术培训。

9月29日,"湘湖"龙井茶机制技术培训班在山里王村举办,来自全区所前、戴村、进化等镇的23位茶农参加培训。

10月21日,镇人大组织25位区、镇人大代表对政府实事工程进展情况进行督察,实地察看03省道所前段亮灯工程、祥里王村的小流域改造工程,听取2009年九大民心实事工程进展情况的汇报。

11月6日,区慈善总会所前分会成立,有捐款单位85家,募集捐款1562万余元,留本冠名基金1亿元。

11月12日,由杭州萧山康盛养殖有限公司投资450余万元兴建的6500立方米沼气发电工程正式投产使用,每年能发电37万千瓦时,回水利用12万吨。

11月20日,浙江省首届高职园林技能竞赛开幕式在天香园林举行,来自省内的12支专业代表队参加比赛。

12月1日,区文化创意产业办公室在所前镇召开文化创意"3+1"产业发展座谈会。

12月11日,"传星星火炬 显少年军威"所前镇二小少年军校风采展示活动举行。

12月11日,所前生态文化的校本课程《茶果飘香》在所前镇一小首发。

所前镇各村(社区)数据库

续表

村(社区)名	书记	主任	人口(人)	村民小组(个)	工业产值(万元)	耕地面积(公顷)	人均净收入(元)
传芳村	李雪华	李刚	1682	9	3634	39.3	13352
杜家村	贾祖良	杜谅	1603	12	804	37.3	10721
越山村	郑建标	郑关友	1511	10	900	27.3	13011
越王村	黄红	沈徐荣	2196	16	9768	50.2	13027
山联村	夏柏祥	楼兴木	3043	15	26204	84.4	11191
金山村	田玉桥	王国良	2152	6	13069	53.8	14189
信谊村	娄龙泉	周仁兴	1647	4	12807	52.6	15175
祥里王村	李建明	李建江	1254	8	13971	31.3	14211
李家村	李泽民	李建明	1549	16	2100	46.8	11556
山里王村	王荣兴	王柏忠	1814	6	3276	53.1	11889
三泉王村	王建松	王月民	1455	11	32971	32.1	11765
袄庄陈村	陈汤福	陈国灿	1387	12	2303	49.9	9477
孔湖村	张水明	沈水木	1431	12	16860	47.3	15538
东复村	蔡金祥	金兴源	2125	22	14576	77.3	12592
来苏周村	周汉良	李祥儿	1894	6	44598	32.9	16400
金临湖村	黄国民	施剑良	2388	22	37537	58.1	15813
缪家村	缪庆忠	缪卿祥	2002	18	58165	13.1	19032
城南村	缪顶云	王立民	2861	12	210674	67.5	16942
联谊村	朱成贵	董焕成	2843	22	39647	84.6	16065
街村(居)	黄建华	—	595	—	—	—	—

注:李家村在三泉王村有一个村民小组。

(李　杰)

【浦阳镇】 2009年,全镇实现工企业产值79.5亿元,销售产值55.87亿元,出口交货值14.65亿,分别比上年增长12.9%、3.8%和0.3%。工业利润3.6亿元,税金3.76亿元,分别比上年增长12.2%和16.6%。实现农业产值2.51亿元,粮食总产量10093吨。财政收入1.47亿元,镇级财政可用资金1.81亿元。村级集体资产1.58亿元,所有者权益1.37亿元,分别比上年增长13.23%和17.4%。农民人均收入12200元,比上年增加1170元。

区公安分局、浦阳镇人民政府将公安部评定的一级公安派出所的匾牌授予浦阳派出所。浦阳派出所成为萧山公安史上第二个获得最高等级评定的基层公安派出所。

1月5日,浦阳镇党委、人大、政府向2008年"破亿进档"的5家企业送上匾牌。2008年浦阳镇工业产值超亿元的企业11家,比上年增加1家。

1月9日,区委副书记、代区长盛阅春带领扶持单位负责人到新谊村结对帮扶。

1月15日，浦阳镇十五届人大第三次会议召开，61名人大代表出席会议。

2月3日，举行2008年度总结表彰暨经济总量冲百亿动员大会，进一步明确"经济总量冲百亿、科学发展登新高"的新目标。

3月，出台2009年扶持农业发展的若干政策意见，以加快推进农村发展，促进农业增效、农民增收。

4月6日，杭州市人大常委会原副主任吴键、林振国视察浦阳桃北新村，希望当地政府和开发建设单位以高标准、严要求做好文化产业文章，促进开发建设。

5月23日，杭州桃花源度假村项目开工、桃北新村开村仪式在桃花源度假村举行。

6月11日，副省长茅临生视察桃北新村，对桃北新村新农村建设给予充分肯定，并指出要借鉴经验积极推广。

6月19日，317位全国道德模范候选人名单公布，萧山金利浦制衣厂厂长李立兴作为全国见义勇为模范候选人名列其中，并获全国道德模范提名奖。

6月28日止，浦阳镇18个村党支部经调整有9个升格为党委，并成立村纪委；9个升格为党总支，下设58个村支部。

8月4日，省地节能环保型住宅国家康居示范住宅工程——浦阳桃北新村评审新闻发布会召开，通过有关专家论证、评审，桃北新村成为全国农村首个康居示范住宅工程。

8月初，由区农业局举办的优质早熟梨评比，浦阳选送的4只蜜梨获得金奖。

8月18日，共青团浦阳镇第十九次代表大会召开，柴宇东当选新一届团委书记。

8月28日，召开桃北新村"奋战两个月、拆迁500户"动员大会，是年签订拆迁协议331户，安置256户。

9月25日，在杭州举行的首届浙江省道德模范颁奖典礼上，萧山金利浦制衣厂厂长李立兴获"见义勇为"模范称号。

9月30日，杭金衢高速浦阳互通正式开通。

9月30日，在萧山文化中心举行"诗画桃源·人居浦阳"书画展暨书画集首发仪式。

10月，住房和城乡建设部住宅产业促进中心向浙江泰格集成房屋有限公司授予康居产品认证证书，泰格公司为萧山首个获认证单位。

10月19日，2009年品牌文化艺术团展示暨"美德力量"秋收行在桃北新村举行。

10月29日，市政协调研组在市政协副主席俞国庆带领下，到浦阳开展"统筹城乡一体化发展，推进社会主义新农村建设"课题调研活动。

11月，通过创建杭州市卫生强镇验收。

12月18日，举行镇机关党工委成立大会，并举行授牌授印仪式。

浦阳镇各村(社区)数据库

村(社区)名	书记	主任	人口(人)	村民小组(个)	工业产值(万元)	耕地面积(公顷)	人均净收入(元)
曹坞村	王蒋林	姚浩江	1030	10	6967	44.3	14437
江西俞村	俞建德	俞百华	2703	35	6286	121.9	11184
安山村	朱国泉	朱安庆	1794	18	9944	82.5	11187
径游村	俞国贤	占灿根	2010	16	13107	90.9	11920
江南村	俞昆旻	祝华丰	1546	15	8905	55.5	11093
浦一村	李伟祥	汪锋停	1618	15	4284	60.8	11965
谢家村	谢水成	谢安强	2521	25	19466	75.9	11396
新谊村	朱国其	钱飞	897	13	5248	33.8	4650
尖山村	俞吾灿	屠国园	1853	15	11696	21.3	13276
桃北新村	孙益明	倪国乔	3375	32	33915	88.2	14222
临江村	朱正迁	王德标	2299	28	5812	83.2	10744
桃源村	俞奎英	俞月兴	1521	22	7292	70.2	12314
尖湖村	朱关校	俞妙根	1333	5	7338	49.5	12056
舜湖村	俞永平	俞明祥	975	10	2186	59.5	11087
桃湖村	李幼传	沈利祥	1704	13	12112	68.6	12107
新河口村	颜建祥	俞国平	1006	8	2011	39.0	13877
十三房村	朱宗方	朱宗建	931	13	4615	41.1	13072
灵山村	许华仁	许欢平	987	15	6766	41.8	12148

（王栋良）

【进化镇】 2009年，全镇实现工农业总产值26.08亿元，人均生产总值11.6万元，财政总收入7823.33万元，镇财政可用资金12778.81万元，生产总值9.18亿元，农民人均收入13000元，农村合作银行进化支行存款余额6.62亿元。是年，农村合作银行进化支行向全镇中小企业发放贷款4.45亿元。

全镇实现工业总产值23.58亿元，实现农业总产值2.5亿元；完成全社会固定资产投资4.63亿元，其中工业投资3.37亿元，第三产业投资1.1亿元。全镇合同利用外资2250万美元，实际利用外资1539万美元；市外协议利用资金3.6亿元，市外到位资金7450万元。

投资4000万元、总长5.17千米的进化溪二期工程基本完成；投资5000万元的新建茅山闸水利枢纽工程接近尾声，2座标准水库除险加固工程全面完成。

进化公交汽车站正式投入使用。

成功创建成为浙江省卫生镇。

创建成为省规范化卫生社区服务中心，被评为省慢性病管理示范单位。

2009年末,全镇参加工伤保险7263人、农村居民养老保险2154人、失业保险5225人、生育保险5225人,新农合参保人数34619人,参保率98.15%。

杭州华丰链业有限公司一线员工裘兴乔被省政府评为浙江省劳动模范。

1月16日上午,市委常委、区委书记洪航勇,副区长赵立明等到联系村吉山村和天乐村开展帮扶工作。

2月25日上午,区委、区政府在进化镇举行萧山区2009年度八大水利工程暨茅山闸改建工程开工典礼。

3月3日下午,杭州市农办等有关部门负责人到进化镇就创建新农村风情乡镇进行专题调研,实地察看正在开发建设的大岩山风景旅游区和新农村示范村涂川村、新农村竞赛村天乐村。

3月28日上午,萧山区青年书法家协会第三次会员大会在进化镇召开。

4月23日上午,杭州市委常委、宣传部部长翁卫军到进化镇调研文化创意产业,实地察看了正在开发建设的青化山"中国坞"文化创意产业园。

5月1日,由太平桥村村民沈彬文主办的进化镇首届大岩山桑果狂欢节在太平桥村开幕,狂欢节持续35天,吸引游客近10万人次。

5月5日下午,浙江省政府咨询委主任、原常务副省长章猛进带领有关部门负责人和专家到进化镇调研农村经济发展和新农村建设工作,实地察看省新农村建设试点村涂川村和正在开发建设的杭州大岩山风景旅游度假区。

5月12日上午,市委常委、区委书记洪航勇,副区长赵立明检查全区防汛工作,实地察看进化镇茅山闸改建工程的建设情况。

5月12日下午,区委副书记、区长盛阅春对公路生态带建设情况进行专题检查。

5月12日,进化镇区人大代表小组对区农水局进行定向视察,实地踏看新围垦工程,并专题听取区农水局负责人关于萧围东线治江围涂工程建设情况的汇报。

5月29日,葛云飞小学男女排球队代表杭州市参加浙江省体育特色学校小学生排球联赛,分别获得亚军和季军。

6月9日上午,区委副书记、区长盛阅春到进化镇调研指导工业经济工作,实地察看杭州佳航过滤器有限公司等企业生产经营情况。

6月23日上午,进化派出所举行新大楼落成暨启用仪式。新大楼于2007年11月动工兴建,总投资近915万元,建筑面积3000余平方米。

7月1日,通惠路公交站至进化公交站的K721路快速公交正式开通,单程行驶时间约40分钟。

7月2日上午,市委常委、区委书记洪航勇到下坂底村调研新农村建设。

7月8日,省级重点工程项目——进化"110"变电所工程正式开建,进化"110"变电所坐落在进化镇裘家坞城山王自然村,项目建成后将解决进化及萧山南片地区用电紧张问题。

7月29日上午,区委常委、组织部部长施迎利到进化镇涂川村调研农村基层组织建设,并将省委授予涂川村的省农村基层组织"先锋工程"建设五好村党组织的荣誉奖牌送到涂川村。

11月9日上午,市委常委、区委书记洪航勇,区委常委组织部部长施迎利,副区长赵立明等到吉山村和天乐村开展帮扶工作。

11月13日,区委副书记、区长盛阅春到进化镇调研工业经济工作,先后考察欢潭村和杭州华丰链业有限公司。

11月22日下午,召开进化镇第十五届人民代表大会第四次会议,大会选举徐雪荣为进化镇人大主席,赵建茂为人大副主席,补选卢建和、曹喆锋、华小平为进化镇人民政府副镇长。

12月8日,《进化镇旅游总体规划》通过省市旅游部门和专家学者评审。

进化镇各村(社区)数据库

村(社区)名	书记	主任	人口(人)	村民小组(个)	工业产值(万元)	耕地面积(公顷)	人均净收入(元)
东山村	陈银法	陈纪洪	1032	6	5653	2.7	13972
吉山村	徐水尧	徐纪明	1331	8	11010	12.5	9669
华家垫村	华明江	华志康	1784	21	6883	8.9	8789
天乐村	葛校春	汪剑屏	1622	11	7594	22.1	11713
太平桥村	华仁达	徐晓达	1070	10	3315	9.5	7841
平阳村	葛金贤	葛柏海	1676	12	4054	36.7	9838
华锋村	赵祖尧	诸小水	1658	6	3080	6.8	8383
王家闸村	叶建荣	王小明	2055	15	11048	63.1	10223
裘家坞村	裘田荣	裘正芳	2983	25	15130	89.4	10774
云飞村	裘迅翔	葛苗良	1814	20	4715	59.3	10187
大汤坞新村	汤永良(9月止)谭炯(代)(12月止)汤银海(代)	汤立新(9月止)	3258	21	14147	132.8	17645
沈家渡村	沈燕江(5月止)沈正立	沈叶泉(5月止)	1324	8	3772	44.7	13957
城山村	张正	颜国良	2743	9	7405	96.3	10339
三江村	陈旭东	邵利江	1201	14	5188	48.3	10832
凤凰山村	陈建军	鲁建荣	1309	7	14130	34.3	14553
诸坞村	诸尧法	诸利铨	2013	12	10372	31.8	13402

续表

村(社区)名	书记	主任	人口(人)	村民小组(个)	工业产值(万元)	耕地面积(公顷)	人均净收入(元)
傅墩村	陈关兴	陈加明	2257	12	10370	77.9	11187
墅上王村	金德胜	王建平	1881	8	31978	37.2	11329
下坂底村	张登林	杜伟明	1464	11	10688	55.9	12916
欢潭村	田汉茂	田金义	3397	36	20881	106.8	11739
岳联村	陈国火	何奔	1789	24	27408	70.8	11716
新江村	孙水尧	孙国荣	1149	12	10049	48.7	12497
涂川村	孙建桥	孙金达	1569	12	8722	53.1	9878
祝家村	祝建坤	—	1257	10	4568	44.5	8742
三浦村	钟建仁	鲍笔方	1788	28	22840	71.3	11263

(田何兴)

【临浦镇】 2009年,全镇实现生产总值24.67亿元,财政总可用资金2.31亿元,工业总产值72.04亿元。完成合同利用外资1736万美元,实际到位外资717万美元;合同利用市外内资2.08亿元,实际利用市外内资1.3亿元。农业总产值2.43亿元。三产增加值7.05亿元。完成三产固定资产投资1.2亿元。农民人均收入13250元,比上年增长9.5%。

3月23日,萧山光大煤炭物资有限公司向临浦慈善分会捐赠留本冠名基金1000万元。至此,临浦镇有15家企业在区慈善总会临浦分会设立留本冠名基金,资金总额8700万元。

4月8日,启动集镇亮灯工程,对全镇范围内所有道路、主要标志性建筑物实施亮灯,10月1日全部完工。

4月9日,经过考核验收,临浦镇老年活动中心被省老龄委认定为四星级老年活动中心。

4月20日,建成浙江省首个精神残疾人康复中心。首批36名精神病患者和残疾人入中心接受康复治疗。该中心建设标准为三级,占地0.43公顷,建筑面积6500平方米。

4月22日,新编《临浦镇志》发行。该志书共130余万字,20编、81章,涵盖临浦2000多年的历史。

5月15日,召开工业经济决战"双过半"动员大会,推出工业经济决战"双过半"竞赛、领导联系项目制、经济发展服务月三项活动,推动企业应对国际金融危机。

6月26日,成立杭州市首支新农村建设法律服务小分队,为村、社区提供法律服务。

6月29日,召开建党88周年纪念大会,新成立蔡东藩、东麓池、山阴街三个社区党委并建立纪律检查委员会。是年,临浦镇成立机关党工委,另有横一村、横二村、新联村、新河村、临北村、大庄村、三峰村、苎萝村等8个村成立党委,同时建立同级纪律检查委员会。

9月6日,被省环保厅命名为"省级生态镇"。

9月28日,《萧山日报·临浦月刊》创刊,每月一期,每期四版,随《萧山日报》一起发行。

9月28日,中国·临浦门户网站开通,网址为http://www.LinPu.gov.cn。

10月16日,国家木质资源综合利用工程技术研究中心竹材分中心暨浙江省木材加工产业科技创新服务平台研发中心落户临浦镇大庄实业集团有限公司。

10月28日,评选表彰第二届"十大美德之星"。

11月28日,召开萧山主城区到临浦快速通道征迁动员大会,快速通道建设正式启动。该快速通道是萧山区"12881"交通重点项目,北起蜀山亚太路,南与浦阳包洪线相接,由北向南纵贯临浦,全长12.74千米,实际标准为城市快速路、双向六车道,其中临浦段长9.5千米。

12月11日,临浦镇篮球代表队获得首届全国小城镇篮球邀请赛冠军。

临浦镇各村(社区)数据库

村(社区)名	书记	主任	人口(人)	村民小组(个)	工业产值(万元)	耕地面积(公顷)	人均净收入(元)
横一村	倪国芳	傅国牛	2360	28	11808	97.0	12741
浦南村	陈文华	陈幼龙	2354	16	14380	93.9	12449
横二村	倪正权	倪华昌	1722	17	16900	73.1	12790
新港村	张月芳	洪建波	1755	34	16800	52.3	11850
浦二村	韩永尧	周新达	1552	11	12105	58.7	12292
新联村	杨甫成	何国中	1915	21	16601	86.4	12836
南江村	孔建军	孔飞虎	1513	18	17832	39.9	15222
临一村	王林祥	姚建华	2455	26	13021	107.0	13081
临北村	张树民	沈国良	1236	10	13504	18.4	13521
新河村	王海江	王雅康	1911	14	16980	31.6	15240
大庄村	高永军	高树兴	1688	15	6390	40.9	12549
王村村	王建东	王建成	1531	17	6240	58.9	12682
三峰村	周国铭	周建明	2057	28	8803	69.5	13030
苎萝村	顾金良	黄国强	1948	10	7900	32.9	13636
通一村	徐国祥	戴立林	1456	15	7656	26.6	14954
白鹿塘村	汤裕松	汤纪明	1776	27	8400	50.0	14646
苎东村	沈德法	任智利	1498	8	6307	68.9	13588
通二村	华伟达	华柏祥	2006	14	6936	22.0	15022
华家村	华庆桥	华利明	1114	14	8086	41.4	12740
塘郎孙村	孙伟国	赵海林	1428	9	30000	12.0	13526
石塔社区	俞少华	俞宝华	308	2	6120	3.5	14463
戴家桥社区	周士荣	李华堂	256	2	3520	—	15374

续表

村(社区)名	书　记	主　任	人口(人)	村民小组(个)	工业产值(万元)	耕地面积(公顷)	人　均净收入(元)
自由孔社区	孔海华	孔　财	1235	12	7200	10.9	13722
前孔社区	孔荣伟	孔国华	574	4	7666	4.7	13303
临东社区	钟解明	朱吾荣	786	10	31608	7.2	13349
詹家埭社区	詹红伟	孔国良	380	4	5280	7.7	13289
谭家埭社区	朱桂飞	谭寅法	1096	21	5520	26.3	13949
柏山陈社区	陈建平	陈校东	1642	14	7560	15.5	13233
高田陈社区	陈兴海	陈　龙	1724	8	24034	44.4	13931
蔡东藩社区	夏利芬	叶　青	2543	31	—	—	—
山阴街社区	冯英英	周碧芳	2529	31	—	—	—
东麓池社区	孔黛红	郭建清	1895	30	—	—	—
西市街社区	何筱凤	颜娴娟	1659	25	—	—	—
浴美施社区	夏利芬	诸亚惠	698	—	—	—	—

（潘东卫）

【新街镇】 2009年，全镇实现生产总值55.55亿元，工业总产值269.1亿元，工业销售产值271.6亿元，比上年增长7.4%，其中规模以上工业销售产值257亿元，增长10.5%；工业增加值51.1亿元，增长11.9%；全社会固定资产投资12.4亿元；农业总产值6.1亿元，花木销售收入8.8亿元；服务业增加值5.7亿元；镇财政总收入6.3亿元，农民人均收入17974元，综合实力位居全区第三位。

东江围垦十三工段内、外中心直河桥，枫香桥，陈家园三号桥，盛乐桥等桥梁全面投入使用。

新街卫生院一期工程投入使用，全面推进14个社区卫生服务站建设，农民免费体检完成86%以上，新型农村合作医疗参保率97.3%，成功创建杭州市卫生强镇。

新增股份制改革村1个、社会主义新农村建设优胜村1个、文明村1个、卫生村2个、"春泥计划"优秀村1个、农村"星光老年之家"5个。

1月16日，新街镇第十五届人民代表大会第三次会议召开。

1月22日，涉及新街的5项省、区、镇级重点工程——03省道东复线北伸、建设四路东伸、新农都农产品市场、新城路北伸、"两中合一"工程全部完成签约任务。

2月16日，召开镇2008年度总结表彰大会暨2009年经济发展动员大会。

3月7—8日，承办第六届浙江萧山花木节暨第四届中国(沪浙)园林绿化产业交易会，本次萧山花木节首次升级为"国字号"。

3月24日，研究出台加快新农村建设的1号文件。

4月9日，新街镇基层民兵点验大会召开，全镇266名基层民兵干部和基层民兵参加。

5月30日，浙江新农都农产品市场项目征迁，实现交地。

6月30日，"绿城新街"文化艺术总团成立授牌，下辖11支文艺分队，并举行首场演出。

8月26日，新街镇团委召开第十九次团代会，选举产生新一届团委，沈华萍当选新街镇新一届团委书记。

9月1日，历时两年的新街镇"两中合一"教育重点工程正式交付使用，实现了新街初中段教育资源的优质共享。

9月20日，召开"两中合一"工程落成典礼暨全镇教育工作会议。

10月23—24日，组织各村(社区)书记、主任参加科学发展观读书会，本次读书会以环境卫生为抓手，参观临浦镇浦二村。

11月18日，召开十五届人大四次会议，通过董蒋灿、钟校清、蔡志芳、朱宝裕、楼海峰等5人的辞职报告，选举产生人大副主席王仁云、镇长陈炯林和许建平、李新、陆姣英等3位副镇长。

12月4日，新街镇档案室通过省一级档案工作目标管理认定。

12月8日，区城管执法局新街中队成立。

12月9日，召开2009年冬季新兵入伍欢送会，29名新兵分批踏入军营。

12月13日，浙江圣大建设集团两项建筑装饰工程获国家级鲁班奖称号，这是萧山建筑装饰行业首次获鲁班奖工程。

12月19日，位于新街镇域的浙江新农都现代农产品物流中心奠基开工，副省长茅临生出席仪式并宣布开工。该项目总占地面积100公顷，总投资50亿元，为华东最大的综合性农副产品物流中心。

新街镇各村(社区)数据库

村(社区)名	书　记	主　任	人口(人)	村民小组(个)	工业产值(万元)	耕地面积(公顷)	人　均净收入(元)
江南村	沈忠良	徐观甫	4680	23	19194	256.3	17810
盈中村	高志明	冯利锋	2626	16	14077	156.5	17917
沿江村	钱张太	卓金泉	3142	16	9068	149.5	18040
山末址村	莫建明	周荷芬	3658	22	663243	123.3	17967
双圩村	戚世泉	汤利安	2870	16	60171	141.1	18137
元沙村	卢建和	张建峰	3831	24	99259	154.7	18429
芝兰村	赵华华	郑　伟	1392	8	53233	45.5	17349
新塘头村	徐元甫	徐建伟	2707	16	130673	101.8	18242
陈家园村	朱金贤	胡立军	2357	12	12916	110.1	17650

续表

村(社区)名	书　记	主　任	人口(人)	村民小组(个)	工业产值(万元)	耕地面积(公顷)	人　均净收入(元)
长山头村	陈永芳	任关灿	3488	19	170036	48.8	17910
新 盛 村	富志宽	杨志华	3453	19	632750	126.3	18500
盛 乐 村	鲁国良	全华君	3064	18	5472	81.5	17650
同 兴 村	何柏泉	王水土	2598	15	229773	120.1	17811
盛 中 村	袁奕相	高其根	3879	26	94716	239.7	17878
盛 东 村	朱小来	倪世土	4553	26	182662	233.9	17935
花城社区	王章定	—	887	—	—	—	—
长山社区	袁克明	—	920	—	—	—	—
新和社区	陶坚行	—	952	—	—	—	—

（韩灿华）

【宁围镇】 2009年，全镇实现经济总量966亿元，其中规模以上工业企业销售产值327亿元，实现三产增加值20亿元，完成工业利润20.88亿元，财政总收入22亿元。

1月7日，美国中国商会秘书长黄学琪访问钱江世纪城。美国中国总商会（CGCCUSA）是一家总部设在美国华盛顿的非营利性机构，成立于2005年9月，是中国在海外最大也是美国最具影响力的商会组织之一。

1月18日，宁围镇第十四届人大三次会议召开。

3月20日，全区交通道路“12881”等工程之一的机场路改建、西山道口综合整治等工程启动仪式在宁围镇市心北路机场路出口处举行。

4月17—19日，举行2009中国·杭州（钱江世纪城）商务文化节。文化节包括CBD建设与城市发展论坛、网店购物、印象新城音乐会、“创业在宁围、发展看新城”商务游新体验等活动。

4月25日，万向集团纯电动汽车·锂电池生产基地动工，建成后可年产1000辆纯电动商用车、10万台套锂离子动力电池。

5月11日，水利部部长陈雷到宁围镇检查中国水利博物馆建设。中国水利博物馆采用“塔馆合一”的建筑创意，建筑总高128.9米，设11层，建筑面积3.6万平方米。

9月18—21日，举行宁围镇第十三届老年人体育运动会。

9月27日，市委常委、区委书记洪航勇调研钱江世纪城。

10月28日，杭州国际博览中心开工建设。

10月29日，叶剑英之子叶选宁、陈赓之子陈知建、毛泽东之侄毛远新等20多位开国元勋后代参观钱江世纪城。

10月30日，萧山农业发展大厦开工建设。大厦总投资6亿元，建筑面积11万平方米，由51家农业龙头企业联建，预计2011年投入使用。

11月16日，宁围镇第十四届人大四次会议召开，选举沈德潮为宁围镇镇长，曹柏华为宁围镇人大主席，王颂胜为宁围镇人大副主席，楼永钧、徐妙华为宁围镇副镇长。

12月28日，宁围镇社区卫生服务中心暨万向医院新大楼落成。新大楼总投资2700万元，集预防、医疗、保健、计生指导于一体。

宁围镇各村(社区)数据库

村(社区)名	书　记	主　任	人口(人)	村民小组(个)	工业产值(万元)	耕地面积(公顷)	人　均净收入(元)
金二社区	韩双法	洪国民	1516	7	22408	22.1	20092
金一社区	赵建定	章国芳	1937	9	24324	29.7	19227
宁安社区	金国祥	章国浩	1914	13	46902	33.1	19968
宁东社区	金生荣	张德伟	2457	13	131520	36.1	19666
宁税社区	高观良	高观良	2087	11	27142	38.6	19247
新 华 村	沈毛银	高张泉	3432	20	1108000	121.1	22517
宁 新 村	高妙荣	沈志仁	2862	15	1393856	103.3	21600
宁 牧 村	俞筱芬	俞建君	2791	15	110048	99.9	22366
新 安 村	杨柏和	韩传先	2363	12	122870	75.2	20923
二 桥 村	李永法	韩金德	3133	15	766857	127.1	21267
顺 坝 村	倪金芳	陆金权	1523	16	71344	100.3	19015
新 中 村	蒋水庆	戚正权	2635	11	51148	79.9	19681
丰 东 村	李云法	蒋宝锦	2575	12	26928	45.3	20008
盈 一 村	翁小勇	徐世勇	3246	13	128645	102.4	21457
盈 二 村	王张兴	柴永建	3504	14	146787	194.6	22526
丰 二 村	周继江	张惠平	2770	11	47343	112.1	18866
丰 北 村	顾志山	叶关品	3199	12	71859	111.9	21156
合 丰 村	郑文华	庞建富	2846	12	25089	106.4	19167
利 一 村	俞照贤	陈加明	2049	10	15062	72.3	18960
利 二 村	倪国锋	徐建芳	2251	9	9440	67.5	19422
振宁社区	郝长甫(副)	—	1048	12	—	—	—

（沈永林）

【闻堰镇】 2009年，全镇实现生产总值16.8亿元，镇财政总收入4.3亿元，其中，地方财政收入2.7亿元，可用资金

1.7亿元。实现工企业产值100.5亿元，比上年增长5.55%，其中工业产值52.4亿元；规模以上工业企业销售产值40.4亿元，比上年增长1.56%；利润5.8亿元，工业增加值20.3亿元。农民人均收入16000元，比上年增长10%。

全年技改总投资5.7亿元，新建扩建技改项目32个，创建省级高新技术企业1家，创建市级高新技术企业2家，培育创建区级企业技术中心2家，通过省级新产品鉴定8只，列入国家级科技项目1个，省级15个，市级2个，区级8个，成果转化项目2个，市级清洁生产企业2家，通过ISO14000(环境)认证企业2家，ISO18000(健康安全)认证企业1家，在年终考评中综合经济实力连续8年进入全区十强。

1月16日，闻堰镇第十五届人民代表大会第三次会议召开。

3月6日，省文化厅副厅长陈瑶调研闻堰文化工作。

4月11日，市委副书记、市长蔡奇到闻堰杭州太能硅业有限公司考察。

5月13日，以“风情闻堰扬四海、婚育新风达三江”为主题的文艺演出在闻堰文体中心广场举行。

7月6日，萧山博物馆考古人员在闻堰小砾山北面山脚下挖掘一处古代墓葬，出土几件小型青瓷器和有花纹的墓砖，认为该墓葬为晋代的平民墓葬。

7月28日，市委常委、区委书记洪航勇一行就闻堰镇城市化进程和环境整治情况进行调研。

8月4日，省安全生产督察组对闻堰镇就“安全生产年”工作进行督检。

8月10日，通过市级食品安全示范镇验收，为萧山区首个。

8月14日，市规划局萧山分局和湘湖旅游度假区管委会组织召开湘湖新城概念规划方案评选会。湘湖新城位于萧山城区西南部，范围涉及闻堰镇全部和义桥、蜀山街道、城厢街道的部分，规划面积约54平方千米。

8月27日，公安部边防局后勤部部长徐宽宥率领的公安部慰问团一行，到闻堰镇慰问全国公安系统一级英雄模范张叶良的家属。

9月24日，首届全国农民书画大赛揭晓，参赛作品3000多幅，其中18幅作品分获不同奖项。

9月29日—10月3日，2009中国·杭州(闻堰)第三届三江美食节举行。本届美食节分开幕式、江鲜美食嘉年华、首届全国农民书画大赛、“风情闻堰”艺术周、闻堰镇第四届全民运动会五大板块。

10月27日，由区委宣传部主办的2009品牌文化艺术团展示暨“美德力量”秋收行巡回演出在闻堰镇文化体育中心举行。

10月28日，闻堰镇第四届全民运动会入场仪式暨颁奖典礼在闻堰镇体育场举行。运动会有参赛代表队31支，共有4500多人参加15个大项、52个小项的比赛。

11月3日，浙江省软件产业基地萧山园区和哈尔滨工业大学创新产业园音视频产业基地获杭州市首批“特色软件园”称号。

12月1日，《湘湖新城概念性规划方案》确定。湘湖新城的功能定位是以湘湖为依托，以闻堰为基础，把湘湖建设成为一个以旅游为主，集商贸、居住、休闲、度假、研发为一体的国际化休闲新城。

12月4日，省文化厅公布2009年全省镇街综合文化站评估定级结果，闻堰镇综合文化站为特级站。

闻堰镇各村(社区)数据库

村(社区)名	书记	主任	人口(人)	村民小组(个)	工业产值(万元)	耕地面积(公顷)	人均净收入(元)
三江口村	王国林	曹云祖	3724	19	76036	32.3	16101
闻兴村	徐晓海	陈建华	3612	19	89442	55.1	15748
山河村	孔国土	姚斌良	2171	13	132726	63.3	15523
长安村	孙仁良	王泉福	3409	20	132500	122.4	16194
黄山村	孙永根	孙红明	5836	30	187727	62.3	16467
老虎洞村	张建平	蔡雪龙	2073	13	18656	74.1	15788
三江社区	赵福林	裴彩英	2700	19	600	—	—
闻江社区	—	—	—	—	—	—	—
南岸社区	—	—	—	—	—	—	—

(孙红霞)

【衙前镇】 2009年，全镇实现生产总值51.44亿元；财政总收入5.41亿元，比上年增长8.96%，其中财政可用资金1.42亿元，增长18.33%；全社会固定资产投入11.97亿元，增长10.95%。全镇实现工农业总产值339.33亿元，工业总产值338.34亿元；规模以上工业销售产值321.79亿元，增长5.56%。累计完成工业投资9.05亿元，协议利用内资2亿元，实到内资9810万元；协议利用外资1938万美元，实到外资950.07万美元。全镇实现农业总产值9958万元；农民人均收入17600元；村级集体可用资金5850万元。全镇实现商品市场销售额185亿元，比上年增长8.82%；服务业增加值5.46亿元，比上年增长26.98%。“中纺城”全年市场销售额继续超100亿元，保持全区第二大市场地位。

完成萧明线、迎宾路、成虎路三大主干道路的改造建设。

开展拆违控违专项行动，拆除违法违章建筑、一户两宅137处，拆除面积14800余平方米，其中拆除历史违建12881.60平方米。

新型农村合作医疗保险参保率继续保持100%，全镇门诊和住院累计7.59万人次，报销金额818.22万元。

全镇出生186人，计划生育符合率100%。

向716名70周岁以上老人发放补助金72万元；向201户低保对象发放低保救助金121万元；向130名困难职工发

放慰问金20余万元。镇慈善分会累计发放各类救助金140余万元。

衙前农民运动纪念馆、恒逸集团、东南网架和凤凰村被区委外宣办命名为"萧山对外形象基地"，重点接待中外媒体采访和海内外人士参观访问。

综治基层队伍规范化建设试点初见成效，"和事佬"协会组织实现村村全覆盖并产生较好社会效果，吟龙警务室被杭州市公安局授予"杭州市示范警务室"称号。综治维稳工作被评为市区两级先进单位。

毕公桥社区通过杭州市充分就业社区创建工作考核验收。该社区劳动力就业率达到99.81%。

1月6日，召开党员代表大会。徐妙法代表镇党委作工作报告。

2月24日，召开2008年度总结表彰暨2009年经济发展动员会。徐妙法作动员报告。对在经济社会发展中有杰出贡献的企业和个人，奖励420万元。

3月11日，召开主题为"强责任、破难题、攻弱项、争一流"的镇村干部思想作风建设动员大会。

5月11日，市委常委、区委书记洪航勇率区财政局等职能部门负责人到衙前镇调研工业经济发展情况。

6月15日，市委常委、区委书记洪航勇，区委副书记、区长盛阅春到衙前镇接待来访群众。

8月19日，全国工商联正式公布2008年度全国上规模民营企业调研排序结果，衙前镇的恒逸集团、兴惠化纤集团、开氏集团和东南网架集团4家企业进入全国500强民营企业行列，其中，恒逸集团居全国民营企业500强第28位。

8月24日，共青团衙前镇第十七次代表大会召开。

9月27日，举办庆祝中华人民共和国成立60周年"红色经典歌曲演唱会"，19个代表队参加。

11月13日，衙前镇第十四届人民代表大会第四次会议举行。会议补选周吾灿为衙前镇人民政府镇长，楼航、王国祥为衙前镇人民政府副镇长；选举褚建灿为衙前镇人大副主席。

11月16日，乡土教材《科学发展在衙前》编著完成，内容包括科学发展在衙前成果展示、学习实践活动知识问答等。

11月18日，浙江省经济和信息化委员会主任汤黎璐一行到衙前指导学习实践科学发展观活动。

11月21日，"红色衙前"征文大赛结束，有30篇征文获奖。

11月25日，乌干达副总统吉尔伯特·布凯尼亚、副总统经济顾问凯唐戈、驻华大使瓦吉多索一行到位于衙前镇的杭州萧山合和纺织有限公司考察。

11月27日，凤凰村农贸市场升级改造工程通过区贸易局、工商萧山分局、区财政局领导及专家的验收。

12月28日，萧山区衙前学前教育集团成立，下辖衙前中心幼儿园和凤凰幼儿园，并筹划成立文化艺术培训中心。

衙前镇各村(社区)数据库

村(社区)名	书记	主任	人口(人)	村民小组(个)	工业产值(万元)	耕地面积(公顷)	人均净收入(元)
螺山村	夏达杰	周云泉	1892	18	28468	49.5	17838
杨讯村	徐锡君	张建江	1636	12	30480	35.2	16809
南庄王村	王志华	姚建军	1440	10	12060	39.7	16497
新林周村	胡祥云	王关土	2380	18	49020	52.9	16919
衙前村	徐照云	郭林锋	2993	24	124962	61.9	17698
吟龙村	徐观伟	王立栋	1681	15	15025	21.9	16704
项漾村	戚仁土	项建松	3327	33	104160	130.7	17529
四翔村	邱岳林	方国华	2471	24	80612	77.8	17157
明华村	毛伟芳	毛宝洪	1955	14	32510	57.3	17852
山南富村	施宝春	施其荣	2283	20	45600	35.2	17353
凤凰村	胡岳法	沃关良	2098	15	56160	54.2	23086
毕公桥社区	汪庆雅	阮天刚	904	—	—	—	—

（徐国红）

【瓜沥镇】 2009年，全镇实现生产总值47.7亿元，比上年增长7%。实现工业增加值44.6亿元，增长7.5%；完成规模以上工业销售产值189.6亿元、利润9.7亿元，分别增长7.3%和22.1%。完成固定资产投入6.9亿元，实现增加值8.9亿元，增长20.7%。实现农业产值3.44亿元。全年完成财政总收入5亿元，实现地方财政收入2.04亿元，分别增长0.8%和4.9%。全年合同利用外资3733.7万美元，实际到位外资2670.7万美元；协议利用内资2.15亿元，实际到位内资1.28亿元。完成全社会固定资产投资16.8亿元，工业技改投入9.8亿元，分别增长18.3%和10.3%。

推进"811"新三年环保行动，12家重点企业的定型机和油锅炉废气完成提标改造，总投资7000万元的3家热电企业脱硫工程完成，建成总长10335米的污水管网。

新增就业再就业1439人，新增社会养老保险634人，帮扶低收入农户劳动力就业51人。

明朗农业成为省级蔬菜无公害基地和区休闲农业旅游示范园区。

1月23日，航民集团举办"情满航民"外来员工新春团圆晚会。

2月6日，瓜沥镇第十五届人民代表大会第四次会议召开。

3月3日，区优秀廉政书画摄影作品展在瓜沥举行。

3月6日，举行"绿化庭院、美化家园"绿色行动启动仪式，对全镇庭院绿化工作进行动员部署，要求每个农户家庭每年至少新种树木3—5棵，每人每年种树1棵以上。

4月7日，瓜沥镇"龙腾航坞·锦绣瓜沥"艺术总团成立仪式在瓜沥哥德曼俱乐部大堂举行。

5月6日，举办防控甲型H1N1流感知识讲座。

6月5日，第38个世界环境日，瓜沥镇、村、户齐动，2万多名环境志愿者、村社区干部和家庭成员开展清洁庭院大行动。

6月12日，邀请杭州市发改委、外经贸局、地税局和技术进步与装备处专家举办发展工业经济相关政策宣讲会，35家重点骨干企业负责人参加会议。

6月19日，邀请省、市旅游专家对该镇旅游开发进行专题规划调研。

6月24日，邀请拆迁户代表、区镇人大代表、规划设计相关专家共30人，听取、评议机场二期小高层、多层安置小区建设方案。

7月9日，杭州市创建国家卫生镇指导组一行10人，赴瓜沥镇指导创建国家卫生镇工作。

8月2日晚，"曲艺名家走进乡村文艺晚会"在渭水桥村文化中心广场举行。

9月2日，共青团瓜沥镇第23次代表大会举行，82名团员代表参加。

9月23日，港航萧山辖区最大的一艘船舶航民"富春轮"在台州港正式投入营运，进一步增加了萧山沿海的航运能力。航民"富春轮"于7月6日建成，船重13685吨，主机功率4400千瓦，载货量22057吨。

10月13日，接受创建"市科普文明示范镇"专家组的考评验收，并通过验收。

11月10日，区高速公路沿线综合整治现场会在瓜沥镇召开。

11月26日，强制拆除杭甬高速公路两侧的56块大型非法广告牌。

12月1日，瓜沥镇第十五届人民代表大会第五次会议召开，选举黄国钧为瓜沥镇人民政府镇长。

12月15日，举办"百名代表评书记"活动，党委书记金焕国接受该镇人大代表、政协委员和村社区企事业单位党组织书记共130人的现场民主评议。

12月17日，全市高速公路沿线综合整治现场会在瓜沥镇召开。全长5560米的杭甬高速瓜沥段沿线综合整治工作率先完成，被授予市级综合整治先进镇称号。

12月22日，萧山首个村级妇联——永联村妇女联合会成立，区妇联领导为永联村妇联授牌、授印。

瓜沥镇各村(社区)数据库

村(社区)名	书　记	主　任	人口(人)	村民小组(个)	工业产值(万元)	耕地面积(公顷)	人　均净收入(元)
航民村	朱德水	陈国庆	1153	4	502738	54.6	23504
明朗村	高剑飞	倪玉桢	2405	20	52609	42.0	15860
东恩村	高汉祥	王建刚	2592	10	40939	64.3	15168
如松村	孔宝兴	汪柏根	1184	10	77857	55.9	14553
大义村	丁其华	汪建华	2971	22	107694	107.0	17084
东湖村	郑秀琴	汪新国	1397	10	133815	35.0	16119
长巷村	沈建侠	沈林灿	3821	25	152933	110.1	14569
群联村	沈岳泉	沈福军	913	6	40804	40.6	15011
渔庄村	沈永林	沈关仁	2434	17	100185	95.1	13480
低田畈村	沈国芳	何成尧	1433	11	51710	50.7	17468
进化村	施浩良	汪国军	3392	16	38609	158.9	15251
东方村	徐平仙	陆佰见	2460	16	45050	126.6	12134
运东村	沈建国	马小毛	1904	16	28836	101.6	13650
运西村	郭水明	郭小芳	2340	18	58515	128.2	13968
永福村	杨文国	胡国良	2803	16	120262	100.7	15437
友谊村	龚建新	沈惠江	1945	11	27514	48.0	17268
永联村	杨金水	肖月明	3352	26	341549	194.5	16530
沙田头村	莫幼泉	陆宝生	2858	20	103380	153.2	15251
横埂头村	杨福根	万小昌	2825	19	154289	100.1	17228
渭水桥村	董祥林	於建欢	4299	30	204372	223.5	17046
靖一村	朱大传	沈妙法	2398	18	119863	123.2	16453
隆兴和村	邓志兴	邓志兴	1487	11	—	30.5	13004
大园村	陈梅泉	陈梅泉	218	2	—	7.6	12615
塘头社区	陶九妹	许亚萍	1969	24	—	—	—
芭蕉砚社区	高妙法	吴爱华	2578	36	—	—	—
东灵社区	潘小芬	赵　蓉	1168	15	—	—	—
航坞社区	罗卫君	杨秋珍	1963	49	—	—	—
城中社区	童张木	叶春芽	3143	20	—	—	—

(章国友)

【党山镇】 2009年，全镇实现生产总值41.68亿元，比上年增长6.34%；实现财政收入3.017亿元，增长7.58%；工企业产值264.2亿元，增长8.72%；工业销售产值202.15亿元，增长10.55%；工业利税20.98亿元，增长6.88%；工业增加值45.28亿元，增长15.56%；实现新产品产值32.35亿元，增长41.8%；实现技改投资7.8亿元；农业总产值3.59亿元，增长10.1%；第三产业增加值3.75亿元，增长20.4%；农民人均收入14630元。

由浙江爱迪尔包装集团有限公司总经理王鑫炎领导的

七人小组共同撰写的《民营企业社会责任的确定和履行》，获得全区2009年企业管理创新成果奖。

浙江翔盛控股集团有限公司、浙江爱迪尔包装集团有限公司、和合科技集团有限公司、浙江建杰控股集团有限公司、浙江宏扬控股集团有限公司、浙江振亚控股集团有限公司、浙江金迪控股集团有限公司等7家区级百强企业捐资助学1000万元。截至2010年1月8日下午2时，党山镇小迁建、长沙小学扩建工程获得捐资总额2521.3059万元。

1月13—14日，浙江爱迪尔包装集团有限公司通过中国方圆标志认证中心质量管理体系、环境和职业健康安全管理体系的第二次监督审核。

1月15日，杭州市"联乡结村"共建活动联席会议在党山举行，市开发区管委会、市文广新闻出版局等帮扶单位和被帮扶单位建德市航头镇的主要领导参加会议。

1月16—17日，党山镇第十五届人民代表大会第三次会议召开。

1月21日，市人大常委会副主任顾树森、市外经贸局等相关单位领导到浙江翔盛集团开展送温暖活动。

3月11日，召开学习实践科学发展观活动试点工作动员大会。

4月1日，杭州市学习实践科学发展观活动指导检查组组长沈国友一行指导检查党山镇学习实践活动试点工作。

4月7日，市委常委、区委书记洪航勇一行调研春耕备耕情况。

4月10日，邀请省委政策研究室副主任沈建明就科学发展观宏观政策形势及新农村建设导向作专题讲座，全镇党小组长以上共600余人参加。

5月19日，市委组织部副部长洪永跃一行调研党山镇学习实践活动试点工作及基层党建工作情况。

5月22日，杭州市学习实践科学发展观活动指导检查组组长沈国友一行检查指导党山镇学习实践活动试点工作。

5月25日，萧山区非公企业党建工作制度创新及发展课题研究专题座谈会在党山召开，杭州市社科院院长史及伟一行进行调研。

5月25日，区委常委、组织部部长施迎利，党山镇党委书记于建新为翔盛集团获杭州市首批基层党建工作"100示范群"授匾。

6月3日，宏扬集团举行引进新颖纺纱流水线项目签约仪式。宏扬集团董事长单小荣和设备供应商日本村田公司代表参加签字仪式。

6月11日，接受省、市、区级爱卫办考评组的复查考评，通过省级卫生镇复查。

7月8日，省委政策研究室副主任沈建明调研新农村建设。

7月25日，2009(第七届)中国笛子艺术夏令营在长沙小学开营。

8月17日，市委常委、组织部部长于跃敏检查指导学习实践科学发展观活动试点工作。

8月26日，举行萧山区首个镇街机关党工委成立大会暨授牌仪式。

8月27日，共青团党山镇第二十一次代表大会召开。

9月4日，在杭州市科技局指导下，以"科技小分队走进行业技术研发中心"为契机，浙江金迪门业有限公司举办装饰卫浴行业转型升级研讨会。

9月5日，浙江省企业联合会、浙江省企业家协会公布2009年浙江省百强企业、2009年浙江省制造业百强企业榜单。浙江翔盛集团上榜，分别列第72位和44位。

9月11日，召开学习实践科学发展观活动试点工作总结表彰大会。

9月28日，团区委原书记钟铭到党山镇任镇长(代)，原党委副书记、镇长沈德潮赴宁围任职。

10月14日，镇食品安全委员会会同区卫生监督所联合开展企业食堂食品安全检查。

11月11日，在杭州市科技局举办的"2009中国浙江网上技术市场活动周暨第八届专家与中小企业家握手活动"会议上，杭州桑莱特卫浴有限公司与浙江工业大学进行产学研合作项目签约，开展卫浴产品联合创新研发。

11月16日，党山镇第十五届人民代表大会第四次会议召开。徐国耀当选为党山镇人大主席，钟铭当选为党山镇人民政府镇长，朱国军当选为党山镇人民政府副镇长。

11月19日，镇团委联合萧山农村合作银行党山支行全面部署青年创业小额贷款工作。

11月24日，由区广电局、区青少年宫、金迪学校等承办的"共同的'歌声与微笑'，一样的'阳光与健康'"大型文艺活动在金迪学校举行。

11月30日，浙江宏扬控股集团子公司宏宇纺织通过浙江省2009年第三批高新技术企业认定。

12月3日，浙江爱迪尔包装集团有限公司通过杭州市经济委员会组织的清洁生产审核。

12月9日，镇派出所新大楼落成启用。

12月11日下午，党山镇小在金迪广场举行第五届书画节暨书画作品义卖活动，所得金额用于党山镇小新校舍的筹建。

12月21日，党山镇中心小学迁建一期工程开标在区招投标中心举行，来自全区18家具有二级以上资质建筑单位参加工程投标。杭州萧山瓜沥建筑工程有限公司以报价22804660元，总得分99.91分获得党山镇小迁建一期工程承建权。

12月29日，举行党山镇中心小学开工典礼。

党山镇各村(社区)数据库

村(社区)名	书记	主任	人口(人)	村民小组(个)	工业产值(万元)	耕地面积(公顷)	人均净收入(元)
党山村	陈秀文	王寿林	2005	11	151760	37.3	13149

续表

村(社区)名	书　记	主　任	人口(人)	村民小组(个)	工业产值(万元)	耕地面积(公顷)	人　均净收入(元)
信源村	沈荣来	陈轶铭	1495	11	62576	35.9	14308
梅林村	盛增虎	朱明海	2332	17	70767	118.4	14455
车路湾村	於桂娟	王金友	2244	15	78468	134.7	14518
八里桥村	许爱珍	胡永明	2293	17	67237	155.0	14153
世安桥村	朱张夫	许兆祥	1787	16	150162	112.8	14698
官一村	陈恩福	金春明	2674	21	33190	186.1	14136
前兴村	陈天兴	邵福平	1859	9	76272	140.5	15608
群力村	陆阿根	王美娟	2041	13	56106	121.4	14059
群益村	钱五六	陈荣华	2324	14	176150	140.3	15518
长联村	沈彩琴	魏志龙	2479	21	124921	165.7	15801
解放村	徐玉根	宣仁范	1715	12	94789	123.9	14370
山北村	包伟梁	徐国祥	1715	13	74032	15.3	15510
大池娄村	沈　强	缪兴元	1781	14	76569	77.5	14152
山三村	李张木	李张先	1301	11	45740	67.1	15008
众安村	赵尧根	施条娟	2376	20	68784	164.9	14581
开源村	陈明法	陈明法	1756	14	60018	131.7	13724
单木桥村	徐官明	徐金明	2483	21	68067	167.0	15542
中沙村	戴志焕	周　平	2361	23	209543	146.5	14528
张潭村	李志良	於水根	2552	21	89647	176.3	14598
兴围村	冯永泉	赵伯甫	1502	16	4080	261.1	14599
南大房社区	颜金苗	颜金苗	1440	—	—	—	—
碧苑新村社区	—	谈智君	—	—	—	—	—

（虞晓燕）

【坎山镇】 2009年，全镇实现工农业总产值75.56亿元，农民人均纯收入15595元，比上年增长10%；财政总收入2.48亿元，增长10.9%。

钱江电气入围中国大企业集团竞争力500强，连续5年入选全国变压器前十强。

“钱潮”商标被国家工商总局授予中国驰名商标称号，“美丝邦”商标被浙江省工商行政管理局评为浙江省著名商标。

“祭星乞巧”被省政府列入浙江省第三批非物质文化遗产保护名录，并被省政府推荐为国家级非物质文化遗产申报项目。

2月1日，开展“新春调研周”活动。

2月6日，坎山镇第十五届人代会第四次会议召开。

3月11日，启动“绿化庭园、美化家园”活动。

3月25日，区委副书记、区长盛阅春检查机场二期征迁安置工作。

5月9日，国务院参事、全国政协委员、中国科学院科技政策与管理科学研究所研究员、中国科学院可持续发展战略研究组组长、首席科学家牛文元到坎山镇作题为《在科学发展观的引领下实现经济平稳较快发展》的讲座。

5月15日，区人大坎山代表小组对机场二期安置区建设进行视察，并检查政府执行《中华人民共和国残疾人保障法》和代表议案落实情况。

6月8日，召开“传承七夕，培育后人”课题研讨会。

6月10日，省级卫生镇复查组到坎山复查，坎山镇通过复评验收。

8月24—26日，举行2009中国(萧山)七夕文化节，开展了“七夕文化”专家论坛、“祭星乞巧”仪式等七项系列活动。

8月24日，召开“七夕文化创意园”策划方案研讨会。

9月30日，坎山镇文化艺术总团成立。

10月27日，市委常委、区委书记洪航勇一行到坎山，就学习实践科学发展观活动以及2009年以来经济社会各项事业发展情况进行调研。

11月2日，全国政协副主席张梅颖到鸟语林调研。

11月19日，坎山镇第十五届人民代表大会第五次会议召开。会议选举管来顺为人大副主席、肖志惠为坎山镇农业副镇长。

12月25日，萧山区慈善总会坎山分会成立，首次留本冠名慈善捐款达6000万元，机关企事业单位及个人现金捐赠2606410元。

12月29日，《萧山区坎山镇旅游发展总体规划》和《萧山区坎山镇七夕文化创意园专项旅游策划》通过省旅游局、浙江大学、杭州园林设计院、浙江工商大学、区发改局、区旅游局、区交通局、区建设局、坎山镇等相关部门的专家评审。

坎山镇各村(社区)数据库

村(社区)名	书　记	主　任	人口(人)	村民小组(个)	工业产值(万元)	耕地面积(公顷)	人　均净收入(元)
凤升村	—	庞月标	996	6	87881	26.3	16338
勇建村	余明敏	潘海金	1827	10	26295	67.4	15286
荣新村	施羔红	李水根	1653	10	32856	42.6	15113
工农村	万全强	沈国民	3246	22	51270	95.0	16003
张神殿村	沈长坤	施炎林	1976	11	13012	75.2	15343
群谊村	庞伟林	李国红	1700	9	14966	63.5	14833
东社村	陆妙根	陈午寅	1853	12	29127	54.9	15114
孙家弄村	董张友	朱建强	2790	16	19057	102.6	15409
甘露亭村	单建龙	马关松	2849	18	33465	114.1	16015

续表

村(社区)名	书　记	主　任	人口(人)	村民小组(个)	工业产值(万元)	耕地面积(公顷)	人均净收入(元)
民丰河村	王志山	项海军	3043	23	35520	97.5	16266
八大村	何生纪	方国贤	1442	9	28359	46.1	15992
沿塘村	方汉其	徐妙庆	2069	13	19287	96.3	15704
三岔路村	戴维强	徐建丰	3087	23	58459	148.8	15283
新港村	许妙荣	谢增寿	3575	29	31320	210.5	15926
梅仙村	陈小明	孙建江	3114	16	34202	130.1	14466
建盈村	赵张仁	李关青	1832	14	13716	75.0	15348
三盈村	夏建兴	冯相荣	2244	13	24409	125.9	16497
国庆村	沈达军	陆祖根	2241	11	49659	78.1	15634
万安村	郭元浩	徐伟忠	2334	14	16913	91.1	15579
塘上社区	—	王秋华	866	—	—	—	—
振兴社区	—	孙丽君	1042	—	—	—	—
下街社区	—	何菊静	819	—	—	—	—
新凉亭社区	张国强	陈　标	2031	—	—	—	—

（徐　军）

【益农镇】 2009年，全镇实现工农业总产值195.93亿元；实现工业总产值192.49亿元；实现规模以上工业企业销售产值187.13亿元，增长10.31%；实现工业利润15.83亿元，增长299.02%；实现税金7.84亿元，增长148.1%；实现规模以上工业企业增加值29.78亿元，增长12.76%。实现农副业总产值4.83亿元，增长10.27%；完成第三产业增加值20856万元；财政总收入1.32亿元，增长8.8%；固定资产投资60297万元；农民人均收入15315元，增长9%。

限额以上工业企业投入41911万元，协议和实到外资分别完成1412万美元和986万美元，协议和实到内资分别完成17061万元和10203万元。

投资1333万元，启动卫生院迁建工程；总投资1000万元的镇自来水管网、学工路扩建，红阳路路口及东段改造工程完工。

全年拆除违法建筑129户、14756平方米，其中新建拆除28户、3234平方米；历建拆除101户、11522平方米。益农镇被萧山区人民政府授予"国土资源执法模范镇(街)"称号。

投入80万元建立益农镇办事服务中心，全年受理服务事项6870件(次)，办结6868件，办结率99.97%。

1月20日，中国共产党益农镇代表大会召开。

2月5日，益农镇第九届人民代表大会第三次会议召开。

2月25日，省农业厅副厅长赵兴泉带领的春耕备耕"五送"行动工作人员到益农镇，开展送政策、送订单、送农技、送农资、送资金的"五送"惠农服务活动。

5月8日上午，举行办事服务中心揭牌仪式。

6月10日，浙江省人大常委会副主任王永明带领50余名省人大代表到益农镇检查《中华人民共和国农业法》贯彻实施情况。

8月18日上午，省委副书记夏宝龙到杭州大洋水产养殖有限公司就现代渔业养殖基地建设情况进行调研。

8月20日，举行荣盛教育奖励基金授奖仪式，200名师生获奖励金19.56万元。

11月17日，益农镇第九届人民代表大会第四次会议召开。大会通过了赵建法辞去益农镇人大主席职务，周志军辞去益农镇人大副主席职务，上官高峰辞去益农镇人民政府镇长职务，余炳泉、余生德辞去益农镇人民政府副镇长职务的辞职请求。选举钱月明为益农镇人大主席，杨晓峰为益农镇人民政府镇长，张炯明、周志军、吴远东为益农镇人民政府副镇长。

11月26日，益农镇机关综合档案室以97.5的高分通过省一级档案达标验收。

12月2日，全区"百村万亩"冬春农田水利建设现场会在益农镇举行。

12月8日上午，召开钱江通道区块和红十五线连接线区块征迁工作动员大会。

12月30日，召开机关党工委成立大会。

益农镇各村(社区)数据库

村(社区)名	书　记	主　任	人口(人)	村民小组(个)	工业产值(万元)	耕地面积(公顷)	人均净收入(元)
众力村	徐华山	李华员	3722	29	119375	259.7	17938
镇龙殿村	冯国良	李关贤	2557	19	16061	185.1	14125
星联村	赵建梁	俞文相	2680	24	14648	152.9	13022
五六二村	张永昌	金仲贤	3772	26	31075	224.4	15268
东联村	李兴祥	金传海	2805	26	21560	210.5	14438
赵家湾村	高锦伟	赵荣良	2352	17	14022	109.0	15561
久联村	王宝升	王云法	2041	18	20428	133.7	14484
新发村	俞志法	方建伟	2027	14	4317	128.3	14871
东村村	蒋友法	封国兴	2192	16	10021	130.7	13797
益农村	王云法	俞林松	1870	12	30226	124.6	15569
东江村	徐仁根	徐国标	1394	16	2210	126.3	15714

续表

村(社区)名	书　记	主　任	人口(人)	村民小组(个)	工业产值(万元)	耕地面积(公顷)	人　均净收入(元)
民围村	王天福	吴文龙	1517	16	6745	136.1	15726
群围村	郑剑锋	赵成甫	2249	18	10647	157.7	15119
三围村	许天罡	许天罡(兼)	1624	10	6803	139.5	16104
兴裕村	李文泉	李文泉(兼)	1894	18	8830	134.9	15794
东沙村	钱云贵	陈立江	1332	13	5842	120.7	14853
群英村	潘福根	沈志如	2732	20	11101	163.9	17471
长北村	蔡士荣	徐建国	1846	17	10208	131.7	14859
利围村	金炳贤	金炳贤(兼)	1216	12	21513	169.9	15576
弘扬社区	王国祥	—	660	—	—	—	—

（顾欢军）

【党湾镇】 2009年，全镇实现生产总值16.72亿元，工农业总产值72.53亿元，财政收入1.65亿元，农民人均收入17163元，企业总产值119.43亿元。

党湾镇被萧山区委、区政府授予“2008年度经济发展优胜镇街”称号，这是该镇自1994年以来第一次获得这一荣誉。

党湾镇被杭州市委、市政府授予“杭州市社会主义新农村建设示范乡镇”荣誉称号。

1月2日，党湾镇建筑业联合会举行第一届年会暨党湾建筑界团拜会。

1月14—15日，党湾镇第十五届人民代表大会第三次会议召开。

1月14日，市委副书记、市长蔡奇在2009年第六期《杭州政务》上作出批示：党湾镇打造建筑名镇做法好。

5月19日，市委组织部副部长洪永跃，萧山区委常委、组织部部长施迎利等一行到党湾镇三元控股集团，专题调研学习实践科学发展观活动和基层党建工作。

6月12日，全区调整和完善农村党组织设置工作现场会在党湾镇召开。

8月11日，市委常委、区委书记洪航勇到党湾镇调研。

8月20日，区慈善总会党湾分会正式成立，接收捐款近500万元，留本冠名基金3640万元。这是萧山第十个镇街慈善分会。

8月26日，共青团党湾镇第十八次代表大会召开。代表全镇1973名共青团员的92名代表出席大会。

11月13日，党湾镇第十五届人民代表大会第四次会议召开，64名镇人大代表出席会议。会议审议通过楼航、屠欢生两位副镇长的辞职报告，经过投票选举，朱权华、王火法当选副镇长。

12月初，钱江大道党湾镇境内拆迁工作正式开始。

党湾镇各村(社区)数据库

村(社区)名	书　记	主　任	人口(人)	村民小组(个)	工业产值(万元)	耕地面积(公顷)	人　均净收入(元)
幸福村	周国祥	沈林祥	3172	23	50251	151	16469
大西村	徐世荣	邵国荣	2743	20	61486	149	16029
裕民村	陈国军	金建尧	2321	17	67821	141	16134
德北村	封红江	周建忠	1850	13	8760	100	17854
老埠头村	孙建华	夏建楚	2107	21	1004	129	15665
团结村	濮开元	徐张夫	2304	19	8085	142	17217
曙光村	高建恩	陈荣法	2945	20	9755	181	17649
新梅村	宋建立	钱永根	2724	20	5291	123	17410
新前村	吴关土	章信泉	1892	16	2546	119	17585
梅东村	施国军	许长友	2880	24	10734	131	19788
永安村	杨美芬	陆国利	1704	17	5776	107	17048
永乐村	谈柏根	孙关虎	2385	19	19748	120	20109
先锋村	倪才国	孙钊友	1520	4	3317	95	16959
勤联村	陆国兴	凌彩娟	2789	25	2100	196	16717
红界村	潘永昌	徐朱良	1908	15	6626	118	16890
镇中村	潘高中	潘高中	3929	29	76728	225	17905
庆丰村	倪增员	钱才祥	1801	17	6706	135	15186
卫东桥社区	许桂香	陈世贤	1230	22	—	—	—

（杜柱佳）

【新湾街道】 2009年，街道实现生产总值9.42亿元，工农业总产值34.13亿元，工业产值31.78亿元，农业总产值2.35亿元。

围绕融入大江东新城，在调整优化城镇发展总体规划和土地利用规划的基础上，总建筑面积6.7万平方米的金凌蓝色港湾楼盘开发项目全面开发实施。

完成钱江大道、江东大道延伸工程涉及的10个村、127户拆迁农户的征迁。

完成投资约350万元的新湾农贸市场的升级改造。

新型农村合作医疗进一步完善，新农合参保率98.21%。

街道文化站被评为省级综合文化站。

共和、宏波两村创建为省级卫生村，共兴村进入市级生态村行列。

8月7日，萧山图书馆新湾支馆正式成立。

9月1日，新湾撤镇设街，在原新湾镇的行政区划内分别成立新湾街道、前进街道、临江街道。

新湾街道各村(社区)数据库

村(社区)名	书记	主任	人口(人)	村民小组(个)	工业产值(万元)	耕地面积(公顷)	人均净收入(元)
共和村	洪柏松	孙根水	1821	18	10530	114.7	14848
共裕村	胡柏先	洪金爱	1858	16	11817	126.7	15041
共建村	蒋观福	陆关林	2416	24	66716	160.9	14646
共兴村	茅信良	潘国良	1227	12	10485	77.7	14764
新南村	寿正权	赵安全	1213	12	12455	51.1	14771
三新村	姚张焕	裘建庆	3332	31	61818	130.9	15490
冯娄村	曹福传	曹福传	1432	14	12320	85.7	14757
建华村	王天国	沈剑利	2391	21	17062	166.5	15180
创新村	陆泉荣	周建兴	1341	11	3660	89.5	13891
创建村	孙国灿	徐柏灿	1477	14	4789	106.9	13188
宏新村	王柏利	徐官军	1572	16	19326	111.4	14355
宏波村	马忠校	胡成军	1522	17	7891	113.6	14104
新北桥社区	谢焕锦	曹利华	1592	10	—	—	—

(陈永江)

【义蓬街道】 2009年，街道实现生产总值20.34亿元；财政总收入1.6亿元；财政可用资金1.67亿元；农民人均收入15058元。

产值超亿元企业17家，纳税100万元以上企业24家；完成工企业总产值89.58亿元，比上年增长4.26%；实现规模以上工业企业销售产值47.29亿元，增长4.53%；工业利润3.86亿元，增长9%。

合同利用外资1250万美元，实到外资888万美元；协议利用资金1.73亿元，实到资金1.18亿元。

完成限额以上工业投入4.57亿元。东南化纤高强高模聚乙烯碳纳米管纤维项目被国家发改委列为国家级高新技术产业化示范工程，获国家补助资金600万元；大力神医疗器械和欣诚祥机电两家公司成功申报国家级高新技术企业；江东钨钼、明美机械、恒生化纤、华顺化工等企业的4个项目列入区级科技计划；顺源轮胎、大力神公司有4项发明专利获得批准，全街道企业专利申请量首次超过40件，新产品产值率14.49%。

7家企业通过清洁生产审核验收，3家企业自主开展电平衡测试，6家企业完成减排脱硫任务，全年万元工业增加值综合能耗比上年下降16.2%。

实现三产增加值5.55亿元，三产服务业固定资产投资1.72亿元。

实现农业产值5.35亿元，粮食复种面积4777.3公顷，粮食总产22977吨，有42个示范性创建项目通过验收。

投入资金1631万元，综合整治河道12.81千米，改造、维修桥梁7座，对42.98千米河岸绿化和56.72千米河道落实长效保洁措施。

加强农村经营管理和村务公开工作，帮助7个村清理归还886万元农户集资款；完成2个村村级股份制改革，累计11个。

开展两大区块(蜜蜂、义蓬)、五个重点项目(江东大道、河庄大道、青六线、义南横河改道、区第四人民医院迁建)的拆迁工作，累计拆迁农户1080户、企业28家，整合土地133.3公顷，其中收储经营性土地100公顷；上报批准用地项目6个，面积34.1公顷；年内挂牌出让6个区块，面积超过26.7公顷。

投入1800余万元，实施蜜蜂、义蓬两大安置区内道路、桥梁等基础设施建设，分别安置拆迁农户305户和362户。

实施义蓬路二标段、义蓬派出所、义蓬交警中队迁建工程，以及相关给排水、路灯等设施建设；完成义盛农贸市场改造工程，获区农贸市场改造提升十佳单位。

配合做好区第四人民医院迁建项目相关工作，工程于12月25日开工。

全年累计拆除新旧违章建筑2.21余万平方米，义蓬街道被区政府评为“2009年度违法建设查处先进工作集体”。

完成萧山图书馆义蓬支馆和11个村级分馆建设；各有4个村创建为省级小康体育特色村和省级村体育俱乐部。

新农合参保率达到98.97%，10个村参保率为100%；规划建造13个村社区卫生服务站，完成户厕改造3075座，被确定为区卫生户厕改造重点镇街，通过省级卫生镇复查和杭州市卫生强街道验收。

全年累计发放各类救助资金和物价补贴215.09万元，新增企业养老保险163人，完成就业再就业184人，安置农村困难群众就业62人，创建义盛、头蓬两个充分就业社区。

投入200万元新建骨灰存放室，获区殡葬改革目标责任制考核三等奖。

完成第二次全国经济普查工作，被杭州市第二次经济普查领导小组办公室授予“杭州市经济普查先进集体”称号。

实行全天候滚动式巡逻，全年发生刑事案件374起、“两抢”案件16起，分别比上年下降2.53%和56.7%；有4个村创建为综治基层基础规范化建设示范村；辖区内道路交通事故死亡人数比上年下降76.92%，被评为区“道路交通安全工作先进集体”。

9月1日，根据大江东新城建设规划要求，实施撤镇设街，为适应撤镇设街需要，成立街道机关党委，并对机关内设机构进行了相应改革。

9月8日，动工新建义蓬二中、二小教师宿舍。

义蓬街道各村(社区)数据库

村(社区)名	书 记	主 任	人口(人)	村民小组(个)	工业产值(万元)	耕地面积(公顷)	人均净收入(元)
蓬园村	陆军凯	沈柏海	2389	18	13251	142.9	15558
长红村	王利忠	潘国庆	2218	15	16677	131.3	15114
白浪村	葛水锦	管荣贵	1991	13	11583	131.8	15168
金泉村	曹柏焕	—	2193	12	15853	112.7	15398
杏花村	邵关月	沈张明	1530	10	59228	91.9	15686
蜜蜂村	陆柏世	吴灿夫	3186	19	17149	67.4	15225
义盛村	沈柏良	—	2826	20	8195	157.2	15333
新庙前村	任金贤	—	2268	17	7136	163.8	15261
后新庙村	童建刚	寿正谓	1673	15	15379	110.7	15036
新益村	李召坤	石伟国	2074	14	7056	144.3	15058
灯塔村	胡金标	徐国军	1966	16	9449	123.7	15209
后埠头村	陈柏林	高建明	2744	18	8117	196.1	15022
火星村	倪卫星	施才明	2427	21	8232	167.3	14986
全民村	王德来	蔡文萍	2342	15	10080	117.1	14746
小泗埠村	陈百源	陈坚钢	3185	23	30644	192.4	15092
金星村	沈光浩	苗再煜	2915	23	15589	169.6	15186
义蓬村	张福良	周国祥	4832	39	41988	196.9	14827
仓北村	周仁灿	金利民	3085	21	5031	180.5	14990
春光村	沈关法	高万祥	2081	16	30803	139.9	14032
春园村	朱建林	钱条仙	2122	15	12215	140.6	14888
春雷村	蔡关根	沈爱法	1984	13	5900	127.3	14951
南沙村	杨志明	罗庆林	4000	40	19035	278.1	14848
义盛社区	葛雅娟	蒋柏煜	4430	13	1080	—	—
头蓬社区	戴瑞江	徐柏万	2033	9		—	—

(钱金利)

【靖江街道】 2009年,街道完成生产总值28.44亿元,比上年增长14.49%;完成工企业总产值116.99亿元,增长6.39%,其中规模以上工业企业产值85.76亿元,增长7.19%;实现利润总额6亿元,与上年基本持平;完成工业增加值17.71亿元,增长5.58%;完成三产服务业增加值13.13亿元,增长25.39%;完成全社会固定资产投资10.82亿元,增长59.06%;完成税收收入1.7亿元。

纺织印染业在工业经济总量中的占比从上年的72%下降到65.42%,工业产业结构逐步向多元化发展。

全年协议利用内资1.59亿元,实到内资8337万元;合同利用外资1331万美元,实到外资780万美元。

新增恒达钢结构和科曼萨杰牌建机公司两家国家级高新技术企业,10只省级新产品,1家省级企业技术中心,21只专利和市、区级创新创优成果20余项。

投入2000多万元,全面实施集镇污水收集管网、中学污水管网工程、工业功能区块企业集中供热管网和污水收集管网、小石桥下水管网改造等一系列基础工程。

房地产业蓬勃发展,鸿港华庭一期、二期销售一空,德意房产20万平方米商住区块开工建设。

先后完成空港保税物流中心、机场一期噪音区、光明直路以及安置区的征地拆迁和降噪处置工作,完成拆迁611户、搬迁176户,降噪处置390户。

高标准推进6个安置区建设,共落户1170户,机场二期拆迁安置工作基本完成。

全年实现农业产值2.42亿元,农民人均收入16717元,比上年增长9.95%。

龚老汉中华鳖(日本品系)良种场被农业部评定为国家级良种场,龚老汉农业休闲园9月29日落成开业。

全年落实村企结对资金228.39万元,落实结对项目22个。

先后完成方迁溇直河蒸气管网砌石护岸配套工程、围垦3000米柏油路修铺工程,以及生产湾北段西岸、童家殿湾花神庙段、红旗直湾等3条区级河道整治工程和3座桥梁改造工程。

全年发放各类低保、残疾等补助救助金424.44万元,对45名白内障患者进行免费手术治疗,落实278户低收入农户结对帮扶。

新增企业、农村居民等各类养老保险806人,新增失地农民参加养老保险1500多人,工伤养老保险实现全覆盖。

大江东新城行政区划调整开始实施,空港新城——空港经济区管委会筹建成立,靖江镇纳入空港新城,并由独立建制镇转制为街道。9月1日正式启用“杭州市萧山区人民政府靖江街道办事处”印章。

靖江街道各村(社区)数据库

村(社区)名	书 记	主 任	人口(人)	村民小组(个)	工业产值(万元)	耕地面积(公顷)	人均净收入(元)
光明村	邵利军	黄国军	1634	13	123781	99.8	17583
东桥村	肖招明	钱柏松	2299	15	145292	135.0	16324
甘露村	赵月夫	周海根	2048	18	56236	142.1	17021
协谊村	厉国兴	邵吉利	2101	19	21603	127.1	18553
义南村	朱大浩	韩梅华	2301	20	77299	95.9	19027
靖港村	边建芳	戚和芳	3028	23	18207	145.3	15261
和顺村	朱来德	陈立军	2594	19	12840	108.9	16808
雷东村	魏宝锦	张哲锋	1873	14	12234	87.0	17549

续表

村(社区)名	书　记	主　任	人口(人)	村民小组(个)	工业产值(万元)	耕地面积(公顷)	人　均净收入(元)
靖南村	翁荣法	袁志华	2943	20	24006	176.6	15187
靖东村	项志军	施忠海	2312	18	32352	134.1	15934
伟南社区	余晓联	朱国忠	1045	8	36581	16.9	15709
花神庙社区	孙伟芬	杨伟峰	2713	24	32805	104.1	15142
黎明社区	李张海	朱　伟	1718	13	18982	72.2	19016
安澜桥社区	项建华	项张文	2050	8	8160	—	—
小石桥社区	陆春富	沈大甫	2658	8	6669	33.5	—

注:耕地面积包括围垦部分。

(陈贤庆)

【南阳街道】 2009年,街道实现生产总值24.27亿元,实现工业生产总产值100.02亿元,财政总收入1.25亿元;完成全社会固定资产投资8.57亿元;农民人均收入15590元,增长16.3%。农业企业实现产值5亿元,销售产值4.9亿元创历史新高;农业技改总投入5600万元。

街道规模以上工业企业销售产值94亿元,比上年增长5.3%。至年底,拥有产值超10亿元企业3家,超亿元企业25家,超15亿元村1个,超10亿元村1个,超5亿元村4个。

合同利用外资2513.34万美元,到位外资659.86万美元;协议利用内资1.89亿元,到位内资9476万元。

南阳企业担保公司为中小企业累计担保金额1.2645亿元。

浙江联达化纤、杭州圣山实业、杭州福莱特塑料开发有限公司、浙江中纺控股集团、天海控股集团和浙江油品储运有限公司等6家骨干企业进入区百强企业行列。

制伞业年产量1.5亿把,比上年增长30%。

杭州圣大太阳能技术有限公司生产的"圣大阳光"牌太阳能热水器商标,被国家工商总局认定为中国驰名商标。

新扩建镇级向阳路、赭东直路和观十五线等主要道路,20条(16千米)村级道路有机更新改造,投入360万元建设改造南庄桥和达昌桥,投资200万元进行万丰横河砌石护岸和两岸绿化综合整治。

南阳机场二期安置区配套工程与拆迁户安置房同步建设,至年底1000多户拆迁户中有30%搬进安置区新房。

投入3000万元实施美女坝综合整治工程,对阳城大道入口公园及道路两侧进行绿化改造。

南阳小学和赭山小学分别成功创建省级爱国卫生先进单位和健康先进学校。

南阳31500名农民参加农村合作医疗保险,参保率99%。

全街道有低收入农户家庭257户,630名区镇干部与之结对帮扶。

2月20日,成立综合监察大队,分4个中队,有队员25名。至年底,拆除违章建筑16279平方米,并加强对南阳、赭山2个集贸市场的日常管理和重点整治。

3月5日,南阳潮都文化艺术总团成立。该团以原新宝艺术团为主体,演职人员大多来自本地的业余文艺爱好者,至年底举办文艺活动85场次。

4月13日,省防护林建设督察组到南阳对山地有林地封山育林改造项目建设进行实地督察。

5月,赭东、南翔、东风、永利、红山、横蓬、岩峰、南兴、南丰、龙虎等10个行政村的党总支升格为村党委,占行政村(社区)总数的66%。

5月13日—7月31日,完成空港保税物流中心(B型)及义南横湾改道项目征迁任务,拆迁安置农户500多户、企业75家,征迁面积52公顷。

6月4日,市委常委、区委书记洪航勇到南阳调研企业发展情况,走访圣山集团、联达化纤和胜达强伟化工等3家企业。

8月23日,南阳撤销建制镇,设立南阳街道办事处,全区域为空港新城的核心区。

10月5—7日,2009中国国际(萧山)钱江观潮节举行。

10月13日,在全区第一个建立土地流转服务中心,全年新增流转土地面积191.3公顷,列入市级试点单位。

12月,南阳实施的《村(社区)干部问责惩戒和辞职制度》由区委组织部向全区各镇街转发推广。

南阳街道各村(社区)数据库

村(社区)名	书　记	主　任	人口(人)	村民小组(个)	工业产值(万元)	耕地面积(公顷)	人　均净收入(元)
雷山村	冯千林	—	2378	14	42000	134.3	15638
南翔村	沈小琴	黄国军	3488	19	190000	176.5	13779
赭东村	金建仁	陈婉美	3919	22	40000	215.0	16306
东风村	冯生华	陈伟春	1697	12	27000	110.9	13388
永利村	卢沛林	—	1476	10	33000	82.4	14793
远大村	冯兴田	王兆根	1956	19	34500	91.1	13953
红山村	冯永法	翁柏锦	3280	20	55000	211.7	14905
坞里村	冯建根	朱柏泉	1537	6	60000	22.8	19407
横蓬村	金国伟	丁志月	3119	23	100000	165.8	14237
岩峰村	高建灿	高　明	2819	19	62000	183.6	20459
南兴村	高志林	高天水	2756	17	34000	146.2	14571
南丰村	高生伟	高水尔	3459	22	44000	194.3	15129
龙虎村	高水木	叶海英	4950	26	58000	187.1	15572
南阳社区	冯建法	高宜福	1493	12	—	—	—
赭山社区	徐尔富	徐尔富	1383	9	—	—	—

(谢伟飞)

【河庄街道】 2009年,街道实现工农业总产值65.74亿元,农业产值3.7亿元,农民人均收入15680元。

抽调64名干部,组成10个工作小组,3个月内完成江东二期1420户房屋的腾房拆房工作。

12月底,江东大桥河庄大道东段东接线工程通车。

全年出动人数2980人次,拆除违章建筑131处、17982平方米。

街道万元工业增加值综合能耗比上年下降16.7%,万元工业总产值综合能耗比上年下降13.05%。

2009年底,全街道被认定为中国驰名商标3只,省级新产品6只,市级管理创新示范企业1家,省级技术中心1家,市级创新型试点企业1家,区级科技计划项目2个,市级著名商标1只,区级知名商号1家;独家起草国家标准2只。

开工建设项目16个,限额以上工业投资实现2.89亿元。

协议利用内资21750万元,到位内资7278万元;协议利用外资1217.5万美元,实到外资595.9万美元。

新建蔬菜、粮油专业合作社4家,其中向公村的杭州群望粮油专业合作社被推荐为省级优秀粮食合作社。

三产服务业投资1.75亿元,比上年增长81.9%;完成三产增加值2.80亿元,增长10.9%。

新增养老保险577人,完成就业再就业336人,劳动用工年检308家;调处劳动纠纷及工伤事故77件,调处金额351万元;发放消费券6384人,发放金额127.68万元。

成立江城河庄文化艺术总团,组织"唱响我家乡"、中国(萧山沙地)红色纪念馆成立等文艺演出与广场排舞等健身活动。

闸北村通过省爱卫会的卫生村考核验收。

建一、文伟两村成立股份经济联合社,共有股东5056人,资产1934.5万元。

办事服务中心共调解各类矛盾纠纷397起;调处劳动纠纷及工伤事故77件。

社会养老保险参保5960人次,工伤保险参保9433人次;工伤认定280件。

12月,向公村通过省文化厅的文化示范村考核验收。

河庄街道各村(社区)数据库

村(社区)名	书记	主任	人口(人)	村民小组(个)	工业产值(万元)	耕地面积(公顷)	人均净收入(元)
建设村	金传水	高尔敏	3647	21	17645	209	15931
同一村	郭文康	郭永林	2516	16	10387	72	16931
同二村	陈金宝	施关秀	2328	14	11349	51	17215
蜀南村	屠世恩	童建忠	2770	17	30232	135	16221
向公村	傅月水	俞荣明	1917	15	56841	105	16124
民主村	戚秋法	钱仁根	2144	17	9477	131	14850
建一村	方明贤	陈观民	2265	13	14691	124	16508
新和村	钱国民	茹建兴	2537	17	7739	152	15239
群建村	李张文	徐利根	1949	14	13923	157	16001
群欢村	赵国君	袁伟刚	1030	11	5400	53	16231
向前村	傅水土	周建江	1605	14	14282	76	15883
向红村	周明华	翁志云	1062	10	9255	83	14905
闸北村	马建华	郑建龙	3208	26	16080	121	16302
三联村	汪叶昌	方志华	2761	22	3966	185	14506
文伟村	李天堂	高金荣	2858	22	14390	161	15757
新围村	高云	谢建明	2363	21	4350	167	15590
围中村	戴水木	陈宏炳	3340	22	11612	259	14801
新创村	马月维	赵再福	1984	15	8457	150	14526
新江村	罗如水	张雅娟	2120	17	2290	149	15217
江东村	方建庆	任云生	2088	18	14812	171	16523
城隍庙社区	汤建良	汤建良	1758	—	—	—	—

(王永林)

【城厢街道】 2009年,街道完成服务业增加值52.064亿元,实现规模以上工业企业销售产值27.94亿元;财政收入(企业新调整后数据)10.5849亿元,比上年增加460万元。

1月10日,组织辖区内重点工业企业、服务业企业老总召开年度经济工作座谈会。

3月20日,召开争创全国和谐社区建设示范街道暨共驻共建会议。

5月7日,在育才东苑社区举办美德图书馆开馆暨美德社区创建启动仪式。

9月8日晚,以"我为祖国喝彩,我为人民祝福"为主题的城厢街道社区特色文化艺术节开幕。

11月中旬,启动西片湖头陈、东湘、杜湖3个社区城中村整体改造的前期调查工作。

12月3日下午,组织东湘、湖头陈、杜湖3个社区全体党员召开学习实践科学发展观暨城中村改造动员会议。

12月23日,召开中国共产党城厢街道机关委员会成立大会,会议选举产生中国共产党城厢街道机关委员会和纪律检查委员会。

12月23日下午,组织召开百名代表评书记专题述职会,街道党工委书记何兴良作党建工作责任制履行情况报告。

城厢街道各村(社区)数据库

村(社区)名	书　记	主　任	人口(人)	村民小组(个)	工业产值(万元)	耕地面积(公顷)	人　均净收入(元)
藕湖浜社区	周志慧	李碧华	5229	—	—	—	—
陈公桥社区	裘文英	—	2617	—	—	—	—
东阳桥社区	曹志国	何利亚	3253	—	—	—	—
洄澜北苑社区	陈清蓉	孙桂琴	3823	—	—	—	—
洄澜南苑社区	朱小雅	—	2707	—	—	—	—
育才东苑社区	丁　红	章国英	3350	—	—	—	—
燕子河社区	葛　延	张素君	3361	—	—	—	—
江寺社区	杨丽燕	王妙焕	6031	—	—	—	—
百尺溇社区	汪利平	—	5458	—	—	—	—
拱秀社区	倪　瑛	—	7313	—	—	—	—
丁家庄社区	方　燕	—	4146	—	—	—	—
南市社区	潘晓燕	—	2018	—	—	—	—
万寿桥社区	王慧英	—	2334	—	—	—	—
西河路社区	韩明华	—	5306	—	—	—	—
俊良社区	张小琴	—	4341	—	—	—	—
崇化社区	宣莉文	王亚芳	4019	—	—	—	—
潘水社区	潘宇红	朱国文	5870	—	—	—	—
南门江社区	章　敏	施　蕙	2423	—	—	—	—
太平弄社区	杜炳顺	—	4325	—	—	—	—
潇湘社区	赵水君	—	3476	—	—	—	—
美之园社区	—	章少玲	1657	—	—	—	—
南门社区	钟荣根	余文祥	1181	8	650	5.3	14860
新桥头社区	韩水泉	李志龙	758	4	900	4.7	14347
徐家河社区	吕关甫	吕　松	537	3	600	3.1	17109
仙家里社区	孙士良	—	784	4	3200	2.7	13393
车家埭社区	李国兴	鲁金友	557	3	7600	3.3	18042
高桥社区	宋正刚	张玉林	837	5	—	4.1	14636
梅花楼社区	陆凤成	—	969	—	—	5.6	17674
湖头陈社区	孙美凤	任金龙	4274	28	76500	88.9	13801

续表

村(社区)名	书　记	主　任	人口(人)	村民小组(个)	工业产值(万元)	耕地面积(公顷)	人　均净收入(元)
杜湖村社区	徐建兴	赵产坤	1688	13	18500	36.3	13996
东湘村社区	王先良	张水兴	2887	8	6400	18.9	12330
湘湖村社区	吴国水	孙革命	3861	7	3400	—	15371

（俞国龙）

【北干街道】 2009年，街道实现生产总值35.23亿，比上年增长22.75%；实现服务业增加值26.39亿元，增长27.72%；实现规模以上工业企业销售产值29.3亿元，实现利润1.99亿元，增长49.7%；实现二产增加值8.41亿元，增长10.21%。全年新批外资项目3个，增资项目1个，合同利用外资1443.72万美元，实际到位外资1851.25万美元。全年新批内资项目21个，协议利用市外资金14118万元，实际到位市外内资7440万元。街道全社会固定资产投入30298万元，增长10.07%；实现农业产值6930万元，农民人均收入19360元。

完成金鸡路、工人路北伸，环北路、地铁人民广场出口站、地铁杭发厂出口站、永久路拓宽及北山隧道施工等10个重点工程的拆迁交地工作。

加快荣庄、施家桥、畈里张、永久四大区块城中村改造工程推进工作，确保金鸡路、工人路北伸，环北路、永久路拓宽等4条地铁替代道路和步行街的建设。

1月17日，召开重点工程征迁动员大会，荣庄、施家桥、畈里张、永久等项目的征迁工作拉开序幕。这次四大区块征迁共涉及拆迁1016户。

2月20日，召开经济工作会议，表彰开元旅业集团、绿都集团等13家企业和村、社区，奖励金额139.5万元。

4月21日，北干小学举行第二届体艺节开幕式。体艺节为期一周，设有音乐、体育、美术、英语4个板块的主题活动。

6月10日下午3时，一块高15米、宽27米，总面积405平方米的巨型LED户外彩屏首度亮相人民广场。巨型LED全彩屏由杭州凤凰光电科技传媒有限公司和中国电信萧山分公司合力打造，可视距离达800米以上，无论在黑夜还是阳光强烈的白天，都能清晰收看。

6月22日，市委常委、区委书记洪航勇调研北干街道城中村改造工作。

6月26日，全区城中村改造现场会在北干街道召开。荣庄村、施家桥社区、畈里张社区和永久社区4个区块的城中村改造基本完成征迁工作。到6月25日，农户签约率99.3%，腾房率超过98%。

9月21日，举办“献礼国庆”烹饪插花大赛，16个代表队的选手参加热菜、食雕和插花3个项目的比赛。

9月25日晚，在区文化广场举行“创意北干”文化艺术总团成立仪式。

10月20日上午,中华全国总工会基层组织建设部处长王英一行到北干街道银河社区调研基层工会组织建设工作。

10月27日上午,杭州市委学习实践科学发展观活动巡回检查组组长杨培泽调研北干一苑社区学习实践情况。

12月18日,北干街道机关党委成立,选举产生中国共产党北干街道机关委员会和北干街道机关纪律检查委员会。

12月25日,省民防局局长李杭到市、区民防工作进社区的试点单位北干街道金泰苑社区调研。

北干街道各村(社区)数据库

村(社区)名	书记	主任	人口(人)	村民小组(个)	工业产值(万元)	耕地面积(公顷)	人均净收入(元)
明星村	钱金康	施志海	3063	15	6199	106.3	20196
兴议村	陈海明	周水源	3786	16	26791	52.9	19781
荣星村	张文贤	张国祥	3083	16	33843	17.1	18618
荣庄村	张海	钱士庆	2397	14	35963	14.0	19937
城北村	严晓峰	余海虹	3449	19	29794	21.7	18399
塘湾村	徐宝其	徐志堂	3058	21	27266	23.6	19524
施家桥社区	周国富	施才松	754	4	671	4.6	19283
畈里张社区	王有先	王国庆	670	—	466	3.3	19215
墩里吴社区	王金岳	裴法根	1258	10	7240	13.3	19953
永久社区	张树梅	张力平	985	—	1561	4.9	18415
高田社区	诸国迁	胡苏肖	815	—	1428	5.5	14773
荣联社区	陆渭锄	徐彩凤	927	6	2803	4.0	18511
柳桥社区	周志根	韩顺根	508	3	80768	1.8	23092
北干一苑社区	徐晓兰	徐晓兰(兼)	2637	—	—	—	—
北干二苑社区	龚卫珠	龚卫珠(兼)	3804	—	—	—	—
星都社区	张珠芬	张珠芬(兼)	1569	—	—	—	—
绿茵园社区	戴雪琴	戴雪琴(兼)	3013	—	—	—	—
华达社区	葛巨英	葛巨英(兼)	2250	—	—	—	—
银河社区	邵兰英	邵兰英(兼)	2617	—	—	—	—
广德社区	徐英	徐英(兼)	1848	—	—	—	—

续表

村(社区)名	书记	主任	人口(人)	村民小组(个)	工业产值(万元)	耕地面积(公顷)	人均净收入(元)
萧然社区	孙穗云	孙穗云(兼)	765	—	—	—	—
工人路社区	张香莲	张香莲(兼)	6508	—	—	—	—
金泰苑社区	高智慧	高智慧(兼)	1252	—	—	—	—
中誉新城社区	张婷鸣	—	663	—	—	—	—
金山西苑社区	冯国英	—	388	—	—	—	—

(许国员)

【蜀山街道】 2009年,街道实现生产总值18.66亿元,比上年增长14.5%。实现工企业总产值79.27亿元,增长17.8%,其中工业总产值54.67亿元,规模以上工业企业销售产值46.23亿元,增长10.6%;实现工企业利润2.96亿元,增长50.4%,工业增加值14.84亿元,增长22.5%。实现农业总产值1.2亿元,增长10%,农民人均收入13430元,增长10%,村级集体可分配收入2560万元。街道年度目标责任制考核位次在全区排名前进6位,并首次跻身经济发展优胜镇街之列。

16个工业项目列入街道技改计划,其中列入省、市、区重点项目6个,全年累计投入3.78亿元。至年底,16个项目中有12个竣工并投入试生产。

全年引进内外资项目3个,合同利用外资5025.43万美元,实际到位外资300万美元;协议利用内资9880万元,实际到位内资4.22亿元。

新认定省级以上高新技术企业2家、市级高新技术企业1家,省级科技中小型企业3家,国家火炬项目1项,国家新产品1只,有23只省级以上新产品通过鉴定,有2家企业的技术中心通过区级验收,列入省、市、区各类科技计划项目15项,获区、市、省科技进步奖9项,获得授权专利25项,申请发明专利7项。

规模以上企业新产品产值16.67亿元,比上年增长7.6%;规模以上企业库内新产品产值率34.89%,比上年增加4.28个百分点,继续保持全区领先地位。

全年受理各类纠纷194起,调处成功193起,接待处理各类来信来访598件次,发生刑事立案311件,比上年有所下降,未发生有重大影响的群体性事件、重大交通事故和重特大安全事故。

全年完成就业再就业773人,净增企业职工社会养老保险457人;受理劳资纠纷和工伤事故98件,结案率100%;为低保户、残疾人等弱势群体发放各类补助、救济款500余万元。

1月20日,会同区城管、国土、公安等部门,组织人员200余人,对街道所属的鲁公桥社区一处违章建筑进行强制拆除，拆违总面积1.5万平方米。

3月16日，贺知章文化陈列室正式对外开放。

3月20日，全面完成地铁2号线4条替代道路（南环路西伸、崇化路南伸、萧然西路南伸、外环南路）拆迁房屋的腾房工作，共腾房312户，其中企业19家。

4月9—10日，举办由26个村、社区主要领导和机关中层以上干部参加的基层干部读书会，主题是"加快城市化进程、推进新农村建设"。

6月27日，召开湘湖二期、地铁2号线建设工程房屋拆迁安置工作动员大会，两大工程需拆迁农户550余户。

7月25日，章潘桥村地铁2号线编组站拆迁工作自7月1日开始以来，153户拆迁房屋评估工作全面完成，评估率100%。

8月7日，湘湖二期涉及湖山社区、金西村的349户拆迁房屋完成评估，评估率100%。

11月29日，地铁2号线4条替代道路的首批109户拆迁户通过抽签，分得位于广和小区的安置房。

12月7日，召集辖区规模企业、村、社区负责人在6日发生火灾的杭州嘉诚手袋饰品有限公司召开安全工作现场会，要求街道上下进一步落实安全责任，加大隐患排查，确保社会稳定。

12月18日，蜀山街道机关党委挂牌成立。

蜀山街道各村（社区）数据库

村(社区)名	书　记	主　任	人口(人)	村民小组(个)	工业产值(万元)	耕地面积(公顷)	人均净收入(元)
知章村	闻树刚	黄国尧	2558	26	11508	115.1	13327
金西村	吴　城	黄海林	2460	17	7015	108.7	13471
湖东村	李吾根	施利松	1615	10	6504	64.3	13389
黄家章村	黄树明	黄先伟	3696	25	9612	140.4	13323
赵家墩村	戴维华	王金良	1288	11	3805	58.5	13700
章潘桥村	周岳兴	田伯平	3672	32	21053	147.9	13337
沙里吴村	周　飞	汪水龙	1430	9	7200	22.7	13264
桥头陈村	郁利民	陈　勇	1533	13	6500	43.3	13757
湖山社区	郑国民	郑四清	1267	7	2004	41.1	13536
沈家里社区	凌叶桥	沈灿军	545	4	5100	2.3	13459
金家埭社区	张仰山	蔡玉仁	529	3	3755	4.7	13575
联华社区	金宝林	张晓伟	767	5	3900	14.9	13489
严家埭社区	严焕贤	严桂芳	630	4	2004	9.1	13381
安桥社区	徐兴潮	徐建红	717	8	2112	9.3	13479
联丰社区	蔡玉忠	蔡阳庆	910	8	6400	13.1	13367
戚家池社区	蔡斌权	蔡建义	1276	8	3300	14.3	13568
向阳社区	许连法	曹钦铭	1612	12	3720	59.3	13412
曹家桥社区	曹戬庆	曹成兴	1826	13	4100	29.7	13366
鲁公桥社区	于欢斋	曹建明	1217	12	2808	19.5	13281
黄家河社区	邱水江	邱国江	820	8	3300	29.9	13579
溪头黄社区	丁吾龙	汤永法	570	3	6528	20.2	13556
越寨社区	张建德	张关扬	860	8	4031	43.7	13395
祝家桥社区	瞿海明	瞿建忠	1404	11	5003	34.5	13541
朝阳社区	戴传宏	戴才根	986	9	9336	24.9	13383
广宁社区	—	—	807	—	—	—	—
山水苑社区	戴渭焕	—	679	—	—	—	—

（沈红艳）

【新塘街道】 2009年，街道实现生产总值31.91元，其中一产1.03亿元、二产17.30亿元、三产13.57亿元。完成工企业总产值174.00亿元，利润5.48亿元，税金6.22亿元，其中工业总产值34.3亿元，工业利润2.64亿元，工业增加值16.14亿元，出口交货值44.35亿元。实现农业产值1.64亿元。

有工业和建筑企业431家。其中工业企业429家，出口企业56家，产值上亿元企业27家，产值上亿元的村（社区）20个，羽绒企业200家，羽绒工业产值68.82亿元。

全社会固定资产投资额34837万元，街道财政收入29282万元，村级集体可分配收入7511万元，村级集体所有者权益7.21亿元，农民人均收入14602元。

新批外资项目2个，增资项目12个；合同利用外资2488万美元，到位外资2021万美元；协议利用内资1.64亿元，到位内资8541万元。街道获得全区招商引资二等奖。

新认定省级高新技术企业2家，省级科技型企业1家，初创型企业1家；认定市级企业技术中心2家，市级研发中心1家，区级技术中心2家；成功申报区级科技计划项目5个，专利产业化项目1个，省级新产品3只，发明专利3只，实用新型专利36项。

有农业龙头企业10家（市级4家、区级6家），农业注册商标17只，各级生产技术标准9个，省级无公害农产品基地

3家。

杭甬铁路客专征迁，涉及9个村(社区)，共拆迁企业88家，拆迁安置农户384户。新城路(隧道)北伸二期涉及企业2家，拆迁面积1.7万平方米，征迁土地2公顷。塘湄线新塘段生态带一期拆除违建1500平方米、企业临时建筑3000平方米，新增绿地3.3万平方米；大通河等河道整治涉及5个村(社区)，拆迁农户附房74户，面积近5000平方米。此外，吕才庄、围垦等土地收储、两站两线建设等，共收储土地170.4公顷，完成各类拆迁约23万平方米。

组织30人以上拆违行动174次，拆除各类违建29463平方米，其中历史违建拆除20252平方米。

继续推进"最清洁城乡"工程，成功创建杭州市级卫生强街道，并通过市级生态街道验收。

实现失业人员再就业1466人，帮助低收入农村劳动力就业57人，新增企业社会养老保险1552人，新农合参保率99%以上。

处理群众来信48件，接待群众来访740批、1320人次；处理来电820件，处理集体访26批、198人次，处理信访电计2188人次，结案率100%。

监督街道招投标中心工程招标项目78个，预算总额2757万元，中标价2439万元，节约投资318万元。

1月7日，沙河沈桥、张湖渡桥两座杭甬运河桥通过交工验收，省交通厅质量监督局等单位鉴定结果为"优良"。

1月16日，投资150万元、占地0.3公顷的联华新村文体中心落成。至此，新塘街道按标准建设的文体中心已达7个。

4月21日，区级重点工程之一的吕才庄社区30.4公顷土地收储工作，涉及的178户农户全部签订流转协议。

6月16日，提前4天完成杭甬铁路客运专线一期涉及的213户农户、41家企业的拆迁签约任务。

9月22日，召开第三批大学生村官分配工作会议，2009年新聘的21名大学生村官与21个村、社区的书记见面对接。

9月26日，"羽都新塘"文化艺术总团成立并举行首场演出。

10月28日，杭州大天数控机床有限公司新厂房落成并首创国内高档陶瓷数控切削技术，中国机床协会名誉会长梁训瑄，中国机床工业工具协会副会长、华中数控股份有限公司总经理向华到会祝贺。

11月18日，萧山首个镇街机关党委在新塘街道挂牌成立。

12月2日，通过市环保局、市生态办的杭州市级生态文明街道验收。

12月3日，第十五届中国羽绒制品及服装服饰博览会暨首届萧山国际羽绒节开幕，羽绒之都·中国萧山"新塘之夜"颁奖文艺晚会在萧山剧院举行。

12月10日，姚江岸、王有史区块城中村改造自10月27日启动以来，521户拆迁户的评估工作基本完成，评估率99%以上。

12月31日，长山下潦社区山体发生森林火灾，街道机关、派出所、城管中队、社区干部以及区森林消防队出动近百人上山，经过近两个小时的扑救，终于扑灭山火。

新塘街道各村(社区)数据库

村(社区)名	书　记	主　任	人口(人)	村民小组(个)	工业产值(万元)	耕地面积(公顷)	人　均净收入(元)
商城社区	沈雅玲	章鸣燕(3月止)	5607	—	—	—	—
泰和社区	章鸣燕	戚　荣	6324	—	—	—	—
汇宇社区	陈　虹	陈　虹(兼)	2527	—	—	—	—
四季花城社区	郑晓春	郑晓春(兼)	4106	—	—	—	—
井头王社区	王兴根	王兴根(兼)	777	—	869	2.7	14370
半爿街社区	田志康	田志康(兼)	747	—	504	3.3	14515
文源社区	李玉娟	李国彪	1583	—	1008	7.2	14450
姚江岸社区	姚坚国	姚松林	1082	—	8658	0	13780
吕才庄社区	陈国华	徐观富	1187	—	3177	13.0	14703
王有史社区	朱渭定	王金良	979	—	5916	28.5	13657
曾家桥社区	曾焕根	曾焕灿	406	—	22384	11.8	14104
琴山下社区	姚灿焕	朱利军	580	—	14650	7.6	14983
裘江新村	孙关清	杜坚良	1780	14	32910	50.3	14351
畈里童社区	童妙兴	童军民(3月止)	786	—	42123	16.5	15712
金家浜社区	史连根	金雪祥	682	—	2287	1.1	14134
董家埭社区	蒋建伟	陈焕良	839	—	21256	3.7	14481
娄下陈村	陈马传	陈利宏	1315	3	9854	31.5	13636
和平桥村	金先林	汤永法	2107	12	28503	45.2	14250
朱家坛村	蔡飞力	蔡瑞根(12月止)	1925	15	3606	68.5	14378
五 联 村	漏山虎	单利江	2132	20	68567	23.9	15397
姑娘桥村	金叶坚	单国良(11月止)	1350	6	40988	13.9	15111
双桥社区	楼广良	蒋建钧	859	—	14368	1.1	13712

续表

村(社区)名	书　记	主　任	人口(人)	村民小组(个)	工业产值(万元)	耕地面积(公顷)	人　均净收入(元)
涝湖村	陈伟龙	富岳良(9月止)	2534	11	6634	59.0	14152
下潦社区	富林芳	富林芳(兼)	639	—	27767	4.9	14499
西许村	周焕根	胡光明	2335	8	146238	52.9	13492
行头村	郭关校	张关良	1363	11	18592	20.6	14433
郎家浜社区	张云根	张仁明	625	—	3756	10.5	14480
下畈朱社区	朱成荣	陈水根	697	—	763	3.9	14591
霞江村	陈尧华	韩贤富	2679	19	56316	62.2	16266
联华新村	沈杏生	沈建华	2002	10	9535	53.4	15628
桥南沈村	陈来法	童云庆	2056	16	49117	71.4	14602
傅楼村	娄宝祥	娄会江	1439	13	98830	37.8	15483
新丰村	王彩洋	侯潮平	1395	14	20899	42.8	14853
浙东村	钱利明	陈立刚	1833	17	52441	28.4	14435
前塘社区	陈生富	陈小龙	1169	—	47431	8.0	15141
塘里陈社区	陈雪娟	陈妙根	1472	—	39788	5.4	13633
一都孙村	俞志明	吴汉荣	1483	10	26205	24.4	15196
紫霞村	韩正江	韩关祥	1280	7	7398	34.7	13465
油树下社区	李海荣	章卫堂	850	—	5147	15.4	14913

（金贤生）

【临江街道】 2009年，按照“以城带街、城街合一”的体制，临江工业园区和临江街道实行合署办公、精简效能的运作机制，各项工作在园区和街道的共同努力下顺利开展。

8月21日，《杭州市萧山区人民政府关于建立靖江等街道办事处的通知》（萧政发〔2009〕117号）文件正式命名成立临江街道办事处，办事处隶属于临江工业园区，下辖东庄、萧东两村。

8月28日，《杭州市萧山区人民政府关于施水祥等同志任职的通知》（萧政干〔2009〕5号）文件正式任命临江街道班子成员。

8月31日，新湾撤镇设街动员大会召开，区领导许岳荣、施水祥、周红英、金老虎出席会议并为新湾、临江、前进三个街道揭牌。临江街道正式挂牌。

9月1日，临江街道党工委书记、办事处主任谢国民带领相关班子成员到东庄、萧东两村进行首次走访。9月2日上午，园区召开东庄、萧东两村三委班子成员见面会。

9月23日，临江街道与新湾街道正式举行工作对接会，就两村各项工作进行全面交接。

临江街道各村(社区)数据库

村(社区)名	书　记	主　任	人口(人)	村民小组(个)	工业产值(万元)	耕地面积(公顷)	人　均净收入(元)
东庄村	傅月庆	王志明	1469	17	3360	149.7	13860
萧东村	李水潮	袁忠芳	2427	22	4200	245.1	14026
临江佳苑	沈观良	曹欢平	2123	27	—	—	—

（曹丹丹）

【前进街道】 8月21日，萧政发〔2009〕17号文件正式命名成立前进街道办事处。按照“以城带街”模式，前进街道隶属于前进工业园区，下辖临江、前峰、三丰3个行政村，总行政区划面积40.3平方千米。

8月28日，萧政干〔2009〕5号文件正式任命施水祥兼任前进街道党工委书记、街道办事处主任。

8月31日，举行新湾、临江、前进三街道揭牌仪式，前进街道正式挂牌。

11月12日，新街道明确由党工委副书记徐岳阳负责主持工作，与蔡张炳、宋国泉、徐建其等班子成员进驻原晓阳水产的办公大楼，全面展开新机关内部办公设施的装修改造和外部广场、门台的设计建设。

12月初，街道班子领导和临江村三委干部开展征迁工作，在月底前顺利完成46户农户的评估签约任务。

12月中旬，街道组织拆迁农户到下沙七格、高沙等社区参观安置小区建设，并首次采用六户联建的方式。

12月，根据园区城市化建设的需要，新街道推进3个村级集体服务公司的创办，按照“一村一公司，一村一项目”的模式，四平保洁、海涂绿化、永安物业的注册组建工作加快展开。

12月底，新街道装修改造基本结束，在新年元旦迎来挂牌典礼。

临江街道各村(社区)数据库

村(社区)名	书　记	主　任	人口(人)	村民小组(个)	工业产值(万元)	耕地面积(公顷)	人　均净收入(元)
临江村	庄仁法	芦泉海	3240	27	13063	249.4	12990
前峰村	李冬芬	李冬芬	1447	14	7028	102.1	11642
三丰村	汪伟军	钟福才	2990	37	3074	199.3	12559

（吴令军）

人　物

领导简历

郎文荣　男，1970年9月出生，浙江杭州人，汉族，大学学历，1988年7月参加工作，1995年5月加入中国共产党。历任杭州市监察局办公室干部、副主任科员，中共杭州市纪律检查委员会、杭州市监察局监察综合室、执法监察室、办公厅副主任科员，中共杭州市纪律检查委员会办公厅副主任，中共杭州市纪律检查委员会研究（法规）室副主任，中共杭州市纪律检查委员会研究（法规）室主任，中共杭州市纪律检查委员会常委、秘书长。2009年6月起任中共杭州市萧山区委常委、纪委书记。

李锡荣　男，1963年4月出生，江苏海门人，汉族，研究生学历，1981年10月参加工作，1984年12月加入中国共产党。历任警卫一师五团十二连战士，警卫一师五团四连警卫排长，警卫一师五团司令部训练股参谋，警卫一师五团司令部作警股参谋，江苏省南通军分区司令部军务动员科参谋，

江苏省南通军分区司令部动员科参谋，江苏省南通军分区司令部军务科参谋，江苏省南通军分区教导队教员，江苏省南通军分区司令部军务科参谋，江苏省南通军分区教导队队长，江苏省南通军分区司令部军务动员科副科长，江苏省南通军分区司令部军务动员科科长，杭州市桐庐县人武部政委，杭州市萧山区人武部政委。2009年8月起任中共杭州市萧山区委常委、人武部政委。

骆威　男，1973年6月出生，浙江诸暨人，汉族，研究生学历，1999年7月参加工作，1994年1月加入中国共产党。历任中国外文局人民画报社编辑，中国外文局人民画报社影视广告部副主任（主持工作），中国外文局人民画报社中文编辑部副主任，浙江省文化厅办公室助理调研员，浙江省文化厅办公室副主任。2009年7月起任杭州市萧山区副区长（省下派挂职干部）。

（严颖颖）

先进名录

先进集体

【国家级先进集体】

区审计局：被人力资源和社会保障部、国家审计署评为全国审计系统先进集体

区食品药品监督管理局：被国家食品药品监督管理局评为全国食品药品监督管理系统先进集体

区公安分局刑侦大队交通治安中队：被公安部评为全国一级责任区刑警队

区公安分局刑侦大队重案二中队：被公安部评为全国一级责任区刑警队

区公安分局看守所：被公安部评为全国公安监管战线亲民爱民先进模范集体

区公安分局消防大队：被公安部授予集体二等功

工商萧山分局：被国家工商总局评为全国个体私营经济监督管理调研工作先进联系点

区劳动和社会保障局：被人力资源和社会保障部、中国劳动保障报社评为2009年度新闻宣传工作先进单位

区司法局：被司法部评为全国司法行政基层工作先进单位

区关工委：被中国关心下一代工作委员会评为全国关心下一代宣传报道和《中国火炬》杂志征订发行工作先进集体

区妇联：被中华全国妇女联合会评为全国妇女维权工作先进集体

区环保局：被国务院第一次全国污染源普查领导小组办公室、环保部、国家统计局、农业部评为第一次全国污染源普查全国先进集体

区粮食局：被国家粮食局评为2009年度全国粮食流通监督检查工作先进单位

萧山国税局：被中华全国妇女联合会、全国妇女“巾帼建功”活动领导小组授予“全国巾帼文明岗”称号

区房地产管理处：被住房和城乡建设部命名为“全国房地产产权产籍管理规范化先进单位”

萧山经济技术开发区管委会：被商务部评为2009年度统计工作优胜单位

萧山经济技术开发区：被商务部评为2009年度国家级开发区网络招聘工作优秀开发区

萧山经济技术开发区工商所：被国家工商总局评为全国工商行政管理系统商标工作先进集体

区个私协会：被中国个体劳动者协会评为全国个私协会先进单位

公路开发公司新街(互通)收费站：被共青团中央授予“全国青年文明号”

“中国萧山”政府网站：获中国社会科学院第四届中国特色政府网站“服务创新奖”

“中国萧山”政府网站：被工信部授予“2009年度中国政府网站优秀奖”

新塘街道：被中国轻工业联合会、中国羽绒工业协会授予“中国羽绒之乡”称号

城厢街道：被民政部命名为“全国和谐社区建设示范街道”

城厢街道南市社区：被民政部命名为“全国和谐社区建设示范社区”

临浦镇总工会：被中华全国总工会授予“全国百家示范乡镇(街道)工会”称号

闻堰镇黄山村：被司法部、民政部评为全国民主法治示范村

靖江街道：被中国成人教育协会社区教育专业委员会评为全国社区教育示范街道

萧山经济技术开发区医院：被民政部评为全国先进社会组织

萧山供电局计量中心计量一班度量衡QC小组：被中国质量协会、中华全国总工会、共青团中央、中国科学技术协会、中华全国妇女联合会授予“全国优秀质量管理小组”称号

萧山供电局客户服务中心95598特服班QC小组：被中国质量协会、中华全国总工会、共青团中央、中国科学技术协会、中华全国妇女联合会授予“全国优秀质量管理小组”称号

萧山发电厂：被中央文明办评为全国精神文明建设工作先进单位

萧山商业城：被中国商业联合会评为全国十大综合商品交易市场第一名

浙江世纪汽车市场：被中国商业联合会评为2009年度全国十大机动车交易市场

深圳发展银行杭州萧山支行：被深圳发展银行总行授予2009年度优秀服务奖

浙江萧山农村合作银行：被中央国债登记结算有限公司评为2009年度优秀中债估值成员

中信银行杭州萧山支行党总支：被中信银行总行党委评为先进基层党组织

中国光大银行杭州萧山支行：被中国光大银行总行评为

先进集体

中国光大银行杭州萧山支行:获中国光大集团“青年文明号”称号

中国人保财险萧山支公司:被中国人保财险总公司授予“中国人保财险标杆县区支公司”称号

海通证券股份有限公司杭州文化路证券营业部:被海通证券股份有限公司评为先进集体

浙江万丰企业集团公司:被中国企业联合会、中国企业家协会评为“2009中国服务业500强”,位列第323名

浙江万丰企业集团制药有限公司:被中国质量协会供销合作系统分会评为2009年全国供销合作社系统实施卓越绩效模式先进企业

登峰交通集团浦阳桃北新村项目:被住房和城乡建设部评为国家康居住宅示范工程

中球冠集团有限公司:被国家统计局评为中国最大1000强大企业

浙江凯旋门澳门豆捞控股集团有限公司:被中国饭店协会评为最具社会责任感企业

浙江凯旋门澳门豆捞控股集团有限公司:被商务部国际贸易研究院评为中国商业特许经营优秀品牌

杭州开元之江清洗连锁有限公司:被中国商业联合会洗涤委评为全国洗涤十佳企业

杭州东奥餐饮有限公司(东馆食府):被中国烹饪协会授予“中华金厨奖”团体奖

杭州盛利化工有限公司:被中国发展研究院等部门评为全国改革创新诚信建设示范单位

浙江荣盛控股集团:被中国企业联合会、企业家协会评为“2009中国企业500强”,位列第320位

浙江荣盛控股集团:被中国民营企业联合会、中国统计协会、中国管理科学研究院企业发展研究中心评为2009年度“中国民营500强”企业

浙江荣盛控股集团:被中国纺织工业协会、中国纺织企业文化建设协会授予“2009中国纺织十大品牌文化”称号

浙江荣盛控股集团:被中国纺织工业协会授予“全国纺织行业实施卓越绩效模式先进企业”称号

浙江天翔控股集团有限公司:被中国轻工业联合会、中国羽绒工业协会授予中国羽绒行业“功勋企业”奖

杭州金弘三鸟羽绒制品有限公司:被中国轻工业联合会、中国羽绒工业协会授予中国羽绒行业“优秀企业”奖

杭州华隆羽绒制品有限公司:被中国轻工业联合会、中国羽绒工业协会授予中国羽绒行业“优秀企业”奖

浙江金利发羽绒制品有限公司:被中国轻工业联合会、中国羽绒工业协会授予中国羽绒行业“优秀企业”奖

杭州三星羽绒制品有限公司:被中国轻工业联合会、中国羽绒工业协会授予中国羽绒行业“优秀企业”奖

杭州柳桥集团:被国务院残工委评为第四届全国扶残助残先进集体

【省级先进集体】

萧山区:被省政府评为浙江省民政工作先进区(县、市)

萧山区:被省政府评为浙江省基层低保规范化建设示范单位

萧山区:获省政府第十五届全省水利“大禹杯”金奖

萧山区:被省农业厅评为2008年度全省初制茶厂优化改造先进县

萧山区:被省委办公厅、省政府办公厅评为2009年度浙江省农村住房改造建设工作优秀单位

萧山区:被省“千村示范万村整治”工作协调小组办公室(省农办)、省财政厅评为2009年度全省“千村示范万村整治”工作考核优胜单位

萧山区:被省农业厅评为推进农产品产地准出管理示范县

萧山区:被省爱卫会评为2009年度浙江省卫生区

萧山区:被省卫生厅妇社处、省新生儿疾病筛查中心评为2008年度浙江省新生儿疾病筛查工作县级先进集体

萧山区:被省卫生厅妇社处、省新生儿疾病筛查中心授予2008年度浙江省新生儿疾病筛查工作县级质量优胜奖

萧山区:被省文化厅评为浙江省非物质文化遗产普查工作优秀单位

区委政研室:被省委政研室授予全省党委政研室系统2008年度优秀调研成果奖优秀奖

区委政研室:被省委政研室、省政府发展研究中心评为2009年度全省政研信息工作先进单位

区委政研室:被省委政策研究室、省政府发展研究中心评为2009年度浙江发展研究奖三等奖

区纪委、监察局:被省纪委办公厅评为2009年度全省纪检监察工作先进单位

区委统战部:被省委统战部评为全省统一战线信息工作先进集体

区委报道组:被浙江日报报业集团评为2009年度全省优秀报道组

区委机要局:被省委办公厅评为2009年度全省党政系统密码工作先进单位

区外事办:被省外事办评为2009年度全省外事系统先进集体

区人大常委会机关:被省人大常委会评为2009年度浙江省人大信息工作先进单位

区公安分局看守所:被省公安厅评为全省科技强警示范科(所队)

区公安分局看守所:被省公安厅评为全省公安监管系统先进集体

区公安分局刑侦大队刑事科学技术室:被省公安厅评为全省科技强警示范科(所队)

区公安分局经侦大队:被省公安厅、省烟草专卖局评为浙江省卷烟打假工作先进集体

区老龄工作委员会办公室:被省老龄办评为2009年度

老龄信息工作先进集体

区总工会帮扶中心：被省总工会评为先进集体

区妇联：被省妇联授予浙江省“三八”红旗集体称号

区经发局：被省经济和信息化委员会授予“千名干部与项目结对推进企业技术改造先进单位”称号

萧山经济技术开发区管委会：被省商务厅评为2009年度信息工作先进集体

工商萧山分局：被省工商局评为全省助动民营经济发展先进单位

工商萧山分局：被省工商局评为全省工商行政指导工作示范单位

工商萧山分局：被省工商局评为全省工商系统政务信息工作先进集体

瓜沥工商所：被省工商局评为全省工商系统五星级文明规范工商所

义盛工商所：被省工商局评为全省工商系统四星级文明规范工商所

临浦工商所：被省工商局评为全省工商系统四星级文明规范工商所

城厢工商所：被省工商局评为全省工商系统三星级文明规范工商所

萧山法院执行庭：被省高院批准立集体二等功

萧山法院刑事审判第一庭：被省高院评为全省法院刑事审判工作先进集体

萧山法院审判监督庭：被省高院评为全省法院审判监督工作先进集体

区司法局：被省司法厅评为全省法制新闻宣传先进单位

萧山法治网：被省普法教育领导小组办公室评为浙江省优秀普法网站

“12348”法律援助中心：被省司法厅评为“2005—2009年度浙江省法律援助先进集体”

区矫正办：被省矫正办评为2009年度“社区矫正规范落实年”活动先进集体

区档案局：被省档案局命名为“社会主义新农村建设档案工作示范县”

区人事局：被省人力资源和社会保障厅评为2009年度全省人事宣传工作先进单位

区劳动和社会保障局：被省人力资源和社会保障厅评为2009年度全省劳动保障宣传工作先进单位

区劳动和社会保障局：被省人力资源和社会保障厅评为2009年度全省劳动保障监察工作先进单位

区农机水利局：被省水利厅评为2009年度全省水利系统信息工作先进单位

区农机水利局：获省水利厅2008年度全省水资源费征收工作先进单位一等奖

区农机水利局：获省水利厅、省财政厅2009年度全省河道保洁长效管理先进单位评比三等奖

区农机水利局：被省农业厅评为全省农机安全生产工作先进单位

区农机水利局—进化镇新江村：被省委宣传部、省文明办评为全省“双万结对、共建文明”活动先进对子

区农业机械监督管理总站：被省农机管理局评为水稻生产机械化育插秧技术推广工作先进集体

区农业机械监督管理总站：被省农机管理局评为全省农机化信息工作考核优秀单位

萧山城市生活垃圾焚烧发电工程：被省水利厅评为2008年度全省开发建设项目水土保持示范工程

区农业局：被省农业厅评为2008年度全省农业宣传工作先进集体

区农业局：被省农业厅评为2009年度浙江农民信箱工作先进集体

区农业局：被省海洋与渔业局评为2009年度海洋与渔业工作先进县(市、区)局

区农业局：被省海洋与渔业局评为2009年度浙江省水产品质量安全专项整治暨执法年活动先进集体

区农业局：被省海洋与渔业局授予“2009年度渔船安全生产目标责任制考核”二等奖

区农业行政执法大队：被省农业厅评为2008年度省农业行政执法绩效考核优胜单位

区畜牧兽医局：被省畜牧兽医局评为2009年度畜产品及饲料价格定点监测工作先进单位

区防治动物疫病指挥部：被省防治动物疫病指挥部评为2008年度重大动物疫病防控和畜产品安全目标管理考核优胜单位

区种子管理站：被省种子总站评为2009年度浙江省农作物种质资源普查工作先进单位

区渔政管理站：被省海洋与渔业执法总队评为2009年度全省渔业执法工作先进集体

国土萧山分局：被省国土资源厅评为全省整顿和规范矿产资源开发秩序先进单位

国土萧山分局：被省国土资源厅评为2009年度全省国土资源系统政务信息工作先进单位

海关萧山办事处报关大厅：被团省委授予“省级青年文明号”

萧山出入境检验检疫局：被浙江出入境检验检疫局评为2007—2008年度文明单位

区粮食局：被省粮食局评为浙江省创建粮食收购工作先进单位

萧山国税局：被省委、省政府命名为“浙江省文明单位”

萧山国税局：被省国税局授予全省国税系统“四项工程”建设先进单位

萧山国税局：被省国税局评为2008年全省国税系统政务信息报道先进集体

萧山国税局办事大厅：被省纪委办公厅评为省级“群众

满意基层站所”

萧山公积金分中心：被省住房和城乡建设厅、省财政厅评为全省住房公积金管理考核优秀单位

区审计局：被省审计厅评为全省审计系统优胜单位

区公路管理处：被省公路局评为公路工作先进单位

区公路管理处城郊所：被省公路局评为省交通运输系统“群众满意基层站所创建工作先进单位”

区道路运输管理处：被省运管局授予“维修驾培管理先进单位”称号

区道路运输管理处：被省运管局授予“出租汽车管理先进单位”称号

区港航管理处城厢所：被省港航局评为全省港航系统行风竞赛优胜单位

区建设综合执法大队：被省城建城管协会评为2009年度浙江省城建城管行政执法工作先进集体

区环卫处：被省住房和城乡建设厅评为浙江省城市市容环境卫生工作先进集体

“中国萧山”政府网站：被省政府评为2009年度浙江省优秀网站

区个私协会：被省个私协会评为全省个私协会实施“5511培训工程”先进单位

九三学社萧山区基层委员会：被九三学社浙江省委会评为先进基层组织

农工党联合二支部：被农工党浙江省委会评为农工党浙江省2007—2009年度先进基层组织

民进萧山中学支部：被省民进评为2009年度省级先进支部

萧山二中团委：被团省委评为省级先进团委

萧山广播电视台：被浙江广电集团授予“2009年度浙江省广播新闻协作奖”特等奖

萧山广播电视台：被浙江广电集团授予“2009年度浙江省电视新闻协作奖”一等奖

萧山党校函授辅导站：被省委党校评为优秀函授辅导站

区人才开发中心：被省人才交流中心评为2009年度浙江省人才交流系统先进单位

区卫生监督所：被省卫生厅卫生监督局评为2008年度浙江省卫生监督信息宣传先进集体

靖江镇：被省档案局评为社会主义新农村建设档案工作示范乡镇(街道)

南阳镇党委：被省委授予“省农村基层组织‘先锋工程’建设‘五好’乡镇党委”称号

衙前镇：被省委、省政府命名为“2009年度省级社会治安综合治理先进集体”

衙前镇党委：被省委授予“省农村基层组织‘先锋工程’建设‘五好’乡镇党委”称号

衙前镇凤凰村：被省纪委、省农村基层党风廉政建设领导小组评为浙江省农村基层党风廉政建设示范村

宁围镇新华集团党委(村企联建)：被省委授予“省农村基层组织‘先锋工程’建设‘五好’村党组织”称号

进化镇涂川村党支部：被省委授予“省农村基层组织‘先锋工程’建设‘五好’村党组织”称号

城厢街道：被省政府评为2009年浙江省基层低保规范化建设示范街道

城厢街道：被省委、省政府命名为“浙江省文明街道”

新塘街道汇宇社区：被省委、省政府命名为“浙江省文明社区”

戴村镇三头村：被省委、省政府命名为“浙江省文明村”

义蓬镇新庙前村：被省委、省政府命名为“浙江省文明村”

河庄镇建一村：被省委、省政府命名为“浙江省文明村”

进化镇：被省爱卫会评为2009年度浙江省卫生镇

党湾镇：被省环保厅命名为省级生态镇

益农镇众力村：被省政府授予“园林绿化示范村”称号

临浦镇通二村：被省政府评为2009年浙江省基层低保规范化建设示范村

瓜沥镇运西村：被省政府评为2009年浙江省基层低保规范化建设示范村

义蓬街道白浪村：被省政府评为2009年浙江省基层低保规范化建设示范村

萧山发电厂党委：被省国资委党委评为先进基层党组织

萧山水务集团：被省综治办、省公安厅、省综治协会评为2009年度浙江省治安安全示范单位

萧山烟草专卖局(分公司)：被省烟草专卖局(公司)评为优秀县级专卖局、优秀县级分公司

萧山烟草专卖局(分公司)：被省烟草专卖局(公司)、省公安厅评为浙江省卷烟打假工作先进集体

工商银行杭州萧山支行：被工商银行浙江省分行授予“经营绩效综合评价县(市)支行十强”

中国银行杭州市萧山支行：获中国银行浙江省分行绩效考核“A+”

中国银行杭州市萧山支行党总支：被中国银行浙江省分行党委评为2008—2009年度先进基层党组织

中国银行杭州萧山瓜沥支行：获中国银行浙江省分行集体三等功

建设银行杭州萧山支行：被省委、省政府命名为“浙江省文明单位”

上海浦东发展银行杭州萧山支行：被省委、省政府命名为“浙江省文明单位”

萧山农村合作银行：被省农村信用联社评为2008年度浙江省农村合作金融系统优胜单位

萧山农村合作银行：被中国银监会浙江监管局、省农业和农村工作办公室评为浙江省金融支农推进年活动先进集体

萧山农村合作银行：被省农村信用联社评为2009年度浙江省农村合作金融系统优胜单位

交通银行杭州萧山支行:被交通银行浙江省分行授予“2009年度最大贡献奖”

中信银行杭州萧山支行:被中信银行杭州分行(省分行)评为先进集体

杭州银行萧山支行:被中国银监会浙江监管局、省农业和农村工作办公室评为浙江省金融支农推进年活动先进集体

深圳发展银行杭州萧山支行:被省综治办、省公安厅、省综治协会评为2009年度浙江省治安安全示范单位

中国人保财险萧山支公司:被中国人保财险浙江省分公司评为“双文明”建设先进单位

中国人保财险萧山支公司:被中国人保财险浙江省分公司授予“经营管理奖”

中国人保财险萧山支公司:被中国人保财险浙江省分公司评为2007—2009连续三年经营管理先进单位

萧山区供销联社:被省供销社评为2008年度浙江省供销系统先进单位

浙江万丰企业集团公司:被省企业联合会、省企业家协会评为2009浙江省服务业百强企业

萧山区邮政局投递(报刊)公司投递二部:被省邮政公司授予“2009年度全省邮政营业、投递基础管理、规范服务达标竞赛活动”三等奖

区餐饮行业协会:被省餐饮行业协会评为浙江省餐饮行业先进协会

区抗癌协会:被省抗癌协会评为2009年度省抗癌康复先进集体

区市场建设开发服务中心:被省市场联合会、省市场开发中心评为先进集体

区第二人民医院:被省爱卫会评为2009年度浙江省卫生先进单位

区第一人民医院ICU“生命守护岗”:被省妇联授予2009年度浙江省级“巾帼文明岗”

区第二人民医院:被省卫生厅、省综治办、省委宣传部评为2008年度浙江省“平安医院”

浙江萧山医院:被省卫生厅、省综治办、省委宣传部评为2008年度浙江省“平安医院”

公交公司:被省建设厅评为浙江省城市公交春运工作先进单位

区公共交通公司8005号车组:被团省委授予“省级青年文明号”

公路开发公司机场公路收费站:被省总工会授予“工人先锋号”

浙江世纪汽车市场:被省工商局评为浙江省四星级文明规范市场

杭州原野五金汽配市场:被省工商局评为浙江省三星级文明规范市场

萧山农产品批发市场:被省工商局评为浙江省三星级文明规范市场

东门市场:被省工商局评为浙江省四星级文明规范市场

瓜沥第一农贸市场:被省工商局评为浙江省三星级文明规范市场

坎山综合市场:被省工商局评为浙江省二星级文明规范市场

头蓬综合市场:被省工商局评为浙江省二星级文明规范市场

江寺桥农贸市场:被省工商局评为浙江省二星级文明规范市场

长山农贸市场:被省工商局评为浙江省二星级文明规范市场

戴村综合农贸市场:被省工商局评为浙江省二星级文明规范市场

义桥农贸市场:被省工商局评为浙江省二星级文明规范市场

萧山颐高数码广场:被省工商局评为浙江省二星级文明规范市场

众安恒隆广场:被省旅游标准化技术委员会评为浙江省四星级旅游商品购物点

萧山粮食购销有限责任公司市东中心粮库:被省粮食局评为省(粮食局)三星级粮库

浙江荣盛控股集团:被省委、省政府命名为“浙江省文明单位”

荣盛石化股份有限公司:被省委宣传部、省工商局、省私营(民营)企业协会、省个体劳动者协会授予2008年度浙江省“诚信民营企业”称号

浙江荣盛控股集团:被中国企业家杂志社、省工业经济联合会、省企业联合会、省企业家协会授予2009年度浙江省“最受尊敬企业”称号

登峰交通集团:被省爱卫会授予“浙江省卫生先进单位”称号

浙江华瑞信息技术有限公司:被省信息产业厅评为浙江省电子商务十强企业

中球冠集团有限公司:被浙江名牌产品认定委员会评为浙江省名牌产品(服务业产品)

杭州萧山秋琴农业发展有限公司:被省政府授予“浙江省模范集体”称号

浙江凯旋门澳门豆捞控股集团有限公司:被省工商局评为浙江省知名商号

萧山新时代恒丰餐饮有限公司:被省工商局评为浙江省知名商号

萧山新时代恒丰餐饮有限公司:被省旅游委员会评为五星级餐馆

萧山渔家功大酒店:被省餐饮行业协会评为浙江省餐饮名店

浙江凯旋门澳门豆捞控股集团有限公司:被浙江省爱心事业基金会评为爱心阳光企业

先进个人

【国家级先进个人】

蒋金梁：区委常委、副区长，被国务院第一次全国污染源普查领导小组办公室、环保部、国家统计局、农业部评为第一次全国污染源普查全国先进个人

朱纪祥：区环保局局长，被国务院第一次全国污染源普查领导小组办公室、环保部、国家统计局、农业部评为第一次全国污染源普查全国先进个人

詹国棋：质监萧山分局书记、局长，被国家质检总局评为全国质检系统“质量与安全年”活动先进个人

商进儿：质监萧山分局标准化科科员，被国家物品编码中心评为全国条码先进工作者

俞文法：区司法局副局长，被司法部评为全国“五五”普法中期先进个人

林鲁伊：区纪委宣传教育室副主任，被中纪委宣教室、中央外宣办网络宣传局评为全国纪检监察系统2009年度反腐倡廉网络宣传工作先进个人

周吾灿：衙前镇镇长，被全国第二次经济普查领导小组办公室评为全国第二次经济普查工作先进个人

黄木根：区钱塘江灌区管理处总支部书记，被人力资源和社会保障部、水利部授予“全国水利系统先进工作者”称号

杨定凤：农工党萧山区总支部委员会副主委，被农工党中央授予“中国农工民主党优秀组织工作者”称号

金关荣：萧山棉麻研究所副研究员，被农业部、科技部评为2009年度全国优秀特派员

鲁冠球：万向集团董事局主席，在中华全国总工会发起的“时代领跑者：新中国成立以来最具影响力的劳动模范”评选活动中被评为劳动模范

许利川：中国农业发展银行杭州市萧山支行党支部书记、行长，被中华全国总工会授予“全国五一劳动奖章”

许利川：中国农业发展银行杭州市萧山支行党支部书记、行长，被中国金融工会全国委员会授予“全国金融五一劳动奖章”

徐小英：中信银行杭州萧山支行常务副行长，被中信银行总行党委评为优秀共产党员

陆钧：深圳发展银行杭州萧山支行行长，被深圳发展银行总行党委评为2009年优秀共产党员

詹立芳：深圳发展银行杭州萧山支行综合管理部经理助理，被深圳发展银行总行授予“啄木鸟”最高奖

楼增明：萧山区供销联社主任、党委书记，被中华全国供销合作总社授予“影响中国供销合作社60年60人·开拓创新奖”

裘国平：萧山区供销联社党委委员，被中华合作时报社、《中国合作经济》杂志社评为2008中国合作经济年度人物

李水荣：浙江荣盛控股集团董事长，被中国纺织工业协会、中国纺织企业文化建设协会授予“中国纺织品牌文化建设杰出人物”称号

俞建国：杭州恒达环保有限公司董事长，被环保部授予“中国环保产业优秀企业家”称号

陈招贤：浙江天翔控股集团有限公司总经理，被中国轻工业联合会、中国羽绒工业协会授予“中国羽绒行业功勋企业家”称号

郭明明：浙江东南网架集团董事长，被中国民营企业家协会、中国经济社会发展研究会授予“建国60周年创新人物”称号

任文达：中球冠集团有限公司董事长，被中国民营企业家协会评为中国十佳民营企业家

孙叶江：杭州萧山西苑餐饮有限公司总经理，被中国烹饪协会评为中国烹饪名师和中国百强名厨

孙松鹤：浙江万隆曼卡龙珠宝有限公司董事长，被品牌中国产业联盟授予“品牌中国年度人物新锐奖”

韩丽娟：杭州盛利化工有限公司董事长，被中国发展研究院等部门评为全国改革创新诚信建设十大杰出女性

陈建荣：海通证券股份有限公司杭州文化路证券营业部总经理，被海通证券股份有限公司评为“十佳营业部经理”

徐传友：杭州萧山振大园林绿化有限公司董事长，被国务院残工委授予第四届“全国自强模范”

郭晓恩：萧山区邮政局人民路储蓄所营业员，被中国邮政储蓄银行评为营业网点、服务“双星”评选活动“明星个人”

楼颖：区第一人民医院员工，获卫生部“中生杯”全国医药卫生系统摄影作品三等奖

张灿芬：区中医院护士长，被中华中医药学会评为第二届全国百名优秀护理标兵

冯坚强：城厢个体工商户，被卫生部、中国红十字会总会、中国人民解放军总后勤部授予全国无偿献血奉献奖金奖

【省级先进个人】

周伟东：区府办副主任，被浙江省第一次全国污染源普查领导小组办公室评为第一次全国污染源普查省级先进个人

许建达：区政法委副书记，被省委、省政府评为省级社会治安综合治理先进个人

张德良：区委报道组副组长、区委办新闻科科长，被浙江日报报业集团评为2009年度全省先进报道工作者

汤盈楠：区委办新闻科副科长，被浙江日报报业集团评为2009年度全省先进报道工作者

毛生水：区委机要局局长，被省委办公厅记二等功

余明霞：区纪委办公室科员，被省纪委办公厅评为2009年度全省纪检监察信息工作先进个人

陆建明：区老龄工作委员会办公室副主任，被省老龄办评为2009年度老龄信息工作优秀信息员

俞新乐：区卫生局副局长、党委委员，被省卫生厅评为2009年度浙江省医政工作先进个人

孙欣荣：区爱卫办副主任、改水办主任，被省爱卫会评为

2009年度浙江省爱国卫生工作先进个人

高尔华：区地名办主任，被省民政厅评为浙江省地名公共服务工程先进个人

王诚生：区民政局办事员，被省政府评为2009年浙江省基层低保规范化建设先进个人

傅云波：区公安分局指挥中心副主任，被省公安厅评为全省公安办公室、指挥中心系统先进个人

毛国强：区公安分局城厢派出所民警，被省公安厅评为浙江公安百名优秀基层民警，并记个人三等功

施国荣：区公安分局办公室副主任，被省公安厅评为全省国庆期间维稳与信访工作先进个人

裘雄伟：区公安分局新塘派出所副所长，被省公安厅评为全省优秀人民警察

田铭：区公安分局市北派出所教导员，被省公安厅评为全省公安政治工作先进个人

金鑫东：区公安分局法制科科长，被省公安厅评为全省公安法制工作先进个人

张玉剑：工商萧山分局主任科员，被省军队转业干部安置工作小组、省委组织部、省人力资源和社会保障厅、省军区政治部评为浙江省先进军转工作者

范湧：工商萧山分局办公室秘书，被省工商局评为全省工商系统政务信息工作先进个人

汪永利：义盛工商所副所长，被省工商局评为全省工商系统十佳合同帮农指导员

高解明：萧山经济技术开发区管委会党政办信息科科长，被省商务厅评为2009年度信息工作先进个人

娄巍：区科技局工业（专利）科副科长，被省科技厅评为2009年度科技帮扶促调活动先进个人

孔海琪：萧山法院速裁庭副庭长，被省高院批准记个人二等功

胡爱琴：萧山法院执行实施一科科长，被省高院评为2009年度全省法院“十佳优秀执行员”

刘明：区人事局副局长，被省军队转业干部安置工作小组、省委组织部、省人力资源和社会保障厅、省军区政治部评为浙江省先进军转工作者

徐志杨：区人事局办公室科员，被省人力资源和社会保障厅评为2009年度全省人事宣传工作先进个人

朱荣：萧山出入境检验检疫局纪检组长、副局长，被浙江出入境检验检疫局评为全省系统2009年度优秀工作者

黄风雷：萧山出入境检验检疫局机电轻工检验处处长，被浙江出入境检验检疫局评为全省系统优秀共产党员

徐叶忠：区交通局副局长、道路运输管理处主任，被省运管局评为省级行业文明创建先进个人

方军：萧山交通发展有限公司副总经理、萧山公路开发有限公司总经理，被省政府授予“浙江省劳动模范”称号

来渭贤：区侨办副主任，被省人力资源和社会保障厅、省政府侨务办公室授予“全省侨办系统先进工作者”称号

徐勤玲：萧山国税局党组书记、局长，被省国税局记个人三等功

郑路桥：萧山国税局党组成员、副局长，被省国税局评为全省国税系统“四项工程”建设先进个人

沈小飚：萧山国税局税源管理一科科长，被省国税局记个人三等功

朱国根：萧山国税局办公室副主任，被省国税局评为廉政文化建设先进个人

袁伟源：萧山国税局义蓬税务分局科员，被省国税局评为2008年度全省国税系统优秀税务工作者

傅宏杰：萧山国税局稽查局科员，受省国税局嘉奖

徐剑：区农业局办公室副主任，被省农业厅评为2008年度全省农业宣传工作先进个人

韩水永：区畜牧兽医局常务副局长兼防疫科科长、高级畜牧师，被省农业厅评为2008年度全省生态畜牧业与畜禽排泄物治理工作先进个人

梁红昶：区畜牧兽医局兽医师，被省畜牧兽医局评为2009年度畜产品及饲料价格定点监测工作先进个人

卫振平：区农业局渔业执法中队中队长，被省海洋与渔业执法总队评为2009年度全省渔业执法工作先进个人

毛地卫：区农水局水政水管科科长，被省水利厅评为2008年度浙江省海塘管理先进个人

田锡平：区浦阳江流域管理处副主任，被省水利厅评为2008年度浙江省海塘管理先进个人

王群英：区农业机械监督管理总站，被省农机管理局评为全省农机购置补贴工作先进个人

汪芬娟：区疾控中心（卫生监督所）主任（所长）助理，被省卫生厅评为2008年度浙江省疾病预防控制先进工作者

瞿景佳：萧山烟草专卖局（分公司）专卖科科长，被省烟草专卖局（公司）、省公安厅评为浙江省卷烟打假工作先进个人

张欣：党山镇团委书记，被团省委评为省级优秀团干部

方明贤：河庄街道建一村党总支书记，被省政府授予“浙江省劳动模范”称号

徐月来：衙前镇经发办副主任，被省劳动争议仲裁委员会评为省劳动争议仲裁先进个人

朱伟民：萧山广播电视台新闻总监、新闻中心主任，被省新闻工作者协会授予“2009年度浙江省模范新闻工作者”称号

汤重钰：区邮政局人力资源部科员，被省邮政公司评为浙江省邮政企业优秀培训师

吴春友：萧山商业城管委会办公室，被省政府第二次经济普查领导小组评为浙江省第二次经济普查先进个人

方正：中国银行杭州市萧山支行副行长，获中国银行浙江省分行个人三等功

许利川：中国农业发展银行杭州市萧山支行党支部书记、行长，被省政府授予“浙江省劳动模范”称号

许利川：中国农业发展银行杭州市萧山支行党支部书记、行长，被省农发行评为“感动浙江农发行人物”

罗秀琼：中国农业发展银行杭州市萧山支行副行长，被省农发行评为2008年度业务营销标兵

李琦：中国农业发展银行杭州市萧山支行办公室主任，被省农发行评为2008年度青年岗位能手

丁云莲：萧山农村合作银行董事长，被省农村信用联社评为2009年度省农村合作金融系统优秀领导干部

单仲飞：萧山农村合作银行行长，被省农村信用联社评为2009年度省农村合作金融系统优秀领导干部

徐小英：中信银行杭州萧山支行常务副行长，被中信银行杭州分行(省分行)评为优秀分支行长

张增煊：中信银行杭州萧山支行工会主席、办公室主任，被中信银行杭州分行(省分行)评为模范工作者

朱向军：中信银行杭州萧山支行营业部经理，被中信银行杭州分行(省分行)评为模范工作者

董永正：浦发银行杭州萧山支行办公室主任、党总支委员，被中共浙江省直属机关工作委员会评为2008—2009年度优秀党务工作者

楼增明：萧山区供销联社主任、党委书记，被省企业联合会、省企业家协会评为第八届浙江省优秀创业企业家

方贤满：萧山区供销联社办公室副主任，被省供销社评为2008年度全省供销系统优秀信息员

卢广法：萧山发电厂厂长，被省政府授予“浙江省重点建设立功竞赛先进个人”称号

高仁海：中国人保财险萧山支公司副总经理，被中国人保财险浙江省分公司授予特殊津贴奖

朱强：萧山棉麻研究所助理研究员，被省委、省政府评为2009年度全省优秀特派员

李蓓玲：萧山区餐饮行业协会秘书长，被省餐饮行业协会评为先进工作者

吴海林：区抗癌协会理事，被省抗癌协会评为癌症康复工作先进个人

李水荣：浙江荣盛控股集团董事长，被省人民教育基金会、省教育厅授予浙江省第十二届“绿叶奖”

孙云球：登峰交通集团董事长，被省慈善总会授予“浙江省慈善奖”

任文达：中球冠集团有限公司董事长，被省委统战部、省经济和信息化委员会、省人力资源和社会保障厅、省工商局、省工商联评为第三届浙江省优秀中国特色社会主义事业建设者

孙叶江：萧山西苑餐饮有限公司总经理，被省餐饮行业协会评为浙江烹饪大师

邱建林：浙江恒逸集团有限公司董事长、党委书记，被省政府授予“浙江省劳动模范”称号

裘兴乔：杭州华丰链业有限公司职工，被省政府授予“浙江省劳动模范”称号

徐松青：浙江高运集团有限公司车间主任，被省政府授予“浙江省劳动模范”称号

俞飞燕：萧山医院儿保科科员，被省卫生厅妇社处、省新生儿疾病筛查中心评为2008年度浙江省新生儿疾病筛查工作先进个人

郭晓波：浙江电大萧山学院志愿服务队队长，被团省委评为省级优秀志愿者

王华炎：临浦一小校外辅导员，被团省委、省教育厅、省少工委授予“红黄蓝”浙江省少先队功勋(金质)奖章

周觉伟：益农镇小校长，被团省委、省教育厅、省少工委授予“红黄蓝”浙江省少先队功勋(金质)奖章

郁海燕：瓜沥片总辅导员、任伯年小学副校长，被团省委、省教育厅、省少工委评为省级优秀少先队辅导员

王莎莎：义桥实验学校学生，被团省委、省教育厅、省少工委评为省级优秀少先队员

顾鑫燚：新街中心小学学生，被团省委、省教育厅、省少工委评为省级优秀少先队员

孙雪怡：市北小学学生，被团省委、省教育厅、省少工委评为省级优秀少先队员

丁海洋：义桥镇售粮大户，被省粮食局评为浙江省订单粮食“守合同重信用”优秀售粮大户

重要文件辑录

中共杭州市萧山区委
关于加快城市化进程实现萧山科学发展新跨越的决定

萧委〔2009〕1 号

为全面贯彻落实党的十七届三中全会、中央和全省经济工作会议、市委十届五次全会精神，深入学习实践科学发展观，加快萧山城市化进程，促进经济转型升级，保持经济社会平稳较快发展，区委十三届六次全会讨论了加快城市化进程，实现萧山科学发展新跨越的重大问题，并作出如下决定。

一、充分认识加快城市化进程的重大意义

1. *加快城市化进程是深入贯彻党的十七届三中全会精神，推动萧山城乡一体化发展的根本要求。*党的十七届三中全会研究明确了推进农村改革发展的若干重大问题，提出要统筹工业化、城镇化、农业现代化建设，建立以工促农、以城带乡长效机制，加快形成城乡经济社会发展一体化新格局。改革开放 30 年来，萧山经济社会持续快速发展，全区人均生产总值超过了 10000 美元，进入了工业化中后期，进入了以工促农、以城带乡的发展新阶段。我们贯彻落实党的十七届三中全会精神，推进农村改革发展，就是要牢固确立统筹城乡的理念，加快全区城市化进程，以城市化带动新农村建设，推进城市基础设施向农村延伸，城市公共服务向农村覆盖，城市现代文明向农村传播，城市生活要素向农村辐射，着力破除城乡二元结构，促进城乡、区域和经济社会协调发展，形成城乡经济社会发展一体化新格局。

2. *加快城市化进程是全面实施"沿江开发、跨江发展"战略，构筑萧山发展新优势的迫切需要。*市委十届四次全会把"城市国际化"作为"六大发展战略"之一，提出了沿钱塘江规划建设"十大新城"的战略举措，杭州大都市已进入了从"西湖时代"迈向"钱塘江时代"的加速期。萧山是"沿江开发、跨江发展"的核心区域，是沿江新城建设的主战场，是跨江重大基础设施工程的主阵地，加快城市化进程已是一项时不我待、势在必行的紧迫任务。我们唯有顺应发展趋势，从更宽视野更高起点推进城市化，加快"一副三组团"、五大新城和跨江隧桥等重大工程建设，才能有效集聚各类要素，增强城市综合竞争力，加速融入大杭州，接轨长三角，构筑发展新优势，在激烈的区域竞争中巩固提升"领头雁、排头兵、先行者"地位。

3. *加快城市化进程是促进经济转型升级，保持萧山经济社会平稳较快发展的重要途径。*当前，我区经济发展面临着来自国际国内的严重困难和严峻挑战。但挑战就是机遇，困难就是希望。中央和省市委已采取了一系列保增长、扩内需、调结构的政策举措。这必将掀起新一轮基础设施建设高潮，为萧山加快城市化进程，促进经济平稳较快发展和经济转型升级带来重大发展机遇。现代城市是高端资源、高端产业、高端信息、高端人才的集聚地。加快城市化进程，可以优化区域功能布局，拓展发展空间，完善城市功能，提升城市品位，增强资源要素的吸引力，推动现代服务业发展，促进经济转型升级；可以大力推进城市基础设施建设，拉动投资，扩大消费，保持经济平稳较快增长；可以改善城市环境，培育城市文明，繁荣城市文化，全面提高广大人民群众生活品质。

4. *加快城市化进程是解决城市面临重大问题，提高萧山城市发展水平的现实选择。*近年来，萧山按照统筹城乡和"融入大杭州、建设新萧山"的要求，稳步推进城市化进程，城市基础设施建设不断加强，"一副三组团"和五大新城快速发展，城镇体系趋于合理。但也要清醒地看到，萧山城市化发展中还存在着许多矛盾和问题，突出表现在城市化相对滞后于工业化，城市建设相对滞后于经济建设，城市规划、建设、管理、经营的理念和水平有待进一步提升，城乡区域一体化发展进程相对缓慢，"城中村"、"交通两难"、违法建设增多等城市问题越来越突出。加快城市化进程有利于创新城市发展理念，转变城市发展模式，解决城市发展难题，提高城市综合竞争力。全区各级各部门要从全局和战略高度出发，进一步统一思想认识，抢抓新机遇，应对新挑战，加快城市化，带动新发展，自觉把加快城市化进程作为促进经济平稳较快发展和经济转型升级、实现萧山新一轮又好又快发展的重大任务，切实抓好各项工作落实。

二、加快城市化进程的总体要求

5. *指导思想。*高举中国特色社会主义伟大旗帜，以邓小平理论和"三个代表"重要思想为指导，全面贯彻党的十七大、十七届三中全会精神，深入学习实践科学发展观，以保持经济持续平稳较快发展为首要任务，以城市化为带动，坚持"一化带四化"，加快"融入大杭州、建设新萧山"步伐，促进经

济转型升级,推动农村改革发展,保障和改善民生,维护社会和谐稳定,全面提升萧山经济社会发展水平,为打造生活品质之区、率先建成全面小康社会奠定坚实基础。

6. 基本原则。

——坚持以人为本。始终把维护好、实现好、发展好人民群众的根本利益作为加快城市化进程的出发点和落脚点,高起点、高标准规划建设管理城市,为广大人民群众创造更加方便、舒适、优美、安全的工作和生活环境,不断提高人民群众的生活品质。

——坚持规划引领。坚持规划优先、规划先行,加快构建新型城市体系,推进城乡区域规划一体化,深化各项专项规划,加强各类规划衔接,优化区域人居、产业、生态、基础设施等布局,创新区域规划编制管理体制,提高规划设计管理水平,确保规划的超前性、科学性、综合性、权威性。

——坚持统筹协调。以城市化带动工业化、市场化、信息化、国际化,促进经济转型升级,保持经济平稳较快发展。建立健全以城带乡、以工促农的长效机制和区域联动发展机制,以"一副三组团"、五大新城、十三个城市综合体建设为引擎,优化城乡结构,不断提高城乡区域一体化发展水平。

——坚持改革创新。按照"政府主导、企业主体、市场运作"的思路,推进城市建设与管理体制改革,深化新城、组团等重点区域和重点领域体制机制创新,联动推进土地、户籍、就业和社会保障等综合配套改革。全面实施"开放带动"战略,不断提高城市国际化水平。

——坚持突出特色。坚持环境立区、生态优先,更大范围推进人口集中、产业集聚和资源节约利用,促进人文与自然和谐、城市与环境协调;强化"细节为王"理念和精品意识,注重培育城市独特个性和文化魅力,弘扬萧山人文精神,提升城市文化内涵和城市品质。

7. 主要目标。加快构筑以萧山中心城区为中心,三大组团为基础,五大新城为平台,建制镇为依托,城市综合体为节点,交通路网发达、产业结构合理、城市功能完善、生活品质优越,开放式、生态型、现代化的江南副城新格局,实现由县域大区向都市强区、经济大区向经济强区、制造大区向创造强区、民生大区向民生强区、文化大区向文化强区"五大跨越"。到 2011 年,全区城市化率达到 75%以上;建成区面积 133 平方千米,其中中心城区建成面积 70 平方千米,三大组团建成面积 40 平方千米以上,五大新城框架初成。

2009 年的主要预期目标是:以 2008 年实绩为基数,地区生产总值增长 10%以上;第三产业增加值增长 13%以上;地方财政收入力争增长 8%;规模以上工业销售产值增长 14%;全社会固定资产投资增长 15%以上;社会消费品零售总额增长 14%;自营出口总额增长 12%;万元 GDP 综合能耗下降 4%以上;主要污染物化学需氧量削减 3.5%以上,二氧化硫排放量削减 4%以上;城镇居民人均可支配收入增长 9%,农村居民人均纯收入增长 9%;城镇登记失业率控制在 4%以内。

三、加快城市化进程的工作重点

(一)全面优化区域功能布局,着力提高城市规划水平

8. 优化区域发展布局。按照杭州市域网络化大都市的总体规划和"沿江开发、跨江发展"战略部署,全面推进"东兴、北联、南秀、中提升",进一步优化城市空间布局,明确功能定位,加快构筑开放式、生态型、现代化的江南副城新格局。东兴就是以江东新城、临江新城、空港新城、义蓬组团和瓜沥组团为主的"三城二组团",要加快发展汽车产业、装备制造业、空港经济等重点产业,建设具有国际知名度的先进制造业基地。北联就是以钱江世纪城为核心的沿江北部地区,要加强与杭州主城区的融合对接,大力发展现代商务、现代服务业,建设钱塘江南岸中央商务区。南秀就是以临浦组团为核心的南部地区,要积极发展生态休闲产业和生态经济,加快南部区域城市化进程,建设生态休闲经济新区。中提升就是以萧山中心城区、湘湖新城为核心的城市区域,要提升中心城区的集聚力、辐射力、带动力,推进现代服务业、都市工业、休闲旅游等产业发展,建设集高端城市功能为一体的江南副城核心区。

9. 高起点修编完善城市规划体系。根据城乡一体化发展和区域功能定位要求,科学修编完善中心城区、新城和组团、建制镇、中心村四个层面城市规划体系,加快完善城市建设规划、村镇建设规划、土地利用规划、产业发展规划、社会发展规划和交通、环境保护等各类专项规划,强化近期建设规划、控制性详规和修建性规划编制,高起点修编完善城市综合交通体系规划、城区快速路系统规划、杭州市萧山空港新城概念规划、三组团近期建设规划等重大规划。加强规划协调,强化次区域规划与五大新城、三大组团、建制镇、十三个城市综合体等规划的衔接,努力实现区域规划一体化。

10. 创新规划编制实施管理体制。创新规划理念,加强城市发展规律的系统性研究和城市发展趋势的前瞻性研究,提高规划水平,确保规划既适应当前建设需要,又符合城市未来发展要求,确保各类城市建设项目的品位和质量。完善规划编制和修改程序,建立健全科学、公正、公开和公平的城市规划制度,实行规划公示制和专家评审制,研究建立萧山区城市规划咨询管理委员会。严格规划执法,加强三大组团规划所建设,积极探索创新镇街规划编制实施管理机制,切实维护规划的法定性和严肃性。

(二)全面加快新城组团建设,着力构建城市发展新格局

11. 进一步明确五大新城的功能定位。在《杭州市城市总体规划》和萧山次区域规划等规划政策的指导下,科学确定五大新城的功能定位。江东新城定位为以先进制造业为主体、现代服务业为先导,集总部科研、金融信息、高端商贸、现代物流、人居休闲于一体,特色鲜明、功能完善的都市型、生态型、综合型现代化工业新城。临江新城定位为以先进制造业为主,融商贸、物流、居住、办公等城市功能于一体,杭州湾畔产业集聚化、布局合理化、环境特色化、设施现代化、功能完善化的宜居型、科技型、生态型、花园式海港新城。钱江

世纪城定位为以现代服务业为主，集金融、商贸、科研、会展、居住、体育、休闲为一体，高科技、多功能、生态化的中央商务区和区域创新的示范城。湘湖新城定位为以一湖（湘湖）一城（闻堰）、二遗址二大综合体为格局，以历史文化为基础，以休闲旅游为特色，集商贸、居住、休闲、度假、研发为一体的国际化休闲新城。空港新城定位为以萧山国际机场为依托，以空港物流（仓储物流）、空港制造、高新技术、综合服务和生活居住为主体功能，服务华东、辐射全国、面向全球的“长三角南翼空港经济中心”、杭州大都市空港产业集聚区和国际化、生态化、现代化新型航空城。

12. 加快五大新城建设。按照“规模大、服务优、环境美、建筑好、竞争力强”的要求和“四高”方针，全面落实三年行动计划各项任务，加快五大新城开发建设步伐。江东新城（萧山经济技术开发区）要坚持“三区联动”、“三业并举”，深入实施“挥师江东、决战千亿”战略，全面完成江东二期征迁工作，全力推进三个“十大重点项目”工程和基础设施建设，加快“退二进三”和自主创新步伐，努力实现到2010年底技工贸总收入突破1000亿元的目标。临江新城要围绕“三年翻三番、力争四百亿”的目标，加快汽车产业基地和杭州萧山生态石化园区建设，大力推进重大产业项目，促进汽车、装备制造业、生态化工等新型工业发展，不断提高城市设施和环境水平。钱江世纪城要以“一核、双轴、双片”为中心，加快构筑城市框架，优化城市基础设施，大力推进奥体博览城和国际办公中心等重大项目建设，培育发展总部经济，打造高端商务区，确保实现“决战三年显雏形”目标。湘湖新城要坚持走“以湖兴城”的发展路子，进一步统筹闻堰、蜀山、义桥等区域开发建设，全力推进“主攻二期、做热湘湖”三年行动计划，加快“一址二庄”建设，争创国家5A级景区。空港新城要全面完成机场二期征迁工作，高起点修编空港新城规划，积极申报进口保税仓库和出口监管仓库、省级经济开发区、空港综合保税区，尽快全面启动建设。

13. 推进三大组团建设。坚持走新型城镇化道路，按照“规划共绘、交通共联、产业共兴、环境共建、社会共享”的发展思路，推动三大组团由小城镇向小城市发展转变，加快形成相对独立、功能齐全、产业协调、设施完善、环境优美的卫星城和城镇群。进一步突出组团中心镇的主体地位，加快推进快速通道、快速公交等重大基础设施建设，切实增强中心镇的示范、集聚、辐射功能，促进组团资源整合和空间整合，引领和带动组团区域内其他镇协调发展。正确处理中心城区、组团、新城、城市综合体的关系及其与建制镇的关系，按照“规模适度、注重特色、功能提升、环境整洁”的要求，加大“产业强镇、功能兴镇、特色活镇、生态建镇”的力度，推动建制镇可持续发展。

14. 加快城市综合体规划建设。按照“错位发展、品质至上、功能优化、有序推进”的原则和“新建一批、整合一批、提升一批”的思路，突出完善体制、加大扶持、加快建设，以杭州奥体博览城综合体、萧山中国水博览园综合体等13个城市综合体为重点，精心设计各个城市综合体的总体风格、形态、体量和色彩，高档次、高品位建设，促进城市综合体与城市发展、市政配套、交通建设相协调，形成一批有特殊服务功能、多种功能配套的高效率建筑群，打造一批旅游城、奥体城、博览城、商贸城。

（三）全面推进城市有机更新，着力改善城市形象

15. 大力推进中心城区有机更新。坚持以整治带开发、带建设、带改造、带保护、带管理，不断创新城市发展理念，全面推进中心城区城市形态、街道建筑、自然人文景观、城市道路、城市河道、城市产业和城市管理的有机更新。加快实施北塘河、姚江河等23条总长度113千米的城市河道综合整治三年行动计划，让更多的老百姓依水而居、依河而居。推进通惠路、人民路等17条道路的“上改下”整治，到2010年底基本完成中心城区主要道路电力、通讯等线路“上改下”工程。加快背街小巷改造，有序实施弄巷区块整体改造，全面改善老城区居住环境。加大城市绿化建设力度，推进绿化建设三年行动计划，加强公共绿地、生态绿色廊道、滨水园林景观等绿化工程建设，大力实施水景公园、西山和北干山景观改造等城市绿化美化工程，到2011年中心城区绿化覆盖率达到40%。科学实施城市亮化美化工程，推进“城区立面”更新美化，整治和规范市场秩序、交通秩序，着力解决“脏、乱、差”等问题，进一步改善城市街容市貌。

16. 大力推进城市生态环境建设。积极倡导生态文明，普及生态环保知识，以创建省级生态区为目标，全面推进全国环境优美镇、省级生态镇和区级生态村等创建工作，加强水系、湿地、生态公益林等生态资源保护，努力建设天更蓝、地更绿、水更清、景更秀的生态城区。严格落实节能减排目标责任制，大力实施“1511”工业循环经济示范工程，推广企业清洁生产试点，加强能源利用监测审计，继续在重点耗能企业中实施100个节能降耗项目；深入实施新一轮省“811”环境保护萧绍区域印染化工行业污染整治三年行动计划，大力推进污水管网工程、污水处理厂提标改造与建设，加快实施热电企业脱硫改造、印染羽绒行业中水回用等工程，加大环境专项整治力度，积极淘汰落后产能，治理城市机动车尾气、噪声和农业面源污染，全面改善城市环境质量。

17. 大力推进城中村改造。按照“统一规划、合理布局，因地制宜、有序推进，综合开发、配套建设”的方针和“改造、整治、控制”的思路，编制城中村改造整体推进方案，有组织、有计划、有步骤地推进城中村改造，力争通过几年努力，尽快完成城厢、北干、新塘、蜀山4个街道改造范围内的城中村改造任务，把城中村区域改造成为经济繁荣、生活富裕、环境优美、城乡协调、社会文明、管理科学的现代化新型城市社区。

18. 大力推进拆违控违工作。坚持“区镇街联动、以镇街为主”的方针，按照“属地管理、主动防控、综合治理、责任追究”的原则，建立健全预防和处理违法建设的工作机制。加强区督察违法建设办公室职能建设，建立健全组织、协调、考核等工作制度，形成工作合力。坚持防违、控违、拆违并举，以综合预防为立足点、以强制拆除为后盾，有计划、分类别、按步骤有序推进拆违控违工作，有效遏制新违法建筑产生，力争用3－5年的时间，基本拆除全区历年的各类违法违章建筑。

19.大力推进现代化新型社区建设。深化城市基层社会管理体制创新，健全社区组织体系，完善城市居民自治，强化社区党建、社区服务、社区卫生、社区文化、社区治安、社区环境、社会保障等功能，全面开展科普、文化、卫生、体育、法律进社区活动，加强社区工作者队伍建设，建设一批和谐社区、精品社区。坚持“条块结合、以块为主，分类指导、分层推进”的方针，积极有序推进撤村建居社区和城区失管房的纳管工作，建立健全物业管理等长效管理机制，加快完善基础设施、配套环境和社会管理，力争到2011年将所有的失管房纳管。

（四）全面融入杭州大都市，着力推进城乡区域一体化

20.加快融入杭州大都市进程。按照“规划共绘、基础共建、资源共享、产业共兴”的原则，牢固树立大都市整体发展观念，积极承接杭州大都市的辐射带动，不断加快融入对接进程。加强与杭州大都市规划协调统一，促进规划融合；加快跨江隧桥、地铁等重大工程共建共享，促进基础设施对接；调整优化产业布局，促进产业融合；完善民生保障标准体系，促进市民生活待遇政策接轨，力争到2011年全面融入大都市，实现市区一体化发展。

21.加快富裕清洁和谐新农村建设。健全以工促农、以城带乡长效机制，深化“村企共建”等新农村建设载体活动。科学编制完善以中心村为重点的村庄建设规划，大力推进中心村建设，加快城市示范村、农村整治村等农村新型社区建设。大力实施农村基础设施工程和农田水利建设，深入实施道路综合整治、亲水河岸、整洁庭院三大“最清洁城乡”工程，完善村级保洁长效机制，加快主要公路沿线生态带建设，提高城乡公交、供水、供电等公共服务设施的一体化水平。加大对经济薄弱镇村的扶持力度，深入实施农民素质培训工程，扎实推进“低收入农户奔小康”工程，力争到2011年全区规划区域内村庄整治覆盖面达100%，完成农村河道整治180千米、溪流整治50千米，自来水进村入户率达到99%以上，80%的纯农户和低收入农户实现“一户一岗”。

22.大力深化农村改革。稳定和完善农村基本经营制度，现有土地承包关系保持稳定并长久不变。积极推进土地使用和管理制度创新，建立健全土地承包经营权流转市场，加快农村土地承包经营权流转，扩大农村土地股份制改革试点，逐步稳妥地探索集体建设用地使用权的流转。积极稳妥地开展农户宅基地置换和流转的试点，鼓励农民在政府主导下以宅基地置换城镇住房，促进在城镇有稳定就业且有社会保障的农民能够落户城镇、转变为城镇居民。完善村级集体经济发展用地政策，扶持和创新村级物业经济发展。加快发展农民专业合作组织，推进村级股份制改革，完善农村“一事一议”筹资筹劳政策，力争到2011年农村土地流转面积占耕地总面积、村经济联合社股份制改革面分别达到50%以上，发展农民专业合作社150家以上。

（五）全面实施重大项目建设，着力提升城市基础设施功能

23.构建现代化综合交通体系。加快实施以“一路、两港、两隧两桥、两铁两枢纽”为重点的重大交通工程建设，全力抓好机场路改建、钱江隧道、庆春路过江隧道、江东大桥连接线、九堡大桥、杭州地铁萧山段、杭甬与杭长铁路客运专线萧山段、越江铁路隧道、铁路杭州南站与白鹿塘货场等重大工程建设，积极支持萧山国际机场二期工程，推进杭州湾出海码头、航围线航道及江东线航道工程，着力构筑长三角南翼海、陆、空、铁“四位一体”的现代化交通枢纽。深入实施交通基础设施建设三年行动计划和城市主干道建设三年行动计划，大力推进“五纵五横两配套”建设，逐步形成“九纵十二横一环”城市主干道框架；加快推进彩虹大道等城市快速路、地铁替代道路、西入城口和西山道口等交通节点改造、综合交通枢纽建设，不断优化城市交通路网结构，提升城市综合交通功能。

24.完善城市公用服务设施。坚持公交优先发展战略，加快公交候车亭、公交港湾式停靠站等场站建设，筹建公交智能化调度指挥中心，构建以轨道交通为核心、主骨架线网为主体、基本网为依托、小区巴士线网为辅助、基本换乘一体化的多层次现代化城市公共交通体系，着力解决行车难、停车难问题。统筹城乡区域供水、供电、供气、供热、城市环境卫生、信息网络等设施的规划建设，强化城市防灾设施和安全设施建设，建立健全应急快速反应机制，不断提高城市的综合公用服务和供给保障水平，力争2009年全区生活垃圾集中收集率和无害化处理率达到95%以上，到2011年形成125万吨日供水能力和82万吨日污水处理能力。

（六）全面构建现代产业体系，着力增强城市经济实力

25.加快发展现代服务业。坚持先进制造业和现代服务业“两轮驱动”，全面推进加快服务业发展三年行动计划，优先发展生产性服务业，加快现代商务、金融、工业设计等产业发展，鼓励工业企业主副分离。大力推进商贸“双十”、旅游“1010”工程，全力筹备国际动漫节和2011年第二届世界休闲博览会，加快构筑现代流通网络体系和现代物流网络，培育发展特色潜力行业，规划建设一批现代服务业集聚区，促进房地产市场健康稳定发展。大力发展服务外包、金融证券、空港经济、总部经济、电子商务等新经济业态，创新商业模式，培育一批特色亿元楼。优化文化产业结构，加快发展文化创意产业，扶持民营文化企业，加快湘湖文化创意产业园建设。

26.积极推进工业转型升级。全面落实“三位一体”方针，加快实施高新技术产业发展三年行动计划，全面建设10万平方米创业大厦，不断提升“一中心五基地”建设水平，着力打造新能源、新材料、汽车、生物、信息等五大新兴产业；大力发展汽车整车、先进装备制造业和生态化工等产业；积极利用高新技术和先进适用技术改造提升传统产业，推动纺织化纤、机械汽配、精细化工、钢构网架、服装羽绒等五大传统产业向产业链前端、价值链高端延伸，促进优势产业集群发展。强化企业三级梯队建设，加大对成长型、苗子型企业和中小企业的扶持力度，切实增强企业的核心竞争力和抗风险能力。

27. 提升发展现代农业。按照“高产、优质、高效、生态、安全”的要求，推进农业科技进步和创新，加强农业产业化服务体系建设，加快转变农业发展方式。千方百计稳定粮食生产，不断提高农业综合生产能力和产业化水平。大力发展总部农业、强队农业、精品农业、休闲农业、服务农业，加快建设农业总部大楼，推进浙江省生物工程产业萧山基地建设，做强农业龙头企业，鼓励农业企业争创名牌产品、著名商标，继续优化蔬菜、花木、畜牧、水产、林特茶果等农业特色产业，不断提升现代农业发展水平。

28. 增强自主创新能力。深入实施“科技强区”战略，继续深化“四大科技行动”，完善科技管理体制，加大科技投入，拓展创新平台，健全创新体系，全面提升萧山科技综合实力和区域创新能力。充分发挥政府创业投资引导基金作用，筹建区高科技投资有限公司，深化产学研合作，提升企业技术研发中心、博士后科研工作站等区域创新平台的建设水平，加快推进开发区(园区)、国家级基地和科技孵化器等创新载体建设，加快新产品、新技术开发。大力实施技术标准战略、知识产权战略和品牌战略，创新人才引进、培养和使用机制，推进企业经营管理者“333”培训工程计划，加大高端人才引进培养力度。

29. 扩大有效投资。坚持“抓项目就是抓发展、抓发展就要抓项目”的理念，以实施重大产业项目为龙头，推进新一轮100个重点工业投资项目和100个规模型工业技改项目建设，争取2009年工业投入达到180亿元、服务业投资达到100亿元，带动全社会固定资产投资较快增长。进一步优化投资结构，以推进技术装备创新、工艺创新和产品创新为重点，引导社会资金投向先进制造业、现代服务业和基础设施、民生项目，促进产业升级和产品换代。健全重点项目领导联系、推进协调和督察奖励制度，完善重大项目要素保障机制。

30. 提高对外开放水平。扩大对外开放，转变对外经济发展方式，走以质取胜、集约化、多元化的发展路子。始终坚持招商引资一号工程、一把手工程不动摇，积极发挥五大新城、三组团、一中心五基地等平台作用，创新招商模式和载体，积极引进先进制造业、高新技术产业和现代服务业项目，重点引进一批世界500强企业、行业领军企业和国有大型企业，切实提高利用外资的质量和水平。切实转变外贸发展方式，大力发展服务贸易，加快推动加工贸易转型升级，不断扩大机电、化工、高新技术等产品出口，努力保持出口稳定增长。更加积极稳妥地实施“走出去”战略，大力发展“萧山人经济”，在对外开放中不断提高我区经济的国际竞争力和抗风险能力。

(七)全面改革创新体制机制，着力增添城市发展活力

31. 积极推进城乡综合配套改革。加快破除城乡分割的体制障碍，建立健全与加快城市化进程相适应的人口、户籍、就业、社会保障、社会管理等制度。深化户籍制度改革，逐步建立城乡统一的人口登记制度，健全人才居住证制度，落实高层次人才、购房人员等落户政策。深化征地制度改革，健全区片综合价形成机制，按照同地同价原则，完善农村土地征用和集体土地房屋拆迁政策。加快城乡统筹就业步伐，逐步实施城乡统一的就业失业登记制度和就业扶持政策，健全劳动就业服务体系，积极创建“充分就业社区”，逐步有序推进城乡社会保障制度的对接。加强流动人口管理和服务，实现流动人口管理服务工作的社会化和有序化。

32. 积极推进城市建设投融资体制改革。充分发挥政府“有形之手”和市场“无形之手”的作用，以解决“钱、地、人”三大问题为重点，加快创新城市建设投融资体制，积极推进和规范城市建设发展有限公司、交通发展有限公司、萧山地铁公司等城市投融资平台的建设发展；积极争取国债、国家开发银行等支持，深化银企合作，完善金融机构经济贡献考核奖励机制和中小企业担保体系，推进小额贷款公司和企业股权质押试点；引导企业健全现代企业制度，鼓励企业上市融资。坚持节约集约利用土地，建立健全土地储备整理机制、土地资源亩产效益评价与配置机制、项目用地退出机制，强化盘活存量“两个100万”工作，完善“退二进三”激励机制。深化市政公用事业改革，加大土地、规划、品牌、人文环境等城市资源经营力度，推进政府购买服务、特许经营权等市场化步伐，广泛采用BT、BOT、TOT等多种方式，吸引民营资本和外资投入城市建设。

33. 积极推进政府服务创新。深化行政管理体制改革，推进政府信息公开，加强公共服务型政府建设。加快行政审批制度改革，完善网上审批、并联审批和投资项目审批代办制，提升镇街办事服务中心和招投标中心建设水平，建立健全政府投资项目管理体制和有效的监管调控机制。按照“办事不出新城(组团)、资金自求平衡”的原则，进一步创新落实五大新城、三大组团中心镇的工作机制、管理权限和扶持政策，促进土地、资金、人才等要素集聚。完善企业服务长效机制，梳理整合创新经济扶持政策，创新建立综合考评制度，健全企业风险预警和防范机制。

34. 积极推进城市管理体制创新。按照“建管并重、重在管理”的方针，完善“两级政府、三级管理”的城市管理体系，形成“政府统一领导、职能部门全面负责、镇街具体实施、社区居民共同参与”的城市管理格局。优化城市管理机构的工作职能、工作机制，创新城市管理统筹协调机制，健全政府公共信息平台，建立和落实区城管例会制度，完善城市管理目标考核、奖惩激励制度，形成齐抓共管的“大城管”工作格局。进一步创新城管理念，加快启动数字城市管理系统项目建设。全面推进城市管理综合执法，加强道路交通安全管理。修编城市管理规划，制订完善城区亮灯、广告设施设置、环境卫生等专项规划及相关作业、监管标准。按照“管养分离、管干分离”的原则，加大城市管理市场化运作力度，全面提高城市管理的社会化、专业化、产业化水平。

(八)全面加强城市文化建设，着力打造生活品质示范城区

35.提升城市文化内涵。深入研究跨湖桥文化和吴越文化，大力弘扬“奔竞不息、勇立潮头”的萧山精神，不断总结萧山现象，创新萧山经验，形成与时俱进的城市精神和特色鲜明的城市文化。依法保护各类物质文化和非物质文化，加强风景名胜、历史遗址、名镇名村和名街区、名建筑的保护，展现城市文化底蕴，延续城市文脉。扎实推进文化名区建设，大力开展文化创新，深入实施“十大金色文化工程”，加强品牌文化建设，提升“湘湖大讲堂”品质，不断提高城市文化软实力，促进文化大发展大繁荣。

36.提升城市文明程度。加强社会主义核心价值体系建设，大力弘扬以“八荣八耻”为主要内容的社会主义荣辱观，加强未成年人思想道德建设，全面推进城市居民的社会主义道德教育、法治教育和科学文化教育，不断提高市民的文明素质。健全城市文明创建工作长效机制，建立美德档案运行体系，扎实开展群众性文明创建活动，积极倡导城市文明生活方式，保障公民文化权益，促进经济、政治、文化、社会全面发展，力争到2011年全区22个镇全部创建为市级文明镇、80%以上村创建为区级文明村。

37.提升社会保障水平。全面实施《萧山区基本养老保障办法》和《萧山区基本医疗保障办法》，进一步扩大农村居民养老保险覆盖面，切实加快社会保障水平“同城同待遇、城乡均等化”的进程，力争到2011年企业职工基本养老、医疗、工伤、失业和生育五大社会保险基本实现全覆盖，新型农村合作医疗覆盖面保持95%以上。完善新型社会救助体系，建立健全困难群众基本生活保障联动机制，提高城乡居民最低生活保障水平，巩固和提高农村“五保”老人、城镇“三无”人员的集中供养水平，积极发展社区居家养老服务；大力开展“春风行动”，加强困难救助和就业帮扶，发展慈善事业。加快实施保障性住房三年规划，加大普通商品房、安置房、经济适用房和廉租住房开发建设力度。

38.提升社会公共服务品质。加强教育、卫生、计生、文化、体育等公共服务设施建设，推动社会服务资源向基层和社区转移。坚持教育优先发展，进一步优化城乡教育结构和布局，积极发展职业教育，促进高等教育发展，研究筹建萧山湘湖学院。深化“名师名校长”等教育品牌和市学前教育强区创建，促进优质教育均衡化。加快卫生强区创建和“健康萧山”建设，深化医疗卫生体制改革，完善公共卫生服务体系，建立健全三级医疗卫生服务网络，建设15分钟(农村30分钟)医疗服务圈。加强人口计生工作，开展优质均等服务，提高出生人口素质。大力扶持发展公益性文化事业，完善镇街综合性文体设施，加快公共图书共享连锁体系建设，提升发展广播电视网络等公共文化传播事业，努力构建均等化的城乡公共文化体系，力争到2011年全区90%的农村初中、小学达到省义务教育标准化学校要求，完成迁建、扩建镇社区卫生服务中心22所，镇街、村(社区)健身苑点覆盖面达到100%。

39.提升社会和谐度。深化“法治萧山”建设，全面推进依法治区，加强普法宣传教育，广泛开展法律“六进”活动，大力推进民主法治村创建。加强“平安萧山”建设，完善社会利益协调机制，健全信访责任制、矛盾纠纷排查调处机制和“大接访”工作制度，进一步巩固大调解格局。加强社会治安综合治理，健全社会治安防控体系，完善电子监控网络系统，巩固深化综治“三延伸”工作，进一步夯实综治基层基础，切实维护社会和谐稳定。加强安全生产综合监管，扎实开展安全隐患排查和专项整治，有效防范重特大安全事故发生。强化产品质量特别是食品药品质量安全监管，切实维护人民群众的生命和财产安全。

四、加快城市化进程的组织领导

40.扎实开展深入学习实践科学发展观活动。认真学习贯彻胡锦涛总书记在全党深入学习实践科学发展观活动动员大会上重要讲话精神，按照省市委的统一部署，紧紧围绕“党员干部受教育、科学发展上水平、人民群众得实惠”的要求，精心组织，认真谋划，积极创新载体，确保学习实践活动取得扎扎实实的成效。全区各级党组织和广大党员干部要继续解放思想，加快改革创新，把加快城市化进程、实现萧山科学发展新跨越作为学习实践科学发展观活动的重要载体，切实把科学发展观的要求贯彻落实到加快城市化进程的各个方面，自觉把推进城市化工作转入科学发展轨道，促进萧山经济社会又好又快发展。

41.切实加强党对城市工作的领导。区委、区政府成立加快城市化进程工作领导小组，负责全区城市化工作的指导和协调。要全面推进党的建设新的伟大工程，以改革创新精神，进一步加强党的执政能力建设和先进性建设，不断提高各级党组织领导科学发展、应对复杂局面的能力，为加快城市化进程提供坚强政治保障。要按照“总揽全局、协调各方”原则，完善“一个核心、三个党组”的领导体制和工作机制，支持人大依法履行国家权力机关的职能，支持政协履行政治协商、民主监督、参政议政职能，支持各民主党派、工商联和无党派人士参政议政、建言献策，充分发挥工青妇等群团组织和社会各阶层人士的作用，加强民族宗教事务管理，不断巩固和扩大党的执政基础。要加强党的基层组织和干部队伍建设，实施农村基层民主政治建设“零距离”工程，大力创建基层党建示范点，积极探索党代表作用发挥机制；强化城市化基本理论、工作方法的教育培训，加强城市规划设计、工程管理等城市化工作人才的引进和培养，深化“上挂下派”工作，继续选拔一批优秀年轻干部到中央国家部委和重点工程挂职锻炼，全面提高驾驭城市化工作的能力。要全面落实《萧山区建立健全惩治和预防腐败体系2008—2012年工作要点》，不断完善萧山特色惩防体系。深入实施“廉洁萧山”工程，健全作风建设长效机制，推进公共权力阳光运行，为加快城市化进程提供坚强的纪律和作风保证。

42.形成加快城市化进程的工作合力。各级各部门要把加快城市化进程纳入重要议事日程，根据本地、本部门实际，研究制定加快城市化进程的各项发展规划和政策举措，加强协调配合，形成工作合力。要完善科学民主决策机制，建立健全加快城市化进程相关决策规则和程序，进一步健全重大事项集体决策、专家论证、社会公示与听证等制度。要充分发挥各级宣传部门及新闻媒体作用，大力宣传改革开放30年来萧山城市建设所取得的巨大成就及宝贵经验，展现未来萧山城市发展的美好蓝图，进一步打响萧山城市品牌，为加快城市化进程营造良好的社会环境。

中共杭州市萧山区委办公室

2009年1月20日

中共杭州市萧山区委
关于开展深入学习实践科学发展观活动的实施意见

萧委〔2009〕6号

根据中央和省、市委的部署和要求，区委决定，从2009年3月开始，用一年左右的时间，在全区党员中分批开展深入学习实践科学发展观活动(以下简称“学习实践活动”)并提出如下实施意见。

一、重要意义

科学发展观是我国经济社会发展的重要指导方针，是发展中国特色社会主义必须坚持和贯彻的重大战略思想。党的十七大决定在全党开展深入学习实践科学发展观活动，是用中国特色社会主义理论体系武装全党的重大举措，是推动经济社会又好又快发展的迫切需要，是提高党的执政能力、保持和发展党的先进性的必然要求。

党的十六大以来，全区各级党组织和广大党员干部团结带领广大人民群众，坚持科学发展，推动社会和谐，为推动萧山经济社会又好又快发展作出了重要贡献。特别是区第十三次党代会后，全区上下认真贯彻落实科学发展观要求，贯彻落实省委“创业富民、创新强省”总战略，各项工作取得了新进步，科学发展观在萧山的实践，越来越显示出强大的真理力量，越来越得到广大党员干部群众的拥护和支持。

当前，全球金融危机仍未见底，对实体经济的影响和冲击还在加深，萧山经济下行风险仍然存在。产业结构层次低，城市功能结构不完善，节能减排形势严峻，要素制约依然突出，对萧山经济社会又好又快发展提出了严峻的挑战。解决当前萧山发展中的各种矛盾和问题、应对各种风险和挑战、保持又好又快发展，唯一路径是按照科学发展观的要求，坚持城市化带动，加快经济转型升级步伐，实现萧山科学发展新跨越。面对新形势、新要求，要清醒地看到，一些党员干部对科学发展观的科学内涵、精神实质、根本要求的理解还不够深；一些党员干部的思想、作风和能力素质与科学发展观的要求还不相适应；一些影响和制约科学发展的问题还比较突出，保障科学发展的体制机制还不健全。这些问题如不及时解决，就无法应对严峻挑战，就会丧失千载难逢的发展机遇，就难以完成打造生活品质之区、率先建成全面小康社会的奋斗目标。全区各级党组织和广大党员干部要深刻认识开展学习实践科学发展观活动的重要性和必要性，积极投身学习实践活动，牢固树立科学发展意识，努力提高科学发展能力，不断推进改革创新，在科学发展道路上迈出更大步伐，作出更大贡献。

二、指导思想和目标要求

开展学习实践活动的指导思想是：高举中国特色社会主义伟大旗帜，以邓小平理论和“三个代表”重要思想为指导，全面贯彻党的十七大和十七届三中全会精神，以“奔竞不息促转型，勇立潮头建新城，科学发展重民生”为实践载体，区管以上领导班子和党员领导干部为重点，围绕“党员干部受教育、科学发展上水平、人民群众得实惠”的总要求，认真学习实践科学发展观，准确把握科学发展观的重大意义、科学内涵、精神实质和根本要求，努力改造主观世界，切实增强落实科学发展观的自觉性和坚定性，着力转变不适应、不符合科学发展要求的思想观念，着力解决影响和制约科学发展的突出问题以及党员干部党性党风党纪方面群众反映强烈的突出问题，着力构建有利于科学发展的体制机制，不断提高各级领导班子和领导干部领导科学发展的能力，全面落实市委十届五次和区委十三届六次全会精神，以城市化为带动，促进经济转型升级，奋力推进萧山经济社会的科学和谐发展。

通过学习实践活动，努力达到如下目标要求：

1.形成发展共识，思想认识有新飞跃。要以学习实践活动为主题，充分认识加快城市化进程、促进经济转型升级是加快“融入大杭州，建设新萧山”的必然选择，是打造生活品质之区的根本举措，是转危为机，保持萧山经济平稳较快发展的内在要求。全区上下要进一步深化解放思想大讨论活动，引导广大党员干部特别是领导干部进一步按照科学发展观要求解放思想，不断增强学习实践科学发展观的坚定性和责任感，自觉把科学发展观的要求落实到经济社会发展的实际行动中，落实到区委提出的“坚持城市化带动实现萧山科学发展新跨越”奋斗目标的生动实践中。继续坚持率先发展、可持续发展和保障改善民生的发展理念不动摇，继续坚持打造生活品质之区的目标不动摇，继续保持萧山领先地位不动摇。

2.激发发展活力，破解难题有新成效。要以学习实践活动为契机，大胆破除不适应、不符合科学发展的思想桎梏，牢固树立科学发展理念；在全球金融危机背景下，面对萧山增速放缓、投资回落、效益下降的压力，紧紧抓住萧山在经济转型升级和推进城市化进程中资源环境约束、社会矛盾凸显、自主创新不足、城乡二元结构矛盾等突出问题，按照更加注重城市化带动、更加注重经济转型升级、更加注重农村改革发展、更加注重保障和改善民生、更加注重社会和谐稳定的要求，努力在推进萧山新一轮经济社会发展中取得新成效。

3.强化发展优势，体制机制有新突破。要以学习实践活动为抓手，认真研究并切实解决影响和制约萧山科学发展的体制机制问题，把解决问题与建立长效机制紧密结合起来。着眼加快经济转型升级，建立健全自主创新能力提升机制、产业结构调整优化机制；着眼坚持城市化带动，加快城市化，带动新发展，建立健全投建管三分离的政府投资项目管理机制、“退二进三”激励机制、工业项目亩产效益评价机制和项目用地推出机制；着眼转变和发挥职能作用，区级机关部门重点建立健全各项政策规定和体制机制，各镇街、基层各单位着重建立健全符合科学发展的规章制度，营造良好的发展环境。

4.提升发展能力，科学发展有新推进。要以学习实践活动为动力，进一步加强各级领导班子和领导干部思想政治建设，进一步巩固和发展“树新形象、创新业绩”主题实践活动成果，努力提高党员干部领导科学发展的水平和党员队伍的整体素质。要着力解决党员干部党性党风党纪方面群众反映强烈的突出问题，着力解决科学发展理念不新和工作作风不实的问题，使各级领导班子和领导干部在全球视野、前瞻思维和创新理念上有新进步，在科学判断形势、抢抓机遇、应对突发事件、做好群众工作、化解矛盾的本领上有新提高，真正把科学发展观的要求转化为谋划发展的科学思路、促进发展的政策措施、领导科学发展的素质能力，确保萧山经济保持持续平稳较快发展。

三、基本原则

为确保学习实践活动顺利有序开展，要着重把握以下原则：

1.坚持解放思想。以解放思想为先导，以改革创新为动力，提高认识，更新观念，转变发展思路，破解发展难题，完善体制机制，使思想和行动更加符合实事求是的思想路线，更加符合经济社会发展规律、符合自然规律、符合党的执政规律，使党的工作和党的建设更加符合科学发展观的要求。

2.突出实践特色。以“奔竞不息促转型，勇立潮头建新城，科学发展重民生”为载体，总结借鉴“树新形象、创新业绩”主题实践活动的经验，把开展学习实践活动与贯彻落实党的十七大、十七届三中全会精神和省、市、区委的部署决策结合起来，与总结推广萧山改革开放30年成功经验结合起来，与加强领导班子思想政治建设、改进机关作风建设结合起来，与推动本单位的职能工作结合起来，通过学习推动实践，在推进实践中深化学习。

3.贯彻群众路线。充分发扬民主，走群众路线，吸收群众全程参与，问需于民、问计于民、取德于民、取信于民，把相信群众、依靠群众、服务群众贯穿学习实践活动的始终。认真听取群众意见建议，虚心向群众学习，真诚接受群众监督，努力解决影响和制约科学发展的突出问题以及党员干部党性党风党纪方面等群众反映强烈的突出问题，把群众满意作为评价活动成效的重要依据。

4.正面教育为主。注重激发广大党员干部自我教育、自我改进、自我完善、自我提高的内在动力，实事求是查找存在的问题，深刻分析产生问题的原因，全面总结经验教训，认真开展批评与自我批评，进一步明确努力方向。查找和剖析问题既要严格要求，又不搞人人过关，注意调动和保护各级党员干部和群众的积极性，树立和宣传先进典型，弘扬正气。

四、总体安排

根据中央和省、市委的部署和要求，萧山学习实践活动列入第二、第三批进行，每批时间半年左右。

第二批：从2009年3月开始，到8月基本结束。包括区级机关、区直属各单位及其所属企事业单位。

第三批：从2009年9月开始，到2010年2月基本结束。包括各镇、街道及其所属的村、社区和企事业单位。

第二批活动开展时，区里将选择第三批中的一个镇、一个村、一个企业进行试点。

五、基本步骤

要充分做好准备工作，提高广大党员干部的积极性和主动性。各单位党组织在深入调查摸底、广泛征求意见的基础上，结合本部门本单位实际，制定切实可行的实施方案，搞好骨干培训，层层进行动员部署。

学习实践活动分三个阶段进行：

1.学习调研阶段。重点抓好学习培训、深入调研、深化解放思想大讨论三个环节。

一是学习培训。各单位要组织全体党员特别是党员干部认真学习党的十七大和十七届三中全会精神、《毛泽东邓小平江泽民论科学发展》和《科学发展观重要论述摘编》，学习中央领导同志关于学习实践活动的重要讲话精神和重要文件精神。区管以上党员领导干部还要认真学习《深入学习实践科学发展观活动领导干部学习文件选编》。采取集中培训、个人自学、专题研讨、专家辅导等方式，组织党员参加学习培训。二是深入调研。组织领导干部开展专题调研，各级领导班子要结合建立健全贯彻落实科学发展观的机制体制，确定重点调研课题，每个班子成员要结合各自分工，开展蹲点调研，分析典型案例，梳理主要问题，形成专题调研报告。三是深化解放思想大讨论。开展以“转危为机实现萧山科学发展新跨越”为主题的大讨论行动，以思想解放引领观念转变，以思想解放推进实践创新。

2. 分析检查阶段。重点抓好召开领导班子专题民主生活会，形成领导班子分析检查报告，组织群众评议三个环节。

一是召开领导班子专题民主生活会。做好专题民主生活会前的意见征求工作，通过民主恳谈征求各方意见，找准影响和制约科学发展的突出问题、影响社会和谐稳定的突出问题、党性党风党纪方面群众反映强烈的突出问题。领导班子成员要撰写参加专题民主生活会发言材料，认真查找个人和班子在贯彻落实科学发展观方面存在的突出问题，深入剖析思想根源，开展批评与自我批评，进一步强化科学发展的共识。二是形成领导班子分析检查报告。各级领导班子要在专题民主生活会的基础上，深刻剖析形成问题的主客观原因特别是主观原因，理清发展思路，提出解决办法，形成领导班子贯彻落实科学发展情况的分析检查报告。三是组织群众评议。分析检查报告在一定范围内公布，由党员群众评议后进一步修订完善。领导班子成员要参加双重组织生活，所有党员都要参加以学习实践科学发展观为主题的支部组织生活会。

3. 整改落实阶段。重点抓好制定整改落实方案，集中解决突出问题，完善体制机制三个环节。

一是制定整改方案。各级领导班子要针对征求意见、专题调研、民主评议、分析检查中反映和梳理出来的问题，认真制定整改落实方案，实行整改工作责任制，明确整改责任主体，明确整改时限，突出整改重点，明确整改要求。同时要采取适当方式，在一定范围内实行整改方案和整改情况公示制，自觉接受群众监督，组织基层党组织和党员干部群众，提出合理化建议，积极建言献策。二是解决突出问题。整改工作要贯穿学习实践活动始终，选准突破口和切入点，集中解决几个影响和制约科学发展的突出问题，切实办好几件群众看得见、摸得着、促进科学发展的实事。三是完善体制机制。各单位要从促进科学发展的需要出发，努力解决制度缺失和体制障碍等突出问题。在统一认识、深入调研、分析检查的基础上，积极稳妥地推进体制机制创新和制度建设。

学习实践活动基本结束时，要认真做好总结工作，实事求是地评价取得的成效。要把贯彻省、市委部署要求、解决突出问题、群众是否满意作为评价学习实践活动成效的重要内容，测评结果在一定范围内向社会公布。根据测评情况，进一步完善整改措施，确保在学习实践活动中尚未解决的突出问题继续得到有效解决。

第二批学习实践活动开展后，参加第三批活动的单位，要着手开展准备工作。

六、组织领导

开展学习实践活动，是全区各级党组织和广大党员政治生活中的一件大事。各单位要把学习实践活动摆上重要议事日程，高度重视，精心组织，坚持进度服从质量，确保活动取得实效。

1. 明确领导责任。建立区委深入学习实践科学发展观活动领导小组(以下简称“学习实践活动领导小组”)，负责整个活动的组织领导。市委常委、区委书记洪航勇任组长，区委副书记、区长盛阅春，区委副书记朱华，区委副书记谭勤奋，区委常委、常务副区长许岳荣，区委常委、宣传部部长裘超，区委常委、组织部部长施迎利任副组长，有关部门负责人为领导小组成员。领导小组下设办公室，负责抓好活动的具体指导和日常工作。各单位要抓紧成立相应的领导机构和工作机构。党组织主要负责人要切实履行第一责任人的职责，担任学习实践活动领导小组组长。党员领导干部要按照分工各负其责，形成一把手负总责、一级抓一级、层层抓落实的工作格局。区四套班子的党员领导干部分别建立联系点，指导制定活动方案，开展讲学、督学，帮助协调解决活动中的困难和问题，努力把联系点办成示范点。

2. 强化指导检查。按照中央和省、市委的部署和要求，在开展第二批和第三批学习实践活动时，区委学习实践活动领导小组向各单位和试点单位派出指导检查组，对学习实践活动进行督促检查和指导。各指导检查组要认真履行职责，及时了解掌握学习实践活动的进展情况，向所在单位提出建议；及时总结和推广经验，发现问题，督促解决；及时向区委学习实践活动领导小组反映情况，当好参谋。

3. 注重探索创新。各单位既要严格按照区委统一确定的方法步骤认真抓好学习实践活动，又要紧密联系自身实际，根据市委十届五次全会和区委十三届六次全会精神，勇于创新，大胆实践，在做好“规定动作”的同时创新“自选动作”，不断丰富活动内容，增强活动效果，使学习实践活动充分体现时代特征、实践特色和萧山特点，确保活动有声有色、富有成效。

4. 实行分类指导。要区分机关、企事业单位、村(社区)等党组织的不同特点，区别党员领导干部和普通党员等不同层面，紧密结合各单位实际，分别提出学习实践活动的具体要求，切实增强针对性和实效性。各单位要认真组织党员学习，确保党员全体参与、全程参加。特别要从实际出发，组织离退休干部中的党员和流动党员参加学习实践活动。

5. 坚持统筹兼顾。要把学习实践活动作为推动当前工作的重大机遇和强大动力，统筹学习实践活动各个阶段、各个环节的工作，做到有机衔接、前后呼应、相得益彰。协调各个参加单位的活动安排，加强上下互动、左右联动。要整合各方资源和力量，形成开展学习实践活动的合力。要坚持“两手抓，两手硬”，以学习实践活动新举措推动各项工作开创新局面，以各项工作的新成果衡量学习实践活动的新成效，做到学习实践活动和各项工作“两不误、两促进”。

6. 营造浓厚氛围。紧扣学习实践活动各个阶段的重点环节和特色做法，充分运用广播、电视、网络等媒体优势，认真做好新闻宣传和舆论引导工作。要在各类媒体开设专栏专题，加强与媒体协作联动，全面充分及时报道和反映各单位开展学习实践活动的好做法、好经验、好典型，形成强大的舆论声势。充分发挥各类基层宣传文化阵地的作用，以成果展、文艺演出、标语、板报等形式，大力宣传科学发展观的科学内涵、精神实质和根本要求，宣传学习实践活动的重大意义、目标要求、经验做法和实际成效，营造浓厚氛围。

学习实践活动结束后，各单位党组织要认真总结，并向区委学习实践活动领导小组报送总结报告。

中共杭州市萧山区委办公室

2009 年 3 月 5 日

中共萧山区委 萧山区人民政府 关于加快大江东新城开发建设的若干意见

萧委〔2009〕20 号

加快大江东新城开发建设，是市委、市政府的重大战略举措，是区委、区政府落实"沿江开发、跨江发展"战略，"加快城市化、带动新发展"，实现萧山科学发展新跨越的希望所在、潜力所在。为加快大江东新城开发建设，现根据《杭州市大江东新城发展战略规划》，特提出如下意见。

一、加快大江东新城开发建设的重大意义和总体思路

1.充分认识加快大江东新城开发建设的重要意义。大江东新城是长三角地区先进制造业整合提升基地、重要的核心城市功能平台和经济增长极之一，是全省高端产业密集区、自主创新先导区、文明发展示范区、综合改革试验区，是杭州和萧山接轨上海的门户、唯一的空港和出海口、综合交通的枢纽、工业经济的主战场、高教科研的集聚区、沿江的湿地公园、生活居住的品质新城。加快大江东新城开发建设，是深入学习实践科学发展观，认真贯彻中央"保增长、扩内需、调结构"方针，率先实现转危为机、跨越发展的必然要求；是萧山加快城市化步伐、优化区域布局、构建城乡经济社会一体化发展新格局的重要举措；是实施城市化带动工业化、先进制造业与现代服务业"双轮驱动"战略，加快经济转型升级、提升萧山综合竞争力的重要举措；是进一步改善民生福利，建设生活品质之区的重要举措。全区各级各部门要统一思想、提高认识，切实增强责任感、使命感和紧迫感，大力发扬只争朝夕、克难攻坚，敢为人先、决战决胜的精神，以最大的决心、最强的合力、最优的政策、最顺的体制、最硬的举措，加快大江东新城开发建设。

2.大江东新城的规划范围。大江东新城规划范围为东、西、北以钱塘江界线为界，南至塘新公路、坎红公路、杭甬高速公路萧山段、萧山国际机场总体规划南界、靖江镇行政区划南界、红十五公路、十二埭横河及与绍兴县接壤的北侧河道。地域范围涵盖河庄镇、南阳镇、义蓬镇、新湾镇、靖江镇等 5 个建制镇的全镇域，党湾镇、坎山镇、益农镇等 3 个建制镇的部分区域，以及红山农场（塘新公路、坎红公路以东部分）、梅林湾部队农场、第一农垦场、第二农垦场、省水利围垦综合开发一场等钱塘江围垦区域，规划陆地面积 421 平方千米，钱塘江水域面积 79 平方千米，合计总面积 500 平方千米。

3.大江东新城的战略定位。大江东新城战略定位为以集聚发展先进制造业、高新技术产业、现代服务业、空港产业为重点，强化现代产业功能、综合服务功能、高端城市功能、一流生态功能，成为产业主导、生态优先、服务完善、品质高尚的大江东新城和"杭州的浦东"。

4.大江东新城的规划布局。根据发展现状和未来发展要求，大江东新城规划布局为江东新城、临江新城、空港新城和前进工业园区"三城一区"的战略格局。

江东新城：规划范围为东至钱江大道，南至红十五公路、靖江镇、义蓬镇、南阳镇行政区划北界，西、北至钱塘江岸线，包括河庄镇、义蓬镇、新湾镇、党湾镇等部分区域，规划总面积 148 平方千米。功能定位为以先进制造业为主体，现代服务业为先导，集总部商务、金融信息、高教研发、高端商贸、现代物流、人居休闲等功能于一体，特色鲜明、功能完善的都市型、生态型、综合型现代化工业新城。

临江新城：规划范围为东、北至钱塘江岸线，南至十二埭横河及与绍兴县接壤的北侧河道，西至九工段直河、八工段直河、梅林湾农场西界。地域范围涉及省水利围垦综合开发一场、第一农垦场、第二农垦场、梅林湾部队农场、杭州高新开发区（滨江）围垦"插花地"，以及新湾镇、益农镇部分区域，规划总面积 160 平方千米。功能定位为以先进制造业为主，融商贸、物流、居住、办公、休闲旅游等城市功能于一体，杭州湾畔产业集聚化、布局合理化、环境特色化、设施现代化、功能完善化的宜居型、科技型、生态型、花园式海港新城。

空港新城：规划范围为东至城隍庙直湾、靖江镇行政区划东界，南至靖江镇行政区划南界、机场总体规划南界、杭甬高速公路市区段，西至坎红公路、塘新公路、钱塘江，北至南阳镇、义蓬镇、靖江镇行政区划北界。区域范围涉及南阳镇、靖江镇全镇域，以及义蓬镇、河庄镇、坎山镇、红山农场部分区域，规划总面积 73 平方千米。功能定位为以杭州萧山国际机场为依托，以空港物流（仓储物流）、空港制造、高新技术、综合服务、生活居住为主体功能，服务华东、辐射全国、面向全球的长三角南翼空港经济中心、杭州大都市空港产业集聚区和国际化、生态化、现代化新型航空城。

前进工业园区：规划范围为东至九工段直河，南至江东大道，西至钱江大道，北至钱塘江岸线。地域范围涉及新湾镇部分区域，规划总面积约40平方千米。功能定位为杭州经济技术开发区的战略拓展区、大江东新城产业结构调整和产业提升的示范引领区、杭州汽车产业发展的重要集聚区。

5.大江东新城开发建设的战略目标。按照"规模大、服务优、环境美、建筑好、竞争力强"的要求，坚持城市化与工业化、基础设施与产业集聚、服务业与制造业、生态保护与经济发展、规划与建设有机结合，力争到2020年基本构建形成大江东新城的城市架构和发展雏形，到2050年整个大江东新城基本建成。

——综合实力。区域综合实力显著增强，人均GDP超过4万美元，达到发达国家水平，成为具有强大集聚和辐射能力的区域制造中心、商务中心、流通中心、科技中心、信息中心。

——城市功能。城市发展枢纽和交通枢纽双重效应充分显现，城市综合服务功能不断增强，对外辐射半径大幅增加，基本形成城市核心区带动各新城及功能区，进而与杭州主城区、江南副城、下沙副城错位发展、功能互补的城市格局。

——产业结构。先进制造业和现代服务业相互融合、互为支撑的现代产业体系基本建成，服务业增加值占GDP比重达到45%左右，高新技术产业产值比重达到50%以上，涌现一批拥有自主知识产权和知名品牌、国际竞争力较强的优势企业。

——社会发展。科技、教育、文化、体育、卫生等社会事业全面发展，就业、保障、福利、居住条件明显改善，城乡居民收入普遍增加，困难群众生产生活更有保障，市民安全感满意度长期保持在领先水平。

——生态环境。全面建成资源节约、环境友好的生态产业体系，单位工业增加值综合能耗明显降低，河道水质和大气质量显著改善，环境管理能力和污染治理能力进一步增强，呈现"水清、岸绿、景美、流畅"的生态和谐景象。

——体制机制。区域管理模式、开发模式基本成熟，行政管理体制改革步伐加快，要素配置市场化改革取得突破性进展，市场化投融资体制不断完善，民营企业"二次改革"有效推进，国际竞争力不断提高。

6.发展战略。

——坚持以民为先。把改善人民群众生活品质作为开发建设大江东新城的根本出发点和落脚点，坚持问政于民、问需于民、问计于民，不断提高社会事业的发展水平，真正做到建设为人民、建设靠人民、建设成果让人民共享、建设成效由人民检验。

——坚持环境立城。牢固树立"环境就是生产力、环境就是竞争力"、"环境投入就是生产性投入，而且是回报率最大的生产性投入"的理念，坚持生态优先，坚定不移地抓环境、做环境，努力打造最佳的创业环境、服务环境、生态环境和生活环境。

——坚持体制创新。按照"办事不出新城、资金自求平衡"的要求和开发建设权与行政管理权相一致、人事权与办事权相一致、建设主体权责利相一致的原则，积极稳妥地实施大江东新城区域撤镇设街、行政区划调整，推进工作机制、管理模式、协调方式创新，构建精干、高效的管理体制和运行机制，形成"四统四分"和"以城带街"的发展格局。

——坚持科学经营新城。创新城市经营理念和模式，以做优环境为基础，以科学完整的规划体系为指导，大力经营理念、规划、设计、品牌等"无形资产"，全面带动经营土地、基础设施等"有形资产"，打响"大江东"品牌。

——坚持优地优用。按照"四高"方针和"一调两宽两严"原则，引入紧凑型城市发展模式，节约集约利用土地资源，确保工业用地规模不少于100平方千米。全方位提高引资质量和建设水平，确保实现大江东新城建设的社会效益、生态效益、经济效益最大化。

——坚持品质至上。按照"规模大、服务优、环境美、建筑好、竞争力强"的建城要求，主打品质牌，追求完美，不留遗憾，以"道路(河道)有机更新"带整治、带改造、带开发、带建设、带保护、带管理，真正体现21世纪新城的品质。

——坚持基础设施先行。坚持"建区"与"造城"相结合，大力统筹大江东新城区域范围内基础设施和公共服务设施的规划布局，加快道路、隧道、供排水、热电等基础设施建设，整合提升"三城一区"和集镇建成区现有设施的功能水平，实现大江东新城一体化发展。

——坚持工业兴城战略。坚持城市化带动工业化、先进制造业与现代服务业"双轮驱动"，合理规划大江东新城的功能分工和产业布局，大力发展汽车整车及关键零部件、重大装备制造、新型生态化工等现代工业，努力打造新世纪工业发展的主战场，推动全区、全市经济转危为机、跨越发展。

二、加快大江东新城开发建设的战略重点

7.建立健全统一协调的规划体系。以《杭州市大江东新城发展战略规划》和《杭州市大江东新城概念性规划》为指导，加快深化研究和编制大江东新城"三城一区"概念性规划和核心区概念规划、控制性详规、修建性详规、重要地段城市设计，抓紧编制完善综合交通体系规划、空港集疏运规划、生态保护与控制规划、公共设施专项规划等专项规划。要强化各类规划的衔接与协调，建立大江东新城规划协调机制，全面统筹各项规划的编制、论证等工作。要着力提升规划水平，积极引进国内外著名规划设计机构参与规划研究和编制，科学合理地确定城市风格、城市色彩和容积率、建筑密度、绿化率等规划指标，增强规划的超前性、系统性、操作性、权威性，彰显新城特色和个性，确保成为"传世佳作、世纪精品"。

8.着力构建现代产业体系。全面落实构建"3+1"现代产业体系的要求，以先进制造业、高技术产业、现代服务业和空港经济为重点，推动大江东新城现代农业、现代工业、现代服务业、文化创意产业跨越式发展。坚持"三位一体"方针，加快发展汽车及零部件、先进装备制造、新能源、新材料、生态石化、电子信息、新型医药、节能环保等现代工业;积极发展物流、房地产、商贸服务、金融和中介、楼宇(总部)经济等现代服务业;鼓励发展工业研发与设计、教育培训服务、文化休闲旅游等文化创意产业;提升发展特色农业、观光农业、生态农业、设施农业等现代农业。合理优化产业功能布局,加快研究编制产业发展规划,优化产业导向目录,建立健全产业项目准入机制,限制技术落后、资源消耗大、环境污染重的落后产业。加快太阳能光伏产业基地、汽车产业基地、新能源产业基地、生物医药基地、新材料基地、生态石化城等一批新兴产业发展基地规划建设,推进现有工业功能区的整合和转型升级,着力培育新兴产业的重点企业,形成一批具有较大带动力的产业基地。

9.*加快基础设施建设*。大力实施基础设施支撑战略,统一规划、统一建设,统筹安排道路、排水、供水、治污、供电、供热等城市基础设施和公共设施建设,推进“城市有机更新”,防止“小而全”和低水平重复建设。要着力构筑现代化综合交通体系,以加快实施机场公路改建、江东大道、钱江大道、钱江隧道等重大交通工程为核心,全力推进高速公路、城市快速路、框架性主干道路和内部路网建设,积极推进铁路货运专线、轨道交通、杭州湾出海码头、航围线航道及江东线航道工程的规划建设,支持萧山国际机场二期工程。优化布局,加快构筑供水、供电、排水、治污、通信、燃气、供热等配套设施,切实提高城市防洪抗灾的能力和水平。加快建设空港保税物流中心(B型),积极申报空港综合保税区。加强与海关、商检、边检等口岸部门的沟通协调,加快建立快捷有效的“大通关”机制。

10.*加大招商引资力度*。坚持招商引资“一号工程”、“一把手工程”不动摇,转变利用外资的理念和方式,充分发挥大江东新城的整体品牌效应,着力招大商、招好商、招强商。坚持内资外资并举,重点引进先进制造业、高新技术产业、现代服务业和世界500强、中国500强、中国民企500强、央属大企业及国内外行业领先企业入驻,切实提高利用外资的质量和水平。坚持科学招商,建立完善“三城一区”统筹协调的招商机制,不断创新招商方式,强化专业招商力量,推进地块招商、驻点招商、楼宇招商,大力开展“以民引外”、“以外引外”,实现政府招商、企业招商、中介招商联动发展。

11.*扎实推进征迁安置工作*。坚持征迁先行,进一步加大征迁工作力度,确保有地招商、有地开发、有地建设。完善征迁安置相关政策,按照“以人为本、和谐征迁”的理念,研究制订大江东新城区域内相对统一的土地征用、房屋拆迁、企业搬迁、村级留用地、就业安置、养老保障等配套政策,切实维护群众合法利益,充分发挥各方的积极性。加强对区域居住空间的规划引导,大江东新城区域内统一实行多层、高层公寓安置政策。要优化安置小区规划布局,切实提高安置小区规划建设标准与水平,努力把安置小区建设成为都市型城市新社区。

12.*大力推进生态建设和环境保护*。积极倡导生态文明,加快建立资源节约与环境友好型经济发展模式,科学合理规划确定禁止准入区、限制准入区、重点准入区和优化准入区。加强沿江湿地和河流水系等生态资源的保护和修复,大力实施生态带、生态轴、生态河路、生态苑地和沿江生态公益林等生态工程,推进生态工业园区建设和循环经济发展。全面落实节能减排减碳目标责任制和长效管理机制,严格执行能耗和环保标准,建立健全环境监测和环境影响评价体系,加大污染整治力度,深入实施新一轮省“811”环境保护萧绍区域印染化工行业污染整治三年行动计划;大力调整能源结构,建设低碳经济示范区,促进大江东新城可持续发展。

13.*加快社会事业发展*。以提升群众生活品质为目标,建立健全区域一体的社会事业发展工作机制,推进教育、文化、卫生等公共服务设施的统一规划、统筹建设,努力形成布局合理、资源共享、品质高尚的发展格局。完善基础教育体系,科学规划教育布点,积极推进名校集团化,全面提升各类教育的发展水平。建立完善大江东新城、街道和社区三级医疗卫生服务体系,规划建设大型综合医院等医疗设施,不断提高医疗卫生服务水平。突出文化在提升城市品质中的基础作用,完善公共文体设施网络,健全历史文化遗产保护利用机制,大力弘扬以围垦文化为特色的优秀历史文化。进一步完善社会保障体系,加快经济适用房和廉租房建设,大力推进农村住房制度改革和农村住房改造建设工作。深化平安创建工作,建立健全维护稳定工作机制,强化社会治安综合治理基层基础,切实提高社会稳定预警、矛盾纠纷排查调处化解和群体性突发性事件应急处置能力,努力维护社会和谐稳定。

三、创新大江东新城体制机制

14.*创新领导协调体制*。按照“四统四分”的要求,在市委、市政府大江东新城开发建设领导小组及其办公室指导下,区委、区政府成立大江东新城开发建设领导小组,实行与市领导小组办公室“两块牌子、一套班子”的运作机制,定期召开联席会议,研究协调解决大江东新城建设发展中的重大政策、重大事项,统筹协调“三城一区”的规划建设发展。

15.*创新行政管理体制*。正确处理建设规划线与行政区划线、新城与街道、开发规模与建设速度、改革创新与社会稳定的关系,积极建立“撤镇设街、以城带街”的行政管理新模式。

调整机构级别。根据省市编委有关文件批复,江东工业园区管委会、临江工业园区管委会、空港经济区管委会机构规格升格为副区级,并增挂江东新城管委会、临江新城管委会、空港新城管委会牌子。进一步争取新城内设机构升格为正处级。

实施行政区划调整。根据浙政函〔2009〕110号和杭政函〔2009〕141号文件批复,撤销靖江镇、南阳镇、河庄镇、义蓬镇、新湾镇等5个镇建制,并按“三城一区”规划边界适当进行行政区划调整,建立靖江街道、南阳街道、河庄街道、义蓬街道、新湾街道、临江街道、前进街道等7个街道办事处，形成“一城一街(或一城多街)”的行政管理格局。

明确新城、街道职责分工。江东新城管委会、临江新城管委会、空港新城管委会在区委、区政府领导下，根据区委、区政府决策部署，全面负责辖区内经济发展、城市建设、行政管理和社会管理等事项。萧山经济技术开发区管委会与江东新城管委会实行“两块牌子、一套班子”，负责市北、桥南、江东三大区块的建设管理。“三城一区”管委会对规划范围内街道实行“以城带街”管理体制，各新城党工委按照干部管理权限，负责管辖区域内党组织、干部的日常管理工作，对新城内设机构领导干部和街道领导班子建设具有建议权、考核权、监督权；街道领导班子主要领导与“三城一区”领导班子实行交叉任职。各街道办事处作为区委、区政府的派出机构，在各新城党工委、管委会的指导下，主要承担征地拆迁、社会管理、公共服务、经济发展、农业农村等工作职能，做好新城开发建设、经济管理等相关协调配合工作。

16.创新行政审批体制。按照“办事不出新城、资金自求平衡”的要求，参照国家级开发区管理权限，积极争取在萧山经济技术开发区(江东新城)、临江新城、空港新城分别设立市级规划分局、国土分局、工商分局、环保分局，赋予区级相关职能部门同等审批管理权限，业务上接受市级主管部门和区级相关部门的指导。按照“能放则放”的原则，通过委托办理、“见章盖章”、项目备案、人员派驻等办法，授予“三城一区”区级经济管理审批权限和办事服务权限。

17.创新财政管理体制。按照“财权与事权相结合”的原则，江东新城管委会、临江新城管委会、空港新城管委会实行单独结算的财政管理体制和“自我筹资、自我建设、自我经营、自我还贷”的运作模式。从本意见实施之日起5年内，江东、临江、空港新城规划范围内新产生的地方财政收入、土地出让金的区级留成部分，全额返还给相应的新城管委会；大江东新城规划范围内各街道的财政管理体制，由各新城管委会研究制定。各新城(园区)规划范围内的配套公建设施和项目产权(法律另有规定的除外)，各地块的广告发布权、经营权和道路、桥梁、地名冠名权归各建设主体所有。

18.创新开发建设体制。根据规划建设的实际需要，大江东新城内“共建共享”和新城规划范围外、为新城配套的道路、排水、供水、供电、供热等城市基础设施和学校、医院等重大民生工程，由区政府负责统一规划、统一建设、统筹安排，建设资金由“三城一区”按比例承担。“三城一区”内部的城市基础设施建设和衔接，由各管委会各自承担。建立健全土地要素配置机制和项目推进机制，积极调整大江东新城区域的基本农田布局，支持与区外有关地区建立土地利用互补合作机制，优先安排新城建设发展项目申报省市重大项目，区农转用切块指标向新城倾斜。对大江东新城开发建设具有引领、推动、提升作用的重大项目，允许一次规划、分期建设；对特殊重大项目可实施“一事一议”政策。

19.创新投融资机制。坚持科学经营城市理念，通过经营好理念、规划、设计、品牌等“无形资产”来经营好土地等“有形资产”，确保“黄金土地”产生“黄金效益”。加强融资平台建设，做强做大江东工业园区、临江工业园区和空港经济区投资公司，具体承担新城开发建设和融资任务，负责各自范围内土地综合开发、各类基础设施建设及相关项目的经营管理。健全基础设施建设经营机制，按照“谁投资、谁所有、谁受益”原则，采取BOT、BT、TOT等多种方式，积极鼓励引导外资、民资和各类社会资本参与大江东新城开发建设。深化政银合作、银企合作，引导和支持各金融机构建立分支机构，争取国债、国家开发银行等支持，积极争取国家政策性资金。

20.创新高层次人才引进培养机制。坚持人才资源是第一资源，研究制定有利于大江东新城开发建设的人才引进、培养、使用和服务政策，在子女入学、户籍转移、社会保障、出入境管理等方面，给予大力支持。加大人才引进培养力度，着力引进和培育一批规划建设、经营管理、招商引资等高层次人才，形成强有力的智力支持。加快江东高教园区规划建设，大力引进各类名校名院和合作办学，积极搭建产学研平台。全面推进企业技术中心、研发中心、博士后科研工作站和公共创新平台建设，加快人才公寓建设步伐，不断优化人才创业创新环境，努力打造高素质人才集聚区。

四、合力营造加快大江东新城开发建设的良好环境

21.形成全区上下支持大江东新城开发建设的强大合力。大江东新城开发建设是一项再造一个“新杭州”、再造一个“新萧山”的巨大工程，需要全区上下的配合支持。各级各部门要牢固树立全局观念，切实履行职责，积极研究落实服务大江东新城开发建设的政策举措，主动为各新城(园区)开发建设提供服务。区级有关部门要切实加强配合、协调和支持，加快制订完善统计、考核等制度和各项配套政策，大力支持各新城(园区)做好征地拆迁、招商引资、项目审批、资源要素保障等工作。要通过区内选调、对外招考、区级后备干部挂职锻炼等多种方式，选派一批优秀年轻干部到大江东新城培养锻炼，进一步形成支持大江东新城开发建设的最强合力。

22.切实加强各开发建设主体自身建设。各新城党工委要以开展深入学习实践科学发展观活动为动力，切实加强组织领导，加大改革创新力度，不断提高领导和推进开发建设的能力。要整合内部资源，完善职能配置，优化人员结构，明确职责分工，积极创新管理体制和运行机制，探索实施市场化管理方式和服务机制，建立健全“以城带街”的运作机制。深化干部人事制度改革，创新选人用人方式，建立完善干部考核评价制度，推行政府雇员制、工作人员聘用制和年薪制试点。进一步加强教育、健全制度、强化监督，构建权力阳光运行机制，实行重大工程建设项目效能监察全覆盖，推行派驻(出)纪检监察机构统一管理，建立健全惩治和预防腐败体系，切实加强作风建设和反腐倡廉建设。

23.大力营造良好的舆论氛围。要坚持正确的舆论导向,各级宣传部门和新闻媒体要积极宣传大江东新城开发建设的重大意义,描绘今后发展的宏伟蓝图,及时报道大江东新城的重点工作和先进典型,引导社会各界关心、支持大江东新城的开发建设,为加快大江东新城开发建设营造良好的舆论氛围。要加大对外宣传力度,组织开展境内外投资环境推介活动,积极推介大江东新城的优惠政策、服务环境,不断提高大江东新城在国内外的知名度和影响力,进一步打响大江东新城的品牌。

中共杭州市萧山区委办公室

2009 年 8 月 23 日

中共萧山区委　萧山区人民政府
关于加快农村住房改造建设的若干意见

萧委〔2009〕32 号

为认真贯彻落实省委、省政府《关于加快农村住房改造建设的若干意见》(浙委〔2009〕56 号)和市委、市政府工作部署,根据萧山实际,现就加快农村住房改造建设、加快城乡一体化建设进程提出如下意见。

一、充分认识加快农村住房改造建设的重要意义

近年来,萧山高度重视农村居住环境和农民住房问题,大力实施城乡一体化建设工程,加强农村基础设施和公共服务设施配套,引导农民集中居住,使农民住房条件和居住环境得到明显改善。但必须清醒地看到,农村住房建设仍存在规划布局不合理、建房用地不集约、公共设施不完善、农户正常建房需求得不到满足、违法违章建房控制难等问题。加快农村住房改造建设,是实施城市化战略、推进城乡一体化、建设社会主义新农村的根本要求,是解决农村布局散乱、建设用地紧张、村民建房困难等诸多问题的有效手段,有利于统筹城乡发展,加快城市化步伐,促进人口向城镇集聚;有利于改善农村基础设施,提升农村建设水平;有利于优化农村土地资源配置,为城乡建设发展赢得空间;有利于改善群众居住条件,提高群众生活品质;有利于推进重大项目开发,带动农村投资和消费,促进经济增长和经济转型升级,实现萧山跨越式发展。全区各级各部门要站在全局和战略的高度,充分认识开展这项工作的重要意义,把这项工作作为深入学习实践科学发展观的具体行动,作为落实保增长、保民生、保稳定的重大举措,采取有力措施,把农村住房改造建设工作抓紧抓好抓实。

二、加快农村住房改造建设的指导思想、目标任务和基本原则

(一)指导思想。深入贯彻落实党的十七大和十七届三中、四中全会精神,以科学发展观为统领,按照区委十三届六次、七次全会的总体部署和实施城市化发展战略、建设新农村、推进城乡一体化的要求,坚持"以城带乡、城乡统筹",坚持高起点规划、高标准建设、高强度投入、高效能管理,着力解决"地从哪里来、钱从哪里筹、人往哪里去、房子怎么建"等问题,加强政策引导,推进分类实施,加快改善农村居民住房条件和生活环境,促进农村精神文明建设,推动经济平稳较快增长,维护社会和谐稳定。

(二)目标任务。全区农村住房改造建设工作 2009—2012 年总体目标任务是:改造农村住房确保性任务 2 万户、指导性任务 2 万户,共 4 万户;宅基地整理复垦 266.7 公顷;拆除农村旧房 60 万平方米;努力实现杭州市下达的任务翻一番,逐步建成一批规划科学、环境优美、设施完善、服务配套、管理健全、社会和谐的农村新社区。

(三)基本原则。

——以人为本、科学规划。坚持以人为本,尊重农民意愿,在规划选址、配套设施、房屋结构等方面要充分考虑群众需求,让群众过上品质更高的生活;坚持科学规划,切实做到村庄建设规划与土地利用总体规划相衔接,优化规划建设用地布局,完善农村居住区布局,为农村住房改造建设和农村其他建设预留建设空间。

——创新体制、合力推进。坚持体制创新,总结城中村改造"一街一统筹"、农村住房改造"民建公助"等经验,充分发挥农民主体作用,调动广大农民群众的积极性,积极运用市场机制吸引社会力量参与,建立以民主促民生的工作机制。切实做到政府主导力、农民主体力和市场配置力"三力合一",确保农村住房改造建设工作全面推进。

——集聚发展、节约用地。适应城乡经济社会一体化发展的新要求,鼓励打破村界,集中规划建设居住区,着力推进整村改造和多层、高层(小高层)住宅建设,引导农村人口向城市、集镇和中心村集聚。严格执行"一户一宅、拆旧建新"政策,引导农民合理用地、集聚建房,努力实现布局优化、要素集聚、用地节约,不断提高基础设施和公共服务设施的共享度。

——注重结合、分类指导。要与实施城市化战略、大江东新城建设、大项目建设、新农村建设、"最清洁城乡"工程、宅基地整理复垦、农村困难群众住房救助、历史文化建筑保护等紧密结合起来,加强资金和资源整合。要结合本地实际,因地制宜,分类指导,借助工程项目带动,推动农村住房整村或连片改造建设。

三、因地制宜,分类实施农村住房改造建设

根据经济社会发展需要和各个区域的功能定位，萧山农村住房改造建设按照“积极推行高层(小高层)多层住宅、适度布局联立式住宅、严格控制单家独院”的思路，采用三种模式、五种类型，因地制宜，统筹推进。

(一)改造模式

1.二合一模式：以宅基地换公寓式住房、以土地换社保同步进行、一步到位。城区通过城市化推进和大项目带动，积极开展城中村整体改造和城市示范村建设，以实施二合一的改造模式，完善基础设施和公共服务设施，实行社区化管理服务。

2.二选一模式：以宅基地换公寓式住房或以土地换社保任选其一、分步推进。大江东新城、组团中心镇和其他集镇规划区按照相对集中和集聚发展要求，以实施二合一模式为主，允许部分二选一模式，加快形成具有相当规模、功能齐全的新社区。

3.民建公助模式：在符合规划的前提下由农民自主改造、建设住房，政府和村(社区)配套建设基础设施。农村示范村、农村整治村结合基础设施和人居环境改善，通过改建、翻建、新建等多种方式，稳步推进建房集聚，改善住房条件。

(二)建设类型

1.城中村整体改造。结合城市建设，对中心城区四个街道的城中村和因城镇建设、基础设施、公共设施、重大项目建设等需要大部分拆迁的村，按照“一村一方案”模式，进行集中改建，实行高层(小高层)住房建设和安置，建成都市型城市社区，实施社区化管理服务。鼓励临浦、瓜沥等镇积极开展镇中村、园中村整体改造。

2.城市示范村建设。结合城市发展、大江东新城开发和组团中心镇建设要求，加快推进城市示范村。其实施范围为：

(1)城区四街道和宁围镇、闻堰镇区域内的所有村(社区)，新街镇、义桥镇绕城公路以内区域的村(社区)以及所前镇的城南村；

(2)大江东新城规划内7个街道范围的全部区域；

(3)临浦、瓜沥组团中心镇的城镇规划区范围以内。

上述区域的村(社区)，按照城市社区标准，根据规划技术要求，统一实行高层(小高层)、多层住房、叠式排屋建设和安置，建成都市型城市社区，实施社区化管理服务。大江东新城区域及城区新纳入区域城市示范村实施时间从2010年1月1日起。

3.集镇示范村建设。结合新型城镇化，对其他各镇的集镇规划建设用地范围内的村，按照城镇社区建设标准，进行集中改造建设，实行多层住房、叠式排屋建设和安置为主，控制建设联立式住宅，完善基础设施和公共服务设施配套，建成新型城镇社区。

4.农村示范村(中心村)建设。结合新农村建设，对各镇村庄布局规划确定集聚发展的中心村、经济强村，按照农村社区建设标准，进行统一规划、统一改造、统一建设集中居住区，提倡建设多层住宅、叠式排屋，推行建设联立式住宅，禁止建设独立式住宅。合理进行村庄功能分区，完善基础设施和公共服务设施，加快形成具有相当规模、功能齐全的新型农村社区。

5.农村整治村建设。结合基础设施、公共服务设施配套和人居环境改善，对相对边缘且各镇村庄布局规划确定保留的村，按照群众生产生活需要，适度推进住房改造建设，严格控制新建独立式住宅，鼓励集中建设联立式住宅，加大旧村改造和村庄整治力度，拆除违章建筑，改善农民住房条件。

四、突出重点，积极有序推进农村住房改造建设

(一)科学编制村庄规划。坚持规划先行，抓住新一轮土地利用总体规划修编的有利时机，根据城市次区域规划的总体布局和城市发展、新城开发、组团建设等要求，科学合理地修编完善全区村庄布局规划，进一步明确城市示范村、集镇示范村、农村示范村和农村整治村布局，加快完成试点村和大江东新城居住区布局规划，2010年6月底前完成全区村庄布局规划。要按照节约集聚的要求和农村生产、生活、生态和文化要素，合理确定农村居住区数量、布局，完善村庄和农村住房功能，体现村庄和农村住房的文化积淀与乡村特色，形成城市示范村、集镇示范村、农村示范村、农村整治村和特色自然村等“重点突出、梯次合理、特色鲜明、相互衔接”的村庄布局规划体系。

(二)加快农房集聚建设。坚持试点先行，积极探索各种模式。各镇街要确定1—2个基础条件好、村级班子战斗力强、住房供求矛盾突出的村作为住房改造建设试点村，并认真抓好试点工作。要加快机制创新，积极推行“一村一方案、一街一统筹”的城中村改造模式和“二合一”、“二选一”、“民建公助”等农村住房改造建设新方法，鼓励农民以宅基地换公寓式住房、以土地换基本养老保险；引导农民在符合规划的前提下自主改造、建设住房，政府和村(社区)建设配套基础设施；积极探索集体土地调换、货币化安置等办法，引导农民跨村建房、到中心村集聚建房、到城镇买房，促进农村人口向中心村、中心镇和城市集聚。

(三)积极开展旧村改造。以整治“一户两宅”为重点，深入开展村庄综合整治，拆除危旧闲置房，拆除违章建筑，整治空心村。坚持“一户一宅”原则，村民在审批新宅基地时，必须将原有旧房自主拆除或由村集体收回。凡“一户两宅”的，必须拆除一处，宅基地由村收回；收回的宅基地，要优先复垦，在符合规划的前提下允许村安排农户建房。除合理分户外，不得以隐瞒、变通、买卖等手段规避老屋拆除，坚决防止产生新的“一户多宅”。加大政策引导力度，对农民自行拆除旧房和镇村连片拆旧的，给予一定的奖励；对有房无人居住的世居房，由村妥善处置。

(四)加强农村宅基地复垦。农村住房改造建设要与宅基地调剂置换、建设用地复垦等有机结合，互动推进。加快推进农村宅基地复垦工作，以镇街为单位，根据各村申报的置换建房数和宅基地复垦面积，编制宅基地复垦项目计划，经区相关部门核准后实施。农户到规划点建房后，所在镇街、村社要及时组织原宅基地复垦。

（五）深化村庄整治建设。按照省市新一轮村庄整治建设要求，以“村道硬化、卫生改厕、垃圾收集、污水处理、村庄绿化”五个方面为重点，全面推进农村环境整治，加强农村基础设施建设，加快农村公共服务事业发展，整体改善农村生产生活条件和生态环境，全面实施村庄保洁长效管理，又好又快地推进社会主义新农村建设。

（六）改善农民居住条件。根据打造生活品质之区的要求，全面改善农民居住条件，重点解决无房户、困难户、危房户等群众的住房问题。通过整体改造、项目带动、保障性住房建设等多种途径，逐步解决部分转制社区农民建房问题；通过改建、扩建、修缮、置换等多种方式，着力改善农村困难群众的住房条件；通过环境综合整治，以生态村、绿化村、文化村、卫生村等为创建载体，进一步改善基础设施和完善配套服务，全面提升农民群众居住环境。

五、完善政策措施，积极支持农村住房改造建设

（一）加大用地保障力度。区政府每年安排年度新增建设用地的10%左右专项用于农村住房改造建设，各镇街的建设用地复垦指标原则上应全部用于农村住房改造建设。对农村住房改造建设重点培育村建设用地实行“先记账、算总账”的原则，优先给予安排用地，保障启动区块建设用地，三年后保持耕地面积总量平衡。在新一轮土地利用总体规划编制中，试点镇规划通过评审后，确实存在现行土地利用总体规划确定的范围内无法启动的宅基地复垦项目和旧房改造项目，可以在通过评审的新一轮土地利用总体规划范围内，在确保当地现行的基本农田保护任务不减少、质量不降低、土地利用年度计划不突破的前提下，向区政府申报纳入规划局部修改试点项目，经省政府审批后，对现行土地利用总体规划作局部修改。

（二）加大资金扶持力度。区财政每年安排1亿元左右的资金，专项用于农村住房改造、村庄整治建设与长效保洁管理等。区级有关财政专项资金按照“资金性质不变、管理渠道不变”的原则，对各部门的有关农村建设资金实行项目整合和统筹使用，优先安排与农村住房改造配套项目，加大农村住房改造项目的资金倾斜。各金融部门要积极支持农村住房改造，对农村住房改造中的小额信贷要适当放宽条件，予以政策倾斜和利率优惠，为农村住房改造、农民异地转移、自主创业提供支持。

（三）加大资金筹措力度。充分发挥政府“有形之手”和市场“无形之手”的作用，解决“地从哪里来、钱从哪里筹”的问题。以项目建设为载体，鼓励有条件的镇街组建投融资平台，整体推进农村住房改造建设；各新城（园区）管委会按照“办事不出新城、资金自求平衡”的要求稳步推进农村住房改造建设；引导企业参与新农村建设，积极鼓励企业和其他社会力量参与农村住房改造，形成政府、企业、农民共同参与建设的良好氛围。

（四）加大规费减免力度。农村住房改造项目建设中涉及的有关行政事业性收费，一律进行减免，对农村住房改造建设中有关价格的经营服务收费减半征收。加强价格监督和规范管理，进一步规范社会中介机构和供电、供水、有线电视等设施设备安装改造过程中的收费行为。

（五）加大配套改革力度。要根据省市文件精神，按照明确产权主体、理顺分配关系、依法规范运作、强化民主监督的要求，加快推进村经济联合社股份制改革，把村级集体资产量化到人，保障农民的合法权益，为农民向城镇流动创造条件。要加快农村承包土地经营权流转，帮助有意愿的农民从土地生产上脱离出来，使农民真正实现向市民的转变。通过承包土地换租金、换股金、换保障的办法，提高农民流转承包土地的积极性。逐步加大对土地流转的奖励，调动村干部积极性。有条件的镇村，农民愿意流转土地并承诺永久放弃承包经营权的，土地由镇或村收储，并给农民办理农村居民养老保险。

六、加快农村住房改造建设的保障措施

农村住房改造是一项政策性强、难度大、涉及面广的系统性工程，是一项影响长远、造福当代、惠及子孙的德政工程，必须精心组织、狠抓落实，确保工作顺利开展。

（一）加强组织领导。为加强对农村住房改造建设工作的组织领导，区委、区政府建立农村住房改造建设工作领导小组及其办公室，负责全区农村住房改造建设的组织协调工作；办公室设在区城乡一体办，具体负责农村住房改造建设工作的计划实施、政策制定、工作协调、检查考核等。同时，建立区四套班子领导联系制度和联席会议制度，实行“一名领导、一个镇街，一张时间表”的工作推进机制。各镇街要坚持镇街党政一把手亲自抓、分管领导具体抓，建立相应的领导机构和落实工作人员，确保农村住房改造建设工作稳步推进。

（二）加强管理服务。各镇街是农村住房改造建设的责任主体，负责改造建设的组织落实、监督管理等工作。要按照区委、区政府的统一部署和本地实际，抓紧研究制定本地农村住房改造建设工作的具体实施意见和改造建设规划，明确农村住房改造建设的总体目标任务、年度计划、重点项目、所需用地和资金安排等内容。区城乡一体办、国土萧山分局、区建设局、规划萧山分局、萧山供电局、萧山水务集团、萧山广播电视台等单位要根据各自职责，制定具体的工作方案和意见。有关部门要通过采取联合审批、集中审批、委托审批等方式，简化审批程序，减少审批环节，努力提高审批效率。要加快农村宅基地确权登记，力争用一到两年时间完成全区农户住房的确权发证工作。各村（社区）要切实做好农村住房改造的宣传发动、方案制定、组织实施等各方面工作，充分尊重农民的意愿，调动农民的积极性，突出农民的主体地位，积极引导鼓励农民开展住房改造建设。

（三）加强检查考核。要制定农村住房改造建设工作考核办法，并列入各镇街、部门年度目标责任制考核范畴。要建立农村住房改造工作督察制度和定期通报制度，督促有关单位严格按照规划、计划和实施方案有序实施改造建设。要严格执行奖惩制度，对农村住房改造建设工作成绩突出的单位和个人，由区委、区政府予以表彰奖励。要加大群众参与监督的力度，及时向村民公开，接受村民监督。

（四）加强宣传发动。要利用广播、电视、报纸、网络、宣传栏等多种渠道和形式，广泛宣传加快农村住房改造建设的重要意义和优惠政策，及时总结推广经验，通过典型引路、示范带动，激发农村基层干部和广大农民群众的积极性、主动性和创造性，形成全社会支持配合农村住房改造建设的良好氛围，推动农村住房改造建设深入开展。

中共杭州市萧山区委办公室

2009年12月24日

杭州市萧山区人民政府关于调整大江东新城区域行政区划的通知

萧政发〔2009〕116号

各镇人民政府、街道办事处，区政府各部门、各直属单位：

为全面贯彻落实市委、市政府关于加快大江东新城开发建设的战略部署，推进大江东新城区域一体化发展，深化萧山基层行政管理体制改革，加强城市管理，推进城市化进程，加快大江东新城的开发建设，努力把大江东新城打造成为“杭州的浦东”，根据《浙江省人民政府关于杭州市萧山区部分行政区划调整的批复》（浙政函〔2009〕110号）和《杭州市人民政府关于萧山区部分行政区划调整的批复》（杭政函〔2009〕141号）精神，现将大江东新城区域行政区划调整有关事项通知如下：

一、大江东新城区域行政区划调整方案具体内容

撤销靖江、南阳、河庄、义蓬、新湾等5个镇建制，其行政区域由萧山区人民政府直辖，并在此区域内建立7个街道办事处，具体如下：

1. 靖江街道办事处

成建制撤销靖江镇，在原靖江镇行政区域内建立靖江街道办事处。办事处驻地为原靖江镇人民政府驻地（申达路555号），区域面积23.06平方千米，户籍总人口33047人。四至范围为：北与义蓬街道相连，东与党湾镇接壤，南邻瓜沥镇，西接南阳街道。下辖原靖江镇的安澜桥、小石桥、黎明、花神庙、伟南等5个社区和雷东、和顺、靖南、靖东、光明、东桥、甘露、协谊、义南、靖港等10个村。

2. 南阳街道办事处

成建制撤销南阳镇，在原南阳镇行政区域内建立南阳街道办事处。办事处驻地为原南阳镇人民政府驻地（南虹路528号），区域面积31.03平方千米，户籍总人口37402人。四至范围为：东靠义蓬街道、靖江街道，南与瓜沥镇、坎山镇接壤，西邻钱塘江，北接河庄街道。下辖原南阳镇的南阳、赭山等2个社区和横蓬、雷山、南丰、龙虎、岩峰、赭东、东风、永利、红山、坞里、远大、南翔、南兴等13个村。

3. 河庄街道办事处

成建制撤销河庄镇，在原河庄镇行政区域内（除划给前进、临江街道的围垦大道以东围垦区域外）建立河庄街道办事处。办事处驻地为原河庄镇人民政府驻地（永丰路618号），区域面积69.2平方千米，户籍总人口48192人。四至范围为：东靠义蓬街道，南接南阳街道，西、北邻钱塘江。下辖原河庄镇的城隍庙等1个社区和同二、建设、同一、蜀南、向公、民主、建一、新和、闸北、三联、文伟、新围、围中、新创、新江、向前、群建、向红、群欢、江东等20个村。

4. 义蓬街道办事处

成建制撤销义蓬镇，在原义蓬镇行政区域内建立义蓬街道办事处。办事处驻地为原义蓬镇人民政府驻地（义府大街668号），区域面积56.48平方千米，户籍总人口56952人。四至范围为：东接前进街道、新湾街道，南靠靖江街道，西邻河庄街道、南阳街道，北至河庄街道。下辖原义蓬镇的义盛、头蓬等2个社区和义盛、蜜蜂、新庙前、后新庙、新益、后埠头、灯塔、火星、蓬园、长红、白浪、金泉、杏花、金星、小泗埠、全民、仓北、春光、春园、春雷、南沙、义蓬等22个村。

5. 新湾街道办事处

成建制撤销新湾镇，在原新湾镇的新北桥等1个社区和共和、共裕、共兴、新南、冯漤、建华、宏波、创建、创新、宏新、三新、共建等12个村的行政区域内建立新湾街道办事处。办事处驻地为原新湾镇人民政府驻地（新宏路28号），区域面积22.05平方千米，户籍总人口22976人。四至范围为：东接临江街道，南邻党湾镇，西靠义蓬街道，北至前进街道。下辖原新湾镇的新北桥等1个社区和共和、共裕、共兴、新南、冯漤、建华、宏波、创建、创新、宏新、三新、共建等12个村。

6. 临江街道办事处

原河庄镇九工段直河与十工段直河之间的围垦区域和原新湾镇的临江佳苑等1个社区以及萧东、东庄等2个村的行政区域合并，建立临江街道办事处。办事处驻地临江大道3997号，区域面积44.1平方千米，户籍总人口6018人。四至范围为：东接省水利围垦综合开发一场，南邻益农镇，西靠新湾街道、前进街道，北至钱塘江。下辖原新湾镇的临江佳苑等1个社区和萧东、东庄等2个村。

7.前进街道办事处

原河庄镇围垦大道与九工段直河之间的围垦区域和原新湾镇的前峰、临江、三丰等3个村的行政区域合并，建立前进街道办事处。办事处驻地江东一路4766号，区域面积40.54平方千米，户籍总人口7626人。四至范围为：东接临江街道，南邻新湾街道，西靠义蓬街道，北至钱塘江。下辖原新湾镇的前峰、临江、三丰等3个村。

大江东新城区域行政区划调整后，萧山由22个镇、4个街道调整为17个镇、11个街道。

二、积极稳妥地推进大江东新城区域行政区划调整各项工作

行政区划调整是一项牵动面广、工作量大、政策性强的系统工作，需要全区上下高度重视、通力合作。组织人事、劳动和社会保障、民政、教育、公安、司法、国土、水利、交通、卫生、规划、计划生育、统计、工商行政管理等方面事项，由相关各方负责对接，认真完善和核实交接基础台账，抓紧办理交接手续，确保2009年9月1日起，按调整后新的行政管理体制正常运行。

1.做好宣传发动工作。新建街道是这次调整工作的主要实施者，要抓紧召开由全体机关干部，部分企事业单位负责人，村(社区)负责人，所在地部分人大代表、政协委员、老干部代表等参加的撤镇设街动员大会，作进一步的宣传发动，进行具体工作部署，明确工作要求，把全街道上下的思想统一到区委、区政府的决策上来，同时做好挂牌工作。

2.做好机构名称、证照地址等变更工作。新建街道行政事业单位的设置，由区编委办提出具体方案，报经批准后执行。有关工商营业执照、社会团体登记证、房屋所有权证、卫生许可证、税务登记证、组织机构代码证等证照中涉及"镇"冠名的机构名称和住所地址等，由工商、民政、建设、卫生、税务、质监等有关部门作相应变更。新建街道和下属单位有关印章、街牌制发由区委办公室、区政府办公室另行发文明确。

3.做好年度目标考核工作。靖江、南阳、河庄、义蓬等4个街道的考核和统计口径按原镇考核办法不变。新湾、临江、前进等3个街道的考核和统计口径，区级有关部门要根据各自职能作相应调整，主动做好各方面的衔接工作。

4.做好政策延续性工作。区委、区政府和区级有关部门针对原镇的各项政策继续保持不变；原镇以政府名义或政府委托部门制定的有关政策和各类民事合同等继续有效，由新建街道接收、办理，不得随意变动，以确保社会稳定、工作有序。

5.做好信息反馈工作。行政区划调整实施过程中出现的新情况、新问题，新建街道要及时研究相应的对策措施，并及时向区委、区政府汇报。

6.街道办事处的职责、组织人事、资产财务和档案的移交接收等工作由有关部门另行发文明确。

三、工作要求

1.切实加强组织领导。行政区划调整工作是加强城市管理、加快城市化进程、建立新型基层行政管理体制的一项重大改革措施，事关全区社会稳定和经济发展，各级各部门特别是新建的各街道办事处，必须统一思想认识，加强组织领导，坚持依法行政，做深做细工作，把平稳过渡、稳定人心作为当前工作的重中之重来抓。

2.切实维护社会稳定。要加大宣传力度，统一思想认识，增进全区上下对行政区划调整工作的理解和支持，耐心细致地做好思想教育工作，教育镇、村干部群众树立改革意识、大局意识，支持和参与此项工作。要及时调处和解决行政区划调整工作中出现的矛盾和问题，切实防止影响工作顺利进行的不利因素产生，认真做好来信来访干部群众的宣传解释工作，及时排查不安定因素，确保工作正常运行。

3.切实严明各项纪律。要严明政治纪律、组织纪律、廉政纪律、工作纪律，各级干部特别是领导干部要妥善处理好行政区划调整与正常工作的关系，不因改革而延误工作，确保各项工作平稳过渡。

杭州市萧山区人民政府办公室

2009年8月21日

重要文件目录选编

中共萧山区委文件

萧委〔2009〕1 号　中共杭州市萧山区委关于加快城市化进程实现萧山科学发展新跨越的决定
萧委〔2009〕6 号　中共杭州市萧山区委关于开展深入学习实践科学发展观活动的实施意见
萧委〔2009〕7 号　中共萧山区委　萧山区人民政府关于萧山区十大金色文化工程的实施意见
萧委〔2009〕8 号　中共萧山区委　萧山区人民政府关于组织开展交通道路“12881”工程建设三年大会战的实施意见
萧委〔2009〕9 号　中共萧山区委　萧山区人民政府关于开展农村社区建设工作的实施意见
萧委〔2009〕10 号　中共萧山区委　萧山区人民政府关于进一步完善促进就业长效机制的实施意见
萧委〔2009〕11 号　中共萧山区委　萧山区人民政府关于做好 2009 年稳定就业工作的意见
萧委〔2009〕16 号　中共萧山区委　萧山区人民政府关于进一步推进和谐社区建设的若干意见
萧委〔2009〕18 号　中共杭州市萧山区委关于印发《萧山区培养选拔优秀年轻干部三年规划(2009 年—2011 年)》的通知
萧委〔2009〕19 号　中共杭州市萧山区委关于继续深化改革开放推动科学发展率先发展跨越发展的决定
萧委〔2009〕20 号　中共萧山区委　萧山区人民政府关于加快大江东新城开发建设的若干意见
萧委〔2009〕24 号　中共杭州市萧山区委关于按照构建城乡统筹的基层党建新格局要求全面推进农村基层组织建设的意见
萧委〔2009〕26 号　中共萧山区委　萧山区人民政府关于解决村党组织书记和村委会主任基本报酬的实施意见
萧委〔2009〕27 号　中共杭州市萧山区委关于强化社区党建工作保障提高社区党建工作水平的意见
萧委〔2009〕28 号　中共杭州市萧山区委关于进一步加强人民政协工作的意见
萧委〔2009〕29 号　中共萧山区委　萧山区人民政府关于加快推进残疾人事业发展的实施意见
萧委〔2009〕32 号　中共萧山区委　萧山区人民政府关于加快农村住房改造建设的若干意见
萧委〔2009〕33 号　中共萧山区委　萧山区人民政府关于印发《杭州市萧山区城乡居民社会养老保险实施办法》的通知

中共萧山区委办公室文件

萧委办〔2009〕1 号　区委办公室　区政府办公室关于开展“1＋X”社会结对帮扶千户困难家庭活动的通知
萧委办〔2009〕6 号　区委办公室　区政府办公室关于实施消费资助促进内需的通知
萧委办〔2009〕11 号　中共杭州市萧山区委办公室关于进一步清理规范党委、人大、政协和法院、检察院系统评比达标表彰活动的实施意见
萧委办〔2009〕23 号　区委办公室　区政府办公室关于印发《萧山区交通道路建设三年行动计划》的通知
萧委办〔2009〕32 号　区委办公室　区政府办公室关于社区公共服务工作站建设的实施意见
萧委办〔2009〕33 号　区委办公室　区政府办公室印发《杭州市萧山区 2009 年关于进一步构建权力阳光运行机制实施方案》的通知
萧委办〔2009〕53 号　中共杭州市萧山区委办公室关于印发《2009—2013 年萧山区党外干部队伍建设规划》的通知
萧委办〔2009〕55 号　区委办公室　区政府办公室关于加快推进农村土地承包经营权流转和规模经营的意见
萧委办〔2009〕56 号　区委办公室　区政府办公室关于在全区开展“项目推进月、半年目标竞赛月、企业服务月”活动的通知
萧委办〔2009〕59 号　区委办公室　区政府办公室关于采取有力措施贯彻落实厉行节约有关要求的通知
萧委办〔2009〕62 号　区委办公室　区政府办公室关于加快城中村改造的实施意见
萧委办〔2009〕63 号　区委办公室　区政府办公室关于印发《杭州市萧山区有突出贡献人才住房申购实施办法(试行)》的通知
萧委办〔2009〕64 号　区委办公室　区政府办公室关于印发《萧山区“小金库”专项治理工作实施办法》的通知

萧委办〔2009〕68 号　区委办公室　区政府办公室关于推行“和事佬”协会的实施意见
萧委办〔2009〕86 号　区委办公室　区政府办公室关于调整完善促进外贸结构调整转变外贸增长方式若干政策意见的通知
萧委办〔2009〕87 号　区委办公室　区政府办公室关于完善村级组织运转经费保障机制的意见
萧委办〔2009〕100 号　区委办公室　区政府办公室关于进一步加强村级集体资金、资产、资源管理的意见
萧委办〔2009〕101 号　区委办公室　区政府办公室关于进一步健全农村财务管理长效监督机制的意见

萧山区人大常委会文件

萧人大〔2009〕4 号　杭州市萧山区人民代表大会代表议案和建议处理办法
萧人大〔2009〕13 号　杭州市萧山区人民代表大会常务委员会关于加强区人民检察院法律监督工作的决议
萧人大〔2009〕14 号　关于继续重点跟踪督办“加强环境治理推进生态区建设”代表建议的决定
萧人大〔2009〕15 号　杭州市萧山区人民代表大会常务委员会听取和审议专项工作报告暂行规定
萧人大〔2009〕17 号　杭州市萧山区人民代表大会常务委员会关于大江东新城区域行政区划调整的决议
萧人大〔2009〕23 号　杭州市萧山区人民代表大会常务委员会关于增设杭州市萧山区人民代表大会常务委员会农业和农村工作室(工作委员会)的决定

萧山区人大常委会办公室文件

萧人大办〔2009〕8 号　关于印发《杭州市萧山区第十四届人民代表大会第三次会议各代表团、代表小组讨论意见、建议汇总情况》的通知
萧人大办〔2009〕17 号　关于印发《杭州市萧山区第十四届人民代表大会常务委员会第十七次会议对区人民检察院法律监督工作情况报告的审议意见》

萧山区人民政府文件

萧政发〔2009〕38 号　杭州市萧山区人民政府关于印发进一步推进工业功能区建设及管理工作意见的通知
萧政发〔2009〕39 号　杭州市萧山区人民政府关于进一步加大工业技术改造扶持力度的通知
萧政发〔2009〕52 号　杭州市萧山区人民政府关于切实推进节约集约利用土地的实施办法
萧政发〔2009〕59 号　杭州市萧山区人民政府关于扶持发展社区服务业的若干意见
萧政发〔2009〕62 号　杭州市萧山区人民政府关于萧山区失管房改善和老小区环境综合整治工程的实施意见
萧政发〔2009〕68 号　杭州市萧山区人民政府关于进一步加强出生缺陷干预工作的实施意见
萧政发〔2009〕69 号　杭州市萧山区人民政府关于进一步调整完善城区街道办事处财政体制结算办法的通知
萧政发〔2009〕76 号　杭州市萧山区人民政府关于进一步完善扶持中小企业担保公司发展的意见
萧政发〔2009〕82 号　杭州市萧山区人民政府关于进一步鼓励海外留学人员来萧创业的若干意见(试行)的通知
萧政发〔2009〕83 号　杭州市萧山区人民政府关于进一步扶持信息化应用和信息产业发展的实施意见
萧政发〔2009〕86 号　杭州市萧山区人民政府关于印发萧山区创业投资引导基金管理办法(试行)的通知
萧政发〔2009〕88 号　杭州市萧山区人民政府印发关于创建杭州市学前教育强区实施意见的通知
萧政发〔2009〕94 号　杭州市萧山区人民政府关于促进楼宇经济发展的若干意见
萧政发〔2009〕108 号　杭州市萧山区人民政府关于公布全区非行政许可审批事项的决定
萧政发〔2009〕116 号　杭州市萧山区人民政府关于调整大江东新城区域行政区划的通知
萧政发〔2009〕118 号　杭州市萧山区人民政府关于第三批取消暂停征收部分行政事业性收费项目和降低部分收费标准的通知
萧政发〔2009〕119 号　杭州市萧山区人民政府关于进一步加强依法行政工作的意见
萧政发〔2009〕130 号　杭州市萧山区人民政府关于加快全区公交停靠站建设的实施意见
萧政发〔2009〕131 号　杭州市萧山区人民政府关于萧山区数字化城市管理系统建设的实施意见
萧政发〔2009〕140 号　杭州市萧山区人民政府关于印发萧山区进一步促进汽车产业发展若干政策(试行)的通知
萧政发〔2009〕154 号　杭州市萧山区人民政府关于加强转制社区建设和管理的若干意见
萧政发〔2009〕160 号　杭州市萧山区人民政府关于调整征地农转非人员养老保险缴费标准等事项的通知

萧山区人民政府办公室文件

萧政办发〔2009〕24 号　杭州市萧山区人民政府办公室关于做好 2009 年度政策性农村住房保险的通知

萧政办发〔2009〕31 号　杭州市萧山区人民政府办公室关于开展萧山区粮食生产功能区建设的实施意见

萧政办发〔2009〕37 号　杭州市萧山区人民政府办公室关于开展海防基干林带建设工程的实施意见

萧政办发〔2009〕38 号　杭州市萧山区人民政府办公室转发人行萧山支行关于进一步加强金融服务有效促进全区经济平稳健康发展的指导意见

萧政办发〔2009〕40 号　杭州市萧山区人民政府办公室关于印发萧山区农贸市场改造提升实施意见的通知

萧政办发〔2009〕41 号　杭州市萧山区人民政府办公室关于印发杭州市萧山区生猪屠宰行业发展规划(2008—2010 年)的通知

萧政办发〔2009〕42 号　杭州市萧山区人民政府办公室关于进一步做好行政复议和行政应诉案件工作的通知

萧政办发〔2009〕43 号　杭州市萧山区人民政府办公室关于加快推进 TD—SCDMA 建设和发展工作的通知

萧政办发〔2009〕45 号　杭州市萧山区人民政府办公室关于印发《杭州市萧山区人民政府常务会议网上视频直播、视频互动实施方案》的通知

萧政办发〔2009〕53 号　杭州市萧山区人民政府办公室关于做好土地利用总体规划修编工作的通知

萧政办发〔2009〕54 号　杭州市萧山区人民政府办公室关于深入开展安全生产隐患排查治理工作的通知

萧政办发〔2009〕56 号　杭州市萧山区人民政府办公室关于完善农村供水管理体制全面实现城乡供水一体化的实施意见

萧政办发〔2009〕64 号　杭州市萧山区人民政府办公室关于做好 2009 年农村信息化工作的通知

萧政办发〔2009〕74 号　杭州市萧山区人民政府办公室关于开展农产品质量安全追溯管理工作的实施意见

萧政办发〔2009〕88 号　杭州市萧山区人民政府办公室关于进一步鼓励开展土地开发整理复耕工作的意见

萧政办发〔2009〕89 号　杭州市萧山区人民政府办公室关于支援外地建设退休回萧定居人员生活困难补助事项的通知

萧政办发〔2009〕92 号　杭州市萧山区人民政府办公室关于鼓励农户入住高层住宅的意见

萧政办发〔2009〕93 号　杭州市萧山区人民政府办公室关于印发《萧山区非住宅房屋拆迁货币化安置实施意见》的通知

萧政办发〔2009〕98 号　杭州市萧山区人民政府办公室关于在全区加快使用新型墙体材料的通知

萧政办发〔2009〕107 号　杭州市萧山区人民政府办公室关于完善政策性农业保险的补充意见

萧政办发〔2009〕108 号　杭州市萧山区人民政府办公室关于印发《萧山区 2009 年主要污染物减排计划》的通知

萧政办发〔2009〕111 号　杭州市萧山区人民政府办公室关于印发萧山区创建浙江省扶残助残爱心城区实施方案的通知

萧政办发〔2009〕114 号　杭州市萧山区人民政府办公室关于印发进一步加快萧山区电网建设若干意见的通知

萧政办发〔2009〕122 号　杭州市萧山区人民政府办公室关于印发《萧山区省级生态区创建工作实施方案》的通知

萧政办发〔2009〕125 号　杭州市萧山区人民政府办公室印发关于鼓励和扶持大学生在萧自主创业的若干意见的通知

萧政办发〔2009〕136 号　杭州市萧山区人民政府办公室关于印发萧山区鼓励服务外包产业发展实施意见(试行)的通知

萧政办发〔2009〕137 号　杭州市萧山区人民政府办公室关于下达《杭州市萧山区 2009—2011 年“城中村”启动改造计划》的通知

萧政办发〔2009〕140 号　杭州市萧山区人民政府办公室关于印发《萧山区 2009 年新增客运出租汽车运力实施意见》的通知

萧政办发〔2009〕142 号　杭州市萧山区人民政府办公室关于印发萧山区加快现代物流业发展的若干意见(试行)的通知

萧政办发〔2009〕148 号　杭州市萧山区人民政府办公室关于印发萧山区加快中介服务业发展的若干政策(试行)的通知

萧政办发〔2009〕150 号　杭州市萧山区人民政府办公室关于加快发展农业机械化的实施意见

萧政办发〔2009〕163 号　杭州市萧山区人民政府办公室关于印发萧山区公共机构节能减排工作实施意见的通知

萧政办发〔2009〕169 号　杭州市萧山区人民政府办公室关于印发萧山区部分退伍军人生活补助办法的通知

萧政办发〔2009〕171 号　杭州市萧山区人民政府办公室关于印发萧绍区域(萧山片)印染化工行业污染整治“百日攻坚”实施方案的通知

萧政办发〔2009〕186 号　杭州市萧山区人民政府办公室关于加快农村土地承包经营权流转服务组织建设的实施意见

萧政办发〔2009〕189 号　杭州市萧山区人民政府办公室关于进一步完善萧山区机动车停放服务收费管理办法的通知

萧政办发〔2009〕193 号　杭州市萧山区人民政府办公室关于印发萧山区物流业升级培育规划的通知

萧政办发〔2009〕194 号　杭州市萧山区人民政府办公室关于印发萧山区电子信息产业升级培育规划的通知

萧政办发〔2009〕196 号　杭州市萧山区人民政府办公室关于进一步做好应急管理有关工作的通知

萧政办发〔2009〕213 号　杭州市萧山区人民政府办公室关于农村住房改造建设中有关价格收费政策的通知
萧政办发〔2009〕221 号　杭州市萧山区人民政府办公室关于切实做好二〇一〇年新型农村合作医疗工作的通知
萧政办发〔2009〕222 号　杭州市萧山区人民政府办公室关于转发《杭州市萧山区城市建筑工程机动车位配建标准(试行)》的通知
萧政办发〔2009〕229 号　杭州市萧山区人民政府办公室关于印发《萧山区城中村改造安置房建设资金筹措办法(试行)》的通知
萧政办发〔2009〕231 号　杭州市萧山区人民政府办公室关于印发萧山区道路交通事故救助资金使用管理办法的通知
萧政办发〔2009〕233 号　杭州市萧山区人民政府办公室关于调整完善机关事业单位干部职工子女医疗保险的通知
萧政办发〔2009〕236 号　杭州市萧山区人民政府办公室关于印发萧山区区级财政专项资金管理办法的通知
萧政办发〔2009〕239 号　杭州市萧山区人民政府办公室关于促进萧山区小额贷款公司发展的实施意见
萧政办发〔2009〕245 号　杭州市萧山区人民政府办公室关于印发《杭州市萧山区农村住房改造建设实施细则》的通知

政协萧山区委员会文件

萧政协〔2009〕4 号　关于加快“退二进三”步伐推进城市有机更新的意见和建议
萧政协〔2009〕5 号　关于进一步加快土地承包经营权流转推进农业规模经营的建议
萧政协〔2009〕6 号　我区文化事业建设现状分析及对策思考
萧政协〔2009〕11 号　政协第十二届杭州市萧山区委员会关于增设委员学习和工作联络委员会的决定

政协萧山区委员会办公室文件

萧政协办〔2009〕2 号　关于召开政协第十二届杭州市萧山区委员会第三次会议的通知
萧政协办〔2009〕17 号　区政协工作务虚会有关意见建议汇总
萧政协办〔2009〕22 号　关于征询“政情咨询会”议题的通知

调研报告

加强城市管理体制机制建设　加快萧山城市化发展进程

萧山城市的定位是长江三角洲地区重要的制造业基地、杭州城市江南城的重要组成部分，是江南交通、物流中心，杭州国际风景旅游城市的新兴旅游区，工贸结合的现代化城区。要实现如此高的定位，必须加快萧山的城市化进程。

2009年初，中共萧山区第十三届委员会第六次全体会议通过了《关于加快城市化进程实现萧山科学发展新跨越的决定》，吹响了萧山加快城市化进程的号角。加快城市化，是深入贯彻科学发展观，推动萧山城乡一体化发展的根本要求，是全面实施"沿江开发、跨江发展"战略，构筑萧山发展新优势的迫切需要，是促进经济转型升级，保持萧山经济社会平稳较快发展的重要途径，是解决城市面临重大问题，提高萧山城市发展水平的现实选择。

加快城市化进程，进一步加大城市建设的力度是毋庸置疑的，但与此同时，必须着力加强城市管理工作，形成"相辅相成、双轮驱动"的局面。当城市化进入起步阶段的时候，主要矛盾是城市规划和城市建设问题，城市化的内涵就是城市规划与建设，大规模的基础设施建设成为城市化的象征。随着城市化的发展，重规划建设、轻运行管理的弊病日渐明显，城市运行管理问题逐步被提出而且得到重视。特别是对萧山来说，随着撤市设区和工业化的充分发展，进入城市化带动的发展阶段已是必然。而且，对建成区来说，不仅应该抓紧实施工业化向城市化的转变，而且在城市化的进程中，应该从拓展型建设向整理型建设转变，从被动式管理向主动式管理转变。这就使得城市管理工作愈发显得至关重要。

城市管理，通常是指城市管理者对城市公共行为和公共事务，依照一定的法律法规和公共政策，调动城市一切资源和力量，改善人们的生活工作环境，提高居民生活质量，实现城市自身正常运转和向前发展的所有行为和过程。它是加快推进城市化发展的重要引擎，是有效集聚各类管理要素，增强城市综合竞争力的现实选择，是改善城市环境，培育城市文明，繁荣城市文化，全面提高广大人民群众生活品质的有效途径。

为了深入了解萧山城市管理工作的现状，分析存在的问题和不足，提出相应的意见和建议，本课题组认真学习了城市管理方面的基本理论，专程走访了浙江大学、杭师大等高等院校，与专家学者进行交流求教，还实地考察了杭州市城管办、余杭区、鄞州区城市管理体制建设，并深入到城厢街道及下属的洄澜北苑、车家埭等社区进行了调研，还走访了部分人大代表听取意见。在此基础上，课题组经过分析梳理，归纳提炼，形成这一课题报告，目的是通过对萧山城市管理现状的分析，从体制机制的角度提出一些建议，以加强城管工作，加快城市化进程。

一、萧山城市管理体制沿革及现状

1988年萧山撤县设市，当时的城市管理主要由城厢镇镇政府负责，承担市容秩序、环境卫生、市政公用、绿化景观等城市管理职能。

1991年10月，萧山市建设局组建城建监察大队，负责城区国有土地规划方面的行政处罚，随后市政、绿化划归建设局管理，市容、环卫管理仍由城厢镇负责，实施建管并举的管理。

1992年5月萧山实行镇乡的"撤扩并"，城厢镇扩大到7个办事处；1993年湘湖村撤村建居，1997年高桥、车家埭等14个周边村转制为社区。由于城市管理范围的扩大、内容的增加、要求的提高，1999年4月22日，成立了萧山市城管办。市建设局城建监察大队、市环卫所划归市城管办管理，主要是行使城建监察、市容环卫方面的管理职能。市政、绿化、河道的建设和养护仍由建设局负责。

随着国务院《关于进一步推进相对集中行政处罚权工作的决定》出台，2003年12月成立了萧山区城市管理综合行政执法局，与区城管办合署办公，一套班子两块牌子。城管执法局主要是负责城市管理区域内的城市管理行政执法工作，区城管办主要是履行城市管理指挥、协调、监督、考核的职能。目前执法局下设办公室、组织人事科、法制科、执法督察科、财务装备科、宣传教育科，组建15个执法中队、6个分队、1个犬类管理中心，在编人员183名；城管办下设管理科、环境卫生监管中心，在编人员30人。

二、城市管理工作存在问题的原因分析

近年来，在区委、区政府的正确领导下，在全区各职能部门的共同努力下，萧山城市管理水平显著提高，先后荣获国家卫生城市、国家环保模范城市、省级文明城区等一系列荣誉。但同时必须清醒地认识到，萧山的城市管理水平与市民群众的期望、政府的要求还有很大的差距，环境、市容、交通、卫生、治安、建房等方面的"脏乱差"的现象在一些地区依然存在，部分社区城市管理工作没有达到标准和要求，各种情

况不一一列举。其中的原因是多方面的。从外部大环境来看,主要有以下几个方面:

一是长期以来坚持工业立区的发展方针,对城市化的理解不够深刻,推进不够主动。工业是萧山解决社会就业、增加财政收入的主要渠道,是萧山名扬全国的"金名片",是保持萧山发展地位的"顶梁柱"。在萧山的干部中一直有"不重视工业的领导是不清醒的领导,不会抓工业的领导是不称职的领导"一说。虽然前几年也提出过"城乡一体化"的工作要求,但由于条件不成熟,效果并不明显。因此,萧山长期以来是专注于抓工业,得益于抓工业。当前,工业化的发展已经为加快城市化打下了非常良好的基础,从主抓工业化向重视城市化转变已是一种必然。但长期以来形成的各种"惯性",以及工业经济给萧山带来的盛名,都使得城市化的发展步伐不够快。而且存在着重建设、轻管理的现象,对城市管理的认识不够深刻,研究不够深入,政策不够倾斜。

二是城市有机更新步伐不够快,城市公共资源配套不平衡。近年来萧山加大了城市建设力度,成效也非常明显。但是不可否认,由于多种原因,在城市建设中存在着"重显性、轻隐性,重建新、轻治旧"的问题。城中村改造、失管房改善和背街小巷环境的综合整治等城市有机更新工作启动较晚。城区 4 个街道 91 个社区中,从行政村简单"翻牌"的社区有 34 个,转制社区有 18 个,纯社区只有 39 个,另外还有 31 个行政村,达到城市化标准的纯社区只占 32%。有一些社区身处繁华闹市区,但不论是硬件设施还是财力投入方式,都还是原来行政村的水平。

三是城区人口容量紧张,文明素质和城市意识相对偏低。全区本地人口就有 120 万。同时,由于产业结构上的特点,企业用工主要是依靠外来、文化程度较低的人员,而且数量庞大。2008 年底全区在册的外地人口达 83 万多。在城市管理的主要区域——4 个街道中,本地人口 26.6 万,外地人口在册登记 25.8 万(不包括流动人口)。城厢街道 18 平方千米的面积中,本地常住、外地暂住人口达 16 万多,在一些"城中村"外地人口已是本地居住人口的 3 倍以上。由于生活方式、文化程度、经济收入等方面的差异,普遍存在着垃圾乱扔、摊点乱摆、车辆乱停、广告乱贴、工地乱象等非法占用甚至破坏城市公共资源的现象。即使是本地人口,由于部分人员依然保持着农村的生活习惯,同样存在类似问题。密集的人口、众多的外来人员给城市管理造成了巨大压力。

从城市管理的内部原因来分析:

一是对城市管理的理解比较狭窄。城市管理,从广义上说泛指城市的规划、建设、管理和发展的全过程。狭义的则特指除规划、建设环节以外的城市管理,是对城市基础功能和城市公共空间的管理。即使是狭义的城市管理,也具有很强的综合性和全程性。在纵向和横向的交互管理中具有整体关联的特点,而且涉及规划管理、建设管理、运行管理的城市发展全过程。但在实际工作中,领导干部也好,市民群众也好,有为数不少的人都把城市管理工作等同于综合行政执法工作。从管理主体讲,应该涉及近 20 家单位,实际却是执法局一家;从管理手段讲,应该涉及规划、建设、运行全方位,实际却是主要依靠最末端、最被动的执法手段;从管理内容讲,应该涉及城市的基础功能和公共空间,实际却是以市容环境的管理为主;从管理范围来讲,应该延伸到社区,实际却是只能管理城区道路的两侧。理解上的片面造成了工作上的偏颇。

二是管理体制不够顺畅。区城管办是城市管理工作的牵头抓总单位,而执法局是城市管理工作的其中一个部门,按理,管理的层级是非常清晰的。但萧山的实际情况却是"小马拉大车",区城市管理委员会的作用发挥不够,区城管办由于职能没有完全到位,又缺乏有效监管手段,貌似有责任,其实无职能,存在着机构虚设、力量单薄、协调软弱的问题。目前,城管办名义上有 30 人,但大多数是由于年龄、文化程度等条件受限,无法取得执法资格而照顾性地安排在城管办,而且实际又回到各执法中队做辅助工作,真正在城管办专职工作的仅有 11 人,实际上是处于以局(执法局)代办(城管办)的尴尬境地。城管工作纵有"群龙",但是"无首",体制不畅的问题突出。

三是管理职能相对较散。城市管理工作的综合性、全程性决定着城市管理的职能必然涉及许多的部门,也必须以"政企分离、管干分离、管养分离、建管分离"为管理原则,进行职能配置。而目前萧山的现状却是建管并举、管养合一。部门之间分工协作边界模糊,职能越位、缺位现象比较严重,批后监管缺失。同时,在大力推进城市化的过程中,建设任务十分繁重,相关部门的领导精力、技术力量、资金调度都面临着巨大的压力。城市管理工作对其他一些部门来说,并不是"主营业务",在突出重点、抓主要矛盾的同时,对城管工作难免会出现顾此失彼的现象。

四是考核力度不够、覆盖不广。考核制度是指挥棒,是区委、区政府指明方向、表明态度、提出要求最有力的"撒手锏"之一,有"四两拨千斤"的作用。目前,萧山对镇街城市管理工作的考核权重分别只有 2 分和 4 分,特别是街道,理应把工作重点放在抓城管、做环境、促三产、重民生、保和谐上,但考核制度还是在一定程度上促使街道把工作重心放在抓经济、抓工业上。更应引起注意和思考的是,虽然说是齐抓共管,但目前的考核制度并没有就城管工作对相关职能部门,包括城市管理委员会的组成部门进行考核,这也造成了合力不足,以及城管办工作抓手不硬的问题。

五是街道的参与程度较低。街道办事处是城市管理工作的直接"感受者",可以说是"春江水暖鸭先知"。但街道只能是感知"水的冷暖",而不能调节"水的温度",许多时候也有"冷暖自知"的无奈。因为城市管理的事权、财权过于集中在职能部门的"条条"上,镇街作为"块块"往往责大权小,街道、社区难以承担"三级管理"、"四级服务"中的应有之职。由于街道不具备"有章理事、有钱办事、有人管事"的条件,影响了街道参与城市管理的积极性和主动性,没有设立专职城市管理的社区委员，没有对小区住宅内开设美容院、棋牌室等情况进行前置管理。而职能部门主要关注的是城区道路及两侧的建设、整治和管理，这就出现了道路及两侧反复建设、整治，标准也越来越高，而一些社区内部却公共设施老化、缺失；道路两侧虽然不见或少见小摊小贩，一些社区内却是沿路设摊严重，环境脏乱差。街道和社区直接听到了群众呼声，也看到了管理上的漏洞，但是无权管、无力管，看得见却摸不着。这在很大程度上导致了市民对城管工作的批评和不满。街道和社区干部也有颇多怨言。

六是城管作业的市场化率较低。行业管理规范化和公共服务市场化是城市管理工作的发展方向，但目前萧山城管作业的市场化率较低，环卫的市场化作业率相对是最高的，也只有30%多一点，影响了管理效率、资金效率的最大化。如何依靠政府主导力、企业主体力和市场配置力，“三力合一”全面推动城市建设、运行、经营管理，值得认真研究。

三、周边城市的城市管理工作经验

从考察情况看，杭州市城管办、余杭区、宁波市鄞州区有许多方面已是先行一步，值得萧山借鉴和学习。

1. 机构设置

杭州市人民政府城市管理办公室于2003年成立，内设10个处室，8个监管中心，经市委、市政府授权，负责全市城市管理的综合协调工作，形成了齐抓共管的局面。余杭区于2008年6月为了接轨杭州主城区，对管理体制进行了调整，将城管办从建设局中划出，一体办划入建设局。城管办与行政执法局合署办公，实施两块牌子一套班子的模式，城管办下设两科(管理科、综合监察科)、三中心(市政河道绿化监管中心、市容环卫监管中心、数字城管中心)。鄞州区组建城市管理局，与行政执法局合署办公，内设公用事业科、养护管理科，下设市政公用管理处、市容环境卫生管理处、园林绿化管理处、公用事业监管中心。杭州城管办、鄞州城管局都列入政府序列。

2. 机构职能

杭州市城管办整合了原来分散在市级相关部门的有关城市管理职能，承担了市政公用、河道、环卫、绿化等日常维护和行业监管职能。余杭区将环卫、市政、河道、绿化养护管理职能划到城管办；其中环卫部门是成建制划转，市政、河道、绿化部门由于人员不多，只进行职能划转。鄞州区城市管理局负责市政、市容环卫、城市内河、园林绿化、地下管线、交通设施等监督管理养护招投标工作，以及供水、供气、供热、城市公共客运等公用事业的监管。杭州市、余杭区、鄞州区三地都强化了城管办(城管局)的综合管理职能、综合协调职能，从体制上改变了城市管理长期以来群龙无首、各自为政、资源分散、力量薄弱的局面，形成了城市管理齐抓共管的格局，提高了城市管理效率。

3. 管理机制

(1)管干分离机制

三地都按照“政企分开、管干分离、管养分离”的要求，有效推进市政公用行业的市场化改革，将道路、桥梁、排水、环卫、照明等日常维护和经营管理推向市场，由企事业单位来承担。城管办通过成立监管中心，由过去的直接管理变为宏观管理，由管企业变为管市场，由养护作业的实施者向规则制订者转变。余杭区的环卫作业市场化率已达50%以上，绿化养护的市场化率为60%以上。鄞州区由于是新建城区，从一开始就走市场化的道路，市场化率更高。

(2)综合协调机制

建立城市管理领导小组。建立由市(区)主要领导牵头，由各部门组成的领导小组，城管办负责对城市管理综合协调，牵头抓总。建立城管联席会议制度。按照“块块负责、条条保障、属地管理、绩效挂钩”的要求，定期召开城市管理联席会议，研究城市管理重大问题，协调城市管理突出难题。建立城管日常协调机制。定期不定期召开专题会议，协调城市管理出现的问题，组织专项整治，解决管理交叉或需要联合管理的问题。

(3)考核激励机制

三地通过实施城市管理“绩效挂钩、以奖代拨”的方法，逐步完善了城市管理考核评价体系。明确考核对象和内容。考核对象为各级政府和职能部门，政府考核内容为管理绩效，部门考核为城市管理专项事务。落实检查考核方法。确定年度目标，实施日常督察，开展考核评价，注重结果运用，在市(区)级媒体上公布。建立专项资金。杭州市从2004年起，按土地出让金的5%，建立城市管理专项资金，用于城市管理和“公交优先”，来保证环卫、绿化、道路、河道等方面的养护和管理。2008年增至12个亿，主要解决城市管理投入和绩效考评。

(4)数字城管机制

三地都已建立了“数字城管”体系，按照“第一时间发现、第一时间处置、第一时间解决”的目标要求，明确数字城管六大类部件、五大类事件的管理内容，实施“统一标准、统一监督、分级指挥、按级处置”的管理流程。

四、萧山区城市管理体制机制建设的对策建议

影响城市管理工作的因素是多方面的，既有来自外部的诸如城市容量、市民素质、基础设施配套等原因，也有来自内部的诸如提高执法人员素质、加大执法力度等原因。作为对策，可以从体制、机制、法治、德治等方面进行研究。本课题选择了体制和机制进行研究，提出对策建议，因为城市管理体制是确保城市管理过程得以顺利实施的物质载体和保证。城市管理体制主要包括：城市管理的机构及其职能体制、领导体制、区街道(镇)的层级管理体制等，其核心是各机构间的职、权、责的配置问题。城市管理体制中的职能分工是否合理，其权责体系是否统一，信息传递是否通畅，都是直接作用于城市管理过程的因素。如果职责不清，信息不畅，就会造成拖拉、推诿、扯皮，严重阻碍城市管理活动的正常开展。

下面，着重从工作体制和机制的角度，提出一些原则和具体建议。

(一)需要把握的原则

1. 要重视城市管理工作的全程性

城市规划是以发展眼光、科学论证、专家决策为前提,对城市经济结构、空间结构、社会结构发展进行宏观设计。规划是城市发展的"龙头",也是城市管理的直接依据。一个城市能否建设好、管理好,关键是要有一个好的规划。只有这样,城市的建设和管理才能依据规划科学、有序地进行。否则,建设和管理就会在很大程度上出现盲目性和随意性。城市建设是以规划为依据,通过建设工程对城市人居环境进行改造,是为城市管理创造良好条件的基础性、阶段性工作。为此,必须进一步树立城市管理要从规划和建设抓起的理念,从城市发展的全过程来研究和做好城市管理工作。

2. 要重视城市管理工作的综合性

城市管理是"集团化、立体式、多兵种"的"联合作业",必须加强城市管理宏观指导,切实发挥综合协调和指导作用,处理好城市运行管理中分权与集权、专业部门运行与系统整体运行的关系。要实现城市管理效能的最大化,形成合力、减少职能交叉和缺位显得尤为重要。必须建立以综合决策和协调管理为特点的"大城管"模式,以权威性的城市管理高位综合协调机构,确立城市管理各专业部门、各层级之间的良好协作关系。必须理顺体制,通过授予权力、调整职能、明确责任,真正而且有效地发挥城管办在全区城市管理工作中"指导、协调、监督、考核"的牵头抓总作用,形成科学合理的城市管理体制。

3. 要重视城市管理工作的属地性

"两级政府、三级管理、四级服务"是城市管理体制的核心和支撑,属地管理问题是实现城市长效管理的重要支点。必须把街道(镇)放到应有的位置,发挥其无法替代的作用。只有把城市管理的事权、财权、执法权等下放或授权给街道,让街道、社区成为城市管理的"主人",构建"区政府全面负责、街道(乡镇)具体实施、社区居民共同参与"的城市管理体制,城市管理工作才能真正做到"纵向到底、横向到边"。

(二)对策建议

1. 按照全程性的要求,切实做好城市规划、建设及经营管理工作

一是加强规划管理,为城市管理工作打好基础。规划是城市综合管理的前期工作,是城市管理的龙头。萧山的城市规划工作成绩是显著的,但按照更加有利于城市管理工作的高标准、严要求,还有不少地方可以改进和完善。第一,要在疏散老城区的部分城市功能上做文章。老城区由于历史悠久,一方面是人口密集、各种城市功能集中,而另一方面却是基础设施配套不够完善或者老化,道路狭窄,停车难行路难的问题十分突出。作为规划管理,应该更加注重做好"疏老城"的文章,在项目安排和选址的把关上更加严格。不能为高额的土地收益所累,而牺牲了老城区的公共空间。同时,在对已有的一些大型公共设施改造升级时,不能只考虑内部的提升和规模的扩大,更应该考虑外部交通、停车条件的改善,应该多安排一些规模不大、条件不错、分散在社区里的便民、利民设施,既方便了群众,又减少对公共资源的大量占用。第二,要在新区高起点的规划上做文章。要合理布局各类城市公共设施,形成"组团式"的社区,减少人群为寻找公共设施而产生的大量流动。要严格控制市心路、金城路等主要道路两侧住宅和小店小铺的数量,维护城市良好的景观。要在规划布局大型超市、商店的同时,充分考虑车辆的进出和停放,为城市管理创造条件。第三,做好城市"补丁"工作。一些道路由于历史原因形成"断头路",要通过规划打通节点;"城中村"改造中要慎重规划高层办公楼房,为"城中村"改造和土地连片开发创造良好条件。

二是完善城市建设,为城市管理工作创造条件。城市建设与城市管理是互相联结、互相依存、互相渗透的,城市建设为城市管理提供了非常重要的物质基础和必要的技术条件。近几年来,萧山城市规模不断扩大,城市精品不断出现,城区的亮化净化和绿化成效明显。但同时也有一些地方需要完善。首先,要树立"建新是建设、治旧也是建设"的理念,在抓好大型项目、新建项目的同时,腾出更多的精力、安排更多的资金改善老城区、老社区、老小区的环境,要把"城中村"改造、"上改下"、失管房危旧房改造、背街小巷改造、楼房立面改造、城区道路沟通、城区公厕改造等"精耕细作"的、整理性的工作放在更加重要、更加主动的位置。其次,在实施改造项目时,要事前合理定位、事后严格管理,充分考虑周边的公共设施配套、交通流量等因素,使之发挥应有的作用。"西大门"改造等项目由于定位合理、管理严格,改造效果十分明显。但是,不可否认,也有一些诸如城区停车场、人行地下通道等的改造建设,投资不少、档次不低,但效果并不明显。因此,在今后的旧城改造中,要更多地考虑城市管理的需要和可能,为城市管理打好基础。

三是注重城市经营,为城市管理工作增添后劲。城市经营管理是运用市场经济手段,对城市的各种资源进行有机组合,使城市资源的潜在价值显现,促进整体城市资产的保值增值,以提高城市的综合竞争力。从萧山实际出发,首先要把经营城市定位在"整理型发展阶段",主要经营内容是土地整理。城发公司在过去三年多时间完成城区 9 家企业的收购搬迁,收储土地 17.6 公顷,其中已出让 9.1 公顷,按不一致口径比较净收益 2.6 亿元。但上述整理的区块,只占主城区可供整理区块的 6%,还有许多潜力,可以通过盘活存量土地来筹集建设资金。其次要集中精力、财力和各种资源,有序推进萧山新区西部区域的开发整理,目前共有 7 个区块的近 10 公顷土地可供整理开发(不含城中村)。再次要充分依托现有城发公司这个主体和平台,充实力量,创造条件,明确其城区土地整理开发、政府投资项目代建和公共资源经营管理等三项基本职能,进而组建整理、开发、建设职能齐全的现代企业制度型公司,使其与交通投资公司、水务集团一样发挥应有的作用,把"建城"(城市建筑)与"拢市"(产业集聚)结合起来,培育主导型的生产性产业,支撑城市发展。最后

不能一味把建设资金的来源依赖于土地的出让，既要经营土地、基础设施等有形资产，更要经营理念、规划、设计、品牌等无形资产。可以把城发公司作为代表政府经营城市公共资源的唯一公司，对城市空间广告资源、停车场、公园的配套用房等国有资产，统一管理、公开拍卖、有偿使用，既实现公平合理，又为城市的可持续发展提供经济基础。

2. 按照综合性的要求，做强做实城市管理综合协调机构

从全国各地的实践看，城市管理体制大致可分为四类：第一类是建管分开、直接管理型。如深圳、上海等，市政府成立城市(市政)管理委员会，下设办公室作为行政实体单位，各区设置相应机构，直接管理城市市政、园林绿化、市容环境卫生等具体工作，建立直属的监察队伍实施监察、执法工作。第二类是建管合一、直接管理型。如珠海、成都等，市建委统一负责全市的城市规划、建设与管理。第三类是监督检查、组织协调型。如福州市，市政府成立城市管理委员会及办公室，对各职能部门的工作进行指导、协调、监督、检查，对工作交叉、职责不清的工作进行协调裁决，具体行政行为由专业职能部门实施，监督执法也由各职能部门的监察队伍执行。第四类是协调与管理结合型。如南京、合肥等成立城市市容委员会，对城市管理工作进行指导、协调、监督、检查，下设办公室，由市政府授权处理某些具体管理行为，设有监察队伍，进行综合执法工作。各专业职能部门设专业监察队伍，进行专业执法。从杭州的情况看，更多的是属于第一种类型，虽然是由建委的一名副主任兼任城管办的主任，但其日常工作完全是以城管为主，与建委也不存在必然的领导与被领导关系。从实际运行情况看，效果也是非常好的，可以说是走在了全国的前列。从萧山情况看，城管体制要从以下几方面加强：

一是要发挥城市管理工作委员会的作用。萧山的城管委作为组织机构早已存在，由城管办、建设、公安、民政、财政、劳动、国土、交通、贸易、环保、工商、执法、电力、电信、城发等部门(单位)组成，但作用并没有充分发挥。城管委作为萧山城市管理的最高协调议事机构，活动必须做到经常化、制度化，对城市管理中遇到的重大问题、普遍现象进行专题的、深入的研究，做出决策。要明确各职能部门在城市管理工作中的长期和阶段性的任务，并进行检查监督。要通过城管委的活动，使相关部门都来重视城管工作、研究城管工作、做好城管工作。

二是要做强做实城管办。城管办是城管委的日常运作机构，应是萧山城市管理的牵头抓总部门，担负着“指导、协调、监督、考核”的重要作用，在全区的城市管理工作中至关重要。萧山目前城管工作体制上的主要症结，就是城管办的作用弱化。为此，要切实做强做实城管办。方法上可以采取有形或无形两种。所谓有形的方法，就是调整职能。针对日益繁重的城市管理重任，以目前萧山区城管办的工作职能，确实勉为其难。可以设想对城管办的职能进行适当的调整，整合分散在其他部门的有关城市管理职能，对萧山市政、河道、绿化单位采用人随事转的成建制划转或费随事转的职能划转，统一划归城管办。经区政府授权，城管办负责全区城市管理的综合协调工作，并承担市政公用、市容环卫、园林绿化、城市河道的养护管理工作，协调组织城区防汛防台、抗雪防冻等工作。城管办下设一科、四中心(管理科，市容环卫、河道绿化、市政公用监管中心和数字城管指挥中心)。建立规划由建设(规划)局负责、建设由建设局及城发公司负责、养护由城管办通过市场化招标运作，实行“建管分离、管养分离、管干分离”模式。这种调整方法，优点是调整彻底、职能到位、权责明确，也符合当前城管体制改革的方向。难处是，需要得到相关部门的充分理解和大力支持，确保职能的划转。另外，还有一个很现实的问题，就是人员的处置。区建设局目前有150人左右在从事市政园林和城区河道的建设和养护管理工作，这些人划转与否都是一个棘手的问题。而余杭区由于市场化作业程度高，从事市政管理工作的人不到10个，体制调整时不存在问题。所谓无形的方法，就是加强监督考核。为做强做大城管办，也可以采取“体制不动机制补”的办法。一方面，抓住建设“数字城管”平台的有利时机，利用现代化的科技手段，通过对城市管理事件、部件的界定和管理内容的明确，进一步落实各相关部门的工作职责，坚持“第一时间发现、第一时间处置、第一时间解决、第一时间反馈”的目标，采用“市场采集、统一受理、部门协同、及时处置、快速反馈”的管理流程，杜绝责任缺位现象发生。另一方面，完善城市管理考核评价体系，发挥考核机制的“指挥棒”作用，对各部门的工作实行“绩效挂钩、以奖代拨”，并在此基础上，强化责任追究，采用评比、公示、惩戒等手段，促进工作的落实。采用这种方法，优点是操作比较简单、不涉及人员职能的变动，震动较小，较为稳妥。缺点是由于体制上没有调整到位，对机制建设的要求很高，如果不能按制度办事，依旧会出现职能缺位、工作推诿等情况。无论是“有形”还是“无形”的办法，都要接轨杭州主城区，解决“以局代办”的问题，都应该对区城管办的职能配置、内设机构、人员编制重新进行界定和明确，以保证其发挥牵头抓总的作用。

三是建立健全街道、社区的城管机构。按照“区政府全面负责、街道(镇)具体实施、社区居民共同参与”的城市管理体制，建立健全街道(镇)、社区城管机构。街道(镇)层面完善城管科(村镇建设办公室)和城管中队，把协管员充实其中，具体实施城市管理的各项管理举措；社区层面配备专职城管协理员，发挥社区组织的城市管理与公共服务功能，协同配合街道(镇)做好社区范围内城市管理工作。通过完善各级机构和力量配备，健全“块块”层面上“职责明确、协调配合、统分结合、高效运行”的体制，形成“纵向到底、块抓条保”的城市管理体制。

3. 按照属地性的要求，授予街道和社区相应的城市管理职能和权力

要按照“职责分界清晰、责任主体唯一”的原则，和“区级

负责、部门保障、区查街改、条保块抓"的思路,构建"金字塔"式的城管组织网络体系。要明确由区城管委承担管理决策权,区城管办承担协调监督权,街道(镇)承担实际执行权。区城市管理综合行政执法局负责中心城区城市管理行政执法工作,组织开展全区性综合整治行动,负责重点市政设施、重点园林绿化区域等区管领域的行政执法。同时,执法重心下移、执法力量充实一线,将执法队伍派驻到街道,由街道办事处统一指挥、管理。在城市管理中,凡是能由街道行使的职权,依法采取直接下放或以委托授权的方式下放到街道,执法队伍开展执法活动以区城市管理行政执法局的名义进行。在此基础上,推行"属地包干制",大力推进城市管理属地化,明确街道(镇)对所辖范围的城管工作负总责,并在事权下放的同时,赋予街道(镇)相应的职权、财权,从体制上真正做到管理"重心下移"。要通过"重心下移",着力解决与群众生活密切关联的社区管理中的薄弱环节和突出问题,逐步实现社区管理工作的精细化、长效化。坚持区域包干、分工负责的原则。按照定区位、定任务、定职责的原则,细化目标任务,明确分工职责,加强考核奖惩,不断提高效率。

在赋予街道(镇)管理职能的同时,也要整合与之对应的责任,实质就是职权、责任的双重承包,职权、责任相互对称。为此,可以采取以下方法:一是解决有章理事问题。逐步制订完善符合萧山区实际的城市管理考核评价体系,以及其他配套的政策性文件,加大镇街城市管理的考核权重,明确其相关职责。二是解决有钱办事问题。把以前集中在"条条"上的养护和管理费用,改为由街道提出申请改造或管理事项,由财政转移性下拨给街道,实施社会公开招标,进行市场化运作。三是解决有人办事问题。充实镇街的城管力量,执法中队日常工作归镇街统一指挥、统一管理,逐步理顺执法中队与城管科(城建办)的关系,相互兼职,整合资源,形成合力;社区应配备负责城市管理的专职社区委员,对社区进行前置管理,解决社区"四级服务"的缺失问题,把城市管理由"条条"包打天下,变为关口前移,实行"块抓条保"。

4. 按照制度化的要求,建立完善城市管理机制

体制需要相应的机制支撑,结合萧山城管现实和外地先进经验,必须坚持综合协调、目标考核、市场作业、经营资源、无缝链接、堵疏结合等机制。

(1)综合协调机制。建立城市管理重大事项协调制度。城市管理工作委员会定期研究城市管理工作的重大问题,部署城市管理重大活动和工作安排,协调、研究和处理城市管理的工作关系和矛盾。建立城市管理相关部门协作联系制度。定期不定期召开专题会议,协调城市管理日常出现的管理问题,统一思想,组织联合专项整治,解决管理交叉或需要联合管理的问题。

(2)目标考核机制。要逐步完善城市管理考核评价体系,增加街道的城市管理考核权重。街道(乡镇)考核城市管理目标任务为主,职能部门考核城管问题及时解决率为主,通过部门自评、监管中心日常检查、领导监督评议、群众评议相结合的方法,完善"块抓条保"城市管理目标考核,对城市管理中不履行、不正确履行或履行职责不力的单位和个人,进行责任追究,发挥考核机制的"指挥棒"的作用。

(3)市场作业机制。要按照"政企分开,建管分离、管干分离、管养分离"的要求,积极培育公共服务市场,有效推进市政公用行业的市场化改革。要将道路、桥梁、排水、环卫、照明等日常维护和经营管理,由过去上下级间的年度拨款改为按任务招标的政府采购,逐步推向市场,由企事业单位来承担;对垃圾焚烧、污水处理等项目,采用特许经营机制让企业来运作。通过成立监管中心,加大政府对养护和作业市场的监管力度,由直接管理变为宏观管理,由管企业变为管市场,使政府部门腾出手来加强城市监管。

(4)经营资源机制。城市是最大的国有资产,要树立"经营城市、按揭城市"的理念,以区块建设作为突破口,利用一条路、一块园林的建设带动周边土地的升值,提高土地收益率。对城市的土地、河流等有形资源,对特种行业经营权等无形资源,都要赋予其资本属性,最大限度地实现增值、获益和盈利。在城市公共设施建设中要引入市场机制,提高城市经营资源的配置效率,扩大增量,盘活存量,用经营的方式建设和管理城市,实现存量资产保值、增值和变现,使城市的附加值提高,以满足城市发展的需要。

(5)无缝链接机制。在目前城管办、城管执法局合署办公,实施两块牌子一套班子管理模式的基础上,要进一步构建两大管理机构的无缝链接机制。管理目标上,实现洁化与序化的有机对接;管理对象上,实行硬件建设与软件管理的相互对接;管理方法上,实行前置审批与后续处罚的联动对接;管理手段上,实行"数字城管"与"数字执法"的全面对接。

(6)堵疏结合机制。城市管理需要做好"堵疏结合"的文章。根据《浙江省城市管理相对集中行政处罚权条例》第二十三条规定:市、县人民政府在制定城市规划时,根据方便公众生活和不影响道路交通的原则,依照法定程序划定一定的时段和区域,作为临时性经营场所和泊车点。要在育才路夜市、小南门早市的基础上,合理布局自产蔬菜便民销售点、时令自产水果销售点,形成萧山特色的堵疏结合工作。

在本课题即将结题之际,由国家住房和城乡建设部批准的《中国城市管理体制及其运行机制研究》大纲(征求意见稿)向全社会公开并征求意见建议。这一研究报告大纲的出台,被专家称为,标志着困扰中国多年的城市管理体制问题,2009年将要"破题"。该研究大纲明确提出,要积极迎接"城市管理时代"的到来,把城市管理工作作为城市政府为市民提供的公共服务产品来打造。要大力推行"大城管"模式,将一个城市多部门的城市管理职能统筹协调,建立城市管理的科学体系。

(盛阅春)

当前萧山不稳定因素的分析及对策

社会稳定是确保经济社会持续健康发展的重要前提。最近，对当前影响萧山社会稳定的有关因素进行了排查分析，并结合实际，提出了建议和措施。

一、当前影响社会稳定的主要因素

由于受国际国内各种复杂因素的影响，2008年以来，各种不稳定因素明显增多。据有关部门统计，2008年全区各级各部门排查化解的不稳定因素达3805件，其中有一定影响的40多件，社会稳定形势相对比较严峻。2009年以来，不稳定因素仍然居高不下。据统计，1—3月，全区排查化解的不稳定因素988件，其中较有影响的14件。因此，社会稳定形势依然不容乐观。从排查情况分析，当前影响社会稳定的因素主要有如下几个方面：

1. 企业欠薪引发的问题

受国际金融危机的影响，萧山企业经营形势严峻，特别是部分中小企业发展陷入困境，面临停产倒闭的危险。更为严重的是，部分企业主弃厂逃匿，引发职工集体讨薪、债主追债哄抢。据统计，2008年，全区因生产经营不正常被吊销营业执照的企业达676家，发生企业主恶意欠薪逃匿事件35起。2009年一季度，全区又有4家企业先后发生企业主恶意欠薪欠债逃匿事件。10个镇街先后发生多起集体讨薪事件。另外，绍兴纵横集团破产倒闭，萧山有14家企业因与纵横集团有债务纠纷，部分企业主曾意图串联集体上访、集体讨债。目前，还有部分企业面临经营状况不理想、资金链断裂的困难，已近破产倒闭边缘。有的企业还欠有巨额民间借款、银行贷款和经营债务，甚至有非法吸收公众存款和涉嫌参与大额赌博等违法犯罪行为，这给社会稳定留下了较大的隐患。

2. 征地拆迁引发的问题

随着经济社会发展、城市化步伐加快和省市区重点工程增多，萧山自2008年以来，征地拆迁任务越来越重。如江东工业园区、临江工业园区、钱江世纪城、机场二期等开发建设和城中村改造、控违拆违等工作的实施，全区先后有100余名干部被抽调到征地拆迁前线工作。征地拆迁工作成为萧山党委政府年度工作的一大重点。从目前来看，由于组织周密，工作细致，政策透明，征地拆迁工作推进较为顺利，但过程中引发的矛盾和一些遗留问题，确实已成为影响全区社会稳定的重要因素。据《各镇街不稳定因素排查化解月报表》上报情况分析，2008年萧山区引发矛盾纠纷的因素，最为突出是两件：一是劳资纠纷，二是征地拆迁。征地拆迁中的矛盾纠纷主要表现在：征迁任务要求高，但部分征迁户认为补偿偏低，土地使用量大，但资源越来越稀缺，部分因征用土地而丧失生产资料的群众缺乏谋生手段，生活比较困难。这些矛盾引发群众的不满情绪，由此引发的上访明显增多。2009年1—3月，仅因征地拆迁引发的矛盾纠纷多达158件，明显高于往年。

3. 特殊利益群体引发的问题

特殊利益群体主要是指涉军人员（包括企业军转干部、抗美援朝1953年回国人员、越战退役人员）、“92乡镇分流人员”、行政到企业人员、原农村电影放映员、“58城迁”和农婚知青等特殊利益群体。这部分人上访的特点是：一是人数多。二是分布广。军转干部分布于全区12个系统几十家企业，抗美援朝、越战退役及其他人员则分布更广，城区、农村都有。三是上访时间长。这些人员，有的从1997年就开始上访，至少有10年历史，其间不断。特别是每年春节和八一建军节前后，上访活动更加频繁。四是上访层次高。有的上访人员不仅到过省、市，而且写信到国务院、中央军委、解放军三总部，“知名度”很高。五是情绪激烈。这部分人员经常几十人、上百人集体上访，且言辞激烈，长时间不肯离去。由于政策调整的局限，部分利益群体的诉求目前尚无法彻底解决，因此，必须关注这类对象。

4. 宗教、邪教引发的问题

由于各主管部门和镇街的共同努力，目前宗教、反邪教工作领域总体稳定，但邪教组织活动日益诡秘，地方教会非法组织系统性大规模活动、外出非法传教活动不断及与区外人员联络密切等新情况、新问题，时有发生。一是“法轮功”邪教影响仍然存在。2008年以来，虽没有发生影响较大的闹事事件，但有些地方也发现了一些宣传“法轮功”的传单、电话、信件等。二是一些有害气功和非法传教活动时有出现。虽然人数不多，但所造成的影响较大。三是教会集会频繁。据统计，萧山在册登记的信教人员近10万人，其中基督教信教人员近8万人，天主教信教人员2000多人。此外，还有大量的非登记信教人员。地方教会经常组织活动，在农村影响较大。特别是有的教会，为了扩大教会影响，甚至目无法纪，非法组织系统性大规模活动。这些新情况新问题需进一步引起重视，切实做好针对性防控工作。

5. 刑事案件高发引发的问题

经过连续多年的“严打”，黑恶势力受到一定的遏制，但从目前来看，治安形势依然严峻。特别是随着外来人口的大量涌入，外来人员犯罪率逐年上升，刑事案件居高不下，黄、赌、毒等社会丑恶现象屡禁不止，重特大恶性案件上升势头较明显，给人民群众生命财产安全带来了严重威胁。据统计，2008年，全区共立刑事案件13760件，治安案件16238件。刑事、治安案件总数仍在高位运行。特别是经济犯罪案件有较大增长，主要发生在国际金融危机爆发的第三季度。

该季度，全区共立经济犯罪案件达1022件，占2008年全年此类案件数的92.8%。2009年1—3月，全区共立刑事案件2639件、治安案件4320件，其中包括经济犯罪案件27件、凶杀案件7件。刑事、治安案件总数与2008年同期基本持平，社会治安形势仍较为复杂、严峻。

6. 交通事故引发的问题

由于城市化进程和城乡一体化步伐不断加快，新开通道路不断增多，机动车辆大量增加，而老百姓交通安全意识没有及时跟上，导致交通事故频发，事故率有增无减。2008年，全区发生道路交通事故900多起，因交通事故死亡255人。2009年以来，公安部门虽然采取多种措施，狠抓防范工作，但交通事故发案率仍居高不下。2009年1—3月，全区因交通事故死亡已达41人，而且死者20%是萧山人，绝大多数属青壮年。

7. 责任安全事故引发的问题

2008年以来，萧山各类责任安全事故数量较多，给人民群众生命财产安全带来了重大威胁。一是生产责任事故。2008年共发生生产责任事故153起，死亡46人，伤92人。大多是由生产过程中操作不规范而引发的。如2008年11月23日，闻堰镇一农民违章建房，导致脚手架倒塌，当场压死1人、伤7人。二是火灾事故。据消防队不完全统计，2008年萧山共发生火灾239起，直接经济损失120多万元。最严重的是2008年4月4日萧山商业城某公司仓库发生火灾，造成损失19.1万元，所幸未造成人员伤亡。三是其他隐患较多。“多合一”建筑、“三合一”企业和群租杂居房屋大量存在，化学剧毒、易燃易爆物品在全区进出频繁，引发公共安全事故的可能性始终存在。

8. 个体上访引发的问题

利用正当渠道进行上访，是公民的合法权益，是受保护的。但闹访、缠访或在上访过程中采取过激行为、提出不切实际的过分要求，政府不仅不提倡，而且要依法处置。

9. 环境污染引发的问题

目前，关于污染问题的投诉仍然比较多，如化工印染、石料开采粉尘和自来水污染等方面的投诉。个别企业曾出面协商，但问题解决并不尽如人意。另外，对正在征迁过程中的杭州萧山国际机场二期工程，人们的关注度也很高，因为机场噪音问题曾是信访热点问题，随时都可能引发群体性上访。特别是一期的一些“遗留问题”，机场周边的坎山镇、南阳镇和瓜沥镇部分机场征迁户曾多次到区镇集体上访。2008年9月，部分征迁户在少数人员的唆使下到萧山机场上访，并出现影响机场道路、候机楼正常秩序的违法行为，造成较大影响。

10. 村级换届选举引发的问题

村级换届选举早已结束，但有些村(社区)因选举过程中留下的“硬伤”，如出现拉票、贿选等问题，给新班子留下了不稳定因素。可以说，这些“硬伤”没有解决，村民就会不断上访，不断折腾。另外，部分村干部落选人员借新老班子工作交接、村级资产管理和选举程序问题，鼓动少数村民投诉、集体上访。

二、当前群体集聚事件的特点分析

近年来，随着经济社会的发展和改革的不断深入，各种社会矛盾以不同的形式表现出来。毋庸讳言，群体集聚事件就是其中的一种表现形式。从近年来发生的多次事件来看，它表现出一定的变化规律，而且其中的一些特点很值得深思。除了参与人员不断增多、上访层次不断升级、爆发频率不断加快、涉及领域不断扩大等变化外，它的特点突出地表现在四个方面，即仿效性、突发性、对抗性、复杂性。

一是仿效性。许多群体集聚事件是一种连锁反应。一些上访组织者很会总结经验，仿效外地做法，组织群众上访。比如涉军人员的上访，组织者对各个地区的情况了如指掌，他们对政策的解读相当清晰，因为他们经常交流情况，叫做“信息相互交流，方法相互效仿，行动相互呼应”。

二是突发性。许多群体集聚事件的发生往往没有任何征兆，让人猝不及防。事前没有任何信息，让人防不胜防。有关职能部门由于没有掌握有关信息，也无法判断事态的发展，更无法事先制定应急处置方案，接访工作准备不足，仓促上阵，造成被动。

三是对抗性。近年来，群体集聚事件的表现形式有了较大的变化。其中一个重要的变化，就是从原来的“君子动口不动手”向“既动口又动手”转化。上访群体在一些别有用心的人的煽动下，出现了一些明显的暴力倾向。有的参与群体集聚事件的上访者，竟然大打出手。他们不仅殴打一般群众，而且殴打现场平息事态的公安民警和工作人员，甚至殴打前去做劝导、解释工作的区、镇、街道领导干部。

四是复杂性。群体集聚事件是社会各种矛盾的综合反映，因此一些群体性上访、闹事事件往往牵涉多种社会矛盾。有的是历史遗留问题，有的是部门之间职责不清引起的问题，也有的涉及法律与情理等多种因素。同时，一些对社会心存不满的人员，如劳改劳教释放人员等利用群众上访之际，故意挑拨、教唆，以达到扩大事态影响，从中得利的目的。这也从一个方面增加了群体集聚事件的复杂性。

三、维护社会稳定工作的对策建议

由于国际金融危机影响的进一步深化和扩展，国内一些重大活动和敏感时期的进一步临近，各类利益群体活动将会更加频繁，各种矛盾纠纷将会不断增多。因此，当前和今后一段时间的维稳工作任务不轻，建议各级各部门要认真履行第一责任、主动服务第一要务，扎实做好以下工作。

一是要进一步提高思想认识，增强忧患意识。要利用深入开展学习实践科学发展观活动，进一步加强对科学发展观深刻内涵的学习领会，努力用科学发展观统领社会稳定工作，提高对新形势下社会稳定工作重要性的认识。特别是在当前特殊历史背景下，国际国内各种复杂因素影响加剧，维护社会和谐稳定的任务将会更加繁重艰巨。对此，各级各部门要切实增强忧患意识、责任意识，充分估计可能遇到的困难和挑战。要提高对当前稳定形势复杂性、严峻性的认识，坚决克服思想和工作中的问题与不足，以新的姿态、新的干劲、新的作风，切实重视和加强维护社会稳定工作。

二是要进一步抓好梳理排查，及时掌握苗头隐患。要采取预警排查和应急排查相结合的办法，密切关注重点对象，如非政府组织和非法宗教势力的动向，涉军人员、“92乡镇分流人员”、行政到企业人员、原农村电影放映员、“58城迁人员”和农婚知青等特殊利益群体秘密聚会、跨地区串联、集体上访的信息。加强分析核实和研判工作，综合利用政治、经济、法律、社会等多种手段进行化解疏导，避免因矛盾激化而引发越级上访和群体集聚事件。在当前情况下，尤其要加强对国际金融危机背景下经济领域不稳定因素的监控排查，特别要密切关注重大投资项目进展、生产经营困难企业后续发展、企业停产倒闭等情况，及时发现经济发展方面存在的社会稳定问题和隐患，有针对性地做好防范处置工作。

三是要进一步开展阶段性整治，强化社会面的有效管理。认真研究分析社会治安及公共安全方面存在的突出、热点问题，采取正面宣传与有效打击相结合的办法，通过深化“三打二反一整治”专项斗争，开展社会治安、安全生产大检查，价格、食品及环保等方面的集中整治活动，强化社会事务管理，确保社会治安形势平稳、社会秩序良好和群众安居乐业。同时，要进一步健全完善重大事项社会稳定风险评估机制，对重大决策、重要政策、重大改革举措、重点工程项目等重大事项实行社会稳定风险评估，努力把可能引发群体集聚事件的苗头和隐患消除在萌芽状态。

四是要进一步抓好领导包案，推进重点问题稳控处置。严格落实维稳工作第一责任。重要活动及敏感时期，对特殊利益群体以及可能影响社会稳定的重点人、重点事和重点部位，要严格落实“属地管理”、“谁主管、谁负责”的原则，抓好领导包案，立足转化和有效稳控相结合。劝说无效的个人或一时难以解决的问题，按定人员、定责任、定时间、定措施等“四定”工作机制，实行重点管控包干，必要时应采用非常规措施，保证工作成效。

五是要进一步抓好信息报送，确保网络及时畅通。充分发挥基层政法综治组织在维稳工作中的作用，完善网络，广辟渠道，认真落实值班、信息日报等制度，采用公开或秘密的方法，加强深层次、内幕性、预警性的情报信息的搜集、分析和报送，积极为党委政府决策提供参考，防止因信息延误而置工作于被动，丧失工作的主动权。相关部门和镇街(场、园区)要进一步整合职能，在信息报送、应急处置等方面加强协作，确保突发性苗头隐患能在第一时间得到有效处置，杜绝因处置不当而引发群体集聚事件。

（斯国新　陈　永　张国雄　阮文胜）

索　　引

【一画】

【四画】

【七画】

【八画】

【九画】

【十一画】

【十二画】

【十三画】

【十四画】

【十五画】

【十六画】

【十七画】

【十九画】

【数字与字母】

图书在版编目(CIP)数据

萧山年鉴. 2010/杭州市萧山区人民政府地方志办公室编. —杭州:浙江人民出版社,2010.12
ISBN 978-7-213-04398-7

Ⅰ.①萧… Ⅱ.①杭… Ⅲ.①区(城市)-杭州市-2010-年鉴 Ⅳ.①Z525.51

中国版本图书馆 CIP 数据核字(2010)第 213258 号

书　　名	萧山年鉴(2010)
作　　者	杭州市萧山区人民政府地方志办公室　编
出版发行	浙江人民出版社
	杭州市体育场路347号
	市场部电话:(0571)85061682　85176516
责任编辑	赵一明　刘　华　王　燕
责任校对	朱　妍　等
印　　刷	浙江新华数码印务有限公司
开　　本	889×1194毫米　1/16
印　　张	29.25
字　　数	103万
插　　页	23
版　　次	2010年12月第1版·第1次印刷
书　　号	ISBN 978-7-213-04398-7
定　　价	150.00元

如发现印装质量问题,影响阅读,请与市场部联系调换。